KB242623

한국 사회과 교육과정 탐구:

분석 및 모형 개발 탐색

한국 사회과 교육과정 탐구:

분석 및 모형 개발 탐색

박 은 종 지음

한국학술정보㈜

머리말

일반적으로 우리가 사는 현대 사회를 지식 기반 사회, 지식 정보화 사회, 세계화·정보화 사회 내지 시대라고 일컫는다. 지식과 정보가 가히 폭발적으로 증가하며, 제반 사회 사상(社會 事象)의 모습이 역동적으로 변화·발전하는 사회와 시대를 의미하는 것이다. 이러한 변화무쌍한 사회를 앞장서서 이끄는 견인차가 곧 교육이다. 교육을 인간의 바람직한 변화와 성장을 유도하는 계획적이고도 의도적인 활동이라고 정의할 때, 이 시대 진정한 교육은 그야말로 시대를 비추는 거울이며, 사회를 담는 그릇의 역할을 한다고 볼 수 있다.

교육학의 세부 학문 영역이 여러 가지지만, 그 핵심적 위치에 있는 것이 교육과정(敎育課程)이다. 교육의 핵심인 교육과정도 시대와 사회의 발전에 따라서 그 폭과 깊이를 더해 가고 있다. 최근의 경향(Trend)은 학교 교육 전반을 교육과정이라고 해도 과언이 아닐 정도로 교육과정이 중시되고 있다. 한마디로 교육과정은 교육 일반과 학교 교육의 핵심으로서, 교육의 총체적인 안내자, 나침반, 이정표, 시금석 등으로 개념 정의를 할 수 있다.

한편, 교과로서의 사회과(社會科)는 사회 현상을 올바르게 인식하고, 사회적 지식 습득과 함께 건전하고도 원만한 사회생활 영위에 필요한 기능을 익히며, 민주 사회 구성원들에게 요청되는 바람직한 가치와 태도를 지님으로써 민주 시민적 자질, 세계 시민적 소양을 함양시키는 데 초점을 두고 있다.

이와 같은 교육과정과 사회과의 개념 정의를 바탕으로 전제하면, 사회과 교육과정은 사회과 교육이 학교 현장에서 바람직하고도 적절하게 전개, 적용될 수 있도록 계획된 총체적 프로그램이라고 할 수 있다. 그런 의미에서 본다면 사회과 교육과정은 사회과 교육의 성패를 가름하는 중차대한 요소인 것이다. 특히, 사회과가 역동적이고도 동태적인 사회 사상(社會 事象)을 대상으로 한다는 점을 전제하면 사회과 교육과정의 중요성은 아무리 강조해도 지나치지 않을 것이다.

사실, 해방과 함께 미국에서 도입된 한국의 사회과 교육과정은 '2007년 개정 교육과정'까지 그동안 아홉 차례의 제정·개정이 있었다. 이제 갑년(甲年)을 넘긴 한국 사회과가 정체성을 갖고 바로 서기 위해서는 우리 현실에 적합한 사회과 교육과정이 주춧돌로 떠받쳐야 한다는 점은 재론(再論)의 여지가 없는 것이다. 그동안 우리나라 사회과에 미친 미국의 사회과 및 사회과 교육과정, 일본의 사회과 및 사회과 교육과정을 전면적으로 부정할 수는 없지만, 이제 한국 사회과와 사회과 교육과정의 정체성 확립은 이 시대 우리에게 부여된 소명인 것이다.

본 연구는 이와 같은 한국 사회과의 정체성 확립이라는 점을 전제하고 출발하였다. 따라서 한국의 초·중·고교 사회과 교육과정을 체계적으로 분석한 토대 위에서, 세계화·정보화 사회에 보다 적합하고 바람직한 사회과 교육과정을 탐색해 보는 데 초점을 두었다. 따라서 본 연구는 이론과 문헌을 통한 제1차적 연구와 사회과 교육과정의 주체인 초·중·고교 사회과 교사, 사범계 대학의 사회교육과 대학생, 사회과 교원 양성 대학의 사회교육과 교수 등을 대상으로 한 제2차적 연구인 설문 조사를 병행하였다. 이러한 제1차적 연구와 제2차적 연구를 통하여 현재 우리나라 사회과 교육 현실과 역대 사회과 교육과정의 변천, 그리고 미래 사회에 보다 바람직한 사회과 교육과정의 모형을 탐색하는 데 주안점을 두었다. 이를 위하여 우리나라와 관련이 있는 외국 여러 나라의 사회과 교육과정을 고찰하였고, 그 뒤에 일제 시대의 한국 사회과, 사회과 성립기의 한국 사회과, 그리고 교수요목기로부터 '2007년 개정 교육과정'에 이르기까지, 초·중·고교 학교급별로 사회과 교육과정의 편제와 기본 방향 및 성격, 목표, 내용, 교수·학습 방법, 평가 등을 체계적으로 분석한 토대 위에서, 사회과 교사, 사범계인 사회교육과 대학생, 교원 양성 대학의 사회교육과 교수들의 의견 조사를 통합하여 분석하였다. 처음에는 '사회과 교육과정'이라는 대주제를 가지고 시공(時空)을 아우르는 연구를 위하여 야심 차게 출발하였으나, 탈고(脫稿)하고 보니, 여러 가지 제약으로 인하여 만족할 만한 성과를 거두지 못한 것 같아 못내 아쉽기만 하다.

본서가 사회과의 예비 교사인 교육대학교·사범대학 학생, 사회과 교원 임용 고사 준비생, 사회과 교육 전공 대학원생들과 일선 현장의 초·중·고교 사회과 교사, 사회과 교육 전공 교육전문직, 사회과 교육학자들이 두루 음미하며, 자율 학습, 교수·학습 지도, 장학 행정, 연구 활동 등에 참고가 되었으면 하는 작은 소망을 갖고 있다. 아울러, 본서가 앞으로 사회과 교육과정에 대한 다양한 연구를 위한 안내서·이정표가 되기를 기대하는 바이다. 사회과 교육과정의 개선 없이 사회과 교육의 혁신은 공염불에 불과하다는 점을 전제하면, 사회과 교육과정은 사회 현실을 바탕으로 계속적으로 일신우일신(日新又日新)해야 할 것이다. 그러한 선구자적 역할을 사회과 교사, 사회과 전문가, 사회과 교육학자들이 앞장서서 수행하여야 하리라고 생각한다.

본서 출판에 즈음하여 감사를 드려야 할 분들이 너무나도 많다. 우선, 필자를 부단한 사랑으로 이끌어 주시면서 학문적으로 지원해 주시는 공주대학교 사범대학 김병무 전 학장님, 사범대학 일반사회교육과의 정종호 교수님, 김덕수 교수님, 임경수 교수님, 교육학과의 한승록 교수님께 고마운 말씀을 드린다. 아울러, 연구 내용을 세심하게 살피시며 조언을 아끼지 않으신 한국교원대학교 제1대학 교육학과의 권낙원 교수님, 공주교육대학교 사회과교육과의 서재천 교수님께 감사의 말씀을 드린다. 또한, 필자를 사회과로 이끌어 주시고 보듬어 주신 이종문 교수님(전 진주교대), 강상철 교수님(전 충남대), 권오정 교수님(일본 류우코쿠대), 김범주(한국교원대) 교수님께도 감사드린다.

그리고 사랑스런 제자인 공주대학교 사범대학 일반사회교육과 학생들에게 고마운 마음을 전한다. 아울러, 늘 인고(忍苦)의 기다림으로 필자를 성원해 주는 가족들에게 충심으로 감사를 드린다. 또한, 영원한 동반자이자 건설적 비판자인 박명배 선생님(서울 자양초), 신현영 선생님(경기 포천초), 김완선 선생님(온양 풍기초), 김명순 선생님(천안 입장초), 이종숙 선생님(공주 신관초), 오정학 선생님(충남 대천여고), 명재덕 선생님(대전 동대전고), 신현복 선생님(충남 당진정보고), 차성우 선생님(충남 주산산업고) 등께도 감사의 말씀을 드리는 바이다.

끝으로, 여러 가지로 어려움을 무릅쓰고 본서를 출판하여 세상에 빛을 보게 해 주신 한국학술정보(주) 채종준 사장님, 임은정 선생님 등을 비롯한 관계자 여러분들께도 심심한 사의를 표하는 바이다. 이 저서 출판을 계기로 앞으로 모든 분들께 더욱 알찬 내용의 연구로 다가갈 것임을 약속하며 거듭 감사를 드린다.

2008년 새봄
천 년 공산성과 억겁 세월 유유히 흐르는 금강물이 바라다보이는 연구실에서
박 은 종

목 차

제1장

문제의 제기

1. 연구의 필요성 및 목적

우리가 사는 지구촌으로서의 현대 사회는 지식 기반 사회이자 지식 정보화 사회이다. 즉 지식과 정보가 시시각각 변화하고 폭증하는 역동적 사회인 것이다. 현대 사회는 새로운 지식과 정보가 폭발적으로 증가하여, 지식과 정보의 혁명이 일어나고 있다(곽병선, 1997: 3 - 5). 사실, 전통적인 과거의 지식과 정보가 다분히 객관주의적 · 정태적이었다면, 현대 사회의 그것은 네트워킹(networking)을 바탕으로 한 역동적 · 동태적 변화를 지향하고 있는 것이 특징이다(박은종, 2002: 1 - 2).

현대 사회는 변화와 발전이 화두(話頭)로 세계화, 정보화, 전문화, 다양화, 민주화 등이 전 분야와 영역에 걸쳐 더욱 활발해지고, 그 폭과 깊이를 더해 가고 있다. 지식과 정보의 신진대사와 의사소통 및 의사 결정이 아주 자연스럽고도 원활하게 진행되는 새로운 사회의 모습이 지구촌을 망라하여 전개되고 있는 것이다.

이와 같은 현대 사회는 새로운 지식과 기술 그리고 정보의 폭증으로 급속한 사회 변화를 초래하므로, 사회과에서는 당연히 교육과정에 이러한 사회적 변화와 요구를 수용하여야 한다(김준택, 1988: 1). 교육이 사회를 이끄는 견인차라면, 사회과는 그 중심에 있는 교과이다. 사회과는 변화, 발전하는 사회 현상을 주된 내용으로 하기 때문이다.

교육이 인간의 바람직한 변화를 위한 계획적이고 의도적인 활동이라고 전제할 때, 교육과정이란 전개되고 실현될 교육 효과를 극대화하기 위하여 일정한 대상인 학생들에게 무엇을 교육할 것인가에 대한 규정이다(김준택, 1988: 1 - 3). 그러므로 교육과정은 필연적으로 시간적 · 공간적인 차이에 따라 변화와 발전을 거듭하는 것이다. 교육과정의 개선은 곧 교육의 질 제고와 직결되어 있다.

한국에서는 광복 이후, 60여 년 동안 교수요목기를 포함하여 아홉 차례에 걸친 교육과정 제정 및 개발 · 개정이 있었다. 그런데 교육과정이 바뀔 때마다 시기적, 내용적, 방법적인 적합성 논란이 제기되었다. 그 원인은 무엇보다도 교육과정의 계획 · 시행 · 평가 및 수정 · 보완을 비롯한 교육과정 개발의 과정에 투입된 모든 정보는 물론, 일관된 교육과정으로 종합하고 운영할 수단이 부족했기 때문이라고 사료된다. 현재까지 대부분의 교육과정에 관련된 원리의 초점은 전반적이고 종합적이라기보다는 대체로 특수적이고 부분적인 경우가 많았다. 그리고 과거의 교육과정 개발과 개혁의 경향은 거시적 교육과정 문제를 소홀히 다루고, 미시적인 작은 문제에만 관심을 집중해 온 감이 없지 않은데, 이는 교육과정에 대한 체계적인 사고가 부족했기 때문이다(최병모, 1992: 1 - 6). 실제로 교육과정 개발은 정치적 · 경제적 · 사회적 · 문화적인 면 등을 기반으로 제 사회과학의 발달과 교육 사조의 변천 그리고 인간 욕구와 기대의 다양화 및 가치관 등의 변화에 크게 영향을 받게 된다(조도근, 1986: 58).

교육과정 개발은 논리적이고도 최적화하는 방식으로 교육의 변화를 계획 · 시행 · 평가 · 수정하는 의도적 행위이고, 또 그것이 교육 목적을 성취하기 위한 제반 활동을 조정 · 운영하는 차원에서 여러 요소들이 연속하여 이루어지는 역동적인 과정이라고 할 수 있다. 따라서 교육과정이 적합성을 갖고 그 자체로서 기능을 활발하게 하기 위해서는 교육과정과 그 개발에 대한 시각을 넓히는 문제 해결과 의사 결정의 도구로서의 체제적 접근이 요구된다. 이를 뒷받침하는 것은 적합성에 대한 요구 외에도 교육과정의 개념 변천에 있어서 교육과정의 계획성과 체계성이 점차 부각되고, 교육과정의 개발에 있어서도 체계적 개발의 필요성이 높아지는 경향이다(이성호, 1983: 20).

교육의 전반적인 설계도인 교육과정이 다양하게 정의되고, 교육과정 개발이 다양한 방향으로 나아간다고 해도, 변하지 않는 분명한 사실은 교육과정을 학습하는 한 사람 한 사람이 보다 존엄하고 가치 있는 존재로 자아실현을 하고, 나아가 사회 공동체 구성원의 한 사람으로서 자기가 속한 사회가 보다 인간의 존엄성을 존중하는 사회로 건전하게 지속·발전할 수 있도록 역할을 제고하고 참여를 조장해야 한다는 점이다. 실제 교육을 바람직한 인간 육성을 위한 계획적이고도 의도적인 변화를 지향하는 활동이라고 정의할 때, 교육과정은 사회 구성원 개개인의 가치관과 세계관 형성에 적극적으로 개입하고자 하는 사회적 의지를 교육적으로 해석하고, 교육 실천이 가능한 계획으로 구체화하는 것이다. 한 사회가 어떠한 양상으로 존속하고 있는가는 사회 구성원들이 교육의 과정에서 어떠한 교육과정으로 교육받았느냐에 크게 좌우되는 것이다(한국교원대학교, 2004: 57－58).

교육학은 인간 삶 전체에 관련된 분야이기 때문에 정치, 경제, 사회, 문화, 과학, 종교, 예술, 체육 등 다양한 인간 삶의 양식을 대표하는 모든 분야·영역과 관련되어 있다. 즉 교육학은 다양한 분야와 영역을 포괄하는 종합 과학인 것이다. 따라서 교육의 설계도인 교육과정은 연구 영역에 있어서 종합적일 뿐만 아니라 그 연구 방법에 있어서도 통합적·종합적·총체적으로 접근하여야 한다(곽병선, 1984: 9). 교육학은 종합 과학이며, 교육학의 핵심인 교육과정은 종합적 접근을 초점으로 한다.

사회과는 교과 내용을 분석하거나 관련된 내용을 탐구하는 기술적 연구나 효율적 수업 방법의 행위, 변화 원리를 밝히는 실험적 연구, 관련 문헌에 관한 비판적 분석과 이론 정립을 시도하는 분석적 연구, 관련 현상의 변천과정에 관한 역사적 연구, 교육 현상을 관찰·기술한 문화 기술적 연구, 국가 간의 비교 연구 등의 다양하고 종합적인 연구가 필요하다(최종운, 1988: 56). 이와 같은 다양한 연구가 뒷받침되지 않는 상황에서는 사회과 교육의 참모습을 제대로 파악하고 효율적인 사회과 교육을 수행하기란 어려운 형편이다. 주지하다시피 교육이 종합적·통합적이듯이 사회과 교육 역시 종합적·통합적 내용과 방법을 지향하고 있는 것이다.

한편, 사회과 교육의 연구는 사회 인식 교육의 다양한 실천을 대상으로 하고 있으므로 국제적인 시각에서의 비교 연구가 학문적 유용성을 높일 수 있을 것이다. 사회과 교육의 비교 연구에서는 학제적 접근이 필요하고 다양한 방법론이 동시에 활용될 수 있기 때문이다(권오정, 1991: 2). 실제, 사회과는 시·공간 차원에서 사회 현상을 조명하고, 개인과 집단의 사회적 역할을 가르치는 교과이다. 그러므로 사회 변동 상황을 반영하여 사회과 교육과정도 수시로 개정되어야 한다(김정호, 2006: 6－1).

그러나 지금까지 교육과정과 관련된 연구들은 무엇이 사회과 교육과정에 중요한 내용이 되어야 하고, 또 그러한 교육 내용을 어떻게 조직할 것인가 등 규범적인 문제에 집중되었으며, 사회과 교육의 본질에 입각한 종합적이고도 체계적인 접근과 관점이 결여되었던 것이 사실이다.

아울러, 현대 사회를 올바르게 살아갈 수 있는 현명한 민주 시민을 기르기 위하여, 제반 사회 사상(社會 事象)을 통합적으로 이해하게 하려는 데 사회과의 근본적 초점이 있다. 특히, 사회과는 사회 현상을 올바르게 인식하고, 사회 지식 습득과 사회생활에 필요한 기능을 익히며, 민주 사회 구성원들에게 요청되는 가치와 태도를 지님으로써, 민주 시민으로서의 자질을 육성하는 교과이다. 즉 사회과는 민주 시민 육성이 핵심적 지향점인데, 민주 시민이란 사회 활동을 영위하는 데 필요한 지식을 가지고 인권 존중, 관용과 타협의 정신, 사회 정의의 실현, 공동체 의식, 참여와 책임 의식 등 민주적 가치와 태도를 함양하고, 나아가 개인적·사회적 문제를 합리적으로 해결하는 능력을 기름으로써 개인의 발전은 물론 사회, 국가, 인류의 발전에 기여할 수 있는 자질을 갖춘 사람이라고 할 수 있다(교육부, 1997 a: 28).

우리나라의 사회과 교육과정은 해방 이후 교수요목에서부터 시작하여 '2007년 개정 교육과정'까지 모두 아홉 차례에 걸쳐서 제정·개발·개정되었다. 물론, 교육과정 운영의 과정(過程)에서 일부 내용이 정책적으로 수정·보완되기도 하였다. 그동안 사회과 교육과정은 여러 측면에서 비판, 검토되었으며 다양한 문제점을 지적받아 왔다. 그러면서 사회과 교육과정은 점진적으로 발전되어 왔다.

이와 같은 교육과정과 교육과정 탐구와 개발, 사회과와 사회과 교육과정의 탐구와 개발과 관련하여 본 연구에서, 역점을 두고 고찰한 내용은 다음과 같이 종합할 수 있다.

첫째, 초·중·고교 간 사회과 교육과정의 연계성, 통합성 확보 문제이다. 한국의 사회과 교육과정은 과거에는 초·중·고교 학교급별로 개발, 적용되어 왔으나, 제7차 교육과정부터 국민공통기본 교육과정을 도입하여 초·중·고교를 연계한 제10학년제를 채택하고 있다. 이러한 초·중·고교를 아우르는 사회과 교육과정의 연계성, 통합성 분석이 요구되는 것이다. 아울러, 교육과정의 총론과 각론, 사회과 교육과정 및 교과용 도서와 교육 현장 간의 연계성 문제이다.

둘째, 교육과정의 체제인, 사회과의 편제, 교육 목표, 교육 내용, 교수·학습 방법, 교육 평가 등 일련의 체제, 과정 사이의 일관성과 연계성 확보 문제이다. 즉 사회과 교육과정에서 시대 변화와 사회 발전을 고려한 편제, 민주 시민의 자질 육성의 목표, 일반사회·역사·지리 영역을 망라한 다양한 내용, 고급 사고력을 함양하기 위한 학생 중심 교수·학습, 목표에 준거한 평가, 평가 결과의 분석과 목표에의 환류 등은 교육과정 개발, 적용의 기본이다. 따라서 교육과정의 안정성과 정당성을 담보하기 위한 교육과정의 분석과 접근이 중요한 것이다.

셋째, 사회과 교육과정 개발과 운영 체제가 비체계적, 비조직적이어서 교육과정의 실현성, 효과성이 저하되는 문제이다(한국교육개발원, 1978: 34 – 36). 바람직한 교육과정 개발 및 운영 체계는 개발 → 교사 양성·훈련 체제 확립→ 현장 투입→ 계속적 평가 및 환류 등의 순환적 도식이어야 한다. 소위 교육의 질 개선과 교육과정의 질 제고는 교사의 인식과 교수·학습 방법 개선에서 출발하여야 한다. 실제 교사의 교수 방법, 태도·가치관 등의 변화 없이는 교육과정의 실효를 기대하기 어려운 실정이다. 아무리 그럴듯한 교육과정이 개발되었다 하더라도 교사의 적극적인 적용 의지와 개선 노력 없이 효과를 기대하기는 난망한 것이다. 사회과의 탐구력 신장, 고급 사고력 신장은 교수·학습 형태상 학습자 중심 활동이어야 한다는 것은 이론의 여지가 없다. 하지만 정작 교육과정 개발자들은 이러한 아이디어의 제시에만 관심이 있지, 실제에는 큰 관심을 기울이지 않고 있는 것이 현실이다.

넷째, 초·중·고교 사회과 교육과정과 교원 양성 기관인 사범계 대학 사회교육과의 교육과정 연계 문제이다. 현행 사회과 교육과정에서 심각하게 고려해야 할 사항은 초·중·고교의 사회과 교육과정과 교원 양성 대학인 교대·사대의 사회교육과 교육과정이 유기적으로 연계되지 않고, 별도로 개발·운영되고 있다는 점이다. 이러한 초·중·고교의 사회과 교육과정과 사범계 대학 사회교육과의 교육과정 개발과 내용 조정에 연계성 확보가 시급하다 하겠다.

다섯째, 교육과정 개발의 중앙 집중화와 운영의 획일화 문제이다. 우리나라는 교육과정 개발의 권한이 대부분 교육과학기술부인 중앙에 집중되어 있을 뿐만 아니라, 중앙 집권적 교육 운영의 생태 속에서 교육과정의 운영도 획일화되어 있는 것이 사실이다. 국가 수준 교육과정에만 충실하다는 비판을 재음미하여야 한다. 제7차 교육과정 이후, 과거에 비하여 상대적으로 지방 분권형·분산적 개발이 활성화되고 있으나 아직 충분하지 못한 형편이다. 보다 더 지역 수준 교육과정, 학교 수준 교육과정, 교사 수준 교육과정 등이 활성화될 수 있는 방안을 모색하여야 할 것이다.

여섯째, 사회과 교육과정의 학습량의 과다와 수준의 적절성 문제이다. 사회과는 사회 현상을 올바르게 의식하고 변화하는 사회에 적응할 수 있는 능력을 기르는 교과이다. 따라서 사회 집단 속에서 개인과 개인, 개인과 집단, 집단과 집단 간의 관계, 인간과 환경과의 관계 및 인간의 과거 사실들을 다루며, 이와 관련되는 가치·태도의 내용을 중요하게 다룬다. 그런데 현행 사회과 교육과정은 지리, 역사, 일반사회 등 사회 여러 분야의 요구에 대해서 지나치게 민감하게 반영하다 보니, 단원 내용의 개념이 복잡해지고 또한 지역 확대의 원칙을 강조하다 보니, 특정 학년의 학습량이 과다할 뿐만 아니라, 학년 간의 수준차가 교육과정의 정상 운영에 장애가 되고 있다는 비판이 있다. 특히, 최근 각급 학교에 주5일 수업제 도입으로 학생들의 학습량을 감축해야 한다는 목소리가 크다. 시대 변화와 사회 발전에 따른 학습량과 수준의 적절한 조절이 교육과정 개발의 중요한 초점의 하나인 것이다.

이상과 같이 우리나라의 교육과정 개발에 관한 학문적·이론적인 논의들은 현실 쪽보다는 일반적인 논의 그 자체에 편중된 경향이 많다는 점에서 우리나라 교육과정 개발에 적용시키는 송합적이고 체계적인 연구가 더욱 필요하다고 본다.

그러므로 본 연구의 목적은 교육과정과 교육과정 개발, 사회과와 사회과 교육과정 개발에 관한 다양한 분석을 통한 문헌 연구를 기반으로 문제 해결 과정인 교육과정 영역에 적용하여 사회과 교육과정 개발 모형을 정립하고, 학교 현장에서 수집한 설문 자료를 통하여 실증적 분석, 외국 사회과 교육과정과 우리나라 교육과정의 변천에 따른 역사적 분석 등을 통하여 보다 발전적인 사회과 교육과정의 개발과 개정 방향에 바람직한 준거를 제공하는 데 있다. 아울러, 이러한 연구 결과를 기반으로 우리나라 현실에 부합되는 발전적인 사회과 교육과정의 모형 개발을 탐색하는 데 근본적인 목적이 있다.

2. 연구 문제

본 연구에서는 한국의 초·중·고교의 사회과 교육과정의 편제(기본 방향, 성격), 목표, 내용, 교수·학습 방법, 평가 등 일련의 교육과정 요소와 체제에 대한 심층적인 분석을 통한 기초 위에서, 보다 우리 현실과 여건에 부합되는 사회과 교육과정의 발전적 모형 개발을 모색하기 위하여 다음과 같은 연구 문제를 중심으로 접근하였다.

첫째, 교육과정 이론과 교육과정 개발, 교육과정 모형 개발에 관련된 이론은 무엇인가?

일반적인 교육과정 개념과 교육과정 개발의 이론 및 교육과정 개발 모형에 관한 이론을 탐구적으로 분석하고 비판적으로 접근하였다. 그리고 교육과정과 교육과정 개발 이론을 심층적으로 탐색하였다.

둘째, 사회과 교육과정과 사회과 교육과정 개발에 관련된 기저(基底) 이론과 개발 실제가 제시해 주는 시사점은 무엇인가?

우리나라 사회과 교육과정 개발 과정과 개발 체제를 분석함으로써, 미래 사회에 적합한 사회과 교육과정 개발 체제 모형을 모색하였다. 사회과 교육과정 개발의 기본 원칙과 이론적 배경 그리고 한국과 외국의 사회과 교육과정을 비교하여 유사점과 차이점을 추출하였다.

셋째, 우리나라 사회과 교육과정의 변천 과정과 내용의 특징은 편제(기본 방향, 성격), 목표, 내용, 교수·학습 방법, 평가 등 체제·과정별로 구분하여 각각 무엇인가?

우리나라 사회과 교육과정을 해방 후의 교수요목기로부터 현행 제7차 교육과정 및 2007년에 고시된 '2007년 개정 교육과정'에 이르기까지, 초·중·고교별로 구분하여, 각 교육과정기별로 편제 및 기본 방향(성격), 목표, 내용, 교수·학습 방법, 평가 및 환류 등 교육과정 체제 전반에 걸쳐서 종합적으로 분석하였다.

넷째, 사회과를 일선 학교에서 실제로 가르치는 초·중·고교 사회과 교사와 예비 교사인 교육대학교·사범대학 사회교육과 관련 학과 학생 및 교수들의 사회과 교육과정에 대한 인식과 요구는 각각 무엇인가?

일선 학교 현장에서 직접 사회과 교육을 담당하는 초·중·고교 일선 학교 사회과 교사, 사범계 대학 사회과 교육 전공 대학생·교수들의 의견을 조사하여 요구 분석을 하였다. 이를 바탕으로, 현행 사회과 교육과정의 개선점을 추출하고, 향후 사회과 교육과정 개발과 개정에 반영할 점을 모색하였다.

다섯째, 현대 사회와 미래 사회에 바람직한 발전적 사회과 교육과정의 모형은 어떠한 것인가?

교육과정 이론, 사회과 교육과정 이론과 실제, 초·중·고교 사회과 교사들의 의견, 교육대학교·사범대학 사회교육과 학생들의 의견, 교육대학교·사범대학 교수들의 의견 등을 종합적으로 분석한 요구 사정의 토대 위에서, 지식 기반 사회를 주도할 수 있고, 우리나라 현실과 미래에 적합한 발전적인 사회과 교육과정의 모형 개발을 모색하였다.

즉 이러한 연구 문제를 중심으로 문헌 연구 등 이론적 연구와 설문 조사 등 실천적 연구를 병행하여 바람직한 사회과 교육과정의 발전적 모형 개발을 모색하였다. 본 연구는 이론과 실제를 통합한 연구를 바탕으로 새로운 발전적인 사회과 교육과정 개발의 준거를 제공하고자 한다.

3. 연구 방법

일반적으로 교육과정은 교육 활동의 기본적 설계도이다. 즉 교육과정은 실제 교육 현장에서 교육 활동을 펼치는 나침반이자 이정표 구실을 한다. 그러므로 교육과정은 학교의 지도하에 이루어지는 학습 경험의 총체로서, 연구 방법도 종합적 접근이 필요한 것이다. 즉 교육과정은 교육 목표, 내용, 교수·학습 방법, 평가 등이 서로 연계성을 가져야 한다. 총론에서 기본 방향과 관련은 물론, 사회과의 성격과 목적에 비추어 본 목표의 설정, 설정된 목표를 달성하기 위한 내용의 선정과 조직, 선정·조직된 내용을 대상에 따라 효과적으로 교수·학습하는 방법 그리고 설정된 목표를 어느 정도 달성했는가를 가리는 평가의 문제 등이 연관성을 갖고 탐구되어야 한다. 또한, 교육과정이 현장에 투입되어 학생들에게 의도한 대로 바람직한 교육적 변화를 가져오기 위해서는 교육 환경, 교육과정 제도, 교육 여건 및 학교의 문화와 체제 등이 함께 고려되어야 한다. 특히, 사회과 교육과정은 교과로서의 사회과와 교육학의 한 분야로서의 교육과정을 연계한 종합적 접근이 필수적이다.

따라서 본 연구를 추진함에 있어서는 문헌 분석, 실증적 조사, 역사적 분석, 사례 연구 등 사회과학의 다양하고도 종합적인 연구 방법을 적용하고자 하였다.

첫째, 문헌 연구로써 일반적인 교육과정의 개념과 교육과정 개발 원리를 고찰하고, 이를 바탕으로 종합적인 교육과정 연구 방법과 관련된 국내외 문헌을 분석한 후, 사회과 교육과정 개발과 관련된 국내·외 문헌을 심층적으로 분석하였다.

둘째, 교육과정 이론 및 개발에 대한 국내외 문헌과 외국의 사회과 교육과정 개발 모형, 우리나라 사회과 교육과정 개정을 위한 모형의 분석을 토대로 바람직한 교육과정 개발 모형을 모색하였다. 이론적 고찰은 총론으로서의 교육과정 개발 이론, 각론으로서의 사회과 교육과정 개발 이론 순으로 접근하였다.

셋째, 일선 학교 현장에서 사회과 교육을 직접 담당하고 있는 초·중·고교 사회과 교사, 사회과 예비 교사인 사범계 대학(교대·사대) 사회교육과 학생 및 교수 능을 중심으로 한 의견 빛 요구 분석을 통해 우리나라 현실에 적합한 사회과 교육과정의 모형을 실증적으로 조사하였다.

넷째, 한국 사회과 교육과정의 변천 과정과 내용을 분석함으로써, 관련된 역사적 연구를 병행하였다. 즉 해방 후부터 현재까지 사회과 교육과정의 문헌을 학교급별, 교육과정기별, 편제, 목표, 내용, 교수·학습 방법 및 평가 등 항목별로 심층적 분석을 통한 새로운 사회과 교육과정 개발의 시사점을 제시하고자 하였다.

다섯째, 초·중·고교의 사회과 교육과정과 교원 양성 대학인 교육대학교, 사범대학 등 사범계 대학의 사회교육과 교육과정의 상호 연계성을 비교, 분석하고 개선 방안을 모색하였다.

여섯째, 이와 같은 연구 결과를 바탕으로, 우리나라 현실과 미래 사회에 부합되는 새로운 사회과 교육과정의 모형 개발을 모색하였다. 즉 우리 현실에 적합한 발전적 사회과 교육과정 모형을 모색하였다.

결국, 본 연구는 우리나라 역대 사회과 교육과정의 편제, 목표, 내용, 교수·학습 방법, 평가, 환류 등 일련의 교육과정 개발 체제 및 운영 상황을 분석하고, 이를 바탕으로 세계화·정보화 사회에 부응하는 바람직한 발전적 사회과 교육과정 모형을 탐색하는데, 연구의 목적을 두었다.

4. 선행 연구의 분석

한국의 초·중·고 사회과 교육과정 및 사회과 교육과정 개발 상황을 분석한 기초 위에서 세계화·정보화 사회에 부응하는 바람직한 발전적 사회과 교육과정 모형 개발을 모색하는 본 연구의 시사점을 얻기 위하여, 문헌 연구로 고찰한 선행 연구의 핵심적 내용을 요약하면 다음과 같다.

홍선표(1987)는 사회과 교육과정 개정이 급변하는 미래 사회에 대처할 수 있는 민주 시민 육성, 교과목과 분량 조절, 지도 방법의 개선, 사회과와 역사, 지리, 국민 윤리 등 유관 교과목 간의 내용 중복 방지 고려, 학생들의 지적 발달 수준 고려 내용 배열, 미래지향적 교육과정 개발 등을 두루 고려해야 한다고 주문하고 있다.

손학모(1987)는 사회과 교육과정이 개인·사회·국가적 통합, 경험·학문·인간 중심적 교육과정 내용의 통합, 교육과정의 지역화 확대, 사회과와 도덕과, 국사과의 연계 고려, 현대 사회 문제 해결을 위한 사회과 지향, 미래 사회에 적응할 수 있는 가치관 교육 등에 초점을 맞추어야 한다고 주장하고 있다.

최종운(1988)은 사회과 교육 연구 접근 방법의 다양성을 주장하고 있다. 즉 사회과 교육의 연구 방법을 사회과 교과 내용을 분석하거나 관련된 현상을 탐구하는 기술적 연구, 효율적 교수·학습 방법의 행위 변화 원리를 밝히는 실험적 연구, 관련 문헌에 대한 비판적 분석과 이론 정립을 시도하는 분석적 연구, 관련 현상의 변천 과정에 관한 역사적 연구, 교육 현상을 관찰 기술한 문화 기술적 연구 그리고 국가 간의 비교 연구 등으로 구분하고 있다.

김준택(1988)은 사회과 교육과정이 성격의 명확화, 내용의 통합화, 계열화, 체계화 유지, 탐구식 교수·학습 방법 강조, 목표 지향적 평가 지향 등 특징을 갖고 있다고 분석하였다.

전영천(1988)은 사회과 교육과정에 대한 철저한 기초 연구가 필요하고, 사회과 교육 전문가 양성이 필요하며, 교육 행정 기관으로부터의 지원 확대 등이 미래 사회과 교육과정 개발의 전제 조건이라고 주장하고 있다.

권오정(1989)은 교과 연구의 역사학적 흐름을 이론적·이념적 제안 중심의 연구, 이론과 실제의 보완적 방법에 의한 연구, 실증 과학적 방법에 관한 연구, 종합적 방법에 의한 연구 등으로 나누어 살펴보고, 사회과 교육학 연구상의 이론과 실천의 문제를 파악하였으며, 사회과 교육학 연구의 영역과 방법에 대하여 고찰하고 있다.

주태원(1989)은 사회과 교육과정에 대해서, 정기적 개정, 교육과정 개정의 자주성 확보, 사회과교육과정연구회 등 조직체 구성을 통한 계속적인 교육과정 연구 등을 제안하고 있다.

김인식(1991)은 사회과 교육과정에서, 초·중등학교의 지적 발달의 연계성 도모, 미래 사회를 주도할 민주 시민 육성 강조, 사회과 교수·학습 지도 방법의 개선 등을 강조하고 있다.

한면희(1991)는 사회 과학 방법론의 쟁점이 되고 있는 경험적·실천적 접근과 현상학적·해석적 접근을 사회과 교육에 통합적으로 반영할 수 있는 방안을 모색하였다. 즉 경험적·실천적 관점에서 본 사회과 교육은 학습자에게 사회 과학의 지식을 가르쳐서 시민성에 이르도록 하고 있다. 그리고 현상학적·해석적 사회과 교육은 다양한 사회적 상황에서 살아가고 있는 사람들의 삶의 의미를 이해하고 해석하는데, 타인 및 환경과의 관계에 중점을 둠으로써 사람들이 살아가는 방식을 가르쳐 주는 데 있기 때문이라고 하였다. 또한, 사회과 교육이 현대 산업 사회에 부응하여 도구주의적 경향을 극복하고, 전인 교육, 인격 교육에 기여하기 위해서는 이와 같은 통합적 시도를 적절히 검토한 후, 새로운 사회과 교육과정 탐구의 이론적 기초로 삼아야 할 것이라고 주장하고 있다.

이진석(1992)은 해방 후 사회과 교육과정인 교수요목기에서부터 제4차 교육과정기까지를 분석하여, 사회과 원리를 시민성의 원리와 통합성의 원리로 양분하고, 한국 사회과 교육과정에 민족주의 이념과 민주주의 이념의 이론적·현실적 문제점을 지적하고, 이를 바탕으로 한국 사회과 교육과정이 '한국 민족주의의 특수성' 극복의 기저(基底)였다고 주장하면서 사회과 교육과정 이론을 전개하고 있다.

최병모(1992)는 한국의 사회과 교육과정을 미국과 일본의 사회과 교육과정과 비교하여, 앞으로 사회과 교육과정 개발은 체제적, 종합적 접근이 필요하고, 사회 발전과 한국적 특수성에 부합되는 교육과정, 교육과정 관련 평가와 대입 제도 개선, 사회 과학 내용 전문가, 교육과정 전문가, 현장 교원 등의 연계적 개발, 교육과정과 교과서, 보조 교과서의 통합적 개발, 사범계 대학 교육과정의 획기적 개선 등 사회과 교육과정의 총체적 혁신을 주장하고 있다.

나미숙(1994)은 사회과 교육과정이 집권자의 의도나 정치적 요구가 아니라, 지식의 변화와 발전, 사회적 통합과 합의에 의한 의사 결정을 바탕으로 개발과 개정이 이루어져야 하며, 교육과정의 변화와 개발에 따라 교육 내용, 교과서, 교원 연수 등이 연계적으로 진행되어야 한다고 주장하고 있다. 아울러, 사회과 교육과정의 개발과 개정이 사회과 교육의 목표, 교육 내용, 교수·학습 방법, 교육 평가, 환류 등이 유기적으로 연계되어야 한다고 밝히고 있다.

이종호(1996)는 한국 사회과 교육과정의 이념이 일반사회 영역에서는 현실성, 역사 영역에서는 전통성, 지리 영역에서는 이상성 등이 주류를 이루어 왔다고 수장하고, 당시 사회·성치석 여선과 통치권자의 의지에 따라 변해 왔다고 주장하고 있다.

이태언(1999)은 역대 한국의 사회과 교육과정이 정책적 판단, 국책 홍보, 국민 의식 개혁 등 비본질적 문제의 영향 때문에 개발·개정되어 온 관행을 비판하고, 향후에는 사회과 교육과정이 사회과 교육의 질 제고를 위한 본질적 방향으로 나아가야 할 것이라고 주장하였다.

김정호 등(2005)은 사회과 교육과정 개정·개발이 형식적·주기적으로 이루어지는 것보다 사회 변화와 사회 발전 그리고 학교의 대내외적 여건을 충실히 반영하는 실제적 교육과정 실행에 중점을 두는 쪽으로 방향 개선이 이루어져야 한다고 강조하고 있다.

권낙원(2005)은 교사 관심의 교육과정인 CBAM(Concerns based adoption model)을 중심으로 제7차 교육과정을 요구 분석으로 연구하여, 교육과정 개발과 실행에 교사와 단위 학교의 참여와 자율성, 창의성이 아주 중요하다고 주장하고 있다.

종합적으로 이상과 같은 선행 연구를 통하여, 현대 사회와 교육을 학교 현장에서 펼치는 사회과 교육과정은 편제, 목표, 내용, 교수·학습 방법, 평가 등 교육과정 전반에 걸쳐서, 학교 현장에 알맞은 방법으로 지향하는 데에 개발의 중점을 두어야 한다는 시사점을 얻게 되었고, 나아가 사회과 교육과정에 대한 체제적이고 다양한 연구를 토대로 사회과 교육의 이론을 정립하려는 노력이 필요함을 더욱 인식하게 되었다.

아울러, 이와 같은 사회과 교육과정 및 사회과 교육과정 개발에 관한 선행 연구의 분석을 통하여 추출한 본 연구에서의 착안점은 다음과 같다.

첫째, 사회과 교육과정의 연구가 기존 교육과정 내용을 정태적(靜態的)으로 분석, 고찰하는 평면적 연구가 주류를 이루고 있다. 현장 및 실태 분석에 주안점을 두었을 뿐 대안 제시가 미흡했다는 점을 공통적으로 지적할 수 있다.

둘째, 과거의 사회과 교육과정에 대한 연구가 사회과 교육과정의 분석 쪽에 치우쳐 있고, 이와 관련하여 더욱 중요한 개발을 다룬 연구는 많지 않았으며, 특히 분석과 개발을 연계하여 다룬 연구가 전무(全無)한 형편이었다.

셋째, 사회과 교육과정의 연구가 초·중·고교 교사, 대학 교수, 사회과 교육과정 전문가 등에 의해서 수행되었는데, 전체적으로 초등학교 사회과 교육과정 연구, 중학교 사회과 교육과정 연구, 고등학교 사회과 교육과정 연구 등 학교급별로 분리되어서 진행되었다. 주로, 자신이 재직, 근무, 연구하는 학교급만을 대상으로 하는 폐쇄적·비연계적 연구가 주류를 이루고 있다.

넷째, 사회과 교육과정 개정과 개발의 연계성 모색이 등한시되었다. 사회과 교육과정 개정과 개발은 상호 밀접한 관련성을 유지하는 것인데, 주로 개정 측면만을 조명하고, 개발 측면은 외면하여, 당연히 전문가가 알아서 할 것이라는 무언의 암시를 연구자들이 보이고 있다. 특히, 현장 교사들의 참여 문제를 대부분 도외시하였다.

다섯째, 한국에서의 사회과 교육과정 분석과 비교 연구가 교수요목기로부터 제4차 교육과정기까지 주로 활발하게 이루어졌으며, 제5차 교육과정기 이후까지를 포괄하여 현대적 시각에서 종합적으로 고찰, 분석한 연구가 미흡하여, 향후 사회과 교육과정 전반에 걸친 연계적 연구가 활성화되어야 할 것이라는 점을 파악하였다. 따라서 최근 고시되어 2009학년도부터 연차적으로 각급 학교에 적용 예정인 '2007년 개정 교육과정'의 사회과 교육과정에 대해서도 심층 분석과 함께 비판적으로 접근할 필요가 있다고 판단하였다.

여섯째, 한국과 외국의 사회과 교육과정 비교 연구가 부족하여, 향후 사회과 교육과정의 개발 및 사회과 교육과정의 국제 비교 연구가 보다 활성화되어야겠다는 시사점을 추출하게 되었다.

결국, 선행 연구를 종합한 결과, 한국 사회과 교육과정을 학교급별, 요소 체제별로 분석한 토대 위에서, 교육 주체인 사회과 교사, 사범계 대학 학생과 교수의 요구를 분석하여 종합적으로 접근하여, 바람직한 사회과 교육과정의 모형을 모색하고자 하는 본 연구가 상당히 의의(意義)가 있으리라고 사료(思料)되었다.

2008년 2월 25일 출범한 소위 '이명박 정부'는 실용주의 정부를 기치로 내걸고 교육인적자원부를 과학기술부와 통합하여 교육과학기술부를 조직하였다. 그리고 교육 부문에서도 성장과 효율, 경쟁을 강조하고 있다. 따라서, 영어 몰입 교육, 교원평가, 교원 인사 제도, 교육과정 개편 등을 모색하고 있다. 전면적인 교육 혁신, 교육과정 개편에 즈음하여 사회과 역시 새로운 시대 흐름에 따라 방향과 지향점이 변화할 것이며, 사회과 교육과정도 목표, 내용, 교수·학습 방법, 평가 등 전면에 걸쳐서 변화와 개선이 뒤따를 것이다.

결국, 민주 시민성 함양과 민주 시민 교육, 사회 인식 능력 신장, 반성적 탐구 지향, 사회적 지식과 기능, 가치·태도 등을 바탕으로 한 전인 교육을 지향하는 사회과 교육과 사회과 교육과정도 이와 같은 사회 발전과 시대 변화의 경향을 현명하게 수용하여 고유하고도 전통적인 목표인 '바람직한 인간 육성'의 소임을 다하여야 할 것이다.

제2장

사회과 교육과정 개발의 이론

교육과정은 교육의 핵심인 교수·학습을 이끄는 설계도로서, 교육의 성패를 가름하는 중요한 요소이다. 교육과정은 보는 관점과 시각에 따라 매우 다양한 개념 정의를 할 수 있다. 특히, 현대 교육과정은 학교의 교육 활동 전체를 아우를 정도로 범위가 넓어졌기 때문이다.

사회과 교육과정은 교과로서의 사회과와 교육학의 내용 영역으로서의 교육과정을 연계한 전체적인 학교 교육 프로그램이다. 사회과는 민주 시민의 자질 육성, 사회 과학 교육, 반성적 탐구 등을 본질로 한다. 이와 같은 본질 추구를 위하여 사회과에서는 올바른 사회 인식과 사회생활을 통한 사회 사상(社會 事象)의 탐구를 지향한다. 나아가 사회 현상과 사회 문제, 사회적 이슈(issue)에 대한 사회 과학적 접근과 탐구를 통하여 문제 해결력, 탐구력, 창의력, 의사 결정력 및 메타 인지(meta cognitive) 등의 고급 사고력(high level thinking) 신장을 강조하는 교과이다.

사회과 교육과정은 사회과를 학교 교과로서 바람직하게 실행할 수 있도록 구성한 총체적 설계도·전개도이다. 일반적으로 교육과정이 총론, 각론을 포괄한 교육과정 영역 전체를 다루는 데 비하여, 사회과 교육과정은 사회과에 초점을 둔 교과 교육과정인 것이다. 환언하면, 사회과 교육과정은 사회 현상의 탐구, 사회 문제의 해결, 민주 시민의 자질 함양 등을 지향하는 사회과를 학교 현장에서 바람직하게 가르치고 배울 수 있도록 짜인 경험의 총체로서, 목표, 내용, 교수·학습 방법, 평가 등 일련의 교육과정 체계를 모두 포함한다.

따라서 본 장에서는 교육과정과 교육과정 개발에 관한 일반적인 이론을 고찰하고, 사회과 교육과정 개발의 기초적 토대를 이루는 이론과 실제를 탐색하고자 한다. 이를 위하여 세부적으로 사회과 교육에 대한 성격과 특징을 고찰한 토대 위에서, 사회과 교육과정의 유형과 개발의 쟁점 그리고 한국 사회 교육과정 개발의 체제와 실제를 심층적으로 탐색하였다. 또한, 우리나라 사회과 교육과정의 분석과 개발을 위해서는 반드시 외국의 사회 교육 및 사회과 교육과정의 변화와 흐름(trend)을 파악할 필요가 있다. 따라서 사회과의 종주국인 미국을 비롯하여, 유럽의 영국, 독일, 프랑스 그리고 우리나라 사회과에 지대한 영향을 미친 일본을 비롯하여 중국, 싱가포르 등 총 7개국의 사회과 교육과정과 사회과 교육과정 개발의 전체적 특징과 경향을 파악하였다.

1. 교육과정의 개념과 수준

교육과정(curriculum)의 분석과 개발은 교육과정 자체에 대한 개념 정의에서 출발하여야 한다. 교육과정의 개념과 정의를 명확하게 알아야, 교육과정 이론에 대한 고찰, 교육과정 분석 그리고 교육과정 개발에 이르기까지 일련의 과정에 바람직한 접근을 할 수 있기 때문이다. 교육의 설계도, 나침반으로서의 교육과정이 갖는 본질적인 개념과 정의를 분명히 규명하고, 교육과정이 갖는 특징과 교수·학습에 미치는 영향 등을 자세하게 파악할 때, 교육과정 연구의 튼실한 기초가 되기 때문이다.

교육과정의 수준은 국가 수준 교육과정, 지역 수준 교육과정, 학교(교사) 수준 교육과정 등으로 위계를 정할 수 있다. 국가 수준 교육과정은 국가적 공통성을, 지역 수준 교육과정은 지역의 특수성을 그리고 학교(교사) 수준 교육과정은 단위 학교와 각 교사의 독창성, 자율성, 재량성, 현실성 등을 특징으로 한다.

1) 교육과정의 개념과 정의

(1) 교육과정의 개념

최근 교육에서 교육과정은 본질적이고도 핵심적인 개념으로 받아들여지고 있다. 실제 교육과정의 개념과 의미, 그리고 정의는 매우 광범위하고 다양하다고 볼 수 있다.

교육과정은 보는 시각과 관점에 따라 여러 가지로 해석되고 의미를 부여할 수 있다. 시각과 관점의 범위, 전제와 중점, 수준과 준거, 교육 내용과 교육 방법 결정 요소 등에 따라 개념 정의를 다르게 할 수 있다(이경환 외, 2002: 1).

전통적으로 학교는 끊임없이 학생들에게 무엇인가를 가르쳐 왔다. 그 가르쳐 온 행위 자체는 곧 '교육'이고, 가르쳐 온 내용은 '교육과정'이 되는 것이다. 따라서 "의도적인 학교 교육을 통하여 학생들에게 주어진 교육 목표를 성취시키기 위하여 교육 내용을 선정하고 조직해 놓은 공통적인 기준"을 '교육과정'이라고 개념 정의를 하는 것이 일반적인 경향이다.

사실, 교육과정이란 용어는 매우 추상적이기 때문에 그 의미 자체가 모호하고 보는 사람의 철학적 배경 또는 견해, 관점에 따라 제각기 다른 정의를 내려 왔다. 즉 교육과정을 "학교에서 학생들에게 가르쳐야 할 내용과 주제의 개념을 열거한 깃, 학교의 지도 이래 계획적으로 제공히는 모든 경험, 학습 프로그램, 교과목의 모음, 학교 내의 모든 교육 활동 총체" 등으로 다양하게 정의하고 있는 것이다.

실제, 교육과정은 교과와 교과목으로서의 교육과정, 경험으로서의 교육과정, 목표로서의 교육과정, 계획으로서의 교육과정으로 볼 수도 있고, 의도된 교육과정, 전개된 교육과정, 영 교육과정 등으로 구분하기도 한다.

아울러, 교육과정은 위계 및 결정 주체와 역할 분담에 따라 국가 수준 교육과정, 지역 수준 교육과정, 학교 수준 교육과정, 교사 수준 교육과정으로 나누기도 하고, 교육 내용을 규정하는 교육 사조에 따라서는 교과 중심 교육과정, 경험 중심 교육과정, 학문 중심 교육과정, 인간 중심 교육과정 등으로 유형 분류를 하는 것이 일반적이다. 물론, 교과 교육학으로서 사회과 교육과정은 교과 중심형 사회과 교육과정, 경험 중심형 사회과 교육과정, 학문 중심형 사회과 교육과정, 반성적 탐구형 사회과 교육과정으로 구분하는 것이 일반적이다.

이와 같은 관점에서 보면 교육과정에 대한 개념 정의는 지식, 인간, 사회, 자연, 환경, 문화 등을 기반으로 아주 다양한 의미 해석을 할 수 있는데, 총체적·포괄적으로 의도적이고 계획적인 학교 교육에 적용하고자 하는 교육과정은 '형식적인 교육 목표와 교육 내용, 교수·학습 방법, 교육 평가 등을 체계적으로 조직한 통합적인 교육 계획'이라고 종합·정의할 수 있다.

(2) 교육과정의 정의

우리나라 초·중등학교의 교육과정은 교육기본법, 초·중등교육법에 의거하여 운영하도록 규정되어 있다. 교육기본법 제2조에는 홍익인간(弘益人間)의 교육 이념이 제시되어 있고, 초·중등교육법

제23조에는 초·중등학교의 교육과정을 교육과학기술부 장관이 정하도록 규정하고 있다. 또 이를 근거로 시·도 교육감은 지역 수준의 교육과정 편성·운영 지침을 작성할 수 있으며(동법 제23조 제2항), 이에 대하여 "학교는 교육과정을 운영하여야 한다(동법 제23조 제1항). 교육과학기술부장관은 교육과정의 기준과 내용에 관한 기본적인 사항을 정하고, 교육감은 교육과학기술부장관이 정한 교육과정의 범위 안에서 지역의 실정에 적합한 기준과 내용을 정할 수 있다(동법 제23조 2항)."라고 명시되어 있다. 이와 같은 교육과정 관련 법규에 의하여 초·중등학교 교육과정은 국가 수준에서 '기준'을 결정하고 이를 문서로 고시(공포)한 후 시행하여 왔다. 이 문서화된 계획이 제정, 공포 또는 고시된 기준 순차별로 각각 '제 몇 차 교육과정'이라고 통칭하고 있는 것이다.

우리나라 법규 문서에서 교육과정이라는 용어를 처음으로 사용한 것은 문교부령 제35호(1954. 04. 20.)로 공포된 '초등학교, 중학교, 고등학교, 사범학교 시간 배당 기준령'으로 이 기준령에서는 교육과정을 "각 학교의 교과목 및 기타 교육 활동의 편제를 말한다."라고 규정하였다(제1장 총칙의 제2조). 그 후 문교부령 제119호(1963. 02. 15)로 공포된 제2차 교육과정에서는 교육과정을 "학생들이 학교의 지도하에 경험하는 모든 학습 활동의 총화"를 의미한다고 규정하였다. 현행 초·중등교육법에서는 제23조 제①항 "학교의 교육과정 운영 의무", 제②항 "교육과학기술부 장관의 교육과정 기본 사항 결정, 교육감의 지역 교육과정 기준, 내용 선정" 등을 규정하고 있다.

결국, 교육과정은 '학습자의 학습 경험을 선정·조직하여 교육 경험의 질을 구체적으로 관리하는 교육의 기본 설계도'이다. 또한 교육과정은 '왜, 무엇을, 어떻게, 어느 수준과 범위로 가르치고 평가해야 하느냐'를 문서로 계획한 교육 설계도이기 때문에, 교육과정을 협의로 단순한 교육 내용으로만 볼 것이 아니라, 교육 목표, 교육 내용, 교수·학습 방법, 교육 평가, 환류(feedback) 등을 포괄하는 아주 광범위한 개념과 정의로 이해하여야 할 것이다.

2) 교육과정의 수준과 위계

우리나라 교육과정은 '문서화된 계획'으로서의 의미를 지니고 있다. 교육과정은 교육 내용을 결정하는 주체에 따라 국가 수준 교육과정 기준, 지역 수준 교육과정 편성·운영 지침, 학교 수준 교육과정 적용 등 세 가지 기준으로 구분된다. 학교 수준 교육과정에 교사 수준 교육과정을 포함하기도 한다.

최근 우리나라의 교육과정은 교육과정 결정의 분권화, 교육과정 구조의 다양화, 교육과정 내용의 적합화, 교육과정 운영의 효율화 등을 위하여 교육과정 편성·운영의 역할 분담 체계를 도입하고 있다. 국가, 지역(시·도 및 지역교육청), 학교가 교육과정 편성·운영에 관한 역할을 분담하여 교육의 과정(過程)과 결과의 질적 수준을 유지, 관리하고, 국가 수준의 공통성과 지역, 학교, 개인 수준의 다양성을 동시에 추구하고자 하였다. 즉 교육과학기술부가 법률에 의거하여 결정, 고시하는 국가 수준의 교육과정 '기준'과 시·도교육청에서 지역의 특수성과 교육 중점을 반영한 지역 수준의 각급 학교 교육과정 편성·운영 '지침', 그리고 직접 학생을 교육하는 단위 학교에서의 학교의 실정과 학생의 여건에 알맞게 조정한 학교 수준의 '학교 교육과정'을 모두 포괄하여 교육과정의 의미를 제시하고, 그 기능과 역할을 부여하고 있다(이경환 외, 1999: 156).

<표 1> 세계 주요 국가의 교육과정 개발 위계 수준

국가	국가 수준	지역 수준	학교 수준	비고
미국	1. 주(州) 정부가 공립 초·중등학교의 교육과정에 포함시켜야 할 교과에 관한 대강을 정함. 2. 주 교육 행정 기관은 교육과정의 대강적 기준으로 제시할 문서를 작성함(문서의 명칭이 다양함). :Course of study, Program Guide, Curriculum, Curriculum Guidelines, Minimum Educational standards)	1. 지방 학구 내의 학교에서 실제로 적용되는 교육과정 결정 권한은 최종적으로 지방 학구 교육위원회에 귀속. 2. 지방 학구교육위원회는 교육과정위원회를 조직하고, 주가 정한 제 규정에 따라서 학구 내의 학교의 교육과정 기준을 정해 주거나 표준적 교육과정을 제시함.	1. 학교는 지방 학구 교육위원회가 정한 교육과정 기준과 학교의 교육과정 기준을 토대로 하여, 학교의 교육과정을 편성함. 2. 학급 편제(다학년, 무학년제 등), 지도 방법(팀티칭, 교과 담임제 등) 등에 창의적으로 대응한 교육과정(학교)이 편성됨.	1. 연방 및 주 정부, 전국적 교육 단체, 교육 관계 민간 재단, 대학, 연구소 등이 교육과정 편성에 대한 정보 자료를 제공하고, 연구회, 현직 교육 등을 폭넓게 실시하고 있음. 2. 교육과정 개발, 교육계획 수립에 있어서 연방 정부의 역할이 확대되는 경향임.
영국	1. 1981년까지는 교육과학부가 교육과정 기준을 정하지 않고, 중앙교육심의회를 통해서 간접적으로 관여하고, 책임시하관을 통해서 강습회, 지도서 등으로 교육 내용 및 방법에 관한 지방 당국, 교장, 교원 등을 지도 조언함. 2. 1988.7.29. 'Education Reform Act'를 공포하고 동(同) 법에 의거 국가 교육과정을 제정함(중핵 교과, 기본 교과).	1. 지방 교육 당국은 시학이 교육과정 편성에 대하여 교장, 교원들에게 지도, 조언을 함. 2. 교원 Center가 지방 수준에서 교육 현장에 알맞은 교육과정 개발에 공헌하고 있음.	1. 국가 교육과정에 의거 도달 목표, 학습 지도 계획(학습 Program), 평가 계획 등의 구체적인 실천 계획을 세우고 운영함.	1. 교육과학부는 칙임 시학관을 통해 지도함 2. 칙임 시학관은 지도서 등을 작성하고 교육과학부 주최의 강습회 지도자가 됨. 3. 학외 시험 제도(GCSE: General Certificate f Secondary Education)가 있어서 그 출제요목이 교육과정의 대강적 기준의 역할을 함.
독일	1. 학교의 교육 목표는 각 주별로 주 헌법, 학교법, 교육부령에 규정되어 있음. 2. 각 주 교육부는 전문가로 구성된 위원회의 보고에 기초를 두어 교육 목표를 구체화한 교육과정 기준(명칭, 내용 다양)을 부령 혹은 규칙으로 작성 공포함. 3. 각 주 교육부 장관 상시회의(KMK)는 교육과정 편성의 기준 방침에 대해 전국적인 관점에서 조정을 하게 됨.	1. 원칙적으로 관여하지 않음.	1. 학교는 교육과정 기준의 범위 내에서 지역과 학교의 특성을 고려하여 당해 학교의 교육과정을 편성함.	1. 연방 교육부는 교과서의 검정을 실시하고, 교원용 지도서 및 해설서를 편찬 배포함. 2. 각 교육 단계별로 각 학교, 교원에 대하여 지도·조언을 실시함.

국가	국가 수준	지역 수준	학교 수준	비고
프랑스	1.교육 기준법에 초등학교, 중등학교 교육의 목표, 이념과 "교육의 내용은 부령으로 정한다."라고 규정됨. 2.교육부 장관이 초·중등학교의 교과별, 학년별 주간 수업 시수, 연간 학습지도 계획의 기준을 결정하고 공포함. 3.교육부 장관은 위와 같은 내용을 자문 기관인 국민고등교육심의회에 회부함.	1.대학구 총장, 대학구 시학관은 지방, 지역의 상황에 알맞게 교육 내용의 일부를 변경, 조정할 수 있는 권한을 부여받고 있음.	1.학교장은 교육부 장관이 공포한 교육과정 및 그 편성 상의 유의점, 세목에 의거 주 수업 시간표 및 지도 계획을 수립하여 실천함.	1.각 지도 단계별로 시학관이 각 학교, 교원에 대하여 지도, 조언을 실시함.
일본	1.문부 대신이 교육과정의 국가 기준으로서 '학습 지도 요령'을 작성 고시함(유·소·중·고교). 2.'학습 지도 요령'을 작성하고 개정할 경우, 문부 대신은 교육과정 기준 기본 방침에 대하여, '교육과정 심의회'에 자문함과 동시에 협력자 회의, 교육위원회 등 관계 기관, 실험 연구 학교 등의 협력을 요청함.	1.도(都), 도(道), 부(附), 현(縣) 교육위원회는 지방 기준을 규정함(예: 동경도 공립 중학교 교육과정 편성 요령). 2.시(市), 정(町), 촌(村) 교육위원회는 교육 내용의 기본적 사항을 정함.	1.학교는 국가, 지방 기준의 범위 안에서 지역의 실태 및 학생의 특성을 고려하여 교육과정을 편성함. 2.학습 지도 요령 총칙 제1항에 의거하여 학교의 교육과정 편성을 제시하고 있으며, 각 현(縣), 시(市), 정(町), 촌(村) 교육위원회의 규칙으로 학교 교육과정 편성 보고를 규정하고 있음.	1.문부성은 연구 협의회, 강습회 등을 개최하고, 교원용 해설서를 작성하여 배포함. 2.문부성은 교과를 관리 담당함. 3.문부성은 도(都), 도(道), 부(附), 현(懸), 시(市), 정(町), 촌(村) 교육위원회에 대하여 필요한 지도, 조언을 함.
중국	1. 중앙집중식 교육과정 개발을 하되, 지방(지역)의 자율성 최대 보장. 2. 수시 개정 체제 채택. 3. 일반적으로 약 10년 주기로 개발. 4.교육부(기초교육사+기초교육과정교과서 발전센터) 주관.	1. 각 지역별 의견 조사 실시(도시, 농어촌 등). 2. 전체적 골격은 중앙에서 결정하여 고시하나, 세부적인 실행 사항은 지방(지역)에서 관장.	1.전 학교가 개정·개발된 교육과정의 실험학교화. 2.신교육과정의 안정적 착근 강조. 3. 각 학교에서 학교 실정, 학생 수준 고려 선택 과목 선정 이수.	1. 건국 이후 7차례 개정. 2. 2001년 대대적, 획기적 개정. 3.교육과정 개정 시 총론, 각론, 교과서, 교사용 지침서, 학습자료 공동 개발.
싱가포르	1. 중앙의 교육부 주관. 2. 국가 수준 교육과정 질 관리. 3. 지역의 특수성을 고려한 개발. 4. 학력 시험, 상급학교 진학 시험(PSLE, GCE)과 연계된 교육과정 개발.	1.교육부의 국가 수준의 범위 내에서 지역교육과정 개발 제공. 2.각 지역별 교육과정에 대한 개발팀제 운영.	1.학교 단위의 교육과정 개발과 실행이 활성화됨. 2.특성 있는 학교교육과정 개발 운영(학교 특성화).	1.초등 6년, 중등 4년의 공통 교육과정 운영. 2.1981년 사회과 교수요목 선정. 3.사회과+도덕교육.

국가	국가 수준	지역 수준	학교 수준	비고
한국	1.교육과학기술부 (2008.02.25 이전 교육인적자원부) 장관은 초·중등 교육법 제23조 제2항에 의거하여 초·중등학교 교육 목적과 교육 목표를 달성하기 위하여 국가 수준 교육과정 기준을 문서로 결정, 고시함. 2.초·중등학교에서 편성·운영하여야 할 학교 교육과정의 공통적, 일반적인 기준을 제시함. 3.교육과학기술부 장관은 관계 전문가, 연구 기관 등에 교육과정안의 개발을 위탁하여 작성하게 하고, 대통령령 제14920호에 의거 설치된 '교육과정심의회'의 지문을 얻어 결정함. (한국은 2008년 2월 25일, 이명박 정부 출범시 교육인적자원부를 교육과학기술부로 개칭함)	1.시·도 교육감은 초·중등교육법 제23조 제2항에 의거하여, 교육부 장관이 정한 국가 수준 교육과정의 범위 안에서 지역 실정에 적합한 기준과 내용을 정함. 2.시·도 교육감은 국가 수준의 교육과정에 의거하여 각급 학교 교육과정편성·운영 지침을 작성하고, 이를 관내의 지역교육청과 각급 학교에 제시함. 3.시·도는 교육과정의 편성·운영에 관한 조사 연구와 자문 기능을 담당할 교육과정위원회를 구성하여 운영함. 4.시·군·구의 지역 교육청에서는 시·도의 각급 학교 교육과정 편성·운영에 관한 지침을 기초로 하여 학교 교육과정 편성·운영에 관한 실천중심 장학 자료를 작성하여 관내 초·중등학교에 제시함.	1.학교는 초·중등교육법 제23조 제1항에 의거하여 학교 교육과정을 편성·운영함. 2.학교는 국가 수준의 교육과정과 시·도의 교육과정 편성·운영 지침, 지역 교육청의 학교 교육과정 편성·운영에 관한 장학 자료를 바탕으로 하여 학교 실정에 알맞은 학교교육과정을 편성·운영함(학교장). 3.학교 교육과정의 합리적인 편성과 효율적인 운영을 위하여 교원, 교육과정 전문가, 교과 전문가, 학부모 등이 참여하는 학교교육과정위원회를 구성하여 운영함. 4.학교는 학교 교육과정 편성·운영 계획을 바탕으로 학년, 학급, 교과목별 교육과정을 편성할 수 있음.	1.교육과학기술부, 시·도 및 지역 교육청, 학교가 교육과정 편성·운영의 역할을 분담하고 있음. 2.교육과학기술부, 시·도 교육청, 지역 교육청별로 장학진이 교육과정 편성·운영에 대한 지도조언을 함. 3.교육과학기술부가 교육과정 해설서를 발간, 보급함. 4.교육과학기술부가 교육과정과 병행하여 시·도 대표 교원 및 교육전문직에 대한 연수를 실시하고, 시·도 교육청, 지역 교육청 및 학교에서는 자체 연수 계획을 수립하여 교육과정 연수를 실시함.

* 출처: '한국교육과정평가원, 2005: 6－147. 교육인적자원부, 1997: 10－50. 이경환 외, 2002: 306－308. http://www.inca.org.uk' 등 자료를 종합하여 연구자 재구성

이러한 학교 중심 교육과정의 도입은 '교과서 중심' 학교 교육을 '교육과정 중심' 학교 교육으로 전환시킴으로써 의도된 교육과 전개된 교육, 실현된 교육을 최대한 연계하여 모색하고자 하는 시도(試圖)이다. 교육과정의 편성·운영이 교육부, 시·도 교육청, 지역 교육청, 단위학교 등으로 순차적·일방적으로 내려오던 과거의 불합리한 관행을 탈피하여 이들 교육과정 조직들이 상호 쌍방향적·보완적 의사소통이 유기적으로 이루어지도록 기대하는 것이다.

교육과학기술부, 시·도 교육청 및 지역 교육청, 학교가 교육과정 편성·운영의 역할 분담 체제를 확립한 것은 교육의 질을 효과적으로 지도·관리하기 위한 교육과정 정책의 획기적 변화라고 할 수 있다. 이는 다양한 교육과정의 운영과 자율화를 도모하고 교육 내용과 방법 개선의 활성화를 모색하려는 것이다.

국민 공동 이익을 추구하기 위한 공교육을 국민으로부터 위탁을 받아 국가 관리 체제로 수행하고 있는 현대 국가들은 불가피하게 교육 내용과 질(質)의 보증에 관여하지 않을 수 없게 되었다.

국가에서 계획된 교육과정 문서는 그 자체가 '학교 교육과정'과는 거리가 있는 상위 수준의 추상적, 공통적, 일반적, 기본적, 요강적 기준이기 때문에, 정부의 고시 문서인 '국가 수준 교육과정' 그 자체를 단위 학교의 '학교 교육과정'과 동일시해서는 안 되는 것이다.

<표 1>은 우리나라를 비롯한 세계 주요 국가의 교육과정 개발의 위계 수준을 비교한 표이다. 이 표에 제시된 대로 미국, 영국, 프랑스 등 선진국에서는 대체로 교육과정 개발의 위계 수준이 하향식으로 민주적 운영을 하고 있다. 적절한 수준의 교육과정 개발과 실행 권한을 지역 및 단위 학교에 이양하고, 그 권한도 최대한 위임하고 있는 점이 오늘날 교육과정의 분권화·분산화와 일맥상통한다고 볼 수 있다. 최근 많이 분권화되었다고는 하지만, 아직도 중앙 집중형의 교육과정 개발 방식을 취하고 있는 우리나라에 시사하는 바가 크다고 본다(이경환 외, 2002: 306－308).

(1) 국가 수준 교육과정

초·중등학교의 교육 목적과 교육 목표를 달성하기 위하여 초·중등교육법 제23조 제2항에 의거하여 교육과학기술부 장관이 문서로 결정, 고시(告示)한 교육 내용에 관한 전국 공통의 일반적인 기준이 '국가 수준 교육과정'이다.

국가 수준 교육과정은 초·중등학교에서 편성·운영하여야 할 학교 교육과정의 교육 목표, 교육 내용, 지도 방법, 교육 평가, 운영 방식 등에 관한 국가 수준의 기준 및 지침이 제시되어 있다. 이 국가 수준의 교육과정은 학교 교육과정의 기준으로서 법적 구속력을 갖고 있다.

교육과정의 결정이 국가, 시·도 및 지역 교육청, 학교에서 분권화되어 역할을 분담하고, 지역 실정과 학교 여건에 부합되게 편성·운영의 자율권이 점차 확대되고 있는 추세인데, 국가 수준 교육과정이 국가 고시(國家 告示) 형태를 띠는 이유를 고찰하면 다음과 같다(이경환 외, 2002: 11).

첫째, 초·중등학교 교육은 보통 교육이기 때문에 국민으로서 필요한 공통적이고 일반적인 기준이 적어도 국가 수준에서 설정되어야 한다.

둘째, 전국의 모든 학교에서 일정한 수준과 질의 교육을 보장하기 위해서는 전국 공통의 기준이 필요하다.

셋째, 단계별 교육은 교육 내용의 영역, 범위, 수준, 학습량 등에 있어서, 계통성과 일관성을 필요로 하기 때문에 교육 내용의 학년 또는 단계적인 체계 및 일관성을 유지하기 위해서는 국가 수준의 기준이 필요하다.

넷째, 각급 단위 학교에서 이루어지는 교육이 공교육의 입장에서 객관적으로 질 관리가 되도록 교육의 일정 수준을 유지, 향상시키기 위해서는 국가 수준의 기준이 필요하다.

다섯째, 교육에 가해질 우려가 있는 부당한 압력이나 간섭, 편향된 교화(敎化), 선전 등을 방지하여 교육의 중립성을 확보하기 위해서는 국가 수준의 기준이 필요하다.

이와 같은 국가 수준 교육과정의 의미는 지역 및 학교 교육과정의 범위와 경계를 정한다는 의미에서 매우 중요하다. 특히 국가 수준 교육과정은 법적 구속력을 갖고 학교 교육과정의 편성·운영에 관한 권력적인 관여를 하고 있으나, 융통성 있고 탄력적인 적용과 전문적인 지도, 조언 등의 비권력적인 관여가 조화롭게 병행되어 교육의 목적 달성에 필요한 교육적인 기준으로서 지역 및 학교의 자율성 보장을 염두에 두는 것이 중요하다.

(2) 지역 수준 교육과정

국가 수준의 교육과정 기준은 전국의 모든 학교에서 편성·운영하여야 할 교육 내용의 공통적·일반적·포괄적인 기준이므로, 각 지역의 특수성과 각 학교의 다양한 요구와 필요를 국가 수준의 교육과정에 모두 반영한다는 것은 불가능한 것이다. 따라서 시·도 교육청 수준에서는 국가 수준의 교육과정에 획일적으로 제시하기 어렵거나 세밀하게 규제함이 바람직하지 않은 사항을 당해 지역의 특수성과 학교의 실정, 학교의 실태, 학부모 및 지역 사회의 요구 그리고 해당 지역과 학교의 교육 여건 등에 알맞게 정하고, 지역의 교육 중점 등을 선정하여 관내 각급 학교가 교육과정을 편성·운영할 때 준거로 활용하도록 하기 위해서, 시·도 교육청별로 '교육과정 편성·운영 지침'을 작성하여 학교에 제시하는 일이 필요하다.

지역 수준 교육과정은 시·도 단위 또는 시·군·구 단위의 지역 특성과 실정, 필요, 요구 등이 반영된 국가 기준의 보완적이고 재구성적인 교육과정 편성·운영 지침이라고 할 수 있다. 지역의 특수성과 실정에 알맞게 조정한 편성·운영 지침이 곧 지역 수준 교육과정인 것이다.

우리나라에서는 현재 초·중등교육법 제23조 제2항에 지역 수준 교육과정 편성·운영의 법적 근거가 제시되어 있다. 자율과 창의를 바탕으로 하는 교육과정의 편성·운영을 위하여, 시·도 교육청 수준에서 각급 학교 교육과정 편성·운영 지침을 작성하여 관내 지역 교육청과 각급 학교에 제시하여야 할 책무를 부과하였을 뿐만 아니라, 시·군·구의 지역 교육청에서도 학교 교육과정 편성·운영에 관한 '실천 중심 장학 자료'를 개발하여 관내 학교에 제공하도록 규정하였다(교육법전편찬회, 2007: 23).

따라서 국가 수준 교육과정 기준에 시·도 교육청과 지역 교육청 등에서 지역 수준의 교육과정 편성·운영 지침과 장학 자료를 개발, 제시, 제공할 수 있는 근거를 마련해 줌으로써 시·도 교육청, 지역 교육청이 각급 학교의 교육과정 편성·운영에 전문적·기술적으로 관여하게 되었으며, 장학의 핵심적인 업무가 교육과정의 편성과 운영으로 자리잡을 수 있게 되었다. 특히, 지역의 특수성에 따른 교육 의도와 교육 중점을 각 시·도 교육청의 지침을 통해서 제시함으로써, 각급 학교가 교육과정의 정상적인 편성운영을 통해서 이를 실천하고, 지역과 학교에 부여된 자율권, 재량권을 충분히 발휘할 수 있는 여건이 마련된 것이다.

(3) 학교(교사) 수준 교육과정

학생들을 교육하는 학교에서, 학생들에게 무엇을, 얼마나, 어떻게 가르치고 평가하느냐의 문제는 교육의 핵심적인 일이다. 그러므로 교육의 본질 차원에서 학교 교육에서 학교 교육과정의 중요성은 아무리 강조해도 지나치지 않을 것이다.

실제적으로 학교 교실 교육의 최종 결정자는 곧 교사이다. 교사는 실제적으로 교육을 담당하고 있는 학교 교육의 주체이고 실행자·실천자이기 때문이다. 국가 수준 교육과정과 지역 수준 교육과정 편성·운영 지침을 아무리 세밀하고도 훌륭하게 만들어도 학교 교육의 실천자가 목표와 내용을 명확하게 하지 않거나, 교실에서의 교육과정을 다양하게 운영하지 않으면 효율적인 교육 실행과 효과적인 목표 달성은 기대하기 어렵기 때문이다.

단위 학교가 일련의 교육 실천 계획을 수립하고, 중점 교육 내용과 방법을 선택하고자 할 때, 그 근거는 어디까지나 국가 수준의 기준과 지역 수준의 지침이기 때문에, 각 단위 학교에서는 이 기준과 지침을 면밀하게 분석하여 당해 학교의 실태와 여건을 파악하여 세부 계획을 수립, 실행하여야 한다.

학교 교육과정은 국가 수준 교육과정 기준과 지역 수준의 교육과정 편성·운영 지침, 실천 중심 장학 자료 등을 근거로 하여 지역의 특수성과 학교의 실정 및 여건에 알맞게 학교별로 마련된 '의도적인 교육 실천 계획(school program)'이다(이경환, 1994: 48). 즉 학교가 수용하고 있는 학생들에게 책임지고 실현하여야 할 교육 목표, 교육 내용, 교수·학습 방법, 교육 평가 등 일련의 교육 과정(敎育 過程)에 관한 실천가능한 구체적인 실행 교육과정이고, 특색 있는 당해 학교 교육의 설계도(設計圖)이며, 나아가 상세한 학교 교육 운영의 세부 실천 계획이다.

그러므로 학교 교육과정의 내용은 지식과 이를 구성하는 사고의 양식, 생활 경험, 공동체 경험 등을 포함하여 구체적 교수·학습 과정을 의미하므로 학교 교육을 둘러싸고 있는 제반 관련 요인들과의 상호 유기적인 관계를 중시하는 개념으로 보아야 한다.

이와 같은 점을 전제하고, 발전하는 현대 사회에서 교육의 질 제고를 위한 학교 수준 교육과정, 교사 수준 교육과정을 편성·운영해야 하는 필요성은 다음과 같다.

첫째, 교육의 효율성을 고양하기 위해서 학교 교육과정은 필수적이다. 국가 수준, 지역 수준의 교육과정을 당해 학교(교사)의 실정을 알맞게 지속적으로 보완, 조정함으로써 학생의 실태에 적합한 학습자 중심의 교육과정을 다양하게 운영하는 것이 중요하다.

둘째, 교육과정의 적합성을 높이기 위해서 학교(교사) 교육과정이 필요하다. 실제, 학교 교육과정 편성·운영은 국가 수준의 공통성과 지역, 학교, 개인 수준의 창의성·다양성 등을 동시에 추구하는 교육과정이라는 성격을 지니고 있으므로 교원·학생·학부모 등 교육 공동체 모두가 함께 실현해 나가는 교육적인 노력이 필요한 것이다.

셋째, 교원의 자율성과 전문성 신장을 위해서 학교 교육과정이 필요하다. 학생들의 능력과 욕구를 가장 잘 이해하고, 학교의 지역적인 특수성을 잘 알고 있는 교사들이 학교(교사) 교육과정 편성·운영에 능동적으로 참여하도록 유도함으로써, 자율성과 전문성을 신장시킬 수 있는 교사의 '교육과정 편성·운영권'은 교원의 전문성 및 교권 신장의 시발점인 것이다.

넷째, 교육의 다양성을 추구하기 위해서 학교(교사) 교육과정이 필요하다. 즉 구태의연하고 획일화된 교육 내용, 교육 방법, 교육 환경에서 탈피하여 다양성을 전제로 한 '한 줄로 세우는 교육에서 여러 줄로 세우는 교육'으로 그리고 '교과서 중심 학교 교육 체제에서 교육과정 중심 학교 교육 체제'로의 전환을 모색하여야 하는 것이다.

다섯째, 학습자 중심의 교육을 구현하기 위해서 학교(교사) 교육과정이 필요하다. 교육 수요자인 학생들의 다양한 요구와 흥미, 적성 등을 수용하고, 교육 내용에 대한 학생들의 선택권을 확대하기 위해서는 발달 단계에 알맞은 구체화된 당해 학교의 교육과정이 필수적이다.

　결국, 교육과정의 기본 정신을 구현하기 위해서는 국가에서 부여한 '주어지는 교육과정'의 틀에 안주하기보다는 교육 실천·실행이 이루어지는 학교 현장에서 '만들어 가는 교육과정'의 흐름으로 교육과정 관점과 시각의 전환이 필요하다. 따라서 교육과정 기준 자체의 타당성이나 적합성은 물론, 앞으로는 학교 현장에 이미 주어져 있는 교육과정 편성·운영의 자율성, 융통성, 창의성을 어떻게 발휘하느냐가 보다 중요한 것이다. 교육과정 개발과 실행은 이론과 실제의 종합적 접근이기 때문이다. 그리고 그 중심에 학교와 교사가 있기 때문이다.

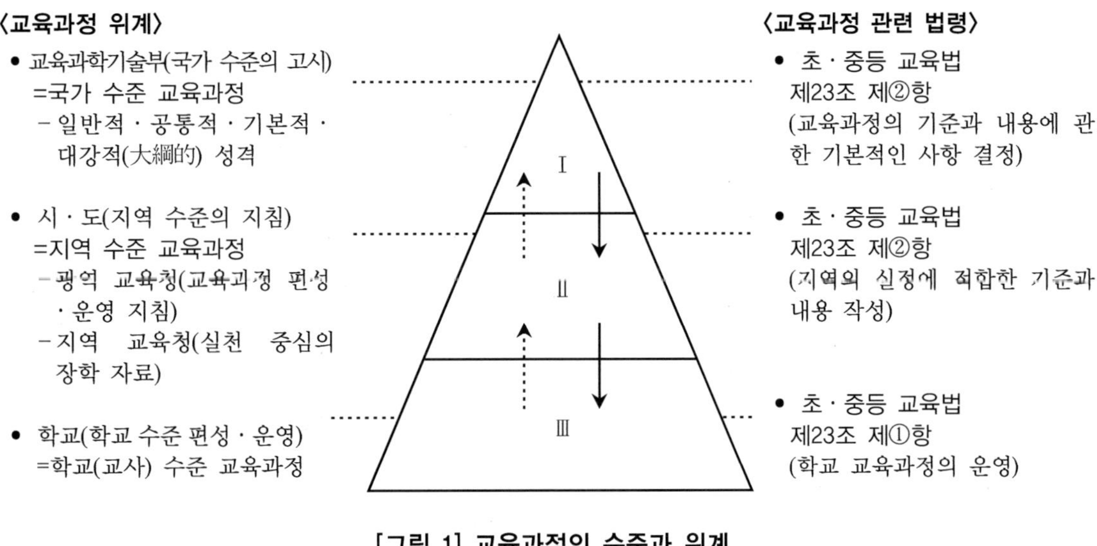

[그림 1] 교육과정의 수준과 위계

　* 출처: '김재춘 외, 2003: 161－169'를 참고하여 연구자 재구성

2. 교육과정 개발과 요구 사정(要求 査定)

　교육과정 개발은 교육과정 자체의 실제적 설계, 편성, 구안의 의미와 함께, 소위 '만들어진' 교육과정을 실제 학교 현장에서 실행·적용하는 두 가지 의미를 모두 포함하고 있다. 최근에는 대체로 설계와 실행을 모두 포함하는 개념으로 이해하는 것이 주류이다.

　한편, 교육과정의 요구 사정(要求 査定·need assessment)은 교육과정 관련자들의 기대와 희망을 분석하여 정책과 사업에 반영하는 것이다. 교육과정 개발의 요구 사정에서는 교육 및 교육과정과 관련되는 인사들의 요구와 기대 그리고 제안 사항을 수렴, 분석하여 교육과정 개발에 적절하게 반영하기 위해서 실행하여야 한다.

1) 교육과정의 개발

교육과정 개발은 두 가지 의미가 있다. 하나는 교육과정의 설계, 편성, 구안의 의미이고, 다른 하나는 이렇게 '만들어진' 교육과정을 실제 학교 현장에서 실행·적용하는 의미이다. 최근에는 대체로 설계와 실행을 모두 포함하는 후자의 논리에 의견을 같이하는 추세이다.

본 절(節)에서는 교육과정 개발의 기초적 이론 고찰로써, 교육과정 개발의 기본적 원리, 일반적 이론 등을 고찰하여, 교육과정 분석과 교육과정 개발의 일반적 준거를 추구하고자 한다.

(1) 교육과정 개발의 의미

일반적으로 교육과정 개발(開發)은 교육과정 설계(設計·design)와 교육과정 작동(作動·engineering), 즉 실행(implementation)의 두 가지 의미를 모두 포함하고 있다(이성호, 2006: 34). 이 두 가지 의미는 베어챔프(G. A. Beauchamp)가 제시하고 있는 교육과정 이론의 하위 이론으로서, 설계 이론과 작동 이론으로 구분하여 고찰해 볼 수 있다.

우선, 교육과정 설계는 각급 학교 교육을 통해서 성취해 나가도록 정리·배열해 놓은 목표와 문화 내용의 실체(實體)와 조직(組織)을 의미한다. 반면, 교육과정 작동은 학교에서 교육과정 체계가 그 기능을 수행해 나가는 데 필요한 모든 과정(過程)의 실행을 의미한다. 이때 가장 기본이 되는 과정으로는 교육과정 계획, 교육과정 실천 그리고 교육과정 평가가 포함된다.

교육과정 개발에서 설계는 다분히 이론적인 측면에 초점이 있다고 볼 수 있으며, 교육과정 작동은 교육과정 편성 및 운영이라는 실제적 측면에 초점을 맞추고 있다고 볼 수 있다.

교육과정 설계는 교육과정 조직의 여러 요소들, 즉 목표, 내용, 학습 활동, 평가 등 일련의 과정과 시스템을 구안, 계획하고 선택하는 의사 결정이 주류를 이룬다. 이러한 의사 결정은 여러 가지 관련된 철학적·심리적·사회 문화적 기초의 면밀한 검토와 분석 위에 이루어지기 마련이다(이성호, 2006: 34 - 40).

교육과정 작동은 교육과정의 내용을 실제로 행동에 옮기는 활동, 즉 교수·학습 현장에서 적용, 실천하는 데 따르는 절차와 과정에 대한 문제를 검토하게 되는 것이다. 즉 교육과정 작동은 교육과정 실행을 의미한다.

교육과정 개발을 계획과 실행의 종합으로 간주하는 소트(E. C. Short)는 교육과정 실행(implementation)과 실천(practice)을 구분한다(E. C. Short, 1993: 77). 교육과정 개발은 근본적으로 교육과정 설계와 작동(실행)의 두 측면을 모두 포함한다. 따라서 교육과정 개발은 이론과 실제의 통합을 이루려는 시도이다(이성호, 2006: 35).

교육과정 개발은 이론적인 문제의 검토에서 시발한다. 누구에게, 무엇을, 어떻게, 어떠한 목표를 갖고, 어떠한 교수 원리 아래, 그것들을 어떻게 관철시킬 것인가를 구체화하고 정당화시키는 데 따른 여러 가지 역사적, 철학적, 심리적, 사회 문화적 요구와 질문들을 분석하고 규명하는 일이 중요한 과제이다. 교육과정의 실천, 실행이 전제되어야 하지만, 반드시 튼튼한 기반의 이론 아래 개발되어야 하는 이유가 여기에 있다.

그런 의미에서 고윈(D. B. Gowin, 1981)이 교육과정을 "교수·학습의 개념 체계에 관련된 여러 가지 사상(事象)들을 분석한 지식과 가치 주장들을 논리적으로 연계시켜 모아 놓은 일련의 모음"이라고 정의한 것은 교육과정 개발의 본질적인 과업을 명확하게 밝혀 준 것이라고 할 수 있다.

다음, 교육과정의 작동(실행)은 교육과정의 편성과 운영이라는 실제적 운용(運用) 측면이다. 베어챔프(G. A. Beauchamp, 1981)는 교육과정 운용 및 작동에 대해 다음의 세 가지 내용을 제시하고 있다.

첫째, 교육과정의 계획(計劃)이다. 교육과정 개발의 참여자들이 구체적인 실천 계획을 수립하는 것으로써, 의사 결정을 명세화하고, 또 실제로 교육과정을 실천에 옮기는 사람들이 활용할 수 있는 구체적인 운영 지침을 제시하는 것이다.

둘째, 교육과정의 실천(實踐)이다. 교육과정의 계획을 실제 행동으로 옮기는 것으로, 좁게는 교실 현장에서, 넓게는 학교 내외에서 이루어지는 학교 활동 전반까지를 포괄한다.

셋째, 교육과정 계획에서 교육과정 시행으로 이어지는 일련의 교육과정 작동은 결국 평가(評價)로 이어진다. 즉 교육과정 평가는 교육과정 개발의 마지막 단계이다. 물론, 다시 환류(feedback)를 거쳐서 이론적 검토, 계획, 실천, 평가 등 일련의 과정을 개선해 나가는 계속적 절차를 수행하게 되는 것이다.

한편, 교육과정 개발은 현대 사회의 변화와 발전으로 인한 교육과정 변화에 대한 요구에서 출발한다. 변화와 발전이 특징인 현대 사회는 지식의 양석 팽창, 교육에 대한 학습자와 사회의 끊임없는 요구, 문화적 다양성, 가치관의 혼미, 권력의 다원화 등을 초래하였고, 교육과정에 많은 시사점을 제시하였다(권낙원, 1997: 222).

(2) 교육과정 개발의 원리

① 종합적 과정

교육과정 개발은 교육과정 계획·실천·평가·환류에 이르는 일련의 과정에 관련되는 제 요소들을 체계적으로 분석하고 통합하는 종합적 과정이다.

교육과정의 역사에서 되돌아보면, 과거의 교육과정 개발은 주로 기계적이고 단순한 작동적, 운용적 기술에 지나치게 많은 관심을 치중한 것이 사실이다. 즉 목표 설정에서부터 내용 선정과 조직, 실천 그리고 평가로 이어지는 단순한 선형적 모형(linear model)에 따라 기계적으로 움직여 온 것이다. 교육과정 설계를 위한 심오한 이론적 연구에 바탕을 둔 연역적 논리보다는, 실천을 통한 경험에서 발전되는 귀납적 경향이 농후했던 것이다. 따라서 대부분의 교육과정 개발은 전반적이고 종합적이라기보다는 대체로 특수적이고 부분적인 경향이 많았다고 볼 수 있다. 물론, 교육과정 개발이 미시적이고 부분적인 것이 배제되어서는 안 되겠지만, 그것이 교육과정 전체라는 범주 안에서 부분 간에 상호 유기적인 관련성을 견지하지 못할 때, 교육과정 소기의 목적 달성은 상당한 난관에 봉착한다는 점을 유념하여야 한다.

② 자아실현의 과정

일반적으로 교육과정 개발은 이를 주도하는 기관 내지 사람(人士)들의 자아실현의 과정이라고 할 수 있다. 이러한 자아실현의 과정은 학교는 물론, 지역, 사회, 국가와도 두루 관련성을 맺고 있는 것이다.

과거 한국의 교육과정은 서구(西歐) 교육과정과 교육 제도 및 서구 문화를 맹목적·무비판적으로 수용한 경향이 있었으므로, 이제 우리나라 나름대로의 교육적 특성을 추출하는 연구가 절실하다고 하겠다. 한국의 교육과정이 한국적 특성이 별로 없다는 지적은 이와 같은 서구 등 외국의 교육과정을 무비판적으로 수용하였다는 반증이기도 하다.

교육과정의 창의성과 독창성 확립 차원에서, 모든 학교들이 획일화된 틀 속에서 단순히 똑같은 하나의 학교에 불과한 미분화된 존재로부터, 학교별로 정체성(正體性)을 확립하고 단위 학교별로 특성(성실·정직한 개발·integrity)을 기할 수 있는 자아 분화(ego differentiation)를 이룩하는 일은 바로 당해 학교의 교육과정 개발에 달려 있다고 할 수 있다(이성호, 2006: 36). 모든 학교가 나름대로의 자아실현을 위한 개별성, 독창성, 자율성, 재량성 등을 신장시키기 위한 교육과정의 개발 과제를 안고 있는 것이다.

특히, 1990년대 이후, 한국에도 학교 교육과정이 활발하게 설계·적용되고 있고, 각 학교마다 특성 있는 교육과정을 편성·운영하고 있는 편이다. 이는 이제 어느 정도 각 학교의 여건과 특색을 살린 자아실현의 교육과정을 구현하고 있는 과정이라고 볼 수 있어서 과거에 비해서 상대적으로 매우 고무적이라고 볼 수 있다. 이러한, 학교 교육과정의 특성 추구는 제7차 교육과정, 2007년 개정 교육과정의 기본 정신이기도 하다.

③ 점진적 개혁 과정

교육과정 개발은 우리가 당면하고 있는 교육의 부단한 질문들에 대한 유용한 해답을 추구하며, 미래의 보다 나은 교육의 실현을 위한 점진적 개혁 과정이다.

사실, 유토피아(utopia)에 대한 인간의 본능적인 동경은 인간의 이상을 끊임없이 상승시켜 왔으며, 그것을 따라가려고 하는 현실 간의 간격(gap)을 인류의 역사에 항존(恒存)시켜 왔다. 이러한 이상과 현실 간의 차이는 인간들로 하여금 현실의 교육에 대한 많은 이의와 물음을 제기하여 왔으며, 그 해답을 찾음으로써 현실과 이상 간의 간격(gap)을 최소화하려고 노력하였다.

과거에는 교육과정 개발이 학교의 여러 가지 과업에서 주변적이고 부차적인 것처럼 보인 경우가 많았다. 하지만 교육과정 개발은 미래의 학교와 교육이 어떠한 모습이 되어야 하고, 무엇을 해야만 하는가에 대한 이상과 발전 방향을 끝없이 창출해 내는 선도적 기능을 수행하는 활동이다.

시대 변화와 사회 발전의 복잡성, 다양성, 신속성, 전문성을 더해 가는 현대 사회에서 교육은 당연히 시대와 사회를 선도하고 변화를 반영해야 한다. 교육과정 개발은 현 시대와 사회의 사회 변화에 대한 교육적 질문에 대한 정제된 대답이자, 미래 사회 변화에 발전에 대한 교육적 대안을 창출하는 개혁 과정인 것이다(이성호, 2006: 38).

④ 집단 의사 결정 과정

교육과정 개발은 요구 사정에서부터 교육과정 개발에 참여하는 많은 사람들 간의 협동적인 합의에 바탕을 둔 집단 의사 결정 과정 중의 하나이다.

사회 분화가 덜 되었던 과거에는 학교 제도가 단순하고, 학교의 수나 학생 수가 많지 않았고, 또 단위 학교의 크기나 규모가 크지 않았다. 그와 같은 정태적 사회에서는 교육에 대한 요구가 대체로 단순하고 동질적이었으며, 관련자들의 의사소통과 합의 과정이 복잡하지 않았다. 하지만 현대 사회처럼 양적으로 대량화되고, 질적으로 복잡성이 심오해진 가운데 교육에 대한 기대는 날로 다양화되고 그 합의와 의사 결정이 쉽지 않게 되었다.

실제, 현대 사회의 교육과정 개발에서는 학습자 입장, 교과 전문가 입장, 국가·사회의 입장, 교육 행정가의 입장, 지역 사회 인사 및 학부모의 입장 등 다양한 각계각층 사람들의 갈등의 폭과 깊이가 날로 증대해지고, 나아가 이념과 철학이 풍부해지고 있다.

동서고금을 막론하고, 교육에서는 수많은 개혁적 구호, 슬로건, 정책 등을 제시하여 왔다. 하지만 그러한 것들이 실제로, 현실적으로 교육 현장에 어떠한 프로그램으로, 어떻게 투입되었으며, 또 그 실천 결과는 어떠했는지를 검증하는 데는 소홀히 하여 온 것이 사실이다.

교육과정 개발은 그동안 존재하여 왔던 이론가와 실천가들, 이념적 구호와 실천적 행동을 통합시키는 일련의 과정이다. 미래의 교육이 가야 할 길, 갈 수 있는 길에는 선택의 여지가 많다. 교육 활동의 다양한 가능성 속에서 최선·최적·최량의 것을 선택·조직하는 의사 결정 과정이 곧 교육과정의 개발인 것이다(이성호, 2006: 39).

소수 몇 사람의 철학과 이념에 의해 좌지우지(左之右之)되고 의존되어 왔던 과거의 교육과정 개발 방식으로는 더 이상 다양하고도 역동적인 교육 수요자들의 요구를 충족시킬 수 없게 되었다. 세분화된 전문가들의 영역도, 이제는 단순히 교육과정 전문가라는 통칭 아래 교육과정 개발을 소수 몇 사람의 의도대로 끌고 가던 것을 더 이상 만족시켜 주지 못하게 되었다. 분명히 현대 교육에서의 교육과정 개발은 각계각층 다양한 참여 인사들의 협동적인 의사 결정 과정이 전제되어야 하는 것이다.

⑤ 참여적 발전 과정

교육과정 개발은 교육과정 개발에 참여하는 모든 사람들의 부단한 자아 혁신 개발 노력과 그 교육 기관 조직의 개발을 위한 노력을 통해서 성취될 수 있는 참여적 발전 과정이다.

교육 개혁은 교육을 주도하는 사람들의 의식 개혁이 없이 교육 현상만을 바꾼다고 해서 이루어지는 것이 아니다. 교육과정 개발은 교육과정을 계획하고, 시행하며, 평가하는 모든 사람들 자신의 변화와 발전을 전제로 이루어진다. 개개인들의 자발적인 참여와 변화는 곧 관련자들의 책무 의식을 고양하고, 그것은 교육 개혁과 발전의 원동력이 되는 것이다. 과거의 많은 교육 개혁, 교육과정 혁신이 소기의 성과를 거두지 못한 점도 이러한 다양한 사람들의 자발적 참여를 도외시한 채, 밀실에서 소수 몇 사람들에 의해 개발·개정되었던 문제점 때문이라는 점을 부인할 수 없는 것이다.

(3) 교육과정의 개발 전략

교육과정 개발의 근본적 과업은 어떤 학습 내용을 누구에게, 어떤 방법으로 그리고 그것들을 어떻게 관련시켜서 가르칠 것인가를 구체화하고 정당화시키는 일이다. 교육과정 개발의 전략은 그러한 개발 과업을 성취하기 위한 고안된 일련의 절차를 의미한다. 이와 같은 교육과정 개발에서 사용되는 전략은 다음의 세 가지 준거에 따라 달라진다(E. C. Short, 1983: 45 - 49).

첫째, 교육과정 개발의 근거를 어디에 두느냐에 따라 사용자 중심의 교육과정 개발과 외부에서 개발된 교육과정으로 분류된다. 워커(D. E. Walker)는 이를 "지역 제한적 교육과정 개발"과 "보편적 교육과정 개발"이라고 명명하였다(Walker, Schaffarzick & Sykes, 1979: 45).

지역 제한적 교육과정 개발은 지방 교육 기관에서 교육과정이 개발되어 그 지역에서만 적용되는 것이다. 보편적 교육과정 개발은 행정적·사법적 권한을 갖지 않는 대행 기관에 의해 교육과정이 개발되어 특정한 지역에 국한되지 않고 널리 적용되는 것이다.

둘째, 교육과정 개발에 참여하는 사람들에 관한 것으로, 의사 결정의 과정에서 교육과정 전문가가 주도하는 전략과 교육 전문가가 주도하는 방법과 참여자들의 의사·요구 간에 균형을 유지하는 방법으로 분류된다.

셋째, 교수·학습이 일어나는 실제 환경을 얼마나 고려하는가이다. 즉 학습자의 연령, 능력, 흥미, 시간이나 내용의 제한, 새로운 프로그램에 의해 야기되는 변화에 적응하고 새로운 관점을 받아들일 수 있는 교사의 능력 등을 얼마나 고려하는가 등이다.

넷째, 준거에 따라 교육과정 개발자가 처방해 놓은 그대로 교육과정을 사용하게 되는 교사 배제(teacher - proof) 교육과정 개발과 교육과정의 제한된 수정 보완이 가능하기 때문에 교사가 적극적인 수행자 역할을 하는 경우와 교육과정이 적용되는 현장을 가능한 한 많이 고려하는 교사 참여 교육과정 개발로 분류할 수 있다. 이상의 세 가지 준거를 고려하여 볼 때 교육과정 개발 전략은 다양하다고 볼 수 있는데 이를 도시(圖示)하면 [그림 2]와 같다(E. C. Short, 1983: 48).

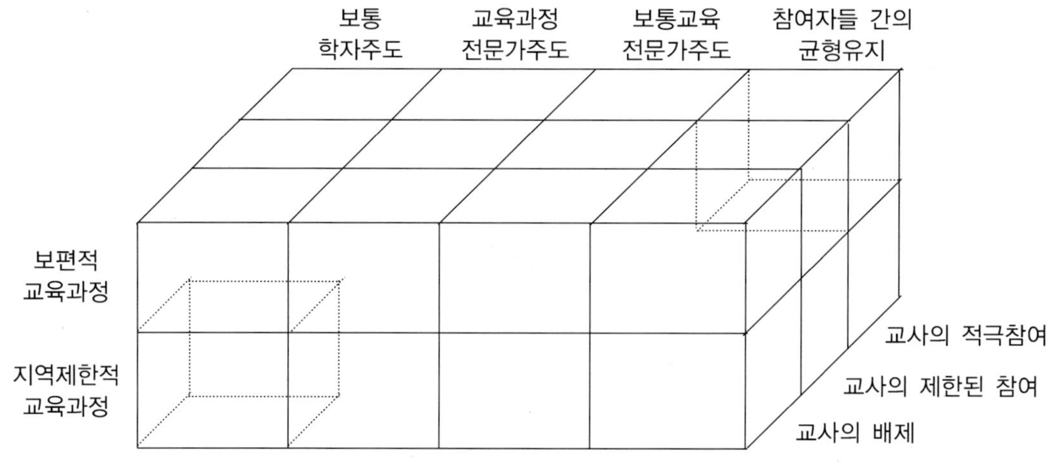

[그림 2] 교육과정 개발 전략 모형

* 출처: E. C. Short, 1983: 48. 최병모, 1992: 51 재인용

교육과정 계획을 실천에 옮기기 위해 실제 상황에서 쓰이는 전략과 함께 사용되어 일정한 유형을 나타냄을 알 수 있다. 교육과정 개발의 전략들은 다음 세 가지 유형으로 집약할 수 있으며, 이들의 구체적인 특징은 다음과 같다(최병모, 1992: 50－52).

① 전략 제1유형: 학자 주도, 교사 배제 교육과정 개발

제1유형은 현재까지 교육과정 개발에 가장 널리 사용되어 온 전략으로서, 1950년대부터 1960년까지 미국 연방 정부에 의한 프로그램이나 중앙 집중적 교육과정 개발모형을 취하는 나라들에서 사용하는 전략이다. 따라서 이 유형은 연구 개발, 현장 검증, 개정, 보급, 수행 등 절차를 거쳐서 중앙에서 지방에 사용될 교육과정을 개발하며, 교과 전문가들이 의사 결정에서 주도권을 행사한다.

② 전략 제2유형: 교육 전문가 주도, 교사 소극적 참여

학교 밖의 전문 기관이 교육과정을 개발하는 경우로, 개발자에 의해 제시된 한계 내에서 수정이 가능하며, 다양한 교육 환경에 적용이 가능한 전략이다. 교육이 이루어지는 문화적 환경이나 사회에 관한 전문학자 등의 의견이 최대한 반영되므로, 교육에서 관심을 끌지 못한 지체 부자유자, 중도 탈락자 등에 대한 고려에 유용한 유형이다.

③ 전략 제3유형: 지역의 제한적 균형 유지, 교사 적극 참여

교육과정이 적용될 실제 교육 현장에서 교육과정이 개발되는 전략이다. 그러므로 학교 환경, 수업, 학생 등 여러 조건에 따라 교육과정이 적정하게 수정될 수 있도록, 교사가 교육과정 개발에 적극 참여한다. 의사 결정 과정에 다양한 관련 전문가들이 참여하는데, 그중 교육과정 전문가가 협의 과정에서 지도자의 역할을 수행한다.

실제 교육과정 개발에서는 이와 같은 여러 전략 중에서 어느 것을 선택, 적용하느냐가 중요하다. 즉 어떤 전략이 실제적이고 기술적인 준거를 가장 잘 만족시키느냐가 중요하다. 교육과정 개발에 있어서 가장 적합하고 바람직한 전략은 실용성, 유목적성, 현실성, 공정성 등 준거들을 만족시키는 전략이다(E. C. Short, 1983: 56－60).

2) 교육과정 개발의 요구 사정(要求 査定)

일반적으로 요구 사정(要求 査定·need assessment)은 관련자들의 기대와 희망을 분석하여 정책과 사업에 반영하는 것이다. 특히, 요구 사정은 반응자들이 현장에서 실행한 결과를 토대로 응답하기 때문에 상당히 실천적·실행적 성격을 갖는다. 특히, 요구 사정은 연구에서 지나치게 이론에 치우쳐서 현실적인 면이 간과되었을 경우, 이를 보완하여 이론과 실제의 균형추 역할을 한다.

교육과정 개발의 요구 사정은 교육 및 교육과정과 관련되는 인사들의 요구와 기대 그리고 제안 사항을 수렴, 분석하여 교육과정 개발에 적절하게 반영하기 위해서 실행한다. 과거의 교육과정 개발에서는 대체로 상의하달식(下意上達式) 개발 체제를 유지하였기 때문에, 주로 상부 기관, 고위 관계자들의 의견과 인식이 일방적으로 교육과정에 반영되어 왔다. 하지만 학교 교육과정, 실행 교육과정을 지향하는 현대 교육과정 개발에서는 학생을 포함한 각계각층 인사들의 적극적인 참여와 견해, 의견을 반영하고 있다. 즉 '밑에서 위로'의 교육과정 개발, 쌍방향적(雙方向的) 의사소통을 통한 교육과정 개발 차원에서 요구 사정은 매우 중요한 의의를 갖는 것이다.

(1) 요구 사정의 의미와 대상

교육과정 개발과 관련한 요구의 개념은 현재의 상태나 수준, 바라고 기대하는 이상적인 소망 상태, 즉 목적과 수준 간의 차이를 지칭한다. 이러한 목적과 현재 실태 또는 이상과 현실 간의 차이를 조사, 분석하고 각각의 형편에 적합한 결정을 내리는 의사 결정 활동이 곧 요구 사정이다(이성호, 2006: 306).

교육과정에서 요구 사정의 필요성과 합리성은 교육과정 자체의 편성·운영, 시행 및 평가 노력의 방향을 제시해 주는 데 목적이 있으며, 나아가 교육과정 개발의 출발점이 된다. 교육과정 요구 사정은 교육과정 개발자에게는 교육의 제도적 개혁에 도움을 주는 필수적 절차이며, 교육의 수요자에게는 진단과 처방의 필수적 절차이다.

일반적으로 교육과정 요구 사정은 사람, 프로그램, 조직 등 세 가지 요소가 중요한 초점이 된다(이성호, 2006: 307). 첫째, 교육과정 요구 사정의 인적 요소인 사람은 모든 학습자, 교육 행위에 종사하는 교수자나 행정가, 학부모와 지역 사회 인사 등이다. 둘째, 교육과정 개발의 프로그램은 학습자를 위한 교육과정과 수업 전략, 교육과정 및 교육 관련 업무 종사자를 위한 현직 교육과 계속 교육 프로그램, 성인들을 위한 교육 기회 프로그램 등이다. 셋째, 조직은 학교의 여러 가지 행정 조직이나 수업 집단 등 조직의 의사소통 체제, 단위 학교 내 및 학교 상호간의 의사소통 관계까지를 포함한다.

(2) 요구 사정의 체제적 과정

의사소통의 체제적 과정은 실증적 자료를 바탕으로 계속적인 의사 결정을 해 나가는 데 작용하는 합리적, 논리적 과정이다. 카우프맨(R. A. Kaufman) 등은 교육과정의 체제적 순환 과정을 다음과 같이 제시하였다(이성호, 2006: 308 – 313).

① 제1단계: 문제의 구명(究明)

현재의 성취 결과와 바람직한 성취 결과 간의 차이를 결정, 우선순위를 배열하고 중요하고 시급한 요구의 서열을 결정한다.

② 제2단계: 해결 요건의 결정과 해결 대안의 구명

현재 상황에서 바람직한 성취 결과로 이동해 나가는 데 필요한 요건을 결정한다. 행동적인 목표 진술이 도구로서 사용된다. 가능한 해결 방법과 수단을 구명하고 각 방법과 수단의 장·단점을 분석한다.

③ 제3단계: 해결 전략의 선정

구명된 대안 중 가장 가능성 있는 전략을 선택한다. 대안 해결 전략의 방법으로는 체제 분석, 비용·효과 분석, 기획 예산 제도(PPBS · Planning − programing budgeting system) 등을 적용한다.

④ 제4단계: 선정된 방법과 수단의 시행

선정된 방법과 수단을 실제 행동으로 실현하기 위해 시도한다. 그리고 원만하게 시행되면 다음 단계로 나아가고, 그렇지 못하면 선정된 수단과 방법을 재고(再考)한다. 특히, 선정된 방법과 수단을 다양하게 적용하려는 노력과 연구가 아주 중요하다.

⑤ 시행 효과의 결정

시행 결과 잘 된 점과 부족한 점을 파악한다. 그리고 방법과 수단의 효과와 효능을 분석한다. 일종의 총합·종합적 평가의 단계이다.

⑥ 개정(改訂)

시행 과정, 시행 효과에 문제가 발견·추출되면 적절한 개정적 변화를 기한다. 일종의 형식적 평가로 교육과정 적용에서 시대 변화와 사회 발전으로 주기적으로 개정과 개발이 이루어진다. 카우프맨(R. A. Kaufman)은 이와 같은 순환적, 체제적 단계 중에서 어느 단계에서든지 요구 사정이 이루어지는 것으로 보았다. 따라서 각 단계별로 시작해서 적용할 수 있다는 점을 전제하고 여섯 가지 요구 사정의 유형을 제시하였다(이성호, 2006: 309).
첫째, 알파(Alpha)형 요구 사정: 문제 구명(問題 究明) 단계에서의 요구 사정이다.
둘째, 베타(Beta)형 요구 사정: 해결 요건 결정과 해결 대안 구명 단계의 요구 사정이다.
셋째, 감마(Gamma)형 요구 사정: 해결 전략 선정 단계의 요구 사정이다.
넷째, 델타(Delta)형 요구 사정: 선정된 방법과 수단 시행 단계의 요구 사정이다.
다섯째, 입실론(Epsilon)형 요구 사정: 시행 효과 결정 단계의 요구 사정이다.
여섯째, 제타(Zeta)형 요구 사정: 개정 단계형 요구 사정이다.
이와 같이 체제적 계획 과정은 기본적으로 당면한 핵심적 '문제'에서 출발하고 있다(이성호, 2006:

309). 즉 문제로부터 출발하여 최선의 해결책을 탐구하는 체제적 계획 과정은 교육과정 개발의 요구 사정에 적용될 수 있다고 본다. [그림 3]은 교육과정 개발의 일반적인 요구 사정 체제 과정이다.

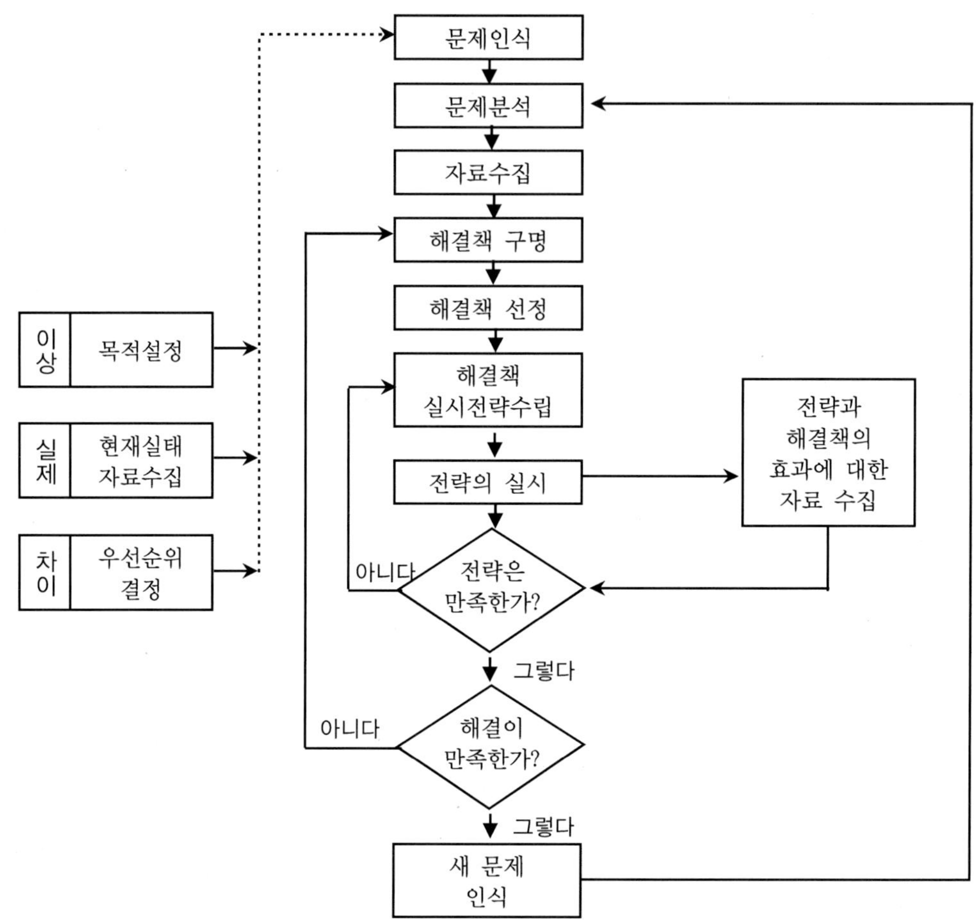

[그림 3] 요구 사정 단계와 체제적 계획 과정
* 출처: 이성호, 2007: 310.

(4) 교육과정 개발의 목적·목표의 설정

① 교육과정 목적·목표의 구명(究明)

교육과정의 목적·목표 구명은 총체적 교육 체제에 관한 일반적 접근과 특정 프로그램에 대한 중점적 접근 등 두 가지 접근법이 있다.
총체적 교육 체제에 관한 일반적 접근법은 학교의 전체적 프로그램에 대한 총체적, 일반적 목적 구명을 하는 것이며, 특정 프로그램에 대한 중점적 접근법은 특정 요구 영역, 특정 문제를 초점으로 하여 특정 중점 목적을 구명하는 세부적 접근법이다.

② 목적·목표의 우선순위 결정

요구 사정 과정에서 목적·목표들이 구명되면, 그 목적·목표의 우선순위를 결정해야 한다. 우선순위를 결정하는 기준에는 첫째, 가장 많은 관심이 집중되어 있는 목적·목표는 어느 것인가? 둘째, 가장 중요한 목적·목표는 어느 것인가? 셋째, 가장 강조해야 할 목적·목표는 어느 것인가? 등이다. 이와 같은 기준을 사용하여 목적·목표의 우선순위를 결정하는 방법에는 델파이(delphi) 방법, 집단 과정 방법 등이 있다. 아울러, 우선순위 결정의 반응 조사 방법에는 평정척(rating scales)을 사용하는 방식과 서열 절차(ranking procedures)를 사용하는 방식 등이 있다.

③ 목적·목표의 분석과 종합

교육과정의 목적과 목표를 설정하는 데 있어서는 이미 구명되고 우선순위가 결정된 각각의 목적·목표들을 정리, 분석, 종합하는 절차가 필요하다. 이때에는 각 목적·목표의 평균 점수를 산출하고 표준 편차 등을 추구하여야 한다.

(5) 교육과정 개발의 요구 사정 자료 수집

일반적으로 교육과정의 요구 사정은 교육과정에서 바라는 소망 상태인 목적과 현재 상태 간의 차이를 비교, 규명하여 바람직한 대안 추출의 방안을 추구하는 일이다. 현재 상태를 바르게 분석한 뒤에 적정한 대안을 모색할 수 있다는 점은 자명한 일이다. 교육과정의 요구 사정을 위한 자료 수집을 보다 효율적으로 진행하려면, 다음과 같은 절차로 진행하는 것이 바람직하다(이성호, 2006: 318－322).

첫째, 자료 수집 계획을 잘 설계하는 일이다. 자료 수집의 범위를 결정하는 것은 목적의 상대적 중요성, 자료 수집의 비용, 자료의 타당성, 자료 수집의 가능성, 자료 수집이 가져올 영향 등을 고려하여야 한다.

둘째, 자료원(資料源)을 구명하는 일이다. 자료원은 인적 요소인 사람, 프로그램, 조직 등 세 가지 요소에서 찾아야 하며, 문서적인 것과 비문서적인 것 등이 있다.

셋째, 표집 과정이다. 모든 사람, 누구에게나 전부 현재 실태 파악 분석에 참여하게 할 수는 없다. 표집의 크기는 대체로 조사 도구의 신뢰도, 표본 선정 방법, 모집단의 크기, 조사 비용, 허용 시간, 자료의 통계적 분석 방법 등을 복합적으로 고려하여 결정하여야 한다.

넷째, 조사 도구를 새롭게 개발, 제작하거나 이미 제작되어 있는 도구를 선택하는 일이다. 조사 도구는 요구 사정의 세 가지 요소인 사람, 프로그램, 조직 등의 지표를 어떻게 사용할 것인지를 탐색하여야 한다.

끝으로, 자료를 수집하고 분석하는 일이다. 자료의 분석을 위해서는 요구 사정에 종사하는 모든 사람들이 기본적인 통계 처리 소양을 구유(具有)하여야 한다.

한편, <표 2>는 교육과정 개발에 대한 요구 사정 시 고려해야 할 변인과 영역을 나타낸 표이다. 교육과정 개발의 요구 사정에서는 인적 요소, 프로그램, 조직 등 세 가지 요소에 중점을 두어야 한다. 교육과정 개발에 관련되는 인적 요소로는 학생, 교사, 교육·학교 행정가, 학부모, 학교 운영위원, 지역 사회 인사 등의 의견이 고려되어야 하고, 교육과정 관련 프로그램 요소로는 교육과정 자체의 프로그램과 각 단원 및 모듈 등을 고려하여야 한다. 그리고 교육관련 조직·행정 요소로는 정책과 방침 등의 관리, 행정, 경영 분위기 등을 고려하여 요구 사정(need assessment)을 하여야 한다.

〈표 2〉 교육과정 개발 요구 사정의 변인과 영역

요소	대 영역	소 영역	주요 변인
인적 요소 (사람)	학 생	· 개인적 특성 · 태도, 가치, 흥미 · 목표, 우선순위 · 지식과 행동 · 사회적 특성	· 연령, 성별, 종교 등 · 태도, 가치, 흥미 · 목표, 우선순위 · 지식과 행동 · 사회적 특성
	교 사	· 개인적 특성 · 학생, 학교 등에 대한 태도 · 목표, 우선순위 · 능력과 행동	· 연령, 결혼 여부 등 · 자율성에 대한 태도 등 · 교직 생애 계획 등 · 교과 지식, 의사 결정 유형 등
	교육행정가 학교행정가	· 개인적 특성 · 태도, 가치, 흥미 · 능력	· 학위, 종교, 교육 경험 등 · 교육과정에 대한 태도 등 · 문제 해결 능력, 예산 관리 능력 등
	학부모, 지역 사회 인사	· 개인적 특성 · 현재 조건 · 학생, 학교 등에 대한 태도 · 목표, 우선순위 · 사회적 특성	· 주거지, 생활수준 등 · 연령 분포, 문화 기회 등 · 학교, 교사에 대한 태도 등 · 자녀 학업 성취 열망도 등 · 학부모회 활동, 자녀 수 등
프로그램	교육과정 프로그램	· 내용과 계열성 · 전략과 방법 · 자원	· 각종 교육과정 영역 등 · 각종 교육 전략 등 · 도서관, 체육관 등
	단원 및 모듈	· 내용과 계열성 · 전략과 방법 · 자원	· 내용 선정과 조직 등 · 교수·학습 전략 등 · 교수·학습 자료 등
조직·행정	통어관리(統御管理 · Gevernance)	· 방침(정책) · 구성 체제	· 학칙, 인사 원칙 등 · 이사진의 구성 등
	행 정	· 인사 · 시설 · 학생 · 수업	· 직무 배정 및 훈련 등 · 학교의 건축, 시설 사용도 등 · 정원, 편입학 등 · 업적 평가, 인정 등
	경영 분위기	· 학교 만족도 · 대인 관계	· 자퇴율, 학생과 교사의 사기 · 교사 간의 인간관계 등

* 출처: '이성호, 2007: 321'을 참조하여 연구자 재구성

3. 사회과 교육의 성격과 특징

사회과 교육과정의 발전적 모형 개발을 위해서는 사회과 교육과정 및 사회과 교육과정 개발의 이론적 뒷받침이 필수적이다. 사회과의 참모습이 무엇인지 정체성 파악이 우선인 것이다. 사회과 교육의 성격은 민주 시민적 자질을 함양하기 위하여 인간관계, 자아실현, 광범위한 분야를 통한 학습 요소, 통합적 교과 등을 들 수 있고, 사회과 교육의 특징으로는 사회 현상의 올바른 인식을 통한 다양한 탐구 활동을 통한 사고력 신장에 초점을 두고 있다. 사회과 교육의 목표는 올바른 사회 인식을 통한 민주 시민의 자질 함양으로 바탕으로 바람직한 인간 육성에 있는 것이다.

1) 사회과 교육의 성격

사회과는 사회 현상을 올바르게 인식하고, 사회 지식 습득과 사회생활에 필요한 기능을 익히며, 민주 사회 구성원들에게 요구되는 가치와 태도를 지님으로써, 민주 시민으로서의 자질을 육성하는 교과이다.

사회과에서 기르려는 민주 시민은 사회생활을 영위하는 데 필요한 지식을 가지고 인권 손중, 관용과 타협의 정신, 사회 정의의 실현, 공동체 의식, 참여와 책임 의식 등 민주적 가치를 함양하며, 나아가 개인적, 사회적 문제를 합리적으로 해결하는 능력을 길러서, 개인의 발전은 물론 사회, 국가, 인류의 발전에 기여할 수 있는 자질을 갖춘 사람이다.

사회과는 역사, 지리 및 제 사회 과학의 개념과 원리, 사회 제도와 기능, 사회 문제와 가치 그리고 연구 방법과 절차에 관한 요소를 통합적으로 선정, 조직하여 사회 현상을 종합적으로 이해하고 탐구한다. 특히, 사회과에서는 삶의 터전인 국토의 이해를 바탕으로 민족의 역사와 활동에 관한 종합적인 파악과 우리 현실에 대한 역사적 시각에서의 이해 및 한국인으로서의 민족적 정체성과 세계 시민으로서의 가치·태도에 관한 요소를 중시한다.

아울러, 사회과는 다양한 정보를 활용하여 사회 현상에 관한 지식을 발견하고 문제를 해결하는 데 필요한 비판적 사고력, 창의적 사고력, 판단 및 의사 결정력 등의 신장을 크게 강조한다. 이를 위하여 다양한 탐구 방법을 활용하여, 학습자 스스로 학습하는 기회를 제공하고, 흥미와 관심을 고려하여 개개인의 수준에 적합한 경험을 제공하는 효율적인 교수·학습 전략을 지향한다. 그리고 학교의 실정에 따라서 지역성과 시사성을 고려하여 지도하여야 한다. 그러므로 사회과는 미래 사회의 주역이 될 학생들에게 다양한 인간관계 및 인간과 환경과의 상호작용에 관한 연구를 통하여 개인적·사회적 자아실현을 할 수 있는 능력을 길러 줌과 동시에 책임감 있고 사려 깊은 국민적 자질을 함양하는 교과이다(오영태, 1996: 13 - 21). 특히, 정보화 시대의 사회과는 내용의 엄선, 정보 기능 중시, 판단력·의사 결정력 중시, 지구촌적 관점 파악 등을 강조하고 있다(서재천, 1997: 35 - 41).

사회과 교육은 학생들이 주어진 사회·문화 상황 속에서 과거, 현재, 미래에 관련된 다양한 인간관계 및 인간과 환경과의 상호작용에 관한 탐구를 통하여 사회생활에 필요한 지식, 기능, 가치·태도, 습관, 성격 등을 함양하여 자아실현을 이루도록 한다. 그리하여 성공적인 사회생활을 영위함과 동시에 책임감 있고 사려 깊은 민주 시민을 양성하는 것을 목적으로 하는 교과이다. 사회과는 학생들로 하여금 당면한 여러 사회 문제를 합리적으로 해결하고, 변화하는 사회에 적응해 갈 수 있는 능력을 길러 주는 데 강조점을 두는 교과이다. 아울러 사회과는 사회 과학 및 광범위한 사회 분야의 자원으로부터 선정된 내용과 연구 방법을 학습 요소로 하는 교과인데, 그 일반적인 성격을 종합하면 다음과 같다.

첫째, 사회과는 올바른 국민적·시민적 자질을 신장하는 교과이다. 사회과는 세계화·정보화 시대를 올바르게 살아갈 현명한 인간을 육성하는 데 주된 목적이 있는 것이다. 사회과 교육의 최종적, 궁극적 목적이 바람직한 민주 시민 양성에 있다는 것은 사회과 교육의 본질과도 밀접한 연관을 갖는 것이다.

사회과 교육은 학생들로 하여금 역사적 맥락과 세계적인 시야에서 오늘날의 상황을 이해하고, 우리 국가·사회가 지향하고 있는 이념과 민족적 과제를 올바르게 인식하도록 하며, 창의적으로 슬기롭게 해결해 갈 수 있는 능력을 길러 주어야 할 것이다. 나아가 이러한 국민적 과제 해결에 적극적으로 참여하는 태도를 함양함으로써, 국가의 발전을 이룩함은 물론, 인류 공영에 기여할 수 있는 자질을 기르는 교과인 것이다.

둘째, 사회과는 사회 현상을 학습의 대상으로 하여 다양한 인간관계를 이해시키는 교과이다. 그러기 위해서는 개인과 개인, 개인과 집단, 집단과 집단, 인간과 자연과의 관계를 올바르게 인식하도록 하여야 할 것이다. 즉 학생들로 하여금 사회를 올바르게 볼 수 있는 혜안(慧眼)을 갖도록 지도하여야 한다. 그러므로 학생들이 사회 현상에 관한 보편적 개념이나 원리의 이해는 물론, 특수 상황에 대한 자기 나름대로의 인식이 이루어질 수 있도록 하여야 한다.

셋째, 사회과는 학생들의 개인적·사회적 자아실현을 원만하게 이루도록 돕는 교과이다. 사회과는 학생들로 하여금 그가 한 사회의 구성원임을 자각하게 하여, 자기와 타인의 관계를 이해하게 하고, 자아실현과 자기 조절, 자기 평가를 통하여 가치의 내면화를 도모하도록 도와주는 교과이다. 즉 자신과 타인의 상호작용 속에서 가정, 학교, 사회, 국가, 세계 및 인류 속에서 자신의 역할과 책무가 무엇인가를 인식하여 올바른 사회생활을 영위해 갈 수 있도록 지원하는 교과인 것이다.

넷째, 사회과는 학생들의 고급 사고력(high level thinking) 신장을 도모하는 교과이다. 현대 사회에 요구되는 고급 사고력은 창의력, 탐구력, 문제 해결력, 의사 결정력, 메타 인지 등을 들 수 있다(박은종, 2006 a: 13). 아울러, 반성적 사고력, 사회적 비판 능력, 집단생활 참여 능력 등을 포함한다.

사회과는 사회적 사실과 현상에 관한 지식을 발견, 적용하는 데 필요한 사고력의 신장을 강조한다. 또, 사회과에서는 학생들에게 중요하고 관심 있는 논쟁점과 문제를 다루게 함으로써 장차 그들이 이러한 문제를 해결할 수 있는 고급 사고력 신장에 중점을 두는 교과이다. 특히, 현대 사회에서 인간의 존엄성, 자유, 평등, 인구 문제, 양성 평등 문제, 다문화 이해 교육, 세계화·정보화 교육 등 다양한 여러 문제를 두루 취급하여 학생들에게 상상력과 대안 모색 및 대처 능력을 길러 주고, 미래주의적이며 세계 시민적 의식을 높이는 것도 사회과의 중요한 역할이다.

다섯째, 사회과는 사회 과학을 비롯한 광범위한 분야의 자원으로부터 학습 요소를 선정, 활용한다. 사회과는 인간과 환경에 관한 모든 학습을 포괄한다. 정치학, 경제학, 사회학, 문화 인류학, 지리학, 역사학, 심리학, 윤리학, 철학, 법학 등 제 분야와 학문이 사회과 교육에 필요한 지식과 방법적 요소를 제공하는 주요 자원이다. 그 밖에 광범위한 사회 분야와 기타 학문으로부터 현대 사회의 여러 문제와 쟁점에 관한 학습의 소재와 해결 방법을 찾아 활용하여야 한다. 특히, 현대 사회와 같이 세계화·정보화가 최고조로 이루어지고 다원적 변화가 무쌍한 사회에서는 사회과가 시대적 변화와 요구를 수용하는 열린 자세를 가져야 한다.

여섯째, 사회과는 사회 현상에 관한 지식과 관련된 제반 기능과 가치·태도의 변화를 추구하는 교과이다. 인간이 사회 문제를 해결해 나가기 위해서는 제1차적으로 사회 현상에 관한 지식을 필요로 한다. 하지만 지적 분석이나 판단만으로는 올바른 행동을 결정, 수행하기 어렵다. 각각의 가치와 태도를 분명히 하여야 그에 따른 명확한 자기 행동을 결정할 수 있는 것이다.

일곱째, 사회과는 교과 특성이 종합적, 통합적, 연계적인 교과이다. 사회과는 다른 어느 교과보다도 다양한 영역에 걸친 내용을 다룬다는 의미에서 종합성, 통합성을 지니고 있으므로, 사회과 교육에서는 사회 현상에 대한 분석적 관점과 종합적 시각이 동시에 고려되어야 한다. 한 현상에 대한 종합적 이해와 해결, 구체적 현상과 지식과의 관련 등은 통합적·종합적 지도와 밀접하게 관련되는 것이다. 현행 제10학년제 국민공통기본교육과정의 개발 정신도 사회과에서 초·중·고교의 각 학년 간, 여러 교과와 영역 간, 제 사회 과학의 여러 분야 간에 걸친 유기적으로 연계된 통합적·종합적 지도를 지향하는 데 있는 것이다.

2) 사회과 교육의 특징

사회과는 궁극적으로 민주 시민의 자질 육성을 지향하는 교과인데, 사회생활 과정에서 일어나는 여러 가지 사회 현상에 관한 지식을 이해하고 습득할 수 있는 사고력, 기능과 능력을 기르는 것을 목표로 하고 있다(이태언, 1999: 212 – 216).

사회과는 사회 현상을 올바르게 인식하고, 사회 지식 습득과 사회생활에 필요한 기능을 익히며, 민주 사회 구성원들에게 요구되는 가치와 태도를 지님으로써 민주 시민으로서의 자질을 길러 주는 교과이다. 즉 사회과는 민주 시민의 자질을 길러 주는 교과라는 점과 사회 인식을 바탕으로 지식, 기능, 가치·태도 등을 고르게 습득해야 하는 교과인 것이다.

사회과는 민주 사회의 본질적 특성과 사회 구성원으로서 갖추어야 할 자질에 대한 요소로부터 목표를 추출하고, 사회 과학과 그 밖의 분야로부터 내용을 선정하여 학생들의 경험을 바탕으로 사회 현상을 학습하게 하는 교과이다(김재복 외, 1997: 429 – 432).

사회과 교육에서 기르려는 바람직한 시민이란, 사회생활을 하는 데 필요한 지식을 가지고 인권 존중, 관용과 타협의 정신, 사회 정의의 실현, 공동체 의식, 참여와 책임 의식 등 민주적 가치와 태도를 함양하고 나아가 개인적 발전은 물론 사회, 국가, 인류의 발전에 기여할 수 있는 자질을 갖춘 사람이다. 즉 바람직한 시민은 우리나라 및 세계의 사회·문화적 상황 속에서 21세기를 현명하게 살아가는 한국인을 의미한다.

따라서 사회과는 현명한 한국인을 양성하기 위하여 사회 과학을 비롯한 주위의 사회 사상에 관한 지식의 이해와 더불어 여러 사회적 상황 속에서 바르게 판단하고, 행동할 수 있는 여러 가지 능력과 태도를 익히도록 하는 데 충실하여야 한다.

사회과는 사회 과학을 비롯한 광범위한 분야의 자원으로부터 학습 요소를 선정한다. 즉 사회과는 정치학, 경제학, 사회학, 문화인류학, 심리학, 철학, 윤리학, 지리학, 역사학 등 제 사회 과학에서 사회과 교육에 필요한 지식과 기능 그리고 가치·태도 그리고 학습 방법과 절차, 학습 자료 등에 관한 요소를 선정하여 통합적으로 조직하여 지도한다.

지식에 관한 요소로는 각 사회 과학의 학문 분야의 개념과 원리, 사회 구성원들에게 이해시켜야 할 사회 기능적 요소, 미래에 관한 요소, 현대 사회 문제와 논쟁점에 관한 것이다. 또, 학습 방법의 절차적 요소로는 제 사회 과학의 연구 방법에 기초한 탐구 방법 등에 관한 요소를 비롯하여 사고 과정과 문제 해결 절차, 정보 활용 능력, 의사소통 능력 등을 들 수 있다. 또, 가치·태도에 관한 요소로는 인권 존중, 자유, 평등, 사회 정의, 참여, 책임감, 의무, 협동, 충성심 등 사회생활 각 분야의 당위적 가치와 가치 갈등 요소가 포함된다. 이러한 요소들은 학문적 개념이나 생활의 주제를 중심으로 통합되어 사회과 교육 내용의 체계를 이룬다. 그리고 각 학년의 단원 내용을 구성함에 있어서는 학문 및 생활 영역이나 지식, 기능, 가치·태도 등이 통합되도록 구성해야 한다.

따라서 사회과 교육과정 운영 및 단원의 학습 전개에 있어서도 이러한 통합의 원칙을 고려하여 인간과 환경, 인간과 시간, 인간과 사회 등 내용 체계를 종합적으로 이해하도록 하고 지식, 경험, 생활을 통합하여 습득한 지식을 실생활에 적용하도록 지도하여야 한다.

사회과는 사회적 사실 현상에 관한 지식을 발견하고 적용하는 데 필요한 사고력과 판단력을 강조하는 교과이다. 그러므로 논리적 사고력을 비롯하여 비판적 사고력, 가치 판단력, 의사 결정력 등을 신장시킬 수 있는 교수·학습 방법을 적용하여야 하며, 사회 현상에 관한 지식을 발견하고 이를 적용하는 발견 학습과 문제 해결 학습, 의사 결정 학습, 가치 명료화 학습 등을 적절하게 활용하여야 한다. 또, 각 영역의 내용을 학습하는 데 필요한 방법, 적합한 방법을 적용하여야 한다.

한편, 사회 현상의 올바른 인식과 다양한 사고력의 신장을 위하여 학습자 스스로 관심 있는 분야를 선택하여 학습할 수 있는 기회를 많이 제공하고, 질적·양적 또는 주관적·객관적 관점이 고려된 다양한 탐구 방법을 적용함으로써 사회 현상을 합리적으로 인식하도록 하는 능력을 갖게 한다. 즉 사회 과학의 실증적 방법과 해석적인 인식 방법의 조화를 도모하여 어느 한 관점에서만 사회를 보지 않도록 유의하여야 한다.

아울러, 사회과에서는 시사성과 지역성을 강조한다. 사회 현상은 시간적·공간적 영향을 받으므로, 사회과 교육은 시대의 변화에 부응하여 시사적 자료를 적절하게 활용하고, 학교와 지역 사회 실정에 알맞게 교재를 지역화하여 다루어야 한다. 교재의 지역화는 교육과정의 목표와 내용을 근간으로 하여 그 근본 취지를 충분히 살려야 한다.

3) 사회과 교육의 목표

사회과는 사회 현상을 올바르게 인식하여 올바르게 행동하는 바람직한 민주 시민 육성을 고유한 목적으로 한다. 사회과의 목표는 학문·철학적 측면, 국가·사회적 측면, 학습자·개인적 측면 등 다양한 면에서 접근하여야 한다. 학문·철학적 측면에서는 사회과 전문가, 학자들이 중요하다고 강조하는 내용, 철학적 관점 등을 목표에 반영하여야 하고, 국가·사회적 측면에서는 국가 사회의 환경과 주요 관심사를 사회과 목표 설정에 반영하여야 한다. 한편, 학습자·개인적 측면에서는 학습자 개인의 심리적 특성인 흥미, 욕구, 기대 등을 적극 목표에 반영하여야 한다. 사회과 교육의 목표는 크게 '사회 인식의 형성'과 '민주 시민의 자질 육성' 등 두 가지에 근본적인 초점을 맞출 수 있다(최용규 외, 2007: 46-47).

즉 사회과는 민주 시민의 자질 육성, 올바른 사회 인식을 바탕으로 지식, 기능, 가치·태도 등을 고르게 습득시키는 교과이다. 아울러, 사회과는 민주 사회의 본질적 특성과 사회 구성원으로서 갖추어야 할 자질에 관한 요소로부터 목표를 추출하고, 사회 과학과 그 밖의 분야로부터 내용을 선정·조직하여 사회 현상을 학습하게 하는 교과이다.

사회과 교육의 궁극적 목표는 민주 시민으로서 생활하는 데 필요한 올바른 자질을 길러 주는 데 있다. 학교 교육에서 길러 주려는 바람직한 시민이란, 사회생활을 영위하는 데 필요한 지식을 구유(具有)하고, 인권 존중, 관용과 타협의 정신, 사회 정의의 실현, 공동체 의식, 참여와 책임 의식 등 민주적 가치와 태도를 함양하고, 나아가 개인적·사회적 문제를 합리적으로 해결하는 능력을 기름으로써 개인의 발전은 물론 국가, 사회 발전에 기여하는 사람이다.

사회과 교육은 학생들로 하여금 그들의 지식과 능력을 최대한으로 적용하여 바람직한 행위 요소를 개선하는 데 초점을 맞춘다. 사회과의 바람직한 행위 요소는, 사회 현상에 관한 지식의 이해와 기능, 사회적 행위와 관련된 가치·태도, 사회 활동에의 참여 능력 등이 중요하다(한면희 외, 2004: 162-163).

결국, 사회과 교육의 목표는 사회생활을 원만하게 영위하기 위한 민주 시민을 육성하기 위하여, 사회 과학을 비롯한 주위의 사회 사상(社會 事象)에 관한 지식의 이해와 더불어 여러 사회적 상황으로부터 바르게 판단하고, 행동할 수 있는 제반 능력과 태도를 함양하는 데 있는 것이다(김만곤 외, 2002: 19-27).

4. 사회과 교육과정의 유형

다양한 사회 과학을 내용으로 하는 사회과 교육의 유형은 학자들마다 다양하게 제시하고 있다. 올리버(D. W. Oliver)는 지혜로운 인간 형성의 사회과, 사회 과학적 사회과, 조화로운 태도 형성의 사회과, 위대한 국가사회상 정립을 위한 사회과, 시민적 행동 발달을 위한 사회과, 법리적 사회과 등 6개 모형을 들고 있다. 앵글(S. H. Engle)은 사회과 교육의 유형을 단순화된 사회 과학으로서의 사회과, 시민 교육으로서의 사회과 등 2개 유형으로 대분류를 하고, 시민 교육으로서의 사회과를 통합 사회과, 교화주의 사회과, 의사 결정 중시 사회과 등으로 세부 분류를 하였다. 바아(R. D. Barr)·바아스(J. L. Barth)·셔미스(S. S. Shermis) 등은 사회과 교육의 유형을 시민성 전수를 위한 사회과, 사회

과학으로서의 사회과, 반성적 탐구로서의 사회과 등 세 개 유형으로 분류하였다(권오정·김영석, 2006: 77 - 90).

한국의 강우철(1978)은 사회과 교육과정을 교과 중심 교육과정, 경험 중심 교육과정, 학문 중심 교육과정 등 세 유형으로 제시하고 있다(강우철, 1978: 25 - 26). 권오정·김영석(2006)도 강우철의 이론을 따르고 있다(권오정·김영석, 2006: 133 - 141). 김용민(1992)은 사회과 교육과정을 강우철의 세 유형 외에 인간 중심 교육과정을 포함하여 네 유형으로 제시하였다(김용민, 1992: 89 - 90).

본 절에서는 이들 학자들의 사회과 교육, 사회과 교육과정 분류를 기반으로 공통적 요소를 종합하여, 사회과 교육과정 유형을 교과 중심형·경험 중심형·학문 중심형·반성적 탐구형 사회과 교육과정 등 네 개 유형으로 분류하여 고찰하고자 한다.

1) 교과 중심형 사회과 교육과정

(1) 교육과정 내용의 관점

교과 중심형 교육과정에서 바라보는 사회과 교육 내용에 관한 관점은 바로 문화유산(文化遺産)이 핵심이다(권오정·김영석, 2006: 133). 문화유산이란 오랜 전통과 생활에서 선정되고 세련화된 것으로서, 교재로서의 보편적이고 절대적인 가치가 검증된 것이다. 즉 문화유산은 과거와 현재의 교육과 사회, 생활에서 이미 검증된 것이기 때문에 학생들에게 중요하게 가르쳐야 한다고 여겨지는 것이다. 문화유산은 사회과 교육 내용의 핵심이라는 시각인 것이다. 교과는 일반적으로 교수요목으로도 정의된다(권낙원, 1997: 101).

교과 중심형 사회과 교육과정에서 교육 내용을 구성하는 것은 문화를 기술해 놓은 사실적 지식에서부터 원리, 사회 규범, 의미, 도구 및 기계, 제도, 행동 양식 등 다양한 측면들 가운데, 후대들에게 가르칠 만한 가치가 있다고 판단되는 것들이다. 즉 교과 중심형 사회과 교육과정에서는 교재(教材)가 주된 내용이 된다.

교과 중심형 사회과 교육과정에서는 교재를 인간의 행동을 훈련시키는 도구, 다양한 마음을 형성하는 기제로 보고 있다. 즉 교재는 형식도야론(形式陶冶論)의 입장에서 지각, 파지, 재생, 연상, 주의 집중, 의지력, 감정, 상상, 사고 등 각기 다른 능력이 반복 훈련을 통해서 신장시킬 수 있는 도구가 된다고 보는 것이다. 아울러, 교재는 외부로부터 제시되는 표상들 간의 연합, 배열, 복합 등 관계를 자연스럽게 나타내고, 결국 다양한 생각과 마음을 형성시키는 역할을 하게 하는 것이다.

결국, 교과 중심형 사회과 교육과정에서는 교재로서의 내용을 통해서 인간의 정신을 훈련시킴은 물론 나아가 마음을 형성할 수 있다고 보기 때문에, 내용을 많이 접하면 접할수록 학습자의 발달을 촉진시키는 내용 중심의 교육과정인 것이다.

(2) 교육과정의 원리

교과 중심형 사회과 교육과정에서는 문화유산으로서의 지식들을 서로 비슷한 것들끼리 체계적·논리적으로 분류해 놓게 되는데, 이것이 곧 교과가 된다.

가령, 서양의 칠자유과(七自由科)처럼 지식을 논리적으로 체계화해 놓은 것은 학교의 입장에서는 교과 또는 과목이 되고, 학자의 입장에서는 학문의 계통이 된다. 즉 학문의 계통이 교과 내지 과목이 되는 것이다.

일반적으로 사회 발전과 변화 그리고 학문의 체계가 변하면 교과가 변하게 된다. 과거의 칠자유과가 산업 혁명과 사회 발전으로 말미암아 오늘날의 국어, 수학, 사회, 과학 등 학교 교과로 변화한 것이다.

교과 중심형 사회과 교육과정에서는 비슷한 내용끼리도 조직하는 순서가 중요하다. 일반적으로 쉬운 것에서부터 어려운 것으로, 가까운 곳에서부터 먼 곳으로, 동서남북의 순으로, 원인과 결과의 순으로, 논리적 선후 관계에 따라서 등 체계적으로 구성, 조직하는 것이 무엇보다도 중요하다. 교과 중심형 교육과정에는 분과형, 상관형, 융합형 등이 있다(권낙원, 1997: 103 – 104).

2) 경험 중심형 사회과 교육과정

(1) 교육과정 내용의 관점

경험 중심형 사회과 교육과정은 학습자들이 경험을 통해서 지식을 터득하게 하려는 입장이다. 경험은 단순한 체험과 활동이 아니라 일련의 지적 활동의 결합체이다. 경험이 의미 있게 되려면 사고가 결합되어야 한다. 즉 단순히 뭔가를 하는 것이 아니라 그 행동의 결과로 어떤 결과가 올 것인가를 예측하는 것이 사고가 결합된 지성적 경험인 것이다. 학생들은 사고가 결합된 의미 있는 경험을 통해서 경험의 폭과 깊이를 넓혀 가게 된다. 이러한 경험의 재구성 과정을 통해서 개인적 자아(自我)에서 사회적 자아로 나아가고, 주관적 자아에서 객관적 자아로 성장하게 된다. 경험 중심형 사회과 교육과정은 생활, 활동, 경험, 흥미 등을 학생들이 학습하기 편리하도록 조직해 놓은 것이다(권낙원, 1997: 108 – 115).

경험 중심형 사회과 교육과정에서는, 교육 내용으로서의 경험은 각각 구별 지을 수 있는 지식이나 개념이라기보다는 질 높은 경험을 해 가는 과정 그 자체라고 할 수 있다. 사고(思考)가 개입된 경험의 과정은 하나의 문제 해결 과정과 같다. 사고란 항상 그 결과가 확정되지 않은 불확실한 사태에서 유발되고, 이는 학습자를 당혹하게 만드는 문제 사태가 많기 때문이다. 문제 해결의 과정 속에서 학습자는 타자(他者)의 경험과 지식을 도구로 활용하여 자신의 문제 혹은 공동체 문제를 보다 지적으로 해결해 가는 방법을 익히게 되는 것이다.

경험 중심형 사회과 교육과정에서의 경험은 학습자의 지적 흥미를 유발할 수 있는 소재에서 출

발하여야 하고, 놀이와 생활 등 자연스러운 활동 과정을 통해서 접근해야 하며, 학습자의 경험의
지평을 넓혀갈 수 있는 의미 있는 내용이어야 한다.

(2) 교육과정의 원리

경험 중심형 사회과 교육과정에서 경험을 교육 내용으로 구성하는 방식에는 여러 가지가 존재한
다. 경험을 구체적으로 어떻게 해석하느냐에 따라 내용 선정에서, 다음과 같은 요소를 기준으로 구
분하여 분석할 수 있다.

첫째, 학습자가 현재 경험하고 있는 생활 세계나 필요, 욕구 등을 중심으로 내용을 구성하는 방
식이다. 학생들의 활동 내용을 관찰, 활동, 이야기, 솜씨 발휘 등으로 구분하고 이를 중심으로 교육
내용을 선정한다. 특히, 학생들이 흥미와 관심을 갖고 있는 주제를 먼저 학습하게 하는 흥미 중심
배열을 적용하는 것이 바람직하다.

하지만 경험 중심형 교육과정 내용 구성은 자칫 개인적이고 즉흥적인 내용으로 흐르거나, 성인
중심의 자의적 내용 선정 및 배열이 이루어질 우려가 있다.

둘째, 학습자가 장차 성인이 되어 경험하게 될 사회생활의 영역에 따라 내용을 구성하는 방식이
다. 성인이 되어 경험할 언어 활동, 건강 활동, 시민 활동, 사회 활동, 여가 활동, 종교 활동, 직업
활동 등으로 구분하여 내용을 편성할 수 있다.

사회 기능 및 사회 활동 중심으로 경험 중심형 사회과 교육과정을 편성할 때에는 동심원적 확대
법을 적용하는 것이 바람직하다. 즉 사회생활의 범위를 크기에 따라 가정, 지역 사회, 국가, 세계
등으로 학습 활동을 진행토록 조직하는 것이다.

다만, 사회 기능 및 사회 활동 등은 별도의 학교 교육이 없어도 사회화의 과정 속에서 자연스럽
게 습득가능한 상식적인 지식이라는 점 그리고 현실 사회의 논리를 비판 없이 학생들에게 전달하
는 보수적인 교육과정으로 흐를 가능성 등이 지적된다.

셋째, 현실 사회에서 발생하는 여러 가지 문제들을 추출하여 이를 해결해 가는 과정을 경험하게
하는 방식이다. 학생들은 학교 교육을 통해서 현실 사회의 논리를 비판 없이 그대로 전달하는 사회
화 과정뿐만 아니라, 현실 사회의 문제점을 파악하고 해결해 가는 분석적 과정도 경험하게 하는 것
이다. 학생들은 이러한 현실적인 여러 가지 문제를 분석하고 해결해 가는 과정을 경험함으로써 사
회적 발전을 이끌어 갈 민주 시민으로 성장할 수 있다는 입장이다.

결국, 현실 사회 문제 중심으로 한 경험 중심형 사회과 교육과정을 편성할 때의 문제점으로는 저
학년 학생들의 주제 난이도 조정, 민감한 주제 지도에서의 교사의 입장 견지, 전 과정의 모든 내용
을 두루 사회 문제 중심으로 편성·조직의 곤란성 등을 열거할 수 있다.

3) 학문 중심형 사회과 교육과정

(1) 교육과정 내용의 관점

일반적으로 학문 중심형 사회과 교육과정에서의 학문이 독립적으로 이해되고 인정되기 위해서는 고유한 연구 대상, 개념 체계, 이론·법칙, 연구 방법 등 네 가지 조건을 충족시켜야 한다(권오정·김영석, 2006: 138). 학문이란 고유한 연구 대상에 관한 개념, 법칙 등 지식 체계와 이런 지식 체계를 구성해 가는 방법의 체계가 결합된 하나의 덩어리라고 할 수 있다. 학문에서는 개별 구성 요소인 연구 대상, 개념 체계, 이론·법칙, 연구 방법 등이 하나의 구조 속에서 유기적인 관계를 맺고 있다. 지식의 구조는 학문의 기저를 이루고 있는 일반 원리, 일반적 아이디어, 기본 개념 등을 중심으로 의미 있게 조직되어 있어야 한다는 입장이다(권낙원, 1997: 119).

학문 중심형 사회과 교육과정에서 교육 내용으로서의 학문은 일종의 '지식의 구조'라고 할 수 있으며, 이는 구조를 이루는 구성 요소인 연구 대상, 개념, 이론·법칙, 연구 방법 등 지식 하나하나뿐만 아니라, 이들 간의 유기적인 관계까지도 고려한다.

특히, 교과 중심형 사회과 교육과정이 사실, 개념, 일반화 등 구체적인 개별 요소 자체의 학습을 강조하는 데 반해, 학문 중심형 사회과 교육과정은 학문의 구조를 이루는 개별 요소들 간의 통합적 관계, 즉 보다 높은 차원의 지식을 구성해 가는 과정 그리고 보다 높은 차원의 지식을 통해서 새로운 현상을 설명해 가는 과정을 중시한다는 점이 비교되는 것이다.

결국, 사회과에서의 학문 중심형 교육과정은 지식의 실질 구조(substantial structure)보다 구문 구조(syntactic structure)가 중요하다고 본다. 즉 지식의 구조를 강조하되 그 내용적 지식보다 지식을 구성해 가는 방법을 강조하는 것이다. 학문 중심형 사회과 교육과정은 경험의 내용 자체보다 지적인 경험 과정과 절차를 중시하는 것이다.

(2) 교육과정의 원리

학문 중심형 사회과 교육과정의 내용 구성에서 가장 중요한 것은 학문의 분류 기준이다. 즉 동일한 지식의 영역이라도 분류 목적이나 기준에 따라 여러 가지 형태로 영역화·범주화될 수 있기 때문이다. 일반적인 학문 중심형 사회과 교육과정에서의 학문 분류 기준은 대학의 학과 체계를 반영한 사회의 지배적인 학자 공동체의 분류 전통이다(권오정·김영석, 2006: 62).

사회과의 기저 학문인 제 사회 과학의 경우, 정치학, 경제학, 사회학, 문화인류학, 심리학, 지리학, 역사학 등으로 분류하는 방법이 일반적인 방법 기준이다. 하지만 변화무쌍하고 다원화된 현대 사회에서는 학제간 연구가 다양하게 전개되고, 새로운 학문의 연구 분야가 증가하는 현실적 측면을 고려하여, 전통적 분류 기준과 방식을 고집하기 어렵게 된 것이 사실이다. 학문 중심형 사회과 교육과정의 핵심은 설명과 탐구 등 두 가지 기법이다(권낙원, 1997: 121 - 122).

특히, 교육적 입장에서는 전통적 분류 기준과 방식을 따르기보다는 학습자에게 지식의 본질을 보다 효과적으로 전달할 수 있는 방안을 모색해야만 한다. 그러한 견지에서 보면 피닉스(P. H. Phenix, 1964)가 제시한 지식의 영역화는 매우 시사하는 바가 크다고 할 수 있다. 피닉스는 수많은 지식의 종류들을 구조적 유사성이라는 기준하에 기호적 영역(symbolics), 경험적 영역(empirics), 심미적 영역(esthetics), 통관적 영역(synoptics), 통합적 영역(synthetics), 윤리적 영역(ethics) 등 여섯 가지로 유목화(類目化)하고 있다. 이러한 학문적 영역화를 기준으로 지식의 구조적 특성을 학습함으로써 불필요한 학습의 중복을 피할 수 있음은 물론 학습의 전이력(轉移力)을 신장시킬 수 있다고 주장한 것이다. 이러한 여섯 가지 학문의 유목 중에서 학문 중심형 사회과 교육과정의 내용 학문인 사회 과학은 경험적 학문, 통관적 학문, 통합적 학문 등에 초점을 맞추고 있다.

4) 반성적 탐구형 사회과 교육과정

(1) 교육과정 내용의 관점

반성적 탐구형 사회과 교육과정은 존 듀이(J. Dewey)의 사회 인지 심리학과 사고 학습에 대한 실용주의 철학이 토대를 이룬다(사회과 연구 모임, 2007: 90 – 91). 반성적 탐구형의 사회과 교육과정에서는 '시민성 함양'을 위한 사고력 신장과 의사 결정력 신장이 핵심이 된다. 하지만 다른 모형·유형들과는 달리, 이 반성적 탐구형 사회과 교육과정 모형에서의 시민성은 특정한 사회·정치학적 맥락 내에서 의미 있는 의사 결정을 강조한다.

반성적 탐구형 사회과 교육과정의 입장에서는 사회과 교육의 목적을 학생들에게 특정한 사회적·정치적 맥락에서 학생 개개인들에게 직접적으로 영향을 주는 개인적·사회적 문제에 대해서 의사 결정을 하는 데 필요한 능력을 함양시켜 주는 것이다. 가령, 민주주의 학습에서는 민주주의에 대한 다양한 문제를 확인하고, 자료를 수집·분석·평가하며, 이를 바탕으로 합리적인 의사 결정을 할 수 있는 민주 시민을 육성하려는 것이다.

탐구 및 의사 결정력을 중시하는 반성적 탐구형 사회과 교육과정에서는 학생들로 하여금 다양한 탐구와 판단, 결정 과정 자체에 중점을 두고 있다. 따라서 사회과 교육을 학생들의 지적 능력, 즉 바르게 사고하고 판단, 결정하는 능력을 터득하게 하는 데 초점을 맞추고 있다(한면희, 2006: 106).

반성적 탐구에 대한 존 듀이(J. Dewey)의 주장은 실용주의 교육 이론을 발전시켜 왔는데, 많은 사회과 교육 이론가들이 지속적으로 반성적 탐구형 교육과정에 관심을 갖고 발전시켜 왔다. 이러한 반성적 탐구형 사회과 교육과정은 기초 복귀 운동(back to basics)과 소위 '닫힌 영역'의 문제 그리고 특정한 사회 문제의 맥락에서 시민성 함양과 의사 결정력 함양에 초점을 맞추고 있다.

(2) 교육과정의 원리

반성적 탐구형 사회과 교육과정의 기본적 사고는 다양한 활동과 참여를 통한 시민성 함양에 있다. 아울러, 참여와 대화·타협을 통한 의사 결정력 함양을 강조한다.

사회과가 본질적으로 다양한 사회생활을 통한 민주 시민성 함양과 의사 결정력 신장을 강조한다는 점을 전제하면, 반성적 탐구형 사회과 교육과정은 다른 유형, 모형의 기초가 된다고 볼 수 있다. 반성적 탐구로서의 사회과는 시민적 자질을 기대되는 가치나 덕목의 수행 차원이 아니라, 의사 결정 과정으로 파악한다. 즉 사회생활에서 다양한 사회 문제를 파악하고 올바른 의사 결정을 할 수 있는 훌륭한 민주 시민 육성에 초점이 있는 것이다(권오정·김영석, 2006: 87-90).

특히, 개인과 개인이 모여서 사회를 이루고, 사회생활을 원만하게 영위하기 위한 민주 시민성과 합리적인 의사 결정력이 중시되는 만큼 반성적 탐구형 사회과 교육과정은 학습자 중심의 활동을 조장하는 사회과에서 가장 중요한 위치에 있는 것이다.

반성적 탐구형 사회과 교육과정에서 사회과 교육의 목적은 학생들로 하여금 다양한 정보를 활용하여 사회 과학적 탐구로 문제를 해결하며, 의사 결정의 학습 경험을 바탕으로 비판적이고 창의적으로 사고, 선택, 결정하는 능력을 길러서 사려 깊은 시민적 자질을 함양하고자 한다. 반성적 탐구형 사회과 교육과정에서는 사회과 정보 처리 능력, 과학적 탐구, 문제 해결, 발견 학습, 의사 결정, 고급 사고력, 사려 깊은 행동 등을 강조한다(한면희, 2006: 106).

5. 사회과 교육과정 개발의 쟁점

변화와 발전이 특징인 사회 현상과 사회 사상(社會 事象)을 교육과정의 내용으로 하는 사회과는 그 내용(contents)이 고정적으로 정해져 있지 않은 특징이 있다. 수학과, 과학과 등 자연 과학이나 이과 계통 교과는 전통적으로 전수되어 오는 교과의 지식과 내용의 본질이 정해져 있으나, 사회과는 변화하는 사회의 제반 모습을 대상으로 하기 때문에 교육과정의 내용이 고정불변적이지 않다. 오히려, 국가·사회적 요구, 시대 변화와 사회 발전에 따라 교육과정의 내용이 신속하게 달라져야 하는 것이다.

그렇기 때문에 사회과 교육과정은 그 내용 선정과 조직에 대하여 일관된 견해를 결집하기가 쉽지 않다. 사회과 교육과정을 보는 관점과 시각에 따라 다양한 입장과 주장이 되는 이유가 여기에 있다.

일반적으로 사회과 교육과정 개발의 쟁점은 크게 내용 구성의 영역별 집중화 문제, 교육과정 체제의 대강화와 상세화 문제, 교육과정에서의 이념적 중립성 문제 등을 들 수 있다. 영역별 집중화 문제는 사회과 교육과정의 구성에서 통합과 분과의 문제가 핵심이다. 통합도 다학문적 통합, 간학문적 통합, 탈학문적 통합 등 방법이 있다. 교육과정 체제의 대강화와 상세화는 상대적 입장인데, 대강화를 강조하면 지역·학교 교육과정의 탄력성으로 창의적인 교육과정 개발이 장려되는 반면,

상세화를 강조하면 국가 수준 교육과정에 치중하게 된다.

한편, 가치 문제를 다루는 사회과에서는 이념적 중립성이 강조되므로, 교육과정 개발에서도 쟁점이 되고 있다. 사회과 교육과정 및 사회과 교과서 개발에서는 분명한 이념적 중립성을 견지하여야 한다.

1) 사회과 내용 구성의 통합과 집중화

사회과는 사회 현상을 바르게 인식하기 위하여 통합적 학습을 강조한다. 초등학교 제1학년에서부터 고등학교 제1학년까지 국민공통기본교육과정의 바탕 위에서, 사회과는 '인간과 공간(지리 영역)', '인간과 시간(역사 영역)', '인간과 사회(일반사회 영역)'를 묶어서 통합형 교육과정을 구성해 왔다. 사회과는 다양한 정보를 활용하여 사회 현상에 대한 지식을 발견하고 문제를 해결하는 데 필요한 사고력, 창의력, 판단력 및 의사 결정력 등을 강조하기 때문이다(교육부, 1997 a: 28－29).

사회과 통합은 교육과정 차원에서 생활 사례 중심의 초학문적 통합, 스트랜드(要素·strand) 중심의 학제적 통합, 영역별 내용 중심의 병렬적 구성 등이 있고, 교과서 차원에서는 교육과정을 재구성하여 통합적 단원 구성 그리고 교수·학습 차원에서는 교과서를 통합형으로 재구성한 자료로 활용하는 방법 등이 있다(김정호, 2006: 7－9).

사실, 사회 현상 자체는 지리, 역사 또는 일반사회 등이 어느 한 영역만으로 이해할 대상이 아니라서, 사회과학계도 분화와 통합을 거듭하여 왔다. 다만, 과목별·영역별로 부여되는 교사 교육과 교원 자격증 부여 때문에 많은 논란을 야기하여 왔다.

현행 사회과 교육과정은 공통 과정의 각 학년마다 세 영역을 배열해 놓은 융합형 통합 방식을 시행하여 왔다. 그런데 이 융합형은 어느 한 영역을 전공한 교사가 다른 영역까지 지도해야 하는 어려움이 있는 것이 사실이다. 공통 사회 과목도 이러한 취지에서 출발한 것이다. 따라서 향후 사회과 교육과정은 중학교에서 학년별 한 영역 집중 학습제로 전환을 주장하는 분위기가 있다. 즉 중학교의 각 학년마다 한 영역만으로 내용을 구성하여 영역별로 교과서, 학습 자료 통합을 모색할 수 있을 것이다.

중학교 지리 영역은 한국 지리와 세계 지리를 통합하고, 고등학교 제1학년 국사는 한국사, 세계사와 통합하여 역사로 명칭을 통합 변경하고, 일반사회 영역도 제10학년인 고등학교 제1학년 내용은 스트랜드 중심으로 구성하여 영역 내 통합을 고려해야 할 것이다. 이를 통하여 사회과 교사가 특정 전공 영역 중심으로 가르쳐 교수·학습의 질을 제고할 수 있을 것이다.

사회과에서 통합과 분과는 오랜 쟁점이자 지향점으로 논란이 되어 왔고, 앞으로도 계속적인 연구 과제이자 쟁점으로 남을 것이다.

실제, 사회과 교육에서의 내용의 통합은 미국에서 1916년 사회과가 태동할 당시에도 아주 중요한 본질적인 문제였다. 1945년 한국에 도입된 사회과의 내용 구성과 조직에서도 통합과 분과 문제는 계속적으로 시대상과 사회상, 교육과정의 강조점 등에 따라 강화와 완화를 되풀이하였다.

2) 교육과정 체제의 대강화(大綱化)

국가 교육과정의 구성 형식과 내용 정도에는 대강화(大綱化)와 상세화(詳細化)의 두 줄기가 있다. 교육과정 선택 준거는 크게 공교육 체제에서 정부와 지역, 단위 학교가 할 일, 교과서 저자와 수업 지도를 하는 교사의 자율권·재량성 범위 등으로 나눌 수 있다.

국가 교육과정의 편성·운영권을 시·도 교육청과 지역 교육청, 단위 학교에 부분 위임·이양하는 대강화는 구체적인 내용 요소를 모두 열거하는 형식이 아니라, 반드시 성취해야 할 최소 필수 목표 중심으로 교육과정을 구성하는 것이다.

이와 같이 되면, 교과서 저자는 그 목표를 이루기 위한 다양한 전략을 써야 하기 때문에 교과서의 다양화, 차별화라는 검정 취지를 살릴 수 있고, 교사도 내용 암기 유도적 수업 대신에 학습자 수준에 알맞은 내용과 방법을 도입하여 문제 해결식 수업을 할 수 있게 될 것이다. 이를 위하여 교육과정은 선택과 집중, 성취 목표의 최소 필수화, 단원 구성의 유연화 전략 등을 다양하게 전개할 수 있을 것이다.

교육과정의 개발 권한을 중앙에서 지역, 단위 학교에 이양해야 한다는 '정부 규제 완화, 교육의 권한 지방 분화, 교과서 저자와 학교 교사의 재량권과 자율권 강화, 교육과정 실천 과정의 다양화' 등 실천 수단이 교육과정의 대강화이다. 물론, 국가 교육과정은 성취 기준을 상세화하여, 그 기준만 보고도 교수·학습을 진행할 수 있도록 해야 한다는 주장도 있다.

그러나 교육 내용이 상세화(詳細化)되면 될수록 교육과정과 교과서 실천 과정은 전국적으로 획일화될 수 밖에 없으며, 이런 상황에서는 교사가 자율적 재량권을 갖기가 상당히 어렵다. 따라서 교육과정 내용 감축과 다양화 및 자율화를 지향하는 시대정신에 따라서 대강화(大綱化)를 지향하되, 대체적으로 대강화와 상세화를 적절하게 조율하여 통합하는 것이 바람직할 것이다.

3) 사회과 교육의 이념적 중립성

사회 현상에는 사실 관계와 가치 체계가 있다. 사실 관계는 진위로 바로 확인할 수 있다. 하지만 가치 판단이 개입되는 상황은 좀 더 복잡하다고 할 수 있다.

일반적으로 교육과정에서 이념을 선전하거나, 일방적으로 비판하는 등 가치 편향적이어서는 안 된다. 분명히 특정 가치를 학생들에게 일방적으로 주입·강요하는 것은 교육이 아니라 이념적 강요일 뿐이다. 사회과 교사가 가치 중립적이어야 함은 이러한 사회과의 특성과 밀접하게 연관된다.

교육의 자주성, 전문성, 정치적 중립성 보장, 이념적 편향성 금지 등은 법으로 규정되어 있으며, 이는 사회과 교육에 직결되는 규정이다. 교육과정은 이 법규를 전제로 하고 있으나 교과서 차원에서 시비가 있는 것이 사실이다. 사회과는 교육과정과 교과서 전체를 아우르는 입장에서 이념적으로 중립성을 견지하여야 한다.

6. 한국의 사회과 교육과정 개발 체제

한국의 사회과 교육과정은 그동안 국가 수준 교육과정의 각론으로 개발되어 왔다. 특히, 교과 교육과정의 특성을 살리지 못하고, 전면적·총체적인 교육과정 개정 체제에 휘말려 개정되고 실행되어 왔다. 아울러, 전통적인 목표 중심 교육과정 개정이 전반적인 경향이었다.

본 절에서는, 한국 사회과 교육과정 개발의 문제점을 의사 결정의 관점, 교과 교육과정의 관점에서 살펴보고, 새로운 사회과 교육과정 개발을 위한 접근법의 입장에서 개발 관련자들의 민주적 참여, 합의를 통한 개발 등을 모색하고자 한다.

1) 한국 사회과 교육과정 개발의 특징

한국의 사회과 교육과정 개발 절차는 그동안 대체적으로 안정적, 정형화된 체계를 이룩하였다. 한국의 사회과 교육과정 개발 및 개정에 대한 주요 특징을 요약하면 다음과 같다(이혁규, 2003: 153).

첫째, 국가 주도로 교육과정이 개발되어 왔다. 각 개발 및 개정 시기별로 약간의 차이는 있었지만, 대부분 중앙 교육 행정 조직에서 교육과정을 결정하고, 지방 교육행정 조직은 결정된 교육과정을 학교에 전달하며 학교는 전달된 교육과정을 시행하는 체제를 유지하고 있다.

교육과정 개발과 개정은 중앙 교육 행정 조직을 중심으로 이루어지는 교육과정의 결정 행위이다. 교육과정 개발 과정은 중앙 교육 행정 기관의 발의로 시작되어 교육과정 연구 기관을 중심으로 연구와 개발이 이루어지고 학교로 전달되는 연구-개발-확산 모형을 유지하고 있다.

둘째, 교육과정 개발 방식이 전면적·주기적·일시적으로 이루어진다는 점이다. 모든 학교급의 학교 교육과정 그리고 모든 교과의 교육과정을 동시에 개정하기 때문에 일시적이고, 모든 학교급의 전 교육과정을 전체적으로 개정하므로 전면적 개정이다. 아울러, 교육과정 개정·개발은 일정한 간격을 두고 주기적으로 이루어져 왔다. 이러한 우리나라의 교육과정 개발·개정은 사회적, 정치적 필요에 의해서 이루어지는 경우가 많은데, 특히 교육개혁의 명분 아래 시행되는 경우가 대부분이다.

셋째, 우리나라 교육과정의 개정 방식은 공학적 모델의 형식을 취하고 있다. 일반적으로 우리나라의 교육과정 결정 모형은 타일러(R. W. Tyler) 등이 주도한 목표 모형으로 볼 수 있다. 즉 목표 모형은 목표를 우위에 두고 가르칠 내용을 선정, 조직, 평가하는 투입, 산출의 체제 접근적 논리에 입각한 절차 처방 모형이다. 사실 현행 우리나라의 교육과정 개발과 개정은 이러한 목표 모형을 바탕으로 한 타일러(R. W. Tyler) 식의 기술 공학적 모형에 아주 강한 의존을 하고 있는 것이다. 실제, 그동안 우리나라에서는 오래전부터 타일러(R. W. Tyler)의 합리적 모형으로 교육과정을 개발·개정하여 왔다.

2) 한국 사회과 교육과정 개발의 관점

(1) 교육과정 의사 결정의 관점

한국의 교육과정 개발 절차는 교육과정 의사 결정의 성격이 본질적으로 요구하는 숙의(deliberation)의 의미를 담보하는 적절한 체제라고 하기는 어렵다. 현행 교육과정 개발 절차는 교육과정 의사 결정이 여러 사회적 세력들이 관여, 개입하고 상호조정이 필요한 '합의 과정'이라는 점을 경시하는 풍조가 있는 것이 사실이다. 공식적인 보고서와 교육과정 해설서를 보면, 교육과정의 개발 절차는 탈맥락적인 중립자들의 조화로운 의견 수렴 과정처럼 묘사되어 있다. 각 교육과정이 개정, 개발될 때에는 각계각층 인사들의 의견을 수렴하여 합리적으로 추진된 것처럼 기술되어 있으나, 실제는 다양한 세력들의 충돌과 갈등의 산물인 것이다. 우리의 공식적 교육과정 문서들은 이러한 적나라한 이익 충돌 과정을 공식적 기록과 담론의 과정에서 밀어내고 교육과정 의사 결정 과정을 합리적, 탈맥락적인 것으로 미화하는 경향이 농후하다. 그러다 보니, 교육과정 개발·개정 과정에 필연적으로 발생, 야기할 수밖에 없는 이해 집단의 개입은 합리적인 개정 절차 진행에 장애 요인이 될 수도 있는 것이다. 그런 관점에서 보면, 다양한 이해 집단의 목소리는 공론의 장에서 다루어져야 할 수요한 요인이라기보다는 배세되고 억압되어야 할 비합리직, 비도딕직인 깃일 수도 있다는 점올 간과해서는 안 된다(이혁규, 2003 b: 153 – 154).

교육과정 개정 과정에 자연스럽게 개입할 수밖에 없는 합의적 요소를 무시하는 것은 교육과정 문서 형식을 통해서 확인할 수 있다. 문서 형식 또한 총론 개발에서 각론 개발, 그리고 교과서 개발과 보급 등으로 이어지는 일련의 단계가 연쇄적 구체화의 관계로 연결되어 있다. 이것은 효과성과 능률성이라는 공학적 기준만이 작용하는 직선적 과정이다. 그리고 그 과정에 참여하는 전문가들은 역사적, 사회적, 정치적, 도덕적 고려를 배제한 채, 탈맥락적인 의사 결정을 하는 것으로 간주한다. 이러한 문서 형식 속에 반영된 개발 절차는 총론 과정에서 참여하는 특정한 전문가들의 견해를 다른 사회 세력의 주장보다 우위에 놓는 권력 효과를 낳는다.

한편, 교과 이기주의와 변화를 거부하는 요인이 없는 것은 아니지만, 이러한 요인들은 때로는 심각하게 합리적이고 바람직한 방향으로 개혁을 가로막는 요인으로 작용할 우려가 있다. 현행 제도와 같이 총론 단계에서 중요한 의사 결정이 내려지고, 그 이하 단계에서는 이를 구체화해 가는 실행의 단계로 개념화하는 한, 상위의 규정이나 지침에 반하는 조치를 할 수는 없는 것이다. 이렇게 교육과정 의사 결정자들의 논의의 지평을 불평등하게 야기한 결과, 교육과정 의사 결정의 합의의 과정은 왜곡되고 숙의(deliberation)의 과정이 간과될 우려가 있는 것이다. 분명한 사실은 바람직한 사회과 교육과정 개발에서는 다양한 이해 당사자, 교육 공동체 구성원들의 참여와 숙의(deliberation) 그리고 합의(agreement)가 전제되어야 한다는 점이다.

결국 전문가 몇 명이 책상에서 만드는 교육과정, 교무부장 교사 혼자서 만드는 학교교육과정이 사라지고 학교 조직을 구성하는 교육 공동체, 학교 공동체 구성원 모두의 자발적 참여·활동이 전제된 사회과 교육과정이 바람직한 교육과정이다.

(2) 교과 교육과정의 관점

우리나라 교육과정은 의사 결정과 관련된 복합적 요소들을 일시에 전면적이고 포괄적으로 개정함으로써 개정하지 말아야 할 것을 억지로 개정하고, 개정이 시급한 것을 불충분하게 검토하거나 논의를 간과하는 문제들을 반복해 왔다. 교육과정 요소에 따라서 상이한 개정의 논리와 절차와 시간이 필요한 것을 우선순위가 없이 한꺼번에 묶어서 개정, 개발함으로써 발생하는 문제이다(이혁규, 2003: 157-162).

첫째, 포괄적 개정, 개발의 문제이다. 우리나라 교육과정은 그동안 여러 차례나 개발, 개정되면서 그동안 교과와 특별 활동, 재량 활동 등 시간 배당 기준을 변화시켜 왔다. 개별 교과 교육 입장에서 보면 5-10년에 한 번씩 그 교과목의 시수에 변화가 생기며, 결국 교과의 존폐와 당해 교과 전공자의 실직(失職)까지 야기하여 왔다. 그리하여 교과 이기주의를 심화시켜 왔다.

교육과정상 교과 시수의 감소는 많은 과원 교사를 발생시키고, 해당 교과 전공 교사를 실업(失業) 상태로 만들며, 해당 교과 전공 교수들의 입지와 장래를 매우 불안하게 한다. 그렇기 때문에, 이해 당사자들이 동원가능한 자원을 총동원하여 교육과정 개발·개정 과정에 영향력을 미치려고 하는 것은 교과 이기주의(利己主義) 이전에 지극히 정상적인 것이다. 모든 사람들이 자신의 직업적 안정과 존엄을 지키려고 한다는 점을 전제하면, 설령 그러한 영향력 행사가 일면 교과 이기주의라고 하더라도 우리는 교육과정 개정·개발에 아주 신중하게 대처해야 한다는 결론에 이르게 된다.

한 교과목의 시간 수를 증감하거나, 교과목의 존폐를 결정하는 것은 수많은 변인들에 큰 영향력을 미친다. 가령, 교사 양성 기관의 변화, 현직 교사들의 재교육과 연수, 대학교 수들의 구조 조정, 일선 초·중·고교의 교육과정 운영 등에 막대한 영향을 준다. 이러한 요인들은 적어도 수십 년 이상의 장기적 조정이 필요한 사항이다. 그럼에도 불구하고, 그것을 매 개정 시 마다 다시 논의를 하는 것 자체가 비합리적이다.

최근 이루어진 초등 영어과, 중등 기술·가정과 통합, 컴퓨터 및 정보 교과, 환경 교과 등의 신설과 통합처럼 시대 변화와 사회 발전에 따라 새로운 교과가 교육과정에 진입하는 현대 사회에서, 교육과정 개정 시 마다 편제와 시간 배당을 다룰 논리적 이유와 실용성은 크지 않다고 본다. 그것은 오히려, 교과의 성격과 목표, 내용, 교수·학습 방법, 평가 등을 논의하는 교과 교육과정 쪽에서 고려하는 것이 바람직할 것이다.

둘째, 전면적 개정에 따른 문제이다. 전면적 개정이란 교육과정의 요소를 모두 포함한 개정, 개발을 하는 것이다. 교육이 추구하는 바람직한 인간상과 교육 목표에서부터 각 교과의 성격, 목표, 내용, 학습 방법, 평가 등에 이르기까지 모든 요소들을 개정하는 것이다. 하지만 전면적 개정은 그 필요성 여하를 불문하고 관행이라는 인식이 강하다. 현행 교육과정이 아무리 좋더라도 그것을 수정하지 않고 동일한 내용으로 두는 것은 개정 관계자들의 무관심과 연관될 우려가 있다. 따라서 대외적 발표를 위해서도 하다못해 교육과정과 교과의 '성격'이라도 고쳐야 한다는 관행이 교육과정 개정과 개발의 현실인 것이다.

셋째, 전면적 개정이 구조화된 방식의 문제이다. 이는 주로 총론과 각론으로 이분화되어 진행되는 개정 절차와 관련이 있다. 총론의 결정은 각론 참여자들에 의해서 번복되기 어렵다.

사회과는 다학문적 배경을 갖고 있고 일반사회, 역사, 지리 등 다학문적 전공 집단들의 과목·영역 이기주의 때문에 기본적인 교육과정의 범위와 계열성을 정하는 것이 교육과정 개정·개발 시마다 큰 쟁점이 되어 왔다. 이러한 상황에서 사실상 학제 개편의 의미를 갖고 있는 국민공통기본교육과정과 선택중심교육과정의 도입은 사회과 교육과정의 기본 체제를 근본적으로 재검토할 것을 요구하는 중요한 사안이다. 선택중심교육과정 역시 타 교과와 비교해 볼 때, 사회과는 인지적 수준에 차이를 두고 교육과정을 구성하는 것보다 흥미, 관심, 적성 등 내적 특성에 따른 선택의 다양성을 보장하는 것이 더 바람직하다는 입장이다.

사회과 교육과정 개발에 참여하는 개발자들은 수준별 교육과정에 대한 개인적 동의 여부를 떠나 기술적으로 이를 구현하기 위해서 많은 노력을 해야 한다. 교육과정 기본의 재구조화 역시 큰 관심을 갖고 임해야 한다.

셋째, 조급한 개정, 개발에 관련된 문제점이다. 실제 교육과정을 개정, 개발하는 전체 기간은 보통 2년 남짓에 불과하다. 제7차 교육과정의 경우 2년 8개월이 소요되었다. 이 기간 중 각론인 사회과 등 각 교과 교육과정 개발에 소요된 기간은 1년 정도이다. 그리고 한 교과목의 교육과정 개발비도 턱없이 부족하다. 인적, 물적 지원이 충분하여야 훌륭한 교육과정이 만들어진다는 사실은 자명하다. 따라서 조급한 개발보다는 기간, 예산, 인력 등이 충분히 지원되도록 여유를 가져야 할 것이다.

이와 같은 열악한 여건과 개발의 조급증은 진지한 논의와 숙고를 곤란하게 만든다. 불충분한 예산과 기간은 교육부의 교육과정 개발 기관 선정 구조와 맞물려서 여러 가지 역기능을 낳고 있다. 제7차 교육과정의 경우, 교육부가 개발 기관을 선정한 후, 개발 기관에서 학자 등 참여자들을 섭외하는 형식으로 운영되었다. 그런데 개발 기관 선정이 객관적 기준도 없고 그 선정 과정도 공개되지 않고 있다. 개별 참여자들은 섭외를 받을 때부터 자신의 전공 학문에 대한 이해관계를 반영시켜야 한다는 부담감 때문에 쉽게 참여 결정을 내리기가 어렵다. 개발 기관은 한정된 연구비로 전문적 학자들을 참여시키기가 쉽지 않다. 그러다 보니, 소수의 학자들을 중심으로 교육과정 개발이 어렵게 진행되는 것이다.

아울러, 교육부의 이러한 부족한 지원 예산과 짧은 개발 기간은 원만한 작업에 장애가 될 수밖에 없다. 실행되고 있는 교육과정에 대한 조사는 현장 교사에 대한 형식적인 설문 조사에 그치게 되고, 다양한 이해 집단에 대한 의견 수렴은 수회의 공청회로 가름하게 된다. 개발 예산이 부족하고 기간이 부족하다 보니, 연구가 끝나는 시점에 설문 조사 결과가 분석되는 경우도 있다. 교육과정 총론의 방향이 결정되어 있는 상태에서 설문 조사의 결과는 다분히 요식 행위적 성격이 강하기 때문이다.

넷째, 주기적 개정에 대한 문제점이다. 우리나라의 교육과정은 과거에는 10년 정도의 개정 주기를 갖고 있었으나, 근래에는 5-7년 주기로 개정·개발되고 있다. 사회 발전에 따라 개정·개발 주기도 빨라지고 있다. 특히, 교육과정 개정이 정치적 요인과 같은 외생적 변인으로 이루어지는 경우가 많기 때문에 그 개정 시기를 예측할 수가 없는 게 현실이다. 교육 외적 요인으로 갑자기 개정되는 것이다.

새로운 교육과정이 초·중등학교에 완전히 도입·정착되기도 전에 차기 교육과정 개정을 준비하는 것이 우리나라 교육과정 개정과 개발의 현실이다. 이러한 체제에서는 학교 현장에서 적용되는 교육과정의 개선을 위한 귀납적 논의는 물리적으로 불가능할 수밖에 없다. 현행 제7차 교육과정에서 제10학년제 국민공통기본교육과정을 의욕적으로 도입하였으나, 이러한 개정 주기가 반복되면 단한 번의 완전한 시행도 하지 못하고 차기 교육과정을 개정해야만 한다. 당국에서는 향후 교육과정의 상시 개정 체제 도입을 천명하고, '2007년 개정 교육과정'에서 이를 도입하였지만, 근래 현행 교육과정의 개정 시안을 만들고 공청회를 개최하는 등 움직임은 이러한 역기능을 반증하는 것이다. 특히, 우리나라에서 초·중·고교 각 학교급을 망라하여, 시행 1차 년도에 초등학교 제1·2학년, 2차 년도 초등학교 제3·4학년과 중학교 제1학년, 3차 년도 초등학교 제5·6학년과 중학교 제2학년, 고등학교 제1학년, 4차 년도 중학교 제3학년, 5차 년도 고등학교 제2·3학년 등 연차적으로 시행하는 제도도 재검토해 보아야 할 것이다. 국민공통기본교육과정은 통합과 연계가 핵심인 만큼 전 학년 동시 실행·적용을 신중하게 고려해야 할 것이다. 이제 그러한 전향적인 교육과정 정책이 실현되어야만 할 것이다.

3) 한국의 사회과 교육과정 개발 접근 방법

(1) 민주적 참여와 맥락성 회복

교육과정 개발에서 의사 결정의 성격은 숙의(deliberation)와 합의(agreement)이다(이혁규, 2003: 163). 그럼에도 불구하고 우리나라 교육과정 개정 절차는 전문성과 민주성을 담보하지 못하고 있다. 특정한 전문성과 민주성을 특권화하고 수단 목적적, 기계론적 비유에 의해서 설계된 개발 과정에 따르고 있는 것이다.

교육과정 연구 개발은 실행 연구적 접근과 체제론적 접근에 따라야 한다. 실행 연구는 실천지(實踐知)와 새로운 성찰(省察), 참여적 연구, 탐구의 과정 등을 중시한다. 실제 교육과정 연구와 개발에서 실행 연구의 아이디어를 진지하게 고려하려면, 비민주적 독단과 정치권력의 개입 그리고 권위화된 학문적 전문성을 극복하고 전문성과 민주성의 담보, 이론과 실천의 병행, 문서 교육과정과 실천 교육과정의 조화 등이 실행되어야 할 것이다.

교육과정 개발은 맥락성을 수반하므로, 기계론적 비유가 아니라, 유기체적 은유를 지향하여야 한다(이혁규, 2003: 164). 체제적 사고는 수많은 요인들이 상호작용을 하면서 역동적으로 변화하는 교육과정의 의사 결정 과정의 국면을 개념화하고, 이에 기반을 두어 현실의 문제를 개선하여야 한다. 체제적 사고는 상당히 오랜 기간 이론적 변화 과정을 거쳐서 오늘에 이르고 있다. 체제론적 접근의 네 범주는 과정 체제, 구조 체제, 의미 체제, 지식·권력 체제 등이다. 이러한 체제론적 접근을 우리나라 교육과정 개발에 적용한다면, 교육과정 문제 상황을 개선할 수 있는 유용한 개념의 틀을 추출할 수 있을 것이다.

교육과정의 현실적 개선을 위해서 관련 주체들의 민주적이고 참여적인 개입을 중시하는 실증 연구적 안목과 상호 유기적 연관성을 강조하는 체제적 접근의 아이디어에 관심을 갖는다면, 교육과정 의사 결정 체제의 맥락성을 회복하고 교육의 본질 회복에 기여하게 될 것이다.

(2) 합의된 교육과정의 개발

사회과 교육과정 의사 결정 과정에서 여러 사회적 이해관계자들의 정당한 자기 목소리를 수용하는 합의적 특성 및 참여자들의 연구와 공동 협의 과정을 통해 조절되고 간주관성을 확보해 가기 위해서는 교육과정 개발의 의사 결정 민주성 담보, 숙의적 전문성 확보, 교육과정 문서의 실효성 확보, 주기적 국가 교육과정 개발·보급 등에 대해서 숙고해 보아야 할 것이다. 이러한 점을 기반으로 하여 향후 바람직한 교육과정 개발의 고려점을 제시하면 다음과 같다.

첫째, 국가 수준 교육과정의 내용이 폭과 깊이를 어느 정도로 해야 하는가를 고려해야 할 것이다. 우리나라 교육과정은 교육적 인간상에서부터 목표, 내용, 교수·학습 방법, 평가에 이르기까지 모든 것을 담고 있다. 따라서 교수·학습 내용과 방법도 성취 기준을 중심으로 망라되어 있다. 그렇기 때문에 지역 교육청, 학교, 교사들의 자율성·창의성이 개입될 여지가 별로 없는 실정이다.

미래 사회에 부응하는 교육과정을 개발하기 위해서는 교육과정(curriculum)과 교육과정의 틀(curriculum framework) 개념을 구분하여야 한다. 국가 수준의 교육과정 문서는 교육과정의 기본이 되는 기본 원칙과 초·중·고등학교의 대체적인 방향과 틀만을 제시하여야 한다. 그래야만, 이 최소의 기준을 바탕으로 하여 교육과정의 다양성, 자율성, 창의성이 발휘될 수 있다. 가령, 사회 발전과 시대 변화의 패러다임(paradigm) 속에서 범위와 경계만을 제시한 국가 수준 교육과정 속에서 지역에 따른 공모 형식을 거친 복수의 교육과정 도입 등이 모색되어야 할 것이다.

둘째, 교육과정 문서 구성 형식에서 총론과 각론의 명확한 구분 문제이다. 교육과정이 총론과 각론으로 이분화되어 나타나는 의사 결정의 왜곡 문제를 해결하기 위해서는 전면 개정과 부분 수정의 개념을 도입하여 총론과 각론의 관계를 분석적으로 구조화할 필요가 있다.

현대 교육과정에서 굳이 총론과 각론을 구분하여 제시해야 하는가도 고려해 보아야 한다. 궁극적으로는 총론과 각론의 구분을 해체, 통합하는 방법도 고려하여야 한다. 총론과 각론을 통합했을 때의 문제점도 없지는 않으나, 오히려 분리했을 때의 문제점이 더 많다는 점을 간과해서는 안 된다.

교육과정 개발자들은 자신들이 별로 중요하지 않다고 생각하는 것의 개혁을 강요당해 온 측면이 있다. 반대로 이러한 구조적인 조건을 자신들이 성실하게 직면하여 개선하여야 할 교과 교육과정의 내부 문제를 방치하는 수단으로 활용한 감도 없지 않다.

셋째, 교과 교육과정의 문서도 전면 제정 형식에서 부분 개정 형식으로 바뀌어야 한다. 현재 대체로 교육과정 개정·개발은 5-10년 주기로 개정되고 있다. 사회과 역시 주기에 따라 교과의 성격과 목표를 다시 기술한다. 개정되는 교육과정에 따라 매번 비슷한 교과의 성격과 목표 등이 수정되어 기술되는 것이다. 물론 획기적으로 새로운 내용은 없다. 단지 개정하라고 하니까 다시 기술(記述)되는 것이다. 그러다 보니 매 교육과정마다 사회과의 성격과 목표는 대동소이(大同小異)하다. 그저 논점이 절충주의적이고 미사여구(美辭麗句)가 본질을 감싸고 있을 뿐이다. 한 마디로 교육과정이 미학적 연성 문서화되고 만 것이다(이혁규, 2003: 168-169).

앞으로는 교육과정 개발의 많은 부분이 관련 집단의 치열한 논의가 반영된 소위 경성 문서화되어야 할 것이다. 그 의미 역시 법적 문서처럼 명료하여야 한다. 그래야만, 현행처럼 교육과정 개정 시마다 교육과정 전체를 송두리째 바꾸는 방식을 방지할 수 있다. 나아가 교육과정을 논쟁과 고민이 집대성된 의미 있는 계획으로 만들 수 있을 것이다.

넷째, 교육 공동체, 학교 공동체 구성원 모두의 참여를 통한 교육과정 개발이 보장되어야 할 것이다. 다양한 집단, 조직 및 관련 인사들의 참여를 바탕으로 한 교육과정이 개발되어야 한다. 현재까지 우리나라 교육과정 개정·개발에서의 비판과 지적의 핵심은 소수 정예주의를 지향하여 온 점이다. 사회 발전과 시대 변화에 부응하여 최대한 다수의 집단, 조직 및 사람들의 요구와 기대를 수용하여 교육과정을 개정, 개발하여야 함에도 불구하고 개발 과정에 소수의 관련 집단, 조직, 인사들만이 참여해 온 것이 관행이었다. 그러다 보니 교육과정 개발 과정에 불만을 품은 이해 당사자와 학회 등은 여론 조성, 언론 플레이, 로비 등 비공식적·정치적 활동을 통해서 영향력을 행사하려고 하였다.

아울러, 모든 교과가 마찬가지이지만, 사회과의 배경을 이루는 사회 과학의 학문 집단 간의 관계는 협조적이기보다는 상호 배타적 경향이 있는 것이 사실이다. 사회과의 진정한 발전과 변화를 모색하기 위해서는 이러한 비생산적 논의 구조의 재구조화가 필요하다. 특히, 일반사회 교육학계, 역사 교육학계, 지리 교육학계의 명망 있는 학자들이 대표성을 갖고 참여할 수 있도록 예산과 인력 등이 충분하게 지원되어야 할 것이다.

다섯째, 교육과정과 현장과의 관계 재정립이 필요하다. 현행 교육과정에서 교육과정의 이론적 지향과 학교 현장의 괴리는 매우 크다. 여러 가지 제도적·행정적 문제의 해결도 선행되어야 한다.

원칙적으로 교과 교육과정의 본질상 사회과의 통합을 주장하지만, 교사는 분과로 양성하고 있어서, 상치 교사(相馳 敎師)가 증가하고 있으며, 현장의 상황에 대한 충분한 검토도 없이 새로운 실험과 정책을 남발하는 등 관념적 교육과정 개발과 적용이 사라져야 할 것이다. 분명히 교육과정은 현장의 실행을 중심으로 개정, 개발되어야지, 이론적 이상에 치우친 탁상공론으로는 소기의 목적을 거둘 수 없는 것이다. 사회과 교육의 분과와 통합은 매우 미묘하고도 지난(至難)한 과제임이 틀림없으나, 교육 현실 및 학교 현장의 실정을 바탕으로 교육공동체 모두의 숙의와 합의를 통한 운영의 융통성과 탄력성이 요구되는 것이다.

4) 한국 사회과 교육과정 개발의 실제

한국 교육과정의 개발 체제와 절차는 전통적으로 중앙 집중형이었다. 지역 분산형·분권형인 학교 교육과정이 강조된 것은 1990년대 초인 제6차 교육과정 때부터이다. 사실, 제7차 교육과정 이후, 과거보다 많이 시·도 교육청, 지역 교육청, 단위 학교에 교육과정 개발, 편성, 운영, 실행 권한이 위임·이양되었지만, 아직도 교육과학기술부 등 중앙의 권한이 절대적이다. 그러므로 앞으로, 시대 변화와 사회 발전에 따라 '위에서부터 아래로의 교육과정'에서 탈피하여 '아래로부터 위로의 교육과정'으로 교육과정의 개발 체제가 혁신되어야 할 것이다. 현재, 한국의 교육과정 개발은 중앙인 교육인적자원부에서 국가 수준의 교육과정을 개발하여 고시(告示)하면, 광역(시·도) 교육청에서 편성·운영 지침(指針)을 내리고, 지역(시·군·구) 교육청에서 장학 자료를 제공하며, 단위 학교에서 소위 학교 교육과정을 편성·운영하는 체제이다.

한국의 사회과 교육과정은 그동안 교수요목기로부터 '2007년 개정 교육과정'에 이르기까지 아홉 차례의 개발·개정 과정을 거치면서, 독자적인 교과 교육과정의 개발 성격보다는 총론과 각론을 포괄하는 전면적 교육과정 개발에서의 하나의 교과로서 기능을 수행하여 왔다. 즉 특성화된 교과 교육과정으로의 개발보다는 교육과정 전체적 흐름 속에서 개발되어 왔다. 한국 사회과 교육과정 개발의 체제를 현행 제7차 교육과정을 중심으로 고찰하면 다음과 같다.

현행, 제7차 교육과정은 ⓐ신교육체제 수립 교육개혁 방안 보고(교육개혁위원회)→ ⓑ교육과정 개발 기본 계획 수립→ ⓒ기초 연구, 총론 개발→ ⓓ합동 세미나, 공청회 등 개최→ ⓔ총론 시안 검토·수정→ ⓕ총론 개정안 확정→ ⓖ각론 연구 개발 계획 수립→ ⓗ각론 연구 개발→ ⓘ각론 시안 검토·수정→ ⓙ종합 심의 및 정리 작업→ ⓚ개정안 보고→ ⓛ교육과정 고시(告示) 등 체제와 절차를 거쳐서 확정되었다.

현행 제7차 교육과정은 1994년 발족한 '교육개혁위원회' 내에 1995년 '교육과정특별위원회'를 설치하여 교육과정의 골격을 만들었는데, 1996년 '초·중등학교 신 교육과정'의 개혁 방안을 대통령에게 보고하였다. 즉 제7차 교육과정은 교육개혁위원회의 신교육을 위한 교육 개혁 차원에서 개발된 것이다(이경환 외, 2002: 154-156).

교육개혁위원회로부터 '초·중등학교 교육과정 개혁안'을 보고받은 교육부는 한국교육개발원(KEDI)에 제7차 교육과정 개발을 위한 기초 연구 및 총론 개발 시안 개발을 위탁하였는데, 연구 위탁 과제와 연구팀은 '현행 교육과정의 분석·평가 연구(교육과정연구회·연구개발팀장 김재복)' 능 8과제(팀)이었다. 이후, 교육부는 총론 개발 시안 연구 기관과 여러 차례의 협의회, 세미나, 공청회, 심의회 등을 개최하여 1997년 2월 교육과정 총론을 확정하였다.

한편, 교육부는 총론이 최종 마무리되던 시기인 1996년 12월 각론 개발 계획을 수립하고 14개 기관에 교육과정 각론 개발을 위탁하였다. 초등학교의 각론은 20개 연구 기관(팀)에 위탁하였고, 중학교 각론은 19개 연구 기관(팀)에게 각각 위탁하였는데, 사회과 교육과정은 초·중등 함께 한국교원대학교(연구 개발 책임자 김일기)에 위탁·개발하였다(함종규, 2006: 682-683).

한국교원대학교에서는 사회과 교육과정 개발을 위탁받자 '사회과 교육과정 개발연구위원회'를 조직하고, 전체 연구진 협의회, 교과목별협의회를 구성하였다. 국민공통기본교과인 사회과 연구진은 초등 분과, 중등 분과, 국사 분과 등으로 구분하여 연구하였는데, 국사 분과 연구 개발은 별도로 국사편찬위원회에 재위탁하였다. 선택 교과 연구는 지리 소분과, 일반사회 소분과, 역사 소분과, 일반 선택 과목(인간 사회와 환경) 소분과, 환경(중학교 선택 과목) 소분과 등 5개 소분과연구위원회를 조직하여 세부 연구를 진행하였다. 그리고 연구 결과를 1997년 10월 '1997년도 교육부 위탁연구과제 답신보고서'로 교육부에 보고하였고, 교육부에서는 1997년 12월 제7차 교육과정을 확정하여 고시하였다.

<표 3>은 제7차 교육과정 개발 사례로 본 한국 교육과정 개발 체제 및 과정을 종합한 것이다(소경희, 2006: 10-11). 한국의 교육과정 개발은 일반적으로 위탁 기관에게 개발을 의뢰하여 연구, 개발하는 체제를 취하고 있다. 그 과정에서 각종 세미나, 공청회, 토론회 등 모임을 수차례 진행하고 시안을 심의한다. 아울러 시안에 대한 연구학교를 지정하여 미리 현장 적용을 해 본 후 개정안을 확정한다. 각론은 각 교과별로 별도의 연구 기관, 대학 등에 위탁하는 체제로 운영하고 있다.

〈표 3〉 한국의 교육과정 개발의 세부 체제 및 과정 (제7차 교육과정)

개발 체제(과정)	시기(기간)	담당	비고
• 신교육체제 수립을 위한 교육개혁 방안 - 교육과정특별위원회 설치, 운영 - 초·중등학교 교육과정 개혁방안	1995.5.31. 1995.8. ~ 96.2. 1996.2.9.	교육개혁 위원회	• 신교육과정 체계 구안
• 교육과정 개정 기본계획 수립 - 개정안 연구 개발 위탁	1996.3.19.	교육부	• 위탁기관: 한국교육개발원 • 위탁과제: 8과제
• 기초연구 및 총론 연구 개발 - 교육과정 개정을 위한 기초연구 - 총론 개정 시안의 연구 개발	1996.3. ~ 96.12.	연구기관	• 연구진 및 연구위원: 146명 • 연구조사: 2,460명 • 운영협의: 7회, 408명
• 합동협의회, 세미나 및 공청회 - 현장교원, 관련학회 등과의 합동협의회 - 수준별 교육과정 개발방향 탐색 세미나 - 총론 시안에 대한 공청회	1996.6. ~ 96.8. 1996.6. 1996.7. 1996.8.	교육부 연구기관	• 검토 및 수정·보완: 12회, 444명 • 참여인원: 106명 • 참여인원: 300명 • 참여인원: 600명
• 총론 시안 검토·수정 - 총론 개정안의 심의 - 시·도교육청, 학교의 현장 검토 - 교원양성 대학, 연구기관 및 관련 학회 검토 - 수정·보완 집중 작업	1996.11. ~ 97.2.	교육부	• 교육과정 심의회: 13위원회 (운영위 및 학교급별 위원회) • 심의회 개최: 26회 • 심의위원: 286명 • 15개 시·도 • 연구학교: 22개교 • 연구기관: 41개 기관 • 관련학회: 11개 학회
• 총론 개정안 확정	1997.2.28.	교육부	• 보완 작업: 2회 • 협의, 검토: 총 80회 • 총론개정 참여인원: 연 4,598명
•교육과정 각론 연구 개발 계획 수립 - 각론 연구 개발 위탁 - 각론 개발지침 작성	1996.12.	교육부	**• 위탁기관: 14개 기관** **(사회과: 한국교원대학교 김일기 팀 위탁)**
• 각론 연구 개발 - 교과별 기초연구 및 각론 연구 개발 - 교과별 협의회 운영 - 각종 조정 워크숍 - 교과별 세미나(공청회)	1997.1. ~ 97.10. 1997.5. 1997.7. ~ 97.8. 1997.8. ~ 97.9.	연구기관	• 위탁과제: 39과제 • 연구진: 530명 • 총 124회 (교과 평균 3회) • 참여인원: 150명 •30교과, 약 5,000명 참여
• 각론 시안 검토·수정 - 각론 개정 시안의 심의 - 시·도교육청, 학교의 현장검토 - 시·도교육과정 담당 장학관 협의	1997.8. ~ 97.12. 1997.8. ~ 97.9. 1997.10. ~ 97.11. 1997.11.	교육부	• 교과별 심의회: 114(소위원회) • 심의위원: 1,508명 • 심의회 개최: 각 교과 2회
• 종합심의 및 정리작업 - 개정안 작성 집중 작업 - 교육과정 심의회 - 전문가 검토·협의	1997.11. ~ 97.12. 1997.11. ~ 97.12. 1997.12. 1997.10. ~ 97.12.	교육부	• 현장 검토위원: 160명 • 참여인원: 32명 •2회, 260명 참여 •4회, 심의위원 286명
• 개정안 보고	1997.10. ~ 97.12.	교육부	•4회, 자문교수 5명
• 제7차 초·중등학교 교육과정 고시	1997.12.30	교육부	

* 출처: 소경희, 2006: 10-11. 함종규, 2006: 684-685.

[그림 4]는 우리나라 국가 수준 교육과정 개발 과정을 나타낸 것이다. 우리나라 국가 수준 교육 과정 개발은 기초 연구는 교육과학기술부에서 한 후, 총론 및 각론은 각 연구 기관, 대학 등에 위탁 개발하는 체제를 취하고 있다. 아울러, 총론 연구·개발위원회에서 총론을 개발한 후, 이를 바탕으로 각과 교육과정인 각론을 개발하고 있다. 그리고 각론이 개발되면, 이를 바탕으로 교과서 개발과 일선 보급을 위한 교원 연수 등을 통하여 전국 각급 학교에 적용하고 있다.

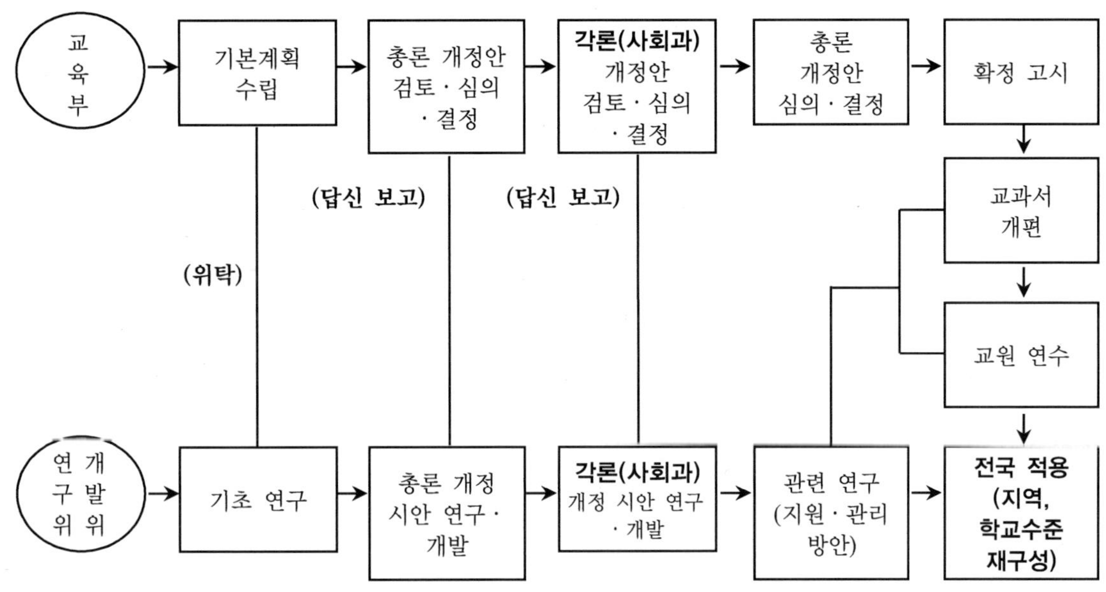

[그림 4] 한국 국가 수준 교육과정 개발 과정

* 출처: 박현주, 2007: 230.

<표 4>는 한국교원대학교(사회과교육과정개정위원회)에 위탁 개발된 현행 제7차 사회과 교육과정의 개발 절차를 요약한 것이다. 표에 제시된 것처럼 각론인 사회과 교육과정 개발에 연구진 협의회 4회, 협의회 4회, 전체 연구진 회의 2회, 공청회 1회, 심의 회의 1회 등을 거쳐서 완료되었고, 그 기간도 6개월 정도이다. 교육과정 총론이 1년 정도 걸린 데 비하여, 각론 개발은 기간이 짧아 졸속 개발될 우려가 있는 교육과정 개발 체제라고 볼 수 있다.

아울러, 미래의 사회과 교육과정은 교육과정의 지역성과 통합성을 더욱 강조한 바탕 위에서, 교육과정의 상시 개정 체제가 도입되고 일반화될 것이다. 실제 2007년 2월 28일 제2007−79호로 고시한 교육과정은 제8차 교육과정이란 명칭을 사용하지 않고 공식적으로 '2007년 개정 교육과정'으로 명명(命名)하였다. 그리고 앞으로는, 현재와 같이 일정한 기간을 운영한 후, 일률적·총체적으로 개정하여 일제히 다시 적용시키는 중앙 집중적 개발 및 적용 체제를 배제하고, 교육과정의 개정·개발·부분 수정 권한을 대폭 지역과 학교에 위임하여, 지역과 단위 학교의 실정에 맞도록 개정·개발하여 적용하도록 교육과정 개발 체제를 획기적으로 개선할 계획이다.

우리나라 사회과 교육과정의 개발·개정은 국가·사회적인 요구에 부응해서 이루어져 온 것이 사실이다. 따라서 학교 현실, 즉 학교가 지니고 있는 독자적인 분위기나 상황에 대한 고려가 부족하였으며, 교육은 국가·사회적 요구에 부응해야 한다는 명분으로 교육과정 개발 과정에서 중앙 집중적인 경향을 띠었던 점을 지적할 수 있다.

특히, 교육과정 개발에 참여하는 인사들의 폭과 인원수 등을 살펴볼 때, 교육과정 개발자, 교육행정가, 교사, 학자, 학교 행정가 및 교육 전문직 등이 주로 참여하고 있다. 현장 교사들의 참여 폭이 좁고, 출판 관계자, 교육과정 전문가, 학부모 등의 참여도 미미한 실정이다. 교육과정 개발 참여 폭이 좁은 것은 아주 오래된 문제점이다. 그렇기 때문에 사회 각계각층의 요구를 적절히 수렴하지 못하고 있으며, 교육과정 개발에 참여하는 인사들의 성향이 교육과정 결정에 결정적 영향을 미치고 있는 것이다.

〈표 4〉 제7차 사회과 교육과정의 개발 절차

회의 구분	일자(요일)	장소	참석자	회의 주 협의 내용
제1차 사회과 관련 과목 및 영역별 대표 연구자 회의	1997.3.20(목)	한국교원대학교	총 13명 (연구진 10명, 교육부 3명)	·사회과 교육과정 개발에 대한 전반적 협의
제2차 연구진 회의	1997.4.20(일)	한국교육개발원	총 3명 (연구진 3명)	·사회과 교육과정 개발의 Scope and Sequence 개발
제3차 연구진 회의	1997.5.2(금)	한국교육개발원	총 3명 (연구진 3명)	·사회과 교육과정 시안 개발
제1차 협의회	1997.5.23(금)	한국교육개발원	총 11명 (연구진 10명, 교육부 1명)	·사회과 교육과정 시안 제시 ·사회과 교육과정 시안에 대한 협의 및 토론
사회과 교육과정 개발진 전체 회의	1997.5.29(목)	한국교원대학교	총 18명 (연구진 15명, 교육부 3명)	·사회과 심화과정(일반사회, 지리, 세계사)의 연구 개발 초안 토론
제4차 연구진 회의	1997.6.10(화)	한국교원대학교	총 2명 (연구진 2명)	·사회과 교육과정 개발협의회 내용 검토 ·사회과 교육과정 시안 수정 작업
제2차 협의회	1997.7.22(화)	한국교원대학교	총 5명 (연구진 5명)	·사회과 교육과정 공청회 대비 자료 작성
사회과 교육과정 개발 전체 공청회 개최	1997.7.25(금)	한국교원대학교	총 9명 (연구진 8명, 교육부 1명)	·사회과 교육과정 공청회 개최
제3차 협의회	1997.7.29(토)	한국교원대학교	총 5명 (연구진 5명)	·공청회 토론 내용 검토 ·공청회 토론 내용 수정
제4차 협의회	1997.8.27(수)	한국교원대학교	총 5명 (연구진 5명)	·교육부 심의 회의 대비 자료 작성
교육부 심의 회의	1997.8.29(금)	고려대학교	총 4명 (연구진 3명, 교육부 1명)	·심의 회의 개최 ·수정 내용 협의

* 출처: 한국교원대학교 사회과 교육과정개정연구위원회, 1997: 681.

7. 외국의 사회과 교육과정 개발 체제

사회과에서 역사를 배우는 것은 과거를 통해서 현재를 바라보고, 미래의 바람직한 삶을 추구하기 위함이고, 지리를 배우는 것은 다른 지역을 통해서 현재 자신이 생활하는 지역의 실상을 바르게 바라보고, 지구촌 시대에 보다 바람직한 방향으로 삶의 개선을 모색하기 위해서이다.

그런 의미에서 본다면, 우리나라 사회과 교육과정의 발전적 모형 개발을 위하여, 우리나라 사회과 교육에 지대한 영향을 미친 나라를 비롯하여 주변의 다른 나라 사회과 교육과정의 특징과 개발 절차 등을 고찰해 보는 일은 매우 의의 있는 일이다.

본 절에서는 사회과 교육과정의 국제 비교 관점에서 우리나라 사회과 교육과정에 큰 영향을 미친 미국과 일본의 사회과 교육과정을 중심으로 살펴보되, 더불어 영국, 독일, 프랑스 등 유럽 국가와 우리나라의 근린(近隣) 아시아 국가인 중국, 싱가포르 등을 포함하여 총 7개국의 사회과 교육과정의 특징 및 사회과 교육과정 개발에 대해서 탐색하고자 하였다. 아울러, 이를 바탕으로 우리나라 사회과 교육과정 개발과 비교하여, 발전적 사회과 교육과정 개발의 기초 자료로 삼고자 하였다.

1) 미국의 사회과 교육과정

(1) 미국 교육과정과 사회과

미국 교육은 지방 분권적 교육과정이며, 학제(學制)도 주(州)마다 다른 복선형이다. 미국의 주 정부는 교육과정에 대해 일반적인 지침을 규정한다. 교육과정 개발 및 운영과 관련된 구체적인 권한은 주 교육위원회, 지방교육위원회, 주 교육과정위원회 등이 가지고 있다. 교수해야 할 교과목을 법적으로 규정하고 있는 주는 극소수이지만, 반드시 가르쳐야 할 내용 요소에 법적으로 명시하고 있는 주가 대부분이다(교육인적자원부, 2007: 67). 미국의 교육 목표는 학생의 학습에 필요한 기본적인 기능을 계발시킬 뿐만 아니라, 그가 살고 있는 세계를 이해할 수 있도록 하여 지적 능력과 더불어 바람직한 가치 체계를 태도와 함께 터득하게 하는 데 있다. 즉 학습에 대한 기본적인 기능 및 지식과 긍정적인 태도를 갖도록 조력하고, 그의 욕구와 능력에 따라 성장과 진보를 촉진함에 그 목적이 있다고 볼 수 있다(김준택, 1988: 7 – 10).

사회과 교육과정은 현명하고 책임 있는 민주 시민 정신을 증진시키고 인간과 인간이 구성하는 사회에 관한 기초적인 이해를 제공하려고 하는 데 중점을 두고 있다. 주 정부는 관내 초·중등학교에서 채택할 교과목의 최소한 종류만을 제시하고, 나머지는 지역 교육구나 단위 학교의 교육과정에서 구체화된다(김준택,1988: 7 – 19, 이미영, 1987: 9 – 25, 최병모, 1992: 79 – 129, 주태원, 1989: 19 – 51).

〈표 5〉 세계 주요 국가의 교육과정 교과목 편제 현황

학교급	구분	미국	영국	독일	프랑스	일본	중국	싱가포르	한국
초등학교	필수 과목 수	6	9	8	9	9	9	8	10
	교과목명	국어	국어	국어	국어	국어	국어	국어	①국어
			수학	수학	수학	산수	수학	수학	④수학
		이과	이과	**사물 학습**	과학	이과	과학	과학	⑤과학
		사회	**역사**		**역사**	**사회**	**품덕과 사회**	**사회과 (역사, 지리)**	③사회
					지리				
			지리		공민				
		체육	체육	체육	체육	체육	체육	체육	⑦체육
		예술	예술	미술	예술	도화, 공작	예술 (음악, 미술)	예술 (음악, 미술)	⑨미술
			음악	음악		음악			⑧음악
			기술		테크놀로지	가정			⑥실과
				외국어 (영어)			외국어	외국어	⑩외국어 (영어)
				종교					
						생활	종합실천활동		
						도덕	(품덕과 사회)	도덕교육	②도덕
	참고 사항 (기준)	캘리포니아주(교육위원회 지정 과목 별도)		사물 학습: 사회, 지리, 생물, 물리, 화학, 교통, 교육, 성교육 통합		생활: 1-2학년 이과: 3-6학년 가정: 5-6학년			2007년 개정 교육과정
중학교	필수 과목 수	7	11	13	10	8	8	11	10
	교과목명	국어	국어	국어	국어	국어	국어	국어	①국어
		수학	수학	수학	수학	수학	수학	수학	④수학
		과학	과학	생물	생명 지구과학	이과	과학(물리, 화학, 생물)	과학	⑤과학
				물리/화학					
		역사/사회	**역사**	**역사**	**역사/지리**	**사회**	**역사와 사회**	**공민**	③사회
			지리	**사회**				**역사**	
								지리	
		체육	체육	체육	체육	보건체육	체육과 건강	체육	⑦체육
		예능	미술	음악	조형예술	미술		미술	⑨미술
			음악		음악	음악		음악	⑧음악
			기술	직업생활	기술	기술·가정		기술	⑥기술·가정
				가정경제					
		외국어	외국어	외국어 (영어)	외국어		외국어		⑩외국어 (영어)
			종교(/PSE)	종교			종합실천활동		
			교육학		시민 교육		사상품덕	도덕교육	②도덕
	참고 사항 (기준)		PSE: Personal & Social Ed						2007년 개정

학교급	구분	미국	영국	독일	프랑스	일본	중국	싱가포르	한국
	필수 과목 수	7	9	10	8	10	15	12	10(1)
고등 학교	교과목명	국어	국어	국어	국어	국어	국어	국어	①국어
		수학	수학		수학	산수	수학	수학	④수학
		과학	과학	생물	물리·화학	이과 과목 중 2과목	물리	과학	⑤과학
				화학	생물·지학		화학		
							생물		
		사회	**역사, 지리 중 택 1**	**역사**	**역사·지리**	**역사, 지리, 사회 과목 중 세부 3과목**	**사상 정치 역사 지리**	**공민**	**③사회 (역사)**
				사회				**지리**	
								역사	
		체육	체육	체육	체육	체육 및 보건	체육과 건강	체육	⑦체육
		예능	미술	음악	조형예술	미술	예술(미술)	미술	⑨미술
			음악		음악	음악	예술(음악)	음악	⑧음악
			기술	직업생활	기술	기술·가정	기술(정보일 반 기술)	기술	⑥기술· 가정
				가정경제					
		외국어	외국어	외국어 (영어)	외국어		외국어	외국어	⑩외국어 (영어)
			종교(/ PSE)	종교					
				교육학					
					시민 교육		연구학습 사회봉사 사회실천	도덕교육	②도덕
	참고 사항 (기준)	캘리포니아 주의 S.F지역교육 구	key stage 4 – Y 10의 필수 과목	중간 학교 10학년	고등학교 1학년	현행 고등학교· 역사, 지리, 사회 과목: 1)세계사 A,일본사 B, 2)일본사 A, 일본사 B, 지리 A, 지리 B, 3)현대 사회, 윤리, 정치·경제	현행 (2001년 개정)	현행 (2000년 개정)	2007년 개정 교육과정

* 출처: '이경환 외, 2002: 301 – 304. 교육인적자원부, 1997: 100. 한국교육과정평가원, 2005: 60 – 147. 교육인적자원부, 2007: 127'을 종합·참조하여 연구자 재구성

<표 5>는 세계 주요 국가의 초·중·고교 교육과정의 개설 교과목 편제 일람표이다. 단, 연방 국가로 각 주(州) 정부에서 교육과정을 개발, 적용하는 국가는 특정 주의 교육과정을 중심으로 한 교과목 개설 상황이다(이경환 외, 2002: 301 – 304). 이 표에서 보는 바와 같이 세계 주요 국가에서 일반적으로, 초등학교는 6 – 10 교과목, 중학교 7 – 13 교과목, 고등학교 7 – 10 교과목씩을 각각 편제하고 있다. 특히, 사회과는 대부분의 국가에서 통합적인 사회과(교과)로 개설하거나, 분과적인 사회(공민), 역사, 지리(과목) 등으로 개설하고 있다. 사회과는 모든 국가에서 사회, 역사, 지리 과목의 명칭으로 개설하고 있는데, 독일에서는 과학, 실과 등과 통합하여 '사물 학습' 과목명으로 편제한 것이 특징적이다. 이울러, 대부분의 국가에서는 우리나라처럼 '일반사회'라는 과목 명칭을 사용하지 않고 '사회' 또는 '공민'이라는 과목명을 사용하고 있다.

일반적으로 미국에서 주 정부에서 채택하는 초·중등학교의 교과목은 언어(국어), 수학(이과), 사회, 과학, 건강, 예술(음악·미술), 체육, 외국어 등이며, 세분화된 교과목은 연방 헌법, 체육, 미국사, 읽기, 지리, 작문과 문법, 쓰기, 철자법, 수학, 주사(州史), 정치 지식, 주 헌법 등이다.

미국 사회과 교육과정의 제 계획과 시행에 관한 책임과 권한은 지역 학교구와 학교장에게 귀속되어 있다. 지역 학교구는 주 정부에서 개발한 교육과정 지침에 의거하여 상세화된 교수·학습 계획과 자료를 개발한다. 지역 학교 교장, 교사들의 협조 또는 공동의 노력으로 계획 수립과 자료 개발에 임하게 된다. 이러한 자료 개발은 지역 학교구청 또는 국(局)이 주관한다.

(2) 미국 사회과 교육과정의 표준

현대 미국 사회과의 지배적인 경향은 '표준화'이다. 사회과 교육과정의 문서가 이러한 추세를 보여 주고 있고, 학교의 책무성 강화와 책임 교육 제도와 결부된 정책이다. 사회과 교육의 이러한 관점은 국가 수준, 주(지역) 정부 수준 그리고 전문 학술 기관 수준 등 다양한 수준의 정책 문서에 명시되어 있다. 최근 사회과에 대한 표준 중심 교육 개혁은 미국 사회과교육학회의 공식적인 정책 보고서(Standard-based educational reform)와 각 주의 교육과정 지침에 명백하게 나타나 있다.

미국 사회과교육학회(National Council for the Social Studies: NCSS)는 1994년에 다양한 교육과정 틀에 대한 용인을 포기하고 단일 표준을 지지하였다. NCSS는 K-12 교실에서의 이러한 표준들이 실행되기를 권장하였고, 최근에는 대학의 교사 교육 프로그램에서도 NCSS 표준의 사용을 추진하고 있다. 1994년 '사회과 교육과정을 위한 표준(Curriculum Standards for Social Studies)'을 출판하였는데, 이 표준에서 사회과의 핵심 스트랜드(Strand) 10가지를 선정하였다. NCSS에서 제시한 10개의 핵심 주제 스트랜드는 ⓐ문화, ⓑ시간, 계속성 및 변화, ⓒ사람, 장소 및 환경, ⓓ개인의 발달과 정체성, ⓔ개인, 집단 및 제도, ⓕ권력, 권위 및 통치, ⓖ생산, 분배, 소비, ⓗ과학, 기술, 사회, ⓘ세계 속의 시민, ⓙ공민적 이상과 실천 등이다.

〈표 6〉 미국 사회과 교육과정의 표준

사회과 표준	후원	학년	편제	국제 홈페이지(URL)
사회과 교육과정 표준	미국 사회과교육학회 (National Council for the Social Studies)	K-12	주제 스트랜드 (Thematic strands)	www.socialstudies.org
역사과 표준	전국역사과협의회 (National Center for History in the Schools)	K-4	주제와 시기 (Topics, eras)	www.sscnet.ucla.edu / nchs
미국사 및 세계사 표준	전국역사과협의회 (National Center for History in the Schools)	5-12	주제와 시기 (Topics, eras)	www.sscnet.ucla.edu / nchs
공민과 정치 표준	공민교육협회 (Center for Civic Education)	K-4 5-8 9-12	문제 (Questions)	www.civiced.org / stds.html
생활 지리: 지리 표준	지리 교육협의회 (National Council for Geographic)	4, 8, 12	표준 (Standards)	www.ncge.org / tutorial
경제 내용 표준	전국경제교육협의회 (National Council on Economic Education)	4, 8, 12	표준 (Standards)	www.economicsamerica.org / standards
고등학교 심리학 표준	미국심리학협회 (American Psychological Association)	High school	분야 (Domains)	www.apa.or / ed / natlstandards.html

* 출처: 한국교육과정평가원, 2005: 70.

주제 중심으로 제시된 NCSS와는 대조적으로 전국역사과협의회(National Center for History in Schools: NCHS)는 역사과 표준을 학습 내용과 학습 방식을 연계하여 제시하였다. 즉 구체적으로 제5-12학년을 위한 '미국 및 세계사 역사 표준'의 경우, 사고방식과 관련한 '역사적인 사고 표준'을 제시하고, 학습 내용과 관련하여 '미국 역사 표준'과 '세계사 표준'을 따로 구분하고 있다. 1994년 통합 사회과 표준이 제시된 이후, 미국에서는 미국사와 세계사, 공민, 지리, 경제학, 심리학 등 사회과의 각 분야별로 표준 교육과정이 잇따라 발표되었다. <표 6>은 이러한 미국 사회과 교육과정의 표준을 종합하여 나타낸 것이다.

(3) 미국 사회과의 특징과 경향

① 미국 사회과의 특징

1916년 역사, 지리의 통합적 교육을 본질로 하여 태동한 미국 사회과는 현재 주마다 다르게 편제, 조직, 운영되고 있다. 각 주의 교육과정 관련 문서들을 고찰, 분석하면 다음과 같은 목표와 강조점을 추출할 수 있다.

첫째, 사회적 참여 능력을 함양하기 위한 기능의 향상과 지적 발달을 위한 목표

둘째, 직업 선택을 위한 의사 결정, 직업을 위해 필요한 기능, 그리고 그 일에 대한 태도 등을 중심으로 하는 직업 교육의 목표

셋째, 사람들 사이의 이해와 공민적 참여, 문화적 융화 및 도덕적 성숙을 중심으로 한 사회 문화적이고 공민적인 목표

넷째, 개인 자신의 정서적인 안정과 심미적인 표현, 그리고 자아의 실현을 중심으로 한 개인적인 성취 목표

이와 같은 미국 사회과의 목표들은 결국 바람직한 인간 육성이라는 사회과의 본질 추구에 귀결되는 것이다. 광범위한 전인 교육을 지향하고 있는 것이다.

한편, 미국의 사회과는 식민지 시대 이후, 몇 번의 커다란 변화를 경험하였다. 식민지 시대(1607년-1776년)의 사회과가 기억을 통한 심성의 계발에 있었다면, 공화정 시대의 사회과는 새로운 국가의 훌륭한 시민상을 바탕으로 도덕적이고 애국적인 인간 육성에 초점을 맞추었다. 그리고 시민전쟁 이후에서 1957년 소위 '스푸트니크 쇼크(sputnik shock)'까지의 민주정(民主政) 시대의 사회과는 "인간의 마음은 근육과 같이 훈련에 의해 단련될 수 있다는 생각"에서 "인간의 배움은 위대한 고전(古典)에 기반을 두어야 한다는 생각"이 주류를 이루었던 초기에서 후기로 넘어오면서 경험과 실제적 학습을 중시하는 '진보주의 교육 운동'의 강력한 흐름에 휩쓸리게 되었다.

그 후, 미국의 사회과는 '스푸트니크 쇼크(sputnik shock)'라는 제2차대전 이후 가졌던 충격을 스스로 경험하였고, 전례 없는 사회적 혼란을 겪으면서, 다양한 경향들을 경험 및 수용하게 되었다. 이러한 경향과 관련하여, 미국 사회과에서 초기 주지주의적 경향이 후기로 넘어오면서 점차 의사 결정을 강조하고, 시민성 교육이라는 그 이전의 경향까지를 새롭게 강조하고 있음을 지적할 수 있다

(차경수, 1983: 22 - 34).

　미국 사회과의 분석적 고찰에서 다음과 같은 경향을 파악할 수 있다(J. Jarolimek, 1983). 즉 신사회과 교육 운동, 사회적 비판주의, 의사 결정, 시민성 교육 제고, 사회 개혁을 위한 수정주의, 사회적 행동 등이다.

　최근의 사회과는 전체적 경향 속에서 목표 진술에서 1960년대·1970년대와는 달리 뚜렷한 몇 가지 경향을 발견하게 된다(최병모, 1992: 97 - 98). 우선, 1960년대 - 1970년대 사회과가 지식이나 반성적 사고(反省的 思考)에서 출발하는 기능의 측면을 강조하였으며, 그 이전의 사회과가 애국심과 같은 단순한 주입적 가치를 강조하였다면, 1980년대 이후의 사회과는 사회적 참여를 강조하고 있다는 특징을 보이고 있다.

　사회적 참여는 집단 내에서의 계획과 의사 결정에서 효과적으로 수행하기, 다른 집단과의 이해관계를 융화시키기, 설득하고 타협하고 협상하기, 자신의 목표를 달성하기 위하여 참고 인내하기, 문화적 차이에서 오는 상황을 경험하고 이해하기 등이 포함되어 있으며, 이러한 경향은 1960년대와 1970년대를 통하여 수없이 발생한 많은 미국적인 사회 문제들은 미국 사회 구성원들의 "지성적인 사회 참여에 의하지 않고서는 해결할 수 없다."라는 사회적 의견을 반영해 주는 것이라 하겠다.

　한편, 1960년대와 1970년대, 탐구 기능의 강조와 함께, 기능의 측면에서 '사람들 사이의 관계에서 중시되어야 할 기능'들이 강조되고 있다. 즉 다른 사람의 견지에서 사물을 보는 것, 다른 사람의 가치와 감정의 태도를 이해하고, 그것들이 사회적 관계에서 어떤 영향을 끼치는가를 이해하는 것, 임의적으로 개인을 분류하지 않고 집단의 일반적인 경향을 함께 고려하는 것, 한 집단의 구성원으로서 다른 사람과 효율적으로 일해 나갈 수 있는 자질을 갖는 것, 건설적인 비판을 행하고 이를 수용하는 것, 타인의 개성과 권리를 존중하고 자신의 의무를 받아들이는 것 등이 중요한 사례이다.

　끝으로, 미국 사회과의 가치 교육의 중시 현상이다. 미국 사회를 발전시키기 위해 지켜야 할 가치로서 융화를 위한 가치와 다원적 사회를 유지하기 위한 가치를 동시에 강조하고 있다는 점이다. 즉 정의, 평등, 진실, 책임, 권위, 참여, 개인과 개성의 존중, 공익을 위한 개인적 의무 등은 융화를 위한 다원적 사회를 이끌어 가기 위한 가치들이다. 가치 교육에서 단순한 주입 방법이나 가치 명료화, 가치 분석 등을 중시함에서 한발 더 나아가 상대방과 자신을 위한 윤리와 전체를 위한 사회적 행동의 가치 등을 강조하고 있다. 이러한 경향들은 미국 사회에서 개인을 타인과의 독립적인 존재가 아닌 서로 연결된 존재로 파악하려는 경향과 맥을 같이하는 것이다.

　이와 같은 미국 사회과의 경향들은, 그것들이 모든 사회에 적용될 수 있는 이상적인 방향을 제시한다기보다는 상당한 정도로 미국 사회의 역사적 전개나 사회의 시대적 요청을 표현해 주는 것이라고 해석되는 것이다(조영달, 1990: 65 - 71).

② 미국 사회과의 주요 경향

　현대 미국 사회과의 지배적인 흐름은 표준화이다(한국교육과정평가원, 2005: 68 - 71). 사회과의 공식적인 교육과정 문서가 이런 추세를 보여 주고 있고, 학교 교육의 책무성을 강화하기 위해 실시되는 고부담 시험(high - stakes test) 및 여타 책임 교육 제도 등도 마찬가지이다. 사회과 교육의 이러한 관점은 국가 수준, 주 정부 수준 그리고 전문 학술 기관 수준 등 다양한 수준의 정책 문서에 명시되어 있다. 최근의 표준 중심 교육개혁(Standard-based educational reform)은 미국 '사회과 교육학회'의 공식적인 정책 보고서와 각 주의 교육과정 지침서에 명백하게 드러나 있다. 또한, 수준 향상과 학교의 책무성 강화가 미국 공립학교를 개선하는데, 필수적이라는 데에 미국인 모두에게 동의가 이루어져 있다.

미국 사회과교육학회(National Council for the Social Studies: NCSS)는 1994년에 다양한 교육과정 틀에 대한 요인을 포기하고, 단일 표준을 제시하였다. 즉 문화, 시간·계속성과 변화, 사람·장소 및 환경, 개인의 발달과 정체성, 개인·집단 및 제도, 권력·권위 및 통치, 생산·분배·소비, 과학·기술·사회, 세계 속의 시민, 공민적 이상과 실천 등이다.

(4) 미국 사회과의 기본 구조

미국에서는 1970년대에도 사회 과학 중심의 사회과 교육과정의 틀이 유지되었다. 다만, 1960년대 사회 과학 중심 교육과정이 학생들의 정의적 발달을 간과하고, 역사학을 등한시한다고 비판받으면서, 이를 시정하기 위한 노력이 활발해졌다.

1970년대 후반에서 1980년내 초반에 걸쳐 사회과 교육과정의 실제 모습을 살펴보기 위한 대규모 연구가 이루어졌다. 그 예로 전미과학재단(National Science Foundation: NSF)이 지원하는 프로젝트의 일환으로 이루어진 스테이크와 아이슬리(Stake & Easley), 웨이스(Weiss), 윌리(Wiley)의 연구 그리고 프로젝트 스판(SPAN)의 보고서 등을 들 수 있다(한국교육과정평가원, 2005: 72). 이들 연구 결과는 당시 실행되고 있던 사회과 교육과정의 가장 보편적이고 핵심적인 학년별 내용을 다음과 같이 제시하였다.

즉 유치원은 자기 자신, 가정, 학교, 지역 사회, 제1학년은 가족, 제2학년은 이웃, 제3학년은 지역 사회, 제4학년은 주요 지역과 주(州)의 역사, 제5학년은 미국사, 제6학년은 세계사, 제7학년은 세계사, 세계 문화, 세계 지리, 제8학년은 미국사, 제9학년은 세계사, 세계 문화 혹은 공민과 정부, 제10학년은 세계사, 세계 문화, 제11학년은 미국사, 제12학년은 미국 정부 또는 사회학, 심리학, 경제학 등이다.

이와 같은 틀은 미국교육협회(NEA)의 사회과위원회에서 발표한 1916년으로 거슬러 올라갈 수 있으며, 결국 초등 사회과에서는 '환경확대법'의 준거 틀이 비판받고 있지만, 오랫동안 지속되어 왔음을 의미한다. 또한 제7-12학년의 사회과 유형은 '환경수렴법'의 제2주기 패턴을 보이는데, 이러한 교육과정의 유형 또한 1916년 보고서로 거슬러 올라가 고찰할 수 있다.

결국 사회과에서 무엇을 가르쳐야 하는가에 대한 사회과 교육의 다양한 전통들이 활발한 논의를 해 왔지만, 실제로 사회과는 변화보다는 상당히 일관성을 유지하여 왔다. 사회과 교육과정의 기본 골격이 상당한 기간 동안 별 변화 없이 유지되어 왔다는 것은 뜨거운 논쟁과 이론을 전제할 때 의외의 일이다. 사회과 영역에서 벌어지고 있는 논쟁은 무엇인가 가르쳐야 하는 것에 대하여는 아직도 합의가 이루어지지 않았다. 거시적 차원에서 교육과정의 핵심이 그대로 유지되어 온 것을 무의미한 것으로 간주해서는 안 된다. 그것은 굳건한 토대가 유지되었기 때문이며, 보다 진보적인 추진력으로 작용할 수 있기 때문이다.

(5) 미국 사회과의 최근 쟁점

① 사회과 대(對) 분과 지식

2000년대 이후 미국 사회과의 쟁점은 크게 사회과 대 분과 지식, 다문화 교육, 세계 교육 등을 들 수 있다(한국교육과정평가원, 2005: 79 - 82).

사회과 대 분과 지식은 오랜 갈등의 계속이다. 최근 미국 사회과의 동향은 학교가 과거를 가르치기보다는 현재와 미래를 가르쳐야 한다는 입장에서, 초등학교에서 역사를 배제하고 환경확대법을 강조하고 있다. 즉 사회과의 내용 지식보다 적극적인 활동을 강조하고 있는 것이다.

그러나 최근 환경확대법이 내용 지식의 부실, 실용주의적 접근, 학생들의 흥미와 경험의 강조 등 과거보다는 덜 교과 중심적 경향을 보이고 있다. 아울러, 과거 사회과는 정치적이고 피상적인 주제인, 평화, 환경 문제, 성 평등 문제, 다문화주의, 사회적·경제적 정의 등을 강조해 온 결과, 학생들은 학문적 내용 지식을 소홀히 배워 왔다는 지적이 많다. 최근에는 다시 사회과의 분과적 지식보다 통합적 지식과 교육을 강조하는 경향이 각 주(州)별로 고조되고 있다.

② 다문화 교육: 문화적 다원주의 대(對) 분리주의

최근 미국 사회과 교육계에서는 다문화 교육을 강조해야 한다는 입장과 다문화 교육의 방향성에 대해서 논란이 많다. 다문화주의는 서구 중심, 백인 남성 중심의 세계관을 비판하면서, 미국 사회의 다양성을 존중하고, 새로운 사회 질서의 형성을 주장한다. 다문화주의자들은 사회과 교육과정에 미국 내 소수 민족에 대한 비중을 높이고, 비서구 국가들에 대한 내용의 강화를 주장한다.

반면, 다문화주의 비판자들은 문화적 다원주의와 비판적 분리주의의 입장에서 문화 민족적 차이를 강조하고, 다양성의 이상을 실제적으로 실현하지 못한 국가적 실패를 사례로 든다.

다만, 세계화가 진행되고 있는 현실에서 미국에서는 소수 민족의 권익 신장에 초점을 두면서, 다문화 교육이 여러 방면에서 강조되고 있다는 점이다.

③ 세계 교육: 서구(西歐) 대(對) 비서구(非西歐)

최근 미국 사회과 교육계에 세계 문화, 세계 시민 교육, 비서구 사회에 대한 교육과정의 비중을 증대시켜야 한다는 주장을 강조하면서, 세계 교육의 방향성을 비판하고 있다. 세계 교육의 중요성에 대해서는 동의하지만, 진정한 세계 교육은 교과 중심보다는 문제 중심을 강조해야 한다는 입장이다. 학생들이 세계 시민으로서의 적극적 참여를 바탕으로 한 학습 경험을 중시한다. 그러나 학생들의 자연적 본성인 도덕적 판단 성향을 억제하고, 서구의 문화 전통을 무시하며, 다른 문화에 대한 억압적 지위만을 강조하는 이러한 이념은 권위에 대한 부정과 시민적 수동성과 냉소를 만들어낼 가능성을 높이고 있다는 것이 비판의 논점이다.

2) 영국의 사회과 교육과정

(1) 사회과 교육과정 개발 방식

영국의 교육과정은 오랫동안 지방 분권적인 성격을 지니고 있었기 때문에, 다양성에 특징이 있다. 영국에서는 1988년 최초로 국가 수준의 교육과정이 도입되었다(한국교육과정평가원, 2005: 84-85). 국가 수준의 교육과정을 도입한 취지는 학생들이 성취해야 할 수준을 분명하게 제시하고, 실제로 학생들이 성취한 수준을 확인하고자 한 데 있다.

영국 사회과 교육과정에서는 2000년부터 '시민 교육'을 신설하였다. 역사와 지리 교과(과목)는 이전의 교육과정에서부터 계속적으로 독립 교과로 제시되었다. 초등학교의 사회과는 역사와 지리를 필수 교과로 가르치고 있다. 영국의 교육과정은 시간 배당에 대한 기준이 별도로 제시되지 않는다. 영국 교육법에 각 교과에 필요한 시간을 배당하는 것을 금지하고 있기 때문이다. 중등학교에 해당하는 3단계(key stage 3)에서의 국가 수준 교육과정은 역사와 지리가 독립된 교과로 지도되고, 2002년부터 '시민 교육'이 필수 과목화되어 이수되고 있다.

(2) 사회과 교육과정의 내용

① 지리

2000년부터 적용되고 있는 영국의 새 교육과정에서 지리 교육은 입지를 확실히 하여 공적인 쟁점과 사회, 환경 문제에 대한 보다 많은 관심을 기울여야 한다는 진보적인 입장을 표명하였다. 영국의 지리 교육과정은 크게 학생들이 배워야 할 학습 프로그램과 기대되는 학생들의 성취 목표로 구성된다.

영국의 지리 교육은 지리적 고등 사고 능력을 갖고 지리적 관점으로 지역을 이해할 수 있는 능력을 기르는 데 목적을 두고 있다. 지리 교육에서 강조하는 내용은 '지리적 탐구', '지리적 기능', '장소에 대한 지식과 이해', '유형과 과정에 대한 지식의 이해', '환경 변화와 지속가능한 발전에 대한 지식과 이해' 등이다. 특히, 영국의 지리 교육은 장소를 강조하는데, 자연적 특성과 인문적 특성을 장소로 결합하여 지리적 독해력, 탐사 기능과 탐구 학습 등에 중점을 두고 있다.

② 역사

　영국의 역사 교육은 인간의 삶과 생활 방식 및 사건과의 끊임없는 의사소통을 통하여 현재 자신의 삶을 보다 넓은 차원에서 분석하여 미래의 삶을 설정할 수 있도록 하는 데 중점을 두고 있다. 역사 교육은 제1단계(key stage 1)에서 학생들은 인간의 삶과 생활 방식에 대하여 학습하는데, 지역적 범위를 전 세계로, 시간적 범위는 최근과 먼 과거로 하고 있다. 제2단계(key stage 2)에서는 최근과 먼 과거의 주요 인물, 사건, 장소 등에 대하여 학습하는데, 지역의 변화와 영속성에 대하여 집중적으로 학습한다. 제3단계(key stage 3)에서는 중세부터 20세기에 이르기까지 영국 역사의 주요 사건, 인물 등에 대하여 학습하고 있다.

　역사 교육의 내용 체계는 역사적 지식과 기능에서 학생들이 반드시 배워야 할 것을 추출하고, 핵심 내용을 각 단계(stage)별로 학습할 수 있도록 내용을 구성하고 있다. 지식 영역에서 반드시 배워야 할 핵심 내용은 '연대기의 이해', '과거의 사건, 사람, 변화에 대한 지식' 등이고, 기능 영역에서 배워야 할 것은 '역사 탐구 기능'과 '역사 해석 기능' 및 '조직과 의사소통 기능' 등이다.

③ 시민 교육

　영국의 교과목 중에서 한국의 일반사회 교육 내용의 성격과 가장 가까운 것이 시민 교육과정으로서, 2002년도부터 도입되었다. 시민 교육은 한국의 중등학교 교육과정에 해당하는 'key stage 3 - 4'의 필수 과목으로 편제되어 있다. 시민 교육과정은 정치적·경제적·사회적·문화적·종교적 쟁점과 문제에 대하여 관심을 가지고 탐구하며, 공동체 내에서 책임감 있는 시민으로 살아가는 데 요구되는 민주 시민으로서의 자질 육성에 근본적 목적이 있다.

　시민 교육의 내용 체계는 시민으로서 알아야 할 지식과 기능에서 학생들이 반드시 배워야 할 것을 먼저 추출하고, 그러한 핵심 내용을 각 단계(stage)별로 학습할 수 있도록 내용을 구성하였다. 지식 영역에서 반드시 배워야 할 핵심 내용은 '바람직한 시민이 되기 위한 지식과 이해', '탐구와 의사소통 기능' 및 '참여와 책임감 있는 행위를 위한 기능' 등이다.

〈표 7〉 영국 주요 학습 단계(key stage)에서의 사회과 필수 과목

학년	주요 단계 (key stage)	사회과 필수 과목	학년	주요 단계 (key stage)	사회과 필수 과목
1 - 2	key stage 1	지리, 역사	7 - 9	key stage 3	지리, 역사, 시민 교육
3 - 6	key stage 2	지리, 역사	10 - 11	key stage 4	시민

* 출처: 한국교육과정평가원, 2005: 85.

(3) 사회과 교육과정 운영

　영국은 교육과정 및 학교 운영 체제에서 다양성과 자율성을 보장하고 있다. 학제, 교육과정, 평가

등 분야가 획일적이지 않고 다양하기 때문에, 학생들의 다양한 선택권을 보장하는 교육과정을 운영하고 있으며, 학생들은 자신에게 맞는 교육과정을 선택하여 자신의 잠재력을 충분히 발휘할 수 있다(교육위원회, 2002: 1-8).

영국의 사회과, 특히 역사 및 지리 분야는 사회과에 포함되는 여러 선정 주제에 대한 학습에 중점을 두고 있다. 영국의 사회과 교육과정은 분과형(分科形)이 주된 형태이지만, 사회과를 역사·지리·일반사회 등 초보적 경계 영역으로 편성된 교육과정의 형태를 지니고 있다.

영국에서는 경제 이해력의 증진, 환경 교육, 국제 이해 교육, 정치적·사회적 여러 문제, 소비 문제 교육 등에 대한 요구 등이 사회과 교육과정에 반영되고 있다.

영국의 사회과 교육과정 운영은 교사의 능력과 지역적 상황에 따라 일정한 범주와 범위 내에서 학교, 교사에 따라 달라져야 함을 강조하고 있다. 또한, 학생들의 능력에 따라 교육과정을 다르게 취급, 적용할 것을 권장하고 있다.

사회과 평가에서는 학생들의 학업 성취 자체를 평가하는 것보다는, 학교, 교사, 교육과정 등 학생들의 학업을 돕는 제반 조건의 질과 그 수업의 과정이 적절한 것인가를 평가하는데, 관심을 쏟고 있다. 아울러, 평가자와 피평가자의 분리된 관계 속에서의 평가가 아니라, 교육을 주도하는 교사가 자기 자신의 열성, 능력을 평가하는 자율적 평가 노력이 강조되고 있다.

3) 독일의 사회과 교육과정

(1) 교육과정의 개관

독일 교육과정의 가장 기본적인 틀은 각 주(州)의 교육 주권이다. 독일의 기본법(GG) 제30조에는 국가 권한의 행사와 국가적 과제의 성취는 각 주의 관할 사항이라고 밝히고 있으며, 방송에 관한 문제에서부터 국립 도서관, 극장 그리고 각급 학교 및 대학에 이르는 문화 정책에 대해 근본적으로 주가 입법과 행정 권한을 갖고 있다(김정호 외, 2005: 99-100).

독일 중앙 정부가 구체적인 교육 정책을 제시하지 않고, 주 정부가 교육과정 결정권을 갖고 있으며, 주 수준에서 중앙 집권적인 교육과정을 운영한다. 하지만 각 주들은 교육의 동질성을 유지하기 위하여 '주 교육부 장관 협의회'라는 기구를 통하여 교육의 내용과 수준, 분량 등을 결정한다. 그러다 보니, 교육 기관의 종류나 명칭의 차이는 물론이고, 전국적으로 통일되지 않은 '대학 입학 자격 시험(아비투어)'과 '교사 양성 체제'를 지니고 있다.

교육과정은 전적으로 각 주 정부의 소관 사항이다. 그에 따라 연방 차원에서의 전형적으로 독일 특색적인 교육과정은 찾아볼 수 없으며, 주 정부의 교육부 담당 관료나 교육과정 개정에 참여하는 교사와 대학 또는 사회 전문가들을 제외하면, 교육과정에 대해 제대로 알고 있는 사람은 많지 않다. 교육과정의 구성이나 개정에 대한 사회적 관심 또한 많지 않다.

교육과정을 교육에 직접 적용하는 각급 학교의 경우에도 교사에게 주어진 자유로운 판단과 선택의 문제이기 때문에, 교원 단체를 통해서 전개되는 교육과정의 개정에 대한 의견을 제시할 수 있으며, 교육과정 개정에 참여할 수 있다. 교육과정 개정에 대한 구체적인 조처는 대개 교육부의 담당 부서가 취하게 된다.

교육과정 개정이 주 정부의 소관이기는 하나 한국처럼 일정한 주기로 개발·개정하지는 않는다. 교육부 담당 관료들은 교육과정이 시대적·사회적 변화에 상응하기 위해서는 10년 정도에 한 번씩 개정의 필요성을 느끼고 있다. 하지만 개정의 절차가 복잡하고 개정에 소요되는 기간이 길며, 예산상의 문제도 있어서, 약 20년 정도에 한 번씩 점검하는 정도이다.

그런데 각 교과별, 부분적 개정 내지 수정은 수시로 이루어진다. 방법상으로는 언제든지 개정이 가능하다는 것이다. 그런 의미에서 베를린의 모든 교육과정에는 항상 '잠정적'이란 단어가 붙어 있다. 교육과정의 정식 명칭이 '베를린 주 학교의 수업과 교육을 위한 잠정적 교육과정'이며, 그 밑에 학교와 학년의 종류가 명시되고, 교과가 제시된다. 그렇다고 해서 각 교과의 교육과정이 자주 개정되는 것은 아니다.

결론적으로, 독일의 교육과정은 각 주 정부의 의지와 각 교과 차원에서의 필요성에 따라 수시로 개정될 수 있지만, 각급 학교 단위별 전면적 개정 성격을 지닌 개정은 한 10년 정도로 보아야 한다.

교육과정 개정은 대체로 모든 학교급에서 전면적으로 추진되지는 않는다. 해당 학교급의 교과별로 이루어지는 것이 일반적이다. 그러나 사회적 요청과 필요에 의한 개정의 경우, 거의 모든 교과를 포괄하는 개정이 될 수 있다. 하지만 사회적 요청과 필요에 의해 전면적으로 개정할 경우, 전면적 또는 부분적 개정이 가능하다. 개정 작업에서는 학교 교육 내용과 방법의 약 60% 정도를 교육과정이 구속력 있게 규정하고, 나머지 40% 정도는 학교에서 자율적으로 교육할 수 있도록 조절한다.

개정 작업의 흐름을 고찰하면, 교육부의 담당 부서가 소집한 교육과정위원회에서 주(州)의 학교 자문위원회, 주 의회의 학교 분과 위원회, 교원 단체 등에서 나온 의견을 종합하여 검토한 뒤, 개정할 내용과 범위를 결정한다. 개정할 내용과 범위는 이전 교육과정의 20% 안팎이며 위원들의 합의에 의해서 이루어진다.

교육과정이 개정되면, 그에 따라 교과서가 개정된다. 교과서 개발은 대체로 출판사가 담당하며, 출판사들은 개발한 교과서를 교육부에 제출하고, 인정을 받아 학교에 공급한다. 각 학교에서의 새로운 교육과정의 실행이 교과서의 공급과 연계되어 있으나, 학교의 예산 사정에 따라 교과서의 공급이 원활하지 못한 경우에는 단계별로 교육과정이 시행된다.

한편, 독일의 학교 제도는 우리나라와 상당한 차이가 있다. 일반적으로 학령 전 교육(유치원), 초등교육(초등학교), 중등 교육(중학교, 고등학교) 그리고 고등 교육(전문대학, 대학교) 등으로 구분된다.

독일의 교육 제도 역시 이와 같이 분류되나, 중등 교육 부분에서 세 방향으로 분화되고 있다는 점이 특징적이다. 초등학교를 졸업하면, 독일의 학생들은 하웁트 슐레(Haupt schule), 레알 슐레(Real schule), 김나지움(Gymnasium) 등으로 진학한다. 따라서 독일의 교육 제도는 복선형이다.

(2) 교육과정 체계

독일 사회과 교육과정의 중심에는 현대의 문명사적 문제들이 내포되어 있다. 현재와 미래의 도전과 과제들 속에 개개인들이 개별적으로는 어떻게 대처해야 하는지 그리고 사회적으로는 어떤 공동체 삶을 영위해야 하는지가 교육의 주요 과제가 된다. 현행 독일 사회과 교육과정의 과제를 요약하면 다음과 같다.

첫째, 공동체적 삶의 기본 가치와 그것을 제한하는 요소 등에 대한 탐구

둘째, 다양한 문화, 종교, 사회 형태 속에서의 평화로운 공존의 생활 이해

셋째, 급변하는 사회적인 생활 조건의 가능성과 위험성 인식

넷째, 핵심적인 사회 과제로서 가정, 직장, 사회, 국가에서의 남여 평등 실천

<표 8> 독일 학교 제도와 사회과 교육과정 편제

단계	학교 유형	주요 특징	학년		사회과 관련 필수 교과 (주별)	
					바덴, 뷔르템베르크	튀링겐
후기 숭능 교육	직업학교	상업, 섬유, 가정 경제, 종합 직업 학교 현장과 이론 접목	13	2	역사(2), 사회(2)	
				1	역사(2), 지리(2)	
			12	2	역사(2), 지리(2)	-기초과정: 역사(2), 지리(2), 사회(2), 경제·법(2) -심화과정: 역사(6)
				1	역사(2), 사회(2)	
	김나지움 상급반	인문 교육 실시, 아비투어 시험 대비	11		지리(1), 역사(1), 사회(2)	
전기 중등 교육	종합학교	한 학교에 전기 중등학교를 모두 설치, 학생들이 선택	10		역사(2), 사회(2)	역사(2), 지리(1), 사회(2), 경제·법(1)
			9		역사(2)	역사(2), 지리(1), 사회(1), 경제·법(1)
			8		지리(2), 역사(2)	역사(2), 지리(1)
	하웁트 슐레	기초적 인문 교육실시 이류 계급의 시민학교	7		지리(2), 역사(2)	역사(2), 지리(1)
	레알 슐레	직업 교육과 인문교육 동시 실시	6		지리(3)	역사(2), 지리(2)
	김나지움	대학 진학을 목적으로 실시	5		지리(2)	역사(1), 지리(2)
초등 교육	기초학교	4년제로 초등학교 수준	4		사물 학습(3)	사물 학습(3)
			3		사물 학습(3)	사물 학습(3)
			2		사물 학습(3)	사물 학습(3)
			1		사물 학습(3)	사물 학습(3):사회과+ 과학과 + 실과 통합

* 출처: 한국교육과정평가원, 2005: 103.

독일 사회과 교육과정은 주별로 독자적인 교육과정을 갖고 있다. 주 교육과정은 사회과 교육의 목적과 과제, 수업 목표, 교수학적 원칙, 교수 방법, 주요 교육 내용, 지도 계획 작성 시의 유의사항 등을 담고 있다. 독일 사회과의 교육과정은 교육 내용뿐만 아니라, 교육 방법적 차원을 포괄하고 있다. 교과 통합적 수업, 문제 중심 수업, 프로젝트 수업, 개별화 수업, 매체 활용 수업을 위한 다양한 가능성 등을 제공하고 있다. 독일 사회과 교육과정은 학생들이 중심이 되는 교육과정이라는 점에서, 모든 학생들이 자신의 소질과 능력을 최대한 발휘할 수 있도록 하는 학습 상황을 만드는데, 기여하도록 하고 있다. 더불어 학생들이 상호 의사소통과 협력을 자극하고 있으며, 학교 교육의 질을 개선하는 활동을 통하여 학교가 발전하도록 하는 데에 목적을 두고 있다.

독일의 사회과 교육과정 내용은 우리나라와 달리 지리, 역사, 일반사회 등 교과별로 독립적인 교육과정이 마련되어 있다. 하지만 초등학교(제1-4학년)에서는 지리, 역사, 일반사회, 과학 등이 통합된 '사물 학습'이란 교과가 운영되고 있다. 사물 학습은 사회과, 과학과, 실과 등을 통합적으로 가르치는 교과로서 사회과 교육을 담당하고 있는 사물 학습의 시간은 학년에 따라 주당 3시간 정도로 배당되어 있다. 시간 편제상 사회과는 국어과, 수학과 다음으로 중시되고 있다.

(3) 교육과정의 내용

① 사물 학습(초등학교)

독일의 초등학교(제1학년에서 제4학년까지)에서는 사회과가 별도로 편제되어 있지 않고, '사물 학습'이라는 교과에서 일부 다루어지고 있다. 사물 학습 교과는 사회과, 과학과, 실과 등을 통합한 종합 교과이다.

사물 학습 교과에 제시된 초등학교 사회과 교육의 목표는 학생들에게 지역 사회의 주요 문제, 공동생활의 규칙, 민주적인 생활 방식 등을 가르쳐서 미래 사회의 주인공으로서 필요한 도덕적이고, 사회적인 자질을 기르는 것을 목표로 한다. 특별히 가치 교육은 학생들의 일평생을 좌우한다는 점에서 매우 강조되고 있다. 이웃과의 결속력, 상호 존중, 이웃을 돕는 태도 등이 가치 교육에서 강조되는 부분이다. 더불어 도덕적이고, 사회적이며, 정치적인 판단 능력을 갖추도록 하는 것도 주요 과제로 제시되고 있다. 이를 통하여 현대 사회의 민주 시민으로서 자질을 함양하고, 사회적 책임을 인식하도록 하며, 스스로 의미 있는 삶의 가치를 책임 있게 추구하도록 하는 것이 목표이다<표 9>.

독일 초등학교 사회과 교육과정은 통합 교육과정으로 구성되어 있다. 첫째, 역사, 지리, 사회과가 통합적으로 운영되고 있다. 이 중 지리와 사회 교과가 주축이 되어 있다. 둘째, 독일 사회과 교육과정에서는 해당 지역의 고장 생활에 대한 내용이 강조되어 있다. '우리 고장의 이해'가 현재는 사회과에 통합되어 있으나, 전통적으로 독립된 교과로 구성되어 있었고, 현재도 그 영향이 남아 있다. 셋째, 독일 초등학교 사회과 교육과정은 나선형식 교육과정을 이루고 있다. 교수요목이 다루는 지역의 범위는 가정, 학교, 이웃, 지역 사회, 국가, 세계 등으로 확대된다. 친숙한 생활 세계에서 출발하여 점점 덜 친숙한 환경으로 학습이 범위를 확장하여 나아간다. 넷째, 초등학교 사회과 교육에서는 공동체 교육, 성 교육, 평등 교육, 관용 교육, 평화 교육, 국제 이해 교육, 생태 교육, 경제 교육, 문명 비판 교육, 여가 교육 등 현대 사회과의 주요 주제들이 망라되어 구성되어 있다. 기초 교육 단계에서부터 현대 사회의 문화인으로서 필요한 자질들을 함양하려는 의도가 엿보인다.

〈표 9〉 독일 사물 학습과의 사회과 영역 내용 구성

학년	대주제	중주제	소주제 (내용)
1·2	·자기 발전과 공동 생활 ·공간과 시간에 대한 이해와 적응	·학교 공동체 놀이 ·도로 교통 ·생활공간으로서의 학교 ·달력	·학급 친구, 교사, 학급 공동체, 학년, 학교, 규칙, 가치, 행동에 대한 책임, 공동 작업, 타인에 대한 배려, 갈등 극복, 개인 축제, 학교 및 지역 축제 ·공동의 놀이, 관용적 태도 ·보행자, 운전자, 교통수단의 공동 운영, 위험, 교통 상황인지 능력, 교통 규칙, 교육 수단의 장단점, 승하차 방법, 안전 수단 ·학교, 교직원, 학교생활 일정, 학교 표지만, 수업 시간, 휴식 시간, 자유 시간 ·하루의 구분, 일 년의 구분(연, 월, 일 등)
3·4	·자기 발견과 공동체 생활 ·공간과 시간에 대한 이해와 적응	·학교 공동체 ·어린이의 발달 ·진학 학교 형태 ·고상, 노시의 공동과세 ·도로 교통 ·지역 축제와 관습 ·지역의 역사 ·지도와 표지판	·학교: 학교 전통, 학생 참여 ·어린이의 발달: 수정, 임신, 탄생, 부모의 책임, 아동기, 사춘기, 성인기의 남녀 행동, 성장의 개인차, 타인의 차이 인정 ·진학 학교: 학교의 종류, 진학 가능 학교 ·고장, 도시: 계획, 자문, 결정, 실행, 협력, 관용 ·도로 교통: 보행, 도로, 철도, 선박, 비행기, 자전거의 장점, 자전거 이용 규칙 ·지역 축제와 관습, 탄생, 내용, 역사, 의미, 형태 ·지역의 역사: 문화재, 기념관, 자연의 미 ·지도와 표지판: 자석, 컴퍼스, 지도, 학교 설계도면, 지도(도로, 주요 장소, 주요 건물, 하천 등), 고장과 이웃 도시의 위치, 산과 하천, 토지의 종류, 식물, 농업, 임업, 산업, 거주지, 교통, 자연 파괴와 자연 보호

* 출처: 한국교육과정평가원, 2005: 105.

② 전기 중등학교 역사

　민주 시민으로서의 중요한 자질 중의 하나는, 과거를 비판적으로 성찰(省察)하여 현재를 이해하고, 미래를 계획하는 것이다. 역사 교과의 본질적인 목적인 학생들에게 역사적 주제 또는 문제를 테마로 하여 역사를 이해하게 하고, 역사를 비판적으로 볼 수 있도록 하는 데 중점을 두고 있다. 역사과 교육과정 내용을 분석하면, 역사 일반, 독일 역사, 사회 간 관계 및 갈등이라는 세 가지 범주로 나눌 수 있는데, 전기 중등학교 역사·지리·일반사회의 각 주제별 세부 내용은 <표 10>과 같다.

　독일의 전기 중등 역사과 교육과정의 목표와 내용 그리고 교수요목을 분석해 보면, 단순히 역사적 지식을 전달하는 것 이상의 내용을 포함하고 있음을 알 수 있다. 독일 역사과 교육과정의 특징은 다음과 같다.

첫째, 교육의 목표가 지식 영역과 기능 영역 등 둘로 나누어져 있다. 역사적 사실을 해석하고, 이해할 수 있는 차원에서 더 나아가, 역사 문헌을 분석할 수 있는 능력을 강조하고 있다.

둘째, 역사 내용이 단지 제도와 사건의 나열이 중심이 되는 제도사 중심에서 벗어나, 사회사적 패러다임에 따라 구성되어 있다. 교수 방법에 있어서도 역사적 사실의 연대기적 서술보다는 주제 중심으로 역사적 사실 또는 사건을 깊이 있게 이해하는 것을 강조하고 있다.

셋째, 역사 내용에서 현대사가 강조되고 있다. 현대 세계사에서 독일 민족이 범한 과오의 원인과 결과를 소상히 정리하여, 학생들의 자기반성을 유도하고, 올바른 역사관을 갖추도록 하고 있다.

넷째, 역사 교육은 기본적으로 가치 교육이라는 입장이 강조되고 있다. 자신의 역사의식을 반성하는 것과 더불어, 다른 문명에 대한 전통과 생활 가치관에 개방적 태도를 취하게 강조하고 있다.

〈표 10〉 독일 전기 중등학교 역사 · 지리 · 일반사회 교육 내용

교과	주제	세부 내용
역사	1. 역사 일반	① 역사에 대한 이해 ② 시대 구분 ③ 역사의식 비판 ④ 역사학 연구 방법
	2. 독일 역사	① 고대 그리스 · 로마 문명 ② 중세 봉건주의 사회 ③ 근세 서구 역사 ④ 근대 서구 및 독일 역사 ⑤ 제1,2차 세계 대전 ⑥ 이념 갈등과 동서독 체제
	3. 사회간 관계 및 갈등	① 역사상의 집단의 특성과 갈등 ② 평화를 위협하는 사회 내적, 간 사회적 구조 ③ 전쟁의 원인, 조건 및 전쟁이 인간에게 미치는 영향 ④ 갈등 해결 방법과 평화를 향한 노력들
지리	1. 공간과 자원	① 자연 지리적 사실들 ② 지구의 자연 공간 체계 ③ 자연 공간조건의 자연적 변화 ④ 천연자원의 산출 과정과 저장 상태
	2. 인간과 공간	① 자연 공간적 조건들과 인간의 삶에 미치는 영향 ② 자연과 융화하는 삶의 태도 ③ 인간을 통한 자연 공간적 조건들의 변화 ④ 인간을 통한 삶의 공간 형성과 보호 ⑤ 지리적 공간 위험의 가능성 ⑥ 자연 자원의 이용
	3. 공간과 미래	① 자연적 삶의 필요성과 가능성 인식 ② 공간에 영향을 미치는 기준과 문제 제기 ③ 성장과 개발에 대한 갈등과 인식, 자신의 태도 형성 ④ 지리적 조건에서의 문제점 및 삶에 대한 연구 ⑤ 지리적 공간 활용의 선택과 비교 고찰
일반사회	1. 개인과 사회	① 사회 집단의 삶의 세계에 대한 이해 ② 개인에 대한 사회적 기대, 사회적 역할 및 과제에 대한 이해 ③ 사회 제도적 영향 ④ 상이한 문화와 전통 ⑤ 사회적 행위에 대한 가치관, 이해관계 등
	2. 사회적 구조	① 사회 구조적 특징과 사회 계층 ② 사회 계층과 사회 발전에 영향을 미치는 요인 ③ 남녀 평등을 가능하게 하는 요인 ④ 세계 각국의 자원과 부의 분배 ⑤ 사회적 변혁의 조건과 영향들 ⑥ 평화를 위협하는 조건들과 이해관계들
	3. 제도와 정치체제	① 정치적 지배 권력의 기초와 형태 ② 지배 권력 행사와 통제 ③ 의회민주주의의 헌법적 기초와 기구 ④ 정치적 지배 권력을 통제하는 제도와 법 ⑤ 사회 제도 ⑥ 현대 사회에서의 정당의 과제와 의미 ⑦ 의사 결정의 과제와 방법 ⑧ 갈등 상황과 국제기구의 역할
	4. 정치 행위의 기준과 가능성	① 공적 사안의 필요성과 가능성 ② 타인과의 갈등을 극복하고 해결하는 가능성 ③ 정치의 기본 가치, 문명사회 기초로서의 민주주의와 인권 ④ 개인의 권리, 의무, 영향력, 정치적 참여 가능성 ⑤ 사회적 책임 간의 긴장 관계 ⑥ 현대 사회의 이해관계와 갈등 양상 ⑦ 정치적 지배 권력의 정당성 ⑧ 정치적 행위의 가치지향성 ⑨ 사회적 논쟁에 대한 의견 표출 ⑩ 인간적인 미래 형성의 가능성 모색

③ 전기 중등학교 지리

지리과 교육의 근본 목적은 인간의 삶의 기초인 공간을 이해하고, 공간과의 상호작용 관계를 인식하고, 이해하는 것이다. 지리과 교육 내용을 분석하면 크게 공간과 자원, 인간과 공간, 인간과 미래 등 세 가지 범주이다.

지리과 교육과정은 기본적으로 지리적 공간에 대한 이해를 위한 교과이다. 독일의 지리과 교육과정에서도 공간에 대한 이해를 기초로 자원, 인간, 환경 문제 등을 폭넓게 다루고 있다. 지리과 교육에서도 역사과 교육과정과 마찬가지로 교육의 목표가 지식 영역과 기능 영역 둘로 나누어져 있다. 첫째, 단순한 인문 지리와 자연 지리에 대한 이해 차원을 넘어서, 지도 독해 능력, 지리 학습 방법, 독자적인 지리 과제 수행 능력 등을 전기 중등 과정에서 강조하고 있다. 그리고 지식 영역에서는 자연 친화적인 태도와 행동, 타 문화 공동체와의 평화로운 공존 등 태도 영역을 포함하고 있다. 둘째, 독일의 지리과 교육에서는 환경 교육이 특별히 강조되고 있다. 더불어 전기 중등 교육 수준에서 개발의 의미와 문제점을 다루는 점이 특징이다. 셋째, 역사 교과와 마찬가지로 지리 교과도 독일 중심이라기보다는 세계 지리가 중심이 되고 있다. 교육과정 편성에서 현대 사회의 과제인 세계화를 구현하려는 노력이 엿보인다. 또한 자기 문화 중심에서 벗어나 타 문화공동체에 대한 이해를 강조하고 있다.

④ 전기 중등학교 사회(일반사회)

일반사회과 교육의 목적은 민주주의 사회의 사회적이고 정기적인 삶에 참여하는 기초가 되는 지식과 능력, 자질을 함양하는 것이다. 일반사회과 교육 내용을 분석하면, 크게 개인과 사회 구조, 제도와 정치 체계, 정치적 행위의 기준과 가능성 등 네 가지 범주로 구분된다.

독일의 전기 중등 일반사회과 교육과정은 정치, 경제, 사회, 법 등을 모두 포함하고 있다. 일반사회과 교육과정의 특징은 첫째, 독일 사회라는 제한된 범위를 초월하여 현대 사회의 제 문제 영역을 폭넓게 다루고 있다. 인권, 민주주의, 법치 국가, 사회적 구조, 이해관계, 정치 행위 등 다원주의적이고, 민주적인 사회 제도에 대한 폭넓은 이해를 강조하고 있다. 이 점은 일반사회과 교육과정의 핵심 요소로서 민주주의, 평화, 환경, 신기술, 국제화, 시장 경제, 법 등이 강조되고 있는 데서도 확인되고 있다. 둘째, 전기 중등학교 일반사회과 교육에서는 '핵심 자질(Schlusselqualifikation)'을 갖추는 것을 목표로 하고 있다. 단순히 사회 제도와 사회관계를 아는 차원을 넘어서 현대 사회에서 갖추어야 할 필수적인 자질인 판단 능력, 토론 능력, 비판 능력, 참여 능력 등 핵심 자질을 함양하는 것을 중요한 과제로 제시하고 있다. 셋째, 독일 전기 일반사회과 교육은 민주 시민 교육 또는 정치교육을 궁극적인 목표로 제시하고 있다. 민주적인 사회에서 반드시 필요한 민주적인 사고와 태도, 관용, 타협 정신, 갈등 해결 방법, 문제 해결 방법 등을 가르치는 것을 강조하고 있다. 독일 일반사회과 정치 교육은 독일 통일 과정의 갈등을 평화롭게 해결한 원천으로 긍정적으로 평가되고 있다. 넷째, 일반사회과 교육 역시 역사 교육과 더불어 가치 교육의 장이라는 점이 강조되고 있다. 독일은 별도의 윤리 교과가 없어서 종교 교과와 일반사회과에서 가치 교육을 담당하고 있다. 일반사회

교육과정에서는 민주적이고 올바른 가치관 형성을 중시하고 있다.

⑤ 후기 중등학교 사회과

한국의 고등학교에 해당되는 후기 중등학교 교육은 전기 중등학교 사회과 교육을 심화·확대하는 것을 목표로 하고 있다. 따라서 기본적인 목표와 내용 구성에서는 전기 중등학교의 그것과 크게 다르지 않다.

후기 중등학교 사회과 교육과정은 사회과의 심화 학습을 목표로 구성되었다. 따라서 학습 내용이 지식 중심이라기보다는 획득한 지식을 바탕으로, 그것을 응용하는 관련 사실을 분석하고 설명할 수 있는 능력을 갖추게 하는 것을 강조하고 있다. 기능 영역에서도 고차원의 문헌 분석 능력, 판단 능력 등을 강조하고 있다. 후기 사회과 교육과정의 또 다른 특징은 그것이 대학의 학문 연구를 위한 준비 과정의 의미를 갖고 있다. 대학에서 학문 연구 방법을 배우는 것이 핵심적인 것처럼, 후기 중등 사회과에서는 관련 교과의 학문적 기초를 파악하는 것에 주안점을 두고 있다.

〈표 11〉 독일 후기 중등학교 사회과 내용

교과	주요 내용
역 사	① 역사적 주요 사건의 과정, 시대에 대한 식견 ② 역사적 사건의 본질적 내용 및 현재와의 관련성 이해 ③ 역사의식의 소유 ④ 상이한 역사 서술 이론 배움 ⑤ 역사적 사실의 설명과 분석 능력 ⑥ 역사 이해 방법과 기술 활용 능력
지 리	① 자연 지리, 생태 구조에 대한 이해 ② 선진국 및 개발도상국의 공간 구조와 문제점 파악 ③ 독일과 유럽의 경제 및 공간 구조 변화 ④ 지리적 사실의 독자적 판단 능력 ⑤ 지리적 사실의 판단 능력과 지식, 기술 습득 ⑥ 지리적 사실의 분석 능력
사 회	① 현대 사회 구조와 사회적 혁신에 대한 이해 ② 사회적 문제 해결 능력 ③ 독일연방 정부의 통치 구조 ④ 국제 관계 이해 능력 확대 ⑤ 사회적 문제 분석 및 판단 능력 ⑥ 교과 특수적인 방법론 파악과 적용
경 제	① 인간 삶에서 경제적 면이 차지하는 본질적 의미와 기능 ② 경제 운용의 법칙 ③ 주요 경제 정책의 상이한 의견 파악 능력 ④ 교과 특수적인 서술 방법 및 작업 방법이해 ⑤ 주요 내용: 경제 정책의 목적, 시장, 가격 형성, 경쟁의 원리, 기업 경영, 투자, 분배 정책, 무역 정책, 환율 정책, 유럽의 경제 관계, 성장 정책과 구조 정책
법	① 독일 연방의 헌법 ② 민주적 사회의 법과 법정의 의미 ③ 법의 보호 기능, 평화 기능, 정치적 차원, 이해 관련성 파악 ④ 법적 규범의 구조적 특징과 집행 방법 ⑤ 범죄 사건에 대한 자신의 의견 ⑥ 주요 내용: 법의 기초와 발전과 기능, 재산과 계약, 국가 시민으로서의 인간, 결혼과 가족 제도, 경제생활, 노동 시장에서의 인간

4) 프랑스의 사회과 교육과정

(1) 사회과 교육과정 개발 방식

프랑스 교육 제도의 특징은 원칙적으로 국가가 주관한다는 점이다. 프랑스에서는 16세까지의 의무 교육, 학교 설립 등 교육의 자유, 학위 발급의 국가 독점, 교육의 중립성과 비종교성 유지, 교육의 평등성 보장 등이 특징이다(한국교원대학교, 2004: 334－340). 실제 프랑스에서는 국가가 교육 정책과 전국의 교육 프로그램을 결정, 실행하며, 대부분이 공무원 채용과 양성 그리고 급료 지불을 담당한다.

프랑스 교육 제도는 피라미드 모양을 띠고 있다. 교육부 산하의 아카데미(Academies)는 정부가 임명한 학구장이 운영하며, 각 도에 있는 교육 담당 장학관의 지원을 받는다.

프랑스의 초등 교육은 초급 이전 교육(유치원, 2·3세에서 5세까지), 초급 교육(초등학교, 6세에서 10세까지)을 남당하는 학교에 의해 실시된다. 공무원인 교사의 봉급을 제외한 학교 운영에 필요한 경비는 전적으로 시(市)의 부담이다.

중등 교육은 중학교(15－16세)와 고등학교에서 실시된다. 원칙적으로 중학교에서 모든 학생들은 같은 교육을 받는다. 다만, 중등 교육을 이수한 학위인 바깔로레아(Baccalaureat)를 준비하는 고등학교에서는 학생들이 각자의 적성에 따라서, 서로 다른 교육을 받게 된다. 일반계는 보통 고등 교육과 관리자 양성으로 이어진다. 공학계는 기술자 양성을 위한 단기 고등 교육으로 이어진다. 실업계는 노동 시장으로 연결되거나, 숙련공으로 활동하게 된다.

프랑스 교육은 2004년 교육 현황의 평가와 개혁안을 보고하였으며, 이 보고안을 토대로, 2005년 새로운 교육법을 제정, 공포하였다.

프랑스의 사회과 교육은 국가적 측면에서 자유 시민의 교육을 개인적 측면에서는 학생들의 개성 및 전문성의 육성을, 사회적인 측면에서는 삶과 교육의 조화를 이루는 것을 교육의 궁극적 목표로 설정하고 있다.

(2) 사회과 교육과정의 체계

프랑스 사회과 교육의 특징은 한국의 교육과정과는 다르게, 통합 사회과라는 교과를 두지 않고 있다. 프랑스 교육과정은 초등학교와 중학교 과정에서 역사, 지리를 하나의 독립 교과로 분리하고 있다. 그러나 초·중학교 교육과정은 한국의 일반사회와 윤리 교과를 통합한 시민 교과가 역사, 지리와 같은 영역에 포함되어 있다(한국교육과정평가원, 2005: 120－130). 하지만 고등학교의 시민 교과는 시민 교과와 완전히 분리된 독립 교과이다.

프랑스의 사회과인 역사, 지리 교육과정의 특징은 다음과 같은 세 가지로 종합할 수 있다.

첫째, 국가에 의해 규정된다는 점이다. 프랑스 교육과정의 일반적 특징은 집권적 국가 체제를 유지하여 온 프랑스의 역사적 전통에서 연유한다고 볼 수 있다. 평등을 강조하는 공화국의 이념 때문에 국가가 모든 학생들에게 동일한 정보를 제공하는 역할을 담당하기 때문이다. 그러므로 국가는 역사, 지리 교육과정에서 다양한 교육 목적을 부여하고, 모든 학생들을 그 목적에 부합되게 교육시키는 역할을 담당한다.

둘째, 초등학교에서 고등학교에 이르기까지 학교급별, 과정별로 계열화되어 있다는 점이다. 교과 교육 목표는 국민적 기억을 상기시키는 것으로부터, 지적 훈련을 통한 민주 시민 양성으로, 단계화되어 있다.

셋째, 초등학교에서 고등학교에 이르기까지 역사, 지리 교과가 독립 교과, 필수 교과라는 점이다. 최근, 초등학교에서 중학교의 교육과정까지 역사, 지리 교과는 시민 교과와 함께 하나의 교과 영역으로 편성되어 있지만, 통합 사회과는 존재하지 않는다. 역사, 지리 교과는 여전히 독립 교과로 존재하는 것이다. 역사, 지리 교육과정은 초등학교의 마지막 단계인 3개 학년(제3－5학년)에서 시작된다. 중학교의 적응 과정, 중간 과정, 진로 모색 과정 그리고 고등학교의 진로 결정 과정, 최종 과정 등을 통틀어 역사, 지리는 시민 교과와는 별개의 독립 교과이다.

(3) 교육과정 내용

역사 교과, 지리 교과가 국가 주도 교육과정의 필수 교과를 유지하고 있는 이유는 국민 의식, 시민 의식을 함양시키는 역할을 하기 때문이다. 초등학교에서 고등학교에 이르기까지의 교육과정에서 역사, 지리 교과는 이러한 역할 기능을 갖고 있다. 이 교육 목표는 크게 과거 사실의 기억, 지적 훈련, 시민 교육 등 세 가지이다.

초등학교 역사 교육의 내용은 연대기적으로 구성되어 있다. 학생들이 역사적 시기의 계속성을 분명하게 규정하는 데 가장 큰 어려움을 느끼기 때문이다. 연대기적 기준에 입각하여, 교육과정 내용은 역사적으로 중요한 시기의 다양성과 특이성에 관한 일반적인 개관을 하는 것을 중점으로 하여 구성되었다. 초등학교 지리 교육의 내용은 세계의 입문, 유럽의 고찰, 프랑스 연구 등 세 개 주제이다. 세계의 입문에서는 세계의 대륙과, 대양, 기후 등을 이수하고, 유럽의 고찰에서는 유럽 대륙의 다양성과 통일성을 중심으로 배우며, 프랑스 연구에서는 프랑스의 지리적 영역과 유럽에서 프랑스가 차지하는 지리적 위치의 특징을 중심 내용으로 한다(한국교육과정평가원, 2005: 120－130).

중학교 역사, 지리 교과의 교육과정 내용은 역사와 지리 학습에서 빼놓을 수 없는 비판적인 문제 해결 방식을 적용하는 내용 중심으로 구성되어 있다. 따라서 역사와 지리 내용 모두 주제 중심으로 되어 있으며, 각 주제는 시간과 공간을 인식하기 위하여 기억해야 할 다양한 지식을 제시하기 위하여 설정되었다.

고등학교 역사, 지리 교과 교육과정 내용은 기초 지식을 기반으로 하여 새로운 학문적 성과들을 수용하면서, 문제 해결 방식으로 수업이 진행될 수 있도록 구성되어 있다. 고등학교의 역사, 지리 교육과정 내용은 제1학년에서는 동일하지만, 제2학년부터는 일반계와 기술계에 따라 내용이 다르다. 일반 계열인 문학계, 사회·경제계에서 역사, 지리 교육 내용이 특별히 강조되고 있다. 이는 다른 교과 교육과의 일관성을 유지하면서, 각 교과의 심화 학습의 필요성을 강조하는 고등학교 교육 개혁의 의도가 반영된 것이다.

이와 같은 목표를 바탕으로, 읽기, 쓰기, 언어, 표현 등 기초 학습 기능의 습득과 함께 전인적 자질의 육성을 강조하고 있다. 아울러, 가정을 통하여 도덕 교육과 공민 교육을 강조하고 있는 것이 특징이다.

사회과 교육에서 교사와 학부모의 관계를 좀 더 밀접하게 유지함으로써 획일적인 교육과 일방적 규제 등을 배제하고 있다. 이와 같은 조치는 프랑스에서 학령 전 교육과 초등 교육에서 실시되어, 강한 영향력을 미쳐 왔다.

프랑스 사회과 교육의 특징은 교육과정 운영의 유연성과 자율성이다(김준택, 1988: 12-15). 이와 같은 특징은 프랑스인들이 무슨 일이든지 획일성을 배제하고, 개인의 자유를 최대한 존중하는 그들의 사회가 가지고 있는 지적 전통에서 비롯된 것으로 볼 수 있다.

한편, 프랑스에서는 교과별 시간 배당이 매우 중요시되고 있다. 그것은 시간 배당에 따라 교육 효과가 달라지고, 사회적 평등에 문제를 가져다주기 때문이다. 프랑스의 사회과 역사·지리 영역에서는 지식을 재현(再現)시키고, 그 지식을 재활용하여 얻은 지식을 다시 다른 영역에 전이시킨다는 관점에서의 평가를 강조하고 있다.

5) 일본의 사회과 교육과정

(1) 일본 사회과 교육과정 개발 방식

일본의 교육과정 개발 및 편성·운영 방식은 우리나라와 유사하다. 실제 학교 교육 및 교과서 개발에 큰 영향력을 갖는 것은 국가 수준 교육과정인 소위 '학습 지도 요령(學習 指導 要領)'이다(한국교육과정평가원, 2005: 130). 학습 지도 요령의 앞부분에는 법적 근거가 명시되어 있고, 총론과 각론으로 구성되어 있다.

일본의 교육과정 개발은, 개발에 대한 여건이 성숙되면, 문부과학 대신(장관)의 자문 의뢰로 교육과정 개발 발의가 일어나며, 교육과정심의회에서 교육과정 기준을 위한 방향 모색, 심의 및 답신(答信)이 작성, 제출되고 이 과정에서 학습 지도 요령 작성자 회의에서 학습 지도 요령이 지속적으로 개발된다. 이렇게 개발된 학습 지도 요령은 교육과정심의회의 학교급별 분과 위원회, 교과별·영역별위원회, 학습 지도 요령 작성자 회의에서, 심의, 수정을 거쳐서 문부과학 대신이 고시한다(한국교육과정평가원, 2005: 130).

일본의 교육 목표는 교육 기본법 제1조의 "교육은 평화로운 국가 및 사회의 건설자로서 책임감과 독립 정신을 가지며, 일을 신성 시하고 개인의 가치를 존중하며, 진리와 정의를 사랑하는 심신이 건전한 인간을 기르며 원만한 인격을 계발하는 것을 목적으로 한다."에 통합적으로 제시되어 있다(김준택, 1988: 7-19).

일본의 교육과정은 학교 교육법 시행 규칙에 의거 문부 대신이 공시하는 '학습 지도 요령(學習 指導 要領)'으로 개발, 제시된다. 문부성의 초·중등 교육국 및 체육국에서는 그 관장 사무에 관련되는 초·중등 교육에 관하여 학습 지도 요령을 작성하도록 하고 있다. 이를 근거로 초·중등 교육국과 체육국에서는 학습 지도 요령의 편수 및 개정에 관한 업무를 담당하고 있다.

문부성에서 학습 지도 요령을 작성할 때, 문부 대신, 초·중등 교육 국장, 체육 국장, 관계 과장, 심의관, 시학관, 교과 조사관 등 전문직만으로 학습 지도 요령을 작성하는 것은 아니다. 학습 지도 요령 작성에 참여하는 기관으로는 교육과정심의회가 있다. 교육과정심의회는 문부성 설치법 제27조에 의거하여 교육과정에 관한 사항을 조사, 심의하는 자문 기관으로, 학습 지도 요령의 제·개정을 심의하고, 문부 대신의 자문 요청에 응하여 심의 결과를 답신한다.

문부성은 교육과정심의회의 답신을 받아서, 학습 지도 요령을 작성하기 위하여 학습 지도 작성 협력자 회의를 구성한다. 이 회의는 소·중·고교별, 교과별, 과목별, 부회별(部會別)로 구성된다(최병모, 1992: 107-129).

(2) 일본 사회과의 특징

① 수신과 폐지와 종합 사회과 체제

일본의 사회과는 제2차 세계대전 후에 탄생한 교과이다. 당시 사회과는 민주주의를 지향하는 목표, 교재 구성 방법이 학생들의 생활 경험을 바탕으로 하고 있는 점, 학습 방법이 학생들의 문제를 중심으로 하여 이루어지는 점 등 특징이 있었다. 그 결과 사회과는 큰 주목을 받았다. 많은 학교에서는 사회과를 중심으로 하여, 학교 교육 계획을 수립하였다. 당시 일본의 사회과는 신교육의 핵심이었다.

한편, 당시에 사회과를 둘러싼 여러 가지 논쟁이 끊이지 않았다. 교육 목표에 대한 대립, 종래의 수신(修身), 지리, 역사, 공민에 대한 통합 교과로 탄생한 사회과가 종래의 교과를 단순한 집합이 아니고 그 이상의 교과라는 주장에 대한 대립, 학생들의 일상 경험을 중심으로 하는 학습 방법이 학생들에게 확실한 지식을 심어 주는 데에 대한 실패 여부의 의문 등에 대한 문제 제기 등이 쟁점이었다.

1945년 종전(終戰)과 함께 일본에서는 새로운 공민 교육의 방향이 모색되었다. 연합국 사령부는 극단적 국가주의를 학생들에게 주입했던 이전의 일제(日帝) 수신, 일본 역사, 일본 지리의 교수를 금지시켰다. 또한, 문부성은 1945년 소위 '공민교육쇄신위원회'를 설치하고, 공민 교육의 목표를 '평화적 문화 국가 건설'에 두고, 국민의 교양을 높이고, 사회의식을 깊게 하여, 건전한 공동생활을 영위하는 데 도움이 되는 자질을 강조하였다(최병모, 1992: 118).

그 당시의 공민 교육에서는 기존의 사회 질서를 유지하는 것보다는 비교적 새로운 사회를 적극적으로 만들어 가는 것에 중점을 두었는데, 이러한 경향은 공민 교육을 사회과에 통합한 1947년 사회과 교육과정 개정으로 이어졌다.

② 애국심 교육론의 등장

1950년대 일본의 사회과는 주변 정세에 의하여 큰 변화를 맞게 되었다. 한반도에서 6·25전쟁이 발발하여 일본 사회는 보수화 경향을 띠게 되어 기존 사회과를 비판하게 되었다. 당시 사회적 문제로 야기된 것이 소위 '교과 파동'인데, 이 사건은 당시 사회과 교과서의 일부가 마르크스·레닌주의에 지나치게 편향되었다고, 당시 일본 민주당이 지적하여 사회의 여론화가 일어난 것이다. 이 사건 이후 고등학교 '일반사회' 교과서를 비롯한 교과서 검정 제도가 이전보다 엄격하게 진행되고 있다.

1950년대에 들어서면서, 사회과 교과서에 대한 비판 이외에 사회과 자체에 대한 비판도 고조되었다. 그리하여 등장한 것이 소위 '애국심 교육론'이다. 사회과에 대한 비판은 결국 도덕 교육의 강화로 이어졌고, 이 결과 1951년 도덕교육진흥에 관한 교육과정 심의회 답신이 나오고, 동년 문부성에 의하여, 도덕교육 지침서 요강이 발표되었다. 하지만 1950년대 초 도덕과 교육 강화 방침은 도덕과를 분과로 설치하는 데까지는 이르지 못하고, 사회과에 도덕과를 귀속시켜 더욱 강조하게 되었다(최병모, 1992: 120 - 121).

일본의 도덕과 교육 강화 문제는 1957년 도덕과 특설 형태로 재론되었다. 도덕과 특설을 둘러싸고, 찬반 의견이 대립된 결과, 1958년 교육과정에서 '도덕'은 교과도 아니고 특별 활동도 아닌 별도의 형태로 오늘날까지 계승되고 있다.

③ 종합 과목인 '현대 사회' 등장

일본은 1980년 교육과정의 전면 개편을 통하여 고등학교에서 '현대 사회' 과목을 필수로 편제하였다. '현대 사회' 과목이 출현하게 된 배경에는 현대의 고등학교 교육이 학생 개개인의 능력, 적성, 진로, 희망, 필요 등 제반 환경과 여건, 요구 등을 충분히 수렴, 대처하지 못했다는 비판에서이다. 현대 사회는 지식, 정보, 과학, 기술 등이 고도로 발달하고, 정치, 경제, 사회, 문화 등이 새로운 패러다임으로 급변하는 문명사적 전환기이다. 여기에 21세기를 주도하고, 사회 구성원으로서 적설한 인식과 사고, 행동을 할 수 있도록 적절한 지도가 필요하다는 입장에서 '현대 사회' 과목이 등장한 것이다.

현대 사회는 사회 발전과 시대 변화를 바탕으로 스스로 자각하고 정확하게 판단하는 주체성을 가진 사람을 육성하려고 한다. '현대 사회' 과목의 개설 목적은 주체적인 학습 태도로 현대 사회의 다양한 문제에 대하여, 생각하고 해결하기 위하여 견학, 조사, 자료, 정보의 수집, 분석, 토의 등에 의하여 사회 인식을 올바르게 하기 위해서이다. 따라서 '현대 사회' 과목의 교수·학습에서는 분과적인 학문적 사회 과학의 지식보다, 사회 문제, 사회 주제에 대한 탐구가 더욱 중요한 것이다. '현대 사회' 과목의 신설은 일본 사회과의 문제 해결 중심으로의 전환을 의미한다(최병모, 1992: 121 - 122).

〈표 12〉 일본 사회과의 구조와 시수

<table>
<tr><td>학교급별</td><td>학년</td><td>시수</td><td colspan="7">주요 과목</td><td colspan="2">관련 교과</td></tr>
<tr><td rowspan="4">소학교</td><td>3</td><td>70</td><td rowspan="4">사회과</td><td colspan="6" rowspan="2">지역 사회 학습(공공시설의 이용, 생산 활동과 소비생활, 지역의 변천, 지역의 현재 개발)</td><td rowspan="7">도덕과</td><td rowspan="10">총화 학습 시간</td></tr>
<tr><td>4</td><td>85</td></tr>
<tr><td>5</td><td>90</td><td colspan="6">일본 산업과 국토 학습</td></tr>
<tr><td>6</td><td>100</td><td colspan="6">일본 역사, 일본 정치, 국제 이해 학습</td></tr>
<tr><td rowspan="3">중학교</td><td>1</td><td>105</td><td rowspan="3">사회과</td><td colspan="3">역사적 분야</td><td colspan="3">지리적 분야</td></tr>
<tr><td>2</td><td>105</td><td colspan="6" rowspan="2">공민적 분야</td></tr>
<tr><td>3</td><td>85</td></tr>
<tr><td rowspan="3">고등 학교</td><td>1</td><td rowspan="2">1단위=
35시간</td><td colspan="6">지력과 (地歷科: 지리과 + 역사과)</td><td colspan="2">공민과</td></tr>
<tr><td>2</td><td>세계사 A(2)</td><td>세계사 B(4)</td><td>일본사 A(2)</td><td>일본사 B(4)</td><td>지리 A</td><td>지리 B</td><td>현대 사회(2)</td><td>정치· 경제(2)</td><td>윤리(2)</td></tr>
<tr><td>3</td><td colspan="6">1과목 필수</td><td colspan="2">1과목 이상 반드시 선택</td><td>1과목 이상 반드시 선택</td></tr>
</table>

* 출처: 한국교육과정평가원, 2005: 134.

(3) 일본 사회과의 최근 동향

① 주5일 수업제와 사회과 교육

일본은 2000년대 초 주5일 수업제를 도입하여 수업 시수 감축, 종합적 학습 시간 도입 등 대대적인 교육과정 개정을 단행하였다.

최근 일본 사회과의 특징은, 첫째, "국제 사회에서 주체적으로 살아가는 일본인으로서 요구되는 자질과 능력의 육성"이라는 방향에서, 둘째, "내용의 중점화와 주체적인 학습을 중시하는" 방향에서 교육과정 개발을 하고 있다. 일본의 학생들은 사회과를 통해서, 소학교에서는 지역의 생활, 국토의 모습, 일본의 역사와 전통을 배우고, 중학교에서는 제1·2학년에서 지리, 역사를, 제3학년에서는 공민을 이수한다. 고등학교에서는, 먼저 세계사 A와 세계사 B 중에서 한 과목을 선택하고, 일본사 A, 일본사 B, 지리 A, 지리 B 중에서 한 과목을 선택하고, 현대 사회, 윤리, 정치경제 과목 중에서 한 과목을 선택하여 최소한 세 과목을 이수하도록 편제 개편을 하였다(교육인적자원부, 2007: 132－134).

② 소·중·고교의 사회과 편제 및 목표 개편

일본의 사회과는 소학교에서부터 중학교까지는 사회과를 필수적으로 이수하는데, 다만, 편제는 우리나라와 다르다. 중학교에서는 역사적 분야, 지리적 분야로 나누어 제1·2학년에서 이수하고, 공민적 분야는 주로 제3학년에서 이수하도록 되어 있다. 고등학교에서는 사회과 관련 여러 과목을 개설하고 이 중에서 세 과목을 선택 이수하도록 편제를 개편하였다(교육인적자원부, 2007: 134).

한편, 새로운 일본 사회과의 목표는 소·중학교에서는 '공민적 자질의 이해', 고등학교에서는 '국제 사회에서의 일본인으로서의 자각'을 강조하는데, 이를 학교급별로 종합, 정리하여 도시(圖示)하면 <표 13>과 같다.

〈표 13〉 일본 사회과의 학교급별 목표

학교급	대 요소	소 요소	핵심 요소
소학교	공민적 자질의 기초	이해	－지역의 생활 모습, 국가의 산업과 국토의 모습, 사회의 발전에 기여한 선인들의 노력, 정치의 적용과 국제 사회에서의 일본의 역할
		애정	－지역 사회, 일본의 산업과 국토, 일본의 역사와 전통
		기능	－사회적 사상을 관찰, 조사, 지도·통계·연표 등 각종 자료 활용, 조사 내용의 표현
중학교		이해	－일본과 세계의 지리적 사상과 지역적 특색, 환경 조건과 인간적 영위와의 관련, 일본사의 커다란 흐름과 각 시대의 특성, 역사적 사상과 일본의 문화 및 전통, 역사 발전에 기여한 인물과 문화유산
		관심·애정	－국토, 국사, 지리적·역사적·사회적 사상, 역사상의 인물과 문화유산, 타 민족의 문화와 생활 및 국제 협조

학교급	대 요소	소 요소	핵심 요소
중학교	공민적 자질의 기초	기능	-지리적·역사적 눈과 사고 방법의 육성, 지리적·역사적 사상, 각종 자료에 대한 다면적·다각적 사고 고찰과 공정한 판단
고등 학교	국제 사회에 사는 일본인으로서의 자각과 자질	이해	-일본 및 세계 형성의 역사적 과정, 생활 및 문화의 지역적 특색, 문화의 다양성과 현대 세계의 특질, 일본의 문화와 전통의 특색, 현대 세계의 지리적 제 과제
		관심·애정	-역사적 사고력의 육성, 지리적 눈과 사고 방법의 육성, 역사상 인물과 문화유산, 타 민족의 문화와 생활 및 국제 협조, 세계 평화의 실현과 인류 복지의 증대
		기능	-지리적·역사적 눈과 사고 방법의 육성, 지리적·역사적 사상, 각종 자료에 관한 다면적다각적 고찰과 공정한 판단

* 출처: 이명희, 2001: 43.

③ 고등학교 사회과의 해체

1987년 일본의 교육과정심의회는 최종 단계에서 고등학교 사회과를 지력과(地歷科)와 공민과(公民科)로 해체한다는 보고서를 채택하였다. 초등학교 저학년의 사회과가 폐지되고, 고등학교 사회과가 해체됨으로써, 결국 통합적·종합적 사회 인식 형성을 위한 실질적 교육 기간은 12년에서 7년으로 줄어들었다.

사회과의 해체는 '역사'의 독립 그리고 '현대 사회'의 선택 과목화와 하나의 고리를 이루는 것이다. '현대 사회' 과목이 등장한 시점에서는 이 과목에 대한 비판과 혼란도 있었지만, 실천을 쌓아 가는 사이에 통합적 사회 인식을 형성하는 교육의 장으로서 귀중한 가치가 인정되었다. 중학교에서 지리, 역사, 공민이라는 분화된 학습 경험을 문제, 주제 중심으로 하는 '현대 사회'에서 통합적 사회 인식과 비판적 사고력을 신장시킬 수 있다고 본 것이다. 이러한 실천적 축적을 무시하고, '현대 사회'를 필수로부터 배제하고 사회과를 해체시킨 데에 대한 저항은 매우 강력하게 진행되었다.

④ 사회과 교육과정의 보수화

가) 지력과(地歷科) 출현

일본의 사회과에서 1987년 사회과를 해체하고, 역사를 독립시킨 것은 정치적 산물이라는 지적이 많다(최병모, 1992: 123-129). 당시 집권당인 자민당과 정부가 사회과 해체를 주장하게 된 이유는 교육과정의 보수화와 국가주의화(國家主義化)에서 찾아야 한다. 교육과정 전체적 구조에서 볼 때, 국가를 존중하고, 역사적 인물에 대한 학습을 강화하는 보수화 경향이 뚜렷하고, 사회과의 개선 방향에서도 그러한 보수·국가주의적 성향이 분명해진 것이다. 즉 초등학교 저학년에서 생활과 신설, 생활 도덕 교육 강화, 초등학교 중학년에서 지역 학습, 지역 인물 학습, 향토애, 애국심 진작, 초등학교 고학년에서 국가 학습, 문화유산, 역사적 인물 학습 강화, 중학교에서 일본인으로서의 자각, 고등학교에서 사회과 해체, 일본사 숭심의 전통문화 학습 강조 등으로 연계직 관계를 유지하고 있는 것이다.

전 세계가 지구촌 가족으로서 상호 긴밀한 연계 속에서 살아가며, 오대양 육대주가 지구촌 일일 생활권이 된 지금, 세계화는 거역할 수 없는 시대 조류이다. 그럼에도 불구하고, 일본에서는 역사, 지리 학습을 강조하고 일본과 세계의 각 시대와 지역의 풍토, 생활양식과 문화, 사람들의 살아가는 방법과 사고방식 등 학습을 통해서, 다른 문화를 지닌 사람들과 상호 이해하고 협력하는 일이 가능하도록 일본인으로서의 자질 강화를 추구하고 있다. 즉 일본의 사회과에서는 세계화는 곧 일본화이고, 일본화는 곧 세계화와 일맥상통한다고 보고 있는 것이다.

이와 같이 역사, 지리 학습의 중요성을 고양시키는 시대적 요청을 근거로 역사, 지리 교육에 대한 독립 교과로서 지력과(地歷科)를 신설하고, 내용의 충실을 도모하였다.

지력과에서는 민주적, 평화적인 국가, 사회의 구성원으로서 자질을 함양하고, 현대 일본과 현대 세계의 생활과 문화의 지역적인 특색 등에 대한 이해와 인식을 심화하고, 국제 사회에서 살아가는 일본인으로서의 자질과 소양 함양에도 중점을 두도록 하였다.

고등학교에서는 역사, 지리 교육의 전문성, 계통성을 중시하고, 적절한 선택 이수가 가능하도록 일본사 A, 일본사 B, 세계사 A, 세계사 B, 지리 A, 지리 B 등으로 과목을 설정하였다.

내용 구성에서, '일본사 A'는 현대 일본의 형성 과정을 세계사적 시야에서 이해하고, 특히 국가의 근·현대 역사를 우리 국가를 둘러싼 국제 환경 등과 관련시켜서 고찰할 수 있는 내용 위주로 편성하였다. '일본사 B'는 국가의 역사를 세계사적 시야에서 종합적으로 이해시키고, 역사적 사고력을 신장함과 동시에 우리 국가의 문화와 전통의 특색에 대한 인식을 심화시키는 일에 중점을 두었다.

'세계사 A'는 현대 세계의 형성 과정에 중점을 두고, 문화를 포함한 세계 각국의 상호 관련에 대하여, 근·현대사를 중심으로 학습하도록 내용을 구성하였다. '세계사 B'는 세계사의 취지를 근거로 하여 세계 역사의 주요한 구조를 이해시키고, 문화의 복합성과 다양성에 대해서도 학습할 수 있도록, 내용을 구성하였다.

'지리 A'는 세계 여러 지역의 상황과 문화에 관련된 특성과 공통의 과제에 대한 중점화를 기하는 학습이 가능하도록 내용을 구성하였다. '지리 B'는 현행 지리를 취지로 현대 세계의 지리적 여러 조건과 인간의 삶과의 관련을 지역적 관점으로부터 파악하여, 세계와 일본을 비교하며 학습할 수 있도록 내용을 구성하였다.

나) 공민과 부활

시대 변화와 사회 발전의 흐름에 수반하여, 상대적으로 청소년기에 자아의 형성이 느려지고, 사회적 연대감과 책임 의식의 저하가 발생하고 있는 오늘날, 고등학교에서 국가, 사회의 구성원으로서의 자각을 심화시켜서 국가, 사회의 발전에 구체적으로 기여하도록 하는 태도를 신장하는 데 초점을 맞추어야 한다.

이를 위하여 중학교까지의 학습 성과 위에 민주주의 본질에 관한 이해를 심화시켜서, 현대에 있어서의 정치, 경제, 사회, 문화적 기본 문제에 대하여 이해와 사고를 깊게 하는 학습을 중시하여야 한다.

이와 같은 시대적 요청에 따라 공민과를 부활하고, 보다 넓은 시야에서 현대 사회의 기본적인 문제에 관한 이해와 인간으로서의 존재 방식, 삶의 방식에 관한 자각을 심화시켜서, 변화가 격심한 오늘날의 사회를 살아가는 민주적, 평화적인 국가, 사회의 유익한 형성자로서 필요한 공민적 자질 함양을 목적으로 한다.

현재 일본 고등학교 공민과의 편제는 현대 사회, 윤리, 정치·경제 등으로 구성되어 있다.

첫째, '현대 사회'는 사회와 인간에 관한 기본적 문제를 학습하게 하고, 그와 관련하여, 인간으로서 존재하고 살아가는 방식에 대해 생각하는 힘을 기르는 학습을 가능하게 하는 데 중점을 두었다.

둘째, '윤리'는 청년기의 과제를 근거로, 인간으로서 존재하고 살아가는 방식을 일본과 동서양의 기본적 철학과 사고에 따라 학습하게 한다.

셋째, '정치·경제'는 국제화의 변화에 대응하는 과정으로부터, 일본 경제와 세계 경제의 연관과 비교 정치에 관한 내용을 강조하게 하였다.

6) 중국의 사회과 교육과정

(1) 교육과정 개관

중국 정부는 2001년 7월, 새로운 교육과정을 공포하였다. 새 교육과정은 중국 정부가 추진하는 교육 개혁의 일환으로 개정되었다. 3년간의 실험 단계를 거쳐서 2005년부터 일선 학교에 적용되고 있는 새 교육과정은 창의성 교육, 소질 교육 등 새로운 교육 이념에 의해 탄생된 획기적인 교육과정의 발전이라고 볼 수 있다(한국교육과정평가원, 2005: 140－143).

중국의 교육과정은 교육부의 기초교육사(基礎教育司)에서 주관한다. 2001년 교육과정은 기초교육사와 인민출판사가 공동으로 개발하였다. 특히, 중국에서는 2001년 이후 교육과정 개정 형식에서도 상당한 변화를 보이고 있다. 즉 교육과정 개정 항목들을 프로젝트(project) 형식으로 전국에 공포하고, 전문가 그룹(group)을 대상으로 공모하는 방식을 취하고 있다.

중국의 교육과정은 총론과 각론 두 부분으로 구성되어 있다. 2001년 교육과정이 개정되면서 총론에 해당하는 부분을 '교육과정 설치', 각론에 해당하는 부분을 '과정 표준'이라고 칭하고 있다. '교육과정 설치'에는 전체 배양 목표, 국가 교육과정의 개설 요구 및 보충 내용 등 부분이 주가 되고, '과정 표준'에는 국가 교육과정의 구체적인 달성 목표와 내용이 포함되어 있다. 이러한 중국의 새 교육과정은 국가 교육과정, 지방 교육과정, 학교 교육과정 등 세 가지 단계 유형으로 구조화되어 있다.

중국의 사회과 교육과정은 소학교와 중학교에서는 '품성과 생활', '품성과 사회', '사상 품덕' 등 도덕과 국민윤리와 통합 연계되어 있고, 고등학교 단계에서는 인문과 사회 학습 영역에서 사상 정치, 역사로 구분되고, 과학 학습 영역에서 지리가 물리, 화학, 생물 등 자연 과학 영역과 함께 편제되어 있다.

(2) 교육과정 내용

　　중국의 의무 교육은 9년간의 일관적인 과정 설계 방식으로 설정되어, 학과 위주의 과정 체계, 과다한 교과목 및 체계 이탈 상황을 바꾸어 9년 과정 교과목과 시간 배당 기준을 전체적으로 설정하고 있다. 또한 종합 과정도 설정하여, 서로 다른 지역과 학생들의 발전 요구에 부응함으로써 교육과정 체계의 균형성, 종합성, 체계성을 보장하고 있다(한국교육과정평가원, 2005: 142).

　　중국은 소학교 단계에서는 주로 통합 교과를 설정하고 있다. 소학교 저학년에서는 품덕과 생활, 국어, 수학, 체육, 예술(혹은 음악, 미술 선택) 등 교과를 개설하고 있고, 소학교 고학년에서는 품덕과 사회, 국어, 수학, 과학, 외국어, 종합 실천 활동, 체육, 예술(혹은 음악과, 미술과) 등 과목을 개설하고 있다.

　　중학교 단계에서는, 교과 교육과 통합 교육 방식을 종합하여 교육과정을 편성하는 방식을 취하고 있다. 중학교에 개설한 교과로는 사상 품덕, 국어, 수학, 외국어, 과학(혹은 물리, 화학, 생물 선택), 역사와 사회(혹은 역사, 지리 선택), 체육과 건강, 예술(혹은 음악, 미술 선택), 종합 실천 활동 등이 있다.

　　일반 고등학교의 새 교육과정 개혁은 네 가지 뚜렷한 특징이 있다. 즉 과정 체계와 내용상의 모듈제 도입, 필수 내용을 이수한 바탕 위에서 선택제 실시, 과정 관리에서 학점제 실시, 1개 학년에서 4개 소학기제 구분 등이다.

　　고등학교의 새 교육과정 구조는 횡적, 종적 연결과 구축에 중점을 두어 기초를 중요시하고 다양화, 고차원, 종합적인 과정 체계를 구현함으로써, 학생들로 하여금 자율적으로 선택하고 자발적으로 학습하는 가운데 개성을 발전시키도록 하였다. 고등학교의 개설 과목은 필수 과목과 선택 과목으로 나누는데, 필수 과목으로는 사상 정치, 국어, 수학, 외국어(영어, 일어, 러시아어 등), 물리, 화학, 생물, 역사, 지리, 정보·기술, 체육과 보건, 예술, 종합 실천 활동 등 교과가 있고, 선택 과목으로는 수학, 물리, 화학, 생물, 역사, 지리, 정보·기술 등 7개 교과와 지역과 학교에서 특설한 개설 과목이 있다. 선택 과목인 7개 교과가 모두 필수 과목에 포함되어 있는 점이 특징이다.

7) 싱가포르 사회과 교육과정

(1) 교육과정 개관

　　싱가포르는 우리나라와 같이 국가 수준에서 교육과정과 교육평가 등 질 관리를 하고 있다. 싱가포르는 학업 능력이나 적성에 따라 세분화되어 있어서, 교육 체제의 이해가 쉽지 않은 것이 특징이다.

　　싱가포르의 학교급별 수업 연한은 초등학교 6년, 중등학교 전반기(제1·2학년), 중등학교 후반기(제3·4학년) 등으로 구분되고, 중등 교육이 끝나면 직업 선택, 대학 진학 등을 위해 다양한 수련 및 학업의 기회가 마련되어 있다(김정호 외, 2005: 94).

정규 과정을 마치게 되면, 성취 정도를 평가하는 시험에 응시하는데, PLSE(Primary school leaving examination), GCE(General certificate of education), 'N' Level GCE, 'O' Level GCE, 'A' Level GCE 등이 그것이다. 이러한 시험을 통해서 학력과 상급 학교 진학이 결정될 만큼 학교 교육에서 자격시험이 차지하는 비중이 크다. 인문계 학생이 대학을 입학하기 위해서는 PLSE→ GCE 'O' Level→ GCE 'A' Level 순으로 시험을 치르는 것이 일반적이다.

(2) 교육과정의 체계

싱가포르에서 1974년 이전에는 초등학교에서 공민, 역사, 지리가 각각 별도의 과목으로 독립되어 있었다. 그러다가 1974년 지리와 역사는 새로운 과목인 '생활 교육(education for living)'으로 통합되었다. 생활 교육은 역사, 지리, 공민을 통합한 과목으로, 싱가포르 역사와 지리적 환경뿐만 아니라, 책임 있는 시민성, 동·서양의 가치 등을 주요 교육 목표로 삼고 있다. 그런, 1978년 교육부 보고서와 1979년의 소위 'One Teng Cheng' 보고서는 공민의 내용이 지리, 역사의 내용과 함께 가르치기에 적합하지 않다는 결론을 내려 결국, '생활 교육'은 '도덕 교육(moral education)'과 '사회과(social studies)'로 분리되었다.

1981년 싱가포르 최초의 교수요목은 싱가포르의 독특한 자연적, 역사적, 사회적, 경제적, 문화적 특징과 패턴에 대한 지식에 기초를 두었으며, 사회과를 통해서 자신이 살고 있는 세계를 이해하고, 사회와 환경에 효과적으로 참여하는 데 필요한 지식, 기능, 태도를 기르고자 하였다.

아울러, 1994년과 2000년의 교수요목 개정을 거쳐서 현재에 이르고 있으며, 개정 시기별 주요 내용을 발췌하면 <표 14>와 같다. 1994년에 비해 2000년의 사회과 교수요목은 체제와 내용에서 많은 변화가 있었다. 첫째, 제4학년부터 가르치던 사회과를 제1학년부터 가르치게 되었고, 둘째, 초등학교 고학년 부분에서 싱가포르의 건국과 관련된 현대사 부분을 강조하였다.

〈표 14〉 싱가포르 교수요목 개정 시기별 사회과의 주요 내용

학년	1981년 개정 주요 내용	1994년 개정 주요 내용	2000년 개정 주요 내용
1			·학교
2			·이웃
3			·사회: 다민족 사회
4	·학교의 환경 ·우리나라(민족)	·학교의 환경 ·우리나라 역사의 시작	·우리나라 자연환경 ·외국의 지배
5	·우리나라 환경 ·우리나라 요구	·우린 나라 환경과 요구 ·우리나라 발전	·독립을 위한 노력 ·독립 국가의 수립
6	·우리나라의 발전 ·주변 국가들	·국가 공동체 ·주변 국가들	·변화와 발전 ·다른 나라들과의 관계

* 출처: 한국교육과정평가원, 2005: 95.

싱가포르에서는 역사와 지리를 통합한 사회과와 윤리와 일반사회를 통합한 도덕 교육이 있어서, 상당 부분 통합된 형태의 교과로 운영되고 있다. 중등학교에서는 지리, 역사, 시민 윤리 교육 과목이 개설되어 있으며, 대학 전 과정에서는 역사, 지리, 경제학이 개설되어 있어서, 분과형으로 운영되고 있다.

이러한 방식은 한국과 매우 유사한 형태로, 사실상 초등은 통합, 중등은 분과 형태로 볼 수 있다. 이러한 접근 방식은 초등학교 수준에서는 내용의 양과 수준이라는 측면에서, 교과 수를 줄이고 학습 부담을 조정한다는 측면에서, 중등학교에서는 흥미와 수준 그리고 연계성을 유지한다는 측면에서 매우 현실적인 방안이라고 보인다.

(3) 교육과정의 내용

① 초등 사회과

싱가포르 초등 사회과의 내용은 지리, 역사와 더불어 기초적인 경제 및 사회학의 내용을 담고 있으며, 어릴 적부터 공동체와 국가에 대한 소속감을 기르고, 사회적 결속을 강화하는 데 초점을 맞추고 있다. 사회과 교수요목은 21세기에 대한 올바른 이해와 더불어, 그들이 살고 있는 사회와 환경에 효과적으로 참여할 수 있는 인간 양성을 목표로 한다. 싱가포르가 직면한 도전과 제약에 대한 이해를 강조함으로써, 싱가포르의 지정학적 불안정한 위치와 더불어 외세의 침략 및 지배를 어떻게 극복했는지를 강조하고 있다.

싱가포르의 초등 사회과가 통합을 목적으로 탄생했지만, 지리와 역사가 내용의 약 8할을 차지하고 있으며, 내용 구성의 골격을 이루고 있다. 시간 배당은 제1학년에서 제3학년까지의 저학년은 주당 1시간이 배당되어 있으며, 학교, 이웃, 사회로 점차 대상 지역이 확대됨에 따라 그곳을 구성하는 사람들과 장소를 살펴보게 된다. 제4학년은 주당 2시간, 제5·6학년은 주당 3시간이 배당되고, 내용도 확대된다.

싱가포르의 자연환경에 대한 이해와 식민 지배 및 독립 국가 형성 과정과 같은 근·현대사 부분이 강조되고 있다. 이러한 내용 구성은 싱가포르의 지정학적 위치, 도시 국가라는 물리적 환경 그리고 과거 침략의 역사를 되풀이하지 않으려는 의도로 해석할 수 있다.

싱가포르 사회과 교육의 계열성은 지평 확장 모델과 나선형식 교육과정으로 설명된다. 즉 교수요목이 다루는 지역의 범위가 학교→ 이웃→ 사회→ 국가→ 세계 등으로 확대된다. 즉 범위(scope)가 점점 넓어지고 깊이가 심화되는 나선형식 교육과정을 적용하고 있다.

② 중등 지리

지리 교육과정은 중등학교부터 독립되는데, 계통 지리 위주로 구성되어 있으며, 싱가포르의 지리나 세계 지리를 따로 가르치지는 않는다. 지리의 핵심 주제로 '인간과 자연환경의 상호작용'을 강조하고 있으며, 나머지 주제들은 이 핵심 주제들을 설명하기 위한 절차 및 사전 단계로서의 의의를 갖고 있다.

중등 제1·2학년은 학생들이 지리에 관심을 갖게 하는데 목적이 있다. 자연과 인간의 상호작용에 대한 전체적인 이해를 하도록 하고, 지리적 정보를 획득, 적용하는 능력을 기르는 데 초점을 두고 내용을 구성한다. 중등 제1학년에서는 지리 입문, 경관, 자연경관의 구성 요소, 인문 경관의 구성 요소 등을 학습하고, 중등 제2학년에서는 지표면을 변화시키는 인간의 역할을 긍정적인 입장에서와 부정적인 입장에서 살펴보고, 천연자원과 인간 거주지로서의 지구를 학습한다.

중등 제3·4학년의 경우, 자연 현상과 인문 현상의 분포와 특징을 이해하고, 자연과 인간의 상호작용을 이해하며, 자연 환경과 인문 환경에 영향을 미치는 요인들을 이해하는 방향에서 교육 내용이 선정되고, 조직되는데 이는 궁극적으로 다른 환경에서 살아가는 사람들이 맞이하는 기회와 제약에 대한 이해를 기르고, 세계에 대한 이해를 통하여 다른 공동체와 문화에 대한 이해를 기르기 위해서이다.

중등 제3학년의 경우, 자연 지리와 지도 읽기를 집중적으로 학습한다. 자연 지리의 학습 내용은 날씨와 기후 요소, 식생, 판구조론, 풍화, 하천, 해양 등이다. 각 자연 지리의 핵심 내용을 가르치는데, 자연 지리의 이론을 먼저 가르친 후, 지역 지리의 사례 학습이 이루어지도록 조직되었다. 특히, 지리 과목은 싱가포르의 초·중등학교에서 주요 과목으로 가르치고 있다.

③ 중등 역사

중등학교의 전반기 역사 교수요목의 특징은 "1819년부터 1971년 사이의 역사를 잘 이해한다. 특히, 전후 자치와 독립을 이끈 정치적 발전, 독립 국가로의 제약, 경제 발전을 위한 난관 등을 이해한다."와 같은 내용 목표 진술에서 그대로 나타난다. 중등학교 후반기까지 동시에 고려한다면, '싱가포르의 외세 침략과 지배, 독립'과 관련된 기간의 역사가 전체 교수요목의 약 4분의 3을 차지할 만큼 중요하게 다루어진다. 또한, 기능 영역에서는 '역사적 관점의 이해', '역사적 정보의 획득과 처리', '비판적·창조적 사고력 신장' 등과 같은 측면을 강조하고 있다.

④ 중등 일반사회

싱가포르의 공민과 도덕 교육(civics and moral education)은 한국의 윤리 과목의 성격과 내용이 유사하다. 초·중등학교 필수 과목이기는 하지만, 시험 과목이 아니라는 것은 주지 교과가 아니라는 설명이 되고, 한국 사회과의 일반사회 영역에서 강조하는 시민적 내용(civics)이 윤리 교육과 함께 제시되었다는 점은 이 양자(兩者) 간의 간격이 지리와 역사와의 간격에 비해 좁다는 것을 의미한다.

〈표 15〉 세계 주요 국가별 사회과 교육과정 개요

국가	교육과정개발방식 (교과서 발행 제도)	교육과정의 맥락	사회과 시간 배당	사회과 목표	사회과의 주요 내용	사회과 교육과정 특징	관련교과
미국	● 지방분산식 ● 주정부 – 원칙, 지침 수립. ● 지역학교구 – 교과서 및 교수·학습 자료 개발, 교육과정 운영계획 결정 ● 교과서 검정제, 인정제 병행	● 교육과정 개발과 운영의 대부분 권한이 주 정부에 위임 ● 2001년 전원성 취법(NCLB) 기준 제정 ● 최근 사회과의 '교육과정의 표준화' 경향 강함	● 연간수업일수 약180일 주5일제 수업 ● 분산식 교육과정이므로 교육과정 운영은 지역학교구의 계획에 의해 학교장이 책임지므로 배당시간이 주마다 다양함 ● 7, 8학년 주당 5시간 40주	● 역사, 경제학, 정부, 지리, 사회학, 인류학 등 제 분야의 기초가 되는 개념을 이해시키고 이러한 개념을 활용할 수 있는 기능을 습득시키는 데 있다. ● 주마다 상이(相異)	● 캘리포니아주 사회과 교육과정은 서론, 목적과 교육과정 스트랜드, 학년별 과목 설명, 교수 자료 평가 기준, 부록 등임 – 초등 과정: 유치원 – 3학년(배우고 활동하기, 시간과 공간, 중요한 인물들, 지속성과 변화) – 중간 과정: 4학년 – 8학년(캘리포니아(변화하는 주), 신국가 건설, 고대 문명, 중세 및 현대초기, 성장과 갈등 등) – 중등 과정: 9 – 12학년(역사 – 사회과학에서의 선택 과목, 현대 세계, 21세기 계속성과 변화, 민주주의와 경제 등) ● 텍사스주의 사회과 교육과정은 서문, 교육과정 설명(8장), 부록 등임 – 초등학교: 유치원 – 5학년(사회과 입문, 가족, 학교, 지역, 주, 국가의 개념, 지역과 국가의 연관성, 개인의 역할, 서반구에서의 텍사스, 미국 탐구 등) – 중학교: 6학년 – 8학년(현대 세계, 텍사스 탐구, 미국 탐구 등) – 고등학교: 9 – 12학년(미국사, 세계사, 미국 정부, 사회과 주제 학습, 사회과 연구방법 등)	● 교육과정 운영은 학교장에게 책임이 있음. ● 평가목적에 따라 사회과 평가는 매우 다양한 면에서 평가하고 그 결과 교사, 교육행정가, 장학담당자, 학부모에게 정보를 제공하고, 교육프로그램 개발에 이용함. ● 학생 자기 평가를 매우 권장하며 교사와 부모는 많은 정보교환으로 학생들의 성장을 도움 .	● 주 마 다 명칭과 양식이 다름. 사회과학, 시민교육, 공민, 지리
영국	● 지방분산식 ● 학교교육평의회 또는 네필드재단 및 상업용프로개발회사들의 자유경쟁 수립 ● 자유발행 교과서 및 학습지도자료, 학습자료 일체 자유 개발	● 교육과정 기조가 '모든 학생이 다 중요하다(Every Child Matters)'임 ● 교육과정을 교육 파트너(학부모, 지역 인사 등)와 협동 운영 ● 교육과정을 학생의 성취 목표에 초점을 맞춤(1988년 국가 수준 교육과정 도입)	● 단 계 (K e y stage)별 과목 시간 – Key stage 1, 2: 지리(3), 역사(3) – K 2: 지리(3), 역사(3) – K 3: 지리(4), 역사(4), 시민교육(4) – K 4: 시민(4)	● 교육과학성의 교육과정지침 중 발췌 내용 ● 성인생활 및 변화하는 세계에서의 취업과 관련 깊은 지식 및 기능을 습득하도록 돕는다. ● 종교 및 도덕적 가치에 대한 존중심을 고취하고, 다른 인종, 종교, 생활방식 등에 대한 관용성을 가지도록 한다. ● 자신들이 살고 있는 세계를 이해하고 개인 및 집단과 국가 간의 상호의존에 대해 이해하도록 돕는다.	● 교육과학성의 교육과정지침 중 사회와 관련된 사회적 능력과 도덕교육 면에서 교육과정 활동은 다음과 같은 내용을 지도하도록 계획함 ㄱ) 신뢰롭고 책임감 있는 태도 ㄴ) 훌륭한 매너, 관심, 우정 등으로 타인을 존중 ㄷ) 교실이나 학교에서 보는 자료와 대상을 아끼고 주위 환경을 존중 ㄹ) 집단의 일원이나 티임으로 참가하여 규칙을 지키고 지시사항에 따름 ㅁ) 학교에서의 모임 중 종교적 관념과 도덕적 가치의 발달에 몰두 ㅂ) 9세와 11세 학생은 선인들의 생활방식과 관련하여 역사의 변천과 인과관계를 인식 ㅅ) 9세와 11세 학생은 인구, 농업, 산업, 수산 또는 지역사회 내외의 자원 등 지리적 측면에서 최소한 하나의 한 측면에 관계된 활동	● 교육과정에 대한 평가는 교사, 학생, 학습자료, 운영계획, 실제 등 여러 면에 걸쳐 분석 평가되도록 제의하고 있으며 학생평가는 일반적으로 교사 수준에서 임의로 결정되는 경향을 취함.	● 학교마다 교과가 다름. 통합교과에 사회과가 묶여 있기도 하며 구분되어 있기도 함.

국가	교육과정개발방식 (교과서 발행 제도)	교육과정의 맥락	사회과 시간 배당	사회과 목표	사회과의 주요 내용	사회과 교육과정 특징	관련교과
독일	• 중앙에서 주 정부에 이양 • 주 정부 주관으로 발행	• 독일 기본법(GG)에 주 정부에 교육과정 결정권 부여 • 10년에 1회 정도 교육과정 점검 • 교육과정과 교과서 통합 개정, 개발	• 초등교육(기초학교) – 튀링겐 사물학습 1–3 시간 2–3, 3–3, 4–3시간 • 중등교육 – 김나지움: 역사 1, 지리 2 레알슐레: 역사 1, 지리 2 하웁트슐레: 역사 2, 지리 1	• 공동체 생활에 참여하는 교육, 평등한 가치관과 활동 방식을 배우는 성교육 등을 강조한다. • 다른 사람을 존중하고 배려하는 교육을 강조한다. • 국내외 상황을 분석, 적응하는 평화교육 등을 강조한다. • 비판적 소비문화 교육을 강조한다.	<사물 학습> • 통합 교육과정 운영 • 나선형식 교육 실시 • 환경 확대법 적용 <역사> • 과거를 비판적으로 보고, 현재를 형성하고 미래를 계획함, 역사 이해를 비판적 안목으로 접근 <지리> • 인간의 삶의 기초인 공간을 이해하고, 공간과의 상호작용을 중시함 <일반사회> • 민주주의 사회의 사회적, 정치적 삶에 참여하는 지식과 능력, 자질을 함양함	• 주별로 독자적인 사회과 교육과정 편성 사회과 목표, 과제, 수업 목표, 교수학적 원칙, 교수 방법, 교과 통합적 수업, 문제 중심 수업, 프로젝트 수업 등 강조 • <사물 학습> 교과 편제로 통합 교과 학습을 강조함 • 전기 중등교육, 후기 중등교육에서는 역사, 지리 교과목을 이수함	• 사물 학습: 사회과, 과학과, 실과 통합 역사, 지리, 일반사회
프랑스	• 중앙 집중식 (1980년대부터 분권화 시작) • 교과서는 자유 발행(초등학교는 인정 교과서제)	• 1989년 교육정립법 제정 이후 교육과정 개념 명확화 • 교육헌장에 교육과정 개정 주기 최소 5년 규정 • 역사, 지리가 국가 필수 교과목임	• 초등학교(기본): 세계 발견과 시민 교육(4) 초등학교(심화): 역사, 지리, 시민 교육(4) • 중학교 1학년: 역사, 지리(3) 중학교 2, 3학년: 역사, 지리, 시민 교육(3–4) 중학교 4학년: 역사, 지리, 시민 교육(3–5) • 고등학교 1학년: 역사, 지리(3) • 고등학교 2–3학년: 역사, 지리(4)	• 학생들에게 그들의 현실과 더 나아가 시간과 공간 속에서 간단한 자료를 주의 깊게 비판의식을 갖고 발견하게 하는 현실을 관찰하고 기술하고 비교하고 이해하게 한다(역사, 지리). • 책임 있는 사회적 행동, 정치 • 행정적 제도, 세계에서의 프랑스의 위치를 알고 권리와 의무를 동시에 가지며 정직, 용기, 민족주의, 애국심을 길러 준다.	<역사 • 지리> • 초등학교 역사 교육 내용은 연대기적으로 구성됨(역사적 계속성 탐구) • 초등학교 지리 교육의 내용은 세계의 입문, 유럽의 고찰, 프랑스 연구 등임 • 중학교 역사 • 지리 교육의 내용은 비판적 문제 해결 중심, 역사적, 지리적 필수 요소 습득, 주제 중심 내용 구성 • 고등학교 역사지리 교육 내용은 1학년은 동일하지만, 2학년 이후는 계열별로 다름, 산업 현상, 민족과 국가, 역사적 상황 강조, 특히, 지리적 내용은 프랑스 현실 문제 탐구임 <시민 교육> • 사회생활에서의 올바른 태도를 중시함, 기본적 윤리와 태도 강조	• 사회과 교육과정의 개발은 국가 수준에서 하나, 운영은 융통성과 자율성을 특징으로 하며, 평가는 학생의 지식보다 능력 전체를 매달 각 가정에 성적 통지하는 체제	• <역사 • 지리>

국가	교육과정개발방식 (교과서 발행 제도)	교육과정의 맥락	사회과 시간 배당	사회과 목표	사회과의 주요 내용	사회과 교육과정 특징	관련교과
일본	● 복합형 중앙집중식과 지방분산식 병행 (문부과학성) ● 자유발행제, 교과서 검정제 병행	● 학습지도요령 (국가 수준 교육과정) ● 대체로 10년 주기 개정, 개발 ● 1998년(소, 중), 1999년(고) 신 학습지도요령 공포	● 학년연간배당 시간주당시간 소학교 3학년 70, 4학년 85, 5학년 90, 6학년 100 중학교 1학년 105, 2학년 105, 3학년 85 고등학교 1-3학년 (세계사 A<2>, 세계사 B<4> 중 1과목, 일본사<2>, 일본사 B<4>, 지리 A<2>, 지리 B<4> 중 1과목, 현대 사회<2>, 정치경제<2>, 윤리 <2> 중 1과목 (1단위: 35시간 이상)	● 사회생활에 대한 기초적인 이해를 도모하고 민주적이고 평화적인 국가, 사회의 일원으로서 필요한 공민적 자질의 기초를 닦는다. ● 지리, 역사, 공민의 기초적 원리와 개념을 이해하고 적용한다.	● 소학교 3-4학년 - 자신의 지역 모습, 생산과 소비 활동, 음료수, 전기, 가스와 쓰레기 처리, 재해 안전, 지역 생활과 선인의 노력, 현(縣)의 모습 ● 소학교 5학년 - 농업과 수산업, 공업 생산, 통신 및 정보 산업, 국토와 자연의 모습 ● 소학교 6학년 - 역사상 사실, 인물, 문화유산, 일본의 정치, 세계 속의 일본의 역할 ● 중학교 지리 - 세계와 일본의 지역 구성, 지역의 규모에 대한 조사, 세계와 비교한 일본 ● 중학교 역사 - 지역의 역사, 고대까지의 일본, 중세의 일본, 근세의 일본, 근현대의 일본과 세계 ● 중학교 공민 - 현대 사회와 우리 생활, 국민 생활과 경제, 민주정치와 앞으로의 세계 ● 고등학교 세계사 - 지역 세계와 세계의 교류권, 일체화하는 세계, 현대 세계와 일본, 세계사로의 문, 지역 세계의 형성, 지역 세계의 결합과 변용, 지구 세계의 형성 ● 고등학교 일본사 - 역사의 고찰, 원시, 고대의 동아시아, 중세와 동아시아, 근세의 국제 관계, 근대 일본의 형성과 아시아, 세계 대전과 일본, 제2차대전 후의 일본 ● 고등학교 지리 - 현대 세계와 지리적 기능, 지역성과 현대 세계의 과제, 현대 세계의 고찰	● 한국 교육과정의 각 교과 구성 체제와 비슷함. ● 목표, 학년목표 내용, 내용 취급 지도계획 작성 순으로 되어 있음. ● 내용은 연계성을 띠고 점점 범위와 심도가 깊어짐.	● 사 회
중국	● 중앙집중적 교육과정 개발을 하되, 지역과 학교의 자율성 확대	● 교육부 기초교육사 주관 교육과정 개발 ● 일반적으로 10년 주기 개발 ● 2001년 대대적 개정, 개발	소학교 품성과 생활(저) 주당 2, 품성과 사회(고) 주당 4 중학교 사상 품덕 주당 2, 역사와 사회 주당 4 고등학교 사상 정치(필) 8학점 역사(필) 6학점 지리(필) 6학점 역사(선) 3학점 역사(선) 3학점 지리(선) 3학점	● 인간의 생활조건을 이해하고 인간과 자연 및 환경과의 상호작용을 이해하게 한다. ● 자연법칙에 대한 지식과 과거 및 현재의 인간활동, 인민의 권리와 의무, 신념에 대한 지식을 얻게 한다.	● 자연과학 - 자아개념과 자연 및 인간활동에 대한 지식을 확대·심화하게 한다. -인간→인체구조와 기능 및 건강에 대한 지식 -인간의 활동→근로 및 산업에 대한 지식과 문제 해결법 ● 사회과학 - 자아개념과 타인에 대한 개념, 생활문제에 대한 지식을 넓히게 한다. -인간→발달과 성장, 타인과의 관계, 어린이의 권리 등에 대한 지식과 태도를 발달하게 한다. -인간의 환경→가후, 지방지리, 환경 등에 대한 지식 -인간의 활동(역사적 조망)→자신, 가족, 지방, 나라의 변천과 문제에 대한 통찰력을 기른다.	● 교과 내용은 경험성, 종합성을 특징으로 객관성의 요구에 응할 수 있는 원리를 취함. ● 자연과학과 사회과학을 묶는 통합과목인 일반교과가 있음. ● 학과시험은 실시되나, 졸업시험은 없음. ● 학력 향상은 면밀한 장학활동과 다양한 교원 교육으로 도모	● 일반교과 (General Subject)

국가	교육과정개발방식 (교과서 발행 제도)	교육과정의 맥락	사회과 시간 배당	사회과 목표	사회과의 주요 내용	사회과 교육과정 특징	관련교과
싱가 포르	●중앙집중적 교 육과정 개발, 지역의 특수 성 고려(교육 부)	●공통교육(초등 6년, 중등 4년) 학력 및 상급 학교 진학 시 험(PSLE, GCE)	초등학교 도덕교 (윤리 + 일반사회) 사회과: 역사 + 지리 중등학교 지리, 역사 공민, 도 덕교육	●사회생활의 기초 원리를 알 고 올바른 가치, 태도로 생 활한다. ●역사 · 지리의 기초적 지식 과 원리를 통합적으로 이해 한다.	●도덕교육: 개인 및, 이웃, 사회생활의 올바른 가치와 판단, 행동 ●사회과: 자연환경, 독립 국가 형성, 도시 국가 강조 ●지리: 지리 입문, 경관, 인문 경관, 자연과 인간의 상호작용 ●역사: 독립과 정치적 발전, 역사적 관점의 이해, 역 사적 정브 획득과 처리, ●공민(일관사회): 윤리 내용 포함, 사회생활의 영위, 정치, 경제, 사회 · 문화적 이해 도모	●통합 교과 '생활 교육' 운영 특성화 (과거) ●사회과(역사 + 지 리) – 통합적 운영 ●도덕교육(윤리 + 일 반사회) – 통합 적 운영	

* 국가별 사회과 교육과정 분석 대상 국가는 북미 1개국(미국), 유럽 3개국(영국, 독일, 프랑스), 아시아 3개국(일본, 중국, 싱가포르)등 총 7개국임

* 국가별 사회과 교육과정 분석 항목(요소)은 교육과정 개발 방식(교과서 발행 제도 포함), 교육과정의 맥락, 사회과 시간 배당, 사회과 목표, 사회과의 주요 내용, 사회과 교육과정 특징, 관련 교과 등 7개 항목임

8) 종합적 논의

모든 비교 연구가 일정한 한계를 갖지만, 특히 교육과정의 국제 비교 연구는 더욱 여러 가지 제한 사항이 많다. 실제 세계 각국의 사회, 문화 및 제도가 다르기 때문에 사회과 교육과정을 직접 비교하기는 쉽지 않은 일이다. 특히 운영 실태를 정확하게 파악하지 못하고 문헌만을 이용한 분석은 구조적 분석을 결여하기 마련이다.

세계 각국의 사회과 교육과정 연구에서, 직접 비교할 수 있는 부문은 편제와 내용 제시 방식이고, 내용 제시 범위인 대강화와 상세화 및 통합 과목의 존재 여부는 비교 판단하기 어려운 상황이었다. 대강화와 상세화를 판단하기 위한 기준을 잡기 어렵고, 통합 과목도 교육과정만으로는 파악하기 어렵기 때문이다. 이러한 점을 전제하고 우리나라를 기준으로, 각국의 사회과 과목을 학교급별로 정리하면 다음과 같다.

전반적으로 각국 사회과 비교 분석에서 나타나는 공통 경향성은 사회과를 '지리 · 역사'와 '시민 교육'으로 크게 나눈다는 점이다. 미국 캘리포니아 주(州)는 중학교에서 ' · 5학년: 미국사와 지리, · 6학년: 세계사와 지리, · 7학년: 세계사와 지리, · 8학년: 미국사와 지리'를 과목명으로 하였다. 영국은 초등학교에서 지리, 역사를 가르치고, 싱가포르는 초등학교에서 지리와 역사를 통합적으로 구성하며, 프랑스도 시민 교육과 달리 지리 · 역사를 편성하였다. 일본은 초등학교부터 지리 · 역사를 편성하여 중학교 1, 2학년까지 계속한 뒤, 고등학교에서는 아예 지리 · 역사와 공민을 독립 과목으로 개설하고 있다. 중국도 중학교에서 역사와 지리를 나누기는 했지만 둘 중 하나를 선택하도록 하고, 우리의 일반사회에 해당되는 사상과 품덕은 별개 과목으로 설정하고 있다.

이와 같은 국제적 경향성은 사회과라는 교과 체제를 지리 · 역사와 시민 교육으로 대별하는 것으로서, 우리나라의 지리 · 역사 · 일반사회의 3분법과는 차이를 보인다. 즉 비교 자료를 기본으로 만약 과목 독립을 주장한다면 지리 · 역사보다 일반사회 영역이 더 할 수 있을 상황이다. 따라서 통합을 지향하는 경우에도 지리와 역사를 연계시킬 수는 있으나 일반사회를 묶어 통합하는 사례는 드문 편이다. 물론 독일의 초등학교 '사물 학습'이나 미국의 K - 3학년 '현재와 과거, 시간과 공간, 차이, 연속성과 변화의 개념 학습'은 영역을 넘어선 통합적 접근을 하지만, 그 밖의 통합 과목은 지리 · 역사 과목 정도에 한정되고 있다.

따라서 현재 사회과의 통합적 교육은 세계적인 추세이지만, 분과적 교육을 강조하고 시행하는 국가들도 있음을 유념해야 할 것이다. 사회과의 교과 편제에 즈음하여, 통합적 접근과 분과적 접근의 기준은 각국의 교육과정 여건과 사회과의 환경적 문제를 고려하고 있다고 볼 수 있다.

미국	시기	교육과정	한국
· 사회과 교육의 출현 '미국 시민의 형성'이라는 목표 하에 역사와 지리를 통합하여 가르침	1910년대	45년 해방 이전 시기	각종 민족계 사립학교 등 근대 학교의 설립 일제 말기에는 황국신민화 교육이 이루어짐
· 1921년 미국 사회과교육 연합회(NCSS) 창설 · 생활 중심의 경험주의	1920 ~ 1930년대		
	1940년대	교수 요목기	일제 잔재의 불식과 민주적인 생활방식을 실제 생활에 적용할 수 있는 내용을 강조
· 신사회과 시기 ① 사회과학적 접근 ② 학습자의 학습과정의 문제 ③ 변화하는 사회적 여건과 사회의 필요에 대한 대응책	1960 ~ 1970년대	제1차 교육과정	한국 사회과의 출발 교과 중심 교육과정
		제2차 교육과정	사회과의 정립 시기, 통합 사회과 지향 경험 중심, 생활 중심교육과정 시기
		제3차 교육과정	학문 중심 분과주의 도덕과와 사회과 분리
· 시민성, 공민교육에 대한 새로운 운동 · 다문화주의 시기, 세계 시민, 국제 이해, 지구촌 문제, 통합 내용 강조	1980년대 이후	제4차 교육과정	개인적 적합성을 중시하는 인간 중심 교육과정의 성격 부각
		제5차 교육과정	4차 교육과정의 기본 틀 유지 인간 중심 교육과정 통합 교과서로서의 모습 갖춤
		제6치 교육과정	전인교육 강화 통합 교육 지향
		제7차 교육과정	국민 공통 기본 교육과정 및 선택중심교육과정 체제 도입
		2007년 개정 교육과정	국민 공통 기본 교육과정, 고교 선택중심교육과정의 심화 적용

제3장

한국 사회과 교육과정의 분석

한국 사회과 교육과정의 발전적 모형을 개발하기 위한 목적을 추구하는 본 연구의 전체적 흐름은 교육과정 및 교육과정 개발 이론 탐색, 사회과 및 사회과 교육과정 탐색, 한국 사회과 교육과정 분석, 요구 분석을 통한 사회과 교육과정의 발전적 모형 개발을 지향하고 있다.

본 장(章)은 한국 사회과 교육과정의 분석을 통하여 발전적인 사회과 교육과정 모형 개발의 시사점과 자료를 얻기 위한 부분이다. 즉 미래의 보다 바람직하고 발전적인 사회과 교육과정의 모형 개발을 위해서는 과거와 현재의 한국 사회과 교육과정을 심층적으로 분석하고 비판적으로 접근해야만 한다. 따라서 본 장은 미국에서 태동한 사회과가 일제 시대 한국에 도입되어 60여 년의 역사 속에서 어떠한 과정과 내용으로 변천, 발전되어 왔는가에 대한 분석적 접근이다. 한국 사회과 교육과정의 분석을 통해서 시대 변화와 사회 발전에 적합한 바람직한 사회과 교육과정의 모형을 모색하고자 하는 것이 본 장의 핵심이다.

본 장은 일제 시대 사회과 교육과정과 해방 후 한국 사회과 성립기의 사회과 교육과정을 고찰한 후, 교수요목기로부터 제1차 교육과정 - 제7차 교육과정, 그리고 '2007년 개정 교육과정'에 이르기까지의 아홉 차례의 사회과 교육과정의 제정·개발·개정 내용과 과정에 대해서 심층적으로 분석하고 접근하였다.

교수요목기로부터 '2007년 개정 교육과정'에 이르기까지의 초·중·고교의 사회과 교육과정을, 우선 초·중·고교 등 학교급별로 구분하여, 교육과정의 일반적 체제인 편제(기본 방향, 성격 포함), 목표, 내용, 교수·학습 방법 및 평가 등으로 영역 구분을 하여 분석하였다. 이를 통하여, 교육과정 기별, 학교급별, 체제별 강조점과 특징을 중심으로 분석 내용을 파악하여 다음 장의 사회과 교육과정의 발전적 모형 개발을 모색하는 데 하나의 준거로 삼고자 하였다.

1. 일제 시대의 한국 사회과 교육과정

1) 통감부 시대의 사회과(1905년 – 1910년)

청·일전쟁 이후 노골화되기 시작한 일본의 침략 정책과 러시아의 남하 정책으로 우리나라는 이들 두 나라의 각축장이 되고 말았다. 러·일전쟁 후 일본은 1910년 무력으로 우리나라와 을사조약을 체결하고, 한국의 외교권을 박탈하고 통감부(統監府)를 설치하여 내정 간섭과 지배를 획책하게 되었다(함종규, 2006: 45 – 46).

1904년 학부 참여관으로 온 시데하라 가끼(幣原 坦) 그리고 후에 통감부 서기관인 다와라 마꼬이짜(俵 孫一)가 학부에 배치되어 교육과 학제(學制)에 관한 일체의 업무를 통괄하게 되었다.

(1) 초등교육

통감부 시대 학부에서는 교육관련 법규를 정리하고, 학제 정리, 학교 신설 등을 단행하였다. 교육 관련 법규 개정 상황을 보면, 1906년(광무 10년)에 사범학교령(칙령 41호·이하 칙령), 고등학교령 (42), 외국어학교령(43), 보통학교령(44)을 제정, 공포하였고, 1908년(융희 2년)에는 고등여학교령(칙 령 22호·이하 칙령), 사립학교령(62), 학회(學會)령(63), 사립학교 보조규정(학부령 14호·이하 학부 령), 공립·사립학교 인정 규정(15), 교과용 도서 검정규정(16), 학부 편찬 교과용 도서 발매 규정 (18), 성균관 관제(칙령 67호) 등을 제정, 공포하였으며, 1909년(융희 3년)에는 실업학교령(칙령 56 호), 실업학교령 시행 규칙(학부령 1호·이하 학부령), 고등여학교령 시행 규칙(2), 사범학교령 시행 규 칙(3), 고등학교령 시행 규칙(4), 외국어학교령 시행 규칙(5), 보통학교령 시행 규칙(6) 등을 제정, 공포 하여 교육 관련 법규를 정리하였다(함종규, 2006: 48).

학제 개편에서는, 소학교의 수업 연한을 감축하기로 하고, 1906년 종래의 소학교를 보통학교로 개칭하고 수업 연한을 4년으로 줄였다. 그리고 중학교는 고등학교로 개칭하고 수업 연한을 3–4년 으로 감축하였다. 아울러, 신학년도를 4월에 시작하도록 하였다.

특히, 1906년(광무 10년) 칙령 제44호로 공포된 보통학교령과 동령(同令)의 시행 규칙은 1907년 두 차례, 1909년 한 차례 수정되었다. 보통학교령 제정으로 과거 소학교의 학제가 5–6년에서 4년 으로 1–2년 단축되었다.

당시 보통학교는 교육 목적이 "장차 국민으로서 생활하는 데 필요한 지식의 습득"에 두었는데, 수신, 국어, 한어, 일어, 산술, 지리·역사, 이과, 도화, 체조, 수예, 창가, 수공, 농업, 상업 등 14교과 목이 편제되어 제1·2학년은 28시간, 제3·4학년은 30시간씩 이수하였다. 하지만 지리·역사, 수예, 창가, 수공, 농업, 상업 등 교과목은 편제(개설)만 되었지 실제 시간 배당을 하지 않았다. 당시, 보 통학교에 편제된 사회과 관련 교과목은 수신, 지리·역사 등 2교과목 중에서 실제 이수한 교과목은 수신 한 과목으로 학년별로 주당 1시간씩 이수하게 되어 그 비중이 아주 낮았음을 알 수 있다. 일 어(日語)가 학년별로 주당 6시간씩 이수한 것과 비교하면 당시 일본 중심의 교육 정책을 짐작할 수 있다.

(2) 중등교육

1906년(광무 10년) 칙령 제40호로 공포된 학부 직할 학교 및 공립학교 관제가 실시됨에 따라 종 래 중학교 관제는 폐지되고, 동년 칙령 제42호로 고등학교령, 학부령 제21호로 고등학교령 시행 규 칙이 제정되었고, 다시 1909년(융희 3년)에 고등학교령, 동령(同令) 시행 규칙이 일부 개정되었다(함 종규, 2006: 54–77).

먼저, 당시 고등학교 교육의 목적은 "남자에게 필요한 고등 보통 교육을 실시함"이었는데, 수업 연한은 본과는 4년, 예과와 보습과는 각각 1년으로 하였다. 고등학교의 학과목은 수신(修身), 국어 및 한문, 일어, 역사, 지리, 수학, 박물, 물리·화학, 실업, 도화, 체조, 법제 및 경제, 창가, 외국어 등 14개였다. 학년별 주당 총 이수 시간은 제1·3학년은 30시간, 제2·4학년은 31시간씩이었다. 이 중에서 사회과 관련 학과목은 수신, 역사, 지리, 법제 및 경제 등 4개 과목이었다. 수신 과목은 각 학년별로 주당 1시간씩 부가하였고, 역사 학과목은 제1-3학년에서 각 3시간씩, 지리 학과목은 제1-3학년에서 각각 3시간씩, 제4학년에서는 지문(地文)을 1시간 이수토록 하였다. 법제 및 경제는 제4학년에서 2시간을 이수토록 편제하였다.

다음, 중등교육 중에서 고등여학교령은 1908년(융희 2년) 칙령 22호로 공포하였다. 이 령은 우리 나라에 신교육이 도입된 이후, 최초의 여자 고등교육을 위한 법령이다. 고등여학교는 "여자들에게 필수적으로 소요되는 고등 보통 교육을 실시"하는 데 목적을 두었다.

당시 고등여학교는 설립 주체에 따라 관립, 공립, 사립 등 3종(三種)이 있었다. 고등여학교에는 본과, 예과와 기예과(技藝科)를 두었고, 실정에 따라 1년 이내는 연장 가능하도록 하였다. 수업 연한은 본과는 3년, 예과 및 기예과는 2년 이내로 하였다. 고등여학교 본과의 학과목은 수신, 국어 및 한문, 일어, 역사·지리, 산술, 이과, 가사, 도화, 재봉, 음악, 체조, 수예, 교육 등 13개로 편제되어, 학년별로 주당 각각 27시간씩 이수하였다.

고등여학교의 학과목 중에서 사회과 관련 학과목은 수신, 역사·지리, 교육 등 3개 학과목이다. 수신 학과목은 학년별 주당 각 1시간씩, 역사·지리 학과목은 제1학년에서, 본국 역사, 본국 지리 내용으로 주당 2시간, 제2학년은 본국 역사, 본국 지리, 본국 관련 외국 지리 내용으로 주당 2시간, 제3학년은 본국 관련 외국 지리 및 지방 내용으로 1시간씩 이수토록 되어 있었다. 특기할 사항은 교육 학과목은 편제만 하였지, 실제 교육과정으로 시간 배당을 하지 않은 점이다(함종규, 2006: 53).

〈표 16〉 통감부 시대 사회과 교육과정 (주당 시간)

학교급	교과목	1학년(시간)	2학년	3학년	4학년	합계
보통학교	수 신	1	1	1	1	4
	지리·역사	0	0	0	0	0
	합 계 (과목, 시간)	1	1	1	1	4
	전 체 (과목, 시간)	13(28)	13(28)	13(30)	13(30)	52 (116)
고등학교	수 신	실천도덕(1)	실천도덕(1)	실천도덕(1)	실천도덕(1)	4
	역 사	본국역사(3)	외국역사(3)	외국역사(3)		9
	지 리	본국지리(3)	외국지리(3)	외국지리(3)	지문(1)	10
	법제 및 경제				현행법제 경제대요(2)	2
	합 계 (과목, 시간)	3(7)	3(7)	3(7)	3(4)	12(25)
	전 체 (과목, 시간)	12(31)	12(30)	12(31)	12(30)	48 (112)

학교급	교과목	1학년(시간)	2학년	3학년	4학년	합계
고등여학교 (본과)	수 신	실천 도덕(1)	실천 도덕(1)	실천 도덕(1)	·	3
	역사 · 지리	본국 역사, 본국 지리(2)	본국역사, 본국지리, 본국 관련 외국 지리(2)	본국 관련 외국 지리 및 지방(1)	·	5
	교 육	0	0	0	·	
	합 계 (과목, 시간)	2(3)	2(3)	2(2)	·	8
	전 체 (과목, 시간)	12(27)	12(27)	12(27)	·	36(81)

*출처: 함종규(2006). 이경환 외(2002). 교육과정 · 교과서연구회(2000. a). 교육과정 · 교과서연구회(2000. b). 교육과정 · 교과서연구회(2000. c) 등을 참조하여 연구자 종합 · 정리, 구안 재구성.

2) 조선 교육령 시대의 사회과(1911년 – 1944년)

1909년(융희 3년) 제3대 통감으로 내한한 데러우찌 마사다께(寺內 正毅)는 일본 정부의 지시로 1910년 8월 16일, 조선 총리대신에게 한일합방안(韓日合邦案)을 제시한 후, 8월 22일 형식적인 어전 회의(御殿會議)를 열어 조약을 조인하였다. 이로써, 조선 왕조 519년은 종언을 고하고 우리나라는 일본의 식민지가 되고 말았다. 그 후, 수많은 애국 인사 구금, 애국 단체 해산 등 조선 말살 정책이 뒤따랐다.

한일합방 다음 해에 일제(日帝)는 조선교육령을 공포하였는데, 이는 식민 통치 10년의 교육 체계 와 같은 것이다. 그 뒤에 보통학교 규칙, 고등 보통학교 규칙, 여자고등보통학교 규칙, 실업학교 규 칙, 사립학교 규칙, 학교 관제 및 경학원 규칙 등 관계 법규가 공포되었다. 그리고 1915년 사립학교 규칙을 개정하고, 동년 전문학교 규칙이 제정 · 공포되었다. 일반적으로 제1차 교육령 시대는 1911 년 – 1920년, 제2차 교육령 시대는 1920년 – 1938년, 제3차 교육령 시대는 1938년 – 1942년, 제4차 교 육령 시대는 1943년 – 1945년 등으로 구분한다(이태언, 1997: 17 – 26).

(1) 초등교육

조선교육령에서 보통학교 교육은 "아동에게 국민 교육의 기초가 되는 보통교육을 하는 곳으로서, 신체의 발달에 유의하고, 국어(일어)를 가르치며, 덕육을 베풀어 국민 된 성격을 양성하고, 그 생활 에 필요한 보통 지식과 기능을 가르치는 것"으로 규정하고 있다(함종규, 2006: 92 – 94).

당시 보통학교 교과목은 수신, 국어(일어), 조선어 및 한문, 산수, 이과, 창가 · 체조, 도화, 수공, 재봉 · 수예, 농업 초보, 상업 초보 등 11개로, 주당 제1 · 2학년은 26시간, 제3 · 4학년은 27시간을 이수하였다. 보통학교 교과목 중에서 특기할 사항은 국어인 일어를 각 학년 10시간씩 이수토록 하 여 식민화를 강조한 점이다. 여기에 조선어 및 한문을 합하면 언어 관련 과목이 전체 이수 시간의

60% 이상 되어 상대적으로 타 교과목이 경시되었다고 본다.

보통학교 교과목 중에서 사회과 관련 교과목은 수신 1과목으로 학년별로 주당 1시간씩 이수하도록 편제되었다.

<표 17> 조선 교육령 시대 사회과 교수 시수표 (주당 시간)

학교급	교과목	1학년(시간)	2학년	3학년	4학년	합계
보통학교	수 신	1	1	1	1	4
	합 계 (과목, 시간)	1	1	1	1	4
	전 체 (과목, 시간)	13(28)	13(28)	13(30)	13(30)	52 (116)
고등보통 학교	수 신	수신요지 (1)	수신요지 (1)	수신 요지 (1)	수신 요지 (1)	4
	역사 · 지리	본방 지리 (2)	본방 지리(2)	외국 역사 외국 지리(2)	지문(地文)(2)	8
	실업 및 법제 · 경제	2	3	농업(상업)4	법제 · 경제 5	14
	합 계 (과목, 시간)	3(5)	3(6)	3(7)	4(8)	13(26)
	전 체 (과목, 시간)	13(32)	13(32)	13(32)	13(32)	52 (128)
여자 고등 보통학교	수 신	수신 요지(1)	수신 요지(1)	수신 요지(1)	수신 요지(1)	4
	역사 · 지리	본방 지리 (2)	본방 지리(2)	외국 역사 외국 지리(2)	지문(地文)(2)	8
	합 계 (과목, 시간)	2(3)	2(3)	2(3)	2(3)	8(12)
	전 체 (과목, 시간)	13(32)	13(32)	13(32)	13(32)	52 (128)

*출처: 함종규(2006). 이경환 외(2002). 교육과정 · 교과서연구회(2000. a). 교육과정 · 교과서연구회(2000. b). 교육과정 · 교과서연구회(2000. c) 등을 참조하여 연구자가 종합 · 정리, 구안 재구성.

(2) 중등교육

당시 중등교육은 고등보통학교와 여자고등보통학교에서 이루어졌다. 고등보통학교의 교육 목적은 조선 교육령 제11조에서 "상식을 기르고, 국민 된 성격을 도야하며, 그 생활에 유용한 지식과 기능을 가르치는 것"으로 규정하였다. 여자고등보통학교의 교육 목적은 "여자에게 고등한 보통교육을 하는 곳으로서, 부덕(婦德)을 기르고 국민 된 성격을 도야하며, 그 생활에 유용한 지식과 기능을 가르치는 것"으로 규정하고 있다.

먼저, 고등보통학교에서는 학과목 편제를 수신, 국어, 조선어 및 한문, 역사 · 지리, 수학, 이과, 실업 및 법제 · 경제, 습자, 도화, 수공, 창가, 체조, 영어 등 13개로 하였다. 당시 고등보통학교 교육은 실용주의 교육에 바탕을 두고 선량한 인물 육성과 국민성을 함양하는 데 중점을 두었다.

고등보통학교 교과목 중에서 사회과 관련 교과목은 수신, 역사·지리, 실업 및 법제·경제 등 3개 교과목이다. 수신(修身)은 수신 요지를 내용으로 하여 학년별로 주당 1시간씩 이수토록 편제되었고, 역사·지리는 본방(本邦) 지리, 외국 역사, 외국 지리, 지문(地文) 등을 중심으로 학년별로 주당 2시간씩 이수토록 되어 있다. 실업 및 법제·경제는 제1·2학년에는 통합된 내용으로 각각 2, 3시간씩 이수토록 되어 있었고, 제3학년에서는 농업(상업)을 4시간, 제4학년에서는 법제·경제를 5시간 이수토록 편제되었다. 실업 및 법제·경제를 통합 교과로 개설하여 학생들의 통합적·종합적 이해를 추구한 점이 특징적이다.

여자고등보통학교의 개설 교과목은 수신, 일어, 조선어 및 한문, 역사, 지리, 산술, 이과, 가사, 습자, 도화, 재봉 및 수예, 음악, 체조 등 13개 교과목이었다. 이 중에서 사회과 관련 과목은 수신과 역사·지리 등 2교과목이다. 고등보통학교의 개설 교과목인 실업 및 법제·경제가 제외되고, 여자들에게 필요한 가사, 재봉 및 수예, 음악 등 교과목이 강조되고 있다. 고등보통학교와 마찬가지로 수신은 수신 요지 내용 중심으로 각 학년별로 주당 1시간씩, 역사·지리는 본방 지리, 외국 역사, 외국 지리, 지문 등 내용을 중심으로 각 학년별로 주당 2시간씩 편제되어 있다.

3) 개정 교육령 시대의 사회과

개정 교육령 시대는 제2차 조선 교육령 시대를 의미한다. 1919년 12월 고등보통학교와 여자고등보통학교의 규칙을 변경하고, 사립학교의 종교 과목에 대한 방침을 수정한 사이토(齊藤) 총독은 임시교육조사위원회를 설치하고, 세계 각국의 식민지 제도를 참작하여 조선 교육을 전면 개혁하겠다고 천명하였다.

임시교육위원회는 보통학교, 고등보통학교, 여자고등보통학교, 실업학교, 전문학교, 사범학교 등의 수업 연한, 학제, 교과목 등을 전면 개정하였다. 그리고 추밀원의 토의를 거쳐서, 1922년 2월 4일 칙령 제19호로 조선교육령을 공포하였다.

조선교육령의 특징은 한국 내 일본인을 위한 교육제도와 한국인의 교육제도 분리, 보통학교 수업 연합 6년 연장, 보통학교 교과목 중 조선어를 정과목(正科目), 한문을 수의과(遂意科)로 편제, 실업과의 수의과 편제, 고등보통학교 수업 연한 1년 연장하여 5년제화, 여자고등보통학교 수업 연한 1년 연장 4년제화, 사범학교를 설치하여 수업 연한을 남자 사범학교는 6년제, 여자 사범학교는 5년제화 등의 시행이었다.

(1) 초등교육

초등보통학교는 신체 발달에 유의하여 덕육(德育)을 베풀고, 생활에 필요한 보통의 지식, 기능을 수여하여, 국민으로서의 성격을 함양하고, 국어를 습득시키는 것을 목적으로 하였다. 보통학교의 수업 연한은 6년으로 하되, 지역 실정에 따라 4-5년으로 할 수도 있으며, 수업 연한 2년의 고등과를 별도로 설치할 수 있게 하였다(함종규, 2006: 123 - 127).

당시 보통학교 6년제의 교과목은 수신, 국어(일어), 조선어, 산술, 국사, 지리, 이과, 직업, 도화, 창가, 체조, 가사 및 재봉, 수공 등 13교과목이었다. 이 중에서 사회과 관련 과목은 수신, 국사, 지리 등 3개 교과목이다. 수신은 학년별로 주당 1시간씩 편제되었고, 국사와 지리는 제5·6학년에서 각각 2시간씩 편제되었다. 이전 사회과에서 역사로 줄곧 편제되어 온 것이 이때 국사로 편제된 점이 주목된다. 이 당시에도 역시 국어(일어)가 각 학년별로 9 - 12시간씩 배정되어 크게 강조하고 있는 점도 염두에 두어야 할 것이다.

보통학교 5년제는 6년제와 개설 교과목은 13개로 똑같다. 다만, 제5학년의 이수 과목이 6년제보다 4 - 5시간 많은 것이 특징이다. 사회과 관련 교과목은 수신, 국사, 지리 등 3개이다. 수신은 각 학년별로 주당 1시간씩 편제되었고, 국사와 지리는 최고 학년인 제5학년에서 각각 4시간씩 이수토록 되어 있다.

보통학교 4년제는 개설 교과목이 수신, 국어(일어), 조선어, 산술, 이과, 직업, 창가, 체조, 가사 및 재봉, 수공 등 10개이다. 이 중에서 사회과 관련 과목은 수신뿐인데, 수신은 각 학년별로 주당 시간씩 이수토록 편제되어 있었다. 보통학교 교과목 중에서 직업, 진로 교육을 강조하고, 특히 직업과를 필수 과목을 개설한 점이 주목된다.

보통학교의 고등과는 2년제로, 수신, 국어, 조선어, 산술, 국사, 지리, 이과, 직업, 도화, 수공, 창가, 체조, 가사, 재봉 등 14교과목이었다. 이 중에서 사회과 관련 과목은 수신, 국사, 지리 등 3교과목이다. 수신은 각 학년에서 주당 1시간씩, 국사, 지리는 각각 주당 2시간씩 배당하였다.

(2) 중등교육

조선교육령에 고등보통학교는 "신체 발달에 유의하여 덕육을 베풀고, 생활에 유용한 지식, 기능을 수여하며, 국민으로서의 성격을 양성하고, 국어를 숙달시킬 것"을 목적으로 한다고 규정하고 있다. 고등보통학교의 수업 연한은 5년으로 하고, 1년 이내의 보습과(補習科)를 설치할 수 있도록 하였다.

고등보통학교의 학과목은 수신, 국어 및 한문, 조선어 및 한문, 역사·지리, 수학, 박물, 물리 및 화학, 법제 및 경제, 실업, 도화, 창가, 체조 등 13개이다. 이 중 사회과 관련 교과목은 수신, 역사·지리, 법제 및 경제 등 3교과목이다. 수신은 학년별로 주당 1시간씩, 역사·지리는 학년별 주당 3시간씩, 법제 및 경제는 제5학년에서 1시간씩 이수토록 편제되어 있다.

여자고등보통학교의 교육 목적은 조선교육령에 "신체 발달 및 부덕의 함양에 유의해서 덕육을 베풀고, 생활에 유용한 보통의 지식 기능을 수여하고, 국민으로서의 성격을 양성하고, 국어 숙달을 목적"으로 하고 있다(함종규, 2006: 129 - 130).

여자고등보통학교 3·4·5년제는 수업 연한 차이 없이 공히 개설 학과목이 동일하다. 구체적 개설 학과목은 수신, 공민과, 국어(일어), 조선어, 외국어, 역사·지리, 수학, 이과, 도화, 가사, 재봉, 음악, 체조 등이다. 이 중 사회과 관련 학과목은 수신, 공민과, 역사·지리 등 3교과목이다.

수신은 수업 연한에 관계없이 전 학년에 걸쳐서 주당 각 1시간씩 편제되었고, 공민과는 5년제의 제5학년, 4년제의 제4학년, 3년제의 제3학년 등 마지막 졸업 학년에 1시간씩 편제되었다. 역사·지리는 5년제와 4년제에서는 제1·2학년에 각각 3시간씩 그리고 나머지 5년제, 4년제의 각 학년과 3년제의 각 학년에는 주당 2시간씩 편제되었다.

한편, 간이학교는 국민 성격을 함양하고, 일어의 습득 및 지역 실정에 적절한 직업 도야에 중점을 둔 2년제 학교로서, 학과목으로 수신, 국어, 조선어, 산술, 직업 등 5개로 편제하여 주당 총 이수 시간을 30시간으로 편제하였다. 이 중 사회과 관련 과목인 수신은 주당 학년별로 각각 2시간씩 이수하였다(함종규, 2006: 124－146).

〈표 18〉 개정 교육령 시대의 사회과 교수 시수표 (주당 시간)

학교급	학과목	1학년	2학년	3학년	4학년	5학년	6학년	합계
보통학교(6년제): 초등	수 신	1	1	1	1	1	1	6
	국 사	0	0	0	0	2	2	4
	지 리	0	0	0	0	2	2	4
	합 계 (과목, 시간)	1(1)	1(1)	1(1)	1(1)	3(5)	3(5)	3(14)
	전 체 (과목, 시간)	5(24)	5(26)	7(27)	남:10(33) 여:10(31)	남:12(35) 여:12(31)	남:12(35) 여:12(31)	51(180) 51(170)
보통학교(5년제): 초등	수 신	1	1	1	1	1	·	5
	국 사	0	0	0	0	4	·	4
	지 리	0	0	0	0	4	·	4
	합 계 (과목, 시간)	1(1)	1(1)	1(1)	1(1)	3(9)	·	3(13)
	전 체 (과목, 시간)	5(24)	5(26)	6(27)	남:10(34) 여:10(31)	남:12(39) 여:12(36)	·	38(150) 38(144)
보통학교(4년제): 초등	수 신	1	1	1	1	·	·	4
	합 계 (과목, 시간)	1(1)	1(1)	1(1)	1(1)	·	·	4(4)
	전 체 (과목, 시간)	5(25)	5(27)	남:8(33) 여:8(30)	남:9(33) 여:9(30)	·	·	27(118) 27(112)
보통학교 고등과 (2년제): 초등	수 신	1	1	·	·	·	·	2
	국 사	2	2	·	·	·	·	4
	지 리	2	2	·	·	·	·	4
	합 계 (과목, 시간)	3(5)	3(5)	·	·	·	·	6(10)
	전 체 (과목, 시간)	남:13(37) 여:13(32)	남:13(37) 여:13(32)	·	·	·	·	26(74) 26(64)
고등 보통 학교 (5년제): 중등	수 신	1	1	1	1	1	·	5
	역사·지리	3	3	3	3	3	·	15
	법제 및 경제	0	0	0	0	1	·	1

학교급	학과목	1학년	2학년	3학년	4학년	5학년	6학년	합계
고등 보통 학교 (5년제): 중등	합 계 (과목, 시간)	2(4)	2(4)	2(4)	2(4)	3(5)	·	11(21)
	전 체 (과목, 시간)	11(32)	11(32)	11(32)	11(33)	11(32)	·	55(161)
여자고등 보통학교 (5년제): 중등	수 신	1	1	1	1	1	·	5
	공민과	0	0	0	0	1	·	1
	역사 · 지리	3	3	2	2	2	·	12
	합 계 (과목, 시간)	2(4)	2(4)	2(3)	2(3)	3(4)	·	11(18)
	전 체 (과목, 시간)	11(30)	11(30)	11(30)	12(30)	12(30)	·	55(150)
여자고등 보통학교 (4년제): 중등	수 신	1	1	1	1	·	·	4
	공민과	0	0	0	1	·	·	1
	역사 · 지리	3	3	2	2	·	·	10
	합 계 (과목, 시간)	2(4)	2(4)	2(3)	3(4)	·	·	9(15)
	전 체 (과목, 시간)	11(30)	11(30)	12(30)	11(30)	·	·	45(120)

*출처: 함종규(2006). 이경환 외(2002). 교육과정 · 교과서연구회(2000. a). 교육과정 · 교과서연구회(2000. b). 교육과정 · 교과서연 구회(2000. c) 등을 참조하여 연구자 종합 · 정리, 구안 재구성.

4) 제3 · 4차 개정 교육령 시대의 사회과

한국을 발판으로 대륙 침략을 획책하던 일본은 마침내 1932년 만주국을 수립하여 1단계 목표를 성취한 뒤, 1937년부터는 중 · 일전쟁을 일으켰다. 그러나 중 · 일전쟁이 미국, 영국 등 강국에 의해 장기화되고, 전력 손실이 극심해지자, 일본은 1941년 진주만 기습을 하여 소위 태평양전쟁이 발발하였다.

이러한 상황에서 1936년 우가끼(宇垣) 총독의 뒤를 이어 부임한 미나미지로(南 次郎) 총독은 우리나라를 완전히 병참 기지화하려고, 일본화 교육과 교육의 전시 체제화를 획책하게 되었다(함종규, 2006: 147－150). 소위 전시하 교육 정책을 통하여 황국신민화 교육을 추진하고, 한국인 교육과 일본인 교육과의 차별을 철폐하고자 하였다.

제3차 개정 교육령은 1938년 칙령 제103호로 조선 교육령을 개정한 것이다. 이에 따라 소학교 규정, 중학교 규정, 고등학교 규정, 사범학교 규정 등을 개정하고, 보통학교는 소학교, 고등보통학교 및 여자고등보통학교는 중학교 및 고등여학교로 개칭하였다. 특히, 교수요목, 교과목, 교과 과정 등은 조선어 외에는 한국과 일본 학생에게 동일하게 부가하였으며, 조선어를 수의과(선택)로 하여 조선어 말살 정책을 펴게 되었다.

제4차 개정 교육령은 1941년 소학교령을 국민학교령으로, 사립 전문학교와 대학교령을 개정하여 수업 연한을 단축하게 되었다. 전시에 소모되는 병력과 물자를 징발하기 위해 교육 체제의 근본적 변화를 모색한 것이다. 그리하여 1943년 3월 제4차 조선교육령을 개정하였다. 제4차 교육령 개정은 초·중등 및 고등 교육 등 모두를 '황국의 도에 따른 국민 연성'에 목적이 있었다. 그 후, 조선총독부 학무국은 1943년 10월 '교육에 대한 전시 비상령'을 공포하게 되었다.

(1) 초등교육

제3·4차 개정 교육령 시대의 소학교 교육 목적은 "아동 신체 발달에 유의하여 국민 도덕을 함양하고 보통의 지능을 얻게 하여 황국신민을 육성"하는 데 두었다. 다시 소학교는 6년제인 심상소학교, 2-4년제인 고등소학교가 있었다.

6년제인 심상소학교의 학과목은 수신, 국어, 조선어, 산수, 국사, 지리, 이과, 직업, 도화, 수공, 창가, 체조, 가사 및 재봉 등 13개 교과목이었다. 이 중 사회과 관련 과목인 수신은 각 학년별로 주당 2시간씩 이수하였고, 국사와 지리는 제5·6학년에서 각각 2시간씩 이수하였다.

4년제 심상소학교의 학과목은 수신, 국어, 조선어, 산술, 국사·지리, 이과, 직업, 도화, 창가, 체조, 가사 및 재봉 등 11개 교과목이었다. 6년제 심상소학교의 경우 국사와 지리가 분과되어 교수되었던 데 비하여, 4년제 심상소학교에서는 국사와 지리가 '국사·지리' 교과목으로 통합된 점이 특징이다. 수신은 학년별로 주당 2시간씩, 국사·지리는 4학년에서 2시간을 이수히였다(함종규, 2006: 157-158).

3년제인 고등소학교는 학과목으로 수신, 국어, 조선어, 산수, 국사, 지리, 이과, 직업, 도화, 수공, 창가, 체조, 가사, 재봉 등 14개였다. 이 중 수신, 국사, 지리 과목 각각을 각 학년별로 주당 2시간씩 이수토록 편제되었다.

(2) 중등교육

당시 중학교는 "남자에게 필요한 보통 교육을 실시하고 국민 도덕을 함양하여 황국신민을 육성"하는 데 목적을 두었다. 당시 중등교육 기관은 중학교와 고등여학교가 있었다.

중학교는 5년제였는데, 학과목으로 수신, 공민과, 국어·한문, 조선어, 역사·지리, 외국어, 수학, 이과, 실업, 도화, 음악, 체조 등 12개 교과목을 편제하여 학년별로 주당 총 34-35시간을 이수하였다. 이 중 사회과 과목인 수신은 제1-3학년에서 각각 주당 2시간씩, 제4-5학년에서는 각각 주당 1시간씩 이수하였다. 공민과는 제4-5학년에서 각각 2시간씩 그리고 역사·지리는 학년별로 각각 3시간씩 이수하였다.

고등여학교는 "여자에게 필요한 고등 보통교육을 실시하여, 국민 도덕 함양, 부덕의 양성, 현모양처의 황국여성 양성"에 목적을 두었다. 고등여학교는 수업 연한이 4-5년제이었는데, 각각 학과목으로 수신, 공민과, 교육, 국어, 조선어, 역사·지리, 외국어, 수학, 이과, 실업, 도화, 가사, 재봉, 음악, 체조 등 15개 교과목이었다. 수신 과목은 5년제 고등여학교에서 제1-3학년 주당 2시간씩, 제4

-5학년 주당 1시간씩 배정되었고, 4년제 고등여학교에서는 제1-2학년에 각각 2시간씩, 제3-4학년은 각각 1시간씩 이수하였다. 공민과, 교육 과목은 5년제 고등여학교의 제4-5학년, 4년제 고등여학교의 제3-4학년에서 학년별로 각각 1시간씩 이수하였으며, 역사·지리 과목은 5년제 고등여학교의 제1-3학년, 4년제 고등여학교의 제1-2학년에서 각각 학년별로 3시간씩 이수하였고, 5년제 고등여학교의 제4-5학년, 4년제 고등여학교의 제3-4학년에서는 각각 2시간씩 이수토록 편제되었다.

한편, 특설 과정인 3년제 고등여학교에서는 개설 학과목이 4·5년제와 같이 15개였는데, 수신은 제1학년에 2시간, 제2-3학년에 각각 1시간씩 이수하였고, 공민과와 교육 과목은 제2-3학년에서 각각 1시간씩 이수하였다. 그리고 역사·지리 과목은 학년별로 각각 2시간씩 배정되어, 이수하였다.

〈표 19〉 제3·4차 개정 교육령 시대의 초·중등학교 사회과 교수 시수표(주당 시간)

학교급	학과목	1학년	2학년	3학년	4학년	5학년	6학년	합계
심상소학교 (6년제): 초등	수 신	2	2	2	2	2	2	12
	국 사	0	0	0	0	2	2	4
	지 리	0	0	0	0	2	2	4
	합 계 (과목, 시간)	1(2)	1(2)	1(2)	1(2)	3(6)	3(6)	10(20)
	전 체 (과목, 시간)	6(26)	6(27)	8(29)	11(남 32 / 여 34)	13(34)	13(34)	57(182) (180)
심상소학교 (4년제): 초등	수 신	2	2	2	2	·	·	8
	국사·지리	0	0	0	2	·	·	2
	합 계 (과목, 시간)	1(2)	1(2)	1(2)	2(4)	·	·	5(10)
	전 체 (과목, 시간)	6(26)	7(28)	9(남34 / 여31)	11(남 36 / 여 33)	·	·	33(124) (118)
고등소학교 (3년제): 초등	수 신	2	2	2	·	·	·	6
	국 사	2	2	2	·	·	·	6
	지 리	2	2	2	·	·	·	6
	합 계 (과목, 시간)	3(6)	3(6)	3(6)	·	·	·	9(18)
	전 체 (과목, 시간)	14(남38 / 여33)	14(38 / 33)	14(38 / 33)	·	·	·	42(114) (99)
중학교 (5년제): 중등	수 신	2	2	2	1	1	·	8
	공민과	0	0	0	2	2	·	4
	역사·지리	3	3	3	3	3	·	15
	합 계 (과목, 시간)	2(5)	2(5)	2(5)	3(6)	3(6)	·	12(27)
	전 체 (과목, 시간)	11(34)	11(34)	11(35)	12(35)	12(35)	·	57(173)

학교급	학과목	1학년	2학년	3학년	4학년	5학년	6학년	합계
고등여학교 (5년제): 중등	수 신	2	2	2	1	1	·	8
	공민과	0	0	0	1	1	·	2
	교 육	0	0	0	1	1	·	2
	역사·지리	3	3	3	2	2		13
	합 계 (과목, 시간)	2(5)	2(5)	2(5)	4(5)	4(5)	·	14(25)
	전 체 (과목, 시간)	13(32)	13(32)	13(32)	15(32)	15(32)	·	59(160)
고등여학교 (4년제): 중등	수 신	2	2	1	1	·	·	4
	공민과	0	0	1	1	·	·	2
	교 육	0	0	1	1	·	·	2
	역사·지리	3	3	2	2	·	·	10
	합 계 (과목, 시간)	2(5)	2(5)	4(5)	4(5)	·	·	12(20)
	전 체 (과목, 시간)	13(32)	13(32)	15(32)	15(32)	·	·	56(160)
고등여학교 (3년제): 중등	수 신	2	1	1	·	·	·	4
	공민과	0	1	1	·	·	·	2
	교 육	0	1	1	·	·	·	2
	역사·지리	2	2	2	·	·	·	6
	합 계 (과목, 시간)	2(4)	4(5)	4(5)	·	·	·	10(14)
	전 체 (과목, 시간)	13(32)	15(32)	15(32)	·	·	·	43(96)

*출처: 함종규(2006). 이경환 외(2002). 교육과정·교과서연구회(2000. a). 교육과정·교과서연구회(2000. b). 교육과정·교과서연 구회(2000. c) 등을 참조하여 연구자 종합·정리, 구안 작성.

2. 한국 사회과 교육과정의 성립

1) 사회과의 도입

미국은 1944년 8월부터 2차대전 후 일본 점령을 예상하고 캘리포니아주에 있는 민정 기지와 군정 학교에서 일본의 정치, 경제, 산업, 교육 제도 등에 대한 자료를 준비하여 군정 요원들을 양성하였지만, 한국에 대해서 거의 백지 상태로 한국인에 대한 지식이나 정보는 물론, 한국 문화에 대해서 아무런 이해를 갖지 못하였다.

종합적으로 판단하여 보면, 미군정기 3년간을 통하여 미국의 대한국 교육정책(對韓國 敎育政策)

은 그 당시 한국을 둘러싼 복잡한 국제 정세나 한국 내의 정치적·사회적 혼란 등 영향도 있어서 정비된 방식으로 일관성 있게 전개되지 못하였다. 한국 점령 시초부터 미국 측의 준비 부족인 체제의 미비는 교육 개혁의 실시에 있어서 항상 한국 측의 협력이 기대되어 실제로는 오히려 한국 측이 주도적 입장에 섰던 때도 종종 있었다(鈴木英, 1983: 156).

그러나 이와 같은 미군정 초기의 교육 정책이 미군정의 한국에 대한 사전 정보나 준비의 부족으로 인하여 응급조치적인 현상 유지로서의 정책일 수밖에 없었다고 하더라도, 한국 내에 공산주의의 절대 배제와 민주주의 국가 건설이라는 일관된 기본 정책의 수행만은 교육 운영을 통해서 철저하게 이루어졌으며, 그 실천 교과로서 사회과가 등장하였다고 할 수 있다. 미국의 대한국 교육 정책이 한국 교육의 재건을 위해 탈일본화, 민주화, 민족화 등 세 가지로 요약할 수 있으며, 이 중에서 핵심이 되는 것이 민주화로서 '전체주의로부터 민주주의로'라는 시대의 커다란 조류 속에서 한국 교육에 가장 큰 영향을 끼친 것은 무엇보다도 미국식 교육 이념이었다.

이 당시에 주목해야 할 점은, 만약 한반도에서의 미국의 전략적 이해가 강력한 반공의 교두보가 될 국가를 형성하는 데 있었다면, 이 국가는 그로부터 존립의 정당성을 이끌어 낼 세 가지 요건, 즉 생산의 사회적 관계로서 자본주의 체제의 확립, 공산주의에 반대하는 반공 체제의 확립, 정치 체제의 형태로 의회 제도에 바탕을 둔 민주주의의 제도화가 충족되어야만 했다(최창섭, 1989: 24).

그러나 해방 이후 우리 사회의 조건은 이 세 가지 원리 자체가 서로 상충 관계에 놓여 1948년 단독 정부가 수립되는 과정에서 좌파와 민족주의 세력이 현저히 세력을 잃었으며, 이것은 바로 반공과 자본주의 체제가 구축되는 명확한 시발이자 단초가 되었다.

2) 사회과의 성립

1945년 해방 후, 미군정청은 각급 학교의 개학과 교육 내용에 관한 한국교육위원회(The Korean Committee on Education)의 건의를 받아 1945년 9월 17일 소위 '일반 명령 제4호'를 공포하여, 각급 학교의 개학 명령과 함께 교과서 문제 등에 대한 응급조치를 취하게 되었다(교육과정·교과서연구회, 2000 b: 116).

이에 대한 구체적 지시로, 미군정청 학무국에서 일선에 시달한 교과목 편제 및 시간 배당표의 경우, 사회과 관련 교과목은 중학교와 고등학교의 공민, 역사, 지리의 편제였다. 그러나 국사를 제외하고는 교과서 공급이 되지 않아 일제의 식민지 교육 일소를 부르짖으면서도 교육 내용은 일제의 잔재를 답습하는 모순성을 드러내는 경우가 많았다.

공민(公民)은 일제 시대의 수신과(修身科)와 공민과(公民科)를 폐지하고 새로운 시민을 양성하기 위한 것이고, 역사의 경우 기존의 일본 역사를 폐지하고 한국 역사를 배우도록 조치한 것이다.

일제 시대의 것을 사용하지 말 것을 지시한 채로, 교육과정이나 교과서를 당장 내놓지 못하고 임시로 교육에 관한 응급조치를 했던 미군정청 편수 당국의 교과별 편수사들은 교수요목제정위원회를 조직하여 교수요목 제정에 돌입하였다(홍웅선, 1971: 94). 그 후 1946년 9월 1일부터는 교육심의회에서 결의하여 학무국에서 채택한 새로운 민주적인 교과목 편제를 시달하게 되어, 모든 교육은 이를 중심으로 구성되었다(함종규, 1974: 189).

이 당시의 교과목 편제에서 주목을 끄는 것은 소위 '사회생활과'의 등장이다. 이것은 공민, 역사, 지리, 실업을 총괄하여 편성한 교과로서 사회생활을 영위하는 데 필요한 기본적인 교양을 내용으로 하는 교과로, 특히 민주 시민 육성을 기도하는 데 주안점을 두고 편제하였다. 이 '사회생활과'가 바로 오늘날 우리나라 사회과의 출발이 되었다.

교과목 편제에서 '사회생활과'를 탄생시킨 미군정청 문교부는 이어 1946년 12월에 초등학교(당시에는 국민학교) 사회생활과 교수요목을 제정·공포하였고, 그로부터 약 1년 후에는 중등학교 사회생활과 교수요목을 제정·공포하였다.

미국 군정 당국에 의한 교육에 대한 최초의 방침은 1945년 9월 17일 미군정청관보로 시달된 '신조선인의 조선인을 위한 교육 방침'이다. 이 일반 명령 제4호의 제5조에서는 조선의 이익에 반하는 교과목의 교수를 금지하였으며, 이에 따라 '일본어'를 비롯하여 '수신', '국사', '지리' 등의 교수가 금지되었다.

1945년 9월 22일에는 당시 국민학교 교과 편제 및 시간 배당안을 발표했는데, 사회과계의 교과는 식민지 시대의 '수신'이 폐지되고, '공민'이 신설되었으며, '역사', '지리'과는 그대로 존속하고 있었으나, 그 내용을 일본 역사와 지리 중심에서 우리나라 역사와 지리 중심으로 재편하였다.

미군정청에 의한 '공민'의 시설, '역사', '지리'의 재편은 식민지 지배 체제의 유지와 강화를 위한 이념 주입을 목적으로 한 사회과계 교과의 성격을 버리고 새로운 국가 사회의 건설과 실서의 회복에 필요한 민주 시민을 육성하려는 목적이 반영된 결과라고 할 수 있다.

한편, 당시 한글로 된 사회과계 교과서로는 1945년 10월 15일 '초등 국사 교본', 1945년 12월 16일 '초등 공민', 1946년 2월 15일에 '초등 지리 교본'을 발행하였다. 미군정청 학무국이 이처럼 신속하게 국사, 공민, 지리 등의 교과서의 편찬을 추진한 것은 중요한 의의가 있다. 식민지 시대의 왜곡된 민족 역사를 가르치는 국사 교과서와 황국신민화를 가르치던 '수신' 대신에 독립국의 자주민을 기르기 위한 공민 교과서를 시급하게 발행할 필요성이 있었기 때문이었다(최용규 외, 2007: 83-84).

그러나 당시 사회과계 교과의 개혁에 중점이 두어지기는 하였으나, 일제 잔재 청산에 치중한 나머지 사회과 개혁의 철학적 입장, 체계적 개선 추진 등이 이루어지지 않아 임시방편적인 성격이 강했다는 점을 부인하기는 어려운 것이 사실이다.

물론 해방 후 우리나라 사회과의 도입과 성립기에 일본의 식민지 잔재가 남아 있고, 의욕만 앞선 채 미군정청에 의한 미국식 개혁이 전체적인 흐름이었던 것은 부인하기 어렵지만, 당시의 사회과 출발의 걸음마가 60여년이 지난 오늘날 우리나라 사회과와 사회과 교육 발전의 밑거름이 되었다는 점을 간과해서는 안 될 것이다. 당시 여러 가지 어려운 환경 속에서의 사회과 출범이 오늘날 사회과 발전의 작은 씨앗이 되었던 것이다.

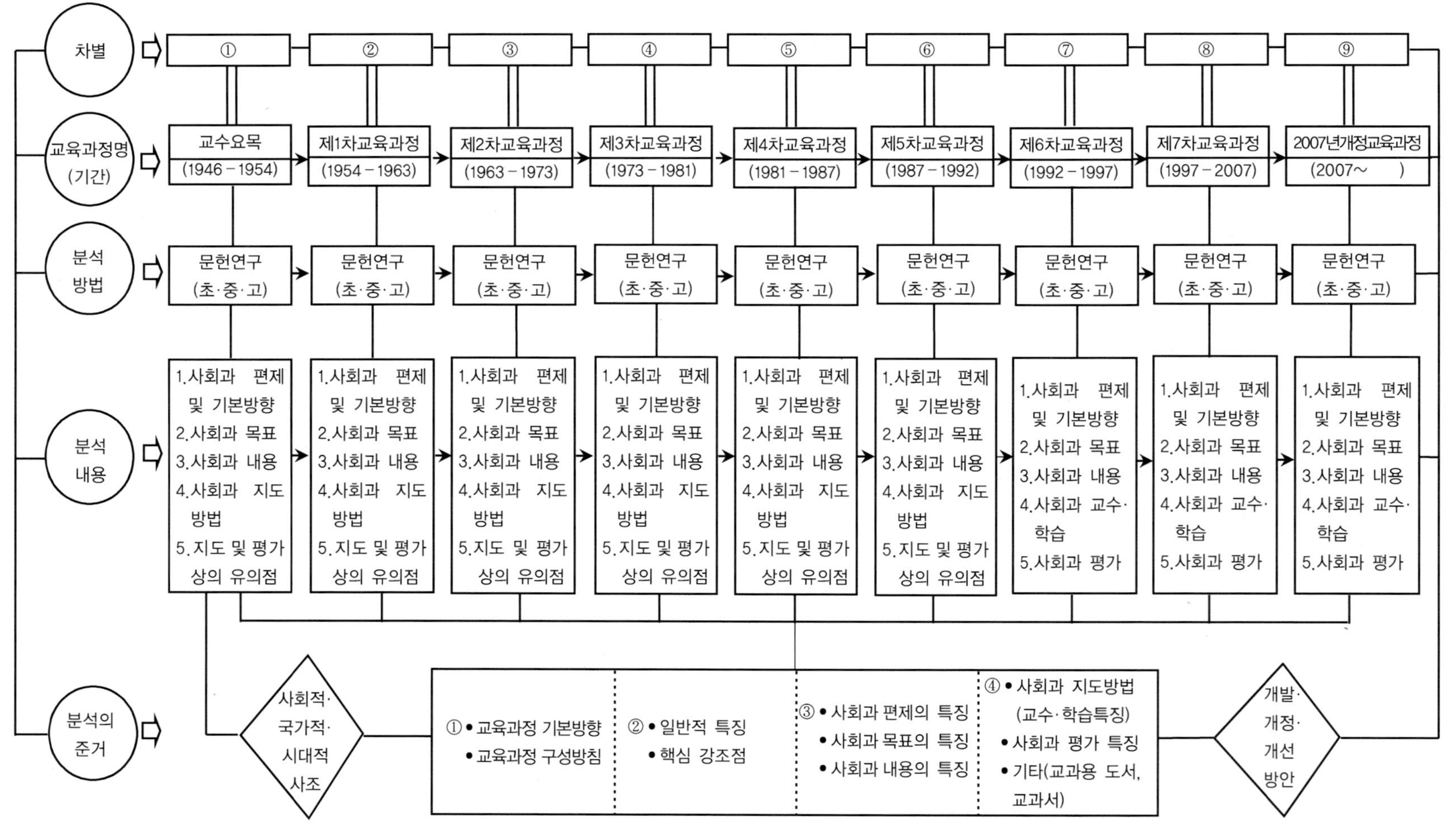

[그림 5] 역대 한국 사회과 교육과정 분석 모형

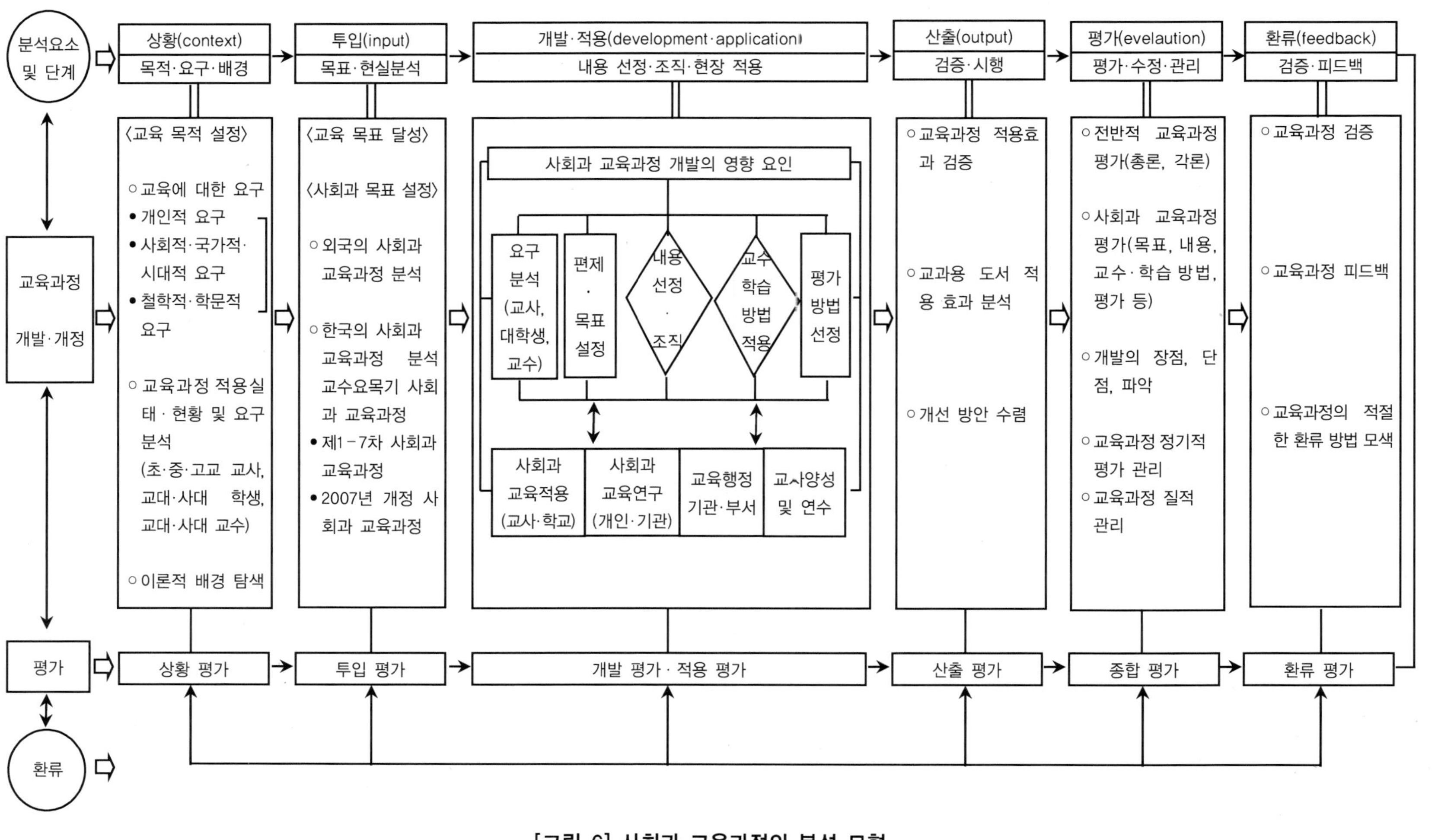

[그림 6] 사회과 교육과정의 분석 모형

3) 한국 사회과 교육과정의 시대 구분

1916년 미국에서 태동한 사회과가 한국에 도입된 것은 해방 이후의 일이다. 따라서 전체적으로 사회과의 역사는 근 1세기에 가깝고, 한국의 사회과 역사도 이제 60년이 지났다. 이제 사회과가 학문적, 교과적으로 완숙한 반열에 오를 역사를 가지게 된 것이다.

한국의 사회과 내지 사회과 교육과정의 시대 구분은 매우 다양하다. 그동안 대체로 사회과 교육을 강의하고 연구하는 교수와 학자들의 견해가 있고, 한국교육개발원, 한국교육과정평가원 등 연구 개발 기관에 근무하는 연구진들의 의견이 있으며, 교육과학기술부의 편수관·장학관들이 주로 시기를 구분하여 발표하곤 하였다. 학교 현장의 초·중·고교 사회과 교사들의 의견도 다양하다.

한국에서 사회과 교육의 연구자들이 사회과의 변천을 연구하기 위해 특정한 관점과 준거를 바탕으로 시기 구분을 시도한 것은 대체로 1990년대 이후이다(한국교원대학교, 2005: 184). 물론 그 이전에도 사회과 교육과정에 대한 연구가 적지 않았으나 합리적인 준거를 개발하여 본격적·체계적으로 연구가 진행된 것은 1990년대 이후부터라고 볼 수 있다. 한국에서 사회과 교육과정에 대한 연구가 활발해진 것도 1990년대부터이다.

일반적으로 한국 사회과 교육과정 시기를 구분하는 원칙과 준거는 다음과 같이 요약할 수 있다.

첫째, 한국 사회과의 내재적 발전과 발전 과정에서의 전환에 주목하며, 사회과 교육과정의 현실적 중요성을 인정하여, 교육과정의 변천 시기와 개정 시기를 규정해 보는 구분을 할 수 있다.

둘째, 다른 시기와 특별히 구별되는 사회과 존재 양상과 추구하는 지향성에서 발견되는 특징을 중심으로 하여 시기 구분을 할 수 있다.

셋째, 사회과 교육과정의 개정기별로 영향을 미친 외적 변인인 사회·국가적 요구와 새로운 교육과정의 사조 그리고 내적 변인으로써 사회과 교육과정 개발·개정의 주도 세력의 변화와 함께 사회과 내에서의 교과 교육 혁신에 대한 요구를 준거로 구분할 수 있다.

이와 같은 점을 기반으로 하여, 한국 사회과 교육과정의 변천과 관련하여 몇몇 사회과 교육학자들의 시대 구분을 종합적으로 고찰해 보면 다음과 같다(한국교원대학교, 2005: 184‒191).

먼저, 한국 사회과 교육의 창시자라고 할 수 있는 이 시대 '영원한 사회과인' 강우철(1991)은 한국 사회과의 역사를 사회과 도입에서부터 1950년대 말까지의 '일본식 사회과 모방 시대'와 1960년부터 1980년대까지의 '한국 사회과 정체성 추구기'로 구분하였다. 강우철은 사회과 초기의 '일본식 사회과 모방 시대'에는 일본식 사회과의 무비판적 수용이 한국 사회과의 실패 원인으로 보았으며, '한국 사회과의 정체성 추구기'에도 교육과정에 대한 본질적 고뇌 없이 교수·학습 방법적 측면만을 강조하여 피상적으로 흘렀다고 지적하고 있다. 1989년 이후는 사회과의 계속되는 도전기로 보았다.

둘째, 김용만(1998)은 교육부의 편수관, 장학관으로 오래 근무하면서, 한국 사회과의 시기 구분을 체계적으로 제시하였다. 즉 초기 사회과 시기, 사회과 정착기, 사회과 토착화기, 사회과 성숙기, 사회과 본질 추구기 등으로 구분하여 각 교육과정기별로 교육과정의 유형과 결부시키고 있다.

셋째, 한면희(2001)는 교원 양성 대학에서 오랫동안 재직하면서 사회과 교육과정을 가르치고, 연구해 왔다. 그 결과 사회과 도입 정착기, 사회과 체계화 및 적절성 모색기, 사회과 본질 추구기 등으로 삼분하고 있다. 연구자의 구분은 김용만의 분류를 통합하여 제시하였다.

넷째, 서재천(2004)은 초기의 사회과, 학문 중심 사회과, 의사 결정론적 사회과 등으로 구분하고 있다. 특히, 그는 제2차 사회과 교육과정기를 초기 사회과와 현대 사회과인 제3차 학문 중심 사회과 교육과정기를 연결하는 징검다리 사회과로 본 점이 특징이다.

다섯째, 최용규(2005)는 사회과의 형성과 경험 중심교육과정 연구기, 민족 주체성의 고양과 사회과 내용 체계화기, 사회과 본질 탐색과 개혁 방향 모색기 등으로 구분하고 있다. 이 구분은 각 교육과정기별로 사회과 교육과 연구의 특징과 경향을 중심으로 사회과를 구분하였다는 데 특징이 있다.

결국, 한국의 사회과는 걸음마 단계인 교수요목기·제1차 교육과정기 등의 도입기, 제2차 교육과정기·제3차 교육과정기 등의 정착기, 제4차 교육과정기·제5차 교육과정기 등의 성숙기 그리고 제6차 교육과정기·제7차 교육과정기·'2007년 개정 교육과정'기 등의 본질추구기 등으로 시기 구분의 최대 공약수를 추출할 수 있을 것이다. 이를 요약·정리하면 <표 20>과 같다.

〈표 20〉 한국 사회과 교육과정의 시대 구분

강우철 (1991)	김용만 (1998)	한면희 (2001)	권오정 (2003)	서재천 (2004)	최용규 (2005)
1.위기를 넘기지 못한 사회과(1946-1960) ·사회생활과 도입 ·미국식 사회과 교육과정 이론 ·일본식 사회과 교육과정 실천(상호 갈등) 2.냉전의 소산: 과학으로의 양위(1960-1990) ·학문 중심 교육과정 원리 형식적 도입 ·'국적 있는 교육'의 추구 ·사회과 교육개혁의 실패(1970년대) ·사회과 교육의 인간 교육화 논의 구호에 그침(1980년대) 3.계속되는 도전(1989년 이후)	1.초기 사회과 시대 ·교수요목 시기(1946-1954) ·제1차 교육과정기(1954-1963): 교과 중심 교육과정 2.사회과의 정착기 ·제2차 교육과정기(1963-1972): 경험 중심 교육과정 3.사회과의 토착화시기 ·제3차 교육과정기(1973-1981): 학문 중심 교육과정 4.사회과의 성숙기 ·제4차 교육과정기(1981-1987): 경험·학문·인간 중심 교육과정 통합 ·제5차 교육과정기(1987-1992): 통합 및 지역화 강조 5.사회과의 본질 구현기 ·제6차 교육과정기(1992-1997): 쉽고 재미있는 사회과 지향 ·제7차 교육과정기(1997 이후): 국민공통기본교육과정(사회과)	1.사회생활과의 도입과 정착기 ·교수요목 시기(1946-1954) ·제1차 교육과정기(1954-1963) ·제2차 교육과정기(1963-1972) 2.사회과 교육의 체계화와 적절성 모색기 ·제3차 교육과정기(1973-1981) ·제4차 교육과정기(1981-1987) ·제5차 교육과정기(1987-1992) 3.사회과 교육의 본질 추구기 ·제6차 교육과정기(1992-1997) ·제7차 교육과정기(1997 이후)	1.사회과의 도입기 ·교수요목기(1946-1954) 2.한국 사회과의 출발기 ·제1차 교육과정기(1954-1963) 3.통합 사회과 지향기 ·제2차 교육과정기(1963-1972) 4.학문 중심주의(과학)와 국가주의(이데올로기) 동시 추구기 ·제3차 교육과정기(1973-1981) 5.사회과 내용의 분산적 통합기 ·제4차 교육과정기(1981-1987) 6.'무성격의 변화'를 위한 개정기 ·제5차 교육과정기(1987-1992) 7.사회과 미완의 개혁기 ·제6차 교육과정기(1992-1997) 8.수요자 중심기(혼란 가중기) ·제7차 교육과정기(1997이후)	1.초기 사회과 시기 1)아동의 경험 중심기: 교수요목, 제1차 사회과 교육과정 2.학문 중심 사회과기 1)징검다리: 제2차 사회과 교육과정 2)학문 중심 사회과의 본격 도입: 제3차 사회과 교육과정 3.의사 결정론적 사회과기 1)저학년 사회과 통합: 제4·5차 사회과 교육과정 2)민주 시민적 자질과 의사 결정론 강조기: 제6·7차 사회과교육과정, 2007년 개정사회과 교육과정	1.사회과의 형성과 경험 중심 교육과정 연구기 ·사회생활과 교수요목기 ·제1차 교육과정기 ·제2차 교육과정기 2.민족 주체성의 고양과 사회과 내용의 체계화기 ·제3차 교육과정기 3.사회과의 통합 및 구조화·지역화 추구기 ·제4차 교육과정 기 ·제5차 교육과정기 4.사회과의 본질 탐색과 개혁방향 모색기 ·제6차 교육과정기 ·제7차 교육과정기 ·2007년 개정교육과정기
달라져야 할 사회과교육(교학사. 1991)	초등학교 교육과정 해설(교육부. 1998)	새로운 패러다임에 기초한 사회과 교육(교육과학사. 2003)	사회과 교육학의 구조와 쟁점(교육과학사. 2003)	초등 사회과 교육(도서출판 유천. 2004)	한국교육 50년: 그 반성과 전망(한국교원대학교 개교 20주년 논집. 2005)

* 출처: '한국교원대학교, 2005: 184-191'을 기초로 연구자 재구성.

3. 초등학교 사회과 교육과정

1) 편제와 기본 방향 및 성격

(1) 교수요목기(1946년-1954년)

한국의 교육과정은 1946년의 교수요목(course of study)기로부터 시작하여 제7차까지 아홉 차례의 제정·개발·개정이 있었으며, 2007년 2월 28일 교육인적자원부 고시 2007-79호로 소위 '2007년 개정 교육과정'이 공시(공포)되었다. 물론 교육과정 개정 연차별로는 제7차이지만, 각 단위 차기의 교육과정 적용 시에 부분 개정까지 합하면, 총 24차례에 이른다. 보통 각 교육과정기별로 2-4차례의 교육과정의 부분 개정(수정)이 진행되었다(이경환 외, 2002: 216).

<표 21>은 우리나라의 유·초·중·고교별 역대 교육과정 개발·개정 시기를 일목요연하게 제시한 것이다. 그동안 우리나라 교육과정은 주로 국가 수준 교육과정을 중시해 온 편이어서, 필요시에 부분적 개정·개발보다는 전면적, 총체적 개정·개발을 하는 경향이어서, 학교 현장의 교육에 불안정성을 초래하기도 하였다(이경환 외, 2002: 216). 이러한 점을 전제하면, '2007년 개정 교육과정'부터 상시 개정 체제를 도입한 점은 교육과정의 안정성, 일관성 확보 차원에서 매우 바람직한 교육과정 정책이라고 하겠다. 특히, 세계화·정보화 시대를 맞아 국가 수준 교육과정은 대강화를 기준으로 상시(수시) 개발·개정 체제가 바람직하고, 지역 수준 교육과정, 학교(교사) 수준 교육과정은 창의적으로 단위 학교, 교사가 개발·실행하도록 권장해야 한다.

특히, 2007년 개정 교육과정에서 교육과정의 상시 개정 체제를 도입한 것은 국가 수준 교육과정의 경직성을 완화하고, 일선 학교 현장의 학교 교육과정의 자율성과 다양성을 더욱 강조할 것이다. 나아가 사회과를 직접 지도하는 초·중·고교 사회과 교사들의 창의적인 교육과정 개발과 실행을 보장하는 매우 긍정적인 교육과정 행정·정책의 변화라고 볼 수 있다.

〈표 21〉 한국 교육과정 제정 · 개발 · 개정 시기 일람표

차별	연도	유치원	초등학교	중학교	인문계고	전문계고 (실업계고)	비고
교수요목	46 (명령)		4 호 / 9.22	4 호 / 9.22	4 호 / 9.22		교수 요목
제1차	54 (부령)		35 호 / 4.20	35 호 / 4.20	35 호 / 4.20		교과 과정
	55		44 호 / 8.1	45 호 / 8.1	46 호 / 8.1		
	58					76 호 / 6.5	
제2차	63		19 호 / 2.15	120 호 / 2.15	122 호 / 2.15		교육과정 (이하)
	67				181 호 / 4.15	175 호 / 66.10.4	
	69	207 호 / 2.19	207 호 / 2.19	251 호 / 9.4	251 호 / 9.4	251 호 / 9.4	
	71			286 호 / 8.24 300 호 / 72.6.3		286 호 / 8.24	
제3차	73		310 호 / 2.14	310 호 / 2.14 325 호 / 8.31	310 호 / 2.14 325 호 / 8.31	310 호 / 2.14	
	74				350 호 / 12.31		
	76					379 호 / 2.23	
	77			404호 / 2.28 산업체부설학교			
	79 (고시)	24 호 (개정) / 3.1	424 호 / (정비) 3.1	424호 / (정비) 3.1	424 호 / (정비) 3.1		
제4차	81	441 호 / 12.31	442 호 (개정) / 12.31	442 호 (개정) / 12.31	442 호 (개정) 12.31 / 인문 · 실업 통합		
	83			83 − 1 호 / 1.15 83 − 4 호 / 5.31			
	85				85 − 10 호 / 12.7		
제5차	87	87 − 9 호 (개정) / 6.30					
	88				88 − 7 호 (개정) / 3.31		
	89				90 − 1 호 (부분) / 90.1.2		
제6차	92	92 − 15호 (개정) / 9.30					
	93				93 − 6 호 (부분) / 6.3		
	95		95 − 7 호 / (개정) 11.1	초 · 중 · 고교 통합			
제7차	97		97 − 15 호 / (개정) 12.30	119 호 / 2.15			국민공통 기본교육 과정 도입
	98	98 − 10 호 (개정) / 6.30	98 − 11 호(개정) / 6.30				
2007	07	07 − 79 호(개정) / 02.28					

* 주: 제   호는 공포(고시)된 법령 호수, 일자는 공포(고시)된 날짜임.
* 교육법→ 교육기본법, 초 · 중등교육법, 고등교육법(1997.12.12개정)으로 분리.
* 출처: '이경환 외, 2002: 216'을 참조하여 연구자 재구성.

한편, <표 22>는 교육과정기별 초·중·고교 사회과의 성격 변천 상황이다. 사회과 성격의 근본적인 변화상은 교육과정 초기에는 주로 사회와 자연의 관계를 중시하는 경향이었다가, 그 후에는 민주 시민의 자질을 강조하였고, 최근의 교육과정에서는 사회 현상의 탐구와 함께 고급 사고력 신장을 지향하고 있다. 이러한 사회과의 성격은 곧 사회과의 편제, 목표, 내용, 교수·학습 방법, 평가 등에 지대한 영향을 미치게 되고, 나아가 사회과 교육의 방향을 결정하는 척도(尺度)가 되었다.

〈표 22〉 사회과 교육과정상의 사회과 성격 변천

교육과정기(기간)	초등학교	중학교	고등학교
교수요목 (1946 – 1954)	○사람과 자연환경과의 관계를 밝게 인식시켜 사회 생활에 성실, 유능한 국민이 되게 함.	○신생 국민, 재생 민족으로서 새로운 민족 문화 건설을 앞두고 정치에 관심을 갖고, 향토 개발의 의무와 자치 능력을 배양하기 위한 공민 생활의 기초를 습득함.	○현대 사회생활을 자연 및 인문의 상호관계에서 올바른 이해를 갖게 하여 민주 국가 국민으로서 실제 생활을 전개함에 있어서 유능한 자질 육성.
제1차 교육과정 (1954 – 1963)	○사회 기능에 기반을 두고 생활 내지 경험 중심에 입각한 새 인간의 형성, 즉 민주 사회 시민성 강조.	○정치, 경제, 사회, 문화에 대한 기본적 사항을 이해시키고, 민주 국가 공민으로서 인간관계를 유지, 발전시키는 생활 태도를 계발, 유능하고 충성스런 국민 육성.	○정치, 경제, 사회, 문화를 중심으로 역사, 지리를 배경으로 민주 사회의 공민적 자질 함양과 도야 개발.
제2차 교육과정 (1963 – 1973)	○사회생활을 올바르게 이해하고 사회 적응력을 길러 사회 발전에 공헌.	○사회과 통합성을 강조하여, 초·중·고 연계와 집중 지도를 통한 바람직한 인간 육성.	○사회과 분과를 통한 짓기의 심도 있는 이수와 미래 사회에 적응하는 인간 육성.
제3차 교육과정 (1973 – 1981)	○사회생활의 이해를 통해서 애정과 성취 정신을 가진 국민으로서의 자질 함양.	○민주 국가 국민으로서의 자각을 바탕으로, 국민으로서의 자질 함양.	○사회생활의 제 원리와 사회 사상에 대한 이해를 깊게 하여, 민주 국가국민으로서의 자각을 갖고, 국가, 민족의 번영과 발전에 이바지하려는 능력, 태도 배양.
제4차 교육과정 (1981 – 1987)	○사회생활에 대한 기초 지식을 바탕으로 사회, 국가 발전에 기여할 수 있는 국민적 자질 신장.	○국민적 자질 함양을 바탕으로 정치, 경제, 사회에 대한 기초 원리를 이해, 민주 생활을 위하여 해결해야 할 다양한 문제 파악.	○사회 제 분야에 대한 지식의 이해와 민주 국가국민으로서의 사회 및 국가의 융성과 인류 공영에 기여할 수 있는 중견국민 자질 함양.
제5차 교육과정 (1987 – 1992)	○사회 현상을 학습의 대상으로 하며, 사회 과학의 지식을 터득하여, 바람직한 사회인 양성 주력.	○국가 목적 달성에 이바지하는 교과로 사회과학적 사고 능력과 함께, 사회 현상에 대한 문제 해결력 신장.	○국가 발전과 국민 생활의 번영을 위하여 적극적으로 공헌하는 바람직한 한국인 육성, 사회적 사실과 현상을 대상으로 사회 과학의 연구 결과 활용.
제6차 교육과정 (1992 – 1997)	○사회 현상의 올바른 이해와 가치·태도를 함양하여, 민주 시민의 자질 육성. ○생활 주변의 사회적 사실과 현상에 대한 관심, 흥미를 익혀 바른 판단, 행동 능력을 기르고, 민주 시민의 기본 자질 신장.	○사회생활에 필요한 지식을 종합적·체계적으로 습득, 이해하고 의사 결정력을 길러 민주 시민의 역량을 증진. ○사회 인식 접근을 위한 지식, 기능 신장, 자율적 시민자질 함양.	○객관적 사회 인식을 통한 의사 결정 능력 신장 및 사회과학 전 영역의 내용을 포괄. ○현대 사회의 당면 제반 문제에 대해 객관적 평가를 내릴 수 있고, 사회문제 해결에 적극 참여하는 시민 형성.

교육과정기(기간)	초등학교	중학교	고등학교
제7차 교육과정 (1997 - 2007)	○ 사회 현상을 올바르게 인식하고, 사회 지식습득과 기능을 익혀 민주 시민의 자질 육성. ○ 주변의 사회적 사실과 현상에 관심과 흥미를 갖고, 기본적 지식과 능력을 습득하여, 창의적으로 생활에 적응.	○ 사회 현상을 올바르게 인식하고, 사회 지식 습득과 기능을 익혀 민주 시민의 자질 육성. ○ 사회적 지식을 과학적 절차에 따라 발견, 적용하고, 사회적 문제 해결력을 길러서 공동생활에 참여하는 시민정신 발휘.	○ 사회 현상을 올바르게 인식하고, 사회 지식 습득과 기능을 익혀 민주 시민의 자질 육성. ○ 사회 현상을 종합적으로 이해하고, 비판적 사고와 합리적 의사 결정능력을 발휘하여, 공동 문제 해결에 적극 참여하는 시민 의식 함양.
2007년 개정 교육과정 (2007 -)	○ 사회생활의 지식을 익혀 사회 현상을 올바르게 인식하고, 사회 지식 습득과 기능을 익혀 민주 시민의 자질 육성. ○ 주변의 사회적 사실과 현상에 관심과 흥미를 갖고, 기본적 지식과 능력을 습득하여, 창의적으로 생활에 적응. ○ 사회적 사실, 현상의 이해와 개념 익혀 환경 문제에 적용하는 능력 신장.	○ 사회 현상을 올바르게 인식하고, 사회 지식 습득과 기능을 익혀 민주 시민의 자질 육성. ○ 사회적 지식을 과학적 절차에 따라 발견, 적용하고, 사회적 문제 해결력을 길러서 공동생활에 참여하는 시민정신 발휘.	○ 사회 현상을 올바르게 인식하고, 사회 지식 습득과 기능을 익혀 민주 시민의 자질 육성. ○ 사회 현상을 종합적으로 이해하고, 비판적 사고와 합리적 의사 결정능력을 발휘하여, 공동 문제 해결에 적극 참여하는 시민 의식 함양.

*출처: 함종규(2006), 이경환 외(2002), 교육과정·교과서연구회(2000. a), 교육과정·교과서연구회(2000. b), 교육과정·교과서연구회(2000. c), 교육부(1997 a), 교육부(1997 b), 교육인적자원부(2007 a), 교육인적자원부(2007 b) 등을 참조하여 연구자 종합·정리, 구안 작성.

교수요목기는 해방 후부터 1954년, 문교부령 제35호로 공포된 교육과정 시간 배당 기준령이 나오기까지의 시기이다. 교수요목기의 교수요목은 교육과정의 개념상 교과 내용 자체가 학생들이 학습해 나갈 과정(Course of Study)이며, 교사가 학생들에게 가르쳐야 할 교수 내용의 주제, 제목을 열거한 것이다(김준택, 1988: 25 - 27). 1945년 해방 후, 미군정청 학무국은 "교육과정 및 교과서 문제는 각 당해 학교로 하여금 당분간 적당히 처리하되, 산수와 이과와 같은 과목 이외에는 일본 식민지 때의 것을 사용하지 말 것" 등을 시달하였다(손인수, 1970: 133). 오늘날 초등학교인 당시 국민학교의 교과목 중 사회생활과 계통의 교과목은 공민(제1 - 6학년에서 주당 2시간 이수), 역사(제5·6학년에서 주당 2시간 이수), 지리(제4학년 주당 1시간, 제5·6학년 주당 2시간 이수)였다(최병모, 1992: 133 - 135). 교과는 사회생활과인데, 실제 이수는 내용 영역·분야별로 한 점이 특이하다. 그 이유는 교사의 이해 부족, 교과서 미비 등 여건 불충분이라고 본다(교육과정·교과서연구회, 2000 a: 120 - 122).

1945년 해방과 미군정기를 맞아 1948년 정부 수립까지는 일제 시대의 잔재를 불식하고, 민주 교육의 기반을 다지는 데 주력하였다. 1948년 대한민국 정부가 수립되자 문교부에서는 교육법 제정에 착수하여 1949년 12월 31일에 동법을 공포, 새로운 교육 제도의 근간을 마련하였다.

특히, 교수요목기에는 사회생활과의 교수 목적을 기술하고 있는데, 즉 "사회생활과는 사람과 자연환경 및 사회 환경과의 관계를 밝게 인식하여, 사회생활에 성실, 유능한 국민이 되게 함을 목적으로 한다."라고 규정하고 있다.

아울러, 그 기간 중에 1950년 6·25전쟁이 발발하여 교육 관련 시설, 기기 등이 엄청난 피해를 입어서, 교육 시설의 복구와 교육과정의 생활화 및 과학화를 위한 교육과정 개정을 모색하게 되었다(함종규, 2006: 182-206).

<표 23> 교수요목기의 사회(사회생활)과 편제 및 시간 배당

학교급	학과목	1학년	2학년	3학년	4학년	5학년	6학년	합계	비고
국민학교 (6년제) [고등과 포함]: 초등	공 민	2	2	2	2	2	2	12	-1945.9.22 -5, 6학년과 고등과 동일
	지리·역사	1	1	1	1	2	2	8	
	합 계 (과목, 시간)	2(3)	2(3)	2(3)	2(3)	2(4)	2(4)	12(20)	
	전 체 (과목, 시간)	6(20)	6(20)	6(20)	6(20)	6(18)	6(17)	36(115)	
국민학교 (6년제): 초등	공 민	2	2	2	2	2	2	12	-1945.9.30 개정
	역 사	0	0	0	0	2	2	4	
	지 리	0	0	0	1	2	2	5	
	합 계 (과목, 시간)	1(2)	1(2)	1(2)	2(3)	3(6)	3(6)	11(21)	
	전 체 (과목, 시간)	5(22)	5(22)	6(25)	11(30)	12(33)	12(33)	51(165)	
국민학교 (6년제): 초등	사회생활	160(4)	160(4)	200(5)	200(5)	남240(6) 여200(5)	남240(6) 여200(5)	1200(30) 1120(28)	-1946.9.1 개정 -분, 시간
	합 계 (과목, 시간)	160(4)	160(4)	200(5)	200(5)	남240(6) 여200(5)	남240(6) 여200(5)	1200(30) 1120(28)	
	전 체 (과목, 시간)	1120 6(28)	1120 6(28)	1200 6(30)	1360 6(34)	1360 7(34)	1360 7(34)	7520 38(188)	
중등학교 (4년제): 중등	공 민	2	2	2	2	·	·	8	-1945.9.30
	역사·지리	3	3	4	4	·	·	14	
	합 계 (과목, 시간)	2(5)	2(5)	2(6)	2(6)	·	·	8(22)	
	전 체 (과목, 시간)	11(32)	11(32)	10(34)	9(33)	·	·	41(131)	
고등여학교 (4년제): 중등	공 민	2	2	2	2	·	·	8	-1945.9.30
	역사·지리	3	3	3	3	·	·	12	
	합 계 (과목, 시간)	2(5)	2(5)	2(5)	2(5)	·	·	8(20)	
	전 체 (과목, 시간)	13(33)	11(33)	13(32)	12(35)	·	·	49(133)	
중학교 (6년제): 중등	사회생활(필수)	5	5	5	5	6	5	31	-1946.9.20
	사회생활(선택) [특수 경제 지리]	0	0	0	(5)	(5)	(5)	(5)	
	합 계 (과목, 시간)	1(5)	1(5)	1(5)	2(10 / 5)	2(11 / 5)	2(10 / 5)	7(36)	
	전 체 (과목, 시간)	7(29) 7(10)	7(29) 7(10)	6(24) 8(15)	6(21-26) 6(13)	5(16-21) 7(18)	4(11-16) 9(23)	35(130-145) 44(89)	-필수 -선택

학교급	학과목		1학년	2학년	3학년	4학년	5학년	6학년	합계	비고
여자중학교 (6년제): 중등	사회 생활	공민	1	2	2	2	2(3.2)	1(2.1)	10(5.3)	−1948 −5, 6학년은 실업(문과, 이과) 순임 −서울 모 여중 사례
		역사	2	2	2	2	2(3.2)	1(4.1)	10(7.3)	
		지리	2	2	2	2	1(2.1)	1(2.1)	10(4.2)	
	직업 과목	심리	0	0	0	0	2(2.2)	2(2.2)	4(4.4)	
		교육	0	0	0	0	2(2.2)	2(2.2)	4(4.4)	
	합 계 (과목, 시간)		3(5)	3(6)	3(6)	3(6)	5(9 / 12.9)	5(7 / 12.7)	22(39 / 42.39)	−과목당 1−3영역
	전 체 (과목, 시간)		15(37)	15(37)	14(37)	15(37)	14(37)	16(34 − 38)	89(219 − 223)	
사범학교 (3년제)	사회생활 (필수)		5	5	5(2)	·	·	·	15(2)	−( ) 안은 교수법
	교육(필수)		0	6	10	·	·	·	16	−1946.9.20
	합 계 (과목, 시간)		1(5)	2(11)	2(15 / 2)	·	·	·	5(31 / 2)	
	전 체 (과목, 시간)		9(39)	9(39)	14(39)	·	·	·	32(117)	−교수법 6과목

*출처: 문교부(1988 b). 문교부(1988 c). 함종규(2006). 이경환 외(2002). 교육과정 · 교과서연구회(2000. a). 교육과정 · 교과서연구 회(2000. b). 교육과정 · 교과서연구회(2000. c) 등을 참조하여 연구자 종합 · 정리, 구안 재구성.

(2) 제1차 교육과정기(1954년−1963년)

제1차 교육과정기는 1954년 교육과정 시간 배당 기준령이 제정, 공포되면서부터 1963년 교육과정령이 제정, 공포될 때까지를 의미한다. 실제 초등학교(당시 국민학교) 교육과정은 1954년 '시간 배당 기준령'을 공포하고, 교과 과정은 1955년 8월 1일 문교부령 44호로 공포되었다. 엄밀한 의미의 교과 과정인 셈이다. 대한민국 정부가 수립된 후, 교육법이 공포되어 교육의 기본 방침이 확립되자 문교부는 미군정기에 급조되었던 교수요목의 불비한 점을 개정하고자 '교수요목 제정 심의회 규정'을 제정하고, 각급 학교의 교육과정의 근본적인 개정에 착수하였다.

즉 6 · 25전쟁 후, 미국 교육 사절단의 3차에 걸친 방한(訪韓)과 피바디 사범대학 교수단의 1956년부터 1962년까지의 내한 활동은 주로 생활 중심 교육과정 운동에 자극을 주었으며, 민주적인 교육 행정, 교수 · 학습 지도법의 개선, 현직 교육 및 교사 양성 등을 위하여 지도 조언을 하였다(정만근, 1983: 39 − 40).

그러나 6 · 25전쟁으로 일시 중단되었다가 다시 착수하여 1954년에 '초등학교, 중학교, 고등학교, 사범학교 시간 배당 기준령'을 정하고, 이듬해 8월 1일 각급 학교 '교육과정'을 제정, 공포함으로써 사회생활과의 시간 배당 기준과 목표, 내용 등이 정해져서 사회과의 성격과 위치가 더욱 명확해졌다. 제1차 교육과정기의 사회과의 전체적 특징을 요약하면 다음과 같다(최병모, 1992: 134).

첫째, 통합 교과로서의 사회생활과가 정착되었다. 이전의 교수요목 시기에는 사회생활과의 명칭상의 통합을 이룩하였으나 교사의 이해 부족, 교과서의 미비 등으로 실제로는 지리, 역사, 공민 등으로 분과하여 가르치는 경향이 많았다. 그러나 이 과정에는 분과적 또는 계통적으로 다룰 것이 아니라 통합적으로 다루어야 할 것을 교육과정의 목표 다음에서 강조하고 있어서, 통합 교과로서의 성격을 명확히 했으며, 후에 나온 교과서 명칭도 '사회생활'이 되었다.

둘째, 사회생활과의 중요성을 인식하게 되었다. 사회생활과의 교과 순서를 8개 교과 중 국어과 다음에 배열하였고, 시간 배당량도 국어과 다음으로 많았다.

셋째, 교육과정 운영의 신축성을 부여하였다. 각 교과별로 최저, 최대량을 나타낸 복수 시간 배당을 두어 지역의 실정, 계절의 변화에 따라 사회과의 내용을 신축성 있게 지도할 수 있도록 하였다.

넷째, 각급 학교의 교과 과정은 우리나라 교육 정신을 구현할 수 있도록, 구체적으로 구성해야 할 요구와 이념을 포함시키고 사회를 개선·향상시키는 계획으로 구성하였다.

다섯째, 우리나라 교육 현실에 부합되는 건전하고 능률적인 것으로, 신구교육과정에서 채장보단 (採長補短)하여 우리나라 현실 생활을 점진적으로 개선, 향상시키는 데 노력하였다.

여섯째, 학생들의 인격 발달 과정과 중요한 특징을 고려하여 개성과 소질을 충분히 신장시킬 수 있도록 교과 과정 내용을 구성하였다(함종규, 2006: 243 - 261).

일곱째, 한국의 당면 과제인 도의 교육, 산업 교육 등이 교육 내용으로 강조되었으며, 지역적 특색을 살리는 데 노력하여 입안하였다.

〈표 24〉 제1차 교육과정기의 사회과 교육과정 편제 및 시간 배당표

학교급	학과목			1학년	2학년	3학년	4학년	5학년	6학년	합계	비고
국민학교 (6년제): 초등	사회 생활		비율	10 - 15	10 - 15	15 - 12	15 - 12	15 - 12	15 - 12	10 - 17	- 1955.8.1 비율은 1년 수업 시간 수에 대한 학년 별 시간 배당량
			시간 (분)	(100 - 140)	(100 - 150)	(160 - 130)	(170 - 130)	(180 - 140)	(190 - 150)	(100 - 190)	
	합계 (과목, 시간)			1(100 - 140)	1(100 - 150)	1(160 - 130)	1(170 - 130)	1(180 - 140)	1(190 - 150)	1(100 - 190)	
	전체 (과목, 시간)			9(960)	9(1000)	9(1080)	9(1120)	9(1200)	9(1240)	54(6600)	
중학교 (3년제): 중등	사회생활			175(5)	175(5)	140(4)	·	·	·	490(14)	- 1955.8.1
	합계 (과목, 시간)			1{175(5)}	1{175(5)}	1{140(4)}	·	·	·	3{490(14)}	
	전체 (과목, 시간)			12{1190 - 1330 (34 - 38)}	12{1190 - 1330 (34 - 38)}	12{1190 - 1330 (34 - 38)}	·	·	·	36{3570 - 3990 (102 - 114)}	
중학교 (3년제 / 야간제)	사회생활			175(5)	175(5)	140(4)	·	·	·	490(14)	- 1955.8.1 개정
	합계 (과목, 시간)			1{175(5)}	1{175(5)}	1{140(4)}	·	·	·	3{490(14)}	
	전체 (과목, 시간)			11{1008 - 1260 (24 - 30)}	11{1008 - 1260 (24 - 30)}	11{1008 - 1260 (24 - 30)}	·	·	·	33{3024 - 3780 (72 - 90)}	
고등학교 (3년제): 중등	필수	사회	일반 사회	105(3)	105(3)	35(1)	·	·	·	245(7)	- 통합학년 이수과목 선(先)학 년 산입
			도덕	35(1)	35(1)	35(1)	·	·	·	105(3)	
			국사	·	105(3)		·	·	·	105(3)	
			소계	2{140(4)}	3{245(7)}	2{70(2)}	·	·	·	7{355(13)}	

학교급	학과목			1학년	2학년	3학년	4학년	5학년	6학년	합계	비고
고등학교 (3년제): 중등	선택	사회	세계사	·	105(3)	·	·	·	·	105(3)	-통합학년 이수과목 선(先)학년 산입
			지리	105(3)	·	·	·	·	·	105(3)	
			소계	1{105(3)}	1{105(3)}	·	·	·	·	2{210(6)}	
		교육 · 철학	교육.철학	·	210(6)	·	·	·	·	210(6)	
			소계	·	1{210(6)}	·	·	·	·	1{210(6)}	
	합계 (과목, 시간)			3{245(7)}	5{560(16)}	2{70(2)}	·	·	·	10{875(25)}	
	전체 (과목, 시간)			23{1190 − 1365 (34 − 39)}	23{1190 − 1365 (34 − 39)}	23{1190 − 1365 (34 − 39)}	·	·	·	69{3570 − 4095 (102 − 117)}	
사범학교 (3년제)	사회		사회	105 − 175(3 − 5)	105 − 140(3 − 4)	70 − 105(2 − 3)	·	·	·	280 − 320 (8 − 11)	-1955.8.1
			실천도덕	35(1)	35(1)	35(1)	·	·	·	105(3)	
			소계	2{140 − 210 (4 − 6)}	2{140 − 175 (4 − 5)}	2{105 − 140 (3 − 4)}	·	·	·	6{385 − 560 (11 − 15)}	
	교육 및 철학		교육사	350 − 420(9 − 12)			·	·	·	4{350 − 420 (9 − 12)}	
			교육심리								
			교육원리								
			교육방법								
			교육실습	350 − 420 (10 − 12)			·	·	·	1{350 − 420 (10 − 12)}	
			철학	35 − 70 (1 − 2)			·	·	·	1{35 − 70 (1 − 2)}	
			소계	6{735 − 910(20 − 26)}			·	·	·	6{735 − 910 (20 − 26)}	
	합계 (과목, 시간)			8{875 − 1050 (22 − 28)}	2{140 − 175 (4 − 5)}	2{105 − 140 (3 − 4)}	·	·	·	12{1120 − 1365 (29 − 37)}	
	전체 (과목, 시간)			18{1190 − 1365 (34 − 39)	18{1190 − 1365 (34 − 39)	18{1190 − 1365 (34 − 39)	·	·	·	54{3570 − 4095 (102 − 117)	

*주: 국민학교: 비율은 전체 교육과정(교과, 특별활동)의 1년 수업 시간 수에 대한 사회과 시간배당량임, 괄호 안의 숫자는 매주 평균 수업량으로 단위는 분(分)임. 중학교, 고등학교, 사범학교: 중괄호 안의 숫자는 수업량 분(分), 소괄호 안의 숫자는 주당 수업 시간 수임.

* 출처: 함종규(2006). 이경환 외(2002). 교육과정·교과서연구회(2000. a). 교육과정·교과서연구회(2000. b). 교육과정·교과서연구회(2000. c) 등을 참조하여 연구자 종합·정리, 구안 작성.

〈표 25〉 제2차 교육과정기 사회과 교육과정 편제 및 시간 배당표

학교급	학과목		1학년	2학년	3학년	4학년	5학년	6학년	합계	비고
국민학교 (6년제)	교과	사회	2-2.5	3-2	3-4	4-3	3-4	3-4	18-19.5	-1963.2.15 -1.2: 1964.3.1 -3.4: 1965.3.1 -5.6: 1966.3.1 각각 시행
	반공·도덕		1	1	1	1	1	1	6	
	합계 (과목, 시간)		3-3.5	4-3	4-5	5-4	4-5	4-5	24-25.5	
	전체 (과목, 시간)		8(21)	8(22)	8(24)	9(26)	9(28)	9(28)	51(149)	
중학교 (3년제)	교과	사회	3-4	3-4	2-4	·	·	·	8-12	-1965.2. 15
	반공·도덕		1	1	1	·	·	·	3	
	합 계 (과목, 시간)		4-5	4-5	3-5	·	·	·	11-15	
	전 체 (과목, 시간)		10 (31-33)	10 (30-33)	10 (30-33)	·	·	·	30 (91-99)	
고등학교 (3년제)	공통	사회 일반사회	4	·	·	·	4			-1963.2.15
		국민윤리	4	·	·	·	4			
		정치·경제	4	·	·	·	4			
		국사	6	·	·	·	6			
		세계사	6	·	·	·	6			
		지리 Ⅰ	6	·	·	·	6			
		지리 Ⅱ	6	·	·	·	6			
		소계	36	·	·	·	36			
	선택	인문계 정치·경제	4	·	·	·	4			
		지리 Ⅱ	6	·	·	·	6			
		소계	10	·	·	·	10			
		자연계 지리 Ⅱ	6	·	·	·	6			
		소계	6	·	·	·	6			
		직업계 정치·경제	4	·	·	·	4			
		지리 Ⅱ	6	·	·	·	6			
		소계	10	·	·	·	10			
	합 계 (과목, 단위)		7(62)	·	·	·	7(62)			
	전 체 (과목, 단위)		12-14(104-110)	·	·	·	12-14 (104-110)			

학교급	학과목		필수 (공통)	선택					합계	비고
				농업계	공업계	상업계	수산계	가정계		
실업계 고등학교 (3년제)	보통	사회 일반사회 및 국민윤리	6	·	·	·	·	·	6	
		국사	4	·	·	·	·	·	4	
		소계	10	·	·	·	·	·	10	
	선택	지리	·	2-6	2-6	·	2-6	2-6	8-24	
		정치·경제	·	2-4	2-4	2-6	0-4	2-4	8-22	
		세계사	·	·	·	4-6	·	·	4-6	
		소계	·	4-10	4-10	6-12	2-10	4-10	20-52	
	합 계 (과목, 단위)		2(10)	2(4-10)	2(4-10)	2(6-12)	2(2-10)	2(4-10)	12(30-62)	
	전 체 (과목, 단위)		7(60)	8(92-102)	7(112-122)	7(102-120)	6(82-89)	8(90-102)	43(538-595)	

* 출처: 함종규(2006). 이경환 외(2002). 교육과정·교과서연구회(2000. a). 교육과정·교과서연구회(2000. b). 교육과정·교과서연구회(2000. c) 등을 참조하여 연구자 종합·정리, 구안 재구성.

(3) 제2차 교육과정기(1963년－1973년)

1960년대에 들어서면서 과학과 기술의 급속한 발달로 교육과정의 개정 여론이 비등해 갔다. 그리하여 1959년 교육과정 개정 여론 조사를 실시하였고, 1960년 4.19혁명을 거쳐, 동년 12월 교육과정심의회 규정을 개정, 공포하고 교육과정연구실을 설치하였다.

1963년 당시 문교부는 1954년의 교육과정(교과 과정)의 단점을 보완하고, 시대 발전과 문화 발달에 부합하기 위해 각급 학교의 교육과정을 전반적으로 손질하여 '교육과정령'을 제정, 공포하였다(홍웅선, 1976:18). 실제, 제2차 교육과정은 1963년 2월 15일 문교부령 제119호로 공포된 교육과정과 1969년 9월 4일 문교부령 제251호로 부분 개정된 교육과정을 포함한다(이경환 외, 2002: 53－85). 이 당시에는 교육과정의 개념을 교과 간에 비교적 횡적인 관련이 결여된 일군의 교수요목이나 지적인 체계로 구성된 제1차 교육과정과는 달리, 학교의 주도하에 학생들이 갖는 경험의 총체로 보았다. 즉 생활 중심 · 경험 중심 교육과정이었다.

제2차 교육과정은 미국에서 전개되고 있던 생활 중심 교육과정이 해방과 더불어 주목되어 오던 교수요목기와 제1차 교육과정기에도 생활 중심 교육과정에 대한 요구가 강력했음을 의미한다.

이 교육과정은 교과목으로 조직된 내용보다 학생들의 경험을 중요하게 생각하는 교육의 개념을 전적으로 받아들인 경험 중심 교육과정 또는 생활 중심 교육과정으로서 교육과정 내용 면에서 자주성, 생산성, 유용성을 강조하고, 조직 면에서 합리성, 운영 면에서 지역성을 특히 강조하고 있다. 제2차 교육과정기의 사회과에 관한 전체적인 특징을 요약하면 다음과 같다(함종규, 2006: 355－370).

첫째, 교과 명칭이 사회생활과에서 사회과로 변경(고교는 제1차 교육과정에서)되었다.

둘째, 교과 목표 다음에 학년 목표를 신설하였다.

셋째, 내용 진술의 형식을 교과과정 설문식 또는 문제식에서 내용 요소 진술로 바꾸었다.

넷째, 세분되었던 지도 내용을 대부분 통합하여 제시했고, 도덕적인 내용을 '반공 · 도덕' 생활로 옮겨서 제시하였다.

다섯째, 지도상의 유의점을 시설하여, 학년 차에 따르도록 지도 정신을 강조하였다.

여섯째, 주체성, 자주성, 적극성, 민주성, 지역성, 국가 의식, 민족의 과제, 국제 과제 등을 강조하였다.

일곱째, 반공 · 도덕 내용이 별개의 활동 영역으로 분리되었고, 교과 이수 시간이 이전보다 감축되었다.

결국 제2차 교육과정은 우리나라 교육과정사(敎育課程史)에서 명실상부한 교육과정이 출범한 시기이다. 물론 그 이전에 교수요목기(1946년), 제1차 교육과정기(1954년)를 거쳤으나, 실제적으로 교수요목기의 교수요목은 학생들의 학습과정(Course of study), 교사들의 교수 주제, 제목 형식에 그쳤고, 제1차 교육과정기의 교육과정은 하나의 교과과정에 불과하였기 때문이다.

<표 26> 제2차 교육과정기의 사회과 교육과정 편제 및 시간 배당표 (부분 개정: 1969년 개정)

학교급	학과목		1학년	2학년	3학년	4학년	5학년	6학년	합계	비고
국민학교 (6년제)	교과	사회	2 − 2.5	3 − 2	3 − 4	4 − 3	3 − 4	4 − 3	19 − 18.5	− 1969.9.4 개정 − 국민교육헌장 정신 구현
	반공 · 도덕		2	2	2	2	2	2	12	
	합계 (과목, 시간)		4 − 4.5	5 − 4	5 − 6	6 − 5	5 − 6	6 − 5	31 − 30.5	
	전체 (과목, 시간)		8(22)	8(23)	8(25)	9(27)	9(29)	9(29)	51(155)	
중학교 (3년제)	교과	사회	5 − 6	5 − 6	4 − 6	·	·	·	14 − 18	
	반공 · 도덕		2	2	2	·	·	·	6	
	합계 (과목, 시간)		7 − 8	7 − 8	6 − 8	·	·	·	20 − 24	
	전체 (과목, 시간)		10 (31 − 34)	10 (31 − 34)	10 (31 − 34)	·	·	·	30 (93 − 102)	
실업(공업) 중학교 (3년제)	교과	사회	105(3)	70(2)	·	·	·	·	175(5)	− 1971.8.24
	합계 (과목, 시간)		1{105(3)}	1{70(2)}	·	·	·	·	2{175(5)}	
	전체 (과목, 시간)		5{385(11)}	5{280(8)}	4{210(6)}	·	·	·	14{875(25)}	
고등학교 (3년제)	공통	사회	일반 사회	4	·	·	·	4		− 1969.9.4 − 반공 도덕 강화 − 국사 교육 강화
			반공 및 국민윤리	6	·	·	·	6		
			정치 · 경제	4	·	·	·	4		
			국사	6	·	·	·	6		
			세계사	6	·	·	·	6		
			지리 Ⅰ	6	·	·	·	6		
			지리 Ⅱ	6	·	·	·	6		
			소계	38	·	·	·	38		
	선택	인문계	정치 · 경제	4	·	·	·	4		
			지리 Ⅱ	6	·	·	·	6		
			소계	10	·	·	·	10		
		자연계	지리 Ⅱ	6	·	·	·	6		
			소계	6	·	·	·	6		
		직업계	정치 · 경제	4	·	·	·	4		
			지리 Ⅱ	6	·	·	·	6		
			소계	10	·	·	·	10		
	합계 (과목, 단위)		7(64)	·	·	·	7(64)		
	전체 (과목, 단위)		10교과 46과목 (116단위)	·	·	·	10교과 46과목 (116단위)		

* 출처: 함종규(2006). 이경환 외(2002). 교육과정 · 교과서연구회(2000. a). 교육과정 · 교과서연구회(2000. b). 교육 과정 · 교과서연구회 (2000. c) 등을 참조하여 연구자 종합 · 정리, 구안 재구성.

(4) 제3차 교육과정기(1973년 - 1981년)

제3차 교육과정은 1973년 2월 14일 문교부령 제310호로 공포되어, 1981년까지 약 8년간 시행된 소위 학문 중심 교육과정이다. 따라서 제3차 사회과 교육과정은 각 사회 과학에 내재되어 있는 지식 탐구 과정의 체계적인 조직이라고 할 수 있다(김준택, 1988: 49 - 50). 아울러, 제3차 교육과정은 교육의 방향 면에서 국민 정신 교육의 강화, 교육의 방법 원리 면에서 학문 접근 방식을 배경으로 하여 개정된 것이다(최병모, 1992: 135). 또한, 제3차 교육과정은 국민적 자질의 함양, 인간 교육의 강화, 지식과 기술 교육의 쇄신을 교육 방침으로 삼았다(교육과정 · 교과서연구회, 2000 a: 126 - 128).

제3차 교육과정은 1960년대 이후 급속한 경제 및 산업 발달, 1970년대의 미국, 중국, 소련을 중심으로 한 다각적 외교, 적십자 회담의 활성화 등으로 인하여, 국력 신장과 통일 의지 고양, 국제적 지위 향상으로 인하여 국민윤리, 국민정신 교육, 민족 주체성 교육, 안보교육 체제 등을 강조하게 되었다. 특히, 1968년 12월 5일 국민교육헌장의 선포, 1972년의 소위 '10월 유신' 단행 등은 우리나라 교육의 정체성 확보와 내적 혁신을 추구하게 되었다.

결국, 이와 같은 국내외적인 정치적 · 사회적 변화와 발전은 제3차 교육과정을 기본 개념의 이해와 지식의 구조적 학습 및 탐구의 능력을 중시하는 데 초점을 맞춘 교육과정으로 인도하였고, 이는 1960년대부터 미국에서 새롭게 대두한 학문 중심 교육과정의 사조를 수용한 것이다. 그렇지만 그 내용과 형식은 기존 교육과정과는 달리 개정 사유로 내걸었던 '국적 있는 교육'이라는 슬로건과 같이 여러 면에서 한국화된 우리의 교육과정으로서의 성격을 지니고 있었다(교육과정 · 교과서연구회, 2000 a: 126).

특히, 제3차 교육과정은 교과 활동과 특별 활동 영역으로 양분(兩分)하고, 교과 활동은 도덕, 국어, 사회, 산수, 자연, 체육, 음악, 미술, 실과 등 9개 교과로 하고, 각 교과 활동 및 특별 활동은 교육과정의 일반 목표를 달성하기 위하여 가장 기초적이며, 기본적인 학습 내용을 정선하여 지도하도록 하였다(김준택, 1988: 50 - 53).

그리고 교과로서의 사회과 성격의 명확화, 기대되는 한국인상의 정립, 지식의 구조화 노력, 탐구 절차 및 방법의 중시 등을 사회과 교육과정의 개편 취지로 하고 있는데, 편제상 특징은 다음과 같다.

첫째, 사회과 교육과정에서 국민정신 교육을 강화하였다.

둘째, 교육의 방법적 원리에서 학문적 접근 방식을 교육과정의 배경으로 하였다.

셋째, 기초 기본 개념의 이해와 지식의 구조적 학습과 탐구 능력 신장을 강조하였다.

이와 같은 교육과정 편제상의 특징은 국민교육헌장의 선포, 한국적 민주주의 토착화, 새마을 정신의 구현, 안보 태세의 강화 등 주체성 있는 교육을 확립하면서, 사회 도덕성 회복의 중점을 반영한 것이며, 철학 · 학문적 입장에서 1960년대부터 미국에서 대두된 학문 중심 교육과정의 사조(思潮)를 적극 반영한 것이다(함종규, 2006: 416 - 459).

〈표 27〉 제3차 교육과정기의 사회과 교육과정 편제 및 시간 배당 기준 (1973.2.14 개정)

학교급	교과		1학년	2학년	3학년	4학년	5학년	6학년	합계	비고
국민학교 (6년제)	도 덕		70(2)	70(2)	70(2)	70(2)	70(2)	70(2)	350(12)	− 1973.2.14 개정
	사 회		70(2)	70(2)	105(3)	105(3)	140(4) 국사70(2)	140(4) 국사70(2)	550 {18(4)}	
	합 계 (과목, 시간)		140(4)	140(4)	175(5)	175(5)	210(5) 국사70(2)	210(6) 국사70(2)	900 {30(16)}	
	전 체 (과목, 시간)		8 {770(22)}	8 {805(23)}	8 {875(25)}	9 {980(28)}	9 {1050(30)}	9 {1085(31)}	51 {5565(159)}	
중학교 (3년제)	도 덕		70(2)	70(2)	70(2)	·	·	·	210(6)	− 1965.2.15
	사 회		105(3)	70 − 105(2 − 3)	70 − 105(2 − 3)	·	·	·	245 − 315(7 − 9)	
	국 사		·	70(2)	70(2)	·	·	·	140(4)	
	합 계 (과목, 시간)		175(5)	210 − 245 (6 − 7)	210 − 245 (6 − 7)	·	·	·	595 − 665 (17 − 19)	
	전체 (과목, 시간)		11 {1120(32)}	12(1120 − 1225 (32 − 35)})	12{11201225 (32 − 35)}	·	·	·	35{3360 − 3570 (96 − 102)}	
인문계고 등학교 (3년제)	국민 윤리	국민 윤리	6		·	·	·	·	4	− 1974.12.31
	국사	국사	6		·	·	·	·	4	
	사회 (택2) 소계	정치 · 경제	4 − 6		·	·	·	·	4	
		사회 · 문화	4 − 6		·	·	·	·	6	
		세계사	4 − 6		·	·	·	·	6	
		국토 지리	4 − 6		·	·	·	·	6	
		인문 지리	4 − 6		·	·	·	·	6	
		소계	20 − 24(선택 2)		·	·	·	·	20 − 24	
	합계 (과목, 단위)		7(62)		·	·	·	·	7(62)	
	전체 (과목, 단위)		12 − 14(104 − 110)		·	·	·	·	12 − 14 (104 − 110)	

학교급		교과	필수 (공통)	선택					합계	비고
				농업계	공업계	상업계	수산계	가정계		
실업계 고등학교 (3년제)	보 통 · 사 회	국사	4	·	·	·	·	·	6	− 1976.8.24
		정치 · 경제	2	·	·	·	·	·	4	
		소계	6	·	·	·	·	·	10	
	선 택	사회 · 문화		2 − 4					2 − 4	
		세계사		2 − 6					2 − 6	
		지리		2 − 6					2 − 6	
		소계		6 − 16					6 − 16	
	합계(과목, 단위)		3(12)	3(6 − 16)					6(18 − 28)	
	전체(과목, 단위)		8(58)	13(114 − 156)	13(114 − 156)	13 (114 − 156)	13 (122 − 156)	13 (114 − 156)	21 {172 − 214}	

* 출처: 함종규(2006). 이경환 외(2002). 교육과정 · 교과서연구회(2000. a). 교육과정 · 교과서연구회(2000. b). 교육 과정 · 교과서연 구회(2000. c) 등을 참조하여 연구자 종합 · 정리, 구안 재구성.

(5) 제4차 교육과정기(1981년 - 1987년)

1979년 소위 10·26사태와 붕괴된 유신 체제에 대한 반작용으로 국민들의 민주화 열망이 고조되고, 제5공화국 출범으로 민주 사회가 지향하는 인간의 존엄한 가치와 자유, 평등을 보장하는 생활 방식으로서의 민주 시민 교육의 요구가 강하게 나타나게 되었다. 그리고 고도의 경제 및 산업 발달로 인한 물질만능주의와 비인간화 등은 건전한 사회에 대한 의욕을 더욱 가속화시켰다. 교육 계에서도 이전의 제3차 교육과정에 대한 비판적 입장인 학습 내용의 과다, 높은 학습 수준, 교과 목 위주의 분과 교육, 기초 교육의 부실, 전인 교육과 인간 교육의 미흡 등 문제점이 도출되었다 (김준택, 1988: 55 - 57).

문교부는 1980년 한국교육개발원에 유치원, 초·중·고교 교육과정 연구, 개발을 위탁하고, 수차 례의 세미나, 공청회 등을 거쳐서 1981년 12월 31일 고시 제442호로 제4차 교육과정을 공포하였다.

제4차 교육과정은 다가올 미래 사회(민주 사회, 고도 산업 사회, 건전한 사회, 문화 사회, 통일 조국 등)에 기대되는 인간상(건강한 사람, 자주적인 사람)과 제5공화국 출범에 따른 교육 개혁 조치를 고려하여 개정되었다(교육과정·교과서연구회, 2000 a: 128). 교육과정 개정의 기본 방향은 국민정신 교육의 체계화, 전인 교육 충실, 과학 기술 교육의 강화에 두고, 건전한 심신의 육성, 지식과 기술 의 배양, 도덕적인 인격의 형성, 민족 공동체 의식의 고양을 강조하고 있다(함종규, 2006: 507 - 537).

사회과 교육과정에서는 개인적, 사회적, 학문적 적합성의 조화를 추구하였다. 그리고 사회과에 대 한 새로운 요청에 부응하고 국민정신 교육의 강화, 사회과에서 길러야 할 인간상의 확립, 전인 교 육에 기여할 수 있는 사회과 교육 내용의 선정, 초·중·고교의 특성 및 계열성 확립, 내용량과 수 준의 적절성 고려, 체계적인 국사 교육을 위한 계속적인 보완 등을 개정 방향으로 하여 개정되었다 (문교부, 1982 a: 72 - 82).

〈표 28〉 제4차 교육과정기 사회과 교육과정 및 시간 배당표 (1981.12.31)

학교급	교과	1학년	2학년	3학년	4학년	5학년	6학년	합계	비고
국민학교 (6년제)	도 덕	바른생활	바른생활	68(2)	68(2)	65(2)	68(2)	269(8)	- 1981.12.31 개정 - 도덕, 국어, 사 회 교 과 서 통합
	(국어)	374(11)	374(11)	238(7)	204(6)	204(6)	204(6)	{850(25)}	
	사 회			102(3)	102(3)	136(4)	136(4)	476(14)	
	합계(과목, 시간)	{374(11)}	{374(11)}	170(5)	170(5)	201(6)	204(6)	745(22)	
	전체(과목, 시간)	3{782(23)	4{816(24)}	8{884(26)}	9{952(28)}	9{1020(30)}	9{1020(30)}	35{3876(114)}	
중학교 (3년제)	도 덕	68(2)	68(2)	68(2)	·	·	·	204(6)	- 단위 시간량: 40 -50분
	국 사	·	68(2)	68(2)	·	·	·	136(4)	
	사 회	102(3)	68 - 102(2 - 3)	68 - 102(2 - 3)	·	·	·	238 - 306(7 - 9)	
	합계(과목, 시간)	2{170(5)}	3{204 - 238 (6 - 7)}	3{204 - 238 (6 - 7)}	·	·	·	8{578 - 646(17 - 19)}	
	전체(과목, 시간)	12{1088 - 1122 (32 - 33)}	13{1088 - 1156 (32 - 34)}	13{1088 - 1122 (32 - 34)}	·	·	·	38{3264 - 3400 (96 - 111)}	

학교급	교과	과목	1학년	2학년	3학년	4학년	5학년	6학년	합계	비고
	교과	과목	보통 교과 공통필수	일반계 고교 선택 인문·사회과정	자연 과정	일반계 직업 과정, 실업계, 기타 고교 선택	전문 교과 실업계 및 기타 계열 필수 선택, 일반계 직업 과정 선택	·	합계	
인문계 고등학교 (3년제)	국민윤리	국민윤리	6	·	·	·	·		6	고교 전 계열 이수 단위 총계 204-216
	국사	국사	6(4)	·	·	·	·		6(4)	
	사 회	사회(Ⅰ, Ⅱ)	4-6(2-6)	4	·	택 12-6	·		8-10(6-10)	
		지리(Ⅰ, Ⅱ)	4-6(2-6)택1	4	·		·		10-16(8-12)	
		세계사	2(2)	2	·		·		4(4)	
		소계	3(8-12)	3(10)	·	2(2-6)	·	·	8(20-28)	
	합계(과목, 단위)		5(18-22)	3(10)	·	2(2-6)	·	·	8(30-38)	
	전체(과목, 단위)		15(88-102)	12(92-116)	12(90-116)	11(10-38)	일반계 고교 직업과정 52-106 실업계, 기타 계열 88-122	·	27(180-218)	

학교급	교과	과목	필수(공통)	농업계	공업계	상업계	수산계	가정계	합계
				선택					
실업계 고등학교 (3년제)	국민윤리	국민윤리	6	·	·	·	·	·	6
	국사	국사	6(4)	·	·	·	·	·	6(4)
	사 회	사회(Ⅰ, Ⅱ)	4-6(2-6)	·	·	·	·	·	4-6(2-6)
		지리(Ⅰ, Ⅱ)	4-6(2-6)택1	·	·	·	·	·	4-6(2-6)택1
		세계사	2(2)	·	·	·	·	·	2(2)
		소계	3(8-12)	·	·	·	·	·	3(8-12)
	전문교과	필수 교과목	·	7	7	7	5	5	31
		필수 단위수	·	36-76	40-64	40-64	36-76	36-76	188-356
		선택 교과목	·	48	20	20	24	21	133
		선택 단위수	·	46-86	42-82	42-82	46-82	46-82	222-414
		소계	·	55(82-162)	27(82-146)	27(82-146)	29(82-158)	26(82-158)	164(410-770)
	합계(과목, 단위)		5(18-22)	55(82-162)	27(82-146)	27(82-146)	29(82-158)	26(82-158)	164(410-770)
	전체(과목, 단위)		15(88-102)	55(82-122)	27(82-122)	27(82-122)	29(82-122)	26(82-122)	41-70(170-210)

* 출처: 함종규(2006). 이경환 외(2002). 교육과정·교과서연구회(2000. a). 교육과정·교과서연구회(2000. b). 교육 과정·교과서연 구회(2000. c) 등을 참조하여 연구자 종합·정리, 구안 재구성.

(6) 제5차 교육과정기(1987년-1992년)

제5차 교육과정은 1987년 6월 30일 문교부 고시 제87-9호로 공포되었다. 제5차 교육과정은 그 이전의 우리 교육과정의 기저를 이루던 교과 중심 교육과정, 경험 중심 교육과정, 학문 중심 교육과정, 인간 중심 교육과정 등 여러 교육 사조를 조화·통합한 교육과정이다(김준택, 1988: 63-64).

제5차 교육과정은 자율화, 개방화, 정보화, 국제화 등 고도 산업 사회로 발전하게 되는 21세기를 주도할 주체적이고 창조적이며 도덕적인 한국인을 기르고, 다가올 복지 국가 건설과 반드시 이룩해야 할 조국 통일에 대비하는 미래지향적인 교육을 강조하기 위해 개정되었다.

사회과 교육과정의 주요 특징은 국민학교 저학년에서 과거에 교과서 수준에서만 통합되었던 것을 교육과정 수준에서의 교과 통합, 교육과정의 지역화 강조 등이다. 특히, 사회과의 편제 면에서 제1 · 2학년의 사회과적 내용과 도덕과적 내용을 주축으로 하고, 여타 관련 내용을 통합한 '바른 생활'이 탄생하였다.

아울러, 제5차 사회과 교육과정의 편제 및 기본 방향과 관련하여, 내용의 정선, 통합적 단원 구성, 역사 영역 교육의 체계화, 가치 · 태도 교육의 강조, 의사 결정 능력 및 참여 능력 강조, 미래지향 교육, 국제 이해 교육, 전통문화 교육, 교육과정 지역화, 국가적 · 사회적 요구 사항 반영 등이 특징이다(교육과정 · 교과서연구회, 2000 a: 134 − 135).

제5차 교육과정의 개정 방향과 필요성은 지식의 급격한 팽창과 과학의 발달에서 오는 고도 산업화, 정보화 시대에 능동적으로 대처하고, 국제 관계에서 다양한 변화에 주체적으로 대응하며, 자유 민주주의의 굳건한 바탕 위에 조국의 평화 통일을 지향하기 위해서였다(이경환 외, 2002: 121 − 132).

제5차 사회과 교육과정은 제4차 사회과 교육과정의 기본적 체제를 유지하면서 지역화, 개방화에 대비하는 교육과정 구성을 기본 방향으로 하고 있다. 그러한 가운데, 사회과가 지니고 있었던 문제점들, 즉 교과 학습량의 과다와 높은 수준의 문제, 지나친 분과적 내용 구성의 문제, 학교급별 특수성과 연계성 미비 문제, 습득한 지식에 대한 실생활에서의 활용성 결여 문제, 지나친 탐구의 강조 문제 등에 대하여 현실에 맞게 수정 · 보완한다는 원칙 아래 목표와 내용 조직을 개선하고자 하였다(김용만, 1989: 57 − 87).

〈표 29〉 제5차 교육과정기의 사회과 교육과정 편제 및 시간 배당표 (1987.6.30)

학교급	교과	1학년	2학년	3학년	4학년	5학년	6학년	합계	비고
국민학교 (6년제)	바른생활	120(4)	136(4)	·	·	·	·	256(5)	−1987.6.30 개정 −바른생활과 신설(사회과+도덕과 관련 내용) −교과: 특활 포함
	도 덕	·	·	68(2)	68(2)	68(2)	68(2)	272(8)	
	사 회	·	·	102(3)	102(3)	136(4)	136(4)	476(14)	
	합 계 (과목, 시간)	120(4)	136(4)	170(5)	170(5)	204(6)	204(6)	1004(30)	
	전 체 (과목, 시간)	7{790(24)}	6{850(25)}	9{952(28)}	10{1020 (30)}	10{1088 (32)}	10{1088 (32)}	52{6060 (171)}	
중학교 (3년제)	도 덕	68(2)	68(2)	68(2)	·	·	·	204(6)	−1987.3.31 −교과: 특활 포함
	국 사	·	68(2)	68(2)	·	·	·	136(4)	
	사 회	102(3)	68 − 102 (2 − 3)	68 − 102 (2 − 3)	·	·	·	238 − 306 (7 − 9)	
	합 계 (과목, 시간)	2{170(5)}	3{204 − 238 (6 − 7)}	3{204 − 28 (6 − 7)}	·	·	·	8{578 − 64617 − 19)}	
	전 체 (과목, 시간)	13{1156 − 1224 (34 − 36)}	14{1156 − 1224 (34 − 36)}	14{1156 − 1224 (34 − 36)}	·	·	·	41{3468 − 3672(102 − 108)}	

학교급	교과	과목	1학년		2학년	3학년	4학년	5학년	6학년	합계	비고
			보통 교과					전문 교과			
			공통필수		과정별 선택			실업계 및 기타 계열 필수 선택, 일반계 직업과정 선택		합계	
	교과	과목	일반	실업 기타	인문·사회과정	자연 과정	실업계, 기타 계 및 일반계 고교 직업과정				
고등학교 (3년제)	국민윤리	국민윤리	6	6	·	·	·	·	·	12	− 고교 전 계열 이수단위 총계 204−216
	국사	국사	6	4	·	·	·	·	·	10	
	사회	정치·경제	6	4	·	·	·	·	·	10	
		한국지리	4	4	·	·	·	·	·	8	
		세계사	·	·	4	4	·	·	·	12	
		사회·문화	·	·	4	·	4(택1)	·	·	4	
		세계지리	·	·	4	·	·	·	·	4	
		소계	10	8	12	4	·	·	·	34	
	합 계 (과목, 단위)		22	18	12	4	4	·	·	60	
	전 체 (과목, 단위)		12	12	15 (204−216)	12 (204−216)	13 (204−216)	실업82−122 단위 직업50−100	·	64 (204−216)	

* 출처: 함종규(2006). 이경환 외(2002). 교육과정·교과서연구회(2000. a). 교육과정·교과서연구회(2000. b). 교육과정·교과서연구회(2000. c) 등을 참조하여 연구자 종합·정리, 구안 재구성.

(7) 제6차 교육과정기(1992년−1997년)

우리나라 교육과정사에서 중앙 집권형 교육과정을 지방 분권형 교육과정으로 전환하여, 시·도 교육청, 지역 교육청, 단위 학교의 교육과정 편성·운영 권한을 확대한 것이 제6차 교육과정이다.

실제, 제6차 교육과정은 20세기를 마무리하고 새로운 뉴밀레니엄(new millennium)을 준비하는 교육 개혁의 일환으로 개정된 점에서 특별한 의미를 갖는다. 그리고 기초·보통 교육의 내용 면에서 상당히 근본적인 변화와 개혁을 시도했던 점이 큰 특징이라 할 것이다.

제6차 교육과정은 우리나라 교육 실정과 미래에 적합한 현실적 접근을 위해 교육과정 탐구의 현실적·상황적 패러다임(paradigm)을 선택하여 제반 이론의 절충적·종합적 접근을 모색하였다. 특히, 교육부가 교육법에 의거하여 문서로 제시한 교육과정의 성격을 명확히 제시함으로써, 개념상의 혼란을 방지하고자 노력하였다. 1997년 12월13일 기존의 교육법이 교육기본법, 초·중등교육법, 고등교육법 등으로 개정되었다.

특히, 제6차 교육과정은 학교 현장에서 교사와 학생 간의 교육 활동을 통하여 교육 목표 달성을 도모하도록 그 역할을 명확하게 하였다. 따라서 각급 학교는 '국가 수준 교육과정'과 '시·도 교육청의 교육과정 편성·운영 지침'을 세밀하게 분석, 검토하고, 당해 학교의 학생 실태, 학부모의 요구, 교사의 구성, 학교의 시설, 지역 사회의 여건 등을 고려하여 목표를 상세화하고, 내용을 보다 구체화하여 교수 학습 방법과 평가 방법을 실용성 있게 구성한 '학교 교육과정'을 편성하고, 그에 기반을 두고 교육과정을 효율적으로 운영하고 제도화함으로써 교육의 질 관리에 초점을 맞추었다 (이경환 외, 2002, 135-137).

제6차 교육과정의 편제는 교과, 특별 활동, 학교 재량 시간 세 영역이다. 학교 재량 시간의 신설은 학교 교육과정 편성·운영의 지역화, 자율화, 다양화, 특성화 등을 추구하기 위함이었다.

제1·2학년의 교과는 바른 생활, 국어, 수학, 슬기로운 생활, 즐거운 생활로 하고, 입학 초기 학교 적응 활동을 위한 '우리들은 1학년' 등 6개 교과로 편제하고, 제3-6학년의 교과는 9개로 하였다. 각 학년별 교과, 특별 활동, 학교 재량 시간에 배당된 수업 시간 수는 34주를 기준으로 한 연간 최소 시간 수만 제시하였는데, 이는 학교에서의 탄력적인 시간 운영을 보장하기 위한 것이다.

제6차 교육과정의 편제에서 초등학교 관련 내용 중, 중요한 특징은 제1·2학년에서 사회과 관련 내용을 통합 교과인 '슬기로운 생활과'로 편성한 점과 체험 활동을 강조한 점이다. 특히, '슬기로운 생활과'는 제5차 교육과정에서의 자연현상 중심에서, 주변의 여러 현상에 관심을 갖고 구체적인 활동과 경험을 통하여 자신과 사회 및 자연과의 관계를 이해하고, 여러 가지 상황 속에서 슬기롭게 생활할 수 있는 능력과 태도를 길러 주는 새로운 교과로 구성하였다. 이는 초등학교 제1·2학년에서 사회과와 과학과 관련 내용과 분야의 주요 개념과 탐구 과정, 생활 규범, 노작, 공작 등과 같은 관련 요소를 통합적으로 다루며, 나아가 제3학년 이상에서 사회과, 과학과, 실과(기술·가성) 등과 연계를 갖도록 한 것이다. 이러한 '슬기로운 생활'과 편성은 이전에 이를 개발하여 적용한 일본과 독일의 사례를 도입한 것이다(권오정·김영석, 2007: 190-191). 제6차 교육과정의 사회과 특징은 시민 교육의 강화, 방법 중시 사회과의 지향, 초·중등의 통합 사회과 실현, 내용 축소 및 정선화, 학습 내용의 실생활 연계, 사고력 교육의 강화 등이다. 아울러, 학교급별 사회과의 성격을 명확히 하여, 초등학교에서는 생활 경험 중심 사회과, 중학교는 일반사회, 역사, 지리 영역의 논리적 통합성 강조, 고등학교는 공통 사회(일반사회) 외에는 학문적 계통성을 중시하여 대학 예비 교육의 성격을 강하게 지니고 있다(이경환 외, 2002: 137-153).

〈표 30〉 제6차 교육과정기의 사회과 교육과정 편제 및 시간 배당표 (1992.9.30)

학교급	교과	1학년	2학년	3학년	4학년	5학년	6학년	합계	비고
국민학교 (6년제)	바른생활	60(2)	68(2)	·	·	·	·	128(4)	-1990.9.30 -바른생활: 도덕과 -슬기로운 생활: 사회과 관련내용+자연과 관련 내용 -특활,학교재량시간 포함
	도 덕	·	·	34(1)	34(1)	34(1)	34(1)	204(4)	
	슬기로운 생활	120(3)	136(4)	·	·	·	·	256(7)	
	사 회	·	·	102(3)	102(3)	136(4)	136(4)	476(14)	
	합 계 (과목, 시간)	2{180(5)	2{204(6)}	2{136(4)}	2{136(4)}	2{170(5)}	2{170(5)}	12{996(29)}	
	전 체 (과목, 시간)	6{790(23)}	6{850(25)}	11{952(28)}	11{986(29)}	11{1054(31)}	11{1054(34)}	56{5686(170)}	

학교급	교과		1학년	2학년	3학년	4학년	5학년	6학년	합계	비고
국민학교 (6년제): 부분 개정 [초등학교 개칭: 1996.3.1]	바른생활		60(2)	68(2)	·	·	·	·	128(4)	− 1995.11.1 − 3-6학년 특활 1시간씩 증가 − 학교 재량 시간 주당 34시간에서 0-34시간으로 개정
	도 덕		·	·	34(1)	34(1)	34(1)	34(1)	136(4)	
	슬기로운 생활		120(3)	136(4)	·	·	·	·	256	
	사 회		·	·	102(3)	102(3)	136(4)	136(4)	476(14)	
	합 계 (과목, 시간)		2{180(5)	2{204(6)}	2{136(4)}	2{136(4)}	2{170(5)}	2{170(5)}	12{996(29)}	
	전 체 (과목, 시간)		7{790(23)}	7{850(25)}	10{986-1020(29-30)}	10{1020-1054(30-31)}	10{1088-1122(32-33)}	10{1088-1122(32-33)}	54{5822-5958(171-175)}	
중학교 (3년제)	필수	도덕	68(2)	68(2)	68(2)	·	·	·	204(6)	− 1995.11.1 − 국사: 사회과 통합 − 선택교과: 환경, 한문, 컴퓨터, 기타 중 택 1 − 특활 포함
	필수	사회	102(3)	136(4)	136(4)	·	·	·	374(11)	
	선택	환경	34-68 (1-2)	34-68 (1-2)	34-68 (1-2)	·	·	·	102-204 (3-6)	
	합 계 (과목, 시간)		3{204-238 (6-7)}	3{238-272 (7-8)}	3{238-272 (7-8)}	·	·	·	9{680-782 (20-23)}	
	전 체 (과목, 시간)		13 {1156(34)}	13 {1156(34)}	13 {1156(34)}	·	·	·	39{3468 (102)}	

학교급	교과	공통 필수 과목	공통필수 (단위)	과정별 필수 과목(단위) 과목	과정별 필수 과목(단위) 단위	과정별 선택 과목 과목	과정별 선택 과목 단위	합계	비고
고등학교 (3년제)	윤리	윤리	6	·	·	·	·	6	− 1992. 10.30 − 국민윤리→윤리 − 사회과의 공통 필수 및 과정별 필수 구분 − 교양 선택 과목 신설
	사회	공통 사회	8	·	·	·	·	8	
	사회	국사	6	·	·	·	·	6	
	사회	·	·	정치	4	과정별 필수 과목 제외과목 중	선택 8	4(12)	
	사회	·	·	경제	4			4(12)	
	사회	·	·	사회·문화	4			4(12)	
	사회	·	·	세계사	6			6(14)	
	사회	·	·	세계 지리	6			6(14)	
	소계	·	3(20)	·	5(24)	·	2(8)	10(52)	
	교양 선택	·	·	·	·	철학	선택 4	1(4)	
	교양 선택	·	·	·	·	논리학			
	교양 선택	·	·	·	·	심리학			
	교양 선택	·	·	·	·	교육학			
	교양 선택	·	·	·	·	생활경제			
	교양 선택	·	·	·	·	종교			
	교양 선택	·	·	·	·	환경과학			
	교양 선택	·	·	·	·	기타			
	소계	·	·	·	·	·	1(4)	1(4)	
	합 계 (과목, 단위)	·	3(20)	·	5(24)	·	3(12)	11(58)	
	전 체 (과목, 단위)	이수 단위	70	이수 단위	106	이수 단위	12	총이수 단위 (보통 교과) 188	

* 출처: 함종규(2006). 이경환 외(2002). 교육과정 · 교과서연구회(2000. a). 교육과정 · 교과서연구회(2000. b). 교육 과정 · 교과서연구회(2000. c) 등을 참조하여 연구자 종합 · 정리, 구안 재구성.

(8) 제7차 교육과정기(1997년 - 2007년)

제7차 교육과정은 교육 관계자들의 많은 논란 속에서 도입되었다. 그것은 제7차 교육과정이 우리 나라 과거 교육과정에 대한 일대 개혁 운동을 지향하고 있기 때문이었다.

제7차 교육과정은 "21세기 세계화·정보화 시대를 주도할 자율적이고 창의적인 한국인 육성"을 기본 방향으로 삼았다. 이는 과거 공급자 중심의 획일적인 교육 체제에서 탈피하여, 교육 수요자 중심, 즉 학습자 중심 교육 체제로의 일대 전환을 의미하는 것이다.

제7차 교육과정은 학생의 건전한 인성 발달을 도모하고, 다양한 능력과 적성을 존중하며, 창의적 인 능력을 기르고자 하는 학생 중심 교육과정이다. 이를 위하여 학생 개개인의 능력 수준에 맞는 학습이 가능하도록 수준별 교육과정을 도입하고, 단위 학교의 교육과정 편성 및 운영의 자율성을 확대하여 지역과 학교의 특색을 살리는 다양한 교육이 이루어지도록 지원 체제를 확립하였다(권오 정·김영석, 2007: 157-166).

실제 제6차 교육과정 이전까지는 학교급별 개념에 의한 교육과정 체제로 초·중·고교 교육과정 이 별도로 개발·구성되었으나, 제7차 교육과정에서는 국민공통기본교육과정 체제를 도입하여 초등 학교 제1학년에서부터 고등학교 제1학년까지 10년간을 통합하여 묶어서, '국민공통기본교육과정'으 로 편제하였다. 단일 교육과정으로 통합하게 된 이유는 학교급별에 따른 교과별 학습 내용의 중복 제시를 방지하고 통합성·일관성 있는 교육을 하기 위해서이다.

제7차 교육과정은 국민공통기본교육과정과 선택중심교육과정으로 구성되어 있으며, 국민공통기본 교육과정은 교과, 재량 활동, 특별 활동 등 세 영역으로 편성되어 있다.

제7차 교육과정의 일반적인 편제의 특징은, 국민공통기본교육과정의 교육 기간 중 초·중·고교 의 교과 명칭 통일을 위하여 초등학교의 '자연과'를 '과학과'로, '영어과'를 '외국어과(영어)'로 변경 하였다.

제7차 교육과정의 가장 큰 특징은 국민공통기본교육과정과 선택중심교육과정을 도입한 점이다. 국민공통기본교육과정을 도입한 것은 초등학교 제1학년부터 고교 제1학년까지를 하나의 세트로 내 용을 구성하여 학교급 간, 학년 간 연계를 강화하고, 국민공통 학습 경험을 강조하는 시민 교육으 로서의 사회과 역할을 강화하려는 취지이다(초등학교 제1-2학년은 통합 교과로 조직).

이전까지는 초·중·고교가 서로 다른 체제를 유지하고 있어서 제1학년에서 제10학년까지 어떤 구조로 이루어졌는지 상호 알 수가 없었다. 특히, 제10학년 사회과는 중학교에서 학습한 각 내용을 망라하여 반복한 것에 지나지 않아 존재 근거도 불분명하였다. 이를 개선하여 보다 통합적, 체계적 인 사회과 교육을 지향하게 되었다. 초·중·고교의 경직된 사회과의 장벽을 허물어 유기적·탄력 성을 보장하였다.

초등학교 사회과에서는 세계화·정보화·지방자치 등 시대적 조류를 반영하는 새로운 내용 중심 으로 구성되었다. 제6차 사회과 교육과정에서는 사회과의 내용 체제가 철저히 공간을 축으로 하여 시간을 가미하는 등 일관성을 갖추기 위해 노력한 데 비해, 제7차 교육과정에서는 일반사회·역사· 지리 영역의 내용이 독립적으로 배열되어 있어서 계열성이 다소 완화된 감이 없지 않다. <표 31>은 제7차 교육과정기의 국민공통기본교육과정 편제 및 시간 배당표이다. 아울러, <표 32>는 제7차 교육과정기의 고등학교 선택중심교육과정의 편제 및 시간 배당표를 일목요연하게 나타낸 것이다(이경환 외, 2002: 167−168).

〈표 31〉 제7차 교육과정기의 국민공통기본교육과정 편제 및 시간 배당표[사회과 포함] (1997.12.30)

구분	과 목	초등학교 1	초등학교 2	3	4	5	6	중학교 7	중학교 8	중학교 9	고등학교 10	고등학교 11	고등학교 12	합계
교과	국 어	국어 210(6), 238(7)		238	204	204	204	170	136	136	136			1876
	도 덕			34	34	34	34	68	68	34	34			340
	사 회	수학 120(4), 136(4)		102	102	102	102	102	102	136	170 (국사 68)			918
	수 학			136	136	136	136	136	136	102	136			1054
	과 학	**바른 생활** 60(2), 68(2)		102	102	102	102	102	136	136	102			884
	실 과			·	·	68	68	기술·가정 68	102	102	102			510
	체 육	**슬기로운 생활** 90(3), 102(3)		102	102	102	102	102	102	68	68	선택 과목 (선택 중심 교육과정)		748
	음 악	**즐거운 생활** 180(5), 204(6)		68	68	68	68	68	34	34	34			442
	미 술			68	68	68	68	34	34	68	34			442
	외국어 (영어)	우리들은 1학년 80, 0		34	34	68	68	102	102	136	136			680
재량 활동		60	68	68	68	68	68	136	136	136	204			1012
특별 활동		30	34	34	68	68	68	68	68	68	68	8 단위		574(8단위)
연간 수업시수		830	850	986	1088	1088	1156	1156	1156	1156	1224	144단위		10520(144단위)
주당 평균시수		24	25	29	32	32	34	34	34	34	36	36	36	·

* 출처: 교육부, 1997 a: 6.

<표 32> 제7차 교육과정기의 선택중심교육과정 편제 및 시간 배당표 (보통 교과) (1997.12.30)

구분		국민공통 기본교과	선택 과목	
			일반 선택 과목	심화 선택 과목
교과	국어	국어(8)	국어 생활(4)	화법(4), 독서(98), 작문(8), 문법(4), 문학(8)
	도덕	도덕(2)	시민 윤리(4)	윤리와 사상(4), 전통 윤리(4)
	사회	**사회(10)** (국사 4)	**인간 사회와 환경(4)**	**한국 지리(8), 세계 지리(8), 경제 지리(6), 한국 근현대사(8), 세계사(8), 법과 사회(6), 정치(8), 경제(6), 사회·문화(8)**
	수학	수학(8)	실용 수학(4)	수학 Ⅰ(8), 수학 Ⅱ(8), 미분과 적분(4), 확률과 통계(4), 이산 수학(4)
	과학	과학(6)	생활과 과학(4)	물리 Ⅰ(4), 화학 Ⅰ(4), 생물 Ⅰ(4), 지구과학 Ⅰ(4) 물리 Ⅱ(4), 화학 Ⅱ(4), 생물 Ⅱ(4), 지구과학 Ⅱ(4)
	기술·가정	기술·가정(6)	정보 사회와 컴퓨터(4)	농업 과학(6), 공업 기술(6), 기업 경영(6), 해양 과학(6), 가정 과학(6)
	체육	체육(4)	체육과 건강(4)	체육 이론(4), 체육 실기(4 이상)
	음악	음악(2)	음악과 생활(4)	음악 이론(4), 음악 실기(4 이상)
	미술	미술(2)	미술과 생활(4)	미술 이론(4), 미술 실기(4 이상)
	외국어	영어(8)		영어 Ⅰ(8), 영어 Ⅱ(8), 영어 회화(8), 영어 독해 8), 영어 작문(8)
			독일어 Ⅰ(6), 프랑스어 Ⅰ(6), 스페인어 Ⅰ(6), 중국어 Ⅰ(6), 일본어 Ⅰ(6), 러시아어 Ⅰ(6), 아랍어 Ⅰ(6)	독일어 Ⅱ(6), 프랑스어 Ⅱ(6), 스페인어 Ⅱ(6), 중국어 Ⅱ(6), 일본어 Ⅱ(6), 러시아어 Ⅱ(6), 아랍어 Ⅱ(6)
	한문		한문(6)	
	교련		교련(6)	
	교양		철학(4), 논리학(4), 심리학(4), 교육학(4), 생활 경제(4), 종교(4), 생태와 환경(4), 진로와 직업(4), 기타(4)	한문 고전(6)
	이수 단위	(56)	24 이상	112 이하
재량 활동		(12)		
특별 활동		(4)	8	
총이수단위			216	

* 출처: 교육부, 1997 a: 7.

(9) 2007년 개정 교육과정기(2007년 이후)

'2007년 개정 교육과정'은 많은 논란과 기대 속에서 2007년 2월 28일, 교육인적자원부 고시(告示) 제2007－79호로 공포되었다. 2007년 개정 교육과정은 초·중등교육법 제23조 제2항에 의거하여 고시한 교육과정으로, 초·중등학교의 교육 목적과 교육 목표를 달성하기 위한 국가 수준의 교육과정이며, 초·중등학교에서 편성·운영하여야 할 학교 교육과정의 공통적·일반적 수준을 제시한 국민 공통기본교육과정이므로 편제상에서, 초등학교 사회과에 관련한 독립된 내용은 별로 없고, 대부분 제7차 교육과정을 그대로 유지하고 있는 것이 특징이다.

2007년 개정 교육과정은 일명 '제7차 교육과정의 수정판'으로 불릴 정도로 제7차 교육과정의 부분 수정 형식을 취하고 있다. 2007년 교육과정은 사회과에서 역사 교육 강화, 한국 정체성 교육 강화 그 리고 전체적으로 집중 이수 제도 도입, 과학과 강조 등이 특징이다(교육인적자원부, 2007 b: 5 - 15).

다만, 사회과가 국민공통기본교육과정으로서 초·중·고교를 아우르는 보통 교육의 기초적 교과 로서 학습자인 학생 중심 사회과 교육과정을 크게 강조하였다는 점이다. '2007년 개정 교육과정'은 우리나라에 교육과정의 상시(常時) 개정 체제를 여는 새로운 교육과정 개발 체제의 도입이라는 데 큰 의의가 있다. 이러한 교육과정의 상시 개정 체제 도입으로, 앞으로는 총론 및 각론의 교과 교육 과정을 부분적으로 수정·보완할 수 있는 여건이 마련되어, 교육과정 개발의 탄력성·자율성·창의 성 보장에 새로운 계기가 될 것으로 보인다.

〈표 33〉 2007년 개정 교육과정의 국민공통기본교육과정 편제 및 시간 배당표[사회과 포함]

구분	교과·과목	초등학교						중학교			고등학교
		1	2	3	4	5	6	7	8	9	10
교과	국 어	국어 210(6), 238(7)		238	204	204	204	170	136	136	136(8)
	도 덕			34	34	34	34	68	68	34	34(2)
	사 회	수학 120(4), 136(4)		102	102	102	102	사 회			
								102	·	68	102(6)
								역 사			
								·	102	68	102(6)
	수 학	바른 생활 60(2), 68(2)		136	136	136	136	136	136	102	136(8)
	과 학			102	102	102	102	102	136	136	136(8)
	실 과	슬기로운 생활 90(3), 102(3)		·	·	68	68	기술·가정			
								68	102	102	102(6)
	체 육			102	102	102	102	102	102	68	68(4)
	음 악	즐거운 생활 180(5), 204(6)		68	68	68	68	68	34	34	34(2)
	미 술	우리들은 1학년 80, 0		68	68	68	68	34	34	68	34(2)
	외국어 (영어)			34	34	68	68	102	102	136	136(8)
재량 활동		60	68	68	68	68	68	102	102	102	102(6)
특별 활동		30	34	34	68	68	68	68	68	68	68(4)
연간 총 수업 시수		830	850	952	952	1054	1054	1122	1122	1122	1190(70)
주당 평균 시수		24	25	28	28	32	32	34	34	34	36

* 주: ( )안의 숫자, 초·중학교는 주당 시간, 고교는 이수 단위임.
* 출처: 교육인적자원부, 2007 a: 6.

〈표 34〉 2007년 개정 교육과정기의 선택중심교육과정 편제 및 시간 배당표

구분(교과·과목)		선택 과목
교과	국 어 도 덕 사 회	화법(6), 독서(6), 작문(6), 문법(6), 문학(6), 매체 언어(6), 현대 생활과 윤리(6), 윤리와 사상(6), 전통 윤리(6) 한국 지리(6), 세계 지리(6), 경제 지리(6), 한국 문화사(6), 세계 역사의 이해(6), 동아시아사(6), 법과 사회(6), 정치(6), 경제(6), 사회·문화(6)
	수 학 과 학 기술·가정	수학의 활용(6), 수학 Ⅰ(6), 미적분과 통계 기본(6), 수학 Ⅱ, 적분과 통계(6), 기하와 벡터(6) 물리 Ⅰ(6), 물리 Ⅱ(6), 화학 Ⅰ(6), 화학 Ⅱ(6), 생명 과학 Ⅰ(6), 생명 과학 Ⅱ(6), 지구 과학 Ⅰ(6), 지구 과학 Ⅱ(6) 농업 생명 과학(6), 공학 기술(6), 가정 과학(6), 창업과 경영(6), 해양 과학(6), 정보(6)
	체 육	운동과 건강 생활(4), 스포츠 문화(4), 스포츠 과학(6)
	음 악 미 술	음악 실기(4), 음악과 사회(4), 음악의 이해(4) 미술과 삶(4), 미술 감상(4), 미술 창작(4)
	외국어	영어 Ⅰ(6), 영어 Ⅱ(6), 실용 영어 회화(6), 심화 영어 회화(6), 영어 독해와 작문(6), 심화 영어 독해와 작문(6)
		독일어 Ⅰ(6), 독일어 Ⅱ(6), 프랑스어 Ⅰ(6), 프랑스어 Ⅱ(6), 스페인어 Ⅰ(6), 스페인어 Ⅱ(6), 중국어 Ⅰ(6), 중국어 Ⅱ(6), 일본어 Ⅰ(6), 일본어 Ⅱ(6), 러시아어 Ⅰ(6), 러시아어 Ⅱ(6), 아랍어 Ⅰ(6), 아랍어 Ⅱ(6)
	한 문 교 양	한문 Ⅰ(6), 한문 Ⅱ(6) 생활과 철학(4), 생활과 논리(4), 생활과 심리(4), 생활과 교육(4), 생활과 종교(4), 생활 경제(4), 안전과 건강(4), 진로와 직업(4), 환경(4)
이수 단위		132
특별 활동		8
총 이수 단위		140

* 출처: 교육인적자원부, 2007 a: 7.

2) 목표

(1) 교수요목기(1946년 – 1954년)

교수요목기의 교육 목적은 현재의 일반 목표, 교과 목표로, 교수 방침은 하위 목표, 영역별 목표로 볼 수 있다(교육과정·교과서연구회, 2000 a: 119). 당시 국민학교 사회생활과는 그 목적으로서, "사람과 자연환경과의 관계를 밝게 인식시켜 사회생활에 성실 유능한 국민이 되게 함을 목적으로 함"을 밝히고, 그 아래 교수 방침으로, 첫째, 단체 생활에 필요한 정신, 태도, 기술, 습관을 양성함, 둘째, 단체 생활의 모든 관계를 이해하게 하며 책임감을 기름, 셋째, 우리나라 역사와 태도에 관한 지식을 얻게 함, 넷째, 우리나라에 적절한 민주주의적 생활 방법에 관한 지식을 함양함, 다섯째, 실천을 통하여 근로정신을 체득하게 함 등 5가지를 제시하고 있다(문교부, 1986: 2 – 53).

이와 같은 교수요목기의 교육 목적은 교과 목표, 교수 방침은 영역별 세부 목표라고 할 수 있는데, 교육 목적과 교수 방침을 통하여, 당시 사회과의 성격을 파악할 수 있고, 그 시대의 사회적 요구인 성실한 국민, 단체 생활에의 적응, 근로정신의 함양 등을 강조하고 있음을 알 수 있다(김준택, 1988: 29 – 32).

그러나 일반 교육 목석이나 교육 방침과의 구벌이 모호하여 사회생활과의 성격을 파악하기 어렵

다는 점과 지식 목표 중심이라는 점 그리고 융합 또는 통합 교과로서의 성격을 보다 충분히 제시하지 못했다는 점 등 과도기적 미흡함을 내포하고 있다(박환이, 1977: 8).

<표 35> 사회과 교육과정의 목표 변천(종합 목표 중심)

교육과정기(기간)	초등학교	중학교	고등학교
교수요목 (1946 – 1954)	○ 사회생활과는 사람과 자연환경과의 관계를 밝게 인식시켜, 사회생활에 성실, 유능한 국민이 되게 함	○ 공민분야: 정치에 관심을 갖고 공민으로서의 기초 습득 ○ 지리분야: 자연환경과 인문 조건 체득, 우리 지위 인식 ○ 역사분야: 동·서양 문화 이해, 국제 평화 노력	○ 민주 시민의 유능한 자질 양성 ○ 공민, 역사, 지리의 삼분(三分)
제1차 교육과정 (1954 – 1963)	<5개 항> ○ 민주 시민을 양성하여, 민주사회 건설에 공헌할 수 있는 신념 ○ 올바른 민주 시민의 자질과 행동의 육성 ○ 이해 면, 태도 면, 기능 면	<분야별 진술> ○ 공민분야: 정치, 경제, 사회·문화의 이해, 유능한 한국 국민 육성 ○ 국사, 세계사 분야: 우리나라와 세계의 시간적 관계의 올바른 이해 ○ 지리분야: 인간과 자연과의 과학적 이해, 지리적 지식, 자연이용, 지리적 사고력 신장	<분야별 진술> ○ 공민분야: 정치, 경제, 사회 문화적 공민 자질 함양 ○ 국사, 세계사 분야: 우리나라와 세계의 시간적 관계의 올바른 이해 ○ 지리분야: 인류와 자연환경과의 관계 이해, 자원 이용, 지역 관계, 지리적 관찰력
제2차 교육과정 (1963 – 1973)	<7개 항> ○ 5개 항은 제2차 교육과정과 동일 ○ 6항: 반공 태세와 자유 우방과의 유대 강화 ○ 7항: 민족 과제인 국토 통일과 자립경제에 대한 이해와 자각 강조	<일반 목표 4개 항> ○ 애국애족, 반공 민주국가 건설의 신념 ○ 민주주의에 대한 원리 습득과 국제 협조 ○ 자연과 인간과의 관계 이해 ○ 인간 생활의 역사 발전과 문화의 계승 발전	<전체 목표 5개 항> ○ 일반사회: 대인관계와 반공 신념 ○ 민주 생활과 자주 통일 ○ 자연과 인간과의 관계 ○ 인류 복지 증진과 문화 향상의 공헌인 국민적 자각
제3차 교육과정 (1973 – 1981)	<5개 항> ○ 가항: 사회생활의 바른 이해와 국민적 자질 함양 ○ 나항: 정치, 경제, 사회학적 이해 ○ 다항: 지리적 이해 ○ 라항: 역사, 문화, 인류학적 이해 ○ 마항: 학습 절차와 방법 및 능력 신장	<일반 목표 5개 항> ○ 사회생활의 이해, 민주 국가국민으로서 인류 공영에 공헌하는 사람으로서의 자질 함양	<일반 목표 2개 항> ○ 사회생활 원리, 사회 현상의 이해 ○ 민주 국민의 자각과 민족 공헌인 육성 ○ 국제 사회 발전에의 공헌인 육성
제4차 교육과정 (1981 – 1987)	<교과 목표> ○ 사회생활에 대한 기초 지식 ○ 민주 국가 국민으로서의 자각 ○ 국가 발전에 공헌하는 국민적 자질 신장	<교과 목표> ○ 사회생활에 대한 기초 지식 ○ 민주 국가 국민으로서의 자각 ○ 국가 발전에 공헌하는 국민적 자질 신장	<교과 목표> ○ 사회생활에 대한 기초 지식 ○ 민주 국가 국민으로서의 자각 ○ 국가 발전에 공헌하는 국민적 자질 신장
제5차 교육과정 (1987 – 1992)	<교과 목표> ○ 사회생활에 대한 기초 지식 이해 활용 ○ 민주 국가 국민으로서의 자각과 판단 ○ 국가 발전에 공헌하는 국민적 자질 신장	<교과 목표> ○ 사회생활을 종합적, 체계적으로 이해 ○ 민주 사회의 주인 지각, 개인행복 도모 ○ 사회 국가의 번영, 인류 공영에 공헌하는 민주 시민 자질 함양	<교과 목표> ○ 사회생활을 종합적, 체계적으로 이해 ○ 민주 사회의 주인 지각, 개인 행복 도모 ○ 사회 국가의 번영, 인류공영에 공헌하는 민주 시민 자질 함양
제6차 교육과정 (1992 – 1997)	<종합 목표> ○ 사회와 국가의 발전에 기여할 수 있는 국민적 자질 육성 ○ 지식 영역, 기능 영역, 가치·태도 영역 목표	<종합 목표> ○ 사회생활을 종합적, 체계적으로 이해 ○ 민주 사회의 주인 지각, 개인 행복 도모 ○ 사회 국가의 번영, 인류 공영에 공헌하는 민주 시민 자질 함양 ○ 지식 영역, 기능 영역, 가치·태도 영역 목표	<종합 목표> ○ 스스로의 앞날을 개척하고, 나아가 국가, 사회의 발전과 인류 공영에 이바지할 수 있는 국민으로서의 자질 육성 ○ 지식 영역, 기능 영역, 가치·태도 영역 목표

교육과정기(기간)	초등학교	중학교	고등학교
제7차 교육과정 (1997 – 2007)	<종합 목표> ○ 개인의 발전 및 국가·사회, 인류의 발전에 기여하는 민주 시민의 자질 육성 ○ 전 영역 통합 목표, 지리·역사·사회생활·기능, 가치·태도 목표 각 1항씩 (6개 항)	<종합 목표> ○ 개인의 발전 및 국가·사회, 인류의 발전에 기여하는 민주 시민의 자질 육성 ○ 전 영역 통합 목표, 지리·역사·사회생활·기능, 가치·태도 목표 각 1항씩(6개 항)	<종합 목표> ○ 개인의 발전 및 국가·사회, 인류의 발전에 기여하는 민주 시민 자질 육성 ○ 전 영역 통합 목표, 지리·역사·사회생활·기능, 가치·태도 목표 각 1항씩(6개 항)
2007년 개정 교육과정 (2007 –) [제7차 교육과정과 동일]	<종합 목표> ○ 개인의 발전 및 국가·사회, 인류의 발전에 기여하는 민주 시민의 자질 육성 ○ 전 영역 통합 목표, 지리·역사·사회생활·기능, 가치·태도 목표 각 1항씩(6개 항)	<종합 목표> ○ 개인의 발전 및 국가·사회, 인류의 발전에 기여하는 민주 시민의 자질 육성 ○ 전 영역 통합 목표, 지리·역사·사회생활·기능, 가치·태도 목표 각 1항씩(6개 항)	<종합 목표> ○ 개인의 발전 및 국가·사회, 인류의 발전에 기여하는 민주 시민의 자질 육성 ○ 전 영역 통합 목표, 지리·역사·사회생활·기능, 가치·태도 목표 각 1항씩(6개 항)

*출처: 함종규(2006), 이경환 외(2002), 교육과정·교과서연구회(2000. a), 교육과정·교과서연구회(2000. b), 교육과정·교과서연구 회(2000. c), 교육부(1997. a), 교육부(1997. b), 교육인적자원부(2007. a), 교육인적자원부(2007. b) 등을 참조하여 연구자 종합·정리, 구안 재구성.

(2) 제1차 교육과정기(1954년 – 1963년)

제1차 교육과정기의 사회과는 교수요목기와 마찬가지로 교과명이 '사회생활과'이었는데, 당시의 사회생활과는 교육과정 목표 다음에 종합 교과로서의 성격을 분명히 하였다. 사회생활과를 국어과 다음에 배열하였고, 시간 배당량도 국어과 다음으로 많이 배당하여, 종합 교과로서의 사회생활과를 강조하였다. 특히, 지역의 실정, 계절의 변화 등에 따라 사회과 내용을 신축성 있게 지도할 수 있도록, 각 학년별로 이수 시간의 최대, 최저 폭을 규정해 두었다(김준택, 1988: 37 – 38).

교과 목표는 총 5개 항으로 제시하고 있는데, 이를 영역별로 구분하면 1 – 3항은 공민 영역, 4항은 지리 영역, 5항은 역사 영역 목표의 성격을 띠고, 각 항에서 이해, 기능, 태도 목표를 포괄하고 있다(교육과정·교과서연구회, 2000 a: 122 – 123).

공민 영역의 목표에서는 개인 생활의 발전, 집단생활에의 적용, 사회 제 기능의 이해 및 협조 등 목표를 제시하고 있어, 사회 기능에 기반을 두고 지역 확대법과 아동 중심·경험 중심 교육과정에 입각하여 민주 사회 건설에 공헌할 수 있는 신념과 행동을 가진 민주 시민을 기르려고 하는 데 초점을 맞추고 있다(박환이, 1977: 9).

지리 영역의 목표에서는 지리 교육의 기본이라고 할 수 있는 인간과 자연과의 관계 이해와 이를 바탕으로 한 생활 향상 의지를, 역사 영역의 목표에서는 과거 역사 및 문화유산과 우리 생활과의 관계 이해 및 그 개선과 이용 능력을 강조하고 있어, 전반적으로 생활 개선 또는 향상 의지와 능력을 기르려는 사회 재건주의적(社會 再建主義的) 성격을 발견할 수 있다.

제1차 교육과정기의 사회과 목표의 성격은 당시 우리 사회·국가가 민주 시민 육성과 전쟁 복구를 지향하고 있었고, 소위 새 교육 실시 후 도입되기 시작한 미국의 경험주의 교육 사조의 영향을 크게 받아 설정된 것으로 사료(思料)된다.

(3) 제2차 교육과정기(1963년-1973년)

제2차 교육과정에서 사회과의 가장 큰 특징은 초·중학교의 '사회생활과'가 '사회과'로 개칭되었다는 점이다. 또, 초·중학교의 반공·도덕 활동이 분리되어 전 교육 활동에 관련되는 대영역인 '반공·도덕' 생활로 독립되었다(이태언, 1999: 32).

제2차 교육과정기에는 국민학교 사회과 목표를 교과 목표와 학년 목표로 구분하여 제시하고 있다. 사회과 목표는 제1차 교육과정과 같이 영역별로 공민 1-3항, 지리 4항, 역사 5항 외에 반공 태세 및 자유 우방과의 유대 강화와 국통 통일 및 자립 경제 달성을 위한 국민적 자각을 강조하기 위해서 2개 항을 증설하고, 학년 목표를 신설한 것이 구조상의 특징이다.

사회과 목표상으로는, 학생들에게 사회생활을 올바르게 이해시키고 적용하게 하며, 사회를 진보, 향상시키는 것을 목표로 하고 있다. 아울러, 종래의 생활 중심의 행동과 경험, 문제 해결력 등을 존중하였고, 지역 확대법의 구성을 준수하였다.

교과 목표는 교과과정기와 같이 영역별로 제1-3항은 공민 영역, 제4항은 지리 영역, 5항은 역사 영역으로 제시하였고, 이 5개 항 외에 반공 태세 및 자유 우방과의 유대 강화와 국토 통일 및 자립 경제 발달을 위한 국민적 자각을 강조하기 위하여 2개 항을 증설하고, 학년 목표를 신설한 것이 구조상의 변화이다.

한편, 학년별로 5-6개 항씩 학년 목표를 제시하고 있는데, 현행 교육과정의 목표 진술 형식과 같이 지식, 기능, 가치·태도 목표로 나누지 않고, 한 문장에 지식, 기능, 태도 목표를 함께 연결 지어 기술한 것이 특징이다. 목표를 지적인 면, 기능적인 면, 정의적인 면 등을 통합하여 제시한 점이 돋보인다.

(4) 제3차 교육과정기(1973년-1981년)

제3차 교육과정기의 사회과 목표는 사회 그 자체가 가져야 하는 교육적 역할 또는 목적에 국민교육 헌장 이념 구현 방향에 따른 주체성, 발전 지향성, 협동 총화성, 효율성 정신을 반영함으로써 목표의 일대 전환을 기하였다. 즉 사회과의 궁극적 목표는 소망스러운 한국인상 정립에 두고, 사회 과학이 추구하는 목표 및 국가 사회적 요구를 반영하고 있는데, 그 구체적인 내용은 일반 목표와 학년 목표에 잘 나타나 있다(최병모, 1992: 138. 교육과정·교과서연구회, 2000 a: 127). 제3차 교육 과정의 일반 목표에 제시된 기본 방침은 조국 근대화, 평화 통일과 민족중흥 등 국력을 배양하기 위해 교육의 뒷받침을 강조하였다(김준택, 1988: 50-52). 따라서 제3차 교육과정에서는 국민교육헌장의 이념 구현을 기본 방침으로 삼고, 국민적 자질의 함양, 인간 교육의 강화, 지식·기술 교육의 쇄신 등을 특별히 강조하였다. 그리고 구체화된 교육과정의 일반 목표는 자아실현, 국가 발전 및 민주적 가치의 강조 등이다.

제3차 교육과정의 사회과 목표는, 사회과 각 지식 영역과 행동 영역의 목표를 통합한 형태를 취하고 있다. 즉 공민, 역사, 지리 영역의 목표와 이해, 기능, 태도 목표를 통합하여 제시하였으며, 특히 기능 면에서는 탐구 절차를 중시하여 별도로 제시하여, 목적과 기대하는 교수·학습의 성격을 분명하게 하였다(김준택, 1988: 53 – 55). 목표의 진술 형식은 사회과의 각 지식 영역별 목표와 행동 영역별 목표가 혼재되어 있어 목표의 성격이 분명하지 못했던 과거의 교육과정의 목표 진술 형태를 개선한 점이 돋보인다.

사회과의 일반 목표 제1항에서는 사회생활에 대한 이해, 가정·사회·국가에 대한 애정, 국가 발전과 국민적 과제 해결을 위한 참여, 협력하는 국민으로서의 자질 함양 등 사회과를 가르치는 궁극적 목적이 제시되어 있다.

일반 목표 제2, 3, 4항에서는 사회과에서 다루고 있는 각 사회 과학의 학문 영역에 따라 어떤 지식을 주고, 어떠한 태도를 길러야 하는지를 명시하고 있는데, 제2항은 사회학, 정치학, 경제학 등을, 제3항은 지리학, 경제학 등을 그리고 제5항은 사회적 사실과 현상의 관찰, 이해, 자주적이고 합리적인 판단에 의한 문제 해결력 등 사회과 학습을 통하여 길러야 할 지적 기능을 제시한 것이다(최영복, 1974: 87 – 89).

(5) 제4차 교육과정기(1981년 – 1987년)

제4차 사회과 교육과정은 사회과에서 길러야 할 인간상의 확립, 전인 교육에 기여하는 사회과 교육 내용의 선정, 각 학교급별 특성 및 계열성 확립, 내용의 양과 수준 적절성 고려, 체계적인 국사 교육의 지속적 보완 등이 특징이다.

제4차 교육과정기의 사회과 목표 진술 형식은 먼저 종합적인 목표를 진술하고, 그 아래에 지식(공민, 지리, 역사 영역별로 각 1개 항씩), 기능(1개 항)의 행동 영역별 목표로 구분하여 제시하고 있어 제3차 교육과정기의 사회과 목표와 유사하다. 다만, 제3차 교육과정에서는 종합 목표를 제1항에 제시하였던 것을, 제4차 교육과정에서는 서두에 설정하여 보다 분명하게 강조하고 있는 점이 달라진 점이라고 할 수 있다. 종합 목표를 특설하고 이를 구현하기 위해서 5개의 세부 행동 영역별 목표는 제1항이 공민 영역, 제2항은 지리 영역, 제3항은 역사 영역, 제4항은 학습 절차와 방법, 제5항은 각 영역의 가치·태도 목표를 제시하여, 지식 영역 목표 3개 항, 기능 영역 목표 1개 항, 가치·태도 영역 목표 1개 항 등으로 제시되었다(교육과정·교과서연구회, 2000 a: 129).

사회과 목표에서 제시하고 있는 내용은 제3차 교육과정기와 별로 달라진 점이 없으나, 교과 목표에서 민주 생활의 습관화, 국토와 민족에 대한 애정, 국가 발전, 민족 문화의 창달 및 인류 공영에 이바지하려는 태도를 기르려는 태도에 관한 목표를 신설한 것이 특징적이다.

(6) 제5차 교육과정기(1987년 – 1992년)

제5차 교육과정에서의 목표 진술은 제4차 교육과정과 유사한데, 종합 목표와 행동 영역별 목표로 대분(大分)하고. 학년 목표를 행동 영역별 목표로 한 점이 특징이다(김준택, 1988: 70 – 73).

제5차 교육과정기에는 사회과 목표를 교과 목표와 학년 목표로 구분하고, 교과 목표에 종합 목표와 5개의 행동 영역별 목표를 둔 것과 학년 목표에 행동 영역별 목표 5-6개를 둔 목표 체제는 제 4차 교육과정과 별로 다르지 않다. 다만, 달라진 것은 목표의 내용을 부분적으로 수정·보완하여 종합 목표에 지식의 활용, 올바른 판단 능력 함양에 관한 것을 추가하였고, 학년 목표의 진술을 보다 간략하게 제시하였으며, 통합 단원의 구성에 따른 영역 간 목표를 통합한 것 정도를 들 수 있다. 즉 종합 목표에서 지식의 활용, 올바른 판단 능력에 관한 것이 추가되고, 행동 영역별 목표의 제1항에서 경제 목표가 부각되었으며, 제4항에서는 집단생활에의 참여 능력 목표가 추가되었다. 따라서 제5차 사회과 교육과정의 목표는 달라진 것은 많지 않으나, 전 교육과정인 제4차 교육과정을 보완함으로써 비교적 결함이 덜한 목표 체계를 유지하게 되었다(교육과정·교과서연구회, 2000 a: 135).

(7) 제6차 교육과정기(1992년-1997년)

제6차 교육과정은 교과의 성격을 교육과정에 명시하였다. 교과의 성격에서는 교과 특성, 위치, 학문 영역, 강조점, 총론의 정신, 목표와의 관련성, 타 교과와의 관련성 등을 밝혔다. 특히, 제6차 교육과정기인 1996년 3월 1일 기존 전국의 모든 국민학교가 일제히 초등학교로 개칭되었다.

사회과는 '사회·문화적 상황 속에서 학생들에게 다양한 인간관계 및 인간과 환경과의 상호작용, 인간 생활의 변화에 관한 연구를 통하여 사회생활에 필요한 지식, 기능, 가치·태도를 길러 주는 교과이다. 이러한 능력과 태도를 바탕으로 개인적, 사회적 자아를 실현하게 하고, 책임감 있고 사려 깊은 시민적 자질을 길러 주는 것'을 궁극적 목표로 하고 있다.

이는 사회과의 임무가 사회적 사실과 현상에 관한 올바른 '사회 인식'을 바탕으로 사회생활에 필요한 지식과 능력, 가치·태도를 익히고, 나아가 개인적, 사회적 자아실현은 물론 올바른 민주 시민으로서 소양을 길러 주는 것에 있음을 강조하고 있는 것이다. 따라서 사회과 교육의 궁극적 목표는 사회 구성원으로서, 개인의 성장과 올바른 민주 시민의 소양을 길러 주는 데 있다(한국교원대학교 제6차 사회과 교육과정개발연구위원회, 1992: 179-194).

이 당시에 바람직한 민주 시민이란, 곧 주권자로서 한국인을 말하는 것이며 이러한 인간상은 현대 사회를 현명하게 살아가는 한국인을 의미한다. 이를 위하여 사회 과학을 비롯하여 주위의 사회 사상에 관한 지식의 이해와 더불어 여러 사회적 상황 속에서 바르게 판단하고 행동할 수 있는 제반 능력과 태도가 익혀지도록 사회과가 교과 역할을 충실히 해야 한다는 것이다.

제6차 사회과 교육과정에서는 교과 목표를 통합적으로 제시하여 초등학교의 특성을 살리려고 하였고, 학년 목표와 단원 목표의 상치·충돌을 막기 위하여 학년 목표를 제시하지 않는 대신, 단원의 안내문 속에 목표적 요소를 첨가하였다. 그러나 기능 및 가치·태도에 관한 목표적 요소는 교과의 내용 체계표에 제시함으로써 그 체계성을 유지하려고 하였다.

초등학교 사회과 목표는 교과의 종합 목표와 행동 및 생활 영역별 목표 3개 항으로 구성되어 있다. 사회과의 종합 목표는 국가·사회 및 인류 발전에 기여할 수 있는 민주 시민의 자질 육성을 최종 목표로 정하였으며, 이를 위하여 사회적 사실과 현상에 대한 인식을 바탕으로 사회생활을 바르게 할 수 있는 판단 능력을 기르는 데 중점을 두었다. 영역별 목표 3개 항 중 2개 항은 지식 이해 및 가치·태도 목표이고, 나머지 1개 항은 기능 목표이다. 특히, 종합 목표의 지식 이해에 관한 목표에서는 인간과 환경, 역사·문화, 공동생활 등 세부 영역으로 나누어 목표를 제시하였다.

제6차 교육과정에서는 학년 목표를 삭제하고 그 대신, 각 단원의 안내문에 '목표적 요소'를 제시한 점이 특징이다. 아울러, 각 단원의 단원 목표는 지식 목표, 기능 목표, 가치·태도 목표 등으로 별도로 제시하였다.

(8) 제7차 교육과정기(1997년 - 2007년)

사회과는 사회 현상을 올바르게 인식하고 사회 지식의 습득과 사회생활에 필요한 기능을 익히며, 민주 사회 구성원들에게 요청되는 가치와 태도를 지님으로써, 민주 시민으로서의 자질을 육성하는 교과이다. 즉 사회과는 민주 사회의 본질적 특성과 사회 구성원으로서 갖추어야 할 자질에 관한 요소로부터 목표를 추출하고, 사회 과학과 그 밖의 분야로부터 내용을 선정하여 학생들의 경험을 바탕으로 사회 현상을 학습하는 교과이다.

사회과 교육에서 기르려는 바람직한 시민이란, 사회생활을 영위하는 데 필요한 지식을 가지고 인권 존중, 관용과 타협의 정신, 사회 정의의 실현, 공동체 의식, 참여와 책임 의식 등 민주적 가치와 태도를 함양하고, 나아가 개인적, 사회적 문제를 합리적으로 해결하는 능력을 기름으로써 개인의 발전은 물론 사회, 국가, 인류의 발전에 기여할 수 있는 자질을 갖춘 사람이다. 아울러, 바람직한 시민이란 우리나라 및 세계의 사회·문화적 상황 속에서 21세기를 현명하게 살아가는 한국인을 의미한다.

제7차 교육과정에서는 사회과의 교과 목표를 종합 목표와 영역별 목표로 나누어 제시하고 있다. 종합 목표는 제3학년에서 제10학년까지의 국민공통기본교육과정의 초·중·고교에 통합적·연계적으로 적용되는 목표이다.

종합 목표는 "사회 현상에 관한 기초적 지식과 능력은 물론, 지리, 역사 및 사회 과학의 기본 개념과 원리를 발견하고 탐구하는 능력을 익혀, 우리 사회의 특징과 세계의 여러 모습을 종합적으로 이해하며, 다양한 정보를 활용하여 현대 사회의 문제를 창의적이며, 합리적으로 이해하고, 공동생활에 스스로 참여하는 능력을 기른다. 이를 바탕으로 개인의 발전은 물론 사회, 국가, 인류의 발전에 기여할 수 있는 민주 시민의 자질을 기른다."로 규정되어 있다.

이러한 종합 목표는 사회과 교육의 궁극적 목적인 민주 시민 양성을 지향점으로 하여, 교육과정을 통하여 달성하려는 지식, 기능, 가치·태도 목표를 종합적으로 제시한 것이다.

한편 영역별 목표는 총 6개 항으로 제시되어 있는데, 사회 현상의 종합적 이해를 위한 전 영역 통합 목표 1개 항과 함께, 지리 영역 목표, 역사 영역 목표, 사회생활 영역 목표, 기능·능력 영역 목표, 가치·태도 영역 등 각 영역별로 세부 목표가 1개 항씩 제시되어 있다. 제7차 교육과정에서는 제6차 교육과정처럼 학년 목표를 별도로 제시하지 않고, 교과 목표와 단원 목표를 직접 연계하고 있다. 이것은 목표 간의 중복성을 피하고, 각 학교에서 교육과정을 편성할 때 학교와 지역 사회의 실정 및 학생들의 특성을 반영하여 학년 목표를 별도로 설정해 볼 필요가 있기 때문이다.

제7차 교육과정에서는 단원 목표들이 엄밀하게 항목화된 형태로 제시되지 않고, 단원의 지식 목표와 가치·태도 목표를 위주로 한 문단 형태로 제시하고 있다. 다만, 일부 단원에서는 기능 목표와 목표 달성에 적합한 지도 방법 및 자료까지 나타내는 형식으로 제시된 경우도 더러 있다. 단원 목표를 이와 같은 형태로 제시한 것은 교사의 단원 지도 계획 수립 과정에서 목표를 수정, 보완하여 더욱 세분화, 항목화할 수 있도록 하기 위해서이다(김재복 외, 1997: 432－435).

(9) '2007년 개정 교육과정'기(2007년 이후)

'2007년 개정 교육과정'은 제7차 교육과정의 일부 내용을 수정한 형식을 취하고 있다. 따라서 기본적인 골격은 그대로 유지하고 있는 점이 특징이다. 2007년 개정 교육과정에서는 초등학교의 교육 목표를 다음과 같이 제시하고 있다(교육인적자원부, 2007 a: 3－4).

"학생들의 학습과 일상생활에 필요한 기초 능력 배양과 기본 생활 습관을 형성하는 데 중점을 둔다.

첫째, 몸과 마음이 균형 있게 자랄 수 있는 다양한 경험을 가진다.

둘째, 일상생활의 문제를 인식하고 해결하는 기초 능력을 기르고, 자신의 생각과 느낌을 다양하게 표현하는 경험을 가진다.

셋째, 다양한 일의 세계를 이해할 수 있는 폭넓은 학습 경험을 가진다.

넷째, 우리의 전통과 문화를 이해하고 애호하는 태도를 가진다.

다섯째, 일상생활에 필요한 기본 생활 습관을 기르고, 이웃과 나라를 사랑하는 마음씨를 가진다."

2007년 개정 교육과정은 제7차 교육과정에서와 같이 사회과의 교과 목표를 종합 목표와 영역별 목표로 나누어 제시하고 있다. 종합 목표는 제3학년에서 제10학년까지의 국민공통기본교육과정의 초·중·고교에 통합적·연계적으로 적용되는 통합적·총체적 목표이다.

종합 목표는 "사회 현상에 관한 기초적 지식과 능력은 물론, 지리, 역사 및 사회 과학의 기본 개념과 원리를 발견하고 탐구하는 능력을 익혀, 우리 사회의 특징과 세계의 여러 모습을 종합적으로 이해하며, 다양한 정보를 활용하여 현대 사회의 문제를 창의적이며, 합리적으로 이해하고, 공동생활에 스스로 참여하는 능력을 기른다. 이를 바탕으로 개인의 발전은 물론 사회, 국가, 인류의 발전에 기여할 수 있는 민주 시민의 자질을 기른다."라고 규정되어 있다.

이러한 종합 목표는 사회과 교육의 궁극적 목적인 민주 시민 양성을 지향점으로 하여, 교육과정을 통하여 달성하려는 지식, 기능, 가치·태도 목표를 종합적으로 제시한 것이다.

한편, 영역별 목표는 총 6개 항으로 제시되어 있는데, 사회 현상의 종합적 이해를 위한 전 영역 통합 목표 1개 항과 함께, 지리 영역 목표, 사회생활 영역 목표, 기능·능력 영역 목표, 가치·태도 영역 등 각 영역별 목표 1개 항씩 총 5개 항의 목표가 제시되어 있다(교육인적자원부, 2007 a: 2).

① 사회의 여러 현상과 특성을 그 사회의 지리적 환경, 역사적 발전, 정치·경제·사회적 제도 등과 관련지어 이해한다.

② 인간과 자연 간의 상호작용에 대한 이해를 통하여 장소에 따른 인간 생활의 다양성을 파악하며 고장, 지방 및 국토 전체와 세계 여러 지역의 지리적 특성을 체계적으로 이해한다.

③ 각 시대의 특색을 중심으로 우리나라의 역사적 전통과 문화의 특수성을 파악하여, 민족사의 발전상을 체계적으로 이해하며, 이를 바탕으로 인류 생활의 발달 과정과 각 시대의 문화적 특색을 파악한다.

④ 사회생활에 관한 기본적 지식과 정치·경제·사회·문화 현상에 대한 기본적 원리를 종합적으로 이해하고, 현대 사회의 성격 및 민주적 사회생활을 위하여 해결해야 할 여러 문제를 파악한다.

⑤ 사회생활과 문제를 파악하는 데 필요한 지식과 정보를 획득, 분석, 조직, 활용하는 능력을 기르며, 사회생활에서 나타나는 여러 문제를 합리적으로 해결하기 위한 탐구 능력, 의사 결정 능력 및 사회 참여 능력을 기른다.

⑥ 개인과 사회생활을 합리적으로 운영하고, 우리 사회가 당면한 문제들에 관심을 가지고 민주 국가 발전과 세계의 발전에 적극적으로 이바지하려는 태도를 가진다.

3) 내용

(1) 교수요목기(1946년-1954년)

교수요목기에는 사회생활과 '교수 사항'이라고 하여 학년별 제목 아래 단위의 세목(細目)을 제시하고 있는데, 이와 같은 세목을 중심으로 한 사회생활과 교수요목의 내용상의 특징은 다음과 같다(문교부, 1986: 2-53. 김준택, 1988: 29-32).

첫째, 저학년은 주변 생활의 바른 이해를 위해서, 가정, 학교, 향토 생활 등으로 구성되어 있고, 중학년은 지리 분야를 중심으로 일반사회, 역사 분야가 추가되어 있다.

둘째, 가정과 학교에서 출발하여 국가와 일반사회에 이르도록 단원을 전개시켜서 동심원적(同心圓的) 내용 전개의 틀을 갖추었다.

셋째, 일반사회(공민), 역사, 지리 영역이 중심이 되어 직업, 이과, 기타 관계 분야를 융합하여 통합 교과로서의 성격을 나타냄과 동시에, 여러 교과 중에서 사회생활과가 중핵적인 성격을 지니고 있음을 나타내고 있다.

넷째, 내용 소재를 아동 생활의 구체적인 사실에서 구하여 생활 경험형 교육과정에 접근하고 있다. 학년별 제목을 살펴보면, 제1학년 가정과 학교, 제2학년 고장 생활, 제3학년 여러 곳의 생활, 제4학년 우리나라의 생활, 제5학년 다른 나라의 생활, 제6학년 우리나라의 발달 등이다. 아울러, 별도로 제5·6학년 남학생용으로 사회생활과 직업 보충 교재의 내용이 구성되어 있는 점이 특징이다.

다섯째, 각 단원의 세목을 제목식(題目式)이 아닌 질문형(質問形)으로 한 것은 학생들의 자발적 활동을 통한 토의 학습과 민주적 교수법을 강조한 것으로 보인다.

여섯째, 내용 소재를 학생 생활의 구체적인 사실에서 구하여 생활 경험형 교수 과정에 접근하고 있고, 교재는 제1·2학년에서는 교수 지침서, 제3학년 이상에서는 교과서 그리고 자연 관찰은 교사용 교수 지침서로 지도하였다.

(2) 제1차 교육과정기(1954년-1963년)

제1차 교육과정기의 사회과 내용은 초등학교 제1학년에서 제6학년까지의 단원명이 우리 집과 우리 학교, 이웃 생활, 고장 생활, 우리 생활의 내력(문화사), 산업의 발달(부흥과 건설), 우리나라의 발전과 세계(국제 생활) 등으로 동심원적 지역 확대법에 의해 생활 경험 중심으로 조직되어 있다.

구체적으로 보면, 국민학교 사회생활과 단원 일람표를 표로 제시하고 이어서, 학년별 단원명과 세목을 제시하고 있다. 학년별 내용 구성은 단원과 마찬가지로, 제1학년 우리 집, 제2학년 이웃 생활, 제3학년 고장 생활, 제4학년 우리 생활의 내력(문화사), 제5학년 산업의 발달(부흥과 건설) 그리고 제6학년은 우리나라의 발전과 세계(국제 생활) 등으로 구성되어 있어서, 생활 경험 중심의 동심원적 지역 확대법이 철저하게 적용되고 있음을 알 수 있다(교육과정·교과서연구회, 2000: 123). 또한, 우리의 문화, 풍속, 자연, 역사 등 우리 것에 관한 내용과 우리가 당면한 여러 문제 등이 주로 선정되어 있어, 교육과정의 내용에서 일제(日帝)의 잔재를 탈피하고 실질적인 면에서 우리의 독자적인 내용의 교육과정으로 전환되었다고 볼 수 있다. 특히 사회과에서 각 학년의 첫 단원은 착하고 아름다운 예법 지도를 중점적으로 할 수 있으며, 도의(道義) 단원을 설정하여 도의 교육을 강조하고 있다(김준택, 1988: 37-40).

(3) 제2차 교육과정기(1963년-1973년)

제2차 교육과정기의 사회과는 내용상으로 아동들에게 사회생활을 올바르게 이해시키고 사회에 적절하게 적응하며, 사회를 진보, 향상시키는 능력과 태도를 신장시킬 것을 목표로 하고 있어서 근본적인 변화를 찾아보기는 어렵다. 그뿐만 아니라, 종래의 생활 중심의 행동과 경험, 문제 해결력 등을 존중하고 있는 점이나, 사회 기능과 지역 확대법에 의한 구성에서 벗어나지 못하고 있다(박환이, 1977: 10-12).

즉 지도 내용 선정의 기본적 태도는 기초 학력의 충실을 기할 수 있도록 하고, 자주성, 생산성, 실용성 등을 고려하여 타 교과와 지도 내용의 중복을 피하고, 각 지역별로 재구성할 수 있는 융통성을 고려하였다(김준택, 1988: 46-48. 교육과정·교과서연구회, 2000: 125).

초등학교 저학년에서는 고장 생활의 환경 관찰과 이해를, 고학년에서는 우리 고장과 지역 환경과 우리나라 산업의 발달을 중심으로 국가 생활을 파악하게 하였고, 분과가 아닌 종합적 지도로서 사회 기능법과 지역 확대법에 의한 지도를 강조하였다. 다만, 제4학년의 우리나라 관련 내용은 나라 전체, 각 지방, 우리 지방의 순으로 역지역 확대법(逆地域 擴大法)을 채택한 점이 특징이다(김준택, 1988: 46-48).

이와 같은 제2차 사회과 교육과정의 초등학교 내용상의 특징을 정리하면 다음과 같다.

첫째, 민주적 신념이 확고하고 반공정신이 투철하며 민주적 생활을 발전시킬 수 있는 인간을 양성하는 데 초점을 두었다.

둘째, 독립, 자주의 민족적 기풍과 아울러, 국제 협조의 정신을 함양하는 데 중점을 두었다.

셋째, 일상생활의 여러 문제를 해결하는 데 필요한 유익한 지식과 유용한 기능 및 과학적 생활 태도를 기르는 데 직결되도록 교육과정을 구성하였다.

넷째, 성실한 마음과 튼튼한 몸을 가진 국민을 양성하는 데에 직접 기여할 수 있는 학습 활동을 계획하도록 하였다. 형식적인 반공·도덕 교육을 쇄신하여 일관성 있게 지도할 수 있는 계획을 수립하여 능동적으로 참여하는 실천적 교육에 주력하였다.

(4) 제3차 교육과정기(1973년 - 1981년)

제3차 교육과정기의 사회과에서는 내용 선정 면에서, 사회과의 기본적인 주요 개념을 습득하는 데 유용하고, 학생의 생활환경의 현실적 변화에 대응하여 선정하며, 국가 사회의 중요 문제를 채택·반영하고 있다(교육과정·교과서연구회, 2000 a: 127 - 128). 내용의 조직 구성 면에서는 국사 교육의 강화와 체계화가 특징이다. 아울러, 동심원적 지역 확대법과 시간 소급법을 적용하고, 또 이를 아동들의 관심과 흥미를 반영하여 보완하였다(최병모, 1992: 141).

내용의 제시 형태 면에서는 탐구를 중심으로 하는 학습 절차를 중시하여 각 학년의 학습 단위마다 학습 절차, 방향 또는 수준을 제시한 다음, 그 아래에 주요 개념, 제재 등을 제시하였다(문교부, 1975: 12 - 14). 학생들이 학습 과정에 따라 다양한 학습을 할 수 있도록 각 학년의 단계마다 절차, 수준, 방향을 제시하고, 그 다음에 주요 개념 및 제재를 제시하였다(문교부, 1975: 12 - 14).

일반적으로 제1 - 4학년까지는 지역 확대법을 따르고 있으며, 제5학년은 국사 영역과 지리, 공민 영역으로 나누어져 있고, 제6학년도 국사 영역과 지리, 공민 영역이 각각 부분적으로 구분되어 있다. 세부적인 교수·학습 내용을 고찰하면, 제1학년에서 학교생활, 가정생활, 이웃과 동네의 생활, 물건의 생산과 유통을 위해 일하는 사람들, 제2학년에서는 교통·통신에 종사하는 사람들, 생명·재산·건강 보호에 종사하는 사람들, 고장의 생활, 자연의 이용과 의식주, 여러 고장의 생활 등이고, 제3학년에서는 세계 여러 곳의 생활, 고장 생활의 어제와 오늘, 고장 사람들의 협동 생활 등이며, 제4학년에서는 우리가 사는 시·도, 우리나라 각 지방의 생활, 국토 환경과 국민 생활, 국토의 보전과 개발 등이며, 제4학년의 국사 분야로는 우리나라 경제생활의 발전, 우리나라 문화의 발전 등이다. 제5학년의 지리·공민 분야는 산업과 경제생활, 경제 개발 계획과 국민 생활의 향상, 우리가 사는 세계 등이고, 제6학년의 지리·공민 분야는 세계 안의 대한민국, 민주주의와 우리의 생활, 국민으로서의 책임 등이다. 특히, 제5·6학년의 국사 분야는 교과서가 별책(別冊)으로 발행되었다.

(5) 제4차 교육과정기(1981년 - 1987년)

제4차 교육과정기의 사회과 내용 선정은 사회 과학의 각 영역에서 기본적으로 취급되는 내용과 오늘날 사회적·국가적으로 요청되고 있는 시대적 문제와 가치를 우선적으로 선정하고, 우리 사회의 원활한 기능을 유지하기 위해 사회 구성원들이 알고 있어야 할 요소와 사회 현상의 탐구에 필요한 과정으로서의 지식 중에서 선정하였다(교육과정·교과서연구회, 2000 a: 129 - 130).

사회과 내용 조직에서 내용의 통합은 각 영역의 공통되는 개념을 중심으로 사회 기능적 요소와 사회 문제 등을 관련시켜 이에 적절한 주제를 선정했는데, 특기할 것은 제1·2학년의 내용이 교과서 수준에서 사회과적 내용이 국어과적 내용, 도덕과적 내용 등이 통합되어, '바른 생활' 교과서로 편찬되어 교과 통합의 길을 텄다는 점이다. 내용의 계열성(sequence)은 각 영역의 기본적 요소와 개념이 각 학년에 균형 있게 발전적으로 심화, 확대되게 하면서 단원, 학년, 학교급 간의 계열성을 고려하고, 아울러 지적 기능의 계열성도 함께 고려하였다.

전체적으로 제4차 교육과정은 교수·학습의 관점을 명료하게 하기 위하여 개념과 주제의 혼합 형식으로 내용을 진술하였다. 이와 같은 내용의 구성 원칙에 따라서 내용의 수준을 적정화하고 학년 간, 단원 간의 중복을 배제함으로써, 제4학년에 집중적으로 포함되었던 지리 분야, 제5학년에 집중적으로 포함되어 있던 사회, 정치 분야의 내용 등이 각 학년별로 고르게 분산, 조정되었고, 특히 중복이 심했던 경제 분야의 내용이 과감하게 통폐합되었다(김용만, 1982: 21 - 34).

지역 확대법과 시간 소급법의 원칙은 이전 교육과정과 다름이 없었으나, 부분적인 보완을 하였다. 내용의 진술 형식도 구(舊)교육과정과 다를 바가 없었으나, 다만, 지도 요소는 서술 형식을 가미하여 개념과 주제를 혼합 형식으로 진술하였고, 제5·6학년의 국사 분야를 분리하지 않고, 타 단원에 이어서 진술하였다.

결론적으로, 제4차 사회과 교육과정은 목표 및 내용이 정선되고 체계를 갖추었으며, 국민정신 교육의 내용이 일관성 있게 반영됐으나, 시대적 특징이나 교육과정의 적합성에 관한 학문적 배경이 과거와 같이 하나의 사조(思潮)나 성격으로 설명할 수 있도록 뚜렷하게 나타나지 않고, 종합적 성격으로 제시되었다고 볼 수 있다(최병모, 1992: 142).

(6) 제5차 교육과정기(1987년 - 1992년)

제5차 사회과 교육과정의 내용은 이전의 제4차 사회과 교육과정의 내용을 수정·보완한다는 전제 아래 다음과 같은 점에 중점을 두고 있다(교육과정·교과서연구회, 2000 a: 135 - 136).

사회과 교육과정의 내용은 사회 과학의 각 내용 중에서 기초·기본적인 내용을 선정하되, 생활과 관련된 것을 우선적으로 선정하고, 사회 과학의 각 영역의 내용이 될 수 있는 대로 한 단원 내에서 사회 기능 및 사회 문제를 축으로 하여 통합되도록 하였으며, 미래지향적 내용, 국제 이해와 관련된 내용, 전통 문화와 관련된 내용, 사회·국가적으로 요구되고 있는 문제와 가치 등에 대한 내용을 강조하였다. 그리고 각 영역의 내용을 각 학년에 균형 있게 배열하되, 학년의 수준을 고려하여 과감하게 축소하였고, 국사 교육 내용은 사회과의 각 영역 요소와의 관련 속에서 체계적, 종합적으로 교육되도록 하기 위해 학생들의 시간 의식의 발달 단계에 맞추어 각 단원에서 통합되어 전개되도록 하였다(문교부, 1987: 31).

제5차 사회과 교육과정이 제4차 사회과 교육과정에 비해 달라졌다고 볼 수 있는 것은 내용 수준의 조정 및 조절, 과감한 통합 정신에 의거한 통합 단원의 구성, 전통문화와 관련된 내용의 강화, 분리되어 지도되었던 역사 내용이 사회과 속에 융합되어 편성된 점 등이다.

각 학년의 내용 구성은 교과 목표와 학년 목표와 관련하여 상호 연계성을 유지하여 선정, 조직되었다. 하지만 제5학년과 제6학년은 교과 목표, 학년 목표, 단원 내용 등이 같은 순서대로 정선, 배열되어 있으나, 제3학년과 제4학년은 그 배열 위치와 순서가 일정하지 않은 아쉬움이 있다. 제3학년과 제4학년도 제5·6학년처럼 내용의 위치와 순서를 맞추어 배열하고, 제4학년의 각 지역 단원은 맨 마지막으로 옮겨 내용 제시를 하는 것이 바람직하다고 본다. 그리고 제4학년의 단원 내용 구성에서 지역 단원을 설정, 제시한 것은, 사회과가 내용의 재구성·지역화가 본질적으로 중요하다는 전제에서 매우 고무적이고 발전적인 교육과정의 혁신이라고 볼 수 있다.

(7) 제6차 교육과정기(1992년 - 1997년)

제6차 교육과정은 시·도 교육청과 단위 학교의 교육과정 편성·운영 기본 지침을 제시한 것이 특징이다. 아울러, 지방 자치와 관련하여, 시·도 교육청과 학교로 하여금 교육부에서 고시한 교육과정을 기준으로 지역과 학교의 특성에 부합되도록 학교 교육과정 편성·운영의 창의성을 강조하였다. 특히 '교과서 중심' 학교 교육에서 '교육과정 중심' 학교 교육으로 전환하여 의도된 교육, 전개된 교육, 실현된 교육을 최대한 접근시키도록 한 조치라고 할 수 있다(함종규, 2006: 607 - 622).

제6차 사회과 교육과정의 특징은 시민 교육의 강화, 방법 중시(方法 重視) 사회과의 지향, 초·중등 통합 사회과의 지향, 내용 축소 및 정선화, 학습 내용의 실생활 연계, 고급 사고력 교육 강화 등을 특징으로 들 수 있다.

초등학교 사회과의 내용은 생활 경험 중심으로 배열하는 데 초점을 맞추었는데, 제1·2학년은 '슬기로운 생활과'로 사회과적 내용, 과학과적 내용, 실과적 내용 등을 통합하여 생활 중심으로 편성하였다. 그리고 학년별 주제를 살펴보면, 제3학년은 우리 고장의 생활(시·군·구), 제4학년은 시·도 지역의 공동생활(시·도), 제5학년은 우리나라의 생활과 문화(국사), 제6학년은 세계와 더불어 살아가는 우리(국가·세계) 등으로 방법 중시 사회과, 국사 내용의 사회과 편입, 생활 활동 중심 사회과를 지향하고 있다.

이러한 내용 배열 및 조직의 원리를 분석하여 보면, 우선 제3학년에서 사회 기능적 요소가 강화되고, 제5학년에서는 국가주의적 요소가 약화된 대신에 '시민'이란 용어가 등장하였다.

각 학년의 주제들은 전형적인 공간 확대의 원리에 따라 배열하고, 대신 각 학년 내에 변화 개념을 첨가함으로써 시·공간을 중심으로 한 내용 구성상의 일관된 논리를 갖추려고 한 점이 주목할 만한 점이다(권오정·김영석, 2006: 190 - 192).

아울러, 각 단원명에 '생활'이라는 단어를 많이 사용함으로써, 생활 중심의 교육과정을 지향한다는 점을 명확히 하고 있다. 실제로 제4학년까지는 중단원과 소단원 수준에서도 과거에 비해 생활 경험적 요소를 대폭 확대하고 있다. 초등학교 사회과는 내용 구성의 원리를 정비하고, 내적으로는 생활 경험을 강조함으로써, 초등학교 사회과 본래 모습을 강조하고 있다.

다만, 제6차 초등학교 사회과 교육과정은의 21세기 뉴 밀레니엄(new millennium)을 앞두고, 사회 기능이나 생활 경험이 뚜렷하게 드러나야 하는데, 실제는 내용 구성상의 철학이 잘 드러나지 않고 있다. 아울러, 세계화·정보화 시대의 진입을 앞두고 다문화 이해 교육, 사회 사상(事象)의 지구촌적 관점 파악, 세계 시민 교육의 강화 등을 충분히 반영하지 못했다는 비판이 있다.

(8) 제7차 교육과정기(1997년 - 2007년)

제7차 사회과 교육과정은 학생의 발달·심리적 측면, 사회·국가적 측면, 학문·철학적 측면 등을 충분히 고려하여 내용 선정을 한 점이 특징이다. 이러한 배경적 측면을 바탕으로 하여 다음과 같은 원칙에 따라 구체적인 내용 배열과 조직을 하도록 하였다.

학생의 발달·심리적 측면에서는 학습자의 흥미와 관심, 능력 등 고려, 사회·국가적 측면에서는 세계화·정보화의 반영, 사회적 사실 및 사회 기능 강조, 학문·철학적 측면에서는 제 사회 과학의 기본 아이디어에 기초한 탐구 방법 모색 등을 강조하였는데, 이러한 점을 전제한 기본적 내용 조직의 원리는 다음과 같다.

첫째, 학습자의 발달, 사회적 경험, 사회 기능을 고려하는 환경 확대법의 원칙에 따라 배열하였다.

둘째, 사회 과학의 기본 개념을 구체적 사례와 문제에 따라 이해할 수 있도록 구성하되, 나선형적 확대는 사회 과학의 기본 개념, 학습자의 시간 의식, 공간 의식, 사회 의식(意識) 등의 발달과 연계하여 배열하고, 단순한 것에서부터 복잡한 것으로, 구체적인 것에서 추상적인 것으로 나아가는 배열 원리를 적용하였다.

셋째, 단원 또는 주제를 중심으로 한 통합적 접근뿐만 아니라, 내용과 방법의 통합, 생활 경험과 지식의 통합 등에 초점을 맞추었다.

넷째, 학년별로 내용의 핵심과 범위를 설정함으로써, 학습 장면에서는 이를 중심으로 일관된 방향으로 유지할 수 있도록 배열하였다. 학년별 주제 범위는, 제3학년은 우리 고장의 생활 모습, 제4학년은 지역의 사회생활, 제5학년은 우리나라의 생활과 문화, 제6학년은 지구촌 시대의 우리 등이다.

다섯째, 학년별 내용을 기본 과정과 심화 과정으로 제시하여 학습자의 능력 차에 따른 다양한 학습 경험을 제공하고, 그러한 내용을 성취 수준과 학습 활동을 결합하여 진술하였다.

이와 같은 조직 배열의 원리에 따라 학년별 내용의 세부 주제(단원)를 살펴보면, 제3학년에서는 고장의 모습과 생활, 고장 생활의 중심지, 고장 생활의 변화, 살기 좋은 고장을 위한 노력 등이 주제이고, 제4학년은 우리가 사는 지역 사회, 주민 자치와 지역 사회의 발전, 옛 도읍지와 문화재, 사회 변화와 가정생활 등이다. 제5학년은 우리 국토의 모습, 여러 지역의 생활, 세계 속의 우리 경제, 우리 겨레의 생활 문화 등이고, 6학년은 우리 겨레, 우리나라, 새로운 사회, 문화로 가는 길, 우리나라의 민주 정치, 함께 살아가는 세계 등 각 학년별로 4개 항씩이다.

〈표 36〉 초등학교 사회과 교육과정 내용 체계(단원 일람)표

구분	교수요목기 (1946-54)	제1차 교육과정기 (1954-63)	제2차 교육과정기 (1963-73)	제3차 교육과정기 (1973-81)	제4차 교육과정기 (1981-87)	제5차 교육과정기 (1987-92)	제6차 교육과정기 (1992-1997)	제7차 교육과정기 (1997-2007)	2007년 개정 교육과정 (2007-)
교육과정 내용 체계(단원 일람)	<제1학년> 학년 대주제 1. 가정과 학교생활 <제2학년> 학년 대주제 1. 향토 생활 <제3학년> 학년 대주제 1. 여러 곳의 사회생활 <제4학년> 학년 대주제 1. 우리나라의 생활 <제5학년> 학년 대주제 1. 다른 나라의 생활 <제6학년> 학년 대주제 1. 우리나라의 발전	<제1학년> 1. 우리집, 우리들의 학교 　1)학교, 예절, 소풍 　2)절약, 안전, 좋은 버릇 　3)건강, 동무, 우리 집 　4)즐거운 날, 우리 학교와 우리 집 <제2학년> 1. 이웃의 생활 　1)착한 학년, 방위, 수송 　2)공급, 심부름, 우체국 　3)정직, 금융조합과 은행 　4)면사무소와 시청, 시간 준수, 　5)보건, 오락 <제3학년> 1. 고장의 생활 　1)자연환경, 식량, 책임과 공역 　2)옷, 집, 도시와 시골 　3)북부 지방, 남부 지방 　4)산간 지방, 해안 지방	<제1학년> 1. 즐거운 우리 학교 2. 선생님과 동무 3. 학교 가는 길 4. 우리 집 5. 이웃의 놀이터 6. 여러 가지 행사 <제2학년> 1. 우리 마을의 살림살이를 맡은 분들과 기관 2. 물건을 대어 주는 분들과 시설들 3. 우리에게 소식을 전하여 주는 분들과 시설 4. 여행과 물건의 수송 5. 우리들의 안전을 지켜 주는 분들과 기관 6. 우리들의 마을 생활 <제3학년> 1. 고장의 자연환경 2. 고장의 살림살이를 돕는 기관과 시설 3. 고장에서 나는 것 4. 여러 고장의 생활 5. 옛날의 우리 고장 6. 앞날의 우리 고장	<제1학년> 1. 학교생활 2. 가정생활 3. 이웃과 동네의 생활 <제2학년> 1. 물건의 생산과 유통을 위하여 일하는 사람 2. 교통·통신에 종사하는 사람들 3. 생명, 재산, 건강 보호에 종사하는 사람들 4. 고장의 생활 <제3학년> 1. 자연의 이용과 의식주 2. 여러 고장의 생활 3. 세계 여러 곳 사람들의 생활 4. 고장 생활의 옛날과 오늘 5. 고장 사람들의 협동 생활	<제1학년> 1. 학교생활 2. 가정생활 3. 이웃 생활 4. 나라 사랑 <제2학년> 1. 우리들의 생활 모습 2. 우리 고장의 자연과 생활 3. 고장 사람들의 협력 (사회기능 단원) <제3학년> 1. 자연의 이용과 우리 생활 2. 여러 고장의 생활 3. 우리와 자연환경이 다른 고장 사람들의 생활 4. 고장 생활의 변화와 발전 5. 고장의 공동생활	<제1학년> 1. 바른생활 (통합교과) 2. 사회과 + 도덕과 (내용) <제2학년> 1 바른생활(통합교과 2 사회과 + 도덕과 (내용) <제3학년> 1. 우리들의 생활과 자연 2. 우리들이 살고 있는 고장 3. 우리 고장의 공생활 4. 우리 고장의 변화와 발전 <제4학년> 1. 우리 시·도의 생활 2. 우리나라 각 지방의 생활 3. 우리 민족의 생활 자취 4. 인간의 사회생활	<제1학년> 1. 바른생활(통합교과) 슬기로운 생활(통합교과서) 2. 사회과 + 도덕과 (내용) 슬기로운 생활 (통합교과서) <제2학년> 1. 바른생활(통합교과 2. 사회과 + 도덕과 (내용) <제3학년> [우리 고장의 생활 (시·군)] 1. 우리 고장의 모습 2. 고장 사람들의 물자 생산과 그 이용 3. 고장 생활의 변화 4. 보다 나은 고장 생활 <제4학년> [시·도 지역의 공동생활(시도)] 1. 우리 시·도의 모습과 내력 2. 우리 시·도 사람들의 생활 3. 여러 지역의 생활 4. 가정과 사회생활	<제1학년> 1. 바른생활 (통합교과서) 슬기로운 생활(통합교과서) 2. 사회과 + 도덕과 (내용) 사회과 + 과학과 (내용) <제2학년> 1. 바른생활(통합교과 슬기로운 생활(통합교과서) 2. 사회과 + 도덕과 (내용) 슬기로운 생활 (통합교과서) <제3학년> 1. 고장의 자연환경과 인문환경의 관계 2. 고장의 중심지와 주민 생활 모습 3. 고장 생활의 변화 4. 고장의 문화적 전통 5. 물자의 유통 6. 고장의 여러 기관에서 하는 일 7. 고장의 발전을 위한 노력 <제4학년> 1. 우리 지역의 자연환경과 인문환경	<제1학년> 1. 바른생활(통합교과서) 슬기로운 생활 (통합교과서) 2. 사회과 + 도덕과(내용) 슬기로운 생활(통합교과서) <제2학년> 1. 바른생활(통합교과 슬기로운 생활 (통합교과서) 2. 사회과 + 도덕과(내용) 슬기로운 생활(통합교과서) <제3학년> 1. 우리가 살아가는 곳 2. 우리 고장의 정체성 3. 우리 고장 의 생활 문화 4. 사람들이 모이는 곳 5. 이동과 의사소통 6. 다양한 삶의 모습들 <제4학년> 1. 우리 지역의 자연환경과 생활 모습 2. 주민 자치와 지역 사회의 발전 3. 우리 지역과 관계 깊은 곳들 4. 경제생활과 바람직한 선택 5. 여러 지역의 생활 6. 사회 변화와 우리 생활

구분	교수요목기 (1946-54)	제1차 교육과정기 (1954-63)	제2차 교육과정기 (1963-73)	제3차 교육과정기 (1973-81)	제4차 교육과정기 (1981-87)	제5차 교육과정기 (1987-92)	제6차 교육과정기 (1992-1997)	제7차 교육과정기 (1997-2007)	2007년 개정 교육과정 (2007-)
교육과정 내용 체계(단원 일람)		<제4학년> 1. 우리 생활의 내력 1)전통 예법, 고장의 발전 2)자유와 협동, 애림 3)우리나라의 자연 환경, 명승고적 4)미풍양속, 지구, 도구의 발달 5)농사의 시작, 집단 생활 <제5학년> 1. 산업의 발달 1)예법, 근로, 오락 2)자원활용, 기계발달과 산업 3)교통과 수송, 상업과 무역 4)은행과 조합, 인구와 도시 5)세계의 여러 나라, 국산품 애용 <제6학년> 1. 우리나라의 발달과 세계 1)아름다운 습관, 우리나라의 내력 2)역사적 인물과 물건, 한국 정치, 민주주의 3)국제연합, 통일과 부흥 4)아름다운 것들, 종교, 국민의 의무	<제4학년> 1. 우리나라의 자연 환경 2. 산림녹화 3. 우리나라의 명승고적 4. 우리나라 여러 지방의 생활 5. 모듬살이 6. 농업의 발달 7.우리 지방의 발달 <제5학년> 1. 근로와 우리 생활 2. 자원의 이용 3. 기계 발달과 산업 4. 경제생활과 금융기관 5. 교통과 산업 6. 우리나라 산업의 발달 <제6학년> 1. 우리나라의 발달 2. 민주주의와 정치 3. 세계 여러 나라의 생활 4. 한국과 국제연합 5. 새로운 문화생활 6. 우리의 할 일	<제4학년> 1. 우리가 사는 시·도 2. 우리나라 각 지방의 생활 3. 국토 환경과 국민 생활 4. 국토의 보전과 개발 5. 우리 조상들의 생활 내력과 그 자취 <제5학년> [국사 부분] 1. 우리나라 경제생활의 발전 2. 우리나라 문화의 발전 [지리·공민 부분] 3. 산업과 경제생활 4. 경제개발계획과 국민 생활의 향상 5. 우리가 사는 세계 <제6학년> [국사 부분] 1. 우리 민족의 성장 2. 근대 사회로의 전환 [지리·공민 부분] 3. 세계 안의 대한민국 4. 민주주의와 우리의 생활 5. 국민으로서의 책임	<제4학년> 1. 시·도 및 지역의 생활 2. 우리나라의 자연과 생활 3. 지역 개발과 국토의 활용 4. 사회생활과 우리의 할 일 5. 우리 민족의 생활 자취 <제5학년> 1. 국가와 국민 생활 2. 우리들의 경제생활 3. 우리가 사는 세계 4. 우리나라 사회생활의 발달 5. 우리나라 산업의 발달 6. 우리나라 학문과 기술의 발달 7. 우리나라 종교와 예술의 발달 <제6학년> 1. 우리나라의 민주 정치 2. 국민 경제생활의 발전 3. 세계와 우리나라 4. 우리 민족의 형성과 성장 5. 민족 국가의 발전 6. 근대화의 길 7. 20세기 민족사	<제5학년> 1. 국가와 국민 생활 2. 우리들의 경제생활 3. 우리나라의 산업 발전 4. 국토와 자원의 활용 5. 우리 문화생활의 발달 <제6학년> 1. 우리나라의 민주 정치 2. 우리 경제의 흐름 3. 세계와 우리나라 4. 우리 민족의 형성과 발전 5. 근대화의 길 6. 대한민국의 발전	<제5학년> [우리나라의 생활과 문화(국사)] 1. 산업과 경제생활 2. 살기 좋은 우리 국토 3. 우리 민족의 문화 생활 4. 자율적인 시민 생활 <제6학년> [세계와 더불어 살아가는 우리(국가·세계)] 1. 민족과 국가의 성장 2. 새로운 사회와 문화의 성장 3. 민주 국가로의 발전 4. 가까워지는 세계와 우리나라	2. 옛 도읍지 3. 박물관의 기능 4. 문화재의 가치 5. 지역의 생산활동 6. 가정의 형태와 살림살이 7. 취미와 여가 생활 8. 주민 자치와 지역 문제의 해결 <제5학년> 1. 자연환경과 주민 생활의 관계 2. 국토의 개발과 환경 보전 3. 도시 지역의 생활 4. 촌락 지역의 생활 5. 인간 생활과 과학 기술의 관계 6. 조상들의 공동체 의식 7. 우리나라의 경제 성장 8. 정보화 시대의 생활 <제6학년> 1. 우리나라와 관계 깊은 나라들 2. 지구촌 문제 해결을 위한노력 3. 국가의 성립과 발전 4. 근대화와 민주국가 건설 5. 역사적 인물과 사건 6. 민주정치의 기본원리 7. 민주 시민의 권리와 준법정신 8. 평화통일과 민족의 미래	<제5학년> 1. 하나 된 겨레 2. 다양한 문화가 발전한 고려 3. 유교 전통이 자리잡은 조선 4. 조선 사회의 새로운 움직임 5. 새로운 문물의 수용과 민족 운동 6. 대한민국의 발전과 오늘의 우리 <제6학년> 1. 아름다운 우리 국토 2. 우리 경제의 성장과 과제 3. 환경을 생각하는 국토 가꾸기 4. 우리나라의 민주 정치 5. 세계 여러 지역의 자연과 문화 6. 정보화, 세계화 속의 우리

(9) '2007년 개정 교육과정'기(2007년 이후)

2007년 개정 교육과정은 제7차 사회과 교육과정의 부분 수정판 성격을 갖고 있다. 2007년 개정 교육과정의 내용상의 특징은 제7차 사회과 교육과정에서는 제3-10학년의 내용 체계의 영역을 인간과 공간, 인간과 시간, 인간과 사회 등 세 영역으로 구분했는데, 2007년 개정 사회과 교육과정은 영역을 역사 영역, 지리 영역, 일반사회 영역 등 세 영역으로 개정하였다. 이는 제6차 교육과정 이전 체제로 돌아간 것으로, 특히 역사 영역을 제일 앞에 제시하여 국사 교육 강화 의도를 보여 주고 있다.

특히, 초등학교 3학년에서는 영역을 제한하지 않고 역사 영역, 지리 영역, 일반사회 영역 등을 통합하여, 우리가 살아가는 곳, 우리 고장의 정체성, 고장의 생활 문화, 사람들이 모이는 곳, 이동과 의사소통, 다양한 삶의 모습들 등 내용을 배열하고 있다.

제4학년에서는 지리 영역에, 우리 지역의 자연환경과 생활 모습, 우리 지역과 관계 깊은 곳들, 여러 지역의 생활 등을, 일반사회 영역에, 주민 자치와 지역 사회의 발전, 경제생활과 바람직한 선택, 사회 변화와 우리 생활 등을 배열하였다.

제5학년에서는 역사 영역에, 하나 된 겨레, 다양한 문화가 발전한 고려, 유교 전통이 자리잡은 조선, 새로운 문물의 수용과 민족 운동 등을 배열하였으며, 제6학년에서는, 지리 영역에, 아름다운 우리 국토, 환경을 생각하는 국토 가꾸기, 세계 여러 지역의 지역과 문화 등을 배열하였고, 일반사회 영역에, 우리 경제의 성장과 과제, 우리나라의 민주 정치, 정보화·세계화 속의 우리 등을 배열하였다.

4) 교수·학습 방법 및 평가

(1) 교수요목기(1946년-1954년)

교육과정에서의 평가는 교육 목표, 교육 내용, 교수·학습 방법 등과 유기적 연계를 갖는 교육과정의 한 단계로서, 교육의 질 개선 및 교육과정의 개혁의 지표가 되는 중요한 활동이다. 따라서 교육 평가가 교육 목표, 교육 내용, 교수·학습 방법 등과 연계된 일련의 체제 과정이기 때문에, 교육 평가만 분리하여 떼어 내어 별도로 설명할 수 없는 교육 활동이다.

<표 37>은 역대 한국 사회과 교육과정의 교수·학습 방법 및 평가상 유의점의 변천 과정과 내용을 일목요연하게 정리한 것이다. 전통적으로 우리나라 초·중·고교 사회과 교육과정에서 교수·학습 방법, 평가 등은 교육 내용에 비해서 등한시되어 온 감이 없지 않다. 그동안 사회과 교육과정에서 교수·학습 방법은 교수(교육)상의 유의점, 지도 방법, 지도, 학습 지도 유의점 등으로 제시되어 오다가 제7차 교육과정에서 비로소 '교수·학습 방법'으로 진술되어 제자리를 잡게 되었다.

평가 역시, 제3차 교육과정까지는 교육과정상에 별다른 언급이 없다가, 제4차 교육과정부터 학습 지도와 통합되어 '지도 및 평가상의 유의점'으로 제시되었다가, 제6차 교육과정부터 '학습 지도 유의점', '평가상의 유의점' 등으로 구분되었고, 제7차 교육과정부터는 별도로 '평가'로 독립되어 내용이 제시되었다.

<표 37> 사회과 교육과정의 교수ㆍ학습 방법 및 평가상의 유의점 변천

교육과정기(기간)	초등학교	중학교	고등학교
교수요목 (1946 – 1954)	<교수상 유의점> ㅇ개인차 고려 지도 ㅇ취미 같은 단체활동 독려 ㅇ다양한 방법, 독서 연계 ㅇ평가에 대한 언급 없음	<교육상 유의점> ㅇ생활 기능의 실제 강조 ㅇ새 교육 운동 강조 ㅇ평가에 대한 언급 없음	ㅇ타 과목과 관련 고려 지도 ㅇ실생활 활용 지식, 인격 지도 ㅇ다양한 학습 활동 참가 ㅇ평가에 대한 언급 없음
제1차 교육과정 (1954 – 1963)	<지도 방법> ㅇ어린이의 기초 문제 지도 ㅇ지리, 역사, 공민의 종합지도 ㅇ평가에 관한 규정 없음	<지도 방법> ㅇ공민: 민주 사회의 인간 관계 중시 ㅇ역사: 사진, 도표 활용, 토의학습조장 ㅇ지리: 현실 생활과 연계, 학습문제 　토의 강조 ㅇ평가에 관한 규정 없음	<지도 방법> ㅇ정치적, 경제적, 사회적 당면 문제 　해결 ㅇ이상 사회 실현 노력 ㅇ시사 문제 관심 지도 ㅇ평가에 관한 규정 없음
제2차 교육과정 (1963 – 1973)	ㅇ영역별 종합 지도 ㅇ문제 중심 학습 능력 신장 ㅇ지역 특수성 고려 지도 ㅇ평가에 관한 언급 없음	ㅇ현대 사회 당면 문제 해결 ㅇ지식 체계 전달보다 이해, 기능, 　태도 함양 강조 ㅇ평가에 관한 언급 없음	ㅇ나라의 당면 문제, 생활 문제 연계 　지도 ㅇ사회 발전과 개선에 기여 ㅇ평가에 관한 규정 없음
제3차 교육과정 (1973 – 1981)	ㅇ생활 주변의 탐구과정 중시 ㅇ표현 기능 신장, 범위 설정지도, 　사회적 현상 파악 ㅇ시사 문제 수준 맞게 지도 ㅇ평가에 관한 규정 없음	ㅇ다양한 학습 활동 강조 ㅇ야외 관찰, 토의, 보고 등 ㅇ추상적 지식, 단순 암기 지양 ㅇ평가에 관한 규정 없음	ㅇ학습 내용과 방법 동시 강조 ㅇ가치ㆍ태도 지도에 유의 ㅇ탐구 학습 강조 지도 ㅇ평가에 관한 규정 없음
제4차 교육과정 (1981 – 1987)	<지도> ㅇ다양한 학습 활동 전개 ㅇ집단 사고와 활동 중시 ㅇ현실 문제 해결 학습 강조 <평가> ㅇ다양한 방법에 의한 평가 ㅇ원리, 개념, 적용력 평가	ㅇ사회적 현상 관련 지도 ㅇ현장 교육, 주위 생활 연계 지도 ㅇ민족 주체 의식 함양 교육 ㅇ지도, 도표 활용 다양한 지도 ㅇ지역사회, 학교 특성 반영 지도	ㅇ지적 능력과 사고력 강조 ㅇ기본 개념과 원리 지도 중요 ㅇ국내ㆍ외 정세, 시사 문제 지도 ㅇ진단 평가, 형성 평가 강조 ㅇ필답 평가, 기능 평가, 가치ㆍ태도 　평가 병행 평가
제5차 교육과정 (1987 – 1992)	ㅇ지도 내용의 지역화 재구성 ㅇ국제 사회 시사자료 관련 ㅇ개념과 원리 집중 지도 ㅇ다양한 학습 및 체험 활동 ㅇ다양한 방법에 의한 수시평가 실시 ㅇ지식, 기능, 능력, 태도 등 두루 평가	ㅇ지도와 평가를 종합하여 기술함 ㅇ개념, 원리의 탐구 학습 원칙 강조 ㅇ단편적 기능, 능력 육성 지도방법 　제시	ㅇ학생이 자율적 판단, 행동 강조 ㅇ시사, 정보 자료 적극 활용 ㅇ평가에서 개념, 원리 종합적 평가 ㅇ평가 문항, 평가 원리 고려
제6차 교육과정 (1992 – 1997)	<학습 지도 유의점> ㅇ생활의 기본 개념과 원리를 스스 　로 발견 ㅇ사회 현상에 대한 동기 유발 및 　다양한 방법 적용 ㅇ창의적 사고력 신장, 자유로운 학 　습 분위기 조성 <평가의 유의점> ㅇ주요 목표 달성도 평가 ㅇ지식 적용 능력, 태도, 학습과정 　평가 ㅇ다양한 평가 방법 적용	<학습 지도 유의점> ㅇ사회 현상의 원리 발견 ㅇ동기 유발과 올바른 판단 ㅇ다양한 방법, 자유로운 학습 분위 　기 조성 <평가의 유의점> ㅇ종합적 능력 평가 ㅇ여러 목표 영역 고루 평가 ㅇ다양한 방법 적용 평가	<학습지도의 유의점> ㅇ다양한 교수 방법 제시 ㅇ다양한 교수ㆍ학습 자료 활용 ㅇ교수ㆍ학습과정의 개별화 <평가의 유의점> ㅇ기능ㆍ정의적 영역 평가 강조 ㅇ균형 있는 평가, 다양한 방법

교육과정기(기간)	초등학교	중학교	고등학교
제7차 교육과정 (1997 – 2007)	<교수·학습 방법> ○교재 재구성 및 주제 중심 접근법 적용 ○내용의 통합적 접근법 ○사고력, 탐구력 신장 초점 ○수준별 교육, 협동 학습 강조 <평가> ○목표, 내용, 방법의 일관성 ○성취 기준 제시 평가 ○다양한 평가 방법 적용 ○영역별 균형적 평가	<교수·학습 방법> ○교재 재구성 및 주제 중심 접근법 적용 ○내용의 통합적 접근법 ○사고력, 탐구력 신장 초점 ○수준별 교육, 협동학습 강조 <평가> ○목표, 내용, 방법의 일관성 ○성취 기준 제시 평가 ○다양한 평가 방법 적용 ○영역별 균형적 평가	<교수·학습 방법> ○교재 재구성 및 주제 중심 접근법 적용 ○내용의 통합적 접근법 ○사고력, 탐구력 신장 초점 ○수준별 교육, 협동학습 강조 <평가> ○목표, 내용, 방법의 일관성 ○성취 기준 제시 평가 ○다양한 평가 방법 적용 ○영역별 균형적 평가
2007년 개정 교육과정 (2007 –)	<교수·학습 방법> ○사회 현상의 통합적 교수·학습 방법 강조 ○주제와 문제 중심 단원 구성 지도 ○사고력 신장 위한 탐구, 다양한 발문 기법 활용 ○소집단 구성, 민주 시민 교육 ○질문, 조사 등 다양한 학습 방법 활용 <평가> ○평가 방향, 평가 내용, 평가 방법, 평가 결과 활용 등 구분 ○다양한 평가 방법 적용 ○선택형 평가도 지식, 정보 활용 능력 평가 ○사고력 평가의 양·질적 평가 병용	<교수·학습 방법> ○사회 현상의 통합적 교수·학습 방법 강조 ○주제와 문제 중심 단원 구성지도 ○사고력 신장 위한 탐구, 다양한 발문 기법 활용 ○소집단 구성, 민주 시민 교육 ○질문, 조사 등 다양한 학습 방법 활용 <평가> ○평가 방향, 평가 내용, 평가 방법, 평가 결과 활용 등 구분 ○다양한 평가 방법 적용 ○선택형 병가노 지식, 성보 활용 능력 평가 ○사고력 평가의 양·질적 평가 병용	<교수·학습 방법> ○사회 현상의 통합적 교수·학습 방법 강조 ○주제와 문제 중심 단원 구성 지도 ○사고력 신장 위한 탐구, 다양한 발문 기법 활용 ○소집단 구성, 민주 시민 교육 ○질문, 조사 등 다양한 학습 방법 활용 <평가> ○평가 방향, 평가 내용, 평가 방법, 평가 결과 활용 등 구분 ○다양한 평가 방법 적용 ○선택형 평가도 지식, 정보 활용 능력 평가 ○사고력 평가의 양·질적 평가 병용

* 출처: 함종규(2006), 이경환 외(2002), 교육과정·교과서연구회(2000. a), 교육과정·교과서연구회(2000. b), 교육과정·교 과서연구회(2000. c), 교육부(1997 a), 교육부(1997 b), 교육인적자원부(2007 a), 교육인적자원부(2007 b) 등을 참조하여 연구자 종합·정리, 구안 재구성.

　　교수요목기의 사회과 교육과정에서는 사회과 평가에 대한 언급은 없지만, 지도법은 내용과 관련하여 상당히 자세하게 기술하고 있다(최병모, 1992: 145 – 147). 지도 방법과 관련하여 사회생활과 '교수요목의 운용법'과 사회생활과 '교수에 관한 주의'를 들고 있는데, 먼저 사회생활과 교수요목의 운용법에 대하여 고찰하면 다음과 같다(문교부, 1982: 2 – 6).

　　첫째, 교안 작성에 비약이 없도록 유의할 것이라고 하여, 아동들의 성숙도에 따라 관심과 흥미에 유의하여 가르치도록 제시하고 있다.

　　둘째, 설문식 교육을 강조하였는데, 설문식 세목(細目)을 해결하는 방법으로 현지에 가 보는 것, 책을 읽는 것 그리고 부모, 선배, 그 밖의 명사들과 인터뷰하는 것 등 여러 가지 방법을 제시하였다.

　　셋째, 교수 방법은 세목이 아닌 각 단위, 즉 단원을 중심으로 하되, 다양한 방법을 통한 기초 지식 습득→ 단위에 필요한 지식 수집, 발표→ 보습과 평가 순으로 질서 있게 할 것을 제시하고 있다.

　　넷째, 각 지방의 특수성을 고려하여 지도할 것을 제시하고 있다.

　　다섯째, 역사, 지리, 공민 영역의 통합을 지향할 것을 제시하고 있다.

　　여섯째, 민주주의 교육법을 지도할 것을 제시하고, 아울러, 교과서 활용법도 제시하고 있다.

　　사회생활과 교수에 관한 주의로는 첫째, 개인차를 고려하여 지도할 것, 둘째, 단체 활동을 할 때에는 취미가 동일한 아동들로 하여금 단체를 조직하게 할 것, 셋째, 활동 시간을 다루는 다양한 방법을 제시할 것, 넷째, 타 과목과의 관련에 유의할 것, 다섯째, 독서 지도를 통하여 사회생활과에 대한 학습 의욕을 환기시킬 것 등을 강조하고 있다.

(2) 제1차 교육과정기(1954년-1963년)

제1차 사회과 교육과정기에는 지도 및 평가와 관련한 특별한 별도 규정이 없으며, 지도 방법과 관련하여서는 사회생활과의 목표와 함께 제시하고 있다. 즉 목표 제시 후에 이어서 사회생활과의 목표를 달성하기 위하여 국민학교에서는 첫째, 사회적 및 아동의 욕구에 의한 기초적 문제가 다루어져야 할 것이며, 둘째, 사회생활과의 내용인 지리, 역사, 공민은 이를 분과적 또는 계통적으로 다루지 말고, 심신 발달 단계로 보아 종합적으로 다루어져야 한다고 규정하고 있다(문교부, 1982: 54).

(3) 제2차 교육과정기(1963년-1973년)

제2차 교육과정기에는 지도상의 유의점을 별도로 제시하고 있으나, 평가와 관련하여서는 별도의 언급이 없다. 지도상의 유의점을 정리하여 제시하면 다음과 같다.

첫째, 공민, 지리, 역사, 도덕 내용은 분과적 계통으로 다루지 말고, 종합적으로 다루되, 지역 사회를 중심으로 문제 해결 학습이 되도록 한다.

둘째, 현실을 토대로 아동 중심 문제 중에서 학습을 시작하여 문제를 탐구하는 능력과 현실 적용 능력을 기르도록 지도한다.

셋째, 지역의 특수성을 고려하여 적절하게 학습 계획을 수립, 지도한다.

넷째, 학습 지도에서 문제 해결 학습이 되도록 유의한다.

(4) 제3차 교육과정기(1973년-1981년)

제3차 사회과 교육과정기에는 지도상의 유의점만 제시되었는데, 그 내용을 요약하면 다음과 같다.

첫째, 생활 주변에 대한 관심과 관찰 및 자료 활용 방법, 사고력 증진과 탐구 과정에 유의하여 지도한다.

둘째, 제1학년에서는 관찰한 사실을 효과적으로 표현하는 기능 신장에 유의한다.

셋째, 제2·3학년은 행정 단위에 구애됨이 없이 학교에 맞는 범위를 설정하여 지도한다.

넷째, 자연, 문화 배경과 인간 생활과의 관계에 특히 관심을 갖게 하고 이론 학습에 치우치지 않도록 하여야 한다.

다섯째, 제4학년은 자료 해석, 활용 능력 및 사회적 사실과 현상을 과학적으로 파악하는 능력 신장에 유의한다.

여섯째, 현실적인 타당성 있는 자료를 수집, 정리하여 학습의 실효성을 거양하도록 지도한다.

(5) 제4차 교육과정기(1981년 – 1987년)

제4차 사회과 교육과정부터 처음으로 지도 및 평가상의 유의점을 지도 및 평가로 구분하여 제시하고 있다.

먼저, 사회과 지도상의 유의점으로는, 지역 사회 인사 초빙, 토의 등 다양한 학습 활동의 활용, 사실 지식의 이해보다 개념과 원리 파악의 학습, 시사 자료의 활용, 지도 내용을 학교 실정에 맞게 재구성 지도, 집단적 사고와 활동 중시, 각종 자료를 풍부히 활용한 탐구적이고 자율적인 학습, 현실 문제 중시 학습 등을 기술하고 있다. 학생 중심 교수·학습 지도를 지향하고 있는 것이다.

한편, 평가상의 유의점으로는, 지필 평가 외에 조사, 토의, 노작 태도 및 기능의 평가 등 다양한 방법의 활용, 주요 개념과 원리의 이해 및 적용력 평가 등을 제시하고 있다.

(6) 제5차 교육과정기(1987년 – 1992년)

제5차 사회과 교육과정에서는 제4차 사회과 교육과정에서의 지도 및 평가상의 유의점과 별다른 차이가 없다. 대체로 대동소이(大同小異)하다.

먼저, 지도상의 유의점으로는, 지역의 특수성과 시대 변화에 따른 지도 내용의 재구성, 시사 자료의 이용과 시사 내용의 지도, 사실 지식보다 개념 탐구를 위한 지도, 실생활에 적용할 수 있는 지도, 현장 학습과 자원 인사의 활용, 집단 사고와 토의 활동의 중시, 각종 교수·학습 자료의 활용을 통한 지도 등을 규정하고 있다.

다음, 평가상의 유의점으로는, 다양한 평가 방법의 활용, 목표에 기준을 둔 평가와 평가 문항도 목표 도달을 측정할 수 있도록 할 것, 개념과 원리의 이해를 위한 평가 및 능력과 태도의 평가도 소홀히 하지 말 것 등을 제시하고 있다.

특히, 사회과 평가에서 지필 평가 외에도, 조사, 토의, 노작, 참여 관찰 등 다양한 방법에 의하여 수시로 이루어지도록 하되, 평가의 관점이나 평가 문항은 반드시 사회과 목표 달성도를 측정할 수 있도록 하였다. 사회과 교육에서는 내용의 다양성에 비하여 학습 지도 방법이나 평가가 단순하게 이루어지는 단점을 개선하려고 하였다. 아울러, 단편적인 지식 면 외에도 개념과 원리의 이해, 사고 능력의 신장, 학습 결과의 실생활 적용 능력 및 태도 등도 평가할 수 있도록 평가의 다양화를 강조하고 있다.

(7) 제6차 교육과정기(1992년 – 1997년)

제6차 교육과정에서는 별도 항목으로 지도 방법 및 평가 지침을 제시하였는데 그 특징은 다음과 같다(권오정 외, 1992: 192 – 193).

먼저, 학습 지도의 기본 방향 및 유의점으로는 구체적 생활 경험을 통하여 생활에 유용한 기본 개념이나 원리를 학생들 스스로 발견하게 하고, 이를 실생활에 응용할 수 있는 기회를 많이 제공하도록 하였다. 그리고 생활 사례나 갈등 장면 등 실생활 사태를 학습에 활용함으로써, 사회적 상황 속에서 바르게 판단하고 행동할 수 있도록 하였다.

한편, 정확한 관찰 방법과 더불어 직접적인 체험을 통하여 의미를 찾아내게 함으로써 사회 현상을 바르게 인식하도록 하되, 환경, 통일, 경제, 안전, 근로, 진로, 미래 등 오늘날 사회에서 요구되는 사항을 관련시켜 지도하도록 하였다. 그리고 협동 작업과 집단 활동을 통하여 사회 참여 능력, 의사소통 능력, 상호 협동 능력, 의사 결정력 등 민주 시민 생활에 필요한 능력과 태도를 길러 주도록 하였다.

학습 지도 방법에 있어서는 전 학습을 통하여 다양한 탐구 방법을 적용함으로써, 기초적 탐구 능력과 사고력이 신장되도록 하였다. 이를 위하여 우선적으로 학생들이 사회 현상에 대하여 호기심과 학습 동기를 불러일으킬 수 있도록 교사가 다양한 질문을 하고, 학생의 반응을 수용하는 자유로운 학습 분위기를 강조하였다.

다음, 평가상의 유의점으로는, 사회과 평가 자체의 목표에 충실한 평가를 강조하였다. 사회과 평가 시에는 사회적 사실과 현상에 관한 기초 지식의 이해, 기본 개념과 원리의 적용 능력, 자료의 수집과 활용 능력, 상호 협동 및 집단 활동에 참여하는 능력, 의사소통 능력, 문제 해결 및 의사 결정력, 고장 및 국가, 사회의 발전에 대한 관심과 기여도 등 목표 달성 정도를 평가하도록 하였다.

특히, 사회과 평가는 지필 평가뿐만 아니라, 관찰, 작품 분석, 면접, 상호 평가, 자기 평가, 언어 상호작용 분석, 실연(實演) 등 다양한 방법으로 수시로 이루어지도록 하되, 겉으로 드러난 행동뿐만 아니라 내면적인 행동 특성까지도 평가를 고려하도록 강조하였다.

(8) 제7차 교육과정기(1997년 - 2007년)

제7차 교육과정에서는 과거 교육과정에서 제시하였던 '지도 및 평가상의 유의점'을 '교수·학습 방법'과 '평가'로 구분하여 새로운 입장에서 별도로 규정하였다.

우선 교수·학습 방법에서는 총 22개 항의 방법적 세부 사항을 규정하여, 광범위하고도 다양한 교수·학습이 가능하도록 탄력적, 신축적으로 접근하고자 하였다.

과거의 사회과 교육과정이 학습 지도의 원리를 크게 강조한 데 비하여, 제7차 교육과정에서는 주제 문제 중심의 통합적 접근을 강조하였다. 아울러, 사고력 신장을 위한 학습자 중심의 수준별 지도, 개별화 학습과 협동 학습의 조화, 탐구를 위한 학습 환경의 조성, 교육과정의 지역화 확대, 세계화·정보화 시대의 세계 시민 교육, 멀티미디어 교육 강조, 탐구 학습, 문제 해결 학습, 의사 결정 학습 등을 전개하는 데 적합한 교과서 개발 기준 등을 제시하였다.

평가 면에서는 과거 교육과정에서는 기본 지식을 적용하는 능력과 태도, 학습 과정에 중점을 둔 평가를 강조한 데 비하여, 목표·내용·방법의 일관성을 강조하고, 지식, 기능, 가치·태도의 종합적인 평가를 강조하였다. 아울러, 사회과 성취 수준에 준거를 둔 수준별 평가, 사회과 학습 과정을 중시하는 질적 평가 강조, 교수·학습 방법의 다양한 평가 등을 중시한 점이 특징적이다(한국교원대학교 사회과교육과정개정위원회, 1997: 265 - 267).

(9) 2007년 개정 교육과정기(2007년 이후)

2007년 개정 사회과 교육과정에서는 제7차 교육과정에서 제시했던 '교수·학습 방법'과 '평가'를 약간 개정하였다.

즉 제7차 교육과정에서 교수·학습 방법에서는 총 22개 항의 방법적 세부 사항을 규정하여, 광범위하고도 다양한 교수·학습이 가능하도록 탄력적, 신축적으로 접근하고자 하였다. 하지만 22개 항목이 지나치게 많다는 비판이 대두되어 결국, 2007년 개정 교육과정에서는 이를 통합, 정선하여 교수·학습 원칙 5개 항, 교수·학습 방법 9개 항 등 총 14개 항목으로 감축하였다.

교수·학습 원칙에서는 사회 현상에 대한 흥미와 관심을 넓히고, 지식의 이해, 탐구 기능 습득, 고급 사고력 신장, 학습자의 요구와 수준에 맞는 학습 전개 등을 강조하였다.

교수·학습 방법에서는 사회 현상에 대한 종합적 이해와 사고력을 신장시킬 수 있는 발문 조장, 신문 활용 교육(NIE), 컴퓨터 보조 학습(CAI), 인터넷 활용 교육(IIE) 등을 강조하였다.

한편, 평가에서는 평가 방향, 평가 내용, 평가 방법, 평가 결과의 활용 등으로 구분하여 제시하였다. 평가 방향에서는 교육과정 내용의 대강화와 교수·학습 방법의 자율화에 맞는 평가 방법의 활용, 목표, 내용, 교수·학습 방법, 평가의 일관성 유지, 준거에 의한 평가 등을 강조하였다.

평가 내용에서는 사회 현상에 대한 설명과 통합적 접근, 지리적 현상에 대한 이해, 의사 결정 능력과 학습자 흥미와 관심 등을 고려한 평가 수행 등을 강조하였다.

평가 방법은 지필 평가에 면접, 체크리스트, 토론, 논술, 활동 보고서, 포트폴리오(portfolio) 등 다양한 평가 수행, 선택형 평가에서는 기본 개념과 원리의 이해 중시 등을 강조하였다.

평가 결과의 활용에서는 학습자의 학습 능력과 교수·학습 방법의 진단 및 개선 자료로 활용하고, 지속적인 교육과정 개선을 위한 참고 자료로 활용하도록 하였다.

5) 초등학교 사회과 교육과정 분석에 대한 종합적 논의

한국의 교육과정은 그동안 아홉 차례의 제정·개정·개발이 있었다. 그동안 교육과정의 개발은 정치적·사회적 변동, 시대 변화와 사회 발전, 교육 사조의 흐름, 세계화·정보화 시대의 도래, 학습자의 인지적·정의적·심동적 발달 등의 영향 등이 추동력이 되어 개정되었다.

사회과는 민주 시민의 자질 육성이라는 고유하고도 전통적이며 본질적인 교육의 목적 아래 바람직한 인간 양성을 지향하며 교과 교육으로서의 소임을 다해 왔다. 특히, 사회과는 사회 현상, 사회 사상, 사회 문제를 초점으로 하는 교과의 특성 때문에 사회적 사실과 변화에 크게 영향을 받고 개정·개발되어 왔다.

교수요목기의 사회생활과 목표는 교수요목의 교수 목적, 교수 방침이 일반 교육 목적이나 방침과 구별하기 어려울 정도로 모호하며, 사회생활과의 특징을 추출하기도 어렵다. 당시의 사회생활과는 국민들에게 민주주의를 기반으로 하는 새 나라 건설에 있어서 반드시 필요한 교과로 인식되었다.

따라서 사회생활과의 교수 목적도 변화하는 사회 현상을 올바르게 이해하고, 이에 적응하도록 하는 데 초점을 두었다.

제1차 교육과정기의 사회생활과는 민주 시민을 양성하여 민주 사회 건설에 공헌할 수 있는 신념과 행동을 육성하는 데 중점을 두었다. 그러므로 사회 기능 중심의 지역 확대법에 의하여 학생 중심, 경험 중심에 입각한 채, 새 인간 육성을 지향하고 있다. 이와 같은 배경 속에서 사회생활과는 민주주의에 대한 이해와 기능을 기르는 동시에, 이에 대한 태도를 형성시켜서 민주주의 사회를 아끼고, 인간의 자유를 존중하며 현실 사회를 더욱 민주화하기 위해서 항상 관심을 갖고 생활할 수 있는 사회적 지성을 기르는 데 그 목표를 두고 있다. 따라서 제1차 교육과정기의 사회과는 교과로서의 사회과의 성격을 더욱 명확하게 하고, 우리 고유의 문화 보존 등을 강조한 것은 매우 의미 있다고 본다.

제2차 교육과정기에는 사회생활과가 사회과로 개칭되었는데, 교육과정 내용의 자주성·생산성·유용성 등을 강조하고, 교육과정의 조직은 합리성, 그리고 교육과정 운영은 지역성을 강조하였다. 기본 목표를 5개 항에서 7개 항으로 증설하고, 반공·통일을 특히 강조하였다. 당시의 사회과는 학생들에게 사회생활을 올바르게 이해시키고, 사회에 바람직하게 적응하며, 사회를 진보, 향상시키는 것을 목표로 하고 있다. 특히, 교과, 특별 활동과 더불어 반공·도덕이 교육과정의 한 영역으로 편제되었으며, 고등학교에서는 이수 단위제를 새롭게 도입하였다.

제3차 교육과정기는 사회과 목표를 다시 5개 항으로 감축하여, '가'항은 사회과 전체 목표를 '나'항과 '다'항은 공간 및 자연과의 대응 측면, '라'항은 역사 및 문화적 배경에 대한 측면을 나타내었고, '마'항에는 학습의 절차·방법에서 얻어지는 능력 목표로 제시하였다. 특히, 제3차 교육과정기에는 조국 근대화 및 민족중흥의 역사적 대업을 완수하기 위하여 주체적이며 강력한 국력 배양을 위하여 국력 배양과 국민교육헌장 이념 구현을 사회과의 목표로 삼았다. 아울러, 사회과에서는 지식·내용의 정선과 구조의 체계화를 기하여, 주체적인 역사관을 갖도록 국사 교육을 체계화하고 관찰력과 자료 활용 능력, 사고력 신장 등에 중점을 두었다.

제4차 교육과정기에는 목표 진술 형식이 교과 목표에 종합 목표를 진술하고, 그 아래에 공민, 지리, 역사 영역별로 각 1개 항씩 지식 목표, 기능 1개 항, 태도 1개 항 등 행동 영역별로 목표를 제시하고, 학년 목표도 4개 항 지식 영역 목표, 기능·태도 목표 등 행동 영역별로 제시하였다.

사회과 목표에서 제시하고 있는 내용은 민주 생활의 습관화, 국토와 민족에 대한 애정, 국가 발전, 민족 문화 창달 및 인류 공영에 이바지하려는 태도 목표를 특별히 설정한 점이 주목된다.

제5차 교육과정기에서 사회과는 초등학교 제1·2학년에서 사회과적 내용과 도덕과적 내용을 주축으로 통합한 '바른 생활'이 단순한 교과 통합을 넘어 학생들의 일상생활과 관련된 기본 생활 습관 형성과 사회 현상의 탐구와 관련하여 광역 교과화되었다.

사회과 목표는 교과 목표를 종합 목표와 행동 영역별 목표로 구분하고, 학년 목표를 행동 영역별 목표로 제시하였다. 종합 목표에서는 지식의 활용, 올바른 판단 능력에 관한 것이 추가되고, 집단생활에의 참여 능력 목표가 설정된 점이 달라진 점이다.

제6차 교육과정기의 사회과는 지식의 변화, 사회 여건의 변화, 교육 여건의 변화, 교육과정의 적절성에 대한 평가 요구 등에 따른 개정의 산물이다. 제6차 교육과정은 사회과 교육 내용의 시대적 유용성과 적절성 제고의 문제, 중학교까지의 의무 교육 연장에 대비한 사회과의 특성 이해 및 내용의 재배열 및 재조직, 사회과 교육의 제 이론 및 이들 이론의 조화와 반영의 문제, 현행 사회과가 안고 있는 고질적인 교과의 문제 등이 핵심적 쟁점이다. 특히, 내용 및 학습량의 과다, 실용성 및 유용성의 부족, 내용 수준의 고난이도, 흥미와 관심 저조, 통합성의 미비, 사고의 경직 등을 교육과정 개정을 통해서 해결하려고 하였다.

제7차 교육과정기의 사회과는 21세기 세계화·정보화 사회를 주도할 창의적이고도 자율적인 인간 육성을 목표로 하고 있다. 이를 위하여 국민공통기본교육과정과 선택중심교육과정을 도입하고, 수준별 교육과정, 단계형과 심화·보충형 교육과정 등을 적용하도록 하였다. 특히, 초등학교 제1학년에서 고등학교 제1학년까지를 통합하여 국민공통기본교육과정의 제10학년제를 도입하여 초·중·고교의 연계·통합 교육을 추구하고 있다.

초등학교 사회과에서는 세계화·정보화 사회에 적절하고 다양한 내용을 제시하고 있으나, 통합의 정신과는 달리 일반사회·역사·지리 영역이 독립적으로 배열된 내용이 더러 있으며, 10학년제의 특성을 충분히 살린 사회과 교육과정 인지에 대한 비판적 시각도 있는 것이 사실이다.

'2007년 개정 교육과정'은 세계화·정보화 시대의 보다 발전된 교육과 사회 변화를 주도하는 유능한 육성을 목표로 하고 있다. 최근 고시된 '2007년 개정 교육과정'에서의 사회과는 제7차 교육과정의 부분 수정판과 유사하다. 즉 제7차 교육과정의 목표, 내용, 교수·학습 방법, 평가 등을 부분적으로 수정하였다. 따라서 그 운영과 적용 전반이 제7차 교육과정을 준용하도록 되어 있다.

2007년 개정 교육과정에서의 사회과는 국사 교육의 강화와 한국인의 정체성 교육 강조를 특징으로 하고 있다. 국사 교육의 강화를 위하여 시간 증가, 내용 정선·조직, 교과 및 과목 개편 등을 단행하였고, 한국인의 정체성 확립을 위해서 우리 고유의 전통과 문화에 대한 긍지와 자부심을 함양하는 내용으로 교육과정 내용을 선정·조직한 점이 특징적이다.

4. 중학교 사회과 교육과정

1) 편제와 기본 방향 및 성격

(1) 교수요목기(1946년 – 1954년)

교수요목기의 교육과정은 미군정하(美軍政下)에서 교수요목(Course of Study)을 제정하여 운영하였던 시기이다. 미군정 학무국에서는 1945년 9월 30일 교과목 편제와 시간 배당을 발표하였다(교육과정·교과서연구회, 2000 b: 11). 교수요목기의 중학교 사회과는 '사회생활과'라는 명칭이었으나, 실제로는 통합되지 못하고 공민, 역사, 지리 등으로 구분하여 지도하였다(교육과정·교과서연구회, 2000 b: 118 – 120). 공민 부분은 제1 – 3학년에서 각각 1시간씩 이수하였고, 지리 분야는 1, 2, 3학년에서 각각 2시간씩 이수하였으며, 역사 부분은 제1－3학년별로 각각 2시간씩 이수하도록 편제되어 있었다(이미영, 1987: 38－42). 해방 후의 교육에서 중요한 과제는 일제 시대(日帝 時代)의 제국주의적 교육 방식과 형태를 청산하고 민주주의 정신을 기르는 것이었으며, 또 그것을 이념으로 하지 않으면 안 되었다. 이를 위한 선도적인 교과로서 사회과가 출현한 것이다(최병모, 1992: 147).

교수요목기의 중학교 사회과는 공민과 역사에 중점을 두어 시민 정신을 함양하도록 하였다. 그리고 사회과 개념의 도입, 교육 내용과 교육 방법의 단편적 도입 등을 특징으로 들 수 있다. 교수요목기에는 인문계 중등학교, 사범학교 심상과, 실업학교 공히 공민, 지리, 역사 과목 등을 두었다(정세구, 1977: 72).

(2) 제1차 교육과정기(1954년－1963년)

제1차 교육과정기는 해방 후 우리가 만든 체계적이며 성문화된 최초의 교육과정이다(이미영, 1987: 42－50). 제1차 교육과정기는 교과 과정기(敎科 課程期)로, 우리나라 교육의 과도기라고 할 수 있다. 엄밀한 의미에서 교육과정이라기보다는 교과 과정의 성격이 강하기 때문이다. 6·25전쟁 이후의 사상적 혼란, 재정 파탄, 물질주의적 사고의 팽배 등 국가적 난국을 타개할 필요성에 따라, 당시의 가장 중요하고 시급한 교육적 과제는 반공 사상의 고취와 기술 교육 등이었다. 특히, 도덕 교육에 대한 사회·국가적 요청에 따라 도덕과가 사회과로부터 분리, 독립 교과로 편제된 것이 특징이다. 특히, 제1차 교육과정기는 사회생활과의 시간 배당 기준과 목표, 내용 등을 명확히 하여 사회과의 성격과 위치를 뚜렷하게 하였다(교육과정·교과서연구회, 2000 b: 120).

정부 수립 후, 교육법이 공포되어 교육의 기본 방침이 확립되자, 문교부는 미군정기에 급조(急造)되었던 교수요목의 미비점을 인정하고 '교수요목제정 심의회 규정'을 제정하여, 각급 학교의 교육과정을 근본적으로 개정하는 작업에 착수하였다. 이 작업은 중간에 6·25전쟁이 발발하여 일시 중단되었다가 휴전 후 다시 진행하여, 1954년에 국민학교, 중학교, 고등학교, 사범학교 '시간배당 기준령'(문교부, 1986 b: 5－19)을 정하고, 이듬해 8월 1일 각급 학교 '교과 과정'(문교부령 제44－46호)을 제정, 공포함에 따라, 사회과(사회생활과)의 시간 배당 기준과 목표, 내용 등이 정하여져, 사회과의 위치와 성격이 보다 분명해지게 되었다.

이전의 사회과 교수요목은 교과 상호간의 유기적인 횡적 관련을 갖지 못하였을 뿐만 아니라, 교과 내에서도 종적 체계성이 결여되어 지적 체계가 소홀히 되고, 문자 그대로 교사가 학생에게 가르쳐야 할 내용의 주제, 제목 등을 열거한 것에 불과했던 비판을 받아 왔었다(최병모, 1992: 148). 그러한 문제점 개선 차원에서 제1차 사회과 교육과정에서는 교과 과정의 지적 체계를 극히 존중하는 교과 중심 교육과정 개념을 크게 강조하게 되었고, 특히 당시의 시대적 요구였던 도의 교육을 강조하였다(이홍우, 1979: 18－23).

이 당시에는 교육과정 편제를 교과 활동과 특별 활동으로 이대별(二大別)하였다. 특별 활동 시간에는 전인 교육을 지향하였으며, 교과는 세분주의를 지양하고 통합의 원리에 따라 대교과제(大敎科制)를 채택하였다. 특히, 실과(實科)를 중시하고 지역 사회에 쓸모 있는 국민 양성에 초점을 맞추었다.

제1차 교육과정기의 교육과정은 중학교 교육과정 시간 배당 기준표에서 사회생활과라는 통합된 교과명으로 제1학년 175시간(주당 5시간), 제2학년 175시간(주당 5시간), 제3학년 140시간(주당 4시간)을 배당하였으나, 정작 사회생활과 교육과정에서는 지리, 역사, 공민 등으로 분리하여 병렬형인 소위 책꽂이형(천자형·川字形) 편제를 이루었고, 통합의 명분과는 달리 3분법이 공식화되어 이상과 실제의 괴리가 존재하였다. 실제 시간 배당도 영역별로 나누어 배당하고, 목표와 지도 내용도 각 영역별로 제시하고 있다. 그러나 지리, 역사, 공민의 세 영역을 통합하여 지도할 수 있는 길도 터놓고 있었다.

제1차 사회과 교육과정기에서, 이전의 사회과 교수요목기에 비해 달라진 것은 교수요목에서 역사 분야가 동양사, 서양사, 국사 등으로 분리되었던 것을 국사와 세계사로, 지리 분야는 이웃 나라, 먼 나라, 우리나라 등을 우리나라 지리와 다른 나라 지리로 통합·감축하여 3년 동안 이수할 수 있도록 융통성을 기한 것이다.

제1차 교육과정기의 사회생활과는 국민학교에서는 공민, 역사, 지리 등의 장벽을 허물어 통합 교과를 이루었으나, 중등학교에서는 별다른 변화 없이 분과형으로 존재하였다(이미영, 1987: 42 - 44).

(3) 제2차 교육과정기(1963년 - 1973년)

제2차 교육과정기는 우리나라 교육과정의 개편기(改編期)라고 할 수 있다. 특히 중요한 것은 종전의 시간 배당 기준표와 교과과정을 통합하여 비로소 '교육과정'이라고 명명하였다. 그리고 4·19혁명 및 5·16군사쿠데타 이후의 제3공화국에서는 혁신적인 정책적 전환을 하여 민족 주체성 확립, 근대화, 반공 통일 등을 교육적 과제로 하여 교육과정의 개편 작업을 진행하였다(최병모, 1992: 149).

1963년 문교부는 1955년의 '교과 과정'에 대한 단점을 보완하고 시대적 변화와 문화 발전에 부응하기 위하여 각급 학교의 교육과정을 수정·보완하여 소위 '교육과정령'을 제정, 공포하였다. 이 교육과정은 교과목으로 조직된 내용보다 학생들의 경험을 중요하게 생각하는 교육 개념을 받아들인 경험 중심 또는 생활 중심 교육과정으로서, 그 내용 면에서는 자주성, 생산성, 유용성 등을 강조하고, 조직 면에서는 합리성을, 운영 면에서는 지역성을 특히 강조하고 있다(교육과정·교과서연구회, 2000 b: 125 - 126).

제2차 교육과정기의 교육과정 개정 요점의 특징은 ⓐ 기초 학력의 충실을 기하기 위해 최소한의 각 교과 지도 내용 요소 선정, ⓑ 교육과정의 계열과 일관성 유지, ⓒ 생활 경험 중심의 종합 지도, ⓓ 교육과정의 전체 구조를 교과 활동, 반공·도덕 생활, 특별 활동 등으로 편성(단, 고등학교는 교과 활동과 특별 활동으로 편성), ⓔ 중학교 교과의 공통 필수화, ⓕ 고등학교의 단위제 도입, ⓖ 관리·경영(management) 교육의 강화, ⓗ 시간 배당 계획의 융통성, ⓘ 교육과정 체제의 정비 등이다. 교육과정 체제는 총론에 일반 목표 신설, 각론에 각 교과별 목표와 학년 목표 신설(고등학교 제외), 지도상의 유의점 통일 등을 특징으로 들 수 있다.

사회과 교육과정과 관련된 주요 사항으로는 초·중학교의 반공·도덕 내용이 사회과에서 분리되어 학교 교육 활동 전반과 관련된 대영역인 '반공·도덕'생활로 독립되었고, 우리나라 사회과 탄생

시기부터 사용되었던 사회과의 명칭인 '사회생활과'가 비로소 '사회과'로 개칭되어, 초·중·고교에서 공통으로 적용되었다.

중학교에서도 도의 교육은 반공·도덕 생활로 분리되었고, 교과 명칭이 사회과로 개칭되어서 사회과로서의 새로운 출발을 하게 되었다. 특기할 점은 사회과 내의 과목 구분, 즉 지리, 역사, 공민의 구분을 철폐하여 사회 Ⅰ, 사회 Ⅱ, 사회 Ⅲ 순으로 가르치는 방석식의 삼자형(三字形) 교과 편제를 마련하여 종합적 지도의 효과를 기대한 점이다. 이전의 교과 과정인 제1차 교육과정에서는 지리, 역사, 공민이 각 학년에 걸쳐서 종적(縱的)으로 체계화되었으나, 제2차 교육과정에서는 학년별로 지리(제1학년, 주당 3−4시간), 역사(제2학년, 주당 3−4시간), 공민(제3학년, 주당 2−4시간) 등을 중심으로 지도하여 사회과의 본질을 더욱 강화하는 방향으로 편성되었다.

특히, 중학교의 사회과 교육이 국민학교에서와 같이 완전히 통합될 수 있는 여건이 미비하여, 제1학년에서 국토 지리, 세계 지리 등 지리적 학습, 제2학년에서는 국사, 세계사 등 역사적 학습, 제3학년에서는 정치, 경제, 사회·문화 등을 중심으로 한 공민(일반사회)적 교육을 통하여 통합 교육을 지향하였다(이미영, 1987: 50−52).

(4) 제3차 교육과정기(1973년−1981년)

제3차 교육과정기는 우리나라 교육과정의 발전기라고 볼 수 있다. 이 시기는 국제 사회가 종전의 이념적 냉전 양극 체제에서 실리 추구의 다극 호혜(多極 互惠) 관계로 전환됨에 따라 각종 사회적 문제가 발생하여 국민정신 교육과 국력의 결집이 크게 요청되고 있었다(김용만, 1975: 75).

제3차 교육과정은 교육의 방향 면에서 국적 있는 교육의 강화, 교육의 방법적 원리 면에서 학문 중심 접근 방법을 배경으로 개정되었는데, 국민 교육 헌장의 이념을 기본 방향으로 삼고, 국민적 자질의 함양, 인간 교육의 강화, 지식과 기술 교육의 쇄신 등을 기본 방침으로 삼았다. 그리고 구체화된 학교 교육의 일반 목표로 개인적인 면에서 자아 발견, 사회적인 면에서 국가 발전 및 민주적 가치 강조 등을 강조하는 세부 목표 32개 항을 제시하였다.

중학교 사회과 교육과정에서 편제상으로 달라진 점은 이전 교육과정의 반공·도덕 생활이 도덕과, 국민윤리과로 교과 독립됨으로써, 교육과정의 전체 편제가 교과 활동과 특별 활동으로 이대별(二大別)되었다. 아울러, 중·고등학교의 국사가 별도로 독립되었다(교육과정·교과서연구회, 2000b: 128−130).

사회과는 종합 교과라는 틀 아래, 제1학년 지리 영역, 제2학년 역사 영역, 제3학년 공민 영역 중심으로 편성되었다. 그러나 국사 교육 강화 방침의 일환으로 제2학년의 국사 분야가 '국사과', 별도 교과로 독립되어 제2−3학년에 이수하였는데, 핵심적인 특징을 요약하면 다음과 같다.

첫째, 종래 사회과의 내용이 일부였거나 가장 깊은 관계를 유지했던 국사 영역과 도덕 영역이 별도 교과로 독립하였다. 따라서 종합 교과로서의 사회과는 파행적 구조를 지니게 되었고, 이러한 구조에서나마 관련 교과목의 유기적 관련을 고려하여 내용 조정을 하게 되었다.

둘째, 급격하게 변화하는 사회 현상에 대응하여 사회과의 내용을 보다 현대화하여, 현대 사회의 이해에 도움이 되도록 하였다.

셋째, 전부터 중요시되어 온 민주적, 세계 시민적 인간 형성의 관점에서 국민적 문제, 국민적 자세를 더욱 강조하게 되었다.

넷째, 사회 과학 분야에서 새로 발전되고 있는 문화 인류학, 인구학, 환경학 등 새로운 학문의 성과를 반영하였다.

다섯째, 지식, 그 자체보다도 지식을 획득하고 이를 활용하는 능력의 신장에 특별한 역점을 두었다.

여섯째, 내용의 진술 체계를 개선하여 학습 제재(題材), 학습 절차와 수준, 학습 결과로서의 주요 개념을 하나의 체계 속에 종합하여 제시하고 있다.

(5) 제4차 교육과정기(1981년-1987년)

제4차 교육과정은 제5공화국 출범과 함께 개정, 적용되었다. 따라서 1970년대를 마감하고 새로운 도약의 1980년대를 열고자 하는 내용을 핵심적으로 담게 되었다.

제4차 교육과정은 앞으로 다가올 미래 사회(민주 사회, 고도 산업 사회, 건전한 사회, 문화 사회, 통일 조국 등)에 기대되는 인간상(건강한 사람, 심미적인 사람, 능력 있는 사람, 도덕적인 사람, 자주적인 사람 등)과 제5공화국 출범에 따른 교육 개혁 조지를 고려하여 개성된 섯으로, 구성의 기본 방향을 국민 정신 교육의 체계화, 전인 교육의 충실, 과학 기술 교육의 강화 등에 두고 건전한 심신의 육성, 지력과 기술의 배양, 도덕적인 인격의 형성, 민족 공동체 의식의 고양 등을 강조하였다(교육과정 · 교과서연구회, 2000 b: 131-133).

제4차 교육과정에서 목표와 편제상의 두드러진 특징은 각급 학교의 교육 목표 신설, 교과목의 축소화 노력, 특별 활동의 영역 축소(4개 영역→ 3개 영역), 실과 및 실업·가정 시간의 감축 등과 국민학교 제1·2학년에서의 교과 통합 시도, 중학교에서의 자유 선택 과목 신설, 고등학교에서의 일반계, 실업계, 기타 계 교육과정의 통합 단일화, 일반계, 실업계, 기타 계의 공통 필수 교과목 설정, 보통 교과목의 강화(30-45%→ 40-60%), 실업계 고교 전문 과정 통합 조정 등을 들 수 있다(문교부, 1982 a: 25-39: 문교부, 1982b:31-37: 문교부, 1982 c: 31-37).

제4차 중학교 사회과 교육과정에서 이전 교육과정에 비하여 달라진 점은 한층 더 통합을 위한 접근을 시도했다는 점이다. 즉 종래의 제1학년 지리, 제2학년 세계사, 3학년 공민 영역이, 제1학년 공민, 제2학년 세계 지리, 세계사, 제3학년 세계사, 공민 영역 등으로 편성되었는데, 이것은 어디까지나 통합된 사회과로 나아가는 과도기적 편성이라고 볼 수 있다(문교부, 1982 b: 76-77).

이와 같은 영역 배열의 이유로는 첫째, 소위 책꽂이식(川字形) 배열(1955년)에서 오는 학습의 단편화와 방석식(三字形) 배열(1963년, 1973년)에서 오는 영역과 분야 간의 단절을 방지할 수 있고, 둘째, 관계 학습 내용(세계 지리와 세계사, 근·현대사 중심의 국사, 세계사와 정치, 경제, 사회 등) 등 같은 학년 배열로 학습 효과 도모 등을 들 수 있다(한국중등교육협의회, 1984: 93).

(6) 제5차 교육과정기(1987년 - 1992년)

제5차 교육과정은 ⓐ 교육 철학, 학문 내용, 교육 방법의 변화, ⓑ 경제적 발전과 사회 변화, ⓒ 현행 교육과정 공포 이후 7년간 경과, ⓓ 교육의 국제 경쟁력 강화 필요, ⓔ 교육의 질적 고도화 필요성에 따라 개정되었다. 당시 현행 교육과정의 개선이 필요한 부분만 개정한다는 기본 원칙하에 주체성, 창조성, 도덕성을 지닌 인간을 기른다는 기본 방향하에 개정되었다. 특히 국가 · 사회적 요구로 국민정신 교육, 컴퓨터 교육, 환경 교육, 성 교육, 인구 교육, 경제 교육, 진로 교육, 해양 교육, 통일안보 교육 등을 강조하였다.

이와 같은 개정 원칙에 따라 사회과 교육과정은 다음과 같은 기본 방향을 중심으로 개정되었다 (교육과정 · 교과서연구회, 2000 b: 134 - 135).

첫째, 대폭적인 교육과정의 변경보다는 개정의 필요성이 분명히 밝혀진 것, 즉 이론적 · 실제적으로 충분히 그 정당성이 확보된 것만 기준으로 개정을 시도하였다.

둘째, 국내외의 급변하는 현대 사회에 잘 적응해 나갈 뿐만 아니라, 그것을 구체적으로 이끌어 나갈 수 있는 미래 사회의 주인공을 양성하기 위한 지적 요소, 기능적 요소와 창의적 교육을 강조하였다.

셋째, 종래의 교육과정이 지닌 장점을 찾아내고, 종래 교육과정 개정에서 이어져 온 기본 정신을 좀더 활성화하는 방향을 지향하였다.

넷째, 중학교 사회과 지도 내용의 범위(scope)와 계열성(sequence)을 구조화하기 위하여 지도 내용을 체계화하고, 제4차 교육과정기부터 본격적으로 추진해 온 사회과 통합의 정신을 살려서 진일보한 통합을 시도하였다.

다섯째, 지도 내용의 전국적인 획일화를 탈피하여 지역의 특성에 알맞은 교육과정 운영을 시도할 수 있도록 교육과정의 지역화를 시도한다.

(7) 제6차 교육과정기(1992년 - 1997년)

제6차 사회과 교육과정은 사회과의 본질 추구 시대로 볼 수 있다. 즉 당시까지 사회과가 지녀 온 국사 영역의 독립화 등 편제상의 파행성, 학문 계통의 존중으로 인한 통합 교과로서의 미정착, 지나친 탐구 방법의 강조, 지식 위주의 학습으로 인한 기능 · 능력 학습과 가치 · 태도 학습의 소홀, 내용량의 과다와 고수준으로 인한 교수 · 학습 부담의 가중 등 문제를 해결하여, 명실 공히 사회과의 본질을 추구하기 시작한 교육과정기이다(교육부, 1992: 32 - 33).

제6차 사회과 교육과정은 민주 시민의 자질 육성과 사회적 효율성 증진이라는 사회과의 기본적 이념에 더욱 충실하면서, 그동안 교수 학습 현장의 제반 문제점을 해결하려 하였다. 과거의 오도(誤導)되었던 사회과 교과관, 사회과의 목적과 목표에 대한 이해 부족, 지식 체계 중심의 내용 구성, 지식 중심의 교수 · 학습에 따른 학습 기능 소홀과 사회적 가치 · 태도 학습의 경시, 평가에 대한 그릇된 인식, 학습 결과의 비적용성 등을 개선하는 데 중점을 두었다.

제6차 교육과정에서 중학교 사회과 교육과정은 내용 편제상, 통합 영역 내용, 지리 영역 내용, 세계사 영역 내용, 일반사회(공민) 영역 내용, 국사 영역 내용 등으로 구분할 수 있다. 통합 영역의 내용은 제1학년의 지역 탐구, 제3학년의 현대 사회의 제 문제 등이고, 지리 영역의 내용은, 제1학년의 우리나라와 세계(아시아, 아프리카) 지리, 제2학년의 세계(유럽, 아메리카, 오세아니아) 지리, 제3학년의 계통 지리(한국 및 세계의 도시·환경·자원 등의 문제) 등이다. 세계사 영역의 내용은 제1학년의 근대 이전의 아시아사 중심, 제2학년의 유럽사와 근대 이후의 세계사 등이며, 일반사회(공민) 영역의 내용은 제2학년의 현대 세계의 정치, 경제, 사회, 문화, 3학년의 사회, 문화, 정치, 경제의 원리와 실제 등이고, 국사 영역의 내용은 제2학년의 조선 전기 이전사(以前史), 제3학년의 조선 후기 이후사(以後史) 등으로 편제되어 있다.

제6차 사회과 교육과정의 중학교 교육과정은 국사 영역을 사회과로 회귀시켜 명실상부하게 통합 사회과의 기틀을 다졌고, 내용 배열에서 통합이 강화되었으며, 내용을 계통적 학문 체계에서 탈피하여 실생활 경험과 사회 문제 중심으로 선정·조직하였다. 아울러, 고급 사고력 교육 강화 및 학습 과정의 중시 등이 강조되었다.

제6차 교육과정에서 사회과의 특징은 시민 교육의 강화, 방법 중시 사회과의 지향, 초·중등의 통합 사회과 실현, 내용 축소 및 정선화, 학습 내용의 실생활 연계, 사고력 교육의 강화 등이다. 아울러, 학교급별 사회과의 성격을 명확히 하였다. 따라서 중학교 사회과에서는 일반사회, 역사, 지리 영역의 논리적 통합성을 바탕으로, 초등학교에서는 생활 경험 중심 사회과, 고등학교는 공통 사회(일반사회) 외에는 학문적 계통성을 중시한 특성을 고려하는 가교적(架橋的) 역할에 충실하려 하였다.

(8) 제7차 교육과정기(1997년 - 2007년)

제7차 사회과 교육과정의 편제에서 찾을 수 있는 가장 중요한 특징은 국민공통기본교육과정을 통한 초·중·고교 교육의 연계성이다. 국민공통기본교육과정 체제를 도입한 것은 초·중·고교의 보통 교육 기간을 하나의 세트로 내용 구성을 하여 학교급 간, 학년 간, 영역 간의 연계와 통합을 강화하고, 국민공통 학습 경험을 강조하는 민주 시민 교육으로서의 사회과 성격을 강화하는 데 그 의도가 있다.

그러나 중학교 사회과 교육과정의 구체적 내용을 살펴보면, 실제로는 초·중·고교 사회과가 하나의 독립된 구조와 체제를 유지하고 있어서 제1학년에서 제10학년까지의 국민공통기본교육과정 사회과 내용이 완전 통합·연계에는 이르지 못하였다(제1·2학년은 통합).

특히, 제10학년의 사회과 내용은 중학교 과정인 제7-9학년에서 학습한 내용을 재차 반복한 것에 지나지 않는다는 비판을 낳은 것이 사실이다. 결국, 종전에는 초·중·고교의 사회과가 세 번의 사이클로 반복하던 것을, 제7차 교육과정에서는 제10학년에 한 번 더 반복하는 식이 되고 말았다(권오정·김영석, 2006: 195-197). 이전 교육과정과의 차별적 특성이 별로 없다는 비판인 것이다.

제7차 교육과정의 기본 정신인 초·중·고교 연계로 학교급별 확연한 경계 추구는 무의미하다, 다만, 제7차 사회과 교육과정의 제10학년제 사회과의 편제도 외견상으로는 제6차 사회과 교육과정 때와 비슷하지만, 내용 구성상으로는 차이점을 발견할 수 있다. 별도로 운영되는 국사를 제외하면 제7차 사회과 교육과정에서의 제10학년 사회과는 제6차의 공통사회의 일반사회와 한국 지리를 통합한 내용이다. 제6차 사회과 교육과정에서와 같이 중학교 사회과와 고등학교 사회과를 이어 주고, 장차 학습에 필요한 안내 과목의 성격이 강하다고 할 수 있다.

제7차 교육과정에서는 중·고교 단계에서 일반사회와 지리의 내용이 서로 독립적으로 열거되고 연계성·일관성이 약화되어 사회 현상을 통합적으로 이해하고, 일관적 논리적 구조 속에서 현대 사회의 문제를 학습하고자 하는 기본 정신이 완화된 점이 아쉬운 점이다.

(9) '2007년 개정 교육과정'기(2007년 이후)

2007년 개정 교육과정은 제7차 사회과 교육과정의 부분 수정의 형식을 취함으로써, 중학교 사회과의 편제에서는 별다른 변화가 없다. 2007년 개정 교육과정은 우리나라 교육과정사에 '교육과정의 상시 개정 체제'를 도입한 점이 특징적이다.

중학교 제1학년 – 제3학년 과정인 국민공통기본교육과정의 제7 – 9학년의 편제상 개정된 사항은 다음과 같다. 즉 제7차 교육과정에서는 중학교의 사회과의 경우, 제1 – 2학년은 102시간(주당 3시간), 제3학년은 136시간(주당 4시간)을 이수하게 편제되었으나, 2007년 개정 교육과정은 전체 시간 수에서는 변화가 없으나, 국사 교육 강화 조치를 한 점이 돋보인다. 제8학년인 중학교 제2학년에서 102시간 전부를 역사(국사) 영역으로 편제하였고, 제9학년인 중학교 제3학년은 총 136시간을 사회(일반사회) 영역 68시간(주당 2시간), 역사(국사) 영역 68시간(주당 2시간)으로 구분하여 편제하였다. 이는 최근 중국의 동북공정(東北工程)과 일본의 역사 왜곡, 독도 영유권 주장 등 한반도 주변에서 야기되고 있는 한반도 정체성 위기에 대한 국사 교육 강화에 대한 새로운 접근이라고 사료(思料)된다.

<표 38>은 우리나라의 사회과 교육과정 변화에 따른 초·중·고교 사회과 구조 변화표이다. 이 표에 따르면, 우리나라의 사회과는 초등학교의 경우, 사회생활, 사회과, 사회과적 내용의 통합 교과 등의 구조로 비교적 단순한 데 비하여, 중학교는 배열 형식, 영역별, 학년별 변화가 많았고, 고등학교는 영역별, 과목별 부침(浮沈)이 매우 심하였음을 일견(一見)에 알 수 있다(최병모, 1992: 154).

〈표 38〉 한국 사회과 교육과정별 사회과의 구조 변화표

순	교육과정	기간(년)	학교급별 사회과 **구조** (교과·과목·영역)		
			초등학교	중학교	고등학교
1	교수요목	1946~1954	사회생활 (160~240분)	(사회생활) 각 학년 ⑤ <공민> 각 <지리> 학 <역사> 년	(사회생활) 각 학년 ⑤~⑥ <공민> 정치(1) 경제(2) 윤리철학(3) <지리> 지리통론(1) 인문지리(2) 경제지리(3) <역사> 인류문화사(1) 우리문화사(2) 인생과문화(3)
2	제1차 교육과정 (교과과정)	1954~1963	사회생활 (100~190분)	(사회생활) 각 학년 ④~⑤ <공민> 각 <지리> 학 <역사> 년	(사회) 일반사회, 도덕③, 국사③ ⑦ <필> ｜ 세계사③, 지리③ <선>
3	제2차 교육과정	1963~1973	사회 ②~④	(사회) 각 학년 ②~④ 지리영역(1) 역사영역(2) 공민영역(3)	(사회) 일반사회④, 국민윤리④, 국사⑥, 세계사⑥, 지리Ⅰ④ <필> ｜ 정치경제(인)④, 지리Ⅱ(자)⑥ <선>
4	제3차 교육과정	1973~1981	사회 ②~④	(국사)·(사회) (2)② (3)② 지리영역(1) 역사영역(2) 공민영역(3)	(사회)·(국사) 정치·경제 <필>④~⑥ ｜ 사회·문화, 세계사 <필·선>④~⑥ ｜ 국토지리, 인문지리 <필>
5	제4차 교육과정	1981~1987	사회 (1·2학년 제외) ③~④	(국사)·(사회) (2)② (3)② 지리영역(1)(2) 역사영역(2)(3) 공민영역(3)(1)	(사회)·(국사) 사회Ⅰ, 사회Ⅱ, 지리Ⅰ, 지리Ⅱ, 세계사 <필·선>④~⑥ <필>
6	제5차 교육과정	1987~1992	사회 (1·2학년 제외) ③~④	(국사)·(사회) (2)② (3)② 지리영역(1)(3) 역사영역(1)(2) 공민영역(1)(2)(3)	(사회)·(국사) 정치경제⑥ <필> ｜ 한국지리④, 세계사④, 사회문화④ <선> ｜ 세계지리④ <필> ⑥(④)

순	교육과정	기간(년)	학교급별 사회과 **구조** (교과·과목·영역)		
			초등학교	중학교	고등학교
7	제6차 교육과정	1992~1997	사회 (1·2학년 제외) ③~④	<통합>·(사회) (1)　(3) 지리영역 (1)(2)(3) 세계사영역 (1)(2) 일반사회영역 (1)(2)(3)	<공통사회>·(분과)·<국사> 일반사회⑧　한국지리④　<필> 정치④　경제④　사회·문화④　세계사⑥　세계지리⑥　<선> 국사⑥　<필>
8	제7차 교육과정	1997~2007	사회 (1·2학년 제외)	(사회)·<국사포함> (국민공통) 일반사회영역　지리영역　역사영역　(국사영역)　사회⑩　(국사)	<일반선택>·(사회) <심화선택> 인간사회와환경④　한국지리⑧　세계지리⑧　경제지리⑥　한국근현대사⑧　세계사⑧　법과사회⑥　정치⑧　경제⑥　사회·문화⑧
				국민공통기본교육과정(제1-10학년)	선택중심교육과정(제11-12학년)
9	2007년 개정 교육과정	2007~	사회 (1·2학년 제외)	(사회): 역사 (국사 포함) (국민공통) 역사영역　(국사영역)　지리영역　일반사회영역　사회⑥　(역사)	<보통 교과 : 선택 과목> 한국지리⑥　세계지리⑥　경제지리⑥　한국문화사⑥　세계역사의이해⑥　동아시아사⑥　법과사회⑥　정치⑥　경제⑥　사회·문화⑥
				국민공통기본교육과정(제1-10학년)	고교 선택중심교육과정(제11-12학년)

* ( ) 안은 학년, ○ 안은 이수 단위임, **진한 글씨**는 당시 사회과의 교과 명침임.
* 출처: '이태근, 1988: 123. 최병모, 1992: 154. 권오정·김영석, 2006: 166-200. 교육과정·교과서연구회, 2000 a: 116-144. 교육과정·교과서연구회, 2000 b: 116-140. 교육과정·교과서연구회, 2000 c: 109-178' 등을 참고하여 연구자 종합 정리, 구안 재구성.

2) 목표

(1) 교수요목기(1946년 – 1954년)

교수요목기 중학교 사회과의 목표는 공민, 지리, 역사 영역별로 제시되었다. 영역별 목표의 특징은 공민, 지리, 역사 공히, 해방 후 나라의 안정과 함께 사회 안정과 더불어 새로운 민족 주체성을 강조하고 있는 점이다.

교수요목기의 사회생활과 공민 분야의 교육 목표는 "신생 국민, 재생 민족으로서 새로운 민족 문화 건설을 앞두고 공민으로서의 정당한 정치에 관심을 가지게 하여, 향토 개발의 의무와 자치 정신 능력을 배양하기 위하여 필요로 하는 일반 공민 생활의 기초를 습득게 하는 데" 두었으며, 지리 분야는 "우리나라의 생활은 물론, 서로 다른 특질을 가진 동양과 서양 내지 세계 전체의 생활을 이해하기 위하여 지역적으로 구분하여 교수하지만, 국토의 자연환경과 인문 조건을 체득시켜서, 현 세계적 추세에서 우리의 지위와 사명감을 인식게 하는 데" 두었으며, 역사 분야는 "우리나라를 중심으로 동양 및 서양의 전체에 관하여 문화생활을 이해시켜서 우리 민족의 발전적 자립정신 앙양(昂揚)에 기여케 하며, 나아가 국제 평화를 위해 노력하는 태도를 기르는 데" 두었다(이태근, 1979: 220－222).

(2) 제1차 교육과정기(1954년－1963년)

교과과정기인 제1차 교육과정기의 중학교 사회과는 과거 교사 위주의 암기 교육에서 탈피하여 학생 중심의 학습 전개를 지향하고 있다. 이러한 제1자 교육과성기 사회과 목표의 득징을 요약, 정리하면 다음과 같다(이미영, 1987:46－48).

첫째, 형식과 관련하여, 사회과 전체를 포괄하는 목표가 설정되어 있지 않을뿐더러, 분야별 목표 설정조차도 형식적 통일을 기하지 못했다. 이는 당시 교육과정이 우리 손으로 편성되기는 하였지만, 당시의 사회과 분위기가 분과주의 경향이 농후하여 전체를 조정할 수 있는 형편이 되지 않았기 때문으로 파악된다.

둘째, 시대·국가적 요청과 관련하여, 민주주의, 반공, 경제 발전, 국제 이해를 통한 인류 공영 등과 관련된 목표들이 두드러지게 나타나고 있다. 이는 당시의 시대·국가적 요청을 교과로서의 사회과에 반영한 것으로 풀이된다.

셋째, 사회 과학의 발달과 관련하여, 사회학, 문화 인류학, 인류 지리학 등을 바탕으로 하여 짜인 교육 내용에 접하는 목표들은 특별히 나타나지 않고 있다(임덕순, 1977: 17－19).

한편, 영역별 목표의 특징 중 공민 분야는 지리, 역사 분야와는 달리, 전체 목표에 해당되는 목적을 제시하고, 그 밑에 이해, 기능, 태도 등 행동 영역별 목표를 교수 목표로 제시하고 있다. 전체 목표인 '목적'에서는 "정치, 경제, 사회, 문화 등에 관한 기본적인 사항을 이해시키며, 특히 민주 국가 공민으로서의 인간관계를 유지, 발전시키는 생활 태도를 계발하고, 유능하고 충성스러운 대한민국의 국민이 되도록 한다."라고 제시하고 있다.

역사 분야는 공민 분야와는 달리 '목적'의 설정 없이 이해, 기능, 태도의 구분도 하지 않고, 국사와 세계사 분야로 나누어 각각 5개 항씩의 목표를 제시하고 있다.

역사 분야 중 국사 영역의 목표는 단일 민족으로서 통일 과업을 인식하고, 민족 국가 육성에 이바지하기 위하여 조상들의 국난 극복 활동, 경제생활과 문화생활 및 협동적 공동생활을 이해한 후,

나아가 이를 계승 발전시키며, 애국 애족하는 민주 시민이 될 것을 강조하고 있다.

한편, 세계사 영역에서는 인류 생활을 비롯하여 정치 생활, 산업 경제, 문화와 문화유산 그리고 인권과 사회 정의의 발전 과정을 이해시켜서, 인류 사회에 공헌할 수 있는 유능한 사람을 기르는 목표에 역점을 두고 있다.

지리 분야는 전체적인 목표를 설정하고 있는바, 자연환경과 인간 생활과의 관계를 알며, 환경에의 적응과 지원을 애호하고, 지리적 관찰력과 사고력을 길러서 국제 협력을 할 수 있는 데 두고 있다(교육과정·교과서연구회, 2000 b: 129 - 130).

(3) 제2차 교육과정기(1963년 - 1973년)

제2차 교육과정기 중학교 사회과의 목표는 4개 항의 일반 목표와 그 밑에 구체적인 학년 목표를 설정하였다. 즉 목표의 형식 면에서 제1차 교육과정기인 이전의 교과 과정 시기의 분야별 목표 진술에 따르는 분야 간의 비통일성과는 달리, 사회과 전체의 방향을 제시하는 일반 목표로서 '사회과 목표'가 설정되었고, 그 아래에 좀 더 구체적인 '학년 목표'가 각 학년에서 교수될 내용과 관련을 갖고 설정된 점이 특징적이다(이미영, 1987: 51 - 55. 임덕순, 1977: 19).

이 당시의 사회과 목표 면에서는, 민주 국가 건설, 국제 협조, 국토 개발 의지, 경제 재건 등 당시의 국가·사회적 요청이 반영된 목표들이 두드러지게 나타나지는 않고 있다. 특히, 사회과 교육에서 담당해야 할 목표를 뚜렷하게 제시하지 못함으로써 다시 역사, 지리, 공민식의 분과주의가 되살아났고, 시민적 태도, 자주적 학습 능력 함양 등과 관련된 목표 등을 고려하지 않았다는 비판이 있다(강우철, 1963: 359).

제1학년에서는 지리 영역을 중심으로 향토와 국토 생활, 자연과 인간의 관계 등을, 제2학년에서는 역사 영역을 중심으로 애국 애족 정신, 통일 과업 수행, 인류 공영에의 공헌 등을, 제3학년에서는 공민 교육을 중심으로 민주주의 사회생활 원리를 바탕으로 민주 수호 정신과 국제 평화에의 공헌 등을 강조하였다.

당시의 교육과정에서는, 중학교 전체를 포괄하는 종합 목표 진술이 없고, 사회적 사실과 현상 파악을 위한 탐구 절차 및 탐구 방법을 기르려는 목표도 제1학년 목표를 제외하고는 제시되지 않았다.

(4) 제3차 교육과정기(1973년 - 1981년)

제3차 교육과정기의 사회과에서는 일반 목표를 5개 항으로 제시하고 있는데, 제1항은 사회과의 목표를 총체적으로 표현한 것이고, 제2 - 4항은 사회과가 담당하는 학습 영역 또는 학문적 배경(지리 영역: 제1학년, 세계사 영역: 제2학년, 공민 영역: 제3학년)에 맞추어 진술한 것이며, 제5항은 사회과가 기대하는 기능적인 능력을 진술한 것이다. 그리고 학년 목표에서는 각 영역이 지닌 지식 목표 외에 우리의 당면 문제, 국제 사회 속 한국의 지위와 관련된 목표가 있고, 일반 목표에서와 같이 각 영역에서 기대하는 기능적인 능력 목표를 진술한 것 등이 특징적이다(교육과정·교과서연구회, 2000 b: 129 - 130).

(5) 제4차 교육과정기(1981년 - 1987년)

제4차 교육과정기의 사회과 목표 진술 형식은 교과 목표에서 사회과를 대표하는 종합 목표를 제시하고, 그 밑에 공민 영역의 지식 목표(제1항), 역사 영역 및 지리 영역의 지식 목표(제2항), 지적 탐구, 문제 해결을 위한 기능 목표(제3항), 개인 및 국가·사회생활에 관련된 가치·태도 목표(제4항) 등을 제시하고 있다. 특히, 제4항의 목표는 목표의 체계화를 위해 분리, 신설된 것이다.

학년 목표는 학년별로 지식 목표 3개 항, 기능 목표 1개 항, 태도 목표 1개 항 등으로 나누어 배경이 되는 학문 영역과 연계하여 진술하였다(교육과정·교과서연구회, 2000 b: 132).

(6) 제5차 교육과정기(1987년 - 1992년)

세5차 교육과정기의 사회과 목표 진술 형태는 교과 목표와 학년 목표 및 단원 목표로 계열화되어 있다. 이는 제4차 교육과정의 일반 목표와 학년 목표뿐만 아니라, 일반 목표를 종합 목표와 항목별 목표로 나눈 것도 동일하다. 교과 목표는 종합 목표와 항목별 목표로 나누어, 종합 목표 아래에는 각 학문 영역을 포괄하는 지식, 이해 목표의 2개 항과 기능 목표 및 가치·태도 목표 각 1개 항씩으로 구성되어 있다.

종합 목표는 사회과에서 이룩해야 할 개인적, 사회적, 국가적 요청에 부응하는 인간상을 제시한 것으로 사회과의 총괄적이고 궁극적인 목표이다. 종합 목표는 크게 세 항목으로 구성되어 있는데, 첫째, 사회생활에 필요한 지식의 종합적·체계적인 이해, 둘째, 민주 사회 주인으로서의 자각, 셋째, 개인, 사회, 국가 및 인류 번영에 이바지할 수 있는 민주 시민의 자질 함양 등이다. 따라서 사회과의 궁극적인 최종적인 목표는 민주 시민으로서의 자질 함양으로 귀착되는 바, 이는 국민학교 사회과의 종합 목표의 핵심인 국민적 자질과도 일맥상통하는 것이다.

교과 목표 제1항의 인간이 사회생활에 관련되는 현상과 문제에 대한 이해와 인식을 구하는 공민 영역의 지식, 이해 목표로서 사회생활의 기본적인 원리 및 현대 사회의 성격 이해와 올바른 민주 생활을 위한 문제 인식 등을 제시하고 있다.

교과 목표 제2항은 역사(세계사), 지리 영역의 지식, 이해 목표로서 역사 영역에서는 시대사적 접근을 통한 인류 역사의 이해를, 지리 영역에서는 통합 공간 관계로 파악할 것을 강조하고 있다.

교과 목표 제3항은 자료를 수집, 해석, 활용하는 능력과 이를 통한 사회 문제 해결력을 기를 것을 목표로 하는 기능 목표로서, 지리, 역사, 공민 영역의 기능 목표를 포괄하고 사회과 탐구 절차와 방법을 길러 줄 것을 목표로 하고 있다(교육과정·교과서연구회, 2000 b: 136).

교과 목표 제4항은 미래에 전개될 시대에서 국민으로서 가져야 할 태도를 종합적으로 제시하고 있는 가치·태도 목표로서, 지리, 역사, 공민 영역 등의 학습에서 도달해야 할 여러 가지 가치와 현실적으로 대두되는 여러 가지 문제에 대하여 중학생으로서 가져야 할 태도를 제시하고 있다.

(7) 제6차 교육과정기(1992년 – 1997년)

제6차 교육과정의 모형은 원칙적으로 우리나라 실정과 미래에 적합한 현실적 접근을 위해 교육과정 탐구의 현실적, 상황적 패러다임을 선택하여 제반 이론의 절충적, 종합적 입장으로 접근하였다. 따라서 제6차 교육과정에서는 교육부가 교육법에 의하여 문서로 고시한 교육과정의 목표, 내용, 방법, 평가, 운영 등에 관한 국가 수준의 기준 및 기본 지침을 제시하고 있다.

1992년에 고시한 제6차 교육과정은 '교육과정 편성·운영'과 '교과와 특별 활동'의 두 부분으로 구성되어 있다(이경환, 2002: 141 – 142). 교육과정 편성 운영에는 교육과정의 성격, 교육과정의 구성 방침, 편제, 시간 배당 기준, 편성 운영의 기본 지침을 제시하였고, 교과와 특별 활동에서는 필수 교과와 선택 교과 및 특별 활동의 성격, 목표, 내용, 방법, 평가에 대한 기준을 체계적이고 일관성 있게 제시하였다. 특히, 교육법에 중학교의 교육 목적과 교육 목표가 제시되어 있기 때문에, 교육과정에는 중학교의 교육 목표를 별도로 제시하지 않았다.

(8) 제7차 교육과정기(1997년 – 2007년)

제7차 교육과정의 개정 요인은 세계화·정보화·다양화를 지향하는 교육 체제의 변화와 급속한 사회 변동, 과학·기술과 학문의 급격한 발전, 경제·산업·취업 구조의 변혁, 교육 수요자의 요구와 필요의 변화, 교육 여건 및 환경의 변화 등 교육을 둘러싸고 있는 내외적인 체제 및 환경, 수요의 대폭적인 변화라고 할 수 있다.

제7차 교육과정에서는 교육과정의 성격을 초·중등학교의 교육 목적과 교육 목표를 달성하기 위한 국가 수준의 교육과정이며, 초·중등학교에서 편성·운영하여야 할 학교 교육과정의 공통적, 일반적 기준을 제시한 것이다.

초·중등교육법에 의하면, 중학교의 교육 목적은 초등학교에서 받은 교육의 기초 위에 중등 교육을 하는 것을 목적으로 하고 있다. 따라서 중학교는 초등학교 교육의 성과를 바탕으로, 학생의 학습과 일상생활에 필요한 기본 능력과 민주 시민으로서의 자질을 함양하는 데 중점을 둔다. 이를 위하여 중학교에서는 다음과 같은 세부 교육 목표를 구현하려고 하였다(함종규, 2006: 710 – 711).

첫째, 심신이 조화로운 발달을 추구하고, 자기 발전의 기회를 가진다.

둘째, 학습과 생활에 필요한 기본 능력과 문제 해결력을 기르고, 자신의 생각과 느낌을 창의적으로 표현하는 경험을 갖는다.

셋째, 다양한 분야의 지식과 기능을 익혀서, 적극적으로 진로를 탐색하는 경험을 갖는다.

넷째, 우리의 전통과 문화에 대한 자긍심을 지니고, 이를 발전시키려는 경험을 갖는다.

다섯째, 우리의 전통과 문화에 대한 자긍심을 지니고, 이를 발전시키려는 태도를 갖는다.

여섯째, 자유 민주주의의 기본적 가치와 원리를 이해하고, 민주적 생활 방식을 익힌다.

(9) '2007년 개정 교육과정'기(2007년 이후)

2007년 개정 교육과정에서의 중학교 교육 목표는, 이전의 제7차 교육과정의 중학교 교육 목표와 동일하다. 사회과 교육과정의 목표도 초 · 중 · 고교가 동일하다.

초 · 중등교육법에 의하면, 중학교의 교육 목적은 "초등학교에서 받은 교육의 기초 위에 중등 교육을 하는 것을 목적으로 하고 있다. 따라서 중학교는 초등학교 교육의 성과를 바탕으로, 학생의 학습과 일상생활에 필요한 기본 능력과 민주 시민으로서의 자질을 함양하는 데 중점을 둔다." 이를 위하여 중학교에서는 다음과 같은 세부 교육 목표를 구현하려고 하였다(교육인적자원부, 2007 a: 3 - 4).

첫째, 심신의 조화로운 발달을 추구하고, 자기 발전의 기회를 가진다.

둘째, 학습과 생활에 필요한 기본 능력과 문제 해결력을 기르고, 자신의 생각과 느낌을 창의적으로 표현하는 경험을 갖는다.

셋째, 다양한 분야의 지식과 기능을 익혀서, 적극적으로 진로를 탐색하는 경험을 갖는다.

넷째, 우리의 전통과 문화에 대한 자긍심을 지니고, 이를 발선시키려는 경험을 갖는나.

다섯째, 우리의 전통과 문화에 대한 자긍심을 지니고, 이를 발전시키려는 태도를 갖는다.

여섯째, 자유 민주주의의 기본적 가치와 원리를 이해하고, 민주적 생활 방식을 익힌다.

중학교에서는 초등학교에서의 학습을 바탕으로 각 영역에서 중요시하는 지식을 과학적 절차에 의하여 발견 · 적용하고, 개인적, 사회적 문제를 해결하는 능력을 길러 공동생활에 자발적으로 참여하는 시민 정신을 발휘하게 하여야 한다.

3) 내용

(1) 교수요목기(1954년 - 1963년)

교수요목기의 중학교 사회과 내용은 공민 분야에서 제1학년은 여러 가지 공동 사회생활을 중심으로 이에 임하는 태도를 기르는 내용으로 구성되어 있으며, 제2학년에서는 민주주의 정치를 중심으로 과학적 태도와 비판적 정신, 출판과 보도, 예술과 종교 등으로 짜여 있고, 제3학년에서는 경제 생활을 중심으로 사회 문제를 다루도록 구성돼 있다(최병모, 1992: 160).

역사 분야에서는 제1학년에 동양사를 부과하여 중국을 중심으로 한 동양 제국의 문화와 사회 변천 내용을 다루고 있으며, 제2학년에서는 서양사를 부과하여 그리스, 로마로부터 제2차세계대전까지를 체계적으로 조직하였고, 제3학년에서는 국사를 부과하여 우리 국민의 특성과 민족 문화의 발전을 중심으로, 고대로부터 8 · 15해방까지를 다루도록 내용 조직이 되어 있다.

지리 분야에서는 제1학년에 '이웃 나라 생활'이라고 하여, 아시아 각 지방의 자연 및 인류 생활의 모습과 지세, 기후, 산업 등 인간이 자연을 이용, 개발하는 것을 다루고 있으며, 제2학년에서는 '먼 나라 생활'이라고 하여 오세아니아, 유럽, 아메리카, 양극 지방을 자연 지리 중심으로 다루고 있다. 제3학년의 '우리나라의 생활'에서는 우리나라의 자연환경과 인문 관계, 나아가 정치·경제 현상 등을 다루고 있다(교육과정·교과서연구회, 2000 b: 129-130). 지리 분야의 내용 중에서 주목되는 점은, 제1학년에서 이웃 나라(아시아), 제2학년에서 먼 나라(세계), 제3학년에서 우리나라(한국) 등으로 교육과정의 나선형식 배열을 따르지 않은 점이다.

1948년부터 검인정 교과서가 보급되기는 하였지만, 널리 쓰이지 않았고, 학교별로 독자적인 교재를 구안, 작성하여 사용했으므로 교과서는 일정하지 않았으며, 1955년 제1차 교육과정의 교과 과정이 제정되기까지에는 과도기적 성격의 교과서 사용에 그쳤다.

(2) 제1차 교육과정기(1954년-1963년)

제1차 교육과정기의 사회과에서 공민 분야의 내용은 제1학년은 공동생활(가정, 학교, 지방 및 그 밖의 공동생활, 사회생활의 실태, 공동생활에 필요한 요소, 공동생활에 공헌하는 길), 제2학년은 국가 생활(집단생활, 우리나라의 정치 및 통치 조직, 경제 제도, 직업 생활, 현명한 사회생활, 국가와 민족 등), 제3학년은 국제 관계(국가 간의 관계, 무역, 국제 평화, 민주주의의 이상, 대립된 세계, 부흥 재건, 문화의 향상, 우리 민족의 과업) 등으로 구성되어 있고, 학년 단계별로 지역 확대의 원리를 적용하려고 노력하였다(이미영, 1987: 42-50).

지리 분야는 우리나라의 지리(제1학년과 제2학년 전반부), 다른 나라의 지리(제2학년 후반부와 제3학년)로 편성되어 있다. 지도 내용 및 유의 사항을 중심으로 내용의 특징을 고찰해 보면, 지리적 내용이 사회생활과의 입장에서 교수되도록 하고, 사회의 요구와 지역 이해에 도움이 되는 내용만을 적절히 선정하였으며, 여러 지역의 비교를 통한 지역 이해 및 생활과 관련된 지리 학습을 통한 지리적 지식의 과학적·종합적 이해를 돕고 있다. 우리나라 지리는 경제 수준의 향상과 관련된 경제 문제와 해결, 다른 나라의 지리는 우리나라와 관계가 깊은 나라에 지도의 중점을 두고 있다(조광준, 1977: 52-56).

역사 분야 중 국사에서는 고대 민족 국가로부터 근대화되어 가는 현재까지의 통사를 역사적 사실을 중심으로 전개하고 있으며, 세계사는 문화의 발생, 고대의 동·서양 문화, 중세 아시아와 유럽 형성과 그 문화, 서양 세력의 팽창 원인과 민주주의의 발전, 산업 혁명과 근대 문명, 근세 동양 사회와 서양 세력의 관계 및 제국주의의 몰락과 민주주의의 발전, 민주·공산 진영의 대립상 등을 주 내용으로 삼고 있다(이태근, 1979:23-24). 아울러 국사, 세계사 모두 고대로부터 현대까지를 두루 섭렵한 것이 특징이다.

(3) 제2차 교육과정기(1963년 - 1973년)

제2차 교육과정기의 중학교 사회과 내용을 분석해 보면, 제1학년 내용(지리 분야)은 지역 확대법에 따라 향토, 각 지방, 우리나라 전체, 세계의 각 지역, 세계 전체, 세계와 우리나라 등으로 구성되어 있다. 내용을 지도하는 관점은 제1학년 목표와 지도상의 유의점 등을 통하여 고찰할 수 있는데, 사회과 입장에서의 지리 내용 교수, 향토와 국토 이해를 통한 애향심, 애국심, 자연의 개발 및 이용 능력, 당면한 제 문제의 해결 능력, 국제 협력 자세 등의 함양, 시사성, 지역성의 고려 등이다(이미영, 1987: 55 - 56).

제2학년의 내용(역사 분야)은 고대, 중세, 근세, 현대사 등에 걸쳐서 국사와 세계사 내용이 기계적으로 통합, 제시되었으나, 교수에 어려움이 있고 국사 교육이 소홀히 취급될 우려가 있어서 1969년 교육과정의 부분 수정 때, 국사 부분과 세계사 부분으로 나뉘어 제시되었다. 통합된 사회과 교육의 관점에서 보면, 이와 같은 내용 조직은 다음 단계에서 국사과(國史科)를 독립시키는 하나의 계기가 되었다.

제2학년의 주된 내용은 국사를 중심으로 시대사적 전개를 하며, 세계사와 관련을 찾으려고 하고 있는데, 제2학년 목표에 나타난 관점을 보면, 우리 민족사 및 세계사 이해를 통한 현실 문제에의 대응 능력 배양, 국제 협조 정신 등이 크게 강조되었다(이미영, 1987: 55 - 56).

제3학년 내용은 인간과 사회생활, 민주 정치, 경제생활, 문화와 사회 문제, 국제 관계 등을 취급하고 있는데, 민주 사회생활의 원리 이해, 반공, 당면 문제 해결, 국제 협력 등이 강조되고 있다.

아울러, 각 학년 지도에 있어서 지도(地圖), 도표 외에 영화, 슬라이드, 통계, 연표, 연감, 신문, 방송 등은 물론, 여행기, 탐험기(探險記) 등 자료를 이용하여 학습을 일상생활과 결부시키고 야외 관찰, 실험, 토의 등을 중시하여 사회과의 종합적 학습을 도모하고 강조하고 있다.

(4) 제3차 교육과정기(1973년 - 1981년)

제3차 교육과정기의 사회과 내용은 지리, 세계사, 공민 등 각 학문 영역이 학년별로 나누어져 제시되고 있으나, 전체적으로 하나의 체계를 가진 과정의 구성 요소로, 균형 있게 배열되어 있다.

학년별로 개략적 특징을 살펴보면, 제1학년은 지역 확대법에 따라 향토에서부터 세계 전체에 이르기까지의 내용을 당면 문제의 해결, 발전적 측면, 지역 간의 관계, 세계 속의 한국이라는 관점을 강조하면서 전개하고 있다.

제2학년에서는 서두에 '인류와 문화'라는 종합 단원을 두고 '아시아의 근대화 운동'을 강조하고 있으며, 제3학년에서는, 정치 내용에서 '우리나라의 민주 정치'를, 법 내용에서 '일상생활과 법'을, 경제 내용에서 '경제 개발 계획과 우리 경제'를 그리고 사회·문화 내용에서는, 인류 사회의 당면한 문제인 '인구·환경·도시 문제' 등을 특별히 부각시키고 있다.

(5) 제4차 교육과정기(1981년 – 1987년)

제4차 교육과정기의 사회과 내용은 국민정신 교육 내용이 반영되고, 계열화되고 통폐합되었으며, 현대 사회의 특징 및 당면 문제, 경제 건설과 사회 복지 증진에 기여하는 내용을 강조하고 있다.

지리 분야의 주요 특징은 지지(地誌) 중심의 전개, 세계적 시야에서 볼 수 있는 국토관 강조, 세계 전체의 자연과 생활을 먼저 배우고, 각 대륙 지리 학습, 세계 각 지역 간의 상호 의존과 세계 속의 한국 강조 등이다.

세계사 분야는 아시아사와 유럽사의 균형 및 아시아에서 중국사 중심 탈피, 한국과 관련되는 세계사 전개(아시아를 유럽사 앞에 배치), 근·현대사 강조, 각국의 근대화 과정과 한국과의 관련 등이 주요 특징이다(교육과정·교과서연구회, 2000 b: 132 – 133).

공민 분야에서는 내용을 생활·활동과 관련시켜 선정하고, 현대 사회의 특징 및 문제점과 국가·사회적 당면 과제 및 국민적 자질 함양을 강조하고 있다(문교부, 1982: 67 – 80).

(6) 제5차 교육과정기(1987년 – 1992년)

제5차 교육과정기에서 중학교 사회과 교육과정의 내용을 선정하고 구성하는 데 필요한 일반 기준은 다음과 같다.

첫째, 중학교의 통합은 국민학교와 고등학교의 중간 형태를 취하고 있다. 즉 국민학교가 통합적 입장이고, 고등학교가 분과적 입장을 취한다면, 중학교는 분과와 통합의 중간 형태를 취한다. 즉 제1학년의 처음 단원과 제3학년의 끝 단원은 통합 단원으로 설정하고, 가능한 한 전체적인 통합 정신을 살리도록 하였다.

둘째, 현 교육과정의 체제를 유지하면서 이론적, 경험적으로 문제가 있다고 보는 부분만 수정·보완한다. 즉 가능한 한 단원 수준은 이전 교육과정을 유지하면서 주제 수준에서 통합의 정신을 살리도록 하여, 1개 학년에 2개 영역으로 구성되어 있는 체제는 그대로 유지되도록 하였다.

셋째, 질문지나 면담 조사 결과를 토대로 현장의 의견을 최대한 반영하였다. 즉 공민 영역의 내용은 학생들의 발달 단계에 비추어 볼 때, 제1학년에게는 이해가 어렵고, 지리 영역의 내용은 제1학년 학생들의 발달 단계에 적합할 뿐만 아니라, 흥미도가 높은 것으로 나타났으며, 세계사 영역은 국사와의 연계를 고려하여, 국민학교에 세계사 내용이 없는 관계 등으로 제1학년에서부터 기초적인 시간 의식을 기반으로 형성하도록 해야 한다는 것 등이다.

넷째, 교과 편제상의 학년별 시간 배당을 고려하여 학년별 단원 수를 배정한다. 즉 제1학년은 주당 3시간, 제2·3학년은 주당 2–3시간으로 되어 있으므로, 제1학년에 보다 많은 단원 수를 배정한다.

다섯째, 학년이 바뀔 때와 단원이 넘어가는 때 내용상의 단절을 방지하고 세계사와 국사의 경우 내용상의 연계를 도모한다. 즉 제1학년에서는 세계사에서 중세까지의 시간 의식 기반을 형성, 그 기초 위에서 국사를 배우게 하며, 세계사를 전부 배운 상태에서 사회 인식과 사회 경험을 심화 확대해 나가도록 한다.

여섯째, 저학년에서 고학년으로 갈수록, 공간 의식, 시간 의식 그리고 사회 인식과 사회 경험을 심화, 확대해 나가도록 한다.

사회과는 사회과 교육 혹은 사회 과학에 대한 정의에서 공통적으로 지적된 개인→ 환경 적응→ 집단과 조직 생활의 발전 과정을 다루게 되었다.

제5차 교육과정에서 중학교 사회과의 범위적, 계열적인 특성에 따라 학년별 내용 특성을 종합하면 다음과 같다(정세구, 1985: 125 - 127).

첫째, 제1학년에서는 인간, 사회, 자연과의 관계를 알아보고, 사회 현상을 올바로 과학적으로 바라보는 방법을 알아본다. 민주 사회 시민으로서의 민주 시민에 대하여 학습하고, 향토로부터 세계에 걸치는 공간 의식의 기반을 형성한다. 동·서양의 고대, 중세 사회 속에서 시간 의식의 기반을 형성한다.

둘째, 제2학년에서는 제1학년에서 습득한 사회의식을 기초로 동·서양의 근대, 현대에 대한 학습을 거쳐 시간 의식을 심화·확대한다. 인간과 사회의 발전 과정에 관한 이해를 바탕으로 정치, 경제, 사회, 문화에 대한 기초 지식을 통해서 인간의 사회생활을 분석할 수 있는 개념적 틀을 확립한다.

셋째, 제3학년에서는 제1·2학년에서 형성된 사회 과학적 개념적 틀을 기초로 우리나라의 정치, 경제, 사회, 문화 현상을 분석하고, 우리나라를 중심으로 한 공간 의식을 체계와 관련지어 살펴본다. 사회 현상을 종합적으로 보고 미래 사회를 설계할 수 있는 능력을 갖추도록 한다.

학년별 영역 배분에 있어서 학생들의 발달 수준과 학습 영역 간의 관련성 등을 고려하여 보다 합리적으로 조정했는데, 제1학년에서는 지리 영역과 세계사 영역, 2학년에서는 세계사 영역과 공민 영역, 제3학년에서는 공민 영역과 지리 영역으로 구성하였다.

한편, 지리 영역에서는 제1학년에서 지지적(地誌的) 방법으로 내용을 구성하였으며, 제3학년에서는 계통적 방법으로 내용 조직을 한 특징이 있다.

세계사 영역은 제1학년에서는 인류의 기원으로부터 서양의 중세 부분, 중국의 송·원대 및 동시대의 아시아 사회까지 다루되, 지리적 배경을 학습한 이후에 이수하도록 구성했으며, 제2학년에서 그 이후 부분을 다루도록 구성하였다.

공민 영역은 제1학년에서는 법, 정치, 경제, 사회, 문화 등 분야에 대한 보편적 원칙과 일반적 원리를 다루며, 제2학년에서는 정치, 경제, 사회, 문화 등 분야에 대한 일반적 원리를 다루며, 제3학년에서는 우리나라의 정치, 경제, 사회, 문화 등 분야에 초점을 맞추어 다루도록 조직되어 있다.

(7) 제6차 교육과정기(1992년 - 1997년)

제6차 교육과정은 국가 수준의 교육과정을 편성·운영하여야 함을 명시하고 있으며, 교육부 장관이 교육법에 의거하여 결정·고시한 국가 수준의 교육과정은 전국 공통의 일반적 기준임을 제시함으로써 교육과정 내용의 특징을 명확히 하였다. 이러한 제6차 중학교 교육과정의 특징은 다음과 같다.

첫째, 전 학년의 학습 부담을 감축하였다. 학생들의 학습 부담을 적정화하기 위하여 수업 시간 수를 연간 시간 수로 변경 제시하였다.

둘째, 교육과정의 구조와 수준을 합리적으로 조정하였다. 사회과는 제5차 교육과정에서 사회(지리, 세계사, 일반사회)와 국사 2개 교과로 설정되었던 것을 통합(지리, 세계사, 일반사회)하였으며, 실업·가정과는 제5차 교육과정의 기술, 가정, 기술·가정, 농업, 공업, 상업, 수산업, 가사 등 8개 과목을 '가정'과 '기술·산업' 2개 교과로 조정하여 남녀 공통으로 이수하게 하고, 수학과, 과학과는 학습 분량과 수준을 적정화하고 실용성과 유용성을 강조하였다.

선택 교과제를 도입하였다. 시대적·사회적 교육의 요구에 따라 교육의 다양성과 적합성을 높이기 위해 마련된 선택 교과는 한문, 컴퓨터, 환경과 그 밖의 필요한 교과를 지역과 학교의 독특한 특성에 맞게 설정하여 전 학년 주당 1-2시간 정도씩 운영하게 하였다.

넷째, 교육과정 편성·운영의 역할 분담 체계를 확립하였다. 과거에는 교육부가 고시한 국가 수준 교육과정만이 각급 학교에 직접 전달되었으나, 제6차 교육과정에서는 교육부는 국가 수준 교육과정을 고시하고, 시·도 교육청에서는 국가 기준을 근거로 하여 당해 시·도의 교육과정 편성·운영 지침을 작성하여 각급 학교에 제시하며, 각 단위 학교에서는 이를 바탕으로 학교 실정에 알맞게 학교 교육과정을 편성·운영하도록 하였다.

다섯째, 교과별, 학년별 수업 시간 수 제시 방식을 종래의 연간 시간 수와 주당 평균 시간 수 병행 제시에서, 연간 34주를 기준으로 한 연간 시간 수만 제시하는 것으로 변경하였다. 즉 제2·3학년의 음악, 미술과와 선택 교과를 제외한 전 교과의 수업 시간 수를 고정된 표준 수업 시간 수로 제시하였다.

(8) 제7차 교육과정기(1997년-2007년)

제7차 교육과정은 국민공통기본교육과정과 선택중심교육과정으로 구성되었으며, 국민공통기본교육과정은 교과, 재량 활동, 특별 활동 등 3개 영역으로 편성되어 있다. 이러한 제7차 중학교 교육과정의 전체적인 내용상의 특징을 종합하면 다음과 같다.

첫째, 지역의 특수성과 학교의 실정, 학생의 교육적인 필요를 수용하기 위하여 학년별로 주당 4시간 이상의 재량 활동을 신설하였다.

둘째, 정보화 사회에 적응할 수 있는 창의성과 정보 능력을 함양하기 위하여 통합 교과인 '기술·가정'을 남녀 공통으로 이수하도록 하였으며, 컴퓨터를 활용한 교육 내용을 강화하였다.

셋째, 세계화·개방화에 대응하여 외국어 교육을 강화하기 위하여 '생활 외국어' 과목을 신설하였다.

넷째, '최소 필수 학습 요소'를 중심으로 교과 학습 내용을 정선하고, 범위와 수준을 조정함으로써, 교사와 학생의 교수·학습 부담을 경감하도록 하였다.

다섯째, 인성 교육을 강화하기 위하여 특별 활동의 수업 시간 수를 조절하여, 내실 있는 운영이 이루어지도록 하였다.

여섯째, 학교급별 연계성을 유지하고, 민족의 정체성 확립을 위하여 교과의 명칭을 변경하여, 교과군(敎科群) 개념의 도입으로 교과 편제와 제시 순서도 일관성 있게 조정하였다.

〈표 38〉 중학교 사회과 교육과정 내용 체계(단원 일람)표

구분	교수요목기 (1946-54)	제1차 교육과정기 (1954-63)	제2차 교육과정기 (1963-73)	제3차 교육과정기 (1973-81)	제4차 교육과정기 (1981-87)	제5차 교육과정기 (1987-92)	제6차 교육과정기 (1992-1997)	제7차 교육과정기 (1997-2007)	2007년 개정 교육과정 (2007-)
교육과정 내용 체계(단원 일람)	<중등 공민 Ⅰ> -1학년- 1. 가정과 학교생활 2. 지방의 사회생활 3. 여러 가지 공동생활 4. 공동생활과 책임감 5. 개인 생활과 국가 6. 공동생활과 개인의 자각 <중등 공민 Ⅱ> -2학년- 1. 정부와 우리 2. 정치의 운영 3. 민주 정치와 선거 4. 재판 5. 가치와 우리 생활 6. 국가재정과 우리의 의무 7. 교육과 사회생활 8. 과학적 태도와 비판적 정신 9. 출판과 보도 10. 예술과 종교 11. 우리나라 정치생활과 우리의 각오	<공동생활> -1학년- 1. 가정생활 2. 학교생활 3. 지방 생활 4. 그 밖의 공동생활 5. 사회생활의 실태 6. 개인과 사회의 실태 7. 공동생활에 필요한 요소 8. 공동생활에 공헌하는 길 <국가 생활> -2학년- 1. 집단생활과 국가생활 2. 우리나라의 민주 정치 3. 국회와 법원 4. 중앙행정과 지방행정 5. 선거 6. 경제 제도 7. 직업과 우리 생활 8. 현명한 사회생활 9. 국가와 민족	<사회 Ⅲ> - 3학년 - 1. 인간의 사회생활 1) 인간의 존엄성 2) 사회생활의 발달 3) 현대 사회의 여러 형태 4) 사회생활과 민주주의 5) 가정생활 6) 향토 생활 7) 그 밖의 여러 사회생활 8) 사회발전에 이바지하는 길 2. 민주정치 1) 민주정치의 원칙 2) 우리나라 민주정치의 발자취 3) 민주정치의 조직과 운영 4) 지방 자치 5) 선거와 정당 6) 공산 국가에서의 정치 7) 우리나라 민주정치 발전의 길	- 3학년 - 1. 민주주의와 정치 1) 사회의 구조와 기능 2) 민주주의적 사회생활 3) 민주주의 정치의 특색 4) 우리나라의 민주정치 5) 민주주의와 국제정치 2. 국민 생활과 법률 1) 사회생활과 법질서 2) 여러 가지 법규 3) 일상생활과 법 3. 경제생활 1) 경제 현상 2) 시장 경제의 원리 3) 부분과 전체 4) 생산과 소비 5) 시장과 가격 4.국토 개발과 당면 과제 1) 산업화와 국토의 변화 2) 국토의 종합 개발 3) 환경 및 자원의 보전과 이용 4) 우리나라의 당면 과제	-1학년 - 1.국가 생활과 정치 1) 국가와 정치 2) 민주 정치의 특징 3) 우리나라의 민주 정치 4) 민주 정치와 국민 생활 2. 법과 국민 생활 1) 사회생활과 규범 2) 국가와 법 3) 민주주의와 법 4) 준법정신과 사회 발전 3. 경제생활 1) 경제 현상 2) 시장 경제의 원리 3) 부분과 전체 4) 생산과 소비 5) 시장과 가격 4. 인간과 사회·문화생활 1) 개인의 사회화와 상호작용 2) 사회 구조와 기능 3) 사회와 문화의 관계 4) 인간 생활과 문화	- 1학년 - 1. 인간 생활과 사회 현상 1) 인간 생활과 환경 2) 인간 생활의 변천 3) 인간 생활과 사회 4) 사회 현상의 탐구 5) 민주 시민이 되는 길 - 2학년 - 1. 극민 생활과 정치 1) 국가와 정치 생활 2) 민주 정치의 특징 3) 민주정치의 원리와 형태 4 긴주 정치의 과정) 5) 국제 정치와 세계 평화 2. 극민 생활과 법 1) 사회생활과 법 2) 법 규범의 특성 3) 민주 사회와 법의 운용 4) 준법정신과 사회 발전 3. 인간과 경제생활 1) 생활과 경제 2) 가계와 소비 생활 3) 기업과 생산 활동 4) 시장과 가격 결정 5) 시장 경제와 계획 경제 4. 인간과 사회·문화생활 1) 개인의 사회화와 상호작용 2) 사회 구조와 기능 3) 사회와 문화의 관계 4) 인간 생활과 문화	-1학년- 1. 지역과 사회 탐구 2. 중부지방의 생활 3. 남부지방의 생활 4. 북부지방의 생활 5. 고대 문명의 형성 6. 아시아 문화권의 형성 7. 아시아 전통 사회의 발전 8. 동부 및 동남아시아의 생활 9. 남부 및 서남아시아의 생활 -2학년- 1.유럽 문화권의 형성 2. 서양 근대 사회의 발전 3. 유럽의 생활 4. 아메리카 및 오세아니아의 생활 5.19세기의 세계 6. 현대 세계의 전개 7. 현대 세계의 정치·경제 8. 현대 사회와 시민 생활	-1학년- 1.지역과 사회 탐구 2. 중부 지방의 생활 3. 남부 지방의 생활 4. 북부 지방의 생활 5. 아시아 및 아프리카의 생활 6. 유럽의 생활 7. 아메리카 및 오세아니아의 생활 8. 인간 사회의 역사 9. 인류의 기원과 고대 문명의 형성 10. 아시아 사회의 발전과 변화 -2학년- 1. 현대 세계의 전개 2. 유럽 세계의 형성 3. 서양 근대 사회의 발전과 변화 4. 아시아 사회의 변화와 근대적 성장 5. 현대 사회와 민주주의 6. 개인과 사회의 발전 7. 사회생활과 법 규범	1학년- <지리 영역> 1.내가 사는 세계 2. 다양한 기후 지역과 주민 생활 3. 다양한 지역과 주민 생활 4. 지역마다 다른 문화 5. 인구 변화와 인구 문제 6. 도시 발달과 도시 문제 <일반사회 영역> 7. 개인과 사회생활 8. 문화의 이해와 창조 9. 우리의 생활과 법 10. 인권 보호와 헌법 -2학년- <한국사 영역> 1. 문명의 형성과 고조선의 성립 2. 삼국의 성립과 발전 3. 통일 신라와 발해 4. 고려의 성립과 발전 5. 고려 사회의 발전 6. 조선의 성립과 발전 <세계사 영역> 6. 통일 제국의 형성과 세계 종교의 등장 7. 다양한 문화권의 형성 8. 교류의 확대와 전통 사회의 발전

구분	교수요목기 (1946-54)	제1차 교육과정기 (1954-63)	제2차 교육과정기 (1963-73)	제3차 교육과정기 (1973-81)	제4차 교육과정기 (1981-87)	제5차 교육과정기 (1987-92)	제6차 교육과정기 (1992-1997)	제7차 교육과정기 (1997-2007)	2007년 개정 교육과정 (2007-)
교육과정 내용 체계(단원 일람)	<중등 공민 Ⅲ> -3학년- 1. 우리 생활과 노동 2. 생산과 소비 3. 산업 4. 화폐와 금융 기관 5. 교통과 통신 6. 생계 7. 직업 선택 8. 생활 개선 9. 사회 개선 10. 민주국가 건설과 우리의 사명	<국제 관계> -3학년- 1. 국가와 국가와의 관계 2. 무역 3. 국제 평화 4. 민주주의의 이상 5. 대립된 세계 6. 부흥 재건 7. 문화의 행상 8. 우리 민족의 과업 9. 세계 인류에 공헌하는 길	3. 경제생활 1) 경제 활동 2) 생산과 기업 3) 상품 유통과 시장 4) 소득과 소비 5) 화폐와 금융 6) 재정 7) 우리나라 경제의 현황과 앞날 4. 문화와 사회 문제 1) 학문과 예술 2) 종교와 생활 3) 도의와 생활 4) 보도와 오락 5) 사회 문제와 사회 정책 6) 직업과 생활 7) 사회개선과 우리의 책임 5. 국제 관계와 우리 생활 1) 국가와 국가와의 관계 2) 국제연합 3) 우리나라와 국제연합 4) 오늘날의 국제 정세 5) 국가 사이의 외교 6) 국가 사이의 경제 교류 7) 국가 사이의 문화 교류 8) 국민 외교 9) 우리나라와 국제 협조	4. 경제 개발 1) 우리나라와 세계 주요국의 산업 구조 2) 경제 개발 계획 3) 세계경제 동향과 우리나라 경제 5. 현대 사회와 우리의 생활 1) 사회 발전과 현대 사회 2) 직업과 사회 보장 3) 가정과 청소년 4) 교육과 문화 6. 인류 사회의 여러 문제 1) 환경 문제 2) 인구 문제 3) 농촌과 도시 문제 7. 우리의 사명 1) 국토통일과 민족의 진로 2) 인류 공영을 위한 노력	- 3학년 - 1. 국민 경제의 순환과 국제경제 1) 국민 소득의 순환 2) 물가와 금융 3) 재정과 국민 생활 4) 우리나라의 국제 경제 5) 우리나라의 경제 발전 2. 현대 사회와 우리의생활 1) 근대화와 현대 사회 2) 현대 사회의 특징과 여러 문제 3) 우리의 진로와 사명	- 3학년 - 1. 우리나라의 민주 정치 1) 대한민국의 건국이념 2) 국민의 권리와 의무 3) 정부의 구조와 기능 4) 우리나라의 정치 과정 5) 우리나라의 국제 관계 2. 국민 경제와 국민 생활 1) 국민 소득의 순환 2) 화폐, 물가, 금융과 국민생활 3) 재정과 국민 생활 4) 국가 간 경제거래와 협력 3. 우리나라의 경제 1) 경제 성장과 계획 2) 경제 발전 과정 3) 개방경제와 우리의 대응 4) 우리 경제의 과제와 전망 4. 현대 사회 성격과 우리 사회의 문화 1) 현대 사회와 사회 변동 2) 우리 사회·문화의 특성 3) 현대 사회의 여러 문제 4) 새마을 운동 5) 복지 사회의 실현 5. 발전하는 우리나라와 미래 사회 1) 변화하는 우리나라와 미래 사회 2) 지역 간의 상호 협력 3) 세계로 뻗어 가는 우리나라 4) 미래사회와 우리의 나갈 길	-3학년- 1. 인간과 사회 2. 민주정치와 시민의 참여 3. 현대 경제와 시민생활 4. 현대 사회생활과 법 질서 5. 공업화, 도시화와 환경 문제 6. 자원 문제와 국토의 효율적 운영 7. 국제 사회 속의 한국인	<국사> 8. 우리나라 역사의 시작 9. 삼국의 성립과 발전 10. 통일 신라와 발해 11. 고려의 성립과 발전 -3학년- 1. 현대 사회의 변화와 대응 2. 자원 개발과 공업 발달 3. 인구 성장과 도시 발달 4. 지구촌 사회와 한국 5. 민주 정치와 시민 참여 6. 민주 시민과 경제생활 7. 시장 경제의 이해 8. 현대 사회의 변화와 대응 <국사> 9..조선의 성립과 발전 10. 조선 사회의 변동 11. 개화와 자주 운동 12. 주권 수호운동의 전개 13. 민족의 독립 운동 14. 대한민국의 발전	-3학년- <지리 영역> 1. 자원의 개발과 이용 2. 산업 활동과 지역 변화 3. 지역에 따라 다른 환경 문제 4. 세계 속의 우리나라 5. 통일 한국의 미래 <일반사회 영역> 6. 정치 생활과 민주주의 7. 정치 과정과 참여 민주주의 8. 경제생활과 경제 문제 9. 시장 경제의 이해 10. 국민 경제의 이해 <한국사 영역> 1. 조선 사회의 변동 2. 근대 국가 수립 운동 3. 대한민국의 발전 <세계사 영역> 1. 산업화와 국민 국가의 형성 2. 아시아, 아프리카의 민족 운동 3. 현대 세계의 전개

(9) '2007년 개정 교육과정'기(2007년 이후)

2007년 개정 교육과정은 제7차 교육과정을 부분 수정한 교육과정이다. 따라서 내용상의 커다란 변화는 눈에 띄지 않는다. 다만, 사회과에서는 제3 - 10학년 전체에 걸쳐서, 그동안의 내용 체계 영역인 인간과 공간, 인간과 시간, 인간과 사회 등 3개 영역이 역사 영역(국사 영역 포함), 지리 영역, 일반사회 영역 등 3개 영역으로 변경되었다. 아울러, 국사 영역 강화를 위해서 중학교 제2학년(8학년)에서 연간 102시간(주당 3시간) 모두를 역사 영역(국사 영역)의 내용으로 지도하게 한 점이다.

각 학년별 사회과 내용 체계를 고찰하면, 제7학년(중학교 제1학년) 지리 영역의 내용으로, 내가 사는 세계, 다양한 기후 지역과 주민 생활, 다양한 지형과 주민 생활, 지역마다 다른 문화, 인구 변화와 인구 문제, 도시 발달과 도시 문제 등이고, 일반사회 영역의 내용으로는 개인과 사회생활, 문화의 이해와 창조, 우리의 생활과 법, 인권 보호와 헌법 등이다.

제8학년(중학교 제2학년) 사회과의 내용은 역사 영역으로 편제되어 있다. 먼저, 한국사 영역으로는, 문명의 형성과 고조선의 성립, 삼국의 성립과 발전, 통일 신라와 발해, 고려의 성립과 발전, 조선의 성립과 발전 등이다. 다음, 세계사 영역의 내용으로는 통일 제국의 형성과 세계 종교의 등장, 다양한 문화권의 형성, 교류의 확대와 전통 사회의 발전 등이다.

제9학년(중학교 제3학년)에서는 한국사 영역, 세계사 영역, 지리 영역, 일반사회 영역 등을 고루 배열하였다. 한국사 영역의 내용은, 조선 사회의 변동, 근대 국가의 수립 운동, 대한민국의 발전 등이다. 세계사 영역의 내용은 산업화와 국민 국가의 형성, 아시아 · 아프리카 민족 운동과 근대 국가 수립 운동, 현대 사회의 전개 등이다. 지리 영역의 내용은, 자원의 개발과 이용, 산업 활동과 지역 변화, 지역에 따라 다른 환경 문제, 세계 속의 우리나라, 통일 한국의 미래 등이다. 일반사회 영역의 내용은, 정치 생활과 민주주의, 정치 과정과 참여 민주주의, 정치 생활과 경제 문제, 시장 경제의 이해, 국민 경제의 이해 등이다.

<표 39>는 역대 우리나라 중학교 사회과 교육과정 내용 체계(단원 일람)를 종합적으로 정리한 체계표이다. 우리나라 역대 중학교 교육과정의 내용을 일목요연하게 파악할 수 있다.

4) 교수 · 학습 방법 및 평가

(1) 교수요목기(1946년 - 1954년)

사회과의 교수 · 학습 방법과 관련하여 살펴보면, 교수요목기에는 중등학교 공민, 지리, 역사 등 학습 지도에 새로운 방법이 도입될 여지가 별로 없었다. 그러나 그 이후의 학습 지도 방향 설정을 시사하는 바는 있었으나, 1945년 9월 22일 학무국이 발표한 '교육상의 유의할 점'에서 "교육을 실천적으로 하여 공리공론에 떨어지지 말도록 하고, 생활 실제에 적합한 지식 기능을 반복 연습하여 응용하게 할 것"을 강조하고 있다. 실제 생활에 적합한 지식과 기능의 학습을 요구한 것은 미국 실용주의 철학에서 나온 생활 중심, 경험 중심 교육 사조의 적용과 결부된 것이라고 사료된다(교육과정·교과서연구회, 2000 b: 119 - 120).

이와 같이 해방 후 처음 나타난 새로운 학습 지도의 방향 설정은 이듬해인 1946년부터 새 교육 운동의 전개와 함께 구체화되었다. 새 교육 운동에 앞장선 것은 문교부로서 1946년 9월 12일 남한의 교육자를 망라하여 '신교육연구협회'를 창설하고 새 교육을 적극적으로 추진하려고 하였다(정세구, 1977: 72).

(2) 제1차 교육과정기(1954년 - 1963년)

1950년대는 사회과가 아직도 사회생활과로 불리던 시기이고, 교사들 중에서 더러는 '사회생활'과와 '생활 지도'를 혼동하는 경우가 있었으므로, 사회과에서 어떤 새로운 학습 지도 방법이 도입되거나 적용되기는 어려웠다. 일제 시대의 잔재를 벗고 새로운 사회과 교육을 지향하고는 있으나, 여러 가지 여건으로 제대로 실행되지 못한 현실이었다(교육과정·교과서연구회, 2000 b: 124 - 125).

이러한 점을 전제하고, 1955년 제정된 중학교, 고등학교 및 사범학교 교과 과정에 나오는 공민, 지리, 역사 영역 내용 지도를 위한 유의 사항에서는 당시에 지향하던 경험 중심, 생활 중심의 학습 지도 방법을 강조하였는데, 그 특징은 다음과 같다(정세구, 1977: 73).

첫째, 중학교 공민 분야의 교수에 있어서는 지식만을 이해시키려는 교수에서 벗어나, 민주 국가 사회의 공민으로서의 올바른 인간관계를 유지, 발전시키기 위한 기능, 태도, 습관의 개발이 중요한 것임을 명심하여 교수 방법 개선에 특별히 유의하여야 한다고 기술하고 있다.

둘째, 역사 분야의 내용 지도는, 학습 내용을 구체적으로 이해시키기 위하여 지도, 사진, 도표 등을 제작, 활용할 것과 학생들로 하여금 학습 문제를 서로 토의하게 함으로써 학습의 성과를 자동적으로 얻도록 하였다.

셋째, 지리 분야의 내용 지도는 학습 내용을 현실 생활의 토대 위에서, 생활과 유리되지 않도록 하고, 학생들로 하여금 학습 문제를 상호 토의하게 함으로써 학습의 성과를 거양하도록 하고 있다.

(3) 제2차 교육과정기(1963년 - 1973년)

제2차 교육과정에서기는 국가 사회의 절실한 요구와 학생 생활에 필요한 필요불가결한 과제를 중심으로 학생들의 생활 경험을 통하여 교육함으로써, 쓸모 있는 사회인이 되게 하고 또한 자활할 수 있도록 실천인의 육성을 강조하였다.

중학교 사회과 교육과정의 지도상의 유의점에서는, 사회과 교육이 현대 사회생활의 당면한 제 문제를 해결하는 데 필요한 이해, 기능, 가치·태도를 체득하는 것을 목표로 한다는 점에 유의하여 전문적 지식 체계를 전달하는 일에 치우치지 않도록 지도할 것을 요구하고 있다.

(4) 제3차 교육과정기(1973년 - 1981년)

제3차 교육과정은 교육과정 구성의 기본 방침에서 나타난 바와 같이, 지식의 구조를 이루는 기본 개념과 그 관계를 이해하고, 지적인 탐구 방법을 익힐 수 있도록 지도 내용을 정선하고, 이미 이루어진 지식과 기술의 단순한 전달에 그치지 않고 계속적으로 미지의 세계를 탐구하고 문제를 해결할 수 있게 해야 한다는 것은 새 교육과정이 새로운 학습 지도 방법에 깊은 관심을 나타내고 있음을 보여 주는 것이다(장병창, 1983: 34).

중학교 사회과 교육과정 지도상의 유의점에 나타난 다양한 학습 활동이 이루어지도록 노력하며, 야외 관찰, 보고, 토의 등을 중시하여 사회과에서 기대하는 성과를 기하는 데 노력하여야 한다고 제시하고 있다. 또 사회과 교수·학습이 추상적 지식의 나열이나 단편적 지식의 암기에 그치지 않도록 특히 유의하여 노력해야 한다는 점 등은 학습 지도의 새로운 방향 모색의 일환이라고 파악된다. 각 학년 지도에 있어서 지도, 도표 외에 영화, 슬라이드, 통계, 연표, 연감, 신문, 방송 등은 물론 여행기, 탐험기 등 자료를 이용하여 야외 관찰, 실험, 토의 등을 중시하여 사회과의 종합적 학습을 강조하였다(교육과정·교과서연구회, 2000 b: 130).

(5) 제4차 교육과정기(1981년 - 1987년)

사회과 학습 지도상의 유의점은 사회과 교육과정에 제시된 목표 달성을 위하여, 사회과 내용을 어떻게 잘 파악하고 어떠한 방법과 자료에 의하여 지도해야 할 것인가에 대하여 기술하고 있다(장병창, 1983: 35). 이와 같은 제4차 교육과정의 사회과 교수·학습 지도상의 유의점을 요약하면 다음과 같다.

첫째, 사회적 현상을 다양한 시점에서 파악할 수 있도록 여러 분야를 관련시켜서 지도한다.

둘째, 시간적·공간적·사회적 요인 등을 고려하면서 체계적 학습이 이루어지도록 한다.

셋째, 현장 교육에 있어서도 주위의 생활 사태와 관련시켜서 지도한다.

넷째, 지리적인 내용의 경우, 지리에 대한 중핵적(中核的) 지식을 이해하게 하는 데 중점을 두고, 세계적인 내용인 경우에는 시대사적인 접근 방법에 의하여 통사적인 지식을 체계 있게 습득하도록 역사 학습 지도를 한다.

다섯째, 사회적 전 분야에 걸쳐서 사회적 현상을 보는 눈을 가지게 하며, 특히 우리가 당면하고 있는 공해, 인구, 남녀 평등, 환경, 자원, 교통의 문제에 깊은 관심을 갖고 지도한다.

여섯째, 애국 애족하는 진취적 인간이 길러지도록 지도함은 물론, 사회적 제 분야의 내용을 가능한 대로 민족 주체 의식 형성과 관련시켜 지도한다.

일곱째, 지역 사회의 특성, 학교의 실정 등을 고려하여 새로운 내용을 보완하는 창의적인 학습 지도를 한다.

여덟째, 지도, 도표, 영화, 슬라이드, 통계 연표, 연감, 신문, 방송, 사진, 서적, 기록물, 유물, 여행기, 탐험기 등 자료를 다양하게 이용하여 풍부한 학습 생활이 이루어지도록 지도한다.

아홉째, 토론, 발표, 보고, 야외 관찰, 조사, 사례 연구, 면접, 인물 학습 등을 통하여 사회과 교수·학습 목표에 도달되도록 지도한다.

열째, 시시각각으로 변동하는 국내외 정세를 감안하여 시간 문제에 대한 관심을 가지도록 한다.

한편, 평가상의 유의점은 제4차 교육과정에서 최초로 제시하고 있는데, 평가는 개념이나 원리의 핵심적 내용의 이해, 정도, 평가(이해 면)와 자료의 분석, 평가 및 야외 활동 능력 평가(기능 면) 그리고 바람직한 가치의 내면화 및 이와 관련된 태도의 형성 평가(가치·태도 면) 등에 중점을 두고 다양한 형태의 평가가 이루어지도록 강조하고 있다(함종규, 2006: 520).

(6) 제5차 교육과정기(1987년-1992년)

제5차 교육과정기의 지도 및 평가상의 유의점은 운영상의 유의점, 지도상의 유의점, 평가상의 유의점 등으로 구분하여 고찰해 볼 수 있는 것이 특징이다.

먼저, 운영상의 유의점을 살펴보면, 제5차 교육과정기에는 사회과를 1개 학년에 2개 영역씩 구성하였는데, 이는 제4차 교육과정기의 구성과 유사하다. 따라서 사회과 교사를 어떻게 배치해야 할 것인가가 문제가 되었다. 제1학년에 지리, 역사, 제2학년에 역사, 공민, 3학년에 공민, 지리 교사를 배치할 수 있는 여건을 갖춘 학교에서도 학년별로 다른 시간 배당 등 해결하기 어려운 문제가 많다. 따라서 학교에서는 영역별, 단원별로 가르치도록 교사를 배치할 수도 있고, 학기별로 교사를 배치하는 문제도 고려할 수 있을 것이다. 그러나 영역별로 가르친다는 고정관념이 있으면 뚜렷한 해결책을 찾기가 쉽지 않다.

중학교 사회과가 종합 교과인 만큼 종합 교과 담당자로서의 사회과 교사는 어느 학년, 어느 영역이라도 가르칠 수 있는 자질을 갖추어야 할 것이므로, 제5차 교육과정의 내용과 의미를 전국의 학교와 교사 양성 기관에서 충분히 이해하여, 앞으로 중학교 사회과는 영역별 구분 없이 가르치게 된다는 전제하에 교육과정을 재구성하여 가르치도록 제시되어 있다.

다음, 지도상의 유의점에 대해서 고찰하여, 교육과정의 지도상의 유의점을 요약, 정리해 보면, ⓐ 지식에 의해서뿐만 아니라 기능, 태도, 습관의 개발과 합리적인 의사 결정 능력의 신장, ⓑ 다양한 관점에서의 사회 현상 파악, ⓒ 생활 사례와 관련하여 학습 지도, ⓓ 사회 현상을 볼 수 있는 사회과학적 눈과 당면 문제 강조, ⓔ 지역성을 고려한 학습 지도, ⓕ 다양한 교수·학습 자료 활용, ⓖ 여러 가지 학습 형태의 활용, ⓗ 시사 문제의 수시 활용 등에 유의하여 지도해야 할 것이다.

끝으로, 평가상의 유의점을 분석해 보면, 평가는 교과서 내용보다 교육과정의 목표 달성을 근거로 평가하도록 하여야 하며, 개념이나 원리 등 핵심적 내용의 이해 정도 평가(이해 면), 자료의 분석, 평가 및 이의 활용 능력의 평가(기능 면), 바람직한 가치의 내면화 및 이와 관련된 태도 형성 정도의 평가(가치·태도 면)에 초점을 두고 평가할 것이며, 다양한 자료와 방법에 의한 평가가 이루어져야 할 것이다.

(7) 제6차 교육과정기(1992년 - 1997년)

제6차 교육과정의 일반사회(공민) 관련 지도는 이전 교육과정에 비하여 많은 변화를 가져왔다. 정치, 경제, 사회, 문화 등의 영역으로 구성된 일반사회 관련 내용은 지리와 역사의 통합 과정에서 보다 큰 변화를 보였다. 일반 원리를 바탕으로 실제 응용과 관련된 내용이 서술되지 못하고, 세계사의 연장선상에서 국제 관계에 관한 정치, 경제, 사회, 문화 등이 응용적인 내용임에도 불구하고, 제2학년에 편성되어 있으며, 일반 원리는 주로 제3학년 과정에서 다루게 되어 있다. 따라서 제2학년 과정의 학습에 어려움이 있으므로, 생활 경험 중심으로 그 한계를 극복하려는 노력이 진행되어야 한다.

일반사회 분야의 학습 지도는 다른 교과나 분야와는 달리 우리 사회의 문화와 풍토의 영향 아래 이루어지기 때문에, 수업 외적 요인까지도 고려해야 하는 어려움이 있다. 그러므로 사실적이고 단순한 지식의 나열이나 암기에 그치지 말고, 기본 개념과 원리의 탐구를 통해 체계적으로 정치 현상을 이해할 수 있도록 지도하고, 우리 사회의 정치적인 문제에 관심을 가지고 이를 올바르게 인식할 뿐만 아니라 합리적으로 해결할 수 있는 능력과 시각을 지닐 수 있도록 지도하며 역사, 도덕 등 인접 교과와 관련지어 지도함으로써, 사회 현상을 종합적으로 인식하도록 하여야 한다. 일반사회 분야는 성격상 시사성이 강하므로, 국내·외의 정치 정세에 관한 시사 자료와 다양한 정보를 적절히 활용하여 지도하여야 한다.

한편, 일반사회 영역의 지도에는 교수·학습의 개별화가 이루어져야 한다. 학생들은 자기에게 주어진 환경에 따라 정보와 경험을 공유하게 된다. 그리고 개인이나 집단에 따라 여러 종류의 가치 있는 학습 유형을 갖게 된다. 학생에 따라서는 개인적 의미에 관심을 집중시키는 학생, 개념적 이해를 이끌어 내는 사실에 관심을 집중시키는 학생, 자발적 발견에 흥미를 가진 학생 등 다양하다. 이러한 학생들에게 자신에게 맞는 학습 유형이 적용될 때에 보다 성공적인 학습 과정을 마치게 된다.

아울러, 교사는 이러한 학습 유형에 대한 고려와 함께, 학생들이 발달적 측면에서 어느 정도의 수준에 있는가에도 유의해야 한다. 이러한 점을 전제하고 일반사회 주요 영역별 지도상의 유의점을 요약하면 다음과 같다(교육부, 1992: 171 - 191).

첫째, 정치 영역의 지도상의 유의점은 가치 교육의 중시, 참여를 통한 정치 행동 경험 강조, 학교의 집단 활동 강조 등이 고려되어야 한다. 가치 교육에 있어서, 정치 현실에서 나타나는 정치적 갈등을 도덕적 논의의 과정을 통해 이해하고, 극복할 수 있는 능력을 길러 주는 정치 학습이 되어야 한다. 정치 활동에의 참여 경험을 확대시켜 줌으로써 민주적 생활 원리와 민주적 태도를 학습하도록 지도하여야 한다. 그리고 학교 안에서의 집단 활동, 사제 간(師弟 間) 인간관계, 교우 간(校友 間)의 인간관계 등이 정치 학습에서 고려되어야 한다.

둘째, 경제 영역 지도상의 유의점은 생활과 직결된 경제교육, 수업과 일상생활의 연계 등이 고려되어야 한다. 경제 분야의 내용과 관련하여, 우리 사회에 경제적 원리들이 어떻게 나타나는가에 깊은 관심을 가져야 한다. 이는 우리 문화와 사회 속에서 경제 현상에 대한 인식이 중요하기 때문이다. 현장과 수업의 연계는, 지역 사회의 경제생활 구조와 교수·학습의 구조가 생활과 관련될 때 학생들은 확실한 생활적 지식을 갖게 될 것이며, 그 응용에 더욱 적극적이 될 것이기 때문이다.

셋째, 사회·문화 영역의 지도상의 유의점은 다른 사회·문화의 현상과 비교하여 자신의 사회·

문화를 돌이켜 볼 수 있도록 배려하여야 한다. 관찰과 느낌을 동시에 지도해야 하는 것이 필요한 이유이기도 하다. 사회학과 문화 인류학에 대한 분명한 이해를 바탕으로 그 개념과 이론 및 관점을 생생한 사회·문화 현상과 관련지어 파악하게 하여야 한다.

한편, 제6차 중학교 사회과 교육과정 평가상의 유의점을 종합하면 다음과 같다(교육부, 1992: 162 −164).

첫째, 사회과 평가에서는 지식 영역과 기능 및 정의적 영역도 함께 평가하여야 한다. 사회과의 각 영역별 평가는 교육과정에서 제시한 목표들을 준거로 하여 추출된 평가 요소에 따라 이루어지되, 평가 요소들은 각 영역에 조화롭게 평가되어야 한다.

둘째, 각 영역별 평가의 강조점을 유념하여 평가하여야 한다. 지식 영역은 사실적 지식 습득 여부와 함께 기본 개념 및 원리 이해도 등의 측정에 역점을 둔다. 기능 영역은 자료·정보의 수집 및 활용 기능, 탐구 기능, 의사 결정 기능, 집단 참여 기능 등의 측정에 역점을 둔다. 가치·태도 등 정의적 영역은 바람직한 가치와 합리적인 가치의 내면화 정도를 평가하는 데 역점을 둔다.

셋째, 다양한 평가 방법을 활용하여야 한다. 목표 영역의 특성에 따라 지필 평가 외에 학습 태도의 관찰, 과제 수행의 정도 판정 등을 포함한 다양한 평가가 이루어지도록 하여야 한다.

넷째, 올바른 객관식 평가가 이루어지도록 해야 한다. 단순한 지식 습득 여부보다는 기본 개념 및 원리의 이해와 아울러, 지식 정보의 획득과 활용 능력을 평가하도록 해야 한다.

다섯째, 가급적 서술형 평가를 권장해야 한다. 문제 해결 능력, 의사 결정 능력, 지식과 관련된 가치·태도의 형성 정도 등을 서술형 평가를 실시하여 기르도록 하여야 한다.

여섯째, 사회과 교육과정 시간 배당 비율에 맞추어 평가하여야 한다. 특히, 중학교 제2·3학년에서는 일반사회 영역과 국사 영역에 각각 배당한 시간 비율에 맞추어 평가하여야 한다. 그러므로 지리적 현상, 역사의 흐름, 현대적 사회 현상의 특성에 대한 통합적 이해 정도와 적용 능력, 사회 현상 탐구에 필요한 각종 정보·자료의 획득·조직·활용 능력, 다원화 사회의 다양한 관점의 이해와 수용, 사회의 기본 가치에 대한 이해와 존중 등, 사회과에 대한 흥미, 관심, 학습 준비 상황, 학습 동기와 습관 등이 고려되어야 한다.

(8) 제7차 교육과정기(1997년 − 2007년)

① 교수·학습 방법

제7차 교육과정에서는 과거 교육과정에서의 '지도 및 평가상의 유의점'이 '교수·학습 방법'과 '평가'로 이원화(二元化)되었다. 제7차 사회과 교육과정에서의 사회과 교수·학습은 통합적 지도가 바람직하다. 현대는 세계화·정보화·다양화·전문화 등이 특성인데, 이러한 사회적 특성에 능동적으로 적응할 수 있도록 사례를 중심으로 한 토의 학습 등으로 창의력을 신장시켜야 한다.

제7차 중학교 사회과 교육과정의 교수·학습 방법을 종합하면 다음과 같다(교육부, 1997 a: 322 − 341).

첫째, 교재의 재구성과 주제 및 문제 중심 접근을 강조하였다. 사회과에서 주제, 문제 해결을 위한 교수·학습 활동은 수업에 앞서 너무 구체적으로 계획되기보다는 복잡하게 전개되는 교실 상호 작용이 고려되어야 한다. 수업에 임하는 대략적인 틀로써, 문제 제기, 가치문제 확인, 정의와 개념의 명확화, 사실 확인과 경험적 증명, 가치 갈등의 해결, 비교 분석, 대안 모색과 결과의 예측 그리고 선택 및 결론 등 교수 단계가 고려되어야 한다. 수업 계획이 정형화되고 지나치게 세분화될 때, 주제나 문제는 피상적, 단편적, 기계적으로 다루어질 우려가 있다. 깊이 있고 통합적인 교수 학습 활동을 위해서 수업 상황에서의 즉각적이고도 적절한 반응이 수반되어야 한다.

주어진 주제, 문제, 학습자, 상황에서도 똑같이 좋은 효과를 보여 주는 단일한 교수 방법은 존재하지 않는다. 따라서 교사의 강의에 의존하는 수업을 지양하고, 주제나 문제에 적합하며, 학습자들의 흥미와 관심이 고려된 다양한 교수·학습 활동을 전개하여야 한다.

둘째, 통합적 접근 방법으로써, 내용 영역 간 통합, 내용과 경험 간 통합, 내용과 방법 간 통합 등을 강조하였다. 사회과는 종합적, 통합적 교과이다. 따라서 사회과 교육은 사회 현상을 종합적으로 이해시키는 것이 중요하다. 사회과의 통합적 학습은 학문 또는 생활 영역 간의 통합은 물론 지식, 기능, 가치·태도가 상호 유기적 관계를 맺도록 함으로써 지식과 행동의 통합이 이루어지도록 해야 한다. 통합의 방법은 활동 중심, 탐구 중심, 주제 중심, 기능 중심 등 다양한 형태로 이루어지도록 해야 한다.

사회과 통합은 학교 현장의 수업을 통해서 이루어져야 한다. 사회과 통합의 이유는 사회과 교육이 궁극적으로 성숙한 민주 시민 교육을 목적으로 하며, 제1차적으로는 사회 인식을 복표로 한다. 따라서 사회과 교육과정의 운영에 있어서도 어느 한 영역에 치우쳐서는 안 되며, 영역이 분명히 드러난 단원, 주제 등을 지도할 때에는 지리, 역사, 정치, 경제, 사회, 문화 등 여러 영역 생활과의 관련성을 고려하여야 한다. 그리고 사회과는 학습자의 활동, 경험의 의미와 가치 등을 부여할 수 있어야 한다. 그러므로 교사는 사실적인 내용을 과감하게 정선, 선택하고 이를 학생들의 이해 수준에 맞게 구조화해야 한다.

아울러, 사회과 지도에서는 내용과 방법이 유리되지 않도록 해야 한다. 내용과 방법이 유리되면, 경험의 구체적 사례가 도외시되고 학습 행위 자체가 직접적, 의식적 목적이 될 뿐만 아니라, 방법을 획일적이고 고정된 철학, 즉 기계적으로 처방된 단계에 따르는 것으로 전락하기 때문이다. 따라서 사회과 교수·학습에서 목표, 내용, 교수·방법, 평가 등 일련의 체계가 상호 분리될 수 없고, 일정한 목적에 따라 내용을 분석, 인식하는 방법의 실험·선택이야말로 학습 주제의 발달을 의미하는 것으로 볼 수 있다.

셋째, 고차원적 사고력과 탐구 기능을 신장하도록 하였다. 사회과 교수·학습에서 고급 사고력을 신장시키기 위한 학습으로는, 개념의 특성을 논리적으로 규명하는 학습, 반성적 사고에 의하여 원리를 발견하는 학습, 발견된 원리를 적용하여 사실을 증명하는 학습, 반성적 사고에 의하여 원리를 발견하는 학습, 발견된 원리를 적용하여 사실을 증명하는 학습, 당면한 문제를 창의적으로 학습하는 학습, 가치 명료화 학습, 의사 결정 학습 등을 들 수 있다.

사회 현상을 올바르게 이해하고 문제를 해결하는 학습 과정에서는 문제 해결의 각 단계에서 구체적 사고 활동을 고려하여야 한다. 단위 수업 속에서 순간순간 이루어지는 활동들로써, 요약, 분류, 비교, 대조, 번역, 해석, 가설, 예측, 추론, 적용, 분석, 종합, 평가, 상상, 대안 제시, 선택, 결정 등 사고 활동이 이루어지도록 하여야 한다.

넷째, 학습자 중심 수업을 강조하였다. 제7차 사회과 교육과정에서 강조하는 학습자 중심 교육의 원리는 사회과 교육의 전 과정에서 적용되어야 한다. 학습자 중심 교육의 경향은 기존의 여러 교육 사조에서 중시하였던 학습자 중심의 교육 원리와 현대 교육에서 시도되고 있는 구성주의 원리를 사회과 교육에 현실적으로 적용하는 것이다.

다섯째, 수준별 교육과정 정신을 반영하였다. 사회과 교육에서는 개별화 학습과 협동 학습이 중요한 기법이다. 사회과 수준별 학습은 전체 학생들을 대상으로 한 기본 과정과 개별 학생의 이해 수준의 정도에 따른 심화·보충 과정으로 나누어 운영하여야 한다. 원칙적으로 단원, 주제에 할당된 시간의 약 80%를 기본 과정에, 약 20%를 보충 과정 및 심화 과정에 할애하여야 한다. 보충 및 심화 과정은 교사의 자율적인 판단에 따라 적절한 시기에 편성, 운영하며, 기본 과정에서 다루었던 과제의 난이도, 복잡도, 추상도 등에 변화를 주어 개인별 혹은 학급 내 능력별 집단 편성을 통해서 실시한다. 심화 과정의 학생에게는 고차원적 사고의 기회를 강화하고 넓힐 수 있도록 하고, 보충 과정의 학생에게는 기본 과정의 학습 결손을 보충할 기회를 제공하여야 한다.

여섯째, 개별화 학습과 협동 학습의 조화를 강조하였다. 즉 개별화 학습을 강조하면서도 협동 학습을 도모해야만 한다. 교사는 다양한 학습 모형을 구안하고 적용하여 학습자의 수준에 적합한 학습 자료를 개발하여 학습자들의 학습 원리와 규칙을 이해시켜야 한다. 교수 학습 과정에서는 협동 학습에 필요한 언어적 표현 기능, 집단 구성원의 책무성, 참여 의식, 타인에 대한 존중, 협동심 함양 등을 고려하여야 한다.

일곱째, 다양한 교수·학습 기법과 자료의 활용을 강조하였다. 사회과 학습에서는 다양한 지식을 바탕으로 문제 해결 방안과 연구 결과를 검토하여야 한다. 사례 학습, 통계 조사 학습, 야외 관찰 및 현장 학습, 지도 이용 학습, 문헌 조사 학습, 인물 학습, 사료 학습, 상황 분석 학습, 미래 예측 학습 등은 사회 과학 연구 방법에 기초한 학습 방법들이다. 이 중에서 야외 학습이나 지도 이용 학습은 지리적 성격이 강한 학습에 적합하며, 인물 및 사료 학습은 역사적인 학습에 더 적합하다. 가치 학습에는 자아 발달 모형, 융합적 교육 모형, 가치 수용 모형 등을 적용할 수 있다. 그리고 대안 선택 결정 학습에는 의사 결정 학습 모형을 적용할 수 있으며, 강의 학습, 조사 학습, 문답법, 토의법, 역할 놀이, 시뮬레이션 학습 등은 여러 분야의 내용에 고르게 활용할 수 있다.

여덟째, 세계화·정보화·지역화에 대응하는 사회과 학습 지도를 강조하였다. 현대 사회는 세계화·정보화·지방화·다양화·전문화 등이 화두(key word)이다. 현대 사회는 원심적 방향 변화로서의 세계화와 구심적 방향 변화로서의 지방화를 지향하고 있다. 따라서 학습자들이 지방화의 주역으로서 지역을 바르게 인식함과 더불어, 세계 시민으로서 세계, 인류 공영에 적극적으로 관심을 갖고 참여하도록 지도하여야 한다. 교수·학습 과정에서의 참여 의식, 공동체 세계 시민, 세계 시민으로서의 권리와 의무를 인식하고 문제 해결 및 의사 결정 과정을 경험하도록 해야 한다.

아울러, 정보 사회에 능동적으로 대처하기 위하여 정보 처리 능력과 고급 사고력을 함양하도록 지도해야 한다. 정보 매체의 발달과 통신 능력의 극대화에 따른 정보의 폭증은 다양하고도 폭넓은 학습과 자아 실험의 기회를 제공할 수 있으나, 다른 한편으로는 사고와 판단의 혼란을 초래할 수 있으며, 정보 획득의 질적·양적 차이에 따라 학습 차를 확대시킬 수도 있다. 정보와 지식의 수준 및 활용 능력과 신속하고도 정확한 정보에 기초한 문제 해결력, 의사 결정력, 개념화 능력을 함양하여야 한다. 정보화 사회에 적극 대응하기 위해서 요구되는 정보 처리 기능과 창의적 사고력의 신장을 위하여 신문 활용 교육(NIE), 컴퓨터 보조 학습 프로그램(CAI), 인터넷 활용 교육(IIE) 등을 교수·학습에 적극 적용하여야 한다.

아홉째, 국가·사회적 요구인 세계 시민 교육, 환경 교육, 성 교육, 통일 교육, 경제 교육, 근로 교육, 민족 문화 정체성 교육, 다문화 이해 교육, 정보 통신 교육 등이 깊이 있고 폭넓게 다루어져야 한다.

② 평가

제7차 중학교 사회과 교육과정의 평가에서는 교육의 한 과정(過程)으로서의 평가, 개인별 성취 수준과 평가 기준에 의한 평가, 수준별 교육과정에 따른 평가, 다양한 평가 방법의 활용, 종합적이고 균형 있는 평가 등을 강조하고 있다.

첫째, 사회과의 평가는 목표, 내용, 방법과의 일관성을 유지해야 한다. 즉 성취 기준으로서의 목표와 이를 바탕으로 한 내용을 학습한 과정과 결과를 평가해야 하므로 목표, 내용, 방법, 평가가 동일선상에서 이루어져야 한다. 일반적으로 평가는 도착점이나 시발점이 아니며, 일련의 교육에서 순환적 과정이다. 그러므로 평가는 다음 교육 목표 설정과 교수·학습의 밑거름이 되어야 하며, 목표, 내용, 방법상 일련의 일관성을 유지하여야 한다.

둘째, 사회과는 성취 수준과 평가 기준에 따라 평가되어야 한다. 성취 수준은 교육과정의 목표 또는 내용으로 제시된 내용 기준과 수업의 결과로 나타나는 행동의 변화를 나타내는 행동 기준으로 제시된다. 평가 기준은 성취 수준을 좀 더 구체화하여 평가에 도입할 요소와 범위, 심화 정도를 명시한 것을 의미한다.

셋째, 수준별 교육과정에 따른 평가를 수행하여야 한다. 즉 학생 개개인이 성취 수준이 상이하다는 점을 전제하고 평가가 이루어져야 한다. 이에 따라 기본 과정, 심화 과정, 보충 과정을 학습한 학생에 대해서는 각각 그에 상응한 수준의 평가가 이루어져야 하겠고, 결과의 처리 또한 학생의 수준에 따라 이루어져야 할 것이다.

넷째, 다양한 평가 방법을 활용하여야 할 것이다. 사회과의 평가는 지식, 기능, 가치·태도 등을 종합적으로 평가하고, 학습의 총체적 과정과 개인 수준에 맞는 평가를 지향하므로, 평가의 주안점에 따라 다양한 평가 방법을 고려하여야 한다. 전통적으로 지식을 평가하는 데 주로 사용한 지필 평가에서 더 나아가 기능 및 가치·태도를 평가하고, 학습 과정을 평가하기 위해서 관찰 평가, 작품 분석법, 면접법, 상호 평가, 자기 평가 등 질적 평가 방법도 활용해야 한다.

다섯째, 지식, 기능, 가치·태도 영역 등에 대한 종합적·균형적 평가가 이루어져야 한다. 사회과에서는 단순한 지식의 암기를 요구하는 종래의 평가관에서 벗어나, 지식은 물론 기능 및 가치·태도 등을 종합적이고도 균형적으로 평가하여야 한다. 사회과에서는 지식 영역의 평가에 치중하는 경향이 높은데, 이를 지양하고 지식, 기능, 가치·태도 등 세 영역을 고루 평가해야 한다.

여섯째, 수행 중심 평가가 이루어져야 한다. 사회과는 과정을 중시하는 평가가 이루어져야 한다.

사회과 평가는 교육의 한 과정임을 고려하여 학습 과정과 성취 수준을 이해하고 발달을 돕는 차원에서 실시되어야 한다. 아울러, 탐구지향적 수업 또는 사고력 신장을 위한 수업의 과정과 그 결과에 대한 평가가 실효를 거두기 위해서는 수행 평가와 질적 평가가 활성화되어야 한다. 수행 평가는 기본적으로 평가 방법에 관련된 것으로, 그 이론은 지필 평가가 실제의 능력을 제대로 평가하기에는 한계가 있다는 점에서 출발한다. 사회과의 수행 평가는 관찰, 면접, 체크리스트, 포트폴리오(portfolio) 등이 주류를 이루어야 한다.

일곱째, 사회과 평가 결과를 효율적으로 활용하여야 한다. 사회과 평가는 사회과 학습의 종료가 아니라 한 과정이기 때문에 그 결과는 반드시 목표와 수업에 환류(feedback)되어야 한다. 그러므로 평가 결과는 교사에게는 수업의 부족한 부분, 학생에게는 보충할 내용 등을 파악할 수 있는 유용한 자료가 된다. 또한, 평가 결과는 각 개인의 인지 수준과 기능의 발달, 가치·태도 함양을 위한 기반이 되어야 한다.

(9) '2007년 개정 교육과정'기(2007년 이후)

① 교수·학습의 방법

2007년 개정 교육과정에서 사회과의 교수·학습 방법은 교수·학습의 원칙 5개 항과 교수·학습의 방법 9개 항 등 총 14개 항으로 정선, 제시되었다. 이는 제7차 교육과정에서 교수·학습 방법 22개 항에서 8개 항이 감축된 것이다.

먼저, 새로 제시된 교수·학습 원칙은 총 5개 항으로, 그 개요는 다음과 같다.

첫째, 사회 현상에 대한 관심을 갖고, 인간 생활과 사회 현상의 원리를 발견하여, 실생활에 적용하는 학습을 전개한다.

둘째, 핵심 지식의 이해, 탐구 기능 습득, 고차원적 사고력 신장, 문제 해결력, 실천 능력 신장을 위한 다양한 교수·학습을 활용한다.

셋째, 귀납적 인식, 반성적 사고, 메타 인지(meta cognitive) 등과 같은 학습 과정으로 학습자의 지식을 구성하고, 자기 주도적 학습을 전개한다.

넷째, 학습자의 여건, 교육 환경을 고려하여 교수·학습 방법을 선택하고, 개선해 나아간다.

다섯째, 학습자의 요구, 수준, 능력, 적성 등을 고려한 학습을 전개한다.

한편, 교수·학습의 방법은 총 9개 항을 제시하여 학생들의 탐구력, 창의력, 문제 해결력, 의사 결정력, 메타 인지 등 고급 사고력 신장을 지향하고 있는데, 이를 중학교 수준에서 요약하면 다음과 같다.

첫째, 통합적인 교수·학습과 주제 중심, 문제 중심 단원으로 구성하여 수업을 전개한다.

둘째, 학생들의 사고력을 신장시킬 수 있는 발문과 소집단 활동을 통한 민주 시민 자질을 함양한다.

셋째, 토의, 논술, 면담, 견학, 체험 학습 등 다양한 활동 학습과 신문 활용 교육(NIE), 컴퓨터 보조 학습(CAI), 인터넷 활용 교육(IIE) 등 정보 활용 교육을 병행한다.

넷째, 각종 사회 문제에 대한 시사 자료와 지역 사회 자료를 두루 활용하고, 각종 실증 자료와 구체적 사례를 활용한 지도를 실행한다.

다섯째, 교수·학습의 효율성을 고양하기 위해 지도, 도표, 영화, 슬라이드, 통계, 연표, 신문, 방송, 사진, 기록물, 여행기, 탐험기 등 다양한 교수·학습 자료를 활용한다.

② 교수·학습 평가

2007년 개정 교육과정에서는 사회과 평가를 평가 방향, 평가 내용, 평가 방법, 평가 결과 활용 등 세부 항목으로 나누어 기술하였다. 물론, 국민공통기본교육과정의 제10학년제를 채택하였기 때문에 교육과정상 사회과 평가에 대한 초·중·고교의 학교급별 구별은 없다. 지역과 단위 학교, 지도 교사에 따라 교육과정 내용을 재구성하여 적용하는 것이 중요한 것이다. 이러한 점을 전제하고, 중학교 수준에서의 사회과 평가를 종합 고찰하면 다음과 같다.

가) 평가 방향

첫째, 교육과정과 교수·학습 방법에 부합되는 다양한 평가 방법을 활용하고, 목표, 내용, 교수·학습 방법, 평가의 일관성을 유지한다.

둘째, 목표 준거에 따라 평가를 시행하고, 학생 각자의 학습 과정과 성취 수준에 부합되는 평가를 실시한다.

셋째, 지식 영역, 기능 영역, 가치·태도 영역의 균형적 평가를 실시한다.

넷째, 지식 영역에서는 필수 기본 개념, 원리, 일반화의 측정 등을, 기능 영역에서는 정보 탐구 기능, 의사 결정 기능, 집단 참여 기능 등을, 가치·태도 영역에서는 가치 내면화, 가치 문석 평가 등에 중점을 두어 평가한다.

나) 평가 내용

첫째, 지리, 역사, 제 사회 과학 등의 기본 개념 및 원리 일반화에 대한 이해를 강조한다.

둘째, 사회 현상에 대한 통합적 이해와 각종 정보 자료를 획득, 조직, 활용하는 능력 등을 강조한다.

셋째, 사회 환경에 대한 다양한 관점, 사회적 기본 가치에 대한 이해와 존중 등을 강조한다.

넷째, 지역, 사회, 국가가 당면한 의사 결정 능력 및 학습자의 관심과 흥미 등을 강조한다.

다) 평가 방법

첫째, 지필 평가, 면접, 체크리스트, 토론, 논술, 포트폴리오(portfolio) 등 다양한 평가를 실행한다.

둘째, 선택형 평가는 기본 개념 원리의 이해와 지식 및 정보의 획득 과정 활용 능력 평가를 고려한다.

셋째, 사고력 신장을 위한 양적 평가, 질적 평가를 병용한다.

라) 평가 결과의 활용

첫째, 학습자의 학업 성취 수준 판정과 함께 학습 능력, 교수·학습 방법의 적절성까지 진단한다. 둘째, 평가 결과를 지속적인 교육과정 개선을 위한 참고 자료로 활용한다.

5) 중학교 사회과 교육과정 분석에 대한 종합적 논의

한국의 교육과정기 중 교수요목기는 미군정하에서 일제 시대의 교육 방식과 제도를 불식하고 민주주의 교육을 도입하는 시발점이 되었다. 사회과는 이러한 교육 개혁의 선도적 역할을 하였다. 당시에는 중학교는 6년제로 제1∼3학년(초급)에서는 필수 과목으로 사회생활, 국어, 수학, 일반학과, 체육 보건, 실과, 음악 등 7개 과목, 선택 과목으로 수학, 외국어, 음악, 미술, 수공, 실업 등 6개 과목, 특수 과목으로 국어, 과학 등 2개 과목을 이수하였다. 제4∼6학년(고급)에서는 사회생활, 국어, 수학, 과학, 체육 보건, 외국어 등 6개 과목, 선택 과목으로 사회생활, 국어, 수학, 과학, 외국어, 음악, 미술, 심리, 실업 등 9개 과목을 이수하였다. 선택 과목의 '사회생활'은 제4∼6학년 중 어느 학년에서든지 주당 5시간씩 특수 경제 지리를 이수토록 하였다.

당시 사회생활과의 공민 분야의 목표는 신생 국민으로서의 새로운 문화 건설, 지리 분야는 동·서양과 세계의 새로운 이해, 역사 분야는 세계 문화의 이해를 통한 우리나라의 자립정신 함양 등을 강조하였다.

제1차 교육과정기는 우리나라 교육의 과도기로서, 6·25전쟁 이후의 사회·경제적 혼란 속에서 국가적 난관을 극복하고자 개정되었다. 이 시기에는 도덕과가 사회과로부터 분리, 독립되었고, 사회과의 시간 배당 기준, 목표, 내용 등이 정해져서 교과의 성격이 분명해진 특성이 있다. 다만, 형식상은 통합을 추구하였으나, 실제 지도는 공민, 역사, 지리를 분과해서 가르치는 3분법이 상존하였다. 역사 분야는 국사와 세계사로, 지리 분야는 우리나라 지리와 다른 나라 지리로 구분되었다.

제2차 교육과정기는 우리나라의 실제적 교육과정 성립기라고 할 수 있다. 구 과정에서의 시간 배당 기준표와 교과 과정을 통합하여 교육과정으로 명명하였다. 당시의 교육과정은 학생들의 경험을 중시하는 경험 중심 교육과정, 생활 중심 교육과정으로서, 자주성, 생산성, 유용성 등을 강조하였다.

중학교 사회과와 관련된 사항으로는, 반공·도덕 영역이 사회과에서 분리되어 반공·도덕 생활과로 독립되었고, 교과 정식 명칭이 사회생활과에서 사회과로 개칭되었다. 특히, 사회과에서는 공민, 역사, 지리 영역의 구분을 철폐하여, 사회 1, 사회 2, 사회 3 등으로 가르치게 되었다. 제1학년에서는 지리 영역, 제2학년은 역사 영역, 제3학년은 공민 영역 등으로 학년과 사회과 영역을 연계하여 별도로 가르친 점이 특징적이다.

제3차 교육과정기는 우리나라 사회과 교육과정의 발전기로서, 국적 있는 교육 강화, 국민교육헌장의 이념 구현, 국민적 자질의 강화, 민주적 가치 창조 지식과 기술의 쇄신 등을 강조하였다.

중학교 사회과와 관련하여, 이전의 반공·도덕생활과가 도덕과, 윤리과로 교과 독립을 하였으며, 교육과정 전체 편제가 교과 활동과 특별 활동으로 이대별(二大別)되고, 국사과가 별도 독립을 하였다. 특히, 사회과가 종합 교과라는 체제 아래에, 학년별, 영역별 지도로 내용 심화와 통합 지도를 함께 모색하게 되었다. 아울러, 내용 진술의 체계를 개선하여 학습 제재, 학습 절차와 수준, 학습 결과로서의 개념의 체계화 등을 특히 강조하였다.

중학교 사회과에서는 목표를 5개로 제시하여 제1항은 종합 목표, 나머지 목표는 지리 영역, 세계사 영역, 공민 영역, 기능 영역의 목표로 진술한 점이 특징적이다.

제4차 교육과정기는 다가올 미래 사회에 대한 기대되는 인간상을 건강한 사람, 심미적인 사람, 능력 있는 사람, 도덕적인 사람, 자주적인 사람 등으로 정하고, 그 바탕 아래에, 국민정신 교육의 체계화, 전인 교육의 충실, 과학 기술 교육의 강화 등을 강조하였다.

특히, 건전한 심신의 육성, 지력과 기술의 배양, 도덕적인 인격의 형성, 민족 공동체 의식의 고양 등을 강조하였다. 아울러, 각급 학교급의 교육 목표를 신설하였으며, 교과목의 축소화 노력, 특별 활동 영역을 4개에서 3개로 축소, 실업·가정 시간 감축, 중학교 자유 선택 과목 신설 등을 들 수 있다.

중학교 사회과의 특징은 교과 내용의 통합을 더욱더 강조하였다는 점이다. 아울러, 제1학년 공민, 제2학년 세계 지리, 세계사, 제3학년 세계사, 공민 영역으로 내용이 편성되었는데, 이는 통합 사회과로 나아가기 위한 내용 구성이라고 할 수 있다.

제5차 교육과정기는 학문적 요구와 교육 방법의 변화에 대한 요구로 현행 교육과정의 부분만을 개정한다는 원칙 아래 주체성, 창조성, 도덕성을 지닌 인간을 기른다는 방향 아래 개정되었다. 특히, 국가·사회적 요구로 국민정신 교육, 컴퓨터 교육, 환경 교육, 성 교육, 인구 교육, 경제 교육, 진로 교육, 해양 교육, 통일 안보 교육 등을 강조하였다.

중학교 사회과에서는 지도 내용의 범위(scope)와 계열성(sequence)을 구조화하고 지도 내용을 체계화하여 통합 교육의 정신을 살리고자 노력하였다. 아울러, 사회과 목표를 종합 목표와 항목별 목표로 구분하고, 종합 목표에서 사회생활의 종합적, 총괄적 이해, 민주 사회 주인으로서의 지각, 인류의 번영에 이바지하는 민주 시민의 자질 함양 등을 강조하고, 교과 목표에서는, 사회생활에 대한 목표, 역사·지리 영역의 시대사적 접근을 통한 이해, 미래 사회 국민으로서의 태도 등을 강조하였다.

제6차 교육과정기는 사회과의 본질 추구의 교육과정기이다. 제6차 사회과 교육과정은 민주 시민의 자질 육성과 사회적 효율성 증진을 추구하였다. 과거의 왜곡된 사회과 교과관, 사회과 목적과 목표에 대한 이해 부족, 사회과 지식 체계 중심 교육, 사회적 가치·태도 학습의 경시 등을 개선하려는 데 초점을 맞추었다.

중학교 사회과에서는 편제상 통합 영역, 지리 영역, 세계사 영역, 일반사회 영역, 국사 영역 내용 등으로 구분하고, 특히, 국사 영역을 다시 사회과로 회귀시켜서 통합 사회과의 기틀을 다졌고, 내용 배열에서도 통합과 실생활 경험, 사회 문제 중심 조직을 강조하였다.

아울러, 중학교 사회과에서는, 시민 교육의 강화, 방법 중시 사회과의 지향, 초·중등 통합 사회과의 실현, 학습 내용의 축소 및 정선화, 학습 내용의 실생활 연계, 사고력 교육 강화 등에 초점을 맞추었다.

제7차 교육과정기는 국민공통기본교육과정과 선택중심교육과정을 도입한 새로운 교육과정의 패러다임을 선보였다. 이는 학교급 간, 영역 간, 학년 간, 단원 간 등의 연계와 통합을 강조하고, 국민 공통 학습 경험을 강조하는 본질적인 민주 시민 교육으로서의 사회과 성격을 강화하는 데 근본적 의도가 있다.

특히, 초등학교 제3학년에서 고등학교 제1학년까지는 일반사회 영역, 역사 영역, 지리 영역의 통합적 지도와 연계적 내용 선정·조직을 특히 강조하고 있다. 국민공통기본교육과정 제10학년제에서는 학교급의 구분은 별로 의미가 없다. 오히려 학교급 간, 영역 간, 학년 간, 단원 및 주제 간 연계와 통합을 파악하는 것이 중요하다. 이러한, 사회과 교육과정 도입은 지식 정보화 시대의 시대 변화와 사회 발전에 능동적으로 적응하고, 세계화·정보화 시대에 민주 시민의 자질을 구비한 유능한 시민 육성이라는 사회과 본연의 목표에 충실하고자 하는 의도에서 중요성을 찾을 수 있다.

'2007년 개정 교육과정'기는 제7차 교육과정 내용의 부분 수정 형식으로서, 편제와 내용에서 별다른 변화는 없는 편이다. 다만, 중학교 사회과의 경우, 국사 교육의 강화가 돋보인다. 국민공통기본교육과정 제10학년제의 제8학년인 중학교 사회과 제2학년에서 102시간(주당 3시간) 전부를 역사(국사) 영역으로 편제하였고, 제9학년인 중학교 제3학년은 136시간 중 68시간(주당 2시간)씩 나누어 사회 영역과 역사(국사) 영역으로 구분하여 이수하도록 편제하였다.

2007년 개정 교육과정의 중학교 사회과는 국사 교육의 강화와 한국인 정체성 확립 교육 강화로 의미 규정지을 수 있으며, 우리나라 교육과정 개발·개정에 상시 개정 체제를 도입하여 수시로 부분적 개정이 가능하게 했다는 특징이 있다. 이러한 교육과정의 상시 부분 개정 체제의 도입은 과거 우리나라 교육과정 개정의 일반적 정책이었던 총체적·전면적·주기적 개정에서 탈피하여 필요시에 필요한 교과, 영역, 부분만을 개정·개발하여 적용할 수 있도록 한, 교육과정 개발 체제의 새로운 전환점이라고 할 수 있다. 이는 새 시대의 새로운 교육과정 개발·개정 체제라고 할 수 있다.

5. 고등학교 사회과 교육과정

1) 편제와 기본 방향 및 성격

(1) 교수요목기(1946년-1954년)

사회생활과는 미군정청의 정치적 결정에 의해 탄생된 교과이다. 1946년에 미군정청에 의해 교수요목이 공포되었으나, 교사들은 미국 선진 사회과 이론을 받아들이기 위한 준비가 부족했고, 교실 환경은 아동 중심, 활동 중심의 교수·학습 방법이 뿌리내릴 수 없는 척박한 상황이었다(한국사회과교과교육학회·한국교원대학교사회과학교육연구소, 2005: 21-22).

특히, 교수요목기의 사회생활과는 초등학교의 경우는 명실상부한 통합 교과 형태를 갖추었으나, 중등학교의 경우는 형식상은 사회생활과의 통합 형태였으며, 실질적으로는 역사, 지리, 공민 등 분과식으로 3분법을 유지하였다(함종규, 2006: 109).

당시 고등학교(중학교 고급) 사회생활과는 제1학년에서는 '정치편'을, 제2학년에서는 '경제편'을,

제3학년에서는 '윤리·철학편'을 학습하도록 되어 있었다(이태언, 1999: 28-30). 제1학년에서의 공민은 정치편(개론), 지리는 지리 통론, 역사는 인류 문화사 등 과목을 이수하였고, 제2학년에서는 공민은 경제편(개론), 지리는 인문 지리, 역사는 우리 문화사 등 과목을 이수하였으며, 제3학년에서는 공민은 윤리·철학(개론), 지리는 경제 지리, 역사는 인생과 문화 과목 등을 이수하였고, 주당 시간 배당은 매 과목당 각각 2시간씩이었다(주태원, 1989: 76).

당시에는 중등 교육, 특히 고등학교는 엘리트 교육의 성격이 매우 강하였으므로, 상당히 세분화되고 전문화된 과목들이 부가되었던 것 같다. 일부 중학교에서는 제4, 5, 6학년 교과목 중에는 공민 이외에 심리, 철학, 논리 등의 과목이 개설되었다(문교부, 1988: 24).

교수요목기의 사회생활과에는 공민, 지리, 역사가 매 학년 주당 2시간씩 3등분되어 있었으며, 교과서가 투입되어 있지 않은 것이 대부분이고, 교사들의 교육 배경 등 관계로 일률적으로 시행되지 못하였고 학교별 차이가 심하였다.

해방 이후, 새로운 학습 지도 방법에 큰 관심을 갖게 된 것은 문교부가 앞장서서 '신교육연구협회(1946년)'를 창설하여 새 교육 운동이 전개되면서부터이다.

새 교육은 사회과에서부터라고 할 정도로 관심이 집중되었으나, 민주주의식 교육에 대한 이해 부족과 실제 수업에 반영시키는 기능 부족으로 현장에 널리 보급되지 못하였다.

새로운 학습 지도 방법에 대해서는 교육 행정 담당자나 일선 교사들도 대체로 긍정적인 태도를 보였으나, 민주주의식 교육에 대한 이해가 부족하고, 이를 교육과정에 반영시키는 자질과 기능이 부족했기 때문에 새로운 지도법은 사회과를 포함하는 수업 현장에 널리 보급되지 못한 채, 격동의 1940년대를 보냈다(정세구, 1977: 74).

한편, 교수·학습 평가는 교사의 임의 평가 체제가 지배적이었다. 이 시기의 지리 분야의 경우에는 교수요목상 지리 통론, 인문 지리, 경제 지리로 구성되었으나, 실제로는 인문 지리 교과서로만 주로 개발되어 가르쳤다.

(2) 제1차 교육과정기(1954년-1963년)

제1차 교육과정기의 사회과는 일반사회, 도덕, 국사, 세계사, 지리 등 5개 과목으로 구성되어 있으며, 그중 일반사회, 도덕, 국사는 필수 과목이고, 세계사, 지리는 선택 과목이었다(주태원, 1989: 79-80). 시간 편제는 일반사회 과목이 3년간 총 245시간인 데 비하여, 타 과목은 각각 105시간씩 배당되어, 상대적으로 일반사회의 비중이 매우 높았다.

제1차 교육과정기 사회과의 특징은 첫째, 교과명이 초·중학교는 '사회생활과'이었으나, 고등학교에서는 '사회과'로 변경되었다. 둘째, 분과주의를 택하고 있어서 사회과 전체의 목표나 유의점이 없다. 셋째, '일반사회'가 공민 분야를 대표하는 새로운 과목명으로 등장하였다. 넷째, 필수와 선택의 구분이 생겼다. 다섯째, 지리, 역사, 공민 중 공민 영역(특히, 일반사회, 도덕)의 상대적 비중이 매우 높았다. 여섯째, 교육과정의 진술 형태가 과목별로 통일되어 있지 않은 것 등이다.

고등학교 사회과의 목적은 "정치, 경제, 사회, 문화를 중심으로 하고, 역사와 지리를 배경으로 하여 민주 사회의 공민적 자질을 기르는 것"으로 되어 있었다. 제1차 교육과정에서는 '일반사회'란 범주 내에 제1학년에서는 '정치와 사회', 제2학년에서는 '경제와 사회', 제3학년에서는 '문화와 사회'를 학습하도록 되어 있었다.

1946년의 교수요목과 비교한다면, '윤리 · 철학'이 '문화 · 사회'로 변경되어 도덕적인 내용이 분리되고, 사회 과학적인 내용이 중심이 되었다고 볼 수 있다. 특히 '일반사회' 교과는 중학교 사회생활과 공민 부분의 연장이며, 고등학교의 제 사회 교과 중 지리적인 면, 역사적인 면, 도덕적인 면을 제외한 정치, 경제, 사회, 문화 여러 분야를 담당하는 과목이었다.

그리고 정치, 경제, 사회, 문화를 중심으로 민주주의 생활 원리와 양식을 도야시키는 중요한 사명을 띠고 있으며, 이와 관련하여 도덕 교육, 사상 선도(思想 先導)의 역할도 담당하는 교과였다.

제1차 교육과정기 고등학교 지리의 경우는, 교수요목기와 같이 인문 지리 중심이었다. 또한, 세계사의 경우는 국사 필수와 세계사 선택으로 세계사 교육이 약화되었는데, 시간 배당은 2년간 주당 2시간에서 3시간으로 증가되었다.

(3) 제2차 교육과정기(1963년 - 1973년)

제2차 교육과정은 제1차 교육과정과 비교하여 사회과 내의 과목이 더욱 분화되었다(문교부, 1963: 232). 제2차 교육과정기에는 정치 · 경제 과목이 4 - 6단위로 필수이고, 사회 · 문화, 세계사, 국토지리, 인문 지리 등 4과목이 선택이었다(주태원, 1989: 87 - 88).

사회과 내의 과목 수가 제1차 교육과정기의 5개 과목에서 7개 과목으로 증가하고, 학습 지도 계획이 학년별, 시간별에서 단위제로 변경되었으며, 진술 체제가 이전 교육과정과는 달리 사회과 전체의 목표에 이어 각 과목별 목표, 내용, 지도상의 유의점 등이 제시되었다. 이전 교육과정에서 상대적으로 많은 비중을 차지했던 일반사회의 비중을 감축하여 역사, 지리와 같은 수준으로 조정하였고, 초 · 중학교와는 달리 반공 · 도덕 분야가 사회과에 포함되었다.

일반사회는 다시 '일반사회'와 '정치 · 경제'로 분리되며, 종전의 제3학년에서 다루던 문화의 창조는 국민윤리과로 분리되어 나가게 되었다. 1955년 교수요목에서 통합 사회과였던 일반사회는 그 범위가 축소된 것이다. 일반사회와 정치 · 경제는 상하의 관계 혹은 총론과 각론의 관계에 있었다고 사료된다. 즉 일반사회에서 사회 현상에 관한 기초적 사항을 지도하고, 그 위에 구체적인 정치 · 경제 현상을 학습하게 하였던 것이다.

제2차 교육과정기의 고등학교 사회과 교육과정의 구성 방향은 첫째, 일반사회와 정치 · 경제 모두 사회적 현실을 강조하였다. 제1차 교육과정은 생산성과 유용성을 표방하였는데, 이는 교육이 추상적인 지식을 가르치는데 목적이 있는 것이 아니며, 그렇다고 학생들의 흥미만을 위주로 해서도 안 되고, 그것은 사회의 개량을 위한 하나의 수단으로서 봉사해야 한다는 것이다. 제2차 고등학교 사회과 교육과정은 5 · 16군사정변 이후에 나온 교육과정인데, 당시 정부에서는 농촌의 피폐를 개선하고, 경제 발전에 도움이 되는 교육을 강조하였다. 이에 따라, 일반사회에서는 '국토 건설', 정치 · 경제에서는 '우리나라의 경제' 등이 포함되어 이러한 강조점을 대변했다고 볼 수 있다.

둘째, 반공 교육이 강화되었다는 점이다. 직전에 국민윤리과가 신설된 것은 반공 교육 강화 방침과 관련이 있는 것이다. 당시의 제3공화국 정부는 반공 교육 강화를 추진하고 있었는데, 이는 일반사회나 정치·경제의 내용 구성에 큰 영향을 끼치게 되었다. 그 결과 일반사회에서 '공산주의 정치 비판', 단원이 신설되고, 정치·경제의 첫 단원에서는 '사회주의, 공산주의 정치 비판'이라는 주제가 편성되게 되었다.

이와 같이 당시에는 경제 개발에 도움이 되는 내용, 반공에 관한 내용이 강조되어, 상대적으로 사회과의 본질적인 개인의 흥미나 기본적 인권에 관한 내용은 다소 소홀히 취급된 면이 없지 않았다.

(4) 제3차 교육과정기(1974년－1981년)

1974년에 공포된 제3차 교육과정은 이른바 학문 중심 교육과정의 영향으로 출현한 것이다. 학문 중심 교육과정에서는 교육과정을 구성하는 기본 원리가 학문의 구조에 있었다. 이러한 관점에서 보면 종전의 일반사회는 그 성격이 모호한 것이 되었다. 즉 공민 영역에 관련되는 학문 영역으로는 정치학, 경제학, 사회학, 문화 인류학 등이 있는데, '일반사회'란 이러한 학문의 분류에 따른 것이다. 결과적으로, 제3차 교육과정에서는 이러한 종전의 일반사회 과목이 사라지고, '정치·경제'와 '사회·문화'의 두 과목으로 편성된 깃이다.

1974년은 소위 10월유신이 발생한 지 2년 후로, 교육에 있어서 국가주의적 경향이 두드러지던 시기이다. '국적 있는 교육'이 강조되어, 교육은 한국적인 전통에 뿌리를 두고 민족과 국가에 봉사할 수 있는 인간을 길러 내야 한다는 내용이 강조되었다. 따라서 국사를 국사과로, 도덕을 국민윤리과로 각각 분리·독립하였다.

이와 같은 배경 아래에서, 공민 영역에서도 한국적인 것, 우리나라만의 특수한 것을 강조하는 방향에서 내용을 구성하게 되었다. '정치·경제'와 '사회·문화'의 첫 단원에는 '우리나라의 현실과 민족중흥', '우리나라의 현실과 민족의 진로'라는 단원이 각각의 맨 처음에 편성되었는데, 이는 학생들에게 우리가 처한 특수한 상황을 이해시키기 위한 것이었다.

아울러, 학문적 지식을 체계적으로 강조하는 방향에서 내용을 구성하였다. 제1차 교육과정에서는 학생의 관심, 흥미가 내용 구성의 중심이 되고, 제2차 교육과정에서는 사회의 개량이 내용 구성의 중심이 되었으나, 제3차 교육과정에서는 학문의 범위와 논리적 순서가 내용 구성의 중심이 되었다.

이와 같은 제3차 사회과 교육과정의 편제상 특징은 다음과 같다(함종규, 2006: 114－115).

첫째, '국사과'와 '국민윤리과'가 독립 교과화로 분리되어, 사회과가 지닌 통합 교과로서의 성격이 크게 약화되었다.

둘째, 필수 과목 1과목(정치·경제), 선택 과목 4과목으로 이수의 편중성을 야기하였다.

셋째, 사회과 교과 목표를 '일반 목표'로 바꾸고, 과목별로 '목표', '내용', '지도상의 유의점' 등을 제시하고 있다.

그 결과, 내용이 전체적으로 '체계'가 잡혔으며, 대학 교재의 목차와 비슷하게 되었다. 또, 단원을 제시함에 있어서도 의문문 형식이 아니라, 요목의 형식이어서 다분히 체계성을 중시하고 있음을 알 수 있다.

(5) 제4차 교육과정기(1981년 - 1987년)

제4차 고등학교 교육과정의 특징은 일반계, 실업계, 기타계 고등학교 교육과정을 통합·단일화한 점이다. 고등학교 교육과정의 통합을 이룩한 것이다. 제4차 교육과정에서 가장 큰 변화는 과목명이 정치·경제, 사회·문화가 '사회 Ⅰ·Ⅱ', 국토 지리, 인문 지리가 '지리 Ⅰ·Ⅱ'로 변경되었고, 일반적으로 과목의 Ⅰ은 공통 필수로, Ⅱ는 과정별 선택으로 된 것과 세계사 시간이 상대적으로 감소한 것이다(주태원, 1989: 90 - 91). 아울러, 교육과정 진술 체계가 짜임새 있게 개선되어, 사회과 교과 목표를 명확하게 제시하였다(함종규, 2006: 117).

제3차 교육과정에서 정치·경제와 사회·문화로 분리되었던 고등학교 공민 영역은 제4차 교육과정에서 '사회 Ⅰ, Ⅱ'로 구분되었다(함종규, 2006: 115 - 116).

'사회 Ⅰ'은 인문계, 실업계 공통 필수 과목으로, 고등학교를 졸업한 학생이라면, 누구나 알아야 할 사회 현상에 관한 기초적인 지식을 제공하는 과목이고, '사회 Ⅱ'는 정도가 높은 것으로, 인문계 고등학교의 인문·사회 계열 학생들에게 부가된 것이었다. 따라서 '사회 Ⅱ'의 양쪽에서 모두 정치, 법, 경제, 사회, 문화 등에 관련되는 내용을 일부분씩 다루고 있다. 가령, 정치 관련 단원을 보면, '사회 Ⅰ'에서는 국가적 현실과 국민적 과제에 비중을 두었고, '사회 Ⅱ'에서는 학생들의 장래 전공 연구에 도움을 주기 위하여, 사회 과학의 내용을 다소 비중 있게 다루었다(문교부, 1982: 64 - 65).

(6) 제5차 교육과정기(1987년 - 1992년)

제5차 고등학교 사회과 교육과정의 편제상 특징은 다음과 같다(교육과정·교과서연구회, 2000 c: 118 - 120).

첫째, 사회과 과목 명칭이 다시 제3차 교육과정에서와 같이, 정치·경제, 사회·문화, 한국 지리, 세계 지리, 세계사 등으로 변경되었다.

둘째, 정치·경제의 이수 단위가 4 - 6단위에서 6단위로, 세계사가 2단위에서 4단위로 상향 조정되었으나, 기타 과목은 불변(不變)이었다.

셋째, 교육과정 진술 체제는 사회과 목표, 내용, 지도 및 평가상의 유의점 순이었다.

넷째, 정치·경제 과목은 경제 영역이 확충되었고, 사회·문화 과목은 법, 사회, 문화, 사회과학적 탐구, 현대 사회 문제 등이 강조되었다. 한국 지리는 계통 지리를 중심으로 한 한국지지(地誌), 세계 지리는 여러 지역의 특성과 생활, 세계사는 주제 중심 접근이 강조되었다.

즉 제5차 교육과정에서는 사회과 과목명 중 '사회 Ⅰ, Ⅱ'가 정치·경제, 사회·문화로 바뀌고, '지리 Ⅰ, Ⅱ'가 한국 지리와 세계 지리로 변경되었다. 아울러, 제5차 교육과정에서는 일반계 고등학교의 경우, '정치·경제'(6단위), '한국 지리'(4단위)가 공통 필수 과목으로 되었고, 일반계 고등학교 인문·사회 과정에서는 세계사, 사회·문화, 세계 지리가 첨가되었다. 일반계 고등학교 자연 과정에서는 공통 필수 과목 이외에 '세계사'(4단위)를 이수하도록 되었다. 실업계 고등학교(기타 계열 및 일반계 고등학교 직업 과정 포함)에서는 공통 필수 과목 이외에 '세계사', '사회·문화', '세계 지리’, 중 1과목(4단위)을 선택ㆍ이수하도록 되었다(주태원, 1989: 94).

아울러, 경제 교육 강화 방안의 하나로, 제4차 교육과정에 비해, ‘정치ㆍ경제’가 공통 과목의 성격을 그대로 가지면서 그 단위 수가 증가된 것이 특징이다. 따라서 제5차 교육과정기에 분과로 된 것은 제4차에 학문 중심 교육과정의 영향을 받아 분과된 것과는 그 성격이 좀 다르다.

1987년에 시장 경제 체제를 옹호하고 그에 대한 확고한 신념을 심어 주기 위하여 ‘사회 Ⅰ, 사회 Ⅱ’에서 경제 부분만을 별도로 개편하는 사업이 추진되었다. 경제 분야의 전문가가 망라되어 교과서를 대폭 개편하게 되었고, 경제 교육을 강화하는 의미에서 ‘정치ㆍ경제’를 공통 필수 과목으로 정하였으며, 그 단위 수를 종전의 ‘사회 Ⅰ’보다 많게 하였다. 교육과정 시안을 개발했던 한국교육개발원의 안에 의하면, 제5차 교육과정에서도 처음에는 ‘사회 Ⅰ, Ⅱ’로 나누었으나, 이와 같은 경제교육 강화 시책의 일환으로 ‘정치ㆍ경제’ 과목이 부활하게 된 것이라고 볼 수 있다.

따라서 내용 구성의 첫째 방향은 경제 내용을 확충하여 시장 경제의 우월성을 부각시키는 것이었다. 종전에는 교육과정상 경제 단원이 2개 단원(1개 과목당 1개 단원)이었는데, 제5차 교육과정에서는 5개 단원으로 되었다. 그리고 “경제의 기본 문제와 시장 경제의 원리 및 그 우월성을 인식하게 하고”(제5단원의 안내문)에 나타난 바와 같이, 시장 경제의 우월성을 강조하는 방향으로 개정되었다.

둘째, 민주 시민의 자질을 강조하는 방향으로 내용을 구성하였다. 이는 공민 교육의 근본이념에 관계되는 것으로 ‘민주 시민’의 양성과 ‘민주 국민’의 양성이라는 두 가지 입장이 있는데, 제1차 교육과정에서는 ‘민주 국민’의 양성에 목표의 초점을 둔 데 비하여, 제5차 교육과정에서는 ‘민주 시민 양성’에 주된 목표를 두었다.

1988년에 공포한 교육과정에서는 종전의 ‘사회ⅠㆍⅡ’를 폐지하고, 대신 ‘정치ㆍ경제’와 ‘사회ㆍ문화’를 이수하게 되었다. 그중 정치ㆍ경제는 이수 단위가 6단위로 높아지고, 인문계, 실업계를 막론하고 이수해야 하는 공통 필수 과목으로 되었다. 즉 우리나라 모든 고등학교 학생들이 이수해야 하는 과목이 되었다.

‘사회ㆍ문화’ 과목은 사회 과학의 분과 영역에 따라 교육 목표를 분담하고 있으며, 교육 내용도 이에 따라 분리 조직된 것이다. 그 가운데서도 특히 사회학과 문화 인류학의 탐구 대상, 탐구 방법 그리고 탐구 결과로서의 지식 체계들이 분담된 교육 목표와 내용 조직의 기반을 이루는 것이 ‘사회ㆍ문화’ 과목이다. 이 당시의 교과목 편성 논리는 학생들에게 국가 사회의 구조와 과정 경험을 하는 가운데 목표에 접근할 수 있다는 것이다. 그러므로 ‘사회ㆍ문화’ 과목은 학생들에게 국가, 사회의 사회ㆍ문화 현상에 초점을 두는 과목이다.

이 시기에 지리의 경우는 한국 지리와 세계 지리로 구성되었으며, 전반적으로 지역 지리적이다. 당초에는 지리 Ⅰ(한국 지리), 지리 Ⅱ(세계 지리)로 구성되었다가, 지리 교육과정 논의 과정에서 위원들의 강력한 문제 제기에 따라 한국 지리와 세계 지리로 바꾸었다(채희두, 1991: 158).

(7) 제6차 교육과정기(1992년 – 1997년)

제6차 교육과정은 분산식·분권형 교육과정의 새로운 시발점이다. 즉 각 지역과 단위 학교에서 소위 '만들어 가는 교육과정'의 구현을 기대하는 교육과정이다. 고등학교의 제6차 사회과 교육과정은 보통 교과와 전문 교과로 구분하고, 보통 교과에 윤리, 국어, 한문, 수학, 사회, 과학, 체육, 교련, 음악, 미술, 실업·가정, 외국어, 교양 선택 과목으로 편제하였다. 보통 교과에는 고등학교의 모든 학생들이 이수하는 공통 필수 과목과 각 과정에 알맞게 이수하는 과정별 필수 과목 및 선택 과목을 배정하였다. 공통 필수 과목은 교육부가 결정하고, 과정별 필수 과목은 시·도 교육청이 편성하며, 과정별 선택 과목은 단위 학교가 선택하도록 되어 있다.

전문 교과는 농업, 공업, 상업, 수산, 해운, 가사·실업, 과학, 체육, 예술, 외국어에 관한 교과목으로 편제하였다. 전문 교과는 교육부가 결정하는 계열별 필수 과목과 시·도 교육청이 편성하는 학과별 필수 과목, 학교가 선택하는 학과별 선택 과목으로 편제하였다.

고등학교 사회과의 공통 필수 과목은 공통 사회(8단위), 국사(6) 등이고, 과정별 필수 과목으로는 정치(4), 경제(4), 사회·문화(4), 세계사(6), 세계 지리(6) 등이다. 과정별 선택 과목은 과정별 선택 과목에서 제외된 교과목 중에서 학교가 선택하되 8단위를 이수하도록 편제되어 있다(교육부, 1992 b: 12 –20).

제6차 교육과정에서 사회과의 특징은 시민 교육의 강화, 방법 중시 사회과의 지향, 초·중등의 통합 사회과 실현, 내용 축소 및 정선화, 학습 내용의 실생활 연계, 사고력 교육의 강화 등이다. 아울러, 학교급별 사회과의 성격을 명확히 하여, 초등학교에서는 생활 경험 중심 사회과, 중학교에서는 일반사회, 역사, 지리 영역의 논리적 통합성 강조, 그리고 고등학교에서는 공통 사회(일반사회) 외에는 학문적 계통성을 중시하여 대학 예비 교육의 성격을 강하게 지니고 있다.

(8) 제7차 교육과정기(1997년 – 2007년)

제7차 사회과 교육과정은 세계화·정보화·개방화 사회의 요구를 반영하여 새로운 민주 시민의 자질로서 요구되는 새로운 강조점이 개발의 철학적 기초이다. 따라서 제7차 교육과정에서는 새로운 역동적 사회 변화를 주도할 시민적 자질 육성에 역점을 두고, 학습자 중심의 수준별 교육, 시민성 함양의 통합 교과로서의 사회 과학 교육 계통성 조화, 사회과 교육과정의 지역화와 지구촌 사회 요구 부응 등을 개정의 기본 방향으로 볼 수 있다.

이와 같은 기본 방향에 맞추어 사회과 교육과정에서 역점을 둔 사항은 다음과 같다(교육부, 1997 b: 12 – 14).

첫째, 사회 변화를 반영하는 측면에서 정보화·세계화·개방화 사회가 요구하는 세계 시민적 자질과 역할을 사회과 교육과정의 각 구성 요소에 일관되게 반영하였다.

둘째, 교육과정 운영 측면에서, 사회과 교육과정 운영의 개별화, 다양화, 특성화하기 위한 내용을 수준별로 제시하였다. 개별 학생의 서로 다른 흥미와 요구 및 능력의 차이를 존중하여 내용을 기본

과정과 심화 과정으로 구분하여 제시하였다.

셋째, 교육과정상의 내용 제시 방식에 있어서, 과거에 단원별 주제와 주제 요소의 제시형에서 벗어나, 활동 중심, 문제 해결 중심의 학습을 뒷받침하기 위해서 학년별 내용을 기본적 지식, 기능과 이의 습득을 위한 학습 활동을 결합한 성취 목표의 형태로 제시하였다.

넷째, 교육과정의 내용 선정 면에서, 학습자의 자기 주도적 학습을 뒷받침하기 위해서 내용량을 크게 감축하였다.

다섯째, 교수·학습의 측면에서 구성주의적 학습 환경을 강조하였다. 학습자 스스로 지식을 구성하고 지식을 실제 상황에 적용하도록 자기 주도적 학습을 강조하였다.

여섯째, 평가의 측면에서, 자기 주도적 학습에 따른 수행 평가의 실행을 강조하였다. 평가를 통해서 스스로 성취 수준을 확인하도록 하였다.

역동적 발전과 변화가 키워드(key word)인 미래 사회를 예견하는 학자들의 공통적 견해는, 분명히 미래 사회는 지식 산업이 주축이 되는 정보화 사회, 생활양식과 가치관 및 권력 소재가 다양한 다원화 사회, 정치, 경제, 사회, 문화 면 등에서 세계가 지구촌으로 하나가 되어 한 생활권으로 움직이는 시스템 사회, 종교와 예술 등 심미적인 일에 더 많은 관심을 갖게 되는 인간 중심의 역동적 사회가 될 것으로 전망하고 있다. 이것은 바로 제7차 사회과 교육과정 개정·개발의 기반이 되는 인식이다.

21세기를 주도하는 사회과 교육에서는 인간의 존엄성과 자아실현을 강조하고, 타인과의 상호작용과 타인에 대한 배려를 경험하도록 하는 것이 중요하며, 전통문화의 심층적 이해를 통한 문화적 정체성의 확립과 공동체 의식의 확보가 강조되고 있다.

학생의 건전한 인성 발달을 도모하고, 다양한 능력과 적성을 존중하며, 창의적인 능력을 기르고자 하는 학생 중심 교육과정인 제7차 사회과 교육과정은 국민공통기본교육과정과 선택중심교육과정으로 편제되어 있다. 따라서 사회과에서는 일상생활 경험을 토대로 주위의 현상에 보다 익숙하게 하며, 새로운 의문점을 가지고 가장 기초적인 개념을 이해하도록 하며, 나아가 당면한 문제 상황을 올바르게 판단하고 지혜롭게 해결해 가는 능력과 습관 및 태도를 기르게 하는 것이 중요하다. 이를 위하여 학생 개개인의 능력 수준에 맞는 학습이 가능하도록 수준별 교육과정을 도입하고, 단위 학교의 교육과정 편성 및 운영의 자율성을 확대하여 지역과 학교의 특색을 살리는 다양한 교육이 이루어지도록 지원 체제를 확립하였다(권오정·김영석, 2006: 157－166).

제7차 교육과정의 일반적인 편제의 특징은, 국민공통기본교육과정의 교육 기간 중 초·중·고교의 교과 명칭 통일을 위하여 초등학교의 '자연과'를 '과학과'로, '영어과'를 '외국어(영어)과'로 각각 변경하였다.

제7차 교육과정의 가장 큰 특징은 국민공통기본교육과정과 선택중심교육과정을 도입한 것이다. 국민공통기본교육과정을 도입한 것은 초등학교 제3학년부터 고등학교 제1학년까지를 하나의 세트로 내용을 구성하여 학교급 간, 학년 간 연계를 강화하고, 국민공통 학습 경험을 강조하는 시민 교육으로서의 사회과를 강화하였다는 점이다.

이전까지는 초·중·고교가 서로 다른 사이클을 유지하고 있어서 제1학년에서 제10학년까지 어떤 구조로 이루어졌는지 서로 알 수가 없었다. 특히, 제10학년 사회과는 중학교에서 학습한 각 내용을 망라하여 반복한 것에 지나지 않아 존재 근거도 불분명(不分明)하였다. 이를 개선하여 보다 통합적, 체계적인 사회과 교육을 지향하게 되었다(권오정 · 김영석, 2006: 157 - 166).

제7차 사회과 교육과정의 또 다른 특징이라면 고등학교 제2 - 3학년 단계인 제11 - 12학년에서 선택중심교육과정을 도입하였다는 점이다. 선택 과목도 일반 선택 과목과 심화 선택 과목으로 구분되어 학생들의 수준과 적성에 맞는 교육을 실천하겠다는 의지가 돋보인다.

그러나 우리나라 교육 현실과 교사 수급 상황에서 제대로 된 선택중심교육과정 운영이 가능한지의 문제, 과거 미국의 경우처럼 쉬운 과목만 선택하는 집중 · 편파 선택의 문제, 짧은 기간 내의 조급한 교과목 개발로 인한 내용의 부실화 문제 등은 여전히 숙제로 남는다고 하겠다. 분명히 교육과정 개발에서는 영역 간 배분에 앞서 진지한 연구와 고민이 선행되어야 하는 것이다(권오정 · 김영석, 2006: 195 - 197).

제7차 고등학교 사회과 편제에서의 특징을 종합하면 다음과 같다(교육부, 1997 b: 10 - 11).

첫째, 제6차 교육과정의 '공통 사회' 과목이 폐지되고, 제10학년 '사회'로 대체되었다. 제6차 사회과 교육과정에서 '공통 사회' 과목은 고등학교 사회과의 각 과목의 목표를 안내하고 통합적인 사회 인식과 의사 결정 능력의 신장 등을 위한 공통 필수 과목화되었다.

하지만 영역은 크게 일반사회 영역과 지리 영역으로 나뉘었고, 교과서도 별도로 개발되었으며, 단위 수도 별도로 배당, 이수하도록 하고 있다.

이러한 단점을 해결하고자 제7차 교육과정에서는 제10학년 국민공통기본교육과정의 정신에 입각하여 제6차 사회과 교육과정의 '공통 사회' 과목이 고등학교 제1학년 단계인 제10학년 '사회'로 대체되고, 공통 사회 과목의 교과서가 일반사회와 한국 지리의 별책이었던 것을 한 권의 책으로 통합, 편찬하도록 하였다. 그리고 제10학년 사회의 내용 구성은 일반사회 영역, 지리 영역을 중심으로 각 영역에서 세계사 관련 내용을 통합하도록 구성하였다.

둘째, 제7차 교육과정의 편제상에서 선택 과목은 크게 일반 선택 과목과 심화 선택 과목으로 나누어진다. 일반 선택 과목이 갖는 편제상에서의 성격은 국민공통기본 교과의 학습을 정리하면서 심화 선택 학습을 위한 준비 교과로서의 성격을 지니고 있다.

일반 선택 과목은 국민 공통 기본 교과와 심화 선택 교과를 연결하는 과목의 성격을 지니고 있는 것으로, 국민공통기본 교과별로 한 과목씩을 개설하여 선택하도록 하였다. 사회과의 경우에는 '인간 사회와 환경' 과목이 이러한 성격을 갖는 과목인 것이다.

심화 선택 과목은 국민공통기본 교과에 대한 학습과 일반 선택 과목에 대한 학습을 기초로 각 교과 영역별로 2 - 4과목씩을 두고 있다. 지리 영역의 경우에는 심화 선택 과목으로 '한국 지리', '경제 지리' 과목이 개설되었으며, 역사 영역의 경우에는 '한국 근 · 현대사', '세계사' 과목이 그리고 일반사회 영역에서는 '법과 사회', '정치', '경제', '사회 · 문화'가 심화 선택 과목으로 개발되었다.

셋째, 학습자 수준을 고려한 심화 선택 과목 개설은 학생들의 흥미 및 장래 진로를 반영할 수 있다는 점에서 커다란 의미가 있다. 동일한 교실 속에서 함께 학습하는 학생들 사이에서도 지적이고 정서적인 측면에서의 차이는 다양할 것이다. 따라서 다양한 심화 선택 과목의 개설은 학습자들의 지적이고 정서적 측면에서의 요구를 충족할 수 있는 수요자 중심의 사회과 교육과정 운영을 기대하고 있는 것이다.

(9) ‘2007년 개정 교육과정’기(2007년 이후)

‘2007년 개정 사회과 교육과정’은 제7차 사회과 교육과정의 연장선상에 있다. 제7차 교육과정의 부분 수정을 통해 2007년 개정 교육과정을 고시(告示)한 것이다. 2007년 개정 교육과정의 기본 방향은 21세기 세계화·정보화 시대를 주도할 자율적이고, 창의적인 한국인 육성을 위한 기초 기본 교육의 충실, 자기 주도적 능력의 신장, 학습자 중심 교육의 실천, 지역 및 학교의 교육과정 자율권 확대 등이다.

2007년 개정 사회과 교육과정에서 고등학교 편제에 대한 특징은 국사 교육의 강화와 과목 조정 및 한국인 정체성 교육 강화이다. 우선, 국민공통기본교육과정 제10학년인 고등학교 제1학년의 사회과는 제7차 교육과정에서 총 170시간(주당 5시간, 국사 68시간·주당 2시간)이던 것을, 총 204시간으로 증가하여 이 중 사회과에 102시간(주당 3시간), 사회에 102시간(주당 3시간)으로 균분(均分)하였다. 전체적으로 시간 편제에서 34시간이 증가한 것이다.

한편, 국민공통기본교육과정 제11－12학년(고등학교 제2－3학년)의 선택중심교육과정에서는 사회과 관련 과목 변경이 있다. 제7차 교육과정에서는 일반 선택 과목으로 인간 사회와 환경(4단위)과 심화 선택 과목인 한국 지리(8단위), 세계 지리(8), 경제 지리(6), 한국근·현대사(8), 세계사(8), 법과 사회(6), 정치(80, 경제(6), 사회·문화(8) 등이 개설되었으나, 2007년 개정 교육과정에서는 일반 선택 과목과 심화 선택 과목이 선택 과목으로 통합되어, 한국 지리(6단위), 세계 지리(6), 경제 지리(6), 한국 문화사(6), 세계 역사의 이해(6), 동아시아사(6), 법과 사회(6), 정치(6), 경제(6), 사회·문화(6) 등으로 변경되었다. 즉 인간 사회와 환경, 한국 근·현대사, 세계사 과목이 폐지되고, 한국 문화사, 세계 역사의 이해, 동아시아사 과목이 개설된 것이다. 이는 한국의 정체성 확보와 국사(역사) 교육 강화 정책의 일환이라고 볼 수 있다.

2) 목표

(1) 교수요목기(1946년－1954년)

고등학교 사회과의 교수요목기의 목표 진술에 있어서는, 사회과 전체를 포괄하는 교육 목표로 “현대 사회생활을 자연 및 인문의 상호 관계에서 올바른 이해를 가지게 하여, 민주 국가 시민으로서의 실제 생활을 전개함에 유의, 유능한 자질을 양성하는 것”에 두고, 공민, 지리, 역사 분야의 구체적인 목표와 내용이 제시되어 있다(주태원, 1989: 77).

공민 분야에서는 “사회생활에 관심을 가지게 하고 국민 경제생활을 완수하기 위하여 협동 정신과 상호 의존의 책임 의식 및 사회적 덕성을 함양하여 자율적인 인간성을 환기시킴은 물론, 정치, 경제, 윤리, 철학의 개념을 이해시켜서 현실을 정확하게 파악하게 하고, 장래의 발전을 위해 공헌할 수 있는 능력을 기르는 것”으로 되어 있다(이찬, 1977: 25).

역사 분야에서는 "인류 문화 및 우리 민족 문화의 본질을 파악하여 보다 높은 가치 생활을 영위할 수 있는 능력을 배양하며, 새로운 가치 문화 건설에 참여하는 태도를 갖게 하는 것"에 목표를 두고 있다. 세계사의 경우 목표는 이제 강점기의 잔재(殘在)를 청산하고 새로운 민주 사회 건설을 위한 가치관 정립과 애국, 애족 교육을 강조하고 있다.

지리 분야는 "자연과 인문의 상호 관계를 이해시키는 것과 향토의 자연조건 및 인문 조건을 기초로 하는 향토관 그리고 더 나아가 세계관 확립"에 목적을 두고 있다.

(2) 제1차 교육과정기(1954년-1963년)

제1차 교육과정기의 고등학교 사회과는 정치, 경제, 사회, 문화 등을 중심으로 하고, 역사와 지리를 배경으로 하여 민주 사회의 공민적 자질을 기르는 것을 목적으로 하였다(주태원, 1989: 80-81).

1955년에 개정된 제1차 교육과정에서는 사회과 전체에 대한 목표 진술은 없고, 각 분야별 목표와 내용만 명시되어 있다(문교부, 1986: 276).

특히, 고등학교 '일반사회'의 교육 목표는 "우리 사회의 현실과 이상을 정치, 경제, 사회, 문화 등 면(面)을 중심으로 해명하여, 민주 국가에서의 이상적인 공민 자질의 도야, 개발에 있다."라고 교육과정에 진술하고 있다.

사회 현상을 포괄적으로 다루는 '일반사회'의 목표는 교육법 등에 나와 있는 교육의 일반 목표와 밀접히 관련되어 있으며, 1955년판에는 여덟 가지의 관련 목표를 제시하고 있는데, ⓐ 민주주의의 생활 원리의 이해 파악, ⓑ 사회적 현실의 개선, ⓒ 애국 애족의 정신과 태도, ⓓ 올바른 국제 관계 유지, ⓔ 사회 문제에 대한 과학적인 판단과 건전한 비판력, ⓕ 근검노작의 정신, ⓖ 조화 있는 사회생활, ⓗ 민족 문화의 향상 등이다.

지리 목표도 역시 공간과 인간관계의 이해였으며, 특히 자연환경 요소 간의 상호작용 이해와 지리적 사고력을 강조한 것이 특기할 만하다. 이는 단순한 정보 습득에 급급했던 관행에서 탈피토록 한 중요한 대목이다.

역사 분야는 국사 과정과 세계사 과정으로 구분되었는데, 국사에서는 "각 시대의 구조적 특징과 시대 상호간의 맥락을 골격으로 하여, 과학적인 국사의 체계를 파악"하게 하는 목표를 진술하였다.

세계사의 경우, 목표를 "세계 사조의 개념을 명확히 이해함으로써 현대 사회의 역사적 지위를 파악하게 하고, 현대 사회에 대한 역사적 사고력을 기른다."라고 진술하였다. 따라서 세계사의 목표에서는, 단순한 사회사적 이해를 벗어나, 세계사 각 시대의 특징과 현대 사조에 대한 연계적 파악을 통해 현대 사회 문제에 대한 판단 능력을 갖도록 하고 있다.

(3) 제2차 교육과정기(1963년-1973년)

제2차 교육과정기는 사회과 전반에 걸친 목표가 있고, 그 밑에 분야별 목표가 진술되어 있다. 전체 목표는 일반사회에서 3항목, 역사, 지리에서 각각 1항목씩, 총 5항목으로 되어 있다. 제1항목은 인간의 존엄성과 대인 관계 개선, 제2항목은 민주주의 사회에 대한 원리, 기능의 이해, 제3항목은 자연환경과 국토 개발에 대한 이해, 제4항목은 국제 사회에서의 민족적 자각 거양, 5항목은 협동 의식 강조와 국민 각자의 행목 및 안전 번영의 기여 등이다(주태원, 1989: 84 - 85).

교과 목표의 진술은 고등학교 역시 초·중학교와 동일한 형식을 취하고 있다. 교과 목표를 보면, "사회생활을 영위하는 데 필요한 사회 제 분야에 관한 지식을 체계적으로 이해시키고, 민주 국가 국민으로서의 신념과 자각을 확고히 가지게 하며, 스스로 자신의 앞날을 개척하고, 나아가 사회 및 국가의 융성과 인류 공영에 기여할 수 있는 중견 국민으로서의 자질을 기르게 한다."라는 사회과 궁극적 목적을 나타내는 종합 목표와 함께, 공민 영역의 지식 목표(제1항), 역사, 지리 영역의 지식 목표(제2항), 사회과적 기능 목표(제3항), 가치 및 태도 목표(제4항) 등이 제시되어 있다.

'일반사회'의 목표로는 4개 항목이 제시되었는데, 첫째, 우리나라의 정치적, 경제적 현실에 대한 이해, 둘째, 민주 정치에 대한 원리의 이해와 그 발전을 위해 노력하는 태도, 셋째, 우리나라의 경제적 현실에 대한 이해와 자립적 경제의 번영을 위해 노력하는 태도, 넷째, 국제적 이해와 협조적 태도의 육성이었다.

제2차 교육과정기에 세계사의 경우는, 세계사의 선택 과목에서 국사와 같이 공통 필수 과목화하여 세계사 교육을 강화시켰다. 그 이유로는 세계사 교육을 통해서 외연적으로 우리나라의 역사를 폭넓고 바르게 평가하여 올바른 역사의식을 갖도록 하자는 시대적 요정 때문이었다.

(4) 제3차 교육과정기(1973년 - 1981년)

제3차 교육과정에서의 일반 목표로 2개 항을 제시하고 있으며, '정치·경제' 목표로, 정치, 법, 경제 목표를 각각 1개씩 두고, '사회·문화' 목표로 3개의 목표를 두고 있는데, 그 내용은 다음과 같다(주태원, 1989: 88 - 90).

첫째, 사회생활의 여러 가지 원리와 우리나라의 과거, 현재에 나타난 사회 사상에 대한 이해를 깊게 하여, 민주 국민으로서 자각을 가지고 국가, 민족의 번영에 이바지하려는 태도와 능력을 기른다.

둘째, 한국 국민으로서의 긍지를 가지고 국제 사회에 관한 이해를 깊게 하여, 국제 사회 발전에 이바지하려는 태도와 능력을 기른다.

한편, '정치·경제'는 세 가지 목표로 간략화되었다. 그 첫째는, 민주주의를 토착화하는 데 이바지하게 하고, 둘째, 법질서를 존중하는 태도를 기르며, 셋째, 경제의 기본 원리를 이해시키는 것이었다. 목표에서 개인의 기본권 존중 등 인간 존중에 대한 것은 나타나지 않고, 정치·경제의 문제에 대한 언급이 일체 없는 것은 목표에서도 국가주의적 경향이 강했다는 것을 나타내어 주고 있다.

'사회·문화'에서도 세 가지 목표를 제시하고 있는데, 그 첫째는, 문화 민족으로서의 긍지이고, 둘째는, 청소년기의 자기 형성 과제의 지각이며, 셋째는, 사회 변동과 사회 문제에 대한 이해였다.

제3차 교육과정기의 세계사의 경우는, 다시 선택 과목으로 회귀 편제되어, 과목 비중이 약화되었으며, 이는 세계사를 경시하고 외면하는 한 문화적 대외 봉쇄 현상이라는 우려를 가지게 된 것이다

(윤종영, 1991: 171). 목표와 내용에서는 세계사의 종합적 이해와 폭넓은 역사의식과 통찰력 함양으로 인류 문화의 시작부터 현대 세계와 우리나라까지 총 6개 단원으로 조직되어 있다.

(5) 제4차 교육과정기(1981년 – 1987년)

제4차 교육과정의 목표는 초·중·고교가 모두 같은 형식으로 진술되어 있다. 사회과의 교과 목표는 "사회생활을 영위하는 데 필요한 사회 제 분야에 관한 지식을 체계적으로 이해시키고, 민주 국가 국민으로서의 신념과 자각을 확고히 가지게 하여, 스스로 자신의 앞날을 개척하고, 나아가 사회 및 국가의 융성과 인류 공영에 기여할 수 있는 중견 국민으로서의 자질을 기르게 한다."라는 사회과의 궁극적 목표를 나타내는 종합 목표와 공민 영역의 지식 목표, 역사 및 지리 영역의 지식 목표, 사회과적 기능 목표, 가치·태도 목표가 제시되어 있다.

제4차 교육과정에서는 '사회 Ⅰ', '사회 Ⅱ' 모두 다섯 가지 목표가 제시되었다. '사회 Ⅰ'의 목표를 살펴보면, 다섯 가지 중 세 가지는 정치, 법, 경제, 사회, 문화 등 내용에 관련되는 것이다. 네 번째 목표는, 사회 현상을 바른 시각과 다각적인 관점에서 볼 수 있는 능력 목표이며, 다섯 번째 목표는, 더 나은 미래 사회를 건설하려는 태도 목표이다.

이는 제3차 교육과정에서 내용에 관련된 목표만 세 가지 제시된 것에 능력 목표와 태도 목표를 각각 하나씩 추가한 것이다.

제4차 교육과정은 흔히 인간 중심 교육과정이라고 하는데, 목표에서도 제3차 교육과정보다 학생 중심, 학생 활동을 조장하는 쪽으로 다양화되었다고 볼 수 있다.

세계사의 경우, 목표에서는 지식 목표 3개 항, 역사적 통찰력 함양 기능 목표 1개 항, 태도 목표로서는 주체적인 입장에서 세계 문화 수용과 인류 문화 발전에의 공헌 1개 항 등이었다.

각 과목별 목표는 공히 지식 목표 3개 항, 기능 목표, 가치·태도 목표 각 1개 항으로 되어 있으나, 사회 Ⅰ·Ⅱ에서는 지식 목표와 그에 관련되는 태도 목표를 함께 진술하고 있다. 학년 목표는 지식 목표 3개 항, 능력 목표 1개 항, 가치·태도 목표 1개 항씩 총 5개 항을 제시하였다.

(6) 제5차 교육과정기(1987년 – 1992년)

제5차 교육과정에서는 고등학교 사회과가 '정치·경제' 과목과 '사회·문화' 과목으로 편제되었다. 두 과목의 목표를 고찰하면 다음과 같다.

정치·경제 과목은 총 4개 항의 목표가 제시되어 있는데, 첫째, 정치에 관한 것, 둘째, 경제에 관한 것, 셋째, 능력 목표, 넷째, 태도 목표 등이다. 제4차 교육과정과 그 형식에 있어서는 별 차이가 없고, 편제가 달라짐으로써, 사회·문화에 관한 목표가 제외된 점이 특징적이다. 그리고 전반적으로 민주 시민의 관점이 부각되어 있음을 알 수 있다(문교부, 1989: 104).

정치·경제 과목은 그 목표를, 민주주의의 근본이념과 민주 정치의 원리 및 우리나라 민주 정치의 특성을 이해하고, 민주 시민이 갖추어야 할 합리적인 사고력, 의사 결정 능력을 기르게 하며, 시장 경제의 원리, 국민 경제의 구조와 순환, 국제 경제의 원리 및 우리나라 경제 발전 과정을 이해하여 경제 현상에 대한 분석 능력을 갖추는 데 중점을 두고 있다.

정치·경제는 '정치·경제 현상의 인식'이라는 첫 단원을 통해 포괄적으로 교과목을 조명한 후, '민주주의와 정치, 국가와 정치, 우리나라와 민주 정치' 등 3개 정치 단원과 '가계, 기업 및 시장, 국민 경제의 구조와 순환, 국제 경제와 경제 발전, 우리나라의 경제' 등 4개의 경제 단원으로 구성하여 경제 영역이 제4차 교육과정에 비해 강화되었다.

'사회·문화' 과목은 그 목표를 개인과 사회, 인간의 사회·문화적 행동 및 문화의 특성에 대한 이해를 바탕으로 사회 문제의 합리적 해결과 사회생활, 실업, 사회 변동, 현대 사회의 제 문제 이해 등에 중점을 두고 있으며, 이를 좀 더 구체적으로 단원별로 살펴보면 다음과 같다.

'사회·문화' 과목의 목표 중 먼저 지식 목표로는, 인간의 사회·문화적 행동과 문화 특성의 이해, 사회생활과 법, 사회 변동의 원리 및 현대 사회의 여러 문제의 이해 그리고 사회와 문화가 형성, 발전되는 과정 및 민족 문화의 특성을 바르게 이해하는 것이다.

이와 같은 지식 목표를 요약하면, 관련 개념 인식을 바탕으로 사회·문화 현상의 유형적 특성이나 종류, 구성 또는 변동의 원리를 이해하는 것이다. 또, '사회'의 유형적 특성이나 종류, 구성 또는 변동의 원리를 이해하는 것이다. 또, '사회·문화' 과목에서 설정한 기능적 목표는 사회 현상에 관한 여러 가지 자료를 수집, 분석, 종합, 평가하게 하고, 사회 현상을 과학적으로 탐구하는 능력과 가치를 판단하는 능력을 기르는 것이다. 이와 같은 기능적 목표는 개인적인 기능에 치중되어 있다. 그리고 '사회·문화' 과목의 태도 목표는 민주 복지 사회 건설과 민족 문화 창달에 이바지하는 태도를 가지게 하는 것이다. 이와 같은 태도 목표는 결국 '사회·문화' 과목에서 최종적으로 달성하고자 하는 목표라고 할 수 있다. 그러면서도 이 태도 목표는 지식 목표와 기능 목표를 토대로 하지 않고 독자적으로 달성하기는 어려운 목표이다.

이 시기의 세계사는, 인문·사회 구분 없이 4단위로 되어 실질적으로 강화되었는데, 목표 진술이 제4차 교육과정기보다 명료화되었고, 사회과 전체 목표와의 연계를 고려하여 제시되었다.

(7) 제6차 교육과정기(1992년 - 1997년)

일반적으로 교육과정에 제시되는 목표를 위계적으로 보면 교과 목표(총괄 목표, 행동 영역별 목표), 학교급별 목표, 학년 목표, 단원 목표 등이 있다. 그 하위에 차시별 목표, 수업 목표 등이 있다.

제6차 사회과 교육과정의 목표는 크게 세 부분으로 나누어 고찰할 수 있다. 교과 전체를 선도하는 종합 목표와 영역별 사회 인식 목표 그리고 사회 인식 혹은 시민적 자질 형성에 필요한 기능 및 가치·태도 목표로 구성되어 있다(교육부, 1992 b: 62 - 70).

종합 목표는 "사회생활을 영위하는 데 필요한 사회 여러 분야의 지식과 탐구 방법을 체계적으로 이해하게 하고, 사회 문제의 합리적 해결을 위하여 지식을 활용하는 기능을 익혀, 자신의 앞날을 개척하며 사회와 국가 및 인류의 발전에 기여할 수 있는 바람직한 민주 시민으로서의 자질과 능력을 기르게 한다."로 되어 있다.

이 종합 목표는 사회과 목표를 총괄, 종합했을 뿐만 아니라, 사회과 목표 설정에 대한 다양한 견해들을 종합하고 있다. 그만큼 종합 목표의 구조는 복잡하고 난해하다는 인상을 준다. 이 종합 목표를 분석적으로 고찰해 보면 그 특징을 다음과 같이 요약할 수 있다(교육부, 1997 d: 66 - 70).

첫째, 과정상으로 사회 인식의 형성 목표가 시민적 자질 육성 목표에 우선시되고 있다. 사회 인식을 시민적 자질 육성의 전제로 보는가, 수단으로 보는가를 명확히 파악하기는 어려우나, 다만 사회 인식의 형성보다는 시민적 자질 육성에 중점이 주어져 있고, 따라서 사회 인식을 일면 수단으로 보는 경향을 읽을 수 있다. 지식 활용 기능을 문제 해결에 봉사하는 자리에 위치시킴으로써 그와 같은 구조를 엿볼 수 있다.

둘째, 지식 및 탐구 방법의 이해가 곧 사회 인식이라는 인식관에 토대하고 있다. 지식이 무엇인지 명확하게 제시되어 있지는 않으나, 사회 과학적 지식으로 볼 수 있겠고, 탐구 방법 또한 그와 같은 맥락에서 파악할 수 있을 것이다. 이는 사회 인식이란 사회 과학적 지식과 방법을 익히는 과정에서 형성된다는 과학 우선주의, 객체 중심주의에 따르고 있음을 보여준다.

셋째, 제6차 사회과 교육과정의 목표상 커다란 특징은 과거 목표에서 항상 강조되어 온 '국민적 자질'이 '시민적 자질'로 변경되었다는 점이다. 집단 우선주의, 국가주의적 사회과에서 시민으로서의 학습자, 개개인의 발달을 보다 중시하는 사회과로의 변화를 엿볼 수 있는 대목이다.

한편, 제6차 사회과 교육과정의 영역별 사회 인식의 목표는 다음 4개 항으로 진술되어 있다(교육부, 1997 d: 68 - 69).

첫째, 현대 사회의 구조와 과정에 관한 지식을 지리적 환경 및 역사적 발전 과정과 관련하여 이해하게 하고, 세계 속의 우리 사회를 과학적이고 종합적인 시각에서 주체적으로 인식하게 한다.

둘째, 우리 사회의 정치ㆍ사회ㆍ문화적 구조와 기능을 이해하게 하고, 우리 사회가 당면한 문제들을 합리적으로 해결할 수 있게 한다.

셋째, 우리 국토 환경의 특성과 세계의 지리적 환경을 이해하게 하고, 세계 속의 한국의 위치와 성격을 과학적으로 파악하게 한다.

넷째, 우리나라와 세계 각 지역의 사회ㆍ문화의 이해를 바탕으로 사회의 제 문제를 올바르게 파악하게 하고, 이를 해결할 수 있는 능력을 기르게 한다.

이와 같은 영역별 사회 인식 목표는 인식의 방법 및 방향이 함께 제시되고 있다. 과학적, 종합적, 주체적 인식이 요구되고 있는 것이다. 과학적 인식은 사회 과학적인 개념, 원리에 입각하여 사회 현상을 인과적으로 파악함으로써, 보다 정확하게 사회 인식에 이르도록 해야 한다는 요구이다. 종합적 인식은 사회 현상과 사회 문제를 하나의 전문 사회 과학적 시각에서만 파악할 것이 아니라, 다각적인 관점에서 파악함으로써, 해당 현상이나 문제의 본질을 보다 정확하게 알도록 해야 한다는 요구이다. 그리고 주체적 인식은 사회 현상의 실체를 스스로 탐구하고, 그 속에 발견되는 문제 혹은 갈등 상황에 대해서 주체적으로 판단할 수 있도록 해야 함을 의미한다.

아울러, 인식 목표에서는 우리 사회를 고립된 상황으로 보아서는 안 된다는 인식 방향이 제시되어 있다. 오늘날 우리 사회를 역사적 문맥 속에서 파악하고, 세계와의 연계 속에서 인식하도록 해야 한다는 점이다.

다음, 기능 및 가치·태도 목표는 다음의 2개 항으로 제시되어 있다.

첫째, 사회 현상을 올바르게 이해하는 데 유용한 자료들을 분석, 종합, 평가하는 능력과 문제 해결을 위하여 합리적으로 사고하는 능력 및 사회 활동에 능동적으로 참여할 수 있는 능력을 기르게 한다.

둘째, 개인 생활 및 사회 생활이 민주적으로 운영되고 복지 사회로 변화, 발전하는 데 이바지하게 하며, 국가와 인류 사회 발전에 공헌하는 민주 시민으로서의 능력과 태도를 가지게 한다.

이와 같은 기능 및 가치·태도의 목표를 분석해 보면, 우선 기능 목표에서는 사회 인식에 활용될 수 있는 자료 처리 능력, 문제 해결을 위한 합리적 사고 능력, 사회 활동에 능동적으로 참여하는 능력의 신장을 강조하고 있다.

가치·태도 목표에서는, 과거 사회과 목표에서의 국민으로서의 자각과 같은 이념적 부분을 삭제하고, 민주 사회의 발전에 공헌, 복지 사회 발전에 공헌, 국가 및 인류 사회의 발전에 공헌하는 가치·태도의 함양을 크게 강조하고 있다.

(8) 제7차 교육과정기(1997년 - 2007년)

일반적으로 교육과정에 제시되는 목표를 위계적으로 보면 교과 목표(총괄 목표, 행동 영역별 목표), 학교급별 목표, 학년 목표, 단원 목표 등이 있다. 그 하위에 치시별 목표, 수업 목표 등이 있다.

제7차 교육과정에서는 학교급별 목표, 학년 목표가 없어지고, 원칙적으로 교과 목표와 단원 목표만 제시된 점이 특징이다. 교육과정의 체제에 따라 사회과 교과 목표가 총괄 목표로 제시된 밑에 항목별로 된 영역별 목표가 제시되었으며, 단원 목표는 '학년별 내용'에서의 단원의 지식, 기능, 가치·태도와 관련된 목표를 문단 형태로 제시하였다.

각 교과 교육과정의 체계에 따라 사회과의 교과 목표는 사회과가 지향하고 있는 교육의 목적을 포괄적으로 제시하고 있다. 사회과 목표의 형식상 특징은 총괄 목표와 영역별 목표로 구분하여 제시한 점과 학교급별 목표가 아니라, 국민공통기본교육과정의 제3학년에서 제10학년까지의 목표를 설정하였다.

제7차 교육과정의 총괄 목표는 "사회 현상에 관한 기초적 지식과 능력은 물론 지리, 역사 및 제 사회 과학의 기본 개념과 원리를 발견하고 탐구하는 능력을 길러, 우리 사회의 특징과 세계의 여러 모습을 종합적으로 이해하며, 다양한 정보를 활용하여 현대 사회의 문제를 창의적이며, 합리적으로 해결하고, 공동생활에 스스로 참여하는 능력을 기른다. 이를 바탕으로 개인의 발전은 물론, 사회, 국가, 인류의 발전에 기여할 수 있는 민주 시민의 자질을 기른다."로 제시되어 있다.

고등학교 수준에서 이 총괄 목표는 사회과의 다양한 목표 요소와 그에 대한 견해들을 종합하고 있으며, 국민공통기본교육과정에서 순차적, 지속적으로 추구되는 목표 요소와 궁극적인 목표 요소로 구성되어 있다. 일차적·이차적 목표 요소로는 사회 현상에 관한 기초적 지식과 능력, 기본 개념과 원리의 탐구 능력, 우리 사회의 특징과 세계의 여러 모습에 대한 이해, 다양한 정보의 활용 능력, 창의적이고 합리적인 문제 해결 능력, 공동생활에의 참여 능력 등이 제시되어 있으며, 궁극적인 목표 요소로는 개인의 발전 및 사회, 국가, 인류의 발전에 기여하는 민주 시민의 자질이 제시되어 있다.

학년 수준에 따라 지속적으로 강조되어야 할 목표 요소로는 일차적으로 사회 현상에 관한 기초적 지식과 능력, 기본 개념과 원리에 대한 탐구 능력을 기르고, 이를 바탕으로 이차적으로 우리 사회의 특징과 세계 여러 모습에 대한 이해를 도모하고, 다음으로 다양한 정보의 활용 능력을 바탕으로 창의적이고 합리적인 문제 해결 능력을 기르는 것을 강조하고 있다. 또한, 사회과에서 요구하는 공동생활에의 참여 능력, 사회, 국가, 인류의 발전에 기여하는 민주 시민의 자질이라는 목표, 즉 개인적 인간 형성과 민주 시민의 자질 함양이라는 목표가 강조되고 있다(교육부, 1997 b: 18-22).

제7차 교육과정에서 명시적으로 제시한 목표는 교과 목표와 단원 목표이다. 학년 목표는 노출되게 제시하지 않았다. 사회과의 교과 목표는 교육과정 구성 체계상 항목화하여 제시하였고, 단원 목표는 '학년별 내용'에서 각 단원 내용의 서두에 제시하고 있다.

고등학교 사회과에서 단원 목표들은 엄밀하게 항목화한 형태로 제시하지 않고, 단원의 지식 목표와 가치·태도 목표를 위주로 한 문단 형태로 제시하였으나, 단원에 따라서는 기능 목표와 그 목표 달성에 적합한 지도 방법 및 자료까지를 나타내는 형식을 취하고 있다. 단원 목표를 이러한 형태로 제시한 것은 교사의 단원 지도 계획 과정에서 목표가 수정·보완되면서 더욱 세분화, 항목화할 여지를 두려고 한 것이다. 사회과 지도의 교사 자율성·재량성을 강조한 것이다.

교육과정에서 항목화된 단원 목표들은 세분화된 작업의 결과로 표출된다. 단원 목표들이 교과 목표 중 각 영역별 목표와 높은 연계성을 가지게 될 때, 교육과정 전체의 목표와 내용간의 연계성도 제고될 수 있고, 나아가 '민주 시민 자질의 육성'이라는 사회과 본래의 종합적 목적 달성이 기대되는 것이다.

(9) '2007년 개정 교육과정'기(2007년 이후)

'2007년 개정 교육과정'의 목표도 제7차 교육과정과 대동소이(大同小異)하다. 특히, 초·중·고교를 아우르는 국민공통기본교육과정에서는 학교급별 구분 없이 사회과 목표가 제시되었다. 2007년 개정 교육과정에서의 고등학교 교육의 목표는 "중학교 교육의 성과를 바탕으로, 학생의 적성과 소질에 맞는 진로 개척 능력과 세계 시민으로서의 자질을 함양하는 데 중점을 둔다."이다. 이러한 종합 목표 밑에 다음과 같은 세부 목표를 설정하고 있다(교육인적자원부, 2007 b: 1-5).

첫째, 심신이 건강한 조화로운 인격을 형성하고, 성숙한 자아의식을 가진다.

둘째, 학문과 생활에 필요한 논리적, 비판적, 창의적 사고력과 태도를 익힌다.

셋째, 다양한 분야의 지식과 기능을 익혀, 적성과 소질에 맞게 진로를 개척하는 능력을 기른다.

넷째, 우리의 전통과 문화를 세계 속에 발전시키려는 태도를 가진다.

다섯째, 국가 공동체의 형성과 발전을 위해 노력하며, 세계 시민으로서의 의식과 태도를 가진다.

고등학교 사회과에서는 초등학교와 중학교에서 습득한 지식과 능력을 바탕으로, 사회 현상을 종합적으로 이해하고, 비판적 사고와 합리적 의사 결정 능력을 함양하여, 사회 공동 문제 해결에 적극적으로 참여하는 시민 의식을 길러야 한다.

2007년 개정 교육과정에서는 종합 목표 1개 항과 영역별 세부 목표 6개 항을 두고 있는데 종합 목표는 "사회 현상에 관한 기초적 지식과 능력은 물론, 지리, 역사 및 제 사회 과학의 기본 개념과 원리를 발견하고 탐구하는 능력을 익혀, 우리 사회의 특징과 세계의 여러 모습을 종합적으로 이해하며, 다양한 정보를 활용하여 현대 사회의 문제를 창의적이며, 합리적으로 해결하고, 공동생활에 스스로 참여하는 능력을 기른다. 이를 바탕으로 개인의 발전은 물론, 사회, 국가, 인류의 발전에 기여하는 민주 시민의 자질을 기른다."이다.

그리고 종합 목표 밑에 전 영역 통합 목표, 지리 영역 목표, 역사 영역 목표, 사회생활 영역 목표, 기능·능력 목표, 가치·태도 목표 등 영역별 목표 각각 1개 항씩을 제시하고 있다.

3) 내용

(1) 교수요목기(1946년 - 1954년)

교수요목기의 각 영역별 내용을 고찰하면, 공민 분야는 정치편, 경제편, 윤리·철학편으로 구성되어 있으며, 제1학년 정치편에서는, 국가, 정치 사상, 교육 등 전반에 걸쳐서 다루고 있으며, 제2학년 경제편에서는, 국민 경제의 구조, 근로정신, 생산, 분배, 소비 과정, 산업과 사회 개선에 관한 내용이며, 제3학년의 윤리·철학편에서는 도덕론, 사회론, 문화론 등이 주 내용이었다(주태원. 1989: 78 - 19).

역사 영역의 내용은, 제1학년 문화사에서는 인류 기원과 중국, 인도, 지중해 문명을 다루고, 서구 문명과 세계대전 및 세계 평화 운동을 다루고 있다. 제2·3학년의 문화사에서는 선사 시대부터 삼국 시대, 고려 시대, 조선 시대의 문화를 다루고, 대일(對日) 관계에서 독립 회복까지를 다루어 우리 민족의 국제 관계를 이해시키는 데 중점을 두었다. 교수요목기의 세계사는 고등학교에서 제1학년은 세계 문화사, 제2학년에서는 우리나라 문화사 내용을 이수하였다.

지리 영역의 내용으로는 자연환경과 인간과의 관계 이해 및 풍토가 다른 각 지역의 인간 생활 이해에 강조점을 두었다. 특히, 고등학교에서는 세계관 확립에 강조점을 두었다. 제1학년의 지리 통론에서는 우주와 천체, 지구의 운동, 자연현상과 인류 생활의 개설을 다루고 있다. 제2·3학년에서는 인문·경제 지리에서는 '자연환경과 인간 생활'이라는 교과서에서 볼 수 있듯이, 자연과 인간의 관계, 세계 각 지역의 인간 생활, 세계 각 지역의 생산, 근대 산업 발달 등으로 조직되어 있다.

(2) 제1차 교육과정기(1954년 - 1963년)

제1차 교육과정의 고등학교 '일반사회' 교과 과정을 보면, 다음과 같은 구성 방향에 따라, 내용이 구성되었다(최병모, 1992: 181 - 183).

첫째, 현실로부터 원리 원칙에 충실하려고 하였다. 사회 현상은 구체적 현상부터 이해하며, 점차 그 밑바탕에 흐르고 있는 원리 원칙을 터득하게 했다는 것인데, 크게 '정치→ 문화'로 나아간 것이나, '정치→ 사회'로 나아간 경우 등이 있다.

둘째, 민주주의에 대한 신념, 생활 방식 등을 강조하였다. 민주주의 근본정신, 입헌 정치, 권력 분립 등 단원에서 알 수 있듯이 민주주의 이념 및 생활 원리로서의 기본적 민주주의가 강조되었다.

셋째, 추상적, 이론적 비판보다도 현실을 개선하는 올바른 방향을 찾을 수 있도록 구성하였다.

이와 같은 구성 원칙에 따라 조직된 제1차 교육과정에 있어서의 일반사회의 각 학년별 단원명은 <표 40>과 같으며, 각 학년별 특징은 다음과 같다.

제1학년 정치편에서는, 정부의 통치 조직 외에도 민주주의의 원리, 국가의 중요성, 사상 문제, 나아가 교육의 문제 등 폭넓은 사항을 다루고 있다. '정치와 사회' 단원은 민주주의에 입각한 정치 구조 외에 교육과 사회, 사상 문제, 민족과 국가 등 단원이 포함되었고, 이때에는 체계성보다는 각 사항을 중심으로 단원을 설정했다고 볼 수 있다. 가령, 민주주의의 근본정신과 입헌 정치, 권력 분립이 각각 별도의 단원으로 다루어지고 있으며, 선거 제도도 독립 단원으로 되어 있다.

이와 같은 단원 설정과 배열은 현대의 시각으로 보면, 체계성이 없다는 비판을 받지만, 그 당시에는 학문적 체계보다는 학생들에게 관심이 있는 것 그리고 중점 사항을 중심으로 내용을 구성했기 때문으로 파악된다. 이와 같은 '사항 중심'은 정치편뿐만 아니라, 경제편, 문화편에서도 마찬가지였다.

제2학년 경제편에서는, 수요·공급보다 생산을 먼저 제시한 것이 특징이며, '소비'와 같이, 학생들의 일상생활과 관련된 사항을 단원 수준으로 격상시켜서 제시한 것도 특징적이다. 또, 경제와 도덕, 실업 문제와 노사 문제, 사회 보장과 사회사업을 단원으로 설정한 것도 특색이라고 할 수 있는데, 이런 단원들에서는 공산주의와 대립하고 있던 당시, 일반사회를 통하여 자유 민주주의에 대한 이해를 깊게 하려고 했던 점을 엿볼 수 있다. '경제와 사회'에서는 생산, 교환, 소비 과정을 중심으로, 경제와 제반 사회 문제, 사회 보장, 산업 등 사회와 관련된 단원 등이 포함되었다.

제3학년의 '문화의 창조'에 나오는 내용을 보면, 오늘날의 '사회·문화'와 국민윤리의 종교, 도덕 부분을 통합한 형태이다. 제3학년의 '문화의 창조'에서는, 학문, 예술, 도덕, 사상, 철학 등 문화 전반에 걸친 원리를 규명하는 단원이 포함되었다(주태원, 1989: 82).

제1-3학년을 통틀어 단원의 전개 양식이 '물음'으로 되어 있는데, 이는 어떤 지식을 교사가 일방적으로 제시하는 것이 아니라, 학생들이 스스로의 흥미에 따라 단원을 학습해 간다는 취지였던 것으로 사료된다.

(3) 제2차 교육과정기(1963년-1973년)

제2차 교육과정기의 사회과 '일반사회'는 ⓐ 민주주의, ⓑ 공산주의의 비판, ⓒ 개인과 국가, ⓓ 국민 경제생활, ⓔ 국토 건설, ⓕ 사회문제, ⓖ 민족 문화의 향상 등으로 구성되었다. 곧, 이 과목에서는 정치, 경제, 사회, 문화 등 각 분야를 두루 다루고 있다.

'정치·경제'는 ⓐ 민주 정치의 본질, ⓑ 우리나라의 헌법, ⓒ 우리나라의 민주 정치, ⓓ 경제의 구조, ⓔ 우리나라의 경제, ⓕ 국제 관계와 국제 정세 등 6개 단원으로 구성되었다. 이 중 ⓕ 국제 관계와 국제 정세 단원은 '공산 진영의 대외 정책', '중립 진영의 대외 정책' 등 주제로 구성되어, 당시의 반공 관계의 내용이 매우 강조되었음을 파악할 수 있다.

국사는 반공 사상 강화와 세계 평화에의 기여 등이 새로 생겼으며, 세계사는 문화사 중심의 세계 사로서, 현대 세계의 여러 문제에 대한 역사적 배경 파악 및 비판, 세계사의 특수성과 보편성 이해 를 통한 세계 평화에의 기여, 우리나라의 국제적 지위 이해와 민족의 역사적 사명 자각 등을 목표 로 하고 있다(주태원, 1989: 85 – 87).

제2차 교육과정시의 지리 분야는, 지리 Ⅰ의 한국 지리와 지리 Ⅱ의 세계 지리로 나누었는데, 둘 다 지역 지리 중심이었다. 한국 지리는 지역적 구성보다 계통적 구성 위주였으며, 세계 지리는 계 통적 구성과 지역적 구성이 절반씩이었다.

지리 Ⅰ은 계통성을 지닌 국토 지리로, 지리 Ⅱ는 세계 지리이었는데, 지리 Ⅰ에서는, 한국이 세계 속에서 차지하고 있는 지위를 고려하고, 자료 처리 능력을 강조한 점이 그 특징이었으며, 지리 Ⅱ의 특징으로는 한국의 후진성 탈피를 위한 세계 여러 지역의 경제 및 개발상을 알도록 강조하였다.

(4) 제3차 교육과정기(1973년 – 1981년)

제3차 교육과정기의 '정치 · 경제'는 우리나라의 정치 · 헌법, 법률 · 경제 등을 중심으로, 학문의 개념과 원리를 이해하고, 복지 사회 건설을 강조하였다. ⓐ 우리나라의 현실과 민족중흥, ⓑ 우리나 라의 민주 정치, ⓒ 우리나라의 헌법, ⓓ 국민과 법률생활, ⓔ 국민 경제의 순환과 성장 등 5개 단 원으로 구성되어 있다. 즉 정치 · 경제에서는 정치 단원이 네 개인 데 비하여, 경제 단원이 한 개에 불과한 것은 당시 한국적 특수 상황을 강조하기 위해서는 정치 부분을 많이 다루어야 했기 때문으 로 해석된다(주태원, 1989: 88 – 90).

'사회 · 문화'는 ⓐ 우리나라의 현실과 민족의 진로, ⓑ 우리의 사회와 문화, ⓒ 개인과 사회생활, ⓓ 사회 변동과 근대화, ⓔ 국가 발전 계획 등 5개 단원으로 구성되어 있다.

즉 '사회 · 문화'는 우리의 현실과 민족의 진로, 우리의 사회와 문화, 개인과 사회생활, 사회 변동 과 근대화, 국가의 발전 계획 등에 관한 내용을 민족 문화 창달과 국가 사회 발전에 이바지하는 데 에 중점을 두어 다루도록 하고 있다. 그러나 당면 사회 문제를 진단하고 해결할 수 있는 능력을 기 르는 데 도움을 줄 수 있는 사회 조사 또는 조사 방법론, 대중 사회의 특질과 인간관계에 대한 내 용이 결여되어 있다는 비판이 많았다(김용만, 1978: 9 – 15).

제3차 교육과정기의 지리 분야는, 국토 지리와 인문 지리 두 부분으로 구성되어 있는데, 국토 지 리는 한국 지리로 계통적으로 조직되어 있으며, 인문 지리는 표현 그대로 계통적인 인문 지리 형태 였다. 또한, 학문적 구조와 동향을 크게 반영하였으며, 자연 지리적 내용도 더러 다루고 있다. 인문 지리에서는 인문 지리학의 내용 외에도, 지리학의 기본적 성격인 기본 문제를 이해시켜서, 인간 행 동과 환경과의 관계를 공간이라는 차원에서 종합적으로 규명하고, 이를 생활에 응용하기 위하여 '생활과 지리'라는 단원이 특설된 것이 특징이다(주태원, 1989: 90 – 91). 아울러, 한국의 당면 과제 인식, 지역성 파악 능력 함양, 인문 지리의 새로운 부문의 체계적 이해 등이 강조되고 있다.

(5) 제4차 교육과정기(1981년 – 1987년)

‘사회 Ⅰ·Ⅱ’는 정치·경제, 사회·문화 등을 통합하여 수준별로 Ⅰ·Ⅱ로 편성한 것이다. 그중 ‘사회 Ⅰ’은 국가적 현실과 국민적 과제에 비중을 두었고, ‘사회 Ⅱ’는 ‘사회 Ⅰ’의 내용을 심화시키고, 사회 과학의 학문 내용을 비중 있게 다루고 있으나, ‘사회 Ⅰ·Ⅱ’ 간의 차이가 뚜렷하지 않아 학습 과정에서의 중복 등 번거로움이 제기되었다(한국교육개발원, 1987: 44).

‘사회 Ⅰ’은 ⓐ 올바른 사회생활, ⓑ 개인과 사회생활, ⓒ 우리나라의 민주 정치, ⓓ 국민 생활과 법, ⓔ 경제생활, ⓕ 현대 사회와 국민 복지 등 6개 단원으로 구성되어 있다.

‘사회 Ⅱ’는 ⓐ 사회 현상의 과학적 인식, ⓑ 인간과 문화, ⓒ 국가와 정치, ⓓ 우리나라의 헌법, ⓔ 국민 경제 등 5개 단원으로 구성되어 있다(주태원, 1989: 92 – 94).

제4차 고등학교 사회과 교육과정 내용상의 특징은 국민정신 교육 내용을 체계적으로 반영하고, 내용의 정선, 기본 개념의 강조, 학문의 내용과 현실의 관련, 복지 사회 건설 의지, 국민적 자질 등을 강조하고 있다.

이 시기의 지리 분야는, 지리 Ⅰ과 지리 Ⅱ로 구성되었다. 지리 Ⅰ은 한국 지리 및 세계 지리의 기초 수준을 담았고, 구성 방법으로는 계통적 접근을 취하였다. 지리 Ⅱ는 한국 지리 및 세계 지리의 심화 수준을 담았고, 구성 방법은 지역적 접근을 취하였다. 세계적 안목의 형성과 한국, 세계 여러 지역의 이해를 강조한 것이 특징이라고 할 수 있다. 세계사의 경우, 내용상에 있어서는 시대순 배열과 유럽 중심의 세계사 탈피 및 서남아시아와 근·현대사를 보강한 점이다. 아울러, 서양사 앞에 동양사를 배열하고, 문화사를 중심으로 한 종합적 접근을 강조하였다(교육과정·교과서연구회, 2000 c: 115 – 118).

(6) 제5차 교육과정기(1987년 – 1992년)

제5차 교육과정기의 ‘정치·경제’ 과목에서는 다음과 같은 몇 가지의 내용 구성 주안점을 제시하였다.

첫째, 민주주의 원래의 이념을 중심으로 하였다. 공민 영역 중에서도 정치편은 민주주의와 불가분의 밀접한 관계에 있는데도, 그동안 우리 사회의 여러 가지 사정 때문에 민주주의의 원래 의미가 부각되지 못하고, ‘한국적인 것’, ‘특수한 것’이 강조되어 왔다. 그러나 민주주의를 특수한 것으로 이해하기보다는 보편적인 것으로 이해하는 방향으로 나아가는 것이 보다 바람직할 것이다.

둘째, 민주주의 내용 그 자체뿐만 아니라, 그 자체와 방법에 대해서도 중요시하는 방향에서 내용을 구성하였다. 이것은 1955년도 교과 과정에서 강조된 것인데, 그 후 1979년 학문 중심 교육과정에서 덜 강조된 내용 구성의 방향이다. 그러나 우리 사회가 진정한 의미에서 민주화가 되려면 그 절차, 방법이 함께 민주화되어야 할 것이다.

셋째, 중립적이고 객관적인 입장에서 내용을 전개하고자 하였다. 정치·경제 현상은 사회 각 집단의 이해관계가 밀접히 관련되는 현상이다. 그러므로 편파적인 입장에 서거나 시류(時流)에 지나치게 편승, 영합하게 되면 정치·경제 현상을 제대로 이해할 수 없게 된다. 그러므로 중립적이고 객관적인 자세가 요구되는 것이다.

넷째, 원리로부터 구체적인 것으로 내용을 배열하였다. 먼저 기본적인 원리를 살핀 다음에 현실 문제를 살피게 한 것이다. 이에 따라, ⓐ 정치·경제 현상의 인식, ⓑ 민주주의 정치, ⓒ 국가와 정치, ⓓ 우리나라의 민주 정치 등 4개 단원이 설정되었다.

경제 교육의 내용을 구성함에 있어서, 우선 사회과의 경제 부분의 기본 개념을 확정할 필요가 있다. 그 까닭은 경제학을 이루는 기본 개념을 중심으로 사실, 개념, 원리들이 경제학의 탐구 과정에 의하여 의미 있게 관련되는 내용의 체제를 이루어야 하기 때문이다.

1988년에 고시된 국민학교와 중·고등학교 교육과정에서의 경제 교육 내용은 11개의 경제 기본 개념인 '기본 경제 문제, 소비, 소득 분배, 생산, 시장, 시장 경제 체제, 국민 소득, 화폐와 금융, 재정, 국제 경제, 경제 변동' 등이 학교급이 높아질수록 그 내용이 심화되는 나선형식 교육과정(spiral curriculum)의 원리에 따라 구성되었다.

이에 따라, ⓐ 가계, 기업 및 시장, ⓑ 국민 경제의 구조와 순환, ⓒ 국제 경제의 발전, ⓓ 우리나라의 경제 등 4개 단원이 설정되었다. 제4차 교육과정에 비하여 경제 영역이 크게 강조되었다.

'사회·문화' 과목은 그 분담된 교육 목표를 달성하기 위하여 분과적 입장에 따라 편성된 교과목이며, 교육 내용은 주로 사회학과 문화 인류학의 탐구 방법과 개념 및 이론을 근간으로 이루어져 있다는 것은 염두에 둘 필요가 있다.

그리고 사회·문화 과목의 핵심이 되는 사회·문화 현상의 설명과 이해, 그 변화 과정은 과학성과 민주와 복지의 지향이라는 준거에 따라 이루어져야 한다는 점이다. 또 사회·문화 과목의 내용은 결코 사회학과 문화 인류학의 축소판이 아니다. 그것은 훌륭한 민주 시민의 양성 그리고 결국에는 민주와 복지를 지향하는 국가·사회를 확립할 것을 지향하는 사회과 교육 목표 달성을 위한 하나의 접근 방식이며, 나아가 하나의 교육 자료라고 할 수 있다. 이렇게 볼 때, '사회·문화' 과목 내용 구성의 주안점을 요약해 보면, 다음과 같다.

첫째, 사회학과 문화 인류학에서 보편적으로 용인된 핵심적인 내용으로 이루어져야 한다.

둘째, '사회·문화' 과목의 내용은 학문적 내용의 설명을 넘어서, 특히 우리나라의 사회와 문화를 객관화하여 반성적으로 고찰할 수 있도록 조직되어야 한다.

셋째, 전체적 내용이 민주와 복지를 지향하는 국가 사회를 이루는 데 초점을 두도록 진술되어야 한다.

넷째, 학습자 특성에 적합한 내용 조직이 되어야 한다. '사회·문화' 과목을 학습하는 고등학교 학생은 이미 중학교 때 관련 내용을 이수하였다. 그리고 그들은 보통 교육의 마무리 단계에 있다. 또, 연령적으로 사회 구조적 문제에 관한 의식이 급속도로 발달되는 단계이다. 따라서 '사회·문화' 과목의 내용은 좀 더 학문적 호기심을 자극하고, 합리적인 사회 참여 의식을 북돋을 수 있도록 배려하여야 한다.

한국 지리는 각 지역의 특성을 이해하고, 자원과 환경의 올바른 이해 등을 강조하고 있다. 주요 내용으로는 '생활과 지리', '자연환경과 생활', '자원과 산업', '인구와 생활', '지역 구조의 변화', '우리나라와 세계' 등으로 구성하여 계통 지리에 지지 학습(地誌 學習)을 절충하고 있다(주태원,

1989: 95 - 97).

세계 지리는 자연환경과 인문 환경의 체계적인 이해에 바탕을 두고, 세계 각 지역의 자연환경과 주민 생활 등을 주제 중심으로 접근하도록 하였다.

세계사의 경우, 제4차 교육과정 시의 6개 단원에서 8개 단원으로 증가하였으며, 내용 구성은 주제 접근 방식과 연대사적 접근 방법을 절충하였으며, 현대사의 비중을 증가시킨 것이 큰 특징이라고 볼 수 있다.

(7) 제6차 교육과정기(1992년-1997년)

제6차 사회과 교육과정의 고등학교의 사회과 내용은 공통 사회와 국사로 구성되어 있다. 공통 사회의 일반사회 영역의 내용 영역은 시민 사회의 형성과 발전, 사회적 쟁점과 문제의 해결 방법, 사회·문화생활의 문제와 해결, 정치·법·경제생활의 문제와 해결 등이다.

시민 사회의 형성과 발전 영역은 시민 사회의 형성, 민주주의의 전개, 경제 체계의 변화, 현대 사회의 변동 등이 주요 내용이다. 사회적 쟁점과 문제의 해결 방법 영역의 내용은 현대 사회의 특질, 사회적 쟁점의 성격, 과학적 탐구 과정, 합리적 의사 결정 과정 등이다. 사회·문화생활의 문제와 해결 영역은 사회·문화 현상의 인식, 사회의 발전과 사회 문제, 문화의 다양성과 교류, 사회 문제 해결을 위한 노력 등이다. 정치·법·경제생활의 문제와 해결 영역의 내용은 정치·경제 형상의 인식, 법 생활의 이해, 생상과 소비 활동, 한국 민주 정치의 시련과 발전, 한국 정치, 법, 경제의 문제와 해결 등이다(교육부, 1992 b: 77 - 80).

이와 같은 제6차 사회과 교육과정 사회(일반사회) 영역의 내용은 다음과 같은 기준에 의하여 구성되었다.

첫째, 사회과 교육의 목적인 민주 시민의 자질 함양과 관련하여 시민 사회의 형성 배경과 발전 과정을 역사적 접근 방법을 통하여 알아보는 데 중점을 두었다.

둘째, 민주 시민의 자질과 관련하여 중요한 기능인 의사 결정 능력 신장을 위하여, 의사 결정 과정을 구체적인 사례를 들어 훈련시킨다. 또한, 의사 결정이 다양한 차원에서 이루어질 수 있으며, 이러한 의사 결정들이 개인의 삶과 사회의 발전에 중대한 영향을 끼치고 있음을 이해하게 한다.

셋째, 정치·경제·사회·문화적 생활 속에서 발생될 수 있는 문제점들을 제시하고 개인적, 제도적 차원에서 이루어지는 사회 문제 해결을 위한 방법들을 이해하게 한다.

사회과의 모든 단원들의 내용은 사회 문제를 중심으로 구성하였으며, 전체적인 내용의 흐름은, 문제 제기→ 의사 결정 방법의 모색→ 문제 해결을 위한 노력→ 의사 결정의 평가와 중요성→ 다양한 의사 결정의 실제 등이다.

각 단원별로 풍부한 사례를 제시하여 이를 법칙 학습에 이용하도록 계획한 점이 특징이다. 즉 구체적 사실에서 법칙·원리 학습을 하는 귀납적 과정과 법칙을 먼저 학습하고 사실을 설명하는 연역적 과정을 모두 경험하게 하여, 보다 전이력(轉移力)이 높은 차원의 지식, 나아가 고급 사고력까지 학습할 수 있는 능력을 기르도록 하였다.

(8) 제7차 교육과정기(1997년 – 2007년)

제7차 사회과 교육과정에서는 내용 선정의 기준을 학생의 측면, 사회·국가적 측면, 학문·철학적 측면 등으로 구분하여 제시하고 있다(교육부, 1992 b: 22 – 24).

첫째, 학생의 측면에서는, 학습의 개별화, 학습자 간의 상호작용, 학습자의 능동적 지식 형성 작용 등을 고려하여 선정하였다. 지식과 생활 경험의 통합성을 추구할 수 있도록 학생들의 경험, 생활과의 관련성이 높은 사실과 문제 및 주제를 중심으로 선정하였다. 그리고 학생들의 자기 주도적 학습, 탐구지향적 학습이 가능하도록 최소 필수 내용을 정선하였다.

둘째, 사회·국가적 측면에서는, 인간을 존중하고, 현대 사회의 다양성을 고려하여 학습자의 자아실현의 기회를 확대할 수 있는 내용을 선정하였다. 개인과 사회의 문제, 쟁점, 과제 등을 심미적, 창의적으로 해결할 수 있는 것과 관련된 내용을 선정하였다. 시민적 자질 함양을 위한 사회과 가치 교육의 중요성을 감안하여 가치문제를 함축한 쟁점과 의사 결정 문제를 내용으로 선정하였다. 그리고 사회과 학습의 유용성, 적합성, 적용성을 높이는 데 필요한 지식과 사고 기능, 학습 기능, 사회적 기능 등 다양한 기능을 활용할 수 있도록 내용을 선정하였다. 사회 변화와 미래의 준비를 위하여 세계화, 정보화, 개방화, 지방화 시대에 대응하고, 민족 통일을 대비하는 데 필요한 다양한 관점과 요구를 반영하였다.

셋째, 학문·철학적 측면에서는, 널리 합의된 역사, 지리, 사회 과학의 기본 개념과 원리를 체계적으로 활용하여 사회 현상, 사회 문제 및 쟁점 등을 심층적으로 이해하고 사고력을 신장시키는 데 도움을 주는 내용을 선정하였다. 아울러, 사회 현상의 다면적, 다차원적 고찰을 위해서 통합적 관점이 드러나는 내용을 선정하였다.

제7차 사회과 고등학교 교육과정은, 이와 같은 내용 선정의 기준에 입각하여 다음과 같은 원리로 조직되었다.

첫째, 학습자의 발달, 사회적 경험, 사회 기능을 고려하는 환경 확대 방법을 활용하였다. 다양한 시간적 차원, 공간적 차원, 사회 집단의 차원을 고려하면서, 생활 주변의 사회 현상 파악에서 각 지역, 국가, 세계의 사회 현상 및 문제의 파악과 해결로 나아갈 수 있도록 조치하였다.

둘째, 사회과 관련 사회 과학의 기본 개념을 구체적 사례와 문제 중심으로 이해하고, 사회과에서 추구할 사회 인식을 누적적으로 발달시키도록 구성하되, 나선형식 교육과정 조직 원리를 준수하였다.

셋째, 사회과 교육의 통합성과 사회 과학 교육의 계통성 간에 조화를 추구하였다. 사회과의 기저 학문인 역사, 지리, 사회 과학의 학문적 고유성을 고려하면서, 사회 과학 개념 확대의 원칙을 고려하고, 학년이 높아질수록 내용과 방법의 통합, 지식과 기능의 통합, 지식과 가치의 통합 등을 통하여 고급 사고력을 신장시킬 수 있는 기회를 제공하도록 하였다.

넷째, 전 학년에 걸친 획일적 방법을 지양하고, 학교급에 따른 통합 방법의 다양성과 균형성을 고려하였다. 즉 기초적 지식과 기능, 그리고 심화된 기능 간의 조화를 추구하고, 지식을 다루는 방법을 다양하게 하여 사회과에서 추구하는 인식의 지평을 종합적이면서도 심층적으로 만들 수 있게 하였다.

다섯째, 학년별 내용을 기본 과정과 심화 과정으로 나누어, 성취 수준으로서의 기본 개념, 아이디어와 다양한 학습 활동을 결합하여 제시하여, 학습자의 흥미, 관심과 능력의 차이에 대응하는 다양한 학습 경험을 제공하도록 하였다.

결국, 고등학교 사회과 교육과정은 초등학교, 중학교에서 학습한 내용을 좀 더 심화하여 계통성, 통합성, 심층성을 동시에 확보하도록 하였다.

(9) '2007년 개정 교육과정'기(2007년 이후)

제7차 사회과 교육과정의 부분 수정판이라고 할 수 있는 2007년 개정 사회과 교육과정의 내용은, 상대적으로 많은 변화를 보이고 있다. 우선, 초·중학교와 마찬가지로 내용 영역이 제7차 교육과정에서의 인간과 공간, 인간과 시간, 인간과 사회 등 3개 영역 체계에서, 역사 영역, 지리 영역, 일반사회 영역 등 3개 영역 체계로 변경되었다. 즉 영역 구분이 제6차 교육과정 이전으로 회귀하였으며, 전통적으로 주요 영역의 앞에 제시되었던 일반사회 영역이 뒤로 가고, 역사 영역이 제일 앞에 제시된 점도 역사 교육 강화와 더불어 주목된다.

국민공통기본교육과정 제10학년(고등학교 제1학년)의 내용 체계를 고찰하면, 우선 역사 영역에서 우리 역사의 형성과 발전, 조선 사회의 변화와 서구 열강의 침략적 접근, 동아시아의 변화와 조선의 근대 개혁 운동, 근대 국가 수립 운동과, 일본 제국주의의 침략, 일제의 식민지 지배와 민족 운동의 전개, 전체주의의 대두와 민족 운동의 발전, 냉전 체제와 대한민국 정부의 수립, 대한민국의 발전과 국제 정세의 변화, 세계화와 우리의 미래 등이다. 지리 영역의 내용 체계는 국토와 지리 정보, 자연환경과 인간 생활, 문화 경관의 다양성, 장소 인식과 공간 행동, 지역 개발과 환경 보전 등이다. 또한, 일반사회 영역의 내용은 문화, 정의, 세계화, 인권, 삶의 질 등이 포함되어 있다. 일반사회 영역의 내용을 간단한 명사형(名詞形)으로 제시하여 타 학교급과 구별을 보이고 있다.

'한국 지리' 과목의 내용은 세계화 시대의 국토 인식, 지형 환경과 생태계, 변화하는 기후 환경, 거주와 여가의 공간, 생산과 소비의 공간, 우리나라의 지역 이해, 삶의 질과 국토의 과제 등이다. '세계 지리' 과목의 내용은, 세계화와 지역 이해, 세계로 떠나는 여행, 다양한 자연환경, 경제 활동의 세계화, 세계화 시대의 인구와 도시 등이다. '경제 지리' 과목의 내용은 경제 활동의 지리적 이해, 생산과 지리적 특성, 유통과 소비의 지리적 특성, 정보 사회의 경제 활동, 지속가능한 지역 발전과 환경 보전, 세계 경제 환경의 변화 등이다.

'한국 문화사' 과목의 내용은 원시 사회와 문화, 고대 사회와 문화, 고려 사회와 문화, 조선 전기 사회와 문화, 조선 후기 사회와 문화, 근대 사회와 문화, 현대 사회와 문화 등이다. '세계 역사의 이해 과목'의 내용은 역사와 인간, 도시 문명 성립과 지역 문화의 형성, 지역 문화의 발전과 종교의 확산, 지역 경제의 성장과 교류의 확대, 지역 세계의 팽창과 세계적 교역망의 형성, 서양 근대 국민 국가의 형성과 산업화, 제국주의 침략과 민족 운동, 현대 세계의 변화와 과제 등이다.

〈표 40〉 고등학교 사회과 교육과정 내용 체계(단원 일람)표 (1)

구분	교수요목기 (1946-54)	제1차 교육과정기 (1954-63)	제2차 교육과정기(1963-73)		제3차 교육과정기(1973-81)		제4차 교육과정기(1981-87)	
교육과정 내용 체계(단원 일람)	<정치론> -고급 중학 4학년 -(현재의 고1) 1. 국가와 국민의 의무 2. 국가 조직 3. 선거 제도 4. 국가 재정 5. 민주주의 6. 교육과 사회 발전 7. 사상 문제 <경제론> -고급 중학 5학년- 1. 우리 국민 경제 2. 국민 생활과 근로 3. 생산과 소비 4. 유통 5. 분배 6. 우리나라의 산업 7. 재정 8. 사회 개선 9. 자유 경제와 통제 경제	<정치와 사회> -1학년- 1. 대한민국 2. 국민의 의무 3. 국회 4. 정부 5. 법원 6. 선거제도 7. 지방 자치 8. 재정 9.국가 10.민주정치 11.교육과 사회 발전 12.사상 문제 13.민족과 국가 <경제와 사회> -2학년- 1. 경제생활 2. 생산 생활 3. 교환 생활 4. 소득 생활 5. 소비 생활 6. 국제 경제생활 7. 경기 변동 8. 경제와 도덕 9. 우리나라의 경제	<일반사회> 1. 민주주의 1) 민주주의의 근본이념 2) 민주주의의 발달 3) 민주주의와 자유주의 4) 민주정치의 구조와 기능 5) 우리나라의 민주 정치 6) 민주주의의 육성을 위한 우리의 할 일 2. 공산주의의 비판 1) 공산주의의 등장 2) 공산주의와 독재정치 3) 공산주의의 정치와 경제 4) 공산주의의 사회와 문화 5) 공산주의의 세계 적화 정책 6) 승공 이념의 확립 3. 개인과 국가 1) 인간의 사회성 2) 인간의 자율성 3) 국가의 개념 4) 인권의 존중 5) 시민 사상의 발달 6) 국민과 국가 4. 국민 경제생활 1) 근대 경제의 성립과 발달 2) 국민 경제의 순환	<정치·경제> 1. 민주정치의 본질 1) 국가 생활과 정치 2) 국가 형태의 변천과 정치 3) 근대 국가의 정치 4) 민주 정치의 근본정신 5) 민주 정치의 여러 형태 6) 사회주의와 공산주의 정치 비판 2. 우리나라의 헌법 1) 헌법의 개념 2) 헌법의 역사 3) 헌법의 기본 정신 4) 헌법의 구조와 민주주의 5) 헌법의 운용과 국민 3. 우리나라의 민주정치 1) 여론과 정당 2) 선거제도와 그 운용 3) 지방 자치 4) 공무원의 직분 5) 민주정치와 국민 6) 우리의 현실과 민주 정치 창달의 길	<정치·경제> 1. 우리나-의 현실과 민족중흥 2. 우리나라의 민주정치 1) 우리나라의 민주정치 2) 정치 생활과 나 3) 민주정치의 발전 4) 정치 형태 5) 정치과정 6) 우리나라의 국제 정치 3. 우리나라의 헌법 1) 대한민국 수립과 헌법의 계정 2) 우리나라 헌법의 기본성격 3) 대한민국 정치와 국민의 권리와 의무 4) 통일주체국민회의 5) 대통령과 정부 6) 국회 7) 법원과 헌법위원회 8) 헌법상의 경제 질서 3. 국민과 별률 생활 1) 법의 의의 2) 개인간의 생활과 법 3) 범죄와 형벌 4) 경제와 복지에 관한 법 5) 행정에 관한 법 6) 국제 관계와 법	<사회·문화> 1. 우리나라의 현실과 민족의 진로 2. 우리의 사회와 문화 1) 인류 사회와 민족 문화 2) 문화의 양상과 변동 3) 우리의 전통과 민족 문화 3. 개인과 사회생활 1) 사회화 과정 2) 가족과 결혼 3) 교육과 사회생활 4) 건전한 사회생활 4. 사회 변동과 근대화 1) 사회 변동과 근대화 방향 2) 인구 현상과 인구 문제 3) 자원과 환경 문제 4) 농촌과 도시 문제 5. 국가의 발전 1) 우리나라의 발전 계획 2) 새마을 운동	<사회 Ⅰ> 1.올바른 사회생활 1)우리의 현실과 당면 과제 2)사회 현안의 탐구 3)합리적인 결정과 건전한 사회 활동 2.개인과 사회생활 1)인간, 사회, 문화 2)개인의 사회화 3)개인과 집단생활 4)사회의 구조와 기능 3.우리나라의 민주정치 1)민주주의 이념과 발달 2)민주주의 정치제도 3)민주적 정치 생활 4)한국의 민주정치 5)우리나라의 국제관계 4.국민 생활과 법 1)법의 의의와 준법 생활 2)우리나라의 헌법 3)사적 생활과 법 4)공적 생활과 법 5)사회, 경제생활과 법	<사회 Ⅱ> 1.사회 현상의 과학적 인식 1)우리의 사회 환경 2)사회 현상의 탐구 3)사회 현상의 이해와 가치 판단 4)사회 과학의 관점 2.인간과 문화 1)인간의 사회 문화적 행동 2)문화의 보편성과 특수성 3)문화 과정 4)한국의 민족과 문화 3.국가와 정치 1)정치 생활과 국가 2)정부 형태 3)정치 과정 4)한국의 정치 발전 5)한국의 국제 환경 4.우리나라의 헌법 1)헌법의 의의와 종류 2)대한민국 헌법의 유래와 근본이념 3)국민의 권리와 의무 4)통치 기구 5)그 밖의 헌법상의 제도와 질서

구분	교수요목기 (1946–54)	제1차 교육과정기 (1954–63)	제2차 교육과정기(1963–73)		제3차 교육과정기(1973–81)		제4차 교육과정기(1981–87)	
교육과정 내용 체계(단원 일람)	<윤리편> -고급 중학 6학년- 1. 도덕론 1)생활과 도덕 2)도덕 판단의 대상 3)도덕적 의식 4)도덕적 판단의 원리 2. 사회론 1)사회와 개인 2)사회의 성장과 진화 3)사회 진보와 사회 정의 4)양성 간의 윤리 3. 문화론 1)문화의 의의 2)인생과 예술 3)인생과 종교 4)인생과 학문 5)인생과 교육 6)인생과 역사	<문화의 창조> -3학년- 1. 현실과 이상 2. 학문 3. 예술 4. 도덕 5. 신념과 사상 6. 문화의 창조	3) 생산과 국민 생활 4) 물가의 변동과 경제 발전 5) 국민 저축과 경제 발전 6) 국가 재정과 국민 소득 7) 경제 자립을 위한 정책과 구제 협조 5. 국토 건설 1) 국토 계획 2) 산림녹화 3) 치수 관개 4) 농지 개발과 산지 개혁 5) 국토 보존을 위한 정책 6.사회 문제 1) 사회 문제의 개념 2) 노동 문제 3) 실업 문제 4) 노동 운동과 노사협조 5) 농촌 문제 6) 사회 보장 7) 인구 문제 8) 국민운동 7.민족 문화의 향상 1) 문화와 인간관계 2) 민족과 문화 3) 민족 문화의 수호와 강조 4) 민족 문화의 진로 5) 문화재 애호와 보존 6) 국가의 문화 정책	4. 경제의 구조 1) 생산과 기업 2) 가격 기구 3) 소득과 소비 4) 화폐 금융 및 재정 5) 무역과 국내 경제와의 관계 6) 경기의 변동 7) 자본주의 경제와 사회주의 경제 5. 우리나라의 경제 1) 산업의 구조와 특색 2) 농업의 현실과 장래 3) 공업의 현실과 장래 4) 종합 경제계획과 그 달성의 길 5) 경제 성장과 사회 복지 6. 국제 관계와 국제 경제 1) 국제관계의 기본 형태 2) 국제관계와 전쟁 3) 국제연합과 세계 평화 4) 국제협력기구의 활동 5) 공산 진영의 대외정책 6) 중립 진영의 대외정책 7) 자유 진영의 대외정책 8) 우리나라의 진로와 국제관계	5. 국민경제의 순환과 성장 1) 한국 경제의 근대화 과정 2) 가계와 소비생활 3) 기업과 생산 활동 4) 시장과 가격 결정 5) 국민 소득과 경제 순환 6) 통화와 금융의 역할 7) 물가와 국민 생활 8) 재정과 국민 경제 9) 무역과 경제 발전 10)남북한의 경제 비교		5.경제생활 1)경제생활과 경제 수단 2)시장과 가격 결정 3)국민 소득과 물가 4)국민 경제와 국제 무역 5)금융과 재정 6)한국 경제의 현실과 당면과제 6.현대 사회와 국민 복지 1)사회 변동과 근대화 2)현대 사회의 특징과 여러 가지 사회 문제 3)복지 증진을 위한 여러 가지 제도 4)사회 발전을 위한 우리의 과제	5.국민 경제 1)국민 경제의 발달 2)생산과 분배 3)국제 경제 4)경제 성장과 경기 변동 5)경제 계획과 경제 정책 6)한국 경제의 성장과 발전

〈표 41〉 고등학교 사회과 교육과정 내용 체계(단원 일람)표 (2)

구분	제5차 교육과정기(1987-92)		제6차 교육과정기(1992-'97)		제7차교육과정기(1997-2007)	2007년 개정 교육과정(2007-)
교육과정 내용 체계(단원 일람)	<정치·경제> 1. 정치·경제 현상의 인식 1)정치와 국민 생활 2)경제와 국민 생활 3)정치·경제 현상의 바른 인식 2. 민주주의와 정치 1)민주주의의 근본이념 2)민주 정치의 원리 3)민주 정치의 발전 4)민주 정치 생활 5)현대 정치의 과제 3. 국가와 정치 1)국가와 정치 생활 2)정치 체제와 정부 형태 3)정치 과정 4)한반도와 국제 환경 5)우리나라의 정치 발전과제 4. 우리나라의 민주정치 1)민주 정치의 발전 2)헌법의 기본 이념 3)국민의 권리와 의무 4)정부의 구조와 기능 5)정치 과정과 지방 자치 6)국제 관계 5. 가계·기업과 시장 1)사회생활과 경제 생활 2)합리적 소비 3)합리적 생산 4)시장과 경쟁 5)시장경제체제와 계획경제체제	<사회·문화> 1. 사회 현상과 사회 과학 1)사회 현상의 인식과 과학적 태도 2)사회 과학의 연구 방법 3)사회 과학과 가치 판단 4)사회 과학의 종류와 관점 2. 개인과 사회생활 1)인간과 사회 구조 2)사회화와 일탈 행동 3)사회 조직과 집단 4)사회 계층 5)사회 제도 3. 문화의 특성과 변동 1)인간과 문화 2)문화의 기능과 내용 3)문화의 보편성과 특수성 4)문화의 변동 5)한국 사회와 문화 4. 사회와 법 규범 1)사회생활과 규범 2)법의 이념과 사상 3)법의 종류와 특성 4)법의 준수와 사회 발전 5. 현대 사회와 복지 생활 1)현대 사회의 특징 2)사회 변동의 과정 3)사회 문제와 그 대책 4)복지 사회의 이념과 제도 5)한국 사회의 변동과 발전	<일반사회> 1. 민주주의 1) 민주주의의 근본이념 2) 민주주의의 발달 3) 민주주의와 자유주의 4) 민주정치의 구조와 기능 5) 우리나라의 민주 정치 6) 민주주의의 육성을 위한 우리의 할 일 2. 공산주의의 비판 1) 공산주의의 등장 2) 공산주의와 독재정치 3) 공산주의의 정치와 경제 4) 공산주의의 사회와 문화 5)공산주의의 세계 적화정책 6) 승공 이념의 확립 3. 개인과 국가 1) 인간의 사회성 2) 인간의 자율성 3) 국가의 개념 4) 인권의 존중 5) 시민 사상의 발달 6) 국민과 국가 4. 국민 경제생활 1) 근대 경제의 성립과 발달 2) 국민 경제의 순환 3) 생산과 국민 생활 4) 물가의 변동과 경제 발전 5) 국민 저축과 경제 발전 6) 국가 재정과 국민 소득 7) 경제 자립을 위한 정책과 구제 협조	<정치·경제> 1. 민주정치의 본질 1) 국가 생활과 정치 2) 국가 형태의 변천과 정치 3) 근대 국가의 정치 4) 민주 정치의 근본정신 5) 민주 정치의 여러 형태 6) 사회주의와 공산주의 정치 비판 2. 우리나라의 헌법 1) 헌법의 개념 2) 헌법의 역사 3) 헌법의 기본 정신 4) 헌법의 구조와 민주주의 5) 헌법의 운용과 국민 3. 우리나라의 민주정치 1) 여론과 정당 2) 선거제도와 그 운용 3) 지방 자치 4) 공무원의 직분 5) 민주정치와 국민 6) 우리의 현실과 민주정치 창달의 길 4. 경제의 구조 1) 생산과 기업 2) 가격 기구 3) 소득과 소비 4) 화폐 금융 및 재정 5) 무역과 국내 경제와의 관계 6) 경기의 변동 7) 자본주의 경제와 사회주의 경제	－국민공통기본교육과정－ [인간과 공간 영역] 1.국토와 지리 정보 2. 자연환경과 인간 생활 3.생활공간의 형성과 변화 4. 환경 문제와 지역 문제 5. 문화권과 지구촌 형성 [인간과 시간 영역] 1.문화권과 지구촌 형성 2.시민 사회의 발전과 민주 시민 <국사> 3.한국사의 바른 이해 4.선사시대의 문화와 국가의 형성 5.통치 구조와 정치 활동 6.경제 구조와 경제생활 7.사회 구조와 사회생활 8.민족 문화의 발달 [인간과 사회 영역] 1.시민 사회의 발전과 민주 시민 2.정치 생활과 국가 3.국민 경제와 합리적 선택 4.공동체 생활과 사회 발전 5.사회 변동과 미래 사회	－국민공통기본교육과정－ <역사 영역> 1. 우리 역사의 형성과 발전 2. 조선 사회의 변화와 서구열강의 침략적 접근 3. 동아시아의 변화와 조선의 근대 개혁 운동 4. 근대 국가 수립 운동과 일본 제국주의 침략 5. 일제의 식민지 지배와 민족 운동의 전개 6. 전체주의의 대두와 민족 운동의 발전 7. 냉전 체제와 대한민국 정부 수립 8. 대한민국의 발전과 국제정세의 변화 9. 세계화와 우리의 미래 <지리 영역> 1.국토와 지리 정보 2.자연환경과 인간 생활 3.문화 경관의 다양성 4.장소 인식과 공간 행동 5.지역 개발과 환경 보전 <일반사회 영역> 6.문화 7.정의 8.세계화 9.인권 10.삶의 질

구분	제5차 교육과정기(1987 - 92)	제6차 교육과정기(1992 - 97)	제7차교육과정기(1997 - 2007)	2007년 개정 교육과정(2007 -)
교육과정 내용 체계(단원 일람)	6. 국민 경제의 구조와 순환 1)경제 순환과 국민 소득 2)화폐와 금융 3)정부와 재정 4)경제 성장과 경기 변동 7. 국제 경제와 경제 발전 1)국제 무역과 무역 정책 2)국제 수지와 환율 3)국제 경제의 여러 문제 4)국제 경제 협력과 경제 발전 8.우리나라의 경제 1)우리나라 경제의 발전 과정 2)우리나라 경제의 현황 3)고용과 노사 관계 4)소득과 분배 5)우리나라 경제의 전망과 과제	5. 국토 건설 1) 국토 계획 2) 산림녹화 3) 치수 관개 4) 농지 개발과 산지 개혁 5) 국토 보존을 위한 정책 6.사회 문제 1) 사회 문제의 개념 2) 노동 문제 3) 실업 문제 4) 노동 운동과 노사협조 5) 농촌 문제 6) 사회 보장 7) 인구 문제 8) 국민운동 7.민족 문화의 향상 1) 문화와 인간관계 2) 민족과 문화 3) 민족 문화의 수호와 강조 4) 민족 문화의 진로 5) 문화재 애호와 보존 6) 국가의 문화 정책	5. 우리나라의 경제 1) 산업의 구조와 특색 2) 농업의 현실과 장래 3) 공업의 현실과 장래 4) 종합 경제계획과 그 달성의 길 5) 경제 성장과 사회 복지 6. 국제 관계와 국제 경제 1) 국제관계의 기본 형태 2) 국제관계와 전쟁 3) 국제연합과 세계 평화 4) 국제협력기구의 활동 5) 공산 진영의 대외정책 6) 중립 진영의 대외정책 7) 자유 진영의 대외정책 8) 우리나라의 진로와 국제관계	

'동아시아사' 과목의 내용은, 동아시아 역사의 시작, 인구 이동과 문화의 교류, 생산력의 발전과 지배층의 교체, 국제 질서의 변화와 독자적 전통의 형성, 국민 국가의 모색, 오늘날의 동아시아 등이다. '법과 사회' 과목의 내용은 법 생활의 기초, 국가적 생활과 법, 개인적 생활과 법, 사회적 생활과 법, 범죄와 형사 절차 등이다. '정치' 과목의 내용은 민주 정치의 발전, 국민의 권리와 의무, 국가의 조직과 통치, 정치 과정과 참여, 국제 사회와 정치 등이다. '경제' 과목의 내용은 경제생활과 경제 문제의 이해, 경제 주체의 역할과 의사 결정, 시장과 경제 활동, 시장 기능의 한계와 정부 개입, 국민 경제의 이해, 세계 시장과 한국 경제 등이다. '사회·문화' 과목의 내용은 사회·문화 현상의 탐구, 개인과 사회의 구조, 문화와 사회, 사회 계층과 불평등, 일상생활과 사회 제도, 현대 사회와 사회 변동 등이다.

4) 교수·학습 방법 및 평가

(1) 교수요목기(1946년 - 1954년)

해방 이후, 새로운 교수·학습 지도 방법에 관심을 갖게 된 것은 당시 문교부가 앞장을 서서 1946년 '신교육연구협회'를 창설하면서부터이다. 당시 새 교육에서는 문답식, 토론식 학습 등을 강조하였다. 당시 새 교육은 사회과에서부터 출발하였으나, 민주주의 교육에 대한 이해 부족으로 현장에서 활발하게 진행되지는 못하였다(주태원, 1989: 79).

1940년대와 1950년대를 거치는 동안 계속되어 온 새로운 학습 지도 방법에 대한 요구 및 연구는 이후에도 계속적으로 활발하게 진행되었다. 교수요목기와 제1차 교육과정기에는 지도 및 평가에 관련된 규정은 없었으며, 특히, 제2차 교육과정 개정의 취지에서 학습 지도는 지식 습득에만 그칠 것이 아니라, 실제로 활용할 수 있는 기술 습득과 인격 배양에 힘써야 할 것을 강조하고 있다.

그러나 사회과의 모든 과목은 고등학교 사회과의 학습 목표를 달성하기 위하여 마련된 과목이므로, 여러 다른 과목과 밀접한 관련이 있음을 고려하여 지도하고, 사회성 계발과 실천력 육성 및 지역 사회 건설에 관심을 가지도록 지도할 것을 진술하고 있다. 또, 중학교 교육과정의 경우에서처럼, 교과서에 편중되게 추상적인 설명에 그치지 말고, 보다 학습 경험을 충분히 마련하여 학생으로 하여금 다양한 학습 활동에 참여할 수 있도록 지도해야 한다고 규정하고 있다.

(2) 제1차 교육과정기(1954년 - 1963년)

1950년대에 들어와서도 새 교육에 입각한 분단 학습, 토의 학습, 놀이 학습 등 새로운 학습 지도법을 수업 현장에 적용하려는 노력은 계속되었다(주태원, 1989: 82 - 83). 1955년에 제정된 고등학교 및 사범학교 교과 과정에서 당시 지향하던 학생들의 경험과 생활 중심의 학습 지도 방법은 일반사회 분야에서, 정치적, 경제적, 사회적, 문화적 현실을 해명하여, 그 당면 문제를 분석·해결하고 이상 실현을 꾀하는 능력과 태도를 길러야 하는 만큼, 시사 문제에 대해서는 항상 관심을 가져야 함을 강조하고 있다(정세구, 1977: 75).

제1차 교육과정기에는 당시 문교부가 새로운 학습 지도 방법을 사회과에 적용하기 위한 노력을 기울였으나, 외국의 것을 따르는 정도였고, 이 방법들이 교육 현장에 뿌리내리지는 못하였다. 교수·학습 평가에 있어서는 블룸(B. S. Bloom) 등이 인간의 활동을 크게 지적 영역, 정의적 영역, 심동적 영역 등으로 나누었는데, 당시에 목표를 세분화하는 경향에 따라, 행동 발달 상황을 평가하게 되고, 나아가 상대 평가가 활성화되기 시작하였다(주태원, 1989: 83).

(3) 제2차 교육과정기(1963년 - 1973년)

당시 교육계를 풍미했던 새 교육과 새로운 학습 지도에 대한 연구는 1950 - 1960년대에 이어서 1970년대에도 이어져 왔다. 특히, 1940 - 1950년대에는 분단 학습, 1960년대에는 버즈(Buzz) 학습, 문제 해결 학습 등이 강조되었다(주태원, 1989: 86 - 87).

1970년대에는 사회과 탐구 수업을 교육 현장에 투입하려는 본격적인 접근이 시도되었다. 이 시기의 사회과에서 공통되는 지도상의 유의점은 "학생 스스로 문제를 인식하고 발견하여 바르게 판단하고 처리할 수 있는 능력을 기르도록 해야 한다."와 "추상적인 설명을 피하고 구체적인 사실에 입각하여 원리를 발견하고, 문제를 해결하도록 해야 한다."라고 규정을 함으로써, 역시 탐구식 학습 지도 방법을 강조하고 있다(정세구, 1977: 76).

특히, 정치, 경제, 사회, 문화와 관련해서는 중학교에서 학습한 내용을 심화, 발전시키되, 우리나라의 당면 문제나 생활 주변의 문제와 관련지어 지도하고, 사회과의 다른 과목과 긴밀한 연관을 지어 지도할 것이며, 단순한 지식 전달에 그치지 말고 사회 개선과 발전에 기여할 수 있는 능력이 길러지도록 지도해야 한다고 규정하였다. 또, 공민 영역의 학습 활동에 있어서는 현실적인 사례와 시사적인 변화에 관심을 갖고, 다양한 자료를 활용하여 학생들의 학습 효과를 거양하도록 하였다.

세계사의 지도상의 유의점에서는 국사과와 사회과의 관련성에 유의할 것과 다양한 시청각 자료와 여러 가지 학습 자료의 활용을 권장하고 있다.

특히, 1950년대 이전까지 임의 평가가 유행하다가, 1970년대에 들어서서 심리 측정 이론에 입각한 상대 평가가 사회과에 도입되었다.

(4) 제3차 교육과정기(1973년 - 1981년)

제3차 교육과정기에는 1970년대의 추세와 같이 탐구 활동 및 탐구 학습에 관심을 가지고 사고력 신장을 위한 각 학문 영역에서의 학습 지도 방법의 개발이 진행되었으나, 특히 가치·태도의 지도 방법에 중점을 두었다. 학회와 연구 기관에서 탐구 학습 지도 방법 전개, 수업 현장 투입 등이 강조되었다. 특히, 이 같은 새로운 학습 지도 방법의 연구, 개발을 위한 기본 방향을 설정한 것이 특징적이다(조도근, 1983: 57).

교육에서 내용과 방법은 다 같이 중요한 것인데, 이들 간의 긴밀한 상호 관계를 무시하고 어느 한 쪽에만 교조적으로 집착한다면, 방법의 오류나 내용의 오류 중 어느 하나를 자초하게 된다. 그러므로 교육과정에서는 내용과 방법·과정이 유기적으로 연계되는 것이 바람직할 것이다.

제3차 교육과정은 내용과 방법의 합체로서의 교육과정을 강조하여 학습력의 개발에 많은 노력을 기울일 것을 강조하고 있는데, 제3차 교육과정의 '지도 및 평가상의 유의점'에는 그러한 취지가 잘 나타나 있다. 이와 같은 고등학교의 제3차 사회과 교육과정의 '지도 및 평가상의 유의점'을 요약하면 다음과 같다.

먼저, 통합적인 관점에서의 지도, 합리적인 사고 능력의 신장, 국민정신 교육의 충실한 지도, 다양한 자료의 수집, 분석, 종합, 평가 능력, 정보의 선별, 수용, 정리 능력 등을 기르도록 하고, 지역 특성에 알맞은 지도와 다른 교과와 유기적으로 관련시켜서 지도할 것을 규정하고 있다.

한편, 평가에 대해서는 단순한 사실의 암기보다는 일반화된 개념, 원리의 이해, 사회문제의 해결 능력, 가치의 내면화와 신념의 형성 정도를 평가하도록 제시하고 있다. 또, 지필 평가, 관찰법 이외에도 다양한 평가 방법을 사용하도록 하고, 지필 평가도 고차적 사고 능력, 신념과 태도 등을 평가하는 것을 강조하고 있다(문교부, 1982: 40).

(5) 제4차 교육과정기(1981년-1987년)

1980년대 역시, 1970년대와 마찬가지로, 탐구 학습에 관심을 가지고 사고력 신장을 위한 각 학문 영역에서의 학습 지도 방법의 개발이 진행되었으나, 특히 가치·태도의 지도 방법에도 중점을 두었다.

사회가 발전하고 복잡해질수록 해결해야 할 문제점도 더욱 복잡하고 다양해진다. 이에 사회과는 이러한 문제를 해결하여 미래에 대한 전망과 선택을 위한 결단을 할 수 있는 지적 능력과 사고력의 신장에 많은 관심과 노력을 기울여야 할 것이다. 따라서 정치·경제 내용을 지도함에 있어서 사실적인 지식의 나열이나 암기에 치중하지 말고, 기본 개념과 원리에 대한 이해를 통하여 문제를 해결할 수 있는 능력을 갖도록 도와주어야 한다.

또, '정치·경제' 교과는 시사성이 강한 교과인 만큼, 국내외 정세에 관한 시사 자료와 현대 사회의 다양한 여건과 실정을 적절히 활용하여 지도함은 물론, 정치, 경제, 사회, 문화 현상 등을 보다 넓은 시야에서 이해할 수 있도록 종합적인 관점에서 파악할 수 있도록 한다. 그리고 교육자치제에 즈음하여 각 지역 특성에 맞게 학교 실정을 고려하여 교육과정을 신축성 있게 운영해야 할 것이다.

평가상의 유의점은, 교육 평가의 형태 및 방법을 다양하게 활용하여야 한다. 종래의 평가는 총괄 평가가 주류를 이루었으나, 최근에는 진단 평가, 수행 평가 등이 함께 중시되고 있다.

특히, 단순한 사실의 암기보다 일반화된 개념이나 원리의 이해, 사회 문제의 해결 능력, 가치의 내면화와 신념의 형성 정도를 평가하도록 제시하고 있다. 또, 지필 평가, 관찰·면접 외에도 다양한 평가를 하도록 하고, 지필 평가도 고급 사고력, 신념과 가치·태도 등을 평가하도록 강조하고 있다.

평가의 방법으로는 지필 평가뿐만 아니라, 일화 기록, 관찰, 자기 보고법, 표준화 검사, 면담, 질의 응답, 토의, 학생 상호 평가 등 여러 가지 방법이 다양하게 활용될 때만이 다양한 교육 목표 이수 정도를 평가할 수 있다. 특히, 정의적 목표를 사회과 교육에서는 매우 중요한 목표로 보고 있는 만큼, 학생들의 관심, 흥미, 태도, 신념, 가치관 등의 목표를 평가하기 위해서는 그에 적절한 장면을 고안하고, 평가 방법도 달리 사용하는 것이 바람직하다고 보았다.

(6) 제5차 교육과정기(1987년 - 1992년)

교육과정에서 교과 지도는 교과 교육 목표를 달성하는 활동이다. 그것은 교사에 의해서 조직되고 운영되지만, 학생들에게는 이해를 기반으로 한 인식과 관념의 변화가 일어나도록 하고, 결국에는 실천적 행동으로 이어져야 한다. 이렇게 되기 위해서는, 먼저 학생들의 흥미와 관심이 유발되어야 한다. 그리고 직접 구체적인 문제에 부딪쳐 보는 경험이 있어야 한다. 또, 이 경험들을 일정한 틀에 따라 객관화하여 보고, 돌이켜 재조명해 볼 수 있는 기회가 부여되어야 한다.

제5차 교육과정 사회과의 지도 및 평가상의 유의점을 정리해 보면, 단편적인 사실이나 지식보다 개념과 원리의 파악에 중점을 둔 지도, 종합적 관점에서 사회 현상을 파악한 점, 다양한 시사 자료 및 정보 자료의 활용, 각 지역의 특성인 학교의 실정을 고려하여 교육과정을 운영, 역사 · 지리 · 국민윤리 등 관련 내용의 유기적 연관 지도 등을 강조하고 있다(주태원, 1989: 97 - 98).

아울러, 제5차 교육과정에서의 사회과의 지도는 다음과 같은 점에 유의하여야 함을 강조하고 있다.

첫째, 학생 스스로 문제를 발견하여 바르게 판단하고 해결할 수 있는 능력을 갖도록 지도하는 일이다.

둘째, 국내외 정세에 관한 시사 자료와 현대 사회의 다양한 정보를 적절히 활용하여 지도하여야 한다는 것이다.

한편, 평가에 있어서는 사회과 교사는 항상 "단순한 사실이나 단편적 지식의 암기보다는 일반화된 개념과 원리의 이해, 사회 문제의 해결 능력, 가치의 내면화와 신념의 형성 정도를 종합적으로 평가"하도록 유의하여야 한다는 점이다. 이와 같은 평가가 이루어지기 위해서는, 일시적인 평가가 아닌 지속적인 평가가 이루어져야 한다. 교과 활동 중 또는 일상적인 생활 과정에서 평가하지 않고는 기능과 태도 목표 도달 정도는 거의 확인할 수 없기 때문이다. 물론, 평가 문항도 평가 원리에 따라 다양하게 제작되어야 한다. 아울러, 구술 평가, 관찰 평가 등과 같은 평가 방법도 개발되어야 한다.

평가상의 유의점은, 지필 평가, 관찰법 외에도 다양한 평가 기법을 구사하도록 하고, 특히 주관적 논술형 방법을 사용하여 고차적인 사고 능력, 신념 및 태도 등을 평가하도록 강조하고 있다.

(7) 제6차 교육과정기(1992년 - 1997년)

제6차 교육과정의 공통 사회(일반사회) 과목은 사례와 논쟁거리를 중심으로 구성되어 있으므로, 단순한 강의식 수업보다는 탐구 수업, 문제 해결 수업, 역할 놀이, 시뮬레이션 등을 통한 수업, 가치 탐구 수업 등을 강조하였다(교육부, 1992 b: 99 - 100).

이러한 점에서 교사는 학생들이 여러 가지 사회 문제들을 통합적 시각에서 자신의 주체적 삶과 관련지어 생각하도록 다양한 학습 목표를 제시하여야 하고, 그에 따라 학습 내용에 적절한 토론, 발표, 보고, 야외 조사, 관찰, 사례 연구, 견학, 면접, 극화 활동, 사료 학습 등을 활용하여야 한다.

이 경우 자원의 문제, 도시 문제, 산업화와 환경 문제, 통일 문제, 경제 윤리, 근로 문제, 미래와 관련된 내용 등은 관련 단원에서 비중 있게 지도하는 데 유의하여야 한다.

공통 사회의 통합 교과적 학습 목표를 달성하기 위해서는 교수·학습 자료의 개발과 활용이 매우 중요하다. 사회과 교사는 교수·학습의 효율성을 높이기 위하여 지도, 도표, 지구의, 영화, 슬라이드, 통계 자료, 연감, 신문, 사진, 기록물, 유물, 여행기, 탐험기 등 다양한 교수·학습 자료의 개발을 위해 컴퓨터 활용 능력을 높이는 일이 사회과 교사에게 상당히 중요한 자질과 능력이 되고 있다.

학생들은 자기에게 주어진 환경과 뇌의 작용에 따라 각기 다른 방법으로 자기에게 주어진 정보와 경험을 인지하게 된다. 그리고 개인이나 집단에 따라 여러 종류의 가치 있는 학습 유형을 갖게 된다. 개개인으로서의 학생들은 그들 자신에게 맞는 학습 유형이 적용될 때에 보다 성공적인 학습 과정을 마치게 된다. 아울러, 교사는 이러한 학습 유형의 차이에 대한 고려와 함께, 학생들이 발달적 측면에서 어느 정도의 수준에 있는가 하는 문제에도 유의해야 한다. 수준의 정확한 파악이 학습 지도의 방법, 유형의 결정에 큰 영향을 미치기 때문이다.

한편, 제6차 사회과 교육과정의 평가상의 유의점은 교육과정상의 평가 목표를 기준으로 하여 지식, 기능, 정의적 영역의 세 영역에 따라 상세화된 평가 요소들을 설정하여 평가하도록 하고 있다.

사회과의 평가는 사회과의 근본적인 목표인 민주 시민 양성의 추구에 있으며, 이를 위한 세부 목표로서 사회 과학적 지식의 구조, 문제 해결력, 탐구 기능, 의사 결정 능력 등이 강조되고 있다(교육부, 1992 b: 105–110).

지식 영역의 평가에서는 사실적 지식의 습득 여부와 함께 사회 현상과 지리적 현상에 대한 기본 개념과 원리의 이해 정도를 평가하도록 한다. 그리고 기능 영역의 평가에서는 정보의 수집, 활용 기능과 탐구 기능 및 민주적 생활에 필요한 의사 결정 기능, 집단 참여 기능의 숙달 정도를 평가하는 데 역점을 둔다. 그리고 정의적 영역의 평가에서는 개인적 요구와 국가·사회적 요구에 비추어 합리적인 가치와 바람직한 내면화 정도를 평가하도록 한다.

공통 사회 과목의 평가는 일반사회 영역과 지리 영역의 평가를 균형 있게 평가하는 것이 중요하다. 따라서 공통 사회의 평가에서는 다음의 요소들이 포함되도록 하여야 한다.

첫째, 현대 사회의 정치, 법, 사회·문화의 구조 기능이 균형 있게 평가되어야 한다.

둘째, 지리적 현상에 대한 기본 개념과 원리 및 역사적 발전 과정이 적절하게 평가되어야 한다.

셋째, 지도, 사료(史料), 그래프, 통계표 등 각종 자료를 수집, 비교, 분석, 종합할 수 있는 능력이 균형 있게 평가되어야 한다.

넷째, 여러 가지 사회 문제를 해결하는 과정에 대한 이해와 문제를 해결할 수 있는 능력을 균형 있게 평가하여야 한다.

다섯째, 지리적 현상을 지도화, 도표화하고 분석, 해결할 수 있는 능력을 균형 있게 평가하여야 한다.

한편, 공통 사회의 성격과 통합 교과적 목표를 충분히 감안하여, 평가의 방법에 있어서는 지필 평가에만 의존하지 말고 면접, 조사, 토론, 발표, 관찰 등 다양한 평가 방법을 활용하여 평가하도록 하며, 이를 위해 자기 평가, 토론 활동, 활동 보고 등 다양한 방안을 권장한다.

또한, 지필 평가의 경우에도 객관적 평가와 더불어 서술형 주관식 평가 방법을 적극 활용하여 고차원적인 사고 능력, 신념 및 태도 등을 평가하도록 하되, 객관식 평가 문항을 이용하는 경우에는 기본 지식의 이해와 함께 정보 수집과 조직 및 활용 능력을 평가하도록 하고 있다. 그리고 서술형 주관식 평가 문항을 이용하는 경우에는 학습된 지식을 적용하는 문제 해결 능력이나 의사 결정 능력의 정도와 가치·태도의 형성 정도를 평가하도록 해야 한다.

(8) 제7차 교육과정기(1997년－2007년)

① 교수·학습 방법

제7차 교육과정에서는 과거 교육과정에서의 '지도 및 평가상의 유의점'이 '교수·학습 방법'과 '평가'로 이원화(二元化)되었다. 제7차 사회과 교육과정에서의 사회과 교수·학습은 통합적 지도가 바람직하다. 현대는 세계화·정보화·다양화·전문화 등이 특성인데, 이러한 사회적 특성에 능동적으로 적응할 수 있도록 사례를 중심으로 한 토의 학습 등으로 창의력을 신장시켜야 한다.

제7차 고등학교 사회과 교육과정의 교수·학습 방법을 종합하면 다음과 같다(교육부, 1997 d: 48－66).

첫째, 교재의 재구성과 주제 및 문제 중심 접근을 강조하였다. 사회과에서 주제, 문제 해결을 위한 교수·학습 활동은 수업에 앞서 너무 구체적으로 계획되기보다는 복잡하게 전개되는 교실 상호작용이 고려되어야 한다. 수업에 임하는 대략적인 틀로써, 문제 제기, 가치문제 확인, 정의와 개념의 명확화, 사실 확인과 경험적 증명, 가치 갈등의 해결, 비교 분석, 대안 모색과 결과의 예측 그리고 선택 및 결론 등 교수 단계가 고려되어야 한다. 수업 계획이 정형화되고 지나치게 세분화될 때, 주제나 문제는 피상적, 단편적, 기계적으로 다루어질 우려가 있다. 깊이 있고 통합적인 교수 학습 활동을 위해서 수업 상황에서의 즉각적이고도 적절한 반응이 수반되어야 한다.

주어진 주제, 문제, 학습자, 상황에서도 똑같이 좋은 효과를 보여 주는 단일한 교수 방법은 존재하지 않는다. 따라서 교사의 강의에 의존하는 수업을 지양하고, 주제나 문제에 적합하며, 학습자들의 흥미와 관심이 고려된 다양한 교수·학습 활동을 전개하여야 한다.

둘째, 통합적 접근 방법으로써, 내용 영역 간 통합, 내용과 경험 간 통합, 내용과 방법 간 통합 등을 강조하였다. 사회과는 종합적, 통합적 교과이다. 따라서 사회과 교육은 사회 현상을 종합적으로 이해시키는 것이 중요하다. 사회과의 통합적 학습은 학문 또는 생활 영역 간의 통합은 물론 지식, 기능, 가치·태도가 상호 유기적 관계를 맺도록 함으로써 지식과 행동의 통합이 이루어지도록 해야 한다. 통합의 방법은 활동 중심, 탐구 중심, 주제 중심, 기능 중심 등 다양한 형태로 이루어지도록 해야 한다.

사회과 통합은 학교 현장의 수업을 통해서 이루어져야 한다. 사회과 통합의 이유는 사회과 교육이 궁극적으로 성숙한 민주 시민 교육을 목적으로 하며, 제1차적으로는 사회 인식을 목표로 한다. 따라서 사회과 교육과정의 운영에 있어서도 어느 한 영역에 치우쳐서는 안 되며, 영역이 분명히 드러난 단원, 주제 등을 지도할 때에는 지리, 역사, 정치, 경제, 사회, 문화 등 여러 영역 생활과의 관련성을 고려하여야 한다. 그리고 사회과는 학습자의 활동, 경험의 의미와 가치 등을 부여할 수 있어야 한다. 그러므로 교사는 사실적인 내용을 과감하게 정선, 선택하고 이를 학생들의 이해 수준에 맞게 구조화해야 한다.

아울러, 사회과 지도에서는 내용과 방법이 유리되지 않도록 해야 한다. 내용과 방법이 유리되면, 경험의 구체적 사례가 도외시되고 학습 행위 자체가 직접적, 의식적 목적이 될 뿐만 아니라, 방법을 획일적이고 고정된 철학, 즉 기계적으로 처방된 단계에 따르는 것으로 전락하기 때문이다. 따라서 사회과 교수·학습에서 목적, 내용, 교수·학습 방법, 평가 등 일련의 체계가 상호 분리될 수 없고, 일정한 목적에 따라 내용을 분석, 인식하는 방법의 실험·선택이야말로 학습 주제의 발달을 의미하는 것으로 볼 수 있다.

셋째, 고차원적 사고력과 탐구 기능을 신장하도록 하였다. 사회과 학습에서 고급 사고력을 신장시키기 위한 학습으로는, 개념의 특성을 논리적으로 규명하는 학습, 반성적 사고에 의하여 원리를 발견하는 학습, 발견된 원리를 적용하여 사실을 증명하는 학습, 반성적 사고에 의하여 원리를 발견하는 학습, 발견된 원리를 적용하여 사실을 증명하는 학습, 당면한 문제를 창의적으로 학습하는 학습, 가치 명료화 학습, 의사 결정 학습 등을 들 수 있다.

사회 현상을 바르게 이해하고 문제를 해결하는 학습 과정에서는 문제 해결의 각 단계에서 구체적 사고 활동을 고려하여야 한다. 단위 수업 속에서 순간순간 이루어지는 활동들로써, 요약, 분류, 비교, 대조, 번역, 해석, 가설, 예측, 추론, 적용, 분석, 종합, 평가, 상상, 대안 제시, 선택, 결정 등 사고 활동이 이루어지도록 하여야 한다.

넷째, 학습자 중심 수업을 강조하였다. 제7차 사회과 교육과정에서 강조하는 학습자 중심 교육의 원리는 사회과 교육의 전 과정에서 적용되어야 한다. 학습자 중심 교육의 경향은 기존의 여러 교육 사조에서 중시하였던 학습자 중심의 교육 원리와 현대 교육에서 시도되고 있는 구성주의 원리를 사회과 교육에 현실적으로 적용하는 것이다.

다섯째, 수준별 교육과정 정신을 반영하였다. 사회과 교육에서는 개별화 학습과 협동 학습이 중요한 기법이다. 사회과 수준별 학습은 전체 학생들을 대상으로 한 기본 과정과 개별 학생의 이해 수준의 정도에 따른 심화·보충 과정으로 나누어 운영하여야 한다. 원칙적으로 단원, 주제에 할당된 시간의 약 80%를 기본 과정에, 약 20%를 보충 과정 및 심화 과정에 할애하여야 한다. 보충 및 심화 과정은 교사의 자율적인 판단에 따라 적절한 시기에 편성, 운영하며, 기본 과정에서 다루었던 과제의 난이도, 복잡도, 추상도 등에 변화를 주어 개인별 혹은 학급 내 능력별 집단 편성을 통해서 실시한다. 심화 과정의 학생에게는 고차원적 사고의 기회를 강화하고 넓힐 수 있도록 하고, 보충 과정의 학생에게는 기본 과정의 학습 결손을 보충할 기회를 제공하여야 한다.

여섯째, 개별화 학습과 협동 학습의 조화를 강조하였다. 즉 개별화 학습을 강조하면서도 협동 학습을 도모해야만 한다. 교사는 다양한 학습 모형을 구안하고 적용하여 학습자의 수준에 적합한 학습 자료를 개발하여 학습자들의 학습 원리와 규칙을 이해시켜야 한다. 교수·학습 과정에서는 협동 학습에 필요한 언어적 표현 기능, 집단 구성원의 책무성, 참여 의식, 타인에 대한 존중, 협동심 함양 등을 고려하여야 한다.

일곱째, 다양한 교수·학습 기법과 자료의 활용을 강조하였다. 사회과 학습에서는 다양한 지식을 바탕으로 문제 해결 방안과 연구 결과를 검토하여야 한다. 사례 학습, 통계 조사 학습, 야외 관찰 및 현장 학습, 지도 이용 학습, 문헌 조사 학습, 인물 학습, 사료 학습, 상황 분석 학습, 미래 예측 학습 등은 사회 과학 연구 방법에 기초한 학습 방법들이다. 이 중에서 야외 학습이나 지도 이용 학습은 지리적 성격이 강한 학습에 적합하며, 인물 및 사료 학습은 역사적인 학습에 더 적합하다. 가치 학습에는 자아 발달 모형, 융합적 교육 모형, 가치 수용 모형 등을 적용할 수 있다. 그리고 대안 선택 결정 학습에는 의사 결정 학습 모형을 적용할 수 있으며, 강의 학습, 조사 학습, 문답법, 토의법, 역할 놀이(role play), 시뮬레이션 학습(simulation learning) 등은 여러 분야의 내용에 고르게 활용할 수 있다.

여덟째, 세계화·정보화·전문화·다양화·지역화 등에 대응하는 사회과 학습 지도를 강조하였다. 현대 사회는 세계화·정보화·지방화·다양화·전문화 등이 화두이다. 현대 사회는 원심적 방향의 변화로서의 세계화와 구심적 방향의 변화로서의 지방화를 지향하고 있다. 따라서 학습자들이 지방화의 주역으로서 지역을 바르게 인식함과 더불어, 세계 시민으로서 세계, 인류 공영에 적극적으로 관심을 갖고 참여하도록 지도하여야 한다. 교수·학습 과정에서의 참여 의식, 공동체 세계 시민, 세계 시민으로서의 권리와 의무를 인식하고 문제 해결 및 의사 결정 과정을 경험하도록 해야 한다.

아울러, 정보 사회에 능동적으로 대처하기 위하여 정보 처리 능력과 고급 사고력을 함양하도록 지도해야 한다. 정보 매체의 발달과 통신 능력의 극대화에 따른 정보의 폭증은 다양하고도 폭넓은 학습과 자아 실험의 기회를 제공할 수 있으나, 다른 한편으로는 사고와 판단의 혼란을 초래할 수 있으며, 정보 획득의 질적·양적 차이에 따라 학습 차를 확대시킬 수도 있다. 정보와 지식의 수준 및 활용 능력과 신속하고도 정확한 정보에 기초한 문제 해결력, 의사 결정력, 개념화 능력을 함양하여야 한다. 정보화 사회에 적극 대응하기 위해서 요구되는 정보 처리 기능과 창의적 사고력의 신장을 위하여 신문 활용 교육(NIE), 컴퓨터 보조 학습 프로그램(CAI), 인터넷 활용 교육(IIE) 등을 적극 적용하여야 한다.

아홉째, 국가·사회적 요구인 세계 시민 교육, 환경 교육, 성 교육, 통일 교육, 경제 교육, 근로 교육, 민족 문화 정체성 교육, 다문화 이해 교육, 대중 매체 교육 등이 깊이 있고 폭넓게 다루어져야 한다.

② 평가

제7차 고등학교 사회과 교육과정의 평가에서는 교육의 한 과정(過程)으로서의 평가, 개인별 성취 수준과 평가 기준에 의한 평가, 수준별 교육과정에 따른 평가, 다양한 평가 방법의 활용, 종합적이고 균형 있는 평가 등을 강조하고 있다.

첫째, 사회과의 평가는 목표, 내용, 방법과의 일관성을 유지해야 한다. 즉 성취 기준으로서의 목표와 이를 바탕으로 한 내용을 학습한 과정과 결과를 평가해야 하므로 목표, 내용, 방법, 평가가 동일선상에서 이루어져야 한다. 일반적으로 평가는 도착점이나 시발점이 아니며, 일련의 교육에서 순환적 과정이다. 그러므로 평가는 다음 교육 목표 설정과 교수·학습의 밑거름이 되어야 하며, 목표, 내용, 방법상의 일련의 일관성을 유지하여야 한다.

둘째, 사회과는 성취 수준과 평가 기준에 따라 평가되어야 한다. 성취 수준은 교육과정의 목표 또는 내용으로 제시된 내용 기준과 수업의 결과로 나타나는 행동의 변화를 나타내는 행동 기준으로 제시된다. 평가 기준은 성취 수준을 좀 더 구체화하여 평가에 도입할 요소와 범위, 심화 정도를 명시한 것을 의미한다.

셋째, 수준별 교육과정에 따른 평가를 수행하여야 한다. 즉 학생 개개인의 성취 수준이 상이하다는 점을 전제하고 평가가 이루어져야 한다. 이에 따라 기본 과정, 심화 과정, 보충 과정을 학습한 학생에 대해서는 각각 그에 상응한 수준의 평가가 이루어져야 하겠고, 결과의 처리 또한 학생의 수준에 따라 이루어져야 할 것이다.

넷째, 다양한 평가 방법을 활용하여야 할 것이다. 사회과의 평가는 지식, 기능, 가치·태도 등을 종합적으로 평가하고, 학습의 총체적 과정과 개인 수준에 맞는 평가를 지향하므로, 평가의 주안점에 따라 다양한 평가 방법을 고려하여야 한다. 전통적으로 지식을 평가하는 데 주로 사용한 지필 평가에서 더 나아가 기능 및 가치·태도를 평가하고, 학습 과정을 평가하기 위해서 관찰 평가, 작품 분석법, 면접법, 상호 평가, 자기 평가 등 질적 평가 방법도 활용해야 한다.

다섯째, 지식, 기능, 가치·태도 영역 등에 대한 종합적·균형적 평가가 이루어져야 한다. 사회과에서는 단순한 지식의 암기를 요구하는 종래의 평가관에서 벗어나 지식은 물론, 기능 및 가치·태도 등을 종합적이고도 균형적으로 평가하여야 한다. 사회과에서는 지식 영역의 평가에 치중하는 경향이 높은데, 이를 지양하고 지식, 기능, 가치·태도 등 세 영역을 고루 평가해야 한다.

여섯째, 수행 중심 평가가 이루어져야 한다. 사회과는 과정을 중시하는 평가가 이루어져야 한다. 사회과 평가는 교육의 한 과정임을 고려하여 학습 과정과 성취 수준을 이해하고 발달을 돕는 차원에서 실시되어야 한다. 아울러, 탐구지향적 수업 또는 사고력 신장을 위한 수업의 과정과 그 결과에 대한 평가가 실효를 거두기 위해서는 수행 평가와 질적 평가가 활성화되어야 한다. 수행 평가는 기본적으로 평가 방법에 관련된 것으로, 그 이론은 지필 평가가 실제의 능력을 제대로 평가하기에는 한계가 있다는 점에서 출발한다. 사회과의 수행 평가는 관찰, 면접, 체크리스트(checklist), 포트폴리오(portfolio) 등이 주류를 이룬다.

일곱째, 사회과 평가 결과를 효율적으로 활용하여야 한다. 사회과 평가는 사회과 학습의 종료가 아니라 한 과정이기 때문에 그 결과는 반드시 목표와 수업에 환류(feedback)되어야 한다. 그러므로 평가 결과는 교사에게는 수업의 부족한 부분, 학생에게는 보충할 내용 등을 파악할 수 있는 유용한 자료가 된다. 그러므로 평가 결과는 각 개인의 인지 수준과 기능의 발달, 가치·태도 함양을 위한 기반이 되어야 한다.

(9) '2007년 개정 교육과정'기(2007년 이후)

① 교수·학습의 방법

2007년 개정 교육과정에서 고등학교 사회과의 교수·학습 방법은 초·중학교와 유사하다. 국민공통기본교육과정의 사회과에 교수·학습의 원칙 5개 항과 교수·학습의 방법 9개 항 등 총 14개 항으로 정선, 제시되었다. 이는 제7차 교육과정에서 교수·학습 방법 22개 항에서 8개 항이 감축된 것이다. 아울러, 선택 과목인 역사 과목, 한국 지리 과목, 세계 지리 과목, 경제 지리 과목, 한국 문화사 과목, 세계 역사의 이해 과목, 동아시아사 과목, 법과 사회 과목, 정치 과목, 경제 과목, 사회·문화 과목 등 과목별로 교수·학습 방법과 평가 방법에 대한 규정을 별도로 두고 있다. 국민공통기본교육과정 사회과에 새로 제시된 교수·학습 원칙은 총 5개 항으로, 그 개요는 다음과 같다.

첫째, 사회 현상에 대한 관심을 갖고, 인간 생활과 사회 현상의 원리를 발견하여, 실생활에 적용하는 학습을 전개한다.

둘째, 핵심 지식의 이해, 탐구 기능 습득, 고차원적 사고력 신장, 문제 해결력, 실천 능력 신장을 위한 다양한 교수 학습을 활용한다.

셋째, 귀납적 인식, 반성적 사고, 메타 인지 등과 같은 학습 과정으로 학습자의 지식을 구성하고, 자기 주도적 학습을 전개한다.

넷째, 학습자의 여건, 교육 환경을 고려하여 교수·학습 방법을 선택하고, 개선해 나아간다.

다섯째, 학습자의 요구, 수준, 능력, 적성 등을 고려한 학습을 전개한다.

한편, 교수·학습의 방법은 총 9개 항을 제시하여 학생들의 탐구력, 창의력, 문제 해결력, 의사 결정력, 메타 인지 등 고급 사고력 신장을 지향하고 있는데, 이를 고등학교 수준에서 요약하면 다음과 같다(교육인적자원부, 2007: 29－30).

첫째, 통합적인 교수·학습과 주제 중심, 문제 중심 단원으로 구성하여 수업을 전개한다.

둘째, 학생들의 사고력을 신장시킬 수 있는 발문과 소집단 활동을 통한 민주 시민 자질을 함양한다.

셋째, 토의, 논술, 면담, 견학, 체험 학습 등 다양한 활동 학습과 신문 활용 교육(NIE), 컴퓨터 보조 학습(CAI), 인터넷 활용 교육(IIE) 등 정보 활용 교육을 병행한다.

넷째, 각종 사회 문제에 대한 시사 자료와 지역 사회 자료를 두루 활용하고, 각종 실증 자료와 구체적 사례를 활용한 지도를 실행한다.

다섯째, 교수·학습의 효율성을 고양하기 위해 지도, 도표, 영화, 슬라이드, 통계, 연표, 신문, 방송, 사진, 기록물, 여행기, 탐험기 등 다양한 교수·학습 자료를 활용한다.

한편 과목별 교수·학습 방법의 요점을 종합하면 다음과 같다.

첫째, 역사 과목의 교수·학습에서는 국사와 세계사의 상호 관련성을 이해시키고, 시간과 공간의 연계 교육을 고려한다.

둘째, 한국 지리 과목의 교수·학습에서는 지리적 사실을 구체적으로 전개하고, 지도, 통계 등 정보 이용 학습을 적용한다.

셋째, 세계 지리 과목의 교수·학습에서는 개발 및 환경 등에 관한 가치 갈등, 가치 명료화 학습 등을 도입하여 토론식으로 진행하는 것이 좋다.

넷째, 경제 지리 과목의 교수·학습에서는 구체적인 사례를 중심으로 개념과 원리를 이해하도록 지도한다.

다섯째, 한국 문화사 과목의 교수·학습에서는 각 시대의 역사 발전의 기초가 된 정치, 경제, 사회적 요소를 인식, 우리 문화의 동력을 이해하고, 참여하려는 자세를 갖게 지도한다.

여섯째, 세계 역사의 이해 과목의 교수·학습에서는 문화권의 특성과 시대의 성격을 종합적으로 이해하게 한다.

일곱째, 동아시아사 과목의 교수·학습에서는 각국의 역사와 동아시아의 독특한 역사성을 중심으로 지도한다.

여덟째, 법과 사회 과목 교수·학습에서는 민주 시민의 법 원리를 알고 실천하려는 태도를 함양하도록 지도한다.

아홉째, 정치 과목 교수·학습에서는 토론 학습, NIE 학습, 현장 견학, 초청 강연 등을 병행하여 지도한다.

열째, 경제 과목 교수·학습에서는 경제 현상과 경제 원리를 일반 원리를 습득하도록 지도한다.

열한째, 사회·문화 과목 교수·학습에서는 사회·문화에 대한 흥미를 증진하고, 간학문적 지도를 중시한다.

② 교수·학습 평가

2007년 개정 교육과정에서는 사회과 평가를 평가 방향, 평가 내용, 평가 방법, 평가 결과 활용 등으로 나누어 기술하였다. 물론, 국민공통기본교육과정의 제10학년제를 채택하고 있기 때문에 교육과정상 사회과 평가에 대한 초·중·고교의 구별은 없으므로, 학교와 학생의 수준에 적합하게 준거에 의한 평가를 실시하는 것이 중요하다. 고등학교 수준에서의 사회과 평가 일반에 대하여 송합하면 다음과 같다.

가) 평가 방향

고등학교 수준에서 사회과 평가는 다음과 같은 방향으로 진행되어야 할 것이다.

첫째, 사회과 교육과정과 교수·학습 방법에 부합되는 다양한 평가 방법을 활용하고, 목표, 내용, 지도 방법, 평가의 일관성을 유지한다.

둘째, 사회과 목표 준거에 따라 평가를 시행하고, 학생 개개인의 학습 과정과 성취 수준에 부합되는 평가를 실시한다.

셋째, 지식 영역, 기능 영역, 가치·태도 영역의 균형적 평가를 실시한다.

넷째, 지식 영역에서는 필수 기본 개념, 원리, 일반화의 측정 등을, 기능 영역에서는 정보 탐구 기능, 의사 결정 기능, 집단 참여 기능 등을, 가치·태도 영역에서는 가치 내면화, 가치 분석 평가 등에 중점을 두어 평가한다.

나) 평가 내용

고등학교 수준에서의 사회과 교육 평가는 다음과 같은 내용을 두루 포함하여야 한다.

첫째, 지리, 역사, 제 사회 과학의 기본 개념 및 원리 일반화에 대한 이해 정도를 고려하여야 한다.

둘째, 사회 현상에 대한 통합적 이해와 각종 정보 자료를 획득, 조직, 활용하는 능력을 포함하여야 한다.

셋째, 사회 환경에 대한 다양한 관점의 이해와 수용, 사회적 기본 가치에 대한 이해와 존중 등을 고려하여야 한다.

넷째, 지역, 사회, 국가가 당면한 의사 결정 능력 및 학습자의 관심과 흥미 등을 포함하여야 한다.

다) 평가 방법

고등학교에서는 사회과 평가가 다양성을 기본으로 하여, 다음과 같은 방법을 적용되어야 바람직하다.

첫째, 지필 평가, 면접, 체크리스트, 토론, 논술, 포트폴리오(portfolio) 등 다양한 평가를 실행한다.

둘째, 선택형 평가는 기본 개념 원리의 이해와 지식 및 정보의 획득 과정 활용 능력 평가를 고려한다.

셋째, 사고력 신장을 위한 양적 평가, 질적 평가를 병용한다.

라) 평가 결과의 활용

고등학교 사회과 평가의 결과는 다음과 같이 활용하는 것이 바람직할 것이다.

첫째, 학습자의 학업 성취 수준 판정과 함께 학습 능력, 교수·학습 방법의 적절성까지 진단한다.

둘째, 평가 결과를 지속적인 교육과정 개선을 위한 참고 자료로 활용한다.

5) 고등학교 사회과 교육과정 분석에 대한 종합적 논의

교수요목기는 미군정청에서 교육을 관장하던 시기로, 당시 미국의 선진 교육 사조와 민주주의 이념을 인식하기 위한 방책으로 초·중등학교에서 학습자 경험의 존중, 민주 시민의 자질 함양 등을 목표로 사회생활과를 도입하게 된 것이다. 교수요목기의 사회생활과는 초등학교의 경우 통합 교과 형태로 운영되었으나, 중등학교의 경우 교과 형태는 사회생활과로 통합되었으나, 실제 운영은 공민, 지리, 역사 등 3분법을 유지하였다.

당시 중학교는 6년제로 제1－3학년(초급), 제4－6학년(고급)으로 구분하여 교육과정을 편제하였는데, 중학교 고급 학년인 고등학교의 사회생활과는 제1학년에서 정치편, 제2학년에서 경제편, 제3학년에서 윤리·철학편을 이수하였다. 당시만 해도 고등학교는 상당히 높은 수준의 학교였으므로 교육 내용도 상당히 전문적, 고차원적이었다.

교수요목기는 해방 이후, 신교육을 추구하고, 새로운 학습 방법을 도입하기 위해 노력하였는데, 그러한 기대의 중추적 역할을 한 것이 사회과이다.

당시 고등학교 사회과는 현재의 고등학교처럼 기초적 보통 교육을 하기보다는 상당히 전문적인 교육을 했던 점이 특징이라고 판단된다.

제1차 교육과정기는 우선 교과명이 초·중학교는 사회생활과인데, 고등학교는 사회과이었다. 또한 분과주의를 채택하고 있어서, 사회과 전체를 포괄하는 목표나 유의점이 없다. 아울러, 일반사회가 공민을 대체하게 되고, 나아가 역사, 지리 등을 포괄하여 높은 비중으로 취급되었다.

당시 고등학교 사회과의 목적은 정치, 경제, 사회·문화 등을 중심으로 하고, 역사와 지리를 배경으로 하여, 민주 사회의 공민적 자질을 기르는 것이었다. 일반사회의 범주 내에서, 고등학교 제1학년에서는 정치와 사회, 제2학년에서는 경제와 사회, 제3학년에서는 문화와 사회를 학습한 점도 특징적이다. 이 당시에는 '윤리·철학'이 '사회·문화'로 변경되어 사회 과학적 내용 중심으로 개편되었다. 일반사회 교과는 중학교의 사회생활과 공민의 연장이었으며, 제 사회 교과 중 지리적인 면, 역사적인 면, 도덕적인 면을 제외한 정치, 경제, 사회, 문화 등을 포괄하는 종합 과목이었다. 한편, 고등학교 지리는 인문 지리 중심이었다. 국사는 필수, 세계사는 선택이었다.

제2차 교육과정기는 고등학교 사회과에서 제1차 교육과정기의 5개 과목에서 7개 과목으로 증가하고, 학습 지도 계획이 학년별, 시간별에서 단위제로 변경되었으며, 사회과 전체 목표에 이어 각 과목별 목표, 내용, 지도상의 유의점 등이 함께 제시되었다. 일반사회의 비중이 감축되었고, 반공·도덕이 다시 사회과에 포함되었다.

한편, '일반사회'는 다시 '일반사회'와 '정치·경제'로 분리되어, 일반사회에서 사회 현상에 관한 기초적 사항을 지도하고, 그 위에 구체적인 정치·경제 현상을 학습하게 하였다. 제2차 교육과정기의 고등학교 사회과의 특징은 일반사회와 정치·경제 모두 사회적 현실을 강조하였다. 그리고 반공 교육이 크게 강화되었다. 반면, 학생들의 흥미와 관심에 관계되는 내용은 상대적으로 감축되었다.

제3차 교육과정기는 학문 중심 교육과정의 영향을 많이 받은 교육과정이다. 제3차 교육과정의 고등학교 사회과에서는 일반사회 과목이 사라지고, '정치·경제'와 '사회·분화' 누 과목으로 편세되었다. 1970년대 초는 소위 10월유신이 단행된 시기로, 국적 있는 교육이 강조되어, 사회과 교육은 한국적인 전통에 뿌리를 두고 민족과 국가에 봉사할 수 있는 인간을 길러 내어야 한다는 점을 강조하였다. 소위 '한국적 민주주의'를 강조한 것도 제3차 사회과 교육과정의 특징이다.

학문 중심적 배경하에서, 공민 영역에서는 한국적인 것, 우리나라만의 특수한 것을 강조하는 방향에서 내용을 구성하였고, 정치·경제와 사회·문화 과목의 첫 단원에는 '우리나라의 민족중흥', '우리나라의 현실과 민족의 진로' 등 단원명이 제시되어 우리가 처한 특수한 상황을 강조하였다.

제3차 교육과정의 사회과에서는 학문의 범위와 논리적 순서가 내용 구성의 중심이 되었으며, 그 결과 교육과정의 체계가 잡혔으며, 단원 제시도 요목형이어서 다분히 체계를 중시하고 있음을 알 수 있다.

제4차 교육과정기는 제5공화국의 출현과 같은 시기의 교육과정이다. 제4차 교육과정기의 고등학교 사회과는 과목명이 '사회 Ⅰ·Ⅱ', '지리 Ⅰ·Ⅱ' 등으로 변경되었는데, 대체로 Ⅰ은 공통 필수 과목, Ⅱ는 과정별 선택 과목이었다.

고등학교 사회과에서 '사회 Ⅰ'은 인문계, 실업계 공통 필수 과목으로 기초적 지식을 전수해 주는 과목이며, '사회 Ⅱ'는 인문계 고등학교의 인문·사회 계열 학생들에게 부과된 과목이다. '사회 Ⅰ·Ⅱ' 과목은 서로 어느 정도 정치, 법, 경제, 사회, 문화에 관한 내용을 두루 다루고 있다.

제5차 교육과정기의 고등학교 사회과는 '정치·경제', '한국 지리'를 공통 필수 과목으로 하였고, 일반계 고등학교 인문·사회 과정에서는 세계사, 사회·문화, 세계 지리가 추가되었다. 인문계 고등학교 자연 과정에서는 공통 과목 이외에 세계사를 추가로 이수하였다. 실업계 고등학교에서는 공통 필수 과목 이외에, 세계사, 사회·문화, 세계 지리 중 1과목을 이수하게 되었다. 1987년에는 경제 교육의 강화를 위하여, 경제 교육 내용을 보완하고 사회과 교육과정과 교과서를 개편하게 되었다. 당시 사회과 교육과정의 정치·경제 과목은 경제 내용을 확충하여 시장 경제의 우월성을 부각시키고, 민주 시민의 자질 육성을 강조하였다.

제6차 교육과정기는 중앙 집권형 교육과정 개발 체제에서 지방 분권형 교육과정 개발 체제로 변경한 교육과정이다. 즉 중앙인 교육과학기술부에서 주로 갖고 있던 교육과정 개발 권한을 시·도 교육청과 단위 학교에 많이 위임한 지역 분권형·분산식교육과정 개발 체제를 취하게 되었다.

이 당시의 교육과정은 20세기를 마무리하고, 새천년을 맞는 교육 개혁의 일환으로 교육과정이 개정된 것이다. 아울러, 기초 기본 교육 차원에서 근본적인 변화를 시도한 교육과정이다. 제6차 교육과정은 우리나라 교육 현실에 부합하기 위하여 교육과정 탐구의 현실적·상황적 패러다임(paradigm)으로 절충적, 종합적 접근을 모색하였다.

제6차 교육과정의 사회과는 공통 필수 과목으로 공통 사회, 국사 등이고, 과정별 필수 과목은 정치, 경제, 사회·문화, 세계사, 지리 등이다. 과정별 선택 과목은 단위 학교에서 정하도록 탄력성을 부여하였다. 이 당시 교육과정에서 사회과의 특징은 시민 교육의 강화, 방법 중시 사회과 출현, 통합 사회과 실현 시도, 내용의 실생활 연계, 사고력 교육 강화 등을 들 수 있다. 특히 고등학교 사회과에서는 학문적 계통성을 중시하여, 대학 예비 교육의 성격을 강하게 지니고 있다.

제7차 교육과정기는 지식 기반 사회와 세계화·정보화 사회를 맞아 21세기를 주도할 유능한 인간 육성을 위한 세계 시민 교육의 지향에 교육의 근본적 초점이 맞추어져 있다. 이를 위하여 사회과에서는 새로운 역동적 변화를 주도할 시민적 자질 육성, 학습자 중심의 수준별 교육, 시민성 함양을 위한 통합 교육, 사회현상과 사회 과학의 연계성 탐구 및 계통성 조화 추구, 사회과 교육의 지역화와 지구촌 사회 요구 운동의 부응 등에 중점을 두고 있다.

고등학교 사회과 편제에서는 '공통 사회' 과목이 폐지되고, 제10학년 '사회'로 대체되었다. 교과서도 일반사회와 한국 지리 두 권에서 공통 사회 한 권으로 통합하였다.

그리고 국민공통기본교육과정은 제10학년제 공통 이수를 하게 하였고, 선택 과목은 일반 선택 과목과 심화 선택 과목으로 분리하여 편제하였다. 일반 선택 과목은 '인간 사회와 환경'으로 국민 공통 기본 교과와 심화 선택 과목을 상호 연결하는 구실을 하는 중요한 과목이다.

한편, 학생들이 심화 선택 과목을 통하여 흥미와 소질을 계발하고, 장래 진로를 개척할 수 있는 다양한 연구와 탐색을 할 수 있게 되었다. 다만, 과목 간 교사 수급의 탄력성 제고, 선택 과목 지정의 편포·편중 상황 등이 해결되어야 단위 학교와 각 교사들의 교육과정의 자율성 및 다양성 보장이라는 제7차 교육과정의 정신을 충분히 살릴 수 있을 것이다.

'2007년 개정 교육과정'기는 제7차 교육과정을 시대 변화와 사회 발전에 따라 알맞게 부분 수정한 교육과정의 성격을 갖는다. 따라서 2007년 개정 교육과정 역시 지식 기반 사회를 슬기롭게 살아갈 민주 시민의 자질 육성, 세계화·정보화 사회를 주도할 세계 시민적 소양을 함양하는 데 초점을 맞추고 있다. 아울러, 교육과정 개발, 개정과 편성, 운영에 자율성과 다양성, 탄력성을 부여하는 교육과정으로서 소위 일선 교육 현장에서 구현하는 과정에서 '창의적으로 만들어 가는 교육과정'상을 지향하고 있다. 즉 국가 수준 교육과정에서는 고시(告示)를 통하여 일정한 범주만 제시해 주고, 시도 교육청에서는 지침을 통해서 지역 교육과정의 범위와 최소 내용을 규정하면, 일선 단위 학교와 교사들은 다양한 내용과 지도 방법으로 교육과정을 편성·운영하도록 재량권을 충분히 보장한 교육과정이다.

2007년 개정 교육과정의 고등학교 사회과 관련 내용 중 특별한 사항은, 초·중학교와 마찬가지로 국사 교육의 강화와 한국인 정체성 교육 강화, 선택 과목의 통합, 일부 과목 폐지 및 신설 등을 들 수 있다.

국사 교육의 강화를 위하여 내용 영역을 '인간과 공간', '인간과 시간', '인간과 사회'에서 '역사 영역', '지리 영역', '일반사회 영역'으로 내용과 순서를 변경하였고, 역사(국사) 시간 분량을 증대하였으며, 한국인 정체성 교육을 위하여 한국 문화사, 동아시아사, 세계 역사의 이해 과목 등을 신설하였다. 그리고 제7차 교육과정에서의 '일반 선택 과목'이었던 '인간 사회와 환경' 과목을 폐지하고, '일반 선택 과목'과 '심화 선택 과목'을 통합하여 '선택 과목'으로 제시하였다. 특히, 일반사회 영역의 내용은 문화, 정의, 세계화, 인권, 삶의 질 등으로 개념 및 요소 중심으로 제시한 점이 돋보인다.

한편, 고등학교 사회과 교육과정의 종합적 분석을 내리면서 사회과 교육과정의 학교급별 관계와 그 연계성에 대해서 고찰해 볼 필요가 있다.

우리나라 사회과 교육과정의 특징은 초·중등학교 교육 체제, 교육 제도 등과 밀접하게 관련이 있다. 실제 전통적으로 우리나라는 초등학교와 중학교와 고등학교를 아우르는 중등학교의 교육 체제, 교육 제도 등과 보이지 않는 장벽이 있었다.

실제로 과거에는 다 같이 보통 교육을 담당하는 초등학교와 중등학교가 보이지 않는 장벽으로 막혀서 전혀 다른 집단처럼 거리를 두고 교육 활동을 전개해 온 것이 사실이다. 여기에는 여러 가지 원인이 있을 수 있을 것이다. 수학 연한의 차이, 교과 내용의 선정과 조직의 차이, 상급 학교 진학 문제, 전통적인 학교 문화와 풍토 등을 들 수 있을 것이다.

학교 제도와 체제, 그리고 학교 문화와 풍토 등에 의한 초등학교와 중등학교의 보이지 않는 거리는 교과에도 영향을 미쳐서 과거에는 사회과 역시 초등학교와 중등학교의 구별이 명확했었다. 그리고 중등학교인 중학교와 고등학교의 구분도 분명했었다.

하지만, 사회 생활을 다루고 사회 현상을 탐구의 대상으로 하는 학생 중심의 사회과에서 보통 교육을 담당하는 초등학교, 중학교, 고등학교를 각각 구별하여 교과 목표, 교과 내용, 교수·학습 방법, 교육 평가 등을 규정하던 과거의 사회과 교육과정을 분석적으로 접근할 필요가 있다.

분명히 사회과는 교과의 특성상 초·중·고교가 상호 유기적 연계성을 가져야 한다. 초·중·고교가 공히, 민주 시민의 자질을 육성하려는 교육 목표, 사회 사상(社會 事象)과 사회 현상을 바탕으로 하는 내용, 학생 중심의 탐구적 교수·학습 방법, 형성 평가, 수행 평가, 과정 평가 등을 중심으로 한 다양한 교육 평가 등에서 궤(軌)를 같이 하는 것이다. 따라서, 사회과는 초·중·고교가 차별적 구분을 하기보다는 유기적 연계성을 유지해야 할 것이다.

그런 의미에서 제7차 교육과정과 '2007년 개정 교육과정' 사회과에서 초·중·고교의 학교급별 장벽을 허물고 교과 특성을 살려서 유기적 연계성을 보장한 것은 매우 시의적절하다고 사료된다.

특히, 고등학교 사회과는 교수요목기로부터 2007년 개정 교육과정에 이르기까지 보통 교육을 마무리하고, 전문 교육인 고등 교육 기관인 대학교에 입학하는 가교 역할을 담당해 왔다. 그러므로, 고등학교 사회과 교육과정은 초등학교·중학교 교육과정과 대학교 교육과정을 함께 고려하는 연계적 교육과정을 지향해야 할 것이다.

<표 42> 한국 사회과 교육과정의 종합 분석 일람표

초등학교

학교급차별	편제(성격)	목표	내용	교수·학습 방법	평가	기타(환류)
교수요목 (1946-1954년)	·사회생활과 ·사회생활 ·직업보충 ·자연관찰 세영역 통합(광역형)	·사람과 자연, 사회환경 관계(국민적 자질) ·성실 유능한 국민 양성	·주제별 동심원적 확대법 ·도입단원 설문 형식 ·사회기능중심	·설문식 교육 ·단위별 교수 학습 ·문제 해결학습안내		
제1차 교육과정 (1954-1963년)	·사회현상탐구 교과화 (직업보충-실과, 자연관찰-자연과)	·민주 시민의 신념 ·사회생활의 주체적 공헌 태도 ·경험 중심 사조 반영(목표)	·도덕 단원편성 ·사회기능법 중시 ·환경확대법강조 ·환경확대법 적용	·개인적, 사회적 욕구 반영 ·발달에 따른 종합적 지도 ·문제 해결학습 강조		
제2차 교육과정 (1963-1973년)	·사회생활과→사회과 ·도덕단원→반공·도덕생활 (분리)	·사회인식, 사회개선, 국가발전자질 육성	·사회생활의 올바른 이해 ·설문식→내용요소 소전술 ·내용지식의 체계화	·<지도상의 유의점> 제시 ·종합적 문제 해결학습 ·문제탐구 학습		

중학교

학교급차별	편제(성격)	목표	내용	교수·학습 방법	평가	기타(환류)
교수요목 (1946-1954년)	·사회생활과 ·지리 ·역사 ·공민 (책꽂이형·川字形)	·공민생활 ·역사적 사실 ·지리적 현상 이해	·정치, 경제, 역사, 지리계통 중심 ·통사 중심 ·사회기능 중심 구성	·문제 해결학습 ·학생 중심 ·토론, 종합, 발표 중심		
제1차 교육과정 (1954-1963년)	·지리 ·역사 ·공민 (분과적·책꽂이형)	·사회현상 이해 ·국민적 자질 육성	·도의 교육 편성할애 ·사회·국가 발전 기여 내용 ·사회기능 중심 확대	·학습 내용의 문제 형식 ·흥미 중심 단원 ·단원학습지향		
제2차 교육과정 (1963-1973년)	·사회생활과→사회과 ·도덕단원→반공·도덕생활(분리) (방석형·三字形)	·민주주의원리 강조 ·국가·사회적 요구 강조 반영	·반공, 지역, 사회개선 ·문화민족의 자각강조	·<지도상의 유의점> 제시 ·욕구, 문제 중심 학습 ·문제 해결학습		

고등학교

학교급차별	편제(성격)	목표	내용	교수·학습 방법	평가	기타(환류)	비고
교수요목 (1946-1954년)	·사회생활과 ·공민 ·지리 ·역사 ·특수경제지리 (분과형)	·민주시민의 자질육성 강조	·분과적 계통 중심조직 ·통사중심 구성 ·사회기능 중심 내용 구성	·민주적 교육 ·문제 해결학습 ·학생중심학습 ·민주주의 교수법 적용			·교수요목
제1차 교육과정 (1954-1963년)	·사회생활과→사회과 ·'일반사회과'등장(일반사회, 도덕, 국사) ·인문계, 실업계 통합	·공민적 자질육성 ·시간적 관계, 지리적 관찰력 신장	·도의교육 편성할애 ·사회·국가 발전 기여 내용 ·사회기능 중심 확대	·학습 내용의 문제형식 ·흥미 중심 단원 ·단원학습지향			·교과과정
제2차 교육과정 (1963-1973년)	·일반사회, 역사, 지리 3분 확연 ·도덕→국민윤리 ·일반사회 영역 해체조짐	·민주생활과 통일 강조 ·민주국가구성원의 자질 강조	·정치, 경제, 사회, 문화 영역 두루 강조 ·반공내용중점	·<지도상의 유의점> 제시 ·욕구, 문제 중심 학습 ·문제 해결학습			·교육과정 (이하)

학교급	항목	제3차 교육과정 (1973~1981년)	제4차 교육과정 (1981~1987년)	제5차 교육과정 (1987~1992년)
비고				
고등학교	기타(분류)			
고등학교	평가		<평가> 별도 제시 ·필답평가, 기 ·능평가, 가치· 태도평가 가조	·기능면 ·정의적면 ·다양한 방법의 균형 평가
고등학교	교수·학습 방법	·학문중심 교육과정 사조 ·방법론적 사회과 강조 ·사회과학적 탐구식 탐구방법	·통합적 관점 ·지적능력 탐구 ·선별적 정보수용 능력 ·사회과학의 체계적 지도 강조	·다양한 방법 활용 ·시사적 내용 구성 지도
고등학교	내용	·나선형 사회교육과정 ·신사회과에 의한 사회과학지식 중시	·통합적 사회과 내용 ·현대사회의 문제와 복지 강조 ·나선행 확대와 단원통합 지향	·사회현상의 ·사회적 관심 ·지역적 역사적 ·문화적 특성 등 이해
고등학교	목표	·사회생활윤리 ·사회현상이해 ·사회과학지식 및 방법습득 강조	·사회생활에 대한 기초지식 함양 ·국민적 자질 함양 강조 ·국민정신교육 체제화	·국민적 자질 ·사회현상 탐구 ·사회문제 해결 강조
고등학교	편제(성격)	·반공·도덕생활→국민윤리(독립) ·국사영역→국사과(독립) ·사→사회과(독립) ·사회과 해제	·사회 I·II 도입(정치, 경제, 사회, 문화, 통합)(과목 리행) ·사회과 해제	·사회 I ·II→정치 ·경제 ·사회 ·문화 ·한국지리 ·세계지리 ·국토환원
중학교	기타(분류)			
중학교	평가		<평가> 별도 제시 ·지적, 정의적, 기능적 측면 균형 평가	·목표 영역의 균형 평가 ·다양한 방법 활용 평가
중학교	교수·학습 방법	·학문중심 교육과정 기초 ·방법론적 사회과 강조 ·사회과학지식 탐구 강조	·다양한 학습자료 ·토론, 발표사례 학습강조 ·지역화 학습 탐구학습 강조	·다양한 교수·학습 방법, 자료 활용 ·시사적 내용 지도
중학교	내용	·나선형 사회교육과정 ·사회과의 지식 및 방법습득 강조 ·구조 ·사회과(사회과학지식 구조화)	·통합적 내용군 ·국민정신교육 강조 ·현대사회문제, 사회복지 건설	·사회현상의 다각적 이해 ·사회문제 관심 ·지역의 비교
중학교	목표	·사회과학지식 및 방법습득 강조 ·국민교육의 이념의 목표화	·사회생활의 기초적 원리 개념이해 ·민주시민의 자질 함양 ·국민정신교육 체제화	·인류공영에 이바지 ·국민의 자질 ·사회문제와 관심 ·합리적 해결
중학교	편제(성격)	·반공·도덕생활→도덕과(독립) ·국사영역→국사과(독립) ·사회과(독립)	·1개 학년 2개 영역화 ·통합적 사회과 구현(통합)	·통합적 사회과 정착 시도
초등학교	기타(분류)			
초등학교	평가		<평가> 별도 제시 ·원리, 개념 적용적 평가 ·다양한 방법 평가	·다양한 방법 활용 수시 평가 ·지식, 기능, 능력, 태도 면 종합 평가
초등학교	교수·학습 방법	·깊이있는 사고와 가치 중시 ·사회적 사실예 ·내용에 대한 과신 능력 신장방법	·지역자료 활동 ·다양한 학습활동 등 ·지역화, 탐구학습 강조	·개념과 탐구 중심 지도 ·탐구과정 중시
초등학교	내용	·나선형 사회교육과정 ·사회과학식 중심 ·내용의 정선 조직	·사회기능적 요소와 사회문제 연계 배열 ·시간적 공간적 통합 내용 조직 ·나선형 확대법 강화	·실생활의 기초 지식 ·사회탐구와 판단능력 단
초등학교	목표	·사회개 신, 민적, 질함양 ·국민교육이념의 목표화	·민주국가 국민으로 자각 태도목표 신설 ·탐구학습 지향 목표신설 ·국민교육 체제화	·사회생활의 기초지식 ·사회탐구와 판단능력 ·국민적 자질함양
초등학교	편제(성격)	·국민교육이념 구현 ·반공·도덕생활영역→도덕과(독립)	·통합적 사회과 ·1-2학년(바른생활: 사회, 국어, 도덕) ·교과서 통합(융합)	·바른생활과 교과 탄생과(사회과+도덕과) ·지학년 사회과 폐지(교과 통합)

초등학교

학교급\차별	편제(성격)	목표	내용	교수·학습 방법	평가	기타(환류)
제6차 교육과정 (1992－1997년)	·슬기로운 생활과 내용 포함 (사회과+자연과) ·바른 생활과에도 내용 잔재 (사회과+도덕과)	·국민적 자질→시민적 자질(시민적 자질 강화) ·사회과의 본질 추구	·주제 중심통합 구성 ·의사 결정학습 내용 중시 ·사회문제의 강조	·탐구 학습, 열린학습 지향 ·개별화학습과 협동학습 강조	·목표 달성도 평가 ·지식, 적용, 능력, 태도면 평가 강조	·학교교육과정 도입 ·교육과정평가, 환류 강조
제7차 교육과정 (1997－2007년)	·국민공통기본교육과정+선택중심교육과정 ·3－10학년 사회과 세트화	·지적 측면, 기능적 측면→민주시민자질	·인간과 공간 ·인간과 시간 ·인간과 사회(통합성, 계통성) ·성취기준 제시(수준별)	·다양한 교수 학습 방법 ·다양한 자료 활용 ·자기주도적 학습 강조	·성취기준 제시 ·영역별 균형 평가	·정기적 교육과정 평가, 환류강조
2007년 개정 교육과정 (2007년－)	·국민공통기본교육과정+고교선택중심교육과정	·개인, 국가, 인류발전의 민주시민자질 육성	·역사영역 ·지리영역 ·일반사회영역(통합성)	·사회현상의 통합적 교수 방법 ·주제와 문제 중심지도	·고급사고력 평가 ·양·질적 균형평가 ·다양한 평가	·정기적 교육과정평가, 환류강조

중학교

학교급\차별	편제(성격)	목표	내용	교수·학습 방법	평가	기타(환류)
제6차 교육과정 (1992－1997년)	·국사과→사회과 복귀	·국민적 자질→시민적 자질 ·통합적인 식, 합리적 해결력 강조 ·사회문제의 강조	·통합적 내용 구성요소 중심 ·사례중심내용	·사회현상의 원리 발견 ·동기유발과 올바른 판단력신장 학습	·종합적 능력 평가 ·영역별 균형 평가	·학교교육과정 도입 ·교육과정평가, 환류 강조
제7차 교육과정 (1997－2007년)	·초·중·고연계 제시 ·공통학습 ·시민교육강조	·지적측면, 기능적측면→민주시민자질	·인간과 공간 ·인간과 시간 ·인간과 사회(통합성, 계통성) ·성취기준 제시(수준별)	·주제, 문제 중심 방법 ·다양한자료활용 ·자기주도적 학습 강조	·성취기준제시 ·영역별 균형평가 ·다양한 평가방법 적용	·정기적 교육과정평가, 환류 강조
2007년 개정 교육과정 (2007년－)	·국민공통기교육과정+고교선택중심교육과정	·개인, 국가, 인류발전의 민주시민자질 육성	·역사영역 ·지리영역 ·일반사회영역(통합성)	·사회현상의 통합적 교수방법 ·주제와 문제중심지도	·고급사고력평가 ·양·질적 균형평가 ·다양한 평가	·정기적 교육과정평가, 환류 강조

고등학교

학교급\차별	편제(성격)	목표	내용	교수·학습 방법	평가	기타(환류)	비고
제6차 교육과정 (1992－1997년)	·국사과→사회과 복귀 ·통합과목 '공통사회' 신설	·국민적 자질→시민적 자질 ·지식탐구방법의 합리적 이해 ·지식, 기능, 가치·태도목표 분리	·사회적 기능 ·가치내용 강조 ·지구촌적 현대사회문제 보완 ·사회문제 강조 수준별학습 적용	·다양한 교수·학습 방법, 자료 활용 ·자기주도적 학습 강조	·다양한 평가방법 활용 ·영역별 균형평가	·학교교육과정 도입 ·교육과정평가, 환류강조	·분권적 교육과정
제7차 교육과정 (1997－2007년)	·초·중·고 연계 ·일반선택과목 (인간사회와 환경) ·심화선택과목 9개)	·지적측면, 기능적측면→민주시민자질	·인간과 공간 ·인간과 시간 ·인간과 사회(통합성, 계통성)	·주제, 문제 중심 방법 ·다양한 자료활용 ·자기주도적 학습 강조	·성취기준제시 ·영역별 균형평가 ·고급사고 강조 ·다양한 평가방법 적용	·정기적 교육과정 평가, 환류 강조	·국민공통기본, 선택중심교육과정
2007년 개정 교육과정 (2007년－)	·국민공통기본교육과정+고교선택중심교육과정 ·일반선택+심화 ·선택=선택과목	·개인, 국가, 인류발전의 민주시민자질	·역사영역 ·지리영역 ·일반사회영역(통합성)	·사회현상의 통합적 교수방법 ·주제와 문제중심지도	·고급사고력 평가 ·양·질적 균형평가 ·다양한 평가(방법 방향 내용 연계)	·정기적 교육과정평가, 환류 강조	·국사교육강화 ·한국인 정체성 교육 강화

제4장

한국 사회과 교육과정의 요구 사정(要求 查定)

본 장(章)에서는 제2차적 연구인 사회과 교육과정 개발 및 실행의 중요한 관련 당사자인 초·중·고교 사회과 교사, 사범계 대학인 교육대학교·사범대학의 사회교육과 학생·교수들을 대상으로 의견 조사 결과를 항목별로 분석하여, 우리나라 사회과 교육과정의 발전적 모형 개발의 기초적 자료로 적용하고자 하였다.

전 장(前 章)인 '한국 사회과 교육과정의 분석'이 문헌 연구를 통한 제1차적 연구인 데 비하여, 본 장은 직접 학교 현장에서 사회과를 가르치는 교사와 예비 교사 그리고 이 예비 교사를 양성하는 사회교육과 교수들에 대한 설문을 통한 의견 분석인 제2차적 연구이다.

사회과 교육과정의 발전적 모형 개발은 선행 연구 분석, 이론적 배경 등 문헌 연구로는 일정한 한계가 있다. 사회과 자체가 사람과 사회를 대상으로 하고 있고, 변화무쌍한 사회의 제 현상을 기반으로 하기 때문에 연구 자체와 자료가 역동적·입체적 자료이어야 한다. 따라서 초·중·고교의 학교 현장에서 직접 학생들을 가르치는 사회과 교사의 의견, 예비 교사로서 사회과를 배우고 있는 교대·사대의 사회교육과 학생과 교수들의 의견은 매우 생생하고도 유의미한 시사점을 얻을 수 있는 살아 있는 실증적 자료라고 할 수 있다.

본 장의 의의는 사회과를 직접 가르치고 있는 초·중·고교 교사와 사범계 대학의 학생·교수들의 사회과 교육과정에 대한 의견이자 요구를 분석하여 바람직하고도 발전적인 모형 개발의 자료로 삼는 데 있다. 특히, 본 장의 목적은 학교 현장에서 직접 사회과 교육과정을 실행하거나, 미래에 이러한 역할을 직접 담당할 예비 교사들의 의견이 사회과 교육과정 개발에 중요한 유의미한 시사점을 제시해 줌으로써, 그 의견과 요구를 사회과 교육과정 개발에 적극 반영하기 위해 실행된 것이다.

특히, 과거 교육과정에서는 국가 수준 교육과정이 고시되면, 전국의 모든 학교와 교사들은 그대로 학교 현장에서 이를 적용하는 '위로부터 내려오는 교육과정' 형태이었으나, 제6차 교육과정 이후부터는 학교 교육과정 차원에서 일선 학교와 교사들의 교육과정 전문성 보장을 바탕으로 한 '아래로부터 올라가는 교육과정'이 강조되는 시대적 흐름에 비추어 보아도 초·중·고교 사회과 교사들의 의견, 예비 교사인 교대·사대 학생·교수들의 의견은 사회과 교육과정의 발전적 모형 개발의 중요한 준거가 되는 것이다.

결국, 초·중·고교 사회과 교사, 사범계 대학인 교대·사대 사회교육과 학생·교수들의 사회과에 대한 인식과 개선 행동이, 곧 우리나라 사회과를 혁신시키고, 나아가 발전적인 사회과 교육과정 개발과 실행의 시금석(試金石)이라고 할 수 있다.

1. 연구 설계 및 절차

1) 의견 조사 분석의 필요성과 목적

사회과 교육과정은 교육 목표, 교육 내용, 교수·학습 방법, 교육 평가 등 일련의 교육과정 체제와 밀접하게 관련되며, 특히 이를 학교 현장에서 직접 지도하는 사회과 교사, 교수들의 의견과 인식, 학생들의 의견과 인식, 학교의 교육 환경, 교육 제도, 교원 양성 제도, 지역 사회 환경 등과도 매우 밀접한 관련을 맺고 있다.

특히, 새로운 사회과 교육과정의 개선 및 개발을 위해서는 요구 사정(need assessment)이 필요한데, 일선 학교 현장에서 직접 지도하는 교육과정 적절성에 대한 의견과 개선 요구 사항을 수렴하는 과정이 필수적으로 선행되어야 한다.

본 연구는 한국 사회과 교육의 주체인 초·중·고교 사회과 교사들의 현장 적용 실태 및 요구 조사를 통하여 현장 교사들이 인식, 지각하는 현행 사회과 교육과정의 내용과 운영상의 문제점 및 개선에 대한 요구사항을 분석하고, 초·중·고교 등 각급 학교급의 연계 및 변인과 변인, 항목과 항목 간의 체제적 접근을 통하여 우리나라 현실에 적합한 발전적인 사회과 교육과정의 모형을 모색하고자 하였다.

아울러, 예비 교사를 양성하는 목적 대학인 교육대학교, 사범대학 등 사범계 대학의 사회교육과 관련 학과 학생들과 교수들에게 초·중·고교 사회과 교육과정과 교사 양성 대학 사회교육과 교육과정의 연계성 비교 및 바람직한 개선 방안 등에 대해서 의견 조사를 실시하였다.

2) 조사 내용

학교 현장으로부터 사회과 교육과정에 대한 문제점, 요구 사항, 반영 사항, 개선 방안 제시 등에 관한 광범위한 의견을 수렴하고 현행 사회과 교육과정의 운영 실태와 상황을 보다 광범위하게 분석하였다.

3) 조사 방법

(1) 조사 도구 개발

본 연구의 조사 도구로는 초·중·고교별 사회과 교사들을 대상으로 사회과 교육과정 개발을 위한 의견 조사지를 별도로 자작, 개발하여 활용하였다.

아울러, 사회과 예비 교사인 교육대학교 및 사범대학 학생들을 대상으로 초·중·고교 사회과 교육과정과 대학 사회교육과 교육과정 연계와 내용에 대한 설문지를 자작(自作), 개발하여 배포하고, 회수하여 통계 처리하였다.

그리고 교육대학교와 사범대학에서 예비 교사인 학생들을 가르치는 교수들을 대상으로 초·중·고교 사회과 교육과정과 대학 사회교육과 교육과정의 연계성 및 교육과정 운영, 개발 체제의 개선 방향에 대하여 설문 조사를 실시, 통계 처리를 하였다.

연구 도구로 사용된 설문지는 타당도를 높이기 위하여 초·중·고교의 사회과 교사, 사범계 대학의 사회과 전공 교수, 사회과 교육 전공 교육전문직(장학사, 장학관, 교육연구사, 교육연구관 등) 등의 사전 검토, 지도 조언을 거친 후 수정하여 최종안을 작성하여 활용하였다.

(2) 조사 실시

본 설문지 배포 및 회수 방법은 다음과 같다. 즉 초·중·고교 교사용 설문지는 2006년 7월-8월 2개월간, 16개 시·도 교육연수원에서 자격연수 및 직무연수를 이수한 전국의 초·중·고교 사회과 교사들을 대상으로 배부하고 회수하였다. 연구자가 각 시·도 교육연수원 연수실장에게 전화 통화 뒤, 우편으로 발송한 후, 설문지 작성 후 회송하는 절차를 거쳐, 우편으로 수합하였다. 같은 기간에 사회과 교사 연수가 개설되지 않은 지역은 각 시·도 교육청 연수 담당 장학사에게 설문지를 우송한 후, 관내 학교의 사회과 교사들에게 배포, 작성된 설문지를 수합, 반송받는 절차를 거쳤다.

사범계 대학 사회과 전공 및 강의 담당 교수들에게 대한 설문지는 전국의 사회과 관련 학과(전공)가 설치된 교육대학교 11개교, 국립 대학교 12개교, 사립 대학교 15개교 등, 총 38개교의 사회과 관련 학과 사무실의 조교들에게 우송한 후, 교수들에게 배포하여, 설문지 작성 후, 다시 우편으로 수합하는 절차를 거쳤다.

한편, 사회과 예비 교사인 교육대학교 학생, 사범대학 학생들에게도 역시 각 대학의 관련 학과 사무실의 조교들에게 설문지를 우송한 후, 각 대학의 관련 학과에서 학생들에게 배포한 후, 회수하여 연구자에게 회송하는 절차를 거쳤다.

총 표집 대상은 현직 교사 1,760명(초등학교 교사 800명, 중학교 교사 480명, 고등학교 교사 480명), 사범계 대학생 990명(교대 학생 330명, 사대 학생 660명) 그리고 사범계 대학 교수는 165명(교대 교수 55명, 사대 교수 165명)으로 총 표집 수는 총 2,915명이다.

현직 교사 표집은 16개 시·도별로 초등학교 교사 각 50명, 중학교 교사 각 30명, 고등학교 교사 각 30명씩 할당 배분하였고, 사범계 대학생은 11개 교육대학교 학생 교당 각 30명씩, 22개 국·사립 사범대학 학생 교당 각 30명씩을 표집 대상으로 하였다. 사범계 대학 교수는 11개 교대 교수 각 5명씩, 22개 국·사립 사범대학 교수는 각 5명씩을 대상으로 표집으로 선정·구성을 하였다.

이 중에서 현직 교사 1,645명(초등학교 교사 741명, 중학교 교사 454명, 고등학교 교사 450명), 사범계 대학생은 912명(교대 학생 301명, 사대 학생 611명) 그리고 사범계 대학 교수는 148명(교대 교수 47명, 사대 교수 101명) 등 총 2,705명이 설문에 응답하여 연구에 활용하였는데, 전체 회수율은 92.80%이다.

본 연구에서 학교급별, 변인별로 구분된 하위 집단별 설문지 수합 현황은 다음 <표 Ⅰ-Ⅰ>과 같다. 아울러, 설문지 구성 항목과 내용은 <표 Ⅰ-Ⅱ>와 같다.

설문지 구성은 교육과정 일반, 편제(기본 방향), 성격, 목표, 내용, 교수·학습 방법, 평가, 기타(환류) 등의 영역으로 구분하여 초·중·고교 사회과 교사 대상 설문 55문항, 사범계 대학(교대·사대) 사회교육과 학생 대상 설문 24문항, 사범계 대학(교대·사대) 교수 대상 설문 24문항 등 총 103문항이다.

〈표 Ⅰ-Ⅰ〉 학교급별, 변인별 표집 분포

변인	구분	응답자 구분																				전 체 (명·%)	
		교사 (명·%)								대학생 (명·%)						교수 (명·%)							
		초등학교		중학교		고등학교		소계		교육대학교		사범대학		소계		교육대학교		사범대학		소계			
		인원수	비율	인원수	비율	인원수	비율	인원수	비율	인원수	비율	인원수	비율	인원수	비율	인원수	비율	인원수	비율	인원수	비율	인원수	비율
학교 소재지	대도시	301	40.6	160	35.2	148	32.9	609	37.0	101	33.6	395	64.6	496	54.4	26	55.3	56	55.4	82	55.4	1,187	43.9
	중소도시	201	27.1	144	31.7	140	31.1	485	29.5	200	66.4	216	35.4	416	45.6	21	44.7	45	44.6	66	44.6	967	35.7
	읍·면	239	32.3	150	33.1	162	26.0	551	33.5	0	0	0	0	0	0	0	0	0	0	0	0	551	20.4
	합 계	741	100	454	100	450	100	1,645	100	301	100	611	100	912	100	47	100	101	100	148	100	2,705	100
성별	남 자	245	33.1	185	40.7	261	58.0	691	42.0	48	15.9	280	45.8	328	36.0	27	57.4	65	64.4	92	62.2	1,111	41.1
	여 자	496	66.9	269	59.3	189	42.0	954	58.0	253	84.1	331	54.2	584	64.0	20	42.6	36	35.6	56	37.8	1,594	58.9
	합 계	741	100	454	100	450	100	1,645	100	301	100	611	100	912	100	47	100	101	100	148	100	2,705	100
교직경력(재학학년)	10년 미만(①학년)	240	32.4	162	35.7	172	38.2	574	34.9	60	19.9	130	21.3	190	20.8	15	31.9	27	26.7	42	28.4	806	30.0
	11-20년(②학년)	285	38.5	181	39.9	148	32.9	614	37.3	85	28.2	119	19.5	204	22.4	20	42.6	36	35.6	56	37.8	874	32.3
	20년 이상(③학년)	216	29.1	111	24.4	130	28.9	457	27.8	66	21.9	151	24.7	217	23.8	12	25.5	38	37.7	50	33.8	724	26.8
	(④학년)	·	·	·	·	·	·	·	·	90	30.0	211	34.5	301	33.0	·	·	·	·	·	·	301	10.9
	합 계	741	100	454	100	450	100	1,645	100	301	100	611	100	912	100	47	100	101	100	148	100	2,705	100
출신학력	고졸 이하	5	0.7	2	0.4	0	0	7	4.4	0	0	0	0	0	0	0	0	0	0	0	0	7	0.3
	사범계대졸(재)	406	54.8	156	34.4	101	22.4	663	40.3	301	100	611	100	912	100	4	8.5	7	6.9	11	7.4	1,586	58.6
	일반대졸	55	7.4	70	15.4	58	12.9	183	11.1	0	0	0	0	0	0	0	0	2	2.0	2	1.4	185	6.8
	대학원졸 이상	275	37.1	226	49.8	291	64.7	792	44.3	0	0	0	0	0	0	43	91.5	92	91.1	135	91.2	927	34.3
	합 계	741	100	454	100	450	100	1,645	100	301	100	611	100	912	100	47	100	101	100	148	100	2,705	100
전공분야	사회과교육	731	98.7	60	13.2	44	7.8	835	50.8	301	100	85	13.9	386	42.3	15	31.9	20	19.8	35	23.6	1,256	46.4
	일반사회	10	1.3	201	44.3	195	43.3	406	24.7	·	·	304	49.8	304	33.3	15	31.9	36	35.6	51	34.5	761	28.1
	역 사	0	0	99	21.8	111	24.7	210	12.8	·	·	125	20.5	125	13.7	9	19.1	25	24.8	34	23.0	369	13.6
	지 리	0	0	94	20.7	100	24.2	194	11.7	·	·	97	15.8	97	10.7	8	17.1	20	19.8	28	18.9	319	11.9
	합 계	741	100	454	100	450	100	1,645	100	301	100	611	100	912	100	47	100	101	100	148	100	2,705	100

(3) 자료 처리

　초·중·고교 사회과 교육과정 운영 실태와 요구 조사를 위해서 배포, 회수한 교사용 질문지 총 1,645부(초등학교 741부, 중학교 454부, 고등학교 450부), 예비 교사로서 교육과정을 이수 중인 대학생용 질문지 총 912부(교대 학생 301부, 사대 학생 611부), 대학에서 사회과 교육을 지도하고 있는 사회교육과 소속 교수용 질문지 총 148부(교대 교수 47부, 사대 교수 101부)를 각각 코딩 작업을 거친 후, SPSS PC$^+$ 프로그램을 이용하여 다음과 같이 통계 처리하였다.

　첫째, 각 변인별 응답 내용의 빈도와 백분율을 계산하여 각 문항에 대한 응답자들의 전반적인 반응을 분석하였다.

　둘째, 각 변인들 간의 개인 특성별(재직 학교급별<초·중·고교>, 재직 대학교별<교대·사대>, 재학 대학교별<교대·사대> 등)로 유의미한 차이를 보이는지를 검증하기 위하여 x^2 검증 방법을 적용하였다.

〈표 Ⅰ-Ⅱ〉 설문지 구성 항목 및 내용

대상	구분(영역)	설문 내용 (설문 요지)	비고
사회과 교사 (초·중·고교)	교육과정 일반	1. 교육과정에서 추구하는 인간상 2. 교육과정의 구성 방향 3. 학교급별 교육 목표 4. 교육과정의 체제(국민공통기본교육과정 + 선택중심교육과정) 5. 교육과정의 교과 순서	
	편제 (기본 방향)	1. 사회과 교육과정의 편제 2. 사회과 교육과정과 교과서 연계성(편수) 3. 사회과 교육과정 학습 분량 4. 사회과 수업 시간 수	
	성격	1. 사회과 교육과정의 성격에 부합되는 내용 2. 미래 사회의 학교 교육과정에 적합한 사회과의 성격 3. 민주 시민 교육, 민주 시민 자질에 적합한 요소 4. 사회과 성격 및 목표 설정 시의 고려점 5. 글로벌 사회의 세계 시민적 소양으로 적합한 요소	
	목표	1. 현행 사회과의 교육 목표의 적절성 2. 삭제된 사회과 학년 목표의 적절성 3. 미래 사회의 사회과 목표로 더욱 강조되어야 할 요소 4. 현행 사회과 교육 목표의 미래 사회 부합 정도 5. 사회과 교과 목표 진술 형태 6. 사회과 교과 목표 설정 시의 고려 사항 7. 미래 사회과 교육과정에서 강조해야 할 특성	
	내용	1. 사회과 교육에서 중점을 두어야 할 내용 2. 현행 사회과 교육과정 내용의 수준 정도 3. 현행 사회과 교육과정의 학습 분량 4. 사회과 교과서에 대한 흥미와 관심 정도 5. 사회과 심화·보충 과정의 비율 정도 6. 사회과 내용 통합의 정도	

대상	구분(영역)	설문 내용 (설문 요지)	비고
사회과 교사 (초·중·고교)		7. 사회과 통합의 바람직한 형태 8. 사회과 교육과정 내용의 지역화 정도 9. 사회과 교육과정 경험확대법 배열 원리의 적정 여부 10. 국민공통기본교육과정상의 8-10학년 국사 배열의 형태 11. 사회과 국민공통기본교육과정의 초·중·고교 내용 연계성 정도 12. 사회과 내용 진술의 상세화(또는 통합화) 정도 13. 사회과에서의 사회 문제, 사회 쟁점 지도 적절성 정도 14. 미래 사회과 교육과정의 지역화 정도	
	교수·학습 방법 (지도 방법 자료 포함)	1. 사회과 교수·학습 지도 시의 적정한 교수 방법 2. 사회과 교육과정에서의 탐구 학습, 문제 해결 학습의 수행 정도 3. 사회과 고급 사고력 신장을 위한 교수 기법 4. 사회과 교육과정의 교수·학습 영역 진술 항목(22개 항) 과다(過多) 여부 5. 사회과 교육과정 교수·학습 방법의 기술 형식 6. 바람직한 사회과의 학습 모습(유형) 7. 사회과 교육의 학교 현장에서 학생 중심 학습의 제약 이유 8. 사회과 교육과정의 교수·학습 방법의 효용도 9. 사회과 교과서의 자료 준비 및 투입의 용이도 10. 사회과 교육의 통합 교육 실제 시행 여부 11. 사회과 교육과정 개발의 적당한 참여 인사	
	평가	1. 학교 현장에서 사회과 수행 평가의 이행 정도 2. 사회과 평가의 곤란 영역	
	기타 (실천운영, 환류)	1. 사회과 교육과정의 평가 및 환류 횟수(연) 2. 사회과 교육과정의 적당한 개정 주기 3. 사회과 교육과정 개발(개정) 시 참여 인사(요인) 4. 사회과 수업에서의 활용되는 교육과정 관련 도서(자료) 5. 사회과 교육과정 이해에 도움이 되는 자료 6. 사회과 교육과정의 정상화·효율적 운영 조건 7. 사회과 교육과정의 실천 운영권 보유자(확보자)	
사회교육과 학생 (교대·사대 학생)	편제	1. 사회과 국민공통기본교육과정·선택중심교육과정의 이해 2. 사범계 대학 사회교육과에서 강조해야 할 요소	
	성격	1. 사회과 교육과정에 부합되는 성격 요소 2. 사회과 교육과정 편성 시 성격, 목표 설정의 고려 사항	
	목표	1. 사회교육과 교육 목표의 중점	
	내용	1. 사회과 교육과정에 대한 인지(認知) 정도 2. 사회교육과 수학 시 교육과정 내용의 교사 임용 후 활용도 기대 3. 사회교육과 수학 시 교육과정 내용의 교사 임용 후 비활용 이유 4. 사회교육과의 교과 교육학·교과 내용학 구조 5. 사회교육과의 타 전공 이수에 대한 의견 6. 초·중·고교 사회과 교육과정의 강조 사항 7. 사회과에서 길러야 할 민주 시민의 자질 8. 사회과의 민주 시민적 자질과 세계 시민적 소양으로 적당한 내용 9. 사회교육과에서 소홀히 다루어지는 사회과학(중복 선택: 3가지)	
	교수·학습 방법 (자료)	1. 사범계 대학 사회교육과 교육과정과 초·중·고교 사회과 교육과정의 연계성 2. 사회과 교수들의 강의 방식 개선 사항 3. 초·중·고교 사회과 교육과정의 통합성 정도	
	평가(기타)	1. 바람직한 초·중·고교의 사회과 평가 방법 2. 사회교육과 평가 방법의 주된 형태	

대상	구분	설문 내용 (설문 요지)	비고
사회교육과 학생 (교대·사대 학생)	환류 (교원 임고 포함)	1. 사회교육과 학생으로서의 현재 고민 사항 2. 사회과 교원 임용 고사(교사 임용 시험) 응시 횟수(예정) 3. 사회과 교원 임용 고사 준비로 사용하는 참고 도서 4. 사회교육과의 교과 전문성 확보 정도 5. 사회교육과의 교육 실습 효과 정도	
사회교육과 교수 (교대·사대 교수)	편제	1. 대학 사회교육과 교육과정에서의 강조 요소	
	성격	1. 사회 발전에 따른 적당한 사회과 성격 2. 사회과 교육과정의 성격, 목표 요소	
	목표	1. 사회교육과정의 교육 목표 중점	
	내용	1. 초·중·고교 사회과 교육과정의 인지 정도 2. 사범계 대학 사회과 교육과정과 초·중·고교 사회과 교육과정의 연계 정도 3. 대학에서 이수한 사회과 관련 내용이 교원 임용 후 활용되지 않는 이유 4. 사회교육과의 전문성 확보 정도 5. 사회교육과 학생들에게 강조해야 할 자질 6. 사회교육과의 일반교육학, 교과 교육학, 교과 내용학 구성 및 강조 7. 사회교육과 학생의 타 전공과목 이수에 대한 의견 8. 초·중·고교 사회과 교육과정의 강조 사항 9. 사회과에서 신장시켜야 할 민주 시민적 자질, 세계 시민적 소양 10. 사회교육과에서 소홀히 다루어지는 사회과학 11. 사회교육 학생(예비 교사)에게 강조해야 할 내용	
	교수·학습 방법 (지도 방법 자료)	1. 사회교육과 학생 교육 시 사회과 교육과정의 활용 정도 2. 사회교육과 학생들의 사회과 소양 제고를 위한 자료 3. 사회과 강의를 위한 교재 연구 시간 4. 사회교육과 교과 강의로 사용하는 주된 방식(형태) 5. 사회과 교육과정의 교수 학습 방법 및 지도 방법에서 변화가 필요한 분야 6. 사회교육과 학생들의 교육 실습 효과	
	평가	1. 사회교육과 강의 후 주된 평가 방식(형태)	
	기타	1. 사회교육과 교수들의 학기당 담당 강좌 교과목 수 2. 사회교육과 학생들의 사회과 교육과정 이수상의 애로점	

2. 초·중·고교 사회과 교사 의견

1) 교육과정 일반

<표 Ⅰ-Ⅲ> 교육과정 일반에 대한 의견

구분	문항	초등 교사(명, %)		중학 교사(명, %)		고교 교사(명, %)		전체(명, %)		비고
		빈도	비율	빈도	비율	빈도	비율	빈도	비율	
1. 추구하는 인간상	①아주 적절	221	29.8	183	40.3	220	48.9	623	37.8	x^2=11.5 df=8 P<.001
	②적절	245	33.1	148	32.6	164	36.4	557	33.9	
	③그저 그러함	124	16.7	89	19.6	40	8.9	253	15.5	
	④부적절	120	16.2	24	3.2	19	4.2	163	9.9	
	⑤아주 부적절	31	4.2	10	1.3	7	1.6	48	2.9	
	합 계	741	100	454	100	450	100	1645	100	
2. 교육과정 구성 방침	①아주 적절	125	16.9	92	20.3	129	28.7	346	21.0	x^2=23.68 df=8 P<.001
	②적절	252	34.0	189	41.6	200	44.4	641	39.0	
	③그지 그리함	221	29.8	50	11.0	15	3.3	286	17.4	
	④부적절	89	12.0	63	13.9	35	7.8	187	11.4	
	⑤아주 부적절	54	7.3	60	13.2	71	15.8	185	11.2	
	합 계	741	100	454	100	450	100	1645	100	
3. 학교급별 목표	①아주 적절	85	11.5	67	14.8	30	6.7	182	11.1	x^2=12.4 df=8 P<.001
	②적절	142	19.2	104	22.9	29	6.4	275	16.8	
	③그저 그러함	301	40.6	214	47.1	199	44.2	714	43.4	
	④부적절	123	16.6	49	10.8	124	27.6	296	18.0	
	⑤아주 부적절	90	10.8	20	4.4	68	15.1	178	10.7	
	합 계	741	100	454	100	450	100	1645	100	
4. 국민공통기본 교육과정, 선택중심교육 과정체제	①아주 적절	182	24.6	79	17.4	95	21.1	356	21.6	x^2=28.18 df=8 P<.01
	②적절	201	27.1	101	22.2	90	20.0	392	23.8	
	③그저 그러함	252	20.5	90	19.8	59	13.1	301	18.3	
	④부적절	104	14.0	114	25.1	126	28.0	344	20.9	
	⑤아주 부적절	102	13.8	70	15.5	80	17.8	252	15.4	
	합 계	741	100	454	100	450	100	1645	100	
5. 교육과정 교과 순서	①아주 적절	386	52.1	201	44.3	188	41.8	775	47.1	x^2=12,4 df=8 P<.001
	②적절	204	27.5	137	30.2	126	28.0	467	28.4	
	③그저 그러함	90	12.1	62	13.7	66	14.7	218	13.3	
	④부적절	51	6.9	30	6.6	40	8.8	121	7.3	
	⑤아주 부적절	10	1.4	24	5.3	30	6.7	64	3.9	
	합 계	741	100	454	100	450	100	1645	100	

<표 Ⅰ-Ⅲ>은 현행 제7차 교육과정의 총론을 중심으로 한 교육과정 일반에 관한 일선 초·중·고교 교사들의 의견 조사 분석 결과이다. 즉 일선 학교에서 사회과를 직접 지도하고 있는 현장 교사들의 교육과정 일반에 대한 이해와 인식 현황이라고 할 수 있다. 제7차 교육과정의 구성은 총론과 각론으로 나누어, 총론에서는 교육과정 구성의 방향, 학교급별 교육 목표, 편제와 시간·단위 배당 기준, 편성·운영 지침 등을 제시하고, 각론에서는 각 교과의 교육 목표, 교육 내용, 교수·학습 방법, 평가 등에 대한 내용을 상세하게 제시한 체제를 유지하고 있다.

<표 Ⅰ-Ⅲ-1>은 현행 교육과정에서 추구하는 본질적 인간상에 대한 사회과 교사들의 견해이다. 현행 교육과정에서는 세계화·정보화 사회에 적절하게 적응하고 미래 사회를 능동적으로 주도할 유능한 인간을 육성하는 데 초점을 맞추고 있다. 이를 위하여 교육과정에서 추구하는 인간상을 "전인적 성장의 기반 위에 개성을 추구하는 사람, 기초 능력을 토대로 창의적인 능력을 발휘하는 사람, 폭넓은 교양을 바탕으로 진로를 개척하는 사람, 우리 문화에 대한 이해의 토대 위에 새로운 가치를 창조하는 사람, 민주 시민의 의식을 기초로 공동체 발전에 공헌하는 사람" 등 5 가지를 들고 있다(김재복 외, 1999: 39-45).

이와 같은 교육과정의 추구하는 인간상에 대하여 사회과 교사들은 71.7%가 적절한 것으로 의견을 제시하고 있다. 학교급별로는 초등학교 교사 62.9%, 중학교 교사 72.9%, 고등학교 교사 85.3%가 적절 또는 매우 적절하다는 반응을 보이고 있다. 이는 21세기 새로운 세기를 맞아 우리 사회의 변동과 발전을 적절하게 담아낸 5 가지 추구하는 인간상이 사회적·시대적 이념에 부합되기 때문으로 풀이된다. 다만, 1997년에 고시된 제7차 교육과정에서의 추구하는 인간상이 한 자구(字句)의 수정도 없이 강산이 변할 만큼의 세월이라는 10년 뒤, 소위 '2007년 개정 교육과정'에 그대로 제시된 것은 한 번쯤 재고(再考)해야 할 대목이라고 생각된다.

<표 Ⅰ-Ⅲ-2>는 현행 교육과정의 구성 방침의 적절성에 대한 초·중·고교 사회과 교사들의 의견이다. 사회과 교사들은 현행 교육과정의 구성 방침인, 사회적 변화의 흐름을 주도할 수 있는 교육과정 구성, 국민공통기본교육과정과 선택중심교육과정 도입, 내용과 양의 조정 및 수준별 교육과정 도입, 학생의 능력, 적성, 진로를 고려하고, 교육 내용 및 방법의 다양화, 교육과정 평가 체제를 확립하고 교육의 질 관리 노력 등에 대하여 60% 정도가 대체로 긍정적 반응을 보이고 있다. 특히, 초등학교 교사 53.9%, 중학교 교사 61.9%, 고등학교 교사 73.1% 교사들이 적절하다는 반응을 보여서 학교급이 올라갈수록 교육과정의 구성 방침을 긍정적으로 보고 있는 것으로 나타났다. 다만, 전체 교사 중 22.6%라는 낮지 않은 비율이 현행 교육과정 구성 방침이 부적절하다고 응답한 결과는 시사(示唆)하는 바가 크다고 본다.

<표 Ⅰ-Ⅲ-3>은 현행 교육과정에서 제시한 초등학교, 중학교, 고등학교 등 학교급별 교육 목표의 적절성에 대한 의견 조사 분석 결과이다. 현행 교육과정의 초등학교 교육 목표는 학생의 학습과 일상생활에 필요한 기초 능력 배양과 기본 생활 습관 형성, 중학교 교육 목표는 학생의 학습과 일상생활에 필요한 기본 능력과 민주 시민으로서의 자질 함양, 고등학교 교육 목표는 학생의 적성과 소질에 맞는 진로 개척 능력과 세계 시민으로서의 자질 함양 등이다. 이에 대하여 전체적으로 사회과 교사들은 적절하다는 반응이 27.9%, 부적절하다는 반응이 28.7%로 팽팽히 맞서고 있다. 그리고 '그저 그렇다'고 유보적인 반응을 보인 교사들이 43.4%로 압도적이었다. 특이한 점은 초등학교 교

사들과 중학교 교사들이 학교급별 교육 목표의 적절성에 대하여 각각 30.7%, 47.7%가 적절하다는 긍정적 반응을 보인 반면, 고등학교 교사들은 13.1%만이 적절하다는 반응을 보이고 있는 점이다. 이처럼, 고등학교 사회과 교사들이 고등학교 교육과정의 교육 목표에 대하여 부정적인 것은 다변화 된 사회에서 보통 교육을 마무리하고 대학 입학 등 고등 교육 진학, 사회 진출의 직전 교육 기관으 로서의 기능을 하는 고등학교의 교육 목표가 단순히 진로 개척, 세계 시민 자질 함양 등으로 제시 된 것은 너무 간단하다는 반응을 보인 것으로 분석되어, 향후 교육과정 개발에서는 고등학교 교육 목표 설정에서 어느 정도 상세화, 정선화가 필요하다는 반증이라고 볼 수 있다.

<표 Ⅰ-Ⅲ-4>는 현행 교육과정의 핵심인 국민공통기본교육과정과 선택중심교육과정에 대한 초·중·고교 사회과 교사들의 반응이다. 분석 결과 전체적으로 45.4%의 교사들이 긍정적 반응을 보이고 있고, 36.4%의 교사들은 부정적 반응을 보이고 있으며, 유보적 반응을 보인 비율은 301명으로 18.3% 이다. 국민공통기본교육과정과 선택중심교육과정 도입에 대하여 대체로 긍정하는 분위기이나, 이에 대하여 썩 내켜 하지 않는 교사들도 전체 응답자의 약 4할에 육박하여 완벽하지 않은 교육과정 체제 로, 향후 우리 교육 실정에 부합되도록 개정이 있어야 한다는 반증이라고 볼 수 있다. 특히 초등학교 교사들의 27.8%, 중학교 교사들의 40.6%가 긍정적 반응을 보인 반면, 고등학교 교사들은 46.3%나 국 민공통기본교육과정과 선택중심교육과정에 대하여 부정적 반응을 보인 점은 국민공통기본교육과정 보다 제11-12학년 과정인 고등학교 제2-3학년의 선택중심교육과정이 학교 현장에 원활하게 정착하 지 못하고 있다는 교육계 일반의 지적 및 비판과 일맥상통한다고 판단된다.

<표 Ⅰ-Ⅲ-5>는 현행 교육과정의 전체 편제에서 교과 순서의 적절성에 대한 일선 사회과 교사 들의 반응이다. 현행 제7차 교육과정의 국민공통기본교육과정에서는 교육과정 영역을 교과, 재량 활동, 특별 활동 등으로 삼분(三分)하고 있다. 그리고 교과는 국어, 도덕, 사회, 수학, 과학, 실과(기 술·가정), 체육, 음악, 미술, 외국어(영어) 등 10개로 규정하였고, 통합 교과제를 채택하고 있는 초 등학교 제1-2학년은 국어, 수학, 바른 생활, 슬기로운 생활, 즐거운 생활, 우리들은 제1학년 등 6(5) 개 교과로 편제하고 있다.

고등학교의 선택중심교육과정의 보통 교과는 국어, 도덕, 사회, 수학, 과학, 기술·가정, 체육, 음 악, 미술, 외국어 및 한문, 교련, 교양 선택 과목 등 13개이다. 일반 선택 과목은 사회과의 인간 사 회와 환경(4), 시민 윤리(4)를 포함하여 총 25과목 중에서 24단위 이상을 이수하여야 하고, 심화 선 택 과목은 사회·문화(8), 정치(8), 경제(8), 법과 사회(6), 한국 지리(8), 세계 지리(8), 경제 지리(6) 한국 근·현대사(8), 세계사(8)를 포함하여, 총 54과목 중에서 112단위 이하를 이수하도록 규정하고 있다.

이와 같은 교육과정의 전체적 교과 순서에 대하여 현직 사회과 교사들은 75.5%의 압도적 동의를 보이고 있다. 학교급별로는 초등학교 77.6%, 중학교 74.5%, 고등학교 69.8% 등이 긍정적 반응을 보 이고 있다. 도구 교과로서의 국어과를 최우선으로 하고, 국민 도덕과 윤리를 다루는 도덕과 다음에 민주 시민을 육성하는 사회과를 배열한 교육과정 순서에 대하여 대체로 만족하고 있는 것이다. 사 회과의 교과 순서가 대체로 적절하다고 보고 있는 것이다.

한편, 최근 고시된 '2007년 개정 교육과정'에서도 대체로 제7차 교육과정 과목,편제와 비슷한 구 조를 이루고 있으나, 교과군(敎科群)이 기존 5개에서 체육·음악·미술군의 체육이 별도로 분리되어 총 6개 군이 되었다. 선택 과목은 일반 선택 과목과 심화 선택 과목을 통합하여 '선택 과목'화하였으며, 총 79개 과목 중에서 132단위를 이수하도록 개정되었다.

사회과와 관련된 과목의 개정 사항은, 제7차 교육과정에서 사회·문화(8), 정치(8), 경제(8), 법과 사회(6), 한국 지리(8), 세계 지리(8), 경제 지리(6) 한국 근·현대사(8), 세계사(8) 등이었던 것이, 2007년 개정 교육과정에서는 사회·문화(6), 정치(6), 경제(6), 법과 사회(6), 한국 지리(6), 세계 지리(6), 경제 지리(6), 한국 문화사(6), 세계 역사의 이해(6), 동아시아사(6) 등으로 단위와 교과목명이 변경되었다.

2) 사회과의 기본 방향 및 편제

〈표 Ⅰ-Ⅵ〉 사회과의 기본 방향·편제

구분	문항	초등 교사(명, %)		중학 교사(명, %)		고교 교사(명, %)		전체(명, %)		비고
		빈도	비율	빈도	비율	빈도	비율	빈도	비율	
1. 사회과 편제	①아주 적절	224	30.2	96	21.1	99	22.0	419	25.5	x^2=23.6 df=8 P<.001
	②적절	342	46.2	201	44.3	220	48.9	763	46.4	
	③그저 그러함	80	10.8	64	14.1	86	19.1	230	14.0	
	④부적절	55	7.4	63	13.9	31	6.9	146	8.9	
	⑤아주 부적절	40	5.4	30	6.6	14	3.1	84	5.2	
	합 계	741	100	454	100	450	100	1645	100	
2. 사회과 교육과정과 교과서의 연계성	①아주 적절	124	16.7	136	29.9	142	31.6	402	24.4	x^2=22.10 df=8 P<.001
	②적절	120	16.2	106	23.3	120	26.7	346	21.0	
	③그저 그러함	354	47.8	192	42.2	159	35.3	705	42.9	
	④부적절	101	13.6	11	2.4	19	4.2	131	8.0	
	⑤아주 부적절	42	5.7	9	0.2	10	2.3	61	3.7	
	합 계	741	100	454	100	450	100	1645	100	
3. 사회과 교육과정 학습 분량	①아주 많은 편	101	13.6	60	13.2	54	12.0	215	13.1	x^2=19.09 df=8 P<.01
	②많은 편	172	23.2	104	22.9	120	26.7	396	24.1	
	③적당한 편	284	38.3	101	22.2	104	23.1	489	29.7	
	④적은 편	94	12.7	89	19.6	66	14.7	249	15.1	
	⑤아주 적은 편	90	12.2	100	22.1	106	23.5	296	18.0	
	합 계	741	100	454	100	450	100	1645	100	
4. 사회과 수업 시간 수	①아주 많은 편	30	4.0	62	13.7	54	12.0	146	8.9	x^2=11.05 df=8 P<.01
	②많은 편	72	7.0	54	11.9	67	14.9	173	10.5	
	③적당한 편	180	24.3	126	27.8	167	14.9	473	28.7	
	④적은 편	347	46.9	132	29.1	60	13.3	539	32.8	
	⑤아주 적은 편	132	17.8	80	17.5	102	22.7	314	19.1	
	합 계	741	100	454	100	450	100	1645	100	

<표 Ⅰ-Ⅳ-1>은 현행 사회과 편제에 대한 초·중·고교 사회과 교사들의 의견을 분석한 결과이다. 현행 사회과 편제는 10학년제인 국민공통기본교육과정에서, 초등학교 제1-2학년인 국민공통기본교육과정 학제 제1-2학년에서는 도덕과적 내용과 통합하여 '바른 생활과'로, 과학과적 내용과 통합하여 '슬기로운 생활과'로 편제되어 있으며, 제3-8학년에서는 연간 102시간 이상(주당 3시간 이상), 중학교 제3학년 단계인 제9학년에서는 136시간(주단 4시간)을 이수하도록 편제되어 있다. 아울러, 고등학교 제1학년인 제10학년에서는 170시간을 배열하였는데, 이 중 68시간은 국사 영역에 할당하였다.

선택중심교육과정을 이수하는 고교 제2-3학년인 제11-12학년의 사회과는 일반 선택 과목인 시민 사회와 윤리(4단위), 인간 사회와 환경(4) 등 2과목과, 심화 선택 과목인 사회·문화(8), 정치(8), 경제(8), 법과 사회(6), 한국 지리(8), 세계 지리(8), 경제 지리(6) 한국 근·현대사(8), 세계사(8) 등 총 9과목이다.

이러한 사회과의 편제에 대하여 사회과 교사들은 대체로 긍정적인 반응을 보이고 있다. 초등학교 교사의 76.4%, 중학교 교사의 65.4%, 고등학교 교사의 70.9%, 전체 평균 71.9%가 현행 사회과 편제를 적절 이상으로 보고 있어서, 사회과 편제상으로는 사회 발전과 시대 변화에 부합되는 것으로 분석할 수 있는 것이다.

<표 Ⅰ-Ⅳ-2>는 현행 사회과 교육과정과 사회과 교과서의 연계성을 사회과 교사들의 반응을 중심으로 결과 분석한 것이다. 전체적으로 45.4%가 긍정적으로 반응하여, 사회과 교사들은 현행 사회과 교육과정과 사회과 교과서가 어느 정도 부합되는 것으로 보고 있다. 다만, 절반 이상이 현행 사회과 교육과정과 사회과 교과서의 연계성에 대하여 부정적 또는 유보적 반응을 보인 점에 대하여 유념해야 할 것이다. 특히, 중학교 교사 53.1%, 고등학교 교사 58.3%가 사회과 교육과정과 사회과 교과서의 연계성을 높게 보고 있는 반면, 상대적으로 초등학교 교사들은 32.9%만이 긍정적 반응을 보이고 있다. 이는 현재 교과서 편찬 체제가 중등학교는 검정제를 채택하여 단위 학교별로 다양한 선택을 할 수 있는 반면, 초등학교는 국정제를 채택하고 있어서 선택의 폭이 넓지 못한 데 기인(起因)하는 것으로 해석된다.

현행 사회과 교과서는 초등학교의 경우 각 학기별로 본 교과서와 보조 교과서인 사회과 탐구, 사회과 부도 등이 있다. 아울러, 제3학년 단계에서는 시·군·구 단위의 기초 지역 교과서를 지역 교육청에서 발행하고, 제4학년 단계에서는 시·도 단위의 광역 지역 교과서를 광역 교육청에서 발행하여 활용하고 있으며, 나머지 교과서는 국정으로 교육과학기술부에서 발행한 것을 전국적으로 일제히 사용하고 있는 현실이다.

중학교와 고등학교에서는 사회과 본 책은 검정(교육과학기술부 채택) 또는 인정(시·도 교육청 채택) 교과서를 단위 학교별로 채택하여 활용하고 있으며, 보조 교과서인 역사 부도, 지리 부도 등도 검·인정제를 채택하여 선택의 폭이 상당히 넓은 편이다.

사회과 입장에서는 장기적으로 초등학교의 교과서도 검정제로 나아가 여러 가지 교과서 중에서 단위 학교별로 채택하여 활용할 수 있는 교과서 제도 개선이 필요하다고 본다. 교육과정 개발의 규정대로, 교육과학기술부는 '고시(告示)'로 그리고 시·도교육청은 편성·운영 '지침(指針)'으로, 지역 교육청은 '장학 자료(奬學 資料)'로 교과서 편찬과 집필에 대한 일정한 범위와 계열성만을 제시해 주면, 우려하는 문제점은 상당히 감소할 것으로 사료(思料)된다.

<표 Ⅰ-Ⅳ-3>은 현행 초·중·고교 사회과 교육과정의 학습 분량에 대한 사회과 교사들의 의견 분석 결과이다. 분석 결과 현행 사회과 교육과정의 학습 분량은 전체적으로 37.2%가 과중하게 많다는 응답, 33.1%는 적다는 응답, 그리고 29.7%는 적당하다는 응답을 보여, 대체적으로 적당한 것으로 나타났다. 다만, 과중하다는 응답이 적다는 응답보다 다소나마 많은 것으로 나타난 것은, 사회과가 학생 중심 학습, 현장 체험 중심 학습, 탐구 중심 학습 등을 기반으로 한다는 점을 전제하면, 향후 교육과정 개발, 개정에 충분한 고려를 하여야 할 사항이라고 사료된다.

<표 Ⅰ-Ⅳ-4>는 현행 사회과 교육과정의 수업 시간 수의 적절성에 대한 사회과 교사들의 의견 분석 결과이다. 따라서 이는 사회과 학습 분량과도 매우 밀접한 관련이 있는 항목이다.

분석 결과, 사회과 학습 분량에 대한 반응과는 다른 의견을 보인 점이 주목된다. 즉 초·중·고교 사회과 교사들이 공히 사회과 교육과정의 학습 분량은 대체로 적당하다는 반응을 보인 데 비하여, 사회과 수업 시간 수는 부족하다는 반응이 주류를 이루고 있다. 초등학교 교사의 64.7%, 중학교 교사의 47.5%, 고등학교 교사의 34.0%, 총 평균 51.9%의 사회과 교사들이 현행 교육과정상의 사회과 수업 시간 수가 부족하다는 반응을 보였다.

현행 사회과 교육과정의 사회과 수업 시간은 국민공통기본교육과정의 제3-8학년인, 초등학교 제3학년부터 중학교 제2학년까지는 연간 102시간(주당 3시간), 제9학년인 중학교 제3학년은 136시간(주당 4시간), 10학년인 고등학교 제1학년은 170시간(국사 68시간·주당 5시간) 이상을 이수하게 되어 있다.

이러한 사회과 이수 및 수업 시간 수가 부족하다는 응답이 주류를 이루는 것은 사회과가 학생 중심, 활동 중심으로 이루어지는 특성을 가진 교과이기 때문인 것으로 해석된다. 이는 과거 사회과가 교사 중심의 강의식, 주입식 등 교과에서, 학생 중심 탐구식, 문제 해결식 등 교과로 변화되고 있음을 보여 주는 것이라고 풀이된다. 특히, 이 분석 결과에서 유념해야 할 것은, 사회과 교사들이 초등학교에서 중등학교로 올라갈수록 사회과 수업 시간 수가 덜 부족하다는 반응을 보인 것은, 상대적으로 중등학교에서 더욱 교사 중심 사회과 수업이 상존하는 결과로 보이며, 특히 고등학교에서는 대학 입시 등 진학 준비로 주 교과인 국어·영어·수학과 등 주 교과에 치중하여 상대적으로 사회과가 소홀히 다루어지고 있다는 반증이 아닌가 해석되고 있다.

'2007년 개정 교육과정'에서 사회과 수업 시간 수는 제3학년(초등학교 제3학년)부터 제8학년(중학교 제2학년)까지는 각 학년별 연 102시간씩으로 제7차 교육과정의 시간수와 같다. 그리고 제9학년(중학교 제3학년)은 연 136시간으로 제7차 교육과정 사회과 시간수와 동일하다. 다만, 제10학년(고등학교 제1학년)에서는 제7차 교육과정에서 연 170시간(국사 68시간 포함)을 이수하도록 배당되었으나, '2007년 개정 교육과정'에서는 연 204시간으로 34시간이 증가하였는데, 이중 102시간은 역사 영역을 지도하도록 배당되었다. 또 제8학년(중학교 제2학년)의 연 102시간 전부와 제9학년(중학교 제3학년)의 연 68시간 역시 역사 영역 지도 시간으로 배당되었다.

3) 사회과의 성격

〈표 Ⅰ-Ⅴ〉 사회과의 성격에 대한 의견

구분	문항	초등 교사(명, %)		중학 교사(명, %)		고교 교사(명, %)		전체(명, %)		비고
		빈도	비율	빈도	비율	빈도	비율	빈도	비율	
1. 사회과의 성격 부합	①민주 시민 교육	210	28.3	121	26.7	103	22.9	433	26.3	x^2=10.12 df=10 P<.001
	②사회과학 교육	102	13.8	130	28.5	145	32.2	377	22.9	
	③반성적 탐구	195	26.3	59	13.0	62	13.8	316	19.2	
	④의사 결정력 신장	180	24.3	104	23.0	58	12.9	342	20.8	
	⑤학생 참여 조장	20	2.3	30	6.6	51	11.3	101	6.2	
	⑥기타	34	4.6	10	2.2	31	6.9	75	4.6	
	합 계	741	100	454	100	450	100	1645	100	
2. 미래사회과의 성격	①사회과 통합	160	21.6	121	26.7	106	23.6	387	23.5	x^2=20.92 df=8 P<.001
	②가치·태도 교육	101	13.6	76	10.3	67	14.9	244	14.8	
	③전인 교육	228	30.8	101	22.2	95	21.1	424	25.8	
	④사회과학 지식	66	8.9	116	25.6	148	32.9	330	20.1	
	⑤공동체 배려 봉사	186	25.1	40	8.8	34	7.5	260	15.8	
	합 계	741	100	454	100	450	100	1645	100	
3. 민주 시민 교육, 민주 시민의 자질	①사회, 국가 애국심	60	8.1	31	6.8	20	4.4	111	6.7	x^2=14.14 df=8 P<.001
	②구성원 판단력	123	16.6	148	32.6	100	22.2	371	22.6	
	③문제 해결 자세	186	25.1	109	24.0	130	28.9	425	25.8	
	④대화·토의 능력	270	36.4	126	27.8	152	33.8	548	33.3	
	⑤책무 완수 태도	102	13.8	40	8.8	48	10.7	190	11.6	
	합 계	741	100	454	100	450	100	1645	100	
4. 사회과 성격, 목표 설정 시의 고려 점	①전통 사회과 본질	204	27.5	95	20.9	80	17.8	379	23.0	x^2=37.88 df=8 P<.001
	②사회변화패러다임	186	25.1	127	30.0	134	29.8	447	27.2	
	③사회과 주요쟁점	80	10.8	130	28.6	108	24.0	318	19.3	
	④정책적 강조사항	47	6.3	40	8.8	50	11.1	137	8.3	
	⑤전인적 성장도모	224	30.2	62	13.7	78	17.3	364	22.2	
	합 계	741	100	454	100	450	100	1645	100	
5. 세계 시민적 소양	①책임	76	10.3	130	28.6	141	31.3	347	21.1	x^2=17.85 df=8 P<.001
	②봉사	85	11.5	111	24.4	99	22.0	295	17.9	
	③배려	211	28.5	51	11.2	41	9.2	303	18.4	
	④협동 및 호혜	106	14.3	58	12.8	74	16.4	305	18.5	
	⑤성실	263	35.4	104	22.9	95	21.1	462	28.1	
	합 계	741	100	454	100	450	100	1645	100	

<표 Ⅰ-Ⅴ-1>은 현행 사회과 교육과정에 부합되는 사회과 성격에 대한 사회과 교사들의 반응 결과이다. 설문 문항으로 제시된 것은 현대 사회과에서 강조되고 있는 사회과의 본질에 관련된 5개 항목이며, 문항 외의 의견은 기타 난에 별도로 서술, 응답하도록 하여 결과를 분석하였다. 그 결과, 민주 시민 교육, 사회 과학 교육, 의사 결정력 신장, 반성적 탐구 등을 두루 중시하고 있음이 밝혀졌다. 이 중 민주 시민 교육이 26.3%로 가장 높은 반응을 보인 것은, 사회과의 본질인 민주 시민 교육이 현대 사회에서도 세계 시민 교육으로 승화하여 더욱 강조되어야 할 주요한 교육 덕목이라는 의견이라고 보이며, 더불어, 사회과의 탐구 정신을 강조하는 반성적 탐구를 강조하고 있고, 1980년대 이후 사회과 교육의 핵심으로 떠오른 의사 결정력 신장도 현대 사회과 교육에서 더욱 강조되어야 한다고 보고 있는 것이다.

특이한 점은, 사회과의 본질 중의 하나인 사회 과학 교육이 중등학교에서는 여전히 중시되고 있는데, 이는 1970년대 이후의 소위 신사회과(新社會科) 운동의 영향과 함께, 생활 및 활동 중심인 초등학교 사회과와 달리, 중등학교, 특히 고등학교에서는 지식 중심의 입시 교육에 사회과 교육이 경사(傾斜)되어 있다는 반증으로 해석되고 있다. 기타로 반응한 4.6% 속에는 윤리 교육 강조, 통합 교육 강조, 현대 사회의 올바른 이해 등이 포함되어 있다.

<표 Ⅰ-Ⅴ-2>는 미래 사회과의 성격으로 적절한 요소에 대한 사회과 교사들의 반응 결과이다. 사회과 교사들은 미래 사회과의 성격으로 전인 교육 강조, 사회과 통합 강조, 사회 과학 지식 강조, 공동체에 대한 배려와 봉사, 가치ㆍ태도 교육 순으로 우선순위를 두고 있는 것으로 나타났다. 전인 교육의 강조는 사회과의 근본적 목적과 본질인 민주 시민 교육이 결국 미래 사회를 올바르게 살아가는 바람직한 인간 육성이라는 점을 강조하는 것으로 볼 수 있다. 아울러, 사회과의 통합 강조는 사회과가 사회 과학 간, 학교급 간, 영역 간, 단원 간 등에 종적ㆍ횡적 연계와 통합으로 이루어져야 한다는 점을 중시하고 있다고 볼 수 있다. 사회과에서 오랜 관심과 논란이 되어 온 사회 과학에 대한 선호도는 초등학교 8.9%인 데 비하여, 중학교는 25.6%, 고등학교는 32.9%로 편차가 심하였다. 이는 사회과에서 내용 학문인 사회 과학을 학교급이 올라갈수록 강조하고 있기 때문이며, 한편으로는 대학 입시, 지식 강조 등 상급 학교 진학과 밀접한 관련이 있는 것으로 해석된다.

<표 Ⅰ-Ⅴ-3>은 사회과에서 이루어지는 민주 시민 교육 및 민주 시민의 자질에 적합한 요소에 대한 의견 분석 결과이다. 사회과 교사들은 민주 시민의 자질로 대화 및 토의 능력 33.3%, 문제 해결 자세 25.8%, 사회 구성원들에 대한 판단력 22.6% 순으로 강조하고 있다. 이는 복잡다단한 현대 사회에서는 개인 및 집단의 토론ㆍ토의ㆍ대화 등을 통한 의사 결정과 의사소통을 중시하고 있다는 결론이며, 나아가 현대 사회의 사회과의 지향점인 문제 해결력, 올바른 판단력 등을 강조하고 있다고 볼 수 있다.

반면, 전통적으로 강조하여 왔던, 사회ㆍ국가에 대한 애국심 6.7%, 자신의 책임과 의무 완수 11.6% 등으로 나타나 사회과 교육에서 성격과 목표가 시대 변화와 사회적 요구에 따라 변화해야 한다는 점을 반영한 것으로 해석된다.

<표 Ⅰ-Ⅴ-4>는 시대 변화와 사회 발전에 따라 새롭게 조명해야 할 사회과의 성격과 목표 설정 시 우선 고려해야 할 사항에 대한 의견 조사 분석 결과이다. 초ㆍ중ㆍ고교 사회과 교사들은 사회과 성격과 목표 설정 시에 우선 사회 변화의 패러다임(paradigm), 전통 사회과의 본질, 전인적 성

장 도모, 사회과 주요 쟁점 등을 반영해야 한다고 응답하였다. 사회 변화의 패러다임 반영, 사회과 주요 쟁점 반영은 사회 현상과 사회 문제를 다루는 사회과의 성격과 목표 설정 시에 이러한 시의 적절한 시대적·사회적 내용을 반영하여야 한다는 주장이며, 전통 사회과의 본질 강조는, 전통적으로 사회과의 본질인 민주 시민 교육을 미래 사회과에서도 간과해서는 안 된다는 입장으로 보인다. 그리고 전인적 성장 도모는 바람직한 인간 육성이 사회과의 근본적 목표인 이상, 사회과의 성격과 목표 설정 시에 예외 없이 이를 강조해야 한다는 점으로 볼 수 있다. 한편, 과거 사회과의 성격과 목표 설정 시에 정권적 차원에서 접근하였던 정책적 강조 사항은 8.3%의 미미(微微)한 동의를 얻고 있어서 현대 사회과의 변화를 엿볼 수 있다.

　　<표 Ⅰ-Ⅴ-5>는 세계화·정보화 시대인 현대 사회에 민주 시민적 자질을 승화한 세계 시민적 소양으로 적절한 요소를 선택한 사회과 교사들의 반응 결과이다. 사회과 교사들은 세계화 시대의 세계 시민적 소양으로 성실 28.1%, 책임 21.1%, 협동 및 호혜(互惠) 18.5%, 배려 18.4%, 봉사 17.9% 등을 고루 다루어야 한다는 반응을 보이고 있다. 특히, 초등학교 교사들은 '성실'을 가장 강조하는 데 비하여, 중등학교 교사들은 '책임'을 더욱 강조하고 있다는 점이 비교되고 있다. 결국, 세계화·정보화 사회에서는 사회를 올바르게 살아갈 수 있도록 다양한 자질과 소양의 요소를 사회과에서 강조해야 한다고 볼 수 있다.

4) 사회과의 목표

〈표 Ⅰ-Ⅵ〉 사회과의 목표에 대한 의견

구분	문항	초등 교사(명, %)		중학 교사(명, %)		고교 교사(명, %)		전체(명, %)		비고
		빈도	비율	빈도	비율	빈도	비율	빈도	비율	
1. 현행 사회과의 교과 목표	①아주 적절	208	28.1	31	6.8	48	10.7	287	17.4	x^2=5.56 df=8 P<.001
	②적절	249	33.6	64	14.1	79	17.6	392	23.8	
	③그저 그러함	186	25.1	117	25.8	106	23.5	409	24.9	
	④부적절	60	8.1	141	31.1	120	26.7	321	19.5	
	⑤아주 부적절	38	5.1	101	22.2	97	21.5	236	14.4	
	합 계	741	100	454	100	450	100	1645	100	
2. 삭제된 학년 목표	①아주 적절	99	13.4	31	6.8	67	14.9	197	12.0	x^2=8.12 df=8 P<.01
	②적절	114	15.4	57	12.6	90	20.0	261	15.9	
	③그저 그러함	95	12.8	56	12.3	64	14.2	215	13.1	
	④부적절	286	38.6	184	40.5	128	28.4	598	36.4	
	⑤아주 부적절	147	19.8	126	27.8	101	22.4	374	22.6	
	합 계	741	100	454	100	450	100	1645	100	
3. 미래 사회과의 강조 목표	①고급사고력, 창의력	231	31.2	105	23.1	110	24.4	446	27.1	x^2=17.28 df=8 P<.001
	②사회문제 통찰 능력	149	20.1	107	23.6	103	22.9	359	21.8	

구분	문항	초등 교사(명, %)		중학 교사(명, %)		고교 교사(명, %)		전체(명, %)		비고
		빈도	비율	빈도	비율	빈도	비율	빈도	비율	
3. 미래 사회과의 강조 목표	③정보, 기초학력신장	125	16.9	63	13.9	99	22.0	287	17.4	x^2=17.28 df=8 P<.001
	④세계 시민 교육 강화	164	22.1	92	20.3	87	19.3	343	20.9	
	⑤가치탐구, 판단 능력	72	9.7	87	19.1	51	11.4	210	12.8	
	합 계	741	100	454	100	450	100	1645	100	
4. 사회과 목표의 미래 적절성	①아주 적절	123	16.6	96	21.1	80	17.8	299	18.2	x^2=6.73 df=8 P<.001
	②적절	296	39.9	135	29.7	147	32.7	578	35.1	
	③그저 그러함	148	20.0	100	22.0	95	21.1	343	20.9	
	④부적절	103	13.9	81	17.8	79	17.5	263	16.0	
	⑤아주 부적절	71	9.6	42	9.4	49	10.9	162	9.8	
	합 계	741	100	454	100	450	100	1645	100	
5. 사회과 교과 목표 진술형태	①종합목표 1개	199	26.9	80	17.6	67	14.9	346	21.0	x^2=13.22 df=8 P<.001
	②세부 목표증가	100	13.5	104	22.9	110	24.4	314	19.1	
	③세부 목표감축	64	8.6	47	10.4	67	14.9	178	10.8	
	④위계적 제시	91	12.3	99	21.8	89	19.8	279	17.0	
	⑤현행 형태	287	38.7	124	27.3	117	26.0	528	32.1	
	합 계	741	100	454	100	450	100	1645	100	
6. 사회과 교과 목표 설정 시 고려점	①사회과학 관점	47	6.3	89	19.6	100	22.2	236	14.3	x^2=9.13 df=8 P<.001
	②국가 사회요구	123	16.6	85	18.7	68	15.1	276	16.8	
	③학습자 요구	343	46.3	105	23.1	102	22.7	550	33.4	
	④사회적 쟁점	82	11.1	135	29.7	147	32.7	364	22.1	
	⑤실천 가능성	145	19.7	40	8.9	33	7.3	218	13.4	
	합 계	741	100	454	100	450	100	1645	100	
7. 향후 사회과 교육과정의 강조 행동 특성	①지식 이해	85	11.5	120	26.4	140	31.1	345	21.0	x^2=12.16 df=8 P<.001
	②학습탐구방법	201	27.1	126	27.8	101	22.4	428	26.0	
	③의사 결정력	202	27.3	108	23.8	120	26.7	430	26.1	
	④기능(실기)능력	102	13.8	62	13.7	47	10.4	211	12.8	
	⑤가치·태도	151	20.4	38	8.3	42	9.4	231	14.1	
	합 계	741	100	454	100	450	100	1645	100	

<표 Ⅰ-Ⅵ-1>은 현행 사회과의 교과 목표가 사회과 현실에 부합되는 정도인 적절성에 대한 사회과 교사들의 반응이다. 분석 결과 초등학교 교사들은 61.7%가 사회과 목표가 적절하다고 반응한 데 비하여, 중학교 교사 20.9%, 고등학교 교사 28.3%만이 적절하다고 응답하였다.

1997년에 고시된 현행 제7차 사회과 교육과정은 국민공통기본교육과정과 선택중심교육과정을 도입하여, 초·중·고교의 학교급별 구분 없이 사회과 목표를 "사회 현상에 관한 기초적 지식과 능력은 물론, 지리, 역사 및 제 사회 과학의 기본 개념과 원리를 발견하고 탐구하는 능력을 익혀, 우리 사회의 특징과 세계의 여러 모습을 종합적으로 이해하며, 다양한 정보를 활용하여 현대 사회의 문제를 창의적이며, 합리적으로 해결하고, 공동생활에 스스로 참여하는 능력을 기른다. 이를 바탕으로

개인의 발전은 물론, 국가, 사회, 인류의 발전에 기여할 수 있는 민주 시민의 자질을 기른다.”로 제시하고 그 밑에 각 영역별로 총 6개 항의 세부 목표를 제시하고 있다. 그리고 이러한 제7차 교육과정의 사회과 목표는 ‘2007년 개정 교육과정’에서도 그대로 유지되고 있다.

따라서 동일한 사회과 목표에 대하여, 초·중·고교 사회과 교사들이 서로 다른 반응을 보인 것은, 사회과가 초등학교의 경우 생활 중심, 활동 중심, 학생 중심 교육과정으로 운영되는 데 비하여, 아직까지도 중등학교에서는 지식·이해 중심으로 운영되고 있기 때문으로 풀이된다. 아울러, 중등학교에서는 현행 사회과 목표가 너무 길고 복잡·산만하여, 단순 명료한 메시지를 전달하지 못한다고 보고 있다고 해석된다.

<표 Ⅰ-Ⅵ-2>는 현행 사회과 교육과정에서 없어진 사회과의 학년 목표에 대한 사회과 교사들의 반응이다. 전통적인 우리나라 사회과 교육과정의 목표 위계는 교과 목표, 학년 목표, 단원 목표, 단위 수업 목표 순이었다. 이 중 제7차 교육과정부터 학년 목표를 삭제하고, 직접 교과 목표와 단원(주제) 목표로 연계하고 있다. ‘2007년 개정 교육과정’에서도 이러한 목표 체제를 유지하고 있다. 이렇게 삭제된 사회과 학년 목표에 대해서 사회과 교사들은 지극히 부정적인 인장을 보이고 있다. 즉 초·중·고교 교사들을 통틀어, 학년 목표 삭제가 긍정적이라는 반응이 전체 27.9%인 데 비하여, 부정적인 반응은 무려 60%에 달하였다. 유보적 입장을 보인 교사들은 13.1%였다. 이는 사회과 교사들이 사회과의 교과 목표에서 직접 단원(주제) 목표로 연계된 현행 목표 체제에 대해 반대하는 것으로 볼 수 있어서, 향후 교육과정의 개발·개정에서 심각하게 재고(再考)할 대복이라고 여겨진다.

<표 Ⅰ-Ⅵ-3>은 미래 사회과에서 강조되어야 할 목표 요소에 대한 초·중·고교 사회과 교사들의 의견 분석 결과이다. 사회과 교사들은 미래 사회에서 강조되어야 할 목표 요소로, 고급사고력과 창의력 신장 27.1%, 사회 문제 통찰 능력 21.8%, 세계 시민 교육 강화 20.9% 등 순으로 강조하고 있다. 이러한, 비율은 각급 학교급별로 비슷한 강조 비율을 보이고 있다. 일반적으로 고급 사고력은 탐구력, 문제 해결력, 창의력, 의사 결정력, 메타 인지(meta cognitive) 등을 들 수 있는데, 시대 변화와 사회 발전이 주류를 이루는 미래 사회의 사회과에서는 이러한 고급 사고력 신장이 사회과 교육에서 더욱 강조되어야 한다고 보는 것이다. 아울러, 사회 문제 통찰 능력은 사회 문제와 사회 사상 그리고 사회 이슈를 학습 내용으로 하는 사회과에서 사회 문제를 탐구적으로 해결해야 한다고 보는 것이다. 그리고 지구촌 시대의 세계 시민 교육 강화는 획기적 발전과 변화를 주도하는 미래 사회에도 여전히 민주 시민 교육의 발전 형태인 세계 시민 교육이 더욱 강조되어야 한다고 보는 것이다.

<표 Ⅰ-Ⅵ-4>는 현행 사회과의 목표가 미래 사회에 어느 정도 적절한가에 대한 반응 분석 결과이다. 전체적으로 현행 사회과의 목표가 미래 사회에도 적절하다고 본 비율이 53.3%로 매우 긍정적으로 보고 있다. 반면, 현행 사회과 목표가 미래 사회에는 부적절할 것이라는 응답이 25.8%로 나타나 상대적으로 비율이 낮았다. 다만, 현행 사회과의 목표가 미래 사회과에서도 어느 정도 적절하게 부합될 것이라는 비율이 높기는 하지만, 막연하게 그대로 적용하는 것보다는 사회 발전과 시대 변화에 알맞도록 적절하게 재구성, 재조직하여 목표 설정을 해야 할 것으로 사료(思料)된다.

<표 Ⅰ-Ⅵ-5>는 현행 사회과 교육과정의 목표 진술 형태의 적절성 여부에 대한 사회과 교사들의 의견 분석 결과이다. 현행 사회과의 목표 체계는 초·중·고교 공히 종합 목표 1개와 통합 영역, 지리 영역, 역사 영역, 사회생활 영역, 기능·능력 영역, 가치·태도 영역 등 영역별 목표 각 1

개씩 등 총 6개의 영역별 목표로 이루어져 있다. 사회과 교사들의 반응을 분석한 결과, 전체적으로 32.1%의 사회과 교사들이 현행 진술과 같이 종합 목표 1개에 세부 영역별 목표 6개의 체제가 바람직하다고 응답하였다. 그 외에 세부 목표를 폐지하고, 그 대신 종합 목표를 통합하여 대목표 1개로 제시하는 것이 바람직할 것이라는 반응이 21.0%로 나타났다. 따라서 향후 사회과 교육과정에서는 목표 진술 형태를 현행처럼 종합 목표 1개와 하위 목표인 세부 목표 체제로 설정하되, 현실에 맞게 종합 목표와 세부 목표를 정선하여 제시해야 할 것이라는 과제를 안고 있다.

<표 Ⅰ-Ⅵ-6>은 사회과 교육과정에서 교과 목표 설정 시에 특별히 고려해야 할 사항에 대한 사회과 교사들의 응답 결과이다. 초·중·고교 사회과 교사들은 사회과 교육과정에서 사회과 목표 설정 시에 학습자의 발달과 요구를 우선 고려해야 한다고 반응하였다(33.4%). 이어서 22.1%의 사회과 교사들은 사회적 쟁점, 16.8%의 교사들은 국가·사회적 요구를 사회과 목표 설정 시에 고려해야 한다고 응답하였다. 따라서 사회과 목표 설정 시에는 학생 중심, 생활 중심, 활동 중심의 현행 교육과정의 특성을 살려서 학습자의 요구 분석을 통한 목표 설정이 이루어져야 할 것이다.

<표 Ⅰ-Ⅵ-7>은 미래 사회과 교육과정에서 특별히 강조해야 할 행동 특성에 대한 사회과 교사들의 의견 분석 결과이다. 전체적으로 사회과 교사들은 의사 결정력 26.1%, 학습 및 탐구 방법 26%로 높게 반응을 보여, 미래 사회과 교육과정에서 특별히 강조해야 한다고 보고 있다. 의사 결정력은 1980년대 이후 미국 사회과에서부터 강조해 온 사회과 능력으로 사회 사상과 사회 문제에 대한 합리적인 의사 결정력 신장이 사회과의 본질이므로, 미래 사회과 교육에서도 이를 중요한 목표로 삼아야 한다는 반응으로 풀이된다. 다만, 고등학교 교사들만을 대상으로 보면, 의사 결정력 26.7%, 학습 및 탐구 방법 22.4%인 데 비하여, 지식의 이해를 강조해야 한다는 의견이 33.1%로 나타났다. 이는 대학 입시 및 진학과 관련한 공교육의 불안정성과 무관하지 않은 것으로 해석된다.

5) 사회과의 내용

〈표 Ⅰ-Ⅶ〉 사회과의 내용에 대한 의견 ①

구분	문항	초등 교사(명, %)		중학 교사(명, %)		고교 교사(명, %)		전체(명, %)		비고
		빈도	비율	빈도	비율	빈도	비율	빈도	비율	
1. 사회과에서 중점을 두어야 할 내용	①환경 교육	111	14.9	33	7.3	35	7.8	179	10.9	x^2=13.11 df=8 P<.001
	②인구 교육	75	10.1	50	11.0	67	14.9	192	11.7	
	③통일 교육	40	5.4	30	6.7	26	5.8	96	5.8	
	④다문화이해교육	126	17.0	83	18.4	95	21.1	304	18.5	
	⑤세계 시민 교육	220	29.7	125	27.5	101	22.4	446	27.1	
	⑥정보통신교육	148	20.0	113	24.9	97	21.6	358	21.8	
	⑦기타	21	2.9	20	4.4	29	6.4	70	4.3	
	합 계	741	100	454	100	450	100	1645	100	

구분	문항	초등 교사(명, %)		중학 교사(명, %)		고교 교사(명, %)		전체(명, %)		비고
		빈도	비율	빈도	비율	빈도	비율	빈도	비율	
2. 사회과 교과서 내용 수준	①아주 높은 편	75	10.1	67	14.8	91	20.2	233	14.2	x^2=6.70 df=8 P<.001
	②높은 편	101	13.6	114	25.1	145	32.2	360	21.9	
	③보통	296	39.9	135	29.7	137	30.4	568	34.5	
	④낮은 편	198	26.7	92	20.3	57	12.7	347	21.1	
	⑤아주 낮은 편	71	9.6	46	10.1	20	4.5	137	8.3	
	합 계	741	100	454	100	450	100	1645	100	
3. 사회과 교과서 학습 분량	①아주 많은 편	97	13.1	111	24.5	84	18.7	292	17.8	x^2=25.17 df=8 P<.001
	②많은 편	85	11.5	123	27.1	124	27.5	332	20.2	
	③적당	306	41.3	100	22.0	130	28.9	536	32.6	
	④적은 편	165	22.3	70	15.4	71	15.8	306	18.6	
	⑤아주 적은 편	88	11.9	50	11.0	41	9.1	179	10.8	
	합 계	741	100	454	100	450	100	1645	100	
4. 사회과 교과서에 대한흥미, 관심	①아주 많은 편	151	20.4	48	10.6	25	5.6	224	13.6	x^2=22.96 df=8 P<.001
	②많은 편	280	37.8	86	18.9	60	13.3	426	25.9	
	③보통	136	18.4	180	39.6	102	22.7	418	25.4	
	④적은 편	103	13.9	111	24.4	136	30.2	350	21.3	
	⑤아주 적은 편	71	9.5	29	6.5	127	28.2	227	13.8	
	합 계	741	100	454	100	450	100	1645	100	
5. 사회과 심화· 보충과정	①아주 바람직함	41	5.5	32	7.0	28	6.2	101	6.1	x^2=6.70 df=8 P<.01
	②바람직함	81	10.9	66	14.5	50	11.1	197	12.0	
	③보통	110	14.8	97	21.4	120	26.7	327	19.9	
	④바람직하지 않음	245	33.1	124	27.3	137	30.4	506	30.8	
	⑤아주 바람직하지 않음	264	35.7	135	29.8	115	25.6	514	31.2	
	합 계	741	100	454	100	450	100	1645	100	
6. 사회과 심화· 보충 과정의 비율	①40% 이상	21	2.8	27	5.9	32	7.1	80	4.9	x^2=18.22 df=8 P<.001
	②30% 정도	90	12.1	81	17.8	66	14.7	237	14.4	
	③20% 정도	450	60.7	201	44.3	150	33.3	801	48.7	
	④10% 정도	130	17.5	99	21.8	151	33.6	388	23.1	
	⑤10% 미만	50	6.7	46	10.2	51	11.3	147	8.9	
	합 계	741	100	454	100	450	100	1645	100	
7. 사회과 내용 통합의 정도	①아주 잘 되어 있음	151	20.4	58	12.8	50	11.1	259	15.7	x^2=27.58 df=8 P<.001
	②잘 되어 있음	301	40.6	71	15.6	68	15.1	440	26.9	
	③그저 그러함	137	18.5	182	40.1	160	35.6	479	29.1	
	④잘못되어 있음	99	13.4	104	22.9	125	27.8	328	19.9	
	⑤아주 잘못되어 있음	53	7.1	39	8.6	47	10.4	139	8.4	
	합 계	741	100	454	100	450	100	1645	100	

<표 Ⅰ-Ⅶ-1>은 사회과 교육과정에서 중점을 두어야 할 내용에 대한 초·중·고교 사회과 교사들의 반응 결과이다. 분석 결과, 전체적으로 사회과 교사들은 사회과 교육과정에서 보다 중점을 두어야 할 내용으로 최근 사회과에서 강조하고 있는 세계 시민 교육 27.1%, 정보 통신 교육 21.8%, 다문화 이해 교육 18.5% 등 순으로 우선순위를 두고 있다. 반면, 전통적으로 사회과에서 강조해 온 인구 교육, 환경 교육, 통일 교육 등은 10% 내외의 낮은 지지를 받고 있다. 기타의 4.3%에는 양성 평등 교육, 인권 교육, 경제 교육, 해양 교육 등이 포함되어 있다. 이러한 반응 결과는 사회과 교육의 초점이 과거의 인구 교육, 인권 교육, 통일 교육, 경제 교육 등에서, 점차 세계 시민 교육, 정보 통신 교육, 다문화 이해 교육 등 새로운 교육 중심으로 변화하고 있음을 보여 주는 것이라고 해석된다. 특히, 세계화 시대에 민주 시민 교육이 세계 시민 교육으로 확대되고 있고, 세계가 일일 생활권이 되어 정보 네트워킹(networking)이 된 현대 사회에서 과거의 평면적 교육에서 벗어나 보다 입체적, 역동적 교육으로 변모해야 한다는 종합적 견해라고 파악된다. 특히, 최근 국제결혼, 유학, 이민, 무역, 귀화 등의 폭발적 증가로 전 세계가 지구촌 가족이 되어 가는 상태에서 사회과 교육에서 세계 시민 교육 강조와 다문화 이해 교육 강조는 사회과 목표 설정과 사회과 내용 선정 및 조직의 일치된 연계를 요구하는 바람직한 현상이라고 할 수 있다.

<표 Ⅰ-Ⅶ-2>는 현행 사회과 교과서의 내용 수준에 대한 초·중·고교 사회과 교사들의 반응 결과를 분석한 것이다. 사회과 교사들은 현행 사회과 교과서가 비교적 내용 수준이 높다는 반응을 보이고 있다. 즉 36.1%가 높다는 반응, 29,4%가 낮다는 반응 그리고 34.5%가 적당하다는 반응을 보이고 있다. 특히, 학교급별로는 초등학교 교사들은 23.7%가 사회과 교과서 수준이 높다고 응답한 반면, 중학교 교사들은 39.9%, 고등학교 교사들은 52.4%가 비교적 높은 편이라고 응답하였다. 이러한 현상은, 초등학교의 경우 사회과 교과서가 그림, 사진, 도표 등으로 편찬되어, 이를 경험, 체험 등으로 교수 학습하는 데 비하여, 중등학교에서는 텍스트(text) 중심의 교과서 속에 내재된 지식 내용을 깊이 있게 이해·인식하려는 교수 학습의 형태 차이에서 기인한다고 파악되어, 향후 사회과 교과서 개발에 고려해야 할 사항이라고 본다.

<표 Ⅰ-Ⅶ-3>은 초·중·고교 사회과 교과서의 학습 분량에 대한 사회과 교사들의 의견이다. 분석 결과, 초등학교 교사들은 24,6%만이 교과서 학습 분량이 과다하다고 응답한 반면, 중학교 교사 51.6%, 고등학교 교사 46.2%가 사회과 교과서의 학습 분량이 너무 과다하다고 응답하였다. 이는 사회과 교과서의 분량(page) 때문인 것으로 파악되는데, 특히 현행 교육과정에서 초등학교 제3학년에서 중학교 제2학년인 국민공통기본교육과정 제3−8학년의 사회과 시간이 공히 주당 3시간씩이며, 제9학년인 중학교 제3학년은 주당 4시간, 제10학년인 고등학교 제1학년은 주장 5시간 중에서 2시간은 별도로 국사 교과서를 이수해야 하는 부담 때문인 것으로 해석된다.

<표 Ⅰ-Ⅶ-4>는 현행 사회과 교과서에 대한 학생들의 관심과 흥미 정도에 대한 사회과 교사들의 의견 분석 결과이다. 전체적으로는 39.5%의 교사들이 사회과 교과서에 대하여 학생들이 흥미를 갖고 있다고 본 반면, 그렇지 않다는 의견은 39.1%이고, 그저 그렇다는 반응은 25.4%로 균형을 맞추고 있다. 하지만 내부를 들여다보면, 중요한 시사점을 얻을 수 있다. 즉 초등학교 교사들은 사회과 교과서 흥미도 58.2%로 매우 높은 반면, 중학교 교사들은 흥미도 29.5%, 고등학교 교사들은 흥미도 18.9%로 극심한 편차를 보이고 있다. 이는 초등학교 사회과 교과서가 천연색(컬러) 위주의 사

진, 그림, 지도, 도표, 학습 활동지(work sheet) 등 중심으로 구성되어 학생들의 관심과 흥미를 자아내고 있는 반면, 중등학교의 사회과는 문자(text), 지문 위주로 조직되어 있어서 그만큼 흥미도가 감소되고 있는 것으로 보인다. 물론, 초ㆍ중등학교 학생들의 인지적ㆍ정의적ㆍ신체적 발달 단계에 따른 차이도 어느 정도 영향을 미친 것으로 해석된다. 따라서 향후 사회과 교과서 개발 시에 중등학교의 경우, 좀 더 내용 수준을 조정하고 학생의 요구 수준에 맞추어 색상, 판형, 글자체, 연구 문제 제시 등 전반적인 체제 변경을 모색해야 할 것이다.

<표 Ⅰ-Ⅶ-5>는 제7차 사회과 교육과정에서 초ㆍ중ㆍ고교에 공히 도입한 심화ㆍ보충 과정의 적절성 여부에 관한 교사들의 반응 결과이다. 분석 결과, 전체적으로 사회과 교사 18.1%만이 현행 사회과 심화ㆍ보충 과정이 바람직하다고 응답한 반면, 62%의 사회과 교사들은 바람직하지 않다는 부정적 반응을 보였다. 초ㆍ중ㆍ고교 교사 공히 50% 이상이 심화ㆍ보충 과정이 바람직하지 않다고 응답하여, 제7차 교육과정에서 의욕적이고 특색적으로 도입한 심화ㆍ보충 과정 운영이 현장에서 원활하게 실천되지 않음을 보여 주는 대목으로, 향후 사회과 교육과정 개발, 개정 시에 근본적으로 재검토해야 할 것이다.

<표 Ⅰ-Ⅶ-6>은 만약 심화ㆍ보충 과정을 적용할 때, 그 비율을 어느 정도로 하는 것이 적당하가에 대한 사회과 교사들의 반응이다. 전체적으로 절반에 가까운 48.7%의 교사들이 현행과 같이 20% 정도의 심화ㆍ보충 과정 비율을 선호하였다. 그리고 23.1%의 교사들은 약 10% 정도로 감축하는 것이 바람직하다는 반응을 보였다. 따라서 사회과의 심화ㆍ보충 과정은 도입 여부가 문제이지, 그 운영 비율이 근본적인 문제가 아닌 것으로 해석된다.

<표 Ⅰ-Ⅶ-7>은 현행 사회과 교육과정에서 내용 통합 정도에 대한 사회과 교사들의 반응이다. 사회과 교사들은 42.6%가 현행 사회과 교육과정의 내용 통합 정도가 적절하다고 응답하고 있다. 특히, 현행 학교급이 낮을수록 통합 정도가 바람직한 것으로 나타났다. 그리고 대체적으로 현행 사회과 교육과정은 사회과에서 강조하는 사회 과학 간, 학교급 간, 영역 간, 단원(주제) 간 통합이 잘 반영된 것으로 해석할 수 있다.

사회과 교육과정의 내용 및 지도 방법과 관련하여 유념해야 할 점은 '2007년 개정 사회과 교육과정'에서는 국민공통기본교육과정의 기본 정신에 입각하여 학생의 능력과 적성, 진로 등을 고려하여 교육내용과 지도 방법의 다양화를 강조하고 있다는 점이다. 특히 '2007년 개정 사회과 교육과정'에서 사회과는 국어과, 수학과, 과학과, 영어과 등과 함께 수준별 수업 권장 교과 중의 하나이다.

이와 같은 사회과의 수준별 수업 권장 교과 규정은 '2007년 개정 사회과 교육과정'의 고시(告示) 이전인 2006년 8월 29일, 교육인적자원부 고시 제2006-75호로 고시되었다(교육인적자원부, 2007 d: 12-14).

〈표 Ⅰ-Ⅷ〉 사회과의 내용에 대한 의견 ②

구분	문항	초등 교사(명, %)		중학 교사(명, %)		고교 교사(명, %)		전체(명, %)		비고
		빈도	비율	빈도	비율	빈도	비율	빈도	비율	
1. 사회과 통합의 바람직한 형태	①학문 중심	40	5.4	121	26.7	136	30.2	297	18.1	x^2=20.57 df=8 P<.001
	②사회문제 중심	101	13.6	96	21.1	92	20.4	289	17.6	
	③간학문(학제)적	150	20.2	115	25.3	128	28.4	393	23.9	
	④영역별 통합	296	39.9	67	14.8	60	13.3	423	25.7	
	⑤요소(Strand)중심	154	20.8	55	21.1	34	7.7	243	14.8	
	합 계	741	100	454	100	450	100	1645	100	
2. 사회과 지역화 실행 정도	①아주 잘 실행	151	20.4	30	6.0	28	6.2	209	12.7	x^2=23.87 df=8 P<.001
	②잘 실행	335	45.2	95	20.9	90	20.0	520	31.6	
	③그저 그러함	140	18.9	105	23.1	97	21.6	342	20.8	
	④실행되지 못함	73	9.9	146	32.2	150	33.3	369	22.4	
	⑤아주 실행되지 못함	42	5.6	78	17.2	85	18.9	205	12.5	
	합 계	741	100	454	100	450	100	1645	100	
3. 사회과 경험 확대법 내용 배열 원리	①아주 바람직	151	20.4	75	16.5	51	11.3	177	16.8	x^2=14.32 df=8 P<.001
	②바람직	300	40.5	136	30.0	91	20.2	527	32.0	
	③그저 그러함	141	19.0	100	22.0	134	29.8	375	22.8	
	④바람직하지 않음	89	12.0	93	20.5	98	21.8	280	17.0	
	⑤아주 바람직하지 않음	60	8.1	50	11.0	76	16.9	186	11.3	
	합 계	741	100	454	100	450	100	1645	100	
4. 강조해야 할 사회과학 영역	①정치학, 정치 영역	81	10.9	95	20.9	99	22.0	275	16.7	x^2=33.38 df=14 P<.01
	②경제학, 경제	75	10.1	86	18.9	92	20.4	253	15.4	
	③사회학, 사회	179	24.2	49	10.8	46	10.1	274	16.7	
	④문화인류학, 문화	42	5.7	34	7.5	40	8.8	116	7.1	
	⑤법학, 법규범	129	·7.4	68	15.0	69	15.3	266	16.2	
	⑥역사학, 역사	105	14.2	55	12.1	52	11.6	212	12.9	
	⑦지리학, 지리	95	12.8	52	11.5	31	6.9	178	10.9	
	⑧기타	35	4.9	15	3.3	21	4.7	71	4.3	
	합 계	741	100	454	100	450	100	1645	100	
5. 국민공통기본 교육과정 8-10학년의 국사 배열	①현행 적절	220	29.7	131	28.9	90	20.0	441	26.8	x^2=4.20 df=8 P<.001
	②학년 낮춤	154	20.8	139	30.6	86	19.1	379	23.0	
	③전 학년 고루 배열	233	31.4	40	8.8	45	10.0	318	19.3	
	④한 학년 집중 배열	80	10.8	47	10.4	92	20.4	219	13.3	
	⑤별도 교과 독립	54	7.3	97	21.4	137	30.4	288	18.6	
	합 계	741	100	454	100	450	100	1645	100	

<표 Ⅰ-Ⅷ-1>은 사회과 통합의 바람직한 형태에 대한 사회과 교사들의 반응이다. 전체적으로 사회과 교사들은 사회과의 특성대로 영역별 통합 형태 25.7%, 간학문적(학제적) 통합 23.9% 등을 선호하고 있다. 즉 사회과를 제 사회 과학의 독립된 상태가 아니라, 사회과학 간, 학교급 간, 영역 간, 단원(주제) 간 통합을 강조하여 교육해야 한다는 점에 동의하고 있는 것이다. 초등학교 교사들은 영역별 통합 형태, 고등학교 교사들은 학문 중심 통합 형태를 강조하고 있는 점은 재직하고 있는 학교, 가르치고 있는 학생들의 입장을 대변한 것으로 풀이된다.

일반적으로, 사회과 통합은 다학문적 통합(multidisciplinary approach), 간학문적(학제적) 통합(interdisciplinary approach), 탈학문적(초학과적) 통합(transdisciplinary approach) 등으로 구분할 수 있는데, 초등학교 단계에서는 생활 경험 중심인 탈학문적(초학과적) 통합, 중학교 단계에서는 탐구 기능 중심인 간학문적(학제적) 통합, 고등학교 단계에서는 다학문적 통합이 바람직하다고 할 수 있다(차경수, 2006 b: 52-72).

<표 Ⅰ-Ⅷ-2>는 현행 사회과 교육과정의 지역화 실행 정도를 분석한 결과이다. 전체적으로 보면, 사회과 지역화를 실행하고 있다는 반응이 34.3%, 그렇지 못하다는 응답이 34.9%로 팽팽히 맞서고 있다. 하지만 초등학교 교사들은 지역화 실행에 대한 긍정적 답변이 65.6%인 반면, 중학교 교사들은 26.9%, 고등학교 교사들은 26.2%만이 긍정적으로 응답하였다. 교과 내용, 교육과정 운영 체제, 상급 학교 진학 준비 등으로 학교급이 올라갈수록 지역화는 소홀한 것으로 분석되었다. 이는 사회과를 떠받치고 있는 두 축인 내용의 재구성과 지역화 중에서 지역화가 학교 현상에서 여러 가지 제약 요건으로 제대로 시행되지 못하고 있다는 반증이어서, 향후 사회과 교육과정 개발에서 전향적으로 고려해야 할 점이라고 본다.

<표 Ⅰ-Ⅷ-3>은 사회과 경험 확대의 원리 적용에 대한 초·중·고교 사회과 교사들의 반응이다. 사회과 교사들은 내용 배열에서 경험 확대법 적용을 매우 긍정적으로 보고 있다. 즉 긍정적 반응이 초등학교 60.9%, 중학교 46.5%, 고등학교 31.5%로 나타나, 종합적으로 48.8%의 교사들이 사회과에서는 내용 배열 시에 경험 확대의 원리를 적용해야 한다고 반응하였다. 경험 확대의 원리는 전통적인 사회과 교육과정 조직 원리인 나선형식 교육과정, 동심원적 확대법과 일맥상통하는 원리로 학생들의 발달 단계와 인지 수준에 적합하게 적용하는 것이 바람직하다 하겠다.

<표 Ⅰ-Ⅷ-4>는 사회과 교육 및 사회과 교육과정에서 더욱 강조해야 할 사회 과학 및 교육의 영역에 대한 초·중·고교 사회과 교사들의 반응이다. 각 3개의 사회 과학 및 교육 영역을 복수 선택도록 한 본 설문에서 사회과 교사들은 정치학·정치 영역, 사회학·사회 영역 각각 16.7%씩, 법학·법 규범 교육 16.2%로 반응하여, 정치학, 사회학, 법학 및 정치 영역, 사회 영역, 법 규범 영역의 교육에 더욱 중점을 두어야 한다고 응답하였다. 정치학·정치 영역의 강조는 전통적인 민주 시민 교육의 강조와 세계 시민 교육을 강조하는 현대 사회의 사회과 교육의 동향(trend)과 관계가 깊으며, 사회학·사회 영역, 법학·법 규범 교육의 강조 요구는 다문화 사회인 현대 사회에서의 질서와 규범, 상호 호혜와 배려를 강조해야 한다는 의견으로 풀이되고 있다. 그리고 나머지 경제학·경제 영역, 역사학·역사 영역, 지리학·지리 영역, 문화 인류학·문화 영역 등도 두루 강조하여 지도해야 한다고 응답하였다. 기타에 통계 분석된 4.3%에는 윤리학·윤리 영역, 심리학·교육심리 영역 등 반응이 포함되었다.

<표 Ⅰ-Ⅷ-5>는 현행 교육과정에서 사회과의 국사가 국민공통기본교육과정 제8-10학년인 중학교 제2학년에서 고등학교 제1학년까지 배열된 점에 대한 적절성 여부에 대하여 응답한 사회과 교사들의 반응 분석 결과이다. 전체적으로 사회과 교사들은 제8-10학년 과정에 배열된 현행 사회과의 국사 영역 배열에 26.8%가 적절하다는 반응을 나타냈고, 좀 더 이수 학년을 낮추어야 한다는 반응도 23.0%로 비교적 높았다. 학교급별로는 초등학교 교사들은 현행 제8-10학년의 국사 배열이 적절하다는 반응이 29.7%로 아주 높은 데 비하여, 중학교 교사들은 국사 이수 학년을 더욱 낮추어야 한다는 반응에 30.6%, 고등학교 교사들은 아예 국사를 별도 과목으로 독립시켜서 강조, 지도해야 한다는 반응이 30.4%로 상대적으로 매우 높은 편이었다. 이는 현재, 초·중·고교 학교급별 교육과정의 편제 및 내용과 무관하지 않으며, 나아가 중국의 동북공정(東北工程), 일본의 독도 영유권 주장 등으로 인한 국사 교육 강화, 우리나라의 정체성 회복 요구 등 국민적 정서와 관련이 있는 것으로 해석된다.

최근 고시된 '2007년 개정 사회과 교육과정'에서는 국사 교육을 크게 강조하였다. 학년 배열은 제7차 교육과정과 동일한 제8-10학년에 배열하였으나, 제8학년 102시간(주당 3시간) 모두, 9학년 136시간 중 68시간(주당 2시간), 10학년 204시간 중 102 시간(6단위)을 국사(역사) 영역 지도에 별도 배열하여 지도하도록 강화하였다.

〈표 Ⅰ-Ⅸ〉 사회과의 내용에 대한 의견 ③

구분	문항	초등 교사(명, %)		중학 교사(명, %)		고교 교사(명, %)		전체(명, %)		비고
		빈도	비율	빈도	비율	빈도	비율	빈도	비율	
1. 사회과국민공통기본교육과정 (초·중·고교) 연계성	①아주 높음	220	29.7	97	21.4	55	12.2	372	22.6	x^2=7.77 df=8 P<.001
	②높음	311	42.0	67	14.8	50	11.1	428	26.0	
	③보통	144	19.4	110	24.2	135	30.0	389	23.7	
	④낮음	40	5.4	109	24.0	129	28.7	278	16.9	
	⑤아주 낮음	26	3.5	71	13.4	81	18.0	178	10.8	
	합 계	741	100	454	100	450	100	1645	100	
2. 사회과 내용 진술의 상세화	①더욱 상세화	30	4.0	95	20.9	137	30.4	262	15.9	x^2=17.85 df=8 P<.001
	②상세화	63	8.5	124	27.3	130	28.9	317	19.3	
	③현행 유지	145	19.6	101	22.2	104	23.1	350	21.3	
	④통합화	211	28.5	74	16.3	49	10.9	334	20.3	
	⑤더욱 통합화	292	39.4	60	13.3	30	6.7	382	23.2	
	합 계	741	100	454	100	450	100	1645	100	
3. 사회과의 사회문제, 쟁점 지도	①아주 바람직	76	10.3	97	21.4	105	23.3	278	16.9	x^2=10.41 df=8 P<.001
	②바람직	211	28.5	154	33.9	167	37.1	532	32.3	
	③그저 그러함	220	29.7	95	20.9	91	20.2	406	24.7	
	④바람직하지 않음	138	18.6	57	12.6	53	11.8	248	15.1	
	⑤아주 바람직하지 않음	96	12.9	51	11.2	34	7.6	181	11.0	
	합 계	741	100	454	100	450	100	1645	100	

구분	문항	초등 교사(명, %)		중학 교사(명, %)		고교 교사(명, %)		전체(명, %)		비고
		빈도	비율	빈도	비율	빈도	비율	빈도	비율	
4. 미래 사회과 교육과정의 지역화 정도	①더욱 강화	222	30.0	97	21.4	90	20.0	409	24.9	x^2=20.32 df=8 P<.001
	②강화	256	34.5	90	19.8	88	19.6	434	26.4	
	③현행 유지	148	20.0	86	18.9	78	17.3	312	19.0	
	④완화	65	8.8	111	24.4	120	26.7	296	18.0	
	⑤더욱 완화	50	6.7	70	15.4	74	16.4	194	11.8	
	합 계	741	100	454	100	450	100	1645	100	

<표 Ⅰ-Ⅸ-1>은 10학년제 국민공통교육과정인 초등학교 제3학년부터 고등학교 제1학년까지의 사회과 교육과정의 연계성 정도에 대한 의견 조사 분석 결과이다. 분석 결과, 국민공통기본교육과정에서의 초·중·고교의 사회과 연계성에 대하여 사회과 교사들은 48.6%가 대체로 적절하다는 반응을 보여, 연계가 부적절하다는 27.7%의 반응보다 높게 나타났다. 특히, 초등학교 사회과 교사들은 50.5%가 초·중·고교의 사회과 연계성이 높다고 반응하여, 중학교 사회과 교사 36.2%, 고등학교 교사 23.3%보다 높게 나타나 학교급별 연계성에 대한 초등학교 교사들의 인식·이해 정도가 긍정적인 것으로 분석되었다.

국민공통기본교육과정에서는 초등학교 제3학년부터 고등학교 제1학년까지를 10학년제로 편제하여, 초등학교 교사는 중·고등학교 교육과정을 바르게 알아야 하고, 중학교 교사는 초등학교와 고등학교 교육과정을, 고등학교 교사는 초등학교 교육과정과 중학교 교육과정을 바르게 이해하고 있어야 가르칠 수 있도록 편제, 목표, 내용, 교수·학습 방법, 평가 등 일련의 과정에 규정하고 있으므로, 사회과 교사들은 이 점을 간과해서는 안 될 것이다. 사회과 교사들이 재직학교 이외의 다른 학교급 교육과정에 대해서 능통하여야 바람직한 사회과 교육을 할 수 있는 것이다.

<표 Ⅰ-Ⅸ-2>는 현행 사회과 교육과정의 내용 상세화 정도에 대한 사회과 교사들의 반응 결과이다. 이에 대하여 사회과 교사들은 현행 사회과 교육과정의 상세화보다는 오히려 통합화가 필요하다는 반응을 높게 보여 주목된다. 즉 전체적으로 초등학교 교사들은 보다 상세화 12.5%, 보다 통합화 57.9%, 중학교 교사들은 보다 상세화 48.2%, 보다 통합화 29.6%, 고등학교 교사들은 보다 상세화 59.3%, 보다 통합화 17.6%의 반응을 보여, 학교급별로 매우 큰 편차를 보이고 있다. 초등학교 교사들은 통합화를 지향하고 있는 데 비하여, 중등학교 교사들은 반대로 교육과정 진술의 상세화를 요구하고 있어서 사회과 교육과정 개발에 고려를 해 보아야 할 점으로 분석되고 있다. 결국, 시대 흐름에 따라 통합화의 바탕 위에서 대강화를 강조하되, 상세화도 고려하여야 할 것이다.

<표 Ⅰ-Ⅸ-3>은 사회과 교육에서의 사회 문제, 사회적 쟁점 지도에 대한 사회과 교사들의 의견 분석 결과이다. 전체적으로 사회과에서 사회 문제, 사회 이슈(issue), 사회적 쟁점 등을 지도하는 것이 바람직하다는 반응이 49.2%인 데 비하여, 바람직하지 않다는 반응은 26.1%에 불과하였다. 학교급별로는 초등학교 교사들은 38.9%, 중학교 교사 55.3%, 고등학교 교사 60.4%가 사회 문제, 사회 이슈, 사회적 쟁점 지도가 바람직하다고 반응하여 학교급이 높아질수록 사회적 쟁점에 민감한 것으로 드러났다.

사회과는 본질적으로 사회 문제, 사회 현상, 사회 사상(社會 事象) 등에 관심을 갖고 탐구하는 교과이다. 따라서 국어과식으로 사회과 교과서 내용만을 다루어서는 안 되며, 시시각각 발생하는 사

회의 여러 문제와 쟁점들을 적절하게 재구성하여 교수·학습 시간에 투입·적용하는 것이 소위 살아 있는 사회과 교육, 역동적인 사회과 수업의 첨경인 것이다.

<표 Ⅰ-Ⅸ-4>는 미래 사회과 교육과정에서 내용 지역화 정도에 대한 사회과 교사들의 반응 분석 결과이다. 사회과 교사들은 전체의 51.3%가 미래 사회과 교육과정에서도 지역화를 강조해야 한다고 응답하여, 지역화에 대한 관심과 중요성을 인식하고 있다고 분석되었다. 초등학교 교사 54.5%, 중학교 교사 41.2%, 고등학교 교사 39.6%가 미래 사회과 교육과정에서 지역화가 더욱 강화되어야 한다고 응답하여, 중등학교보다 초등학교에서 더욱 강조하여야 함을 여실히 보여 주고 있다. 여하튼, 전통적으로 사회과의 두 축인 내용의 재구성과 지역화가 미래 사회에도 함께 강조되어야 한다고 해석할 수 있다.

6) 사회과의 교수·학습 방법

〈표 Ⅰ-Ⅹ〉 사회과 교수·학습 지도 방법에 대한 의견 ①

구분	문항	초등 교사 (명, %)		중학 교사 (명, %)		고교 교사 (명, %)		전체(명, %)		비고
		빈도	비율	빈도	비율	빈도	비율	빈도	비율	
1. 사회과교수·학습 시의 지도 방법	①탐구 학습	201	27.1	91	20.0	93	20.7	385	23.4	x^2=40.76 df=12 P<.001
	②문제 해결 학습	140	18.9	107	23.6	104	23.1	351	21.3	
	③역할 놀이	100	13.5	25	5.5	20	4.4	145	8.8	
	④토의·토론학습	75	10.1	47	10.4	90	20.0	212	12.9	
	⑤의사 결정학습	41	5.5	101	22.2	78	17.3	220	13.4	
	⑥현장 체험 학습	159	21.5	50	11.0	46	10.2	255	15.5	
	⑦기타	25	3.4	33	7.3	19	4.3	77	4.7	
	합 계	741	100	454	100	450	100	1645	100	
2. 사회과 탐구 학습, 문제 해결학습 수행 정도	①아주 잘 수행	255	34.4	85	18.7	71	15.8	411	24.9	x^2=18.92 df=8 P<.001
	②잘 수행	301	40.6	100	22.0	81	18.0	482	29.3	
	③보통	50	6.7	80	17.6	65	14.4	195	11.9	
	④수행 안 됨	88	11.9	89	19.6	129	28.7	306	18.6	
	⑤전혀 수행 안 됨	47	6.4	90	19.8	104	23.1	241	14.7	
	합 계	741	100	454	100	450	100	1645	100	
3. 사회과 탐구 학습, 문제 해결학습이 수행되지 않는 근본 이유	①교사 능력 열의 부족	117	15.7	94	20.7	100	22.2	311	18.9	x^2=9.32 df=8 P<.001
	②학교 여건 미비	156	21.1	80	17.6	88	19.6	324	19.7	
	③기기, 자료 부족	75	10.1	66	14.5	34	7.6	175	10.6	
	④학습 시간 부족	245	33.1	129	28.4	184	40.9	558	33.9	
	⑤행정적 지원 결여	148	20.0	85	18.8	44	9.8	277	16.8	
	합 계	741	100	454	100	450	100	1645	100	

구분	문항	초등 교사 (명, %)		중학 교사 (명, %)		고교 교사 (명, %)		전체(명, %)		비고
		빈도	비율	빈도	비율	빈도	비율	빈도	비율	
4. 사회과 고급사고력 신장을 위한 교수 기법	①현장체험 학습	151	20.4	67	14.8	55	12.2	273	16.6	x^2=44.77 df=10 P<.01
	②토의·토론학습	220	29.7	145	31.9	148	32.9	513	31.2	
	③의사 결정 학습	201	27.1	152	33.5	166	36.9	519	31.6	
	④역할놀이, 시뮬레이션	96	13.0	51	11.2	36	8.0	183	11.1	
	⑤자원인사 초빙 학습	41	5.5	20	4.4	24	5.3	85	5.2	
	⑥기타	32	4.3	19	4.2	21	4.7	72	4.4	
	합 계	741	100	454	100	450	100	1645	100	
5. 사회과 교육과정의 교수학습 제시항목 분량(22개 항목)	①너무 많은 편	220	29.7	135	29.7	144	32.0	499	30.3	x^2=19.64 df=8 P<.001
	②많은 편	325	43.9	180	39.6	162	36.0	667	40.5	
	③적절	101	13.6	67	14.8	80	17.8	248	15.1	
	④적은 편	50	6.7	31	6.8	44	9.8	125	7.6	
	⑤너무 적은 편	45	6.1	41	9.1	20	4.4	106	23.6	
	합 계	741	100	454	100	450	100	1645	100	
6. 사회과 교육과정 교수·학습 방법 기술 형식	①현행 유지	140	18.9	94	20.7	98	21.8	332	20.2	x^2=10.32 df=8 P<.001
	②대항목, 세부항목	201	27.1	156	34.4	132	29.3	489	29.7	
	③대항목 세분	212	28.6	134	29.5	115	25.6	461	28.0	
	④기술형식 자유화	81	10.9	50	11.0	60	13.3	191	11.6	
	⑤모두 세부항목화	107	14.4	20	4.4	45	10.0	172	10.5	
	합 계	741	100	454	100	450	100	1645	100	

<표 Ⅰ-Ⅹ-1>은 사회과 교수·학습 시간에 주로 활용하는 지도 방법에 대한 사회과 교사들의 반응이다. 분석 결과, 사회과 교사들은 탐구 학습, 문제 해결 학습, 현장 체험 학습, 의사 결정 학습 순으로 많이 적용하는 것으로 나타났으나, 그 편차는 크지 않아 학교 현장의 사회과 교수 학습에서 다양한 방법이 적용되는 것으로 분석되었다. 특히, 초등학교에서는 현장 체험 학습 21.5%, 중학교와 고등학교에서는 문제 해결 학습이 각각 23.6%, 23.1%로 각 학교급별로 가장 높은 반응을 보이고 있다.

<표 Ⅰ-Ⅹ-2>는 사회과 교수·학습 시간에 고급 사고력(high level thinking) 신장을 위한 탐구 학습, 문제 해결 학습의 수행 정도에 관한 사회과 교사들의 반응이다. 전체적으로 사회과 교사들은 54.2%가 현재 학교 현장에서 탐구 학습, 문제 해결 학습이 바람직하게 수행되고 있다고 응답하였고, 제대로 수행되지 않고 있다는 응답은 23.3%에 불과하였다. 학교급별로는 초등학교 교사의 75.0%로 압도적이었고, 중학교 교사 40.7%, 고등학교 교사 33.8% 순으로 높은 반응을 보여, 초등학교에서의 탐구 학습, 문제 해결 학습 수행이 매우 활발한 것으로 분석되었다.

<표 Ⅰ-Ⅹ-3>은 이상과 같은 사회과의 탐구 학습, 문제 해결 학습이, 만약 학교 현장에서 제대로 수행되지 못하고 있다면, 그 원인이 무엇인지에 대한 사회과 교사들의 반응이다. 이 설문은 전항(前項) 설문인 사회과 탐구 학습, 문제 해결 학습의 수행 반응 여부에 관계없이 전 응답자들이 반응한 것이다. 사회과 교사들은 탐구 학습, 문제 해결 학습이 원활하게 수행되지 못하는 이유에 대하여

학습 시간 부족 33.9%, 학교와 교실의 여건과 환경 미비 19.7%, 교사의 능력과 열의 부족 18.9%, 제반 행정적 지원 부족 16.8% 순으로 반응하였다. 즉 사회과 교사들이 탐구 학습, 문제 해결 학습 등 소위 '살아 있는(dynamic) 사회과 수업'을 충실히 수행하고 싶어도 사회과 교수·학습 시간이 한정되어 있어서 제약을 받고 있으며, 교사의 능력과 열의 부족, 예산 부족, 학교 행정가인 교장, 교감, 행정실 직원 등의 지원 미비가 바람직한 사회과 수업의 걸림돌로 작용하고 있다고 볼 수 있다.

<표 Ⅰ-Ⅹ-4>는 사회과 교수·학습에서 고급 사고력(high level thinking) 신장을 위한 바람직한 교수 기법에 대한 반응 결과 분석이다. 전체적으로 사회과 교사들은 의사 결정 학습, 토의·토론 학습 등이 학생들의 고급 사고력인 탐구력, 창의력, 문제 해결력, 의사 결정력, 메타 인지 등 신장에 매우 유용한 교수·학습 기법인 것으로 반응하였다. 특히, 고급 사고력 신장을 위한 교수 기법으로 의사 결정 학습, 토의·토론 학습 선호는 초·중·고교 공히 비슷한 반응을 보인 점이 주목된다.

<표 Ⅰ-Ⅹ-5>는 현행 사회과 교육과정에서 교수·학습 방법으로 제시한 22개 항의 분량에 관한 사회과 교사들의 반응 분석 결과이다. 전체적으로 사회과 교사들은 현행 제7차 교육과정의 교수·학습 방법 제시 항목이 너무 많다는 반응이 주류를 이루었다. 따라서 지나치게 많은 현재의 항목을 줄이고 정선하여 제시할 필요가 있다고 본다.

현행 교육과정의 '교수·학습 방법'은 제6차 교육과정 이전까지는 '지도 방법'으로 제시되었으나, 제7차 교육과정에서 현재의 명칭으로 개칭되었는데, 2007년 2월 28일에 교육인적자원부 장관이 2007-79호로 고시한 소위 '2007년 개정 사회과 교육과정'에서는 이 '교수·학습 방법' 22개 항이 정선·통합되어 '교수·학습 원칙' 5개 항, '교수·학습 방법' 9개 항 등 총 14개 항으로 감축된 점은 매우 시의 적절하다고 본다.

<표 Ⅰ-Ⅹ-6>은 전항(前項)의 설문인 사회과 교육과정의 '교수·학습 방법' 기술(記述) 형식에 대한 사회과 교사들의 반응 결과이다. 분석 결과, 교수·학습 방법을 대항목과 세부 항목으로 구분하여 기술하는 것이 바람직하다는 반응이 29.7%, 대항목으로 제시하되 몇 개로 세분하여 제시하는 것이 바람직하다는 반응이 28.0%로 상대적으로 높았다. 현행대로 각 항목을 열거하는 것이 바람직하다는 반응도 20.2%나 되었다.

최근(2007.02.28) 고시된 '2007년 개정 교육과정'에서는 총 22개 항이었던 현행 교수·학습 방법 기술 형식을 그대로 적용하고, 항목 수만 '교수·학습 원칙' 5개 항, '교수·학습 방법' 9개 항 등 총 14개 항으로 감축되었다. 상당히 바람직한 방향으로의 개선이라고 보인다.

〈표 Ⅰ-Ⅺ〉 사회과 교수·학습 지도 방법에 대한 의견 ②

구분	문항	초등 교사(명, %)		중학 교사(명, %)		고교 교사(명, %)		전체(명, %)		비고
		빈도	비율	빈도	비율	빈도	비율	빈도	비율	
1. 바람직한 사회과 학습 모습	①탐구 학습활성화	198	26.7	90	19.8	78	17.3	366	22.2	x^2=17.79 *df*=8 P<.001
	②학생 중심 강조	220	30.0	67	14.8	80	17.8	367	22.3	
	③교과 간 연계수업	42	5.7	102	22.5	103	22.9	247	15.0	
	④수준, 개별 학습	200	27.0	141	31.1	151	33.6	492	30.0	
	⑤시사 중심 NIE	81	10.9	54	11.9	38	8.4	173	10.5	
	합 계	741	100	454	100	450	100	1645	100	

구분	문항	초등 교사(명, %)		중학 교사(명, %)		고교 교사(명, %)		전체(명, %)		비고
		빈도	비율	빈도	비율	빈도	비율	빈도	비율	
2. 사회과 현장에서 학생 중심 학습의 제약 이유	①교육과정분량 과다	112	15.1	98	21.6	103	22.9	313	19.0	x^2=21.68 df=8 P<.001
	②소란, 효과 미미	200	27.0	156	34.4	118	26.2	474	28.8	
	③비학습적인 면 우려	190	25.6	84	18.5	95	21.1	369	22.4	
	④행정, 관리직 간섭	46	6.2	26	5.7	30	6.7	102	6.2	
	⑤자료준비 등 잡무	193	26.0	90	19.8	104	23.1	387	23.5	
	합 계	741	100	454	100	450	100	1645	100	
3. 사회과 교육과정의 교수 · 학습 방법 효용도	①많은 도움이 됨	231	31.2	135	29.7	127	28.2	493	30.0	x^2=11.05 df=8 P<.001
	②도움이 됨	253	34.1	128	28.2	121	26.9	502	30.5	
	③그저 그러함	104	14.0	60	13.2	55	12.2	219	13.3	
	④도움이 되지 않음	87	11.7	77	17.0	95	21.1	259	15.7	
	⑤전혀 도움이 안 됨	66	8.9	54	11.9	52	11.6	172	10.5	
	합 계	741	100	454	100	450	100	1645	100	
4. 사회과 교과서의 자료 준비 용이도	①아주 어려움	112	15.1	99	21.8	156	34.7	367	22.3	x^2=12.11 df=8 P<.01
	②어려움	148	20.0	130	28.6	122	27.1	400	24.3	
	③보통	121	16.3	103	22.7	45	10.0	273	16.6	
	④쉬운 편	253	34.1	80	17.6	72	16.0	405	24.6	
	⑤아주 쉬운 편	107	14.4	42	9.3	55	12.2	204	12.4	
	합 계	741	100	454	100	450	100	1645	100	
5. 사회과 교육의 통합교육	①많이 시행됨	181	24.4	100	22.0	81	18.0	362	22.0	x^2=11.04 df=8 P<.001
	②시행됨	322	43.5	130	28.6	99	22.0	551	33.5	
	③그저 그러함	128	17.3	102	22.5	95	21.1	325	19.8	
	④시행 되지 않음	79	10.7	77	17.0	135	30.0	291	17.7	
	⑤전혀 시행되지 않음	31	4.2	45	9.9	40	8.9	116	7.1	
	합 계	741	100	454	100	450	100	1645	100	
6. 사회과 교육과정 개발 참여자	①중앙(교육부)관료	220	9.9	71	5.2	86	6.4	377	7.6	x^2=37.88 df=20 P<.01
	②사회과 전문학자	356	16.0	220	16.2	178	13.2	754	15.3	
	③현직 교원(교장)	345	15.5	189	13.9	200	14.8	734	14.9	
	④학생	101	4.5	135	9.9	107	7.9	343	7.0	
	⑤학부모(운영위원)	198	8.9	126	9.3	120	8.9	444	9.0	
	⑥지역 인사	200	9.0	73	5.4	118	8.7	391	7.9	
	⑦교육과정 전문가	348	15.7	279	20.5	206	15.3	833	16.9	
	⑧사회과학자	140	6.3	144	10.6	156	11.6	440	8.9	
	⑨교육전문직	198	8.9	65	4.8	77	5.7	340	6.9	
	⑩전직 교원	58	2.6	40	2.9	71	5.3	169	3.4	
	⑪기타	59	2.7	20	1.5	33	2.4	112	2.3	
	합 계	2223 (741)	100	1362 (454)	100	1350 (450)	100	4935 (1645)	100	

<표 Ⅰ-Ⅺ-1>은 초·중·고교에서 현행 사회과 교육과정의 이상을 구현하기 위해서 가장 바람직한 사회과 학습 모습에 대한 교사들의 반응 결과이다. 분석 결과, 수준별 학습을 중심으로 한 개별 학습의 강조가 30.0%로 가장 높았고, 조사 학습을 중심으로 한 학생 중심 활동의 강조 22.3%, 문제 해결력 신장을 위한 탐구 학습의 활성화 22.2% 순이었다. 따라서 사회과 교사들은 민주 시민 교육, 세계 시민 교육, 사회 현상과 사회 문제에 대한 올바른 인식, 반성적 탐구를 통한 고급 사고력 신장 등 현대 사회과의 이상을 실현하기 위해서 학생 중심 학습, 탐구 및 문제 해결력 신장 등을 선호하고 있다고 해석된다.

<표 Ⅰ-Ⅺ-2>는 사회과 교육 현장에서 토의·토론 학습 등 학생 중심 학습이 제약받는 주된 이유에 대한 사회과 교사들의 반응이다. 전체적으로 사회과가 학생 중심 학습 교과라는 선언적 교과 규정에도 불구하고, 실제 학교 현장에서 학생 중심 학습이 제대로 진행되지 못하는 주된 이유는 수업 시간의 소란 및 학습 효과의 미미(微微) 28.8%, 교장, 교감, 교육전문직(장학관·사, 교육연구관·사) 등 행정·관리직(교육전문직, 교장, 교감) 등의 지나친 간섭 23.5%, 교사의 역할 감소 및 비학습적인 면의 문제 22.4% 등으로 높게 나타나, 사회과 교사들이 학생 중심의 진솔한 교수·학습을 진행하고 싶어도 여러 가지 행정적·재정적·제도적 문제가 아직도 학교 현장에 상존하고 있는 것으로 분석되었다.

<표 Ⅰ-Ⅺ-3>은 사회과 교육과정에 제시된 '교수·학습 방법'의 실제 교수·학습에의 효용도에 관한 반응 결과 분석이다. 분석 결과, 현장 사회과 교사들은 22개 항으로 제시된 교수·학습 방법이 실제 교수·학습보다 매우 유용하다는 반응을 보였다. 전체적으로 60.5%의 교사들이 '교수·학습 방법'의 효용도를 높게 보았으며, 이는 초·중·고교에서 공히 강조되고 있어서, 향후 사회과 교육과정 개발에서, 교수·학습 방법 진술 및 제시 방법에 아주 신중을 기해야 한다는 반증이기도 하다.

<표 Ⅰ-Ⅺ-4>는 현행 사회과 교과서 활용 시, 지도 자료의 준비 용이도에 대한 사회과 교사들의 반응 결과이다. 분석 결과, 전체적으로 47.1%의 사회과 교사들이 교과서 지도 시 각종 지도 자료 준비가 곤란하다는 반응을 보였다. 특히, 초등학교 교사는 35.1%만이 교과서 지도 자료 준비가 곤란하다고 반응한 반면, 중학교 60.4%, 고등학교 61.8%가 곤란하다는 반응을 보여 학교급이 올라갈수록 교과서 지도 자료 준비가 어려워 교수·학습에 애로를 겪고 있는 것으로 해석된다. 이는 현행 사회과 교과서의 내용 진술 형식, 게재 지문, 수록 자료, 교과서 판형 등과 밀접하게 연관된 사항으로 향후, 사회과 교육과정과 사회과 교과서의 연계 개발에 충분히 고려해야 할 것으로 파악된다.

특히, 일반적으로 교과서는 교육과정을 가르치는 하나의 자료에 불과하다고 이야기하지만, 우리 교육 현장의 실정에서는 아주 중요한 자료이고, 경우에 따라서는 실제 활용도, 학습에의 파급 영향력 등에서는 오히려 교과서가 교육과정 이상으로 중시되고 있다는 점을 전제하면, 사회과 교육과정과 사회과 교과서의 연계 개발, 사회과 교과서의 체제, 내용, 자료, 인쇄 등 전체적 면에서 교육과정 분석적 접근과 쇄신이 요구되는 것이다.

<표 Ⅰ-Ⅺ-5>는 초·중·고교 사회과 현장에서 통합 교육이 이루어지는 정도에 대한 사회과 교사들의 반응 분석 결과이다. 전체적으로 사회과 교사 55.5%가 현재 통합 교육이 잘 수행되고 있다고 반응하여, 사회과의 특성인 통합 교육이 초·중·고교 공히 학교 현장에서 충실히 수행되는 바람직한 결과라고 볼 수 있다.

<표 Ⅰ-Ⅺ-6>은 사회과 교육과정 개발 및 개정에 참여해야 하는 요인·인사(要人·人士)에 대한 사회과 교사들의 인식 및 반응 분석 결과이다. 10개 항의 선택 문항과 1개 항의 자유 기술식(自由 記述式) 문항으로 구분되어 있고, 각자 중요도에 따라 3개 항씩 복수 선택할 수 있도록 구성된 설문이다. 전체적으로 사회과 교사들은 교육 공동체, 학교 공동체 구성원들이 두루 교육과정 개발과 개정에 참여해야 한다는 반응을 보이고 있다. 교육과정 전문가 16.9%, 사회과 전문 학자(교수 포함) 15.3%, 현직 교원(교장 포함) 14.9%가 상대적으로 높은 비율을 보였으나, 유의미한 반응이라고 보기는 어렵다. 오히려 중앙(교육과학기술부) 관료, 사회과 전문 학자(교수 포함), 초·중·고교 현직 교원, 초·중·고교 학생 및 교원 양성 대학 학생(교대·사대 학생), 학부모(학교 운영 위원 포함), 지역 사회 인사, 교육과정 전문가, 사회 과학자(교과 내용학 전문가), 교육 전문직(장학관·사, 교육연구관·사), 전직 교원 등 관련자들이 두루 교육과정의 요구 분석 및 개발에 참여할 때 바람직한 교육과정이 개발되리라고 본다. 특히, 우리나라 교육과정 개발에 초·중·고교 학생 및 교원 양성 대학 학생, 학부모, 지역 사회 인사, 전직 교원 등의 참여가 배제되고 있는데, 미래 사회의 역동적인 교육과정 개발에는 반드시 참여가 이루어져야 할 것이다.

기타 난에 반응한 2.3%에는 각종 산업별 직업 전문가, 외국의 교육과정 전문가, 신지식인 등이 포함되어 있다.

7) 사회과의 평가

〈표 Ⅰ-Ⅻ〉 사회과의 평가에 대한 의견

구분	문항	초등 교사(명, %)		중학 교사(명, %)		고교 교사(명, %)		전체(명, %)		비고
		빈도	비율	빈도	비율	빈도	비율	빈도	비율	
1. 사회과 수행 평가 정도	①아주 잘 수행	181	24.4	85	18.7	76	16.9	342	20.8	x^2=19.88 df=8 P<.001
	②잘 수행	304	41.0	89	19.6	70	15.6	463	28.1	
	③그저 그러함	150	20.2	90	19.8	85	18.9	325	19.8	
	④수행 안 됨	66	8.9	140	30.8	152	33.8	358	21.8	
	⑤전혀 수행 안 됨	40	5.5	50	11.0	67	14.9	157	9.5	
	합 계	741	100	454	100	450	100	1645	100	
2. 사회과 평가의 곤란 영역	①지식·이해 영역	50	6.7	97	21.4	77	17.1	224	13.6	x^2=19.04 df=8 P<.001
	②기능 영역	178	24.0	92	20.3	95	21.1	365	22.2	
	③가치·태도 영역	395	53.3	153	33.7	161	35.8	709	43.1	
	④종합적 수행	66	8.9	60	13.2	87	19.3	213	12.9	
	⑤특별히 없음	52	7.1	52	11.5	30	6.7	134	8.2	
	합 계	741	100	454	100	450	100	1645	100	

<표 Ⅰ-Ⅻ-1>은 학교 현장의 사회과 교육에서 수행 평가의 실행 정도에 대한 사회과 교사들의 반응이다. 전체적으로 보면, 현재 초·중·고교 사회과에서 수행 평가가 제대로 시행된다는 반응이

48.9%로 나타나 매우 긍정적으로 실행되고 있는 것으로 파악되었다. 특히, 초등학교 교사 64.4%, 중학교 교사 48.3%, 고등학교 교사 32.5%가 수행 평가를 제대로 수행하고 있다는 반응을 보여, 초등학교 단계에서 수행 평가가 보다 잘 실행되고 있다고 보인다.

　　<표 Ⅰ-Ⅻ-2>는 초·중·고교 사회과 교육에서 평가하기 곤란한 영역에 대한 사회과 교사들의 의견 조사 분석 결과이다. 사회과 교사들은 전체의 43.1%가 가치·태도 영역, 22.2%가 기능 영역 평가에 애로가 있다고 응답하였다. 이는 그간의 사회과 교수·학습과 평가가 지적 영역 위주, 지필 평가 위주로 이루어졌다는 반증으로, 앞으로 이와 같은 가치·태도 영역, 기능 영역 등에 대한 교수 학습 방법과 평가 방법에 대한 연구와 적용이 요구된다고 본다. 물론, 사회과 평가는 지적 영역, 기능적 영역, 정의적 영역 등 통합적, 균형적 평가가 필수적임은 재론(再論)할 필요도 없다.

8) 사회과 교육과정의 환류

〈표 Ⅰ - ⅩⅢ〉 **사회과 교육과정 실천(운영) 및 환류**

구분	문항	초등 교사 (명, %)		중학 교사 (명, %)		고교 교사 (명, %)		전체(명, %)		비고
		빈도	비율	빈도	비율	빈도	비율	빈도	비율	
1. 사회과 교육과정 평가 및 환류 회수	①5회 이상(수시)	66	8.9	60	13.2	75	16.7	201	12.2	x^2=9.99 df=8 P<.001
	②3-4회 정도	77	10.4	89	19.6	58	12.9	224	13.6	
	③2회	333	44.9	140	30.8	154	34.2	627	38.1	
	④1회	220	29.7	132	29.7	135	30.0	487	29.6	
	⑤전혀 없음	45	6.1	33	7.3	28	6.2	106	16.4	
	합 계	741	100	454	100	450	100	1645	100	
2. 사회과 교육과정의 개정 주기	①11년 이상	35	4.7	21	4.6	33	7.3	89	5.4	x^2=11.05 df=8 P<.001
	②7-10년 정도	101	13.6	41	9.0	46	10.2	188	11.4	
	③3-6년 정도	312	42.1	180	39.6	135	30.0	627	38.1	
	④3년 미만	45	6.1	28	6.2	48	10.7	121	7.4	
	⑤상시 개정 체제	248	33.5	184	40.5	188	41.8	620	37.7	
	합 계	741	100	454	100	450	100	1645	100	
3. 사회과 수업에서의 활용 교육과정 관련 도서	①사회과 교육과정	55	7.4	30	6.6	34	7.6	119	7.2	x^2=26.68 df=8 P<.01
	②교육과정 해설서	53	7.2	39	8.6	52	11.6	144	8.8	
	③사회과 교과서	257	34.7	144	31.2	128	28.4	529	32.2	
	④교사용 지도서	220	29.7	100	22.0	66	14.7	386	23.5	
	⑤교육 도서(참고서)	136	18.4	120	26.4	146	32.2	402	24.3	
	⑥기타	20	2.7	21	4.6	24	5.3	65	4.0	
	합 계	741	100	454	100	450	100	1645	100	

구분	문항	초등 교사 (명, %)		중학 교사 (명, %)		고교 교사 (명, %)		전체(명, %)		비고
		빈도	비율	빈도	비율	빈도	비율	빈도	비율	
4. 사회과 교육과정이해 도움 자료	①사회과 교육과정	211	28.5	106	23.3	99	22.0	416	25.3	x^2=21.48 df=8 P<.001
	②교육과정 해설서	234	31.6	136	30.0	129	28.7	499	30.3	
	③사회과 교과서	77	10.4	70	15.4	49	10.9	196	11.9	
	④교사용 지도서	125	16.9	91	20.0	92	20.4	308	18.7	
	⑤관련 논문, 전문 도서	59	8.0	30	6.6	48	10.7	137	8.3	
	⑥기타	35	4.7	21	4.6	33	7.3	89	5.4	
	합 계	741	100	454	100	450	100	1645	100	
5. 사회과 교육과정의 정상화 · 효율적 운영 조건	①교육과정·수업 연계	220	29.6	92	20.3	104	23.1	416	25.3	x^2=13.04 df=8 P<.001
	②상세화, 지역화	148	20.0	97	21.4	80	17.8	325	19.8	
	③다양한 자료	198	26.7	135	29.7	67	14.9	400	24.3	
	④주기적 연수	100	13,5	65	14.3	140	31.1	305	18.5	
	⑤협의회 내실화	50	6.7	30	6.6	27	6.0	107	6.5	
	⑥기타	25	3.4	35	7.7	32	7.1	92	5.6	
	합 계	741	100	454	100	450	100	1645	100	
6. 사회과 교육과정 의 실천 운영권 보유	①학교장	50	6.7	46	10.1	48	10.7	144	8.8	x^2=9.82 df=8 P<.001
	②교무부장	88	11.9	57	12.6	50	11.1	195	11.9	
	③사회과교과부장	60	8.1	71	15.6	89	19.8	220	13.3	
	④학년부장	98	13.2	60	13.2	55	12.2	213	12.9	
	⑤사회과 지도교사	445	60.1	220	48.5	208	46.2	873	53.1	
	합 계	741	100	454	100	450	100	1645	100	

<표 Ⅰ-XⅢ-1>은 사회과 교사들이 재직하는 학교에서 사회과 교육과정의 평가 및 환류 횟수(回數)에 대한 반응 결과이다. 전체적으로 현재 초·중·고교에서는 사회과 교육과정에 대한 반성 및 평가, 환류 등을 학기당 1회씩, 학년도당(연) 2회씩 시행하고 있는 비율이 38.1%로 가장 높았다. 그 외에 학년도당(연) 1회가 29.6%, 학년도당(연) 3-4회가 13.6%로 뒤를 이었다. 다만, 문제점으로 분석된 점은 사회과 교육과정의 반성 및 평가, 환류를 전혀 하지 않는 학교의 비율이 총 16.4%나 된다는 점이다. 이는 우리나라 교육과정 운영이 초·중·고교 학교 현장에서 원활하게 정착되지 못하고 있다는 반증이어서, 행정적·제도적 조치와 지원이 필요한 문제점이라고 해석된다.

<표 Ⅰ-XⅢ-2>는 사회과 교육과정의 적당한 개정 주기에 대한 사회과 교사들의 반응 분석 결과이다. 전체적으로 3-6년 개정 주기가 적당하다는 반응이 38.1%, 상시 개정 체제 도입이 37.7%로 압도적으로 나타났다. 이는 과거 우리나라 교육과정 개정 주기는 약 10년 정도 되었으나, 현대 사회에서는 시대 변화와 사회 발전에 따라 점차 교육과정의 개정 주기가 빨라지고 있음을 보여 주는 것이며, 일정한 시기를 정해서 일제히 개정하는 것이 아니라, 개정의 필요가 있을 시에 수시로 개정하는 상시(常時) 개정 체제 도입을 요구하는 것이라고 볼 수 있다.

최근 고시된 '2007년 개정 교육과정'에서는 제8차 교육과정이라는 용어를 사용하지 않았다. 이는

우리나라 교육과정에 필요시 수시로 교육과정을 개정하는 상시 개정 체제 도입으로, 한국 교육과정 개발 및 개정 방향에 대한 획기적인 혁신이라고 볼 수 있다.

<표 Ⅰ-ⅩⅢ-3>은 사회과 교수·학습 시간의 계획 수립, 지도, 평가 등에 가장 많이 활용하는 교육과정 관련 도서에 대한 사회과 교사들의 반응이다. 현직 사회과 교사들은 사회과 교과서 32.2%, 교육 도서(참고서) 24.3%, 교사용 지도서 23.5% 순으로 많이 활용하는 것으로 분석되었다. 상대적으로 사회과 교육과정의 활용도는 7.2%에 그쳤다. 이는 우리나라 사회과 교육에서 교과서와 참고서의 활용도가 매우 높다는 반증이고, 특히 중등학교에서는 사회과 교과서와 교육 도서(참고서) 중시 비율이 60% 내외가 되어, 향후 사회과 교육과정 개발의 한 좌표로 삼아야 할 통계라고 할 수 있다.

<표 Ⅰ-ⅩⅢ-4>는 학교 현장에서 사회과 교육과정 이해에 도움이 되는 자료에 대한 사회과 교사들의 의견 조사 분석 결과이다. 사회과 교사들은 전항(前項)의 분석과 같이 사회과 교육과정과 사회과 교육과정 해설서를 실제 활용하는 비율은 매우 낮았으나, 그 중요성에 대해서는 공감하고 있었다. 즉 사회과 교육과정의 이해에는 사회과 교육과정 해설서 30.3%, 사회과 교과서 25.3%의 비율로 중요하다고 응답하였으며, 그 외 사회과 교과서 11.9%, 교사용 지도서 18.7%, 관련 논문 및 전문 도서 8.3%로 낮게 나타났다. 결국, 사회과 교사들은 사회과 교육과정의 중요성은 인식하고 있으나, 학교 현장의 제반 제약 조건 때문에 사회과 교과서, 사회과 참고서 등을 선호하는 것으로 파악되었다.

<표 Ⅰ-ⅩⅢ-5>는 학교 현장에서 사회과 교육과정의 정상화와 효율적 운영의 조건에 대한 사회과 교사들의 반응 분석 결과이다. 초등학교 교사들은 사회과 교육과정과 수업 연계 29.6%, 중학교 교사들은 다양한 자료 29.7%, 고등학교 교사들은 사회과 교사들의 주기적 연수 31.1%로 각각 높은 반응을 보였으며, 전체적으로는 교육과정과 사회과 수업 연계 25.3%, 교수·학습에 필요한 다양한 자료 구비 24.3%, 교육과정의 상세화 및 지역화 19.8% 순으로 높게 나타났다. 즉 학교 현장에서 사회과 교육과정의 정상화·효율화를 위해서는 교육과정과 사회과 수업 연계, 사회과 교사들에 대한 주기적 연수 실시, 교육과정의 상세화와 지역화 활성화 등이 두루 고려되어야 할 것으로 해석된다. 결국 한국 사회과에서는 교육과정의 대강화(大綱化)를 지향하되, 현실적으로 대강화와 상세화(詳細化)가 함께 강조되어야 한다는 요구라고 볼 수 있다.

<표 Ⅰ-ⅩⅢ-6>은 학교 현장에서 실제 사회과 교육과정의 운영권을 가진 학교 구성원(교원)에 대한 반응 분석 결과이다. 사회과 교사들은 초·중·고교를 망라하여 53.1%가 학교 현장의 사회과 교육과정 운영권은 사회과 교사 자신에게 있다고 응답하였다. 이는 교육과정의 실제 운영권이 직접 지도하는 교사에게 부여되어 있어, 자율권·재량권 확보로 내실 있는 사회과 교육을 실행할 수 있기에, 매우 바람직한 현상이라고 할 수 있다.

9) 초·중·고교 사회과 교사 의견 분석에 대한 종합적 논의

사회과 교육과정에 대한 초·중·고교 사회과 교사들의 의견은 실제 학교에서 학교 교육과정을 개발·실행하는 주체라는 점에서 상당히 현장감이 있고, 유의미하다고 본다. 특히, 사회과 교사들의 의견은 실제 학교 현장에서 사회과 교육과정을 편성·운영·적용하면서 얻은 실제적 결과에 바탕을 둔 인식과 의견이라는 점에 특징이 있다. 따라서 교육과정에 대한 일선 학교 사회과 교사들의 의견은 교육과정의 개발·실행 면에서 매우 중요한 시사점을 제시해 준다고 본다.

본 연구에서는 초·중·고교 사회과 교사들의 의견을 교육과정 일반, 사회과의 기본 방향 및 편제, 사회과의 성격, 사회과의 목표, 사회과의 내용, 사회과의 교수·학습 방법, 사회과의 평가, 사회과 교육과정의 환류 등으로 구분하여 분석하였는데, 이를 종합하여 요약하면 다음과 같다.

첫째, 교육과정 일반에 대해서, 일선 학교 사회과 교사들은 현행 교육과정의 추구하는 인간상, 구성 방침, 학교급별 목표, 교과 순서 등에 대해서 대체로 긍정적인 입장을 견지하고 있다. 제7차 교육과정이 교육 개혁의 일환으로 과거 교육과정과는 다른 새로운 체제로 개발되어 세계화·정보화 시대의 교육과정으로 학교 현장에서 긍정적으로 실행되고 있다고 보인다.

둘째, 사회과의 기본 방향 및 편제 면에서, 사회과 교사들은 사회과의 편제, 사회과 교육과정과 교과서의 연계성에 대해서는 대체로 긍정적으로 보고 있으나, 현행 교육과정상의 사회과 교수·학습 분량이 지나치게 과다한 데 비해서, 상대적으로 수업 시간 수는 적다고 보고 있다. 특히, 최근 '주5일 수업제'가 정착되고 있으며, 사회과가 현장 학습, 체험 학습, 조사 보고 학습, 탐구 학습, 토의·토론 학습 등 학생 중심 학습이 주류를 이룬다고 볼 때, 사회과 교육과정의 분량 감축과 시간 증가가 요구되고 있다고 본다.

셋째, 사회과의 성격 면에서, 사회과 교사들은 전통적인 민주 시민의 자질 육성, 대화와 토의 강조, 문제 해결 자세 등을 강조하고 있다. 미래 사회의 사회과 성격으로는 전인 교육과 사회과 통합 교육 등을 중시하고 있으며, 특히 사회 변화의 패러다임을 고려해야 한다고 보고 있다. 이는 사회과의 본질인 '인간다운 인간' 육성의 기반 위에서 시대 변화와 사회 발전을 사회과에서 적절하게 반영하여 교육해야 한다는 요구라고 파악된다.

넷째, 사회과의 목표 면에서, 사회과 교사들은 종합 목표 1개 항, 영역별 목표 5개 항인 현행 사회과 목표 제시를 긍정적으로 보고 있으며, 미래 사회과에서는 고급 사고력 신장, 사회 문제 통찰 능력 등을 목표로 강조해야 한다고 보고 있다. 이는 사회 변화에 따라 사회과의 목표도 학생의 요구를 충실히 반영하는 쪽으로 설정되어야 한다는 교사들의 요구라고 볼 수 있다.

다섯째, 사회과의 내용 면에서, 미래 사회과의 교육과정에서는 다문화 이해 교육, 세계 시민 교육, 정보 통신 교육을 강조해야 한다고 보고 있다. 아울러, 사회과 통합과 내용의 지역화, 사회 문제에 대한 탐구적 접근 등을 강조하고 있다. 이는 결국 바람직한 인간 육성을 목표로 하는 사회과에서 현대 사회의 인간 소외 현상을 극복하고 진정한 인간 교육, 세계 시민 교육, 사회 복지 교육 등에 주된 관심을 가져야 한다는 반증이라고 파악된다.

여섯째, 사회과 교수·학습 면에서, 사회과 교사들은 사회과에서 문제 해결 학습, 탐구 학습 등을 강조하고, 고급 사고력을 신장시킬 수 있는 학생 중심 교수·학습 방법을 중시하고 있다. 이는 사회과가 학생의 활동을 바탕으로 하는 탐구 학습, 사고력 신장 학습으로 교수·학습 방법이 개선되어야 한다는 현장의 요구라고 볼 수 있다.

일곱째, 사회과 평가 면에서, 현재 일선 학교에서는 수행 평가가 대체로 무난하게 시행되고 있으나, 전반적으로 가치·태도를 기반으로 하는 정의적 평가에 애로를 겪는 것으로 나타났다. 따라서 초·중·고교의 사회과 평가가 지적·기능적·정의적 영역이 두루 균형 있게 이루어지도록 교육과정의 개발에서부터 고려해야 할 것으로 사료된다.

여덟째, 사회과 교육과정의 환류 면에서, 사회과 교사들은 정기적인 교육과정 평가 및 환류, 교육과정의 상시 개정 체제 도입 등을 요구하고 있다. 이는 교육과정이 목표, 내용, 교수·학습 방법, 평가 등이 유기적으로 연계되어야 하고, 교육과정이 전면적·정기적으로 개정되기보다는 필요시에 수시로 개정·개발할 수 있는 상시 개정 체제 도입을 강하게 요구하고 있는 것이다.

3. 교육대학교·사범대학 사회교육과 학생 의견

1) 사회과의 편제·성격·목표

〈표 Ⅱ-Ⅰ〉 사회과 교육과정의 편제·성격·목표에 대한 이해

구분	문항	교대 학생 (명, %)		사대 학생 (명, %)		전체 (명, %)		비고
		빈도	비율	빈도	비율	빈도	비율	
1. 사회과 국민공통기본교육과정, 선택중심교육과정 이해	①아주 잘 알고 있음	25	8.3	55	9.0	80	8.8	x^2=9.82 df=4 P<.001
	②알고 있음	30	10.0	60	9.8	90	9.9	
	③그저 그러함	61	20.3	145	23.7	206	22.6	
	④모름	105	34.9	201	32.9	306	33.6	
	⑤전혀 모름	80	26.6	150	24.5	230	25.2	
	합 계	301	100	611	100	912	100	
2. 대학 사회교육과에서 강조해야 할 요소	①사회과성격과 목표	56	18.6	125	20.5	181	19.9	x^2=8.79 df=4 P<.001
	②사회과 내용	100	33.2	240	39.3	340	37.3	
	③교수 기술 및 방법	88	29.2	80	13.1	168	18.4	
	④사회과 평가	41	13.6	118	19.3	159	17.4	
	⑤사회과 편제	26	8.6	48	7.9	74	8.1	
	합 계	301	100	611	100	912	100	
3. 사회과 성격 부합 요소	①세계 시민 교육	98	32.6	155	25.4	253	27.7	x^2=11.04 df=4 P<.001
	②사회과학 교육	14	4.7	243	39.8	257	28.2	
	③반성적 탐구	101	33.6	30	4.9	131	14.4	
	④의사 결정력신장	33	11.0	135	22.1	168	18.4	
	⑤학생 참여 조장	55	18.3	48	7.9	103	11.3	
	합 계	301	100	611	100	912	100	
4. 사회교육과 교육 목표 중점	①민주 시민 교육	124	41.2	211	34.5	335	36.7	x^2=7.76 df=4 P<.001
	②초, 중, 고 사회과 내용	76	25.2	136	22.3	212	23.2	
	③교사 능력 자질 함양	20	6.6	88	14.4	108	11.8	

구분	문항	교대 학생 (명, %)		사대 학생 (명, %)		전체 (명, %)		비고
		빈도	비율	빈도	비율	빈도	비율	
4. 사회교육과 교육 목표 중점	④교육학적 지식	48	15.9	106	17.3	154	16.9	x^2=7.76 df=4 P<.001
	⑤일반 교양적 내용	33	11.0	70	11.5	103	11.3	
	합 계	301	100	611	100	912	100	
5. 사회과 성격, 목표설 정시 고려 사항	①전통 사회과 본질	35	11.6	50	8.2	85	9.3	
	②사회발전 패러다임	94	31.2	201	32.9	295	32.3	
	③사회 이슈와 쟁점	60	19.9	135	22.1	195	21.4	x^2=27.68 df=5 P<.01
	④국가 정책 강조사항	20	6.6	48	7.9	68	7.5	
	⑤학생 전인적 성장	78	25.9	145	23.7	223	24.5	
	⑥기타	14	4.7	22	3.6	36	3.9	
	합 계	301	100	611	100	912	100	

<표 Ⅱ-Ⅰ-1>은 예비 교사인 교육대학교(이하 교대)·사범대학(이하 사대) 학생들이 초·중·고교를 망라하는 국민공통기본교육과정과 선택중심교육과정에 대한 이해·인식 정도에 관한 반응 분석 결과이다. 예비 교사인 교대생과 사대생들은 초·중·고교의 사회과 교육과정에 대해서 대체로 알고 있는 정도, 즉 이해 및 인식이 결여된 것으로 나타났다. 전체의 58.8% 학생들이 초·중·고교 사회과 교육과정에 대해서 잘 모른다고 응답했으며, 어느 정도 알고 있다는 반응은 18.7%에 불과하였다. 이는 우리나라 초·중·고교 교육과정과 교원 양성 대학인 교대 및 사대의 교육과정(curriculum)의 불일치 및 연계성 부족에서 기인하는 것으로, 향후 교육과정 개발에서 초·중·고교와 교대, 사대의 연계성 유지가 필수적인 과제라고 할 수 있다. 향후, 초·중·고교의 사회과 교육과정과 사범계 대학 사회교육과 교육과정의 연계를 위한 획기적 개선책이 모색되어야 할 것이다.

<표 Ⅱ-Ⅰ-2>는 사범계 대학의 사회교육과에서 강조해야 할 요소에 대한, 사범계 대학생들의 반응 결과이다. 교대와 사대를 통틀어 사범계 대학생들은 대학의 사회과 교육과정에서 초·중·고교의 사회과 내용을 주로 강조해야 한다고 반응하였다. 아울러, 사회과의 성격과 목표, 사회과 교수 기술 및 방법 등도 뒤를 이어 높은 비율로 강조되어야 한다고 응답하였다. 이는 사범계 대학생들이 대학 졸업 후 교사 임용 시, 곧바로 교실 현장에서 사회과를 가르칠 수 있는 배경 지식으로서 사회과 내용을 선호하고 있다고 파악되는 것이다.

<표 Ⅱ-Ⅰ-3>은 사범계 대학생들이 보는 초·중·고교 사회과의 성격에 부합되는 요소에 대한 반응 분석 결과이다. 사범계 대학생들은 초·중·고교 사회과의 성격으로 사회 과학 교육 28.2%, 세계 시민 교육 27.7%, 의사 결정력 신장 18.4% 순으로 높은 반응을 보였다. 이는 사범계 대학생들이 대학 진학 전 고등학교 교육에서 사회과를 사회 과학의 개별 학문 지식 위주로 학습한 데에 이유가 있는 것으로 보이며, 세계화·정보화 시대에 민주 시민 교육이 세계 시민 교육으로 승화, 확대되어야 한다고 인식하고 있는 것으로 해석된다.

<표 Ⅱ-Ⅰ-4>는 사범계 대학의 사회교육과 교육과정의 목표 중점을 두어야 할 요소에 대한 예비 교사들의 반응이다. 사범계 대학생들은 전항(前項)의 초·중·고교 사회과의 성격 규정과 마찬가지로, 사범계 대학의 사회교육과의 목표에서도 민주 시민 교육, 초·중·고교 사회과의 내용 등에

중점을 두어야 한다고 반응하였다. 이는 예비 교사들이 현행 초·중·고교 사회과 교육과정과 사범계 대학의 사회교육과 교육과정이 전혀 연계되지 않고 따로 돌아가고 있는 데에 대한 우려를 나타낸 것이며, 향후, 교육과정 개발, 적용 시에 초·중·고교와 교원 양성 대학의 사회과 교육과정 연계, 통합이 반드시 고려되어야 할 것으로 사료(思料)되는 대목이다.

<표 Ⅱ-Ⅰ-5>는 초·중·고교 사회과의 성격, 목표 설정 시에 고려해야 할 요소에 관한 예비 교사들의 반응 분석 결과이다. 전체적으로 사범계 대학생들은 사회과의 성격, 목표 등을 설정할 때에, 사회 발전과 시대 변화의 패러다임 32.3%, 학생들의 전인적 성장 24.5%, 사회 이슈와 쟁점 21.4% 등과 같은 요소에 중점을 두어야 한다는 반응을 보였다. 따라서 예비 교사들은 초·중·고교의 사회과 교육과정의 성격과 목표에 사회 발전과 전통적 사회과의 본질을 함께 고려해야 한다는 인식을 갖고 있는 것으로 파악되고 있다.

2) 사회과의 내용

〈표 Ⅱ-Ⅱ〉 사회과 교육과정 내용에 대한 의견 ①

구분	문항	교대 학생 (명, %)		사대 학생 (명, %)		전체 (명, %)		비고
		빈도	비율	빈도	비율	빈도	비율	
1. 사회과 교육과정의 세부 내용 인지 정도	①잘 알고 있음	51	16.9	88	14.4	139	15.2	x^2=2.17 df=4 P<.001
	②알고 있음	40	13.3	90	14.7	130	14.3	
	③그저 그러함	47	15.6	136	22.3	183	20.1	
	④모름	55	18.3	143	23.4	198	21.7	
	⑤전혀 모름	108	35.9	154	25.2	262	28.7	
	합 계	301	100	611	100	912	100	
2. 사회교육과 관련 학과 내용의 교사 임용 후 활용도	①많은 도움 및 활용	20	6.6	55	9.0	75	8.2	x^2=14.09 df=4 P<.001
	②도움 및 활용	33	11.0	48	7.9	81	8.9	
	③그저 그러함	55	18.3	134	21.9	189	20.7	
	④도움 및 활용 안 됨	105	34.9	226	37.0	331	36.3	
	⑤전혀 도움 및 활용 안 됨	88	29.2	148	24.2	236	25.9	
	합 계	301	100	611	100	912	100	
3. 사회과 교육과 관련 학과 내용교원 임용 후 비활용의 이유	①대학과 초·중·고 비연계	148	49.2	312	51.1	460	50.4	x^2=8.79 df=4 P<.001
	②교육과정 내용 변화	45	15.0	90	14.7	135	14.8	
	③학문·생활 중심성 유리	66	21.9	111	18.2	177	19.4	
	④사범계 교육과정 독특성	35	11.6	88	14.4	123	13.5	
	⑤교육과정의 비민첩성	7	2.3	10	1.6	17	1.9	
	합 계	301	100	611	100	912	100	

구분	문항	교대 학생 (명, %)		사대 학생 (명, %)		전체 (명, %)		비고
		빈도	비율	빈도	비율	빈도	비율	
4. 사회교육과의 교과 교육학, 교과 내용학 구조	①일반교육학 강조	30	10.0	78	12.8	108	11.8	x^2=16.04 df=4 P<.01
	②교과 교육학 강조	47	15.6	61	20.3	108	11.8	
	③교과 내용학 강조	66	21.9	131	21.4	197	21.6	
	④전 교육학 통합 강조	115	38.2	236	38.6	351	38.5	
	⑤교과·내용학 통합강조	43	14.3	105	17.2	148	16.2	
	합 계	301	100	611	100	912	100	
5. 사회교육과의 타 전공 이수	①아주 바람직	145	48.2	281	46.0	426	51.6	x^2=24.98 df=4 P<.001
	②바람직	88	29.2	158	25.9	246	27.0	
	③그저 그러함	36	12.0	86	14.1	122	13.4	
	④바람직하지 않음	20	6.6	56	9.2	76	8.3	
	⑤전혀 바람직하지 않음	12	4.0	30	4.9	42	4.6	
	합 계	301	100	611	100	912	100	

<표 Ⅱ-Ⅱ-1>은 사범계 대학생들이 장차 재직하게 될 초·중·고교 사회과 교육과정의 세부 내용에 대한 인지(認知) 정도에 대한 반응 분석 결과이다. 분석 결과, 예비 교사들은 초·중·고교의 국민공통기본교육과정과 선택중심교육과정에 대한 인지가 결여된 것과 마찬가지로, 초·중·고교의 사회과 교육과정 세부 내용에 대해서도 제대로 알고 있지 못한 것으로 파악되었다. 즉 교대생 54.2%, 사대생 48.6%가 초·중·고교 사회과 교육과정에 대해서 알고 있지 못한다고 응답했으며, 어느 정도 알고 있다는 응답은 종합 29.5%에 불과하여, 예비 교사들이 교육과정에 대한 이해 부족으로 차후 정규 교사로 임용되었을 때 현장 적응에 상당히 애로가 있을 것으로 유추되고 있어서, 초·중·고교 사회과 교육과정과 양성 대학 사회과 교육과정의 전면 검토가 요구되고 있다.

<표 Ⅱ-Ⅱ-2>는 현재 이수 중인 사범계 대학의 사회교육과 교육과정 내용이 차후 교사 임용 시 그 활용도에 대한 예비 교사들의 반응 분석 결과이다. 분석 결과, 예비 교사들은 대학의 사회교육과 이수 내용이 초·중·고교 교사 임용 후 별로 도움이 되지 않을 것이라는 반응이 주류를 이루었다. 교대생 64.1%, 사대생 61.2%, 종합 62.2%가 이러한 반응을 보였고, 어느 정도 도움이 될 것이라는 응답은 17.1%에 불과하였다. 이와 같은 현상은 목적 대학인 교대와 사대의 교육과정이 여러 가지 제약으로 제 기능을 다하지 못하기 때문으로 분석되는 대목이다.

<표 Ⅱ-Ⅱ-3>은 설문의 전항(前項)과 결부하여, 만약 사범계 대학 사회교육과 교육과정 이수 내용이, 차후 초·중·고교의 사회과 교사로 임용 시 제대로 실제 적용·활용되지 못할 경우, 그 근본적 이유가 어디에 있는지에 대한 예비 교사들의 반응 결과이다. 예비 교사들은 현행 초·중·고교와 사범계 대학의 사회과 교육과정의 비연계, 불일치를 압도적인 원인으로 꼽고 있다. 그 외에 초·중·고교는 비교적 생활 중심 교육과정인 데 비하여, 대학은 사회 과학을 탐구하는 학문 중심성 때문이라는 응답이 19.4%, 시대 변화와 사회 발전에 따른 교육과정 내용의 변화 14.8% 등으로 나타났다. 따라서 초·중·고교와 사범계 대학의 교육과정 연계와 공동 개발은 교육과정 정상화의

중요한 과제라고 할 수 있다.

<표 Ⅱ-Ⅱ-4>는 사범계 대학 사회교육과의 일반(순수) 교육학, 교과 교육학, 교과 내용학의 교육과정상 조직 형태에 관한 예비 교사들의 반응이다. 전체적으로 예비 교사인 교대생과 사대생들은 일반 교육학, 교과 교육학, 교과 내용학을 두루 통합하여 강조해야 한다는 반응을 보였다. 이는 사회과 교사가 교사 이전에 교양인으로서 지식과 인성을 겸비하여야 하고, 나아가 유능한 교사로서 일반 교육학, 교과 교육학, 교과 내용학 등 교육학 일반과 전공 교과에 대한 능력과 자질을 두루 겸비해야 한다는 반응으로 매우 바람직한 현상으로 해석된다.

<표 Ⅱ-Ⅱ-5>는 현행 사범계 대학 사회교육과 학생들이 지리 교육과, 역사 교육과 또는 타 학과의 학과목을 이수하는 현행 교직 이수 제도에 대한 예비 교사들의 반응이다. 특히, 현재 사회과 교사 자격증 과목인 일반사회, 역사, 지리 외의 공통사회 과목 등을 고려할 때, 현 교직 이수 체제는 불가피한 면이 없지 않다. 이에 대하여, 예비교사들은 타 학과·전공 이수가 매우 바람직하다는 반응을 보였다. 즉 매우 바람직하다 51.6%, 바람직하다 27%로 총 78.6%가 타 학과·전공과목 이수에 대하여 긍정적 반응을 보이고 있다. 이러한 반응은 현재 농어촌 초·중·고교가 공히 학생 수 감소 등으로 향후 과목 상치 교사가 급증할 추세인 상황에 탄력적으로 대처할 수 있고, 나아가 현행 사범계 대학의 부전공 제도, 복수 전공 제도에 중요한 시사점을 주는 것이다. 그리고 미래에는 초·중등 통합 교원 자격증 제도 등을 전향적으로 검토해야 할 것이다. 특히, 교육과학기술부 (2008.02.25 이전 교육인적자원부)는 2007년 3월 30일, 부전공 자격 취득 폐지와 교직 과정 이수 인원 감축을 골자로 하는 '중등 교원 양성 제도 개선 방안'을 발표하였다. 즉 2008학년도 대학 입학자부터 학부 과정에서 부전공에 의한 중등 교원 자격 취득 제도를 폐지하고, 복수 전공에 의한 자격 취득은 확대하며, 일반 학과의 교직 과정 취득 인원의 비율을 입학 정원의 30%에서 10%로 감축하였다. 2007학년도 중등 교원 자격 취득자의 임용 비율이 15.3%였는데, 향후 중등 교원 자격증 취득과 임용이 더욱 어려워질 전망이다(교육인적자원부 보도자료. 2007. 03. 30).

<표 Ⅱ-Ⅲ-1>은 초·중·고교 사회과에서 강조해야 할 요소에 대한 예비 교사들의 반응이다. 분석 결과, 예비 교사들은 사회과에서 지덕체를 겸비한 전인 교육을 크게 강조하고 있는 것으로 파악되고 있다. 전체 34.3%가 전인 교육을 선호하여 사회과가 여전히 민주 시민 교육, 세계 시민 교육 교과임이 입증되었으며, 가치·태도 교육도 20.2%로 상대적으로 높게 나타나 사회과에서 가치 교육의 중요성도 인식하고 있다고 해석된다. 특이한 점은 사회 과학 지식 터득에 대하여, 교대생들의 6.6%만이 중시하는 데 비하여, 사대생은 20.5%가 중시하여 대조를 보이고 있는 점이다. 이는 초·중등학교의 사회과 지향점과 밀접하게 관련된 부분이라고 해석된다. 초등학교가 전인 교육에 중점을 두는 반면, 중등학교는 상급 학교 진학 등으로 사회 과학의 지식을 강조하고 있다고 볼 수 있다.

<표 Ⅱ-Ⅲ-2>는 초·중·고교 사회과에서 학생들에게 길러 주는 것이 적장하다고 생각하는 민주 시민 자질, 세계 시민 소양에 대한 예비 교사들의 반응 분석 결과이다. 예비 교사들은 지구촌 사회, 다문화 사회, 세계화·정보화 사회로 통칭되는 현대 사회에서, 학생들에게 길러 주어야 할 자질과 소양으로 대화와 통의 능력 39.7%, 사회 문제 해결 자세 26.9%로 높은 반응을 보이고 있다. 이러한 형상은 교대생과 사대생이 아주 유사한 비율을 보이고 있다. 즉 신세대로 미래 사회의 주역

인 예비 교사들이 사회과에서 다루어야 할 새로운 민주 시민적 자질이자 세계 시민적 소양인 사회 문제와 쟁점, 대화와 토의·토론 자세가 다가오는 미래 사회에 아주 중요한 덕목이라고 인식하고 있다는 점을 보여 주는 것이라고 해석된다.

<표 Ⅱ-Ⅲ-3>은 현재 사범계 대학 사회교육과에서 역사학, 지리학 외에, 비교적 소홀히 다루어 지고 있는 사회 과학에 대한 예비 교사들의 반응 결과이다. 응답자 각자 중요도에 따라 3가지씩 복 수로 선택하게 하였고, '보기' 문항에 제시되지 않은 것은 기타 난에 서술하도록 설문 문항이 구성 되어 있다. 예비 교사들은 현재 사범계 대학 사회교육과에서 상대적으로 법학, 윤리학, 심리학 등이 소홀히 취급되고 있다고 응답하였다. 이러한 반응은 다른 나라의 현대 사회과에서 법학과 법 규범, 윤리학과 윤리, 심리학과 교육 및 발달 심리 등이 강조되고, 전임 교수들을 확보하고 있으나, 우리나 라 사회과에서는 전통적으로 정치학, 경제학, 사회학, 문화 인류학, 역사학, 지리학 등을 강조해 온 관행 때문으로 보이며, 교원 양성 대학의 교수 확보와 교육과정 개편 시에 반영해야 할 대목이다. 기타로 통계 표기된 3.4% 안에는 교육학, 여성학, 해양학 등이 미미(微微)한 비율로 포함되어 있다.

〈표 Ⅱ-Ⅲ〉 사회과 교육과정 내용에 대한 의견 ②

구분	문항	교대 학생(명, %)		사대 학생(명, %)		전체 (명, %)		비고
		빈도	비율	빈도	비율	빈도	비율	
1. 초·중·고교 사회과 교육과정 강조 사항	①사회과 통합	40	13.3	87	14.2	127	13.9	x^2=4.48 df=4 P<.001
	②가치·태도 교육	60	19.9	124	20.3	184	20.2	
	③지·덕·체 전인 교육	125	41.5	188	30.8	313	34.3	
	④사회과학 지식 터득	20	6.6	125	20.5	145	15.9	
	⑤공동체 배려, 봉사	56	18.6	87	14.2	143	15.7	
	합 계	301	100	611	100	912	100	
2. 사회과의 민주 시민 자질, 세계 시민적 소양	① 애국심과 공동체 의식	20	6.6	60	9.8	80	8.8	x^2=22.10 df=4 P<.001
	②사회구성원 의사 결정력	33	11.0	89	14.6	122	13.4	
	③사회 문제 해결 자세	78	25.9	167	27.3	245	26.9	
	④대화와 토의 능력	114	37.9	248	40.6	362	39.7	
	⑤쟁점, 문제 해결 능력	56	18.6	47	7.7	103	11.3	
	합 계	301	100	611	100	912	100	
3. 사회교육과 관련 학과에서 소홀히 다루어지는 사회 과학	①정치학	67	7.4	181	9.9	248	9.1	x^2=40.76 df=7 P<.001
	②경제학	80	8.9	172	9.4	252	9.2	
	③사회학	35	3.9	66	3.6	101	3.7	
	④문화인류학	109	12.1	230	12.5	339	12.4	
	⑤법학	245	27.1	333	18.2	578	21.1	
	⑥심리학	123	13.6	343	18.7	466	17.0	
	⑦윤리학	220	24.4	440	24.0	660	24.1	
	⑧기타	24	2.7	68	3.7	92	3.4	
	합 계	903(301)	100	1833(611)	100	2736(912)	100	

3) 사회과의 교수·학습 방법 및 평가

〈표 Ⅱ-Ⅳ〉 사회과 교육과정 교수·학습 지도 방법·평가

구분	문항	교대 학생 (명, %)		사대 학생 (명, %)		전체 (명, %)		비고
		빈도	비율	빈도	비율	빈도	비율	
1. 대학 사회교육과와 초·중·고교 사회과 교육과정 연계	①아주 잘 연계	24	8.0	56	9.2	80	8.8	x^2=44.77 df=4 P<.001
	②잘 연계	25	8.3	112	18.3	137	15.0	
	③보통	32	10.6	67	11.0	99	10.9	
	④연계 안 됨	85	28.2	95	15.5	180	29.5	
	⑤전혀 연계 안 됨	134	44.5	281	46.0	415	45.5	
	합 계	301	100	611	100	912	100	
2. 사회교육과 교수들의 강의 방식 개선	①주입식, 강의식 교수	103	34.2	309	50.6	412	45.2	x^2=13,44 df=4 P<.001
	②사회 발전에 뒤진 내용	44	14.6	69	11.3	113	12.4	
	③의사소통 결여	21	7.0	55	9.0	76	8.3	
	④특성 있는 강의 미흡	78	25.9	145	23.7	223	24.5	
	⑤통합성 결여 강의	55	18.3	33	5.4	88	9.6	
	합 계	301	100	611	100	912	100	
3. 초·중·고교 사회과 통합성 정도	①아주 높은 통합성	133	44.2	238	39.0	371	40.7	x^2=9.64 df=4 P<.001
	②높은 통합성	76	25.2	75	12.3	151	16.6	
	③보통	53	17.6	40	6.5	93	10.2	
	④낮은 통합성	25	8.3	57	9.3	82	9.0	
	⑤아주 낮은 통합성	14	4.7	201	32.9	215	23.6	
	합 계	301	100	611	100	912	100	
4. 초·중·고사회과의 중요한 평가 방법	①지필 평가	56	18.6	45	7.4	101	11.1	x^2=10.92 df=4 P<.001
	②실기 및 기능 평가	45	15.0	21	3.4	66	7.2	
	③수행 평가	87	28.9	67	11.0	154	16.9	
	④리포트 등 보고서	15	5.0	66	10.8	81	8.9	
	⑤다양한 통합 방식	98	32.6	412	67.4	510	55.9	
	합 계	301	100	611	100	912	100	
5. 대학 사회교육과의 교과 평가 방법	①지필 평가	101	33.6	234	38.3	335	36.7	x^2=20.72 df=4 P<.01
	②실기 및 기능 평가	20	6.6	50	8.2	70	7.7	
	③수행 평가	43	14,3	57	9.3	100	11.0	
	④리포트 등 보고서	112	37.2	204	33.4	316	34.5	
	⑤다양한 통합 평가	25	8.3	66	10.8	91	10.0	
	합 계	301	100	611	100	912	100	

<표 Ⅱ-Ⅳ-1>은 사범계 대학 사회교육과 교육과정과 초·중·고교 사회과 교육과정의 연계 정도에 대한 예비 교사들의 반응이다. 예비 교사들은 현행 대학의 사회교육과 교육과정이 초·중·고교의 사회과 교육과정과 유리되어 있다는 반응을 높게 보이고 있다. 즉 대학의 사회교육과 교육과정과 초·중·고교의 사회과 교육과정의 연계가 되어 있지 않다는 반응이 65.2%로 압도적으로 높았다. 이는 사범계 대학생들이 초·중·고교 사회과 교육과정의 성격, 목표를 이해하지 못하고 있으며, 대학에서 이수한 학과 내용이 교사 임용 시 직접적으로 별 도움이 되지 않을 것이라는 높은 반응과 연관되어 있다고 할 수 있다. 이러한 현상을 해소하기 위해서는 초·중·고교 사회과 교육과정 개발 시에 대학의 사회교육과 교수, 그리고 대학의 사회교육과 교육과정 개발에 초·중·고교의 사회과 교사들의 공동 참여가 반드시 필요하다고 본다.

<표 Ⅱ-Ⅳ-2>는 현행 사범계 대학 사회교육과 교수들의 강의 방식 개선 방안에 대한 예비 교사들의 반응이다. 분석 결과, 대학의 강의실에서는 여전히 전통적인 교수자 중심의 강의식, 주입식 강의가 주류(主流)를 이루고 있는 것으로 나타났다. 그리고 이러한 강의식, 주입식 강의 방식이 하루빨리 개선되어야 한다는 응답이 45.2%나 되었다. 아울러, 사회교육과 교수들이 특성 있는 강의가 미흡하다는 반응도 24.5%로 높게 나타나, 대학의 사회교육과 교수들의 강의 개선이 선행되어야, 예비 교사들인 학생들의 교수 방법 및 교수 기술 향상에 도움이 될 것으로 해석된다.

<표 Ⅱ-Ⅳ-3>은 초·중·고교 사회과 통합 정도에 대한 예비 교사들의 반응이다. 예비 교사들은 현행 초·중·고교 사회과의 통합 정도가 비교적 높은 것으로 반응하였다. 즉 57.3%의 예비 교사들이 사회과의 통합성을 높게 보고 있었다. 따라서 교육과정상에 통합성이 확보된 내용을 학교 현장에서 사회과 교사들이 얼마나 통합적으로 지도하느냐에 사회과 교수·학습의 성패가 가름될 것으로 사료된다.

<표 Ⅱ-Ⅳ-4>는 초·중·고교 사회과의 중요한 평가 방법에 대한 예비 교사들의 반응이다. 대학생들은 초·중·고교 사회과에서 중요한 평가 방식으로 지필 평가, 실기 및 기능 평가, 보고서 등을 통합한 다양한 평가가 중요하다고 응답한 비율이 55.8%로 압도적이었다. 교대생의 37.2%, 사대생의 55.9%가 다양한 평가가 중요하다고 응답하여, 다양한 평가, 통합적 평가를 강조하고 있다. 지필 평가는 상대적으로 아주 낮은 11.1%만이 중요하다고 응답하여 비교가 되었다.

<표 Ⅱ-Ⅳ-5>는 사범계 대학 사회교육과에서 실제로 이루어지는 주된 평가 방식에 대한 예비 교사들의 반응이다. 현재 대학의 사회교육과에서는 주된 평가 방식이 지필 평가와 리포트(Report) 등 보고서 제출인 것으로 분석되었다. 이는 실제 초·중·고교에서는 수행 평가, 통합 평가 등 다양한 평가를 요구하면서도, 정작 교원 양성 대학인 사범계 대학의 평가는 전통적인 지필 평가, 보고서 제출 등이 위주인 것으로 나타나, 대학의 교육 평가에 대한 새로운 방법 모색이 요구되고 있다고 볼 수 있다.

사실 초·중·고교의 사회과 교육과정 개선에서 가장 중요한 것이 평가 방법의 개선이다. 특히 우리나라처럼 초·중·고교 교육 전반이 대학 입시에 결정적 영향을 받는 교육 체제, 교육 구조 속에서는 교원 양성 대학 사회교육과의 평가 방법이 보통 교육을 담당하는 초·중·고교 교육과정 평가 방법 개선에 절대적 영향을 미친다.

4) 사회과 교육과정의 환류

〈표 Ⅱ-Ⅴ〉 사회과 교육과정 환류: 사회과 교원 임용 고사 포함

구분	문항	교대 학생 (명, %)		사대 학생 (명, %)		전체 (명, %)		비고
		빈도	비율	빈도	비율	빈도	비율	
1. 사회교육과 학생으로서 대학 생활 중 고민	①교육과정 이수	45	15.0	84	13.7	129	14.1	x^2=20.76 df=5 P<.001
	②이성 문제	34	11.3	40	6.5	74	8.1	
	③교우 관계	20	6.6	26	4.3	46	5.0	
	④교원 임용 고사	187	62.1	407	66.6	594	65.1	
	⑤등록금 등 경제	5	1.7	34	5.6	39	4.3	
	⑥기타	20	6.6	20	3.3	40	4.4	
	합 계	301	100	611	100	912	100	
2. 사회과 교원 임용 고사 응시 회수(예정)	①재차 응시 포기	12	4.0	45	7.4	57	6.3	x^2=11.05 df=4 P<.001
	②1-2회	10	3.3	34	5.6	44	4.8	
	③3-4회	25	8.3	47	7.7	72	7.9	
	④5-6회	23	7.6	61	10.0	84	9.2	
	⑤7회 이상 계속	231	76.7	424	69.4	655	71.8	
	합 계	301	100	611	100	912	100	
3. 사회과 교육과정의 교원 임용 고사 참고 활용 정도	①자주 활용	25	8.3	89	14.6	114	12.5	x^2=7.29 df=4 P<.001
	②활용	46	15.3	97	15.9	143	15.7	
	③필요한 때 활용	101	33.6	103	16.9	204	22.4	
	④활용 안 함	85	28.2	122	20.0	207	22.7	
	⑤전혀 활용 안 함	44	14.6	200	32.7	244	26.8	
	합 계	301	100	611	100	912	100	
4. 사회과 교원 임용 고사 준비를 위한 교과 교육학 활용 자료	①사회과 교육과정	88	29.2	154	25.2	242	26.5	x^2=4.44 df=4 P<.001
	②교사용 지도서	34	11.3	95	15.5	129	14.1	
	③사회과 교과서	32	10.6	75	12.3	107	11.7	
	④사회과 보조교과서	20	6.6	65	10.6	85	9.3	
	⑤발췌 참고서, 문제집	127	42.2	222	36.3	349	38.3	
	합 계	301	100	611	100	912	100	
5. 사회교육과의 교과 교육 전문성 확보	①아주 높음	88	29.2	94	15.4	182	20.0	x^2=13.11 df=4 P<.001
	②높음	115	38.2	116	19.0	231	25.3	
	③보통	45	15.0	104	34.6	149	16.3	
	④낮음	30	10.0	179	29.3	209	22.9	
	⑤아주 낮음	23	7.6	118	19.3	141	23.1	
	합 계	301	100	611	100	912	100	
6. 사회교육과의 교육 실습 효과	①아주 효과적	25	8.3	37	6.1	62	20.6	x^2=20.12 df=4 P<.01
	②효과적	20	6.6	105	17.1	125	13.7	
	③그저 그러함	123	40.9	266	43.5	389	42.6	
	④효과적이지 않음	79	26.2	110	18.0	189	20.7	
	⑤전혀 효과적이지 않음	54	17.9	83	13.6	137	15.0	
	합 계	301	100	611	100	912	100	

<표 Ⅱ-Ⅴ-1>은 사범계 대학생인 교대생과 사대생들이 학교생활에서 겪는 고민 등 애로 사항에 대한 예비 교사들의 반응이다. 대학생들은 현재 안고 있는 고민과 애로 사항 중 가장 중차대한 것은 교원 임용 고사(敎員 任用 考査)가 65.1%나 되어 압도적인 것으로 나타났다. 즉 졸업 후 진로에 대하여 매우 불안해하고 있는 것으로 드러났다. 특히, 1990년대 후반 소위 교원 정년 단축 파동과 명예 퇴직제 실시로 초등 교사들이 대거 퇴직하여 수년간 교원 임용 고사의 미달 사태로 손쉽게 교단에 섰던 교대 졸업생들도 최근 교원 임용 고사의 경쟁률 증가로 상당히 초조해하고 있으며, 사대 졸업생들은 교과·과목마다 수십 대 일의 경쟁률로 어려움을 겪고 있는 소위 '교원 임용 고사(교사 임용 시험)'의 높은 장벽의 현실을 여실히 보여 주고 있다고 해석된다.

<표 Ⅱ-Ⅴ-2>는 현재 예비 교사인 교대생, 사대생들이 향후 교원 임용 고사에 낙방했을 경우, 계속적으로 몇 회까지 응시할 계획인가에 대한 반응 결과 분석이다. 분석 결과, 현재의 교대생 76.7%, 사대생 69.4%, 총 종합 평균 65.1%의 예비 교사들이 졸업 후 낙방하더라도 7회 이상, 즉 합격 시까지 계속적으로 교원 임용 고사에 응시하겠다고 응답하였다. 이는 현재의 교대생과 사대생들이 교직에 상당한 매력과 사명감을 갖고 있어, 우리나라 사범 교육이 제자리를 잡았다는 긍정적인 면인 있는 반면, 앞으로 획기적인 교원 임용 고사의 개선책이 제시되지 않는 이상, 소위 교원 임용 고사 재수생들이 더욱 누적되어 경쟁률이 가중될 것이라는 부정적인 면이 교차하는 현상이라고 본다.

<표 Ⅱ-Ⅴ-3>은 사회과 교원 임용 고사 준비를 위해서, 초·중·고교 사회과 교육과정을 어느 정도 참고하는가에 대한 예비 교사들의 반응 분석 결과이다. 분석 결과, 현재 교대생의 42.8%, 사내생의 52.7%, 총 49.5%가 사회과 교육과정을 별로 활용하지 않는 것으로 나타났다. 이는 학생들이 교원 임용 고사를 준비하면서, 폭넓게 공부하기보다는 내용을 요약해 놓은 피상적인 참고서, 문제집 위주로 암기하는 기현상(奇現象)에서 연유한다고 해석된다. 특히, 사회과의 교과 교육에 아주 중요한 사회과 교육과정을 도외시하고 교단에 서려는 예비 교사들이 많다는 점은 교원 임용 고사의 제도적 문제점으로 하루빨리 개선되어야 할 것으로 사료(思料)된다.

<표 Ⅱ-Ⅴ-4>는 교대생과 사대생들이 사회과 교원 임용 고사 준비를 하면서 가장 많이 활용하는 자료에 대한 예비 교사들의 반응 분석 결과이다. 교대생과 사대생들은 교원 임용 고사 준비를 하면서 내용을 발췌한 참고서와 문제집 등 도서를 가장 많이 활용하는 것으로 나타났다. 사회과 교육과정은 26.5%, 사회과 교사용 지도서 14.1%, 사회과 교과서 11.7% 등으로 교육과정 관련 도서들은 상대적으로 활용도가 낮았다. 따라서 향후 교원 임용 고사에서도 교과 교육과정을 충실히 이수한 학생들이 유리(有利)할 수 있도록 문제 출제의 방향 등을 개선해야 할 것으로 해석된다.

<표 Ⅱ-Ⅴ-5>는 사범계 대학인 교대와 사대의 사회교육과의 교과 교육 전문성 확보에 대한 의견 조사 결과이다. 분석 결과, 전체적으로는 사회교육과의 교과 전문성이 높다는 반응이 45.3%, 낮다는 반응이 46.0%로 상호 팽팽하게 맞서고 있어 어느 정도 교과 전문성은 확보되었다고 보이나, 대학별로 분석해 보면, 교대생의 67.4%가 교과 전문성 확보를 높게 보고 있으나, 사대생 34.5%보다 월등히 높은 비율을 보이고 있다. 이는 근래 목적 대학인 교대의 인·물적 집중 지원으로 교수 확보율 등이 높아져 교과 교육의 내실을 기하고 있으나, 사립 사대의 경우 재학생들은 수천 명이나, 전임 교수는 학과당 4~5명 정도만 확보하고, 나머지는 시간 강사 등에게 강의를 맡겨 교과 전문성이 현저히 낮은 것으로 해석된다. 따라서 향후, 교과 전문성 확보를 위한 사범계 대학의 교수 확

보율 확충 등 제도적 개선과 지원이 요구된다 하겠다.

<표 Ⅱ-Ⅴ-6>은 사범계 대학 사회교육과의 필수 이수 교육과정인 일선인 일선 초·중등학교에서의 교육 실습의 효과에 대한 예비 교사들의 반응 분석 결과이다. 전체적으로 교대생, 사대생들은 '교육 실습이 효과적'이라는 반응 34.0%, '효과적이지 않다'는 반응 35.7%로 나타났으나, '그저 그렇다'라는 유보적 반응이 42.6%에 이르고 있다. 따라서 교육 실습이 교사로 진출하는 데 교재 연구, 교수·학습 지도, 생활 지도, 사무 및 업무 처리 등을 미리 배우고 익히는 소위 시보(試補) 내지 수습생(修習生) 활동에 충실하려면, 현재의 교육 실습 방식이 실제 학생들의 교직 생활에 직접 도움을 주는 방향으로 전환되기 위한, 획기적인 방법적 개선책이 강구되어야 한다고 해석된다.

5) 교육대학교·사범대학 사회교육과 학생 의견 분석에 대한 종합적 논의

사회과 교육과정에 대한 교육대학교·사범대학 학생들의 의견은 현행 초·중·고교 사회과 교육과정과 사범계 대학의 사회교육과 교육과정의 체제와 연계성 파악과 사회과 교육과정의 개선 방안 모색에 필수적이다. 특히, 교육대학교·사범대학의 사회교육과 학생들은 장차 초·중·고교 현장에서 직접 사회과를 가르쳐야 할 예비 교사라는 점에서 사회과 교육과정 개발의 중요한 변인인 것이다. 사회과 교육 주체로서의 사회과 교사는 사회과 교육의 질을 가름하는 중요한 역할과 기능을 하기 때문이다.

사실, 현재 우리나라 교육과정 체제에서 오랜 문제점 중의 하나는 초·중·고교 교육과정과 대학의 교육과정이 유기적으로 연계되어 있지 않다는 점이다. 사회과도 예외가 아니다. 초·중·고교의 사회과 교육과정과 사범계 대학의 사회교육과 교육과정이 유기적 연계·통합되어 있어야 바람직한 사회과 교육이 이루어지는데 그렇지 못한 것이 현실이다. 이는 향후 초·중·고교의 교사로 재직할 현재 사범계 대학의 학생들에게 향후 현장 적응에 애로를 겪게 하는 요인이며, 나아가 교육의 질을 저하시킬 우려가 다분하기 때문에 정책적·제도적으로 개선해야 할 문제라고 본다. 사회과 교육의 개선을 위해서는 거시적인 면과 미시적인 면의 통합적 접근이 필요하다고 본다. 사회과 교육과정을 개선하기 위해서는 미시적인 교육과정 면에서만 접근해서는 안 되고, 거시적인 교육 체제, 교원 양성 제도, 양성 대학의 교육과정 등을 연계하여 종합적으로 고려하여야 하는 것이다.

사회과 교육과정을 분석한 토대 위에서, 사회과 교육 관련 교사, 학생, 교수들의 의견과 인식을 심층적으로 분석하여 보다 발전적인 사회과 교육과정의 모형을 모색하고자 하는 것이 근본적 목적인, 본 연구와 관련된 교육대학교·사범대학 사회교육과 학생들의 의견을 분석한 결과를 종합적으로 요약하면 다음과 같다.

첫째, 사회과 교육과정의 편제·성격 면에서, 교육대학교·사범대학 사회교육과 학생들은 대학의 사회교육과에서 강조해야 할 요소로 사회과의 내용, 사회과의 성격 및 목표를 들고 있다. 이는 사범계 대학생들이 장차 재직할 초·중·고교의 사회과 교육과정의 내용과 성격, 목표 등을 대학의 정규 교육과정에서 이수하고 싶다는 요구라고 보이므로, 향후 초·중·고교 사회과 교육과정과 사범계 대학의 사회교육과 교육과정의 연계가 정책적·제도적으로 고려되어야 할 것이다.

둘째, 사회과 교육과정 목표 면에서, 사범계 대학 학생들은 초·중·고교 사회과의 목표로 사회 발전의 패러다임, 학생의 전인적 성장, 사회 이슈와 쟁점 등을 강조해야 한다고 보고 있다. 이는 사회과 교사들의 의견과도 일맥상통하며, 사회 현상을 다루는 사회과에서 사회적 문제 탐구를 강조해야 한다는 의견이라고 할 수 있다.

셋째, 사회과 교육과정의 내용 면에서, 사범계 대학 학생들은 초·중·고교의 사회과 교육과정 내용에 대한 인지 정도가 낮았으며, 대학에서 배운 내용이 장차 사회과 교사로 재직하는 학교에서 활동도가 저하될 것으로 인식하고 있다. 아울러, 초·중·고교 사회과 교육과정에서 전인 교육, 가치·태도교육 등을 강조해야 하며, 대화와 토의 능력, 문제 해결력 등이 주요 내용이 되어야 한다고 보고 있다. 이는 예비 교사들이 고급 사고력, 정의적 인성 교육 등 내용이 사회과 교육과정에 반영되기를 요구하고 있는 것이다.

넷째, 사회과 교육과정의 교수·학습 방법 및 평가 면에서, 주입식·강의식 교수 방법이 학생 중심 탐구 학습으로 변화하여야 하고, 다양한 방법과 형태의 평가가 균형적으로 이루어져야 한다고 보고 있다. 교수·학습 방법과 평가가 사회과 교육과정에서 매우 중요하다고 보고 있는 것이다.

다섯째, 사회과 교육과정의 환류 면에서, 사범계 대학 학생들은 자신의 장래가 걸려 있는 교원 임용 고사(교원 임용 시험)에 매우 민감하며, 예비 교사의 자질 함양을 위한 교육 실습 개선을 요구하고 있다. 이는 초·중·고교 사회과 교육과정 개선과 더불어 사범계 대학 사회교육과 교육과정이 함께 개선되어야 한다는 점을 시사한다고 볼 수 있다.

4. 교육대학교·사범대학 사회교육과 교수 의견

1) 사회과의 편제·성격·목표

<표 Ⅲ-Ⅰ-1>은 초·중·고교의 사회과 교육과정과 관련하여, 사범계 대학의 사회교육과에서 강조해야 할 요소에 대한 교원 양성 대학(교대, 사대) 교수들의 반응 결과이다. 교수들은 사회교육과에서 초·중·고교 사회과 교육과정의 내용을 중점적으로 강조해야 한다는 비율이 37.2%로 가장 높게 반응하였다. 그 외에 사회과 평가 19.6%, 사회과 교수 학습 기술 19.0%, 사회과 성격과 목표 18.8% 등으로 두루 관심을 두어야 한다고 반응하였다. 이는 교수들이 사회교육과의 교육 내용 중에서 장차 재직할 학교급의 교육과정 내용을 충실히 이수해야 한다는 인식을 갖고 있다고 해석된다.

<표 Ⅲ-Ⅰ-2>는 양성 대학 교수의 입장에서 시대 변화와 사회 발전이라는 관점에서, 초·중·고교 사회과의 성격으로 부합된다고 생각하는 요소에 대한 반응 분석 결과이다. 교수들은 현대 사회의 초·중·고교 사회과에서 민주 시민 교육과 의사 결정력 등에 입각해서 성격을 규정해야 한다고 응답하였다. 이는 아무리 시대가 변하고 사회가 발전해도 사회과의 본질인 민주 시민 교육을 강조해야 하고, 현대 사회에서 길러야 할 의사 결정력 신장을 크게 강조하고 있는 것으로 해석할 수 있다. 물론, 대학 교원의 입장에서 사회 과학 교육, 반성적 탐구, 학생 참여 조장 등 사회과의 본질도 사회과 성격 규정에 적절히 감안해야 한다는 반응을 보이고 있다.

<표 Ⅲ-Ⅰ-3>은 교원 양성 대학 교수의 입장에서 초·중·고교 사회과의 성격 및 목표 설정 시에 가장 중요하게 고려해야 할 요소에 대한 반응 분석 결과이다. 교수들은 사회과 성격, 목표 설정 시에 사회적 이슈(issue)와 주요 쟁점 37.2%, 사회 발전의 패러다임(paradigm) 23.6% 순으로 높게 반응하였다. 즉 교수들은 사회과의 성격과 목표 설정 시에 사회과의 기본적 특성이 사회적 사실과 사회 현상, 사회 사상 등을 올바르게 판단하는 것이 중요하다고 보고, 시대 변화와 사회 발전에 관련된, 사회적 이슈와 쟁점, 사회 발전의 패러다임 변화 등을 강조하고 있는 것으로 해석된다.

<표 Ⅲ-Ⅰ-4>는 교원 양성 대학인 교대와 사대 사회교육과의 교육 목표의 중점에 대한 교수들의 반응 분석 결과이다. 교수들은 사회교육과의 목표 중점으로 초·중·고교 사회과의 내용 35.1%, 사회 과학 지식 22.3%, 민주 시민 교육 19.6% 순으로 중시하고 있는 것으로 나타났다. 즉 교수들은 사회교육과에서 초·중·고교의 사회과 내용과 본질에 충실하여, 훌륭한 사회과 교사 양성이 목적이라고 보는 바람직한 인식을 하고 있다고 해석된다.

〈표 Ⅲ-Ⅰ〉 사회과 교육과정 편제·성격·목표에 대한 이해

구분	문항	교대 교수(명, %)		사대 교수(명, %)		전체(명, %)		비고
		빈도	비율	빈도	비율	빈도	비율	
1. 대학 사회교육과에서 강조해야 할 내용	①성격과 목표	5	10.6	14	13.9	19	18.8	x^2=18.48 df=4 P<.001
	②교육과정 내용	20	42.6	35	34.7	55	37.2	
	③학습기술 방법	8	17.0	20	19.8	28	19.0	
	④사회과 평가	10	21.3	19	18.8	29	19.6	
	⑤사회과 편제	4	8.5	13	12.9	17	11.5	
	합 계	47	100	101	100	148	100	
2. 사회 발전에 따른 사회과 성격	①민주 시민 교육	10	21.3	30	29.7	40	27.0	x^2=2.17 df=4 P<.001
	②사회과학 교육	5	10.6	23	22.8	28	18.9	
	③반성적 탐구	10	21.3	11	10.9	21	14.2	
	④의사 결정력 신장	16	34.0	24	23.8	40	27.0	
	⑤학생 참여 조장	6	12.8	13	12.9	19	12.8	
	합 계	47	100	101	100	148	100	
3. 사회과의 성격, 목표에서 고려점	①전통 사회과 본질	4	8.5	15	14.9	19	12.8	x^2=5.79 df=4 P<.01
	②사회 발전 패러다임	14	29.8	21	20.8	35	23.6	
	③사회 이슈와 쟁점	16	34.0	39	38.6	55	37.2	
	④국가 정책 강조	5	10.6	12	11.9	17	11.5	
	⑤학생 전인적 성장	8	17.0	14	13.9	22	14.9	
	합 계	47	100	101	100	148	100	
4. 사회교육과의 교육 목표	①민주 시민 교육	10	21.3	19	18.8	29	19.6	x^2=6.54 df=5 P<.001
	②사회과 내용	12	25.5	40	39.6	52	35.1	
	③교사 능력 자질 함양	5	10.6	7	6.9	12	8.1	
	④사회과학적 지식	7	14.9	26	25.7	33	22.3	
	⑤일반 교양적 내용	8	17.0	6	5.9	14	9.5	
	⑥기타	3	6.4	3	3.0	6	4.1	
	합 계	47	100	101	100	148	100	

2) 사회과의 내용

〈표 Ⅲ-Ⅱ〉 사회과 교육과정의 내용에 대한 의견 ①

구분	문항	교대 교수 (명, %)		사대 교수 (명, %)		전체 (명, %)		비고
		빈도	비율	빈도	비율	빈도	비율	
1. 초·중·고교 사회과 교육과정 인지 정도	①잘 알고 있는 편	2	4.3	10	9.9	12	8.1	x^2=12.14 df=4 P<.001
	②알고 있는 편	10	21.3	13	12.9	23	15.5	
	③그저 그런 편	6	12.8	28	27.7	34	23.0	
	④모르는 편	13	27.7	32	31.7	45	30.4	
	⑤전혀 모르는 편	16	34.0	18	17.8	44	29.7	
	합 계	47	100	101	100	148	100	
2. 대학 사회교육과 교육과정과 초·중·고교 사회과 교육과정 연계	①아주 높은 편	5	10.6	10	9.9	15	10.1	x^2=44.68 df=4 P<.001
	②높은 편	10	21.3	22	21.8	32	21.6	
	③그저 그런 편	7	14.9	9	8.9	16	10.8	
	④낮은 편	12	25.5	35	34.7	47	31.8	
	⑤아주 낮은 편	13	27.7	25	24.8	38	25.7	
	합 계	47	100	101	100	148	100	
3. 대학에서 배운 사회과 내용이 교원 임용 후 활용되지 않는 이유	①교육과정 연계성 결여	12	25.6	23	22.8	35	23.6	x^2=20.44 df=4 P<.001
	②사회발전, 내용 변화	16	34.0	41	40.6	57	38.5	
	③학문·생활 중심성 차이	10	21.3	24	23.8	34	23.0	
	④사범계 독특성 결여	5	10.6	7	6.9	12	8.1	
	⑤교육과정 비민첩성	4	8.5	6	5.9	10	9.9	
	합 계	47	100	101	100	148	100	
4. 사회교육과의 교과 전문성 확보 정도	①아주 높음	4	8.5	29	28.7	33	22.3	x^2=7.77 df=4 P<.01
	②높음	14	30.0	35	34.7	49	33.1	
	③보통	5	10.6	20	19.8	25	16.9	
	④낮음	15	31.9	10	9.9	25	16.9	
	⑤아주 낮음	9	19.1	7	6.9	16	10.8	
	합 계	47	100	101	100	148	100	
5. 사회교육과 학생에게 강조 사항	①학문적 지식	6	12.8	11	10.9	17	16.8	x^2=18.42 df=4 P<.001
	②사회과 기술, 기능	7	14.9	18	17.8	35	23.6	
	③인성적 자질, 소양	14	29.8	38	37.6	52	35.1	
	④세계화 고급사고력	18	38.3	27	26.7	45	30.4	
	⑤교양과 인간관계	2	4.3	7	6.9	9	6.1	
	합 계	47	100	101	100	148	100	
6. 사회교육과의 일반교육학, 교과 교육학, 교과 내용학 구성	① 일반 교육학 강조	11	23.4	15	14.9	26	17.6	x^2=9.18 df=4 P<.001
	②교과 교육학 강조	13	27.7	22	21.8	35	23.6	
	③교과 내용학 강조	5	10.6	37	36.6	42	28.4	
	④세 학문 통합강조	15	31.9	17	16.8	32	21.6	
	⑤교과 교육학·내용학 강조	3	6.4	10	9.9	13	8.8	
	합 계	47	100	101	100	148	100	

<표 Ⅲ-Ⅱ-1>은 교원 양성 대학인 교대와 사대의 사회교육과 교수들의 초·중·고교 사회과 교육과정에 대한 인지 정도에 대한 반응 분석 결과이다. 분석 결과, 교대 교수들은 25.6%가 잘 아는 편, 61.7%가 모르는 편이라고 응답했고, 사대 교수들은 잘 아는 편 22.8%, 모르는 편 49.5%로 응답했다. 전체적으로는 잘 아는 편이 23.6%, 모르는 편이 60.3%로 나타나, 전체적으로 교원양성 대학 교수들이 제자들이 장차 교사로 임용되어 재직할 초·중·고교 사회과 교육과정에 대한 인지도가 상당히 낮게 나타났다. 이는 현재 교대, 사대 학생들의 반응 결과와 유사한 결과여서, 교원 양성 대학 사회교육과의 교육과정 개발·개정 시에 충분한 고려가 요구되는 상황이다.

<표 Ⅲ-Ⅱ-2>는 사범계 대학의 사회교육과의 교육과정과 초·중·고교 사회과 교육과정 연계 정도에 대한 교수들의 반응 분석 결과이다. 이는 전항(前項)의 교원 양성 대학 교수들의 사회과 교육과정에 대한 낮은 인지도와 밀접하게 관련된 것으로, 대학의 사회교육과 교육과정과 초·중·고교의 사회과 교육과정의 연계성이 아주 낮은 것으로 분석되었다. 전체적으로 교대 교수 53.2%, 사대 교수 59.5%, 전체 종합 56.5%의 교수들이 현행 사회교육과와 사회과의 교육과정 연계가 미흡하다고 반응하여, 교육과정 연계성 확보를 위한 특단의 방안이 강구되어야 할 것으로 해석된다.

<표 Ⅲ-Ⅱ-3>은 대학의 사회교육과에서 이수한 내용이 교원 임용 후, 초·중·고교에서 제대로 활용되지 않는 이유에 대한 교수들의 의견 분석 결과이다. 교수들은 그 이유에 대하여, 시대 변화와 사회 발전으로 인한 교육과정의 내용 변화 38.5%, 대학과 초·중·고교의 교육과정 연계성·상관성 결여 23.6%, 대학의 학문 중심성과 초·중·고교의 생활 중심성 차이에 따른 유리(遊離) 23.0% 순으로 반응하였다. 결국, 대학의 사회교육과 졸업생들이 초·중·고교의 사회과 교사로 임용 시 대학에서 터득한 내용이 유용하게 활용되려면, 대학과 초·중·고교의 사회과 교육과정의 연계와 시대 변화와 사회 발전에 따른 교육과정의 변화를 민첩하게 반영하는 것이 중요하다는 반증인 것이다.

<표 Ⅲ-Ⅱ-4>는 교원 양성 대학 교수의 입장에서 본 대학의 사범계 대학 사회교육과의 교과 전문성 확보 정도에 대한 반응 분석 결과이다. 교수들은 대체로 사회교육과의 교과 전문성 확보가 양호하다는 반응을 보이고 있다. 교대 교수의 38.5%, 사대 교수의 63.4%, 전체 종합 55.4%가 사회교육과의 교과 전문성을 확보하고 있다고 반응하였다. 이는 교대 학생 67.3%, 사대 학생 34.4%, 전체 종합 45.3%보다도 높은 비율로, 우리나라 사범계 대학의 사회교육과가 교육과정, 교수 확보율 등에서 진일보하고 있는 점을 적극 반영한 결과라고 해석된다.

<표 Ⅲ-Ⅱ-5>는 사회교육과 학생들에게 강조하고자 하는 자질에 대한 교수들의 반응 분석 결과이다. 교수들은 예비 교사인 학생들이 인성적 자질과 소양 35.1%, 세계화·정보화 시대에 적응하는 고급 사고력 30.4%, 사회과 지도 기술 및 기능 신장 23.6% 순으로 높게 반응하였다. 즉 교수들은 학생들이 미래 사회의 교사로서 사표(師表)를 실천하고, 변화하는 사회에 능동적으로 대응할 수 있는 고급 사고력을 길러야 한다는 높은 기대를 갖고 있다고 해석할 수 있다.

<표 Ⅲ-Ⅱ-6>은 사회교육과에서 일반 교육학, 교과 교육학, 교과 내용학의 교육과정 구조에 대한 교수들의 반응을 분석한 결과이다. 교수들은 교과 내용학 28.4%, 교과 교육학 23.6%, 일반 교육학, 교과 교육학, 교과 내용학의 통합 강조 21.6% 순으로 높은 반응을 보이고 있다. 결국, 사회교육과 교수들은 일반 교육학, 교과 교육학, 교과 내용학 등을 두루 중시하고, 사회교육과의 교육과정에서 이를 적절하게 지도해야 한다고 보는 것이다.

〈표 Ⅲ-Ⅲ〉 사회과 교육과정의 내용에 대한 의견 ②

구분	문항	교대 교수 (명, %)		사대 교수 (명, %)		전체 (명, %)		비고
		빈도	비율	빈도	비율	빈도	비율	
1. 사범계 대학의 사회교육과 학생 타 사회과 전공 이수	①아주 바람직	19	40.4	37	36.6	56	37.8	x^2=6.24 df=4 P<.001
	②바람직	12	25.5	26	25.7	38	25.7	
	③그저 그러함	10	21.3	20	19.8	30	20.2	
	④바람직하지 않음	3	6.4	10	9.9	13	8.8	
	⑤전혀 바람직하지 않음	3	6.4	8	7.9	11	7.4	
	합 계	47	100	101	100	148	100	
2. 초·중·고교 사회과 교육과정 강조 사항	①사회과 통합	20	42.6	24	23.8	44	29.7	x^2=12.11 df=4 P<.001
	②가치·태도 교육	12	25.5	15	14.9	37	25.0	
	③지덕체 전인 교육	15	31.9	19	18.8	44	29.7	
	④사회과학 지식	5	10.6	33	32.7	38	25.7	
	⑤공동체 배려 봉사	5	10.6	10	9.9	15	10.1	
	합 계	47	100	101	100	148	100	
3. 사회과에서 길러 주어야 할 민주 시민 자질, 세계 시민적 소양	①국가 공헌의 애국심	5	10.6	13	12.9	18	12.2	x^2=8.90 df=4 P<.001
	②구성원 판단 능력	5	10.6	20	19.8	25	16.9	
	③사회문제 해결 자세	15	31.9	31	30.7	46	31.1	
	④대화 및 토의 능력	14	29.8	25	24.8	39	26.4	
	⑤책무 수행 태도	7	14.9	12	11.9	19	12.8	
	합 계	47	100	101	100	148	100	
4. 사회교육과에서 소홀히 다루는 사회과학	①정치학	22	15.6	27	6.9	49	11.0	x^2=24.28 df=9 P<.01
	②경제학	23	16.3	33	10.9	56	12.6	
	③사회학	11	7.8	15	5.0	26	5.9	
	④문화인류학	14	9.9	21	6.9	35	7.9	
	⑤법학	30	21.3	91	30.0	121	27.3	
	⑥심리학	15	10.6	60	19.8	75	16.9	
	⑧윤리학	20	14.2	41	13.5	61	13.7	
	⑩기타	6	4.3	15	5.0	21	4.7	
	합 계	141(47)	100	303(101)	100	444(148)	100	
5. 사회교육과 학생(예비교사)에게 강조 내용	①해박한 전공지식	2	4.3	6	5.9	8	5.4	x^2=12.10 df=4 P<.001
	②사명감, 제자애	8	17.0	10	9.9	18	12.2	
	③원만한 인간관계	19	40.0	35	34.7	54	36.5	
	④교육학적 실천력	3	6.4	10	9.9	13	8.8	
	⑤사회변화 주도 능력	15	32.9	40	39.6	55	37.2	
	합 계	47	100	101	100	148	100	

<표 Ⅲ-Ⅲ-1>은 대학의 사회교육과 학생들이 타 학과·전공 학과목 이수에 대한 교수들의 의견 분석 결과이다. 교수들은 자신의 전공 학과목 외에 타 학과·전공 학과목을 이수하는 현 제도에 대해서 매우 긍정적이고 바람직하게 생각하고 있다. 교대 교수 65.9%, 사대 교수 62.3%, 전체 종합 63.5%가 이 제도에 대해 긍정적인 반응을 보였다. 이는 사범계 학생들의 반응과 유사하여, 현행 부전공, 복수 전공, 통합 사회과로 일반사회·역사·지리 교육과의 개설 과목 상호 교차 이수 등이 매우 바람직한 것으로 분석되었다. 그런 의미에서 현재 공통 사회 복수 전공 제도는 매우 긍정적으로 받아들여지고 있다.

<표 Ⅲ-Ⅲ-2>는 교수들의 입장에서 보는 초·중·고교 사회과 교육과정에서 강조해야 할 요소에 대한 반응 분석 결과이다. 교수들은 사회과 통합 29.7%, 지·덕·체를 겸비한 전인 육성 29.7%, 사회 과학 지식 터득 25.7%, 인성 발달과 가치·태도 교육 25.0% 등을 두루 강조하고 있다. 다만, 교대 교수는 42.6%가 사회과 통합을 강조하는 데 비하여, 사대 교수는 32.7%가 사회 과학 지식을 강조하고 있는 점이 특징적이다. 이는 교대는 초등학교 교사, 사대는 중등학교 교사 등 재직하고 있는 대학 출신자의 교사 배출 학교급과 관련되어 있는 것으로 유추된다.

<표 Ⅲ-Ⅲ-3>은 초·중·고교 사회과에서 길러야 할 민주 시민적 자질, 세계 시민적 소양에 관한 교수들의 반응 분석 결과이다. 교수들은 현대 사회의 사회과에서 학생들에게 사회 문제 해결 자세, 대화 및 토의 능력 등을 학생들에게 더욱 강조해야 한다고 응답하고 있다. 이는 교수들이 현대 사회의 다양한 변화에 대해 능동적으로 대처하고, 대화와 토의·토론을 통한 고급 사고력 신장을 강조하고 있다고 보인다.

<표 Ⅲ-Ⅲ-4>는 현재 대학의 사회교육과에서 소홀히 다루고 있는 사회 과학에 대한 교수들의 반응 분석 결과이다. 역사학과 지리학을 제외한 사회과 내용의 사회 과학 중에서 각자 3개 항목씩 복수 선택하고, 선택 문항에 제시되지 않은 학문은 기타 난에 기술(記述)하도록 한 설문이다. 교수들은 현재 사회교육과에서 소홀히 다루어지고 있는 사회 과학으로 법학 27.3%, 심리학 16.9%, 윤리학 13.7% 등으로 높은 반응을 보이고 있다. 이러한 반응은 학생들의 반응과 유사하며, 사회과에서 해당 전공 교수 확보로 보다 내실 있는 교육을 해야 한다는 과제를 제시하고 있다고 사료된다.

<표 Ⅲ-Ⅲ-5>는 예비 교사인 사회교육과 학생들에게 특별히 강조하고자 하는 자질에 대한 교수들의 반응 분석 결과이다. 분석 결과 교수들은 학생들에게 사회 발전과 시대 변화의 주도 능력 37.2%, 원만한 인성 유지와 인간관계 36.5% 등과 같이 높은 반응을 보이고 있다. 이는 교수들이 제자인 학생들에게 교사 이전에 참다운 인간이 되어야 하고, 변화와 발전이 화두(話頭)인 현대 사회를 슬기롭게 개척하기 위해서는 이러한 변화, 발전을 스스로 주도할 수 있는 능력을 길러야 한다고 기대하고 있다고 해석된다.

결국 초·중·고교 교원 양성 대학인 교대와 사대 사회교육과 교수들은 제자들인 사회교육과 학생들이 평범한 직업인 이전에 윤리적·도덕적인 사도(師道) 연마와 인성 함양을 강조하고 있으며, 아울러 사회 발전과 시대 변화의 역동적·적극적 주체자로서의 역할을 주문하고 있다고 볼 수 있다.

3) 사회과의 교수·학습 방법

〈표 Ⅲ-Ⅳ〉 사회과 교육과정의 교수·학습 방법

구분	문항	교대 교수 (명, %)		사대 교수 (명, %)		전체 (명, %)		비고
		빈도	비율	빈도	비율	빈도	비율	
1. 사회과 학생 지도에 사회과 교육과정 활용 정도	①자주 참고	6	12.8	10	9.9	16	10.8	x^2=16.75 df=4 P<.001
	②가끔 참고	10	21.3	13	12.9	23	15.5	
	③필요한 때 참고	12	25.5	34	34.7	46	31.1	
	④참고 안 함	16	34.0	36	35.6	52	35.1	
	⑤전혀 참고 안 함	3	6.4	8	7.9	11	7.4	
	합 계	47	100	101	100	148	100	
2. 사회교육과 학생들의 사회과 소양 제고를 위한 관심 교재	①사회과 교육과정	19	40.4	35	34.7	54	34.5	x^2=4.48 df=4 P<.001
	②사회과 지도서	12	25.5	26	25.7	38	25.7	
	③사회과 교과서	8	17.0	10	9.9	18	12.2	
	④보조 교과서	5	10.6	10	9.9	15	10.1	
	⑤발췌 내용 참고서	3	6.4	20	19.8	23	15.5	
	합 계	47	100	101	100	148	100	
3. 사회과 강의를 위한 교재 연구 시간	①아주 많이 함	5	10.6	7	6.9	12	8.1	x^2=18.44 df=4 P<.01
	②많이 함	10	21.3	10	9.9	20	13.5	
	③보통임	22	46.8	43	42.6	65	43.9	
	④적게 함	7	14.9	25	24.8	32	21.6	
	⑤아주 적게 함	3	6.4	15	14.9	18	12.2	
	합 계	47	100	101	100	148	100	
4. 사회교육과 강의에서의 주 강의 방식	①텍스트 중심 강의	13	27.7	42	41.6	55	37.2	x^2=20.21 df=5 P<.001
	②정보기기 활용식	11	23.4	23	22.8	34	23.0	
	③토의·토론식	10	21.3	11	10.9	21	14.2	
	④집단 활동식	5	10.6	12	11.9	17	11.5	
	⑤탐구식, 문제 해결식	6	12.8	8	7.9	14	9.5	
	⑥기타	2	4.3	5	5.0	7	4.7	
	합 계	47	100	101	100	148	100	
5. 사회과 교육과정· 교수 학습에서 변화가 필요한 분야	①지식 암기 위주 방식	15	31.9	25	24.8	40	27.0	x^2=9.99 df=4 P<.001
	②폐쇄적 교육과정운영	11	23.4	30	29.7	41	27.7	
	③사회변화에 뒤진 내용	5	10.6	9	8.9	14	9.5	
	④지식 위주 평가	13	27.7	34	34.7	47	31.8	
	⑤애매모호한 성격, 목표	3	6.4	3	3.0	6	4.1	
	합 계	47	100	101	100	148	100	
6. 사회교육과의 교육 실습 효과	①아주 효과적	3	6.4	5	5.0	8	5.4	x^2=22.44 df=4 P<.001
	②효과적	20	42.6	35	34.7	55	37.2	
	③그저 그러함	12	25.5	34	33.7	46	31.1	
	④효과적이지 않음	9	19.1	18	17.8	27	18.2	
	⑤전혀 효과적이지 않음	5	10.6	9	8.9	14	9.5	
	합 계	47	100	101	100	148	100	

<표 Ⅲ - Ⅳ -1>은 사범계 대학 사회교육과 교수들이 학생들에게 강의를 할 때, 초·중·고교 사회과 교육과정의 활용 정도에 대한 반응 분석 결과이다. 교수들은 사회과 관련 강의를 할 때 교육과정 활용 비율이 전체적으로 26.3%, 활용하지 않는 비율이 42.5%로 분석되었다. 특히 교대 교수 34.1%가 가끔 이상 참고하는 데 비하여, 사대 교수는 22.8%에 그쳐서, 교대 교수들이 사회과 교육과정은 더 자주 강의에 활용하는 것으로 분석되었다. 여하튼, 사범계 대학의 사회교육과 교육과정과 초·중·고교 사회과의 연계성 확보를 위해서는 교수들도 더 많이 초·중·고교 사회과 교육과정을 이해해야 하고, 반대로 초·중·고교 교사들도 교원 양성 대학 사회과 교육과정에 능통해야 할 필요가 있다고 본다.

<표Ⅲ - Ⅳ -2>는 사회교육과 학생들이 사회과 교과 교육 소양을 제고하기 위해서 관심을 가져야 할 자료에 대한, 교수들의 반응 분석 결과이다. 교수들은 사회교육과 학생들이 관심을 갖고 접하여야 할 자료로, 사회과 교육과정 34.6%, 사회과 지도서 25.7%, 교육과정 발췌 참고서 15.5% 등으로 높은 반응을 보였다. 이는 교수들이 사회과 교육과정의 중요성을 올바로 인식하고 있다는 증거라고 해석된다. 학생들에게 교육과정 발췌 참고서도 중시해야 한다고 응답한 부분은 교원 임용 고사(敎員 任用 考査)와 관련이 있다고 해석되는 부분이다.

<표 Ⅲ - Ⅳ -3>은 사범계 대학 사회교육과 교수들이 강의 준비를 위해 확보하는 교재 연구 시간에 대한 반응 분석 결과이다. 교수들은 양질의 강의를 위해서 교재 연구 시간을 대체로 많이 하는 비율 21.6%, 별로 하지 않는 비율 33.8%로 나타났다. 특히, 교대 교수들은 31.9%가 교재 연구를 많이 하는 데 비하여 사대 교수들은 16.8%만이 교재 연구를 충실히 하는 것으로 분석되었으며, 전체적으로 사회교육과 교수들이 교재 연구 시간을 충분히 확보할 수 있도록 행정적·재정적·제도적 지원이 요구되고 있다.

<표 Ⅲ - Ⅳ -4>는 사범계 대학 교수들이 주로 사용하는 강의 방식에 대한 반응 분석 결과이다. 사회교육과 교수들이 주로 사용하는 강의 기법은 전통적인 교재(text) 위주가 37.2%, 정보 기기 활용 23.0% 순으로 나타났다. 이는 아직도 우리나라 대학 강단에 전통적인 교수 기법이 상존하고 있지만, 점차 지식 정보화 사회에 부합되는 정보 기기 활용 교수 및 강의 형태로 변화하는 과정이라고 해석되고 있다. 아울러, 학생들의 고급 사고력 신장을 위해서는 이외에도 토의·토론식 강의, 집단 활동식 교수, 탐구 및 문제 해결식 강의 등이 두루 활성화되어야 할 것으로 분석된다.

<표 Ⅲ - Ⅳ -5>는 대학 교수들이 생각하는 초·중·고교의 사회과 교육과정, 사회과 교수·학습에서 하루빨리 개선되어야 할 분야에 대한 반응 분석 결과이다. 교수들은 사회과에서 개선되어야 할 문제점으로 지식 위주의 평가 방식 31.8%, 폐쇄적인 교육과정 운영 27.7%, 지식 암기 위주의 교수·학습 방식 27.0% 순으로 높은 반응을 보였다. 이는 결국 교수들도 초·중·고교 사회과 교실 현장의 병폐를 정확하게 꿰뚫고 있다는 증거이며, 하루빨리 우리 교육계에 지식 암기 위주 교수·학습, 지필 평가 위주의 평가 방식에 획기적 개선책이 강구되어야 함을 보여 주는 대목이라고 해석된다.

<표 Ⅲ - Ⅳ -6>은 사회교육과 교육 실습의 효과에 대한 교수들의 반응 분석 결과이다. 교수들은 대체로 사회교육과의 교육 실습이 나름대로 효과적이라고 보고 있다. 전체적으로 효과적이라는 반응이 42.6%, 효과적이지 않다는 반응이 27.7%로 나타났다. 이는 여러 가지 애로는 있지만, 현행 사

범계 대학생들의 교육 실습이 교사 수습 과정과 직전 교육으로 자리잡고 있다고 긍정적 현상으로 파악된다. 다만, 현재 제3학년 1주일간의 참관 실습, 제4학년 4-6주일간 본 실습 등으로 구성된 교대와 사대의 교육 실습 기간을 대폭 증가시켜서 교사로서의 자질과 소양을 함양하고, 교수 기술을 신장시켜야 할 필요가 있다고 보인다. 그런 의미에서, 현재 교육과학기술부 차원에서 정책적으로 추진하고 있는 사범계 대학생을 중심으로 한 '대학생 명예 교사제', '대학생 멘토링제' 등이 예비 교사들의 현장 적응에 상당히 바람직하리라고 본다. 또한, 교육혁신위원회에서 제안한 사범계 대학인 교대와 사대의 6년제 개편과 교육 실습 6개월 내지 1년간으로 기간 연장 등 새로운 방안을 장기적, 전향적, 긍정적으로 검토해야 할 것이다. 아울러, 법학전문대학원 출범에 즈음하여 현재의 교육대학원을 개편한 새로운 교원전문대학원 도입을 적극적으로 고려해야 할 때라고 사료(思料)된다.

4) 사회과의 평가

〈표 Ⅲ-Ⅴ〉 사회과 교육과정의 평가·실천(운영)·기타

구분	문항	교대 교수 (명, %)		사대 교수 (명, %)		전체 (명, %)		비고
		빈도	비율	빈도	비율	빈도	비율	
1. 사회교육과 강의 교과목 평가 방법	①지필 평가	14	29.8	24	23.8	38	25.7	x^2=12.92 df=4 P<.001
	②실기 및 기능 평가	3	6.4	13	12.9	16	10.8	
	③수행 평가	4	8.5	10	9.9	14	9.5	
	④리포트, 보고서	22	46.8	45	44.6	67	45.3	
	⑤다양한 통합 평가	4	8.5	8	7.9	12	8.1	
	합 계	47	100	101	100	148	100	
2. 담당 사회과 교육 관련 강좌 수	①1강좌 (과목) 이하	11	23.4	12	11.9	23	15.5	x^2=5.54 df=4 P<.001
	②2강좌(과목)	15	31.9	38	37.6	53	35.8	
	③3강좌(과목)	15	31.9	24	23.8	39	26.4	
	④4강좌(과목)	4	8.5	17	16.8	21	14.2	
	⑤5강좌(과목) 이상	2	4.3	10	9.9	12	8.1	
	합 계	47	100	101	100	148	100	
3. 사회교육과 학생들의 교육과정 이수의 애로	① 선수학습 결여	14	29.8	34	33.7	48	32.4	x^2=13.38 df=4 P<.001
	② 예비교사 의식 결여	10	21.3	22	21.8	32	21.6	
	③ 기초기본 자질 부족	6	12.8	15	14.9	21	14.2	
	④개방적 시스템 미적응	7	14.9	14	13.9	21	14.2	
	⑤높은 학문적 수준	10	21.3	15	14.9	25	16.9	
	합 계	47	100	101	100	148	100	

<표 Ⅲ-Ⅴ-1>은 사범계 대학교수들이 강의 후 사용하는 주된 교과목 평가 방법에 대한 반응 분석 결과이다. 분석 결과, 교수들은 강의 후, 주된 교과목 평가 방법으로 리포트(report) 등 보고서

제출, 지필 평가 등을 사용하는 것으로 나타났다. 전통적인 대학의 평가 방법인 보고서 제출, 서술식·논술식 지필 평가 등이 아직도 대학의 주된 평가 방법으로 시행되어 오고 있음을 보여 주는 것이다. 여하튼 시대 변화와 사회 발전, 교육의 시스템(system) 변화에 부응하여 이제 대학의 평가 방식도, 과거의 경직된 타성과 방법을 탈피하여 다양한 방법으로 변화가 요구된다고 하겠다.

<표 Ⅲ-Ⅴ-2>는 사범계 대학교수들이 학기당 담당하고 있는 강좌(교과목) 수에 대한 응답 분석 결과이다. 교대와 사대 교수들은 대부분 학기당 2-3강좌(학과목)를 맡아 강의하는 것으로 밝혀졌다. 2강좌를 담당하는 교수 비율이 35.8%, 3강좌를 담당하는 교수가 33.1%로 높은 비율이었다. 따라서 사회교육과 교수들의 강의 부담률은 비교적 과중하지 않은 것으로 밝혀졌다. 그러므로 강의 준비와 교재 연구의 시간은 충분한 것으로 해석되고 있다.

<표 Ⅲ-Ⅴ-3>은 사회교육과 학생들이 대학의 교육과정을 이수하는데, 가장 큰 장애가 되는 문제에 대한 교수들의 반응 분석 결과이다. 분석 결과 교수들이 보는 사회교육과 학생들의 교육과정 이수에 장애가 되는 요인은 초·중·고교에서의 선수 학습 결여 32.4%, 교사 후보생 및 예비 교사로서의 소명 의식 결여 21.6%, 대학의 높은 학문적 수준 16.9% 등으로 반응하였다. 최근 대학생들이 자기의 부모 성명, 주소 등을 한자(漢字)로 쓰지 못하고, 간단한 한 줄짜리 생활 영어도 제대로 구사하지 못한다는 기초·기본 지식 결여 및 인성 결함에 대한 세간(世間)의 지적과 비판 문제가 사회교육과 학생들에게도 예외가 아님을 교수들은 우려하고 있다는 반증이라고 해석된다.

5) 교육대학교·사범대학 사회교육과 교수 의견 분석 결과에 대한 종합적 논의

교육의 질 개선에 교육의 주체인 교사의 역할은 결정적으로 중요하다. 더구나, 초·중·고교 예비 교사를 양성하는 교대·사대 교수들의 영향력은 매우 절대적이라고 본다. 교육대학교와 사범대학은 초·중·고교 교사 양성의 요람이자 산실이기 때문이다. 그리고 그 중심에 교수들이 서 있는 것이다. 그러므로 교육대학교·사범대학 사회교육과 교수들의 사회과에 대한 이해 및 인식과 의견은 사회과 교육과정 개발의 중요한 요소(要素)이자 준거(準據)라고 할 수 있다. 본 연구와 관련된 교육대학교·사범대학 사회교육과 교수들의 의견을 분석한 결과를 요약하면 다음과 같다.

첫째, 사회과 교육과정의 편제 및 성격 면에서, 사범계 대학 사회교육과 교수들은 사회과 교육과정에서 강조해야 할 성격으로, 민주 시민 교육, 의사 결정력 신장, 사회 과학 교육 등을 들고 있다. 이는 사회과 교사, 사회교육과 학생들의 의견과 일치된 견해라고 볼 수 있다.

둘째, 사회과의 목표 면에서, 사회 이슈와 쟁점, 사회 발전 패러다임 등을 강조해야 한다고 보고 있다. 교수들은 사회과가 역동적인 사회 변화와 사회 발전을 적극적으로 반영해야 하고, 나아가 사회과가 사회 변화를 주도해야 하는 교과로서의 소임을 충실히 수행해야 한다고 인식하고 있는 것이다.

셋째, 사회과의 내용 면에서, 사범계 대학 사회교육과 교수들은 초·중·고교 사회과 교육과정의 내용에 대한 인식 정도가 상당히 낮았으며, 사회교육과 학생들에게 인성적 소양과 세계화에 부합되는 고급 사고력 신장을 강조하고 있다. 이는 예비 교사인 사범계 학생들이 교사로서의 자질을 함양하고, 이를 바탕으로 학교 현장에서 학생 중심의 문제 해결 학습을 활성화하기를 기대하고 있는 것이다. 사범계 대학 교수들도 사회과 내용을 단순한 암기를 배제하고, 학생 중심으로 다양한 문제 해결 방법으로 고급 사고력을 신장시켜야 한다는데, 동의하는 것으로 해석된다.

넷째, 사회과의 교수·학습 방법 면에서, 사범계 대학 사회교육과 교수들은 사회과 교육과정이 매우 중요하다고 인식하면서도 실제 강단에서는 별로 활용하지 않고 있으며, 강의 방식도 문제 해결식, 학생 활동 중심 등의 중요성을 인식하면서도 교재 중심의 주입식·강의식을 주로 활용하고 있는 것으로 나타나, 초·중·고교의 사회과 교수·학습 방법 혁신을 위해서는 사범계 대학 사회교육과 강단에서부터 교수 방법의 변화가 선행되어야 할 것이다.

다섯째, 사회과의 평가 면에서, 사범계 대학 교수들은 사회과의 평가가 다양한 방법으로 시행되어야 함을 인식하고 있으면서도, 실제로는 주로 지필 평가, 리포트 제출 방법 등으로 갈음하고 있어서 사회과 개선 차원에서 초·중·고교의 사회과 평가 방법, 사범계 대학 사회교육과 평가 방식 등이 전반적으로 개선되어야 할 것으로 판단되고 있다.

사실, 우리나라 교육 제도의 구조로 볼 때, 사범계 대학인 교육대학교와 사범대학은 일선 학교인 초·중·고교와 아주 밀접한 연계를 가져야 한다. 특히, 교육과정과 교수·학습의 체제에 대한 깊은 관련을 가져야 한다. 그래야만, 사범계 대학인 교육대학교와 사범대학을 졸업하고 일선 초·중·고교에 교사로 임용되어 적응이 용이하고 바람직한 교수·학습을 수행할 수 있다.

목적 대학인 교육대학교와 사범대학은 고등 교육 기관으로서의 심오한 학문 연구와 함께 교원 양성 대학으로서의 예비 교사 양성의 기능을 수행하여야 한다. 초·중·고교 학생들이 교대와 사대에 진학하여 졸업 후, 일선 학교 교사가 되어 다시 초·중·고교 학생들을 가르치는 순환적 시스템(system)을 유지하는 것이다. 따라서, 초·중·고교 사회과 교사들이 사범계 대학인 교대와 사대의 사회교육과 교육과정과 교육 체제에 대해서 잘 알고 있어야 하며, 사범계 대학인 교대와 사대 사회교육과 관련 학과 교수들 역시 초·중·고교 사회과 교육과정과 교육 체제와 교육 제도에 대해서 능통해야 한다.

하지만, 현실적으로 우리나라 초·중·고교와 사범계 대학인 교대와 사대의 교육과정상 연계는 아주 미약한 형편이다. 겨우 상설 교육실습 대상 학교인 교대부설초등학교, 사대부설중학교, 사대부설고등학교 등만 본교인 대학의 교육과정과 교육 체제를 피상적으로 인지하고 있는 실정이다. 유기적인 연계성이 결여되어 있는 것이 현실이다. 이와 같은 현실적 문제를 치유하여 일선 초·중·고교의 사회과와 사범계 대학인 교대와 사대의 사회교육과가 상호 유기적인 사회과 교육과정 연계를 위해서는 교육과정의 중심에 서 있는 사회과 교사와 사회교육과 교수들의 인식 전환이 필수적이다.

사회과 교육의 주체인 사회과 교사가 사범계 대학의 사회교육과 교육과정을 잘 이해하고, 사범계 대학의 사회교육과 교수들이 초·중고·교의 사회과 교육과정에 대한 인식을 전환하는 것이 사회과 교육 개선의 첩경이라는 점을 유념해야 할 것이다.

특히, 초·중·고교 교사 양성 기관인 교육대학교와 사범대학의 사회교육과 교육과정을 초·중·고교의 교육과정과 밀접하게 연계시키는 교육과정 정책의 개선이 필요하다. 특히 교대와 사대 사회교육과 교육과정의 여러 교과목 중에서 사회과 교육과정과 사회과 교육론, 사회과 교재 연구, 사회과 교수·학습론 등의 사회과 교과 교육학 교과목의 내용 개선이 이루어져야 할 것이다. 이들 사회과 교육과 교육학 교과목에서는 초·중·고교의 사회과 교육과정에 대한 핵심적 내용이 두루 취급되어야 할 것이다. 즉 초·중·고교 사회과 교육과정의 목표, 내용, 교수·학습 방법, 평가 등의 체제적 이해가 용이하도록 분석적 접근이 이루어져야 할 것이다.

사범계 대학인 교대와 사대 사회교육과 교육과정과 초·중·고교의 사회교육과 교육과정의 연계가 정책적·제도적으로 이루어져야 한다. 실제적으로 사회과 역사가 1세기가 되었고, 한국 사회과의 역사도 어느덧 60년을 넘었으나, 아직도 교대와 사대의 사회교육과 교과목의 내용은 전통적, 고전적인 사회과 이론과 미국 등 다른 나라의 학문적 성과를 주로 다루고 있음을 부인할 수 없다. 그러다보니, 이들 사범계 대학 사회교육과 졸업생들이 교원 임용 고사(교사 임용 시험)를 거쳐서 초·중·고교 등 일선 학교에 임용 발령을 받은 후에 실제적인 사회과 지도에 큰 애로를 겪고 있다. 이를 치유하기 위해서는 사범계 대학 사회교육과 교육과정이 초·중·고교 사회교육과 교육과정과 반드시 연계되어야만 한다. 초임 교사들이 대학에서 배운 것을 교단에서 활용할 수 있도록 교육과정 연계에 대한 개선이 이루어져야 할 것이다.

또한, 사범계 대학 사회교육과 교육과정에서는 사회과 교수·학습과 사회과 평가에 대한 새로운 이론과 함께 초·중·고교의 사회과 지도와 평가에 대한 실제적 내용을 함께 다루도록 편제되어야 한다. 사회교육과 학생들이 일선 학교 현장에서 사회과 교수·학습과 평가를 담당하여 당황하거나 혼란을 겪지 않고 편안하고도 자연스럽게 수행할 수 있도록 직전 교육 과정으로서 충실한 내용이 취급되어야 할 것이다.

아울러, 사범계 대학인 교대와 사대의 사회교육과 교수들의 교육과정 연구가 필수적이다. 재직 학교인 대학의 사회교육과 교육과정 연구는 물론이고, 장차 제자들이 근무할 초·중·고교 사회과 교육과정에 대해서 능통하여야 한다. 즉 사회교육과 교수들이 교과 교육학을 전공했건, 교과 내용학을 전공했건 초·중·고교의 사회과 교육과정을 두루 이해한 바탕 위에서 사회과 전공 교과목을 교수하여야 할 것이다. 사범계 대학 사회교육과 교수들의 사회과 교육과정에 대한 이해와 연구가 우리나라 사회과 교육과정 내지 사회과 교육 혁신의 출발점이라고 해도 과언이 아닐 것이다.

제5장

한국 사회과 교육과정의 발전적 모형

사회과 교육과정의 발전적 모형의 개발은 본 연구의 본질적 핵심이고 지향하는 목적이다. 즉 교육과정 개발 이론, 사회과 교육과정 개발 이론, 초·중·고교 사회과 교사들의 의견, 사범계 대학 사회교육과 학생, 교수들의 의견을 기초로 하여 우리나라 현실에 적합한 사회과 교육과정 모형을 개발하고자 하는 본 연구에서, 발전적 모형을 탐색하는 본 장(章)은 본 연구의 핵심적 부분이다.

따라서 본 장에서는 이전 장(章)에서의 이론적 고찰과 실증적 조사 분석 결과를 바탕으로 하여 보다 바람직하고 발전적인 사회과 교육과정 모형을 탐색하고자 한다. 사회과 교육과정의 발전적 모형 탐색을 위해서는 현행 교육과정의 문제점 진단이 선행되어야 한다. 따라서 현행 제7차 사회과 교육과정의 문제점을 중심으로, 비판적으로 접근한 후에, 발전적 사회과 교육과정의 모형을 사회과 교육과정의 기본 방향, 사회과의 편제, 사회과의 목표, 사회과의 내용, 사회과의 교수·학습 방법, 사회과의 평가, 사회과 교육과정의 적정화 등으로 구분하여 탐색하고자 한다.

1. 현행 사회과 교육과정의 비판적 접근

1) 사회과 교육과정의 기본 방향

(1) 현행 교육과정의 기본 방향

현행 제7차 교육과정은 1995년 5·31교육개혁의 일환으로 출발되었다. 대통령 자문 기구인 교육개혁위원회는 신교육 체제 수립을 위한 교육 개혁 방안을 구상하여 발표하였다. 그 내용 중에 '열린 교육 사회, 평생 학습 사회의 건설'은 비전(vision)을 제시하였으며, 질 높고 다양한 교육을 실현하기 위하여 필수 과목의 축소 및 선택 과목 확대, 정보화·세계화 교육의 강화, 수준별 교육과정의 편성·운영 등을 천명하였다.

이상과 같은 배경에서, 1996년 교육개혁위원회에서는 다시 '초·중등학교 교육과정 개혁안'을 제시하였는데, 주요 내용은 국민공통기본교육과정 체제 설정, 수준별 교육과정 도입, 능력 중심 목표 진술 및 평가 방법 개선 등 각론 개발의 지침, 선택 과목 도입에 따른 대입 수능 제도 개선과 교과서 질 제고, 교원 연수 강화 등이다. 이와 같은 교육개혁위원회의 건의를 바탕으로 교육부에서는 각계각층 인사들을 중심으로 '교육과정 개정 연구위원회'를 조직하여 제7차 교육과정을 개발하였다(김재복 외, 1999: 37-39).

제7차 교육과정 기본 방향은 '21세기의 세계화·정보화 시대를 주도할 자율적이고 창의적인 한국인 육성'에 두고, 다음과 같은 4개 항의 세부 기본 방향을 제시하였다(함종규, 2006: 663-670).

첫째, 건전한 인성과 창의성을 함양하는 기초·기본 교육의 충실을 추구한다.

둘째, 세계화·정보화에 적응할 수 있는 자기 주도적 능력의 신장을 강조한다.

셋째, 학생의 적성, 능력, 진로에 적합한 학습자 중심 교육의 실천을 지향한다.

넷째, 지역 및 학교의 교육과정 편성·운영의 자율성 확대를 모색한다.

(2) 현행 교육과정의 특징

우리나라 국가 수준 교육과정의 법적 근거는 초·중등교육법 제23조에 명시되어 있다. 즉 학교는 교육과정을 운영하도록 되어 있으며, 교육과학기술부(2008.02.25 이전 교육인적자원부)는 교육과정의 기준과 내용에 관한 기본적인 사항을 정하고, 교육감은 교육과학기술부 장관이 정한 교육과정의 범위 안에서 지역의 실정에 적합한 기준과 내용을 정하도록 규정되어 있다. 이와 같은 법적 기준에 의하여 고시된 제7차 교육과정의 특징은 다음과 같이 요약할 수 있다(함종규, 2006: 676-679).

첫째, 국가 수준의 공통성과 지역, 학교, 개인의 다양성을 동시에 추구하는 교육과정이다.

둘째, 학습자의 자율성과 창의성을 신장하기 위한 학생 중심 교육과정이다.

셋째, 교육청과 학교, 교원, 학생, 학부모가 함께 실현해 가는 교육과정이다.

넷째, 학교 교육 체제를 교육과정 중심으로 개선해 가기 위한 교육과정이다.

다섯째, 교육의 과정과 결과의 질적 수준을 유지·관리하기 위한 교육과정이다.

(3) 기본 방향에 대한 비판적 접근

제7차 교육과정은 1995년 교육개혁위원회에서 교육과정 개혁의 일환으로 태동하였다. 과거의 교육과정 체제에 대한 일대 개혁을 근간으로 하는 교육과정이다. 따라서 교육과정의 기본 방향과 특징도 매우 진취적인 방향으로 제시된 것이 특징이다.

교육과정의 기본 방향에서는 인성과 창의성 함양, 자기 주도적 학습력 신장, 학습자 중심 교육, 지역 및 학교의 특색 있는 교육과정 개발 등을 제시하였다. 그리고 현행 교육과정의 특징에서는, 학습자의 자율성·창의성 신장, 교육 공동체의 공동 실현, 교육과정 중심의 교육 체제 지향, 교육의 질적 관리 지향 등을 강조하고 있다.

따라서 현행 교육과정이 기본 방향에서는 시대적 요청과 사회 발전의 특성을 충실하게 반영하였다고 본다. 제시된 항목도 매우 간결하고도 포괄적인 내용이어서 매우 바람직하다고 본다. 대체로 초·중·고교 사회과 교사, 사범계 대학 학생·교수들도 현행 교육과정의 기본 방향에 대해서 긍정적인 반응을 보이는 것도 현 사회의 시대성에 부합되었기 때문이라고 본다.

다만, 아쉬운 점은 교육과정의 내용적인 면이 소홀히 취급된 점이다. 창의성, 자기 주도적 학습, 학습자 중심 교육 등 방법적 측면은 크게 강조되었는데, 정작 교육과정의 핵심 지향점이라고 할 수 있는 내용(contents)적인 면을 기본 방향에서 배제시킨 것은 재고해 보아야 한다고 사료된다. 사회과가 가장 사회 변화에 민감해야 한다는 점을 전제하면 더욱 그러하다. 특히, 현행 교육과정의 기본 방향이 10년이 되었는데도, 최근 고시된 '2007년 개정 교육과정'에서 거의 그대로 제시한 점은 사회과 교육과정이 시대 변화와 사회 발전을 담는 용기(容器)라는 점을 전제하면, 역설적으로 기본 방향이 시대에 뒤떨어진 것이 아닌가 하는 비판에 직면하게 된다. 교육과정이 개발·개정되려면, 그먼저 기본 방향이 명확하게 설정되어야 하는 것이다.

2) 현행 교육과정의 편제

(1) 교과 편제의 기본 방향

현행 제7차 교육과정의 가장 큰 변화는 편제의 혁신에 있다. 제6차 교육과정까지가 주로 '위에서 부터 아래로 내려오는 권위적 교육과정' 위주였다면, 제7차 교육과정은 그 반대로 '아래로부터 위로 올라가는 민주적 교육과정'이라고 할 수 있다. 따라서 과거 교육과정의 틀을 획기적으로 바꾼 교육과정 체제를 취하고 있는데, 편제상의 주요 특징은 다음과 같다(이경환 외, 2002: 158-161).

첫째, 국민공통기본교육과정과 선택중심교육과정 체제를 도입하였다. 10학년제 국민공통기본교육과정에서는 기초·기본 중심의 일관성 있는 교육을 지향하였고, 고교 선택중심교육과정에서는 진로와 적성 중심으로 교육과정을 운영하도록 하였다.

둘째, 고등학교 교과 편제에 과목군(科目群) 개념을 도입하여 5개 과목군으로 분류하였다. 따라서 동일 과목군 내에서의 중복과 비약을 방지하고, 통합 지도를 모색할 수 있도록 하였다.

셋째, 수준별 교육과정을 도입하였다. 즉 학생들의 필요, 능력, 적성, 흥미 등에 대한 개인차를 고려하여 잠재력, 효율성의 극대화를 모색하였다.

넷째, 재량 활동을 도입하였다. 재량 활동은 학생들의 자기 주도적 학습과 창의적인 학습을 장려하기 위한 영역으로, 교과 재량 활동과 창의적 재량 활동으로 구분된다.

다섯째, 이수 과목 수를 감축하고, 교과별로 학습 내용의 최적화를 도모하였다. 국민공통기본 교과를 10개로 정선, 감축하고 최저 필수 학습 요소를 제시하였다.

여섯째, 질 관리 중심 교육과정 평가와 창의성 및 정보 능력 배양을 강조하였다. 계속적인 교육과정 평가 체제와 실과 등 교과, 선택 과목, 재량 활동, 특별 활동의 계발 활동 등에서 계속적으로 정보 관련 교육을 강조하도록 하였다.

(2) 일반 편제 및 사회과 편제

제7차 교육과정의 기본 편제는 교과, 재량 활동, 특별 활동 등 3영역이다. 제7차 교육과정의 교과 편제에서, 국민공통기본교육과정의 교과는 국어, 도덕, 사회, 수학, 과학, 실과(기술·가정), 체육, 음악, 미술, 외국어(영어) 등 10개 교과이다. 단, 제1·2학년의 교과는 국어, 수학, 바른 생활, 슬기로운 생활, 즐거운 생활, 우리들은 1학년(제1학년) 등 제1학년은 6교과(제2학년 5교과)로 편제하였다.

고교 선택중심교육과정은 교과와 특별 활동으로 편제하고, 보통 교과로는 국어, 도덕, 사회, 수학, 과학, 기술·가정, 체육, 음악, 미술, 외국어, 선택 과목(한문, 교련, 교양) 등으로 편제하고, 전문 교과는 농업, 공업, 상업, 수산·해운, 가사·실업, 과학, 체육, 예술, 외국어, 국제에 관한 교과로 편성하였다.

그리고 재량 활동은 교과 재량 활동과 창의적 재량 활동 등 2개 세부 영역, 특별 활동은 자치 활동, 적응 활동, 계발 활동, 봉사 활동, 행사 활동 등 5개 활동 영역으로 편제하였다.

사회과적 내용 내지 사회과 관련 내용은 국민공통기본교육과정의 제1·2학년(초등학교 제1·2학년)에서 통합 교과인 슬기로운 생활과(사회과적 내용 + 과학과적 내용 요소), 바른 생활과(사회과적 내용 요소 + 도덕과적 내용 요소)에서 가르치도록 되어 있다. 아울러, 제3-10학년(초등학교 제3학년-고등학교 제1학년)에서 이수하게 되어 있는데, 그중 제3-8학년(초등학교 제3학년-중학교 2학년)에서는 주당 3시간씩 이수하도록 편제되어 있다. 제9학년(중학교 제3학년)에서는 주당 4시간 그리고 제10학년(고등학교 제1학년)에서는 사회과가 170시간으로 주당 5시간씩 편제되었는데, 이 중 68시간(주당 2시간)은 국사 영역 학습에 별도 편제되어 있다.

한편, 고교 선택 과목 중 사회과 관련 과목은 일반 선택 과목으로 '인간 사회와 환경(4)' 1과목이 있고, 심화 선택 과목으로는 한국 지리(8), 세계 지리(8), 경제 지리(6), 한국 근·현대사(8), 세계사(8), 법과 사회(6), 정치(8), 경제(6), 사회·문화(8) 등 10개 과목으로 편제되어 있다.

(3) 비판적 접근

현행 제7차 교육과정의 사회과 편제는 대체로 무난하다고 볼 수 있다. 일선 학교 초·중·고교 사회과 교사, 사범계 대학 사회교육과 학생, 사회교육과 교수들의 의견도 현행 교육과정의 편제에 대체로 긍정적인 반응을 보였다.

국민공통기본교육과정 제10학년제와 고교 제11·12학년(고교 제2·3학년)의 선택중심교육과정도 대체로 무난하다는 반응이며, 실제로 일선 학교에서도 도입 초기에는 약간 부작용과 혼란이 야기되기도 했지만, 대체로 정착되어 현재 비교적 효과적으로 운영되고 있는 편이다. 제10학년에서의 국사 교육 강화도 시의 적절하다는 평가를 받고 있다. 일선 학교 교사들은 교과 순서에 있어서 사회과가 국어과, 도덕과 다음에 위치한 것도 매우 바람직하다는 반응을 보이고 있다.

아울러, 제7차 교육과정에서는 사회과에서 국사 교육을 강화하여, 각 학년의 사회과에서 통합적으로 지도하도록 편제되어 있다. 제10학년(고등학교 제1학년)에서는 별도로 국사 영역을 연간 68시간(주당 2시간)을 이수토록 되어 있다. 그런데 사회과의 편제상 기본은 통합 교과의 정신을 살리는 것인데, 최근 고시된 '2007년 개정 교육과정'에서는 국사 교육을 더욱 강화한다고 하여, 별도 과목으로 독립하였다. 이는 교육과정 통합 운영의 정신, 사회과의 통합 지도 등에 배치되는 교육과정 행정으로, 재고(再考)되어야 한다고 본다. 일선 학교 사회과 교사, 사범계 대학 사회교육과 학생, 교수 등이 공통적으로 사회과에서의 국사 교육 강화와 사회과의 통합 교육을 강조하고 있지만, 국사를 사회과의 영역으로 통합 지도를 선호하고, 독립 과목화는 부정적 반응을 보이고 있음을 유념해야 할 것이다.

이러한 점을 전제하면, '2007년 개정 교육과정'의 사회과는 전반적으로 통합을 강조하면서도 국사 과목 분과라는 이율배반적 교육과정 편제라는 지적을 받을 수 밖에 없게 되었다. 역사(국사) 교육의 강화를 사회과 통합 내에서 찾아야 하는데, 과목 독립을 지향했기 때문이다.

3) 사회과의 목표

(1) 종합 목표(교과 목표)

현행 제7차 사회과 교육과정의 목표 체계는 종합(교과) 목표, 세부(영역별) 목표, 단원 목표, 수업 목표 순으로 위계를 보이고 있다. 사회과 목표에서 학년 목표가 삭제된 것이 현행 교육과정의 특징이다.

현행 사회과 교육과정에서 사회과의 교과 목표는 "사회 현상에 관한 기초적 지식과 능력은 물론, 지리, 역사 및 제 사회 과학의 기본 개념과 원리를 발견하고 탐구하는 능력을 익혀서, 우리 사회의 특징과 세계의 여러 모습을 종합적으로 이해하며, 다양한 정보를 활용하여 현대 사회의 문제를 창의적이며 합리적으로 해결하고, 공동생활에 스스로 참여하는 능력을 기른다. 이를 바탕으로, 개인의 발전은 물론, 국가, 사회, 인류의 발전에 기여할 수 있는 민주 시민의 자질을 기른다."(교육부, 1997a: 29)라고 제시되어 있다.

이 교과 목표는 종합 목표로서, 사회과 교육의 궁극적 목적인 민주 시민 양성을 지향점으로 하여, 교육과정을 통하여 달성하려고 하는 지식, 기능, 가치·태도 목표를 종합적으로 진술한 것으로 해석할 수 있다.

사회과의 종합 목표는 지속적으로 추구되는 제1차적 목표 요소와 궁극적인 요소인 제2차적 목표 요소로 구분되는데, 제1차적 목표 요소는 기초적 지식과 능력, 기본 개념과 원리의 발견 및 탐구 능력, 사회 사상의 종합적 이해, 다양한 정보 활용 능력 및 문제 해결 능력, 공동생활에서의 참여 능력 등이다. 아울러, 제2차적 목표 요소는 개인의 발전 및 사회, 국가, 인류의 발전에 기여하는 민주 시민의 자질을 육성하는 것이다.

(2) 세부 목표(영역별 목표)

현행 제7차 교육과정의 사회과 교과 목표의 세부 영역별 목표는 다음과 같은 5개 항이다(김재복 외, 1999: 432 - 435).

첫째, 사회의 여러 현상과 특성을 그 사회의 지리적 환경, 역사적 발전, 정치적·경제적·사회적 제도 등과 연계하여 이해한다. 이 항목의 목표는 모든 영역을 포괄하는 세부(영역별) 목표의 통합 목표라고 할 수 있다. 이 항목 목표의 핵심 요소는 사회 현상의 종합적 이해이다.

둘째, 인간과 자연과의 상호작용에 대한 이해를 통하여 장소에 따른 인간 생활의 다양성을 파악하며, 고장, 지방 및 국토 전체와 세계 여러 지역의 지리적 특성을 체계적으로 이해한다. 이 항목의 목표는 지리 영역의 목표로, 핵심 요소는 인간과 자연 간의 상호작용 이해, 인간 생활의 다양성 파악, 고장, 지방, 국토, 세계 여러 지역의 지리적 특성에 대한 체계적인 이해 등이다.

셋째, 각 시대의 특색을 중심으로 우리나라의 역사적 전통과 문화의 특수성을 파악하여, 우리 문화와 민족사의 발전상을 체계적으로 이해하며, 이를 바탕으로 인류 생활의 발달 과정과 각 시대의 문화적 특색을 파악한다. 이 항목의 목표는, 역사 영역의 목표로, 핵심적 요소는 우리의 역사적 전통과 문화의 특수성 파악, 우리 문화와 민족사의 체계적인 이해, 인류 생활의 발달 과정과 각 시대의 문화적 특색 파악 등이다.

넷째, 사회생활에 관한 기본적 지식과 정치·경제·사회·문화 현상에 대한 기본적 원리를 종합적으로 이해하고, 현대 사회의 성격 및 민주적 사회생활을 위하여 해결해야 할 여러 문제를 파악한다. 이 항목의 목표는 사회생활 영역(일반사회 영역)의 목표로 핵심 요소는, 사회생활에 관한 기본적 지식의 이해, 정치·경제·사회·문화 현상에 대한 기본적 원리의 종합적 이해, 현대 사회의 성격과 여러 사회 문제의 파악 등이다.

다섯째, 사회생활과 문제를 파악하는 데에, 필요한 지식과 정보를 획득, 조직, 활용하는 능력을 기르며, 사회생활에서 나타나는 여러 문제를 합리적으로 해결하기 위한 탐구 능력, 의사 결정 능력 및 사회 참여 능력을 기른다. 이 항목의 목표는 기능·능력 목표로 핵심 요소는, 지식과 정보의 획득·조직·활용 능력, 사회의 여러 문제를 합리적으로 해결하기 위한 탐구 능력, 의사 결정 능력, 사회 참여 능력 등이다.

여섯째, 개인 생활 및 사회생활을 민주적으로 운영하고, 우리 사회가 당면한 문제들에 관심을 가지고, 민족 문화 및 민주 국가 발전에 적극적으로 이바지하려는 태도를 갖는다. 개인 생활 및 사회생활의 민주적 운영, 우리 사회가 당면한 문제들에 대한 관심, 민족 문화 및 민주 국가 발전에 적극적으로 이바지하려는 태도 등이다.

(3) 비판적 접근

현행 사회과 교육과정의 사회과 목표 체계인 교과 목표(종합 목표), 영역별 목표(세부 목표), 단원 목표, 수업 목표는 대체로 무난한 목표 위계인 것으로 이해되고 있다. 특히, 국가 수준 교육과정에서는 교과 목표(종합 목표), 영역별 목표(세부 목표)에 초점을 맞추고, 단위 학교와 교사는 단원 목표, 수업 목표에 중점을 두도록, 교육과정의 위계를 정한 것은 현행 학교교육과정 체제와 부합되는 것으로 사료된다.

다만, 교과 목표(종합 목표)와 영역별 목표(세부 목표) 6개 항으로 다양한 영역과 사회 과학의 분야를 전부 수용하다 보니, 목표가 지나치게 장문화(長文化)되어 있는 문제점을 보이고 있다. 교과 목표(종합 목표)의 경우, 문장은 하나인데, 세부 문절(文節)은 일곱 구절이나 된다. 그러다 보니, 중요한 내용은 모두 목표에 포함되어 있지만, 목표 자체가 지나치게 광범위하고, 초점이 흐리다는 비판을 받고 있다. 목표는 모름지기 간단명료하고, 초점이 명확해야 하는데, 이 점에서는 개선의 여지가 있다고 본다.

영역별 목표(세부 목표)는 통합 목표 1개 항, 지리 영역 1개 항, 역사 영역 1개 항, 사회생활 영역 1개 항 등 영역별 목표 3개 항, 기능·능력 목표 1개 항, 가치·태도 목표 1개 항 등 요소 목표 2개 항으로 총 6개 항이 제시되어 있다. 영역별 목표(세부 목표)는 통합 목표 1개 항, 사회 과학 영역별 목표 3개 항, 요소 목표 2개 항 등으로 구성되어 있는데, 사회과의 지식, 기능, 가치·태도 등에서 기능능력 목표와 가치태도 목표는 별도로 분리되어 목표 진술이 되어 있는데, 지식 목표는 별도로 제시되지 않고 사회 과학의 영역 목표 3개 항에 포함되어 있다.

그 결과, 지리 영역·역사 영역·사회생활 영역의 목표는 사회 과학의 내용적인 면과 사회과의 지식 면을 포함하여 종합적으로 목표 진술을 하여야 하는데, 현행 사회 과학의 영역별 목표는 사회 과학의 내용적인 면을 중시하고, 전체적인 사회과의 영역으로서의 지식적인 면은 상대적으로 소홀히 한 감이 없지 않다. 이는 향후 교육과정 개정·개발 시 목표 설정에서 관심을 갖고 개선해야 할 문제점 중의 하나라고 본다. 양자(兩者)의 유기적 통합이 필요하다고 본다. 아울러, 향후 현행 교육과정에서 삭제된 학년 목표의 부활을 신중하게 고려해 보아야 할 것이다.

4) 사회과의 내용

(1) 내용 체계

현행 교육과정에서 사회과의 내용 체계의 영역은 인간과 공간(지리 영역), 인간과 시간(역사 영역), 인간과 사회(일반사회 영역) 등 세 가지이다(김재복 외, 1999: 438). 아울러, 학년별 세부 내용은 다음과 같이 요약할 수 있다(교육부, 1997 a: 31).

첫째, 제3학년의 내용은 고장의 자연 환경과 인문 환경 이해, 고장 생활의 변화와 전통, 고장 여러 기관에서 하는 일 등이다.

둘째, 제4학년의 내용은 우리 지역의 자연 환경과 인문 환경, 박물관과 문화재, 지역의 생산 활동과 주민 자치 등이다.

셋째, 제5학년의 내용은 자연 환경과 주민 생활의 관계, 인간 생활과 과학 기술의 관계, 우리나라의 경제 활동과 정보화 등이다.

넷째, 제6학년의 내용은 우리나라와 관계 깊은 나라들과 지구촌, 국가의 성립과 발전 및 민주 국가 건설, 민주 정치의 기본 원리와 시민 권리 등이다.

다섯째, 제7학년의 내용은 지역과 사회 탐구 및 각 지방의 생활, 인간 사회와 역사 문명의 형성, 인간 사회의 역사와 아시아의 변화, 지역 사회 탐구 등이다.

여섯째, 제8학년의 내용은 현대 세계의 전개, 유럽 세계의 형성과 서양의 발전, 현대 사회와 민주 시민 및 사회생활과 법 규범 등이다.

일곱째, 제9학년의 내용은 현대 사회의 변화와 지구촌 사회, 조선의 성립과 발전, 민주 시민과 경제생활 및 지구촌 사회의 한국 등이다.

여덟째, 제10학년의 내용은 국토와 지리 정보, 환경 문제와 지역 문제, 한국사의 바른 이해, 정치 생활과 국가 및 사회 변동과 미래 사회 등이다.

(2) 내용 영역과 수준별 학습

제7차 사회과 교육과정은 내용 영역을 과거의 일반사회 영역, 역사 영역, 지리 영역에서, 인간과 공간, 인간과 시간, 인간과 사회 등으로 개정하였다. 실제적 내용 체계 영역은 변화하지 않았지만, 다음의 두 가지 측면에서 특징을 추출할 수 있다.

먼저, 이전의 교육과정에서는 일반사회 영역, 역사 영역, 지리 영역을 인간과 공간(지리 영역), 인간과 시간(역사 영역), 인간과 사회(일반사회 영역) 등으로 변경하여, 내용 영역 체계 순서에서 일반사회 영역보다 지리 영역을 중시하였다. 다음, 이전에는 일반사회 영역, 역사 영역, 지리 영역 등 사회 과학 영역 중심이었는데, 현행 교육과정에서는 인간과 공간, 인간과 시간, 인간과 사회 등 활동 중시(活動 重視) 내용 체계를 보이고 있다.

한편, 국사는 제8학년부터 제10학년까지 3년간 별도 내용 체계로 제시되어 있고, 특히 10학년은 주당 2시간씩 총 68시간을 국사 시간으로 별도로 배당·이수하게 되어 있다. 제3학년부터 제7학년까지의 국사는 사회과에서 통합적으로 이수하도록 내용 배열이 되어 있다.

아울러, 현행 교육과정에서 사회과는 수준별 학습인 심화·보충형 학습을 실행하도록 편성되어 있다. 심화·보충형 학습은 교과 내용 간의 위계가 크게 나지 않는 교과에서 이수하도록 되어 있다. 현행 사회과 교육과정에서는 보충·심화 과정을 내용과 시간의 20% 정도로 규정하고 있다.

(3) 비판적 접근

현행 사회과 교육과정의 내용은 세계화·정보화 시대를 지향하여 편성되었다. 사회과 내용 체계의 영역을 인간과 공간(지리 영역), 인간과 시간(역사 영역), 인간과 사회(일반사회 영역) 등 활동 중심으로 편성하였는데, 과거와 별로 달라진 것이 없으므로 내용 중심으로 편제하고, 일반사회 영역을 내용의 최우선순위에 두는 것이 바람직할 것이다. 원래 사회과의 본질이 지리와 역사의 통합을 바탕으로 한 사회생활을 지향하는 것이므로, 사회생활을 중심으로 한 일반사회 영역을 우선으로 하고, 역사 영역, 지리 영역 등으로 편성하는 것이 좋으며, 일반사회 영역은 세부 내용을 정치, 경제, 사회, 문화, 법 영역 등으로 구분하여 제시하는 방안을 고려하는 것이 바람직할 것이다. 일반사회 영역은 역사 영역과 지리 영역의 통합적 성격이 강하다. 물론, 사회 과학의 학문적 분과보다 사회과 통합을 염두에 두고 내용 영역 구성을 고려하여야 한다.

2007년 고시된 '2007년 개정 교육과정'의 사회과 내용 영역 체계는 현행 인간과 공간, 인간과 시간, 인간과 사회의 세 영역에서, 지리 영역, 역사 영역, 일반사회 영역 등 세 영역으로 변경되어, 다시 과거 체제로 돌아갔다. 아울러, 세부 내용에서는 지구촌, 세계화, 지역 사회 탐구, 사회 변동 등을 강조하였는데, 세계화·정보화 시대의 사회적 동향(trend)인 다문화 이해 교육, 세계 시민 교육, 인간 본질 교육, 사회 복지 교육 등 내용도 적극 강조하여야 하는데, 상대적으로 소홀히 되었다.

한편, 사회과의 수준별 교육과정 운영에 대하여는 일선 교사들의 비판적 시각이 많다. 이상은 좋은데 실제 학교 현장의 사회과 교수·학습에서 수준별 학습이 용이하지 않다는 반증이다. 그리고 일선 학교 사회과 교사들은 보충·심화 학습 비율을 전체의 20% 정도가 알맞다는 반응 비율이 높아, 현행 교육과정의 비율과 일치하는 것으로 나타나 분량은 대체로 긍정적이라고 할 수 있다.

5) 사회과의 교수·학습 방법

(1) 교수·학습 방법

현행 사회과 교육과정에서는 교수·학습 방법으로 세부 항목 22개 항을 제시하고 있다. 실제 교수·학습 방법으로 제시한 항목 수가 지나치게 많고, 일선 학교 사회과 교사들도 과다하다는 반응을 보였다. 중요한 교수·학습 방법을 정선하여 제시하여야 명확한데, 22개 항이나 되다 보니, 초점이 분명하지 않다는 비판이다.

현행 사회과 교육과정에서는 교수·학습 방법으로, 학습자의 흥미 고려, 고급 사고력 신장을 위한 탐구 학습, 수업의 개별화와 수준별 학습, 사회 문제 관심 갖는 수업, 각 지역의 특성 이해, 세계화·정보화의 실증적 이해, 지역 사회 탐구 방법 적용 등을 강조하고 있다.

구체적 교수·학습 방법으로는, 탐구 학습을 위하여, 토의 학습, 관찰 및 면담, 현장 견학, 자원 인사 초빙, 모형 제작, 실험, 역할 놀이, 시뮬레이션 게임, 인물 학습, 사료 학습을 강조하고, 정보화 사회에 부합되는 학습으로 신문 활용 교육(NIE), 컴퓨터 보조 학습(CAI), 인터넷 활용 교육(IIE)을 강조하고, 사회과의 본질 추구를 위한 교수·학습으로, 민주 시민 교육, 환경 교육, 성 교육, 통일 교육, 경제 교육, 근로정신 함양 교육, 민족 정체성 교육, 국제 이해 교육, 대중 매체 교육 등을 강조하고 있다.

(2) 교수·학습 자료

사회과 교수·학습의 자료는 지도, 도표, 영화, 슬라이드, 통계, 연표, 연감, 신문, 방송, 사진, 기록물, 유물, 여행기, 탐험기 등을 제시하고 있다. 아울러, 사회 문제와 현상을 중심으로 한 시사 문제를 교수·학습에 적용하기 위하여, 신문 활용 교육(NIE), 컴퓨터 보조 학습(CAI), 인터넷 활용 교육(IIE)을 자료화하여 적용하도록 강조하고 있다. 특히, 현행 사회과 교육과정에서는 교수·학습 자료를 독립적으로 제시되어 있는 것보다, 학생들이 협동 학습, 사제동행, 컴퓨터를 활용한 재구성 등으로 만들어진 소위 역동적, 동태적, 입체적 자료를 구하여 활용하는 것을 중점적으로 강조하고 있다. 과거의 정태적 자료보다 학생 활동 중심의 역동적 자료가 보다 바람직한 것이다.

(3) 비판적 접근

제7차 교육과정의 사회과 교수·학습 방법은 학생 중심 학습, 문제 해결을 위한 탐구 학습, 고급 사고력 신장 학습, 세계화 시대에 부합되는 교수·학습을 강조하고 있다. 이론상으로는 시대 변화와 사회 발전에 적절한 교수·학습 방법으로 매우 바람직한 진술이다.

하지만 세부적으로 들어가 보면, 여러 가지 교수·학습 방법의 실천적 적용법, 활용법에 대해서는 언급하지 않고 있다. 가령, 신문 활용 교육(NIE), 컴퓨터 보조 학습(CAI), 인터넷 활용 교육(IIE), 시사 자료 활용 교육 등을 강조하였는데, 실제 이러한 교수·학습 방법을 효용성과 사회과에서의 구체적 적용 요령 등에 대해서는 설명이 없다. 따라서 현행 사회과 교육과정의 교수·학습 방법은 구체적 방법의 제시라고 하기보다는 여러 방법의 나열에 불과한 실정이다. 향후, 교육과정 개정·개발에서는 사회과에 적절한 교수·학습 방법의 구체적 적용 방법을 핵심적 요소를 통해서 제시해 주는 것이 바람직하다고 본다.

아울러, 교육과정상의 교수·학습 방법 진술 항목이 22개 항이나 되어 너무 과다(過多)하다. 이는 일선 학교 사회과 교사들도 지나치게 많다고 반응하고 있어서, 감축이 필요하다. 즉 유사한 항목, 방법상의 연계성, 영역별 통합성 등을 기준으로 하여 통합하고 감축하여 좀 더 정선화가 필요하다고 본다.

사회과 교육과정의 교수·학습 방법에서 가장 중요한 것은 각 영역, 단원, 주제에 적합한 교수·학습 방법과 자료를 사회과 교사가 창의적으로 구안, 개발, 적용해야 한다는 점이다.

6) 사회과의 평가

(1) 평가 방법 및 기법

현행 사회과 교육과정의 평가에서는 평가 방법으로 지필 평가 외에, 면접, 체크리스트, 관찰, 포트폴리오(portfolio) 등을 통한 다양한 평가를 강조하고 있다. 객관식 평가를 지양하고 다양한 평가 방법을 두루 적용하도록 강조하고 있다. 아울러, 지식 영역, 기능 영역, 가치·태도 영역 등 평가 영역의 균형적 평가를 특별히 강조하고 있다.

지식 영역의 평가에서는, 개념과 원리, 일반화 등을 균형 있게 평가하되, 양적 평가, 질적 평가를 조화롭게 하도록 하고, 기능 영역의 평가에서는 정보의 활용, 탐구 기능, 의사 결정 기능, 집단 참여 기능 등의 측정에 초점을 맞추도록 하고 있다. 가치·태도 영역의 평가에서는 합리적인 가치의 내면화 정도, 가치에 대한 분석 및 평가 능력의 평가를 강조하고 있다. 현행 교육과정의 사회과 평가에 대한 제시 항목은 총 15개 항이다. 세부 항목까지 합치면 19개 항목에 이른다. 이는 지나치게 과다하다고 볼 수 있다. 따라서 사회과 평가 항목을 현실에 알맞게 정선할 필요가 있다고 본다.

(2) 평가 결과 처리

현행 사회과 교육과정에서 평가 결과의 처리는 학습자들의 학업 성취 수준을 판정하는 데에서 더 나아가, 학습자들의 학습 능력, 교수·학습 방법의 적절성 등을 평가하는 자료로 활용하도록 규정하고 있다.

특히 현행 사회과 교육과정에서는 평가를 목표 달성도를 충실하게 측정하는 교육과정상의 한 과정으로 보고 있다. 즉 점수를 부여하고, 석차를 산정하는 선발적 평가관(選拔的 評價觀)이 아니라, 학습자의 성장과 발달을 지원하고, 교수자의 교수 방법의 개선점, 목표 달성도의 정확한 판정 등을 기초로 하여 바람직한 방안을 모색하는 발달적 평가관(發達的 評價觀)을 기반으로 하고 있다.

(3) 비판적 접근

현행 사회과 교육과정의 평가는 다양한 방법으로, 골고루 균형 있게 하도록 규정되어 있다. 아울러, 지필 평가, 수행 평가, 관찰, 면접, 체크리스트, 포트폴리오(portfolio) 등을 두루 활용하고, 학습자의 발달을 돕는 과정으로서의 평가를 강조하고 있다. 또, 다양한 평가 요소별로 평가 방안을 제시한 것도 바람직하다고 본다.

하지만 평가 방법에 대한 제시 항목이 세부 항목까지 합하면, 총 19개 항목에 이르기 때문에 혼란스럽고, 활용하기가 곤란하다. 좀더 정선하여 제시할 필요가 있다고 본다.

일선 초·중·고교에서의 사회과 평가에서는 수행 평가가 대체로 양호하게 실행되고 있으며, 교사들의 수행 평가 자질도 상당히 높은 것으로 나타났다. 그리고 일선 학교에서 평가하기 곤란한 평가 영역은 가치·태도 평가 영역과, 기능 영역 평가 영역인 것으로 분석되었다. 이러한 점을 교육과정 개발자들이 인식하고, 사회과 교육과정의 영역별 평가 기준과 채점 기준 등을 예시적으로 제시하면, 상당히 바람직하리라고 본다.

한편, 평가는 항상 목표와 연계되어 실행되어야 한다. 그런데 현행 교육과정의 사회과 평가에서 목표와의 연계성·일관성 유지에 대한 언급이 없고, 향후 사회과 교육과정에서는 실제 내용의 평가 방법에서 항상 목표를 평가, 채점의 준거로 삼아야 한다는 점을 명기(明記)하는 것이 바람직할 것이다.

2. 사회과 교육과정의 기본 방향

1) 교육과정의 기본 방향 및 구성 방침

(1) 교육과정 개발의 기본 방향

21세기 지식 기반 사회, 지식 정보화 사회인 현대 사회에서, 교육의 중요성은 아무리 강조해도 지나치지 않는다. 아울러, 교육의 나침반이라는 교육과정의 중요성은 더욱 강조되고 있다. 좋은 설계도에서 훌륭한 건물이 세워지듯이, 훌륭한 교육과정에서 바람직한 교육 활동이 이루진다는 것은 재론(再論)의 여지가 없는 것이다. 현대 교육에서 세계 어느 나라를 막론하고, 교육과정의 중요성을 지극히 강조하고 있는 것도 결국, 교육과정이 교육의 성패를 가름하는 중요한 척도(尺度)이기 때문이다.

현행 제7차 교육과정은 1995년 5월 31일 공표된 소위 '5.31 교육 개혁' 방안에서 비롯되었다(함종규, 2006: 663 – 671). 당시 '교육개혁위원회'는 소위 신교육(新敎育)을 내세우고, 열린 교육 사회와 평생 학습 사회 구축, 대학의 다양화와 특성화, 초·중등 교육의 자율적 운영을 위한 학교공동체 구축, 인성 및 창의성을 함양하는 교육과정, 국민의 고통을 덜어 주는 대학 입학 제도, 학습자의 다양한 개성을 존중하는 초·중등교육 운영, 교육 공급자에 대한 평가 및 지원 체제 구축, 품위 있고 유능한 교원 육성, 교육 재정 국민 총 생산량(GNP)의 5% 확보 등 9개 대과제를 제시하였다. 그리고 네 번째 과제인 '인성 및 창의성을 함양하는 교육과정' 실현을 위한 세부 과제로, 실천 위주의 인성 교육 강화, 창의성을 함양하는 교육과정 확립, 개인의 다양성을 존중하는 교육 방법 확립, 세계화 교육 및 외국어 교육 강화 등을 제시하였다. 결국, 이를 종합적으로 분석해 보면, 1995년의 5·31교육개혁의 핵심은 교육과정 혁신이 초점이었던 것이다.

이제, 5·31교육개혁이 제안된 지 10년이 훨씬 지났다. 새로운 세기인 뉴밀레니엄(new millennium)의 21세기가 활기차게 전개되고 있다. 따라서 역동적으로 시시각각 세상이 변하고, 사회가 발전하고 있다. 그러므로 교육과 교육과정의 개선과 혁신은 이제 거역할 수 없는 이 시내 과세이자 사명인 것이다. 과거보다 새롭고 진일보한 교육과정의 개발과 운영, 실천은 모든 교육 관련자들의 권한이자 책무로 귀속되고 있는 것이다.

이와 같은 점을 전제할 때, 미래 사회의 주인공인 학생들에게 시대와 사회 발전의 인식, 적절한 교육 내용, 창의적인 교육, 고급 사고력 신장 등 교육적 목표를 달성하기 위해서는 미래 사회의 발전적 교육과정은 다음과 같은 점에 초점을 맞추어 개발되어야 할 것이다.

첫째, 학습자의 요구와 관심, 필요, 요구 및 욕구를 충족시킬 수 있는 교육과정이 개발되어야 한다. 특히, 다양한 능력과 적성에 따라 다양한 교육을 받을 수 있는 소위 '맞춤식 교육과정'이 개발되어야 한다. 과거처럼 일단 교육과정을 개발, 개정하여 고시(告示)하기만 하면 누구나 수동적으로 따라오는 개발자 중심 교육과정의 패러다임(paradigm)에서 벗어나, 최대한 교육과정의 구체적 실현자인 학습자를 배려하는 교육과정으로의 변화가 필요하다.

둘째, 지식과 기능 및 인성, 특기·적성 계발 등을 아우르는 통합적 교육과정 개발이 필요하다. 자고로 교육의 변하지 않는 목적은 인간다운 인간 육성, 사람다운 사람의 양성이다. 바람직한 인간이란 지적, 기능적, 신체적, 심동적, 정의적인 면 등 지·정·의(知·情·意)를 겸비한 전인이다. 특정한 재능만을 보유한 채 한쪽으로 치우친 편협(偏狹)한 인간이 아니라, 다양한 면에 부족함이 없는 인간, 미래 지식 기반 사회에 적절하게 적응할 수 있는 인간이 바로 전인적인 인간이다. 그러한, 전인적인 인간 육성을 위하여 현대 교육이 소임을 다하여야 하고, 교육과정은 이를 담는 넓은 그릇(容器)이자 튼튼한 주춧돌이 되어야 하는 것이다.

셋째, 세계화·정보화 사회의 시대적 조류(潮流)에 부응하는 교육과정이 개발되어야 한다. 21세기의 화두는 세계화와 정보화이다. 모든 지식과 정보가 역동적으로 변화·발전하며, 전 세계가 하나의 지구촌 가족을 이루어 이해와 배려의 시스템 속에서 상호작용하는 개방적 사회이다. 세계화·정보화 사회는 단지 물리적 개방(open)만을 의미하는 것이 아니라, 사회 구성원들의 인식의 틀을 포함한 다양한 면에서 열린 사고(mind)가 공유되는 사회이다.

특히, 냉전 체제가 종식되고 동서고금이 통합적 신뢰 속에서 새로운 문명사적 사회 패러다임(paradigm)을 구축해 가는 현대 사회는 전 세계인들이 지구촌 한 가족이 되어 서로 돕고 정(情)과 사랑을 나누는 아름다운 사회이다. 아울러, 최근 국제결혼, 이민, 유학, 귀화 등이 폭증하면서 교육과정에서 세계 시민 교육, 다문화 이해 교육, 문화 상대주의 이해 교육, 인구 교육, 양성 평등 교육, 환경 교육, 정보 통신 교육 등이 더욱 강조되어야 한다.

넷째, 다양한 학문, 영역, 단원, 주제, 문제, 이슈, 쟁점 등을 포괄하는 통합·연계적 교육과정이 개발되어야 한다. 현대 사회의 학문과 교육 및 교육과정의 흐름(trend)은 통합과 연계이다. 따라서 과거의 학문, 교육, 교육과정의 경향인 분과와 독립으로는 적절하게 대처할 수 없다. 특히, 통합적 교육과정 내용 구성은 구성주의적 사고 아래 탐구력, 문제 해결력, 창의력, 의사 결정력, 메타 인지(meta cognitive) 등 고급 사고력(high level thinking)을 신장시킬 수 있는 열쇠와 같은 것이다. 미래 사회의 주역인 학생들에게는 한 가지를 배워서 한 가지에만 적용하는 정태적(靜態的) 지식이 아니라, 한 가지를 익혀서 다양한 여러 곳에 탄력적으로 적용하여 상승효과(synergy effect)를 고양할 수 있는 동태적·역동적(動態的·力動的) 지식과 인성 함양을 위한 통합적 교육과정 개발이 요구되는 것이다.

다섯째, 공동체적 사고를 통한 교육과정 개발과 교육과정 평가가 이루어져야 한다. 교육과정 개발에는 교육과정 전문가, 교육학자, 교수, 학자, 초·중·고교 교원, 학생, 학부모, 학교 운영 위원, 교육 전문직, 지역 인사, 전직 교원 등 다양한 각계각층의 인사(人士)들이 참여하여야 한다. 즉 교육과정 개발에 폭넓은 교육공동체 구성원들의 공동 사고가 함축되어 있어야 한다. 그런 의미에서 과거처럼 교육과정 개발을 위탁받은 학교(기관)에서 내부 인사와 친소 관계에 있는 몇몇 인사들이 밀실에서 개발하는 폐쇄적 교육과정 개발 시스템을 과감히 불식하고, 사회국가인류의 현실과 학습자 및 교육공동체 구성원 모두의 의견을 개방적으로 수렴하고, 이를 교육과정에 제시하는 개방적, 공동적 교육과정 개발 체제가 필수적이다.

여섯째, 교육과정 개발과 개정에 더욱 지방 분권화가 이루어져야 한다. 교육과정의 위계는 국가 수준 교육과정, 지역 수준 교육과정, 학교 교육과정 순이다. 교육과정은 위로 올라갈수록 대강화(大綱化)되고, 아래로 내려갈수록 상세화(詳細化)된다. 교육과정 개발의 중앙 집권화와 지방 분권화는 일장일단(一長一短)이 있다. 우리나라 교육과정은 중앙 집권적 개발과 보급 체제의 경향이 높다. 근래 지역과 단위 학교로 많은 권한을 위임하고는 있지만, 아직도 중앙 집권적 개발 체제의 경향이 매우 강하다고 할 수 있다.

하지만, 현대 사회의 발전과 시대적 조류에 따라 중앙 집권적인 이와 같은 교육과정 개발 체제는 그 적응과 효과에 일정한 한계가 있다. 따라서 교육과정 개발과 운영 및 실천에 관한 보다 많은 권한을 지역과 단위 학교에 위임할 때 학교 현장에 부합되는 교육과정이 개발, 운영, 실천된다는 점을 유념할 필요가 있다.

(2) 교육과정 개발의 기본 구성 방침

현대 사회에서 필요로 하는 훌륭한 교육과정을 개발하기 위해서는 세계화·정보화 시대의 사회적 변화의 흐름에 대응할 수 있는 기본 능력과 자기 주도력을 길러 주는 것이 중요하다. 미래 사회에 적응하는 기본적 능력을 기르기 위해서는 개인의 다양성을 계발시키고, 독창적이고 유능한 지적 가치를 축적할 창의적인 인간을 육성하는 교육 체제로의 전환이 필요하다. 이와 같은 점을 전제하면, 현대 사회의 변화에 부합되고, 미래 사회를 슬기롭게 살아갈 좌표로서의 교육과정은 다음과 같은 구성 방침 아래 개발되어야 한다.

첫째, 지식 기반 사회, 지식 정보화 사회의 변화와 발전을 주도할 수 있는 내용으로 구성하여야 한다.

둘째, 사전 목표 중심에서 사후 과정 중심, 학생 중심의 교육과정으로 변화하여야 한다.

셋째, 국민공통기본교육과정과 선택중심교육과정 체제를 유지하되, 학교급 간, 교과목 간, 영역 간, 단원(주제) 간 등 내용과 방법의 통합을 강조하여야 한다.

넷째, 교육 학습 내용의 양과 수준을 적정화하고, 심도 있는 학습이 이루어지도록 한다.

다섯째, 학습자의 능력, 적성, 필요, 요구 및 진로 등을 고려하여, 교육 내용과 방법의 다양화를 모색한다.

여섯째, 교육과정 편성과 운영에서 현장의 탄력성, 자율성, 창의성을 최대한 보장한다.

(3) 추구하는 인간상

교육과정의 최종 목표는 교육을 통해서 바람직한 인간을 육성하는 것이다. 따라서 교육과정 개발에서는 교육 활동을 통해서 최종적으로 구현될 사람의 모습, 즉 인간상에 초점을 맞추어야 한다.

21세기 현대 사회는 개성과 다양성을 포괄하는 지식과 인격을 겸비한 균형 잡힌 인간을 필요로 한다. 지·정·의를 고루 갖춘 사람, 창의적 능력을 지닌 인간, 교양과 인격을 갖춘 사람, 이해와 양보, 대화와 타협을 실천하는 민주적인 사람 등을 필요로 한다.

우리나라 교육과정을 개발, 구성하는 데 있어서는 교육기본법에 제시된 교육 이념과 교육기본법 등 각종 교육 관련 법령의 교육 목적과 상호 보완적인 관계를 유지하여야 한다. 즉 우리나라 교육은 교육 이념인 홍익인간(弘益人間)의 이념하에 모든 국민으로 하여금 인격을 도야하고, 자주적 생활 능력과 민주 시민으로서의 필요한 자질을 갖추게 하여 인간다운 삶을 영위하게 하고, 나아가 민주 국가의 발전과 인류 공영의 이상을 실현하는 데 이바지함을 목적으로 하고 있다. 이러한 교육 이념을 기반으로 하고, 지식 기반 사회와 지식 정보화 사회가 최고조에 이를 미래 사회를 슬기롭게 살아갈 바람직한 민주 시민을 육성하기 위해서는, 교육과정에서 추구하는 인간상을 다음과 같이 추출하여 제시해 볼 수 있다.

첫째, 개성과 창의성을 겸비하고 전인적 성장을 추구하는 사람이다. 미래 사회는 개인의 특성과 창의성이 지배하는 사회가 될 것이다. 물론, 다른 사람, 조직과 밀접하게 유기적 관계를 맺고 공동 생활을 영위하는 전문화된 사회가 될 것이고, 아울러 타인과 다른 자신만의 독특한 특성인 개성과 창의성이 지배하는 역동적인 사회가 될 것이다.

둘째, 폭넓은 교양과 인격, 그리고 지식을 구비하고 타인 또는 집단과 원만한 인간관계를 유지하는 사람이다. 미래 사회는 인간으로서의 교양과 인격이 완성된 사람, 기초·기본적 지식을 터득한 사람, 타인과의 원만한 인간관계를 영위하는 사람 등을 필요로 할 것이다. 따라서 교육과정에서는 학생들에게 교양과 인격, 지식 그리고 원만한 인간관계의 기본적 소양을 신장하도록 도와주어야 한다.

셋째, 기초 학습 능력과 기본 생활 태도가 확립된 사람이다. 자고로 학교는 학력과 인성을 다지는 곳이다. 따라서 오늘날의 교육은 장차 이 시대, 이 나라의 주역으로서 생활하는 데 필요한 기초적 지식과 인성을 충실히 연마하는 사람을 지향해야 한다.

넷째, 세계 시민적 자질을 갖추고 공동체 발전에 공헌하는 사람이다. 교육은 민주 시민 교육과 민주 시민 자질을 함양하는 의도적이고 계획적인 활동이다. 현대 사회는 전 세계가 네트워킹(networking)되어 지구촌 가족을 이루고 있으며, 집단, 조직, 사회, 국가, 인류 등 함께 사는 공동체의 발전에 물심양면으로 공헌하는 인간을 필요로 하고 있다.

다섯째, 한국과 한국인의 참모습을 바로 알고 정체성(正體性)을 유지해 가는 사람이다. 세계화는 곧 한국화이고, 한국화는 곧 세계화이다. 세계화 시대의 바람직한 한국인의 태도는 조국인 한국과 한국인의 참모습을 바로 알고, 이를 바탕으로 장점을 계속적으로 신장하고, 단점을 보완해 가는 것이다. 국가와 국민에 대한 진정한 정체성은 주어진 여건과 환경에서 자신의 참모습과 국가와 국민의 과거와 현재 그리고 미래를 올바르게 파악하고, 보다 미래지향적인 입장에서 조망하고 탐구하는 것이다.

2) 사회과 교육과정 개발 시 고려 사항

(1) 상황 주도적 교육과정 개발

상황 주도적 논리란, 대내외적으로 끊임없이 전개되는 상황 변화에서, 특히 미래에는 더욱더 큰 변화가 예견되는 상황에서, 교육과정 개발의 다양한 문제에 대해서 사회 구성원과 교육 공동체들이 현실 안주, 외세 간섭 등을 배제하고 자유로운 의사(意思)대로 원하는 대안을 선택하고 역량을 최대한 발휘할 수 있도록 지원하는 것이다(한국교원대학교, 2005: 78-89).

따라서 교육과정의 개발에서도 교육을 통하여 기르고자 하는 인간은 개인의 역량을 십분 발휘할 수 있는 상황 주도적 인간이어야 한다. 즉 변화하는 사회에 올바로 적응할 수 있는 사람은 과거처럼 일정한 틀에 부합하는 정형화된 맞춤식 인재가 아니라, 개성과 창의성을 가지고 자신의 능력을 발휘하는 비정형화된 열린 인간인 것이다. 특히, 다양한 속성을 보유하고 있는 인간의 미래 사고와 행동을 고정시켜서는 안 되고, 다양한 역동적 상황 속에서 자유롭게 사고하고 행동할 수 있는 사회과 프로그램을 실현할 수 있는 교육과정 개발이 필요하다.

(2) 교사 참여 교육과정 개발

오랜 역사와 전통을 갖고 있는 한국 교육과정의 병폐 중의 하나는 바로 현장 교사들이 교육과정 개발에 철저히 배제된다는 사실이다. 교육과정의 위계 수준은 국가 수준 교육과정, 지역 수준 교육과정, 학교(교사) 수준 교육과정 등으로 위계를 정하여 고찰할 수 있지만, 이 중 가장 중요한 것은 단위 학교의 교사 수준의 교육과정이다. 바람직한 교육과정이란, 곧 교사를 이해·안내·감동시키는 교육과정이다. 그러므로 교육과정 개발에 교사들의 적극적 참여를 모색하여야 한다. 만약 교사들이 교육과정 개발에 참여를 봉쇄당하고 중앙에서 개발한 교육과정을 그대로 전수하기만 한다면, 교사는 전문직의 위상이 흔들리고, 말단 기능직과 같은 존재일 것이다. 따라서 미래 사회과 교육과정은 교사들의 전문직으로서의 권한과 역할을 충분히 다할 수 있는 의미 있는 교육과정이어야 한다. 사회과 교사의 교육 전문성은 사회과 교육과정 개발 참여에서부터 출발하여야 한다.

(3) 학교의 자율 개발 체제 구축

미래 사회의 교육과정은 교사 주도의 상황 논리적 고찰이 아니라, 자율 학교의 차원에서, 당해 학교가 교육과정 개발에 참여할 수 있는 학교의 자율 참여와 역량 배양이 시급한 과제이다. 따라서 사회과 교육과정의 새로운 개발 및 접근을 위해서는 다양한 활동과 참여를 조장하여야 한다. 단위 학교의 재량권과 자율권을 최대한 보장해 주어야 한다. 즉 앞으로 바람직한 교육과정 개발이 이루어지려면, 단위 학교에 교육과정 개발의 권한과 책무가 함께 부여되어야 할 것이다.

즉 단위 학교가 전적으로 책임질 수 있는 범위 내에서 교육과정의 개발, 운영을 할 수 있도록 권한을 최대한 위임하여야 할 것이다. 적합한 목표, 다양한 내용, 다양한 교수·학습 방법, 다양한 평가가 요구되는 것이다.

특히, 사회과 교육과정에서는 지역화와 재구성이 핵심적 내용이 되어야 한다. 국가 수준 교육과정은 전국 모든 학교에 동일하나, 각 단위 학교에서는 교과 담당, 담임 등에 다양한 실제 활동으로 구현될 것이다. 소위 '살아 있는(dynamic) 사회과 교육과정' 개발을 위해서는 단위 학교와 학교장의 자율성과 탄력성을 최대한 보장해 주는 교육과정 운영과 학교장의 교내 장학력 강화가 필요하다.

(4) 교과서 자유 발행제 도입 고려

교육과정의 개념에 대하여, 교육과정은 내용이고 교과서는 형식이라고 단정적으로 정의하는 사람들도 있긴 하지만, 교육과정과 교과서는 함께 중시되어야 한다. 그런데 현행 우리나라 교육과정과 교과서 관계는 개선이 필요하다는 주장이 많다. 교육과정과 교과서가 연계되지 않고 별도로 돌고 있기 때문이다.

교과서는 가장 중요하고도 핵심적인 교육과정 자료이다. 따라서 교과서에는 교사의 전문적 판단과 재량으로 해결할 수 있도록 해야 한다는 암시가 내포되어 있다. 이와 같은 교육과정과 교과서 맥락에서 교과서에 대한 통제와 사전 검열을 전제로 하고 있는 교과서 국정제·검인정 제도는, 향후 점진적으로 자유 발행제로 전환되어야 한다. 자유 발행제는 교과서의 질에 따라 국가에서 검열하지 않아도, 자연적으로 학교 현장에서 퇴출된다. 그러므로 개발자, 집필자들은 부단한 연구와 개발로 양질의 교과서 제시를 위해서 노력하게 되어 있으므로, 우리 현실에 맞게 미래에는 사회과 교과서의 자유 발행제 도입을 고려해 볼 만한 것이다. 물론, 국가에서 정한 범주 내에서 창의적·탄력적인 교과서 개발이 모색되어야 한다.

3) 학교급별 교육 목표

(1) 초등학교 교육 목표

초등학교 교육은 보통 교육의 기초를 튼실하게 다지는 것이다. 초등학교 교육은 보통 교육의 시작이고 정규 교육과정의 입문기 교육이다. 따라서 지식과 학력, 인성과 생활 태도에 대한 뿌리를 튼튼히 하는 기초 교육이 중요하다. 그러므로 초등학교 교육은 기초 학습 능력을 신장시키고, 기본 생활 태도를 내면화하는 다음과 같은 점에 중점을 두어야 한다.

첫째, 기초 학습 능력을 신장시키고 기본 생활 태도를 습관화한다.

둘째, 다양한 활동을 통한 경험과 참여로 심신을 건강하고 균형 있게 자라도록 한다.

셋째, 생활과 사회의 여러 문제를 관심 있게 살펴보고, 깊이 탐구하려는 자세를 갖는다.

넷째, 우리의 전통과 문화를 이해하고, 나아가 이를 보존하고 계승하려는 마음가짐을 갖는다.

다섯째, 공동체 생활에 적극 참여·봉사하고, 이웃과 나라를 사랑하는 마음씨를 갖는다.

(2) 중학교 교육 목표

중학교 교육은 보통 교육의 입문기인 초등학교와 완성기인 고등학교 교육의 가교(架橋) 역할을 한다. 따라서 중학교 교육은 기본적 학습 능력과 생활 태도를 함양하고, 민주 시민으로서의 기본적 자질과 소양을 함양하는 데 중점을 두어야 한다. 중학교 교육은 초등학교 교육을 다지고 고등학교 교육을 준비하는 방향에 중점을 두어야 한다.

첫째, 심신이 조화로운 발달을 추구하고, 자기 발견의 기회를 갖는다.

둘째, 학습과 생활에 필요한 기본 능력과 문제 해결력을 기르고, 자신의 생각과 느낌을 창의적으로 표현하는 경험을 가진다.

셋째, 다양한 분야의 지식과 기능을 익혀 적극적으로 진로를 탐색하는 경험을 가진다.

넷째, 우리의 전통과 문화에 대한 자긍심을 지니고, 이에 발전시키려는 태도를 갖는다.

다섯째, 자유 민주주의의 기본적 가치와 원리를 이해하고, 민주적인 생활 방식을 익힌다.

(3) 고등학교 교육 목표

고등학교 교육은 보통 교육의 완성이자 마무리 교육이다. 그리고 고등학교 교육은 보통 교육을 마무리하고 고등 교육의 입문, 성인 활동의 시작을 준비하는 교육이다. 특히, 고등학교 교육은 대학 진학과 사회 진출의 예비 교육 단계로서, 학생들의 소질과 취미, 적성에 부합되는 진로 교육을 강조하고, 나아가 지구촌 가족 구성원으로서의 세계 시민 교육에 중점을 두어야 한다. 대학 진학과 취업의 준비 교육으로서, 고등학교 교육은 다음과 같은 점에 목표를 두어야 한다.

첫째, 건전한 심신으로 참다운 인격을 형성하고, 바람직한 자아의식을 기른다.

둘째, 사회생활과 학문 탐구에 필요한 탐구력, 문제 해결력, 창의력, 의사 결정력, 메타 인지(meta cognitive) 등 고급 사고력(high level thinking)을 신장한다.

셋째, 자신의 소질과 취미 및 적성에 부합되는 지식과 기능을 신장하여, 미래 사회에 활용가능한 진로 개척의 정신과 태도를 기른다.

넷째, 우리의 역사와 전통 및 문화를 이해하고, 이를 세계 속에서 발전시키려는 태도를 가진다.

다섯째, 사회의 다양한 공동체 발전에 적극 참여하고, 지구촌 사회 세계 시민으로서의 바람직한 의식과 태도를 갖는다.

4) 사회과의 성격

사회과는 인간과 사회가 당면하고 있는 사회문제, 사회 현상, 사회 사상(社會 事象)을 다룬다. 그러므로 사회과는 사회생활에서의 인간관계를 중심으로 여러 가지 사회 문제를 학생들의 요구에 의하여 학습하고, 그러한 학습을 통해서 사회생활에 필요한 지식, 기능, 태도를 형성하여, 국민으로서 필요한 자질을 교육하는 학교의 핵심적 교과이다.

사회과는 사회 현상을 올바르게 인식하고, 사회 지식 습득과 사회생활에 필요한 기능을 익히며, 민주 시민의 자질을 육성하는 교과이다. 그러므로 사회생활에 필요한 지식과 기능을 익혀 이를 토대로 사회 현상을 올바르게 인식하고, 민주 사회 구성원에게 요청되는 가치와 태도를 지님으로써 민주 시민으로서의 자질을 갖추도록 하는 교과이다. 사회과에서 육성하고자 하는 민주 시민은, 사회생활을 영위하는 데 필요한 지식을 바탕으로 인권 존중, 관용과 타협의 정신, 사회 정의의 실현, 공동체 의식, 참여와 책임 의식 등 민주적 가치와 태도를 함양하고, 나아가 개인적, 사회적 문제를 합리적으로 해결하는 능력을 길러 개인의 발전은 물론, 사회, 국가, 인류의 발전에 기여할 수 있는 자질을 갖춘 사람이다.

사회과는 지리, 역사 및 제 사회 과학의 개념과 원리, 사회 제도와 기능, 사회 문제와 가치 그리고 연구 방법과 절차에 관한 요소를 통합적으로 선정, 조직하여 사회 현상을 종합적으로 이해하고 탐구한다. 또한, 사회과에서는 우리의 삶의 터전인 국토의 이해를 바탕으로 우리 민족의 역사와 활동에 대한 종합적인 파악과 현실에 대한 역사적인 시각에서의 이해 및 한국인으로서의 정체성과 세계 시민으로서의 가치·태도 등에 관한 요소를 중시한다.

사회과는 다양한 정보를 활용하여 사회 현상에 관한 지식을 발견하고 문제를 해결하는 데 필요한 비판적 사고력, 창의력, 판단 및 의사 결정력 등의 신장을 강조한다. 이를 위하여 다양한 탐구 방법을 활용하여, 학습자 스스로 학습하는 기회를 제공하고, 흥미와 관심을 고려하여 개개인의 수준에 적합한 경험을 제공하는 효율적인 교수·학습 전략을 지향한다. 그리고 학교 특성에 따라서 지역성과 시사성을 고려하여 지도한다.

사회과 교육과정을 개발함에 있어서는 다음과 같은 사회과의 특성을 고려하여야 할 것이다.

첫째, 사회과는 바람직한 민주 시민적 자질을 기르려는 교과이다.

둘째, 사회과는 사회 현상, 사회 문제, 사회 사상(社會 事象)을 다루며, 이를 통하여 다양한 인간관계를 추구하는 교과이다.

셋째, 사회과는 학생들의 개인적, 사회적 자아실현을 원만하게 할 수 있도록 돕는 교과이다.

넷째, 사회과는 학생들의 반성적 사고력, 고급 사고력, 사회적 비판 능력, 합리적인 의사 결정력, 집단 및 공동 활동에의 참여 능력을 신장하는 교과이다.

다섯째, 사회과는 제 사회 과학을 비롯한 광범위하고도 다양한 분야에서 학습의 요소를 선정, 활용하는 교과이다.

여섯째, 사회과는 사회 현상에 관한 제반 가치와 태도의 변화를 추구하는 교과이다.

일곱째, 사회과는 사회성과 통합성을 기반으로 하는 교과이다.

특히, 현대 사회과에서 유념해야 할 사항은, 21세기 세계화·정보화 사회를 맞아 사회과 교육의 성격이 민주 시민의 자질 육성에서 세계 시민적 자질 함양으로 확대되어 가고 있다는 점이다. 세계 시민적 자질은 급변하는 세계 사회에 대해 개방적 자세를 가지고 문제를 이해하고 해결하는 데 필요한 정보를 능동적, 합리적으로 습득하고, 적용할 수 있는 태도와 세계 사회 문제에 대한 인식과 능동적 참여 자세를 의미한다.

사회과 교육과정에서는 학습자의 성장 발달 정도와 환경·사회·문화적 경험을 고려하여 학교급별로 주안점을 달리하여야 한다. 즉 사회과 교육은 초·중·고교에서 사회 현상, 사회 문제, 사회 사상(事象)의 변화 모습과 그 속에 내재된 함축된 의미를 탐구하는 사회과에서는 학교급별로 다음과 같은 점에 초점을 두어야 한다.

첫째, 초등학교에서는 주변의 사회적 사실과 현상에 대한 관찰을 통하여, 기초 기본적 지식과 능력을 습득하고, 창의적인 자세로 일상생활을 할 수 있도록 한다. 이를 위하여 학생들은 사회적 사실과 현상을 이해하는 데 필요한 기본적인 사실과 개념을 배우고, 이를 자신의 주변 환경이나 생활 문제에 슬기롭게 적용할 수 있는 사고력을 지녀야 한다. 또한 이러한 지식과 사고를 사회적 행동으로 실천할 수 있는 태도와 습관을 길러야 한다.

둘째, 중학교에서는 생활과 사회의 각 영역에서 중요시하는 방법적 지식을 탐구·발견·적용하고, 개인적, 집단적, 사회적 문제를 해결하는 능력을 길러 공동생활에 자발적으로 참여하고 봉사하는 민주 시민 정신을 발휘하게 한다.

셋째, 고등학교에서는 사회 현상을 종합적으로 이해하고 창의력, 탐구력, 문제 해결력, 합리적 의사 결정력, 메타 인지(meta congnitive) 등 고급 사고력(high level thinking)을 함양하여, 사회 공동 문제를 슬기롭게 해결하고, 나아가 지구촌 가족으로서 국내적·국제적 문제 해결에 대한 문제 탐구

의식을 갖고 적극적으로 참여하려는 세계 시민 의식을 신장하여야 한다.

3. 사회과의 편제

한국의 초·중·고교 교육과정은 제7차 교육과정에서부터 국민공통기본교육과정과 선택중심교육과정으로 편성하고 있다. 즉 초등학교 제1학년에서부터 고등학교 제1학년까지 제10학년제 국민공통기본교육과정과 고등학교 제2·3학년인 제11·12학년의 선택중심교육과정을 편성하여 운영하도록 되어 있다.

아울러, 현행 학제(學制)를 전향적으로 개편하여 유치원(유아 교육)을 정규 학제로 편입하여 정규 공교육화를 모색하는 것이 바람직하리라고 본다. 유아 교육의 공교육화는 세계적인 추세이며, 나아가 사교육비 경감, 유·초 연계 교육 활성화, 학생 발달의 적극적 고려 등에서 보다 진취적으로 접근하여야 한다고 본다. 특히, 현재 우리나라에는 초등학교 병설 유치원의 비율이 상당히 높으나, 유치원이 비정규 학제로 공교육화되어 있지 않아 초등학교와의 유기적 연계에 한계가 있는 형편이다. 특히 유치원의 교육 활동 내용은 사회생활, 건강생활, 표현생활, 언어생활, 탐구생활 등 5개 영역인데, 이 중 사회생활은 초등학교 서학년의 바른 생활·슬기로운 생활과, 초등학교 중학년 이상 중·고교의 사회과와 연계되는 교육 활동이다. 따라서 이제 전향적으로 유치원 교육을 공교육화하고 정규 학제 편입을 적극 고려하여야 할 것이다.

국민공통기본교육과정은 사회 발전과 시대 변화를 고려할 때 매우 의미 있는 교육과정으로 받아들여지고 있다. 초·중·고교 교육의 연계 교육과 통합 교육을 실현할 수 있고, 발전하는 현대 및 미래 사회에 능동적으로 대처할 수 있는 교육과정이기 때문이다.

이제 1997년 고시된 현행 제7차 교육과정도 만 10년이 되었다. 각 학교급, 각 학년별 연차적으로 적용·실행된 지도 3-7년이 지났다. 초등학교 제1·2학년은 2000년 3월 1일, 초등학교 제3·4학년, 중학교 제1학년은 각각 2001년 3월 1일, 초등학교 제5·6학년, 중학교 제2학년, 고등학교 제1학년은 각각 2002년 3월 1일, 중학교 제3학년, 고등학교 제2학년은 2003년 3월 1일, 고등학교 제3학년은 2004년 3월 1일부터 제7차 교육과정을 연차적으로 적용하였다.

이와 같은 연계 교육, 통합 교육이라는 제7차 교육과정의 기본 정신과 구성 방침은 '2007년 개정 교육과정'에서도 변하지 않고 그대로 유지되고 있다. 아울러, '2007년 개정 교육과정'부터 교육과정의 상시 개정 체제를 도입한 한국에서는 향후 이러한 교육과정 체제의 골격을 그대로 유지하는 것이 바람직할 것이다. 다만, 더욱 발전적인 사회과 교육과정 개발을 위해서는 교육과정의 편제와 관련하여 다음과 같은 방안의 도입을 적극적으로 고려하여야 할 것이다.

첫째, 유치원과 초등학교의 유·초 연계 교육과정 개발, 운영을 모색하여야 한다. 특히, 초등학교 제1·2학년은 바른 생활과, 슬기로운 생활과, 즐거운 생활과 등 통합 교과제를 운영하고 있다. 그리고 유치원 교육과정은 건강생활, 사회생활, 표현생활, 언어생활, 탐구생활 등 5개 생활 영역 체제이다. 이러한 성격이 비슷한 영역·교과를 배우는 유치원과 초등학교를 연계하여 운영하는 교육과정 개발이 전향적으로 고려되어야 할 것이다. 특히, 유치원과 초등학교 저학년의 교육과정 연계를 적극적으로 고려하여야 할 것이다.

둘째, 국사 교육을 강화하여야 한다. 중국의 동북공정(東北工程), 일본의 역사 왜곡 등 한국과 한국인의 정체성을 왜곡시키는 일이 자주 발생하여 문제가 되고 있다. 아울러, 미래 사회의 주인공들인 학생들에게 조국과 민족에 대한 강한 긍지와 자부심을 가질 수 있도록 국사 교육을 강화하여야 한다. 특히, 소위 '2007년 개정 교육과정'에서는 역사 교육 강화를 도모하여 국사와 세계사를 함께 강조하여 한국 문화사, 세계 역사의 이해, 동아시아사 등 선택 과목을 신설하였는데, 발전적 교육과정 개발을 위해서는 특히, 국사를 강조하여야 할 것이다. 아울러, 국사 과목 이수 학년도 현행 제8－10학년(중학교 제2학년－고등학교 제1학년)에서, 제5학년(초등학교 제5학년) 이상으로 낮추어야 할 것이다. 다만, 국사 교육은 별도 교과·과목으로의 분리·독립보다는, 사회과 내에서 통합적 내용으로 강조되는 것이 바람직하다고 본다.

셋째, 국민공통기본교육과정에서 사회과 시간을 각 학년당 1시간 정도씩 증대시켜야 할 것이다. 특히, 국사를 이수하는 학년에서는 1시간 정도는 사회과 시간을 증대시켜야 할 것이다. 사회과 총시간(단위)은 그대로 두고, 국사 교육 강화를 요구하면, 오히려 사회과의 타 영역, 국사 영역이 다 함께 소홀히 될 우려가 있기 때문이다.

넷째, 선택중심교육과정에서 보다 명확하게 교과목군제(敎科目群制)를 도입해야 할 것이다. 현행 교육과정에서도 5개 교과목군, '2007년 개정 교육과정'에서는 6개 교과목군을 도입하고 있다. 하지만 교육과정의 편제에서는 교과목군제에 '구분·교과'로만 진술되어 있지 명시되어 있지 않다. 따라서 교육과정의 편제에 이러한 교과목군을 명시하는 것이 바람직할 것이다. 교과목군제는 교과 통합과 연계 차원에서 매우 중요한 것이다.

다섯째, 사회과와 도덕과의 연계 교육을 모색하는 교육과정 개발이 필요하다. 사회과와 도덕과는 민주 시민 교육, 공동체 생활 덕목, 가치 교육 등에서 통합적·유기적 관계에 있다. 국민공통기본교육과정의 초등학교 제1·2학년에서 바른 생활과, 제3－10학년에서는 사회과와 도덕과의 연계적 지도가 필요하며, 고등학교 선택중심교육과정에서는, 국어과, 도덕과, 사회과를 묶어 하나의 군(群)으로 통합한 이상, 이의 효과적 운영을 위하여 노력하여야 한다. 특히, 현행 제7차 교육과정에서 고등학교 선택중심교육과정의 도덕과 과목인 시민 윤리, 윤리와 사상, 전통 윤리 등이 사회과와 밀접한 관련을 맺고 있다. 이러한 사회과적인 내용이 많은 도덕과와의 연계가 바람직하다. 또한 사회과와 도덕과는 개방적 상태에서 상호작용적 체제가 바람직하다고 본다. 이와 같은 점을 전제하고, 교육과정 총론 일반과 결부하여 사회과 교육과정 발전적 개발의 입장에서 기본 편제를 다음과 같이 제시할 수 있다.

1) 국민공통기본교육과정

현행 교육과정은 국민공통기본교육과정(10학년제: 초등학교 제1학년－고등학교 제1학년)과 선택중심교육과정(고등학교 제2－3학년)으로 구성한다. 국민공통기본교육과정과 선택중심교육과정은 도입·시행 결과, 더러 문제점이 야기되기도 하였으나, 대체로 긍정적인 효과를 얻고 있다. 따라서 운영상의 개선책을 강구하여 기본적 골격은 유지하는 것이 바람직할 것이다. 국민공통기본교육과정은 교과, 재량 활동, 특별 활동 등 세 영역으로 편성하는 것이 바람직한데, 다음과 같은 점을 고려하여야 한다.

첫째, 교과는 국어, 도덕, 사회, 수학, 과학, 실과(기술ㆍ가정), 체육, 음악, 미술, 외국어(영어) 등 10교과로 한다. 단, 초등학교 제1ㆍ2학년의 교과는 국어, 수학, 바른 생활, 슬기로운 생활, 즐거운 생활 및 우리들은 1학년(제1학년) 등 6(5)교과로 한다.

현재, 국민공통기본교육과정 제10학년제에서 초ㆍ중ㆍ고교 연계에 어려움을 겪고 있는 교과는 실과, 외국어과 등이다. 초등학교의 실과는 중ㆍ고등학교의 기술ㆍ가정으로 연계되는데, 내용 수준, 방법상의 문제 등으로 연계가 원활하지 못한 형편이다. 외국어과는 초등학교에서는 생활 영어, 회화(會話) 중심으로 교육과정이 편성ㆍ운영되고 있으나, 중ㆍ고등학교에서는 문법, 작문, 독해 등 지식, 기능 위주로 확대 편성ㆍ운영되는 체제이기 때문에 연계에 애로를 겪고 있는 것이 사실이다. 특히, 전향적으로 학제 개편을 단행하여, 유치원을 공교육화하여 유ㆍ초 연계 교육 차원에서, 유치원의 '사회생활' 영역과 초등학교 저학년의 '바른 생활과', '슬기로운 생활과'를 연계하는 것이 바람직할 것이다. 나아가 초등학교 고학년, 중등학교의 사회과와 연계되는 유ㆍ초ㆍ중등 사회과 연계 교육의 지향도 고려하여야 할 것이다.

둘째, 재량 활동은 교과 재량 활동과 창의적 재량 활동 등 2개 영역으로 한다. 재량 활동은 과거 교육과정의 학교 재량 시간, 학교장 재량 시간 등이 확대ㆍ개편된 것으로 제7차 교육과정에서 처음 도입하였다. 이는 교육과정의 자율성, 탄력성을 보상하기 위한 새로운 시도로 각급 학교에서 매우 다양하고도 창의적으로 운영되고 있다.

다만, 현재 초ㆍ중등학교 교육과정 실행에서 아쉬운 점은 재량 활동 시간이 초등학교에서는 창의적 재량 활동 위주, 중등학교에서는 교과 재량 활동 위주로 장벽을 두고 운영되고 있는 점이다. 즉 초등학교에서는 학생들의 특기ㆍ적성 신장, 취미ㆍ소질 계발, 방과 후 학교 연계 등으로 주로 운영되는 경향이나, 중ㆍ고등학교에서는 또 다른 교과 시간의 연장, 교과 심화ㆍ보충 시간 등으로 운영되고 있어서, 재량 활동 교육과정 개발 초기의 소위 '특성 있는 학교별 재량 활동' 운영이라는 본래 의도가 많이 변질되고 있다고 본다. 교육과정의 정상화 차원에서 재량 활동이 본연의 역할에 충실하기를 기대한다.

셋째, 특별 활동은 자치 활동, 적응 활동, 계발 활동, 봉사 활동, 행사 활동, 자유 탐구 활동 등 6개 영역으로 한다. 현행 교육과정에서는 자치 활동, 적응 활동, 계발 활동, 봉사 활동, 행사 활동 등 5개 활동 영역만을 제시하고 있으나, 최근 교육 체제(system)가 변하고 사회 발전에 부응하여 각종 자격증 취득, 대회 참가, 개인별 연구, 교사와 학생의 공동 연구 참여 등을 위하여 자유 탐구 활동을 신설하는 것이 보다 바람직할 것이다. 특히, 특별 활동은 6개 영역의 균형 있는 편성ㆍ운영이 요구되고 있다. 물론 교육과정에서는 시간 운영에서 6개 영역의 산술 평균을 제시하지 않고, 학교별로 다양하게 운영하도록 범주만을 제시하는 것이 바람직하다. 현재, 각급 학교에서는 어린이회, 학생회 활동인 자치 활동, 각 부서 활동인 계발 활동, 각종 행사 참여 활동인 행사 활동 등은 활발하나, 적응 활동, 봉사 활동 등이 상대적으로 소홀히 취급되고 있어서, 차후 교육과정 개발과 각급 학교에서의 편성ㆍ운영에 각별히 고려하여야 할 것이다.

넷째, 고등학교의 선택중심교육과정은 교과와 특별 활동으로 편성한다. 선택중심교육과정 교과는 보통 교과와 전문 교과로 한다.

보통 교과는 제7차 교육과정에서, 일반 선택 과목인 인간 사회와 환경 1개 과목과, 한국 지리, 세계 지리, 경제 지리, 한국 근·현대사, 세계사, 법과 사회, 정치, 경제, 사회·문화 등 9개 심화 선택 과목으로 편제되어 있었다. '2007년 개정 교육과정'에서는 일반 선택 과목과 심화 선택 과목을 '선택 과목'으로 통합하여 한국 지리, 세계 지리, 경제 지리, 한국 문화사, 세계 역사의 이해, 동아시아사, 법과 사회, 정치, 경제, 사회·문화 등 10개 과목으로 편제가 변경되었다.

고등학교의 보통 교과는 제7차 교육과정의 5개 군에서 2007년 개정 교육과정에서는 6개 군으로 증가하였다. 하나의 군(群)이었던 음악·미술·체육에서 체육이 분리되어 별도의 군으로 편제되었기 때문이다. 보통 교과의 교과목군은 교육과정에 명확하게 제시되어 있지는 않으나, 이를 명기(明記)하여 인문 사회군(국어, 도덕, 사회), 이학 실업군(수학, 과학, 실업·가정), 체육군(체육), 예능군(음악, 미술), 외국어군(외국어<영어>), 한문 교양군(한문, 교양) 등 6개 군(群)으로 편성하는 것이 바람직할 것이다.

전문 교과는 농생명 산업, 공업, 상업, 정보, 수산·해운, 가사·실업, 과학, 체육, 예술, 외국어, 국제에 관한 교과로 편성한다.

고등학교의 전문 교과는 제7차 교육과정에서 농업, 공업, 상업, 수산·해운, 가사·실업, 과학, 체육, 예술, 외국어, 국제에 관한 교과 등으로 편제되었다가, 2007년 개정 교육과정에서는 농생명 산업, 공업, 상업 정보, 수산·해운, 가사·실업, 과학, 체육, 예술, 외국어, 국제에 관한 교과로 개정되었다.

전문 교과의 교과별 과목 수를 분석하면, 제7차 교육과정에서 농업 41과목, 공업 71과목, 상업 33과목, 수산·해운 36과목, 가사·실업 32과목, 과학 21과목, 체육 26과목, 예술 63과목, 외국어 59과목, 국제 23과목 등 총 405과목으로 편제되었다가, 2007년 개정 교육과정에서는 농생명 40과목, 공업 75과목, 상업 정보 32과목, 수산·해운 33과목, 가사·실업 36과목, 과학 20과목, 체육 23과목, 예술 60과목, 외국어 64과목, 국제 25과목 등 총 408과목으로 편제가 변경되었다. 농업에 관한 교과의 과목이 농생명 산업 교과 과목, 상업에 관한 교과가 상업 정보에 관한 교과로 각각 변경, 확대된 것이 주목된다. 미래 발전적 교육과정에서는 전문 교과의 정선·편제도 요구되고 있다.

특별 활동은 자치 활동, 적응 활동, 계발 활동, 봉사 활동, 행사 활동, 진로 탐구 활동 등 6개 영역으로 한다. 고등학교 제2·3학년에서는 대학 진학, 직업 선택 등 장차 성인으로서 살아갈 준비를 위하여 진로 탐구 활동을 신설하는 것이 바람직하다고 본다. 특별 활동은 국민공통기본교육과정의 특별 활동 영역에 준하는 것이 바람직할 것이다.

(1) 국민공통기본교육과정

<표 43>은 유치원을 공교육화하여 정규 학제에 편입한 발전적 모형이다. 사회과 편제와 관련하여, 유치원 사회생활, 초등학교 저학년 바른 생활과 슬기로운 생활과, 초등학교 고학년에서 고등학교 제1학년까지의 사회과, 고등학교 제2·3학년의 선택 과목을 연계하면 보다 바람직하리라고 본다.

<표 43> 유·초·중등학교 사회과 교육과정 편제표(안)

구분		학년	K	1	2	3	4	5	6	7	8	9	10	11	12
			유치원	초등학교						중학교			고등학교		
교과		국어	건강생활 **사회생활** 표현생활 언어생활 탐구생활										선택 과목 **한국 지리, 세계 지리, 경제 지리, 한국 문화사, 세계 역사의 이해, 동양 역사의 이해, 법과 사회, 정치, 경제, 사회 · 문화**		
		도덕				1	1	1	1	2	2	1	1		
		사회		바른 생활		102(3)	102(3)	102 (3 · 국사1)	102 (3 · 국사1)	102 (3 · 국사1)	102 (3 · 국사2)	136 (4 · 국사2)	204 (6 · 국사3)		
		수학		슬기로운 생활											
		과학													
		체육													
		음악		즐거운 생활											
		미술													
		실과		·	·					기술·가정					
		외국어 (영어)		·	·										
재량활동															
특별활동															
수업시수 (총·주당)			810 (24)	830 (25)	850 (26)	952 (28)	952 (28)	1054 (31)	1054 (31)	1,122 (33)	1,122 (33)	1,122 (33)	1,190 (35)	(132단위)	

* 괄호 안의 숫자는 주당 수업시수를 의미한다. (고등학교 2~3학년의 경우, 1단위는 1학기 동안 주 50분씩 수업하는 분량).
* 빈칸의 교과별 주당 평균 수업시수는 교육부에서 조정한다. 각 학년별 주당 교과, 특별활동, 재량시간의 합계는 해당 학년의 주당 평균 수업시수보다 2~3시간 부족하도록 조정하여 그 시간을 단위학교가 특정 교과지도에 할당하여 자율적으로 활용할 수 있도록 한다.
* 초등학교 1학년 830시간 중 70시간은 입학 초기 학교적응활동(3월 · 우리들은 1학년)이 포함되어 있다.
* 유치원과 초등학교 연계 교육 차원에서 유치원의 '사회생활'이 초등학교 바른 생활과, 슬기로운 생활과, 사회과 등과 연계되어야 한다.
  사회과적 내용 + 도덕과적 내용 = 바른 생활과, 사회과적 내용 + 과학과적 내용 = 슬기로운 생활과로 연계되는 것이 바람직하다.
* 국사는 별도 과목으로 독립하지 말고, 사회과 내에서 제5학년(초등학교 제5학년)부터 제10학년(고등학교 1학년)까지 계속적 지도가 바람직하다.
* 고등학교 과정인 제11학년(고등학교 제2학년), 제12학년(고등학교 제3학년)에서는 선택중심 교육과정 사회과 과목으로 정치학, 경제학, 사회학, 문화 인류학, 역사학, 지리학 등 사회 과학 관련 내용을 개설, 이수하는 것이 바람직하다.

〈 표 44 〉 발전적 교육과정 모형의 국민공통기본교육과정 편제

<table>
<tr>
<td rowspan="3">구분</td>
<td rowspan="3">과 목</td>
<td colspan="6">초등학교</td>
<td colspan="3">중학교</td>
<td colspan="1">고등학교</td>
</tr>
<tr>
<td>1</td><td>2</td><td>3</td><td>4</td><td>5</td><td>6</td><td>7</td><td>8</td><td>9</td><td>10</td>
</tr>
<tr>
<td>1</td><td>2</td><td>3</td><td>4</td><td>5</td><td>6</td><td>1</td><td>2</td><td>3</td><td>1</td>
</tr>
<tr>
<td rowspan="13">교과</td>
<td>국 어</td>
<td colspan="2" rowspan="2">국어
210, 238</td>
<td>238</td><td>204</td><td>204</td><td>204</td><td>170</td><td>136</td><td>136</td><td>136(8)</td>
</tr>
<tr>
<td>도 덕</td>
<td>34</td><td>34</td><td>34</td><td>34</td><td>68</td><td>68</td><td>34</td><td>34(2)</td>
</tr>
<tr>
<td rowspan="4">사 회</td>
<td colspan="2" rowspan="4">수학
120, 136</td>
<td rowspan="4">102(3)</td>
<td rowspan="4">102(3)</td>
<td colspan="2">사 회</td>
<td colspan="4">사 회</td>
</tr>
<tr>
<td>68(2)</td><td>68(2)</td><td>68(2)</td><td>32(1)</td><td>68(2)</td><td>102(3)(6)</td>
</tr>
<tr>
<td colspan="2">국 사</td>
<td colspan="4">역 사(국사 · 세계사)</td>
</tr>
<tr>
<td>34(1)</td><td>34(1)</td><td>34(1)</td><td>68(2)</td><td>68(2)</td><td>102(3)(6)</td>
</tr>
<tr>
<td>수 학</td>
<td colspan="2" rowspan="2">바른 생활
60, 68</td>
<td>136</td><td>136</td><td>136</td><td>136</td><td>136</td><td>136</td><td>102</td><td>136(8)</td>
</tr>
<tr>
<td>과 학</td>
<td>102</td><td>102</td><td>102</td><td>102</td><td>102</td><td>136</td><td>136</td><td>136(8)</td>
</tr>
<tr>
<td>실 과</td>
<td colspan="2" rowspan="2">슬기로운 생활
90, 102</td>
<td>·</td><td>·</td><td>68</td><td>68</td><td>68</td>
<td colspan="2">기술 · 가정
102　102</td>
<td>102(6)</td>
</tr>
<tr>
<td>체 육</td>
<td>102</td><td>102</td><td>102</td><td>102</td><td>102</td><td>102</td><td>68</td><td>68(4)</td>
</tr>
<tr>
<td>음 악</td>
<td colspan="2">즐거운 생활
180, 204</td>
<td>68</td><td>68</td><td>68</td><td>68</td><td>68</td><td>34</td><td>34</td><td>34(2)</td>
</tr>
<tr>
<td>미 술</td>
<td colspan="2" rowspan="2">우리들은 1학년
80, ·</td>
<td>68</td><td>68</td><td>68</td><td>68</td><td>34</td><td>34</td><td>68</td><td>34(2)</td>
</tr>
<tr>
<td>외국어
(영어)</td>
<td>34</td><td>34</td><td>68</td><td>68</td><td>102</td><td>102</td><td>136</td><td>136(8)</td>
</tr>
<tr>
<td colspan="2">재량 활동</td>
<td>60</td><td>68</td><td>68</td><td>68</td><td>34</td><td>34</td><td>102</td><td>102</td><td>102</td><td>102(6)</td>
</tr>
<tr>
<td colspan="2">특별 활동</td>
<td>30</td><td>34</td><td>34</td><td>34</td><td>34</td><td>34</td><td>68</td><td>68</td><td>68</td><td>68(4)</td>
</tr>
<tr>
<td colspan="2">연간 총 수업 시수</td>
<td>830</td><td>850</td><td>952</td><td>952</td><td>1054</td><td>1054</td><td>1122</td><td>1122</td><td>1122</td><td>1190(70)</td>
</tr>
<tr>
<td colspan="2">주당 평균 시수</td>
<td>24</td><td>25</td><td>28</td><td>28</td><td>32</td><td>32</td><td>34</td><td>34</td><td>34</td><td>36</td>
</tr>
</table>

① 국민공통기본교육과정(10학년) 기간에 제시된 시간 수는 34주를 기준으로 한 연간 최소 수업 시간 수이다. 단, 제3－6학년의 연간 총 수업 시간 수는 주5일 수업에 따라 감축된 시간 수이므로 학교에서는 교과 수업 시간 수 중 연간 34시간의 범위 내에서 감축하여 운영한다.

② 국민공통기본교육과정 제1－2학년(초등학교 제1－2학년)의 사회과는 별도로 편제되지 않고, 바른 생활과, 슬기로운 생활과, 즐거운 생활과 등과 통합되어 편제되어 있으므로, 실제로 통합하여 지도한다.

③ 제3－10학년(초등학교 제3학년－고등학교 제1학년)의 사회과 수업 시간은 제7차 교육과정에서, 제3－8학년(초등학교 제3학년－중학교 제2학년)은 각각 102시간(주당 3시간), 9학년(중학교 제3학년)은 136시간(주당 4시간), 10학년(고등학교 제1학년) 170시간(주당 5시간, 국사 68시간·주당 2시간 포함)이나, '2007년 개정 교육과정'에서, 3－6학년(초등학교 제3－6학년)의 시간 편제는 변함이 없으나, 제7학년(중학교 제1학년)은 102시간 모두를 사회 영역을, 8학년(중학교 제2학년)은 102시간 모두를 역사 영역 지도를 하도록 개정되었다. 아울러, 제9학년(중학교 제3학년)은 136시간을 68시간씩 나누어 사회 영역, 역사 영역을 구분하여 이수하도록 하였다. 국민공통기본교육과정의 마지막 학년인 제10학년(고등학교 제1학년)에서는 시간 수를 34시간 증가하여 204시간으로 편제하여 사회 영역과 역사 영역을 각각 102시간씩 이수하도록 하였다. 제7차 교육과정에서의 국사 영역을 2007년 개정 교육과정에서 역사 영역으로 변경한 것은 한국사와 동양사, 세계사의 연계와 지도 강화에 초점이 있는 것이다.

④ 연구자가 개발한 새로운 사회과 교육과정 개발 모형에서는 국사 교육의 강화를 위하여 제5－7학년(초등학교 제5학년－중학교 제1학년)에서 사회과 102시간 중 각각 34시간(주당 1시간)씩을 별도로 국사(중학교에서는 역사) 영역을 지도하도록 편제하였으며, 8학년(중학교) 2학년에서도 102시간 중 사회 34시간, 역사 68시간씩 구분하여 사 회과 영역의 통합 지도를 모색할 것을 제안하고 있다.

(2) 선택중심교육과정 (고등학교 · 보통 교과)

〈표 45〉 발전적 교육과정 모형의 선택중심교육과정 편제

구 분 (과목군)			선택 과목
교 과	인문사회군	국 어 도 덕 **사 회**	화법(6), 독서(6), 작문(6), 문법(6), 문학(6), 매체 언어(6) 현대 생활과 윤리(6), 윤리와 사상(6), 전통 윤리(6) **한국 지리(6), 세계 지리(6), 경제 지리(6), 한국 문화사(6), 세계 역사의 이해(6), 동양 역사의 이해(6), 법과 사회(6), 정치(6), 경제(6), 사회 · 문화(6)**
	이학실업군	수 학 과 학 기술 · 가정	수학의 활용(6), 수학 Ⅰ(6), 미적분과 통계 기본(6), 수학 Ⅱ(6), 적분과 통계(6), 기하와 벡터(6) 물리 Ⅰ(6), 물리 Ⅱ(6), 화학 Ⅰ(6), 화학 Ⅱ(6), 생명 과학 Ⅰ(6), 생명 과학 Ⅱ(6), 지구 과학 Ⅰ(6), 지구 과학 Ⅱ(6) 농업 생명 과학(6), 공학 기술(6), 가정 과학(6), 창업과 경영(6), 해양 과학(6), 정보(6)
	체육군	체 육	운동과 건강 생활(4), 스포츠 문화(4), 스포츠 과학(6)
	예능군	음 악 미 술	음악 실기(4), 음악과 사회(4), 음악의 이해(6) 미술과 삶(4), 미술 감상(4), 미술 창작(6)
	외국이군	외국어	영어 Ⅰ(6), 영어 Ⅱ(6), 실용 영어 회화(6), 심화 영어 회화(6), 영어 독해와 작문(6), 심화 영어 독해와 작문(6)
			독일이 Ⅰ(6), 독일어 Ⅱ(6), 프랑스어 Ⅰ(6), 프랑스어 Ⅱ(6), 스페인어 Ⅰ(6), 스페인어 Ⅱ(6), 중국어 Ⅰ(6), 중국어 Ⅱ(6), 일본어 Ⅰ(6), 일본어 Ⅱ(6), 러시아어 Ⅰ(6), 러시아어 Ⅱ(6), 아랍어 Ⅰ(6), 아랍어 Ⅱ(6)
	한문교양군	한 문 **교 양**	한문 Ⅰ(6), 한문 Ⅱ(6) **생활과 철학(4), 생활과 논리(4), 생활과 심리(4), 생활과 교육(4), 생활과 종교(4), 생활 경제(4), 안전과 건강(4), 진로와 직업(4), 환경(4) 인구(4), 생활과 정보**
이수 단위			132
특별 활동			8
총 이수 단위			140

① 2007년 개정 교육과정에서 새로 편제된 동아시아사(6) 과목을 동양 역사의 이해(6) 과목으로 변경하여 세계 역사의 이해(6) 과목과 연계함.

② 동양 역사의 이해 과목에서는 전통 맹방인 중국, 일본 외에도 근래 우리나라와 깊은 관계를 맺고, 세계적으로 영향력을 확대하고 있는 동남아시아, 서남아시아 및 중동 지방의 여러 나라에 대해서 통합적으로 이해하게 함 (다문화 이해 교육, 세계화 교육, 세계 시민 교육 등과 연계함).

③ 교양 교과에서도 사회과 관련 과목인 생활과 철학, 생활과 논리, 생활과 심리, 생활과 교육, 생활과 종교, 생활 경제, 안전과 건강, 진로와 직업, 환경 등에서도 사회과의 연계적 내용을 지도함.

④ 현재 학교마다 선택의 편차가 심하여 균형적 이수가 되지 않고 있는 교양 교과에서도 사회과 관련 과목인 생활과 철학, 생활과 논리, 생활과 심리, 생활과 교육, 생활과 종교, 생활 경제, 안전과 건강, 진로와 직업, 환경 과목 등을 내실 있게 운영하도록 행정적 지도와 교육과정의 자율성 보장이 함께 유지되어야 함.

⑤ 선택중심교육과정은 교육과정 개발 당시의 의도대로 각 단위 학교의 여건, 환경, 실태 등을 최대한 반영한 창의적인 교육과정을 지향하는 것이 바람직함.

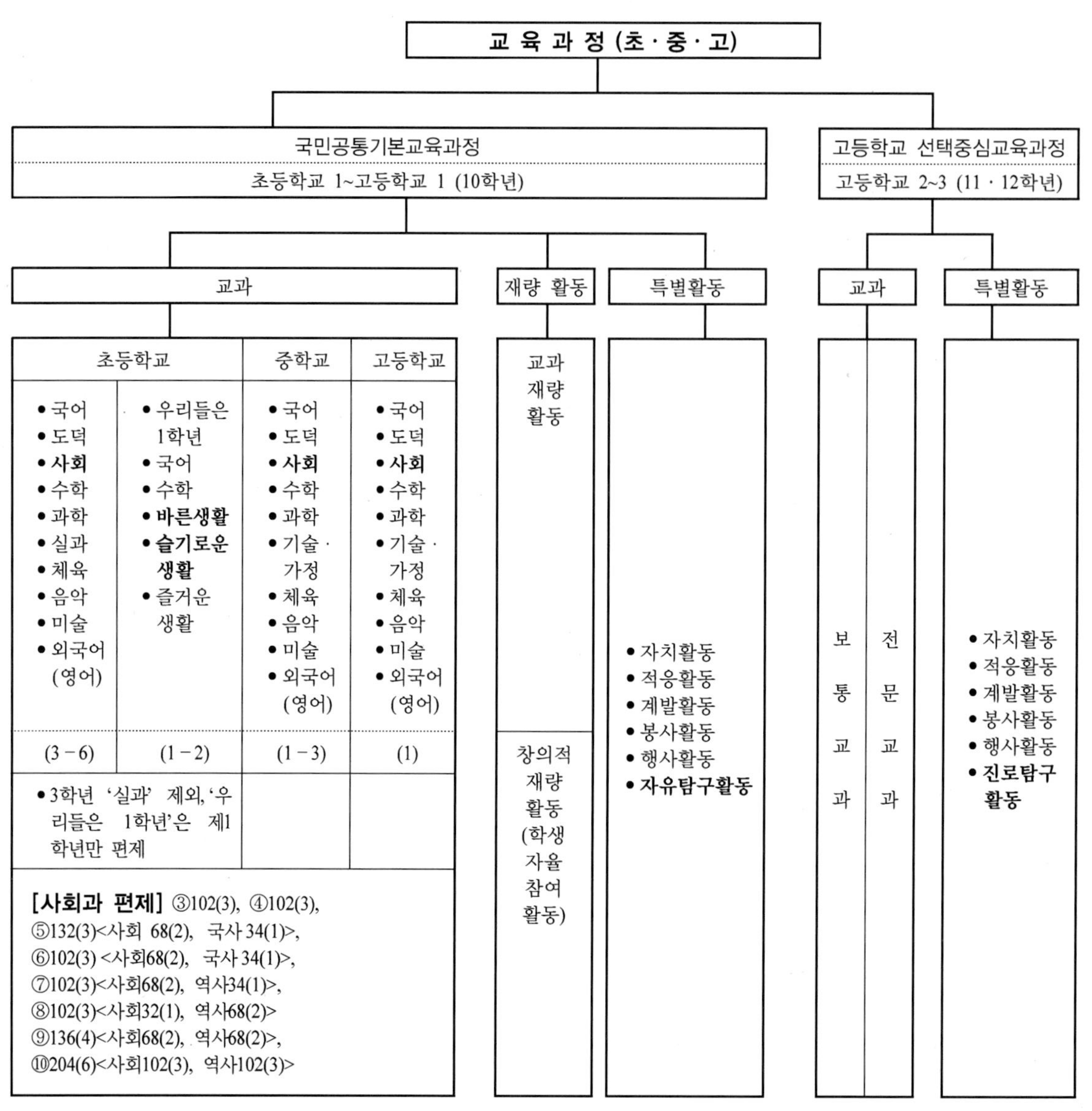

[그림 7] 초·중·고교 교육과정의 발전적 모형 구조 (사회과 포함)

4. 사회과의 목표

사회과는 여러 가지 사회적 현상과 사회적 사실, 사회적 문제, 사회적 사상(社會的 事象)을 다루는 교과이다. 즉 사람과 사람의 사회적 관계, 인간과 인간의 상호작용, 개인과 개인 및 개인과 집단, 집단과 집단, 조직과 조직 사이의 영향을 주고받는 관계와 사회적 상호작용을 탐구의 대상으로 하는 교과이다.

사회 현상과 사회 문제를 다루는 교과인 사회과의 목표 설정을 위해서는 다음과 같은 점을 고려하는 것이 바람직하다.

첫째, 사회과의 전통적인 본질인 타인 및 집단, 조직과의 관계에서 이해, 양보, 타협, 배려 등을 실천하는 민주 시민의 자질 함양에 초점을 두어야 한다. 특히, 21세기 세계화·정보화 시대를 맞아 민주 시민의 자질을 보다 확장(擴張)하여, 지구촌 사회에 부응하는 세계 시민적 자질 및 소양을 신장하는 데 중점을 두어야 한다.

둘째, 사회과가 단순히 사회의 피상적 모습, 외형적 현상만을 다루는 것이 아니라 제 사회 과학을 바탕으로 사회 현상에 내재, 함축된 의미와 맥락을 파악하도록 하는 것이 중요하다. 사회 현상을 올바르게 파악하는 능력과 기능 신장에 목표의 초점을 두어야 한다.

셋째, 사회과는 인간과 인간이 만나 이루는 사회생활을 대상으로 하므로, 개인과 개인, 개인과 집단, 집단과 집단 사이의 공동 활동에 능동적으로 참여하는 능력과 태도를 함양토록 하는 것이 중요하다.

넷째, 통합 교과인 사회과의 정신을 살려서, 정치학, 경제학, 사회학, 문화 인류학, 윤리학, 심리학, 역사학, 지리학 등 제 사회 과학의 기본 개념과 원리를 이해하고, 적절하게 적용할 수 있는 능력과 자질을 함양하는 데 초점을 맞추어야 한다. 따라서 사회과의 목표 설정 시에는 일반사회, 역사, 지리 영역의 지식, 기능, 가치·태도 면 등을 두루 고려하여야 한다.

다섯째, 사회과의 본질 중 하나인 반성적 탐구를 바탕으로 한 고급 사고력 신장을 강조하여야 한다. 현대 사회를 올바르게 살아갈 수 있는 능력인 탐구력, 문제 해결력, 창의력, 의사 결정력, 메타인지(meta cognitive) 등 고급 사고력 신장에 초점을 두어야 한다.

여섯째, 사회생활과 공동 활동의 원리와 법칙을 이해하고, 사회 구성원으로서 적극 참여하고 활동하려는 의지와 행동 실천을 함양하는 방향에 중점을 두어야 한다. 현대 사회과는 학생들의 사회생활에 대한 적극적 참여와 활동을 크게 강조하고 있다는 것을 고려하여야 한다.

이상과 같은 사회과 교육과정의 사회과 목표 설정의 방향을 바탕으로 사회과의 교과 종합 목표와 영역별 세부 목표를 다음과 같이 제시할 수 있을 것이다.

먼저, 사회과의 종합 목표는 " 사회 현상에 관한 기초적 지식과 능력은 물론, 지리, 역사 및 제 사회 과학의 기본 개념과 원리를 발견하고 탐구하는 능력을 익혀, 우리 사회의 특징과 세계의 여러 모습을 종합적으로 이해하며, 다양한 정보를 활용하여 현대 사회의 문제를 창의적이며 합리적으로 해결하고, 공동생활에 스스로 참여하는 능력을 기른다. 이를 바탕으로 개인의 발전은 물론, 사회, 국가, 인류의 발전에 기여할 수 있는 민주 시민의 자질을 기른다."로 설정한다.

다음, 이와 같은 교과 종합 목표를 바탕으로 사회과의 영역별 세부 목표는 다음과 같이 제시하는 것이 바람직할 것이다.

가. 사회의 여러 현상과 특성을 그 사회의 지리적 환경, 역사적 발전, 정치·경제·사회적 제도 등과 관련지어 이해한다.

나. 인간과 자연 간의 상호작용에 대한 이해를 통하여 장소에 따른 인간 생활의 다양성을 파악하며, 고장, 지방 및 국토 전체와 세계 여러 지역의 지리적 특성을 체계적으로 이해한다.

다. 각 시대의 특색을 중심으로 우리나라의 역사적 전통과 문화의 특수성을 파악하여 민족사의 발전상을 체계적으로 이해하며, 이를 바탕으로 인류 생활의 발달 과정과 각 시대의 문화적 특색을 파악한다.

　라. 사회생활에 관한 기본적 지식과 정치·경제·사회·문화 현상에 대한 기본적인 원리를 종합적으로 이해하고, 현대 사회의 성격 및 민주적 사회생활을 위하여 해결해야 할 여러 문제를 파악한다.

　마. 사회 현상과 문제를 파악하는 데 필요한 지식과 정보를 획득, 분석, 조직, 활용하는 능력을 기르며, 사회생활에서 나타나는 여러 문제를 합리적으로 해결하기 위한 탐구 능력, 의사 결정 능력 및 사회 참여 능력을 기른다.

　바. 개인과 사회생활을 민주적으로 운영하고, 우리 사회가 당면한 문제들에 관심을 가지고 민주 국가 발전과 세계의 발전에 적극적으로 이바지하려는 태도를 가진다.

5. 사회과의 내용

1) 사회과 교육과정 내용 선정 시 고려 내용

(1) 내용의 엄선(嚴選)

세계화 사회, 지식 정보화 시대를 맞아 폭발적으로 증가하는 지식과 정보를 정선하여 사회과 교육과정의 내용으로 조직하는 것이 중요하다. 수많은 지식과 정보 중에서 미래 사회의 주인공인 학생들에게 중요하다고 생각되는 것을 우선순위로 정하여 선정, 조직하는 것이 사회과 교육과정 내용의 핵심이다. 학생들이 반드시 이수하여야만 되는 핵심적인 내용만을 가르칠 수 있도록 내용이 선정되어야 한다(서재천, 1997: 35－36). 사회과에서는 수많은 지식과 정보 중에서 중요하고도 핵심적인 내용을 정선하여 지도하는 것이 중요한 것이다.

사회과 교육과정의 내용 엄선은 전통적인 지리, 역사 내용만으로는 부족하며, 통합적 관점에서 사회 기능, 사회 문제 중심으로 접근하는 것이 바람직할 것이다.

(2) 지식 기반 사회와 사회 발전

현대는 지식 기반 사회 내지 지식 정보화 사회로 통칭된다. 지식과 정보가 폭발적으로 증가하고 다양한 활용 방법으로 작용하는 역동적인 사회이다. 사회는 인간과 인간이 만나 상호작용을 하는 공간이다.

사회과는 이와 같은 인간들의 사회생활을 다루는 교과이다. 따라서 사회 현상과 사회 문제가 교수 학습의 주된 내용이 된다. 시대가 변하고 사회가 발전하며, 지식과 정보가 시시각각 변모하는 현대 사회에서 사회과는 이러한 변화와 발전을 교육과정으로 승화시켜야 할 소명이 있는 교과이다.

따라서 지식 기반 사회의 사회과에서는 성찰 교육(reflexive education), 비판적 사고력, 가치관 정립 교육 등에 초점을 맞추어야 한다(백승대 외, 2007: 75－86). 특히, 미래 사회의 주역으로서 민주 시민으로서 구유(具有)해야 할 반성적 사고(reflective thinking)를 중심으로 한 지식과 기능 및 가치·태도 등을 신장시키기 위해서 사회과는 사회 발전을 선도하고 이를 교육과정으로 구현하는 역할을 수행해야 하는 것이다.

(3) 정보 기능 중시 및 정보 활용 교육 활성화

현대 사회는 지식과 정보의 홍수 시대이다. 시시각각 지식과 정보가 폭발적으로 쏟아지는 역동적인 사회이다. 이러한 다양한 지식과 정보를 처리할 수 있는 능력이 곧 정보 기능이다(서재천, 1997: 36).

일본의 미스코시 도시유키(水越 敏行)는 정보화 시대에 필요한 정보 기능으로 이해력, 감수력, 표현력 등을 들고 있다(서재천, 1997: 36). 이는 사회과에서 핵심 장면(key scene), 핵심 단어(key word)를 찾아 해석할 수 있는 능력이다. 아울러, 미국의 미국사회과교육협회(NCSS)는 21세기 정보화 시대에 사회과에서 길러야 할 정보 기능으로 정보 획득 기능, 정보 조직·활용 기능을 들고, 정보 획득 기능으로 읽기 기능, 연구 기능 등을, 정보 조직·활용 기능으로 사고 기능, 의사 결정 기능, 메타 인지(meta cognitive) 기능 등을 제시하고 있다(NCSS, 1994: 147 149).

현대 사회는 모든 것이 컴퓨터를 활용한 정보를 통해서 이루어진다. 동서고금, 오대양 육대주, 남녀노소 등 모든 것, 즉 시공을 초월한 내용을 실시간으로 정해진 곳에서 접할 수 있는 유비쿼터스(ubiquitous) 시대가 되었다. 과거처럼 시간과 공간의 간격이 극심하여 그 공간을 메우기가 어렵던 시기에는 모든 것이 자유롭게 공유·교류·연계되지 못하였다. 하지만 오늘날에는 모든 것이 현지에 가지 않아도 안방에서 해결할 수 있는 디지털 시스템(digital system)으로 변화되었다.

컴퓨터의 가상공간을 통한 간접 체험, 원격 교육과 학습, 인터넷 쇼핑(internet shopping)과 인터넷 뱅킹(internet banking) 등 모든 것이 가상공간을 통해서 완벽하게 실행되는 사회가 도래한 것이다. 따라서 사회과 교육과정에서는 이와 같은 새로운 사회 변화와 각종 체제(system) 등을 교육의 주요 내용으로 수용하여 학생들에게 교육하여야 한다.

(4) 지구촌 사회와 다문화 이해 교육

과거 한 시대를 풍미했던 소위 냉전(cold war) 체제가 붕괴된 현재, 교통·통신의 급격한 발달로 전 세계는 하나의 지구촌 사회를 형성하고 있다. 즉 전 세계 각국과 전 세계인들은 지구촌 가족으로서 상호 호혜(互惠)와 배려(配慮)의 정신으로 살아가고 있다. 또한 사회생활 주변에서 외국인을 어렵지 않게 보게 되었다. 모든 나라와 모든 국가들이 서로 존중하고 사랑하며, 서로 도와가는 아름다운 지구촌이 미래 우리가 사는 지구의 모습이자 지향점이다. 모두가 가족이고 이웃이며, 동반자인 것이다. 그러한 이상향(理想鄕)을 만들기 위해 전 인류는 함께 노력하여야 한다. 따라서 과거 세계의 장벽이었던 이념, 종교, 인종, 정치 체제 등 장애물들이 21세기 현대 사회에서는 이제 더 이상 장애물이 되지 않는다. 따라서 사회과 교육과정의 내용을 지구촌 관점과 시각에서 새롭게 접근하여야 하고, 고장→ 시·군·구 지역→ 시·도 지역→ 국가(전국)→ 세계 등으로 범위(scope)가 확대되는 나선형식 교육과정의 탄력적 강조가 필요하다.

한편, 현대 사회는 문화 상대주의적 입장에서 세계 모든 국가와 민족을 아우르는 다문화 이해 교육을 강조하고 있다. 즉 문화와 생활양식 등에 우열(優劣)이 있는 것이 아니고, 각 나라와 지역에 따라 고유한 전통과 문화를 보존하고 있기 때문에, 이를 인정하고 수용, 배려할 줄 아는 문화 의식과 세계 시민 정신이 필요하다. 자기 나라, 자기 지역 그리고 강대국의 문화만이 최고라는 문화 절대주의, 문화 사대주의(事大主義)를 철저히 배격하고, 세계의 문화와 생활 방식을 올바르게 인식하고 파악할 수 있는 문화 상대주의적 다문화 이해 교육이 사회과의 중요한 교육과정 내용으로 자리 잡아야 하는 이유가 여기에 있는 것이다.

(5) 시장 경제 체제와 합리적인 소비 활동

민주주의 정치 체제와 자본주의 경제 체제에서는 시장 경제 체제가 기본이 된다. 자유 경쟁 속에서 창의적인 제품 생산과 유통 및 소비 등이 자유롭게 이루어지는 경제 체제이다. 열심히 노력하여 좋은 품질의 상품을 많이 만들어 파는 사람이 부(富)를 축적할 수 있는 사회인 것이다.

한편, 미래 사회의 주역인 학생들에게 실정과 형편에 알맞은 합리적인 소비 생활과 태도를 함양토록 지도하는 것이 중요하다. 사회는 자기 혼자만 사는 곳이 아니라, 모든 사람들이 서로 돕고 교류하는 삶의 장(場)이다. 그러므로 수입과 지출, 저축과 소비 등 경제 개념을 올바르게 알고 생활에서 실천하는 일은 아주 중요한 것이다.

특히, 시장 경제 체제와 합리적인 소비 생활과 관련하여, 사회과에서는 빈부 격차 등 사회 양극화 문제, 생산과 소비 및 저축의 관계, 결손 가정 및 빈곤층 배려, 바람직한 소비 생활과 태도 등을 교육과정에 담아서 지도하여야 한다. 검소, 절약, 절제가 전제된 소비 생활을 실행토록 해야 한다.

(6) 인권 교육과 인간의 존엄성 재음미: 진정한 인간 교육

현대 민주주의에서는 민주주의의 전통적인 이념인 자유, 평등, 인간의 존엄성 등이 새롭게 강조되고 있다. 그중에서도 인간의 고유한 권리이자 천부적 권리라고 할 수 있는 인권 및 인간의 존엄성에 대한 관심이 고조되고 있다. 사회가 발전하고 시대가 변해도 변하지 않아야 할 가치는 인간을 존중하는 마음이다.

근래 산업화와 기계화 및 고도의 정보화 등으로 물질문명의 맹종, 배금주의(拜金主義) 등이 사회 전반에 팽배해져 있지만, 그래도 가장 소중한 존재는 인간의 가치, 즉 사람이라는 숭고한 가치를 사회과 교육에서 구현하여야 한다. 인간의 존엄성은 인종, 성별, 종교, 이념, 재산, 지위 등의 차이에 구애되지 않고 모든 사람이 평등하고 함께 존중되어야 한다는 신념을 사회과 교육에서 가르쳐야 하는 것이다.

특히, 인간의 기본적 권리인 인권 역시 아무리 어린 학생이라도 존중받아야 하고, 그 누구도 침해해서는 안 된다는 평범한 진리를 사회생활에서 준수할 수 있는 사회과의 민주 시민 교육이 요구되는 것이다.

(7) 기상 변화와 환경 교육

최근 지구 온난화, 지구의 지나친 개발, 무분별한 자원의 소비, 과도한 환경 훼손 등으로 지구가 몸살을 앓고 있다. 이산화탄소가 규정치 이상으로 증가하고, 해수면이 높아지며, 평균 기온이 급상승하고 있다. 양극 지방의 빙하 면적도 급감하고 있다. 온 인류의 안식처인 지구 전체가 치명적 질병을 앓고 있는 심각한 지경에 이른 것이다. 기상 이변이 지구촌에 큰 위협으로 다가오고 있는 것이다.

사회과에서는 학생들이 이와 같은 기상 변화와 환경 변화로 인한 각종 문제를 탐구하고 그 대안에 대해서 규명하려는 태도를 갖도록 지도하여야 한다. 특히, 학생들이 각종 시사, 상식, 사회 이슈 및 사회 문제에 대해서 민감하게 반응하고 적극적으로 참여, 대처하려는 태도와 행동을 하도록 지도하여야 한다. 학생들의 이러한 참여와 활동을 조장(助長)하기 위해서는 사회과 교육과정에 이와 같은 사회 이슈(issue)적인 내용들이 사회과 교육과정의 내용으로 선정, 배열, 조직되어 있어야 한다.

(8) 민주적 참여와 사회 복지 제도 확립 및 교육

현대 민주주의는 참여와 활동을 근본으로 한다. 사회의 모든 활동에 적극적으로 참여하고 능동적으로 활동하는 사람이 이 시대가 요구하는 바람직한 민주 시민이다. 우리가 사는 사회는 매사가 의사 결정을 요구하고 있다. 이러한 의사 결정에는 판단과 행동이 아주 중요하다. 여러 가지 쟁점과 논쟁에서 이를 마무리하고 합리적이고 바람직한 판단과 결정을 하는 것이야말로 올바른 사회생활의 출발점이기도 하다.

민주적인 참여는 참여 과정과 절차가 규정과 법령 및 도덕적 규범을 준수한 참여를 의미한다. 민주 시민의 권리 행사와 책무 이행을 충실히 이행한 바탕 위에서 최선의 노력을 다하는 모습이 아름다운 것이다.

한편, 현대 사회에서는 혼자서 살 수 없다. 타인 및 다른 집단과 조직과 상호 긴밀한 유대 관계 속에서 공유와 교류를 공고히 하는 것이 중요하다. 따라서 타인에 대한 배려와 공익을 위한 봉사 정신 그리고 도덕적 행동은 필연적이다. 현대 사회를 다루는 사회과 교육과정에서는 모든 사람들이 편안하게 삶을 영위할 수 있도록 사회 복지 제도가 확립된 가운데, 미래의 주인공인 학생들이 사회제 활동에 적극적으로 참여 · 봉사할 수 있도록 하는 기본적인 내용 선정과 조직을 하는 것이 중요하다. 그 역할과 소임을 사회과 교육과정에서 충실히 이행하여야 하는 것이다.

(9) 한국 정체성 교육: 우리 역사, 우리 국토 바로 알기

최근 중국의 동북공정(東北工程)과 일본의 역사 왜곡, 독도 영유권 주장 등으로 동북아시아의 선린 관계가 원만하지 못한 것이 사실이다. 중국과 일본 양 강대국이 국가 이기주의에 기반을 두고 역사를 왜곡하고 있기 때문이다.

이에 사회과에서는 우리나라와 우리나라 국민, 민족에 대해서 바로 알고 긍지와 자부심을 갖도록 하여야 한다. 실제의 역사와 국토의 모습을 왜곡, 굴절시키지 말고 있는 사실, 있는 모습 그대로 바라볼 수 있도록 지도하는 것이 중요하다.

사회과 교육과정에서의 정체성(正體性) 교육은 쇄국주의, 보수주의와는 다른 것이다. 정체성 교육은 무조건 자국을 과대 선전하거나, 우월적 시각으로 관조(觀照)하는 것이 아니다. 자국과 자국민, 자민족에 대해서 있는 모습 그대로 바라보고, 나아갈 방향을 스스로 모색 · 탐구하도록 하는 것이다.

따라서 미래 사회과 교육과정의 내용을 선정하고 조직할 때에는 이러한 민족 정체성, 국가 정체성 교육에 대한 내용을 매우 중요하게 인식하고, 다양한 내용으로 배열, 조직하여야 할 것이다. 민족 정체성 교육은 자민족에 대해서 자부심과 긍지를 갖고 더욱 발전을 지향하여 노력하도록 지도하는 것이 핵심이다.

(10) 인성 교육과 가치 · 태도 교육

사회과 교육의 본질은 민주 시민의 자질 함양 내지 민주 시민 교육이다. 바람직한 인간 육성이 초점이자 지향점인 것이다. 특히 변화무쌍한 현대 사회를 슬기롭고도 원만하게 살아갈 수 있도록 하는 데 관심을 두어야 한다. 많은 사람들이 모여서 사회를 형성하여 사회생활을 하는 오늘날의 사회 구조 속에서 올바른 가치관을 갖고 합리적으로 행동하는 것이야말로 사회과의 목표인 것이다.

현대 사회에서 원만한 인간관계를 맺고 건전한 사회생활을 유지하려면, 인성이 함양되고 생활 태도가 합리적이어야 한다. 아울러, 가치 · 태도 등 정의적인 면에서도 바람직하여야 한다. 사회과에서는 학생들이 바람직한 인성과 생활 태도로 사회생활에서 원만한 인간관계 영위와 함께 자신의 소임을 다하도록 내용 선정, 조직에 유념하여야 한다.

2) 내용 선정과 조직

사회과 교육과정에서 가장 핵심적인 요소는 내용의 선정과 조직이다. 세계화 · 정보화 시대의 사회과 교육과정의 내용으로 고려해야 할 것으로는 교육과정 내용의 엄선, 정보 기능의 중시, 판단력 · 의사 결정력 중시, 지구촌 관점과 시각 등을 들 수 있다(서재천, 1997: 35 - 41).

현행 제7차 사회과 교육과정이 지닌 내용 체계상의 문제점은 국민공통기본교육과정 적용 기간인 제10학년 간의 통합과 연계의 결여, 수준별 교육과정 운영 곤란, 사회 과학의 제 내용과 실생활과의 연계 미흡, 사회과 내용 영역인 인간과 공간, 인간과 시간, 인간과 사회 등의 유기적 통합과 연계 결여 등을 들 수 있다. 이러한 문제점은 최근 고시된 '2007년 개정 교육과정'에서도 별로 달라지지 않았다. 다만, 사회과 내용 영역이 과거와 같이 역사 영역, 지리 영역, 일반사회 영역 등으로 회귀한 것이 눈에 띄는 정도이다. 그리고 교육과정 전반에 걸쳐서 국사 교육 강화와 한국인 정체성 교육 강화 등이 특징적이다.

(1) 내용의 선정과 조직의 기준

사회과의 내용 선정의 기준은 철학적·학문적 측면 기준, 사회적·국가적 측면, 학생의 발달적·심리적 측면 기준 등을 고려하여야 한다.

먼저, 학문적·철학적 측면에서 사회과 교육과정의 내용 선정의 기준을 제시하면 다음과 같다.

첫째, 사회 일반에 합의된 역사, 지리, 제 사회 과학의 아이디어와 탐구 방법을 선정하여야 한다.

둘째, 사회 현상의 다면적, 다차원적 고찰을 위해서 내용의 통합적 관점을 고려하여야 한다.

다음, 사회적·국가적 측면에서의 사회과 교육과정 내용 선정의 기준은 다음과 같다.

첫째, 사회 변화와 미래 사회에 대한 적응을 위해서 세계화, 정보화, 다양화, 전문화, 민주화 등 사회적 변화와 시대적 요구를 충실하게 반영하여야 한다.

둘째, 현대 사회의 문제 해결에 대한 다양한 관점과 사실적 지식 및 사회적 기능, 사회적 가치·태도 함양 등을 고려하여야 한다.

셋째, 민주 시민적 자질 함양, 세계 시민적 소양을 함양하기 위한 가치 교육의 중요성을 감안하여 가치문제를 함축한 의사 결정 문제를 선정하여야 한다.

넷째, 세계 시민 교육, 정보 활용 교육, 다문화 이해 교육, 통일 교육, 환경 교육, 양성 평등 교육, 국가 정체성 교육, 국사 및 지리 교육, 진로 교육 등 사회적·국가적 요구 사항을 반영하여야 한다.

한편, 학생의 발달 및 심리적 측면에서는 다음과 같은 점을 고려하여야 한다.

첫째, 학습자의 흥미와 능력을 존중하는 내용으로 선정·조직하여야 한다.

둘째, 학습자의 생활 경험과 관련성이 높고, 학생 자신의 의미 구성에 도움을 주는 사실, 문제, 주제 등을 선정·조직하여야 한다.

셋째, 학습자의 자기 주도적, 탐구지향적 학습을 통해서 고등 사고력을 신장시킬 수 있는 내용을 선정·조직하여야 한다.

(2) 내용 선정과 조직의 원리

사회과 교육과정의 내용은 사회과 교수·학습의 핵심적 요소이므로, 그 선정과 조직에서 다음과 같은 점을 두루 고려하는 것이 바람직하다.

첫째, 학습자의 신체적, 인지적 발달, 사회적 경험, 사회 기능을 고려하는 환경 확대법의 원칙에 따라 배열하여야 한다.

둘째, 사회 과학의 기본 개념을 구체적 문제와 사례에 따라 구성하되, 나선형식 교육과정의 원리에 따라 조직하여야 한다. 나선형식 내용 조직의 원리는 사회 과학의 기본 개념, 학습자의 시간 의식·공간 의식·사회 의식의 발달에 따라 연계하여 선정, 조직하여야 한다.

셋째, 단원 및 주제를 중심으로 한 통합, 내용과 방법의 통합, 생활 경험과 지식의 통합에 중점을 두고 조직하여야 한다.

넷째, 학년별 핵심 내용과 범위를 선정하여, 학습 장면에서 이를 중심으로 일관된 방향을 유지할 수 있도록 배열, 조직하여야 한다.

다섯째, 학년별 내용을 기본 과정과 심화 과정으로 나누어, 다양한 학습 경험을 제공하고, 그러한 내용을 성취 수준과 학습 활동으로 결합하여 제시하여야 한다.

(3) 내용 선정과 조직의 실제

현행 교육과정보다 발전적인 사회과 교육과정의 개발을 위하여, 국민공통기본과정 10학년제의 학년별 사회과의 핵심 주제는 다음과 같은 구조를 고려해 볼 수 있다. 초등학교 제1·2학년에서는 사회과적 내용과 도덕과 내용 등을 통합하여 통합 교과인 바른 생활과로 편제하되, 일부 내용은 사회과적 내용, 과학과적 내용과 통합하여 슬기로운 생활과에 연계하는 것이 바람직할 것이다. 다만, 그동안 초등학교 제1·2학년의 통합 교과의 사회과 내용이 바른 생활과, 슬기로운 생활과 등 혼란스럽게 통합되었던 교육과정 편제와 함께, 완전 통합을 지향하는 초등학교 저학년의 내용 편제를 교과 분과식으로 고찰·분석하려는 교육과정에 대한 시각의 전환이 요구된다고 하겠다.

가) 제1학년(초 1): 바른 생활과(사회과적 내용 + 도덕과적 내용), 슬기로운 생활과(사회과적 내용
    + 과학과적 내용) (완전 통합)
나) 제2학년(초 2): 바른 생활과(사회과적 내용 +도덕과적 내용), 슬기로운 생활과(사회과적 내용
    + 과학과적 내용) (완전 통합)
다) 제3학년(초 3): 우리 고장의 생활, 우리 고장의 역사와 문화
    (시·군·구 기초 지역 교육과정) (영역 통합)
라) 제4학년(초 4): 우리 지역의 자연과 생활, 우리 지역의 산업과 경제
    (시·도 광역 지역 교육과정)
마) 제5학년(초 5): 우리나라의 역사와 문화, 우리가 사는 사회
바) 제6학년(초 6): 한국과 세계의 모습, 경제생활과 민주 정치, 우리나라의 역사적 발전
사) 제7학년(중 1): 다양한 지역과 문화, 우리 생활과 법
아) 제8학년(중 2): 삼국·고려·조선 시대의 발전과 생활, 정치·경제·사회생활과 문화
자) 제9학년(중 3): 자원과 산업 및 우리나라, 정치·경제와 민주주의, 조선 및 대한민국의 발전
차) 제10학년(고 1): 조선 시대 말기와 대한민국 수립 (역사 영역)

이와 같은 발전적 사회과 교육과정의 모형을 제7차 교육과정, '2007년 개정 교육과정'과 비교하면 <표 46>과 같이 도표화할 수 있다.

<표 46> 교육과정별 사회과 교육과정의 체계 비교

차별	학교	학년	학년	주 영역 (과목)
제7차 교육과정	초등학교	1	1	바른 생활, 슬기로운 생활 <통합 교과> : 사회과적 내용 + 도덕과적 내용 사회과적 내용 + 과학과적 내용
		2	2	바른 생활, 슬기로운 생활 <통합 교과> : 사회과적 내용 + 도덕과적 내용 사회과적 내용 + 과학과적 내용
		3	3	고장의 생활 <시·군·구 기초 지역 교과서>
		4	4	지역의 생활 <시·도 광역 지역 교과서>
		5	5	자연환경과 기술·경제 활동
		6	6	한국과 세계 및 민주 정치
	중학교	1	7	지역 사회 탐구
		2	8	현대 세계의 변화<국사: 우리나라 역사>
		3	9	지구촌 사회와 민주 정치 <국사: 조선시대 생활>
	고등학교	1	10	사회 (10) <국사 4>
		2-3	11-12	(아래 심화 선택 표 참조)

제7차 교육과정 고등학교 2-3학년 (11-12):

일반 선택	심화 선택								
인간사회와 환경 (4)	한국 지리 (8)	세계 지리 (8)	경제 지리 (6)	한국근·현대사(8)	세계사(8)	법과 사회 (6)	정치(8)	경제(6)	사회 문화 (8)

차별	학교	학년	학년	주 영역 (과목)
2007년 개정 교육과정	초등학교	1	1	바른 생활, 슬기로운 생활 <통합 교과>: 사회과적 내용 + 도덕과적 내용 사회과적 내용 + 과학과적 내용
		2	2	바른 생활, 슬기로운 생활 <통합 교과>: 사회과적 내용 + 도덕과적 내용 사회과적 내용 + 과학과적 내용
		3	3	고장의 생활과 문화 <시·군·구 기초 지역 교과서>
		4	4	지역의 자연과 생활 <시·도 광역 지역 교과서>
		5	5	우리나라의 역사와 문화
		6	6	한국과 세계의 모습 및 경제생활과 민주 정치
	중학교	1	7	다양한 지역과 문화 (지리 영역), 우리 생활과 법(일반사회 영역)
		2	8	삼국, 고려, 조선의 발전(역사 영역)
		3	9	자원과 산업 및 우리나라(지리 영역), 정치·경제와 민주주의 (일반사회 영역), 조선 및 대한민국의 발전(역사 영역)
	고등학교	1	10	사회 (12) <사회 6, 역사 6>
		2-3	11-12	(아래 선택 과목 표 참조)

2007년 개정 교육과정 고등학교 2-3학년 (11-12):

선택 과목									
한국 지리 (6)	세계 지리 (6)	경제 지리 (6)	한국 문화사 (6)	세계 역사의 이해 (6)	동아시아사 (6)	법과 사회 (6)	정치(6)	경제(6)	사회·문화 (8)

차별	학교		학년		주 영역 (과목)									
발전적 사회과 교육과정 모형	초등학교	1	1		바른 생활(통합 교과) <도덕과적 내용 + 사회과적 내용>, 슬기로운 생활(통합교과) <사회과적 내용 + 과학과적 내용>									
		2	2		바른 생활(통합 교과) <도덕과적 내용 + 사회과적 내용>, 슬기로운 생활(통합교과) <사회과적 내용 + 과학과적 내용>									
		3	3		우리 고장의 생활, 우리 고장의 역사와 문화 <시·군·구 기초 지역 교과서>									
		4	4		우리 지역의 자연과 생활, 우리 지역의 산업과 경제 <시·도 광역 지역 교과서>									
		5	5		우리나라의 역사와 문화, 우리가 사는 사회									
		6	6		한국과 세계의 모습 및 경제생활과 민주 정치, 우리나라의 역사적 발전									
	중학교	1	7		다양한 지역과 문화(지리 영역), 우리 생활과 법(일반사회 영역)									
		2	8		삼국·고려·조선 시대의 발전과 생활(역사 영역), 정치·경제·사회생활과 민주주의(일반사회 영역)									
		3	9		자원과 산업 및 우리나라(지리 영역), 정치·경제와 민주주의(일반사회 영역), 조선 및 대한민국의 발전(역사 영역)									
	고등학교	1	10		조선 시대 말기와 대한민국 수립(역사 영역), 국토와 지리 환경(지리 영역), 민주주의와 세계화(일반사회 영역) 사회(12)<사회 6, 역사 6>									
		2-3	11-12		선택 과목									
					한국 지리 (6)	세계 지리 (6)	경제 지리 (6)	한국 문화사 (6)	세계 역사의 이해 (6)	동양 역사의 이해 (6)	법과 사회 (6)	정치(6)	경제(6)	사회·문화 (6)

3) 내용 체계

   세계화·정보화 시대의 사회 발전과 시대 변화를 수용할 수 있는 바람직한 발전적인 사회과 교육과정의 개발을 위한 학년별, 영역별, 사회 과학별 내용 체계를 제시하면 <표 47>과 같다. 사회과 교육과정의 내용 체계는 제1·2학년은 완전 통합, 제3학년은 영역 통합을 지향하고, 제4학년 이상은 일반사회, 역사, 지리 영역 등으로 대별하되, 일반사회 영역은 정치, 경제, 사회, 문화(문화 인류), 법 등 사회 과학 내용 영역을 요소별로 고려하는 것이 바람직하다. 그리고 발전적 사회과 모형의 사회과 내용 체계에 의한 내용 요소를 제시하면 <표 48>과 같다.

   중심 내용은 단원, 주제 등으로 고려하면 바람직할 것이고, 세부 내용은 사회과 내용의 소주제, 제재 단원 목표 등으로 구현, 모색하는 것이 유의미할 것이다. 다만, 이와 같은 사회과 교육과정의 발전적 모형이 국가 수준 교육과정의 고정적 형태로 주어지는 것 보다는 학교 수준 교육과정, 교사 수준 교육과정 등으로 재구성·지역화 될 수 있는 여지를 주는 것이 바람직할 것이다.

〈표 47〉 사회과 교육과정 발전적 모형 내용 체계

학년별 (학제 학년)	일반사회 영역 (학문 요소별)					역사 영역	지리 영역
	정치	경제	사회	문화	법		
1 (초 1)	·바른 생활과(사회과적 내용 + 도덕과적 내용), 슬기로운 생활과(사회과적 내용 + 과학과적 내용) [완전 통합]						
2 (초 2)	·바른 생활과(사회과적 내용 + 도덕과적 내용), 슬기로운 생활과(사회과적 내용 + 과학과적 내용) [완전 통합]						
3 (초 3)	·우리가 살아가는 곳, ·우리 고장의 참다운 모습, ·우리 고장의 생활과 문화, ·함께 이용하는 곳 ·사람들이 모이는 곳, ·이동과 의사소통, ·다양한 삶의 모습들, ·우리 고장의 자랑 [영역 통합]						
4 (초 4)	·주민 자치와 지역의 발전	·경제생활과 바람직한 선택	·사회변화와 우리 생활		·규칙과 질서의 준수		·우리 지역의 자연과 생활 ·우리 지역과 관계 깊은 곳 ·여러 지역의 생활
5 (초 5)			·개인과 사회 ·함께 사는 우리 ·공동생활과 현대 사회			·하나 된 우리 겨레 ·고려의 다양한 문화 ·조선과 유교 전통 ·조선 사회의 움직임 ·새 문물 수입과 민족 운동 ·대한민국의 발전과 우리	
6 (초 6)	·세계화와 국제 협력	·우리 경제의 성장과 과제	·세계화, 정보화와 우리나라	·인류와 문화 ·문화의 발달과 인간의 생활		·고조선의 의의 ·삼한 시대 생활 ·고대 국가 이전의 생활	·아름다운 우리국토 ·환경을 생각하는 국토 가꾸기 ·세계 여러 지역의 자연과 문화
7 (중 1)			·개인과 사회생활	·문화의 이해와 창조	·우리 생활과 법 ·인권보호와 헌법	·삼국 시대의 문화 ·고려 시대의 문화 ·조선 시대의 문화	·내가 사는 세계 ·다양한 기후 지역 ·다양한 지역과 주민 생활 ·지역과 문화 ·인구변화와 인구 문제 ·도시 발달과 도시 문제
8 (중 2)	·우리나라의 정치	·경제생활과 소비	·사회생활과 문화			·문명의 형성과 역사 ·삼국의 발전 ·통일신라와 발해 ·고려의 성립과 발전 ·조선의 성립과 발전 ·통일제국과 세계 종교 ·다양한 문화권 ·사회와 문화 교류	
9 (중 3)	·정치 생활과 민주주의	·경제생활과 시장경제	·사회생활과 사회 현상		·질서와 규범의 준수	·조선사회의 변동 ·대한민국의 발전 ·산업화와 국민 국가 ·근대국가 수립 운동 ·현대 세계의 전개	·자원의 개발과 이용 ·산업활동과 지역 변화 ·세계 속의 우리나라 ·통일 한국 미래
10 (고 1)	·정의와 민주주의 발전 ·인간의 존엄성과 인권		·세계화와 미래 생활 ·사회보장과 사회복지	·문화와 문화 발전		·우리 역사의 형성 ·조선사회와 서구 열강 ·동아시아와 조선 ·근대국가와 일본제국주의 ·일제 식민지와 민족 운동 ·전체주의와 민족 운동의 발전	·국토와 지리정보 ·자연환경과 인간 생활 ·문화 경관과 다양성 ·장소 인식과 공간 행동 ·지역 개발과 환경 보전

4) 내용별 중점 요소

〈표 48〉 사회과 교육과정 발전적 모형의 핵심 내용 요소

학년	학교급 (학년)	대 영역	소 영역	중심 내용	세부 내용
3	초 (3)	통합	통합	우리가 살아가는 곳	·고장의 방위와 지도 요소 알기 ·고장의 여러 공공 기관 역할과 기능 알기
3	초 (3)	통합	통합	우리 고장의 참모습	·고장의 유래, 전설, 행사 등 알기 ·고장의 자연적, 인문적 답사 및 고장 사람들이 하는 일 알기
3	초 (3)	통합	통합	우리 고장의 생활과 문화	·우리 고장의 의식주 생활 ·고장의 유물과 유적 및 문화유산
3	초 (3)	통합	통합	함께 이용하는 곳	·고장의 공동생활 중심지 ·읍·면·동사무소, 우체국, 소방서 등
3	초 (3)	통합	통합	사람들이 모이는 곳	·고장에서 필요한 것을 얻는 장소 ·고장 사람들의 살아가는 모습
3	초 (3)	통합	통합	이동과 의사소통	·교통과 통신의 발달 ·사회 발전에 따른 이동과 의사소통 발달
3	초 (3)	통합	통합	다양한 삶의 모습들	·각 지역에 따른 다른 생활상 ·환경, 입지, 여건, 자연 등이 생활에 미치는 영향
3	초 (3)	통합	통합	우리 고장의 자랑	·고장에 대한 긍지와 자부심 ·다른 고장에 대해 특징적이고 홍보하고 싶은 내용
4	초 (4)	일반사회	정치	주민자치와 지역의 발전	·공공 기관의 역할과 기능 ·지방 자치와 지방 자치단체의 역할
4	초 (4)	일반사회	경제	경제생활과 바람직한 선택	·바람직한 경제생활 태도 ·생산과 소비 및 유통 흐름도
4	초 (4)	일반사회	사회	사회 변화와 우리 생활	·가족의 의미와 중요성 ·현대 사회 변화와 가족, 가정
4	초 (4)	일반사회	법	규칙과 질서의 준수	·공동생활과 공공질서 준수 ·사회생활에서의 질서 준수의 필요성
4	초 (4)	지리	지리	우리 지역의 자연과 생활	·우리 지역의 인구, 산업, 자원, 문화 ·자연경관 관찰과 탐구
4	초 (4)	지리	지리	우리 지역과 관계 깊은 곳	·우리 고장과 다른 지역의 상호 관련성 ·사진, 도표 등을 통한 양 지역의 비교
4	초 (4)	지리	지리	여러 지역의 생활	·지도와 통계 도표 보고 그리기 ·도시와 촌락의 다른 점
5	초 (5)	일반사회	사회	개인과 사회	·인간과 인간의 상호 교류 ·집단, 조직과 사회생활
5	초 (5)	일반사회	사회	함께 사는 우리	·공동생활의 중요성 ·조직과 집단에서의 개인의 역할
5	초 (5)	일반사회	사회	공동생활과 현대 사회	·함께 어울려서 사는 사회 ·개인과 사회의 긴밀한 관계

학년	학교급 (학년)	대 영역	소 영역	중심 내용	세부 내용
5	초 (5)	역사	국사	하나 된 우리 겨레	·역사 이야기와 유물 ·통일 신라와 발해의 번성
5	초 (5)	역사	국사	고려의 다양한 문화	·불교문화와 유적 등 ·금속활자, 다라니경, 상감청자 등
5	초 (5)	역사	국사	조선과 유교 전통	·생활과 문화의 중심인 유교 ·생활 개선과 문화 발전의 위인
5	초 (5)	역사	국사	조선 사회의 움직임	·일제 침략과 강점기의 생활 ·근대화 운동과 독립 운동
5	초 (5)	역사	국사	새 문물의 수입과 민족 운동	·근대 문물의 수용 ·쇄국정책과 외국과의 교류
5	초 (5)	역사	국사	대한민국의 발전과 우리	·광복과 경제 발전, 민주화 과정 ·세계 속의 대한민국의 발전
6	초 (6)	일반사회	정치	세계화와 국제 협력	·세계화와 지구촌 가족 ·무역, 조약, 상호 지원 등
6	초 (6)	일반사회	경제	우리 경제의 성장과 과제	·시장 경제와 성장 ·국제 경쟁력 증대와 국가 발전
6	초 (6)	일반사회	사회	세계화, 정보화와 우리나라	·세계화 정보화와 국가 교류 ·서로 돕고 지원하는 우방 국가
6	초 (6)	일반사회	문화	인류와 문화	·인류의 발생과 문화 발전 ·세계 여러 지역의 문화 다양성 이해
6	초 (6)	일반사회	문화	문화의 발달과 인간의 생활	·인간 생활과 사회 및 문화 ·문화가 인간의 생활, 국가 발전에 미치는 영향
6	초 (6)	역사	국사	고조선의 의의	·우리 민족의 기원과 단군 신화 ·민족의 기원과 발전의 이해
6	초 (6)	역사	국사	삼한 시대의 생활	·부족 국가의 생활과 의의 ·삼한 시대의 생활과 문화
6	초 (6)	역사	국사	고대 국가 이전의 생활	·삼국 이전의 한반도 생활 ·고대 국가 태동의 의의
6	초 (6)	지리	지리	아름다운 우리 국토	·지도와 지구본을 활용한 우리나라 이해 ·우리나라의 자연적, 인문적 환경 도표, 그래프, 지도 등 표기
6	초 (6)	지리	지리	환경을 생각하는 국토 가꾸기	·자연 생태계와 인간 생활 ·국토 보전과 국토 개발의 균형
6	초 (6)	지리	지리	세계 여러 지역의 자연과 문화	·국가, 민족, 인종의 이해 ·세계 각 지역의 특징과 환경
7	중 (1)	일반사회	사회	개인과 사회생활	·인간과 사회화 현상 ·생활 속에서의 상호작용
7	중 (1)	일반사회	문화	문화의 이해와 창조	·생활양식과 문화 ·대중문화와 대중 매체의 영향력
7	중 (1)	일반사회	법	우리 생활과 법	·일상생활과 법의 중요성 ·갈등과 분쟁의 해결과 법
7	중 (1)	일반사회	법	인권 보호와 헌법	·인권, 인간의 존엄성과 헌법 ·헌법의 기존 원리와 국민의 기본권

학년	학교급 (학년)	대 영역	소 영역	중심 내용	세부 내용
7	중 (1)	역사	국사	삼국 시대의 문화	· 고구려, 백제, 신라 문화의 특징 · 삼국 문화와 당시 생활
7	중 (1)	역사	국사	고려 시대의 문화	· 불교 숭상과 문화 · 세계에 자랑할 만한 고려 문화재
7	중 (1)	역사	국사	조선 시대의 문화	· 유교 숭상과 문화 · 한글과 측우기 등의 발명
7	중 (1)	지리	지리	내가 사는 세계	· 지구본에서 주요 국가, 도시 찾기 · 주요 국가 수도, 역사, 문화 알기
7	중 (1)	지리	지리	다양한 기후 지역	· 세계 각국의 기후 분포 · 강수량과 강우량, 기후대 이해
7	중 (1)	지리	지리	다양한 지역과 주민 생활	· 인터넷을 통한 지형의 다양성 이해 · 세계의 대 하천, 대 산맥 이해
7	중 (1)	지리	지리	지역과 문화	· 구체적 사례를 통한 문화 이해 · 다양한 문화 축제와 지역 특성
7	중 (1)	지리	지리	인구 변화와 인구 문제	· 세계의 인구분포도와 인구 밀집 지역 · 인구 급증, 고령화 등 인구 문제
7	중 (1)	지리	지리	도시 발달과 도시 문제	· 한국의 거대 도시와 도시화 현상 · 도시 거대화로 인한 도시 문제
8	중 (2)	일반사회	정치	우리나라의 정치	· 민주주의와 인권 존중 · 사회 발전에 따른 민주주의 변화
8	중 (2)	일반사회	경제	경제생활과 소비	· 올바른 경제생활과 저축 생활 · 건전한 소비 생활의 모습
8	중 (2)	일반사회	문화	사회생활과 문화	· 사회생활과 사회 질서 · 생활양식과 문화 형성
8	중 (2)	역사	국사	문명의 형성과 역사	· 역사 학습의 의의와 중요성 · 고조선 건국과 발전 과정
8	중 (2)	역사	국사	삼국의 발전	· 고구려, 백제, 신라의 성립과 발전 · 삼국의 발전과 대외 활동
8	중 (2)	역사	국사	통일신라와 발해	· 고구려와 수·당 전쟁 상황 · 삼국 통일 과정의 다각적 검토
8	중 (2)	역사	국사	고려의 성립과 발전	· 후삼국 통일과 고려의 발전 · 고려 전·후기의 사회 제도
8	중 (2)	역사	국사	조선의 성립과 발전	· 유교 이념과 통치 체제 · 외세 침략과 왜란, 호란의 대처
8	중 (2)	역사	세계사	통일 제국과 세계 종교	· 페르시아의 서아시아 통일 · 중국 춘추전국시대와 통일
8	중 (2)	역사	세계사	다양한 문화권	· 이슬람 제국과 중세 유럽 형성 · 인도의 굽타 왕조, 동남아시아의 문화권 형성
8	중 (2)	역사	세계사	사회와 문화 교류	· 송대(宋代)의 발전과 해상 무역 · 오스만제국, 무굴제국, 명·청 제국의 흥망
9	중 (3)	일반사회	정치	정치 생활과 민주주의	· 정치 원리와 민주주의 성격 · 현대 사회의 정치 현상

학년	학교급 (학년)	대 영역	소 영역	중심 내용	세부 내용
9	중 (3)	일반사회	경제	경제생활과 시장경제	·희소성의 의미와 경제 활동의 참여 ·소비자, 생산자, 정부의 역할
9	중 (3)	일반사회	사회	사회생활과 사회현상	·사회생활에 따른 다양한 사회 현상 발생 ·사회 문제와 사회 이슈의 탐구적 접근과 규명
9	중 (3)	일반사회	법	질서와 규범의 준수	·사회생활과 질서의 중요성 ·규범과 규칙 준수와 사회생활
9	중 (3)	역사	국사	조선 사회의 변동	·붕당 정치와 세도 정치의 병폐 ·조선 후기의 새로운 문화
9	중 (3)	역사	국사	근대 국가 수립 운동	·개항과 근대 개혁 운동 ·3.1운동과 대한민국 임시정부
9	중 (3)	역사	국사	대한민국의 발전	·6·25전쟁 후의 한국의 발전 ·경제 성장과 사회 발전 및 변화
9	중 (3)	역사	국사	산업화 국민 국가	·산업 혁명의 전개 과정 ·프랑스 혁명, 미국 혁명, 영국 혁명의 이해
9	중 (3)	역사	국사	현대 세계의 전개	·제1차 대전 후의 세계 ·제2차 대전 후의 세계와 현대 사회의 변화
9	중 (3)	지리	지리	자원의 개발과 이용	·에너지 자원과 지역 갈등 ·상품 생산과 수입, 수출
9	중 (3)	지리	지리	산업 활동과 지역 변화	·농업, 상업, 공업 지역의 변화 ·산업 구조의 변화 구체적 사례
9	중 (3)	지리	지리	세계 속의 우리나라	·세계 속의 한국의 위상 ·제주특별자치도, 독도 등 탐구
9	중 (3)	지리	지리	통일 한국의 미래상	·백두산 개방과 비무장 지대(DMZ) ·북한 지역의 질적 특성 이해
10	고 (1)	일반사회	정치	정의와 민주주의 발전	·사회 정의와 쟁점에 대한 이해 ·민주 시민으로서의 사회 정의 실현 태도
10	고 (1)	일반사회	정치	인간의 존엄성과 인권	·인권 개념과 기본 관점 ·현대 사회의 인권 문제
10	고 (1)	일반사회	사회	세계화와 미래 생활	·세계화에 따른 사회 변화 ·공간적 구조 변화와 일일생활권
10	고 (1)	일반사회	사회	사회 보장과 사회 복지	·사회 발전과 소득 분배 ·사회보장제도와 복지국가 건설
10	고 (1)	일반사회	문화	문화와 문화 발전	·정치, 경제, 사회 현상과 문화의 관계 ·문화 현상에 대한 총체적 이해
10	고 (1)	역사	국사	우리 역사의 형성	·선사 시대와 우리 민족의 기원 ·고조선 건국과 삼국의 변천
10	고 (1)	역사	국사	조선 사회와 서구 열강	·서구 자본주의와 제국주의 강성 ·19세기 정치 질서 문란과 사회 상황
10	고 (1)	역사	국사	동아시아와 조선	·청과 일본의 세력 다툼 ·갑신정변과 개항, 열강의 진입
10	고 (1)	역사	국사	근대 국가와 일본 제국주의	·청일전쟁과 러일전쟁 후의 일본 제국주의 ·민권 운동과 근대 문물 도입

학년	학교급 (학년)	대 영역	소 영역	중심 내용	세부 내용
10	고 (1)	역사	국사	일제 식민지와 민족 운동	·3.1운동 등 민족 운동 사례 · 다양한 독립 운동 전개 과정
10	고 (1)	역사	국사	전체주의와 민족 운동	·1930년대에서 1945년 해방까지의 과정 이해 · 태평양 전쟁과 제2차세계대전
10	고 (1)	지리	지리	국토와 지리 정보	·세계 속의 우리나라 지리적 정보 이해 ·세계 여러 지역의 정보 수집 및 분석 방법
10	고 (1)	지리	지리	자연환경과 인간 생활	· 각 지역의 기후와 지형 이해 ·하천, 평야 등의 경관과 인간 생활 이해
10	고 (1)	지리	지리	문화 경관과 다양성	·촌락, 도시 등의 문화 경관 이해 ·선진국, 개도국의 사례 이해
10	고 (1)	지리	지리	장소 인식과 공간 행동	· 개인의 공간적 이동 형태 이해 · 입지 요인 변동으로 나타나는 공간 구조 변화
10	고 (1)	지리	지리	지역 개발과 환경 보전	·지역 개발 방식과 사례 ·자연재해와 환경 문제 해결과 탐구

6. 사회과의 교수·학습 방법

1) 사회과 교수·학습 방법의 적용 방향

(1) 교재의 재구성 및 주제 중심 접근

사회과 교육과정을 현장에서 구현하는 주체는 일선 학교 사회과 교사들이다. 즉 사회과 교육과정은 사회과 교사에 의해서 교실에서 실현된다. 따라서 사회과 교사는 단원과 주제를 분석하여 학생들에게 의미 있고, 사회적으로 공유되며 풍부한 개념의 일반화가 도출될 수 있는 주제와 문제 중심으로 내용을 재구성·지도하여야 한다. 그리고 학생들에게 미래 사회를 바르게 살아갈 수 있는 의사 결정력, 문제 해결력, 개념화 능력 등을 길러 주어야 한다. 고급 사고력은 사회적으로 중요한 문제나 논쟁점, 새로운 지식 그리고 자신의 문제이자 실생활 경험에서 도전적인 과제로 인지하는 주제와 문제를 통해서 사회 현상에 대한 흥미와 관심을 넓히고, 인간 생활과 사회 현상에 대한 원리를 이해하며, 이를 실생활에 연계할 수 있도록 한다.

주제 혹은 문제 해결을 위한 교수·학습 활동은 수업에 앞서 너무 구체적으로 계획하기보다는 복잡하게 전개되는 교실 상호작용 과정이 고려되어야 한다. 수업에 임하는 대략적인 틀로 문제 제기, 가치문제 확인, 정의와 개념의 명확화, 사실 확인과 경험적 증명, 가치 갈등의 해결, 비교 분석, 대안 모색과 결과 예측, 선택 및 결론 등 교수 단계가 고려될 수 있을 것이다.

사회과 수업 계획이 정형화되고, 너무 세분화되면, 주제나 문제는 피상적, 단편적, 기계적, 외형적으로 다루어질 우려가 많다. 따라서 깊이 있고 통합적인 교수·학습 활동을 통해서 수업 상황에서의 즉각적이고도 적절한 반응이 수반되어야 한다.

사회과에서는 주어진 주제나 문제, 학습자, 상황에 따라 다른 수업이 훌륭한 수업이다. 순전히 교사의 강의에 의존하는 수업을 지양하고 주제나 문제에 적합한 교수·학습 그리고 학습자들의 관심과 흥미, 참여가 고려된 다양한 교수·학습 방법이 고려되어야 한다.

사회과의 문제 중심 접근을 위한 교수·학습 방법으로는 질문, 조사, 토의, 관찰 및 면담, 견학, 자원 인사 초빙, 모형 제작, 실험, 역할 놀이(role play), 시뮬레이션 게임(simulation game) 등 다양한 기법이 두루 활용되어야 한다.

(2) 통합적 교수·학습의 강조

사회과는 종합적이며 통합적인 교과이다. 그러므로 사회과 교육은 사회 현상을 종합적으로 이해하고, 파악하도록 지도하여야 한다. 사회과 통합적 학습은 학문, 생활 영역 간의 통합은 물론, 지식, 기능, 가치·태도가 상호 유기적 관계를 맺도록 함으로써 자신과 행동의 통합이 이루어지도록 해야 한다. 통합의 방법은 활동 중심, 탐구 중심, 주제 중심, 기능 중심 등 다양한 형태로 이루어지도록 힌디. 또한, 시회괴 통합은 다양한 방법을 고려히어야 한다.

① 내용 영역 간의 통합

사회과의 통합은 학교 현장의 교수·학습을 통해서 실현되어야 한다. 사회과 통합의 이유는 사회과 교육이 궁극적으로 성숙한 민주 시민 양성 교육을 목적으로 하며, 일차적으로는 사회 인식을 목표로 한다. 사회 인식은 사회적 사실과 현상의 계열화, 구조화가 핵심인데, 사회적 사실과 현상을 발견하고 이를 시간적, 공간적, 논리적 측면에 따라 계열화시키는 정신 활동에서 시작되는 것이다. 따라서 사회과 교육과정의 운영에 있어서 어느 한 쪽으로 치우치지 않도록 해야 하며, 영역이 분명히 드러난 단원, 주제 등을 지도할 때에는 지리, 역사, 정치, 경제, 사회·문화 등 여러 영역과의 연관을 십분 고려하여야 한다.

② 내용 경험 간의 통합

교수·학습에서의 지식은 학습자의 활동, 경험의 의미와 가치를 부여할 수 있는 것이어야 한다. 단편적인 사실적 지식이 망라된 교과가 사회과라는 비판이 오랜 역사에도 불구하고 여전히 불식되지 않는 이유는, 사회과에서 본래 구성 체제를 달리하는 다양한 학문이 공존하고 있어서, 각기 다른 논리로 접근하기 때문이다.

사회과는 타 교과에 비하여 교과의 양이 많아지고 있는 편인데, 수업 구성에서 교사는 지식의 구조화라는 측면에서 교재를 정선할 필요가 있다. 사실적 지식을 바탕으로 교재를 이용하는 과정에서 교사는 사실적 수준의 정보를 자료나 사례로 보고, 그것들로부터 개념을 추출하고 다시 일반화를 구성하는 논리를 기울여야 한다. 학생들에게 과다한 사실적 지식의 습득을 강조할수록 사회과에 대한 흥미는 반감되고, 이는 학생들의 고급 사고력 발달을 저해하는 요인으로 작용한다는 점을 간과해서는 안 된다.

③ 내용과 방법의 통합

사회과의 교수·학습에서는 내용과 방법의 유기적 연계가 필수적이다. 내용과 방법이 유리(遊離)되면 경험의 구체적 사례가 도외시되고 흥미와 탐구에 대하여 그릇된 생각을 갖게 되며, 학습 행위 자체가 직접적인 의식적 목적이 될 뿐만 아니라 방법은 획일적이 되고, 고정된 철학과 기계적 처방에 따르는 방향으로 전락하기 때문이다.

그러므로 사회과 교수·학습에서 교육의 목적, 내용, 방법, 평가 등 일련의 교육과정 운영 과정은 분리될 수 없고 일정한 목적에 따라 분석, 인식하는 방법의 선택이야말로 학습 주제의 발달을 의미하는 것이라고 할 수 있다. 이러한 원칙에 근거하여 교수 학습에 적용할 수 있는 방법에는 발견 학습, 사례 학습, 역할 놀이 등 다양한 기법이 있다.

(3) 고급 사고력과 탐구 기능의 신장

사회과 교수·학습의 목표는 사회 현상과 사회 사상, 사회 문제를 파악하는 데 필요한 지식과 정보를 획득, 조작, 활용하는 능력을 기르고 사회생활에서 나타나는 여러 문제를 합리적으로 해결하기 위한 탐구 능력, 의사 결정 능력 및 사회 참여 능력을 기르는 것이다. 따라서 사회과는 교수·학습 방법도 고급 사고력을 신장할 수 있도록 운영되어야 한다.

사회과 교수·학습에서 고급 사고력 신장 학습으로는, 개념의 특성을 논리적으로 규명하는 학습, 반성적 사고에 의한 원리를 발견하는 학습, 발견된 원리를 적용하여 사실을 증명하는 학습, 당면 문제를 창의적으로 해결하는 학습, 가치 명료화 학습, 의사 결정 학습 등을 들 수 있다. 학생들은 이러한 학습 방법을 통하여 논리적 사고력, 비판적 사고력, 창의적 사고력 등을 신장시킬 수 있다.

개념을 정의하는 학습과 문제 해결 과정에는 내적 일관성의 유지를 위하여 논리적 사고력을 신장시킬 수 있으며, 문제를 파악하고 증거를 검토하는 과정에서 진술이나 증거의 타당성을 밝히는 학습은 비판적 사고력, 창의적 사고력을 활발하게 신장시키는 학습이 될 것이다.

사회 현상을 올바르게 이해하고 문제를 해결하는 학습 과정에서는 문제 해결의 각 단계에서 일어나는 구체적인 사고 활동을 고려하여야 한다. 즉 한 시간의 수업 과정 속에서 순간순간 일어나는 활동으로써 요약, 분류, 비교, 대조, 번역, 해석, 가설, 예측, 추론, 적용, 분석, 종합, 평가, 상상, 대안 제시, 선택, 결정 등 사고 활동이 이루어지도록 하여야 한다.

특히, 문제 인지 과정에서는 요약, 중요한 것의 선택, 개념 정의, 사실과 의견 및 편견 등의 구분, 탐구 이유 추론, 문제의 의미 해석, 유사 사태의 추론, 원리 적용, 조건이나 원인의 예견, 문제 해결 방향의 추론 등 활동이 활발하게 이루어질 수 있다. 학습 내용과 직접 관련되는 사고 활동이 소홀히 다루어지지 않도록 유의하여야 한다.

학생들이 학습 과제를 체계적으로 탐구할 수 있는 기회를 제공해 주는 것이 중요하다. 체계적인 탐구는 적절하고 정확한 지식을 바탕으로 아이디어들을 논리적으로 발달시키고 결합시키는 기능을 수행하지만, 단편화된 지식을 가르치는 수업은 탐구를 저해하게 된다. 학생들이 구체적 생활 경험을 통하여 사회 현상을 이해하고, 그것을 일상생활에 다시 적용하는 기회를 많이 주어 사회과 학습이 쉽고 재미있다는 생각을 갖도록 해야 할 것이다. 학생들이 복잡한 사회 현상을 설명하고 예측하며, 당면한 문제 해결을 할 수 있는 힘을 기르기 위해서는 그들 스스로 원리나 법칙을 발견하고, 개념, 원리, 법칙들의 생활 영역 분야에서 적용할 수 있는 기회를 많이 제공해 주어야 한다.

그리고 사회과에서 탐구력, 창의력, 문제 해결력, 의사 결정력, 메타 인지(meta cognitive) 등 고급 사고력의 신장은 탐구가 격려되고 존중되는 학습 분위기 조성이 필수적이다. 탐구를 조장하는 교실은 개방적·허용적 분위기에서 학습자들이 자유롭게 질문, 탐구하는 장(場)이 되어야 한다.

(4) 학습자 중심의 교수·학습 전개

학습자 중심의 교수·학습 운영 및 전개는 사회과 교육의 전 과정에 적용되어야 한다. 학습자 중심 교육의 경향은 그동안 이루어진 여러 교육 사조에서 중시하였던 학습자 중심 정신과 최근 강조되는 구성주의적 원리를 사회과 교육 현장에서 적절하게 적용하는 것이다.

학습자 중심 사회과 교육의 방향 중 중요한 하나는, 학습자의 흥미, 욕구, 능력, 필요 등을 존중하여 수준별 교육과정의 운영을 통한 개별화가 이루어지도록 하는 것이다. 또 다른 하나는, 학습자가 능동적으로 수업에 참여하여 자기 주도적으로 학습해 가도록 하는 것이다. 자기 주도적 학습의 관점에서 본 사회과 교육의 근본 목적은 성찰적 자세에서 개인·사회의 자아실현을 이루어 가며, 자신이 바라는 바 원만한 사회생활을 적극적으로 영위할 수 있는 자율적·창의적인 한국인으로서의 조화로운 성장을 도모한다는 데 있다. 따라서 이러한 방향에서 사회과 교육은 스스로 체계화할 수 있도록 지도해 가는 것이다. 그러기 위해서는 학생들이 목적의식을 가지고 교수·학습 계획에서부터 목표, 내용, 교수·학습 방법, 평가 등 전 과정에 이르기까지 적극적으로 참여하여 학습을 구성하고 주도해 나아가야 한다.

(5) 수준별 교육과정 운영

사회과 교수·학습 방법에서는 학습자의 능력과 관심 및 요구 등의 차이를 고려한 학습의 개별화와 자기 주도적 학습력의 신장을 추구하는 것이 중요하다. 학습은 각 개인들에게 독특한 도전적인 상황, 즉 어렵게 혹은 타인의 안내, 협력을 받아 문제를 해결할 수 있는 사고의 수준에서 일어난다. 개인차를 고려한다는 것은 학습자의 능력과 흥미를 존중하는 교수·학습 전략을 제고하여야 한다. 그것은 학습자들이 자신의 학습 계획과 진행 과정 및 결과를 스스로 분석, 평가하여 스스로 학습해 가는 자기 주도적 학습을 통해서 가능한 한 최선의 인간이 될 수 있도록 격려하고 지원하는 것이다. 학습자 중심의 수준별 지도를 위해서 교사는 다양한 방식에 의한 진단 평가, 형성 평가를 적극적으로 활용함으로써 학습자의 능력, 흥미, 요구 등에 민감하고도 적절한 과제와 활동을 제고하고 그 수행을 도와야 한다.

수준별 교수·학습은 전체 학생들을 대상으로 한 기본 과정과 개별 학생들의 이해 수준을 감안한 심화·보충 과정으로 분리하여 운영하여야 한다. 현행 제7차 사회과 교육과정에서 도입한 수준별 교육과정은 운영상에서 다소 문제점이 야기되기는 하지만, 대체로 무난하며, 사회과 교수·학습에 상당히 유의미한 방법으로 받아들여지고 있다. 최근 고시된 '2007년 개정 사회과 교육과정'에서도 이 수준별 교육과정 운영은 권장되고 있으며, 향후 발전적인 사회과 교육과정 모형 개발 및 적용에서도 각별히 강조되어야 할 교수·학습 방법이라고 본다.

사회과의 수준별 교수·학습은 단원, 주제에 할당된 시간의 약 80%를 기본 과정에 할애하고, 약 20%를 보충 및 심화 과정에 편성하여 운영하는 것이 적절하다. 보충 및 심화 과정은 교사의 자율적인 판단에 따라 적절한 시기에 편성, 운영하며, 기본 과정에서 다루었던 과제의 난이도, 복잡도, 추상도 등에 변화를 주어 개인별 혹은 학급 내 능력별 집단 편성을 통해서 실시된다. 특히, 보충 과정은 교육과정에 내용이 제시되지 않은 만큼, 교사는 기본 과정의 중요한 학습 요소를 중심으로 학생들의 학습 능력과 수준을 고려하여 교육 내용을 재구성함으로써 학습의 결손을 예방할 수 있는 시간 확보에 유의하여야 한다.

사회과 교육과정 운영의 실제에서 고려하여야 할 것은 사회를 올바르게 이해하는 데 필요한 기본적인 지식을 이해하고, 이러한 지식을 바르게 활용할 수 있는 능력을 길러 주는 것이다. 따라서 사회과 교수·학습에서는 모든 학생들이 기본 과정을 통해서 이수해야 할 기본 학습 내용을 이해하고, 학생들의 능력에 따라 성취 기준에 도달한 학생에게는 심화 학습을, 성취 정도가 부진한 학생들에게는 보충 학습을 수행하도록 지도하여야 한다.

(6) 개별화 학습과 협동 학습의 조화

사회과 교수·학습에서는 개별화 학습과 협동 학습이 조화롭게 이루어져야 한다. 수업의 개별화, 소규모 집단 활동, 협동 학습 등을 고려하여야 한다. 특히 협동 학습은 소규모 집단 내에서 다양한 측면에서 구성원들이 과제에 대한 공통의 목표 달성을 위해 서로 협력하면서 긍정적인 상호 의존성을 가지며, 역동적인 상호작용을 통해서 인지적, 기능적, 정의적 발달을 성취하게 한다. 협동 학습을 위해서는 교사는 4-6명의 이질적인 학습자들로 소규모 집단을 구성하고, 협동 학습의 핵심적인 요소인 주인 의식과 감정이입적(感情移入的) 태도 및 협력을 통해서 학습 과제를 수행하게 하는 것이 좋다. 또 사회과 교사는 학습자들에게 민감하고 개인적으로 관련을 고려하여, 인지적 관점에서 신뢰를 주어야 한다.

교사는 다양한 협동 학습 모형을 참조하여 준비하고, 학습자 수준에 적합한 학습 자료를 개발하여 적용하고, 학습자들에게 협동 학습의 원리와 규칙을 이해시킨다. 교수·학습 과정에서는 협동 학습에 필요한 언어적 표현 기능, 집단 구성원의 책무성, 참여 의식, 타인에 대한 존중, 공동체의 협동 의식 함양에 주의를 기울인다.

(7) 다양한 학습 기법과 자료 활용

사회과 교수·학습은 학생들의 지식을 바탕으로 문제에 접근하며, 문제를 명확히 규명한 후, 문제 해결 방향과 연구 결과를 검토할 수 있는 기회를 제공한다. 그리고 다음 단계에서 사회 과학적 연구 방법, 탐구 방법 등을 활용하여 문제 해결을 도모한다.

사례 학습, 통계 학습, 표본 조사 학습, 야외 관찰 학습, 현장 체험 학습, 지도 이용 학습, 문헌 조사 학습, 인물 학습, 사료 학습, 상황 분석 학습, 미래 예측 학습 등은 사회 과학적 연구 방법에 기초한 학습 방법들이다.

이 중에서 야외 학습, 지도 이용 학습은 지리적 성격이 강한 내용에 적합하며, 인물 및 사료 학습은 역사적인 내용의 학습에 더 적합하다. 가치 학습에는 자아 발달 모형, 도덕적 발달 모형, 융합적 교육 모형, 가치 수용 모형 등을 적용할 수 있다. 그리고 대안의 선택, 결정을 위한 의사 결정 모형을 적용할 수 있으며, 강의 학습, 조사 학습, 문답법, 토의법, 역할 학습, 모의 놀이 학습 등은 다양한 분야에 두루 적용할 수 있다.

한편, 사회과 교수·학습의 질 향상을 위해서는 발문 기법을 잘 활용해야 한다. 사회과 교수·학습 중의 발문 형태는 지도의 관점에 따라 다양하다. 즉 학생들의 활동을 관리하기 위한 발문, 문제 해결을 촉진시키기 위한 발문, 발상을 장려하기 위한 발문, 학습을 정리하기 위한 발문, 개념 이해를 위한 발문 등 교사의 의도에 따라 다양하게 적용할 수 있다. 발문의 방향은 가능한 한 직접적이기보다는 우회적으로, 지시적이기보다는 비지시적으로, 재생적 수준에서 추론적 수준으로, 그리고 추론적 수준에서 적용적 수준으로 나아가는 것이 바람직하다.

사회과 교수·학습 시간에 교사와 학생의 언어 상호작용은 교사의 발문과 학생의 응답 형태에서, 학생 상호간 토의, 토론, 대화, 의사소통 형태로 나아가야 한다. 이러한 학생 중심 발문 강조는 전통적 교수·학습 이론에서도 강조되었으며, 현행 제7차 교육과정과 2007년 개정 교육과정에서도 중점을 두고 있는 부분이지만, 학교 현장에서는 만족하게 이루어지지 않고 있다. 따라서 미래 사회과 교육과정의 발전적 모형 개발에서는 반드시 이러한 점을 중점적으로 고려하여야 할 것이다.

발문 학습에서는 허용적 학습 분위기를 조성하여 학습에 관한 이야기가 자유롭게 이루어지도록 하여야 한다. 아울러, 교사들은 적절한 시기에 발문하고 학생들이 생각할 수 있는 여유를 주어 사고가 자유롭고 활발하게 이루어지도록 하여야 한다.

아울러, 사회과 교수·학습에서는 사진, 그림, 지도, 통계, 도표, 연표, 문화재, 참고 도서, 신문, 잡지, 방송, 이야기, 노래, 실물, 표본, 모형, 괘도, 기록물, 여행기, 탐험기, 슬라이드, 필름 등 아주 다양한 교수·학습 자료를 두루 활용하여야 한다. 특히, 새로운 정보 자료를 다양하게 적용하는 방향으로 나아가야 한다. 학습 자료는 교재를 분석한 다음, 필요한 자료의 목록을 작성하고, 이들 자료를 수집, 제작, 구입하여 자료의 유형별로 분류한 다음, 자료 활용을 위한 목록을 만들고, 사회과 각 학년 단원의 목표, 교재, 내용, 활용 방법 등에 대한 안내서를 만들어 활용하는 것이 바람직하다.

(8) 세계화에 부응하는 교수·학습 지도

지구촌 시대의 세계화에 부합되는 시민 의식과 고급 사고력을 신장하는 것은 매우 중요하다. 현대 국가는 원심적 방향 변화로서의 세계화와 구심적 방향 변화로서의 지방화를 함께 경험하고 있다. 학습자들이 지역 및 국가 발전뿐만 아니라 세계의 공존 번영에 대하여 적극적으로 관심을 가지고 참여하도록 지도하는 것이 필요하다. 사회과 교수·학습에서 참여 의식, 공동체 의식, 개방 의식 그리고 민주적 의사 결정 태도 등과 같은 시민 의식을 함양해야 한다.

특히, 학습자들이 세계 시민, 국민, 주민으로서의 권리와 의무를 인식하고 세계, 국가, 지방의 관심사 등에 대해서 적극적인 관심을 가지고 문제 해결 및 의사 결정 과정을 경험하도록 한다.

구성원 간의 극단적인 갈등과 무분별한 경쟁을 완화하고, 상호 이해와 공정한 경쟁을 증가하는 공동체 의식을 제고해야 한다. 지방과 국가에 대한 확고한 정체성을 바탕으로 이기적 폐쇄성을 극복하고, 타 지역 및 외국에 대하여 개방적이고도 진취적인 자세를 갖도록 한다.

상호 이해와 존중의 바탕 위에서 타협과 협상을 통하여 평화적으로 다양한 이해 관계와 갈등을 해결하려는 태도를 배양한다. 견학, 조사, 자원 인사 초빙, 토론, 역할 놀이, 컴퓨터 활용 등 다양한 교수·학습 방법이 적용될 수 있다. 세계, 국가, 지방에 있어서의 문제나 논쟁점 등에 대해서 역사 및 사회 과학의 통합적 관점과 다문화 관점에서 접근하며, 다양하고도 구체적인 역사 자료와 시사 자료 등에 기초하여 합리적인 판단을 내리도록 격려한다.

(9) 정보화를 주도하는 교수·학습 지도

현대 사회의 정보화에 능동적으로 대처하기 위해서 정보 처리 능력과 고급 사고력 신장을 지향하여야 한다. 정보 매체의 발달과 통신 매체의 극대화에 따른 정보의 폭증은 한편으로는 다양하고도 폭넓은 학습과 자아실현의 기회를 제공할 수 있으나, 다른 한편으로는 사고와 판단의 혼란을 초래하고 있으며, 정보 획득의 질적·양적 차이에 따라 학습차를 확대시킬 수 있다. 정보와 지식의 수준 및 활용 능력과 신속하고도 정확한 정보에 기초한 문제 해결력, 의사 결정력, 개념화 능력 등을 함양하여야 한다. 정보화 사회에 적극 대응하기 위해 요구되는 정보 처리 기능과 창의적 사고력의 신장을 위해서는 신문 활용 교육(NIE), 컴퓨터 보조 학습(CAI), 인터넷 활용 교육(IIE) 등을 적극 활용하여야 한다.

각종 데이터 베이스(data base)와 시뮬레이션 프로그램(simulation program) 등을 통한 컴퓨터의 활용은 정보화에 대처하는 가장 효과적인 교수·학습 방식이다. 데이터 베이스를 활용하여 학습자가 자료와 정보를 선택, 검색, 조직, 분석, 종합, 해석하도록 함으로써 학습자의 정보 처리 능력 및 탐구와 사회 참여 능력을 신장시킨다. 인터넷을 통하여 세계 각지의 산업, 문화, 환경 등 최신 다양한 정보를 획득하고, 전자 우편을 통하여 다른 나라의 학생들과 토론 및 협동 학습을 수행함으로써 다양하고도 폭넓은 사고의 기회를 갖도록 격려한다.

(10) 시사 자료의 활용 학습

사회과는 사회 사상(社會 事象)을 다루는 교과이다. 따라서 시간적 제한이나 영향을 가장 많이 받는 교과이다. 특히, 국내외의 여러 상황이 예측하기 어려울 정도로 빠르게 변화하는 현대 사회에서는 이러한 시사 자료의 중요성이 더욱 강조되고 있다. 사회과 교수·학습에서의 시사 자료 활용은 새롭게 나타나는 정보 및 사회 변동의 각종 자료를 지도함으로써 사회 변화에 대한 관심과 이해를 깊게 하고, 미래지향적 사고가 이루어지게 하는 데에 그 의의가 있다. 따라서 신문, 잡지, 라디오, TV, 인터넷 등에서 여러 가지 자료를 정선하고 검토한 다음, 학생들의 수준에 알맞도록 재구성하여 지도하는 것이 중요하다.

특히, 사회과 교수·학습에서 시사 자료를 활용할 때에 유의할 점은 모든 자료를 현재의 것으로 꼭 대치할 필요는 없다는 것이다. 교재 내용이 의도하는바, 그 개념을 더욱 잘 이해시키기 위해서는 과거 자료라고 하더라도 그대로 활용하는 것이 좋다. 또, 국내외의 주요 정책 변화에 대한 것은 국가적·사회적 차원에서 지도의 방향을 신중히 검토한 후 적용히어야 하며, 대부분의 시사 자료는 그 사실 여부 등 배경 연구를 거친 후에 교수·학습에 적용하는 것이 바람직하다.

2) 사회과 교수·학습의 원칙과 방법

(1) 교수·학습의 원칙

사회과 교수·학습은 학생들에게 목표를 달성하게 할 수 있는 가장 바람직한 방법적 접근이다. 즉 학생들이 편안한 여건 속에서 주어진 학습 목표를 달성할 수 있도록 배려하는 데 초점을 맞추어야 한다. 이러한 점을 전제하고, 사회과 교수·학습의 원칙을 제시하면 다음과 같다.

① 학습자가 사회 현상에 대한 흥미와 관심을 넓히고, 인간 생활과 사회 현상의 원리를 발견하며, 이를 실생활에 적용할 수 있도록 학습을 전개한다.
② 사회과의 성취 목표인 핵심 지식의 이해, 탐구 기능의 습득, 고차원적 사고력의 신장 그리고 문제 해결력 및 실천 능력 향상을 위해 다양한 교수 방법을 활용한다.
③ 고차원적 사고력 함양에 적합한 귀납적 인식, 반성적 사고, 메타 인지(meta cognitive) 등과 같은 학습 과정을 통해 학습자 스스로 지식을 구성하고 자기 주도적 학습 능력을 향상시킬 수 있도록 학습을 전개한다.
④ 사회과 학습의 목표와 주어진 학습자 여건 및 교육환경을 고려하여 가장 효과적인 교수·학습 방법을 자율적으로 선택 실시하고, 이를 반성적으로 개선해 나가도록 한다.

⑤ 학습자의 요구, 수준, 능력, 적성 등을 고려한 학습을 전개한다.

(2) 교수·학습의 방법

사회과 교수·학습 방법은 사회과 교수·학습 원칙에 의거한 교사와 학생의 실제적 상호작용 방법이다. 사회과 교수·학습 방법은 근본적으로 학생 중심 학습을 지향하여야 하는데, 그 기본적 기법은 다음과 같다.

① 사회 현상에 대한 종합적인 인식을 위하여 통합적인 교수·학습 방법을 강조한다.
② 학생들의 학업 성취 수준, 흥미, 사회적 요구 등을 고려하여 교육 현장에 적합한 주제와 문제를 중심으로 단원을 구성하여 수업이 이루어질 수 있도록 한다.
③ 학생들의 사고력을 자극할 수 있도록, 적절한 탐구 상황을 설정하고 다양한 발문 기법을 활용한다.
④ 소집단별 협동 학습을 통해 민주 시민의 중요한 자질이라 할 수 있는 집단 구성원으로서의 책무성, 참여 의식, 타인에 대한 존중, 협동심을 함양할 수 있도록 한다.
⑤ 질문, 조사, 토의, 논술, 관찰 및 면담, 현장 견학과 체험, 초청 강연, 실험, 역할 놀이와 시뮬레이션 게임, 모의재판과 모의국회, 사회 참여 등 다양한 교수·학습 방법을 학습 내용의 성격에 비추어 적절하게 활용한다.
⑥ 현대 사회의 정보화 추세에 맞추어 각종 정보 매체를 활용할 수 있도록 교실환경을 조성하고, 시사 학습, 신문 활용 교육(NIE), 컴퓨터 보조 학습(CAI)과 인터넷 활용 교육(IIE), 토의·토론 학습, 의사 결정 학습 등을 적극 활용하도록 한다.
⑦ 학습자가 민주 시민의 자질을 함양하고 지역 사회 참여 의식을 고취할 수 있도록 각종 사회 문제에 관한 시사 자료와 지역 사회 자료를 활용하여 지도한다.
⑧ 현대 사회의 정치적, 경제적, 사회적, 문화적 현상을 실증적 자료와 구체적인 사례에 근거하여 분석할 수 있도록 지도한다.
⑨ 교수·학습의 효율성을 높이기 위하여 지도, 도표, 영화, 슬라이드, 통계, 연표, 연감, 신문, 방송, 사진, 기록물, 유물, 여행기, 탐험기 등 다양한 교수·학습 자료를 활용한다.

3) 사회과 교수·학습의 구체적 방법

(1) 일제 학습

학습자 전체가 동일한 학습 목표를 달성하기 위해서 동일한 교재를 사용하여 과제를 해결해 가는 수업 형태이다. 단일 교과서를 중심으로 수업을 전개해 나가는 현실에서 가장 중심적인 학습 형태라고 말할 수 있다. 이는 학급 내의 모든 학생들에게 높은 수준의 학습 내용이 주어짐으로써 동질적으로 교과 목표를 획득할 수 있도록 한다는 데 의의가 있다. 그러나 이는 학습자의 개성과 수준을 전혀 고려하지 못하는 수업이기 때문에 일부 재능 있는 학생들에게 새로운 교육 기회를 제공하지 못할 뿐만 아니라, 학습이 부진한 학생들에 대한 배려를 할 수 없어, 결손 요인이 누적되는 결과를 가져오기도 한다.

학생 중심 학습이 근본인 사회과에서의 일제 학습은 아주 전통적인 방법으로 현대에는 다른 교수·학습 방법과의 연계 및 보조적 기법으로 주로 활용되고 있다.

(2) 분단 학습(모둠 학습)

사회과의 분단 학습이란 학생들을 일정한 기준에 따라 그룹화하여 학습을 진행하여 가는 형식이다. 이는 일제 학습이 가지는 획일성과 학습자의 피동성을 보완해 줄 수 있는 방식이다. 특히, 학습의 규모가 작아짐으로써, 학생들은 더 많이 학습에 참여할 수 있기 때문에 높은 동기 부여를 할 수 있다.

또, 학습의 성과 측면에서도, 단순한 지식의 암기나 이해뿐만 아니라, 동료 집단과의 의사소통 능력을 기를 수 있으며, 집단 내의 활동에 참여하는 과정에서 협력, 역할 분담 등 기본적인 민주적 생활양식을 배울 수 있다. 분단 학습은 수업의 목표를 달성하는 시간에 비하여 상대적으로 오랜 시간을 투사해야 한나는 점과 학생들의 사고 심화 정도를 확인히기 어렵다는 단점이 있다.

(3) 개별화 학습

개별화 학습이란, 학생의 흥미, 인지 양식, 학업 수행, 능력 등에 따라서, 각각에게 맞는 학습 활동을 제공하는 형태이다. 이는 개별적인 성향에 맞는 활동을 제공하기 때문에 학습의 흥미와 참여도를 높일 수 있으며, 우수아와 부진아의 구제를 위해서 유용하다. 수준별 학습은 이러한 개별화 학습 원리에 기초한 교육과정 운영 방식으로 이해할 수 있다. 개별화를 위해서는 무엇보다도 학습자의 특성을 정확하게 파악하는 것이 선행되어야 한다. 각각의 특성에 맞는 교수 전략을 세우기 위해서 다양한 교재를 준비하고 고안해야 하며, 학습자의 개별 학습 속도를 중심으로 하기 때문에, 수업 시간을 융통성 있게 구성하는 것이 중요하다. 최근 컴퓨터 보조 학습, 프로그램 학습 등이 사회과의 개별화 학습 모형으로 많이 적용되고 있다. 즉 사회과에서의 개별화 학습은 학습자 중심의 맞춤식 교수·학습 방법이라고 할 수 있다.

사실, 개별화 학습은 이론적으로 학습자의 성장을 위한 가장 좋은 방법이지만, 사회과가 목표로 하는 민주 시민적인 자질의 많은 부분은 여러 분야의 공동적인 생활을 통해서 얻어질 수 있는 성질의 것이며, 복잡한 사회 현상을 학습의 대상으로 하는 사회과에서 모든 내용을 단선적으로 프로그램화하기는 어렵다는 한계가 있다.

(4) 협동 학습

사회과의 협동 학습은 문제 해결을 위한 분단원(모둠 구성원)들의 협동이 수반되고, 목표를 달성하였을 때, 집단적으로 보상이 주어지는 학습 형태이다. 이는 학생의 개인차를 고려하지 않은 일제 수업이나, 분단 활동에서의 학습 부재 상황을 효과적으로 예방할 수 있는 수업이다. 분단별로 학습한다는 점에서는 보통의 분단 활동과 별 차이가 없다. 그러나 협동 학습에서는 학습 과제를 제시할 때, 분단원의 인원수만큼 역할과 과제를 제시함으로써 학생들이 골고루 학습에 참여하도록 유도한다는 데, 특징이 있다. 또, 각각의 역할을 수행하는 과정에서 다른 분단의 같은 역할들끼리 제2의 분단을 조직하여 토론하는 과정을 거치는 것도 협동 학습의 특징이다. 이러한, 분단 간의 의사소통 과정을 통해서, 각자가 맡은 역할에 대해 보다 전문적인 식견을 갖게 되는 '전문가 집단'의 구성원이 된다.

(5) 현장 학습

일상적인 학습 현장인 교실을 떠나, 사회 현상이 구체적으로 나타나 있는 현장에서 견학, 면접, 조사, 관찰 등 실제적인 활동을 수행하는 교수·학습 방법이다. 이는 교실, 학교라는 동일한 환경 속에서 벗어난다는 점에서 학습에 대한 흥미와 호기심을 유발할 수 있다.

사회과는 사회 현상을 교육 내용으로 하고 있는 만큼 실제로 학생들이 접하는 현장 학습은 매우 의미 있는 수업이다.

효과적인 사회과 현장 학습을 위해서는 사전에 교사와 학생이 함께 계획을 세우고 실천하는 것이 중요하다. 즉 현장 학습의 목적이 무엇인지, 무엇을 보고 듣고 기록할 것인지, 또 현장에서 기록한 것을 차후에 어떻게 정리할 것인지를 미리 계획하고 실행하여야 한다. 특히 현장 학습은 학습과 현실 생활을 연결해 줌으로써 학생의 올바른 사회 인식을 도울 수 있는 좋은 학습 활동이다.

(6) 구성 학습

구성 학습이란 지도, 도표, 통계 등을 실제로 작성하고 모형을 만드는 등 사회과에서 필요로 하는 여러 가지 시각적인 자료를 조작하도록 하는 학습 활동이다. 사회과에서 도표나 지도 모형 등은 수업 시간에 배운 여러 가지 지식을 시각적으로 보는 경험을 가짐으로써, 더 깊이 사회 현상을 이해할 수 있도록 하는 역할을 한다. 사회 현상에서 나타나는 복잡한 수치나, 자연환경 등을 체계적으로 정리할 수 있는 기회를 부여한다.

학생들은 구체물을 조작하여 적극적으로 학습에 참여할 수 있고, 적극적으로 수업에 참여할 수 있으며, 이 과정에서 새로운 문제를 찾아서 발전적으로 확대하는 기회를 갖는 것이다. 최근 컴퓨터 보급으로 지도, 도표, 통계 자료 등을 각종 그래프로 처리하는 기술이 일반화되고 있다. 컴퓨터를 이용한 구성 학습 활동은 학생들에게 여러 가지 자료를 새롭게 처리하는 능력을 길러 줄 수 있을 것이다.

(7) 극화 학습

일반적으로 극화는 복잡한 사회 현상을 실제처럼 단순화시킨 것이다. 이는 실제로 일어날 수 있는 사회 현상, 사회 문제를 가상적으로 꾸미고 체험하게 하는 것으로, 역할 놀이, 시뮬레이션 등 형태로 진행된다.

역할 놀이는 어떠한 상황의 이해를 위해 역할을 설정하고 실제로 학습자들이 그 상황 속에서 상호간에 대응하도록 하는 것이고, 시뮬레이션 게임(simulation game)은 흔히 역할 놀이 및 의사 결정이 수반되며, 사회 현상을 단순화시킴으로써 학생들이 그 활동을 통하여 여러 가지 경험을 할 수 있게 하여 결과적으로 승패를 가를 수 있도록 구성한 것이다. 이는 도서 등을 통하여 사회를 이해하는 것보다 더욱 구체적이고 실감나게 이해할 수 있도록 하며, 학생의 수준에 적합하지 않은 사회 현상들도 단순화하여 경험할 수 있게 해 준다. 이를 통해서, 학습해야 할 개념이나 원리를 자연스럽게 획득할 수 있으며, 여러 가지 상황 속에서 다른 사람의 역할을 시연해 보는 가운데 감정이입(感情移入) 능력을 기르게 되는 등 민주 시민적 자질 함양에도 유익하다.

그러나 복잡한 사회 현상은 단순화하기에 어려움이 따르므로 사전에 충분한 준비가 이루어져야 하며, 전 학생들이 골고루 참여할 수 있는 기회를 부여해 주어야 한다.

(8) 시청각 학습

시청각 학습이란 시청각 기교재를 활용하여 현장 학습을 대신할 수 있도록, 하는 것으로, 직접 체험이 곤란할 때에 보고 들을 수 있는 간접 체험의 기회를 제공하자는 것이다. 교실에서 볼 수 없는 사회 현상을 눈으로 확인할 수 있게 하는 것은 학생들의 사회 인식에 큰 도움이 된다. 최근 학교의 각 교실에 컴퓨터, 프로젝션 TV, VCR, 실물 화상기, 녹음기, 캠코더 등 첨단 기교재가 보급되기 시작하여, 하드웨어적인 시청각 학습 환경이 완비되어 가고 있다. 그러나 정작 중요한 것은 교사들이 직접 구입, 제작한 내용인 소프트웨어(software)적 내용이다. 교사들은 자료를 선정하고 구입할 때에 교육에 적절한 것인지를 판단하여야 하며, 또 시청각 자료를 투입할 시기와 투입 결과를 예상하여 발문을 준비하는 등 다양한 사고(思考)를 북돋워 주는 역할에 충실하여야 한다.

최근 열린 교육, 구성주의 학습 등 영향으로 사회과에서 소위 '맨손 수업'이 사라진 것은 이러한 시청각 기교재를 적극 활용한 역동적 교수 · 학습이 활성화되었기 때문이다.

(9) 토의 · 토론 학습

토의 · 토론 학습은 특정한 학습 과제에 대하여 학생 상호간에 의견을 교환하는 학습이다. 토의를 통해서, 자신의 의사를 올바르게 표현할 수 있을 뿐만 아니라, 다른 사람의 의견을 존중하여 경청하는 능력, 정보를 수집하고 처리하는 능력 등 민주 시민의 자질로서 요청되는 합리적인 사고와 문제 해결력을 기를 수 있다. 사회과에서 토의할 주제로 적합한 것은 가치관이나 관점의 차이에 의해 상반되는 견해가 제시되는 쟁점이 좋다. 이러한 쟁점에 대하여 대립 토의나 패널 토의 등 여러 가지 토의 형태로 자신의 가치나 의견에 대한 논의를 통해서 다양한 가치와 의사소통 기술을 배우게 된다.

특히, 주어진 쟁점에 대한 학생들의 토론 학습 전개는 '학습 방법의 학습(learning of learning method)'을 바탕으로 학습 규칙과 질서를 지키고, 모든 학습 참여자들의 인격과 의견을 존중하는 마음가짐으로 참여하여야 한다. 토의·토론 학습의 핵심은 대화와 의사소통이다.

토의·토론 학습을 원만하게 이끌어 가기 위해 교사는 많은 준비를 하여야 한다. 먼저, 학생들이 마주 보거나, 상대방의 의견을 경청할 수 있는 토의·토론에 적합한 환경 등을 구성하여야 하고, 토의 과정에서 교사에게 질문이 돌아오거나 몇몇 학생들만 토의를 주도하게 되는 점을 미연에 방지하여 모든 학생들이 적극적으로 참여할 수 있도록 자유로운 발언 분위기를 마련하여야 한다.

(10) 강의 학습

사회과의 강의 학습은 설명에 의하여 일정한 지식과 내용을 학생들에게 전달하는 교수 기법이다. 이는 오랜 역사를 가지고 있으며, 현재에도 널리 사용되고 있는 교수·학습 방법이다.

그러나 학습자들이 수동적인 입장에 처하게 되며, 교수 내용이 단편적인 지식인 경우가 대부분이기 때문에 고급 사고력 신장에 도움이 되지 못한다는 비판이 있다. 학생 개개인의 흥미와 관심을 충족시킬 수 없다는 단점이 있고, 또 최근 일반적으로 학생 중심적인 교육관이 보편화되면서 비민주적인 교수 기법으로 오해되기도 한다.

그러나 강의법은 짧은 시간 안에 많은 학습자를 대상으로 많은 지식을 전달할 수 있는 장점이 있다. 교사의 적절한 화법에 의하여 학생들의 흥미를 유발시킬 수도 있으며, 학생들의 인격 형성에도 큰 영향을 줄 수 있다. 학생 중심적인 교수법이 일반적이라 하더라도, 사회과의 내용 중에 강의법으로 진행하여야 할 부분이 많이 있다. 이때, 교사는 미리 강의 내용을 체계적으로 정리해 두어야 하며, 학생들이 이해하기 쉬운 언어를 사용하여야 하며, 시청각 기교재 등 다양한 교재·교구를 활용하여야 한다.

(11) 조사 보고 학습

조사 보고 학습은 학습 과제를 해결하기 위하여 여러 가지 다양한 관련 자료를 통해서 필요한 정보를 찾고, 이를 종합하여 보고하는 학습으로 조사 활동과 보고 활동으로 나누어 생각해 볼 수 있다.

조사 활동 방법은 문헌을 통해서 조사하는 기법과 현장을 찾아가서 조사하는 기법으로 나눈다. 조사 학습의 주제는 학생들이 자발적으로 참여할 수 있는 일상생활에서 문제의식을 느꼈던 것에서 추출되어야 하고, 문제를 해결하는 과정에서도 지속적으로 동기 유발을 할 수 있어야 한다. 무엇보다 학생 수준에서 스스로 해결해 나갈 수 있는 과제를 제시하는 것이 바람직하다.

보고 활동은 전적으로 조사의 시작에서 결론까지 학생들이 이끌어 내는 것이기 때문에, 흔히 교사들은 방과 후 과제나 소집단별 과제로 제시하는 경우가 많다. 하지만 효과적인 조사 학습을 위해서는 조사 문제를 결정하는 것에서 보고서를 조직하는 데 이르는 일련의 과정을 교사와 학생이 함께 계획하여야 하며, 교사는 학생이 추진하는 상황을 검토하고 조언하는 역할을 하여야 한다.

(12) 문제 해결 학습

사회과 문제 해결 학습은 학생들이 문제를 파악하고, 그것을 해결해 가는 학습이다. 문제 해결 학습의 '문제'란 과학적 설명을 요하는 학문적 문제가 아니라, 학생들이 일상생활에서 부딪히는 다양한 문제이다. 특히, 사회과의 문제 해결 학습은 탐구 학습, 의사 결정 학습, 토의·토론 학습 등과 밀접하게 연관된 학습 방법이다.

문제 해결 학습은 학생들이 일상생활에서 부딪히는 문제를 다루기 때문에, 그 내용은 학문상의 개념이 아니라, 주로 학생들의 일상 사회생활이 된다. 사회생활은 사회 기능이 된다. 우리의 일상생활을 분석하여 보면, 가장 기본적인 것이 생산, 분배, 소비 등 경제생활이다. 그 위에 교통·통신생활, 문화생활, 정치 생활 등이 있게 된다. 그러므로 문제 해결 학습은 자연적으로 사회 기능 중심으로 학습하게 된다.

문제 해결 학습은 단원 학습과 밀접한 관련이 있다. 단원 학습에서 단원은 학생들의 경험 중 의미 있는 것을 중심으로 배열한 것이지, 학문상의 그것이 아니므로, 분과가 아닌, 통합을 지향하여야 한다. 결국, 문제 해결 학습과 단원 학습 그리고 통합적인 지도가 서로 밀접한 관련을 맺고 있다는 점을 염두에 두어야 한다.

(13) 탐구 학습

탐구(inquiry)란 지금까지의 방식으로 해결하기 어려운 새로운 사태에 직면하였을 때, 그것에 호기심을 가지고 연구하여 규명하는 것이다. 많은 사람들이 '그저 그런 것이겠거니' 하고 지나치는 사항에 대해서도 탐구심이 강한 사람은 그 문제를 파고드는 것이다. 탐구 학습에서의 학습 문제는 학문상의 개념이 된다.

탐구 학습의 과정은 일반적으로 안내→ 정의→ 가설→ 탐색→ 입증→ 일반화 등 여섯 단계로 진행된다. '안내'는 자료를 제시하여 학생들이 탐구해야 할 내용에 관심을 갖게 하는 단계이다. '정의'는 필요한 경우, 용어의 의미를 분명히 하는 단계이다. '가설'이란, 문제에 대한 학생들의 임시 해답이다. '탐색'은, 가설을 규명하기 위해 연구를 진행하는 단계이다. '입증'은 정교화된 가설의 증거를 입수하여 진위를 가리는 단계이다. '일반화'는 수집, 분석된 자료에 비추어 가설의 의미를 밝혀서, 참(眞)으로 밝혀졌을 경우의 단계이다.

(14) 의사 결정 학습

사회 구성원으로서 시민들은 매일 수없이 많은 의사 결정을 하면서 살아간다. 그 결정은 순수하게 개인적인 사항에 관한 것으로부터, 사회 전체가 관련되는 사항에 관한 것까지 다양하다. 무엇에 대한 결정이든지 그 결정은 합리적인 것이어야 할 것이다. 사회과의 목적은 합리적인 의사 결정이다.

1980년대부터 사회과에서 강조되기 시작한 의사 결정 학습은 주로 사회적 논쟁 문제를 많이 다루게 된다. 왜냐하면, 그런 경우 의사 결정을 내리기가 어렵고, 그것이 문제가 되기 때문이다. 의사 결정 능력을 기르는 사회과의 수업 모형에는 여러 가지가 있는데, 그 단계는, 사실의 이해, 가치 또는 쟁점 이해, 여러 해결책의 제시와 예상 등 3단계이다.

(15) 사료(史料) 학습

학습 자료로서의 사료(史料)란 역사적 자료 중 문헌 자료를 의미한다. 사료는 역사적 연구의 기본 자료이다. 사료에는 제1차적 사료와 제2차적 사료가 있다. 해당 역사적인 상황을 좀 더 직접적으로, 구체적으로 보여 주는 것이 제1차적 사료이다. 제2차적 사료는 이러한 제1차적 사료를 바탕으로 연구한 연구물이다.

사료는 역사를 연구하는 데 아주 중요한 자료이지만, 대부분의 사료는 한문으로 씌어 있어서, 학생들은 물론 교사들이 해독하는 데 애로가 있다. 그러므로 초·중·고교 학교급 단계에 알맞은 수준의 사료를 선택하는 것이 바람직하다. 특히, 초등학교 단계에서는 완전 해독하여 풀이한 사료가 좋을 것이다. 특히, 현재 우리나라 초·중·고교생들은 한문, 한자 실력이 미약한 형편이므로, 학생들의 수준에 맞는 해독판(解讀版)을 적절하게 활용하는 것도 바람직하다.

(16) 인물 학습

인물 학습은 역사적 인물을 통하여 학습하는 것이다. 인물은 그들이 살던 시대의 배경과 관련시켜 이해하고, 역사 발전과 관련시켜서 이해함으로써, 그 인물의 당시 상황 및 정치권력과의 관계, 민중 생활과의 관계, 경제 구조와의 관계, 문화 발달 등을 관련시켜서, 인물의 본질을 이해하는 한편, 그 인물이 속한 당시의 정치적, 경제적, 사회적, 문화적 상황을 고찰하는 것이 중요하다.

인물 학습의 인물 선정은 정치 지도자로서 국가 발전을 이룩한 인물, 국가의 위기를 맞아 국난을 극복한 인물, 문화 활동으로 민족의 슬기를 펴낸 인물, 학문 발달에 이바지한 인물, 과학 기술로 민족의 생활을 증진시킨 인물 등이다.

(17) 지도(地圖) 학습

사회과 학습 자료 중 하나인 지도는 실제의 모습이나 현상을 선별적이고 추상적으로 표상시키는 기초적인 의사소통 수단이다. 지도 학습에서는 사건, 사례 등을 학습할 때에 그것이 발생하는 위치를 머릿속에 넣는 것이 이해에 도움이 된다. 지도 학습의 유형은 다음과 같이 두 가지로 나눌 수 있다.

첫째, 지도 자체에 대한 이해를 추구하는 유형이다. 지도의 본질과 목적에 대한 이해와 방위, 척도, 기호의 이해, 지도에서의 특정 위치 확인 능력 배양, 간단한 지도 작성 능력 등이 그것이다.

둘째, 다양한 학습을 기초로 지도를 이용하여 각종의 추론 능력, 상황 및 관계 파악 능력 배양 등을 하는 유형이다. 지도 학습에서 중요한 것은 지도 학습이 특정 단원, 주제에 국한되는 것이 아니라, 모든 단원, 주제, 내용에 두루 적용된다는 점이다.

7. 사회과의 평가

1) 사회과 평가의 방법

교육평가는 일련의 교육과정의 운영 과정(過程)인 교육 목표, 교육 내용, 교수·학습(지도) 방법, 교육 평가 등 일련의 과정 중 한 단계이다. 교육 평가의 본질적 기능은 학습자를 등급별로 나누어 서열화하는 것보다 교수·학습 과정에서 학습자가 이수해 나가는 학업 수행 상황을 진단하고, 학업 성취 정도를 파악하는 데 필요한 자료를 제공하는 것이다. 즉 평가는 교육과정의 정신을 구현하기 위한 수단이라고 할 수 있기 때문에, 교육과정이 지향하는 교과의 목표, 내용, 방법 등과의 일관성을 유지해 나아가야 한다. 특히, 평가는 교육과정 체제·절차의 계속적인 하나의 과정이지 마지막 단계가 아니라는 점을 유념할 필요가 있다.

그러나 현재 사회과 교육 평가의 상황을 보면, 사회과 교육과 사회 과학 교육의 동일시, 사실·개념의 기억을 탐구 능력과 등치시키는 통속적 지식관, 사회과 학습 내용과 사회 현상 분리 등 교과 내적 문제와 교사의 과중한 업무 부담과 다인수 학급, 평가의 준거 체제 미흡 관행 등과 같은 학교 환경 여건 등 여러 가지 문제가 혼재되어 있다.

민주 시민을 육성하기 위한 사회과 교육에 사회 과학은 주요 내용 요소일 수는 있으나, 사회 과학 교육과 사회과 교육을 같은 것으로 볼 수는 없는 것이다. 그럼에도 불구하고, 사회과 평가는 사회 과학 지식을 주 내용으로 하고 있어서, 평가 내용의 타당성이 미약한 경우가 있다.

그리고 사실, 개념, 이론을 기억하는 것과 그 지식을 활용하는 것은 서로 다른 차원의 일인데, 많이 기억하면 사회과 학습을 잘한다고 판단하는 것은 사회과 학습을 잘못 안내할 가능성이 있다. 교사와 학생이 사회과를 암기 과목으로 알고 무조건 교과서를 외우려고 하는 관행은 기억 여부를 평가하는 문항에서 비롯되었다고 판단된다.

사회과는 사회 현상을 소재로 하는 교과이므로, 지식의 유형이나 그 학습 방법에 관계없이 사회과의 지식은 사회 현상을 설명하고 이해하는 데에 도움이 되어야 한다. 그렇지 않고 추상적인 이론 자체나 단편적인 사실 하나하나를 중요한 내용인 듯 평가의 주요 요소로 삼게 되면, 학습자는 사회과 학습의 의의를 찾지 못한다. 학교 환경 여건 중에서 교사 업무 부담과 다인수 학급 문제는 정책 사항이지만, 평가의 준거 체제 도치 문제는 교과 내에서도 함께 논의될 수 있는 문제이다.

사회과 평가를 바르게 하기 위해 고려해야 할 준거 체제는 합목적성, 효율성, 공정성 등을 들 수 있다. 이러한 준거를 충족한 평가가 바람직한 평가라고 할 수 있는 것이다.

첫째, 사회과 평가의 합목적성은 사회과 교육 목표에 알맞도록 평가를 해야 한다는 것으로서, 교육의 본질과 관련된 준거 체제이다. 이를 위해서는 평가 기능을 학습의 실질적인 선도 매개체로 인정하고, 평가 결과가 동일한 대상이나 학습 목표에 전이성(轉移性)을 유지할 수 있도록 하며, 사회과 교육이 지향하는 고등 정신 기능인 비판적 사고, 창의적인 문제 해결력, 합리적인 의사 결정력 등을 촉진시키는 평가를 해야 한다.

둘째, 사회과 평가의 효율성은 정해 놓은 목표를 달성하는 데에 소요되는 비용을 최소화시키는 것으로서, 출제와 시험 관리 및 평가 결과 처리에 소요되는 시간과 노동력 투입의 극소화, 제한된 비용으로 가치 있는 결과를 산출하는 일이 효율성의 중요한 점이다.

셋째, 사회과 평가의 공정성이란, 다양한 배경을 가진 학생들과 교사 요인에 따른 우연성이 평가 과정과 결과 처리에 왜곡과 굴절을 발생시키지 않고, 노력에 대한 정당한 성적 보상을 해 주어야 한다는 의미이다.

현재까지는 대체로 평가를 선발 수단으로 보고 공정성과 효율성을 앞세웠다. 그 결과 교육 본질에 대한 합목적성은 상대적으로 약화되었다. 이러한 상황에서 교사는 교육적으로 의미 있는 평가보다는 정답이 분명한 선다형과 단답 서술형의 지필 평가를 선호할 수밖에 없었다. 그 결과, 사고의 다양성과 사회 참여 태도를 강조하는 사회과에서 학습자가 사회 현상을 창의적으로 해석할 수 있는 기회가 제한되었다.

미래의 사회과 교육과정 개발에서는 합목적성을 근본적인 대전제로 설정하고, 효율성, 공정성 그리고 또 다른 적정한 평가 준거를 적용해야 할 것이다.

2) 평가 체제

사회과 평가는 교육과정이 지향하는 성격, 목표, 내용, 교수·학습 방법, 평가 등 일련의 과정에 일관성이 유지되어야 한다. 교육과정의 목표와 내용은 평가 요소 선별의 준거가 되며, 교수·학습 방법은 평가 방향을 안내하는 지침이 되어야 한다.

사회과 평가를 사회과 교육과정의 취지에 맞도록 평가를 하면, 학생은 시험을 보기 위하여 별도로 학습을 하지 않고도, 평소 학습을 충실히 이수하면 좋은 평가를 받을 수 있기 때문에 교수·학습 과정이 정상화, 활성화된다.

3) 평가의 목적

사회과 평가는 학습자 개개인의 학습 과정과 성취 수준을 이해하여 학습 발달을 도와주기 위한 것이므로, 등급화하여 상호 비교하지 않도록 한다. 특히, 수준별 교육과정의 정신에 따라 학습자 개개인의 성취도를 확인하기 위한 목적으로 평가하도록 해야 한다. 평가의 목표 타당성은 교과 목표를 성취하는 데에 실제 도움이 된 내용을 평가해야 한다. 어떤 내용을, 왜 그렇게 평가해야 하는지 합리적인 논리가 분명해야 그 평가는 목표에 적합하게 부합되었다고 볼 수 있다. 사회과의 평가는 사회과 교육과정 운영, 실천의 한 과정이지, 평가를 위한 평가는 아닌 것이다.

4) 평가의 시기

사회과의 평가는 진단 평가와 학습 활동 평가 및 형성 평가 등과 같이 학습 과정으로 나뉘어 실시되어야 하며, 그 결과만을 대상으로 하는 총괄 평가 중심은 지양되어야 한다. 학습 과정의 평가도 탐구지향적 사고력 신장 학습을 유인하는 평가를 지향하여야 하며, 이는 곧 학습 활동 그 자체를 대상으로 평가한다는 의미이다. 사회과 평가는 수시 평가 체제가 바람직하다.

5) 평가의 방법

사회과 평가는 선다형·객관식 위주의 평가보다는 면접, 체크리스트, 관찰, 포토폴리오 등 다양한 형태의 수행 평가가 바람직하다. 객관식 평가는 효율성이라는 긍정적인 면이 있으나, 학습자가 주체적으로 사고할 수 있는 기회를 주지 못하는 단점이 있다. 즉 사회과에서 강조하는 창의적 사고나, 문제 해결력 등은 객관식으로 평가할 수 밖에 없기 때문이다.

앞으로, 보다 바람직하고도 발전적인 사회과 교육과정에서는 학생들의 다양한 활동을 다양한 방법으로 평가하는 것이 중요하다. 특히, 사회과 평가는 과거지향적 점수 위주의 평가보다, 미래지향적 발달 위주로 실시되어야 한다.

6) 평가의 영역

사회과 교육과정에서의 평가는 지식·이해 영역, 기능 영역, 가치·태도 영역 등이 조화롭게 평가되어야 한다. 특히 다음과 같은 점을 고려하여야 한다.

첫째, 지식·이해 영역 평가에서는 사실, 개념, 일반화, 원리 등으로 이어지는 명제적 지식과 지식을 획득하는 방법적 지식, 획득한 지식을 최종 산출물로 만들어 내는 전략적 지식 등 세 유형을 함께 고려하여야 한다.

사회과 평가에서의 지식·이해 영역 평가는 주로, 지리, 역사, 정치, 경제, 사회, 문화 등 여러 가지 사회 과학에 내재된 사실적 지식의 습득, 사회 현상의 설명과 문제 해결에 필수적인 기본 개념 및 원리의 일반화에 대한 지식이 급증하고 있으며, 그 지식이 계속적으로 수정되는 것이기 때문에, 얼마나 많은 명제적 지식을 알고 있는지보다는, 방법적 지식과 전략적 지식을 얼마나 효과적으로 활용하는가가 더욱 중요하다.

둘째, 기능 영역의 평가에서는 지리적 현상, 역사적 변화, 현대 사회의 특성에 대한 통합적·종합적 이해 정도와 사회 현상 탐구에 필요한 정보의 획득 및 활용, 탐구, 의사 결정, 집단 참여 기능 등을 측정하는 데에 초점을 두어야 한다.

셋째, 가치·태도 영역의 평가에서는 국가적·사회적·개인적 요구에 비추어 바람직한 가치와 합리적인 가치의 내면화 정도, 가치 분석 및 평가 능력 등을 평가해야 한다. 가치 평가는 인간의 행위와 사회 환경에 대한 다양한 관점의 이해와 수용, 사회적 합의성이 높은 가치의 탐색 및 사회의 기본 가치에 대한 이해와 존중 정도를 중심으로 평가해야 한다.

7) 평가 결과의 활용

사회과 평가는 사회과 목표 달성도를 준거(準據)에 의해서 측정하는 것이다. 사회과의 평가 결과는 학습자의 학업 성취 결과 판정 및 학습 능력과 교수·학습 방법의 적절성을 진단하고 평가하는 데 활용한다. 교사와 학부모는 평가 결과를 통하여, 개별 학습자의 학습 정도를 파악하여 우수한 점은 장려하고, 부족한 점은 보충해 주어야 한다. 사회과 평가에서 유념해야 할 점은 평가 결과가 최종 도착점이 아니고, 교육과정 실행의 한 과정(process)이라는 점이다. 따라서 사회과 평가는 선발적 평가관에 의한 석차 사정, 점수 부여보다는 발달적 평가관에 의한 학습자 발달, 성장을 지향하여야 한다.

〈표 49〉 사회과 발전적 교육과정 모형의 평가 영역 및 평가 기준

구분	평가 과정 (평가 항목)	행동 영역			평가 도구
		지식·이해	기능	가치·태도	
평가 영역	①문제 사례 선정→문제 현황 조사→문제의 원인 분석→문제 해결 대안 제시 및 토의	-방법적 지식	-문제 해결 -자료 분석 -의사소통	-토의 참여 -합리적 대안 제시	
	②특성 조사→장점 추출→문제점 확인→장점 확대→문제점 해결 방안 탐색→실천계획 수립	-전략적 지식	-의사 결정	-공동체 의식 -사회 참여	
	③현재 모습 확인→변화 상황 예측→미래 모습 상상	-명제적 지식 -사회 변동 양상	-의사 표현	-창조적 사고, 태도	
	④구성원 희망 조사→희망 사항 추출→방법 탐구	-방법적 지식	-자료 분석	-감정 이입	
	⑤학습자 의견 발표→학급 전체의 논평→하고 싶은 일 글 작성	-내가 하고 싶은 일은 얼마나 가치 있는 일인가? -내가 하고 싶은 일은 현실적으로 가능할까? -내가 하고 싶은 일을 위해 내가 준비할 일은 무엇인가?			

	단원 목표	주제와 내용	교수학습 방법	평가 방법	비고
평가 방법	①고장의 기관들이 하는 일을 알 수 있다. ②고장의 단체들이 하는 일을 알 수 있다. ③고장을 위한 공동 활동에 대해서 알고, 말할 수 있다.	-고장의 기관과 단체	-사회 조사	-평가 요소: 기관, 단체가 하는 일 -평가 도구: 조사 보고서	
		-고장 사람들의 노력	-토의 학습	-평가 요소: 고장 발전 방안 -평가 도구: 토의 과정 관찰	

	항 목	보통(1-2회)	우수(3-4회)	최우수(5회 이상)	비고
채점 기준	1. 발표 순서	-사회자의 지명 없이 발표, 타인의 발표 저해	-가끔 사회자의 지명을 받지 않고 발표	-사회자의 지명받아 발표	·사전에 채점 기준 배점표 작성
	2. 발표 시간	-정해진 시간 30% 이상 초과	-정해진 시간 20% 이상 초과	-정해진 시간 10% 이상 초과	
	3. 의견 청취	-타인의 말 비경청	-타인의 말 잘 경청	-타인의 말 경청 및 정리 기록	
	4. 용어 사용	-존댓말 사용 않고, 감정적 표현	-존댓말 사용, 감정적 표현 가급적 자제	-존댓말 사용, 감정적 표현 자제	
	5. 발표 주제 관련성	-주제 관련성 낮음	-더러 주제 관련성 낮은 발표	-주제 관련 내용만 발표	
	6. 주장 근거	-주장만 하고 근거 미제시	-주장의 근거를 주관적 측면에서 제시	-주장의 근거를 개관적 측면에서 제시	
	7. 다른 의견에 대한 반응	-다른 의견을 감정적 언사로 배척	-다른 의견의 문제점 비판	-다른 의견 건설적 비판 및 장점 수용	
	8. 자기주장 수정	-합의 결과와 관계없이 자기주장 고집	-합의된 결과를 수용하되, 계속적 비판	-합의된 결과 인정	
	9. 결과에 대한 태도				
	10. 표결 참여				

8. 사회과 교육과정의 적정화

1) 사회과 교과용 도서 개발

교육과정과 교과서는 매우 밀접한 관계를 갖는다. 사회과 교육과정과 사회과 교과서의 관계도 마찬가지이다. 사회과 교과용 도서란 사회과 교과서, 사회과 교사용 지도서, 인정 도서 등을 의미한다. 우리나라 초·중등교육법 제29조에는 교과용 도서 사용에 관한 규정을 "학교에서는 국가가 저작권을 가지고 있거나, 교육과학기술부 장관이 검정 또는 인정한 교과용 도서를 사용하여야 한다." 라고 명시하고 있다. 그리고 교과용 도서의 범위·저작·검정·인정·발행·공급·선정 및 가격 사정 등은 대통령령으로 정하도록 하고 있다. 초·중등교육법시행령 제55조에는 "교과용 도서의 범위 등에 대하여는 대통령으로 정한다.”라고 규정하였다(교육법전편찬회, 2007: 23－40).

교과서는 학교에서 교육을 위하여 사용되는 학생용의 주된 교재와 그 교재를 보완하는 음반, 영상 제작물 등을 의미하며, 교사용 지도서는 학교에서 교육을 위하여 사용되는 교사용의 주된 교재와 그 보완 교재를 말한다. 또한 인정 도서는 교과서, 교사용 지도서가 없는 경우 또는 이를 사용하기가 곤란한 경우, 보충할 필요가 있는 경우에 사용하기 위하여 교육과학기술부 장관의 인정을 받은 교재 및 그 보완 교재를 의미한다.

국가 수준의 교육과정이 고시되면, 그에 따라 교과서가 편찬되는데, 교육과정의 전면적 개정 또는 부분 개정이나 기타 사유에 의하여 교과서나 교사용 지도서의 3분의 1 이상의 내용이 변경될 때에는 ‘개편(改編)’이라고 하고, 교육과정의 부분 개정이나 기타 사유에 의하여 교과용 도서의 문구, 문장, 통계, 삽화 등을 교정, 증감, 변경하는 것을 ‘수정(修訂)’이라고 하는데, 보통 교육과정에 신설된 교과목의 교과서는 신편이 되고, 종전에도 있었던 교과목의 교과서는 개편되며, 이미 편찬된 도서를 재발행할 때에는 ‘수정’이 이루어진다.

현행 대통령령으로 되어 있는 ‘교과용 도서에 관한 규정’이 정하는 교과용 도서인 교과서, 교사용 지도서, 인정 도서에는 교육과학기술부가 저작권을 가진 제1종 도서로서의 교과서와 교사용 지도서, 교육과학기술부 장관의 검정을 받은 검정을 받은 2종 도서인 교과서와 교사용 지도서, 교과서 또는 교사용 지도서에 갈음하여 또는 이를 보충하기 위하여 교육과학기술부 장관이나 시 · 도 교육감의 승인을 얻는 도서인 인정 도서 등 세 가지 종류가 있다.

제1종 도서는 초등학교, 중학교, 고등학교의 교과목 중 국어와 교육과학기술부 장관이 정하여 고시하는 교과목의 교과서와 교사용 지도서, 초등학교와 중학교, 고등학교를 제외한 각급 학교 교과목 중 교육과학기술부 장관이 고시하는 교과목의 교과서와 교사용 지도서 등이다. 따라서 제1종 도서 이외의 도서는 2종 도서 또는 인정 도서로 편찬된다.

이와 같이 현행 사회과 교과용 도서는 초등학교의 경우, 대부분 제1종 도서인 국정으로 발행되고 있다. 반면 중등학교에서는 국사 과목(영역) 교과서 및 교사용 지도서만 국정이고, 나머지는 제2종 도서인 검정으로 발행된다. 따라서 장차 초등학교용 교과용 도서도 검정 도서, 인정 도서 등으로 개발의 폭과 깊이를 더해야 할 것이다. 특히 사회과가 재구성, 지역화를 기반으로 하는 교과인 만큼 검정 도서, 인정 도서 등으로 개방하여 개발하면, 한층 더 내용이 창의적으로 개발될 것이고, 나아가 재구성 및 지역화 정신에도 부합될 것이다. 다만, 현재 초등학교 대부분의 교과용 도서와 중등학교 국사 과목(영역)의 교과용 도서 지정 취지를 십분 살려서 교육과학기술부 차원에서 내용의 검증 등 교과용 도서의 질 관리를 강화하여야 할 것이다.

다음에는, 교과용 도서의 개발에 각계각층의 다양한 인사들이 참여하도록 제도적 개선이 이루어져야 할 것이다. 현재, 사회과 교과용 도서 개발 및 편찬도 사회과 교육과정과 마찬가지로 대학교와 연구 기관 등에 위탁하는 체제를 채택하고 있다. 현행 제7차 교육과정의 제1종 도서(국정)는 한국교원대학교에서 교과용 도서인 교과서와 교사용 지도서 등을 개발, 편찬하였다.

이와 같은 교육과정의 위탁 개발, 편찬 체제는 수탁 기관과 책임자의 취향과 친소 관계에 의하여 개발 참여자가 위촉되고 있어서 문제가 되고 있다. 참여자들이 수탁 기관, 개발팀장의 친소 관계에 의해 위촉되다 보니, 직위, 지역, 전공 등에 심각한 편포 현상을 보이고 있는 것이다. 현행, 사회과 교과용 도서 개발에는 연구진 10여 명, 집필진 20여 명, 심의진 20여 명 등 1책(권)당 약 50명 정도의 인사들이 참여하고 있지만, 참여 인사의 직업, 직위, 지역의 균형성은 아주 결여된 형편이다. 연구진, 집필진, 심의진 등으로 구분하여, 교육과정 전문가, 사회과 교육학자, 사회과 교수, 교육전문직, 초·중·고교 교사 등이 참여하는 교과용 도서 개발팀에 전국적으로 자질과 능력 있는 인사들이 두루 참여할 수 있는 체제와 제도적 장치가 마련되어야 할 것이다. 개선책의 일환으로 개발, 편찬은 현행처럼 위탁 체제를 유지하더라도, 개발자들은 교육과학기술부에서 전국적으로 공모제, 추천제를 적용하여 다양한 각계각층 인사들의 참여를 조장하여 보다 양질의 교과용 도서 개발·편찬을 모색해야 할 것으로 사료된다.

〈표 50〉 사회과 교육과정의 교과용 도서 구분

학교급	제1종 도서(책수)	제2종 도서(책수)	인정 도서(책수)
초등학교	1) 교과서 　① 사회 3-1, 3-2, 4-1, 4-2, 5-1, 5-2, 6-1, 6-2 (8) 　② 사회과 탐구 4-2, 5-1, 5-2, 6-1, 6-2 (5) 　③ 사회과 부도 4-6 (1) 2) 교사용 지도서 　① 사회 3-1, 3-2, 4-1, 4-2, 5-1, 5-2, 6-1, 6-2 (8)		1)교과서 사회과 탐구(지역별) (16)
중 학 교	1) 교과서: 국사 (1) 2) 교사용 지도서: 국사 (1)	1)교과서 　사회 1, 2, 3사회과 부도 (4) 2)교사용 지도서 　사회 1, 2, 3 (3)	
고등학교	1) 교과서: 국사 (1) 2) 교사용 지도서: 국사 (1)		1)교과서 사회, 지리부도, 세계사, 역사 부도, 사회·문화, 세계 지리, 정치, 경제, 한국 근·현대사, 인간 사회와 환경, 한국 지리, 경제 지리, 법과 사회 (13) 2)교사용 지도서 사회, 사회·문화, 정치, 경제, 인간과 환경, 경제 지리, 법과 사회 (7)
합 계	26	7	26

* 출처: 함종규, 2006: 749-752를 참조하여 연구자 재구성.

2) 초·중·고교 사회과와 사범계 대학 사회교육과의 교육과정 연계

한국 교육과정의 관행적이고 답습적인 병폐 중 하나는 초·중·고교 교육과정과 교원 양성 대학의 교육과정이 상호 유리(遊離)되어 있다는 점이다. 사실은 교원 양성 대학 교육과정과 초·중·고교 교육과정은 매우 밀접하게 연계되어 있어야 한다. 사범계 대학이 초·중·고교 교사로 임용되기 전의 직전 교육과 양성, 연수를 겸한다고 본다면 이러한 중요성은 더 가중될 것이다. 그럼에도 불구하고 그동안 우리나라 초·중·고교 사회과와 사범계 대학 사회교육과의 교육과정은 전혀 연관을 맺지 않고 따로 놀고 있었던 것이다. 앞으로 교육과정 개발·개정에 이 점에 대한 정책적·제도적 개선책이 강구되어야 할 것이다.

사범계 대학으로서 목적 대학인 교육대학교와 사범대학은 졸업생들이 교원 임용 고사를 거쳐서 일선 초·중·고교의 교사로 진출한다. 곧, 교대와 사대는 심오한 학문적 연구라는 대학의 고유한 사명에 충실하면서도, 교원 양성 기관이라는 특수 목적 대학으로서 직전 연수 기관의 성격을 동시에 갖는 것이다.

그럼에도 불구하고, 현재 우리나라의 초·중·고교 사회과 교육과정과 교원 양성 대학인 교육대학교, 사범대학의 사회교육과 교육과정의 연계성이 미약하여 여러 가지 문제가 발생하고 있다.

초·중·고교의 사회과 교육과정과 사범계 대학인 교대와 사대의 사회교육과 교육과정의 교과목, 목표, 내용, 교수·학습 방법. 평가 등 교육과정 편성·운영 전반에 걸친 연계성 결여로 학생들은 졸업 후, 교원 임용과 더불어 학교 교실 현장 적응에 많은 애로를 겪고 있다. 대학에서 배운 내용과 초·중·고교 등 재직 학교에서 가르치는 내용이 전혀 다르기 때문에 심한 혼란과 갈등을 경험하는 것이다. 특수 목적 대학인 교대와 사대는 일반 대학교의 임무 외에도 교원 양성이라는 중요한 목표와 지향점을 갖고 있다는 점을 간과해서는 안 될 것이다. 따라서 학생들이 졸업 후, 교원 임용 시에 대학에서 배우고 익힌 내용을 재직하고 있는 초·중·고교 학생들의 지도에 두루 활용하고, 장애 없이 적응할 수 있도록 교육과정이 개발, 적용되어야 한다.

이와 같은 초·중·고교와 대학의 사회과 교육과정의 불일치와 비연계를 해소하기 위해서는 교육과정 개발·개정에서 다음과 같은 점을 고려하여야 할 것이다.

첫째, 초·중·고교 사회과 교육과정 개발, 사범계 대학의 사회교육과 교육과정 개발에 관련 인사들의 상호 교차 참여를 제도화해야 한다. 현행 초·중·고교 교육과정 개발에는 위탁 대학(연구 기관)의 교수와 연구원들을 주축으로 소수의 외부 인사가 참여하는 체제로 운영되고 있다. 또, 소수인 외부 인사 위촉도 개방적 공모제가 아닌 친소(親疎) 관계에 의해 이루어지고 있다. 그러다 보니, 참여 인사의 폭이 좁고 활동이 제한적일 수밖에 없다. 반면, 사범계 대학의 교육과정 개발·개정은 주로 각 단위 대학의 내부 인사(교수) 위주로 이루어지고 있다. 그리고 그 운영 체제는 철저히 폐쇄적이다. 장차 초·중·고교에 재직할 교사를 양성하는 교원 양성 대학 교육과정 개발에, 정작 현장에서 당해 교과를 직접 가르치는 현장 교사들의 참여가 봉쇄되어 있으니, 연계적이고 통합적인 교육과정 개발이 곤란한 것은 당연한 귀결이다. 따라서 대학의 사회교육과 교육과정 개발에도 현장의 사회과 교사 등 외부 인사들의 참여를 제도적으로 보장해야 학교 현장 적용·실행에 적합한 보다 유의미하고 바람직한 교육과정이 개발될 것이다.

둘째, 초·중·고교 사회과 교육과정과 사범계 대학 사회교육과의 교육과정 개발, 개정 시기와 내용을 연계하여야 한다. 현재 초·중·고교의 사회과와 사범계 대학의 사회교육과 교육과정 개발·개정 주기는 따로 놀고 있다. 초·중·고교의 교육과정은 일정한 주기로 교육과학기술부에서 일정한 대학, 연구 기관 등에 위탁, 개발하여, 교육과학기술부 장관이 고시하여 전국적으로 적용하고 있다. 반면, 대학의 사회교육과 교육과정은 교육과학기술부의 교과 운영 지침에 따라, 각 단위 대학별로 부정기적으로 개발, 개정하여 총장이 공표하고 학내에서 적용하는 체제를 유지하고 있다. 초·중·고교의 사회과와 대학의 사회교육과 사이에서는 전혀 공유, 교류가 단절된 폐쇄적 시스템을 유지하고 있는 것이다. 이러한 폐쇄적 교육과정 개발 및 운영 체제를 개방적 체제로 전환하는 것이 무엇보다도 시급하다 하겠다.

셋째, 사범계 대학생들이 재학 중 초·중·고교 사회과 교육과정을 직접 배울 수 있는 교과목이 교과 교육학 강좌, 교과목 등으로 다양하게 개설되어야 한다. 초·중·고교 사회과에 직접 관련되는 강좌와 교과목을 개설할 수도 있고, 기존 강좌와 교과목에서 초·중·고교 사회과 교육과정에 대한 내용을 교수하는 체제도 고려해 볼 수 있을 것이다. 중요한 점은 예비 교사인 사범계 대학생들이 현장 실정을 이해하고, 자신이 직접 담당할 교과에 대한 목표, 내용, 지도 방법, 평가 등 일련의 교육과정 운영 시스템에 대하여 보다 폭넓고 깊이 있게 인식할 수 있도록 기회를 최대한 부여해 주어야 한다는 점이다.

넷째, 현행 참관 실습 1주, 본 실습 4-6주 정도로 규정되어 있는 사범계 대학의 교육 실습 기간을 최대로 연장하여, 예비 교사들이 초·중·고교 현장의 교육 체제 및 교육과정에 대해서 익히고, 재직 시의 적응력을 신장하여야 할 것이다. 사실 현재 교대와 사대의 교육 실습은 예비교사로서 아주 중요한 활동이다. 대학 강의실에서 배운 내용과 초·중·고교 교실 현장을 연결하는 최초의 적응 활동이기 때문이다. 하지만 너무 기간이 짧고 형식적으로 흐르는 경향이 있어서, 개선해야 할 필요가 있다.

현재, 우리나라 전국 사범계 대학의 사회교육과 관련 학과(일반사회교육과, 역사 교육과, 지리 교육과 포함)는 국립인 교육대학교(한국교원대학교 초등교육과 포함) 12개교, 사립인 이화여자대학교 초등교육과를 포함하여 13개 대학이 초등 사회교육과를 개설하고 있다. 중등의 경우, 일반사회교육과 영역의 학과(일반사회교육과, 사회교육과, 사회교육학부 일반사회교육 전공, 사회생활과 포함)는 국립 10개교, 사립 6개교 등 16개 대학에서 개설하고 있다. 역사 교육과 영역의 학과(역사 교육과, 사회교육학부 역사 교육 전공, 사회생활과 역사 교육 전공, 국사교육과 포함)는 국립 9개교, 사립 13개교 등 총 22개 대학에서 개설하고 있다. 한편, 지리 교육과 관련 학과(지리 교육과, 사회교육학부 지리 교육 전공, 사회교육과 지리 교육 전공, 사회생활과 지리 교육 전공 포함)는 국·사립 각각 10개교에서 개설하고 있다. 전체적으로는 국립 대학교에서 41개 학과, 사립 대학교에서 30개 학과를 개설하고 있다<표 51>.

한편, <표 52>는 2007학년도 현재, 전국 각 대학의 사회교육과 관련 학과 입학 정원이다. 교육대학교는 11개교에 5,692명, 한국교원대학교 초등교육과 160명을 포함하여, 초등은 입학 정원이 5,852명이다. 중등의 경우 국립은 일반사회교육과 관련 학과 7개교 124명, 역사 교육과 관련 학과 5개교 89명, 지리 교육과 관련 학과 6개교 112명, 계열 및 학부제로 신입생을 선발하는 대학이 5개교 217명으로 총 702명이 입학 정원이다.

사립은 일반사회교육과 관련 학과 5개교 137명, 역사 교육과 관련 학과 12개교 336명, 지리 교육과 관련 학과 9개교 235명, 계열 및 학부제로 신입생을 선발하는 대학이 1개교 84명으로, 총 39개교에서 총 7,186명의 사회과 예비 교사들이 매년 대학의 사회교육과 관련 학과에 입학하여 예비 교사 교육을 받고 있다. 따라서 이러한 예비 교사들에게 초·중·고교 사회과 교육과정 관련 내용을 교수하는 것은 매우 중요하며, 나아가 사범계 대학의 사회교육과 관련 학과 교육과정 내용과 초·중·고교 사회과 교육과정 내용의 상호 연계가 사회과 교육의 내실을 기하는 길인 것이다.

<표 51> 전국 대학의 사회교육과 관련 학과 개설 현황 (2007학년도 현재)

구분 (영역)	학과(전공)	개설 대학(설립별)		비고(계)
		국립	사립	
초 등	사회교육과 (사회과교육과)	서울교대, 부산교대, 대구교대, 광주교대, 경인교대, 춘천교대, 청주교대, 공주교대, 진주교대, 전주교대, 제주교대, 한국교원대	이화여대 (사회생활과)	13
소계		12	1	
일반사회	사회교육과	서울대, 순천대, 충북대	성신여대, 우석대, 인하대	충북대: 역사지리사회 교육학과군(群) / 6
	일반사회교육과	강원대, 경북대, 공주대, 부산대, 한국교원대	대구대	6
	사회교육학부 (일반사회교육 전공)	전북대, 제주대	서원대	3
	사회생활과 (일반사회교육 전공)		이화여대	1
소계		10	6	16
역 사	역사 교육과	강원대, 공주대, 경북대, 부산대, 서울대, 순천대, 한국교원대	고려대, 대구가톨릭대, 대구대, 성신여대, 신라대, 우석대, 인하대, 총신대, 한남대, 홍익대	17
	사회교육학부 (역사 교육 전공)	전남대, 전북대	서원대	3
	사회생활과 (역사 교육 전공)		이화여대	1
	국사교육과		원광대	1
소계		9	13	22
지 리	지리 교육과	강원대, 경북대, 경상대, 공주대, 순천대, 충북대, 한국교원대	고려대, 관동대, 대구 가톨릭대, 동국대, 성신여대, 우석대, 인하대, 청주대	15
	사회교육학부 (지리 교육 전공)	전남대, 전북대	서원대	3
	사회교육과 (지리 교육 전공)	제주대		1
	사회생활과 (지리 교육 전공)		이화여대	1
소계		10	10	20
합계		29	29	58
총계		41	30	71

〈표 52〉 전국 대학 사회교육과 관련 학과 입학 정원 (2007학년도)

구 분 (설립별)	대학명	사회교육과 관련 학과 영역별 입학 정원 (명)						비고
		초등	일반사회	역사	지리	학부(계열)	소계	
교육 대학교 (국립)	경인교대	932					932	심화과정
	공주교대	574					574	심화과정
	광주교대	498					498	심화과정
	대구교대	564					564	심화과정
	부산교대	564					564	심화과정
	서울교대	565					565	심화과정
	전주교대	407					407	심화과정
	제주교대	148					148	심화과정
	진주교대	496					496	심화과정
	청주교대	450					450	심화과정
	춘천교대	494					494	심화과정
	소계(11)	5,692					5,692	
사범 대학 (국립)	강원대		10	10	10		30	
	경북대		20	20	25		65	
	경상대					45	45	학부
	공주대		20	20	25		65	
	부산대		20	20	20		60	
	서울대					54	54	계열
	순천대		22				22	
	전남대					40	40	학부
	전북대					33	33	학부
	제주대		13		13		26	
	충북대					45	45	학과군
	한국교원대	160	19	19	19		217	
	소계(12)	160	124	89	112	217	702	
사범 대학 (사립)	고려대			30	35		65	
	관동대				24		24	
	대구가톨릭대			15	15		30	
	대구대		30	30	30		90	
	동국대			33	34		67	
	서원대		40	40	40		120	
	성신여대		12	12	12		36	
	신라대			30			30	
	우석대		15	15	15		45	
	원광대			31(국사)			31	
	이화여대					84	84	계열
	인하대		40				40	
	청주대				30		30	
	총신대			30			30	
	한남대			40			40	
	홍익대			30			30	
	소계(16)		137	336	235	84	792	
총계(39개교)		5,852	261	425	347	301	1,494(7,186)	(교대 포함)

* 주: 각 교육대학교의 사회교육과 심화과정 인원은 입학 정원의 약 1/11 정도임 (11개과: 국민공통 교과 + 유아·특수 교육 심화 과정, 각 교육대학교별로 10-11개 학과 심화과정임).

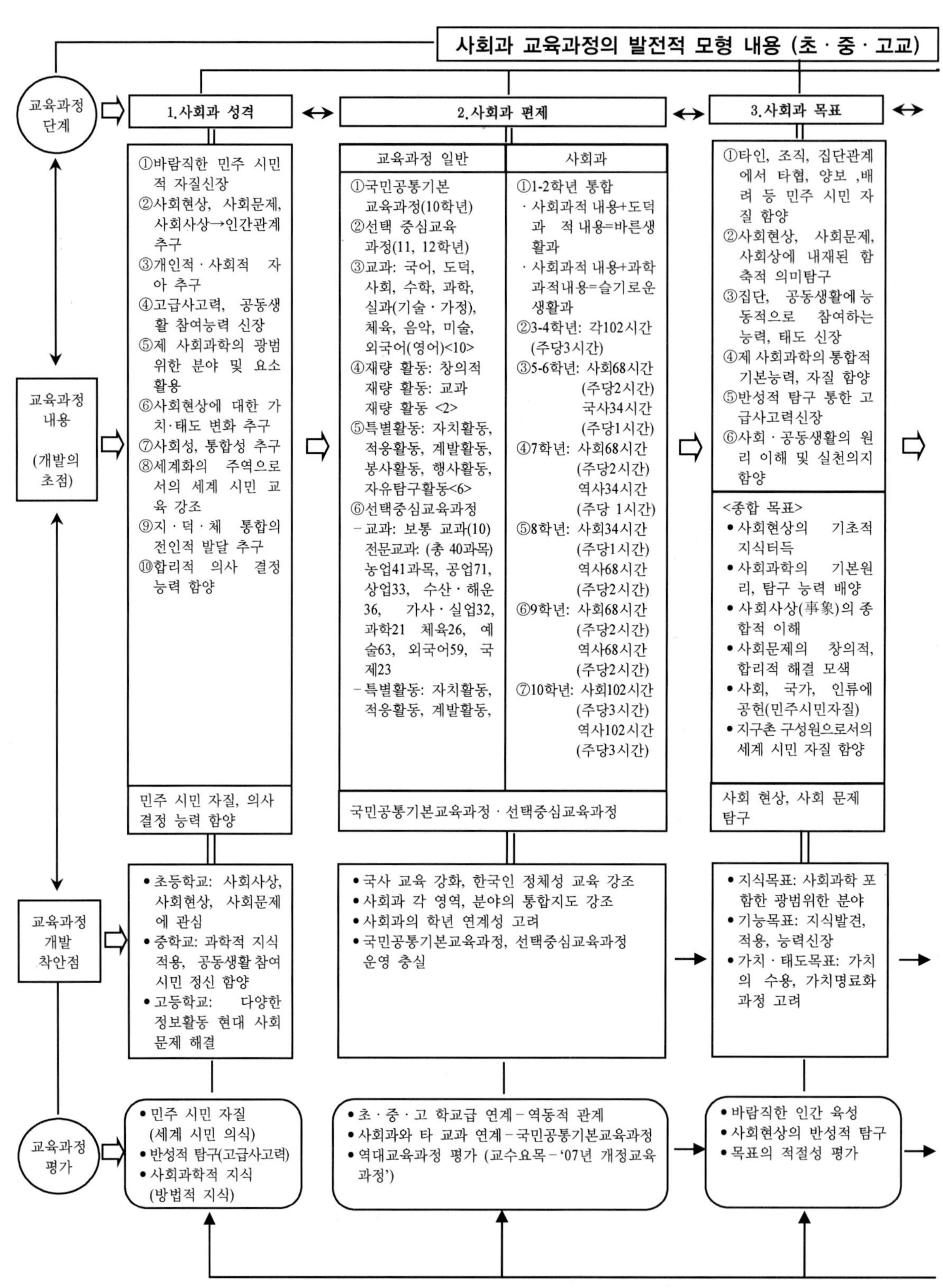

[그림 8] 사회과 교육과정의 발전적 모형 도표

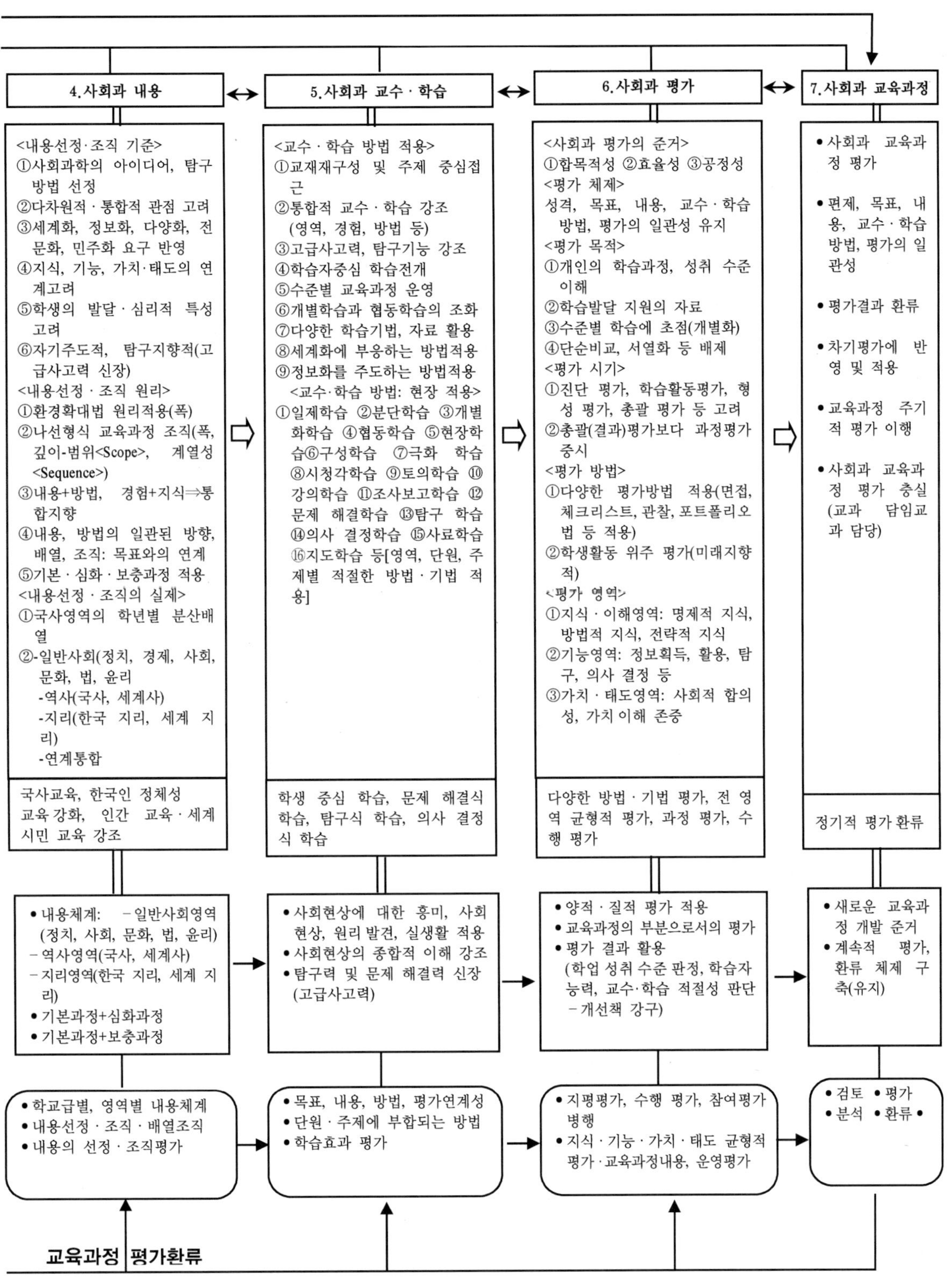

4.사회과 내용 ↔ 5.사회과 교수·학습 ↔ 6.사회과 평가 ↔ 7.사회과 교육과정

<내용선정·조직 기준>
①사회과학의 아이디어, 탐구 방법 선정
②다차원적·통합적 관점 고려
③세계화, 정보화, 다양화, 전문화, 민주화 요구 반영
④지식, 기능, 가치·태도의 연계고려
⑤학생의 발달·심리적 특성 고려
⑥자기주도적, 탐구지향적(고급사고력 신장)
<내용선정·조직 원리>
①환경확대법 원리적용(폭)
②나선형식 교육과정 조직(폭, 깊이-범위<Scope>, 계열성 <Sequence>)
③내용+방법, 경험+지식⇒통합지향
④내용, 방법의 일관된 방향, 배열, 조직: 목표와의 연계
⑤기본·심화·보충과정 적용
<내용선정·조직의 실제>
①국사영역의 학년별 분산배열
②-일반사회(정치, 경제, 사회, 문화, 법, 윤리
-역사(국사, 세계사)
-지리(한국 지리, 세계 지리)
-연계통합

<교수·학습 방법 적용>
①교재재구성 및 주제 중심접근
②통합적 교수·학습 강조 (영역, 경험, 방법 등)
③고급사고력, 탐구기능 강조
④학습자중심 학습전개
⑤수준별 교육과정 운영
⑥개별학습과 협동학습의 조화
⑦다양한 학습기법, 자료 활용
⑧세계화에 부응하는 방법적용
⑨정보화를 주도하는 방법적용
<교수·학습 방법: 현장 적용>
①일제학습 ②분단학습 ③개별화학습 ④협동학습 ⑤현장학습 ⑥구성학습 ⑦극화 학습 ⑧시청각학습 ⑨토의학습 ⑩강의학습 ⑪조사보고학습 ⑫문제 해결학습 ⑬탐구 학습 ⑭의사 결정학습 ⑮사료학습 ⑯지도학습 등[영역, 단원, 주제별 적절한 방법·기법 적용]

<사회과 평가의 준거>
①합목적성 ②효율성 ③공정성
<평가 체제>
성격, 목표, 내용, 교수·학습 방법, 평가의 일관성 유지
<평가 목적>
①개인의 학습과정, 성취 수준 이해
②학습발달 지원의 자료
③수준별 학습에 초점(개별화)
④단순비교, 서열화 등 배제
<평가 시기>
①진단 평가, 학습활동평가, 형성 평가, 총괄 평가 등 고려
②총괄(결과)평가보다 과정평가 중시
<평가 방법>
①다양한 평가방법 적용(면접, 체크리스트, 관찰, 포트폴리오 법 등 적용)
②학생활동 위주 평가(미래지향적)
<평가 영역>
①지식·이해영역: 명제적 지식, 방법적 지식, 전략적 지식
②기능영역: 정보획득, 활용, 탐구, 의사 결정 등
③가치·태도영역: 사회적 합의성, 가치 이해 존중

•사회과 교육과정 평가
•편제, 목표, 내용, 교수·학습 방법, 평가의 일관성
•평가결과 환류
•차기평가에 반영 및 적용
•교육과정 주기적 평가 이행
•사회과 교육과정 평가 충실(교과 담임교과 담당)

국사교육, 한국인 정체성 교육 강화, 인간 교육·세계 시민 교육 강조

학생 중심 학습, 문제 해결식 학습, 탐구식 학습, 의사 결정식 학습

다양한 방법·기법 평가, 전 영역 균형적 평가, 과정 평가, 수행 평가

정기적 평가 환류

•내용체계: －일반사회영역 (정치, 사회, 문화, 법, 윤리)
－역사영역(국사, 세계사)
－지리영역(한국 지리, 세계 지리)
•기본과정+심화과정
•기본과정+보충과정

•사회현상에 대한 흥미, 사회현상, 원리 발견, 실생활 적용
•사회현상의 종합적 이해 강조
•탐구력 및 문제 해결력 신장 (고급사고력)

•양적·질적 평가 적용
•교육과정의 부분으로서의 평가
•평가 결과 활용 (학업 성취 수준 판정, 학습자 능력, 교수·학습 적절성 판단 － 개선책 강구)

•새로운 교육과정 개발 준거
•계속적 평가, 환류 체제 구축(유지)

•학교급별, 영역별 내용체계
•내용선정·조직·배열조직
•내용의 선정·조직평가

•목표, 내용, 방법, 평가연계성
•단원·주제에 부합되는 방법
•학습효과 평가

•지평평가, 수행 평가, 참여평가 병행
•지식·기능·가치·태도 균형적 평가·교육과정내용, 운영평가

•검토 •평가
•분석 •환류•

교육과정 평가환류

제6장

한국 사회과 교육과정의 전망과 혁신

1. 사회과 교육과정의 과제

1) 사회과 교육 방향의 불명확성과 다중성

한국의 사회과는 광복 이후 도입 시기부터 제2차 교육과정 시기인 1972년까지는 경험 중심 교육 관에 바탕을 둔 사회기능 중시의 사회과 교육이 주축을 이루었다. 제3차 교육과정 시기인 1973년부 터 1981년까지는 한국 국내 상황이나 문제점을 고려하면서도 사회과학 중심의 사회과 교육이 시도 되었으며 1981년부터 시행된 제4차 교육과정에서는 인간 중심의 사회과 교육관을 고려하기 시작하 였다. 그리고 제5차 교육과정 시기인 1987년부터 미래주의 사회과 교육관을 보완하였으며 1992년 제6차 교육과정에서는 상황적·해석적 관점을 고려하고, 제7차 교육과정에서는 구성주의 교육관에 기초한 학습자 중심 교육을 반영함으로써 사회과 교육의 본질을 추구하려 하였다. 그 밖에 제4차부 터는 사회적 요청에 부응하여 인구 교육, 환경 교육, 국제 이해, 통일 교육, 세계화, 정보화 등에 따 른 현대 사회 문제를 반영하였다. 2007년의 '2007년 개정 교육과정'의 사회과에서는 제7차 교육과정 의 기본 정신을 계승하면서 국사(역사) 교육 강화, 한국 정체성 교육 강화, 세계 시민 교육 강조 등 을 지향하고 있다.

한편, 교과 편제의 측면에서 초창기의 도덕, 실업, 자연 관찰 등과의 통합과 분리 문제, 제4·5차 교육과정 시기부터의 바른 생활 및 슬기로운 생활로의 통합, 국사 교육 강화 등으로 인한 제5-6학 년 국사 교과서의 분리 등 다양한 변화가 있었다. 이로 인하여 한국 사회과 교육의 본질적 성격이 계승 발전되는 모습을 찾기 어렵고, 사회과 교육과정의 구조나 방향에서 다중성을 띠고 있다.

교육과정의 상시 개정 체제를 도입한 '2007년 개정 교육과정'에서의 사회과는 역사(국사) 교육의 강화, 한국 정체성 교육의 강화 등이 특징이며, 제7차 교육과정의 기본 정신인 국민공통기본교육과 정, 고교 선택중심교육과정, 학교 교육과정의 충실, 학생 중심 교육과정 운영 등을 더욱 강조하고 있다.

2) 시민성 교육 목표의 추상성

자고로 사회과 교육과정의 근본적 목표는 시민성 교육이다. 즉 사회과의 변하지 않는 목표는 민 주 시민 교육이다. 시민성은 미국에서 1915년과 1916년 보고서 이래로 사회과의 주요 목표로서 받 아들여져 왔으며 이러한 점은 우리나라에 사회과가 도입된 이후에도 당연한 것으로 인정되어 왔다. 사회과 교육의 목적·목표가 바람직한 사람, 인간다운 인간 육성이라는 점은 시민성 교육, 민주 시 민 교육과 궤(軌)를 같이하는 것이다.

일반적으로 '시민성'의 목표는 '선량한 시민', '바람직한 시민', '유능한 시민', '사고하는 시민' 등 으로 불리어 왔다. 그러나 '시민성'이란 곧 어느 나라 시민성인가'라는 문제가 제기되었고 계속 논쟁 끝에 '주체성'을 강조하여야 한다는 입장에서 '국민적 자질'이란 의미로 활용되었다. 이 '주체성'은 하나의 '정체성'으로, 제7차 교육과정, '2007년 개정 교육과정'의 사회과에서는 '시민적 자질'로 개정되었다. 국민적 자질이 집단, 조직에 초점을 둔다면, 시민적 자질은 개인에 초점을 두고 있다는 점이 다른 점이다.

이러한 시민성 교육 목표는 제6차 교육과정 개정 시에 한국 사회의 민주화와 더불어 '민주 시민의 자질'로 변경되었다. 제6차 교육과정 해설서에는 "사회과 교육의 궁극적 목표는 사회 구성원으로서, 개인의 성장과 올바른 시민의 소양을 길러 주는 데 있다."라고 전제하고, 우리가 바라는 바람직한 시민이란 곧 주권자로서의 한국인을 말하는 것이며, 이러한 인간상을 우리의 사회, 문화적 상황 속에서 현대 사회를 현명하게 살아가는 한국인을 뜻한다고 하였다.

그러나 문제는 이러한 한국인으로서의 바람직한 민주 시민상이란 그 핵심적인 요소를 어디에 두고 있으며 구체적으로 어떤 지식과 능력, 가치, 태도 등을 갖춘 사람인가, 이러한 인간상의 함양 여부는 어떻게 확인되어야 하는가, 특히, 학교 사회과 교육에서 참조할 지도 방향과 전략은 무엇인가라는 점의 초점이 명확지 않고, 더러는 애매모호(曖昧模糊)한 점이 있다는 것이다. 이러한 사회과 목표로서의 민주 시민성은 오랜 사회과의 역사 속에서 계속적인 핵심 쟁점이 되어 왔다.

3) 사회과 교육 내용 신정 조직의 문제

사회과 교육에서 내용은 학습 경험과 관련되어 있다. 사회과 교육에서 무엇을 가르칠 것인가를 결정하는 일은 의미 있는 사회과 교육을 수행하는 데 있어서 가장 핵심적이며 중요한 일이다. 사회과 교육이 효과적으로 이루어지려면, 가르칠 내용이 교사와 학생, 학부모, 지역 사회 구성원 모두에게 의미 있는 것이어야 한다. 특히, 학습의 주체인 학생들이 관심과 흥미, 요구를 반영한 사회과 교육과정의 내용 선정과 조직이 강조되어야 한다.

특히, 사회과 교육과정의 내용 선정과 조직에서 유념해야 할 것은 지역화와 재구성이다. 즉 전국적으로 총론은 같되, 각론은 아주 다양하게 전개되어야 하는 것이다. 물론 창의성과 자율성을 바탕으로 하는 학교 수준 교육과정, 교사 수준 교육과정 전개가 핵심이다.

사실 국가 수준 교육과정은 전국의 공통적인 범주를 정하여 제시한 것이다. 국가 수준 교육과정은 기본적으로 교육과정의 일반적인 범위(scope)와 계열성(sequence)을 규정해 놓은 것이다. 이와 같은 국가 수준 사회과 교육과정의 범주 내에서 각 지역과 학교의 여건과 실정, 환경 등을 감안한 지역 수준 교육과정, 학교 수준 교육과정이 개발·실행되어야 하는 것이다. 그러므로 사회과 교육과정의 바람직한 실행, 사회과 교수·학습의 질 제고 등은 국가 수준 교육과정보다는 상대적으로 지역 교육과정, 학교 교육과정에서 주로 이루어진다고 보는 것도 무리가 아니다.

그러기 위하여 선결되어야 할 문제는 사회과 교육 내용을 선정 조직하는 모든 구성원, 즉 전문 학자, 교사, 학생, 학부모, 학교 운영위원, 지역 사회 인사 등의 의견을 충분히 반영하고 합리적인 절차에 따라 합의 결정의 과정을 거쳐야 한다. 그런데 실제로 사회과 교육과정 내용의 결정은 소수의 전문가에 의하여 결정되며, 합의 절차는 형식적 절차에 그치는 경우가 대부분이다. 특히 사회

과학 분야별 내용을 결정할 때에는 전공 영역의 내용 확보에 치중한 나머지 통합성이 결여되고 전체 내용의 균형과 조화를 이루지 못하는 결과를 가져오게 하고 있다.

4) 사회과 교육과정 체제 간 비연계성

사실 사회과 교육에 대한 교사와 학생들의 반응은 내용이 많고, 어려우며 재미가 없다는 지적이 많다. 실제 이 문제는 사회과 교육과정을 개정할 때마다 중점을 두고 주력하여 왔음에도 불구하고 계속 제기되어 왔다. 이러한 결과는 그 자체에 대한 연구의 부족, 교육과정 설계나 편성상의 문제, 많은 내용을 가르쳐야겠다는 생각, 교사 연수의 부족 등 여러 가지 원인이 복합되었다고 볼 수 있다.

사회과에서는 학습자 중심 사회과 교육의 정신을 반영하여 적은 양의 지식을 학생들의 활동 중심으로 전개하도록 하였으나 가르쳐야 할 내용이 무엇인지를 파악하기 어렵고, 학습 후 무엇을 지도하였는지 확신이 서지 않는다는 것이다. 특히 수준별 교육과정의 운영이 어렵고, 수행 평가를 비롯한 평가의 적절성을 기하기 어렵다는 것이다. 사회과 교육과정에서 평가가 별도로 독립된 요소가 아니라, 목표, 내용, 방법과 연계된 하나의 순환적 요소라는 점을 유념할 필요가 있다. 평가를 위한 평가가 아니라, 교육과정 운영의 요소, 과정으로서 평가가 이루어져야 하는 이유가 바로 여기에 있는 것이다.

분명한 점은 사회과 교육과정에서 교육 목표, 교육 내용, 교육 방법, 교육 평가 등 일련의 교육과정 체제가 밀접한 연계성을 가져야 하며, 최종 단계인 교육 평가는 다시 교육 목표에 환류되는 자연스러운 순환적 관계를 유지해야 한다는 것이다.

5) 사회과 교육의 학교 일선 현장 문제

사회과 교육 현장은 수많은 변인들과 제반 노력의 종합적 결과로 나타나는 모습이다. 따라서 현장의 활동을 저해하는 요인도 매우 복합적이며 다양하기 때문에 여기서 그 문제점을 일일이 제시하기는 어려울 것이다. 일반적으로 한국 사회과의 특성 및 학교의 교육 환경에서 나타나는 근본적인 문제점을 제시하면 다음과 같다.

첫째, 사회과 교육은 복잡한 사회 현상을 학습의 대상으로 하기 때문에 막연하고 어렵고, 재미없다는 것이다. 학습 내용의 지역화, 학교화가 부족하다는 지적이다.

둘째는 아직도 다인수 학급과 사회과 학습 환경의 열악화로 학습의 비효율성을 누적적으로 초래한다는 것이다. 최근 학생 수 감소로 학급당 학생 수가 과거에 비해서는 많이 줄었지만, 선진국에 비해서는 아직도 과다하다고 볼 수 있다. 특히, 도시의 대규모 학교에서는 재적생 과밀로 문제가 많은 데 비하여, 상대적으로 농어촌 소규모 학교에서는 재적생이 지나치게 적어 정상적인 사회과 교육과정 운영(실행)에 제약을 받고 있는 실정이다.

셋째, 사회과 교수·학습 개선에 관한 연구를 비롯한 제반 연구가 일회성에 그치고 있으며 연구의 의도 자체가 업적 평가에 바탕을 두고 있다는 것이다.

넷째, 사회과 교육과정 운영 방식이 교사들의 자율성과 창의성에 바탕을 두지 않고 있다는 점이다. 특히, 한국의 사회과 교육과정은 초등학교와 중등학교가 운영 방식에 확연한 차이를 보이고 있다. 초등학교가 탐구 학습, 조사 학습, 협동 학습 등 다양하고도 창의적으로 사회과 교육과정을 편성(개발)·운영(실행)하는 데 비하여, 중등학교는 아직도 주로 교사 중심의 강의식으로 사회과 교육과정이 실행되고 있음을 부인할 수 없다. 특히, 대학 입시를 앞둔 고등학교의 경우는 사회과를 암기 교과로 치부하고, 나아가 사회과 수업 시간을 국어과, 영어과, 수학과 등 주 교과의 보충 학습에 할애하는 경우가 아직도 불식되지 않고 있다. 사회과 교수·학습이 학생 중심, 현장 중심으로 이루어지는 활동 중심 교과라는 점은 모두가 동의하나, 행정적·제도적 제약 여건 때문에 교사 중심, 교실 중심에서 벗어나지 못하는 안타까운 점이 있는 것이다.

2. 사회과 교육과정의 전망

1) 새로운 사회과 교육관의 정립

사실 현재 독립된 학문으로서의 교육학의 학문적 정체성은 매우 미약(微弱)하다고 볼 수 있다. 사회과 교육학 역시 학문적 역사에 비하여 정체성이 빈약(貧弱)한 것도 부인할 수 없는 사실이다. 사회과 교육학이 하나의 학문으로서 독립할 수 있는 철학과 가치 그리고 내용을 내재하고 있느냐에 대해서는 이론(異論)이 있는 것이 사실이다. 사회과 교육학이 하나의 독립된 학문으로서 정체성을 제대로 확보하지 못하다 보니, 자연적으로 사회과 교육관은 흔들리기 마련이다. 사회과의 본질, 목표, 초점이 밋밋하고 명확하지 않다는 점도 이러한 특성에서 비롯되는 것이다.

우리나라 사회과 교육의 내적 요인을 고려하여 타당한 사회과 교육관을 정립하고, 그러한 논리가 사회과의 목적과 목표, 내용, 방법, 평가 등에 일관성 있게 반영되도록 노력하여야 할 것이다. 우리는 그동안 생활 경험을 통한 사회 기능 중심의 교육, 교과 또는 사회 과학 중심의 교육, 아동의 조화로운 발전을 위한 학생 중심(인간주의)의 교육, 미래 교육, 상황적·해석적 교육관, 구성주의 등 여러 교육관을 받아들이는 데 그칠 것이 아니라, 우리의 교육 상황에 적절한 사회과 교육 모형을 구축하여야 할 것이다. 오늘날 사회과 교육에서 요청되는 것은, 학생들의 자아실현, 자기 주도적 학습, 많은 정보를 활용하여 지식을 발견하고, 문제를 해결해 가는 과정 중시, 사고력 교육의 강조, 탐구 학습, 열린 교육, 협동 학습 등 여러 가지 접근 방법을 들 수 있다. 이러한 교육적 요인들을 고려하여 제7차 교육과정 개정의 기본 방향에서는 학습자 중심의 교육과정을 구성하도록 하였다. 그 교육관의 명칭을 무엇이라고 하든지 간에 그러한 교육관의 철학적 의미와 교육의 기본 원리를 규명하고, 실체와 절차를 밝혀 교육과정 구성에 체계적으로 반영하여야 할 것이다. 그리고 이러한 교육관은 우리 나름대로 계승 발전시키도록 해야 할 것이다(한면희, 2006: 594).

21세기 지식 기반 사회, 지식 정보화 사회를 맞아 사회과 교육학이 학문적으로 독립하고, 사회과

학자, 사회과 교육자들이 확고한 사회과 교육관을 확립하기 위해서는 사회과 교육학의 정체성 확립은 급선무이며, 이는 사회과 교육학, 사회과 교육 관계자 모두의 소명이자 책무라고 할 수 있다.

2) 시민성 교육의 구체화와 실천 방법의 개선

사회과 교육과정의 구성 방향에 제시한 교육 목적을 보면 " 우리나라의 교육은 홍익인간의 이념 아래 모든 국민으로 하여금 인격을 도야하고, 자주적 생활 능력과 민주 시민으로서 필요한 자질을 갖추게 하여 인간다운 삶을 영위하게 하고 민주 국가 발전과 인류 공영의 이상을 실현하게 하는 데 이바지함을 목적으로 하고 있다."라고 되어 있다.

제7차 사회과 교육과정과 '2007년 개정 사회과 교육과정'에서는 사회과의 민주 시민성 관련 목표를 "현대 사회의 여러 문제를 창의적이며 합리적으로 해결하고, 공동생활에 스스로 참여하는 능력을 기른다. 이를 바탕으로 개인의 발전은 물론, 사회, 국가, 인류의 발전에 기여할 수 있는 민주 시민의 자질을 기른다."라고 설정하고 있다. 소위 '민주 시민의 자질'은 불변의 사회과 본질로 계승되고 있는 것이다.

사회과에서 우선적으로 해야 할 일은 아름다운 삶을 영위할 수 있는 민주 시민의 자질을 연구 규명하고 그에 대한 합의점을 찾아야 한다. 그러한 연후에 그 하위 요소인, 민주 시민에 관한 기본적 지식과 기능, 가치, 태도, 사회 참여 능력 등을 체계화하고 이들 요소가 각 학년 및 단원 내용에 어떻게 반영되었으며, 그러한 요소들이 교수·학습을 통해 어느 정도 성취되고 있는지를 관찰, 측정, 검사하고 판정할 수 있는 제반 요소와 준거 마련에 힘써야 할 것이다.

사실, 100년 가까운 사회과의 역사 속에서 사회과의 본질이자 목표인 민주 시민의 자질 함양은 오랜 쟁점이었다. 실제, 사회과의 근본적 목표인 민주 시민의 자질 육성에서 '민주 시민'의 실제적 모습이 매우 추상적이라는 비판이 많다. 우리 사회과 현실에서 사회과의 목표가 '민주 시민의 자질 육성'이라는 점에는 재론(再論)의 여지가 없지만, 실제 민주 시민과 민주 시민의 자질에 대한 참모습이 무엇이냐는 질문에 선뜻 명확한 대답을 하기는 어렵다. 무엇인가 손에 잡히는 분명한 것 같으면서도, 허공의 구름처럼 추상적인 개념이 바로 이 '민주 시민'과 '민주 시민의 자질'인 것이다. 따라서 미래 사회의 사회과에서는 이 '민주 시민'과 '민주 시민의 자질'에 대한 명확한 개념 정의와 실천 방법의 구체화가 요구된다고 하겠다.

사실, 사회과는 가장 중요하고도 본질적인 목표에 대하여, 아직도 모든 사람들이 동의할 수 있는 명쾌한 개념 정의가 되지 않은 면이 없지 않고, 나아가 이를 구체화할 실천 방안도 다른 교과에 비해서 명확하게 정립되지 않았다는 점을 부인할 수는 없다.

결국, 시민성 교육의 구체화와 실천 방안의 개선은 모든 사회과 교육 학자, 사회과 교육 전문가, 사회과 교사들의 책무이면서 과제라고 할 수 있다.

3) 사회과 교육과정 개발·실행의 합리성 및 자율성 확보

현대 세계 각국의 교육과정 개발과 실행 체제는 주로 국가 수준의 교육의 질을 관리하기 위한 국가 수준의 표준 교육과정을 제정하고, 이를 지역 특성에 맞게 자율적으로 운영할 수 있는 적절한 대안을 모색하는 경향으로 흐르고 있다. 교육과정 개발·실행의 전반적인 주류는 폐쇄형에서 개방형으로 나아가고 있다. 한국도 이와 같은 기본적인 교육과정 개발·실행 시스템(system)으로 나아가고 있다.

한국의 사회과 교육과정도 그러한 체제의 원칙에 따라 교육과학기술부가 국가 수준의 교육과정을 개발, 고시하고, 광역 교육청, 지역 교육청 그리고 단위 학교에서는 학교교육과정을 재구성(지역화)으로 개발하여 실행하도록 되어 있다. 이 과정에서 광역 교육청에서는 교육과정 편성·운영 지침, 지역 교육청에서는 장학 자료를 개발하여 일선 학교의 교육과정 편성(개발)·운영(실행)을 지원토록 규정되어 있다. 하지만 실제 한국의 국가 수준 사회과 교육과정은 소수 전문 학자, 교육 행정가, 교원 등이 중심이 되어 중앙 집중형, 폐쇄적 개발 체제를 벗어나지 못하고 있다. 교장, 교감, 교무부장, 연구부장 등 관리자 및 중견 교사 위주로 편성(개발)·운영(실행)하는 오랜 병폐가 계속되고 있다.

이와 같은 문제점을 개선하는 토대 위에서, 보다 바람직한 사회과 교육과정이 개발·실행되려면, 보다 합리적인 절차에 따라 사회과교육과정개발(개정)위원회가 조직되고, 학생, 교사, 학부모, 학교 운영위원, 지역 인사 등 교육공동체 구성원 모두와 지역 사회의 요구가 반영된 교육과정을 개발하여야 할 것이다. 특히, 이러한 합리적인 사회과 교육과정 개발과 실행으로 지역의 특수성을 고려하여 자율적으로 운영되고, 학생들의 선택의 폭이 확대될 때 타당성을 인정받고, 효율성이 제고될 것이다.

하지만 사회과 교육과정에서 가장 중요한 점은 아무리 좋은 교육과정이 개발, 고시된다 하더라도 일선 학교 등 교육 현장에서 현실에 맞게 운영·실행되지 않으면 의미가 없다는 점이다. 사회과 교육과정은 이론가의 책상에서 실현되는 공염불(空念佛)이나 탁상공론(卓上空論)이 아니고, 학교 현장에서 실현되는 실제적 교육과정을 지향해야 하기 때문이다.

4) 역사와 지리 영역 통합의 새로운 강조

사회과에서 역사와 지리의 통합 교육 강조는 1916년 미국에서 사회과가 태동할 때부터의 핵심적 중점이었다. 아울러, 이러한 역사와 지리의 새로운 강조는 사회과의 본질적 특성의 하나인 통합적 교육과정 운영과 지도의 핵심인 것이다.

실제 1980년대 이후, 미국을 중심으로 사회과에서 전통적인 역사 중심, 지리 중심으로 되돌아가야 한다는 주장이 대두되었다. 많은 학자들이 기초적인 역사, 지리를 중심으로 한 시간적·공간적 의식과 이해력이 부족하다고 지적하였다. 1990년대의 미국 전국교육향상평가원(The National Assessment of Education Progress: NAEP)은 역사적 분석과 해석 능력을 측정한 결과, 학생들의 역사 관련 기초 학력이 현저히 저하되어 있다는 점을 확인하게 되었다. 이 결과를 계기로 역사학자, 역사 교육자들의 사회과 교육과정 개발과 사회과 교육과정 실행에 대한 적극적 참여가 활성화되었다.

한편, 지리학자, 지리 교육자들은 시간과 공간, 즉 인간 역사와 지구 사이의 관계를 지리학적으로 이해하기 위한 기본적인 틀(framework)로서 공간 감각에 대한 인식 고양, 입지의 중요성 및 지리적 기능 계발, 인간과 자연환경의 상호작용 이해, 인구 이동의 중요성 이해, 세계 지역의 이해 등 다섯 가지 주제를 교육과정에서 강조하게 되었다.

이와 같은 전통적인 사회과 교육과정으로의 복귀는 자연적으로 역사와 지리를 강조하는 교육과정으로 변하게 되었다.

최근 세계 여러 나라 사회과 주요 교육과정 보고서들은 역사와 지리를 강조하고 있다. 역사는 사회과 민주 시민 교육을 위한 중심 역할을 할 수 있으며, 모든 분야를 통합할 수 있는 교과 영역이라고 주장하고 있다. 지리 또한 역사와 더불어 사회과 교육과정에 분과 또는 통합 과정으로 더욱 강조되고 있다. 우리나라에서는 제7차 교육과정, '2007년 개정 교육과정' 사회과에서 역사와 지리를 중심으로 한 사회과 통합 교육을 강조하고 있다. 중요한 점은 역사, 지리 영역을 통합한 사회과 통합 교육은 다중 시민 교육 차원에서 사회 논쟁 및 문제 중심 교육 등의 중요성을 재삼 강조하는 계기가 될 것이다(한면희, 2006: 594).

5) 최근 이슈의 학습 주제화: 다중 시민성·다문화 이해 교육

최근 첨단 과학 기술의 발달과 정보화·세계화 등과 관련해서 지구촌 교육, 과학, 기술, 사회에 관한 교육, 다문화 교육, 다양한 가치 교육, 환경 교육, 양성 평등 교육 등 다중 시민성 교육이 요청되고 있으며, 이와 관련된 학습 주제들이 사회과 교육과정 내용에 반영되고 있다. 이러한 경향은 정치, 경제, 사회, 문화 등의 변화에 따라 다양한 분야에서 가속화될 것이며, 이에 대한 연구가 활성화되어야 할 것이다.

최근의 '2007년 남북 정상 회담', 2007년 한국 대선, 아프가니스탄 인질 사태, 학력(學歷) 및 학위(學位) 위조 사건, 김포외고 등 평가 문제 유출 사건, 한반도 대운하 건설 문제 등이 사회과 교육의 이슈(issue) 학습 주제로 다루어져야 할 것이다.

아울러, 최근 전 세계적으로 강조되고 있는 다문화 이해 교육을 사회과 교육과정에서 중점적으로 다루어야 한다. 다문화 이해 교육은 지식 기반 사회, 지식 정보화 시대 내지 세계화·정보화 사회에서 전 세계와 세계인들에 대한 새로운 이해와 배려에 초점을 맞추어야 한다. 즉 다문화 이해 교육은 미래의 주역인 학생들이 문화 상대주의 입장에서 지구촌 지역, 지구촌 가족인 전 세계와 세계인 그리고 다른 나라의 문화에 대해서 열린 마음으로 접근하여 이해하고 배려하는 것이다.

과거 냉전 체제에서의 대립과 갈등의 인식과 가치·태도를 버리고, 조화와 화합 그리고 협동을 기반으로 새로운 '더불어 사는 사회'를 지향하는 것이 세계화 시대 다문화 이해 교육의 핵심이다.

특히, 국제결혼, 이민, 유학, 무역 등 국제적·세계적 교류와 공유, 이동 등이 일반화된 오늘날에는 전 세계인 모두가 지구촌 가족으로서 서로 돕고 배려하는 인식과 안목의 함유가 매우 중요한 것이다.

6) 정보 통신 기술·윤리 및 과정 중심 교육

지식 기반 사회 내지 지식 정보 사회에서의 교육은 지식 체계의 이해보다 정보 통신 기술을 이용하여 스스로 지식을 발견하고 적용하는 과정을 통해서 정보를 활용하는 능력, 문제를 해결하는 능력의 습득이 중요하다. 즉 주어진 지식과 정보의 선택이 아니라, 스스로 지식과 정보를 창출하고 구성하는 능력이 절대적이다. 미래 사회과 교육과정에서는 정보 통신 기술 교육, 정보 통신 윤리 교육 그리고 과정 중심 교육과 관련하여 다음과 같은 점을 강조하여야 할 것이다.

첫째, 정보 통신 기술 교육(ICT), 인터넷 활용 학습(IIE), 신문 활용 교육(NIE) 및 학습, 정보 검색 학습 등에서는 정보의 조직과 재구성 능력 신장이 강조되어야 한다. 근래 학생들이 컴퓨터와 신문, 도서 등을 통하여 다양한 지식과 정보를 추출하기는 하지만, 이를 교수·학습 내용에 따라 필요한 것만 취사선택(取捨選擇)하고 재구성하는 능력을 함양하도록 지도하여야 할 것이다.

둘째, 자라나는 미래의 주인공인 초·중·고교 학생들에게 정보 통신 윤리 교육을 강화하여야 한다. 컴퓨터상의 가상(cyber)공간은 모든 네티즌들의 정보 공유 공간이다. 상호 비면대면의 활동 공간인 것이다. 그러다 보니, 청소년들을 중심으로 익명성을 악용하여 소위 '악플'인 욕설, 비방, 모함, 무고 등 집합장화(集合場化)되고 있는 안타까운 현실이다. 대다수 네티즌들이 네티켓을 망각하고 있는 것이다. 따라서 학생들에게 가상공간의 특성과 정보윤리를 이해시키고, 이를 실생활에서 준수하도록 하는 '정보 통신 윤리 교육'이 강화되어야 한다. 가상공간에서도 면대면의 실생활과 마찬가지로 준수해야 할 윤리와 예절이 중요하며, 미래 사회에서는 이러한 정보 통신 윤리와 예절이 민주 시민의 자질로서 강조되어야 할 것이다.

셋째, 미래 사회의 사회과 교육과정에서는 결과와 과정을 함께 강조하여야 한다. 과거의 교육은 대부분 결과에만 초점을 맞추었다. 하지만 미래 사회를 올바르게 살아가려면 사회과에서 결과와 과정을 동시에 강조하여야 할 것이다. 따라서 사회과에서는 자연 과학적인 맞고 틀림의 차원을 넘어서, 그러한 결과에 도달하게 된 다양한 과정에 대하여 초점을 맞추고 강조하여야 할 것이다. 사회과 교육에서 과정 중심 교육을 강조하는 이유도 여기에 있는 것이다. 즉 학생들이 서툴지만, 스스로 학습 내용과 방법, 과정을 수립하여 수행해 가는 그 과정(process) 자체가 사회과 교육에서는 소중한 것이다.

사회과 교육 내용에는 지식의 생성 과정을 비롯한 폭넓은 지식관에 바탕을 둔 학습 요소가 적극 반영되며, 학생들은 적은 양의 기본 지식을 발견하고 생활에 활용하는 과정 중심의 사회과 교육이 주축을 이루게 될 것이다. 따라서 이와 관련한 효과적인 프로그램 개발 적용에 관한 연구가 사회과 교육에서 적극적으로 이루어져야 할 것이다.

7) 다양한 통합적 교육 및 접근

사회과 교육은 민주 시민의 자질 함양을 목적으로 하여 사회 과학을 비롯한 인문 과학, 자연 과학 등 광범위한 분야의 내용을 통합적으로 조직하여 가르치는 교과이다. 사회과 교육 내용의 통합적 조직 방식을 지역 확대법을 근간으로 근원의 원칙에 따라 조직하는 방식을 취하여 왔으며, 구체적으로는 경험 중심의 통합, 활동 중심의 통합, 흥미 중심의 통합, 아동의 흥미와 욕구 중심의 통합, 간학문적 통합, 다학문적 통합, 상호작용 이론에 의한 통합 등 다양한 접근을 취하여 왔다. 그런데 최근에는 기본 학습 요소들을 다룰 수 있는 주제(theme)를 중심으로 사회 과학 분야의 통합을 비롯하여 음악, 미술, 문학 등 예술과의 통합, 과학·기술 중심의 통합, 사회 기능 및 문제 중심의 통합, 몰입형적 통합 등 보다 더 다양한 방식의 통합이 시도되고 있다. 특히 사회과 교육과정 구성이나 교재 편찬 시에는 그 의도에 따라 다양한 접근 방법을 적용하여 통합을 시도하게 될 것이다.

최근 사회과 교육과 사회과 교육과정에서 홀리스틱(holistic) 교육이 강조되고 있는 것도 교육 내용의 통합화, 교육 방법의 다양화를 강조하고 있는 것이다.

8) 고급 사고력(High level thinking) 교육의 강화

사회과의 최종 목표인 올바른 민주 시민의 자질은 고급 사고력(high level thinking)을 바탕으로 한다. 고급 사고력은 사회적 탐구 학습의 기반이 된다. 다양한 사회의 여러 모습을 보이는 부분만을 평면적으로 직시하는 것이 아니라, 보이지 않는 이면(裏面)을 포함하여 의미 있게 바라보고 분석적 규명과 해석이 중요한 것이다. 우리가 사는 현대 사회는 매우 복잡다단(複雜多端)하므로 사회적 문제 해결에 단순하게 접근하는 것은 금물(禁物)이다. 다양하고 복잡한 사회적 문제에 대하여 사회 탐구, 가치 탐구적 접근법을 적용하여 문제를 규명하고 합리적인 의사 결정을 내릴 수 있는 능력과 자질을 함양하도록 지도하는 것이 매우 중요한 것이다.

그리고 학생들의 효율적인 사회과 학습을 위하여 그리고 일상생활에서 살아남기 위하여 고급 사고력 교육은 필요하다고 강조된다. 특히, 현대 사회의 복잡하고 거대한 문제에 대처해 나가기 위해서는 사회 사상(社會 事象)에 대해서 논리적이며 비판적으로 사고하고, 창의적으로 문제를 해결하며, 무한한 상상력과 창의력을 발휘할 수 있어야 한다. 이러한 사고는 의도적 교육을 통해서 길러질 수 있으며, 미래 사회에서는 이러한 교육이 더욱 요청되고 강조될 것이다.

일반적으로 사회과에서 요구되는 고급 사고력은 탐구력, 문제 해결력, 창의력, 의사 결정력, 메타 인지(meta cognitive) 등이다. 이러한 고급 사고력은 미래 사회를 살아가는 데 아주 중요한 능력이며, 사회적 문제 해결의 열쇠이기도 하다. 따라서 미래의 사회과 교육과정에서는 사회 사상(社會 事象)에 대한 피상적인 접근을 지양하고, 고급 사고력을 바탕으로 한 분석적인 접근과 규명을 강조해야 할 것이다.

아울러, 사회과 교육과 관련된 초·중·고교 학생들의 흥미, 욕구, 지적·사회적·정서적 발달을 고려한 교육에 적극적 관심을 두어야 할 것이다. 그리고 정치, 경제, 사회, 문화, 지리, 역사, 의식의 발달 경향 등 초·중·고교 학생들의 인지적 발달 정도에 따른 사회과 교수·학습이 강조되어야 할 것이다.

9) 가치·태도 등 정의적 교육과 인성 교육의 강화

사회과 교육 목표가 선량한 시민 양성에 있는 한 가치 교육, 인성 교육은 계속 강조되어야 한다. 사회과 교육의 오랜 본질이자 목표인 바람직한 인간, 사람다운 사람 육성은 변하지 않는 인류의 오랜 이상(理想)이기도 하다.

많은 사람들이 모여서 이루어진 사회는 다양한 특성을 가진 개인들의 집합체이다. 이러한 사회의 구성원으로서 개인들의 건전한 가치·태도 함양은 민주 시민 육성과 직결된다. 복잡한 사회를 살아가면서, 사회 구성원들과의 원만한 관계 유지와 교호 활동을 영위하는 것은 사회과에서 추구하는 사회 탐구, 가치 탐구를 통한 의사 결정력 신장과도 결부된다.

특히, 오늘날 사회과 프로그램은 사회에서 개인의 역할과 책임 그리고 국가 사회를 유지시키기 위한 공정하고 올바른 행동을 고무하도록 하고 있다. 선량한 시민 정신은 공정한 행위의 정신이나 소수 의견에 대한 존중 그리고 다른 사람의 생각에 대한 관용, 민주 사회에 적극적으로 참여하게 하는 것 등을 포함한다. 21세기 지식 기반 사회, 지식 정보화 사회인 미래 사회에서는 개인의 가치 선택을 위한 가치 명료화와 더불어 공공선(公共善)을 위한 당위적 가치의 다양한 탐구 교육이 더 요청될 것이다. 사회과 교육의 본질적 목적이 '인간다운 인간', '사람다운 사람' 육성에 있음을 유념해야 한다.

민주 시민의 자질 육성이라는 사회과의 고유 목표를 달성하기 위해서는 지·덕·체를 겸비한 전인 육성이 지름길이다. 특히, 다분화(多分化)된 현대 사회와 미래 사회를 슬기롭게 살아가기 위해서는 사회적 지식과 기능 그리고 가치·태도 등이 바르고 건전하게 함양된 사람 육성에 초점을 맞추어야 할 것이다.

10) 다양한 매체·교재·자료 등의 활용

일반적으로 사회과 교육에는 다양한 매체, 교재, 자료 등이 필요하다. 다양한 매체의 효과적인 활용은 교수·학습의 효과를 배가(倍加)시킨다.

특히, 오늘날 학생들은 감수성이 예민한 소위 'N세대'로서 평면적·정태적인 매체·교재·자료보다는 입체적·역동적인 매체·교재·자료를 선호하고 관심이 많다. 그러한 성향의 학생들에게 다양하고도 유용한 자료를 제공하도록 사회과 교육과정 치원에서 배려하여야 할 것이다. 특히, 초·중·고교 학생들에게는 사회과 교수·학습의 내용에 부합되는 맞춤식, 수준별 자료를 제공, 적용하는 것이 매우 중요하다.

사회과 교재는 읽는 매체에서 보는 매체로, 인쇄 매체에서 전자 매체를 비롯한 다양한 형태의 매체로 변해 가고 있다. 특히 레이저 디스크, 멀티미디어 프로그램, 전자 교과서 등 자료, 매체의 정보화는 학생들에게 시각 중심의 수업을 활성화시킬 것이다. 전자 데이터 베이스(data base)는 학생들의 자율적 학습 활동이 거대한 정보의 바다에서 항해하는 것을 더욱 용이하게 만들 것이다. 복잡하지 않은 시뮬레이션이 가상 현실 세계의 발전과 함께 적극 활용될 것이고 점차 복잡해지고, 현실감 있고, 흥미를 유발하는 쪽으로 진행할 것이다. 전자 네트워크는 학생들을 연결시키고, 상호 문화 비교는 손쉽고 간단하게 할 수 있게 된다. 전자 교과서(E - Text book)는 막대한 개발 비용과 이를 수용할 거대 시장이 형성되지 않아 처음에는 일부 시범학교에서만 제한적으로 활용되겠지만 점차 교육 전반에 걸쳐서 활성화되고 보편화할 것으로 사료된다.

다만, 미래 사회과 교육과정의 전망과 결부하여 유념해야 할 점은 사회과 교수·학습에 활용되는 다양한 자료 그 자체가 중요한 목적이 아니라, 교수·학습의 목표 달성을 위한 보조적 수단이라는 점이다.

11) 사회과 교육 현장의 개선

사회과 교육 현장의 개선은 이를 위한 사회과 전문 교수, 교육 행정가, 교사들의 연구 및 활동이 활발해질 때 가능해질 수 있다. 특히, 학교 현장의 초·중·고교 사회과 교사들의 역할과 소임이 아주 중요하다. 사회과 교육은 학교 현장에서 실현되기 때문이다. 아울러, 사회과 교육 전문 교수들은 사회과 교육 내용을 구체적 생활주제 및 사례와 관련시켜 쉽게 학습할 수 있는 방법과 절차에 관한 연구를 체계적이며 적극적으로 추진하여 교사들을 위한 연수 활동을 활성화하여야 할 것이다.

사회과에서의 문제 해결력 신장은 탐구의 기초가 된다. 그러므로 변화무쌍한 사회 사상(社會 事象)에 대해 고급 사고력을 바탕으로 분석적으로 탐구하여야 한다. 사회과에서 문제 해결이 잘 되면 교사들이 탐구 방법을 몰라서 못 가르친다는 문제를 자연적으로 해소할 수 있을 것이다. 실제, 사회과 교육 전반이 계속적인 문제 해결의 연속이라고 해도 과언이 아니다. 사회생활에서 부딪히는 다양한 문제에 대해서 탐구적으로 접근하고, 다양한 방법을 통해서 규명하려는 노력이 문제 해결의 출발점이 되는 것이다.

한편 학교장을 비롯한 교육 행정가들은 사회과 학습이 활성화되도록 교구와 자료 지원 및 환경 조건을 갖추어 주고 연수 활동을 활성화시킴으로써 교사들의 교수·학습 수행 능력을 향상시켜야 한다. 아울러 교사들이 창의성을 발휘하여 활동 중심으로 교재를 재구성하고 효율적인 학습 자료를 구안 활용하게 되면, 학생들은 사회과 학습을 쉽고 흥미있게 할 수 있을 것이다. 그리고 교사들은 일회성에 그치는 연구를 지양하고 우수 실천 사례들을 계속 보완하여 일반화시켜서 교수·방법을 개선해 갈 수 있을 것이다.

12) 교육 평가 체제의 균형과 조화

교육과정에서 교육 평가는 교육 목표, 교육 내용, 교수·학습 방법 등과 연계되어 있다. 사회과 교육과정의 평가도 마찬가지이다. 사회과 교육 목표의 달성 정도를 측정하는 것이 사회과 평가이며, 이는 계속적으로 교육 목표, 교육 내용, 교육 방법 등과 연계되고 유기적으로 환류되어야 한다. 즉 사회과 교육 평가는 독립적으로 존재하는 것이 아니라, 교육과정 전반에 걸친 실행 과정의 한 부분이며, 이는 또 교육 목표 재설정 및 교육 내용 선정, 교육 방법 수정의 중요한 준거가 된다.

사회과 교육과정의 평가 방법은 자꾸 새로워지고 있다. 특히, 양적 평가 위주에서 수행 능력을 질적으로 평가 기술하는 방향으로의 일방적 전환은 평가상의 또 다른 문제를 초래하고 있다. 그러므로 앞으로의 사회과 평가는 학습결과에 대한 객관적이며 양적 평가 결과와 함께 학습 과정에서의 수행능력에 대한 질적 평가 결과를 종합적으로 판정, 기술함으로써 보다 타당도, 신뢰도, 객관도 등 기준을 확보한 바람직한 교육 평가가 되도록 그 균형과 조화를 모색하여야 할 것이다.

특히, 사회과 평가는 지적, 기능적, 정의적인 면의 조화로운 평가를 지향하여야 한다. 그리고 역사 영역, 지리 영역, 일반사회 영역의 통합적인 평가, 정치학, 경제학, 사회학, 문화인류학, 법학, 윤리학, 심리학 등 제반 사회 과학 내용의 통합적인 평가가 이루어져야 한다.

3. 사회과 교육과정의 동향(Trend)

1) 사회과 교육과정의 지향점

사회과 교육은 학생들에게 사회과학의 지식을 바탕으로 사회현상을 올바르게 이해시키고, 사회생활에 필요한 기능과 사회 구성원에게 요구되는 가치와 태도를 지니게 함으로써 민주 시민으로서의 자질을 육성하는 데 그 목적이 있다. 그러므로 사회과 교육은 사회 변화 과정에 선택적으로 대응하면서 사회 구성원들이 사회 질서를 유지, 창조하는 데 필요한 가치와 태도 및 기능의 함양에 힘써야 한다. 이때, 사회과 교육은 사회 변동에 능동적으로 대비하는 것은 물론 바람직한 미래를 창조하는 활동에 노력해야 할 것이다.

21세기에 사회과 교육의 목표를 재정립하기 위해서 일차적으로 관심을 가져야 하는 것이 정보화 세계화 시대에 요구되는 시민적 자질일 것이다.

정보 기술의 발전에 의해 급속한 사회 변화를 경험하는 정보 사회에서 시민에게 요구되는 자질을 능력, 이해, 평가 등 세 가지 차원으로 분류하여 보면, 정보 사회에서 요구되는 민주 시민의 자질을 정보 기술을 활용한 정보의 획득, 조작, 활용 능력에 국한시키지 않고, 정보 사회를 뒷받침해 주는 기술의 변화와 인간, 사회 변화의 상관관계를 파악할 수 있는 능력, 변화에 대해 인간이 가져야 할 태도와 평가 능력 등 보다 포괄적인 자질을 요구하고 있다.

미래 사회의 변화된 모습에 따라 요구되는 시민적 자질을 양성하기 위해 사회과 교육도 달라져야 할 것이다. 사회 변화를 수용하는 입장에서 향후 지향해 나아가야 할 사회과 교육의 방향은 다음과 같다.

우선, 세계화·정보화 시대를 맞아 사회과에서는 민주 시민의 자질 함양이라는 목표를 세계 시민의 자질 함양으로 확대해야 한다.

정보 사회는 컴퓨터가 중심이 되어 정보와 지식을 효율적으로 창조, 응용 배포할 수 있게 되는 사회이며, 이러한 사회에서는 지식 산업이 주요한 산업으로서 위치를 차지하게 된다. 그리고 사회생활에서 많은 혁신적 변화가 이루어져 여가와 풍요로운 생활이 보장되며 문화의 대중화, 소비재화 현상, 일반 대중의 문화지향적 성격이 강해진다. 또한 개인주의적 경쟁이 심해지고, 가치관의 다양화 현상이 뚜렷하게 나타난다.

그러나 정보 사회에 따른 정보 통신 혁명은 왜곡된 의사소통 구조를 강화시킬 수도 있다. 따라서 21세기 정보 사회에 있어서는 개인, 사회 모두 정보 주체로서 선별 능력이 중요하며 정보 사회에서 비롯되는 문제점을 대처하기 위해서는 정보 처리 능력의 배양이 필요하다. 또한 새로운 기술 혁명을 주도하고, 또 그에 신속하게 대응해 나갈 수 있는 창의적이고 고도의 사고 능력 및 생활 자세를 중시하여야 한다. 예측하기 어려울 정도로 급변하는 사회 속에서 창의적으로 생각하고 비판할 수 있는 능력을 강조하고 대중 매체와 정보 통신망의 발달에 부응하는 학습을 할 수 있도록 하여야 한다. 또한 세계화 시대에 대응하는 사회과 교육이 실시되어야 한다. 또한 세계화 시대에 슬기롭게 적응하는 사회과 교육이 실시되어야 한다. 21세기 세계화 사회에서 다른 문화를 바탕으로 살고 있는 사람들에 대한 인간으로서의 동질성을 느끼도록 하는 것이 필요하다. 이는 세계의 어떤 지역에 살고 있는 사람도 누구든지 인간으로서 보다 좋은 생활을 누리고 싶어 한다는 것을 인정하는 태도에서 출발해야 한다. 따라서, 세계 여러 나라의 역사, 지리, 문화, 제도 등에 대하여 종합적이며 체계적인 시각을 갖게 하여야 한다. 미래 사회는 개방된 국제 사회로 상호간의 관계가 더욱 밀접해지고 각 개인도 문화와 국경을 초월한 접촉의 기회가 증대되므로 국제적 감각과 교양을 갖도록 하여야겠다. 따라서 정보화 · 세계화에 알맞은 사회과 교육이 되기 위해서는 시민으로서의 책임감과 능동적 참여의식, 자신의 삶을 시 · 공간 속에서의 인류사의 한 부분으로 인식할 수 있게 하는 관점, 자국의 역사, 지리, 경제, 정치 사회의 제도, 전통 가치 등에 대한 비판적인 이해와 그의 단일성과 다양성에 대한 이해, 다른 나라의 국민들과 세계의 역사, 지리, 제도, 전통, 가치 등의 단일성과 다양성에 대한 이해, 인간의 상황 분석에 대한 적절한 비판적 태도와 분석적 시각을 갖도록 노력해야 한다. 이를 위하여 미래의 사회과 교육은 다음과 같은 특징을 가져야 할 것이다.

첫째, 민주주의 사회에서 시민의 역할을 이해하고 공공적, 문화적 활동에 적극적으로 참여하는 기회를 제공해 주어야 한다.

둘째, 유치원에서부터 고등학교까지 학교급별로 일관되며 누적적인 교육과정이 되어야 한다. 따라서 현재 정규 학제가 아닌 유치원 교육이 앞으로 공교육에 편입되어야 하며, 국민공통기본교육과정의 근본정신에 따라 초 · 중 · 고교의 사회과 교육과정의 통합성과 연계성을 더욱 강화하여야 한다.

셋째, 인문과학과 사회과학 및 자연과학 등을 사회과 교육에 통합시켜 학문적 원리와 방법론을 명확하게 이해하게 해 주어야 한다. 아울러, 사회과 교육은 인문과학과 자연과학이 연계되어 있음을 명백하게 제시해 주어야 한다.

넷째, 학생들은 현재의 사건들이 과거 사람들의 행위에 의해서 이루어졌듯이, 그들 스스로가 미래를 열어 가고 있다는 것을 인지시켜야 한다.

다섯째, 읽기, 쓰기, 관찰, 논쟁, 역할놀이, 시뮬레이션, 통계 자료를 이용한 연구, 비판적 사고 능력 등이 사회과 교육의 중요한 부분이 되어야 한다.

여섯째, 사회과 교육과정은 학생들에게 정보의 신뢰성을 평가할 수 있는 방법을 가르쳐야 한다.

정보화·세계화에 바르게 적응해 나가는 세계 시민을 양성하기 위하여, 먼저 그러한 사회 변화가 우리에게 가져다 준 혜택과 생활의 변화들을 받아들일 수 있고, 그러한 변화를 주도해 나가는 주체로서 자신을 인식해 나갈 수 있도록 하는 내용을 심도 있게 다루어야 할 것이다. 그리고 정보 혁명이나 멀티미디어 등으로 지구촌으로서 더욱 가까워진 세계를 인식하고 한 나라의 국민으로서뿐 아니라 세계 시민으로서 가져야 하는 국제적인 감각과 서로 간의 협력을 통하여 복잡한 문제를 해결해 나가야 한다는 마음 자세를 가질 수 있는 실제 생활과 관련된 내용이 더욱 강화되어야 할 것이다. 또한 우리나라만이 세계에서 유일하게 처해 있는 문제인 남북통일에 대한 교육도 깊이 있게 다루어 통일 이후에 우리가 겪게 될 갈등과 혼란을 줄일 수 있도록 노력해야 할 것이다.

2) 사회과 교육과정의 초점

(1) 사회과 교육과정관

지식 기반 사회, 지식 정보화 사회, 정보화·세계화 시대의 사회과 교육과정에서는 학생들이 스스로 가지고 있는 잠재적 능력을 계발하여 자아를 실현하고, 민주 시민 사회로의 발전과 인류 공영에 기여함으로써, 인간다운 삶을 영위할 수 있게 초점을 맞추어야 한다.

이와 같은 구성주의적 사회과 교육과정관에 의하면, 미래의 사회과 교육과정은 학생들이 스스로 생각하고 학습할 수 있는 목표, 내용, 방법, 평가를 염두에 두고 개발되어야 할 것이다. 즉 학생 중심 활동, 학생 활동 중심의 사회과 교육과정이 개발·실행되어야 하는데, 그 구체적인 방향은 다음과 같이 요약할 수 있다.

첫째, 학생들이 자신의 능력, 기능, 자질 등을 바르게 인식하고 적절한 주제와 방법을 적용하여 주변의 현상을 이해하고, 개인과 공동체, 환경과 우주 등 전체적·통합적 관계의 변화 그리고 조화를 위한 활동에 관심을 가지고 참여할 수 있게 하여야 한다.

둘째, 학생들 스스로 사회과의 교수·학습에 집중하고, 다양한 정보를 활용하여 사회 현상에 대한 기본 요소를 탐구할 수 있게 하여야 한다.

셋째, 학생들 자신이 자유 민주주의 공동체 구성원으로서의 권한을 가지고, 공동생활에 적극 참여하여 역할을 바르게 수행하며, 보다 나은 미래 사회를 이룩해 나아갈 수 있도록 배려하여야 한다.

넷째, 학생들 자신이 타고난 자질과 기능, 능력 등을 충분히 발휘하여 자신의 삶을 가꾸어 나아갈 수 있는 교육과정으로 개발되고 실행되어야 한다.

(2) 사회과의 내용 조직

사회과가 민주 시민 교육, 세계 시민 교육을 위한 선도적 교과로서 그 임무를 수행하는 것은 재론의 여지가 없다. 하지만 사회과는 일반사회, 지리, 역사 등 분과 지식을 가르쳐야 한다는 고정관념적 인식이 상존하는 것도 사실이다. 사회과가 통합적 교과이며, 역시 통합적 교수·학습이 필수적이라고 전제하면서도 우리는 행정적·제도적으로 분과적 현실 속에 있는 것이다.

사회과가 민주 시민적 자질, 세계 시민적 소양을 신장하는 교과로서, 본연의 기능을 수행하려면 분과별, 분야별, 영역별로 분리된 지식 내용을 가르치기보다는 생활 주제를 중심으로 관련 영역의 지식과 더불어 학생들의 개인적, 발달적 요소와 민주 시민적 생활 요소를 함께 다루는 통합적 접근이 바람직한 것이다. 물론, 사회과 교육과정의 교육 목표, 교육 내용, 교육 방법, 교육 평가 등 영역에서 초등학교에서 중학교, 고등학교, 대학교 등 상위 학교급으로 올라갈수록 통합적 접근을 토대로 하면서도 분과적 내용이 점점 증가하도록 교육과정을 구성하여야 할 것이다.

사회과는 시간(역사)과 공간(지리) 그리고 공동생활(정치, 경제, 사회, 문화, 법, 윤리, 심리 등) 및 사회 제반 문제(현대 사회의 제 문제 및 논쟁점) 등에 관한 요소들이 담긴 주제를 가지고 사회 현상 개념을 이해하고, 관계적 사고를 거쳐서 여러 사회적 현상을 설명하고 해결하며, 시민 생활과 관련된 가치를 탐구한다. 이를 위하여 적절한 교육과정의 내용 선정과 조직을 고려하여야 한다. 학생들의 다양한 학습 경험은 의사소통, 내용 구성, 사고와 행동, 자기표현, 분석적 활동 등 요구를 충족시키는 기회를 제공하여야 한다. 그렇게 함으로써 학생들은 민주 시민의 올바른 행위를 익히며, 한편으로는 사회 과학 탐구의 기본적 능력을 함양하게 되는 것이다.

(3) 사회과의 학습자 관점

현대 사회과에서 가장 강조하는 것이 학생 중심 교육과정이다. 물론, 미래 사회의 사회과 교육과정에서도 교사와 학생의 상호작용 속에서 학생들 스스로 활동하고 학습하는 교육과정으로 더욱 발전할 것이다. 사회과 교수·학습은 교사와 학생들이 함께 가르치고 배우며 활동하는 장(場)이다.

사실, 사회 공동체 구성원으로, 한 사람으로서의 학생들은 개체로서의 인격과 인권을 보유한 전인적 통일체이며 존귀한 존재이다. 학생들은 각기 다른 잠재적 가능성을 발휘하여 개인적 발달, 사회적 자아실현을 이루어 가는 자기 성장력을 갖고 있다. 따라서 학생들의 내적 동기와 잠재적 가능성을 유발·조장하여 스스로 학습해 가도록 능동적 창조자로서의 발달을 지원하여야 할 것이다. 물론, 사회과 교육과정에서는 학생들 개개인이 타인 및 조직에서 독립된 개체가 아니라, 다른 삶들과의 상호작용 관계 속에서 보람 있는 삶을 영위하는 개인으로서 자기 행위를 조절할 수 있는 능력을 길러 주는 것이 중요하다.

(4) 사회과의 지도 방법

미래 사회과 교육과정에서 사회과 교육의 근본적 목적은 장차 사회의 주역이 될 학생들이 자기 성찰적 자세에서 개인적·사회적 자아실현을 이루어 창조적인 민주 시민, 세계 시민으로서 조화로운 성장을 도모하는 데 중점을 두어야 할 것이다. 이러한 시민을 양성함에 있어서 고려하여야 할 사회과 교육의 가치는 자유 민주주의와 학생들의 요구 충족에 두어야 할 것이다.

먼저, 자유 민주주의 교육을 위해서는 개개인의 자유를 확장하는 일뿐만 아니라 자유 민주주의라는 두 가지 역설적 관계, 즉 개개인의 자유와 통제, 개인 생활과 공동생활 간에 일어나는 갈등 문제들을 조화시켜 나아갈 수 있는 능력을 길러 주는 사회과 교육을 지향하여야 한다. 그렇게 함으로써 개인은 사회의 유지 발전이라는 사회에 대한 책임을 지며, 사회도 구성원들의 자유 보장이라는 개인에 대한 책임을 동시에 완수하는 것이다.

다음, 사회과 교육과정에서 학생들의 요구 충족의 문제는 자아실현과 학생 중심 교육과정 실행과 밀접하게 연관되어 있다. 학생들이 하고 싶은 내용을 사회과 교육과정으로 개발·편성하고 이를 학교 현장에서 운영·실행하여야 하는 것이다. 다만, 학생들의 욕구 충족을 중심으로 사회과 교육과정을 개발·편성하더라도 중요한 것은 사회과 교육과정에서 기대하는 목표를 소홀히 해서는 안 된다는 점이다. 학생 활동 중심으로 교육과정을 개발·편성하고 교수·학습을 진행한다 하더라도 근본적으로 사회과 교육과정에서 달성하고자 하는 고유한 목표를 간과해서는 절대로 안 되기 때문이다.

한편, 미래의 사회과 교육과정에서는 다음과 같은 점에 유의하여 교육과정을 개발·편성 및 실행·운영을 하여야 할 것이다(한면희, 2006: 110).

첫째, 사회과 교육과정의 근본적이고도 본질적인 목표인 민주 시민적 자질 함양, 세계 시민적 소양 신장이라는 점을 강조하여야 한다. 아무리 사회가 발전하고 시대가 변화한다고 해도 바람직한 인간 육성을 위한 민주 시민적 자질 함양은 본질적으로 변화하는 것이 아니기 때문이다. 아울러, 정보화·세계화 시대를 맞아 민주 시민적 자질을 세계 시민적 소양으로 더욱 확대 심화시켜야 할 것이다.

둘째, 사회과 교육과정의 내용은 구성주의 이념에 바탕을 두고, 현대적 의미의 폭넓은 지식관을 바탕으로 다양한 분야의 요소를 선정·조직하여야 할 것이다. 사회 과학적 원리, 법칙과 같은 설명적 지식, 객관적 지식, 의미 해석적 지식, 상황적 지식, 탐구 방법적 지식, 시민 행위 관련 지식 등을 정선하고 체계화하여 적용할 수 있도록 배열하여야 한다. 이러한 지식들은 사회 과학 각 분야의 중요한 요소, 사회 기능적 요소, 시민 생활, 사회 변화와 미래 요소, 현대 사회의 제 문제, 지구촌 사회의 여러 사회 사상(社會 事象) 등 관점에서 추출하고, 각 기본적 요소를 실제적인 생활 주제와 관련시켜서 통합적으로 조직·적용하여야 할 것이다.

셋째, 사회과 교육과정의 교수·학습은 학생들이 학습하고자 하는 내용을 스스로 선택하여 자신에게 적절한 방법으로 학습하도록 하며, 그 결과를 자기 나름대로 체계화하고 가치·태도 등 정의적 면을 형성해 가도록 하여야 한다. 사회과 교육과정에서 학습 내용과 경험을 선정·조직할 때에는 학생들의 흥미·요구·욕구 등을 고려하여 다양하게 구성하여야 한다. 특히, 사회과 교수·학습은 자기 주도적 문제 해결 학습과 다양한 탐구 방법을 활용하여 소위 고급 사고력(high level thinking)을 신장시키고, 학습 과제 및 수행 능력을 강조하는 방향으로 계획 및 운영을 하여야 할 것이다. 아울러, 미래의 주인공인 학생들이 사회 현상을 올바르게 볼 수 있는 안목을 길러 주기 위해서는 실증적 탐구 방식과 상황 해석적 탐구 방식을 적절하게 적용하여야 할 것이다.

넷째, 사회과 교육과정의 적용·실행 후의 평가는 양적 평가와 질적 평가를 고르게 통합하여 이루어져야 한다. 지필 평가는 물론 관찰, 면접, 체크리스트, 자기 평가, 보고서 제출 등 다양한 수행 평가가 병용(並用)되어야 한다. 특히, 사회과의 평가는 단순한 지식의 암기를 측정하기보다는 다양한 수행과 방법의 체득과 적용 등 활동적 면과 가치·태도 등 정의적 면을 두루 고려하여야 한다.

4. 사회과 교육과정의 개선

1) 사회과 교육과정과 사회과 교수·학습의 혁신

사회과 교육 전반에 걸쳐 구성주의를 강조하고 있는 것은, 구성주의가 인식론에서 출발하여, 방법론 특히 교육 방법론에 이르기까지 논리적 일관성을 유지하고 있기 때문이며, 다양한 인식론적 배경으로 인하여 교육 전반 내지 교과 교육의 전반에 대한 총체적 관점을 제공하기 때문이다. 특히 교육현상을 교사 중심으로 보기에서 학습자, 구성자, 인식 주체인 학생 중심으로 발상의 전환을 확고히 가져다주는 인식론적 기초를 제공해 준다.

그리고 문제 중심 학습이나 협동 학습이 하나의 방법으로서 가지고 있는 철학적 배경 및 인식론적 배경을 보다 분명하게 연계함으로써, 보다 깊이 있는 사회과 수업에 대한 성찰과 학습자 중심의 생동감 있는 사회과 교육을 위한 보다 세밀한 실천방안을 제시하는 데 도움을 줄 수 있기 때문이다.

또한 구성주의는 학교 현장의 사회과 교육을 반성하는 중요한 계기를 제공할 수도 있을 것이다. 그동안 사회과 교육에서 객관적인 지식을 전수하는 데 지나치게 급급한 극단적인 객관주의 흐름이 있어 왔고, 학생들에게 구체적인 지식 구성 활동 기회를 제공하지 못하기도 하였다. 그리고 다양한 지적 기능들과 의사 결정 및 문제 해결의 과정들 그리고 심지어 메타 인지(meta cognitive)까지도 강조되더라도 기술, 단계와 절차와 관련된 면을 부각하거나 하나의 기능으로 단순화되거나 형식화되는 점도 반성할 수 있을 것이다. 따라서 기존에 강조되어 왔던 자기 주도적 학습에서 나타나는 적극적 지식의 구성과 메타 인지(meta cognitive) 전략에서 나타나는 지식과 기능 그리고 가치 및 태도, 반성적 사고까지 보다 긴밀하게 연결하는 고급 사고력이 보다 강화될 것이 요구되고 있다.

그리고 과거 이러한 기능적인 측면, 방법적인 측면에 지나치게 치중하여 학생들이 사회과와 관련하여 가지고 있는 구체적인 의미 세계에 대한 관심과 분석, 수업에 대한 실천적 처방은 소홀하였다고 하겠다. 그러므로 학생들에게 어떠한 사회과 수업을 제시하기에 앞서 학습자에 대한 인지, 심리적 이해 곧 학생들은 사회과 수업에서 무엇을 기대하고, 무엇을 받아들이며, 무엇에 의미를 두는가에 대한 이해가 선행되어야 할 것이다.

따라서 구성주의적 사회과 수업에서 중요한 것은 교사가 질서 정연하게 전개한 사회과 수업의 세계가 아니라 학생이 바라본 사회과 수업의 세계라는 점이며, 이것이 바로 그러한 수업에 대한 실천적 처방을 위한 출발점들이 될 수 있을 것이다. 사회과 교육에서 이와 같은 인식론적 토대에 대한 깊이 있는 성찰과 심리학적 탐구, 그리고 인지 이론적 치밀성을 추구하는 연구가 보다 많아질수록 교과 교육적 토대가 튼실해질 것으로 생각된다. 그러나 구성주의는 완전히 새롭거나 완전히 완성되어 있는 것을 뜻하지는 않으므로, 우리의 사회과를 끊임없이 재구성할 것이다.

미래의 사회과 교수·학습은 바로 이와 같은 단순화, 도식화, 형식화 절차에 대한 것을 거부하고 복잡한 현실 속에서 학생들의 지식의 자주적 구성 활동을 요구한다. 그리고 사회과 교육에서 학생들을 능동적인 인식 주체로 인식하고, 학생들이 구성하는 사회과 교육에 관한 지식과 그 의미에 대한 보다 적극적인 검토를 요구하고 있으며, 학습 기법의 다양화만큼이나 학습 방법에 대한 총체적 이해를 요구하고 있는 것이다.

구성주의 사회과 교수·학습에서는 학생들이 사회과와 관련한 지식을 도출할 수 있는 맥락을 던져 주는 것이 아니라 그 구체적 상황에 속하게 하며, 개념 학습처럼 정해진 경로를 통해 정답을 찾거나 의사 결정 과정에서 일률적인 해답을 만드는 것을 넘어서 그와 같은 정답이 갖는 개인적 의미와 사회적 의미를 보다 깊숙이 추구할 활동을 제공하여야 할 것이다.

이러한 구성주의의 도입으로 나타나는 성과와 변화는 최근 구성주의 교육에 대한 논의가 가장 활발하게 전개되어 온 수학교육의 경우만 보더라도 분명하다. 전통적인 지식교육 중심에서 벗어나 학습자의 능동적, 수학적 구성, 학습자가 구성한 수학적 지식의 의미 파악, 사회적 참여와 상호작용을 통한 수학적 지식의 객관화와 재구성을 강조하는 교육으로 전환되고 있어, 좋은 시사점을 제시하고 있다.

21세기에 적합한 사회과 교육에서의 구성주의적 사회과 교수·학습 방향을 요약하면 다음과 같다.

첫째, 사회과 교사는 사회과를 가르치는 기초로서 전통적인 학교 사회과의 문화유산보나 학습자들이 가지고 있는 잠재적 가능성에서 출발하여야 한다.

둘째, 학습자를 위한 사회과 교육을 하기 위하여, 사회과의 여러 가지 용어의 관습적 의미를 통하기보다 상호작용적인 의사소통을 통하여 사회과 교육을 수행하여야 한다.

셋째, 학습자들의 활동 결과물에 초점을 맞추는 것보다 학습 환경에서 학습자들의 활동을 해석하고 상호작용적 의사소통을 통해 결과물에 대한 질적인 판별을 하도록 하여야 한다.

넷째, 학습에서 연상(association)을 근본적인 관계로 보고 학습을 하나의 체계 속으로의 연결고리로 만들고 조직하는 것으로 보지 않고, 학습에서 동화(assimilation)가 근본적인 관계이고 학습을 스킴(schemes)의 수정에 있다고 간주하도록 하여야 한다.

다섯째, 사회과에서 다루는 중요한 개념을 학습자가 어떻게 배워야 할지에 상관없이 언제든지 배워야 하는 것으로 간주하기보다, 학습 환경 내에서 의미지향적 활동의 결과로서 학습자에 의해 구성된 것으로 이해하는 방향으로 나아가야 한다.

여섯째, 학습자의 사회과 지식을 교사가 가진 지식의 일부와 유사하게 주어진 것으로 보기보다 학습자의 사회과 지식을 학습할 책임을 가지고 있다고 보아야 한다.

일곱째, 사회과의 교수를 지식의 전수로 생각하지 않고, 상호작용적 의사소통과 학습자의 관련된 활동이 중심이 되는 방식으로 수행하여야 한다.

여덟째, 학습 환경을 학습자들이 사용해 나가는 과정에서 선험적이고 불변하는 것으로 간주하기보다 학습 환경을 그것에 참여하는 학습자들에 의하여 내용이 상세화되는 가변적인 경험의 장으로 보아야 한다.

아홉째, 사회과 교육자는 학생들이 학습할 수 있는 것은 선험적 교육과정에 의해 이미 상세화되어 있다고 생각하기보다 학습자들의 지식 생성 능력을 보다 상세화하는 데 참여해야 한다.

2) 미래 사회과의 방향

한국의 사회과는 해방 이후 서구식 사회과 교육의 여러 사조들과 함께 도입되어 많은 시행착오를 거쳐서 오늘에 이르렀다. 그러므로 이제 한국 사회과의 역사도 갑년(甲年)을 넘기며 정착의 뿌리를 내리고 있다. 그동안의 미국식, 일본식 등 외국의 사회과에 큰 영향을 받던 한국 사회과도 이제 정체성을 갖고 진정한 한국 사회과로서 재도약을 하고 있는 것이다.

현대 사회는 다양한 변화와 발전이 화두(key word)이다. 최근 새천년, 새 세기의 전환을 맞아 사회의 변화에 따른 학문 연구 경향과 다양한 교육관이 제기되고 있으며, 사회과 교육과정에서도 새로운 방향 모색이 이루어지고 있다.

새로운 사회과 교육은 민주 시민 교육의 중시, 폭넓은 지식관의 학생 중심 교육, 고급 사고력과 창의성의 중시, 실생활과 관련된 내용 강조, 영역별·학교급별 통합 교육 중시, 세계 시민적 자질과 소양 함양 등을 강조하고 있다.

미래 사회를 지향하는 사회과 교육과정에서는 철학적 관점과 교육과정 전문가들의 학문적 연구의 대상 및 추상적 탐구의 주제에 대한 맹목적 추종이 아니라, 한국 사회과 교육의 적절성을 기할 수 있는 방향으로 모색하는 논리에 초점을 맞추어야 한다. 그러므로 새로운 사회과 교육의 방향 모색은 전통적인 사회과 교육에 대한 교육관을 바탕으로 새로운 이론을 연계시켜서 우리 현실에 적합한 사회과 교육과정으로 체계화하여야 할 것이다.

한편, 변화와 발전을 거듭하는 현대 사회에서 한국 교육도 지향점을 새롭게 할 필요가 있다. 교육은 사회와 시대를 이끄는 견인차의 역할을 담당해야 하기 때문이다. 특히, 사회과는 이러한 교육을 아우르는 본질 교과로서 교육과정에서 다음과 같은 점을 고려하여야 한다.

첫째, 미래 사회에 능동적이고도 적극적으로 대처하고 준비하기 위한 노력이 강조되는 방향으로 나아가야 한다. 물론, 이러한 미래 사회의 대처와 준비는 사회과가 가장 중심되어 통합적인 교육이 이루어져야 한다.

둘째, 미래를 위한 교육은 청소년들로 하여금 미래 사회에 나타날 여러 사회 문제에 대처할 수 있도록 준비하여야 한다. 그러기 위해서는 사회과 교육과정이 새롭게 조직·구성되어야 한다. 특히, 미래 사회에 대처하고 적응하는 데 핵심적인 역할을 담당하는 사회과의 교육과정은 매우 정선되고 체계화되어야 한다.

셋째, 미래 사회에서 삶을 바람직하게 영위하기 위해서는 세계적 안목을 가져야 한다. 새천년을 맞아 세계는 가일층 변화, 발전하고 있으며, 세계 곳곳에서 새로운 지식, 기술, 방법, 가치관 등이 형성되고 있다. 사회과 교육과정의 제 영역 및 분야인 정치, 경제, 사회, 문화 등 각 부분에서의 세계적인 동향, 세계적인 변화 추세를 교육과정에 포함시켜서 21세기를 보람 있게 살아갈 학생들에게 미래의 다양한 사회 문제를 슬기롭게 극복할 수 있는 슬기와 지혜를 터득하게 해 주어야 할 것이다.

넷째, 근본적으로 인간 교육이 강조되어야 한다. 산업화 이래 대두된 서구의 근대화 과정에서 야기되고 있는 물질 만능주의, 배금주의, 비인간화, 개인이 배제된 집단주의, 몰인정성(沒人情性) 등을 통한 인간성 상실을 치유하여, 진정한 인간미가 회복되는 사회과 교육이 이루어져야 한다. 미래의 인간성 회복 문제는 인류가 안고 있는 고뇌의 문제이며, 미래의 복지 사회를 추구하는 한국의 사회과 교육과정에서는 가치 · 태도 교육을 더욱 강조하여야 한다.

다섯째, 사회 공동체 의식의 함양이다. 한국에서는 전통적으로 혈연, 지연, 학연 등 좁은 의미의 공동체 의식은 비교적 강한 편이었으나, 산업화, 민주화, 정보화, 세계화 시대의 도래로 개인주의적 경향이 고조되고 있다. 따라서 이러한 지나친 개인주의적, 이기주의적 사고를 지양(止揚)하고 공동체 활동에의 참여 의식 고취, 집단과 조직에 대한 소속 의식과 연대 의식 함양, 학교, 지역 사회, 국가, 세계 구성원으로서의 협동심과 사회성 함양 등을 강조하여야 한다.

여섯째, 개인의 개성과 사회성의 조화적 신장을 도모해야 한다. 개인이 모여서 사회를 이루고, 사회의 구성원은 곧 각 개인이다. 따라서 사회 구성원으로서의 각 개인의 자아실현과 발전 및 조직을 이루는 사회성 함양이 동시에 고려되어야 한다. 이를 위하여, 개성의 존중과 발휘 기회 확대, 자율성과 사회성 동시 고양, 개인 · 사회 · 국가 · 세계 차원의 정체성 함양, 사회적 · 국가적 의무와 책임 의식 고취, 합리적 의사 결정과 가치 · 태도 함양 등이 함께 고려되어야 한다.

일곱째, 가치관의 다양성과 조화 능력 신장이 필요하다. 생활양식의 다양화는 적응 양식의 다양화를 요구하고, 나아가 가치관의 다양화를 요구한다. 가치관의 다양성이 야기되는 과정과 성격을 이해하고, 이들 가치관을 종합 · 정리하는 능력이 요구된다. 미래의 사회과 교육에서는 자신이 선택한 가치관을 합리화할 수 있는 능력과 자질 신장도 함께 고려되어야 할 것이다.

여덟째, 합리적 근로정신과 봉사 정신의 함양이 요구되고 있다. 산업화 이후 물질적 · 경제적 가치관이 확대되면서 물질 만능주의, 배금주의, 이기주의, 개인주의 등이 숭상되고 인간이 소외되고 있다는 점은 부인할 수 없다. 이러한 좋지 못한 사회적 분위기를 해소하기 위해서 합리적인 근로정신과 봉사 정신의 함양이 필수적이다. 합리적 근로정신과 봉사 정신을 함양하기 위해서는 성취동기의 부여, 바람직한 경쟁의식 고취, 근검절약과 절제의 소비 생활 일상화, 성취를 통한 보람과 긍지 고양 등이 고려되어야 한다.

아홉째, 민주 시민적 준법 의식, 공공질서 의식을 함양하여야 한다. 사회과의 목표에서, 제6차 교육과정 이전까지 강조되었던 '국민적 자질' 함양을 제7차 교육과정과 '2007년 개정 교육과정'에서는 '시민적 자질' 함양으로 개정하였다. 국민적 자질과 시민적 자질은 공동체 구성원으로서의 의무와 책임 완수, 권리 주장이라는 근본적 소양은 공통적이지만, 전자(前者)가 집단 · 조직을 강조하는 데 비하여, 후자(後者)는 개인에게 초점을 맞추는 점이 다른 점이다.

사회 변화와 발전에 따라 사회과 교육과정에서는 비공식적 통제 기능이 약화되고, 공식적 통제 기능이 강화되는 사회 패러다임(paradigm)을 강조하여야 한다. 이를 위하여 사회에서의 규범 생활의 필요성 인식, 공식적 통제 규범의 합리적 이해, 사회에 대한 책임과 의무의 중요성 이해, 약속, 규범, 질서, 도덕, 법 등을 준수하기 위한 노력 태도 육성 등이 더욱 강조되어야 한다.

사회과 교육 전반에 걸쳐 구성주의를 강조하고 있는 것은, 구성주의가 인식론에서 출발하여, 방법론, 특히 교육 방법론에 이르기까지 논리적 일관성을 유지하고 있기 때문이며, 다양한 인식론적 배경으로 인하여 교육 전반 내지 교과 교육의 전반에 대한 총체적 관점을 제공하기 때문이다. 특히 교육현상을 교사 중심으로 보기에서 학습자, 구성자, 인식 주체인 학생 중심으로 발상의 전환을 확고히 가져다주는 인식론적 기초를 제공해 준다.

　그리고 문제 중심 학습이나 협동학습이 하나의 방법으로서 가지고 있는 철학적 배경 및 인식론적 배경을 보다 분명하게 연계함으로써, 보다 깊이 있는 사회과 수업에 대한 성찰과 학습자 중심의 생동감 있는 사회과 교육을 위한 보다 세밀한 실천 방안을 제시하는 데 도움을 줄 수 있기 때문이다.

5. 미래 사회와 사회과 교육과정

1) 미래 사회와 사회과 교육의 초점

(1) 자율적 의사 결정 능력의 향상

　현대 사회가 변화와 발전을 거듭하고 다분화(多分化)되면서 구성원들의 전문성과 역할이 크게 변하고 있다. 특히, 현대 사회는 창조적 사고력, 비판적 사고력, 자율적 의사 결정력, 문제 해결력, 탐구력, 메타 인지(meta cognitive) 등 고급 사고력 강화가 크게 요구되고 있다.

　즉 다양한 대안 중에서 상황과 여건에 따라 가장 적합한 것을 선택하고 합리적인 의사 결정을 할 수 있는 능력이 아주 중요하다. 아울러, 정보화·세계화 시대를 맞아 다양한 정보를 효과적으로 처리하는 능력과 세계적 안목을 가지고 지구촌을 바라보는 혜안(慧眼)이 필요하다.

　특히, 미래를 보람 있게 살아갈 학생들에게 현대 사회의 여러 문제를 올바르게 직시(直視)하고, 다양한 문제에 대하여 슬기롭게 대처하고 해결할 수 있는 기본적 능력을 신장시키는 것이 매우 중요하다 하겠다.

(2) 정보 통신 윤리 의식 함양

　현대 사회의 총아인 컴퓨터는 정보화 사회를 이끄는 견인차이다. 한국 사회는 손으로 글씨를 써 오던 문화에서 타이프라이터 문화 단계를 거치지 않고 직접 컴퓨터 시대로 들어섰다. 어렸을 때 컴퓨터의 자판을 작동하지 않으면 성인이 되어 습관을 형성하기가 어렵다. 그만큼 컴퓨터와 거리감을 갖기 마련이다. 소위 컴퓨터 문맹을 면하기 위해서는 컴퓨터 작동에 대한 습관 형성과 기능 증진이 중요하다. 특히, 21세기는 사회생활의 모든 면을 컴퓨터를 통해서 하기 때문에 컴퓨터를 제대로 작동하지 못하면 학업과 직장 생활, 사회생활 등에 큰 장애를 갖게 된다. 사회과 교육에서는 과제 학습, 정보 검색, 가정 학습, 협동 학습, ICT 학습, NIE 학습 등에 두루 컴퓨터를 활용할 수 있다.

　이와 같은 컴퓨터 활용 학습과 수업은 최근의 학습 경향이 개인의 차이를 존중하는 학습을 강조하는 방향으로 나아가는 것과 맥을 같이한다. 특히, 학생들의 맞춤식 학습, 눈높이 학습 등에서 컴퓨터 활용 학습은 매우 중요한 기능과 역할을 한다. 교수·학습의 효과 역시 컴퓨터 활용 학습이 더욱 증진시킬 수 있는 것이다.

사회과에서는 전통적인 일제 수업을 과감히 떨쳐버려야 한다. 아울러, 정보화 사회에서의 비인간화, 몰인정성, 개인의 프라이버시 침해, 해킹 등 통신 시설과 프로그램의 불법 사용, 네티즌 등 타인의 인권 침해, 개인 정보 유출 등 정보화 사회에서 유발되는 역기능과 문제점을 해결하여야 할 것이다. 또한, 사회의 전 구성원들이 정보 윤리를 준수하는 정보 교육을 사회과 교육에서 담당하여야 하며, 이를 사회과 교육과정에 포함시켜야 할 것이다.

특히, 21세기 세계화·정보화 사회에서는 컴퓨터와 인터넷의 상용화를 통한 정보 통신 윤리 함양이 더욱 요구되고 있다. 시대 변화와 사회 발전에 따라 면대면 활동보다 가상공간의 활동이 확대되면서 각종 정보 통신 윤리와 사이버(cyber) 도덕 준수가 강조되어야 한다. 이와 같은 정보 통신 윤리 교육과 사이버 도덕은 초·중·고교 단계에서 체험적으로 내면화되어야 할 것이다.

(3) 토의·토론과 대화 능력 향상

사회는 개인들이 모여서 이루어진 집단이다. 따라서 다양한 사람들이 함께 모여서 생활하는 현대 사회는 많은 사회 문제가 발생하고 야기된다. 사회 구성원들 긴의 이해관계에 따라 다양한 갈등과 대립 현상이 나타나기 마련이다.

이와 같은 다양한 갈등과 대립되는 문제를 효과적으로 해결하기 위해서는 역지사지의 입장에서 상호 배려를 바탕으로 한 토의와 토론 및 대화를 통해서 해결하여야 한다. 문제 해결의 과정에서는 미리 규칙을 정하고, 그 정해진 규칙을 준수하여야 한다, 물론, 소수의 의견을 존중하여야 하며, 일단 결정된 사안은 다수결의 원칙에 따라 수용하고 존중하며, 준수하는 민주 시민 정신이 필요하다.

세계 각국의 사회과 교육에서 1980년대 이후, 지도자로서의 책임, 구성원으로서의 책임을 강조하는 의사 결정 능력, 민주적 참여 능력 등을 더욱 강조하는 것도 이와 같은 갈등과 대립의 해결, 토의·토론 및 대화 능력 신장과 연관된 것이다.

사회과 교육이 전통적이고 진부한 국어과식 수업 형태를 탈피하고, 교사와 학생들이 상호작용 속에서 함께 활동하는 소위 '살아 있는 사회과 교육'으로의 재탄생 내지 부활이 요구되고 있는 것이다.

(4) 올바른 경제 생활과 경제 윤리 의식 함양

현대 민주주의 사회를 떠받치는 두 기둥은 민주주의와 시장 경제이다. 자유 민주주의와 시장 경제는 빈부의 차이, 지나친 자유 경쟁에서 오는 무질서, 과소비 현상, 향락 풍조, 각종 경제 범죄 문제 등 사회 문제 때문에 비판을 받기도 하지만, 궁극적으로 시장 경제 체제가 인간의 행복과 역사 발전을 위해서 상대적으로 우월한 경제 체제라는 점은 재론(再論)의 여지가 없는 것이다.

다만, 자유 민주주의와 시장 경제에서 나타나는 무질서와 빈부 양극화 격차 심화 등 문제를 해결하려는 태도와 능력을 신장하여야 한다. 산업의 발달 과정에서 큰 문제로 대두되고 있는 자본의 집중과 재벌의 독점, 분배, 축적된 부(富)의 재분배와 사회적 환원 등 경제 윤리 의식의 확립이 선행되어야 한다. 따라서 시장 경제에 대한 바른 이해와 함께 경제 윤리 의식의 확립은 사회과 교육과정에서 핵심적인 사회과 목표로 선정되어야 할 것이다.

21세기 세계화·정보화 사회에서는 천상천하유아독존식 자기중심적 태도, 이기주의적인 행동, 개인주의적 행위보다 함께 어우러져 도움을 주고 받으며 공동 목표를 성취해 가는 동반자적 사회생활 태도와 협동적 생활 방식이 더욱 강조되어야 한다.

(5) 민족 문화 정체성 확립과 다문화 이해 교육

사회과 교육에서 남북의 평화 통일과 민족 문화의 정체성 교육은 미래의 지향점으로서 강조되어야 한다. 세계화 시대를 맞아 국제 관계가 더욱 다양화되고 북한을 비롯한 세계 각국과의 밀접한 상호 관계와 교류가 강화되고 있다.

이와 같은 세계화 시대에 더욱 강조되어야 할 것이 우리 고유의 민족 문화에 대한 깊은 이해와 긍지 함양이다. 우리 전통 고유문화에 대한 폭넓은 인식과 이해, 자부심을 갖도록 지도해야 한다.

남북의 평화 통일은 정치적·지리적 통일 외에도 문화적·언어적 갈등 관계를 종식하고 민족의 동질성을 회복하는 방향으로 나아가야 진정한 통일을 이룩할 수 있을 것이다.

이와 함께 세계화 시대의 사회과 교육과정은 타국의 다양한 문화에 대한 깊은 이해와 문화 상대주의적 입장에서 올바르게 바라보는 가치관 확립이 필요하다. 아울러, 지구촌 구성원으로서 인류 공영과 세계 발전에 기여하려는 능력과 자질 그리고 태도 함양이 요구되고 있다.

또한, 세계화 시대의 다원화에 따라서 세계 교육의 프로그램도 전문화 및 다양화되어야 할 것이다. 과거와 같이 단순한 시찰, 견학, 친선 방문, 상호 방문 및 교환 등으로 이루어지던 막연한 국제 교류 위주에서, 좀 더 목적과 문제의식이 분명한 세계 교류로 승화되어야 하며, 세계화 차원에서 보다 전문화, 다양화, 심층화를 지향해야 할 것이다.

국제 교류는 미국, 유럽, 일본, 동남아시아 중심에서 중국, 러시아, 동구권, 아프리카를 비롯한 오대양, 육대주로 확대하여, 각 주제에 따라 인권, 민주주의, 지방 자치, 환경 문제, 경제 개발 등 다양한 분야의 교류와 견학으로 발전되어야 할 것이다.

(6) 각종 사회 문제 해결 학습 프로그램 개발 활용

전통적인 수업과 강의 형태는 일방적 의사소통 형태이다. 세계화·정보화 시대에는 교육에서 이러한 교수법의 탈피와 혁신을 필요로 한다. 즉 과거와 같은 일방적 강의를 통해서 지식을 전수하는 수업 방식을 탈피하여 자율적 학습, 토의·토론 중심 학습, 자료 수집과 분석, 가설 설정과 검증 등 다양한 사회과 학습을 통해서 자기 주도적 학습력을 신장하기 위한 사회과 교육의 프로그램이 개발되고 적용되어야 한다.

특히, 사회과 학습 프로그램 개발이 필요한 영역과 분야로는 사회 문제 의사 결정, 갈등 해결, 환경오염과 인간의 생존, 규범과 질서의 이해와 준법정신, 한국 문화와 타국 문화의 상대주의적 이해와 접근, 정보화 시대에 필요한 가치관 확립과 정보 윤리 의식 함양, 세계화 시대의 지구촌 사회 문제 규명 의식 강화 등을 들 수 있다.

(7) 민주주의의 올바른 이해와 신념 강화

미래 사회의 주역이 될 학생들에게 민주주의의 기본 정신인 자유, 평등, 인간의 존엄성 등을 새롭게 인식시키는 것이 중요하다. 민주주의의 특징과 우월성을 바탕으로 민주 사회에 준수해야 할 다양한 역할과 책무를 인식하고 실생활에서 준수하는 사회과 교육의 기본적 요소이다.

특히, 남북의 평화 통일에 대한 굳은 신념과 각오를 되새기고, 통일 의지를 새롭게 다지는 것도 중요하다. 아울러, 민주 시민 교육 차원에서 민주주의의 가치를 중시하고, 민주주의 사회의 구성원으로서 체제의 우월성을 더욱 발전시키려는 신념과 태도 함양에 초점을 맞추어야 한다.

(8) 문제 해결력과 의사 결정력 신장

사회과 교육은 탐구력과 창의력을 기반으로 한다. 탐구력과 창의력은 사회 문제에 대한 문제 해결력이 뒷받침되어야 한다. 사회는 다양한 개인이 모여서 이루어진 조직으로 많은 문제가 야기되고 있다. 이러한 사회 사상(社會 事象)과 사회 문제에 대한 올바른 해결은 자연스럽게 문제 해결력을 신장시킨다.

아울러, 사회과 교육에서는 판단의 근거를 교사가 제시하고 핵심적 판단과 의사 결정을 학생들이 스스로 하도록 하는 것이 중요하다. 학생들이 개방적 토의·토론을 통해서 자율적이고도 합리적인 의사 결정을 신장하는 방향으로 사회과 교육과정이 나아가야 할 것이다.

2) 사회과 교육의 정체성 확립

사회과는 동서고금을 통하여 정체성 논란에 시달려왔다. 본질 교과로서의 사회과의 참모습이 무엇인가에 대한 학계와 교육계의 깊은 고민이 내재된 쟁점이기도 하다. 이러한 정체성 논란은 1916년 미국에서 사회과가 태동할 때부터 시작되었고, 한국에 도입된 해방 후에도 계속되어 왔다. 물론 이러한 사회과의 정체성 논란은 현재도 세계 사회과 교육학계에서 현재 진행형이다. 아울러, 매우 조심스럽기는 하지만, 이와 같은 사회과의 참 모습에 대한 정체성 논란은 결론이 없는 영원한 난제일 수도 있다.

사회과는 단일 학문을 교과 내용학으로 하는 국어과, 수학과와는 다르다. 매우 복잡다단한 교과 특성을 내재하고 있기 때문이다. 특히, 사회과 교육의 정체성 확립 차원에서 다음과 같은 점이 고려되어야 할 것이다.

첫째, 사회과의 전통적이고도 고유한 목적인 민주 시민성 함양과 민주 시민 교육의 본질과 내용이 분명치 않다는 비판이 있다. 물론 사회과가 바람직한 사람, 인간다운 인간 육성을 지향하는 교과로서, 전통적으로 시민성 함양, 민주 시민 교육의 담당하는 교과라는 점에 이의를 달거나 부인할 수는 없다. 누구나 이 점에 대해서 동의하고 있다. 그럼에도 불구하고, 사회과의 정체성이 애매모호하다고 비판하는 사람들은 도대체 사회과에서 한 세기 넘게 지향하며 규명하고자 하는 초점인 '민주 시민'의 참 모습이 분명하지 않다는 지적을 하고 있다. 즉 시민성 함양, 민주 시민 교육의 참 모습이 구체적이지 못하다는 비판인 것이다.

사실, 사회과가 민주 시민성 함양, 민주 시민의 자질을 함양하는데 교과 목적을 갖고 있음에도 불구하고, 진정한 민주 시민의 모습이 어떠한 모습인가에 대해서는 그 누구도 자신 있게 제시하지 못한다. 그 만큼 민주 시민성, 민주 시민의 정체성이 구체적이지 못하고 소위 '뜬 구름 잡는 식'이라는 학문적 문제점을 갖고 있는 것이다.

미래 사회과는 분명히 이러한 사회과의 근본 목적인 민주 시민의 자질 육성에 대한 명확한 정체성 확립의 과제를 안고 있는 것이다.

둘째, 교육 목적에서의 타 교과와의 차별성 결여 문제이다. 흔히 사회과의 목적은 민주 시민의 자질 함양과 민주 시민 육성이라고 일컫는다. 아주 적절한 표현이다. 하지만, 다른 교과의 목적과 견주어 볼 때, 사회과의 목적이 독특하지 못하다는 것은 부인할 수 없는 사실이다. 즉 사회과만이 독자적으로 민주 시민의 자질을 함양하고 민주 시민을 육성하느냐에 대한 반론이다.

사실, 국어과에서 말하기, 수학과에서 연산, 음악과에서 가창, 미술과에서 그림만 잘 그리면 되는 것은 아니다. 근본적으로 모든 교과의 최종 도착지인 근본 목적은 인간다운 인간 양성, 바람직한 사람 육성에 귀결된다. 곧 사회과의 근본적 목적과 여타 교과의 교과로서의 목적은 교육의 근본 목적과 크게 다르지 않은 것이다. 최근, 세계 각국에서 사회과의 해체가 일어나고 환경, 인구, 여성, 다문화 등 주제 중심 재편성이 야기되고 있는 것도 결국 이와 같은 사회과와 타 교과와의 본질적 차별성을 두기 어렵다는 반증이 아니가 한다.

셋째, 교과 내용의 범위와 깊이의 문제이다. 전통적으로 사회과에서의 범위(scope)와 계열성(sequence)은 근본적인 두 축이다. 사실 사회과는 내용의 범위와 깊이가 천차만별이다. 사회과의 교과 성격 차원에서는 사회생활의 모든 것을 사회과의 내용으로 담아내어야 할지도 모른다. 특히, 오늘날처럼 세계화·정보화된 사회에서는 지구촌의 사회 사상(社會 事象) 모두를 가르치고 배워야 하는데, 사회과가 그 역할을 충실히 할 수 있는가 하는 교과의 한계성에 직면하게 된다. 분명히 현재의 사회과가 담당하고 있는 내용은 너무 광범위하고 다양하여 초점이 흐리다.

그러므로, 미래의 사회과에서는 교과의 정체성 확립 차원에서 사회과 목적 재설정, 타 교과와의 차별성 확보, 내용의 적정한 정선과 조직 등이 현대 사회 차원에서 재고되어야 할 것이다.

(1) 고급 사고력 신장과 가치관 교육 강화

사회과 교육에서 개념 교육은 인지적 영역의 핵심적 교육 방식이다. 특히, 가치 갈등이 심하고 고급 사고력을 등한시해 온 우리 사회과 교육에서는 이와 같은 개념 학습과 사고력 교육이 강조되어야 한다. 개념의 형식적인 정의를 암기하여 개념과 현실이 유리되는 이중 구조를 탈피하여 현실에 대한 올바른 이해를 위해서 개념 교육은 매우 중요한 교육 방식이다.

그리고 사회과 교육에서는 탐구력, 창의력, 문제 해결력, 의사 결정력, 메타 인지(meta cognitive) 등 학생 스스로 탐구하고 해결하는 고급 사고력이 강조되어야 한다. 특히, 제7차 교육과정, '2007년 개정 교육과정'의 사회과가 학생 중심 교육과정을 지향하는바 이러한 고급 사고력 신장은 정보화·세계화 차원에서 더욱 강조되어야 한다.

한편, 사회과 교육에서는 개념 학습, 고급 사고력 교육과 더불어 가치 교육이 강화되어야 한다. 과거의 사회과 교육에서는 가치 명료화, 가치 분석, 도덕 추리 등 방법이 논리적으로 강조되었으나, 이와 같은 가치 교육 방식은 가치 교육과 윤리 교육에서 필수적으로 수반되는 감정이나 정서적 측면을 간과하고 있다는 비판이 있다. 따라서 그동안 도덕과, 윤리과의 전유물로 취급되던 피아제 이론(J. Piaget theory), 콜버그 이론(L. Kohlberg theory), 비고츠키 이론(L. S. Vygotsky theory) 등이 사회과의 가치 교육과 인지 발달 교육에 적절하게 적용되어야 할 것이다.

(2) 세계화·정보화에 대한 새로운 이해

현대 사회는 급격한 변화와 발전을 기반으로 하는 세계화·정보화 사회이다. 모든 지식과 정보가 공유되고 발전을 거듭하는 새로운 사회의 모습이다. 아울러, 사회 변화와 발전이 역동적으로 일어나는 사회이다. 지구촌 일일생활권이 형성된 글로벌 사회(global society)이다. 가상공간에서 모든 정보가 적나라하게 공유되는 열린 사회, 개방 시대이다.

하지만, 중요한 것은 가장 근본적인 세계화가 한국화, 지역화이고, 가장 근본적인 한국화, 지역화가 곧 세계화라는 사실이다. 이러한 지역과 한국, 그리고 세계의 연계적 상태를 사회과에서 가르치고 배워야 하는 것이다.

정보화 역시 많은 역기능이 나타나고 있다. 이러한 역기능을 치유하고 보다 바람직한 정보화의 길로 나아가도록 사회과교육은 본연의 역할에 충실하여야 할 것이다. 현대 사회와 마찬 가지로 정보화는 만능이 아니라 인간이 이를 어떻게 적절하게 유도하느냐에 따라 순기능, 또는 역기능이 발현된다는 사실에 주목할 필요가 있다.

(3) 인간에 대한 새로운 이해 교육

사실 사회가 발전하고 시대가 변화하면서 중요한 것을 망각하고 있는 것이 현대의 어두운 그림 자이다. 아무리 물질문명이 발달하고 배금주의(拜金主義)가 팽배해도 우리는 '인간'을 망각해서는 안 된다. 인간은 만물의 영장 이전에 가장 숭고한 가치의 대상이다. 그러므로 미래의 사회과교육에서는 인간의 재발견 교육이 활성화되어야 한다. 아무리 과학, 기술이 발달하고, 경제적 부(富)가 축적되어도 인간을 능가할 수는 없는 것이다. 인간은 그 자체로 그 어느 것과 비교될 수 없는 가치를 지닌 존재이다. 미래 사회의 사회과교육에서는 이와 같은 인간성의 재발견, 인간성의 회복, 인간에 대한 새로운 이해 등에 초점을 맞추어야 할 것이다.

사회가 발전되고 시대가 변화하면서 인간성이 매몰되고 있는 것이 사실이다. 그러한 사회의 역기능을 치유하여 인간성을 회복시키는 견인차 역할을 사회과가 담당해야 하는 것이다. 물론, 이러한 인간성 회복, 그리고 사람을 소중하게 여기는 사회를 이룩하는데 선도적인 역할을 하는 사회과 교육의 주체는 곧 사회과 교사인 것이다.

(4) 자율적 탐구 학습 능력의 신장

사회과는 학생 중심 교과이다. 즉 사회 사상(社會 事象)을 중심으로 한 사회 탐구를 지향한다. 이와 같은 사회 탐구 활동의 주체는 학생들 자신이 되어야 한다. 사회과 교사는 학생들이 자율적 탐구 활동을 잘 수행할 수 있도록 배려하고 돌봐 주는 지원자, 반려자, 동반자 역할에 충실하여야 한다.

사회과 교육은 현대 사회의 복잡다단한 변화와 발전의 모습을 다룬다. 따라서 학생들이 사회 현상의 여러 모습을 올바르게 바라보고 적절한 대안을 찾아 적절한 접근을 할 수 있도록 지도하여야 한다. 이러한 학생 중심 활동의 핵심이 되는 것이 학생의 자율적 탐구 활동이다.

사회과 교육에서 학생들의 자율적 탐구 활동을 조장하기 위해서는 우선 학생들의 '학습 방법의 학습(Learning of learning method)'이 철저하게 이루어져야 한다. 즉 학생들이 사회과 교수·학습의 방법과 기법을 알고 교수·학습에 임해야 하는 것이다.

사회과에서의 자율적 탐구 학습 능력 신장은 사회과 교육이 국어과 교육식으로 진행되어서는 안된다는 지적과 밀접한 관련이 있다. 말(馬)을 물가까지 끌고 가는 것은 사회과 교사이나 물을 스스로 먹는 말(馬)은 학생 자신이어야 하는 것이다. 사회과 교육에서의 사회과 교사 역할의 핵심은 학생들이 교수·학습 방법을 알고 적극적으로 참여하고 활동할 수 있도록 배려하고 여건과 환경을 조성해 주는 것이다.

(5) 더불어 사는 협동심의 배양

산업화 이후의 현대 사회는 고도의 물질 문명 발달로 인간성이 매몰되고 이기주의, 개인주의 등이 팽배해져 있다. 지식 기반 사회, 지식 정보화 사회, 세계화 시대인 현대 사회는 첨단적인 공학적 과학, 기술의 발달로 모든 면에서 풍요로운 생활을 하고 있으나 중요한 인간적인 면이 결여되고 있는 점이 아쉬운 점이다.

특히, 인간성 매몰과 개인주의, 이기주의 등이 만연되어 청소년을 중심으로 사회 생활에서 타인을 도외시한 채 오로지 자신만이 최고라는 '천상천하유아독존식(天上天下唯我獨尊式)' 언행을 보이는 경우가 많은 게 사실이다. 미래의 주인공인 될 오늘의 학생들에게 이러한 독선적 언행과 생활 태도를 갖지 않도록 지도해야 하는 것이 현대 사회과 교육의 사명이다.

사회는 개인인 인간과 인간의 상호작용(interaction)으로 이루어진다. 사회 구성원인 인간들이 서로 협동하고 의지하며 배려하는 것이 곧 사회 생활의 참모습이다. 그러한 참다운 사회 생활에 구성원의 한 사람으로서 적극적으로 참여하고 봉사하는 협동심의 배양이 중요하다.

전통적인 사회와는 달리 변화와 발전을 기반으로 하는 현대 사회에서 개인 혼자서 하는 일은 극히 한정되어 있다. 지식기반 사회인 현대 사회의 사회 사상(社會 事象)은 사회 구성원들인 많은 사람들의 복잡한 사회 활동의 연합으로 이루어진다. 따라서 사회 생활 전반에 걸쳐서 타인과 원만한 인간 관계를 유지하고 타인을 적극 배려하고, 함께 공동체 목표를 달성해 가는 협동심 배양, 협동 정신의 실천, 협동적 사회 활동 등이 적극적으로 구현되어야 할 것이다. 이와 같은 역할을 미래 사회의 사회과에서는 더욱 강조하여야 할 것이다.

제7장

종합적 논의 및 결언

1. 결론

교육은 바람직한 인간 육성을 위한 의도적이고 계획적인 활동이다. 교육과정은 이러한 교육의 이정표이며 나침반이자 시금석이라고 할 수 있다. 따라서 교육과정은 교육을 이끄는 향도(嚮導)로서 교육의 성패를 가름할 수 있을 정도로 아주 중차대한 요소이자 활동이다.

한편, 사회과는 삶의 보금자리인 사회의 제 현상을 올바르게 인식하고, 사회 지식 습득과 사회생활에 필요한 기능을 익히며, 민주 사회 구성원들에게 요청되는 가치와 태도를 지님으로써, 민주 시민으로서의 자질과 소양을 육성하는 교과이다.

사회과 교육과정은 학교에서 사회과 교육을 실행하는 일련의 과정에 대한 내용과 방법적 요소를 모두 포괄한다. 사회과 교육과정은 사회과의 목표, 내용, 교수·학습 방법, 평가, 환류 등 일련의 사회과 교육의 실행과 운영의 전반적인 프로그램을 의미한다.

일반적으로 교육 전반에 걸쳐서 교육과정이 중차대하듯이, 사회과 교육에서는 사회과 교육과정이 중요한 역할과 기능을 한다. 훌륭한 사회과 교육과정 아래에서 바람직한 사회과 교육이 이루어진다는 것은 당연한 것이다.

본 연구는 한국의 역대 사회과 교육과정을 초·중·고교별로 구분하여 분석하고, 예비 교사인 교대·사대 등 사범계 대학 학생들과 교수들의 의견을 분석한 토대 위에서, 우리 현실에 적합한 발전적인 사회과 교육과정 모형의 개발을 탐색하는 데 근본적인 목적이 있다.

이와 같은 목적 아래, 사회과 교육에서 사회과 교육과정의 중요성을 전제하고, 우리나라 역대 사회과 교육과정을 분석하고 초·중·고교 사회과 교사, 교육대학교·사범대학 사회교육과 학생들과 교수들의 의견을 분석·종합한 결과는 다음과 같다.

먼저, 우리나라 역대 사회과 교육과정을 초·중·고교별로 분석한 결과는 다음과 같이 요약할 수 있다.

첫째, 초등학교 사회과 교육과정에 대해서 분석하면, 그동안 우리나라 사회과 교육과정은 교수요목기, 제1차 교육과정기에서 제7차 교육과정기까지 일곱 차례, '2007년 개정 교육과정' 등을 포함하여 총 아홉 차례의 제정·개발·개정이 있었다.

초등학교 사회과 교육과정을 고찰한 결과, 사회과의 성격 면에서 사회과 태동기에는 자연환경과 사회 기능 이해 등에 중점을 두었다가, 제4－6차 교육과정에서는 사회생활 및 사회 현상의 이해와 탐구를 강조하였으며, 제7차 교육과정 이후에는 민주 시민 자질 터득과 사회적 사실 이해에 초점을 맞추고 있다. 편제 면에서는 교수요목기에서 제1차 교육과정기까지 사회생활과, 제2차 교육과정 이후부터 사회과로 개칭되었으며, 제4차 교육과정기부터 제1·2학년이 통합 교과로 사회과에서 분리되었다. 목표 면에서는, 교수요목기에는 사회생활과 자연환경의 연계를 강조하였고, 제1－3차 교육과정에서는 전체적으로 민주 시민 자질, 사회생활 능력 요소 등을 5－7개 항으로 제시하였으며, 제4－5차 교육과정에서는 민주 국가 국민의 자질을 중점 목표로 하여 교과 목표로 제시하였다. 제6차 교육과정 이후에는 종합 목표 밑에 영역별 목표를 제시하는 형태로 개정되어 사회, 국가, 인류에 공헌하는 인간 육성을 강조하고 있다. 내용 면에서는, 교수요목기에는 학년별 1개 대주제로 조직하였으며, 제1차 교육과정기 이후부터는 학년당 5-8개의 단원 주제를 부여하여 내용을 선정·조직하고 있다. 교수·학습 방법 및 평가에서는 교수요목기에는 교수상의 유의점, 제1차 교육과정기에는 지도 방법, 제4차 교육과정기에는 지도, 제6차 교육과정기에는 학습 지도 유의점 등으로 다양하게 진술되어 오다가, 제7차 교육과정기부터 '교수·학습 방법'과 '평가'로 분리되었다. 교수·학습 방법 면에서는, 사회과 교육과정 초기에는 학생들의 관찰 및 사회 현상 파악에 중점을 두었으나, 사회 사상의 원리, 개념을 강조하게 되었고, 제6차 교육과정 이후부터는 일반사회, 역사, 지리 영역의 통합적 지도, 학생 중심 학습을 강조하고 있다. 평가는 교육과정 초기에 별도의 언급이 없었으나, 제4차 교육과정기부터 평가 규정을 두었으며, 제7차 교육과정기부터는 평가를 교수·학습에서 분리하여 다양한 기법과 방식·형태의 평가를 강조하고 있다.

둘째, 중학교 사회과 교육과정을 분석해 보면, 성격 및 기본 방향 면에서, 교수요목기에 향토 개발, 공민 생활 등을 강조하였고, 제1-2차 교육과정기에는 공민 생활과 통합 지도를 강조하였으며, 제3-5차 교육과정기에는 국민적 자질 함양에 중점을 두었다. 그리고 제6차 교육과정기 이후에는 사회 현상의 탐구와 고급 사고력 신장에 역점을 두고 있다. 중학교 사회과의 편제 면에서는, 교수요목기와 제1차 교육과정기에는 공민, 지리, 역사를 학년별로 이수하였으나, 제2차 교육과정기 이후, 영역별 지도로 변했으며, 제3-5차 교육과정기에는 국사가 독립 교과 또는 영역 독립을 하였다. 제6차 교육과정기부터 통합 지도를 특히 강조하고 있다. 제7차 교육과정기와 '2007년 개정 교육과정'에서는 국민공통교과로서의 사회과 역사 영역, 지리 영역, 일반사회 영역 강조와 다양한 심화 선택 과목이 편제되었다. 목표 면에서는, 교수요목기에는 공민, 지리, 역사의 분야별 진술, 제2-3차 교육과정기에는 일반 목표 4-5개 항으로 제시되었고, 제4-5차 교육과정기에는 교과 목표로 사회 생활 능력 향상을 지향하였다. 제6차 교육과정 이후에는 종합 목표 1개 항과 영역별 세부 항목을 제시고, 통합 지도를 특히 강조하고 있다. 내용 면에서는 교수요목기에 공민 중심이었으나, 제1차 교육과정기에 가정, 국가, 국제 생활 내용 중심으로 구성되었으며, 제2차 교육과정기 이후에는 정치, 경제, 사회·문화 등 일반사회 영역과 역사 영역, 지리 영역 등이 두루 통합·조직되어 있다. 특히, 제7차 교육과정기와 2007년 개정 교육과정에서는 국사 영역, 세계사 영역, 지리 영역 등이 명확하게 영역 구분되어 제시된 점이 돋보인다. 교수·학습 방법 및 평가 면에서는, 교수요목기에는 교육상 유의점, 제1차 교육과정기 이후에는 지도 방법, 제6차 교육과정기에는 학습지도 유의점 등으로 진술되었고, 제7차 교육과정 이후에는 교수·학습 방법, 평가로 별도 분리되었다. 교수·학습 방법으로는 교육과정 초기에 학생들의 학습 참여를 강조하였고, 그 이후 통합적 지도, 학생 중심 수업, 문제 해결력 신장, 고급 사고력 신장 등을 강조하고 있다. 평가는 다양한 방법과 기법으로 실시하여 목표에 환류하도록 진술되어 있다.

셋째, 고등학교 사회과 교육과정을 분석한 결과는, 성격 면에서 교수요목기에 자연·인문 환경과 사회생활의 연계를 강조하였고, 제1-4차 교육과정기에 사회 사상(社會 事象), 사회 현상의 제 원리와 사회, 국가에 대한 공헌에 역점을 두었으며, 제6차 교육과정기 이후부터는 사회 현상의 탐구와 민주 시민 자질 함양에 초점을 맞추었다. 편제 면에서는, 교수요목기부터 제2차 교육과정기까지 도덕, 윤리 영역이 사회과에 편제되었다가, 제3차 교육과정기에 별도 과목으로 독립되었으며, 정치·경제, 사회·문화, 국사, 국토 지리, 세계 지리 등 과목으로 편제되어 오고 있다. 제7차 교육과정기부터는 국민공통기본교육과정과 선택중심교육과정 도입으로 각 영역의 통합 지도와 다양한 과목의 이수를 모색하고 있다. 목표 면에서는, 전체적인 변화상이 중학교와 대동소이한데, 교수요목기에 공민, 역사, 지리로 삼분(三分)하였고, 제2차 교육과정기에 전체 목표 5개 항, 제3차 교육과정기에 일반 목표 2개 항을 제시하였다. 제4-5차 교육과정기에는 교과 목표를 제시하여 사회생활에 대한 탐구와 민주 시민 자질 함양을 추구하였고, 제6차 교육과정기 이후부터는 1개 항의 종합 목표와 지식, 기능, 가치·태도 등 영역별 목표를 별도로 제시하고 있다. 내용 면에서는, 교수요목기에는 정치론, 경제론, 윤리론 등으로 조직되었고, 제1차 교육과정기에 정치와 사회, 경제와 사회, 문화의 창조, 제2차 교육과정기에 일반사회, 정치·경제 영역, 제3차 교육과정기에 정치·경제, 사회·문화, 제4차 교육과정기 사회 Ⅰ·Ⅱ, 제5차 교육과정기에 정치·경제, 사회·문화, 제6차 교육과정기에 일반사회, 정치·경제 그리고 제7차 교육과정과 2007년 개정 교육과정에서는 다양한 영역과 선택 과목을 이수토록 내용 선정·조직이 되어 있다. 교수·학습 방법 및 평가 면에서는, 교수요목기에 타 과목과의 연계 지도, 제1-3차 교육과정기에는 학습 내용과 방법의 연계, 사회적 문제 해결력 신장 등을 강조하였고, 제4차 교육과정기에는 지적 능력과 기본 개념, 원리 이해, 제5-6차 교육과정기에는 다양한 학습 방법 적용과 평가 기법 활용을 강조하였다. 제7차 교육과정기와 2007년 개정 교육과정에서는 고급 사고력 신장과 세계 시민적 자질과 소양 함양을 위한 학생 활동과 참여 중심의 다양한 교수·학습 방법과 평가 기법의 적용을 강조하고 있다.

다음, 사회과 교육과정에 대한 초·중·고교 사회과 교사, 사범계 대학 사회교육과 학생 및 교수들을 대상으로 한 의견 조사를 분석한 결과를 요약하면 다음과 같다.

첫째, 초·중·고교 사회과 교사들은, 대체로 현행 사회과 교육과정에 대해서 긍정적으로 보고 있으며, 사회과의 성격 면에서 민주 시민의 자질, 대화와 토의 능력, 문제 해결 자세 등에 초점을 맞추고, 목표 면에서 고급 사고력 신장에 중점을 두고, 내용 면에서는 다문화 이해 교육, 세계 시민 교육, 정보 통신 교육, 인간 교육, 사회 복지 교육 등을 강조해야 함을 요구하고 있다. 아울러, 교수·학습 방법 면에서 문제 해결 학습, 탐구 학습, 창의력 신장 학습 등 학생 중심 학습이 더욱 강조되어야 하고, 평가 면에서는 지적·정의적·심동적 영역의 균형 있는 평가, 교육과정 환류 면에서 정기적·수시적 평가 및 환류 시스템이 운영되기를 기대하고 있다.

둘째, 사범계 대학인 교대·사대 사회교육과 학생들은 초·중·고교 사회과와 대학교의 사회교육과 교육과정 연계를 강하게 요구하고 있으며, 사회과의 목표로 사회 발전의 패러다임, 학생의 전인적 성장, 사회 이슈와 쟁점 등이 강조되어야 하며, 내용 면에서 일반사회 영역, 역사 영역, 지리 영역의 균형 있는 선정과 조직, 교수·학습 방법 면에서 학생 중심의 탐구 학습, 평가 면에서 균형 있는 사회과 평가를 요구하고 있다. 교육과정 개선 면에서 대학생들은 대학의 사회교육과 이수 내용이 장차 초·중·고교 교사 임용 시 활용될 수 있기를 요구하고 있다.

셋째, 교대·사대 사회교육과 교수들은 사회과의 성격으로 민주 시민 교육, 의사 결정력 신장, 사회 과학 교육 등의 강조와 함께, 목표 면에서 사회 이슈와 쟁점, 사회 발전의 패러다임 등을 강조해야 한다고 보고 있고, 사회과의 내용 면에서는 인성 자질 함양, 세계화와 고급 사고력 신장 등을 강조해야 하고, 교수·학습 방법 면에서는 교수·학습 방법의 개선, 평가 면에서 다양한 방법과 형태의 평가 적용 등을 요구하고 있다.

  이상과 같은 교육과정 분석과 사회교육과 학생, 교수들의 요구 분석을 종합한 결과, 우리나라 교육 현실과 사회과 교육에 적합한 새로운 사회과 교육과정의 모형 개발은 다음과 같은 방향으로 나아가야 할 것이다.

  첫째, 교육과정 개발을 위한 체계적 활동이 가능하도록 교육과정 개발 절차를 개선하여야 한다. 즉 교육과정의 총론 개발을 위한 기초 연구는 교육과학기술부(2008.02.25 이전 교육인적자원부)와 기초 연구팀 합동으로 실행하고, 교육과정 개발을 위한 연구·실험·시범 학교 등을 확대, 운영하여야 한다. 특히, 일선 학교 사회과 교사들의 교육과정 개발 참여 기회가 대폭 확대되어야 한다.

  아울러, 총론과 각론의 관련성 유지, 각론에서의 목표, 내용, 방법, 평가 등 체제 및 초·중·고교 학교급의 연계, 각론 개발과 교과서 개발 및 교사 연수 활동 등을 고려하여 연구되고, 개발되어야 할 것이다.

  그리고 교육과정 결정 과정에서는 가능한 한 관련 이익 집단들의 압력을 배제하고, 학생들에 대한 교육적 필요를 교육과정 개발의 최우선 고려 사항으로 삼아야 한다. 학생들의 장래 진로와 학습 내용과의 관련성을 제고하기 위하여 필수 과목 수를 축소, 조정하고 선택 과목 수를 확대하여 자율성을 보장하여야 한다. 아울러, 교육과정 운영상에 있어서, 입시 위주의 경직된 교육에서 학생들의 개성과 적성을 신장시킬 수 있도록 교육과정이 개발되어야 하며, 나아가 일선 단위 학교의 교사들이 교육과정 개발과 운영에 적극 참여할 수 있도록 제도적 장치를 마련하여야 한다.

  둘째, 교육과정 개발 및 운영에 있어서 중앙 집권형에서 지방 분권형으로 교육과성 개발의 권한을 분산·이양하여야 한다. 우리나라의 현재 교육과정 개발처럼 교육과학기술부(2008.02.25 이전 교육인적자원부)가 국가, 지역, 학교 세 기능을 모두 떠맡고 있는 교육 내용상의 문제점을 방치하고는 의도적, 계획적 활동으로서의 교육의 효과를 기대하기가 어렵다. 따라서 학교 현장에서는 단계적으로 국가 기준에 시·도 수준과 학교 수준으로 나누어 교육과정 개발 연구를 하도록 함으로써 교육 내용의 질 관리에 노력하여야 할 것이다.

  먼저, 시·도 교육청의 지역 수준에서 교육과정 편성·운영 지침에는 국가 기준 교육과정에서의 목표, 내용 분량, 내용 수준, 강조점, 시간, 자료, 유의점 등을 시·도 및 지역의 수준에 부합되도록 편성·운영하여야 한다.

  셋째, 교과 교육과정으로서, 사회과 교육과정은 사회 현상과 사회 사상(社會 事象)을 내용으로 다양한 지도 방법을 통하여 개인적·사회적·국가적 문제에 대한 합리적인 의사 결정력과 고급 사고력을 갖춘 유능한 민주 시민 육성을 지향하여야 한다.

  사회과 교육과정이 이러한 고유한 목표를 달성하고 그 역할을 충실히 달성하기 위해서는 목표, 내용, 지도 방법, 평가, 환류 등 교육과정의 체제(system)가 유기적으로 유지·운영되어야 하며, 행정적·재정적·제도적 지원과 함께 이를 학교 현장에서 직접 구현하는 일선 학교 교사들의 적극적인 연구와 노력이 전개되어야 한다.

  넷째, 사회과 내용 조직의 연계성과 통합성을 확보·유지하여야 한다. 사회과는 제 사회 과학을 교과 내용학으로 한다. 사회과는 사회 과학뿐만 아니라 다양한 학문의 구조와 요소를 내용으로 한다. 사회과는 다른 학문처럼 단일한 학문을 바탕으로 하지 않고 다양한 학문의 유기적 연계 속에서 교육을 하는 특징을 가진 교과이다. 전통적으로는 사회과에서 정치학, 경제학, 사회학, 문화 인류학,

역사학, 지리학 등을 사회과를 이루는 사회 과학으로 간주하여 왔으나, 최근에는 법학, 심리학, 윤리학 등이 더욱 강조되고 있다. 이러한 제 사회 과학의 내용이 사회과에서 따로따로 교수·학습되는 것이 아니라 유기적으로 연계되고 통합적으로 조직되어 지도되어야 하는 것이다.

그러므로 사회과는 일반사회 분야의 제 사회 과학, 역사, 지리 등 영역, 초·중·고교 학교급별, 인간과 공간, 인간과 시간, 인간과 사회 등 사회과 영역 간, 단원 및 주제 간에 밀접하고도 유기적인 연계 속에서 내용이 선정·조직되어야 하며, 그 지도 역시 학문 간, 교과 간, 학교급 간, 단원 및 주제 간에 종적·횡적인 연계 속에 통합적으로 지도되어야 한다. 이러한, 사회과의 연계적 조직 및 통합성 확보를 위해서 사회과는 보다 개방적이고도 진취적인 입장에서 교육과정이 개발, 개정되어야 할 것이다.

다섯째, 국사 교육의 강화가 강하게 요구되고 있다. 세계화 시대·다문화 시대를 맞아 최근 중국의 동북공정(東北工程), 일본의 독도 영유권 주장, 북한의 핵 개발 등으로 우리나라는 역사적, 지리적 문제에 대하여 큰 어려움을 겪고 있는 것이 사실이다. 특히, 중요한 것은 세계화 시대라고 해서 무조건 다른 나라에 대해서 눈을 돌리는 것만이 능사가 아니다. 오히려, 국가와 민족 그리고 국토에 대한 자긍심과 정체성 교육이 선행되어야 올바른 세계화 교육으로 나아갈 수 있다는 점을 간과해서는 안 된다.

특히, 이번에 고시된 '2007년 개정 사회과 교육과정'에서는 사회과에서의 역사 영역, 국사 교육 강화가 눈에 띈다. 사회과 편제 면에서 제8학년의 사회과 전 시간 102시간을 역사(국사)에 배열하였고, 제9학년에서도 제7차 사회과 교육과정에서 사회과로 136시간이 배열되었던 것을 사회 영역 76시간, 역사(국사) 영역 76시간씩 분리하여 국사 분야를 크게 강조하고 있다. 그리고 제9학년 사회과에서는 사회과 170시간 중 국사를 68시간 이수하도록 하였으나, '2007년 개정 교육과정'에서는 사회과를 총 204 시간으로 증대시켜 사회 102시간(6 단위), 역사(국사) 102 시간(6 단위)으로 구분하여 강조하고 있다. 또한, 내용 체계 면에서는 과거에는 항상 일반사회 영역이 사회과에서 주된 영역으로 강조되었으나, '2007년 개정 교육과정'에서는 오히려, 국사 영역과 지리 영역이 일반사회 영역보다 강조되었다.

근래 세계화 바람을 타고, 우리 고유의 것을 버리고 무조건 외국의 문물만을 추종하면 세계화인 양 왜곡된 사회적 병리 현상이 우리 사회 도처에 만연되어 있는 것도 부인할 수 없는 것은 사실이다. 하지만 분명한 것은 우리 것을 바로 아는 바탕 위에서 다른 나라 것을 이해하려고 하는 것이 진정한 세계화이다. 환언하면, 가장 한국적인 것이 가장 세계적인 것이고, 가장 세계적인 것은 곧 가장 한국적이라는 점을 간과해서는 안 된다. 무조건 다른 나라 것만을 맹종하는 것이야말로 이 시대 도도한 세계화의 흐름에 역류(逆流)하는 반세계화적 사고방식이라는 역설적 지적을, 사회과 교육과정 개발자, 사회과 교육 학자, 사회과 전문가, 사회과 교사들은 두루 유념해야 한다.

그런 의미에서는 만시지탄(晚時之歎)의 감이 없지는 않지만, 이번 개정된 '2007년 개정 교육과정'에서 국사 교육의 강화, 한국인 정체성 교육의 강화에 초점을 맞춘 것은 매우 시의 적절하고 유의미한 교육과정 행정이라고 볼 수 있다. 우리가 현재를 사는 것은 긴 역사의 연장선상에서 보면 어느 한 점(순간)에 국한되는 것이다. 사회과 교육, 역사 교육의 입장에서 고찰하면, 과거와 현재, 미래는 단절되지 않은 연속선상에서 무한하게 연장되어 있는 것이다. 결코 우리의 과거 역사인 국사를 소중하게 다루는 것이 시대에 역행하거나, 반세계화적 사고와 행태라는 의식을 버려야 한다. 오히려, 자국의 역사인 국사를 강조·강화하는 것은 세계화 시대인 현대 사회의 세계적 조류라는 점도 명심 해야 할 것이다. 그런 의미에서 '2007년 개정 사회과 교육과정'에서 국사 교육 강화는 매우 시의 적 절하고 의미 있는 조치라고 사료된다. 아울러, 이러한 우리 역사 바로 알기, 자연스러운 국사 탐구 의식 내면화, 국사 교육 강화 등을 사회과 교육과정에서 통합적으로 담아내어야 하는 것이다.

여섯째, 한국인으로서의 정체성(正體性) 교육이 사회과 교육에서 강화되어야 한다. 한국의 교육과 정사, 사회과 교육과정사를 거슬러 올라가면, 과거 우리의 교육과정은 다분히 각 공화국이라는 정 권적, 정부적, 정책적으로 개발되고 개정되어 왔음을 부인할 수 없다. 소위 반공 통일, 국민 교육 헌장, 10월 유신, 한국적 민주주의 등이 그 대표적 사례이다. 오늘의 기성세대들이 배워 왔고, 오랫 동안 우리들에게 인지된 6·25사변이 6·25전쟁, 한국전쟁으로, 4·19의거가 4·19혁명으로, 5·16 혁명이 5·16군사쿠데타로, 광주사태가 광주 민주화 운동 등으로, 각각 최근 개칭(재명명)된 것은 사회과 교육과정사(敎育課程史)에서 시사하는 바가 크다 하겠다.

분명히 교육이 정치와 정권에서 독립되어야 하듯이, 교육과정 역시 비정치적, 독립적, 자율적으로 개발, 운영되어야 한다는 것은 부동(不動)의 사실이다. 그런 의미에서 사회과 교육과정은 앞으로 한 반도의 주역으로 살아갈 학생들에게 대한민국의 참모습, 대한민국 민족과 국민의 참모습을 바르게 알고 슬기롭게 행동하도록 정체성 교육에 각별한 관심과 노력을 기울여야 한다는 점은 모든 사회 과 교육과정 개발자, 사회과 교육자에게 부여된 시대적 소명이라 할 수 있다.

일곱째, 세계 시민으로서의 다문화 이해 교육, 문화 상대주의 교육 등이 사회과 교육과정에서 강 조되어야 한다. 주지하다시피, 현대 사회는 글로벌 사회(global society)이다. 한 시대를 풍미했던 냉 전 체제가 붕괴된 현대에는 전 세계의 모든 국가, 모든 세계인들이 정치, 종교, 이념 인종 등의 차 이에 구애됨이 없이 모두가 지구촌 가족으로서 상호 배려와 호혜의 사고와 태도를 갖고 생활하여 야 한다. 교육이 그러한 새로운 사회 패러다임의 견인차가 되어야 한다,

특히, 세계화 시대를 맞아 전 세계가 일일 생활권이 되어 지리적으로 아주 근접된 생활환경을 이 룬 현대 사회에서는 개인 간, 사회 간, 국가 간 밀접한 유대 관계를 이루어 상부상조하는 개방 사 회의 세계 시민적 자질을 함양하여야 한다. 특히, 세계 시민적 자질과 소양은 사회과의 본질적이고 전통적인 민주 시민 교육의 연장선상에서 이해되어야 하며, 세계화 시대를 슬기롭게 살아갈 수 있 는 기초 기본적 소양(素養)이라고 할 수 있다.

아울러, 세계화 시대를 맞아 국제 교류와 결혼, 이민, 유학, 귀화, 탈북 새터민 등이 폭증하여 이 제 세계 각국은 다양한 국가의 국민들과 피부색이 서로 다른 인종들이 모여 사는 소위 지구촌이 형성되었다. 이제 우리 사회에서는 물론, 각 학교에서 다른 나라 사람들과 황인종 외의 사람들을 심심찮게 볼 수 있게 되었다. 이러한 변화된 사회에서 단일 민족 논리와 문화 절대주의 사고 방식 은 설 자리를 잃었다. 세계 각국이 전통과 역사, 환경이 다르듯이 문화 역시 다른 것은 지극히 자 연스러운 것이다. 분명 세계 모든 나라가 다문화 사회가 된 것이다. 이렇게 우리와 다른 각국의 문 화를 유연한 자세로 수용하고 포용하는 자세가 필요하다. 이제 지구촌 사회에서는 모두가 근린(近 隣)이자 모든 나라가 맹방(盟邦)인 것이다.

다문화 사회에서, 우리와 다른 나라, 다른 사람들의 문화와 생활양식을 넓은 마음으로 이해하고, 배

려하려는 자세를 가진 바람직한 인간 육성이 바로, 이 시대 사회과 교육과정의 숭고한 사명인 것이다.

여덟째, 사회 문제에 대한 심오한 탐구와 사회 현상에 대한 비판적 접근을 전제로 한 고급 사고력 신장에 초점을 맞추어야 한다. 현대 사회는 복잡다단한 역동적 사회이다. 시시각각 변화와 발전을 거듭하는 것이 오늘날 사회의 참모습이다.

따라서 미래 사회의 주인공인 오늘의 학생들은 사회를 있는 그대로 보고 해석하는 실증주의적 사고를 벗어나, 보이지 않는 이면(裏面)의 세계를 꿰뚫어 볼 수 있는 혜안(慧眼)을 갖고 사고하고 행동하는 고급 사고력을 구비한 민주 시민으로 거듭나도록 지도하여야 한다. 이를 통하여 학생들이 복잡다단한 현대 사회에 올바르게 적응하고, 미래 사회를 슬기롭게 주도할 수 있는 능력 있는 민주 시민, 자질을 갖춘 세계 시민으로 성장할 것이다. 현대 사회와 교육의 사회과 교육과정에서 기르고자 하는 고급 사고력은 탐구력, 문제 해결력, 창의력, 의사 결정력, 메타 인지(meta congnitive) 등을 들 수 있다. 이러한 고급 사고력은 과거의 객관주의적·실증주의적 사고로써는 기를 수 없다. 구성주의적 사고로 배경 지식을 쌓기 위해 항상 스스로 탐구하고 노력하는 가운데 체현(體現)되고 내면화(內面化)되는 것이다.

2008학년도부터 전국의 11개 교육대학교, 국립대학교 사범대학을 비롯하여, 대부분의 대학에서 일제히 통합 논술을 도입하게 되었다. 현재 2008학년도 대입 논술 고사와 면접 고사에는 인문 계열 127개 대학, 자연 계열 75개 대학이 과시(課試)한다고 발표하였다. 특히, 사범계 대학(학과) 대부분이 심층 논술·면접 고사를 치를 계획이다(대전일보, 제17705호. 2007.03.22 자). 실제 심층 논술과 심층 면접은 공교육 및 사회과 교육과정의 정상화와 밀접하게 관련되어 있는 것이다. 사회 현상과 사회 사상을 다루는 사회과에서 사회적 이슈와 쟁점에 대하여 자신의 생각을 논리적으로 기술하는 논술력을 기르는 데 주도적 역할을 하여야 한다. 특히, 주어진 교과 학습은 교육과정대로 하고 논술은 별도로 교육을 받아야 한다는 잘못된 인식을 버리고, 교과 학습 내에서 다양한 사회 문제와 사회 사상(社會 事象)에 대하여 여러 가지 내용과 방법을 적용하는 가운데, 자연스럽게 논술력을 신장시킬 수 있는 소위 '통합 논술' 쪽으로 사회과 교육과정이 지향하여야 할 것이다.

아홉째, 사회과 교수·학습 방법의 획기적 개선이 필요하다. 전통적으로 사회과 교육에서는 학생 중심 교육, 탐구 학습을 지향하여 왔다. 제7차 사회과 교육과정과 '2007년 개정 교육과정'의 핵심도 학생 중심 학습과 고급 사고력 신장이다. 학생 중심 학습과 고급 사고력의 이론적 기반이라고 할 수 있는 듀이(J. Dewey)의 반성적 사고(反省的 思考·reflective thinking)는 사회과·교수 학습의 이정표와 같은 것이다. 사회과의 반성적 사고는 교수·학습이 교사 위주로 진행되어서도 안 되고, 국어과식으로 진행되어서도 안 된다는 금기(禁忌)와 같은 역할을 하는 것이다.

사회생활 주변의 사회 사상과 사회 현상을 다루는 사회과 교수·학습은 교사와 학생의 사제동행과 학생들의 능동적 참여가 필수적이다. 학생들의 능동적, 적극적 참여는 자연스럽게 관심과 흥미를 유발한다. 모름지기 수업, 즉 교수·학습이 흥미 있고 재미있게 진행되어야 한다. 하지만 사회과 교수·학습이 재미가 없고, 국어과 식으로 암기나 하고, 교사 위주로 강의식으로 진행되어 문제점이 많다는 지적과 비판이 많은 것도 사실이다. 이러한 현상은 사회과의 교과 특성인 학생 중심 교수·학습, 학생 참여식 활동, 탐구식 문제 해결 등을 외면하고, 교사 중심 교수·학습, 교사 강의식 수업, 암기식 수업 일변도로 진행한 필연적 문제점이다.

사회과 교수·학습이 탐구 학습식, 문제 해결식, 의사 결정식, 토의·토론 학습 위주 등 학생 중심의 새로운 방식과 형태로 변화하여야 한다는 점에는 모든 사람들이 동의한다. 그럼에도 불구하고 우리 사회과 교육 현장이 아직도 구태의연한 과거 답습에서 벗어나지 못하는 것은 가르치는 교사들의 인식 전환이 시대 변화에 뒤떨어지기 때문이다. 나아가, 대학입시 등 구조적인 우리나라 교육 체제와 제도가 학생 중심의 탐구 학습보다는 암기식, 강의식이 효과적이라는 제도적 문제점에 기인하기도 한다. 여하튼, 지식 기반 사회, 지식 정보화 사회에서는 사회과 교수·학습이 반드시 학생 중심, 탐구 학습, 문제 해경 학습으로 진행되어야 하고, 이를 사회과 교육과정에서 구현하여야 한다는 점을 간과해서는 안 될 것이다.

열째, 사회과 교육과정에서는 사회과의 특성에 부합되는 다양한 평가가 도입, 적용되어야 한다. 사회과 평가는 시기적으로 진단 평가, 수행 평가, 과정 평가, 총괄 평가 등이 이루어져야 하고, 영역별로는 지적, 기능적, 정의적 영역이 두루 통합되어 이루어져야 한다. 방법적인 면에서도 지필 평가, 수행 평가, 조사 기록 발표, 현장 체험, 관찰, 면접, 체크리스트, 포토 폴리오, 자기 평가, 동료 평가 등 다양한 방법과 형태로 이루어져야 한다. 하지만 오래전부터 사회과 평가는 지필 평가 위주로 점수화하여 온 것이 일반적이었다. 그러다 보니, 상대적으로 기능적인 면, 정의적인 면은 소홀히 되어 왔다. 제 사회 과학을 통합적으로 교육하는 사회과에서는 학생들이 창의적으로 사고할 수 있는 여건을 마련해 주어야 하며, 이러한 바탕 위에서 지식·이해 면, 기능·능력 면, 가치·태도 면 등이 빠짐없이 골고루 평가되도록 하여야 한다.

아울러, 사회과 평가는 양적 평가, 질적 평가를 병행하여야 하며, 평가 결과는 학습자의 학업 성취 수준 판정 및 학습 능력과 교수·학습 방법의 적절성을 진단, 평가, 보완하는 자료로 활용하여야 한다.

열한째, 사범계 대학의 사회교육과 및 역사 교육과, 지리 교육과 등 관련 학과 사회과 교육과정과 국민공통기본교육과정 제10학년제를 이수 중인 초·중·고교 사회과 교육과정의 연계성 확보가 이루어져야 한다. 오래전부터 사범계 대학의 교육과정과 초·중·고교의 교육과정은 서로 유리(遊離)되어 따로 놀고 있다는 지적을 많이 받아 왔다. 또한 예비 교사를 양성하는 교육대학교와 사범 대학의 사회교육과 교육과정(curriculum)과 초·중·고교의 사회과 교육과정(curriculum)이 별도로 편성되고 운영되어 현실적으로 많은 애로를 겪어 왔다.

그러다 보니, 사범계 대학 사회교육과를 졸업하고 초임 교사로 일선 학교에 부임하여 교직 적용에 많은 애로를 겪고 있다. 대학 시절에 익힌 사회과 교육 내용이 초·중·고교 사회과 지도에 무용지물(無用之物)이 되어 버리기 때문이다. 따라서 사범계 목적 대학인 교대와 사대는 일반 대학의 교육과정에 추가하여 예비 교사들인 학생들이 미래에 교사로 임용 시에 학교와 교실에서 학생 지도에 직접 활용이 가능한 교과 교육과정을 새롭게 구안하여 교육해야 할 것이다.

이와 같은 사범계 대학과 초·중·고교 사회과 교육과정의 연계성과 통합성 확보는 애당초 대학의 사회교육과 교육과정과 초·중·고교의 교육과정 개발·편성 시부터 상호 관련 인사들이 함께 참여하여 개발하는 것이 바람직할 것이다. 그래야만, 대학의 교수들과 대학생들이 초·중·고교의 사회과 교육과정의 내용을 자세히 알게 되고, 초·중·고교 사회과 교사들 역시 양성 대학인 교대와 사대의 사회교육과 교육과정을 통합적으로 이해하게 되어, 결국은 사회과 교육의 내실을 기하게 될 것이고, 나아가 사회과 초임 교사들이 교단에서 적응에 당황하지 않고 적절하고도 편안하게 안착할 것이다. 이러한, 양성 대학 사회교육과 교육과정과 초·중·고교의 사회과 교육과정 연계, 양성 대학교수들과 초·중·고교 교사들의 교육과정 공동 참여 등은 현행 제7차 교육과정과 '2007 개정 교육과정'에서 특히 강조하고 있으나, 아직 활성화되지 않아 앞으로 행정적 지원과 함께 유기적 협력이 시급한 과제 중의 하나라고 할 수 있다.

결론적으로, 역동적인 발전과 변화가 키워드(key word)인 현대 사회에서 미래 사회의 주역인 학생들에게 건전한 민주 시민의 자질, 세계 시민의 소양을 함양시키기 위한 바람직한 발전적 사회과 교육과정의 모형은, 교육과정 개발의 기저 측면과 교육과정의 실제적 체제 측면으로 구분하여 다음과 같은 면을 반영하여야 할 것이다.

먼저, 사회과 교육과정을 포함한 교육과정의 기저와 총론 면에서는 다음과 같은 점을 고려하여야 한다.

첫째, 교육과정 개발의 기본 방향 면에서, 인성과 창의성의 양 측면을 동시 함양할 수 있는 교육과정 개발을 하여야 한다. 아울러, 현대 사회의 변화와 발전의 여러 측면과 교육 공동체, 학교 공동체의 요구를 최대한 수용·반영하는 교육과정을 개발하여야 한다. 특히, 사회과의 본질적인 목표가 '바람직한 인간 육성'이기 때문에 세계화 사회의 인성과 창의성 함양은 교육과정 개발의 출발점이 되어야 한다.

특히. 교육과정의 목표 면에서, 인성 및 창의성 함양과 기초 기본 교육의 충실을 강조해야 하고, 내용 면에서는 자기 주도적 학습력 신장을, 운영 면에서는 전반적인 학습자 중심 교육 교육을, 제도 면에서는 단위 학교와 교사들의 자율성·창의성을 최대한 보장·지원하는 방향으로 나아가야 할 것이다.

둘째, 교육과정의 구성 방침 면에서는 21세기 세계화·정보화·전문화·다양화·민주화 등에 대한 내용을 반영하여야 되고, 생활수준 향상에 따른 세계 복지 국가 지향점을 강조해야 하고, 과거 소품종 다량 생산 방식의 교육에서 다품종 소량 생산 방식의 인간 교육 모델을 강조하여야 한다. 사회과는 지나친 산업화와 물질 만능주의로 자칫 매몰되기 쉬운 인간의 존엄성, 인권을 포함한 인간 교육의 견인차가 되어야 할 것이다.

특히, 기본적으로 학생 수준에 적합한 교육과정의 구성, 조직, 평가 등에 대한 설문 분석 등을 통한 여건과 환경을 교육과정에 반영하도록 노력하여야 한다.

셋째, 추구하는 인간상 설정 면에서는, 교육기본법에 제시된 홍익인간의 교육 이념을 바탕으로, 개인적 차원에서, 인격 도야, 자주적 생활, 민주 시민의 자질 함양을, 국가적 차원에서 민주 국가의 발전에 공헌하고, 세계적 차원에서 지구촌 가족으로서 인류 공영에 이바지할 수 있는 인간상을 추구하여야 한다. 그리하여 자신에게 충실하고, 민주 시민으로서 공동생활에 참여하는 인간, 다른 사람과 원만하게 더불어 살아가는 인간, 한국인의 정체성을 지키는 인간상을 강조하여야 한다. 특히, 세계화 시대를 주도하는 바람직한 인간상 구현을 위하여 세계 시민 교육이 더욱 강화되어야 할 것이다.

넷째, 사회과 교육과정 개발의 내용 면에서 고려 사항은 국가적·사회적·지역적인 여건하에서 단위 학교의 여건과 환경의 고려, 전 교직원, 교육 공동체, 학교 공동체 구성원들의 요구와 참여를 조장해야 하고, 단위 학교의 자율성과 교사들의 창의성을 신장하고, 교육과정과 교과서를 유기적으로 연계, '밑에서부터 위로 올라가는 교육과정', '만들어 가는 교육과정'을 지향하여야 한다. 아울러, 교육과정 개발 시에 정기적인 평가와 환류를 적극 모색하여야 할 것이다.

다섯째, 사회과의 학교급별 일반 목표 설정 시에는, 초등학교는 기초 학력·지식의 배양, 기본 생활·태도·습관의 내면화를 강조하여야 하고, 중학교에서는 기초 학습과 기본 생활의 능력, 민주 시민의 자질 함양을 중시하여야 하며, 고등학교에서는 세계화·정보화 시대를 주도할 수 있는 세계 시민적 자질, 미래 진로의 개척 및 이에 따른 다양한 능력 신장을 강조하여야 한다. 아울러, 국민공통기본교육과정의 기본 정신을 살려서 초·중·고교의 사회과 교육과정 연계성과 학교급별, 학년별, 교과별 통합 완성 교육을 강조하여야 할 것이다.

여섯째, 사회과의 성격 면에서는, 사회과의 본질인 민주 시민의 자질을 함양하여 원만한 사회생활을 영위하게 하기 위하여, 초등학교에서는 사회 현상, 사회 사상, 사회 문제에 관심을 갖고 적극 참여하게 하고, 중학교에서는 사회 과학적 지식을 적용하고, 공동체 생활에 적극 참여하는 민주 시민 정신을 함양하여야 하며, 고등학교에서는 다양한 지식과 정보를 활용하여 현대 사회의 여러 가지 문제를 슬기롭게 해결하도록 하는 데 초점을 맞추어야 할 것이다.

다음, 미래 사회에 적합한 사회과 교육과정의 발전적 모형은 다음과 같은 점을 특히 고려하여 개발하여야 할 것이다.

첫째, 사회과의 편제 면에서는 국사 교육 강화, 한국인 정체성 교육 강화, 사회과 각 영역 및 분야의 통합적 지도, 학교급·학년의 연계성 고려, 국민공통기본교육과정과 선택중심교육과정의 효율적인 운영 등을 적극 고려하여야 한다. 이를 위하여 제5−6학년에 별도의 국사 시간을 주당 1시간씩 배정하는 것이 바람직하며, 제7학년의 주당 3시간 모두 사회 영역, 제8학년은 3시간 모두를 역사 영역으로 배정한 편제를, 제7학년은 사회 영역 2시간, 역사 영역 1시간으로, 제8학년은 사회 영역 1시간, 역사 영역 2시간으로 편제 개선을 하는 것이 적절하리라고 본다. 다만, 국사 교육의 강화는 국사를 별도 과목으로 분리하는 것보다는, 사회과 통합의 정신을 살려서 사회과 내에서 국사(역사) 영역을 강조하여 교육하는 방향으로 나아가는 것이 바람직할 것이다.

아울러, 제10학년의 특별 활동 영역인 자치 활동, 적응 활동, 계발 활동, 봉사 활동, 행사 활동 등 5개 영역에 자유 탐구 활동 영역을 추가하여 모두 6개 영역으로 편제하고, 제11−12학년의 고교 선택중심교육과정의 특별 활동에는 진로 탐구 활동 영역을 추가하는 것이 적절하리라고 본다.

둘째, 사회과의 목표 면에서는, 현행 교과 목표, 단원 목표, 수업 목표의 체제를 유지하되, 학년 목표의 재설정을 신중하게 고려해 보아야 할 것이다. 그리고 종합 목표인 교과 목표에서는, 사회 현상의 기초적 지식 습득, 사회 과학의 기본 원리와 탐구 능력 배양, 사회 사상(社會 事象)의 종합적 이해, 제 사회 문제의 창의적·합리적 해결 모색, 인류 공동체에 공헌하려는 민주 시민의 자질 등을 고려하여야 한다.

한편, 사회과의 영역별 목표에서는, 지식 영역 목표에서는 사회 과학을 포함한 광범위한 내용을 포괄하여야 하고, 기능 영역 목표에서는 지식의 발견, 활동 중심 각종 적용 능력 신장을 염두에 두어야 하며, 가치·태도 영역 목표에서는 가치의 수용, 가치 명료화 과정 등을 적극 고려하여야 할 것이다. 다만, 발전적 사회과 교육과정 모형에서는 사회과 목표를 명확화, 정선화해야 할 것이다. 핵심적 목표, 필수적 목표를 추출하여 설정하고 이를 중심으로 내용, 방법, 평가, 환류 등이 연계된 체제를 유지하는 것이 중요하다고 본다.

셋째, 사회과의 내용 면에서는, 일반사회, 역사, 지리 영역의 통합적 내용의 선정과 조직을 바탕으로, 환경 확대법과 나선형식 교육과정 적용을 염두에 두어야 한다. 아울러, 수준별 교육과정, 보충·심화 학습 적용 등을 고려하여 교육과정의 내용을 선정·조직하여야 한다. 특히, 사회과의 특성에 맞게 일선 학교 현장에서는 사회과 교사들이 내용을 재구성, 지역화, 특성화하여 지도할 수 있도록 내용 선정·조직에 주안점을 두어야 한다. 미래 사회의 발전적 사회과 모형은 학교 수준 교육과정, 교사 수준 교육과정의 특성화가 아주 중요하다고 할 수 있다. 특히, 세계화를 주도하는 교과로서의 사회과 특징을 살려서 세계 시민 교육, 인간 본질 교육, 다문화 이해 교육, 사회 복지 관련 교육 등 내용을 강조하여야 한다고 본다.

넷째, 사회과의 교수·학습 방법 면에서는, 학생 중심 교육, 문제 해결식 탐구 학습 등에 초점을 맞추어야 한다. 이를 위하여, 사회 현상에 대한 관심과 흥미를 갖고 원리를 발견하게 하여야 하고, 나아가 이를 실생활에 적용토록 유도하여야 한다. 또한, 사회 현상의 종합적 이해를 통한 탐구력, 창의력, 문제 해결력 등 고급 사고력을 신장할 수 있도록 교육과정에서 교수·학습 방법을 적극 고려하여야 할 것이다.

결국, 사회과 교육과정에서 교수·학습 방법 고려는 다양한 교수·학습 방법 중에서 영역, 단원, 주제 등에 알맞은 방법을 수용하여 적용하는 것이 최선이라는 점을 교육과정에서 고려하여야 할 것이다. 다양한 방법의 구안과 적용은 곧 사회과 교사의 능력과 노력에 좌우될 것이다.

다섯째, 사회과의 평가는 일반사회, 역사, 지리 영역 등 내용 영역별 평가, 지식, 기능, 가치·태도 등 특성 영역별 평가, 지필, 수행, 관찰, 면접, 포트폴리오(portfolio), 보고서, 발표 등 방법별 평가, 진단 평가, 수행 평가, 과정 평가, 총괄 평가 등 시기별 평가 등이 적절하게 균형적으로 평가되어야 할 것이다.

아울러, 양적 평가, 질적 평가 등이 병행되어야 하고, 평가 결과는 반드시 학생들의 학업 성취 수준 판별, 학습자 능력 수준 파악, 교수·학습의 적절성 판단의 중요한 자료로 활용되어야 한다. 다만, 사회과 평가에서 유념할 것은 평가가 서열 산정, 점수 부여 등을 위한 관행적 활동이 아니라, 목표 달성 정도를 측정하여 개선점을 모색하는 유의미한 교육과정 체제의 한 부분으로서의 소임을 다해야 한다는 점이다.

여섯째, 사회과 교육과정의 환류 면에서는, 교육과정에 대한 정기적 평가를 실행하여 교육과정 개발, 개정, 개선의 자료로 삼아야 할 것이다. 또한, 평가 결과는 다시 목표로 환류되어 교육과정 개발과 개정의 중요한 준거로 작용되어야 한다. 물론, 교육과정의 평가는 단위 학교별로 정기적인 평가를 실행하여 보다 적절한 교육과정으로의 개선을 모색하여야 할 것이다. 현재, 연 2회씩, 즉 학기별로 교육과정 평가를 실시하는 학교가 대부분인 것으로 나타났으나, 향후에는 수시로 교육과정 평가를 실시하여 환류하고, 개선의 지표로 삼는 것이 바람직하리라고 사료된다. 교육과정 평가는 전 학교 공동체 구성원들의 공동 사고와 의견 수렴을 통하여 바람직한 방향으로 이루어져야 한다.

결국, 현대 사회 및 미래 사회에 부합되는 바람직한 발전적인 사회과 교육과정은 민주 시민적 자질을 함양할 수 있는 교육과정, 사회 현상과 사회 문제에 대한 관심과 흥미를 유발하고, 적극적으로 참여하여 활동하는 데 초점을 맞춘 교육과정, 반성적 탐구를 통한 고급 사고력을 신장하는 학생 중심 교육과정, 다양한 내용, 교수·학습 방법, 평가 등을 수용하는 새로운 교육과정 등 관점을 충실하게 반영하는 교육과정이어야 할 것이다. 특히, 중요한 것은 소위 '교과서 중심에서 교육과정 중심'으로, '주어지는 교육과정에서 만들어 가는 교육과정'으로 교육과정의 기본 방향이 획기적으로 변화해야 하는 현대 사회에서의 사회과 교육과정은 일선 학교 사회과 교사들의 교육과정에 대한 인식과 실행이 교육과정의 성패를 가름하는 중요한 요소라는 점을 유념하여야 할 것이다. 아무리, 금과옥조식(金科玉條式), 진선진미식(盡善盡美式)의 사회과 교육과정이라 하더라도, 일선 학교 현장의 사회과 교사들이 새로운 방식으로 적용하지 않고 구태를 답습한다면 새로운 사회과 교육을 기대하기 어렵다는 점은 명약관화(明若觀火)하기 때문이다. 훌륭한 사회과 교육과정의 적용은 곧 일선 학교 사회과 교사들의 노력 여하에 달려 있는 것이다. 이는 곧 사회과 교사들이 새로운 사회과 교육 혁신의 견인차 역할을 수행해야 한다는 의미이기도 하다.

결국, 현대 사회에 부합되고 우리나라 현실에 적절한 바람직한 사회과 교육과정 모형은 세계화 시대의 민주 시민 자질, 세계 시민 소양 함양을 목표로 하고, 고급 사고력 신장을 위한 일반사회, 역사, 지리 영역의 다양한 내용을, 학생 중심의 다양한 문제 해결 탐구 방법을 적용한 후, 다양한 평가 방법으로 평가와 환류를 하여 교육과정 개선을 모색하는 체제라고 할 수 있다. 아울러, 이러한 발전적인 사회과 교육과정 모형의 현장 적용은 사회과 교사의 창의성 발휘와 꾸준한 노력이 핵심적 열쇠라는 점을 명심해야 할 것이다.

2. 제언

교육은 인간의 바람직한 변화를 지향하는 의도적인 활동이다. 교육과정은 이러한 교육을 선도하는 견인차 역할을 담당하는 중요한 요소이다. 아울러, 사회과 교육과정은 사회과 교육을 편성·운영·적용·실행하는 설계도이자 나침반 역할을 한다. 그러므로 사회과 교육과정의 개발은 사회과 교육의 질 개선과 직결되는 중요한 문제이다.

사회과 내지 사회과 교육은 제 사회 과학을 내용 요소로 하기 때문에 교육과정이 아주 정선되어 제시되어야 하고, 단위 학교에서 재구성·지역화 등이 적절하게 이행되어야 한다. 특히, 세계화·정보화 시대에 사회 발전과 시대 변화를 수용하여 보다 바람직하고도 발전적인 사회과 교육과정의 모형은 다음과 같은 점에 초점을 맞추어야 할 것이다.

첫째, 사회과 교육과정의 상시 개발 및 개정 체제의 도입과 적용이다. 현행 제7차 교육과정 이전에는 대체로 5-10년을 주기로 정기적으로 개발·개정되었다. 그리고 그 개정의 폭과 깊이는 전면적·총체적·획기적이었다. 총론 및 각론을 포함한 전면 개정이 반복되었다. 이렇게 전면적인 교육과정 개편은 결국 학교 현장의 교원과 학생들을 당황스럽게 하고, 혼란에 빠뜨리기도 하였다. 또 사회과 현장에서의 원만한 적용을 어렵게 하였다.

이러한, 교육과정 개편의 후유증을 해소하기 위해서 상시 개정 체제, 수시 개발 체제 도입은 거역할 수 없는 시대적 흐름이다. 교육과정 개발이 교육과정의 장애 없는 실행을 보장하는 방향으로 이루어져야 하는 것이다. 아울러, 개발·개정된 교육과정의 내용도 학교와 교실 현장에 조용히 투입되고 실행·적용되어야 할 것이다.

2007년 2월 28일 부총리 겸 교육인적자원부 장관이 고시한 소위 '2007년 개정 교육과정'은 제8차 교육과정이란 명칭을 사용하지 않았다. 실제 교육과정의 내용과 체제도 거의 10년 전의 제7차 교육과정을 원칙적으로 그대로 담고 있다. 이는 교육과정이 변화무쌍하고 복잡다단한 사회와 교육의 커다란 흐름(trend)과 체제(paradigm)를 따라가지 못한다기보다는, 과거처럼 초·중·고교의 교육과정 전체를 송두리째 개정하여 전후의 연계성을 마비시키고, 학교 현장의 큰 혼란을 야기하는 문제점을 해소하고, 보다 적절하게 사회와 교육의 변화와 발전을 소리 없이 교육과정으로 담아내겠다는 선언적 표현이라고 해석하여야 한다. 교육과정 개발과 개정이 교육과 교육과정의 정상적, 효율적인 운영을 위해 존재하는 것이지, 반대로 교육과 교육과정 자체가 교육과정 개발과 개정을 추종해서는 안 된다는 주객전도(主客顚倒)의 병폐를 해소해야만 하는 점을 반영한 것이라고 사료된다.

그렇게 하려면, 교육과정에 대한 교육과학기술부의 고시, 시·도 교육청의 편성·운영 지침, 지역 교육청의 장학 자료 등이 시·공간적으로 자유롭게 개발, 보급되어야 하며, 일선 학교에 교육과정 운영권을 최대한 부여, 보장해 주어야 하는 것이다. 아울러, 기간을 정해서 반드시 교육과정을 새로 개발·개정할 것이 아니라, 사회 변화와 발전에 따라 필요시에 수시로 개발·개정하는 상시 개발 및 개정 체제를 도입하여야 한다. 특히, 교육과정의 상시 개발 및 개정 체제 도입 문제는 그 유용성과 효과성 때문에 현재 국민적 공감대가 충분히 형성되어 있다고 본다.

둘째, 사회과 교육과정 개발 체제에 대한 종합적이고도 조직적인 연구와 개선이 요구되고 있다. 특히, 사회과 교육과정 개발과 개정에 대한 집단적, 조직적, 장기적인 연구와 실행이 요구되고 있다.

주지하다시피, 초·중·고교 교육과정의 영향력과 파급 효과는 막대하다. 교육과정은 국가 국민 교육의 성패를 가름하는 막중한 것이다. 그만큼 교육과정 개발은 전문가인 많은 사람, 많은 조직을 동원하고, 다양한 각계각층 인사들이 참여하여야 한다. 그럼에도 불구하고 현재까지 우리나라 사회과 교육과정 개발 및 개정 작업은 몇몇 인사, 기관 위주로 폐쇄적 시스템 속에서 이루어져 왔다. 그리고 참여 인사 선정도 조직 위주보다는 사람 위주로 이루어져 왔다. 최고의 전문가들이 참여해야 할 사회과 교육과정 개발에서, 개발 책임자들의 친소(親疎) 관계로 참여자를 위촉하다 보니, 지역별, 영역별, 전공별 안배는 불가능하고 편중된 전문가 집단이 교육과정을 개발하는 비정상적 현상이 발생하고 있는 것이다.

현재까지 우리나라 사회과 교육과정 개발은 전반기(1990년대 이전)에는 한국교육개발원, 이화여자대학교 등에서, 후반기(1990년대 이후)에는 한국교원대학교에서 주로 주관하여 왔다. 교육과정 개발을 위탁받은 대학(기관)은 항상 내부 인사 위주로 개발 업무를 진행하여 왔다. 특히, 대학은 학내 교수 중심으로, 연구 기관은 원내 연구원 중심으로 개발을 하다 보니, 일선 학교 현장 교원들이 철저히 배제되어 현실에 부합되는 교육과정 개발은 원초적으로 불가능한 문제점이 있었다.

그러므로 개발을 위탁받은 대학(기관)은 반드시 교육과학기술부, 시·도 교육청을 통하여 전국에 걸쳐 사회과 교육과정에 정통한 교원들을 공모로 추천받아 학내(원내) 교수(연구원)들과 함께 공동 연구하도록 팀 멤버(team member)를 구성하여야 할 것이다. 대학 교수들과 연구 기관 연구원들이 책상머리에서 개발한 사회과 교육과정이 전국 각지에 산재된 초·중·고교의 사회과 현실에 적절하게 부합되리라고 사고(思考)하는 자체가 무리인 것이다. 여하튼 사회과 교육과정 개발은 사회과 교육과정 전문가, 사회과 교수, 사회과 교육학자, 사회과 교사, 교육 전문직, 교육행정가, 교육과학기술부 관계자, 지역 사회 인사, 학부모, 학생 등 다양한 교육 공동체 구성원들이 망라된 전국적 개발팀을 구성한 후에 개발 업무에 착수하여야 할 것이다.

셋째, 사회과 교육과정의 편제(기본 방향)→ 목표→ 내용→ 교수ㆍ학습 방법→ 평가→ 환류 등 일련의 시스템이 원활하게 작동되고 유지되어야 한다. 사회과 교육과정은 내용상에서도 제 사회 과학과 여러 영역 간, 각급 학교급 간, 주제 간 통합적으로 적용되는 교과이면서, 아울러 교육과정에서 편제(기본 방향ㆍ성격 포함) → 교육 목표→ 교육 내용→ 교수ㆍ학습 방법(지도 방법, 자료 포함) → 교육 평가→ 환류 등 일련의 과정이 연계적, 종합적, 통합적으로 이루어지는 교과이다. 그러므로 사회과 교육과정에서는 교육과정의 요소이자 체제인 편제, 목표, 내용, 교수ㆍ학습 방법, 평가, 환류 등 전 요소와 과정이 함께 중시되고 강조되어야 한다. 이러한 요소와 과정이 독립적이지 않고 상호 유기적이고도 통합적으로 맞물려 돌아가는 시스템 속에서는, 어느 한 요소나 과정이 제 기능을 다하지 못할 때에는 사회과 교육과정 전체가 원활하게 돌아가지 못하게 되는 것이다.

그러므로 사회과 교육과정 개발자들은 이러한 사회과의 편제, 목표, 내용, 교수ㆍ학습 방법, 평가, 환류 시스템(feedback system)의 상호 유기적 연계와 통합을 고려하여 개발에 임하여야 하며, 일선 학교에서 사회과를 실제로 지도하는 사회과 교사들은 사회과의 특성을 바탕으로 사회과의 편제, 목표, 내용, 교수ㆍ학습 방법, 평가, 환류 등 실제적 운영 면의 효과를 고려하여 적절하게 실행하여야 할 것이다. 특히, 일선 학교에서 교육과정의 마지막 단계인 환류에 대해서 상당히 소홀히 하는 경향이 매우 강한데, 사회과 교육과정의 개발 및 운영과 실행의 개선을 위해서는, 반드시 다시 교육 목표로 환류되어야 한다는 점을 사회과 교육과정 개발자와 사회과 교사들은 유념하여야 한다.

아울러, 초ㆍ중ㆍ고교 사회과 교사들이 서로 다른 학교급의 사회과 교육과정과 교과서의 내용에 능통하여야 하므로 각종 장학 자료 제공, 공동 교과 연수, 교육과정 개발 등에 공동으로 참여하여 사회과 교육과 사회과 교육과정에 대한 자질과 소양을 함양하도록 행정적ㆍ재정적ㆍ제도적 개선과 지원이 이루어져야 할 것이다.

넷째, 새로운 시대인 현대 사회의 사회과 교육에서는 정보 통신 학습이 활성화되어야 한다. 신문 활용 교육(NIE), 컴퓨터 기반 학습(CBI), 인터넷 기반 학습(IBI), 웹 기반 학습(WBI), 도서관을 활용한 디지털 정보 학습 등이 사회과 교수ㆍ학습에서 도입되고 활성화되어야 한다.

현대 사회는 지식 기반 사회 내지 지식 정보화 사회이다. 지식 기반 사회, 지식 정보화 사회에서는 역동적인 지식과 정보가 키 워드(key word)이다. 지식과 정보를 교수ㆍ학습에 적용하기 위해서는 매스 미디어와 컴퓨터를 활용한 다양한 교수ㆍ학습이 전개되어야 할 것이다.

사회과는 사회 문제와 쟁점을 탐구하는 교과이므로 시시각각 일어나는 사회적 문제와 이슈에 대한 내용을 신문, 방송 등 매스 미디어를 통하여 학습하여야 하고, 나아가 컴퓨터를 활용하여 새롭고도 다양한 지식과 정보를 검색, 구성하는 등 소위 살아 있는 교수ㆍ학습으로 창의력과 탐구력, 문제 해결력, 의사 결정력 및 메타 인지 등 고급 사고력을 신장시켜야 한다.

다섯째, 사회과 교육과정과 사회과 교과서 및 사회과 보조 교과서의 연계적 개발과 활용이 요구되고 있다. 일반적으로 교과서는 교육과정을 실현하기 위한 자료라고 보고 있다. 그리고 교과서보다는 교육과정으로 가르치고 배워야 한다고 이야기한다. 하지만 교과서는 여타 자료에 비하여 상당히 중요하고 독특한 자료이다. 때로는 결정적 자료이기도 하다.

즉 사회과 교과서는 사회과 교육과정을 실제로 학교 현장에서 구현하는 중요한 자료이다. 그리고 사회과 교과서는 전 교사, 전 학생들이 공유하는 의사소통의 중요한 매개체이다. 그러므로 사회과 교과서는 반드시 사회과 교육과정과 연계하여 개발되고 활용되어야만 한다. 사회과 교과서만큼 사회과 교육과정 구현에 영향력이 크고 파급 효과가 강한 자료가 없는 것이다. 따라서 사회과 교과서는 아주 정선되고 내실 있게 개발되고, 활용되어야 한다. 그러려면, 사회과 교과서와 보조 교과서 등이 내용상 아주 알차게 편찬되어야 할 것이다.

사회과 교육과정의 내실 있는 구현을 위한 사회과 교과서 개발을 위해서는 몇 가지 정책적 뒷받침이 선행되어야 한다. 우선, 중·고등학교는 검인정 교과서제, 초등학교는 국정 체제인 현행 사회과 교과서 편찬, 발행체제를 보다 전향적인 관점에서 개방을 고려해 볼 수 있을 것이다. 즉 초등학교 단계에서도 장차 검인정 교과서 도입을 고려해야 할 때가 되었다고 본다. 교육과정의 범주만 제시하고, 연구자와 집필자들이 집필한 교과서를 모든 학교에서 각각 채택하여 학교별 특성화를 취하는 개방적 교과서제를 검토해 볼 필요가 있다.

다음에는 초등학교의 지역 교과서와 초·중등학교의 사회과 부도, 지리 부도, 역사 부도 등 보조 교과서의 개발과 활용 체제를 전면 재검토하여야 한다. 현재, 초등학교 사회과 교과서 중에서, 제3학년용은 시·군·구 등 기초 단위 지역 교과서를 지역 교육청에서 개발, 활용하고 있으며, 제4학년용은 시·도 단위의 광역 단위 지역 교과서를 시·도교육청에서 개발, 활용하는 체제를 채택하고 있다. 이러한 지역 교과서 개발에는 지역화와 재구성 그리고 지역 특성화가 강조되어야 한다. 삶의 터전인 향토와 지역을 올바르게 인식할 수 있는 자료가 사회과 교과서이기 때문이다.

끝으로, 초등학교 사회과 보조 교과서인 사회과 부도와 중·고등학교의 사회과 보조 교과서인 역사 부도, 지리 부도의 개발·활용 면에서는, 각 보조 교과서마다 고유한 특성 유지와 최신 통계 자료 수록이 생명이다. 특히, 매년 새로운 통계 자료를 첨삭하여 학생들이 최신 통계 자료로 학습할 수 있도록 배려해 주어야 한다. 학생들이 사회과 자기 주도적 학습에서 최신의 통계 자료를 자율적으로 활용하도록 하기 위해서는 교육과학기술부, 시·도 교육청, 지역 교육청 홈페이지 등에 수시로 자료와 정보를 탑재하고, 교사·학생들이 자유롭게 활용할 수 있도록 해 주는 등 행정적·제도적 시스템이 개선되어야 한다. 아울러, 현재 3년간씩 계속 사용하는 초등학교 사회과 부도, 중등학교의 역사 부도, 지리 부도 등의 달라진 통계 내용을 매년 전자 문서, 인터넷 서비스 등으로 추가 탑재·안내해 주는 등 업그레이드 시스템(upgrade system)이 도입되어야 할 것이다.

결국, 탄생 1세기를 앞두고 있고, 우리나라에 도입 된지도 60년을 넘긴 사회과는 그동안 역경과 고난 속에서도 발전과 쇄신을 거듭하여 왔다. 제 사회 과학의 내용과 사회 사상(社會 事象)을 요소로 하는 사회과 교육과정은 목표, 내용, 교수·학습 방법, 평가, 환류 등의 체제적 개선을 지향한다.

한국 사회과에 적합한 한국 사회과 교육과정은 우리나라 사회과 현실을 바탕으로 하여, 사회 발전과 시대 변화의 모습, 사회과 교육 전문가, 사회과 교육 행정가, 사회과 교사, 예비 교사, 학생 등의 요구와 의견을 수렴하여 개발되고 실행되어야만 한다.

참고문헌

1. 단행본(국내 문헌)

강우철(1991). 달라져야 할 사회과 교육. 서울: 교학사.

강우철 외(1978). 사회과교육. 서울: 한국능력개발사.

강환국(1985). 사회과 교육학. 서울: 학연사.

강환국(2007). 사회과 교육과 사회과 교사교육. 서울: 학연사.

경상대학교 중등교육연구센터 · 한국사회과교육학회(2006). 제7차 교육과정과 교과서(일반사회). 서울: 교육과학사.

고형일 외(1990). 학교 학습의 탐구. 서울: 교육과학사.

곽병선(1986). 한국의 교육과정. 서울: 민족문화문고간행회.

곽병선 · 김재복(1989). 교육과정 운영론. 서울: 배영사.

교육과정 · 교과서연구회(2000 a). 한국 교과교육과정의 변천(초등학교). 서울: 대한교과서주식회사.

교육과정 · 교과서연구회(2000 b). 한국 교과교육과정의 변천(중학교). 서울: 대한교과서주식회사.

교육과정 · 교과서연구회(2000 c). 한국 교과교육과정의 변천(고등학교). 서울: 대한교과서주식회사.

교육법전편찬회(2007). 교육법전. 서울: 교학사.

교육부(1986 a). 초 · 중 · 고등학교 교육과정(1946 – 1981). 총론. 서울: 대한교과서주식회사.

교육부(1986 b). 초 · 중 · 고등학교 교육과정(1946 – 1981). 사회과 · 국사과. 서울: 대한교과서주식회사.

교육부(1992 a). 중학교 사회과 교육과정 해설. 서울: 대한교과서주식회사.

교육부(1992 b). 고등학교 사회과 교육과정 해설. 서울: 대한교과서주식회사.

교육부(1993 a). 국민학교 교육과정 해설(Ⅰ). 서울: 대한교과서주식회사.

교육부(1993 b). 국민학교 교육과정 해설(Ⅱ). 서울: 대한교과서주식회사.

교육부(1993 c). 국민학교 교육과정 해설(Ⅲ). 서울: 대한교과서주식회사.

교육부(1997 a). 사회과 교육과정. 교육부 고시 제1997 – 15호(별책 7). 서울: 대한교과서주식회사.

교육부(1997 b). 초등학교 교육과정 해설(사회). 교육부 고시 1997 – 15(별책). 서울: 대한교과서주식회사.

교육부(1997 c). 중학교 교육과정 해설(사회). 교육부 고시 1997 – 15(별책). 서울: 대한교과서주식회사.

교육부(1997 d). 고등학교 교육과정 해설(사회). 교육부 고시 1997 – 15(별책). 서울: 대한교과서주식회사.

교육부(1998). 교육 50년사: 1948 – 1998. 서울: 교육50년사편찬위원회.

교육부(1999 a). 교육발전 5개년 계획. 서울: 교육부.

교육부(1999 b). 초 · 중 · 고등학교 국가 수준 교육과정 기준. 서울: 교육부.

교육부(2000). 제7차 교육과정의 개요. 서울: 교육부.

교육부(1997 a). 초등학교 교육과정(교육부 고시 1997 – 15. 별책 2). 서울: 대한교과서주식회사.

교육부(1997 b). 초 · 중등학교 교육과정(교육부 고시 1997 – 15. 별책 1). 서울: 대한교과서주식회사.

교육부(1997 c). 초 · 중등학교 교육과정 해설. 서울: 대한교과서주식회사.

교육위원회(2002). 한국의 학교 제도와 평가 방법 개선 연구. 교육위원회 정책연구개발과제 연구 2002 – 2005.

교육인적자원부(1998). 교육 50년사. 서울: 교육인적자원부.

교육인적자원부(2001). 제7차 교육과정과 학교 교육의 발전 전망. 교육과정 자료 제74호. 교육인적자원부.

교육인적자원부(2006 a). 고등학교 사회 교사용 지도서. 서울: 대한교과서주식회사.

교육인적자원부(2006 b). 중학교 사회 교사용 지도서. 서울: 대한교과서주식회사.

교육인적자원부(2006 c). 초등학교 사회 교사용 지도서. 서울: 대한교과서주식회사.

교육인적자원부(2007 a). 2007년 개정 교육과정(사회과). 교육인적자원부 고시. 2007－79. 교육인적자원부.

교육인적자원부(2007 b). 2007년 개정 교육과정(총론). 교육인적자원부 고시. 2007－79. 교육인적자원부.

교육인적자원부(2007 c). 사회과 교육과정. 교육인적자원부 고시. 2007－79. 교육인적자원부.

교육인적자원부(2007 d). 초·중등학교 교육과정. 교육인적자원부 고시. 2007－79. 교육인적자원부.

국립사범대학장협의회(2000). 국립 사범대학 표준 교육과정. 국립사범대학장협의회 정책팀.

권낙원(1997). 교육과정 총론. 한국교원대학교 대학원 보고서.

권오정 외(1992). 통일 시대의 민주시민교육론. 서울: 탐구당.

권오정·김영석(2006). 사회과교육학의 구조와 쟁점. 서울: 교육과학사.

권효숙 외(2007). 사회과교육의 논리. 서울: 교육과학사.

김두정(2006). 한국 학교교육과정의 탐구. 서울: 학지사.

김만곤 외(1999). 초등 사회과교육. 서울: 도서출판 두산동아.

김만곤 외(2002). 사회과 교육의 실제. 서울: 대한교과서주식회사.

김병무(2006). 현대 사회의 이해. 서울: 청목출판사.

김용찬(2007). 민주시민교육과 정치교육. 서울: 교육과학사.

김원겸(2006). 사회과 교육 연구의 이론과 실제. 서울: 학연사.

김일남·이광성(2007). 사회과 의사결정 수업모형 탐구. 서울: 양서원.

김재복(1988). 교육과정의 통합적 접근. 서울: 교육과학사.

김재복(1999). 초등학교 교육과정 해설. 서울: 교육과학사.

김재복(2000). 통합적 교육과정. 서울: 교육과학사.

김재복 외 공역(1997). 수업 모형. 서울: 형설출판사.

김재형 외 공역(1999). 사회과 탐구 논리. 서울: 교육과학사.

김종서 외(1990). 교육과정과 교육평가. 서울: 교육과학사.

김현석(2006). 사회과 통합교과 교육론. 서울: 형설출판사.

김호권(1982). 학교 학습의 탐구. 서울: 교육과학사.

김호권 외(1980). 현대 교육과정론. 서울: 교육출판사.

남상준(2005). 지리교육 탐구. 서울: 교육과학사.

노정식 외(2000). 사회과교육. 서울: 형설출판사.

문교부(1975). 국민학교 교사용 교과용 도서(사회 4). 서울: 교학도서주식회사.

문교부(1982 a). 국민학교 새 교육과정 개요(연수 자료). 서울: 대한교과서주식회사.

문교부(1982 b). 중학교 새 교육과정 개요(연수 자료). 서울: 대한교과서주식회사.

문교부(1982 c). 고등학교 새 교육과정 개요(연수 자료). 서울: 대한교과서주식회사.

문교부(1986). 초·중·고등학교 교육과정 해설[사회과·국사과](1946－1981). 서울: 대한교과서주식회사.

문교부(1988 a). 국민학교 교육과정. 서울: 문교부.

문교부(1988 b). 국민학교 교육과정 해설. 서울: 문교부.

문교부(1988 c). 중학교 교육과정 해설. 서울: 서울인쇄공업협동조합.

문교부(1988 d). 문교 40년사. 서울: 문교부.

문교부(1992 a). 국민학교 교육과정. 서울: 문교부.

문교부(1992 b). 중학교 교육과정. 서울: 문교부.

문교부(1992 c). 고등학교 교육과정. 서울: 문교부.

박상준(2007). 사회과교육의 이론과 실제. 서울: 교육과학사.

박성익(2006 a). 교수 학습 방법의 이론과 실제(Ⅰ). 서울: 교육과학사.

박성익(2006 b). 교수 학습 방법의 이론과 실제(Ⅱ). 서울: 교육과학사.

박은종(2002). 재량활동 지도 자료. 서울: 한국교육출판사.

박은종(2004). 특별활동 길라잡이. 서울: 한국교육신문사.

박은종(2007). 사회과 교육학과 교육평가. 공주: 공주대학교.

박인현(2006). 초등 사회과교육. 서울: 교육과학사.

박현주(2007). 교육과정 개발의 모형과 실제. 서울: 교육과학사.

백승대 외(2007). 사회과 교육의 실천과 대안. 서울: 교육과학사.

사회과연구모임 역. William B. Stanley 편저(2007). 21세기 사회과 교육 연구의 핵심쟁점들. 서울: 교육과
    학사.

사회교육연구회(2006). 지식과 사고: 사회과 교육 인식의 전환. 서울: 학문사.

서재천(1996). 사회과 수업 방법. 서울: 도서출판 유천.

성병창(2000). 교육과정 개발과 지도성. 서울: 양서원.

소경희(2006). 교육과정 개발. 서울: 교육과학사.

손인수(1992). 미군정과 교육 정책. 서울: 민영사.

손인수(1998 a). 한국 교육사 연구(상). 서울: 문음사.

손인수(1998 b). 한국 교육사 연구(하). 서울: 문음사.

손인수(1994). 한국교육운동사. 서울: 문음사.

송대영(2000). 사회생활교육. 서울: 한국방송통신대학교출판부.

송용의 역. Jack R. Fraenkel 저(1986). 가치 탐구 수업 어떻게 할 것인가?. 서울: 교육과학사.

신세호 외(1980). 초·중등학교 교육과정 개선을 위한 기초 연구. 서울: 한국교육개발원.

안천(2006 a). 생활화 사회과교육론. 서울: 교육과학사.

안천(2006 b). 신사고 사회과교육론. 서울: 교육과학사.

양호환 외(1997). 역사 교육의 이론과 방법. 서울: 도서출판 삼지완.

오기성(2007). 통일교육론. 서울: 양서원.

오영태(1996). 사회과교육론. 서울: 갑을출판사.

유봉호(2002). 한국 교육과정사 연구. 서울: 교학연구사.

유봉호(2000). 현대 교육과정. 서울: 서울: 교학연구사.

유제천 역, 밥 파이크 저(2006). 창의적인 교수법. 서울: 김영사.

이간용(2007). 사회과 교육의 참평가론. 서울: 도서출판 한울 아카데미.

이경섭(1997 a). 현대 교육과정사 연구(상). 서울: 교육과학사.

이경섭(1997 b). 교육과정 쟁점 연구. 서울: 교육과학사.

이경환(1994). 학교 교육과정의 편성과 운영. 교육과정 연수자료. 서울: 대한교과서주식회사.

이경환 외(2002). 한국 교육과정의 변천. 서울: 대한교과서주식회사.

이광성 역(2007). 학교와 교실에서의 시민 교육. 서울: 원미사.

이성은(1999). 학교 변화와 열린 행정. 서울: 교육과학사.

이성호(1982). 교육과정 개발 전략과 절차. 서울: 문음사.

이성호(2006). 교육과정 개발의 원리. 서울: 학지사.

이영기 외(1984). 사회과교육(Ⅰ). 서울: 한국방송통신대학교출판부.

이영기 외(1990). 사회과교육(Ⅱ). 서울: 한국방송통신대학교출판부.

이종국(2006). 한국의 교과서 출판 변천 연구. 서울: 일진사.

이종일(2007). 사회과 탐구와 교사 자질. 서울: 교육과학사.

이해명 외(2006). 현대 교육과정과 평가. 서울: 교육아카데미.

정병기(2002). 초등 사회과교육의 이론과 실제. 서울: 교육출판사.

정병기 외(2000). 사회과 교육론. 서울: 교육출판사.

정병기 · 홍기룡(2000). 사회과 교수법. 서울: 형설출판사.

정선영 외(2002). 역사교육의 이해. 서울: 삼지원.

정세구(1990). 사회과 교육의 과제. 서울: 배영사.

정세구 역. Shirley H. Engle · Anna S. Ochoa 공저(1991). 민주시민교육. 서울: 교육과학사.

정태범(1998). 학교 교육의 구조적 개혁. 서울: 양서원.

정태범(1999). 교육정책 분석론. 서울: 원미사.

정태범(2002). 교육 정책과 교육 제도의 발전. 교육 경영 총서(1). 서울: 양서원.

조광준(2006). 인간형성의 사회과교육. 서울: 집문당.

조영달(1999). 한국 교실 수업의 이해. 서울: 교육과학사.

조영달(2007). 교육과정의 정치학. 서울: 교육과학사.

주삼환(1997). 변화하는 시대의 장학. 서울: 원미사.

진영은 · 조인진 · 김봉석(2006). 교육과정과 교육평가의 탐구. 서울: 학지사.

차경수(2006 a). 사회과 교수법과 교재 연구. 서울: 학문사.

차경수(2006 b). 현대의 사회과교육. 서울: 학문사.

차석기 외(1985). 한국 교육사 연구. 서울: 재동문화사.

최병모 외 공역. James A. Banks 저(1993). 사회과 교수법과 교재 연구. 서울: 교육과학사.

최용규 외 공역(2006). 살아있는 사회과 교육. 서울: 학지사.

최용규 외(2007). 사회과, 교육과정에서 수업까지. 서울: 교육과학사.

최충옥 외 공역(2006). 사회과교육의 이해. 파주: 도서출판 서원.

충청남도교육청(2000). 초등학교 교육과정 핸드북. 대전: 용해출판사.

탁영진(2006 a). 탐구 교육학(상). 서울: 도서출판 박문각.

탁영진(2006 b). 탐구 교육학(하). 서울: 도서출판 박문각.

한국교원대학교(2005). 한국 교육 50년: 그 반성과 전망. 한국교원대학교 개교 제20주년 기념 논집. 청원: 한국교원대학교출판부.

한국교원대학교 교육연구원(2005). 전국 초 · 중등 교사 우수 연구 결과 발표 대회 및 전시회 자료집. 교과교육연구자료집. 한국교원대학교 교육연구원.

한국교원대학교 교육연구원(2006 a). 교육과정 개정 시안에 대한 전국 현장 교사 대 토론회. 교육과정 학술 세미나집. 한국교원대학교 교육연구원.

한국교원대학교 교육연구원(2006 b). 전국 초·중등 교사 우수 연구 결과 발표 대회 및 전시회 자료집. 교과교육연구자료집. 한국교원대학교 교육연구원.

한국교원대학교 교육연구원(2007). 전국 초·중등 교사 우수 연구 결과 발표 대회 및 전시회 자료집. 교과교육연구자료집. 한국교원대학교 교육연구원.

한국교원대학교 부설교과교육공동연구소(2005). 차기 초·중등 교육과정 개선과 교과용 도서의 개발 방향. 교과교육공동연구 학술 세미나집.

한국교원대학교 사회과교육과정개정연구위원회(1997). 제7차 교육과정 개정 시안 연구·개발. 1997 교육부 위탁과제 답신보고서. 한국교원대학교 사회과 교육과정개정위원회.

한국교원대학교 사회과교육연구회(1994). 사회과교육연구. 창간호. 청원: 협신사.

한국교원대학교 제6차 사회과 교육과정개발연구위원회(1992). 제6차 사회과 교육과정개발 연구. 청원: 협신사.

한국교원대학교(2004). 학교 교육 50년 반성과 전망. 한국교원대학교 개교 20주년 기념 심포지움자료집. 청원: 한국교원대학교 종합교육연수원.

한국교육개발원 사회과교육연구실 편(1983). 사회과 탐구 수업. 서울: 교육과학사.

한국교육30년사편찬위원회(1980). 한국 교육 30년. 서울: 삼화서적주식회사.

한국사회과교과교육학회·한국교원대학교 사회과학교육연구소(2005). 한국 사회과교육 60년: 회고와 전망. 제12회 연차학습대회 발표자료집. 청주: 도서출판 한알.

한국사회과교육연구회(1990). 한국 사회과교육학 개론. 서울: 교육과학사.

한국사회과교육학회(2007). 사회과 교과서 쓰기와 읽기(Ⅱ). 제17회 연차 학술대회발표 자료집. 한국사회교과교육학회.

한국사회과교육학회(2005). 한국 사회과 교육 60년: 회고와 전망. 제12회 연차 학술대회 발표자료집. 한국사회교과교육학회.

한국사회과교육회 역. H. D. Mehlinger & O. L. Davis 편(1986). 사회과교육. 서울: 교육과학사.

한국중등교육협의회(1984). 중·고등학교 신 교육과정 해설. 서울: 대한교과서주식회사.

한기언(2006). 초등 사회과교육. 파주: 도서출판 한국학술정보(주).

한면희(2000). 사회과 교육의 과정 탐색. 서울: 배영사.

한면희(2006). 새로운 패러다임에 기초한 사회과 교육. 서울: 교육과학사.

한면희 외 공역(1998). 사회과 창의적 교수법. 서울: 교육과학사.

한면희 외(2004). 사회과교육론. 서울: 갑을출판사.

함수곤(2007). 교육과정과 교과서. 서울: 대한교과서주식회사.

함종규(2006). 한국교육과정변천사 연구. 서울: 교육과학사.

허영식(2006). 민주 시민 교육. 서울: 배영사.

허영식(2007). 세계화·정보화 시대의 민주시민교육 어떻게 할 것인가?. 서울: 원미사.

홍성윤 외 역(2000). 교육과정 개발론. 서울: 교육과학사.

황정규(1990). 학교 학습과 교육평가. 서울: 교육과학사.

황홍섭(2006). 초등 사회과 교수법. 서울: 세종출판사.

홍후조(2001). 현대 교육과정. 서울: 교육과학사.

2. 논문(국내 문헌)

강대현 외(2004). 「사회과 교육 내용 적정성 분석 및 평가」. 한국교육과정평가원 연구보고서. PRC 2004 - 1 - 4.

경상대학교 중등교육연구센터 한국사회과교육학회 편(2003). 「제7차 사회과 교육과정개정에 대한 문화 기술적 연구」. 제7차 교육과정과 교과서 연구보고서.

곽병선(1984). 「소련의 교육 개혁 동향」. 교육학 연구. 22(3). 한국교육학회.

곽병선(1987). 「교과에 대한 한 설명적 모형의 탐색」. 한국교육. 14(1). 한국교육개발원.

곽병선(1993). 「학교 교육의 적합성과 교사의 문제」. 교육과정 연구. 제11집. 한국교육학회 교육과정연구회.

곽병선(1997). 「정보화 시대의 교과 교육의 과제」. 사회과교육. 제30호. 한국사회과교육연구회.

곽병선(2002). 「제7차 교육과정의 반성적 회고와 전망」. 교육과학연구. 33(2). 이화여자대학교.

교육인적자원부(2005). 「사회과 교육과정 개정 방안 연구」. 연구보고서.

교육인적자원부(2007). 중등 교원 자격 양성 보도자료 (2007.03.30). 교육인적자원부 교원양성과.

구정화(1996). 「사회과 논쟁 문제 수업에 관한 연구」. 시민교육연구. 제28호. 한국시민교육학회.

권낙원(1987). 「우리나라 교육과정의 변천(총론)」. 교원교육. 제3권 제1호. 한국교원대학교.

권낙원(2005). 「제7차 교육과정 운영 실태 및 요구 조사 분석」. 제7차 교육과정의 진단과 새교육과정 개정의 기본 방향 탐색(학술 세미나 자료집). 2005.01. 한국교원대학교 교육과정연구소.

권오정 외(1992). 「제6차 사회과 교육과정 개발 연구」. 한국교원대학교 사회과 교육과정개정위원회.

김경완(1995). 「시민성 교육과 반성적 사고: J. Dewey의 사상을 중심으로」. 서울대학교 대학원 석사학위논문.

김만곤(1996). 「사회과 교과서의 개편 및 활용 방안」. 사회과교육. 제29호. 한국사회과교육연구회.

김안중(1995). 「학교의 본질: 오늘날 학교의 기능은 그 본질에 충실한가?」 교육학연구. 33(4). 한국교육학회.

김용(2003). 「교육과정 정책 과정에 대한 신제도주의적 분석」. 서울대학교 대학원 박사학위논문.

김용만(1975). 「교육과정 지역화의 접근 방향」. 새교육. 통권 제391호. 대한교육연합회.

김용민(1992). 「중학교 사회생활과 교육과정 모형에 대한 개발 연구」. 충북대학교 교육대학원 석사학위논문. 1992.

김유통(1991). 「교육과정 지역화를 위한 교육과정 개발 체제 연구」. 한국교원대학교 대학원 석사학위논문.

김인식(1990). 「한국 초·중등학교 사회과 교육과정의 변천사」. 경남대학교 교육대학원 석사학위논문.

김인회(1999). 「21세기 한국 교육과 홍익인간의 교육 이념」. 한국정신문화연구원 연구처 (편). 홍익인간 연구. 성남: 한국정신문화연구원.

김일기 외(1997). 「제7차 사회과 교육과정 개정 시안 연구 개발」. 교육부 위탁연구과제 답신보고서. 한국교원대학교 사회과교육과정개정연구위원회.

김재복(1983). 「교육과정의 통합적 접근에 관한 연구」. 동국대학교 대학원 박사학위논문.

김재춘(2002). 「국가 교육과정 연구 개발 체제의 문제점과 개선 방향(제7차 교육과정연구 개발 체제를 중심으로)」. 교육과정 연구. 20(3). 한국교육과정학회.

김재형(1999). 「제7차 사회과 교육과정의 교과교육론적 탐구」. 사회과교육. 제32호. 한국사회과교육연구회.

김정호(2005). 「사회과 교육과정 개정의 쟁점과 영역별 대안. 국가 수준 교육과정 무엇을, 어떻게 개정할 것인가?」. 한국교육과정평가원 개원 7주년 기념 세미나자료집. 한국교육과정평가원.

김정호 외(2005). 「사회과 교육과정 개정 방안 연구」. 연구보고서. 2005－5. 한국교육과정평가원.

김종건(1999). 「교육과정학의 역사」. 교육과정 연구. 제17권 제2호. 한국교원대학교.

김준택(1988). 「우리나라 국민학교 사회과 교육과정 변천에 관한 연구」. 인하대학교 교육대학원 석사학위 논문.

나미숙(1994). 「사회과 교육과정의 변천 및 개선방안에 대한 연구」. 공주대학교 교육대학원 석사학위논문.

나흥하(1996). 「교육과정 개발 접근 방식별 교육내용 선정 준거 고찰」. 한국교원대학교 대학원 석사학위 논문.

남상준(1996). 「사회과에서의 창의적 사회과교육」. 사회과교육. 제33호. 한국사회과교육연구회.

남제희(1993). 「한국 국민학교 사회과교육과정의 변천 과정에 대한 역사적 연구」. 충북대학교 교육대학원 석사학위논문.

대전일보(2007.03.22). 2008학년도 전국 대학 입시 전형 계획. 대전일보 제17705호. 제5면.

박미진(2004). 「1950년대 전반기 교육과정 개조운동과 사회과 교육」. 한국교원대학교 대학원 석사학위논문.

박상흠(1998). 「사회과 수행평가의 이론적 배경과 적용 방안」. 사회과교육. 제31호. 한국사회과교육연구회.

박수용 외(2001). 「우리나라 연구자의 2000년도 SCI 인용지수 분석」. 교육인적자원부 정책연구.

박은종(1988). 「현행 국민학교 사회과 교과서 자료 분석 연구」. 충남대학교 교육대학원 석사학위논문.

박은종(1996). 「초・중・고교 사회과 법교육과정 연계성 분석 연구」. 한국교원대학교 대학원 석사학위논문.

박은종(2006 a). 「사회과 교육의 트렌드와 구성주의적 접근」. 중등학교 사회과 1급 정교사 자격연수 교재. 공주대학교 중등교육연수원.

박은종(2006 b). 「새로운 사회과의 평가 방법과 실제」. 교육연구 제26권 제3호. 2006.3. 한국교육생산성연구소.

박은종(2006 c). 「인터넷 활용을 통한 사회과 수업 방법 개선 방안 모색」. 교육연구 제26권 제11호. 2006.11. 한국교육생산성연구소.

박은종(2007 a). 「세계화・정보화 시대의 바람직한 민주 시민 교육의 방향」. 교육연구. 제21집 제1호. 2007.2. 공주대학교 교육연구소.

박은종(2007 b). 「세계화 시대 한국 민주 시민 교육의 접근 방법 모색」, 인문학 연구. 제34권 제1호. 2007.4. 충남대학교 인문과학연구소.

박치현(1990). 「교육과정 개발 이론과 개발 실제의 비교」. 한국교원대학교 대학원 석사학위논문.

사회교사 모임 연구부(1992). 「사회과 교육과정과 교과서 변천사」. 서울: 우리교육출판사.

서재천(1986). 「일본 사회과 교육과정의 변천」. 사회과 교육. 제19호. 서울: 한국사회과교육회.

서재천(1987). 「제2차세계대전 후 일본의 중학교 사회과 공민 교육과정의 변천 고찰」. 사회와 교육. 제11집. 서울: 한국사회과교육학회.

서재천(1997). 「정보화 시대에 있어서의 사회과 교육 내용 구성」. 사회과교육 제30호. 한국사회과교육연구회.

서태열(1998). 「구성주의와 학습자 중심 사회과 교수・학습」. 사회과교육. 제31호. 한국사회과교육연구회.

손병노(1998). 「사회과 교사의 전문성: 교수 내용 지식의 관점」. 사회과교육학 연구. 제2호. 한국사회과교육연구회.

신득렬(2000). 「학교 교육의 철학」. 교육철학 제22집. 한국교육철학회.

신현순(2004). 「사회과 지역화 자료의 외적 구성 분석과 개선 방안」. 교육과정학연구. 제4권. 2004.12. 한
국교원대학교 교육과정연구소.

오천석(1975). 「민주주의 교육의 건설·민주 교육을 지향하여」. 오천석 교육사상 문집. 제1호. 서울: 광명
출판사.

유위준(2002). 「초·중등학교 교육과정 정책 형성과정에 관한 연구」. 한국교원대학교 대학원 박사학위논문.

은지용(1999). 「반성적 사고력 함양을 위한 사회과 통합 교육과정 모형에 관한 연구」. 서울대학교 대학원
석사학위논문.

이경진(2006). 「교육과정 실행에 나타난 교육과정 변화의 내용과 요인에 대한 연구」. 이화여자대학교 대
학원 박사학위논문.

이명희(2001). 「일본의 사회과 교육과정」. 사회과교육학연구. 제6호. 한국사회과교육학회.

이미영(1987). 「한국 사회과 교육의 변천 과정에 관한 연구」. 경상대학교 교육대학원 석사학위논문.

이상주(1980). 「의사 결정 과정에서 본 교육과정」. 교육과정 연구의 과제 보고서. 한국교육과정연구회.

이연복(2003). 「제6차, 제7차 교육과정의 사회과 교과서 비교 연구」. 서울교육대학교 교육대학원 석사학
위논문.

이영호 외(1980). 「교육 혁신 보급에 관한 이론적 기초」. 교육 혁신 보고서. 한국교육개발원.

이종호(1996). 「한국 사회과 교육과정 이념의 시대성 변천 연구」. 한국교원대학교 대학원 박사학위논문.

이진석(1992). 「해방 후 한국 사회과의 성립 과정과 그 성격에 관한 연구」. 서울대학교 대학원 박사학위
논문.

이찬(1977). 「고등학교 사회과 교육과정의 변천」. 사회과 교육. 제10호. 한국사회과교육회.

이태언(1999). 「사회과 교육 내용 및 과정의 변천에 관한 연구」. 교육연구. 제11집. 부산외국어대학.

이혁규(2001). 「사회과 교실 수업 연구의 동향과 과제」. 사회과학교육 연구. 제4집. 한국교원대학교 사회
과학연구소.

이혁규(2003 a). 「사회과 교육과정의 개발과 실제」. 청주교대 논문집. 제13집. 청주교육대학교.

이혁규(2003 b). 「사회과 교육과정의 개발 체제의 문제점과 대안에 대한 논의」. 초등교육 논문집. 제40집.
청주교육대학교 초등교육연구소.

임명자(1989). 「국민학교 교육과정 편제에 관한 분석적 연구」. 이화여자대학교 교육대학원 석사학위논문.

장언효 외(1979). 「교육과정 국제 비교 연구」. 서울: 한국교육개발원.

전영천(1988). 「한국 국민학교 사회과 교육과정 변천에 관한 연구」. 동아대학교 교육대학원 석사학위논문.

정만근(1983). 「교육과정의 변천과 배경에 관한 일 연구」. 연세대학교 교육대학원 석사학위논문.

정문성(2005). 「사회과 교수―학습 방법의 동향과 과제」. 교원교육 제21권 제3호. 2005.12. 한국교원대학
교 교육연구원.

정세구(1989). 「한국 사회과 교육학 정립의 방향」. 사회과교육. 제22호. 한국사회과교육연구회.

정태범(1994). 「제3공화국 교육 개혁의 허상과 실상」. 하계 학술 세미나 자료집. 한국행정학회.

정태범(2001). 「총체적 질 관리를 위한 학교 경영 체제 확립 방안」. 2001년 제2차교육개혁 대토론회 주제
발표 자료. 한국교원대학교 종합교육연수원.

정호범(1997). 「초등 사회과에서의 가치 교육」. 한국교원대학교 대학원 박사학위논문.

조도근(1983). 「사회과 탐구 수업 및 평가 방법」. 인천직할시교육위원회. 중등 교사교과별 연수 교재(사회과).

조도근(1986). 「개화기 사회 교육과정에 관한 연구」. 인하대학교 인문과학연구소논문집. 제12집.

조도근(2000). 「학교 교육과 민주 시민 교육」. 심수 윤덕중 박사 정년 퇴임 기념 논문집(사회발전과 교육). 한국교원대학교 일반사회교육과·윤덕중 박사 정년퇴임 기념 논문집 발간위원회.

조영달(1990). 「미국 사회과의 경향과 교육 목표의 변화」. 사회과 평가 연구 세미나자료집. 서울: 한국교육개발원.

조효형(1992). 「한국 일반계 고등학교 사회과 교육과정 개정의 배경과 원인의 변천과정에 대한 연구」. 충북대학교 교육대학원 석사학위논문.

주태원(1989). 「우리나라 중등학교 사회과 교육과정 변천에 관한 연구」. 인하대학교 교육대학원 석사학위논문.

진재관(2006). 「고등학교 사회과 교과서의 변천과 전망」. 교과서연구. 제47호. 2006.4. 한국교과서연구재단.

최병모(1991). 「중학교 사회과 교육과정의 변천」. 교과교육 연구. 제11호. 교과교육연구회.

최병모(1992). 「사회과 교육과정 개발의 체제적 접근」. 한국교원대학교 대학원 박사학위논문.

최병모(2006). 「중학교 사회과 교과서의 변천과 전망」. 교과서연구. 제47호. 2006.4. 한국교과서연구재단.

최용규(1998). 「제7차 사회과 교육과정과 창의성 교육」. 초등사회과교육. 제10집. 한국초등사회과교육연구회.

최용규(2006). 「초등학교 사회과 교과서의 변천과 전망」. 교과서연구. 제47호. 2006.4. 한국교과서연구재단.

한국교원대학교 교육연구원(2006). 「e-learning을 활용한 각 교과 수업방안 연구」. 교원교육. 제22권 제1호. 2006. 7. 한국교원대학교 교육연구원.

한국교원대학교 부설 교과교육공동연구소(2001). 「통합 사회 교과교육학의 교재 개발연구」. 연구보고서 99-3.

한국교육개발원(1981). 「교육과정 개정안의 연구·개발 답신 보고서」.

한국교육개발원(1986). 「제5차 교육과정 총론 개정 시안의 연구·개발 답신 보고서」.

한국교육개발원(1987). 「제5차 고등학교(일반계) 교육과정 총론 시안의 개발 연구」.

한국교육개발원(1996). 「초·중등학교 교육과정 재구조안. 교육과정 연구 개발 보고서」. 한국교육신문(2000. 10. 23).

한국교육개발원(1999). 새 학교 문화 방향 정립과 창조 가능성 탐색 연구. 연구보고서 99-2.

한국교육과정·교과서연구회(1988). 「한국 교육과정 변천에 관한 연구」. 대한교과서 주식회사.

한국교육과정·교과서연구회(1999). 「인물로 본 편수사」. 대한교과서 주식회사.

한국교육과정학회(2004). 「학교교육과정의 개발과 운영: 학제적 관점」. 한국교육과정학회 추계 학술대회 발표 논문집.

한명희(1992). 「교육과정 결정과정의 이론과 실제─제6차 교육과정 개정을 중심으로」. 한국교육과정연구회 92년도 연차학술대회 발표 논문·토론집.

함수곤(1997). 「제6차와 제7차 교육과정의 관계」. 교육진흥, 9(4). 중앙교육진흥연구소.

허강 외(2000). 「한국 편수사 연구(I)」. 한국교과서연구재단.

허경철(1996). 「제7차 교육과정 개정의 기본 방향과 내용」. 교육과정 연구 제3호 제1집. 1996.1. 한국교원대학교 대학원 교육과정학회.

허경철(2001). 「제7차 교육과정, 그 성공을 위한 전제적 이해」. 한국교육과정평가원창립 3주년 기념 세미나 자료집.

허경철 외(2003). 「국가 수준 교육과정 개정 방식 개선에 관한 연구」. 한국교육과정평가원 연구 보고서.

홍미화(2006). 「교사의 실천적 지식으로 읽는 초등 사회과 수업」. 한국교원대학교대학원 박사학위논문.

홍선표(1987). 「사회과 교육과정 변천에 관한 연구」. 단국대학교 교육대학원 석사학위논문.

홍영환·빈선옥(1998). 「사회과 인터넷 학습 프로그램 설계」. 중등교육연구 제10집 제1호. 경상대학교 사
    범대학 중등교육연구소.

홍후조(1999). 「국가 수준 교육과정 개발 패러다임의 전환(Ⅰ) — 전면 개정형에서 점진 개선형으로」. 한국
    교육과정학회. 교육과정연구. 17(2).

홍후조(2000). 「국가 교육과정 개정의 정치학 — 제7차 교육과정 개정을 중심으로」. 교육정치학연구. 7(1).
    한국교육정치학회.

홍후조(2001). 「제7차 교육과정에 따른 일반계 고등학교 선택중심 교육과정의 편성과 운영의 이해와 오해」.
    교육과정 연구 제19집 제1호. 한국교육과정학회.

홍후조(2002). 「국가 수준 교육과정 개발 패러다임의 전환(Ⅱ) — 국가 교육과정 기준변화 관련 기본 개념
    정립을 중심으로」. 한국교육과정학회 교육과정연구. 20(2).

3. 외국 문헌

梅根悟·罔津守彦(1959). "社會科のあゆみ". 東京: 小學館.

社會認識敎育學會 編(1981), 初等社會科敎育學, 東京: 學術圖書出版社.

鈴木英(1983), 日本占領ど敎育改革, 郵草書房.

日本敎科書硏究會(1973) 敎科書の公敎育. 東京: 第一法規社.

日本敎育新聞(1987), 敎科審 特輯號, 東京.

日本文部省(1974). '民主主義'(上) 上田薰 編, "社會科 敎育史料2", 東京法令出版株式會社.

日本文部省(1978). '我が國の敎育水準', 東京: 大藏省印刷局.

日本文部省(1980). 中學校 指導書. 東京: 大藏省印刷局.

日本文部省(1982). 最新 國民學校 敎育課程. 東京: 大藏省印刷局.

日本文部省(2000). 敎科書 制度の槪要. 東京: 文部省初中等敎育局.

日本文部省 編(1989), '我が國の文敎施策', 大藏省印刷局.

日本民主黨敎科書問題特別委員會(1974), 'うれうべき敎科書の問題' 上田薰 編, "社會科敎育史料3", 東京法
    令 出版株式會社.

日本社會科敎育學會 編(1984), 初等社會科敎育學槪論, 東洋館出版社.

日本社會科敎育學會 編(1986), 中等社會科敎育學槪論, 東洋館出版社.

田中史郎(1989.6), 社會科敎育史硏究の課題, 全國社會科敎育學會, 社會科敎育 論叢, 36輯. 第一法規出版株
    式會社, '敎育の情報'.

中野目直明 外 編著(1983), "現代社會の理論と實踐" 酒井書店.

片上宗二(1974), "敗戰直後の公民敎育構成", 敎育史料出版會.

片上宗二(1984), '戰後の公民敎育', 日本社會科敎育學會 編, "社會科における公民的 資質の形成", 東洋館出
　　版社.

Apple. M. W.(1983). *'On Analyzing Hegemony'* in H. A. Giroux(eds.). Theory & Resistance in Education.
　　Massachusetts: Bergin & Garver Publishers. Inc.

Apple. M. W.(1986). Teachers and text. London: Routledge & Kegan Paul.

Barth. James L. et. al.(1984). *Principle of Social Studies.* Univ. Press of America. Inc.

Beauchamp. G. A.(1968). Curriculum Theory. 2nd ed. Wilmett: The Kagg Press.

Beauchamp. G. A.(1981). Curriculum Theory. 4th ed. Itasca: Peacock Publisher.

Bobbit. J. F.(1918). The Curriculum. Boston: houghton − Mifflin.

Bobbit. J. F.(1972). The Curriculum. New York: Arno Press.

Brady. L. (1983). *Curriculum Development in Australia.* Prentice Hall of Australia. Sydney.

Edwards Clifford H. (ed) (1974). Reading in Curriculum: A Process Approach Champaign, Ill: Stipes Publishing
　　Co.

Egglestone. J. (1997). *The Sociology of the School Curriculum.* London: Routledge & Kegan Paul.

Eisner. E. W. (1979). *The Educational Imagination: On the Design and Evaluation of school programs.* Collier
　　macmillan canada. Inc.

Eisner Elliot & Vallence Elizabeth(eds.)(1974). *Confoicting Conceptions of Curriculum.* Berkeley. Calif: McCutchen
　　Publishing Corportation.

Elmore. R. F. and McLaughin. M. W(1988). Steady Work: *Policy, Practice, and the Reform of American
　　Education.* Santa Monica, CA: The RAND Co.

Fuhrman. S. H. (ed.)(1993). *Designing Coherent Education Policy: Improving the System.* San
　　Francisco: Jossey − Bass Publishers.

Gibson. R. (1984). Structure and education, London: Hodder and Stoughton.

Giroux. H.(1988), *Teachers as Intellectuals: Toward a Critical Pedagogy of Learning,* South Hadley, MA:
　　Bergin & Garvey.

Giroux. H. & McLaren. P.(1992). *America 2000 and the Politics of Erasure: Democracy and Cultural Difference
　　under Siege.* International Journal of Educational Reform, 1(2).

Goodlad. J. I (1984), A Place Called School, New York: McGraw − Hill.

Goodman. J.(1986). *Teaching Preservice Teachers a Critical Approach to Curriculum Design, A Descriptive
　　Account.* Curriculum Inquiry.

Gowin. D. B(1981). Educating. Ithaca. New York: Cornell Univ. Press.

Gross. N. Giacquinta. J. & Bernstein. M.(1971). *Implementing Organizational Innovation: A Sociological Analysis of
　　Planned Educational Change.* New York: Basic books.

Grant. C. & Sleeter. C.(1985). *After The School Bell Rings.* Philadelphia, PA: Falmer.

Gudmundsdottir. S.(1990). *Values in Pedagogical Content Knowledge.* Journal of Teacher Education. 41(3).

Handel. G. & Lauvas. P.(1987). *Promoting Reflective Teaching: Supervision in Practice.* Philadelphia: Open
　　University press.

Handler. B. S.(1982). *Coming of Age in Curriculum: Reflections on 'Thinking About the Curriculum'.* Journal of

Curriculum Studies. 14(2).

Holmes. B. & M. Mclean(1989). *The Curriculum: A Comparative Perspective*. Boston: Unwin Hyman.

http://inca.org.uk (국가별 교육과정 자료)

Jarolimek. J.(1990). Social Studies in Elementary Education(8th). Macmillian Pub.

Johonsen. J. H.(1982). *American Education: An Introduction to Teaching*. Iowa. Dubuque: Wmc Brown Co.

Kaufman. R. A(1972). *Educational System Planning. Engleword Cliffs*. New Jersey.

Kelly. A. V.(1982). *The Implications of a Centralized Curriculum for Curriculum Development*. The Curriculum
   Theory and Practice. London: Harper & Row ltd.

Kerr. Donna. H(1976). *Educational Policy: Analysis, Structure, and Justification*. New York: David Mcakay
   Company. Inc.

Klein. M. Frances. ed(1991). *The Politics of Curriculum Decision−Making: Issues in Centralizing the
   Curriculum*. New York: State University of New York Press.

Knight. P.(1985). *The Practice of School−based Curriculum Development*. Journal of Curriculum Studies.
   Vol.17. No.1.

Massialas. Byron. G.(ed.)(1996). *Critical Issues in Teaching Social Studies K−12*. Wardworth Publishing Co.

McNiff. J.(1993). Teaching and learning. London: Routledge.

NCSS.(1994 a). *Curriculum standards for Social Studies*. Washington. NCSS.

NCSS.(1994 b). *Expectation of Excellence: Curriculum Standard for Social Studies*. Washington. NCSS.

Parker. Walter C. & Jarolimek. John. (1993). *Social Studies in Elementary Education*. Prentice−Hall, Inc.

Phenix. P. H.(1964 a). Realms of Meaning. New York: McGraw−Hill.

Phenix. P. H.(1964 b). The Architectronics of Knowledge. In s. Elam(ed). Education and the structure of
   Knowledge. Chicago: Rand McNally.

Posner. G. J.(1998). Models of Curriculum Planning In L. E. Beyer, & M. W. Apple.

Popkewitz. T. S(1987). *The Formation of School Subjects: the Struggle for Creating an American Institution*.
   New York: The Falmer Press.

Powell. W. W. and DiMaggio, P. J. (eds.) (1991). *The New Institutionalism in Organizational Analysis*. The
   University of Chicago Press.

Pressman. J. L. and Wildavsky. A(1984). Implementation.(3rd ed.). Univ. of California Press.

Ravitch. D(1995). *National Standards in American Education: A Citizen's Guide*. Washington. D.C.: The
   Brookings Institution. 1995.

Ravitch. D.(1995.). *Debating the Future of American Education: Do We Need National Standards and
   Assessments?*. Washington, D.C.: The Brookings Institution.

Reich. R. B. (ed.)(1988). The Power of Public Ideas. Cambridge: Balliger Publishing Co.

Reid. W. A.(1999). *Curriculum as Institution and Practice*. Manhwa, NJ&London: Lawrence Erlbaum Associates
   Publishers.

Saylor. J. G & Alexander. W. M.(1974). *Planning Curriculum for School*, New York: Jolt, Rivehart & Winston.

Schwab(1962). *The Concept of the Structure of a Discipline*. The Educational Record. 43(197).

Short. E. C.(1983). *The Form and Use of Alternative Curriculum Development*, rev. ed. New York: Jarcourt

Brace. Jovanovich. Inc.

Short. E. C(1993). *Three levels of questions addressed in the field of curriculum research and practice.* Journal of curriculum supervision. 9(1).

Strike. K. A(1988). The Ethics of school Administration. New York: Columbia University Press.

Taba. H.(1962). *Curriculum Development: Theory and Practice.* New York: Harcourt. Brace, Hovanovich.

Tanner. D. & Tanner. I. N.(1975). *Curriculum Development: theory into Practice,* New York: MacMillan Publishing Co.

Tanner. D. & Tanner I. N.(1980). *Curriculum Development: theory into Practice* (2nd. ed.). New York: MacMillan Publishing Co.

Tyack. D. (1993). *School govermance in the United States: Historical Puzzles and Anomalies.* In J. Hannaway. & M. Carnoy(eds.) Decectralization and school impprovement: Can we fulfill the promise? (1−32). Sanfrancisco. CA: Jossey−Bass Publishers.

Tyler. R. W(1949). *Basic Principles of Curriculum and Instruction.* Chicago: University of Chicago Press.

Walker. D. F(1971). *A Naturalistic Model for Curriculum Develope.* School Review. 80(1).

Walker. D. F(1979). *Approach to Curriculum Development in Schaffarzick,* J & Sykes. G(eds.). Value Conflicts and Curriculum Issues, Berkeley: McCutchan Publishing Co.

Walton. J. (1978). *School−based curriculum development in Australia.* In Walton, J. & Morgan. R. (eds.). *Some Prespectives on School−based Curriculum Development.* Armidale: university of New England Press.

Weiler, H. (1993). *Control versus legitimation : The politics of ambivalence.* In J. Hannaway. & M. Carnoy(eds.). *Decedtralization and school improvement Can we fulfill the promise?.* Sanfrancisco. CA: Jossey−Base Publishers.

Wesly, E.B. & Wronski, A.P.(1958). *Teaching Social Studies in high School.* Boston: D.C.Heath

Willis. G.(1998). *The Human Problems and Possibilities of Curriculum Evaluation.* In I. E. Beyer. & M. W. Apple (eds.), The Curriculum (2nd ed). New York: SUNY Press.

Woolever, R.M & Scott, K.P(1988). *Active learning in Social Studdies Pomoting Cognitive and Social Growth,* Foresman and Company.

World Commission on Enviroment and Development(1987). *Our Common Future.* Oxford University Press.UK.

Wright, G.H.(1971). *Explanation and Understanding.* Cornell University Press.

Zais. R. S(1976). Curriculum: Principles and Foundations. New York: Thomas Y. Crowell.

부 록

〈부록 1〉

1. 초·중·고교 사회과 교사 의견 조사 설문지

사회과 교육과정의 발전적 모형 개발을 위한 의견 조사

여러분 안녕하십니까? 본 설문지는 우리나라 초·중·고교 사회과 교육과정의 탐구 및 발전적 모형 개발에 관한 연구의 기초 자료를 얻고자 실시하는 의견 조사입니다.

따라서 선생님께서 학교 현장에서 사회과 교육과정의 적용 및 사회과를 실제 지도하시면서 느낀 생각과 경험을 중심으로 솔직하게 응답해 주시면 고맙겠습니다.

세계화·정보화 시대에 사회 현상을 다루는 사회과 교육에서 교육과정은 매우 중요한 역할과 기능을 하게 됩니다. 특히 사회과 교육과정은 학교 현장 여러 선생님들의 경험과 제반 인적·물적 환경 및 여건에 입각한 의견 반영이 더욱더 중요합니다. 아울러, 여러 선생님들의 좋은 의견이 사회과 교육과정 개정과 개발에 밑거름이 되는 것입니다.

이러한 점을 감안하시고 매 문항마다 성심성의껏 응답해 주시기 바랍니다. 여러 선생님들의 의견 및 조사 결과는 본 연구의 목적으로만 소중하게 사용할 것임을 약속드리며, 귀중한 시간을 할애해 주신 여러 선생님들께 거듭 감사를 드립니다.

연구자: 박 은 종 드림

[설문 응답 시 문의처: T. (041) 853 – 1224, CP: 016 – 412 – 4545]
E – mail: ejpark7@kongju.ac.kr

·〈응답 요령〉
※ 본 설문지의 각 문항을 응답하실 때 다음 사항을 유의하시고 응답해 주시기 바랍니다.
1. 설문지 응답 시 교육과정에 대한 내용은 현행 교과서와 교육과정(초·중·고교)을 참고하시기 바랍니다.
2. 조사 항목 중 선택형은 해당 란(문항 번호의 앞)에 ∨표를 하시고, 서술형 및 의견을 묻는 항목은 해당 란에 구체적으로 기술해 주시기 바랍니다.
3. 조사 항목 중 여러 문항을 선택하는 항목은 순서대로 선호도를 기록해 주시기 바랍니다.
4. 의견 응답 시 기초 자료로 사회과 교육과정과 사회과 교과서를 참고하시기 바랍니다.

·〈응답자 인적 사항〉
1. 성별: ① 남자 ② 여자
2. 근무 학교급: ① 초등학교 ② 중학교 ③ 고등학교(인문계, 전문계)
3. 근무 학교 설립별: ① 국·공립 ② 사립
4. 근무 학교 학급 수:
　 ① 12학급 이하 ② 13학급 – 24학급 ③ 25학급 – 48학급 ④ 49학급 이상
5. 근무 학교 소재지: ① 대도시 ② 중소도시 ③ 읍·면(농어촌)
6. 출신 학교:
　 ① 고등학교 졸업 이하 ② 사범계 대학(교육대학, 사범대학) 졸업 ③ 일반 대학 졸업 ④ 대학원 졸업 이상
7. 교육 경력: ① 10년 미만 ② 10년 이상 20년 미만 ③ 20년 이상
8. 세부 전공 및 관심 분야(심화 과정)
　 ① 사회과 교육(심화 전공 포함) ② 일반사회 ③ 역사 ④ 지리

[교육과정 일반]

1. 현행 교육과정에서 추구하는 인간상의 적절성은 어떠하다고 생각하십니까?
   ① 아주 적절하다.   ② 적절하다
   ③ 그저 그렇다.   ④ 부적절하다.
   ⑤ 아주 부적절하다.

※ 현행 교육과정의 추구하는 인간상
 가. 전인적 성장의 기반 위에 개성을 추구하는 사람
 나. 기초 능력을 토대로 창의적인 능력을 발휘하는 사람
 다. 폭넓은 교양을 바탕으로 진로를 개척하는 사람
 라. 우리 문화에 대한 이해의 토대 위에서 새로운 가치를 창조하는 사람
 마. 민주 시민 의식을 기초로 공동체의 발전에 기여하는 사람

2. 현행 교육과정의 구성 방침에 대해서 어떻게 생각하십니까?
   ① 아주 적절하다.   ② 적절하다
   ③ 그저 그렇다.   ④ 부적절하다.
   ⑤ 아주 부적절하다.

※ 현행 교육과정의 구성 방침
 가. 사회적 변화의 흐름을 주도할 수 있는 기본 능력을 길러 줄 수 있도록 교육과정을 구성한다.
 나. 국민공통기본교육과정과 선택중심교육과정을 도입한다.
 다. 교육 내용의 양과 수준을 적정화하고, 심도 있는 학습이 이루어지도록 수준별 교육과정을 도입한다.
 라. 학생의 능력, 적성, 진로를 고려하여 교육 내용과 방법을 다양화한다.
 마. 교육과정 평가 체제를 확립하여 교육에 대한 질 관리를 강화한다.

3. 현행 교육과정의 학교급별 목표는 대체로 어떠하다고 생각하십니까?
   ① 아주 적절하다.   ② 적절하다
   ③ 그저 그렇다.   ④ 부적절하다.
   ⑤ 아주 부적절하다.

※ 현행 교육과정의 학교급별 교육 목표
 가. 초등학교 교육은 학생의 학습과 일상생활에 필요한 기초 능력 배양과 기본 생활 습관을 형성하는데 중점을 둔다(세부 목표
     5개 항).
 나. 중학교 교육은 초등학교 교육의 성과를 바탕으로, 학생의 학습과 일상생활에 필요한 기본 능력과 민주 시민으로서의 자질을
     함양하는 데 중점을 둔다(세부 목표 5개 항).
 다. 고등학교 교육은 중학교 교육의 성과를 바탕으로, 학생의 적성과 소질에 맞는 진로 개척 능력과 세계 시민으로서의 자질을 함
     양하는 데 중점을 둔다(세부 목표 5개 항).

4. 현행 교육과정에서 도입한 국민공통기본교육과정(제1－10학년)과 선택중심교육과정(제11－12학년) 체제에 대해서
   는 어떻게 생각하십니까?
   ① 아주 적절하다.   ② 적절하다
   ③ 그저 그렇다.   ④ 부적절하다.
   ⑤ 아주 부적절하다.

5. 현행 교육과정상의 교과 순서에 대해서 어떻게 생각하십니까?
   ① 아주 적절하다.   ② 적절하다
   ③ 그저 그렇다.   ④ 부적절하다.
   ⑤ 아주 부적절하다.

※ 현행 교육과정의 교과 순서
 ① 국어, ② 도덕, ③ 사회, ④ 수학, ⑤ 과학, ⑥ 실과(기술·가정), ⑦ 체육, ⑧ 음악, ⑨ 미술, ⑩ 외국어(영어) 단, 1－2학년은
 ① 국어, ② 수학, ③ 바른 생활, ④ 슬기로운 생활, ⑤ 즐거운 생활, ⑥ 우리들은 1학년

6. 현행 교육과정에서의 사회과 편제는 어떠하다고 생각하십니까?
　① 아주 적절하다.　　　　　② 적절하다
　③ 그저 그렇다.　　　　　　④ 부적절하다.
　⑤ 아주 부적절하다.

7. 현행 사회과 교육과정과 사회과 교과서 간의 상호 연계성은 어떠합니까?
　① 아주 잘 연계되어 있다.　　② 잘 연계되어 있다.
　③ 그저 그렇다.　　　　　　④ 잘 연계되어 있지 않다.
　⑤ 전혀 연계되어 있지 않다.

8. 현행 각급 학교 사회과 교육과정의 학습 분량은 어떠하다고 생각하십니까?
　① 아주 많은 편이다.　　　　② 많은 편이다.
　③ 적당하다.　　　　　　　④ 적은 편이다.
　⑤ 아주 적은 편이다.

9. 현행 각급 학교 사회과 수업 시간 배당은 어떠하다고 생각하십니까?
　① 아주 많은 편이다.　　　　② 많은 편이다.
　③ 적당하다.　　　　　　　④ 적은 편이다.
　⑤ 아주 적은 편이다.

[사회과의 성격]

10. 현행 사회과 교육과정에서 사회과의 성격으로 가장 부합된다고 생각하는 것은 무엇입니까?
　① 민주 시민 교육　　　　　② 사회 과학 교육
　③ 반성적 탐구　　　　　　④ 의사 결정력 신장
　⑤ 학생 참여 조장　　　　　⑥ 기타 ( )

11. 미래 사회과 교육과정 성격 규정 시에 가장 강조해야 할 것은 무엇입니까?
　① 사회과 통합의 강조
　② 인성 발달을 위한 가치 · 태도 교육 강조
　③ 지 · 덕 · 체를 겸비한 전인 육성
　④ 사회 과학의 지식 터득
　⑤ 공동체 생활을 위한 배려와 봉사

12. 사회과에서 길러 주어야 할 민주 시민 교육 및 민주 시민의 자질로 가장 알맞은 것은 무엇입니까?
　① 사회와 국가 발전에 공헌하는 애국심
　② 사회 구성원으로서의 판단 능력
　③ 사회 문제에 관심을 갖고 참여 및 해결하려는 자세
　④ 타인과 원만한 관계 속에서 대화와 토의를 하는 능력
　⑤ 시민적 권리 행사와 책무 완수를 충실히 수행하는 태도

13. 사회과의 성격과 목표 설정 시에 가장 중요하게 고려해야 할 것은 무엇이라고 생각하십니까?
　① 전통적 사회과의 본질
　② 사회 발전과 시대 변화의 패러다임
　③ 사회 이슈와 사회과의 주요 쟁점
　④ 국가 정책적 강조 사항
　⑤ 학생의 전인적 성장 도모

14. 사회과 성격으로서 학생들에게 길러 주어야 할 세계 시민적 소양으로 가장 중요하다고 생각하시는 것은 무엇
입니까?
  ① 투철한 책임   ② 국가, 사회 전반에 걸친 봉사
  ③ 타인에 대한 배려   ④ 협동 및 호혜
  ⑤ 성실 및 근면

[사회과의 목표]

15. 현행 사회과의 교과 목표는 교육과정의 일반 목표에 견주어 어떠하다고 생각하십니까?
  ① 아주 적절하다.   ② 적절하다
  ③ 그저 그렇다.   ④ 부적절하다.
  ⑤ 아주 부적절하다.

※ 현행 교육과정의 사회과 교육 목표

 사회 현상에 관한 기초적 지식과 능력은 물론 지리, 역사 및 제 사회 과학의 기본 개념과 원리를 발견하고 탐구하는 능력을 익혀, 우리 사회의 특징과 세계의 여러 모습을 종합적으로 이해하며, 다양한 정보를 활용하여 현대 사회의 문제를 창의적이며 합리적으로 해결하고, 공동생활에 스스로 참여하는 능력을 기른다. 이를 바탕으로 개인의 발전은 물론 국가, 사회, 인류의 발전에 기여할 수 있는 민주 시민의 자질을 기른다.

 가. 사회의 여러 현상과 특성을 그 사회의 지리적 환경, 역사적 발전, 정치·경제·사회적 제도 등과 관련시켜 이해한다.

 나. 인간과 자연 간의 상호작용에 대한 이해를 통하여 장소에 따른 인간 생활의 다양성을 파악하며, 고장, 지방 및 국토 전체와 세계 여러 지역의 지리적 특성을 체계적으로 이해한다.

 다. 각 시대의 특색을 중심으로 우리나라의 역사적 전통과 문화의 특수성을 파악하여, 우리 문화와 민족사의 발전상을 체계적으로 이해하며, 이를 바탕으로 인류 생활의 발달 과정과 각 시대의 문화적 특성을 파악한다.

 라. 사회생활에 관한 기본적인 지식과 정치·경제·사회·문화 현상에 대한 기본적인 원리를 종합적으로 이해하고, 현대 사회의 성격 및 민주적 사회생활을 위하여 해결해야 할 여러 문제를 파악한다.

 마. 사회생활과 문제를 파악하는 데 필요한 지식과 정보를 획득, 조직, 활용하는 능력을 기르며, 사회생활에서 나타나는 여러 문제를 합리적으로 해결하기 위한 탐구 능력, 의사 결정 능력 및 사회 참여 능력을 기른다.

 바. 개인 생활 및 사회생활을 민주적으로 운영하고, 우리 사회가 당면한 문제들에 관심을 가지고, 민족 문화 및 민주 국가 발전에 적극적으로 이바지하려는 태도를 가진다.

---

16. 현행 사회과 교육과정에서 없어진 학년 목표에 대해서는 어떻게 생각하십니까?
  ① 아주 적절하다.   ② 적절하다
  ③ 그저 그렇다.   ④ 부적절하다.
  ⑤ 아주 부적절하다.

17. 미래 사회과 교육과정에서 더욱 강조되어야 할 목표 요소는 무엇이라고 생각하십니까?
  ① 고급 사고력과 창의력 신장
  ② 사회 문제를 통합적으로 고찰하는 능력 신장
  ③ 정보 수집, 처리 능력 및 기초 학습 기능 향상
  ④ 세계화·정보화 시대의 세계 시민 교육 강화
  ⑤ 가치 탐구 및 사회 문제에 대한 올바른 판단 능력 신장

18. 현행 사회과 교육과정의 교과 목표가 향후 사회과 교육과정에서는 어느 정도 적절하다고 생각하십니까?
  ① 아주 적절할 것이다.   ② 적절할 것이다.
  ③ 그저 그럴 것이다.   ④ 적절하지 않을 것이다.
  ⑤ 아주 적절하지 않을 것이다.

19. 현행 사회과 교육과정의 교과 목표(종합 목표 1개 항목, 세부 목표 6개 항목) 진술 형태는 어떠합니까?
  ① 종합 목표와 세부 목표를 통합하여, 종합 목표 하나로 제시하는 것이 바람직하다.
  ② 세부 목표로만 제시하되, 항목 수를 더 늘여야 한다.
  ③ 세부 목표로만 제시하되, 항목 수를 더 줄여야 한다.
  ④ 대목표, 중목표(일반사회, 역사, 지리 등), 세부 목표(지식, 기능, 가치·태도 등) 등 위계적으로 제시하는 것이 바람직하다.
  ⑤ 현행 제시 형태가 바람직하다.

20. 사회과에서 교과 목표를 설정할 때 가장 중점을 두어 고려해야 할 관점은 무엇이라고 생각하십니까?
　① 사회 과학의 학문적 관점　　　② 국가·사회적 요구(거시적)
　③ 학습자의 발달·요구 수준　　　④ 사회적 문제와 쟁점(미시적)
　⑤ 현실적 실천(달성) 가능성

21. 향후 사회과 교육과정에서 가장 강조해야 할 행동 특성은 무엇이라고 생각하십니까?
　① 지식 이해　　　　　　　　　　② 학습 및 탐구 방법
　③ 민주적 참여 및 의사 결정력　　④ 기능(실기 능력)
　⑤ 가치·태도

[사회과의 내용]

22. 현대 사회 발전과 시대 변화를 전제할 때, 앞으로 사회과 교육과정에서 가장 중점을 두어 지도해야 할 교육
　　(내용)은 어떤 것(교육)이어야 한다고 생각하는지 아래에서 고르시오.
　① 환경 교육　　　　　　　　　　② 인구 교육
　③ 통일 교육　　　　　　　　　　④ 다문화 이해 교육
　⑤ 세계 시민 교육　　　　　　　　⑥ 정보 통신 교육
　⑦ 기타 (　　)

※ 현행 교육과정에 준하여 개발된 사회과 교과서를 지도해 본 경험을 토대로 다음 문항에 답하시오(23－26번 문항).

23. 현행 사회과 교과서의 내용 수준은 어떠하다고 생각하십니까?
　① 아주 높은 편이다.　　　　　　② 높은 편이다.
　③ 보통이다.　　　　　　　　　　④ 낮은 편이다.
　⑤ 아주 낮은 편이다.

24. 현행 사회과 교과서의 학습 분량은 어떠하다고 생각하십니까?
　① 아주 많은 편이다.　　　　　　② 많은 편이다.
　③ 대체로 알맞은 편이다.　　　　④ 적은 편이다.
　⑤ 아주 적은 편이다.

25. 현행 사회과 교과서에 대해서 학생들의 흥미와 관심은 어떠하다고 생각하십니까?
　① 아주 많은 편이다.　　　　　　② 많은 편이다.
　③ 보통이다.　　　　　　　　　　④ 적은 편이다.
　⑤ 아주 적은 편이다.

26. 현행 사회과는 수준별 교육과정으로서, 사회과 교육과정에서 도입한 기본 과정 + 심화·보충 과정에 대해서,
　　실제 적용해 본 결과 어떻게 생각하십니까?
　① 아주 바람직하다.　　　　　　② 바람직하다.
　③ 보통이다.　　　　　　　　　　④ 바람직하지 않다.
　⑤ 아주 바람직하지 않다.

27. 수준별 교육과정(기본 과정 + 심화·보충 과정)에서 심화·보충 과정은 전체 과정 중 어느 정도의 비율이 적당
　　하다고 생각하십니까?
　① 40% 이상　　　　　　　　　　② 30% 정도
　③ 20% 정도　　　　　　　　　　④ 10% 정도
　⑤ 10% 미만

28. 현행 사회과 교육과정의 내용 구성 중 통합의 정도는 대체로 어느 정도라고 생각하십니까?
　① 아주 잘 되어 있는 편이다.　　② 잘 되어 있는 편이다.
　③ 그저 그렇다.　　　　　　　　④ 잘못되어 있는 편이다.
　⑤ 아주 잘못되어 있는 편이다.

29. 사회과의 내용 조직 중 바람직한 통합은 어떻게 되어야 한다고 생각하십니까?
　① 사회 과학 학문 중심 통합
　② 사회 문제(이슈, 쟁점) 중심 통합
　③ 주제 프로젝트와 같은 간학문적(학제적) 통합
　④ 사회과 구성 영역(분야: 일반사회, 역사, 지리 등)의 통합
　⑤ 요소(Strand: 스트랜드) 중심 통합

30. 현재 초·중·고교 사회과 교육과정, 사회과 교과서, 실제 사회과 수업을 통틀어서 '사회과 내용의 지역화'의
　실행(실천) 정도는 어떠하다고 생각하십니까?
　① 아주 잘 실행(실천)되고 있는 편이다.
　② 잘 실행(실천)되고 있는 편이다.
　③ 그저 그런 편이다.
　④ 실행(실천)되지 못하고 있는 편이다.
　⑤ 아주 실행(실천)되지 못하고 있는 편이다.

31. 현행 사회과 교육과정의 경험확대법에 의한 내용 배열의 원리에 대해서 어떻게 생각하십니까?
　① 아주 바람직하다.　　　　　　② 바람직하다.
　③ 그저 그렇다.　　　　　　　　④ 바람직하지 않다.
　⑤ 아주 바람직하지 않다.

32. 현대 교육의 관점에서 볼 때, 사회과 교육과정에서 가장 강조해야 할 사회 과학 및 영역은 무엇이라고 생각하
　십니까?
　① 정치학 및 정치 영역　　　　② 경제학 및 경제 영역
　③ 사회학 및 사회 영역　　　　④ 문화 인류학 및 문화 영역
　⑤ 법학 및 법 규범 영역　　　　⑥ 역사학 및 역사 영역
　⑦ 지리학 및 지리 영역　　　　⑧ 기타 (　　)

33. 현행 사회과 교육과정에서 국민공통기본교육과정 제8 – 10학년에 국사 내용을 배열한 것을 어떻게 생각하십니까?
　① 현행이 적절하다.
　② 학년을 더 낮추어야 한다.
　③ 전 학년에 고루 배열하여야 한다.
　④ 어느 한 학년에 집중 배열하여야 한다.
　⑤ 국사를 별도 교과로 독립시켜야 한다.

34. 현행 사회과 교육과정에서 도입한 제10학년제 국민공통기본교육과정에서 학년 간(초·중·고교 학교급 간 포
　함) 내용 간 연계성은 어떠하다고 생각하십니까?
　① 아주 연계성이 높다.　　　　② 연계성이 높다.
　③ 보통이다.　　　　　　　　　④ 연계성이 낮다.
　⑤ 아주 연계성이 낮다.

35. 향후 사회과 교육과정에서는 학년별 내용 진술의 상세화 정도는 어느 정도여야 한다고 생각하십니까?
　① 더욱 상세화하여야 한다.　　② 상세화하여야 한다.
　③ 현행대로가 좋다.　　　　　　④ 통합화해야 한다.
　⑤ 더욱 통합화하여야 한다.

36. 사회과에서 사회 문제에 관한 비판적 논쟁거리와 쟁점 등을 강조하여 지도하는 것에 대해서 어떻게 생각하십니까?
　① 아주 바람직하다.　　　　　　② 바람직하다.
　③ 그저 그렇다.　　　　　　　　④ 바람직하지 않다.
　⑤ 아주 바람직하지 않다.

37. 앞으로 사회과 교육과정의 지역화는 어떻게 되어야 한다고 생각하십니까?
　① 더욱 강화되어야 한다.　　　　② 강화되어야 한다.
　③ 현행대로 유지되어야 한다.　　④ 완화되어야 한다.
　⑤ 더욱 완화되어야 한다.

38. 현재 학교에서 사회과 교수 · 학습 지도 시에 가장 많이 사용하는 지도 방법은 무엇입니까?
　　① 탐구 학습　　　　　　　　　　② 문제 해결 학습
　　③ 역할 놀이　　　　　　　　　　④ 토의 · 토론 학습
　　⑤ 의사 결정 학습　　　　　　　　⑥ 기타 (　　)

39. 고급 사고력과 창의력을 신장시킬 수 있는 탐구 학습, 문제 해결 학습이 학교 현장에서 실제 이루어지고 있는
　　정도는 어떠합니까?
　　① 아주 잘 이루어지고 있다.　　　② 잘 이루어지고 있다.
　　③ 보통이다.　　　　　　　　　　④ 이루어지지 않고 있다.
　　⑤ 전혀 이루어지지 않고 있다.

40. 만약 탐구 학습, 문제 해결 학습이 학교 현장에서 제대로 이루어지지 않는다면, 그 근본적인 이유는 어디에 있
　　다고 생각하십니까?
　　① 교사의 능력과 열의 부족　　　　② 학교 및 교실 여건의 미비
　　③ 교수 · 학습 기기 및 자료의 부족　④ 교수 · 학습 시간 부족
　　⑤ 행정적 지원과 협조 결여

41. 학생들의 고급 사고력, 창의력, 문제 해결력 등을 신장시키기 위해 가장 바람직한 교수 기법은 무엇이라고 생
　　각하십니까?
　　① 현장 체험 학습　　　　　　　　② 토의 · 토론 학습
　　③ 의사 결정 학습　　　　　　　　④ 역할 놀이 및 시뮬레이션
　　⑤ 자원 인사 초빙 학습　　　　　　⑥ 기타 (　　)

42. 현행 사회과 교육과정에서 교수 · 학습 방법으로 제시한 22개 항의 분량은 어떠하다고 생각하십니까?
　　① 너무 많은 편이다.　　　　　　② 많은 편이다.
　　③ 적절하다.　　　　　　　　　　④ 적은 편이다.
　　⑤ 너무 적은 편이다.

43. 현행 사회과 교육과정의 교수 · 학습 방법의 기술(記述) 형식은 어떻습니까?
　　① 현행처럼 내용을 종합하여 긴 문장으로 기술하는 것이 바람직하다.
　　② 대항목을 기술하고, 그 밑에 세부 항목 2－3개를 제시하는 것이 바람직하다.
　　③ 대항목을 세분하여 별도 항목으로 제시하는 것이 바람직하다.
　　④ 각 교수 학습의 내용에 따라 기술 형식을 다르게 하는 것이 바람직하다.
　　⑤ 전체 기술을 모두 세부 항목으로 기술하는 것이 바람직하다.

44. 현행 사회과 교육과정의 이상을 구현하기 위한 학교 현장의 가장 바람직한 사회과 학습의 모습은 무엇이라고
　　생각하십니까?
　　① 문제 해결력 신장을 위한 탐구 학습의 활성화
　　② 조사 학습을 중심으로 한 학생 중심 활동의 강조
　　③ 프로젝트를 활용한 교과 간 연계 수업 실행
　　④ 수준별 학습을 중심으로 한 개별 학습 강조
　　⑤ 시사 내용을 중심으로 한 NIE 학습

45. 학교 현장에서 사회과를 지도할 때, 토론 · 토의 학습 등 학생 중심 학습이 제약을 받는 가장 중요한 원인은 무
　　엇이라고 생각하십니까?
　　① 교육과정 · 교과서 분량이 너무 많아서 학생 중심으로 진행하기 곤란함
　　② 수업 시간이 소란해지고 학습 효과가 미미함
　　③ 교사의 기본적 역할이 약화되고, 비학습적인 면으로 흐를 우려가 많음
　　④ 교장, 교감 등 행정 관리직의 지나친 간섭이 귀찮아서
　　⑤ 자료 준비 등 잡무가 많아져서

46. 현행 사회과 교육과정의 교수·학습 방법은 실제 교수·학습에 도움이 되고 있습니까?
　　① 많은 도움이 된다.　　　　　　② 도움이 된다.
　　③ 그저 그렇다.　　　　　　　　④ 도움이 되지 않는다.
　　⑤ 전혀 도움이 되지 않는다.

47. 현행 사회과 교과서를 활용하여 가르칠 때, 학습 자료 준비의 용이도는 어떠하다고 생각하십니까?
　　① 아주 어려운 편이다.　　　　② 어려운 편이다.
　　③ 보통이다.　　　　　　　　　④ 쉬운 편이다.
　　⑤ 아주 쉬운 편이다.

48. 사회과 교육에서 통합 교육은 어떠해야 한다고 생각하십니까?
　　① 많이 이루어져야 한다.　　　② 이루어져야 한다.
　　③ 그저 그렇다.　　　　　　　④ 이루어지지 않아야 한다.
　　⑤ 전혀 이루어지지 않아야 한다.

49. 사회과 교육과정 개발(개정 포함)에 참여하여야 한다고 생각하는 인사(人士)와 요인(要人)을 우선순위에 따라 3
　　가지만 선택하시오 (중요도에 따라 1, 2, 3으로 번호를 기재, 보기 외의 인사는 '기타' 난에 기재).
　　① 중앙(교육부) 행정 관료
　　② 사회과 전문 학자(교수 포함)
　　③ 초·중·고교 현직 교원(교장 포함)
　　④ 학생
　　⑤ 학부모(학교 운영 위원 포함)
　　⑥ 지역 인사
　　⑦ 교육과정 전문가
　　⑧ 사회과학자
　　⑨ 교육 전문직(장학사·관, 교육연구사·관)
　　⑩ 전직(前職) 교원
　　⑪ 기타 ( )

[사회과의 평가]

50. 현행 사회과에서 수행 평가는 어떻게 이루어지고 있습니까?
　　① 아주 잘 이루어지고 있다.　　② 잘 이루어지고 있다.
　　③ 그저 그렇다.　　　　　　　④ 잘 이루어지지 않고 있다.
　　⑤ 전혀 이루어지지 않고 있다.

51. 현행 사회과 평가에서 시행상 가장 어려운 것은 무엇입니까?
　　① 지식·이해 영역 평가　　　　② 기능 영역 평가
　　③ 가치·태도 영역 평가　　　　④ 종합적인 수행 평가
　　⑤ 특별히 어려운 것은 없다.

[사회과 교육과정 실천(운영) 및 피드백]

52. 재직하는 학교에서 사회과 교육과정의 정기적 평가 및 환류는 연 몇 회 정도 이루어지고 있습니까?
　　① 5회 이상　　　　　　　　　② 3-4회 정도
　　③ 2회　　　　　　　　　　　　④ 1회
　　⑤ 전혀 이루어지 않음

53. 사회과 교육과정의 개정 주기는 어느 정도가 알맞다고 생각하십니까?
　　① 11년 이상　　　　　　　　　② 7년-10년 정도
　　③ 3년-6년 정도　　　　　　　④ 3년 미만
　　⑤ 상시 개정 체제

54. 사회과의 실제 수업 계획, 학습 지도, 평가 등에 가장 많이 활용하는 것은 무엇입니까?
   ① 사회과 교육과정　　　　　　② 사회과 교육과정 해설서
   ③ 사회과 교과서　　　　　　　④ 교사용 지도서
   ⑤ 월간 교육 도서(교육자료 등)　⑥ 기타 ( )

55. 사회과 교육과정을 이해하는 데 가장 도움이 되는 자료는 무엇입니까?
   ① 사회과 교육과정　　　　　　② 사회과 교육과정 해설서
   ③ 사회과 교과서　　　　　　　④ 교사용 지도서
   ⑤ 관련 논문 및 전문 도서　　　⑥ 기타 (　)

56. 사회과 교육과정의 정상적·효율적인 운영을 위해서 가장 중요한 것은 무엇입니까?
   ① 사회과 교육과정과 사회과 수업의 연계
   ② 사회과 교육과정의 상세화 및 지역화의 활성화
   ③ 교수 학습에 필요한 다양한 자료
   ④ 사회과 교사의 주기적 연수 실시
   ⑤ 교과 협의회, 동학년 협의회 등 운영의 내실화
   ⑥ 기타 ( )

57. 학교(근무 학교) 현장에서 사회과 교육과정 실제적 실천 및 운영권은 누가 갖고 있습니까?
   ① 학교장　　　　　　　　　　② 교무부장
   ③ 교과(사회과)부장　　　　　④ 학년부장
   ⑤ 사회과 지도 교사

2. 교육대학교 · 사범대학 사회교육과 학생 의견 조사 설문지

사회과 교육과정의 발전적 모형 개발을 위한 의견 조사

여러분 안녕하십니까? 본 설문지는 우리나라 초·중·고교 사회과 교육과정의 탐구 및 발전적 모형 개발에 관한 연구의 기초 자료를 얻고자 실시하는 의견 조사입니다.

따라서 학생 여러분들이 초·중·고교 학생 시절의 경험 및 대학에서 사회교육과 관련 학과 학생으로서의 경험과 생각·의견 등을 중심으로 진솔하게 응답해 주시면 고맙겠습니다. 예비 교사인 여러분들의 의견은 사회과 교육과정 개발에 중요한 자료가 됩니다.

세계화·정보화 시대에 사회 현상을 다루는 사회과 교육에서 교육과정은 매우 중요한 역할과 기능을 하게 됩니다. 특히 사회과 교육과정은 학교 현장 교육 공동체인 교원, 학생, 학부모, 학교운영위원 및 지역 인사 등의 요구와 의견 반영이 아주 중요합니다. 따라서 학생 여러분들의 좋은 의견이 사회과 교육과정 개정과 개발에 밑거름이 되는 것입니다.

이러한 점을 감안하시고 문항마다 성심성의껏 응답해 주시기 바랍니다. 더불어 학생 여러분들의 의견 및 조사 결과는 본 연구의 목적으로만 소중하게 사용할 것임을 약속드리며, 귀중한 시간을 할애해 주신 학생 여러분들께 거듭 감사를 드립니다.

연구자: 바 은 종 드림

[설문 응답 시 문의처: T. (041) 853 - 1224, CP: 016 - 412 - 4545]
E - mail: ejpark7@kongju.ac.kr

· 〈응답 요령〉
※본 설문지의 각 문항을 응답하실 때 다음 사항을 유의하시고 응답해 주시기 바랍니다.

1. 설문지 응답 시 교육과정에 대한 내용은 현행 교과서와 교육과정(초·중·고교)을 참고하시기 바랍니다.
2. 조사 항목 중 선택형은 해당 문항란(해당 문항 번호의 앞)에 ∨표를 하시고, 서술형 및 의견을 묻는 항목은 해당 난에 구체적으로 기술해 주시기 바랍니다.
3. 조사 항목 중 여러 문항을 선택하는 항목은 순서대로 선호도를 기록해 주시기 바랍니다.
4. 의견 응답 시 기초 자료로 사회과 교육과정과 사회과 교과서를 참고하시기 바랍니다.

· 〈응답자 인적 사항〉
1. 성별: ① 남자 ② 여자
2. 소속 학과(관련 학과):
   ① 사회교육과 심화 전공(교육대학교) ② 일반사회교육과 ③ 역사교육과 ④ 지리교육과
3. 학년: ① 1학년 ② 2학년 ③ 3학년 ④ 4학년
4. 출신 고교 계열:
   ① 인문계 ② 전문계(실업계) ③ 특목고(과학고, 외국어고, 예술고 등) ④ 기타 (검정고시 등)
5. 출신 지역(연고지): ① 대도시 ② 중소 도시 ③ 농어촌(읍·면)

[사회과 교육과정 편제·기본방향]

1. 사회과의 국민공통기본교육과정과 선택중심교육과정에 대해서 어느 정도 알고 있습니까?
   ① 아주 잘 알고 있다.　　　　　② 알고 있다.
   ③ 그저 그렇다.　　　　　　　④ 모르고 있다.
   ⑤ 전혀 모르고 있다.

2. 대학의 사회교육과 관련 학과에서 초·중·고교의 교육과정과 연관해서 가장 강조해야 될 것은 무엇이라고 생각하십니까?
   ① 사회과의 성격 및 목표
   ② 사회과 교육과정의 내용
   ③ 사회과 교수 학습의 기술 및 지도 방법
   ④ 사회과 교육 평가
   ⑤ 사회과의 편제

[사회과 교육과정 성격]

3. 현대 사회 발전과 시대 변화를 기반으로 볼 때, 사회과의 성격으로 가장 부합된다고 생각하는 것은 무엇입니까?
   ① 민주 시민 교육 및 세계 시민 교육
   ② 사회 과학 교육
   ③ 반성적 탐구
   ④ 의사 결정력 신장
   ⑤ 학생 참여 조장

[사회과 교육과정 목표]

4. 사범계로서 사회교육과(관련 학과 포함)의 교육 목표는 어디에 가장 중점을 두어야 한다고 생각하십니까?
   ① 민주 시민 교육
   ② 초·중·고교의 사회과 내용
   ③ 사회과 교사로서의 능력과 자질 함양
   ④ 교육학적 지식 및 전문 지식
   ⑤ 일반 교양적인 내용

5. 사회과 성격과 목표 설정 시에 가장 중요하게 고려해야 할 것은 무엇이라고 생각하십니까?
   ① 전통적 사회과의 본질
   ② 사회 발전과 시대 변화의 패러다임
   ③ 사회 이슈와 사회과의 주요 쟁점
   ④ 국가 정책적 강조 사항
   ⑤ 학생의 전인적 성장 도모

[사회과 교육과정 내용]

6. 초·중·고교에서 이수하는 사회과 교육과정의 세부 내용에 대해서 어느 정도 알고 있습니까?
   ① 잘 알고 있는 편이다.　　　　② 알고 있는 편이다.
   ③ 그저 그런 편이다.　　　　　④ 모르는 편이다.
   ⑤ 전혀 모르는 편이다.

7. 사범계 대학의 사회교육과 관련 학과에서 배운 내용이 초·중·고교의 교원으로 임용되었을 때 어느 정도 활용되리라고 생각하십니까? (과거 초·중·고교 사회과 교수-학습 경험과 현재 대학의 학습 내용을 비교하여)
① 많은 도움이 되고 활용될 것이다.
② 도움이 되고 활용될 것이다.
③ 그저 그럴 것이다.
④ 도움이 되거나 활용되지 않을 것이다.
⑤ 전혀 도움이 되거나 활용되지 않을 것이다.

8. 만약 대학의 사회교육과 관련 학과에서 배운 내용이 일선 학교 초·중·고교 교원으로 임용되었을 시 별로 도움이 되지 않고, 활용되지 않는다면, 그 근본적 원인은 어디에 있다고 생각하십니까?
① 대학과 초·중·고교의 교육과정 비연계 및 상관성 결여
② 시대 발전과 사회 발전으로 인한 교육과정 내용의 변화
③ 대학의 학문 중심성과 초·중·고교의 생활경험 중심성 차이로 인한 유리(遊離)
④ 사범계 대학의 학과로서의 교육과정 독특성 결여
⑤ 사회 변화에 따른 교육과정 개정의 비민첩성

9. 사범계로서 사회교육과 관련 학과에서는 일반 교육학(예: 교육철학), 교과 교육학(예: 사회과 교재 연구), 교과 내용학(예: 정치학 특강) 등을 어떻게 조직하여 교육과정을 구성해야 한다고 생각하십니까?
① 일반 교육학의 강조
② 교과 교육학 강조
③ 교과 내용학 강조
④ 일반 교육학, 교과 교육학, 교과 내용학의 통합적 강조
⑤ 교과 교육학, 교과 내용학의 통합적 강조

10. 현행 사범계 대학의 사회과 관련 학과의 타 전공 교과목 이수에 대해서는 어떻게 생각하십니까? (예. 일반사회교육과 학생이 역사·지리 교과목 이수, 역사 교육과 학생이 일반사회·지리 교과목 이수, 지리 교육과 학생이 일반사회·역사 교과목 이수)
① 아주 바람직하다.　　　　　　② 바람직하다.
③ 그저 그렇다.　　　　　　　　④ 바람직하지 않다.
⑤ 전혀 바람직하지 않다.

11. 초·중·고교 사회과 교육과정에서 가장 강조해야 한다고 생각하는 것은 무엇입니까?
① 사회과 통합의 강조
② 인성 발달을 위한 가치·태도 교육 강조
③ 지·덕·체를 겸비한 전인 육성
④ 사회 과학의 지식 터득
⑤ 공동체 생활을 위한 배려와 봉사

12. 사회과에서 길러 주어야 할 민주 시민적 자질, 세계 시민적 소양으로 가장 중요하다고 생각하시는 것은 무엇입니까?
① 국가 사회에 공헌하는 애국심과 공동체 의식
② 사회 구성원으로서의 의사 결정력
③ 사회 제 문제 해결 자세
④ 민주적 대화와 토의 능력
⑤ 사회 이슈와 쟁점·문제 등에 대해서 참여하고 해결하려는 자세

13. 사범계 대학의 사회교육과 관련 학과에서 가장 소홀히 다루어지고 있는 사회 과학은 무엇입니까? (세 가지를 중요도에 따라 1, 2, 3으로 표기)
① 정치학　　　　　　　　　② 경제학
③ 사회학　　　　　　　　　④ 문화 인류학
⑤ 법학　　　　　　　　　　⑥ 심리학
⑦ 윤리학　　　　　　　　　⑧ 기타 ( )

[사회과 교육과정 교수·학습 지도 방법]

14. 현재 사범계 대학의 사회교육과 교육과정(Curriculum)은 일선 초·중·고교의 교육과정(Curriculum)과 어느 정도
    연계되었다고 생각하십니까?
    ① 아주 잘 연계되어 있다.   ② 잘 연계되어 있다.
    ③ 보통이다.   ④ 연계되어 있지 않다.
    ⑤ 전혀 연계되어 있지 않다.

15. 사회교육과 관련 학과 학생으로서 현재의 대학교수들의 강의 방식에서 개선해야 한다고 생각하는 점은 무엇입
    니까?
    ① 주입식, 강의식 교수법
    ② 시대 변화와 사회 발전에 뒤떨어진 내용
    ③ 쌍방향 의사소통의 결여
    ④ 사범계 대학(학과)의 특성 있는 강의 미흡
    ⑤ 통합성이 결여된 전공 분과적 강의

16. 초·중·고교의 사회과 내용의 통합성은 어느 정도이어야 한다고 생각하십니까?
    ① 아주 높은 통합성을 보여야 한다.   ② 높은 통합성을 보여야 한다.
    ③ 보통이다.   ④ 낮은 통합성을 보여야 한다.
    ⑤ 아주 낮은 통합성을 보여야 한다.

[사회과 교육과정 평가]

17. 초·중·고교 사회과의 평가 방법으로서 가장 중요한 것은 무엇이라고 생각하십니까?
    ① 지필 평가
    ② 실기 및 기능 평가
    ③ 수행 평가(관찰 및 체크리스트 등)
    ④ 리포트 제출(과제 보고서, 연구 보고서 등)
    ⑤ 지필 평가, 실기 및 기능 평가, 수행 평가, 리포트 등을 포함한 다양한 평가

18. 대학에서 사회과 교육 관련 강의 과목의 평가는 주로 어떤 방법으로 이루어지는 것이 가장 바람직하다고 생각
    하십니까?
    ① 지필 평가
    ② 실기 및 기능 평가
    ③ 수행 평가(관찰 및 체크리스트 등)
    ④ 리포트 제출(과제 보고서, 연구 보고서 등)
    ⑤ 지필 평가, 실기 및 기능 평가, 수행 평가, 리포트 등을 포함한 다양한 평가

[사회과 교육과정 환류·기타: 임용 고사 포함]

19. 사회교육과 관련 학과 학생으로서, 대학 생활 중에서 가장 어려운 점(고민 등)은 무엇입니까?
    ① 정규 교육과정 이수   ② 이성 문제
    ③ 교우 관계   ④ 교원 임용 고사 준비
    ⑤ 등록금 마련 등 경제 문제   ⑥ 기타 (   )

20. 장래 사범계 대학 졸업 후, 만약 교원 임용 고사에서 낙방한다면 차후 몇 회까지 계속 응시할 생각이십니까?
    ① 응시 포기   ② 1－2회
    ③ 3－4회   ④ 5－6회
    ⑤ 7회 이상 계속 응시

21. 사회과 교원 임용 고사를 준비하기 위해서 사회과 교육과정을 어느 정도 참고하십니까?
　　① 자주 보고 있다.　　　　　　② 가끔 보고 있다.
　　③ 필요한 때에 보고 있다.　　　④ 보지 않고 있다.
　　⑤ 전혀 보지 않고 있다.

22. 사회과 교원 임용 고사를 준비하면서 교과 교육학 공부에 가장 많이 활용하는 것은 무엇입니까?
　　① 사회과 교육과정
　　② 사회과 교사용 지도서
　　③ 사회과 교과서
　　④ 사회과 보조 교과서(사회과 부도, 지도·통계 자료 등)
　　⑤ 교육과정 발췌 내용의 참고서(문제집 등)

23. 현재 사범계 대학인 사회교육과 관련 학과의 교과 교육의 전문성 확보는 어느 정도라고 생각하십니까?
　　① 아주 높게 확보되어 있다.　　② 높게 확보되어 있다.
　　③ 보통이다.　　　　　　　　　④ 낮게 확보되어 있다.
　　⑤ 아주 낮게 확보되어 있다.

24. 현행 대학 사회교육과 관련 학과의 교육 실습의 효과는 어떻다고 생각하십니까?
　　① 아주 효과적이다.　　　　　　② 효과적이다.
　　③ 그저 그렇다.　　　　　　　　④ 효과적이지 않다.
　　⑤ 전혀 효과적이지 않다.

<부록 3>

3. 교육대학교·사범대학 사회교육과 교수 의견 조사 설문지

사회과 교육과정의 발전적 모형 개발을 위한 의견 조사

여러분 안녕하십니까? 본 설문지는 우리나라 초·중·고교 사회과 교육과정의 탐구 및 발전적 모형 개발에 관한 연구의 기초 자료를 얻고자 실시하는 의견 조사입니다.

따라서 교수님께서 학교 현장에서 사회과 교육과정의 적용 및 사회과를 실제 지도하시면서 느낀 생각과 경험을 중심으로 솔직하게 응답해 주시면 고맙겠습니다. 교원 양성 대학인 교대와 사대의 사회교육과 관련 학과 교수님들의 의견은 사회과 교육과정 개발·개정에 중요한 자료가 됩니다.

세계화·정보화 시대에 사회 현상을 다루는 사회과 교육에서 교육과정은 매우 중요한 역할과 기능을 하게 됩니다. 특히 사회과 교육과정은 대학 현장의 여러 교수님들의 경험과 제반인적·물적 환경 및 여건에 입각한 의견 반영이 더욱더 중요합니다. 따라서 여러 교수님들의 좋은 의견이 사회과 교육과정 개정과 개발에 밑거름이 되는 것입니다.

이러한 점을 감안하시고 문항마다 성심성의껏 응답해 주시기 바랍니다. 여러 교수님들의 의견 및 조사 결과는 본 연구의 목적으로만 소중하게 사용할 것임을 약속드리며, 귀중한 시간을 할애해 주신 여러 교수님들께 거듭 감사를 드립니다.

연구자: 박 은 종 드림

[설문 응답 시 문의처: T. (041) 853 – 1224, CP: 016 – 412 – 4545]
E – mail: ejpark7@kongju.ac.kr

·〈응답 요령〉
※본 설문지의 각 문항을 응답하실 때 다음 사항을 유의하시고 응답해 주시기 바랍니다.

1. 설문지 응답 시 교육과정에 대한 내용은 현행 교과서와 교육과정(초·중·고교)을 참고하시기 바랍니다.
2. 조사 항목 중 선택형은 해당 문항란(문항 번호의 앞)에 ∨표를 하시고, 서술형 및 의견을 묻는 항목은 해당 난에 구체적으로 기술해 주시기 바랍니다.
3. 조사 항목 중 여러 문항을 선택하는 항목은 순서대로 선호도를 기록해 주시기 바랍니다.
4. 의견 응답 시 기초 자료로 사회과 교육과정과 사회과 교과서를 참고하시기 바랍니다.

·〈응답자 인적 사항〉
1. 성별:
   ① 남자   ② 여자
2. 근무 학교(대학):
   ① 교육대학교   ② 국립 사범대학   ③ 사립 사범대학
3. 소속 학과(관련 학과):
   ① 사회교육과(교대 심화 전공)   ② 일반사회교육과 (사대 사회교육과 포함)   ③ 역사교육과   ④ 지리교육과
4. 교수 직위:
   ① 교수 ② 부교수 ③ 조교수   ④ 전임 강사 ⑤ 기타
5. 전공 학문(교과):
   ① 사회과 교육(교과 교육) ② 일반사회(정치학, 경제학, 사회학, 문화인류학, 법학, 윤리학, 심리학 등)
   ③ 역사학(역사 교육)   ④ 지리학 (지리 교육)
6. 교육 경력:
   ① 10년 미만 ② 10년 이상   20년 미만 ③ 20년 이상

[사회과 교육과정 편제·기본 방향]

1. 대학의 사회교육과 관련 학과에서 초·중·고교의 교육과정과 연관해서 가장 강조해야 될 것은 무엇이라고 생각하십니까?
   ① 사회과의 성격 및 목표
   ② 사회과 교육과정의 내용
   ③ 사회과 교수 학습의 기술 및 지도 방법
   ④ 사회과 교육 평가
   ⑤ 사회과의 편제

[사회과 교육과정의 성격]

2. 현대 사회 발전과 시대 변화를 기반으로 볼 때, 사회과의 성격으로 가장 부합된다고 생각하는 것은 무엇입니까?
   ① 민주 시민 교육   ② 사회 과학 교육
   ③ 반성적 탐구   ④ 의사 결정력 신장
   ⑤ 학생 참여 조장

[사회과 교육과정의 목표]

3. 사회과의 성격과 목표 설정 시에 가장 중요하게 고려해야 할 것은 무엇이라고 생각하십니까?
   ① 전통적 사회과의 본질
   ② 사회 발전과 시대 변화의 패러다임
   ③ 사회 이슈와 사회과의 주요 쟁점
   ④ 국가 정책적 강조 사항
   ⑤ 학생의 전인적 성장 도모

4. 사범계로서 사회교육과(관련 학과 포함)의 교육 목표는 어디에 가장 중점을 두어야 한다고 생각하십니까?
   ① 민주 시민 교육
   ② 초·중·고교 사회과 내용
   ③ 사회과 교사로서의 능력과 자질 함양
   ④ 사회 과학적 지식 및 교육학적 전문 지식
   ⑤ 일반 교양적인 내용
   ⑥ 기타 ( )

[사회과 교육과정의 내용]

5. 초·중·고교에서 이수하는 사회과 교육과정에 대해서 어느 정도 알고 있습니까?
   ① 잘 알고 있는 편이다.   ② 알고 있는 편이다.
   ③ 그저 그런 편이다.   ④ 모르는 편이다.
   ⑤ 전혀 모르는 편이다.

6. 현행 대학의 사회교육과 교육과정(Curriculum)과 일선 초·중·고교 사회과 교육과정(Curriculum) 의 연계성은 어느 정도라고 생각하십니까?
   ① 아주 높은 편이다.   ② 높은 편이다.
   ③ 그저 그렇다.   ④ 낮은 편이다.
   ⑤ 아주 낮은 편이다.

7. 만약 사회교육과 관련 학과 학생들이 대학에서 배운 내용이 일선 학교 초·중·고교 교원으로 임용되었을 시 충분히 활용되지 않는다면, 그 원인은 어디에 있다고 생각하십니까?
   ① 대학과 초·중·고교의 교육과정 비연계 및 상관성 결여
   ② 시대 발전과 사회 발전으로 인한 교육과정 내용의 변화

③ 대학의 학문 중심성과 초·중·고교의 생활경험 중심성 차이로 인한 유리(遊離)
④ 사범계 대학의 학과로서의 교육과정 독특성 결여
⑤ 교육과정 개정의 비민첩성

8. 현재 사범계 대학인 사회교육과 관련 학과 교과 교육의 전문성 확보는 어느 정도라고 생각하십니까?
　① 아주 높게 확보되어 있다.　　　　② 높게 확보되어 있다.
　③ 보통이다.　　　　　　　　　　　④ 낮게 확보되어 있다.
　⑤ 아주 낮게 확보되어 있다.

9. 사범계 대학교수로서, 사회교육과 관련 학과 학생들에게 특히 강조하는 것은 무엇입니까?
　① 높은 학문적 지식
　② 사회과 지도 기술 및 기능
　③ 예비 교사로서의 인성적 자질 및 소양
　④ 세계화·정보화에 적응하는 고급 사고력
　⑤ 다양한 교양과 폭넓은 인간관계

10. 사범계로서 사회교육과 관련 학과에서는 일반 교육학(예: 교육철학), 교과 교육학(예: 사회과 교재 연구), 교과
　　내용학(예: 정치학 특강) 등을 어떻게 조직하여 교육과정을 구성해야 한다고 생각하십니까?
　① 일반 교육학 강조
　② 교과 교육학 강조
　③ 교과 내용학 강조
　④ 일반 교육학, 교과 교육학, 교과 내용학의 통합적 강조
　⑤ 교과 교육학, 교과 내용학의 통합적 강조

11. 현행 사범계 대학의 사회과 관련 학과의 타 전공 교과목 이수에 대해서는 어떻게 생각하십니까? (예: 일반사회
　　교육과 학생이 역사·지리 교과목 이수, 역사 교육과 학생이 일반사회·지리 교과목 이수, 지리 교육과 학생이
　　일반사회·역사 교과목 이수)
　① 아주 바람직하다.　　　　　　　② 바람직하다.
　③ 그저 그렇다.　　　　　　　　　④ 바람직하지 않다.
　⑤ 전혀 바람직하지 않다.

12. 초·중·고교 사회과 교육과정에서 가장 강조해야 한다고 생각하는 것은 무엇입니까?
　① 사회과 통합의 강조
　② 인성 발달을 위한 가치·태도 교육 강조
　③ 지·덕·체를 겸비한 전인 육성
　④ 사회 과학의 지식 터득
　⑤ 공동체 생활을 위한 배려와 봉사

13. 사회과에서 길러 주어야 할 민주 시민의 자질, 세계 시민적 소양으로 가장 알맞은 것은 무엇이라고 생각하십니까?
　① 사회와 국가 발전에 공헌하는 애국심과 공동체 의식
　② 사회 구성원으로서의 의사 결정력과 판단 능력
　③ 사회 문제에 관심을 갖고 참여 및 해결하려는 자세
　④ 타인과 원만한 관계 속에서 대화와 토의를 하는 능력
　⑤ 사회 시민적 권리 행사와 책무 완수를 충실히 수행하는 태도

14. 현재 대학의 사회교육과 관련 학과에서 가장 소홀히 다루어지고 있는 사회 과학은 무엇이라고 생각하십니까?
　　(세 가지 선택해 주시고, 중요도에 따라 1, 2, 3으로 기록)
　① 정치학　　　　　　　　　　② 경제학
　③ 사회학　　　　　　　　　　④ 문화 인류학
　⑤ 법학　　　　　　　　　　　⑥ 심리학
　⑦ 윤리학　　　　　　　　　　⑧ 기타 (　)

15. 장차 초·중·고교에서 사회과 교육과정을 다루어야 할 예비 교사인 사범계 대학생들에게 특히 강조되어야 한
    다고 생각하는 것은 무엇입니까?
    ① 해박한 전공 지식
    ② 사명감과 제자애(弟子愛)
    ③ 원만한 인성과 인간관계
    ④ 교육학적 이론과 실천력
    ⑤ 사회 발전과 시대 변화를 주도하는 능력
    ⑥ 기타 ( )

[사회과 교육과정의 지도 방법]

16. 사회교육과 관련 학과 학생들을 지도하기 위해서 평소 사회과 교육과정을 어느 정도 참고하십니까?
    ① 자주 보고 있다.   ② 가끔 보고 있다.
    ③ 필요한 때에 보고 있다.   ④ 보지 않고 있다.
    ⑤ 전혀 보지 않고 있다.

17. 사회교육과 학생들이 사회과 교과 교육의 소양을 높이기 위해 가장 관심을 가져야 할 것은 다음 중 무엇이라
    고 생각하십니까?
    ① 사회과 교육과정
    ② 사회과 교사용 지도서
    ③ 사회과 교과서
    ④ 사회과 보조 교과서(사회과 부도, 지도·통계 자료 등)
    ⑤ 교육과정 발췌 내용의 참고서(문제집 등)

18. 평소 사회교육과 관련 학과 학생들에게 양질의 강의를 제공하기 위해서 교재 연구는 얼마나 하십니까?
    ① 아주 많이 한다.   ② 많이 한다.
    ③ 보통이다.   ④ 적게 한다.
    ⑤ 아주 적게 한다.

19. 사회교육과 관련 학과 학생들에게 강의를 진행할 때, 가장 많이 사용하는 강의 기법은 무엇입니까?
    ① 텍스트 중심 강의식   ② 정보 기기 활용식
    ③ 토의·토론식   ④ 집단 활동식
    ⑤ 탐구식 및 문제 해결식   ⑥ 기타 ( )

20. 대학교수의 입장에서 볼 때, 현행 사회과 교육과정, 사회과 교수 학습에서 가장 변화가 필요하다고 보는 분야
    (영역)는 무엇입니까?
    ① 지식 암기 위주의 교수 학습 방식
    ② 폐쇄적인 교육과정 운영 및 행정
    ③ 사회 변화에 지나치게 민감한 내용 구성
    ④ 지식 위주의 교육 평가 방식
    ⑤ 애매모호한 성격 및 목표 설정

21. 현행 대학 사회교육과 관련 학과의 교육 실습의 효과는 어떻다고 생각하십니까?
    ① 아주 효과적이다.   ② 효과적이다.
    ③ 그저 그렇다.   ④ 효과적이지 않다.
    ⑤ 전혀 효과적이지 않다.

[사회과 교육과정의 평가]

22. 사회과 교육 관련 강의 과목의 평가는 주로 어떤 방법으로 하십니까?
    ① 지필 평가

② 실기 및 기능 평가
③ 수행 평가(관찰 및 체크리스트 등)
④ 리포트 제출 (과제 보고서, 연구 보고서 등)
⑤ 지필 평가, 실기 및 기능 평가, 수행 평가, 리포트 등을 포함한 다양한 평가

[사회과 교육과정 실천(운영) · 기타]

23. 현재 대학에서 학기당 담당하고 있는 사회과 교육 관련 교과목(강좌) 수는 몇 강좌나 됩니까?
   ① 1강좌 이하   ② 2강좌
   ③ 3강좌   ④ 4강좌
   ⑤ 5강좌 이상

24. 현재 사회교육과 관련 학과 학생들이 대학의 교육과정을 이수하는 데 어려움을 겪는 가장 큰 이유는 무엇입니까?
   ① 초 · 중 · 고교에서의 선수 학습 결여
   ② 교사 후보생으로서의 의식 결여
   ③ 기초 기본 자질 부족
   ④ 고교 이하에서의 폐쇄적 교육 시스템에서 대학의 개방적 교육 시스템으로의 적응 미흡
   ⑤ 높은 학문적 수준

제7차 사회과 교육과정 | 교육부 고시 제1997-15호. 1997.12.30.

1. 사   회

1. 성   격

사회과는 사회 현상을 올바르게 인식하고, 사회 지식 습득과 사회생활에 필요한 기능을 익히며, 민주 사회 구성원에게 요청되는 가치와 태도를 지님으로써 민주 시민으로서의 자질을 육성하는 교과이다. 사회과에서 가르치고자 하는 민주 시민은, 사회생활을 영위하는 데 필요한 지식을 가지고 인권 존중, 관용과 타협의 정신, 사회 정의의 실현, 공동체 의식, 참여와 책임 의식 등 민주적 가치와 태도를 함양하고, 나아가 개인적, 사회적 문제를 합리적으로 해결하는 능력을 기름으로써 개인의 발전은 물론, 국가, 사회, 인류의 발전에 기여할 수 있는 자질을 갖춘 사람이다.

사회과는 지리, 역사 및 제 사회 과학의 개념과 원리, 사회 제도와 기능, 사회 문제와 가치 그리고 연구 방법과 절차에 관한 요소를 통합적으로 선정, 조직하여 사회 현상을 종합적으로 이해하고 탐구한다. 특히, 사회과에서는 우리의 삶의 터전인 국토의 이해를 바탕으로 우리 민족의 역사와 활동에 대한 종합적인 파악과 우리의 현실에 대한 역사적인 시각에서의 이해 및 한국인으로서의 민족적 정체성과 세계 시민으로서의 가치·태도 등에 관한 요소를 중시한다.

사회과는 다양한 정보를 활용하여 사회 현상에 관한 지식을 발견하고 문제를 해결하는 데 필요한 비판적 사고력, 창의력, 판단 및 의사 결정력 등의 신장을 강조한다. 이를 위하여 다양한 탐구 방법을 활용하여, 학습자 스스로 학습하는 기회를 제공하고, 흥미와 관심을 고려하여 개개인의 수준에 적합한 경험을 제공하는 효율적인 교수·학습 전략을 지향한다. 그리고 학교에 따라서 지역성과 시사성을 고려하여 지도한다.

사회과는 학습자의 성장 발달과 그들의 사회·문화적 경험을 고려하여 학교급별로 주안점을 달리한다.

초등학교에서는 학생들이 주변의 사회적 사실과 현상에 대하여 관심과 흥미를 가지며, 생활과 관련된 기본적 지식과 능력을 습득하고, 창의적인 자세로 일상생활에 적용할 수 있도록 한다.

중학교에서는 각 영역에서 중요시하는 지식을 과학적 절차에 의하여 발견, 적용하고, 개인적, 사회적 문제를 해결하는 능력을 길러 공동생활에 자발적으로 참여하는 시민 정신을 발휘하게 한다. 국사는 초등학교에서 학습한 인물사, 생활사를 토대로 사건 또는 주제에 따른 구체적인 활동상을 주체적으로 이해하고 발전적으로 이해하는 데에 힘쓰도록 한다.

고등학교에서는 초등학교와 중학교에서 습득한 지식과 능력을 바탕으로 사회 현상을 종합적으로 이해하고 비판적 사고와 합리적 의사 결정 능력을 발휘하여, 사회 공동 문제 해결에 적극적으로 참여하는 시민 의식을 기른다.

2. 목   표

사회 현상에 관한 기초적 지식과 능력은 물론, 지리, 역사 및 제 사회 과학의 기본 개념과 원리를 발견하고 탐구하는 능력을 익혀, 우리 사회의 특징과 세계의 여러 모습을 종합적으로 이해하며, 다양한 정보를 활용하여 현대 사회의 문제를 창의적이며 합리적으로 해결하고, 공동생활에 스스로 참여하는 능력을 기른다. 이를 바탕으로 개안의 발전은 물론, 국가, 인류의 발전에 기여할 수 있는 민주 시민의 자질을 기른다.

가. 사회의 여러 현상과 특성을 그 사회의 지리적 환경, 역사적 발전, 정치·경제·사회적 제도 등과 관련시켜 이해한다.

나. 인간과 자연 간의 상호작용에 대한 이해를 통하여 장소에 따른 인간 생활의 다양성을 파악하며, 고장, 지방 및 국토 전체와 세계 여러 지역의 지리적 특성을 체계적으로 이해한다.

다. 각 시대의 특색을 중심으로 우리나라의 역사적 전통과 문화의 특수성을 파악하여 우리 문화와 민족사의 발전상을 체계적으로 이해하며, 이를 바탕으로 인류 생활의 발달 과정과 각 시대의 문화적 특색을 파악한다.

라. 사회생활에 관한 기본적 지식과 정치·경제·사회·문화 현상에 대한 기본적인 원리를 종합적으로 이해하고, 현대 사회의 성격 및 민주적 사회생활을 위하여 해결해야 할 여러 문제를 파악한다.

마. 사회 현상과 문제를 파악하는 데 필요한 지식과 정보를 획득, 조직, 활용하는 능력을 기르며, 사회생활에서 나타나는 여러 문제를 합리적으로 해결하기 위한 탐구 능력, 의사 결정 능력 및 사회 참여 능력을 기른다.

바. 개인 생활 및 사회생활을 민주적으로 운영하고, 우리 사회가 당면한 문제들에 관심을 가지고 민족 문화 및 민주 국가의 발전에 적극적으로 이바지하려는 태도를 가진다.

3. 내 용

가. 내용 체계

영역＼학년	3학년	4학년	5학년	6학년	7학년	8학년	9학년	10학년
인간과 공간	·고장의 자연환경과 인문 환경과의 관계 ·고장의 중심지와 주민 생활 모습	·우리 지역의 자연환경과 인문환경	·자연환경과 주민 생활과의 관계 ·국토의 개발과 환경 보전 ·도시 지역의 생활 ·촌락 지역의 생활	·우리나라와 관계 깊은 나라들 ·지구촌 문제의 해결을 위한 노력	·지역과 사회 탐구 ·중부 지방의 생활 ·남부 지방의 생활 ·북부 지방의 생활 ·아시아 및 아프리카의 생활 ·유럽의 생활 ·아메리카 및 오세아니아의 생활	·현대 세계의 전개	·현대 사회의 변화와 대응 ·자원 개발과 공업 발달 ·인구 성장과 도시 발달 ·지구촌 사회와 한국	·국토와 지리 정보 ·자연환경과 인간 생활 ·생활공간의 형성과 변화 ·환경 문제와 지역 문제 ·문화권과 지구촌의 형성
인간과 시간	·고장 생활의 변화 ·고장의 문화적 전통	·옛 도읍지 ·박물관의 기능 ·문화재의 가치	·인간 생활과 과학 기술의 관계 ·조상들의 공동체 의식	·국가의 성립과 발전 ·근대화와 민주 국가 건설 ·역사적 인물과 사건	·지역과 사회 탐구 ·인간 사회와 역사 ·인류의 기원과 고대 문명의 형성 ·아시아 사회의 발전과 변화	·유럽 세계의 형성 ·서양 근대 사회의 발전과 변화 ·아시아 사회의 변화와 근대적 성장 ·현대 세계의 전개 ·현대 사회와 민주 시민 〈국사〉 ·우리나라 역사의 시작 ·삼국의 성립과 발전 ·통일 신라와 발해 ·고려의 성립과 발전	·지구촌 사회와 한국 〈국사〉 ·조선의 성립과 발전 ·조선 사회의 변동 ·개화와 자주 운동 ·주권 수호 운동의 전개 ·민족의 독립 운동 ·대한민국의 발전	·문화권과 지구촌의 형성 ·시민 사회의 발전과 민주 시민 〈국사〉 ·한국사의 바른 이해 ·선사 시대의 문화와 국가의 형성 ·통치 구조와 정치 활동 ·경제 구조와 경제생활 ·사회 구조와 사회생활 ·민족 문화의 발달
인간과 사회	·물자의 유통 ·고장의 여러 기관에서 하는 일 ·고장의 발전을 위한 노력	·지역의 생산 활동 ·가정의 형태와 살림살이 ·취미와 여가 생활 ·주민 자치와 지역 문제의 해결	·우리나라의 경제 성장 ·정보화 시대의 생활	·민주 정치의 기본 원리 ·민주 시민의 권리와 준법정신 ·평화 통일과 민족의 미래	·지역과 사회 탐구	·현대 세계의 전개 ·현대 사회와 민주 시민 ·개인과 사회의 발전 ·사회생활과 법 규범	·민주 정치와 시민 참여 ·민주 시민과 경제생활 ·시장 경제의 이해 ·현대 사회의 변화와 대응 ·지구촌 사회와 한국	·시민 사회의 발전과 민주 시민 ·정치 생활과 국가 ·국민 경제와 합리적 선택 ·공동체 생활과 사회 발전 ·사회 변동과 미래 사회

나. 학년별 내용

(제3학년)

(1) 고장의 모습과 생활

우리 고장의 자연 모습과 그 이용 실태를 관찰, 견학, 조사하여 간단한 지도로 나타내고, 고장 사람들은 자연환경을 슬기롭게 활용하여 생활하고 있음을 파악한다. 나아가 고장을 사랑하는 마음을 가지고, 일상생활에서 고장 문제 해결을 위해 노력한다.

㈎ 고장의 모습과 지도

① 간단한 기호가 들어 있는 그림 지도를 보고, 지도의 요소와 지도 읽는 방법을 익힌다.
② 고장의 모습을 관찰하여 그림 지도로 나타낸다.
③ 고장의 그림 지도를 보고 고장의 실제 모습과 생활 모습을 이야기한다.
[심화 과정]
① 고장의 간단한 조감도를 보고 그림 지도로 나타낸다.
② 고장의 그림 지도를 보고 고장의 특징을 찾아 이야기한다.

㈏ 고장 사람들이 살아가는 모습

① 고장의 그림 지도와 사진에서 고장의 산, 강, 들, 마을, 도로, 철도, 농경지, 공장, 관공서 등의 위치, 분포모습을 확인한다.
② 고장의 자연환경 이용 모습, 계절에 따른 변화 모습을 살펴보고, 고장 사람들의 생활 모습을 이야기한다.
③ 고장 사람들의 직업별 인구 구성에 관한 사례 조사를 통하여 고장 사람들의 직업을 파악한다.
④ 고장의 주요 산업에 대하여 그 유래와 현재의 모습, 고장의 자연환경 및 자원과의 관련, 고장의 발전에 대한 기여 등을 알아본다.
[심화 과정]
① 면담, 설문지 조사 등을 통하여 고장의 자연환경을 잘 이용하고 있는 점과 그렇지 못한 점을 찾아보고, 고장의 문제점 해결을 위해서 우리가 할 수 있는 일에 대하여 토의한다.

(2) 고장 생활의 중심지

시장과 터미널, 역 등을 이용하는 사람들, 유통되는 물자에 대하여 알아봄으로써 고장 사람들은 시장, 터미널 등을 중심으로 서로 관계를 맺으며 생활하고 있음을 이해하고, 시장, 터미널, 역에 관한 자료를 모으고 이를 분류하여 간단한 도표를 만든다. 나아가 우리 고장의 발전을 위해서는 다른 고장과 어떤 관계를 맺으며 살아가야 하는지에 대한 관심을 가진다.

㈎ 시장과 물자 이동

① 우리 생활에 필요한 것들이 무엇인지 찾아보고, 그것을 분류하여 의식주의 의미를 파악한다.
② 고장의 시장을 견학해 보고, 상점의 종류, 판매하는 물품, 사 가는 사람들에 대하여 조사하고 표로 나타낸다.
③ 견학, 면접, 자료 조사 등 방법을 통해, 고장의 시장에 나온 물건들은 어디에서 오고 어디로 가는지 알아본다.
[심화 과정]
① 고장 간에 물자가 이동하는 모습을 간단한 그림으로 나타내고, 교통, 통신의 발달과 물자 이동과의 관계, 교통, 통신의 발달에 따른 시장의 형태 변화를 이야기한다.

㈏ 터미널과 교통

① 고장의 역과 버스 터미널의 위치, 노선, 이용하는 사람의 수 등을 조사하여 표로 나타낸다.
② 버스 터미널과 역을 이용해 본 경험을 발표하고, 우리 고장에서 버스 터미널과 역이 어떤 구실을 하는지 알아본다.
[심화 과정]
① 우리 고장의 교통과 물자 이동을 더욱 편리하게 하기 위해서 고장 사람들이 힘써야 할 것은 무엇인지 의논하여 본다.

(3) 고장 생활의 변화

생활 도구와 교통·통신 기관을 중심으로 고장 생활이 변화해 온 모습을 살펴보고, 고장 생활이 더욱 편리하게 변화해 왔음을 이해한다. 또, 고장에 전해 오는 놀이와 행사를 조사하여 오늘의 우리 생활은 옛날부터 이어져 온 것임을 이해하고, 고장의 전통을 이어받아 고장의 발전을 위해 노력하는 태도를 지닌다.

⑺ **생활 도구의 변화**

① 우리 주변에 있는 여러 가지 생활 도구의 쓰임을 조사하여 그 필요성을 이해한다.
② 주요 생활 도구의 변화를 조사하여 도구의 발달이 생활에 미치는 영향을 파악한다.
③ 옛날부터 쓰여 온 생활 도구를 찾아보고, 그것에 깃들어 있는 조상의 슬기에 대하여 토의한다.
[심화 과정]
① 생활 도구 중에서 한 가지를 골라 그것의 옛 모습과 이용 모습을 조사해 보고, 미래의 모습에 대해서도 상상해 본다.

⑻ **교통, 통신의 변화**

① 옛날과 오늘날의 교통수단에 관한 자료를 수집, 분석하여 교통 방법이 변해 온 모습을 이야기한다.
② 옛날과 오늘날의 통신 방법을 비교해 봄으로써, 통신 방법이 변해 온 모습을 이야기한다.
③ 교통과 통신의 발달에 따라 고장 생활의 변화된 모습을 조사한다.
[심화 과정]
① 옛날과 오늘날의 교통수단은 어떤 에너지를 이용해 왔으며, 앞으로는 어떻게 변화해 갈 것인지 예측해 본다.
② 전화를 예로 들어 통신 수단의 발달이 우리 생활을 어떻게 변화시켜 왔는지 조사한다.

⑼ **놀이와 행사의 변화**

① 우리 고장에 전해 오는 놀이를 실제로 해 보고, 각 놀이에 담겨 있는 조상들의 슬기에 대하여 느낀 점을 이야기한다.
② 관혼상제에 관련된 자료를 조사하여, 옛날과 오늘날의 가정의례는 시대에 따라 어떻게 변화해 왔는지 파악한다.
③ 고장의 행사와 관련된 역사적 인물이나 사건을 알아보고, 조상들로부터 이어져 내려온 문화 전통을 계승할 필요성에 대해 토의한다.
[심화 과정]
① 옛날에 많이 하였던 놀이와 오늘날 우리가 많이 하고 있는 놀이를 비교하여 그 차이점을 찾아보고, 달라진 까닭을 생각해 본다.

(4) 살기 좋은 고장을 위한 노력

우리 고장에 있는 기관을 방문하여 그곳에서 하는 일을 알아보고, 고장에 있는 단체를 조사하여 고장 사람들은 여러 가지 단체 활동을 통하여 바라는 것을 실현해 가고 있다는 것을 이해한다. 이러한 이해를 토대로, 우리 고장을 위한 공동 활동에 적극적으로 참여하는 자세를 가진다.

⑺ **고장의 여러 기관과 단체**

① 고장의 여러 기관을 살펴보고, 우리 고장에는 여러 기관이나 단체가 있다는 것을 알아본다.
② 견학, 자료 조사 등을 통하여 여러 기관에서 하는 일을 조사한다.
③ 우리 고장을 위해 일하는 단체들이 각각 어떤 일을 하는지 알아본다.
[심화 과정]
① 우리 고장의 주요 단체들이 만들어진 목적을 면담, 자료 조사를 통하여 알아보고, 차이점과 공통점을 찾는다.

⑻ **고장 사람들의 노력**

① 쓰레기 처리, 환경오염 등 고장의 문제점을 해결하기 위한 방법을 토의해 본다.
② 고장의 시내나 산, 유적지, 복잡한 도로 등을 살펴보고, 더 좋은 고장을 만들기 위한 방안을 계획해 본다.
③ 우리가 어른이 되었을 때의 우리 고장의 모습을 상상하여 그림, 글 등으로 나타낸다.
[심화 과정]
① 우리 고장 사람들의 바람을 면담, 설문지 조사 등 방법으로 조사해 본다.
② 다른 고장 사람들이 살기 좋은 고장을 만들기 위해 노력하는 사례를 조사해 보고, 본받을 점을 찾는다.

(1) 우리가 사는 지역 사회

우리 지역의 자연·인문 환경에 관한 지도, 도표 등 자료를 통하여 우리 지역의 자연과 생활 모습의 특징을 찾아낸다. 또, 우리 지역의 여러 자원과 생산 활동, 물자 유통 등에 관한 자료를 수집하여 지역의 자원과 생산 활동의 관계, 물자 유통 및 상호 의존 관계를 파악한다. 나아가 우리 지역의 자원을 효과적으로 이용하고 보존하려는 태도를 가진다.

㉮ 우리 지역의 모습

① 우리 지역의 자연환경과 인문 환경에 관한 자료를 수집, 조사, 정리한다.
② 우리 지역의 계절과 생활에 관련된 자료를 수집하여 계절의 변화와 생활 모습의 관계를 조사한다.
③ 지역의 백지도에 인구 분포, 교통망, 행정 구역, 산업, 관광지 등의 지역 사정을 종합적으로 나타내어 본다.
④ 우리 지역의 자연재해와 이를 극복하기 위한 노력을 조사한다.
⑤ 우리 지역의 대기, 수질, 토양 오염에 관한 기사를 수집하여 지도로 나타낸다.
[심화 과정]
① 여러 가지 자료를 이용하여 우리 지역의 자연환경과 인문 환경의 특징을 표현해 본다.

㉯ 지역의 자원과 생산 활동

① 우리 지역의 경제에서 비중이 큰 몇 가지 생산 활동을 선정하여, 각각 생산 활동과 자원 간의 관계를 조사한다.
② 우리 지역의 생산물 중에서 외국에 수출되는 것을 조사하여 우리 지역과 외국과의 관계를 이해한다.
③ 공공 서비스의 사례를 조사하여 지역 경제에서 자치 단체의 역할을 설명한다.
[심화 과정]
① 우리 지역에서 나는 자원이 우리 지역 주민들의 생활에 미치는 영향을 알아본다.

㉰ 물자의 유통과 상호 의존

① 농업, 제조업, 건설업 등에서 전문화하는 사례를 조사하고, 그 이점을 찾아본다.
② 유통에 관한 사례를 통하여 생산물의 유통이 경제생활에 주는 도움을 이해한다.
③ 물물 교환 놀이를 하여 화폐의 필요성과 주요 기능을 이해한다.
④ 도시와 농어촌 간, 외국과의 물자 이동 사례를 들어 물자 유통이 산업 발달에 미치는 영향을 이해한다.
⑤ 농수산물의 공급 중단, 신기술 개발 등 사례를 통해, 산업의 전문화에 따른 경제생활의 상호 의존 관계를 파악한다.
[심화 과정]
① 가정에서 사용하는 물건 중 한 가지를 들어 그 물건의 유통과 가격 형성 과정을 조사하고, 우리가 그 물건을 사용하기까지 애쓴 사람들에 대해서 이야기한다.

(2) 주민 자치와 지역 사회의 발전

지역 사회 조사를 통하여 지역 주민들은 지방 자치 단체를 중심으로 지역의 문제를 스스로 해결해 가고 있다는 것을 이해한다. 그리고 우리가 사는 지역 사회의 미래 모습을 예측해 보고, 지역 사회의 발전을 위해 노력하는 태도를 가진다.

㉮ 지방 자치와 주민 생활

① 지역 주민들이 대표자를 어떻게 뽑는지 알아본다.
② 시·군·구청이나 시·도청을 방문하거나 자원 인사를 초빙하여, 그곳에서 하는 일을 조사한다.
③ 우리 지역의 시·도청이나 시·도 의회가 있는 곳과 하는 일에 대하여 알아본다.
④ 우리 지역을 상징하는 꽃, 나무, 새, 문양 등은 무엇인지 조사하고, 그 의미를 알아본다.
[심화 과정]
① 시·군·구청이나 시·도청은 예산을 어떻게 마련하며, 어떤 곳에 쓰는지 조사한다.

(나) **지역 사회의 문제와 해결**

① 환경오염, 문화재 훼손 등에 관한 자료를 분석하여 우리 지역의 문제를 인식한다.
② 우리 지역의 문제에 대하여 시·군·구청이나 시·도청에서는 어떠한 해결책을 세우고 있는지 조사한다.
③ 우리 지역의 문제에 대한 여러 가지 해결책을 비교하여 좋은 점과 나쁜 점을 찾아본다.
[심화 과정]
① 우리 지역과 이웃 지역 사이에 일어날 수 있는 갈등을 찾아 해결책을 알아본다.

(다) **우리 지역의 앞날**

① 시·군·구청이나 시·도청에서 세운 우리 지역의 발전 계획에 대한 자료를 찾아, 미래의 산업, 환경, 주민생활에 대하여 알아본다.
② 우리 지역 주민들은 지역의 미래를 어떻게 생각하고 있는지 조사하여 그것을 글, 그림 등 다양한 방법으로 표현한다.
[심화 과정]
① 다른 나라에서는 지방 자치를 어떻게 하고 있는지 알아본다.

(3) 옛 도읍지와 문화재

옛 도읍지를 통하여 우리나라 왕조의 변천 과정을 알아본다. 또, 유물, 유적을 통하여 조상들의 생활을 생각해 보고, 이를 바탕으로 우리의 문화유산을 아끼고 계승, 발전시키려는 태도를 가진다.

(가) **옛 도읍지를 통해 본 나라들**

① 역사 지도에서 여러 시대의 우리나라 모습과 시대별 도읍지를 파악한다.
② 연표에서 나라 이름, 역사적 인물과 사건들을 찾아보고, 우리나라 옛 왕조의 변천 과정을 파악한다.
③ 백지도에 시대별로 도읍지를 표시하고, 그 도읍지의 지리적, 문화적 특징을 알아본다.
④ 옛 도읍지의 유물과 유적에 관한 자료를 조사하여 당시의 생활 모습을 알아본다.
[심화 과정]
① 옛 도읍지들이 그곳에 자리 잡게 된 까닭을 알아본다.

(나) **박물관과 문화재**

① 박물관을 견학하거나 문헌 자료를 통하여 박물관의 기능을 이해한다.
② 여러 가지 박물관에 관한 자료를 수집하여 박물관의 종류와 특징을 파악한다.
③ 문화재에 관한 자료를 수집하고, 이를 문화재의 종류에 따라 분류하여 본다.
④ 세계 문화유산으로 지정된 우리 문화재에는 어떤 것이 있으며, 그것이 세계 문화유산으로 지정된 까닭은 무엇인지 토의해 본다.
⑤ 우리 고장의 문화유산을 종류, 시대, 특징, 관련 인물 등으로 정리하여 본다.
[심화 과정]
① 고장에 있는 유형 또는 무형 문화재의 특징을 찾아보고, 그것을 더 잘 보존하는 방법에 대해 토의한다.

(4) 사회 변화와 가정생활

여러 가지 가족 형태와 그 구성원의 역할이 변화하는 모습을 파악하고, 가정의 소득과 소비, 소비와 저축의 관계 등을 알아봄으로써 가정의 경제생활 모습을 이해하며, 물건을 아끼고 용돈을 계획적으로 쓰는 태도를 가진다. 또, 건전한 취미와 여가 생활은 가정의 화목과 번영을 위해 중요하다는 것을 이해하고, 화목한 가정생활을 위해 노력하는 태도를 가진다.

(가) **다양해지는 가정생활**

① 반 학생들의 가족 구성을 조사, 분류하여 가족 구성의 서로 다른 모습을 알아본다.
② 오늘날의 가족 형태는 옛날의 가족 형태와 어떻게 달라졌는지 비교한다.
③ 가정에서 가족들이 하는 일을 조사하여 가족 구성원의 역할이 변화하는 모습을 알아본다.
④ 가정생활과 사회생활과의 관계를 예절, 사회생활, 직장 근무 등 생활의 여러 측면에서 살펴본다.
[심화 과정]
① 오늘날 남편과 아내, 부모와 자식 등 가족 구성원의 역할에 관한 놀이를 해 보고, 잘못되어 가고 있다고 생각되

는 점을 찾아본다.

㈏ 가정의 살림살이

① 가정의 수입과 가족들이 사고 싶은 것을 조사하여 사람들의 욕망에 비해 자원은 한정되어 있음을 알아낸다.
② 여러 가정에서 소득을 얻는 방법을 알아보고, 가정마다 소득 형태가 다름을 파악한다.
③ 가계부를 보고 여러 가정에서 이루어지는 기본 소비 항목을 알아보고, 합리적인 가계 운영 모습을 설명한다.
④ 여러 가지 저축 사례를 모아 저축을 하는 까닭과 저축 방법을 알아본다.
[심화 과정]
① 친구들의 용돈의 수입과 지출 내용을 조사해 보고, 그중에서 용돈을 계획적으로 쓴 사례를 찾는다.

㈐ 취미와 여가 생활

① 가족 구성원의 취미 생활을 조사하고, 취미 생활이 일상생활에 미치는 영향을 알아본다.
② 가족 단위의 여가 활동에 대해 알아보고, 그것이 가정생활에 미치는 영향을 알아본다.
③ 옛날 사람들은 취미 생활과 여가 생활을 어떻게 하였는지 알아보고, 오늘날까지 이어져 오는 것들을 찾아본다.
[심화 과정]
① 반 학생들의 취미나 여가 이용 방법을 조사하여 도표로 정리하고, 그 특징을 찾아본다.

(제5학년)

(1) 우리 국토의 모습

우리 국토에 관한 여러 가지 자료를 활용하여 자연환경과 생활 모습과의 관계를 파악하고, 자연환경과 자원의 효율적 이용은 균형 있는 국토 개발과 환경 보전을 위하여 중요한 일임을 이해한다.
아울러 우리나라의 의식주 생활, 인구 분포, 산업 활동을 자연환경의 특성 및 그 이용과 관련지어 파악하고, 일상생활에서 고장과 국토에 관한 문제를 인구, 자원, 환경 문제 등과 관련지어 해결하려는 자세를 가진다.

㈎ 우리나라의 자연환경과 생활

① 산간 지역과 평야 지역의 생활 모습을 비교함으로써 지형이 인구 분포, 교통과 산업의 발달 등 인간 생활에 미치는 영향을 알아본다.
② 우리 지역의 강수량, 기온 등을 다른 지역과 비교하여 우리 지역 기후의 특징을 찾아본다.
③ 우리 겨레의 의식주 생활 중에서 자연환경을 슬기롭게 이용한 사례를 조사한다.
[심화 과정]
① 태백산맥 산지에서 발달한 고랭지 농업과 목축업에 대한 사례를 통하여, 주어진 자연환경을 적극적으로 활용하는 모습을 조사한다.

㈏ 환경 보전을 위한 노력

① 우리나라의 자연재해 지도나 신문 기사를 보고, 자연재해의 종류, 주요 발생 지역, 발생 시기, 피해를 파악한다.
② 도시화, 산업화로 인한 환경 파괴와 오염 문제를 파악하여 균형적인 국토 개발의 필요성을 토의한다.
③ 혐오 시설 설치 장소 선정을 둘러싼 갈등 사례를 소재로 하여, 환경 보전을 위한 노력에서 민주적 의사 결정 과정을 경험한다.
④ 국토 개발 계획의 사례를 통하여, 국토 개발 사업의 목적, 내용, 효과, 유의해야 할 점 등을 파악한다.
[심화 과정]
① 석유나 물 등 필수적인 자원이 부족해질 미래의 삶에 대한 시나리오를 작성하고, 이를 역할 놀이 등으로 표현한다.

(2) 여러 지역의 생활

도시와 촌락에 대한 사례 탐구를 통하여 여러 지역의 생활 모습에 관한 특징을 파악하고, 도시와 촌락은 각각 독특한 입지 조건과 분포, 기능적인 특징을 가지고 있으면서도 상호 보완적인 관계를 가지고 있다는 것을 이해한다. 또, 도시와 촌락 생활의 특징을 살린 균형적 발전에 관심을 가진다.

㈎ **도시 지역의 생활**

① 우리나라의 도시 수, 도시 인구의 증가 등에 관한 지도와 자료를 해석하여 도시의 분포와 도시화 과정의 특징을 파악한다.
② 반 학생들의 가족 구조 변화와 이사 경험을 조사하여 인구 문제, 도시 문제, 환경 문제 등을 찾아본다.
③ 서울과 수도권의 도시들을 사례로 하여 우리나라 도시 문제의 복합적 성격을 이해한다.
[심화 과정]
① 지역의 한 도시를 선정하여, 그곳이 발달하게 된 까닭과 생활 모습, 여러 가지 문제 등을 조사한다.

㈏ **촌락 지역의 생활**

① 우린 나라 촌락의 입지와 기능을 자연환경 조건과 교통, 대도시에의 접근도 등과 관련시켜 파악한다.
② 촌락 지역의 생활 모습을 주요한 산업 활동과 관련지어 파악한다.
③ 촌락과 도시 간의 상호 의존적 관점에서 촌락 지역 개발 사업의 필요성을 인식한다.
④ 농촌, 산촌, 어촌 등의 특징을 비교하여 같은 점과 다른 점을 찾아본다.
[심화 과정]
① 지역의 한 촌락을 선정하여 촌락의 실태와 생활 모습, 문제점 등을 조사해 보고, 그 문제의 해결 방법을 토의한다.

(3) 세계 속의 우리 경제

우리나라의 경제생활을 알 수 있는 각종 경제 정보를 수집하여, 우리 경제의 발전 과정과 성장 요인을 개략적으로 파악하고, 오늘날의 우리 경제는 세계 여러 나라와 경쟁과 협력을 하는 가운데 성장하고 있음을 이해한다.

㈎ **우리나라의 경제 성장**

① 개인과 기업의 다양한 경제 활동 사례를 통해서 우리나라 경제의 특징을 찾아낸다.
② 여러 기업의 생산물을 조사하여 재화와 용역으로 구분하고, 이것을 1차 산업, 제조업, 서비스업 등으로 분류해 본다.
③ 신문 기사와 기업 홍보 자료를 통해 기술 개발 사례와 그 효과에 대해 알아본다.
④ 우리나라의 경제 성장을 나타내고 각종 통계를 보고, 경제 성장의 요인과 성과, 앞으로의 발전을 예측해 본다.
[심화 과정]
① 우리나라가 국제 통화 기금(IMF)의 자금 지원을 받게 되었던 이유와 그 성과를 알아본다.

㈏ **정보화 시대의 산업 활동**

① 새로운 정보가 개인과 기업의 경쟁력이 된다는 사례를 제시한다.
② 우리가 사용하는 물건 중에서 기술이 계속 발달하고 있는 사례를 찾고, 기업이 기술 개발에 많은 노력을 기울이는 이유를 알아본다.
③ 농수산업, 제조업, 정보 산업 등에서 대표적인 기술 개발 사례를 찾아, 기술 개발이 우리 생활을 어떻게 변화시키는지에 관해 토의한다.
[심화 과정]
① 우리나라의 경제가 계속 발전하기 위해서는 개인과 기업들이 어떤 일에 힘써야 하는지 토의한다.

(4) 우리 겨레의 생활 문화

우리 조상들의 생활 도구와 민속, 의식, 종교 생활에 관한 자료를 통하여 우리 겨레의 생활 특징을 파악하고, 오늘날의 생활 속에 조상들의 지혜가 어떻게 이어지고 있는지 파악한다. 또, 우리의 전통문화가 소중하다는 점을 깨닫고, 일상생활에서 이를 창조적으로 이어 가려는 태도를 가진다.

㈎ **생활 도구와 과학 기술**

① 조상들이 사용했던 의·식·주 생활 도구에 관한 자료를 수집하여, 우리 겨레가 도구를 만들어 환경에 적응해 온 방식을 탐구한다.
② 의·식·주 생활 도구의 발달 과정을 조사하여, 도구의 개발은 생활에서 생기는 문제점 해결과 깊은 관련이 있음을 이해한다.
③ 우리 겨레의 뛰어난 과학 기술을 보여 주는 사례를 조사하고, 그것이 당시의 생활 모습을 어떻게 변화시켰는지 토의한다.

[심화 과정]
① 우리 생활 주변의 특정한 생활 도구를 선정하여, 거기에 담긴 조상들의 과학 기술 면에서의 슬기를 알아본다.

㈑ 마을 제사와 종교 생활

① 우리 겨레의 건국 이야기를 찾아 그 속에 담긴 민족의 정신을 알아본다.
② 여러 형태의 마을 제사를 조사하여 그 뜻과 효과를 토의한다.
③ 민속놀이, 민요, 공동 작업 등의 사례를 통해, 농경 생활에 깃들어 있는 조상들의 근면, 협동 정신을 찾아보고, 그것을 오늘날에 되살릴 수 있는 방법에 대하여 토의한다.
④ 우리나라에서 여러 종교들이 발생하고 전래된 과정을 조사하여 연표로 나타낸다.
⑤ 종교의 영향을 받은 우리의 전통 생활 관습과 사상, 예술 활동 사례를 조사하고, 종교가 우리 민족의 생활에 미친 영향을 분석한다.

[심화 과정]
① ‘마을 제사 또는 굿의 계승, 발전’에 대한 찬반 토론을 통해, 이어 가야 할 미풍양속과 타파해야 할 미신적인 면을 함께 알아본다.
② 서로 다른 종교를 가지고 있는 사람들끼리는 어떻게 대하여야 공동체 생활이 바람직하게 유지될 수 있는지 토의한다.

(제6학년)

(1) 우리 겨레, 우리나라

나라를 일으키고 발전시킨 역사적 인물과 연표, 역사 지도, 사료 등 자료를 이용하여 민족 국가의 형성과 발전 과정을 파악한다. 또, 외침을 격퇴하여 민족 문화를 발전시킨 조상들의 자주성과 문화적 창조성에 대해 자긍심을 가지고, 국가와 문화 발전에 이바지하고자 하는 태도를 가진다.

㈎ 나라를 일으킨 조상들

① 선사 시대 조상들의 의·식·주 생활을 여러 가지 방법을 통하여 조사해 본다.
② 단군의 건국 이야기와 삼국의 시조에 관한 이야기를 통해 그 의미와 초기 국가의 성립과정을 알아본다.
③ 삼국의 발전 과정 및 상호간의 경쟁과 통일 과정을 역사 지도와 연표로 나타낸다.
④ 발해의 건국 이야기를 통하여 발해는 고구려를 계승한 국가임을 확인한다.
⑤ 고려가 후삼국을 통일한 과정을 중요한 인물의 활동을 중심으로 조사한다.
⑥ 조선의 정치적 특성을 파악하기 위하여 건국에 공이 큰 인물들의 업적을 조사하고, 이를 통해 민족 국가로 발전된 모습을 알아본다.

[심화 과정]
① 각 왕조별로 나라를 일으키고 발전시킨 인물들을 선정하여 그들의 업적을 분석하고 공통점과 차이점을 찾아본다.

㈑ 문화를 빛내고 외침을 물리친 조상들

① 조상들이 삼국의 문화를 해외에 전파한 활동과 외래문화를 수용한 과정을 조사하고, 이를 통해 우리 겨레는 개방적, 진취적인 기상을 지녔음을 확인한다.
② 삼국 시대의 과학 기술 수준을 여러 가지 문화재를 통하여 알아보고, 이를 중국 및 일본과 비교하여 우리 조상들의 뛰어난 과학 기술 수준을 확인한다.
③ 삼국의 생활 모습을 살펴볼 수 있는 여러 가지 자료를 소재로 하여 조상들의 삶과 전통 종교와의 관계를 생각해 본다.
④ 대륙 세력이 우리나라에 침략해 온 과정을 역사 지도와 연표를 통해 이해하고, 외침을 격퇴할 수 있었던 요인을 탐구한다.

[심화 과정]
① 우리나라의 문화를 발전시켰거나 외침을 격퇴한 인물의 생애와 업적을 조사하여 여러 가지 방법으로 발표해 본다.
② 임진왜란 초기에 우리나라가 왜군에게 쉽게 패한 이유와, 그 후에 다시 왜군을 물리칠 수 있었던 이유에 대해 조사한다.

(2) 새로운 사회, 문화로 가는 길

조선 후기의 주요한 역사적 인물의 업적과 사상을 조사함으로써 제도 개혁과 실학의 대두, 서민들의 의식 변화 등 사회와 문화의 변화를 이해한다. 또, 근대 이후 조상들의 자주와 독립을 위한 노력과 일제 침략에 대항한 항일 독립 투쟁이 대한민국 성립의 기반이 되었음을 인식하고, 민족과 국가의 발전에 헌신한 조상들의 애국정신과 민주주의에 대한 신념을 이어받고자 하는 태도를 가진다.

㈎ 국가의 부강과 국민의 복지를 위해 노력한 조상들

① 조선 후기의 농촌 사회가 변화한 모습을 조사해 보고, 농민 생활의 안정을 위하여 노력한 사람들의 업적과 생각을 알아본다.
② 제도를 고치고 외국의 문물을 받아들임으로써 나라의 힘을 기르고 백성의 살림을 풍족하게 하자고 주장한 실학자들에 대하여 알아보고, 그 주장의 중요성에 대하여 토의한다.
③ 조선 후기에 암행어사를 파견하게 된 이유를 찾아보고, 그들의 활동을 알 수 있는 자료를 찾아 읽어본다.
④ 한글 소설, 판소리, 풍속화 등의 자료들을 분석하여, 조선 후기 농민들의 생활 모습과 농민 의식을 파악한다.
⑤ 우리나라에 천주교가 수용되고 전파되는 과정을 파악하고, 천주교가 박해를 받게 된 이유를 알아본다.
[심화 과정]
① 조선 후기에 새로운 사회와 문화를 지향한 실학 정신과 서민들의 생각을 당시의 문학과 예술 작품 속에서 찾아본다.

㈏ 자주와 독립을 위해 싸운 조상들

① 19세기 후반에 추진된 개혁을 중심적인 활동을 한 인물들을 통하여 확인하고, 그 특징과 의의에 대하여 토의한다.
② 19세기 후반의 외세 침략에 대한 대응 방안을 관련 인물들을 중심으로 알아보고, 그 방안들이 가진 문제점을 분석한다.
③ 일제 침략에 맞섰던 주요 인물들의 활동을 중심으로 항일 투쟁 과정을 알아본다.
④ 일제의 식민 지배하에서 계속된 민족의 독립 투쟁을 다양한 자료를 통하여 조사한다.
⑤ 6 · 25전쟁에 관한 사진 자료와 이야기를 통해 이 전쟁으로 인한 피해를 알아보고, 민족 통일의 당위성에 대하여 토의한다.
⑥ 대한민국 성립 이후 여러 대통령들의 주요한 업적을 비교해 본다.
⑦ 근대 이후의 주요 인물들을 분야별로 찾아 연표를 만들고, 그 인물들이 활약한 시대의 특징을 알아본다.
[심화 과정]
① 근대 이후에 활동한 인물들 중에서 서로 대립적인 위치에 있던 인물들을 찾아 그들의 주장과 행동이 서로 다른 점을 조사한다.
② 우리나라의 근대화와 자주 독립을 위해서 활동한 인물 가운데 자신이 존경하는 인물을 선택하여 그의 생애와 활동을 조사해 본다.

(3) 우리나라의 민주 정치

우리 생활은 정치와 밀접한 관계가 있으며, 민주 국가는 시민의 권리를 존중하고 이를 위하여 나라의 일을 입법부, 사법부, 행정부가 각각 나누어 맡고 있다는 것을 이해한다. 또, 일상생활에서 공공의 일에 관심을 가지며, 국민의 의무를 다하려는 태도를 가진다.

㈎ 우리들의 생활과 정치

① 우리의 일상생활과 정치는 어떻게 관련되어 있는지 사례를 통해 알아본다.
② 선거의 중요성에 대하여 알아보고, 유권자가 대통령과 국회의원 선거에서 후보자를 선택할 때의 바람직한 기준을 만들어 본다.
③ 국회의 구성, 임기, 상임 위원회 활동 등에 관한 자료를 모아. 국회에 관한 기초 사항과 국민의 대표 기관으로서의 성격을 알아본다.
④ 대통령의 일과에 대한 자료를 모아, 대통령의 권한과 책무, 국가를 대표하는 기관으로서의 지위에 대하여 알아본다.
⑤ 신문과 방송 자료를 보고 국무총리와 행정 각 부에서 하는 일을 알아본다.
⑥ 신문에 나타난 판례 등을 보고 법원에서 하는 일과 그것이 국민의 기본권 보장에 있어서 가지는 의미에 대하여 알아본다.

[심화 과정]
① 어른들이 투표를 한 경험에 대하여 들어 보고, 바람직한 선거 자세는 어떤 것인지 토의한다.

(나) **민주 시민의 권리와 준법정신**

① 인권이 침해된 사례 등을 통하여 인권의 중요성에 대하여 인식한다.
② 장애자의 생활과 그들의 어려움을 알아보고, 함께 어울려 생활할 수 있는 방안을 토의한다.
③ 국민의 기본권 중에서 기초적인 권리를 생활 사례를 통해 알아본다.
④ 남북한 간의 대치 상황, 역사상의 외침 등 사례를 통하여 국방 의무에 중요성에 대하여 토의한다.
⑤ 국민의 기본적인 의무를 가족 구성원들이 하는 일과 관련지어 알아본다.
[심화 과정]
① 오늘날에 살고 있는 사람과 조선 시대에 살던 사람은 인권에 어떤 차이점이 있는지 비교한다.

(4) 함께 살아가는 세계

우리나라가 지구촌 사회와 가지는 밀접한 관계를 바탕으로 다양한 인종과 민족, 국가로 구성된 세계가 교통, 통신의 발달에 따라 하나의 지구촌으로 변화되어 가고 있음을 깨닫고, 여러 국제기구는 지구촌의 여러 지역에서 발생하고 있는 갈등과 문제를 해결하기 위하여 노력하고 있음을 파악한다. 또, 외국인과 외국 문화에 대한 편견이나 고정관념을 가지지 않고, 다양성을 인정하는 태도를 바탕으로 지구촌 문제를 해결해야 할 필요성을 인식하고 이에 참여하는 태도를 가진다.

(가) **우리와 관계가 깊은 나라들**

① 우리나라와 역사적, 문화적, 지리적으로 관계가 깊은 나라들에 대하여 여러 가지 자료를 수집하여 알아본다.
② 우리나라와 무역 및 자원 교류로 관계가 깊은 나라들에 대하여 여러 가지 자료를 수집하여 알아본다.
③ 우리 교포가 많이 거주하고 있는 나라를 대상으로 교포 이주의 과정, 현황을 파악힌다.
[심화 과정]
① 우리의 생활과 문화 중에서 외국의 영향을 크게 받아 변화된 것에 대하여 토의해 본다.

(나) **지구촌의 문제와 우리나라**

① 교통, 통신의 발달에 따라 세계 여러 나라들이 더욱 가까워지고 있는 현상에 대하여 사례 중심으로 이해한다.
② 지구촌의 문제들 중에서 환경이나 기아와 같은 문제들을 이해한다.
③ 지구촌의 문제들을 해결하기 위한 여러 국제기구의 노력과 우리나라의 기여에 대하여 조사한다.
④ 지구촌의 문제 해결을 위해 학생 수준에서 참여할 수 있는 일들을 알아본다.

[심화 과정]
① 우리의 전통문화 중에서 세계화되고 있는 것을 조사하고, 앞으로 세계화할 수 있는 것을 찾아 토의한다.

(다) **통일과 민족의 앞날**

① 우리나라의 분단 원인과 그 후의 남북 대결 과정을 여러 가지 자료를 통해 알아본다.
② 남북 회담이나 이산가족 찾기 등 평화 통일을 위한 우리의 노력에 대하여 이해한다.
③ 통일 조국의 미래상을 생각해 보고, 앞으로 통일에 대비하여 힘써야 할 점에 대해 토의해 본다.
[심화 과정]
① 방송, 신문 기사 등 자료를 모아 북한 어린이들의 생활에 대하여 알아본다.

(제7학년)

(1) 지역과 사회 탐구

지역의 자연 및 인문 환경, 역사, 지역 사회의 기구와 기능, 지역 사회 문제 등을 파악한다. 이를 위하여 지역 조사 방법을 익히고, 조사 결과를 정리하며 표현하는 능력을 기른다. 또, 지역 사회에서 나타나는 사회 현상에 대한 탐구를 바탕으로 지역 사회 문제에 대한 해결 방안을 제안하고, 이에 능동적으로 참여하는 태도를 기른다.

㈎ **지역의 지리적 환경**

① 지역을 이해하기 위하여 지역 조사 방법을 익히고, 지도를 활용한다.
② 여러 가지 자료를 이용하여 지역의 자연 및 인문 환경의 특성을 이해한다.
③ 지역 주민이 자연환경과 어떻게 조화를 이루면서 살아왔는가를 이해한다.

㈏ **지역 사회의 변화와 발전**

① 지역 사회의 변화 모습을 조사하고, 그 배경에 대하여 설명한다.
② 지역에 대한 유물, 유적 등 역사 자료를 조사하고, 이를 보전하는 태도를 기른다.

㈐ **지역 사회의 구조와 기능**

① 지역 사회의 주요 기관과 그 기능을 조사한다.
② 지역 사회의 여러 기관과 주민 생활과의 관계를 이해한다.

㈑ **지역 사회의 문제와 해결**

① 지역 사회가 당면하고 있는 주요 문제를 조사하고, 그 원인을 알아본다.
② 지역 사회 문제를 해결하려는 주민의 노력을 찾아보고, 이에 적극 참여하려는 자세를 가진다.
[심화 과정]
① 자신이 살고 있는 지역 사회를 소개할 수 있는 간단한 안내문을 작성한다.

(2) 중부 지방의 생활

오랫동안 우리나라의 정치. 경제, 문화, 교통의 중심지가 되어 온 중부 지방의 역할을 파악하고, 자연환경과 주민 생활을 중심으로 중부 지방의 지역 특성을 이해한다.

㈎ **우리나라의 중앙부**

① 중부 지방의 위치 특성을 파악하여 이 지역이 우리나라의 정치, 경제, 사회, 문화, 교통의 중심지가 된 배경을 이해한다.
② 지형의 특색을 파악하고, 이와 관련된 주민 생활을 이해한다.
③ 기후의 특색을 파악하고, 기후 자료를 활용하여 지역 간의 차이를 살펴본다.
[심화 과정]
① 높새바람의 발생 원인을 알아보고 주민 생활에 미치는 영향을 설명한다.

㈏ **인구와 산업이 집중한 수도권**

① 서울의 성장 과정과 주위 위성 도시의 기능을 파악하고, 서울 근교에서 나타나고 있는 토지 이용의 변화를 조사한다.
② 수도권의 주요 공업과 최근의 공업 변화를 조사하고, 우리나라 최대의 공업 지역으로 발달한 배경을 설명한다.
③ 수도권으로 인구와 각종 기능이 집중된 원인을 조사하고, 그로 인하여 발생하는 문제와 대책을 찾아본다.
[심화 과정]
① 수도권에서 이루어지는 농목업의 특성을 조사하고, 그 요인을 파악한다.

㈐ **관광 자원이 풍부한 관동 지방**

① 고랭지 농업과 목축업이 발달한 지역의 지리적 조건을 알아보고, 수산업의 특징을 이해한다.
② 주요 자원의 분포 지역과 공업 지역을 관련지어 파악하고, 산업 구조 변화가 이 지역의 주민 생활에 미치는 영향을 조사한다.
③ 주요 관광지를 조사하고, 관광 산업 발전으로 나타나는 지역의 변화를 살펴본다.
[심화 과정]
① 석탄 산업이 발달하였던 지역의 인구 변화를 조사하고, 이러한 변화가 일어난 원인을 설명한다.

㈑ **발전하는 충청 지방**

① 주요 도시의 성장과 그 요인을 파악하고, 도시 주변 지역의 토지 이용 변화를 조사한다.
② 관광 자원의 개발 노력을 알고, 이를 보전하는 태도를 가진다.

③ 간척 사업이 활발한 지역의 지리적 특성을 살펴보고, 지역 변화와 환경에 미치는 영향을 파악한다.
[심화 과정]
① 대규모 간척 사업의 사례를 들고, 토지 이용 및 주민 생활의 변화를 조사한다.

(3) 남부 지방의 생활

남부 지방의 위치 특성과 자연환경 및 주민 생활을 이해한다. 지리적 조건에 따른 산업 발달의 차이, 개발에 따른 지역 문제들을 살펴본다.

㈎ 해양 진출의 요지

① 남부 지방이 해양 진출에 유리한 까닭을 위치 특성과 관련하여 이해한다.
② 지형의 특색을 파악하고, 이와 관련된 주민 생활을 이해한다.
③ 기후의 특색을 파악하고, 기후 자료를 활용하여 지역 간의 차이를 살펴본다.
[심화 과정]
① 울릉도와 제주도의 지형 형성 과정을 살펴보고, 자연환경의 특색을 비교한다.

㈏ 농업과 공업이 함께 발달하는 호남 지방

① 농업 발전에 유리한 조건과 농업 특색을 조사하고, 농업 발전을 위한 방안을 찾아본다.
② 공업의 발달 과정과 공업 구조의 변화를 살펴보고, 주요 공업 지대를 조사한다.
③ 수산업의 특색을 살펴보고, 공업 발달과 수산업 발달 사이에 나타나는 보완과 갈등의 관계를 이해하는 자세를 가진다.
[심화 과정]
① 남해안 일대의 해양 오염 사례를 조사하고, 그 원인과 대책을 알아본다.

㈐ 임해 공업이 발달한 영남 지방

① 농업 특성을 호남 지방과 비교하여 이해하고, 대도시 주변에서 이루어지는 농업의 형태를 조사한다.
② 양식업이 발달한 요인을 찾아내고, 이를 보호하기 위한 환경 보전 대책을 제안한다.
③ 남동 임해 공업 지역이 우리나라 최대의 중화학 공업 지대로 발달하게 된 배경을 이해하고, 이 지역의 주요 공업 도시와 공업을 조사한다.
[심화 과정]
① 우리나라에서 제철 공업과 조선 공업이 발달한 곳을 찾아보고, 발달 조건을 설명한다.

㈑ 관광 산업이 발달한 제주도

① 지형, 기후 및 식생의 특징을 파악하고, 그 상호 관계를 설명한다.
② 농목업과 수산업의 특색을 파악하고, 그 배경을 자연환경과 관련지어 이해한다.
③ 관광 산업이 지역 주민의 생활에 미치는 영향을 알아보고, 제주도가 당면한 지역 문제 해결 방안을 찾아본다.
[심화 과정]
① 농산물 수입 개방이 제주도의 열대작물 재배에 미치는 영향을 조사하고, 수입 개방에 대한 대책을 토론한다.

(4) 북부 지방의 생활

북부 지방의 자연 및 인문 환경의 특색을 파악하고, 국토 통일에 대비하여 분단 이후 공산주의 체제 아래에서 나타난 주민 생활 및 지역성의 변화에 대하여 살펴본다.

㈎ 대륙의 관문

① 북부 지방의 위치 특성을 살펴보고, 국토 통일의 필요성을 인식한다.
② 지형의 특색을 중·남부 지방과 비교하여 설명한다.
③ 기후의 특색을 파악하고, 기후 자료를 활용하여 지역 간의 차이를 살펴본다.
[심화 과정]
① 북부 지방의 자연환경이 주민 생활에 미친 영향을 의, 식, 주와 관련시켜 조사한다.

㈏ 북부 지방의 중심지 관서 지방

① 관서 지방이 오랫동안 북부 지방의 중심지가 되었던 역사·정치적 배경을 설명한다.
② 공산화 이후 토지 제도와 농업 방식의 변화를 설명하고, 최근 북한이 당면한 식량 부족 문제에 대하여 조사한다.
③ 북부 지방이 최대의 공업 지역으로 발달한 원인을 설명하고, 주요 공업 도시와 공업을 조사한다.
[심화 과정]
① 북한의 주요 농산물 생산량 추이를 살펴보고, 식량 부족의 원인을 알아본다.

㈐ 문호를 개방하는 관북 지방

① 동력 자원과 임산 자원의 분포 지역을 조사하고, 이들 자원의 개발과 이용에 대하여 알아본다.
② 해안 지대에 중화학 공업이 발달한 배경을 설명하고, 주요 공업 도시와 중심 공업을 조사한다.
③ 북한의 개방 정책을 파악하고, 남북 간에 이루어지고 있는 공동 협력에 대해 조사한다.
[심화 과정]
① 남북 간에 이루어지고 있는 주요 교역품과 교역량의 추이를 조사한다.

(5) 아시아 및 아프리카의 생활

아시아 및 아프리카 여러 지역의 특성과 국가 간의 상호 의존 관계를 이해한다. 문화가 다양한 이 지역은 인구가 많고 자원이 풍부하여 빠른 속도로 발전하고 있으며, 국제 사회에서 영향력이 점차 커지고 있으나 민족과 종교 차이로 인한 대립 및 자원과 영토를 둘러싼 분쟁이 발생하고 있음을 인식한다.

㈎ 경제가 성장하는 동부 아시아

① 위치, 범위 및 자연환경의 특색을 파악하고, 역사·문화적 배경을 살펴본다.
② 일본의 주요 산업과 공업 지대를 조사하고, 세계적인 경제 성장을 이룬 배경을 파악한다.
③ 개방 정책의 추구가 중국 사회에 미친 영향을 조사하고, 경제 특구의 지역 특성을 파악한다.
[심화 과정]
① 일본에서 지진이 잦은 원인을 알아보고, 재해를 극복하기 위한 노력에 대하여 살펴본다.

㈏ 문화가 다양한 동남 및 남부 아시아

① 위치, 범위 및 자연환경의 특색을 파악한다.
② 다양한 문화가 형성된 배경을 파악하고, 이와 주민 생활과의 관계를 이해한다.
③ 주요 농작물의 분포를 지리·역사적 배경과 관련하여 이해하고, 남부 아시아의 식량 문제를 조사한다.
④ 주요 자원의 종류와 분포 지역, 산업을 조사하고, 우리나라를 포함한 지역 내 국가 간의 상호 협력 관계를 알아본다.
[심화 과정]
① 남부 아시아의 지역 분할과 종교적 갈등에 대한 역사적 배경을 조사한다.

㈐ 석유 자원이 풍부한 서남아시아와 북부 아프리카

① 위치, 범위 및 자연환경의 특색을 파악한다.
② 서남아시아와 북부 아프리카의 역사·문화적 배경을 파악하고, 지역 문제 발생 요인을 이해한다.
③ 주민 생활 및 농목업에 대하여 조사하고, 환경 제약 극복 노력을 이해한다.
④ 석유 자원 개발이 이 지역 및 국제 사회에 미치는 영향을 이해한다.
[심화 과정]
① 서남아시아와 북부 아프리카에서 일어나는 지역 분쟁의 원인을 알아보고, 이 지역의 평화 유지 방안에 대하여 토론한다.

㈑ 발전이 기대되는 중·남부 아프리카

① 위치, 범위 및 자연환경의 특색을 파악한다.
② 역사·문화적 특징을 북부 아프리카와 비교하여 알아보고, 지역 문제 발생 배경을 이해한다.
③ 이 지역의 전통적 농업과 플랜테이션을 비교하고, 주요 자원 분포와 산업 및 환경 문제에 대하여 토론한다.
[심화 과정]
① 중·남부 아프리카에서 진행되는 사막화 현상을 파악하고, 인간 활동이 환경에 미치는 영향에 대하여 토론한다.

(6) 유럽의 생활

유럽 여러 지역의 자연환경과 인문 환경의 특성을 파악하고, 지역 내의 상호 협력 관계를 이해하며, 동부 유럽 국가들의 체제 변화와 유럽 연합 국가들의 경제·정치적 통합, 앞으로의 변화 등에 대해 관심을 가진다.

㈎ 일찍 산업화를 이룬 서부 및 북부 유럽

① 위치, 범위 및 자연환경의 특색을 파악한다.
② 역사·문화적 배경을 파악하고, 산업 혁명 이후의 변화와 최근의 통합 노력 등을 이해한다.
③ 농목업과 공업, 인구, 도시 등의 특색을 파악하고, 이 지역에 나타나고 있는 문제를 조사한다.
[심화 과정]
① 유럽 통합으로 이루어지는 국가 간의 협업과 분업 사례를 조사한다.

㈏ 관광 산업이 발달한 남부 유럽

① 위치, 범위 및 자연환경의 특색을 파악한다.
② 유럽 문화와 본산지인 남부 유럽이 역사·문화적 배경을 이해한다.
③ 농목업과 공업, 관광 산업, 인구, 도시 등의 특색을 파악한다.
[심화 과정]
① 남부 유럽에서 관광 산업을 발전시키기 위한 노력의 사례를 조사한다.

㈐ 민족과 문화가 다양한 동부 유럽과 아시아

① 위치, 범위 및 자연환경의 특색을 파악한다.
② 역사·문화적 배경을 이해하고, 사회주의 붕괴 이후 이 지역에서 나타난 변화를 조사한다.
③ 농목업, 자원 분포 지역과 개발 및 주요 공업의 특색을 파악한다.

[심화 과정]
① 시베리아에 분포하는 삼림 자원의 개발과 이 지역에 진출한 우리 기업의 활동을 조사한다.

(7) 아메리카 및 오세아니아의 생활

아메리카 및 오세아니아 지역의 자연환경과 인문 환경의 특성을 파악하고, 지리적인 현상이 역사적 사실과 깊은 관련이 있음을 인식한다. 또, 세계 속에서의 미국의 역할과 라틴아메리카, 오세아니아의 변화에 대해 이해한다.

㈎ 선진 지역 앵글로아메리카

① 위치, 범위 및 자연환경의 특색을 파악한다.
② 역사·문화적 배경을 이해하고, 국가 성립과 영토 확장 과정을 조사한다.
③ 농목업의 특징을 조사하고, 주요 자원 및 공업에 대하여 살펴본다.
④ 도시 성장, 인구 이동을 파악하고, 이 지역이 당면한 문제, 해결 방안을 제시한다.
[심화 과정]
① 앵글로아메리카에 이주한 사람들의 출신 지역이 시대에 따라 어떻게 변화하였는지 살펴본다.

㈏ 자원이 풍부한 라틴아메리카

① 위치, 범위 및 자연환경의 특색을 파악한다.
② 역사·문화적 배경을 이해하고, 유럽인의 진출로 인한 주민 생활의 변화를 조사한다.
③ 농목업, 자원 분포와 공업의 특색을 파악한다.
④ 인구와 도시 문제, 지역 개발 문제 등을 사례 연구를 통하여 파악한다.
[심화 과정]
① 원주민 문명의 사례를 들어 주요 특징과 성쇠 과정을 살펴본다.

㈐ 발전 가능성이 큰 오세아니아와 극 지방

① 오세아니아의 위치, 범위 및 자연환경의 특색을 파악한다.
② 오세아니아의 역사·문화적 배경을 이해하고, 기업적 농목업의 특색을 조사한다.

③ 오세아니아의 주요 자원 분포와 개발, 공업과 무역의 특색 등을 파악한다.
④ 양 극 지방의 중요성을 인식하고, 이 지역에 대한 우리나라의 참여를 조사한다.
[심화 과정]
① 오스트레일리아의 양모 생산과 수출에 대하여 조사하고, 세계 최대의 양 사육지로 발전하게 된 원인을 조사한다.

(8) 인간 사회와 역사

인류가 자연환경에 적응하거나 극복하면서 각 지역별로 독특한 문화를 발전시켜 왔으며, 이러한 독특한 문화를 상호 교류하면서 오늘의 사회와 문화가 이룩되었음을 이해함으로써, 보다 나은 역사를 만들고자 하는 의욕을 기른다.

㈎ 역사와 과거

① 과거, 증거, 시간의 개념을 중심으로 역사와 역사 학습, 특히 세계사 학습의 의미와 성격을 탐색한다.
② 역사는 인간의 의지와 행위에 따라 나타나는 인간과 사회 현상을 시간의 흐름 속에서 파악하는 교과임을 이해한다.

㈏ 인간과 자연환경

① 인류가 생존해 온 자연환경의 변화와 특색을 지형, 기후, 자연재해 등 측면에서 개괄적으로 이해한다.
② 의식주를 포함한 인간 생활은 자연환경에 적응, 극복하면서 발전해 왔으며, 여전히 인간과 자연의 상호작용이 지속되고 있음을 인식한다.

㈐ 발전과 변화

① 인간이 주변 여건에 적응해 가면서 다양한 문화권을 형성하였으며, 서로 다른 문화와 상호 교류하면서 문화를 발전시켜 왔음을 이해한다.
② 문화의 발전과 교류를 통해서 인류가 겪은 변화와 갈등의 역사적 전개 양상을 인식한다.
③ 인간 생활의 경험과 과거에 대한 이해를 바탕으로 미래 사회의 변화를 전망할 수 있는 능력을 기른다.
[심화 과정]
① 과거의 사실이 어떻게 알려지고, 오늘날 그것이 어떠한 의미를 가지게 되는지를 토론한다.
② 자신의 과거에 대한 역사를 쓰고 다른 학생의 역사와 비교해 본다.

(9) 인류의 기원과 고대 문명의 형성

인류가 지구상에 등장한 이후 여러 곳의 자연환경에 적응하는 과정에서 도구를 개발하고 사회생활을 발전시키면서 독자적인 문명을 창조하였음을 이해하여, 인류의 기원과 문명의 형성에 대한 역사적 안목을 키운다.

㈎ 인류의 기원과 문명의 발생

① 고고학적 자료를 이용하여 인류의 생물학적 진화 과정을 추정한다.
② 원시 시대에 인류가 사용한 도구를 비교하여 원시인의 생활의 변화를 이해한다.
③ 인류가 농경과 목축을 하면서 정착 생활에 들어가게 된 과정을 이해한다.
④ 세계 4 대 문명이 발생한 지역의 지리적인 공통점을 설명한다.

㈏ 중국과 인도의 고대 문명

① 중국에서 황하 유역을 중심으로 문명이 발생하고 은, 주 등 국가가 발생하였던 과정을 이해한다.
② 중국 문명과 대비하여 인더스 강 유역에서 발생한 인도 문명의 특징을 설명한다.
③ 아리안족이 이주하여 선주민을 정복하면서 만들어 낸 인도의 독특한 신분 제도와 종교의 특징을 이해한다.

㈐ 오리엔트의 고대 문명

① 메소포타미아 지역과 이집트의 지리적인 특징을 살펴보고, 그것이 이 지역의 역사 전개에 미친 영향을 평가한다.
② 메소포타미아와 이집트의 사회와 문화를 비교한다.
③ 페니키아와 헤브라이 문명의 특징을 이해하고, 이들 문명이 다른 지역에 미친 영향을 설명한다.
[심화 과정]
① 세계 4 대 고대 문명의 유산 가운데 현재 인류의 생활에 영향을 끼치고 있는 것에 대하여 조사한다.

(10) 아시아 사회의 발전과 변화

　근대 이전의 아시아에는 동아시아 문화권, 서아시아 문화권, 남아시아 문화권 등이 존재하였고, 그 문화 요소들이 현재까지도 해당 지역 사람들의 생활과 가치관에 영향을 끼치고 있음을 이해하여, 문화와 가치의 다양성을 존중하는 태도를 기른다.

㈎ 동아시아 문화권의 형성과 전통 사회의 발전

① 춘추 전국 시대에 철기가 보급되면서 일어난 사회 변화를 이해한다.
② 진에서 청까지 중국에 중앙 집권적인 국가가 유지되어 온 조건과 왕조 변천의 이유를 이해한다.
③ 유교와 과거 제도가 중국 전통 사회에 미친 영향을 평가한다.
④ 동아시아 문화권의 문화 요소를 열거하고, 그것의 지역별 전개 양상을 조사한다.
⑤ 정복 왕조 지배 체제의 특징을 이해한다.
⑥ 근대 이전 한국에서 중앙 집권 체제가 성립하여 전통문화를 발전시켜 온 과정을 이해한다.
⑦ 근대 이전 일본에서 막부 정권이 등장하게 된 배경과 전개 과정을 이해한다.

㈏ 인도와 동남아시아의 발전

① 인도에서 힌두교와 카스트 제도를 기초로 한 힌두 사회가 발전하게 된 과정을 이해한다.
② 불교가 인도가 아닌 동남아시아와 동아시아에서 번성하게 된 이유를 분석한다.
③ 무굴 제국의 발전 과정을 이해하고, 이슬람교가 인도 사회에 미친 영향을 설명한다.
④ 동남아시아 여러 지역의 국가 성립과 발달 과정을 인도와 중국 문화의 영향과 관련지어 탐색한다.

㈐ 서아시아 문화권의 형성과 발전

① 이슬람교의 성립과 이슬람 세계의 확대 과정을 지도상에 표시한다.
② 여러 가지 자료를 이용하여 이슬람 문화의 특징을 제시하고, 그것이 세계 역사에 미친 영향을 설명한다.
③ 근대 이전 동서양의 주요 교통로를 지도에서 확인하고, 동서 문화 교류의 내용과 형태를 조사한다.
[심화 과정]
① 전근대 중국 사회에서 지배층과 피지배층의 생활을 의식주, 직업, 교육 등 여러 가지 측면에서 비교한다.
② 유교, 불교, 힌두교, 이슬람교의 내세관 또는 사후 세계에 대한 관념을 비교한다.

(제8학년)

(1) 유럽 세계의 형성

　고대 지중해 문명의 특징과 그것이 서양 문화의 형성에 미친 영향을 이해한다. 그리고 지중해 세계가 분열되면서 등장한 중세 유럽 사회의 발전과 해체 과정을 파악함으로써, 서양 문화의 바탕과 유럽 주요 국가의 형성 배경을 역사적으로 인식하려는 태도를 기른다.

㈎ 고대 지중해 세계

① 아테네 민주 정치의 발전 과정과 배경을 이해하고, 그 특성을 현대의 민주 정치와 비교한다.
② 헬레니즘의 의미와 헬레니즘 문화의 특색을 파악한다.
③ 로마 공화정과 제정의 발전 과정을 이해하고 그 차이점을 설명한다.

㈏ 유럽 세계의 성립과 발전

① 게르만족의 이동에 따라 새로운 왕국이 건설되고 유럽 세계가 성립된 과정을 이해한다.
② 봉건 사회의 성립 배경과 주종 관계의 원리를 이해하고, 장원 경제에서 영주와 농노의 생활을 상상해 본다.
③ 중세 유럽 사회에서 왕권과 교황권과의 관계 변천과 그 배경을 파악한다.
④ 중세 유럽 문화의 특성과 중세 유럽인의 사상 체계에 대해 토론한다.
⑤ 비잔틴 문화의 특성과 비잔틴 제국이 유럽 역사에 미친 영향을 이해한다.

㈐ 중세 유럽의 변화

① 십자군 전쟁의 배경과 결과를 중세 유럽의 사회 구조 변화, 교황권의 성쇠와 관련지어 탐색한다.

② 장원 붕괴의 원인과 자치 도시의 성장 배경을 분석한다.
③ 중앙 집권 국가가 등장하게 된 배경을 열거하고 각국의 성장 과정을 비교한다.
[심화 과정]
① 곡물 가격과 임금과의 관계를 중심으로 흑사병이 창궐한 이후 농민의 생활 여건과 중세 유럽 사회의 구조 변화를 추론한다.

(2) 서양 근대 사회의 발전과 변화

유럽에서 근대 사회가 성립하게 된 계기를 파악하고, 시민 혁명과 산업 혁명을 거치면서 나타난 시민 사회의 발전 과정을 이해한다. 이와 더불어 근대 국민 국가의 형성 과정과 서유럽 세력이 팽창하는 세계사적 변화를 인식한다.

㈎ 서양 근대 사회의 시작

① 르네상스의 의미와 전개 과정을 조사한다.
② 종교 개혁의 진행 과정, 종교 전쟁의 전개 양상과 결과를 파악한다.
③ 르네상스와 종교 개혁이 근대 의식 형성에 미친 영향을 평가하고, 근대 의식과 근대 문화의 특성을 추출한다.
④ 신항로의 개척 상황을 지도상에 표시하고, 그로 인한 유럽 세계의 변화를 설명한다.
⑤ 절대 왕정의 정치, 경제, 사상적 특징을 파악하고, 이에 맞선 계몽사상의 성격과 이것이 시민 계급에 미친 영향을 추론한다.

㈏ 시민 혁명과 시민 사회의 성립

① 영국 혁명, 미국 혁명, 프랑스 혁명의 원인과 진행 과정, 혁명 후의 정치, 경제, 사회적 변화를 이해한다.
② 시민 혁명과 시민 사회의 개념과 의미를 탐색한다.
③ 생산 방식의 변화에 따른 공업의 발전 과정을 중심으로 산업 혁명의 의미와 내용 및 산업 사회의 특성을 파악한다.
④ 자본주의의 발전과 산업화에 대한 반작용에서 비롯된 사회주의 사상을 이해한다.

㈐ 자유주의와 민족주의의 발전

① 자유주의와 민족주의의 역사적 전개 양상을 사례별로 파악하여 서구 근대 국민 국가의 형성 과정을 이해한다.
② 19세기 미국과 러시아의 발전과 변화를 살펴보고 그 특징을 파악한다.
③ 19세기 서양에서 일어난 근대 학문, 문화, 예술의 새로운 움직임을 열거한다.
[심화 과정]
① 각국의 시민 혁명의 성격을 비교, 분석하고, 시민 사회 성립의 기본 요건에 대해 토론한다.
② 자유주의 혁명과 민족주의의 확산에 따른 주요 근대 국민 국가의 성립 과정을 비교한다.

(3) 아시아 사회의 변화와 근대적 성장

서구 열강의 침략에 대항하여 아시아의 여러 나라가 추진했던 민족 운동과 근대화 운동의 과정을 이해한다. 아시아 국민 국가 형성의 특징을 파악하고, 각 민족의 자생적 노력과 성과와 한계를 검토한다.

㈎ 동아시아의 근대적 성장

① 산업 혁명 이후 유럽 세력의 아시아 침략 과정을 17, 18세기 유럽의 아시아 진출과 비교하여 이해한다.
② 아편 전쟁 이후 중국에서 일어난 근대화 운동 과정과 신해혁명으로 공화정이 수립되게 된 배경을 이해한다.
③ 개항 이후 일본에서 일어난 개혁 운동의 전개 과정을 이해하고, 메이지 정부가 대외 침략 정책을 수행하게 된 이유를 분석한다.
④ 한국의 근대화 운동의 특징을 중국, 일본과 비교하여 설명한다.

㈏ 인도와 동남아시아의 근대화 운동

① 1600년 동인도 회사 설립 이후 인도 제국을 건설할 때까지 영국이 인도를 식민지로 만들어 간 과정을 조사하고, 영국의 지배에 대한 인도인의 대응의 변화를 탐색한다.
② 인도 국민회의를 중심으로 한 반영 운동의 전개 과정을 이해한다.
③ 동남아시아가 서구 열강의 식민지가 된 과정을 정리하고, 이를 지도상에서 확인한다.
④ 동남아시아 각 지역에서 전개된 민족 운동의 특징을 비교한다.

㈐ 서아시아의 근대화 운동

① 이집트와 오스만 제국에서 서구 제도를 도입하려는 위로부터의 근대화 운동이 실패하여 오히려 유럽 열강에게
　　침략의 기회를 제공하게 된 과정을 이해한다.
② 이란과 아랍에서 일어난 민족주의 운동의 배경과 전개 과정을 이해한다.
[심화 과정]
① 아시아 각 지역의 근대화 운동의 전개 과정을 비교하여 근대화의 의미와 성공 조건에 대하여 토론한다.

(4) 현대 세계의 전개

인류가 겪은 두 차례의 세계 대전의 원인을 파악하고, 이후 형성된 냉전 체제의 변화 과정을 이해한다. 현대 세계
의 문제점을 파악하고, 미래의 변화에 대해 종합적으로 전망하고 대비하는 태도를 가진다.

㈎ 제1차세계대전과 전후의 세계

① 독점 자본주의의 발달에 따른 자본주의 열강의 제국주의적 팽창 정책이 결국 제1차세계대전을 유발시켰음을 이
　　해한다.
② 제1차세계대전의 대립 구조와 전개 과정을 정리하고 백지도에 표시한다.
③ 전후 문제 처리 과정에서 성립된 베르사유 체제의 성격을 검토하고, 평화를 위한 노력의 사례를 조사한다.
④ 러시아에 볼셰비키 혁명이 일어난 원인과 배경을 분석하고 공산주의 국가를 이루어 가는 과정을 이해하며, 러
　　시아 혁명이 이후의 세계 역사에 미친 영향을 평가한다.
⑤ 제1차세계대전 후 아시아, 아프리카 지역에서 일어난 반제국주의 민족 운동의 의미를 토의한다.

㈏ 제2차세계대전과 전후의 세계

① 경제 공황의 발생 원인과 그 여파에 따른 전체주의의 대두 그리고 다시 세계 대전이 일어나게 된 상황과 과정
　　을 이해한다.
② 전후 냉전 체제가 형성되고 변화되어 온 과정을 파악하고 백지도에 표시한다.
③ 아시아, 아프리카의 변화, 제3세계, 유럽 공동체 등 주요한 역사 현상을 중심으로 새로운 세계 질서의 수립 과
　　정과 특징을 설명한다.

㈐ 현대 사회의 변화와 시민 생활

① 공산권의 몰락 및 자본주의 체제의 확대와 관련하여 국제 질서의 새로운 변화를 설명한다.
② 대중 사회와 대중문화의 특징을 파악한다.
③ 급변하는 현대 세계의 당면 과제에 대해 문제의식을 가지고 해결 방안을 모색한다.
④ 다가올 미래를 준비하는 민주 시민의 자질과 역할에 대해 토론한다.
[심화 과정]
① 1980년대 중반 이후 냉전 체제의 붕괴 과정을 연표로 작성하고, 소련의 해체와 동유럽 공산 국가의 몰락에 따
　　른 유럽의 변화를 백지도에 표시한다.

(5) 현대 사회와 민주 시민

역사의 변화 과정에 대한 이해를 토대로 현대 사회의 이념과 한국 사회의 여건을 비교, 분석함으로써, 일상생활에
요구되는 시민의 자세를 가진다. 나아가 가정과 학교, 지역 사회 등 일상생활 영역에서 정의, 복지를 구현하는 데 장
애가 되고 있는 현상들을 비판적으로 분석하고, 합리적인 해결 방안을 탐색한다.

㈎ 현대 사회의 과제

① 세계사의 흐름에 비추어 바람직한 시민 사회의 모습을 이해한다.
② 현대 사회가 추구하는 이념을 인간의 존엄성 존중과 삶의 질의 향상, 정의, 복지, 공동체 구현이라는 측면에서
　　당면 과제와 관련지어 설명할 수 있다.
[심화 과정]
① 사회 제도와 시민 의식 간의 격차가 심한 사례를 찾아 그 원인과 해결 방안을 탐색한다.

(내) **민주 시민의 자질과 역할**

① 시민 사회와 시민의 관계에서 참여 의식이 요구되는 이유를 추론한다.
② 민주 시민의 역할에 비추어 일상생활에서 나타나는 적합하지 못한 사례를 분석하여 해결 방안을 모색한다.
[심화 과정]
① 민주 시민의 자질과 역할에 대한 선진국과 우리나라의 사례를 비교, 분석하여 시사점을 추출한다.

(6) 개인과 사회의 발전

사회 구성원으로서의 개인과 사회와의 관계를 파악하고, 우리나라의 여러 가지 사회 문제를 해결하기 위한 방안을 탐색한다. 문화가 창조되고 전승되는 원리와 문화의 속성에 대한 이해를 토대로 민족 문화의 정체성을 유지하며, 다문화 현상을 이해한다.

(가) **인간의 사회적 성장**

① 인간의 특성을 사회화의 맥락 속에서 자아 발달 과정과 관련지어 이해하고, 청소년기의 특성과 청소년 문화를 기성세대와의 관련 속에서 탐색한다.
② 세대차의 원인과 양상을 비판적으로 탐색하는 과정을 통하여 자아 정체성을 확립한다.

(내) **인간의 사회생활**

① 지위와 역할, 사회 조직과 관료제, 사회적 불평등 현상 등 사회생활의 원리와 현상을 인식하는 데 기본이 되는 개념을 이해한다.
② 사회적인 불평등으로 인하여 나타나는 문제를 해결하는 방안을 모색하는 학습 경험을 제공함으로써 구성원과 공동체의 조화의 관점에서 역할을 수행한다.
[심화 과정]
① 일상생활에서 지위에 따른 역할을 충실히 수행하는 사례와 그렇지 못한 사례의 비교, 분석을 토대로 원인과 해결 방안을 탐색한다.

(대) **인간의 문화 창조와 문화 발전**

① 문화의 의미와 성격에 해한 이해를 통해 이문화에 대한 상대주의적 관점을 지닌다.
② 문화가 창조되고 전승되는 원리를 이해하고, 민족 문화의 고유성과 특성을 서구 문화와 비교하여 파악한다.
[심화 과정]
① 우리 민족 문화의 특성을 살리면서 변동하는 현대 사회 및 세계 문화와 조화를 이루는 방안을 탐색한다.

(7) 사회생활과 법 규범

개인 생활을 보호하는 가운데 사회 질서의 유지와 복지 및 사회 정의 실현을 지향하는 법체계를 학습자의 경험 세계와 관련지어 이해하고, 일상생활에서 부딪히는 법률문제의 해결 방안을 탐색해 봄으로써 준법 의식을 내면화하는 가운데 권리를 정당하게 행사하는 자세를 가진다.

(가) **법의 지배와 정의**

① 법치주의의 의미와 중요성을 역사적 사례 분석을 통해 이해함으로써 실질적 법치주의를 지향하는 태도를 가진다.
② 법 규범의 필요성과 이념에 대한 이해를 토대로 현실적인 법적 갈등 사례의 해결 방안을 탐색한다.
[심화 과정]
① 실질적 법치주의의 실현을 저해하는 요인을 사례를 통해 분석한다.

(내) **사회생활과 법질서**

① 법 생활의 영역이 사법, 공법, 사회법의 영역으로 구분됨을 인식하고, 각 영역의 특징과 기능을 실생활과의 관련 속에서 이해한다.
② 실생활에서의 법 적용 사례를 통해 사법(司法)의 기능과 중요성을 파악한다.
③ 사법(司法)의 과정과 절차를 파악하고, 사법 과정에서의 시민의 역할을 이해한다.
[심화 과정]
① 사회법 등장의 사회·경제적 배경을 파악하고, 사회법의 기본 원리와 특징을 이해한다.

(대) **공동체와 시민의 권리**
① 시민으로서의 사적, 공적 원리를 행사하는 방법을 파악하고, 권리 행사에 수반되는 책임과 의무를 다하는 자세를 가진다.
② 시민의 자유와 권리 보장 및 사회 공동체의 안정과 질서 유지의 맥락에서 준법의 필요성을 인식하고, 준법을 생활화하는 태도를 가진다.

〈국사 영역〉

(1) 우리나라 역사의 시작

구석기 문화에서 시작된 우리나라 선사 시대의 생활 모습을 파악하고, 고조선의 건국과 발전 그리고 철기 문화가 보급되면서 성립한 여러 국가들의 사회 모습을 살펴봄으로써 우리나라 역사의 여명기를 조망한다.

(개) **선사 시대의 생활**
① 우리 민족의 주요 생활 터전을 살펴보고, 우리 민족의 특징을 인종, 언어, 문화 등 면에서 다른 민족과 비교하여 설명할 수 있다.
② 구석기 시대의 대표적 유물인 뗀석기 등을 통하여 구석기 시대 사람들의 생활 모습을 말할 수 있다.
③ 신석기 시대의 대표적인 유적과 유물인 움집 터, 간석기, 토기(빗살무늬 토기) 등을 살펴보고, 이 시대의 사람들은 점차 농경 생활을 하면서 정착하여 살아갔음을 파악한다.
④ 청동기 시대의 대표적 유적인 고인돌이나 돌널무덤 등에서는 청동기와 민무늬 토기 등이 껴묻거리로 함께 출토되고 있음을 말할 수 있다.
⑤ 청동기 시대에는 벼농사가 시작되는 등 농경 생활이 더욱 발달하였으며, 이를 바탕으로 사회 모습이 크게 변화하였음을 이해한다.
[심화 과정]
① 신석기 시대의 사회와 청동기 시대의 사회 모습은 어떻게 다른지 비교하여 설명할 수 있다.

(내) **국가의 성립**
① 고조선은 우리나라 최초의 국가이며, 농경문화와 청동기 문화의 발달 과정에서 성립되었음을 말할 수 있다.
② 고조선은 중국 세력과 대립하면서 성장하였고, 위만이 집권한 이후에는 철기 문화가 더욱 발달하였으며, 한과의 중계 무역으로 국가의 세력이 번성하였음을 파악한다.
③ 철기 문화가 보급됨에 따라 만주와 한반도의 여러 지역에서는 부여, 고구려, 옥저, 동예, 삼한이 성립되었음을 말할 수 있다.
④ 철기 문화의 보급과 더불어 새로이 출현한 국가의 지리적 위치를 비교하여 그 특징을 설명할 수 있다.
⑤ 고조선 이후 새로이 성립한 여러 나라의 정치 모습과 사회 풍속 등은 어떠하였는지 말할 수 있다.
[심화 과정]
① 고대 농경 사회에서 제천 행사가 유행하게 된 배경과 그 성격을 추론할 수 있다.

(2) 삼국의 성립과 발전

고구려, 백제, 신라 및 가야의 성립 과정을 알아보고, 이후 각국의 대내외적 활동 모습과 신라의 삼국 통일 과정을 살펴본다. 그리하여 우리 민족의 적극적인 활동에 긍지를 느끼면서 민족사에 대한 자부심을 가진다.

(개) **삼국의 형성**
① 고구려는 태조왕 때에 국가 체제가 확립되었고, 중국과의 대립 과정에서 세력이 강화되었으며, 소수림왕 때에는 불교의 수용 등 내정을 정비하였음을 파악한다.
② 한강 유역에서 건국된 백제는 일찍부터 중국과 교류하면서 고이왕 때에 이르러 국가 체제가 갖추어졌음을 파악한다.
③ 백제는 근초고왕 때에 마한을 정복하고 요서와 산둥 지역으로 진출하여 고구려 세력을 견제하였고, 해상활동을 통해 국력을 크게 신장시켰음을 이해한다.
④ 삼국 중에서 가장 늦게 나라의 모습을 갖춘 신라는 이웃의 여러 소국들을 정복하면서 세력을 키워 갔으며, 내물왕 때에 국가의 체제를 정비하였음을 파악한다.

⑤ 변한 지방의 낙동강 유역에서 성립된 가야는 농업의 발달, 철의 생산과 수출을 바탕으로 발전하였음을 파악한다.
[심화 과정]
① 삼국은 2~4세기에 왕권을 강화하면서 점차 중앙 집권적인 국가로 발전하였음을 비교, 분석한다.

㈏ **삼국의 발전**

① 고구려는 광개토 대왕과 장수왕 때 전성기를 이루면서 동북아시아의 강대국으로 성장하였음을 말할 수 있다.
② 웅진성으로 천도한 백제는 신라와 연합하여 고구려에 대항하는 한편, 안으로는 왕권을 강화하여 정치적 안정을 이룩하려 하였음을 파악한다.
③ 신라는 사회 발전이 다소 늦었으나, 지증왕, 법흥왕, 진흥왕 때를 거치면서 국력이 크게 신장되었음을 파악한다.
④ 백제는 성왕 때 사비성으로 천도하여 중흥을 이룩하였으나 신라에 한강 유역을 빼앗김으로써 이후 국력 신장에 한계를 지니게 되었음을 이해한다.
⑤ 신라는 진흥왕 때 한강 유역을 장악함으로써 이 지역의 경제력과 위치 등을 바탕으로 삼아 삼국 통일의 기틀을 마련하였음을 이해한다.
[심화 과정]
① 삼국의 발전 과정에서 세 나라가 다투어 한강 유역을 차지하려 했던 이유를 토론하여 본다.
② 4세기 후반 이후 중국을 통해 전래된 불교가 삼국의 정치와 문화 발전에 미친 영향을 추론한다.

㈐ **신라의 삼국 통일**

① 고구려는 민족의 방파제로서 수와 당의 침략을 극복하고, 살수와 안시성 싸움에서 승리를 거두어 나라를 지켰음을 말할 수 있다.
② 백제와 고구려는 나·당 연합군에 의해 멸망하였으나, 그 후 그 유민들이 당의 지배에 맞서 부흥 운동을 일으켜 상당한 성과를 거두었음을 파악한다.
③ 신라는 고구려의 부흥 운동을 지원하면서 강한 단결력으로 당의 야욕에 맞서 나·당 전쟁에서 승리함으로써 자주적 통일을 이룩하였음을 말할 수 있다.
④ 신라의 삼국 통일로 우리 민족은 처음으로 통일 국가를 이룩하게 되었으며, 이를 계기로 민족 국가와 문화 발전의 토대가 확립되었음을 이해한다.
[심화 과정]
① 6세기 후반 이후 동북아시아의 국제 관계는 어떻게 변화되었으며, 그에 따른 국가 간의 대립과 연합 관계는 어떠하였는가를 탐구한다.

(3) 통일 신라와 발해

삼국 통일을 이룩하여 발전해 간 신라의 역사를 살펴보면서 우리 역사가 통일된 민족 국가로 성장하였음을 이해하고, 한편으로는 고구려의 문화를 계승한 발해의 역사가 가지는 민족사적 의의를 바르게 인식한다.

㈎ **통일 신라와 발해의 발전**

① 삼국을 통일한 신라는 통일된 국가를 통치하기 위해 여러 가지 제도를 새롭게 정비하였음을 파악한다.
② 통일 신라는 당과 활발한 교류를 하였으며, 그 결과 불교와 유학 및 해상 무역이 크게 발달하게 되었음을 이해한다.
③ 통일 신라 때 종교와 학문 분야에서 활약이 두드러졌던 여러 승려와 학자들의 업적을 말할 수 있다.
④ 고구려 멸망 후 그 유민들은 대조영을 중심으로 만주 지방에서 부흥 운동을 벌이면서 발해를 건국하였음을 말할 수 있다.
⑤ 발해는 9세기 전반의 선왕 때에 해동성국이라 불릴 정도로 발전하였으며, 만주의 대부분과 연해주 지역 및 한반도의 북부를 지배하였음을 파악한다.
[심화 과정]
① 발해의 건국 과정과 대외 관계 및 문화적 성격을 근거로 하여 발해가 우리 민족 국가임을 비교, 분석한다.

㈏ **신라의 동요와 후삼국의 형성**

① 통일 신라는 8세기 후반 이후 진골 귀족들의 왕위 다툼과 귀족들의 반란이 잇따라 일어나면서 혼란에 빠지게 되었음을 이해한다.
② 신라 말기 사회적 변화를 앞장서서 이끌었던 세력은 지방의 호족과 중앙의 6두품 세력이었음을 이해한다.
③ 신라 말기에는 중앙 귀족들의 부패와 농촌 사회의 궁핍으로 농민 봉기가 자주 일어났음을 이해한다.

④ 9세기에는 장보고가 완도에 청해진을 설치하여 해적을 소탕하고, 당, 일본과의 무역을 독점하면서 한때 황해의 해상권을 장악하기도 하였음을 말할 수 있다.
⑤ 신라 말기 정치의 혼란과 지방 호족 세력의 대두 그리고 빈번한 농민 봉기를 배경으로 하여 후백제와 후고구려 가 세워졌고, 이로써 후삼국 시대가 전개되었음을 이해한다.
[심화 과정]
① 신라 말 선종 불교, 유교 및 풍수 사상이 새로운 사회를 건설하는 데 이바지하였던 점에 대하여 토론하여 본다.

(4) 고려의 성립과 발전

고려 시대에 일어났던 중요한 사건들을 살펴보면서 사회 발전 모습을 바르게 파악하는 한편, 북방 민족과의 항쟁 과정에서 굳건하게 지켜 온 민족 자주성과 민족자존의 역사적 의미를 이해한다.

㈎ 고려의 발전

① 고려 태조는 민족 융합 정책과 북진 정책을 추진하고, 발해의 유민까지 포섭하여 민족의 재통일을 이룩하였음 을 이해한다.
② 고려는 성종 때 최승로의 건의에 따라 유교를 정치 이념으로 내세우고 여러 가지 제도를 정비하여 중앙집권 체제의 기반을 마련하였음을 이해한다.
③ 고려는 북진 정책을 내세우며 거란과 대결하여 서희의 외교 담판으로 강동 6주를 회복하였고, 귀주 대첩으로 거란과의 전쟁에서 승리를 거두었음을 말할 수 있다.
④ 고려는 여진족을 토벌하여 9성을 쌓았으나, 후일 여진족이 세운 금이 강성해지자 금의 압력을 받기도 하였음을 이해한다.
[심화 과정]
① 고려 전기 송나라에 대한 친선 정책과 거란, 여진에 대한 북진 정책의 배경을 정치, 경제, 문화적 측면에서 탐구한다.

㈏ 무신 정권의 성립

① 고려 중기에 이르러 일부의 문벌 귀족들이 권력을 독점함으로써 사회 모순이 커졌으며, 이러한 가운데 이자겸의 난이 일어났음을 이해한다.
② 풍수지리설을 이용하여 서경 천도를 주장한 묘청 등의 서경 천도 운동이 가진 역사적 의의를 말할 수 있다.
③ 무신 정변은 문신들의 무신 차별 대우로 일어났으며, 이후 고려는 무신 정권 시대가 전개되었음을 말할 수 있다.
④ 무신 정권이 수립된 후, 신분의 향상을 요구하거나 지배층의 수탈에 항거하는 저항 운동이 각지에서 일어났음을 파악한다.
[심화 과정]
① 무신 정변을 계기로 변화된 고려 사회의 성격을 비교, 분석한다.

㈐ 몽고와의 전쟁과 자주성의 회복

① 고려는 몽고로부터 여러 차례 침입을 받았으나 수도를 강화도로 옮겨 줄기찬 대몽 항쟁을 벌였음을 파악한다.
② 고려는 몽고와 강화한 후 일본 원정에 협력을 강요당하고 일부 영토를 상실하였으며, 내정 간섭을 받게 되었음을 이해한다.
③ 권문세족은 권력과 농장을 소유한 보수적 집권층이었고, 신진 사대부들은 지방의 중소 지주 출신으로서 개혁을 주장한 신흥 세력이었음을 이해한다.
④ 공민왕은 원과 명의 교체기를 틈타 밖으로는 반원 자주 정책을 추진하였으며, 안으로는 과감한 개혁 정치를 시도하였음을 파악한다.
⑤ 고려 말에는 홍건적과 왜구의 침입 등으로 큰 시련을 겪었으며, 홍건적과 왜구를 격퇴하는 과정에서 최영과 이성계 등 무인 세력이 대두하였음을 파악한다.
[심화 과정]
① 고려 후기 원과의 문물 교류가 고려 사회의 문화에 미친 영향을 비교, 분석한다.

(1) 민주 정치와 시민 참여

민주주의의 기본 이념과 민주 시민의 역할을 민주주의 발전의 역사적 맥락에 비추어 이해하고, 민주주의의 기본 제도와 기능을 현실 정치의 동태적 과정과 관련지어 파악하며, 이를 토대로 정치 과정에 적극 참여하고 정치 발전에 이바지하는 시민의 자질을 기르는 데 중점을 둔다.

㈎ 민주주의의 발전과 시민의 역할

① 민주주의의 기본 이념과 원리를 역사적 맥락에서 탐색함으로써, 민주 정치 제도의 의미와 의의를 시민의 자유와 원리의 실현이라는 관점에서 인식한다.
② 시민의 권리와 정치권력의 관계에 대한 비판적인 토론을 통해 바람직한 정치 생활의 모습을 이해하고, 요구되는 시민의 역할을 수행하려는 자세를 가진다.
[심화 과정]
① 민주주의가 변천하는 과정에서 시민의 자유, 권리와 국가 권력은 어떠한 관계에 있었는지를 정치 형태와 생활 방식의 두 측면에서 종합적으로 이해한다.

㈏ 민주 정치의 기본 제도와 기능

① 학급이나 학교의 일을 학생이 스스로 결정하고 실천하기 위해서는 어떤 원칙과 제도가 필요한 것인지에 관하여 토론한다.
② 민주 정치의 기본 제도로서의 의회제, 선거제, 정당제, 지방 자치제 등 이념과 원리를 이해하고, 이러한 제도들의 기능을 실제 생활 경험이나 사례 등과 관련지어 파악한다.
③ 실제 생활의 구체적 사례인 지방 자치 정부의 정책 사례 등을 분석하여 정책 결정과 집행의 절차를 파악한다.
[심화 과정]
① 정부 기관(입법, 사법, 행정 기구)과 국민의 기능적인 관계를 분석하고, 이들 간의 바람직한 관계를 탐색한다.

㈐ 정치 과정과 시민 참여

① 개인이나 집단이 지니는 다원적인 이익의 입장들이 표출되고 집약되어 사회 통합에 이르게 되는 정치화의 과정을 실생활에서의 사례들과 관련지어 파악한다.
② 정치 과정에서 선거, 언론과 여론, 이익 집단, 정당 등이 지니는 의의와 기능을 이해한다.
③ 현실적인 사례 분석을 통해 시민의 정치 참여의 방법을 이해하고, 시민으로서 정치 과정에 참여하는 태도와 필요한 능력을 기른다.
[심화 과정]
① 정치 과정에서의 시민 참여에 따르는 순기능과 역기능을 구체적인 사례의 분석을 통하여 파악하고, 역기능을 해소하는 방법과 시민의 자세를 가진다.

㈑ 민주 정치의 발전 과제

① 우리나라 민주 정치의 발전을 위해 해결해야 할 문제가 무엇인지 설문 조사를 해 보고, 해결 방안에 대해 토의한다.
② 정치 발전을 위해 정부와 시민이 해야 할 정치적 행태를 탐색한다.

(2) 민주 시민과 경제생활

인간 생활에서 경제 활동이 차지하는 의미와 현대 사회의 자유 시장 경제 체제가 어떻게 운영되는지 그 원리를 이해하여, 우리의 경제 현실을 바르게 볼 수 있는 능력과 개인과 사회가 당면하고 있는 경제 문제를 합리적으로 해결할 수 있는 능력과 태도를 기른다.

㈎ 경제 문제의 합리적 해결

① 경제는 인간 생존을 위한 필요(need)와 문화적인 삶을 위한 욕구(want)를 충족시키기 위한 물질적 토대를 제공함을 이해한다.
② 희소성, 기회비용, 비용 – 편익 등 기본 개념을 적용하여 경제 문제를 해결하기 위한 합리적 선택의 조건을 설명

하고, 학습자가 경험하는 현실 경제 사례에 적용하여 의사를 결정한다.
[심화 과정]
① 환경오염이 물과 공기를 얻는 방법에 어떤 변화를 일으켰는지 그리고 이러한 변화가 나타난 이유는 무엇인지 경제학적 기본 개념을 사용하여 설명한다.

(나) 경제 체제의 변천 과정

① 생산(분업), 교환, 분배 등 경제 활동의 역사적 변천 과정을 이해하여 자유 시장 경제 체제가 나타나게 된 배경을 파악한다.
② 중세까지의 농경사회, 근대 이후의 산업 사회, 미래의 정보 사회는 각각 농업, 공업, 정보 산업을 기본 축으로 하여 운영되고 있다는 사실을 이해한다.
③ 근대 사회에 와서 경제적 자유와 창의를 바탕으로 하는 시장 경제 체제가 나타났다는 맥락에서 시장 경제의 장점을 이해한다.
④ 미래 경제에는 국제화와 정보화 등을 통하여 세계 시장을 대상으로 하는 새로운 산업이 나타나게 되는데, 그에 따라서 인간의 생활이 어떻게 변해 갈지를 예측해 본다.
[심화 과정]
① 미래 사회에는 어떤 독창적인 상품이 소비자의 수요를 이끌어 낼 수 있을지를 예측해 보고, 그 상품을 개발하기 위한 전략을 세워 본다.

(다) 민주 시민의 경제적 구실

① 일상적인 소비 활동을 소재로 하고, 개인의 소비와 국민 경제, 소비와 저축, 올바른 소비 형태, 소비자 선택(주권, 투표) 등 개념을 활용하여 민주 시민이 해야 될 소비자 구실의 방향을 설명한다.
② 생산 활동에 참여하는 근로자, 기업가로서 자기 이익을 추구하면서도 사회 공공의 이익에 공헌할 수 있는 방법이 무엇인지를 설명하고, 그 방법을 현실 사례에 적용하여 제기되는 문제를 해결하기 위한 대책을 세워 본다.
③ 시민이 국가 구성원으로서 해야 될 경제적 일을 '납세자, 선거권자, 정부 정책 결정자'의 처지에서 찾아보고, 그것을 적용하여 관련되는 경제 문제에 대한 대안을 제시한다.
[심화 과정]
① 신문 자료를 이용하여 우리 사회의 쟁점이 되는 경제 문제를 찾아, 경제, 정치, 법, 문화 및 다른 나라와의 관계 등 다양한 면을 고려해서 대응 방안을 제시한다.
② 개인의 소비와 국가 경제 상황, 국산품과 외래품, 과소비 등 쟁점 사항에 대한 다양한 견해를 조사해서 민주 시민의 행동 원칙을 강령으로 제시한다.

(3) 시장 경제의 이해

우리 사회의 체제 질서인 시장 경제 원리와 그 운영 상황을 가격 기구의 기능을 중심으로 인식하고, 시장 경제의 한계를 극복하여 공동체의 이익을 증진시키기 위한 대안을 탐색한다.

(가) 시장 경제의 특성

① 가계, 기업, 정부의 경제 주체별로 시장 경제를 움직이는 원칙과 그 과정의 특성을 이해한다.
② 시장 경제의 제도적 원칙인 사유 재산권, 경제 활동의 자유, 사적 이익의 추구 등을 헌법의 기본권과 경제 조항에서 근거를 찾아 그 의미를 설명한다.
[심화 과정]
① 우리 사회의 경제 문제 사례를 근거로 하여, 시장 경제가 안고 있는 문제점을 분석하고 그에 대한 대책을 제시한다.

(나) 가격의 결정과 변동

① 시장 경제 활동에 신호등 구실을 하는 시장 가격이 어떻게 결정되고 변동하는지를 이해한다.
② 일상생활에서 사용하고 있는 상품의 수요·공급을 예로 들어, 가격이 어떻게 결정되는지를 설명한다.
③ 공산품, 농·수산물 및 서비스 상품을 예로 들어, 시간과 장소에 따라 가격이 변동하는 과정을 설명한다.
④ 소비자와 생산자는 상품 가격 변동에 따라 어떻게 반응하는지를 자신의 경험과 주위의 기업 사례를 들어 설명하고, 가격 기능의 중요성을 종합적으로 평가한다.
[심화 과정]
① 도시의 교통 문제, 주택 문제, 사교육(과외) 문제 등 현실 사회 문제를 선정하여 가격 기구에 의한 해결 방안을

제시한다.

㈐ 시장 경제의 발전 과제

① 시장 경제는 자유 경쟁을 기본으로 하지만, 경쟁이 불공정하게 이루어지면 비능률과 갈등이 발생하여 시장경제가 제 기능을 발휘하지 못한다는 점을 토대로 하여 공정한 경쟁질서 유지의 필요성을 이해한다.
② 경쟁 질서를 공정하게 유지하기 위해 우리 사회에서 개선해야 될 제도나 행태를 조사와 토론을 통해 종합적으로 제시한다.
③ 시장 경제가 개인의 이익 추구를 바탕으로 하지만, 과도한 사익 추구는 사회적 갈등과 경제적 비효율을 초래한다는 사실을 이해하고, 이와 관련된 사례를 들어 공동체 의식을 실현할 수 있는 방법을 모색한다.
[심화 과정]
① 신문 자료를 이용하여 불공정한 경쟁 사례를 찾아 그 폐해가 무엇인지를 분석하고, 공정한 경쟁 질서를 유지하기 위해 고쳐야 할 문제는 무엇인지를 추출한다.

(4) 현대 사회의 변화와 대응

다원화, 개방화, 정보화되는 현대 사회의 특성과 변동 요인을 종합적인 관점에서 이해하고, 한국 사회의 변동 과정과 발전 과제를 알아본다. 또, 산업화, 정보화에 따른 사회 문제에 대한 이해와 이를 해결할 수 있는 능력과 태도를 기른다.

㈎ 현대 사회의 변동 특성

① 현대 사회의 변동 특성과 변동의 요인을 종합적으로 파악한다.
② 사회 변동 과정에서 인간의 주체성과 대응 자세가 차지하는 역할을 이해하고, 사회 변동을 제어하고 조절하려는 태도를 가진다.
③ 현대 사회 변화의 기본적 경향과 요인을 종합적인 관점에서 이해하고, 인류가 당면한 과제에 대한 문제의식과 미래 사회에 대한 비전을 가진다.
[심화 과정]
① 급속한 변동 시대를 맞이하여 세계 각국이 어떻게 대응하는지를 대중 매체나 인터넷을 통하여 파악하고, 우리의 대응 방식을 비판하여 본다.

㈏ 한국 사회의 변동과 발전

① 광복 후 우리나라 사회가 변동해 온 과정을 체계적으로 파악한다.
② 한국 사회가 당면한 과제에 대한 문제의식과 미래 사회에 대한 비전을 가진다.
[심화 과정]
① 소집단별로 나누어 법 생활, 정치 생활, 경제생활 등 측면에서 시급히 해결해야 할 과제와 대책을 탐색한다.

㈐ 현대 사회의 사회 문제

① 사회 변동과 사회 문제의 개념을 이해한다.
② 산업화, 정보화 과정에서 여러 가지 사회 문제가 발생하였음을 이해한다.
③ 여러 가지 갈등과 문제들을 종합적인 관점에서 이해하고, 합리적으로 해결하려는 능력과 태도를 기른다.
[심화 과정]
① 우리나라가 당면하고 있는 사회 문제들을 조사해 보고, 그 해결 방안에 대하여 토의해 보자.

(5) 자원 개발과 공업 발달

자원의 의미와 분포, 이동과 소비 현황을 파악하고, 자원의 효율적 이용 방안을 모색한다. 공업의 입지 조건과 주요 공업 지역의 분포를 살펴보고, 자원 개발과 공업화로 인하여 발생하는 문제에 대하여 관심을 가지고 그 해결 방안을 찾아본다.

㈎ 자원의 분포와 이동

① 자원의 의미를 파악하고 주요 자원의 분포 현황을 알아본다.
② 주요 자원의 수출입에 대하여 조사하고, 이동 경로를 알아본다.

[심화 과정]
① 1970년대에 발생하였던 유류 가격 파동에 대하여 알아보고, 이것이 우리나라 경제에 미쳤던 영향을 살펴본다.

(내) **자원의 이용과 자원 문제**

① 세계 주요 자원의 가채 연수를 조사하고, 고갈 자원에 대비한 자원 개발 및 자원 재활용 방안을 논의한다.
② 우리나라의 주요 식량 자원과 동력 자원의 수입량 추이를 살펴보고, 자원 절약 방안을 찾아본다.
③ 자원의 개발과 이용으로 발생하는 환경 문제의 사례를 들어 문제를 완화할 수 있는 방안을 찾아본다.
[심화 과정]
① 대체 에너지 자원의 개발과 이용에 대하여 조사한다.

(대) **공업 발달과 공업 지역의 형성**

① 공업의 입지 조건을 파악하고 주요 공업 지역의 분포를 살펴본다.
② 우리나라의 공업 발달 과정 및 특색을 이해한다.
③ 공업 발달에 뒤따르는 환경 문제를 조사하고, 이를 해결하기 위한 노력을 알아본다.
[심화 과정]
① 환경 문제를 해결하기 위한 국제적 노력의 사례를 조사하고, 환경을 보전하는 태도를 기른다.

(6) 인구 성장과 도시 발달

산업화 이후에 나타나는 급격한 인구 성장과 도시화 현상을 파악하며, 이로 인하여 발생하는 여러 가지 문제를 인식하고 이를 완화할 수 있는 방법을 찾아본다.

(가) **인구 성장과 인구 이동**

① 인구 성장 추이를 살펴보고, 경제 발달 단계와 관련지어 설명한다.
② 인구 분포 패턴을 파악하고, 인구 분포 요인을 알아본다.
③ 인구 이동 현상을 살펴보고, 인구 이동 원인과 관련지어 설명한다.
[심화 과정]
① 1960년대 이후 우리나라에서 나타난 인구 이동 현상을 살펴보고, 그 원인을 찾아본다.

(내) **도시의 발달과 분포**

① 도시의 의미를 파악하고, 도시 발달 과정과 도시화 현상을 이해한다.
② 주요 도시의 위치를 찾아보고, 도시 분포에 영향을 끼치는 요인을 조사한다.
[심화 과정]
① 우리나라 도시화 과정을 공업화와 관련지어 설명한다.

(대) **인구 및 도시 문제**

① 지역에 따라 다르게 나타나는 인구 문제를 파악하고, 그 해결 방안을 논의한다.
② 인구의 도시 집중으로 인하여 발생하는 도시 문제를 파악하고, 그 해결 방안을 제시한다.
[심화 과정]
① 대도시의 대기 오염 측정 자료를 이용하여 대기 오염의 변화 추이를 살펴보고 그 원인을 조사한다.

(7) 지구촌 사회와 한국

교통, 통신의 발달에 따라 국가 간의 교류가 늘어 가고 상호 의존 관계가 심화되어 있는 한편, 갈등과 분쟁이 상존하고 있음을 이해한다. 또, 미래 예견에 대한 관심을 가지고, 우리나라와 세계의 미래를 전망하여 이에 대응하여야 할 과제를 다각도로 모색해 보고, 나아가 국토 통일 및 우리 민족의 발전 과제에 대하여 알아본다.

(가) **지역 간의 교류와 갈등**

① 교통, 통신의 발달 및 정보화로 인한 지역 간, 국가 간 상호 교류가 확대되면서 상호 의존이 보다 심화되고 있음을 파악한다.
② 정보화, 세방화에 의한 경제 및 문화 교류 기회의 증대로 지구촌 시대에는 그 어느 때보다 국제적 협력과 국제 활동에의 참여가 필요한 것을 인식한다.

㈏ **미래 사회의 전망과 대응**
① 인간의 미래에 대한 호기심과 예견의 시도에는 어떠한 것이 있는가를 주변 생활 속에서 파악한다.
② 세계와 한국의 미래는 어떻게 전개될 것인지 살펴보고, 개인적 또는 사회적 대응 방안을 탐색한다.
③ 세계화 시대를 맞이하여 세계 시민이 갖추어야 할 시민성이 무엇인지를 알고, 미래 시민이 되기 위해 준비하는
  자세를 가진다.
[심화 과정]
① 우리나라와 세계의 20년 후의 모습을 예견해 보고, 그때를 대비한 자기 자신의 20년 계획을 세워 발표한다.

㈐ **우리 민족의 발전 과제**
① 남북 분단의 배경과 분단 이후의 남북 관계 그리고 화합과 협력을 위한 노력을 이해하고 민족 통일 방안을 알
  아본다.
② 국토 통일이 북방 진출, 대외 교역로 확보, 개발 잠재력의 신장 측면에서 가지는 의미를 파악한다.
③ 현대 세계의 특성과 이에 따른 사회적 특성을 이해하고, 미래에 대한 예측을 토대로 하나뿐인 지구의 보존, 지
  속가능한 개발 등 앞으로의 과제를 파악한다.
[심화 과정]
① 북한 주민과 남한의 언어, 의식, 생활 풍습 가운데 동질적인 것과 이질화되어 있는 것을 비교하고, 이질화를 극
  복할 수 있는 방안을 토의해 본다.

〈국사 영역〉

(5) 조선의 성립과 발전

조선의 성립과 발전 과정에서 일어났던 여러 사건들을 살펴보면서 조선 사회의 특성과 발달 모습을 파악하고, 왜
란과 호란의 극복 과정을 통하여 국력이 국가 안위에 중요한 바탕이 되었음을 이해한다.

㈎ **조선의 성립**
① 조선 왕조는 고려 말의 사회 혼란 속에서 새로운 사회를 추구하는 신진 사대부와 위화도 회군으로 정치·군사
  적 실권을 잡은 이성계 등 무인 세력에 의해 건국되었음을 이해한다.
② 조선은 건국 후 곧 한양으로 천도하였으며, 이후 한양은 600년 이상 우리나라의 정치, 경제, 문화의 중심지로
  자리잡아 왔음을 말할 수 있다.
③ 조선은 명과 친선 관계를 유지하여 정치적 안정을 꾀하고, 경제적, 문화적 실리를 취하는 외교 활동을 폈음을
  이해한다.
④ 세종 때 압록강, 두만강 유역의 여진족을 몰아내고 4군 6진을 설치하였는데, 이로써 국토가 확장되어 압록강과
  두만강으로 국경선이 정해지게 되었음을 파악한다.
⑤ 조선 초기에는 전통문화에 대한 관심과 단군 신앙이 고조되는 등 민족의식이 성장하였으며, 이를 배경으로 하
  여 창제된 훈민정음은 민족 문화 발달의 토대가 되었음을 이해한다.
[심화 과정]
① 고려가 문벌 귀족 사회이고 불교 사상을 기반으로 하는 사회였음에 비하여, 조선은 양반 관료 사회이고 유교
  사상을 기반으로 하는 사회라는 점에서 큰 차이가 있음을 추론한다.
② 조선은 일본의 여진에 대해서는 교린 정책을 써서 무역을 허용하였으나 때로는 정벌을 단행하여 침입에 대비하
  기도 하였음을 토론한다.

㈏ **사림 세력의 성장**
① 15세기 말 성종 때부터 영남 지방의 사림들이 새로운 정치 세력으로 등장하게 되었음을 이해한다.
② 사림은 훈구파 세력과 대립하였으며, 연산군 즉위 후에는 훈구 세력에 의해 사화가 일어나 사림들이 많은 피해
  를 입었음을 파악한다.
③ 중종 때 조광조 등은 의욕적으로 사림의 정치 이상을 실현하고자 하였으나, 뜻을 이루지 못했음을 파악한다.
④ 서원은 향약과 함께 사림의 세력 기반이 되었음을 설명할 수 있다.
[심화 과정]
① 조선은 경국대전의 편찬으로 유교적 관료 국가로서의 체제를 정비하였음을 추론한다.

㈐ **왜란, 호란의 극복**
① 왜란이 일어나자 각지에서 일어난 의병의 활동, 이순신이 이끈 수군의 활약, 재편성된 관군의 반격 등 온 국민의 구국 항쟁으로 국난을 극복하였음을 파악한다.
② 왜란 후 일본의 도쿠가와 막부의 요청으로 국교가 재개되었고, 조선에서 파견된 통신사는 일본의 문화 발전에 크게 도움을 주었음을 이해한다.
③ 광해군은 국제 정세의 변화에 능동적으로 대처함으로써, 명과 후금 사이에서 신중한 중립적 외교를 추진하였음을 이해한다.
④ 인조반정 후 조선의 대외 정책은 친명 배금 정책으로 바뀌었고, 이후 호란을 겪게 되었음을 이해한다.
⑤ 여진족에 대해 문화적 우월감을 가지고 있던 조선에서는. 호란 후 청에 대한 적개심이 고조되어 청을 치자는 북벌론이 제기되었음을 말할 수 있다.
[심화 과정]
① 인조반정 후 정권을 장악한 사림 세력은 대의명분을 존중하는 성리학 정신에 충실하여 친명 배금의 대외 정책을 실시하게 되었음을 이해한다.
② 왜란과 호란의 양 난은 조선은 물론 동아시아의 국제 정세에도 큰 변화를 가져왔음을 역사 지도를 이용하여 설명한다.

(6) 조선 사회의 변동

조선 후기에 정치·사회적 모순이 심화되면서 이를 극복하려는 실학자들의 노력이 나타났음을 이해하고, 수취 체제의 문란에 항거하여 전개된 농민들의 저항을 통하여 조선 사회가 안고 있던 문제점을 바르게 인식한다.

㈎ **붕당 정치와 탕평책**
① 붕당 정치는 정치의 활성화에 이바지한 면도 있었으나, 붕당 간의 대립이 심해지면서 큰 폐해를 끼쳤음을 이해한다.
② 붕당 정치의 폐단으로 인해 정치 기강이 문란해지고 왕권이 약화되자. 영조와 정조는 각 붕당을 고루 등용하는 탕평책을 실시하였음을 파악한다.
③ 양반 사회의 모순이 커져 민생이 어려워지자, 사회 현실에 대한 반성을 바탕으로 새로운 학문 운동인 실학이 일어났음을 이해한다.
④ 실학자들 중에는 우리의 것을 제대로 알려는 의도에서 국학을 연구한 학자들이 많아 그 결과 역사학, 지리학, 국어학 등에서 큰 진전을 보았음을 파악한다.
[심화 과정]
① 실학자들의 사회 개혁 사상으로는 농촌 사회의 안정을 위하여 토지 제도의 개혁을 주장하는 중농학파와 상공업의 진흥과 기술의 도입을 주장하는 중상학파가 있었음을 비교, 분석한다.

㈏ **세도 정치와 농민의 저항**
① 세도 정치로 인한 정치 기강의 문란과 사회적 모순의 심화 등으로 평안도 농민들이 홍경래의 주도하에 저항하였음을 파악한다.
② 삼정의 문란, 탐관오리의 수탈, 거듭되는 재해 등으로 견딜 수 없게 된 농민들은 각처에서 저항하였으며, 특히 철종 때에는 전국 각지에서 봉기하였음을 파악한다.
③ 천주교는 오랫동안 걸친 학문적 연구를 통하여 자발적으로 수용되었다는 데 그 특색이 있음을 파악한다.
④ 농촌 사회의 고난과 서양 세력의 접근에 대응하여 민족적, 민중적 종교인 동학이 일어나 농민들 사이에 급속히 전파되었음을 이해한다.
⑤ 천주교와 동학의 사상은 양반 사회의 통치 질서를 부정하는 것으로 인식되어 박해를 받았음을 이해한다.
[심화 과정]
① 조선 후기 예언 사상과 민간 신앙 그리고 천주교와 동학 등 새로운 종교가 유포될 수 있었던 정치·사회적 배경을 탐구할 수 있다.

(7) 개화와 자주 운동

안으로는 부패한 양반 사회에 대한 농민의 저항이 커져 가고 밖으로는 서양 세력이 침략적으로 접근해 오던 19세기 후반의 위기 상황을 이해하고, 개항 이후 개화와 보수의 갈등, 외세의 침략과 그에 대한 저항으로 이어진 민족사의 전개 과정을 파악한다.

⑦ **흥선대원군의 정치**

① 19세기 중엽, 안으로 세도 정치와 부패한 양반 사회에 대한 농민의 저항이 커져 가고, 밖으로 서양 세력이 접근해 오던 시기에 흥선대원군이 집권하였음을 이해한다.
② 흥선대원군의 개혁 정치는 왕권을 강화하고 농민의 생활을 안정시켜 조선 왕조의 통치 체제를 재정비하는 데 의도가 있었음을 이해한다.
③ 흥선대원군은 두 차례의 양요에 적극적으로 대처하였으며, 양요 후에는 척화비를 세워 더욱 강경하게 대처하였음을 파악한다.
④ 흥선대원군의 대외 정책이 가지는 역사적 의미를 설명할 수 있다.
[심화 과정]
① 흥선대원군의 통상 수교 거부 정책이 국민 대다수로부터 큰 지지를 받았던 배경을 추론할 수 있다.

⑭ **개항과 개화 운동**

① 강화도 조약은 우리나라 최초의 근대적 조약이나, 일본의 강압에 의해 맺은 불평등 조약이었음을 이해한다.
② 박규수 등은 문호를 개방하여 서양과 통상을 하고 서양의 과학 기술을 받아들일 것을 주장하는 개화사상을 가졌고, 이 사상은 후에 김옥균 등에 영향을 주었음을 말할 수 있다.
③ 개화 정책에 반대하여 전개된 위정척사 운동은 민족의 자주성과 전통문화를 지키려는 것이었으나, 새로운 사회로의 발전을 꾀하는 시대적 요구에 따르지 못한 면도 있었음을 이해한다.
④ 개화와 척사의 대립, 흥선대원군 세력과 민씨 세력의 대립 속에서 임오군란이 일어났으며, 이후 청의 내정간섭이 강화되었음을 이해한다.
⑤ 갑신정변은 개화당이 자주적 근대 국가를 이룩하기 위해 일으킨 것이었으나 국민적 지지를 얻지 못했고, 청이 무력적으로 개입함에 따라 실패하였음을 파악한다.
[심화 과정]
① 강화도 조약의 주요 내용을 통하여 조약의 불평등성과 일본의 침략성을 추론할 수 있다.
② 갑신정변을 일으킨 개화당 세력이 추구하였던 정치적 목표가 무엇이었는지 설명할 수 있다.

⑭ **동학 농민 운동과 갑오개혁**

① 갑신정변 이후, 우리나라의 주변 정세는 청과 일본이 대립하는 가운데 러시아와 영국 세력도 한반도에 끼어들어 매우 복잡해졌음을 이해한다.
② 개항 이후의 일본의 경제적 침투 모습을 살펴보고, 조선이 이에 어떻게 대응하였는가를 파악한다.
③ 탐관오리의 학정에 대한 저항에서 시작된 동학 농민 운동은 반외세의 민족 운동으로 발전하였으나 보수적 집권층의 탄압과 일본군의 개입으로 실패하였음을 이해한다.
④ 갑오개혁은 우리나라가 근대 사회로 발전하는 계기가 되었으나, 너무 성급히 추진되었고 일본의 간섭으로 국민들의 지지를 받지 못하여 기대했던 성과를 거두지 못했음을 이해한다.
[심화 과정]
① 동학 농민 운동이 반봉건적, 반침략적 근대 민족 운동의 성격을 지니고 있음을 추론할 수 있다.
② 갑오개혁은 일본 제국주의의 세력에 의하여 강요된 면도 있었으나, 전통 질서를 타파하려는 근대적 개혁이었음을 분석할 수 있다.

(8) 주권 수호 운동의 전개

19세기 이후의 민족사적 과제는 근대화의 추진과 동시에 외세의 침략으로부터 주권을 수호하려는 과정이었음을 이해하고, 이 시기에 전개된 민족의식의 고취와 자주권의 수호를 위한 민족적 노력을 파악하여 국가적 위기를 극복하려는 자세를 가진다.

⑦ **독립 협회와 대한 제국**

① 초기의 항일 의병 운동은 을미사변과 단발령에 반발하여 시작되었음을 설명할 수 있다.
② 아관 파천으로 우리의 자주권이 크게 손상되고, 또한 많은 이권이 열강에 침탈당하였음을 파악한다.
③ 독립 협회는 자주·민권·자강 운동을 전개하였던 최초의 민간 정치 단체였으며, 신문의 발행, 민중 집회 등을 통하여 국민 계몽에 힘썼음을 말할 수 있다.
④ 독립 협회가 개최한 만민 공동회에서는 외세 의존적인 정치를 비판하고, 근대적인 의회 정치를 요구하였음을 이해한다.
⑤ 대한 제국은 독립 국가의 면모를 갖추고 산업과 교육의 진흥에 힘썼으나 큰 성과를 거두지는 못했음을 이해한다.

[심화 과정]
① 독립 협회의 지도층은 갑신정변과 갑오개혁이 민중의 지지 기반이 없어서 실패로 끝난 사실을 거울삼아, 우선
  적으로 민중을 일깨우기 위한 운동을 벌였음을 추론할 수 있다.

㈏ 일제의 침략과 의병 전쟁

① 러·일 전쟁에서 승리한 일본은 을사조약을 강요한 후 통감부를 설치하여, 우리나라에 대한 침략을 본격적으로
  전개하였음을 이해한다.
② 우리 민족은 일제의 국권 침탈에 대항하여 의병 전쟁, 의사와 열사의 의거 등 주권 수호 운동을 활발히 전개하
  였음을 파악한다.
③ 일제는 헤이그 특사 사건을 구실 삼아 고종을 강제로 퇴위시키고, 이어서 군대를 강제로 해산시키는 등 주권
  침탈을 자행하였음을 파악한다.
④ 일제는 러·일 전쟁 중에 독도를 불법적으로 일본 영토에 편입시켰고, 청과 간도 협약을 맺어 우리 민족의 생
  활 터전이었던 간도를 청에 넘겨 준 사실을 파악한다.
[심화 과정]
① 한말 항일 의병을 주도하였던 유학자들이 지니고 있었던 사상적 한계가 무엇인지를 토론한다.

㈐ 애국 계몽 운동

① 애국 계몽 운동은 지식인들이 사회·문화적 활동을 통하여 나라를 지키려는 실력 양성 운동으로 여러 분야에
  걸쳐 활발하게 진행되었음을 말할 수 있다.
② 보안회, 신민회 등 애국 계몽 운동 단체가 전개한 활동상을 이해한다.
③ 민족 신문은 구국 운동의 전개와 근대 문화의 발전에 공헌하였는데, 독립신문 이후에 발간된 신문으로는 황성
  신문, 대한매일신보 등이 있었음을 파악한다.
④ 다수의 근대 학교들이 설립되어 민족의식을 고양하면서 주권을 지키고 나라를 부강하게 하려는 애국 계몽 운동
  에 앞장섰음을 이해한다.
⑤ 국채 보상 운동은 경제적 민족 운동의 성격을 지닌 것으로, 국민들의 호응을 받아 전국적으로 추진되었으나 일
  제의 방해로 중단되었음을 말할 수 있다.
[심화 과정]
① 을사조약 이후 개화 세력의 민족 운동은 국권 회복을 위한 실력 양성 운동, 곧 애국 계몽 운동으로 전개되었음
  을 탐구한다.

(9) 민족의 독립 운동

  일제의 무력 침략으로 국권을 강탈당한 우리 민족은 가혹한 식민 통치를 받았으나, 국내외에서 국권 회복과 독립
을 위한 투쟁을 끈질기게 전개하였음을 파악함으로써 민족 운동가들의 독립 정신과 애국심을 본받는다.

㈎ 민족의 수난

① 국권 강탈 이후, 일제는 식민 통치의 중추 기관으로 조선 총독부를 설치하여 한민족에 대한 정치적 탄압과 경
  제적 착취를 자행하였음을 말할 수 있다.
② 1910년대에 일제는 이른바 토지 조사 사업을 내세워 대규모의 토지를 약탈하였고, 이로 인해 우리 농민들은 농
  촌을 떠나거나 소작인으로 전락하는 고통을 겪게 되었음을 이해한다.
③ 3·1운동 후 일제는 식민 통치 정책을 바꾸어 민족의 이간 분열 통치를 실시하였고, 특히 이 시기에는 미곡의
  수탈이 강화되었음을 이해한다.
④ 일제는 1930년대 이후 대륙 침략을 강행하면서 물적, 인적 자원의 수탈을 강화하였고, 나아가 우리 민족을 말살
  시키려는 정책을 실시하였음을 이해한다.
[심화 과정]
① 일제의 식민지 경제 정책은 한국을 일본의 상품 시장과 원료 공급지로 삼아 이중으로 수탈하는 것이었음을 추
  론한다.

㈏ 3·1운동

① 민족 자결주의는 열강의 지배를 받던 약소민족에게 커다란 영향을 끼쳤고, 이러한 세계정세의 변화를 바탕으로
  하여 3·1운동이 일어났음을 이해한다.
② 3·1운동은 우리 민족의 독립 정신과 역량을 국내외에 보여 준 거족적인 투쟁이었으며, 이는 간도와 연해주 등
  지로도 확대되었음을 말할 수 있다.

③ 대한민국 임시 정부는 우리나라 최초의 민주 공화 정부로서 국내외의 독립 운동을 하나로 통합하여 보다 적극적으로 항일 독립 전쟁을 전개하였음을 이해한다.
[심화 과정]
① 3·1운동은 전 민족이 참여한 대규모의 독립 운동이었으며, 그때까지의 민족 독립운동을 새로운 단계로 전환시킨 중요한 분기점이 되었음을 이해한다.

㈐ **독립 전쟁의 전개**

① 국권 침탈 이후 만주와 연해주에서는 무장 독립군 활동, 구국 교육 활동, 독립 운동 기지의 건설 등 독립운동이 활발하게 전개되었음을 파악한다.
② 독립군 부대들은 무장 투쟁이라는 적극적인 방법으로 일본군과 맞서 싸웠는데, 봉오동 전투와 청산리 전투는 독립군 투쟁 중 가장 빛나는 승리였음을 말할 수 있다.
③ 3·1운동 이후 애국지사들은 항일 조직을 결성하여 일제 식민지 통치 기관을 폭파하거나 국내외에서 일제의 요인을 처단하는 등 투쟁을 계속했음을 파악한다.
④ 대한민국 임시 정부는 한국광복군을 편성하여 연합군과 함께 항일 독립 전쟁을 수행하였으며, 국내 진입작전을 준비하기도 하였음을 파악한다.
[심화 과정]
① 의열단과 애국단 등 항일 애국 단체가 조직된 배경을 이해하고, 그 단체들에 의해 전개된 항일 의거 투쟁내용을 파악한다.

㈑ **국내의 민족 운동**

① 3·1운동 후 국내에서의 민족 운동의 실력을 양성하는 방향으로 나아갔는데, 그중 가장 대표적인 운동으로는 물산 장려 운동과 민립 대학 설립 운동이 있었음을 이해한다.
② 6·10만세운동과 광주학생항일운동은 3·1운동 이후 학생들이 추진한 대규모의 항일 민족 운동이었음을 말할 수 있다.
③ 3·1운동 이후 여러 갈래로 나뉘어 있던 국내의 민족 운동 세력은 민족 운동을 적극적으로 전개하기 위하여 신간회를 창립하였음을 이해한다.
④ 일제의 민족 말살 정책에 대항하여 민족 문화의 전통을 지키고 이를 창조적으로 발전시키기 위하여 민족문화 수호 운동이 전개되었음을 이해한다.
[심화 과정]
① 일제하에 전개된 민족 문화 수호 운동은 무력 투쟁이나 정치, 외교 투쟁과 마찬가지로 중요한 민족 운동의 하나였음을 조사한다.

(10) 대한민국의 발전

8·15광복 직후 남북 분단 배경, 대한민국 정부 수립 과정 및 그 이후의 정치 발전 과정을 파악하여 민족의 과제인 평화 통일의 의지를 강화하고, 민주주의의 발전과 복지 사회의 실현에 이바지할 수 있는 자세를 가진다.

㈎ **대한민국 정부의 수립**

① 우리 민족은 줄기찬 독립 운동과 연합국의 승리로 8·15광복을 맞이하였으나, 곧이어 38도선을 경계로 미·소 양국의 군대가 주둔함으로써 국토가 분단되었음을 이해한다.
② 모스크바 3국 외상 회의에서 결정된 신탁 통치안에 대한 문제로 민족주의 진영과 공산주의 진영이 반탁과 찬탁으로 분열되면서 좌우 대립이 본격화되었음을 파악한다.
③ 미·소 공동 위원회가 결렬되자 한국 문제는 유엔에 상정되었고, 유엔의 결의에 따라 역사상 최초의 총선거가 실시됨으로써 대한민국 정부가 수립되었음을 이해한다.
④ 광복 후 북한에서는 소련의 지원하에 공산주의자들이 정권을 잡았으며, 이들은 6·25전쟁을 자행하여 동족상잔의 비극을 일으켰음을 이해한다.
⑤ 국군과 유엔군은 북한 공산군의 남침을 격퇴시켰으나, 결국에는 휴전이 성립되어 오늘날까지 민족 분단의 비극이 계속되고 있음을 이해한다.
[심화 과정]
① 처음에는 신탁 통치에 대해 반대했던 공산주의자들이 곧 모스크바 3국 외상 회의의 결정을 받아들이기로 결정한 이유가 무엇인지 파악한다.
② 김구와 김규식 등에 의해 전개된 남북 협상의 노력이 미·소 간의 냉전 체제하에서 실현가능한 것이었는지 추론해 볼 수 있다.

⑷ **민주주의의 시련과 경제 개발**

① 이승만 정부가 3·15부정선거를 자행하자 학생과 시민들은 부정 선거와 자유당의 독재에 항거하여 4·19혁명을 일으켰음을 말할 수 있다.
② 4·19혁명은 자유당 독재 정권을 타도한 근대적 시민 투쟁이었으며, 민주적 역량을 과시한 민주화 운동이었음을 이해한다.
③ 4·19혁명 후 성립된 장면 내각은 박정희 등 일부 군인들이 일으킨 5·16군사정변에 의해 무너졌고, 정권을 잡은 군인들은 군정을 실시하였음을 파악한다.
④ 군정 이후 실시된 대통령 선거로 박정희 정부가 성립되었고, 박정희 정부는 조국의 근대화를 표방하면서 성장 위주의 경제 정책을 적극적으로 추진하였음을 파악한다.
[심화 과정]
① 6·25전쟁 후 이승만 정부의 장기 집권 획책은 정치적으로는 독재를 가져왔고, 사회적으로는 부정, 부패를 조성시켰음을 파악한다.

⑸ **민주화 운동과 통일을 위한 노력**

① 박정희 정부의 10월 유신 선포 후 자유와 권리가 억압된 국민들은 민주주의를 회복하기 위한 민주화 운동을 전개하였고, 그러한 가운데 10·26사태가 발생하여 유신 체제가 붕괴되었음을 이해한다.
② 신군부 세력에 저항하여 5·18 민주화 운동과 6월 민주 항쟁이 일어났음을 설명할 수 있다.
③ 6·25전쟁 이후 북한은 일인 독재 체제를 강화하면서 유일사상 체계를 확립하였음을 이해한다.
④ 경제 개발 정책의 지속적인 추진으로 산업화가 진전되고, 국제적 지위가 향상되었음을 이해한다.
⑤ 정부는 7·4 남북 공동 성명의 발표 등 평화 통일을 이루기 위한 노력을 꾸준히 전개하였고, 그 결과 1991년에는 남북한이 유엔에 동시에 가입하게 된 것을 이해한다.
[심화 과정]
① 현재의 정부가 성립되기까지의 과정에서 국민들은 민주화와 경제 성장을 중요한 국가적 과제로 인식하고 있었음을 추론한다.

(제10학년)

(1) 국토와 지리 정보

국토의 의미, 국토관 및 그 변천 과정을 올바르게 파악하고, 국토의 중요성을 인식한다. 또, 국토에 대하여 체계적이고 종합적으로 이해하기 위하여 다양한 지리 정보를 수집, 분석, 적용할 수 있는 능력을 기르고, 효율적인 국토 관리를 위하여 이를 적절하게 활용할 수 있는 방안을 모색한다.

⑺ **국토 인식과 지리 정보**

① 국토를 국민 개개인이 다양한 활동을 하며 공동의 삶을 영위하는 구체적 생활공간으로 파악한다.
② 고지도와 고문헌을 통해서 국토에 대한 지식과 정보의 축적 과정 및 세계관을 조사한다.
③ 전통적인 국토 인식에 대한 관점을 파악하고, 국토를 소중히 여기는 태도를 지닌다.

⑻ **지리 정보와 지도**

① 지역을 조사하기 위한 계획을 수립하고, 자료를 수집하는 능력을 기른다.
② 자료를 분석하여 지도와 그래프로 표현한 후 지리 정보를 추출하고, 이를 적용하여 지역의 특성을 이해한다.
③ 지리 정보를 수집하기 위한 야외 답사 능력을 기르며, 수집한 자료를 체계적으로 기록하는 태도를 가진다.

⑼ **지리 정보의 이용**

① 다양한 지리 정보를 이용하여 특정한 지역의 자연 및 인문 환경을 구성하는 요소들을 추출하고, 그 변화 양상을 파악한다.
② 지리 정보 체계의 개념과 필요성, 효율적인 국토 관리 측면에서의 지리 정보 축적의 의미를 파악하고, 그 활용 방안을 제시한다.
③ 지리 탐구를 통해 일반화된 내용을 지리 정보로 축적하고 국토 관리에 활용하려는 태도를 가진다.

(2) 자연환경과 인간 생활

지형과 기후 등 자연환경 요소를 파악하고, 지역에 따라 다르게 나타나는 주민들의 생활 모습을 자연환경과 관련시켜 이해한다. 또, 자연재해의 유형과 원인을 살펴보고 이를 극복하려는 인간의 노력을 살펴본다.

㈎ 지형과 인간 생활
① 산지와 고원의 형성 과정을 이해하고, 사례를 들어 이용 현황을 설명한다.
② 주요 하천 지형과 평야의 형성 과정 및 주민 생활과의 관계, 이용 등에 대하여 설명한다.
③ 주요 해안 지형과 해안선, 해양의 특색을 파악하고, 간척 사업 및 해양 자원 개발에 대하여 살펴본다.
[심화 과정]
① 우리나라 하천의 특색을 파악하고, 주민 생활과의 관계를 사례를 들어 설명한다.

㈏ 기후와 인간 생활
① 기후 요소와 기후 인자에 대하여 이해하고, 우리나라와 세계의 기후 특색을 설명한다.
② 기온 분포의 지역차를 분석하고, 기온 분포가 주민 생활에 미치는 영향을 이해한다.
③ 우리나라의 강수 특색과 강수 분포의 지역차를 파악하고, 주민 생활과 산업 활동에 미치는 영향을 이해한다.
[심화 과정]
① 우리나라에 영향을 끼치는 계절풍, 지방풍의 특성을 파악하고, 주민 생활에 미치는 영향을 사례를 들어 설명한다.

㈐ 환경과 자연재해
① 지진 및 화산 활동의 발생 요인과 특성을 파악하고, 사례를 들어 피해 상황을 살펴보고 피해를 줄일 수 있는 방안을 제시한다.
② 강수량의 과다에 따라 발생하기 쉬운 자연재해의 특성을 설명하고, 대책을 제시한다.
③ 태풍의 발생 원인과 피해에 대하여 알아보고, 피해를 줄일 수 있는 방안을 제시한다.
[심화 과정]
① 과거 우리나라에 피해를 주었던 태풍의 사례를 들어 발생지와 이동 경로를 파악하고, 피해 상황을 조사한다.

(3) 생활공간의 형성과 변화

생활공간의 형성과 변화를 입지와 공간 조직에 대한 인간의 의사 결정 과정으로 파악하고, 이를 기초로 하여 도시 체계, 도시 내부의 기능 및 지역 분화 과정을 이해한다. 또, 교통 발달에 따른 대도시권의 형성 과정, 농촌의 토지 이용 변화, 인구 변화 등을 분석한다.

㈎ 장소의 인식과 입지 결정
① 개인과 집단에 따른 장소의 인식에 대한 차이를 파악하고, 장소의 인식과 입지 선정과의 관계를 이해한다.
② 입지 선정 과정에 작용하는 요인을 파악하고, 합리적인 입지 선정을 위한 의사 결정 능력을 기른다.
③ 농업과 공업의 입지 요인을 파악하고, 입지 요인의 변동으로 나타나는 공간 구조의 변화를 조사한다.
[심화 과정]
① 다국적 기업의 등장으로 인한 공업 입지의 변화 사례를 조사한다.

㈏ 도시 체계와 내부 구조
① 도시 간의 상호 의존과 교류에 의해 형성되는 도시 체계를 이해한다.
② 사회·경제적 요인에 의하여 전개되는 도시 내부의 기능 및 지역 분화 과정을 이해한다.
③ 도시 문제의 발생 원인과 종류를 조사하고 해결 방안을 논의한다.
[심화 과정]
① 여러 가지 통계 자료와 지도를 활용하여 대도시 주변의 인구 및 토지 이용의 변화를 조사한다.

㈐ 지역 생활권의 형성과 변화
① 생활권 변화의 주요 요인인 교통의 중요성을 인식하고, 대도시의 형성 과정을 교통 발달과 관련하여 이해한다.
② 각종 교통수단의 발달로 인하여 나타나는 농촌 지역의 토지 이용의 변화를 조사한다.
③ 산업화 이후 농촌과 도시 지역의 인구 변화를 이해하고, 인구 문제와 그 해결 방안을 토론한다.

[심화 과정]
① 대도시의 전입 인구와 전출 인구를 시기별로 조사하여 그 추이를 분석하고, 변화 원인을 설명한다.

(4) 환경 문제와 지역 문제

산업화와 도시화, 지역 개발 고정에서 나타나는 환경 문제와 지역 문제를 파악하고, 이를 최소화하면서 삶의 질을 높일 수 있는 개발 방안을 모색한다.

㈎ 환경 문제의 확산
① 환경 문제의 발생 원인과 종류를 조사하고, 그 해결 방안을 모색한다.
② 인접 지역 또는 인접 국가의 공업화로 인해 발생하는 환경오염 피해 사례를 조사한다.
③ 전 지구 차원의 환경 문제와 이를 해결하기 위한 국제적 노력을 조사한다.
[심화 과정]
① 중국의 공업화가 우리나라의 환경에 미칠 수 있는 영향을 조사하고, 대처 방안을 논의한다.

㈏ 지역 개발과 환경 보전
① 지역 개발의 목적과 방법을 이해하고, 지역 개발의 사례를 조사한다.
② 지역 개발로 인하여 나타나는 환경의 변화 및 환경 문제를 조사한다.
③ '지속가능한 개발'에 대하여 이해하고, 환경을 보전하기 위한 방안을 모색한다.
[심화 과정]
① 지하수와 하천의 무분별한 개발로 인하여 발생하는 환경 문제를 조사한다.

㈐ 지역차와 지역 갈등
① 생활 기반 시설의 입지를 둘러싼 지역 간의 갈등을 조사하고, 조화와 절충을 통한 최선의 입지 결정 방안을 모색한다.
② 지역 개발로 인하여 발생하는 지역 분쟁 또는 국제 분쟁의 사례를 들고, 그 원인을 조사한다.
③ 문화적 차이로 인하여 발생하는 지역 간, 국가 간 갈등의 사례를 들고, 그 원인을 조사한다.

(5) 문화권과 지구촌의 형성

현재 지구상에 있는 다양한 문화와 종교는 역사적으로 형성되어 오는 과정에서 상호 교류에 따른 변화와 갈등을 겪었음을 이해하고, 상업의 발달과 생활권의 확대로 대두된 지구촌 사회에서 새롭게 제기되는 여러 문제를 극복하고 진정한 의미의 공존공영을 위해 노력하는 태도를 기른다.

㈎ 종교와 문화의 다양성
① 유교·불교문화권, 이슬람교 문화권, 크리스트교 문화권, 힌두 교 문화권의 형성 지역과 배경 및 특징을 이해한다.
② 종교가 각 문화권의 발전 과정에 미친 영향을 평가한다.
③ 현재 세계의 종교 분포와 종교 간의 갈등과 화해의 사례를 조사한다.

㈏ 상업의 발달과 생활권의 확대
① 신항로의 개척과 항해 기술의 발달에 힘입은 유럽 세력의 확대에 따라 전 세계적으로 경제, 문화 교류가 더욱 활발해졌음을 이해한다.
② 운송 수단과 교통의 발달로 대륙 간의 무역이 증대되고, 공간적으로 그리고 인간의 의식상에서도 생활권이 확대되었음을 인식한다.
③ 유럽 세력의 초기 식민지 개척 과정과 그에 대한 대응의 양상을 조사하고, 세계사적인 맥락에서 서구 세력이 우세해진 현상을 파악한다.
[심화 과정]
① 정화의 해외 원정, 이슬람 상인의 해상 활동, 유럽의 신항로 개척의 성격과 결과를 비교한다.

㈐ 세계화와 지역화
① 세계화와 지역화의 개념을 일상생활에서 나타나는 구체적인 현상과 관련지어 설명할 수 있다.
② 세계 체제 속에서 지역 사회의 위상 변화를 이해하고, 지역 사회에서 추진하고 있는 세계화를 위한 정책을 평

가할 수 있다.
③ 지역 이미지의 형성 과정을 이해하고, 지역화에 의한 지역 구조의 변동과 지역 주민의 생활 변화를 설명한다.

(6) 시민 사회의 발전과 민주 시민

시민 사회의 발전 과정에서 나타난 역사적 사건을 열거해 보고, 민주 시민이 무엇을 실현하려 하였는지 고찰함으로써 시민 사회의 의미를 파악한다. 또, 사회 발전의 원동력은 바로 민주 시민의 자질에 있음을 인식하고, 시민 자질의 핵심 요소로서의 합리적인 의사 결정은 어떤 과정을 통해 이루어지는지 이해한다.

㈎ 시민 혁명과 시민 사회의 발전

① 근대 시민 계급이 성장하게 된 배경과 시민 혁명의 원인 및 결과를 종합적으로 이해한다.
② 근대 시민 사회의 한계를 이해하고, 이를 해결하기 위한 다양한 시민운동의 역사를 학습함으로써 현대 시민 사회는 시민이 주체가 된 사회임을 파악한다.
③ 우리나라에서 시민 사회는 어떠한 과정을 통해 형성되어 왔는지, 그 특징은 무엇인지를 이해한다.

㈏ 산업 혁명과 자본주의의 발달

① 근대 시민 사회는 산업 혁명을 통해 발전하였음을 이해하고, 산업 혁명에 따라 정치·사회적 변화가 어떻게 나타났는지 이해한다.
② 자유 방임주의적인 경제 질서에서 나타났던 사회 문제가 무엇이었으며, 그 해결 노력은 어떻게 전개되었는지 주요 사건을 통해 이해하고, 현대 경제 질서는 시장 경제의 기조 위에 복지 사회를 추구하려는 것임을 파악한다.
③ 우리나라의 산업화 과정을 통해 우리나라 경제 발전의 특징을 파악하고, 이를 통해 한국 시민 사회가 나아갈 방향을 탐구한다.
[심화 과정]
① 시민이라는 개념과 그와 관련하여 시민의 자격과 역할이 고대 그리스와 로마, 중세 도시, 근대 사회 그리고 현대 사회로 각각 변천함에 따라 어떻게 변화하였는지를 조사한다.

㈐ 사회적 쟁점과 합리적 의사 결정

① 시민 사회의 형성, 발전 과정에서 나타난 역사적 사건들의 배후에는 어떤 사회적, 경제적, 정치적 쟁점들이 있었으며, 이 쟁점들은 어떤 원칙과 제도를 통해 해결되어 왔는지를 알아본다.
② 사회적 쟁점은 개인 간에, 집단 간에 이해관계의 차이와 갈등으로 나타남을 구체적인 사례의 분석을 통하여 이해하고, 오늘날 우리 사회에서 나타나는 사회적 쟁점과 역사적으로 시민 사회 발전 과정에서 나타났던 쟁점의 특성을 비교하여 그 차이점을 파악한다.
③ 사회적 쟁점의 합리적인 해결을 위한 원칙과 절차를 구체적인 사례를 통하여 파악한다.
[심화 과정]
① 사회적 쟁점 사례를 들어 토론 과정을 거쳐 의사 결정을 이끌어 내는 활동을 하면서, 이해관계 조정의 원칙과 방법을 찾아본다.

(7) 정치 생활과 국가

정치적 쟁점 사례를 분석함으로써, 쟁점을 둘러싼 다원적 이익 집단들 간의 긴장, 갈등이 어떠한 의사 결정 과정을 통해 조정, 해결되며, 이 과정에서 각 참여자들은 어떤 역할을 하는지를 파악하고, 성숙된 시민 문화의 발전이 중요함을 깨닫는다.

㈎ 현대 정치의 과제

① 생활 경험에서 관찰할 수 있는 실제의 사례를 통하여 현대 사회에서는 사회생활에서의 거의 모든 문제들이 정치적 성격을 띠며, 사회의 다원적 이익들이 정치화되는 특징을 보이고 있음을 이해한다.
② 한국 사회의 기본적인 정치 상황과 정치적 과제를 국가 권력과 시민의 자유(권리) 간의 균형 및 조화라는 관점에서 이해한다.

㈏ 사회적 쟁점의 정치적 해결 과정

① 사회적 쟁점은 집단 간의 이해 차이로 생겨나며, 이 차이로 인한 긴장과 갈등을 조정, 해결하는 것이 정치의 기능임을 이해한다.

② 구체적인 사례의 분석을 통하여 사회적 쟁점은 어떠한 원리, 기준에 따라 그리고 어떠한 정치적 과정과 절차를 통하여 해결되는지 파악하고, 쟁점 해결의 준거가 되는 규범과 민주적 절차, 원리를 이해한다.
③ 사회적 쟁점의 정치적 해결 과정에서 이익 집단, 정당, 언론, 정부, 관료 및 전문가 등 참여자들의 역할을 구체적인 사례를 통하여 파악하고, 이들 간의 입장 차이를 조정하는 방식을 이해한다.
④ 쟁점 해결에 있어서의 국가의 기능(법적, 제도적 조정과 통제)과 시민 참여의 역할을 이해한다.
[심화 과정]
① 구체적인 사례를 활용하여, 사회적 쟁점의 정치적 해결 과정에서 야기되는 참여자들 간의(정부와 시민, 정부와 정당, 정당과 언론, 정부와 사회단체 등) 갈등 양상과 이 갈등 해결 방법을 분석하고, 이러한 현상을 보는 올바른 관점과 시민 참여의 자세는 무엇인지 토론을 통하여 정리한다.

㈐ 민주 정치 발전과 시민 문화

① 민주 정치 발전의 과제를 제도화와 시민 문화의 측면에서 이해한다.
② 사회적 갈등을 해결하기 위한 법과 정치의 순기능과 역기능을 종합적으로 이해한다.
③ 시민 사회의 규범 확립과 시민 문화 형성의 중요성을 인식하고, 정치 과정에 책임 있게 비판적으로 참여하는 시민으로서의 자세를 지닌다.
[심화 과정]
① 한국 정치의 문제 사례를 한 가지 들어 그 해결 방안을 탐색한다.

(8) 국민 경제와 합리적 선택

경제 기본 문제와 경제 현상에 대한 지식을 토대로 하여 국민 경제를 총체적으로 이해하고, 현대 사회가 당면한 경제 문제를 합리적으로 해결하기 위한 방안을 탐색한다. 단, 전문적인 거시 경제 이론은 심화 과목인 경제에서 다루게 되므로, 여기에서는 국민 소득, 물가, 고용, 국제 수지 등의 기본적인 경제 개념만 활용하여 우리 경제 현실을 이해한다.

㈎ 국민 소득과 경제 성장

① 통계 자료를 이용하여 국민 소득 지표를 국내 총생산(GDP) 수준에서 이해한다.
② 우리나라와 다른 나라의 국내 총생산을 비교하여 우리나라의 경제 수준을 파악하고, 서로 다른 이유가 무엇인지를 추론한다.
③ 국민 소득 지표를 이용하여 경제 성장률을 계산하고, 그 변동 경향을 설명한다.
④ 경제 성장에 필요한 자본을 축적하기 위해 저축이 필요하다는 점을 이해한다.
⑤ 시장 경제에서 정부 규제를 줄이고 민간의 창의적인 경제 활동을 강화시키는 것이 경제 성장의 주요 요인임을 설명한다.
[심화 과정]
① 인터넷을 이용하여 여러 나라의 국민 소득과 경제 성장에 대한 자료를 수집하여 비교하고 그 의미를 해석한다.

㈏ 현대 경제 문제와 해결 방안

① 우리나라 사회에서 현재 문제로 제기되고 있는 것이 무엇인지를 실제 자료를 들어 제시하고, 경제와 관련되는 현상을 분류한다.
② 우리나라의 물가와 실업에 대한 자료를 조사하여 변동 양상을 분석한다.
③ 물가가 변동하는 원인을 화폐, 수요, 공급 개념을 사용하여 설명하고, 물가 안정을 위한 소비자, 기업, 정부의 구실을 나누어 제시한다.
[심화 과정]
① 범죄, 비행, 환경 문제 등을 경제적인 측면에서 발생 원인을 분석하고 그 대안을 제시한다.

㈐ 세계 시장의 경제 경쟁과 협력

① 국제 사회와 관련된 경제 현상을 일상생활 경험에서 찾아 그 의미와 문제를 분석한다.
② 비교 우위, 국제 수지, 환율 등 개념을 활용하여 국제 경제 거래 관계를 설명한다.
③ 국제 경쟁력을 결정하는 요인이 무엇인지를 분석한다.
④ 세계 시장에서 우리 경제의 경쟁력을 높이기 위한 방안을 제시한다.
[심화 과정]
① 우리나라의 비교 우위 산업을 조사해서 앞으로 특화해 나갈 상품을 선정해 본다.

(9) 공동체 생활과 사회 발전

개인의 욕구와 가치 상충, 사회 분화와 집단 갈등, 사회 변동에 따른 규범 불안정과 문화 지체 등 공동체 생활의 문제를 해결하여 민족 공동체와 세계 시민 문화 형성에 기여하려는 자세를 지닌다. 특히, 한국 사회의 발전과 삶의 질 향상 방안을 탐색하고, 시민운동에 적극적으로 참여하는 태도를 가진다.

㈎ 공동체 생활의 제 문제

① 개인의 욕구와 가치의 상충, 사회의 다원화와 집단 갈등, 사회 변동에 따른 규범 불안정과 문화 지체 등 개념과 실태를 이해한다.
② 각 개인들이 공동체 생활에서 당면하는 문제를 해결하여 가는 다양한 방식을 파악한다.
③ 개인과 공동체의 조화로운 발전을 위하여 공동체 생활의 제 문제를 공동으로 해결하려는 자세를 가진다.
[심화 과정]
① 학급 또는 학교생활에서 학생들이 경험하는 공동체 생활의 문제 사례를 들고 어떻게 해결해야 하는지 토론한다.

㈏ 문화 변동과 민족 문화의 발전

① 문화 변동과 문화 충격, 자문화 중심주의와 문화 상대주의, 전통문화에 대한 자긍심 등 민족 문화의 발전 자세를 가진다.
② 세계화의 진전과 급속한 사회 변동 속에서 민족 문화를 계승, 발전시키는 동시에 세계 시민 문화를 이룩하려는 자세를 가진다.
[심화 과정]
① 일상생활에서 경험하는 외래문화의 사례를 들고, 그 의미와 가치를 어떻게 해석할 것인지 토론한다.

㈐ 한국 사회의 문제와 발전

① 한국 사회의 변동 과정에서 나타나는 부작용이 무엇이며, 그 근원이 무엇인지를 이해한다.
② 균형적인 발전과 삶의 질 향상 등 사회 발전을 위하여 새롭게 요구되는 변혁의 과제가 무엇인지를 파악한다.
③ 한국 사회의 개혁 과제를 해결하기 위하여 시민운동에 참여하는 등 다각적이고 적극적으로 노력하는 자세를 가진다.
[심화 과정]
① 사회 변혁을 위하여 노력하는 시민운동 단체들에는 어떠한 것들이 있는지를 조사하고, 무슨 사업을 어떻게 전개하며 어떤 어려움이 있는지를 조사한다.

(10) 사회 변동과 미래 사회

21세기에 나타날 사회 변동의 양상을 전망하고, 세계 인류 공동체를 이룩하기 위하여 해결해야 할 과제를 알아본다. 그리고 한국의 미래를 창조하기 위해 우리가 해야 할 일이 무엇인지 찾아본다.

㈎ 대변혁의 시대

① 세계화와 지역화, 정보화와 인간화 등과 같은 대변혁의 특징을 이해한다.
② 첨단 과학 기술의 혁신과 정보 통신망의 대중화 등과 같은 대변혁의 동인을 파악한다.
③ 대변혁에 따른 부작용을 해소시키고, 적극적으로 미래를 창조한다.
[심화 과정]
① 인류 공동체를 이룩하기 위해 해결해야 할 과제를 정치, 경제, 문화 영역으로 나누어 예시한다.

㈏ 한국의 미래와 대응 과제

① 과학 기술의 혁신과 국제 경쟁력 강화 등 세계의 변혁 동향에 대응할 과제를 이해한다.
② 정치 발전과 한반도의 통일, 정의·복지 사회의 확립과 민족 문화 발전 등 질적인 발전을 위한 한국의 과제를 파악한다.
③ 다각적인 검토와 치밀한 준비를 통하여 미래 사회의 변혁에 대응하려는 태도를 가진다.
[심화 과정]
① 우리의 과학 기술 연구나 정치·사회적인 전략 연구의 동향에 관한 자료 분석을 통해 추세를 분석한다.

㈐ 미래 사회에 대비하는 시민의 자세
① 비판적 분석과 개방적 사고, 창의적 접근과 주체적 판단, 치밀한 전략과 지성적 참여 등 미래 사회에 대비하는 시민의 자세가 무엇인지를 이해한다.
② 가정, 학교, 지역 사회생활 가운데에서 자신의 사고방식과 행동을 비판적으로 분석하고, 미래 시민의 자세를 실천하려는 자세를 가진다.
[심화 과정]
① 우리 사회의 잘못된 관행의 사례를 들어, 미래지향적인 해결 방안을 탐색한다.

4. 교수 · 학습 방법

가. 학습자가 사회 현상에 대한 흥미와 관심을 넓히고, 인간 생활과 사회 현상의 원리를 발견하며, 이를 실생활에 적용할 수 있도록 한다.
나. 교사의 수업 계획은 사회 과학의 일반화 지식에서 출발하여 개념, 구체적 사실과 사례의 확인으로 그리고 학습자의 수업 과정은 구체적 사실과 문제로부터 개념과 일반화를 획득하는 과정으로 이루어질 수 있도록 한다.
다. 사회 현상에 대한 종합적인 인식을 위하여 통합적인 교수 · 학습 방법을 강조한다.
라. 교과서의 단원을 그대로 학습 단원으로 대치하는 일은 지양하고, 학습 내용에 적합한 주제와 문제를 중심으로 단원(문제 해결 단원, 탐구 단원)을 재구성하여 수업을 운영하도록 한다.
마. 학습자와 흥미와 능력의 차이를 고려한 수준별 교육 활동이 이루어질 수 있도록 한다.
(1) 수준별 교육과정은 전체 학습자를 대상으로 한 기본 과정과 학습자의 학습 속도를 감안한 보충 과정 및 심화 과정으로 나누어 운영한다.
(2) 단원, 주제에 배당된 시간의 약 80%를 기본 과정에, 약 20%를 보충 및 심화 과정에 할애한다.
(3) 심화 과정의 학습자에게는 고차적 사고의 기회를 보다 강화하고 넓힐 수 있는 과제를 부여하고, 보충 과정의 학습자에게는 기본 과성의 학습 결손을 보충할 기회를 제공한다.
(4) 특히, 보충 과정은 별도의 교육 내용을 제시하고 있지 않는 만큼, 교사는 기본 과정의 중요 요소에 대한 학습 결손을 보충할 수 있는 시간을 확보하여, 학습자의 학습 결손 정도와 능력에 따른 적절한 지도를 한다.
바. 사회과의 성취 기준이 핵심 지식의 이해와 탐구 기능 및 고차적 사고력의 신장을 위해 탐구 수업 등 다양한 교수 기법을 활용한다. 특히, 사고력이 증진될 수 있도록 적절한 탐구 장면을 설정하고, 다양한 발문 기법을 활용한다.
사. 탐구지향적 수업을 내실화하기 위해 탐구 주제 또는 문제의 해결에 적합한 교수 기법과 활동을 활용한다. 탐구 및 문제 해결 활동에 적합한 교수 기법으로 질문, 조사, 토의, 관찰 및 면담, 현장 견학, 자원 인사 초빙, 모형 제작, 실험, 역할 놀이와 시뮬레이션 게임, 인물 학습, 사료 학습 등을 활용한다.
아. 교수 · 학습의 효율성을 높이기 위하여 지도, 도표, 영화, 슬라이드, 통계, 연표, 연감, 신문, 방송, 사진, 기록물, 유물, 여행기, 탐험기 등 다양한 교수 · 학습 자료를 활용한다.
자. 열린교육의 이념과 방법 및 교실 환경을 적극 수용하여 수업의 개별화를 도모하고, 아울러 소집단별 협동학습의 장점을 살려 민주 시민 자질의 중요 요소라 할 수 있는 집단 구성원으로서의 책무성, 참여 의식, 타인에 대한 존중, 협동심 등 정의적 영역의 목표 달성에도 주력한다.
차. 학습자가 수업 목표, 계획, 진행 과정을 분석, 평가하는 데 참여하게 하여 수업을 스스로 구성해 갈 수 있도록 한다.
카. 정보화 사회에 적극 대응하기 위해 요구되는 정보 처리 기능과 창의적 사고력의 신장을 위해 신문 활용교육(NIE), 컴퓨터 보조 학습 프로그램(CAI)과 인터넷 활용 교육(IIE)을 적극 활용하도록 한다.
타. 학습자의 민주 시민적 자질 함양과 지역 사회 참여 의식을 고취하기 위한 방안으로 각종 사회 문제에 관한 시사 자료와 지역 사회 자료를 교재화하여 지도한다.
파. 민주 시민 교육, 환경 교육, 성 교육, 통일 교육, 경제 교육, 근로정신 함양 교육, 민족 문화 정체성 교육, 국제 이해 교육, 대중 매체 교육 등을 관련 단원에서 비중 있게 다루도록 한다.
하. 각 지역의 생활 특색을 그 지역의 자연환경과 인간과의 상호 관련성을 중심으로 다루도록 한다.
갸. 각 지역이나 국가의 특성에서는 자연환경 및 산업상의 특색뿐만 아니라 역사적, 종교적, 문화적 측면도 명확하게 드러나도록 한다.
냐. 역사적 주요 사건, 제도, 현상들이 현재의 사회 발전에 미친 영향을 인식하도록 한다.
댜. 각 시대의 정치적, 경제적, 사회적, 문화적 측면을 지리적 환경과 밀접히 관련시켜 학습하도록 한다.
랴. 역사의 흐름 속에서 우리 민족의 발전 과정 및 미래의 과제를 파악할 수 있도록 한다.
먀. 정치적, 경제적, 사회적, 문화적 현상을 구체적인 생활 정보와 사례에 근거하여 파악하는 능력을 기르도록 한다.
뱌. 도시화, 정보화, 세계화 등의 현대 사회의 변화 추세를 실증적 자료를 중심으로 분석할 수 있도록 한다.

샤. 7 학년의 '(1) 지역과 사회 탐구' 단원에서는 구체적 생활 터전인 자기 지역을 중심으로 현상과 문제를 종합적 인 시각에서 이해하고 해명할 수 있도록 한다.

야. 8, 9 학년의 국사 영역은 8 학년에서 주당 1 시간, 9 학년에서 주당 2 시간을 배당하도록 한다.

5. 평 가

가. 사회과의 평가는 교육과정에서 제시한 목표와 내용, 교수·학습 방법과의 일관성이 유지되도록 한다.

나. 평가는 교육의 한 과정임을 고려하여 개개인의 학습 과정과 성취 수준을 이해하고 발달을 돕는 차원에서 실시 하여, 가능한 한 결과를 상호 비교하거나 등급화하는 것을 지양한다.

다. 특히, 수준별 교육과정의 정신에 따라 학습자 개개인의 성취 수준이 상이한 것을 고려하여, 학습자 각자의 진 도와 성취도 변화가 평가되도록 한다.

라. 탐구지향적 수업 또는 사고력 신장을 위한 수업의 과정과 그 결과에 대한 평가가 유용한 것이 될 수 있도록 과정 평가와 수행 평가의 관점을 기초로 한 평가가 이루어지도록 한다.

마. 평가 방법에서는 지필 평가 외에 면접, 체크리스트, 관찰, 포트폴리오 등을 통한 다양한 평가가 이루어질 수 있 도록 한다.

바. 객관식 평가 도구에 의해 평가를 실시하더라도 단순한 결과적 지식 습득의 여부보다는 기본 개념 및 원리의 이해와 아울러 이러한 지식 및 정보의 획득 과정과 활용 능력이 평가되도록 한다.

사. 사고력 신장이나 가치, 태도의 변화를 평가하기 위하여 양적 자료와 더불어 질적 자료를 수집하여 평가하도록 한다.

아. 사회과의 각 영역의 평가는 교육과정에서 제시한 목표들을 준거로 하여 추출된 평가 요소에 따라 이루어지도 록 한다.

자. 평가 요소들은 지식 영역에만 치우쳐서는 안 되며, 기능과 가치·태도 영역을 동시에 고려하는 종합적이고도 균형 있는 평가가 되도록 한다.

차. 지식 영역의 평가에서는 사실적 지식의 습득 여부와 함께 사회 현상의 설명과 문제 해결에 필수적인 기본개념 및 원리, 일반화에 대한 이해 정도를 측정하는 데 역점을 두되, 성취 결과에 대해서는 양적 평가와 함께 질적 평가가 조화롭게 이루어지도록 한다.

카. 기능 영역의 평가에서는 지식의 습득과 민주적 사회생활을 하는 데 필수적인 정보의 획득 및 활용 기능, 탐구 기능, 의사 결정 기능, 집단 참여 기능을 측정하는 데 초점을 둔다.

타. 가치·태도 영역의 평가에서는 국가, 사회의 요구와 개인적 요구에 비추어 바람직한 가치와 합리적 가치의 내 면화 정도, 가치에 대한 분석 및 평가 능력을 평가한다.

파. 평가 결과는 학습자들의 학업 성취 수준을 판정하는 데에서 더 나아가 학습자들의 학습 능력, 교수·학습 방법 의 적절성을 진단하고 평가하는 데에 활용되도록 한다.

하. 8, 9 학년의 사회과는 사회 영역과 국사 영역에 배당된 시간 비율에 맞추어 합산, 평가하도록 한다.

갸. 사회과 평가에는 다음 요소들이 포함되도록 한다.

(1) 사회 현상의 설명과 문제 해결에 필수적인 지리, 역사, 정치, 경제, 사회, 문화의 기본 개념 및 원리, 일반화에 대한 이해 정도

(2) 지리적 현상, 역사의 흐름, 현대 사회의 현상과 특성에 대한 통합적, 종합적 이해 정도와 사회 현상을 탐구하 는 데 필요한 각종 정보와 자료를 획득, 조직, 활용하는 능력

(3) 인간 행위와 사회 환경에 대한 다양한 관점의 이해와 수용, 사회적 합의성이 높은 가치의 탐색 및 사회의 기본 가치에 대한 이해와 존중

(4) 사회, 지역, 국가가 당면한 문제의 해결과 관련된 의사 결정 능력

(5) 사회과의 기본 지식의 이해를 확장시키는 학습자의 흥미, 관심, 학습 동기와 습관

2. 국 사

(10학년)

1. 성 격

‘국사’는 우리 민족의 정신과 생활의 실체를 밝혀 주는 과목으로서, 우리 민족의 정체성을 함양시켜 주는 구실을 한다. 즉 국사 교육은 우리 민족 문화의 전통을 확인시켜 민족사 전개에 적극적으로 참여하게 하는 정신을 길러 준다. 여기서, 우리 민족의 역사를 바르게 이해하기 위해서는 우리 민족의 활동상을 민족사적 차원만이 아니라 세계사적 차원에서 상호 관련적으로 파악하는 것이 필요하다.

10학년의 국사 교육은 역사의식이 상당히 심화된 학생을 대상으로 하고 있다. 따라서 저학년에서 학습한 인물사, 생활사, 사건사를 토대로 하여 정치, 경제, 사회, 문화 등 분류사 중심의 역사를 학습하는 데 중점을 두었다.

또, 10학년 ‘국사’ 과목에서는 수준별 교육과정을 도입하여 우리 민족의 활동상을 분류사 체계로 구성하여 분야별로 체계적으로 인식하고, 나아가 역사상의 중요한 문제나 현상에 대하여 깊이 있게 탐구하고 사고할 수 있는 기회를 마련하였다.

우리 민족은 각 시대의 문제에 능동적으로 대처하면서 종교, 교육, 예술, 과학 등에서 뛰어난 역량을 발휘하여 왔다. 국사 교육은 이와 같은 민족사의 다양한 역사 전개 과정을 종합적, 체계적으로 학습하여, 21세기를 살아가는 한국인으로서의 자각과 능력을 기르는 데 그 목적을 두고 있다.

2. 목 표

가. 우리 역사는 우리 자신의 모습이고 민족 정체성의 근원이기 때문에 이를 주체적으로 이해한다.
나. 우리 역사는 현재의 뿌리이며 미래를 전망하는 단서이기 때문에 이를 발전적으로 파악한다.
다. 우리 역사는 우리 민족의 삶의 총체이기 때문에 이를 종합적으로 파악한다.
라. 역사 자료를 분석, 비판, 종합하는 능력을 길러 문제를 해결하는 능력을 키운다.
마. 우리 역사를 삶의 과정으로 이해하여 새 문화 창조와 사회 발전에 능동적으로 참여하는 태도를 가진다.

3. 내 용

가. 내용 체계

구 분	한국사의 바른 이해	선사 시대의 문화와 국가 형성	고대 사회의 발전	중세 사회의 발전	근세 사회의 발전	근대 사회로의 이행
통치 구조와 통치 활동		○ 구석기시대의 문화	○ 고대의 동양과 서양 ○ 중앙 집권 국가로의 발전 ○ 고구려, 백제의 발전 ○ 신라의 성장과 삼국 통일 ○ 통일 신라의 전제 왕권 ○ 발해의 발전 ○ 고대 문화의 일본 전파	○ 중세의 동양과 서양 ○ 나말 여초의 정세 ○ 중앙 집권하의 추구 ○ 대외 관계 ○ 무신 정변 ○ 몽고와의 전쟁 ○ 자주성을 위한 노력	○ 근세의 동양과 서양 ○ 신진 사대부의 대두 ○ 성리학적 정치 이념 ○ 사림의 진출과 붕당의 형성 ○ 외교 정책 ○ 왜란과 호란	○ 동양과 서양 사회의 변화 ○ 붕당 정치의 전개 ○ 탕평책의 실시 ○ 세도 정치와 농민의 봉기 ○ 백두산정계비와 조선 통신사 ○ 한국 근·현대사의 전개
경제 구조와 경제 생활		○ 역사의 개념 ○ 역사 학습의 목적	○ 신석기 시대의 문화	○ 삼국 시대의 경제 ○ 민정 문서 ○ 해상 무역의 발달 ○ 발해의 경제	○ 전시과 체제 ○ 국가 재정 ○ 농업 기술의 진전 ○ 상공업 활동 ○ 무역 활동	
사회 구조와 사회 생활		○ 한국사의 특수성 ○ 한국사와 세계사	○ 청동기 시대의 문화 ○ 고조의 성립과 발전	○ 사회 구조 ○ 신분 제도 ○ 화백 제도 ○ 화랑 제도 ○ 호족의 대두	○ 사회 구조 ○ 문벌 귀족 ○ 향촌의 구조 ○ 사회 시설과 사회 정책 ○ 가족 제도	
민족 문화의 발달			○ 철기의 보급과 국가의 성장	○ 유학의 보급 ○ 불교의 전래 ○ 삼국의 예술 ○ 통일 신라의 예술 ○ 선종과 풍수지리설 ○ 발해의 문화	○ 유학의 발달 ○ 불교의 발달과 대장경의 조판 ○ 풍수지리설의 성행 ○ 과학 기술의 발달 ○ 문학과 예술	

나. 영역별 내용

(1) 한국사의 바른 이해

역사의 개념과 다양한 사관에 대한 이해를 토대로 하여 역사학의 본질을 파악하며, 민족사를 발전적 입장에서 인식한다. 나아가 민족 문화의 특수성을 세계사적인 보편성과 연결하여 비교, 이해할 수 있는 능력을 기른다.

㈎ 역사 학습의 목적

① 역사의 개념을 '과거에 있었던 사실'로서의 역사와 '조사되어 기록된 과거'라는 두 가지 측면에서 이해한다.
② 역사의 학습의 목적이 과거의 사실을 토대로 현재를 바르게 이해하기 위한 것임을 파악할 수 있다.

[심화 과정]
① 동양과 서양에서의 역사의 어원을 통하여 동·서양에서의 역사 인식에 대한 차이를 비교, 정리할 수 있다.
② 사료의 가치를 이해하는 기준을 설정할 수 있으며, 사료 가치에 대한 올바른 판단이 참된 역사를 이해하는 길임을 추론할 수 있다.

⑷ **한국사와 세계사**
① 한국사의 전개 과정에서 세계사적인 보편성과 함께 한국사 고유의 특수성이 나타나게 되는 배경을 이해한다.
② 세계화 시대의 역사의식이 주체성을 견지하면서도 개방적 민족주의에 기초하는 것이어야 하는 이유를 말할 수 있다.
③ 민족 문화에 대한 자부심과 긍지를 토대로 이를 적극 발전시켜 나가려는 태도를 가진다.
[심화 과정]
① 한국사에 내재하는 세계사적인 보편성과 한국사 고유의 특수성을 조사하여 이를 분석, 정리할 수 있다.
② 배타적인 민족주의를 토대로 한 역사 인식이 인류의 평화를 위협하는 요소가 될 수 있음을 추론할 수 있다.

(2) 선사 시대의 문화와 국가의 형성

선사 시대의 각 단계별 변화상을 고고학이나 인류학의 토대 위에서 도구의 발달 및 생산력의 증대와 연관 지어 이해하며, 한민족의 형성과 민족 문화의 기원을 보편적 시각에서 파악한다.

⑺ **선사 시대의 전개**
㈀ 선사 시대의 세계
  ① 세계 각지에 살았던 선사 인류의 발달 과정을 단계적으로 파악하고, 이를 자연환경과 연관하여 이해한다.
  ② 구석기 시대의 문화와 당시의 인류의 생활상을 설명할 수 있다.
  ③ 신석기 시대 인류의 생활상이 변화하게 된 배경을 그들이 남긴 유물과 유적을 통하여 파악한다.
  ④ 문명의 발생 지역이 가진 공통적인 자연환경과 역사 시대로의 전환기에 나타나는 현상을 추론할 수 있다.
[심화 과정]
① 선사 시대를 보다 다양하게 이해하기 위해서는 고고학, 인류학 등 인접 학문과 생화학을 포함하는 자연과학의 도움이 필요함을 추론할 수 있다.
② 선사 인류들이 사용한 도구의 종류와 발달 과정을 체계적으로 정리할 수 있다.

㈁ 한국의 선사 시대
  ① 한국 구석기 시대의 생활 모습을 당시의 자연환경과 관련하여 파악한다.
  ② 구석기 시대의 대표적인 유적지와 출토 유물을 특징을 파악하고, 석기와 골각기의 용도를 이해한다.
  ③ 신석기 시대의 대표적인 유적과 유물을 파악하고, 빗살무늬 토기를 사용한 신석기인들을 중심으로 우리 민족이 형성되었음을 이해한다.
  ④ 신석기 시대의 경제 활동의 중심은 어로, 수렵, 채집이었으나, 점차 농경이 발달되었음을 이해한다.
  ⑤ 신석기 시대의 주거 생활이 점차 해안이나 강변의 움집에서 지상 가옥으로 바뀌어 가게 된 배경을 이해할 수 있다.
  ⑥ 신석기 시대의 원시 신앙이 발생하게 된 배경과 예술 활동이 이루어지게 된 의미를 탐구할 수 있다.
[심화 과정]
① 구석기 시대에서 신석기 시대로 넘어가게 된 배경을 자연환경의 변화와 연관하여 추론할 수 있다.
② 신석기 시대가 원시 공동체 사회의 형태로 유지되었던 이유를 탐구할 수 있다.

⑻ **국가의 형성**
㈀ 고조선과 청동기 문화
  ① 청동제 무기에 의한 정복 활동과 생산력의 증대를 바탕으로 지배자인 군장(족장) 세력이 성장하였음을 파악한다.
  ② 최초의 국가인 고조선은 청동기 문화를 바탕으로 성립되었으며, 그 중심지는 초기에는 요령 지방이었으나 후기에는 대동강 유역이었음을 이해한다.
  ③ 중국의 전국 시대와 진·한이 교체되는 시기에 철기 문화가 전래되었으며, 이를 토대로 위만 조선이 크게 성장하였음을 이해한다.
  ④ 한의 침략과 그 결과로 설치된 한 군현은 고조선의 일부만을 지배하였으며, 토착민의 반발로 그 세력이 점차 약화되다가 고구려의 공격으로 소멸되었음을 이해한다.
  ⑤ 고조선의 8조 법을 통하여 당시의 사회가 생명과 사유 재산에 대한 보호를 중시하였음을 설명할 수 있다.
[심화 과정]
① 군장(족장) 세력이 성장함에 따라서 나타난 사회 변동을 추론할 수 있다.
② 단군의 건국에 대한 기록을 조사하여 건국 신화로서의 일면과 역사적 사실을 반영하는 요소를 판단할 수 있다.

(ㄴ) 여러 나라의 성장

    ① 철제 농기구의 사용에 의해 농업 생산력이 크게 증대된 것이 사회 발전의 토대가 되었음을 이해한다.

    ② 위만 조선이 멸망한 후 일부의 고조선 유민들이 남으로 이주하여 삼한 사회의 발전에 기여하였음을 이해한다.

    ③ 고구려의 성립 과정에서 중심이 되었던 세력의 성장 배경을 파악하고, 동예와 옥저가 크게 성장하지 못한 까닭을 설명할 수 있다.

    ④ 초기 여러 나라의 정치 제도, 사회 풍속, 경제 활동 등에 관한 사실을 문헌 자료의 기록을 근거로 탐구할 수 있다.

    ⑤ 철기 문화의 발전으로 삼한 사회가 변동을 겪으면서 백제, 신라, 가야가 성립할 수 있는 토대가 이루어졌음을 이해한다.

[심화 과정]

① 철제 농기구의 사용이 사회의 급격한 변동을 초래하게 된 배경을 탐구할 수 있다.

② 초기의 여러 나라에서 나타난 사회 풍속 중에서 현재까지 그 일부가 남아 있는 것에 대해 그 까닭을 추론할 수 있다.

(3) 통치 구조와 정치 활동

민족사의 전개 과정에서 이루어진 정치 활동을 사회의 내재적인 발전 과정으로 인식하고, 통치 구조의 변화 과정이 당시 사회의 모순을 해결하기 위한 노력의 결과임을 이해한다.

㈎ 고대의 정치

(ㄱ) 고대 국가의 성립

(1) 고대의 세계

    ① 동양의 고대 사회를 중국, 인도, 오리엔트 지역을 중심으로 이해한다.

    ② 서양의 고대 사회를 그리스와 로마 사회를 중심으로 이해한다.

    ③ 고대 동양 사회의 변천을 정치적 변동과 사회 성격, 문화적인 특수성을 중심으로 파악한다.

[심화 과정]

① 고대 사회의 성격을 규정하는 요소가 다양함을 시대 구분론과 결부하여 이해한다.

② 동양과 서양의 고대 사회가 발전, 변화하는 과정에서 나타나는 특징과 차이점을 추론할 수 있다.

(2) 고대의 한국

    ① 고구려, 백제, 신라, 가야의 발전과 함께 고대 사회가 성장하였음을 이해한다.

    ② 삼국이 왕권을 강화하고 영토를 확장하여 중앙 집권 체제를 확립하는 과정에서 종래의 부족장 세력이 중앙의 귀족, 관료로 흡수되어 갔음을 설명할 수 있다.

    ③ 삼국은 각기 율령 체제를 정비함으로써 엄격한 신분 체제를 유지하였음을 이해한다.

[심화 과정]

① 연맹 왕국 단계에서 중앙 집권 국가로 발전하는 과정에서 국왕과 족장 간에 백성에 대한 지배권을 둘러싼 갈등 관계가 유발되었음을 추론할 수 있다.

② 삼국이 발전하는 과정을 중국 사회의 변천 및 북방 민족의 활동과 연관하여 이해한다.

(ㄴ) 고대의 정치적 변천

(1) 삼국 시대

    ① 고구려가 중국 및 북방 민족과 대결하면서 외세의 침입을 막아 주는 방파제의 역할을 하였음을 이해한다.

    ② 백제의 활발한 대외 활동과 그것이 일본의 고대 사회의 발전에 크게 기여하였음을 이해한다.

    ③ 신라가 6세기에 이르러 삼국을 통일할 수 있는 기반을 마련하였음을 이해한다.

    ④ 가야 지역의 유적과 유물을 통하여 가야의 수준 높은 문화를 설명할 수 있다.

    ⑤ 신라가 자주적인 민족 통일을 이루었다는 근거를 제시할 수 있다.

[심화 과정]

① 신라가 삼국을 통일할 수 있었던 정치·외교·경제·사상적 토대를 다각적으로 분석하고 추론할 수 있다.

② 신라의 삼국 통일이 이후의 민족사의 전개 과정에서 가지는 의미와 한계를 종합적으로 평가할 수 있다.

(2) 남북국 시대

    ① 통일 후 신라가 지배 체제를 강화하면서 왕권의 전제화를 추구하였음을 이해한다.

　② 신라 하대에 골품 제도의 모순이 드러나고 집권 체제가 약화되면서 지방 세력이 성장할 수 있었음을 설명
　　할 수 있다.
　③ 발해는 고구려 유민들이 주체가 되어 건국하였으며, 고구려 유민과 말갈족으로 구성된 우리 민족 국가였음
　　을 이해한다.
　④ 발해는 만주의 대부분과 연해주를 지배하면서 해동성국이라 불릴 정도로 강성하였음을 이해한다.
[심화 과정]
① 신라 사회에서 골품 제도의 모순이 정치적, 사회적으로 어떤 문제점을 가져오게 되었는지 탐구할 수 있다.
② 발해가 우리 민족 국가임을 주장할 수 있는 근거를 여러 가지 자료를 통해서 조사, 분석할 수 있다.

㈏ 중세의 정치

㈀ 중세 국가로의 전환

⑴ 중세의 세계
　① 동양의 중세를 당말 5대로부터 몽고 제국에 이르는 시기를 중심으로 이해한다.
　② 서양의 중세 사회를 서유럽 문화권, 이슬람 문화권, 비잔틴 문화권으로 나누어 파악한다.
[심화 과정]
① 동양과 서양의 중세에 대한 시대 구분 이론의 차이를 이해한다.
② 동양과 서양의 중세 사회의 전개 과정에서 나타나는 특수성과 차이점을 추론할 수 있다.

⑵ 중세의 한국
　① 나말 여초의 호족의 유형과 그들이 중세 사회의 형성에 기여한 바를 이해한다.
　② 고려의 왕건이 민족의 분열을 수습할 수 있었던 배경을 그가 추진한 정책을 통하여 추론할 수 있다.
　③ 고려 태조 왕건의 후삼국 통일 정책과 발해 유민을 포섭하려는 노력이 민족의 통합에 기여한 점을 높이
　　평가할 수 있다.
[심하 과정]
① 고려의 건국과 후삼국 통일 과정이 중세 사회의 성립을 의미하는 까닭을 추론할 수 있다.
② 고려가 외세의 간섭 없이 자주적으로 민족의 통일을 이룰 수 있었던 국제 정세의 변동을 조사, 정리할 수 있다.

㈁ 중세의 정치적 변천

① 고려는 10세기 말에 중앙 집권적 귀족 정치 체제를 마련하였고, 이를 유교 정치 이념이 뒷받침하였음을 이해한다.
② 문벌 귀족 사회의 모순이 12세기에 드러나게 되었으며, 이를 계기로 귀족 사회가 동요되었음을 이해한다.
③ 고려 초기에는 능동적인 외교 정책을 펴서 거란, 여진 등 북방 민족의 침략에 효과적으로 대응하면서 영토의
　확장을 꾀하였음을 이해한다.
④ 무신 정변을 계기로 고려 사회의 성격이 크게 변질된 요인들을 추출하고 이를 분석, 정리할 수 있다.
⑤ 고려의 장기적인 대몽 항전을 다각도로 파악함으로써 항몽전이 거족적으로 전개되었음을 이해한다.
[심화 과정]
① 공민왕의 개혁 정치가 실패하게 된 요인을 당시의 국내외 정세와 연관하여 추론할 수 있다.

㈐ 근세의 정치

㈀ 근세 국가로의 전환

⑴ 근세의 세계
　① 근세의 동양 사회를 중국의 명과 서·남아시아의 이슬람 국가를 중심으로 이해한다.
　② 우리의 근세에 해당하는 서양 사회를 르네상스, 신항로의 개척과 유럽 사회의 확대, 종교 개혁을 중심으
　　로 이해한다.
[심화 과정]
① 명대에 단행된 정화의 남방 원정과 유럽의 신항로 개척이 당시 사회에 미친 영향을 다각적으로 추론할 수 있다.
② 근세의 동양과 서양 사회를 정치, 경제, 사회 문화적인 면에서 비교, 이해할 수 있다.

⑵ 근세의 한국
　① 14세기 말에 사대부 계층이 성장하여 근세 국가를 성립시키는 데 주도적인 역할을 수행하였음을 이해한다.
　② 15세기에 추진되었던 일연의 개혁으로 조선 사회가 정치·경제·사회·문화적인 면에 미친 영향을 설명할
　　수 있다.
[심화 과정]
① 조선시대에는 유교적 민본사상에 기초한 정치 이념이 확립되어 전 시대에 비하여 여론이 중시되고 개인의 능력

이 존중되었음을 이해한다.
② 사림의 진출과 그 세력 기반을 파악하고 그것이 정치, 경제, 사회, 문화적인 면에 미친 영향을 설명할 수 있다.
③ 붕당의 형성이 사림의 성리 철학에 기초한 것임을 이해하여 붕당의 긍정적인 기능과 함께 부정적인 측면도 파악한다.
④ 조선이 대외 정책의 바탕을 사대교린주의에 둔 것은 동아시아의 평화 관계를 유지하기 위한 것이었음을 이해한다.
⑤ 조선이 왜란과 호란을 극복할 수 있었던 요인을 민족의 정신적, 문화적 잠재 역량에서 이해한다.
[심화 과정]
① 조선 초기에 국왕과 재상 간에 통치의 실권과 연관된 긴장·갈등 관계가 나타났음을 상상할 수 있다.
② 조선 초기에 중앙 집권화를 위한 정부의 시책이 어떠한 방법으로 나타났는가를 추론할 수 있다.

㈑ 정치적 변화

㈀ 근대 사회로의 이행

⑴ 근대의 세계
① 서양의 근대를 절대 왕정을 타도하는 시민 혁명과 산업 혁명을 거치면서 시민 사회를 이루어 가는 과정을 중심으로 이해한다.
② 동양의 근대를 아시아의 각국이 서세 동점의 추세 속에서 근대화를 위해 어떤 노력을 기울였는가를 중심으로 파악한다.
[심화 과정]
① 서양에서 시민 혁명과 산업 혁명을 통해 근대 시민 사회가 형성되었음을 토론할 수 있다.
② 동양 사회에서 서양 세력의 침략에 대응하면서 민족 국가를 형성하기 위해 노력한 실상을 다양하게 추론할 수 있다.

⑵ 조선 사회의 변화
① 17세기 이후의 조선 사회에서는 피지배층의 사회 인식이 높아지면서 사회의 변화를 선도하고 있었음을 이해한다.
② 조선 정부는 사회의 변화에 대응하여 통치 질서를 개편하고 수취 체제를 개혁하였지만, 그것이 근본적인 대책이 되지는 못하였음을 이해한다.
③ 조선 후기 사회에서는 경제·사회·사상 면에서 새로운 움직임이 나타났으나, 정치 면에서 이를 수용하지 못하였음을 설명할 수 있다.
[심화 과정]
① 조선 후기 사회에서 나타난 근대적인 요소를 다각적으로 탐구할 수 있다.
② 조선 사회의 내재적인 발전의 요소가 그 기능을 제대로 발휘하지 못한 까닭을 다양한 시각에서 추론할 수 있다.

㈁ 정치 상황의 변동

① 영·정조 때 실시된 탕평책으로 일시적인 정치적 안정은 이루었으나, 붕당 정치의 폐단을 근본적으로 해결할 수 없었던 한계성을 이해한다.
② 세도 정치와 양반 지배층의 수탈로 인하여 민중의 항거가 고조되었음을 설명할 수 있다.
③ 백두산정계비의 건립 과정을 알고, 그 비문 내용 중에서 후대에 간도 귀속 문제의 쟁점이 되었던 부분을 탐구할 수 있다.
④ 일본에 파견된 조선 통신사는 외교 사절의 역할뿐만 아니라 선진 문화를 일본에 전파하는 기능도 수행하였음을 이해한다.
⑤ 흥선대원군의 집권으로 세도 정치의 폐단과 삼정의 문란이 어느 정도 시정되고 왕권의 재확립이 이루어졌음을 이해한다.
⑥ 근대 사회의 전개 과정은 우리 민족이 제국주의 침략 세력에 대항하면서 국권의 수호와 자주적인 근대화를 이루기 위한 노력이었음을 이해한다.
⑦ 일제에 의한 국권의 피탈로 자주적인 근대화가 중단되고, 식민 통치하에서 탄압과 수탈을 당하였으나, 줄기찬 독립 운동으로 광복을 찾게 되었음을 이해한다.
⑧ 광복 이후 우리 민족은 냉전 체제하에서의 좌우의 분열과 대립 속에 분단과 6·25전쟁을 겪게 되었으나, 이를 슬기롭게 극복하였음을 이해한다.
⑨ 1960년대 이후의 현대사는 민주화를 위한 줄기찬 노력과 국력의 신장을 이루어 가는 과정으로 파악한다.
[심화 과정]
① 붕당 정치를 당파 싸움으로 규정한 일제 식민 사학의 주장이 가지고 있는 문제점을 탐구할 수 있다.
② 세도 정치 시기의 실상을 파악함으로써 흥선대원군의 집권과 정치 개혁이 가지는 성격을 추론할 수 있다.

③ 근·현대 한국 사회의 정치적 변천 과정에서 나타난 특징과 문제점을 시대별로 추론할 수 있다.

(4) 경제 구조와 경제생활

전근대 사회의 경제를 농업, 수공업, 광업, 어업 등 산업의 각 분야에서 나타난 생산력의 향상 과정으로 이해하고, 이를 상업, 대외 무역에 의한 유통 경제의 확대 과정과 연관하여 종합적으로 파악한다.

㈎ 고대의 경제

① 고대의 경제생활이 지배층 중심으로 편제되어 일반 농민들의 생활이 어려웠음을 이해한다.
② 통일 신라에서 전제 왕권이 강화되어 귀족들의 녹읍이 폐지되고 관료전과 정전이 지급될 수 있었음을 이해한다.
③ 통일 신라에서는 노동력과 생산 자원이 철저하게 편제되어 관리되었음을 민정 문서를 통하여 설명할 수 있다.
④ 통일 신라와 당과의 관계가 긴밀해지면서 경제·문화권 교류도 활발하였음을 이해한다.
⑤ 발해는 밭농사 중심의 농업이 발달하였으나, 목축이나 수렵이 큰 비중을 차지하였고 무역도 활발하였음을 이해한다.
[심화 과정]
① 국왕과 귀족 간에 토지와 농민에 대한 지배력을 확보하기 위한 대립과 갈등이 빚어지고 있었음을 설명할 수 있다.
② 당과의 무역을 통하여 성장한 해상 세력이 축적된 군사력과 경제력을 토대로 정치 세력으로까지 성장할 수 있었음을 추론할 수 있다.

㈏ 중세의 경제

① 고려의 경제 정책의 기본이 중농 정책이었으므로 토지의 분급이 가장 중요한 문제였음을 설명할 수 있다.
② 전시과는 관직 복무와 직역에 대한 반대급부로 수조권만 부여하였음을 이해한다.
③ 국가 재정 수입의 토대는 조세, 공납, 역이었음을 이해한다.
④ 고려 시대에는 우경에 의한 심경법과 윤작법이 널리 보급되어 지력의 향상, 휴경 기간의 단축, 생산력의 향상을 가져왔음을 파악한다.
⑤ 고려 시대에는 대외 무역이 활발하여 주변 국가의 상인들은 물론 아라비아 상인까지도 자유롭게 왕래하였음을 이해한다.
[심화 과정]
① 농업 기술이 전시대에 비하여 발달함으로써 나타난 농업 경영상의 변화를 추론할 수 있다.
② 사원이 수공업이나 상업의 경영에도 관여할 수 있었던 배경을 다양하게 탐구할 수 있다.

㈐ 근세의 경제

① 조선 왕조는 부국강병과 민생 안정을 위한 방향으로 경제 구조를 개편하였음을 이해한다.
② 과전법 체제의 목적이 신진 관료의 생활 기반을 보장하는 한편, 국가의 조세 수입을 확보하고 농민 생활을 보장하려는 것이었음을 설명할 수 있다.
③ 15세기의 농업 정책은 농경지의 확대와 농업 생산력의 증대에 있었음을 이해한다.
④ 16세기 이후 과전법 체제가 점차 붕괴되고 지주 전호제가 일반화되어 간 과정을 사회 변화와 관련하여 이해한다.
⑤ 조선 왕조는 상공업의 운영을 국가의 통제하에 두었으므로 상공업과 대외 무역, 화폐의 유통이 부진하였음을 파악한다.
[심화 과정]
① 과전법의 문제점을 분석하여 직전법으로의 변동이 불가피하였음을 추론할 수 있다.
② 지배 이념으로서의 성리학이 조선 사회의 산업 정책에 어떠한 영향을 끼쳤는가를 다각적으로 추론할 수 있다.

㈑ 경제 상황의 변동

① 수취 체제의 개편이 전세화의 추세로 진행되고, 대동법과 균역법의 실시가 민생의 안정과 정부의 재정 확충에 기여하였음을 이해한다.
② 이앙법과 견종법의 보급 등 농업 기술의 발달로 생산력이 증대되고 노동력이 절감되어 광작이 성행하고 농민층의 분화가 촉진되었음을 이해한다.
③ 도조법의 대두를 통하여 이 시기에 소작권의 성장을 바탕으로 농민의 지위가 향상되어 간 상황을 이해한다.
④ 사상과 공인의 활동이 활발해지면서 자유 상업이 발달하고, 지방 장시와 포구에서의 상거래가 활발해짐에 따라 도고가 성행하여 상업 자본의 축적이 진전되었음을 이해한다.
⑤ 경제의 활성화가 진전되면서 상평통보가 전국적으로 유통되어 화폐 경제가 발달하고 대외 무역에서도 민간 무역이 점차 성행하였음을 이해한다.

⑥ 수공업에서는 민영 수공업이 발달하고, 상인 물주가 수공업을 지배하는 선대제가 성행하였음을 이해한다.
⑦ 광업과 수공업의 경영 형태가 전 시기에 비하여 달라진 모습을 파악한다.
⑧ 일제하에 자행된 식민지 약탈 정책과 이에 대항하여 전개된 경제적 민족 운동을 이해한다.
⑨ 한국 현대 사회에서 경제적 시련을 극복하고 경제 성장을 이룩한 과정을 파악하고 그 배경을 이해한다.
[심화 과정]
① 산업의 각 분야에서 나타난 자본주의의 맹아를 추론할 수 있다.
② 농민층의 분해를 자본주의 경제로의 전환과 관련하여 이해한다.

(5) 사회 구조와 사회생활

전통 사회의 신분 구조와 향촌 사회생활, 가족생활의 특징을 비교, 파악하고, 사회의 변화 과정을 발전적 시각에서 이해함으로써 우리 민족의 생생한 삶의 모습을 보다 구체적으로 파악한다.

㈎ 고대의 사회

① 삼국의 귀족들은 지배 계층으로서 정치권력을 독점하여 사회적 특권을 누렸으며, 평민과 노비는 피지배층으로서 생산 활동에 종사하였음을 이해한다.
② 골품 제도를 통하여 고대 사회에서는 개인의 능력보다는 그가 속한 친족의 사회적 지위가 중시되었음을 파악한다.
③ 씨족 사회의 전통을 계승, 발전시킨 화백과 화랑 제도는 집단의 단결과 계층 간의 화합에 기여하였음을 설명할 수 있다.
④ 6두품 신분의 반신라적, 반골품적 성향이 지방 호족 세력과의 제휴를 통해 새로운 사회로의 진전에 영향을 주었음을 이해한다.
[심화 과정]
① 골품 제도가 중앙 집권적 고대 국가로 성장하는 과정에서 성립되었음을 추론할 수 있다.
② 고대 사회에서 합의제적 귀족 회의가 유지될 수 있었던 배경을 탐구한다.

㈏ 중세의 사회

① 고려의 사회 신분은 세습을 원칙으로 하는 귀족, 중류층, 양인, 천민으로 구성되었음을 이해한다.
② 고려 사회가 문벌이 중시된 귀족 사회였음을 제도적인 면에서 설명할 수 있다.
③ 고려 말기의 지배 세력이었던 권문세족과 새로이 대두한 신진 사대부의 동향을 비교, 이해한다.
④ 고려 사회의 향촌 구조를 고대 사회와 비교하여 이해한다.
⑤ 고려 시대에는 농민 생활의 안정을 위해 여러 가지 사회 제도와 사회 시설을 마련하였음을 이해한다.
⑥ 고려 사회에서는 여성의 지위가 상당히 높았음을 여러 가지 사실을 토대로 하여 설명할 수 있다.
[심화 과정]
① 고려 시대의 사회가 고대 사회에 비해 개방적인 사회였음을 신분 변동의 가능성을 통하여 추론할 수 있다.
② 고려 시대에 국가의 노력에도 불구하고 유교적 상장 제례 의식이 제대로 시행되지 않았던 까닭을 상상할 수 있다.

㈐ 근세의 사회

① 조선의 지배층이 성리학적 명분론을 토대로 유교적 신분 질서를 유지하려 하였음을 이해한다.
② 조선 사회의 사회 질서를 유지하기 위한 법률은 경국대전에 의해 정리되었음을 이해한다.
③ 조선 사회의 향촌은 각 고을이 읍내와 그 주변 지역으로 구분되었고, 주변 지역은 면리제로 편성된 자연촌락이었음을 이해한다.
④ 신분 질서의 안정을 위해 예학을, 양반으로서의 신분적 우위성을 유지하기 위해 보학을 중시하였음을 이해한다.
⑤ 성리학적 사회 질서가 정착된 이후 가부장 제도와 함께 부계 친족 중심의 문중이 확립되었음을 이해한다.
[심화 과정]
① 조선 시대의 지배층은 그들의 지배 질서를 합리화하기 위해 다양한 노력을 기울였음을 설명할 수 있다.
② 사림 세력이 확고한 뿌리를 내린 이후에 이르러서야 성리학적 종법 질서가 자리잡게 되었음을 이해한다.

㈑ 사회의 변동

① 양반의 수가 증가하고 상민과 노비의 수가 감소하면서 양반 중심의 신분제가 크게 동요되었음을 이해한다.
② 일당 전제화 추세와 함께 양반의 수가 증가되면서 양반의 계층 분화가 촉진되었음을 이해한다.
③ 서얼과 중인 등 중간 계층의 신분 상승 운동이 통청 운동, 소청 운동 등 형태로 활발하게 전개되었음을 이해한다.
④ 역관, 의관 등 기술직 중인층은 전문 지식과 경제력을 배경으로 성장하였으며, 외래문화의 수용에도 적극적이었음을 설명할 수 있다.

⑤ 군공, 납속, 도망 등에 의해 노비의 수가 격감하였으므로 노비 제도가 유지되기 어려워졌음을 이해한다.
⑥ 19세기에 일어난 농민 봉기의 성격을 각종 재해의 빈발, 탐관오리의 수탈, 예언 사상의 유행 등 사회불안과 관련하여 파악할 수 있다.
⑦ 평등사상에 기초한 천주교가 확산되고, 민중적, 민족적 성격의 동학이 창시되어 사회 변혁의 움직임에 영향을 주었음을 추론할 수 있다.
[심화 과정]
① 사회 신분제의 동요에서 근대 사회로 변화되어 가는 요소를 탐구하여 정리할 수 있다.
② 천주교와 동학이 지배층으로부터 탄압을 받게 된 요인들을 추론할 수 있다.

(6) 민족 문학의 발달

전통 사회의 사상, 종교, 학문의 역할과 예술의 특징을 당시의 정치·사회·경제적 상황과 결부하여 파악한다. 나아가 민족 문화의 특수성과 보편성에 대한 이해를 토대로 민족 문화에 대한 긍지를 가지고, 이를 창조적으로 계승, 발전시키는 데 힘쓴다.

㉮ 고대의 문화
① 삼국 시대에는 일찍부터 한학과 유학이 발달하였고, 역사서의 편찬도 이루어졌음을 이해한다.
② 불교가 우리나라의 고대 문화 발전에 크게 공헌하였음을 이해한다.
③ 고대의 학술과 예술은 왕실과 귀족 세력의 뒷받침으로 발달하였음을 이해한다.
④ 삼국과 가야의 문화가 일본 고대 문화의 성장에 기초가 되었음을 일본에 남아 있는 유적과 유물을 통해 설명할 수 있다.
⑤ 통일 신라 시대에는 불교 사상, 한학, 기술학 분야에서 두드러진 발전이 있었음을 이해한다.
⑥ 발해의 문화는 고구려의 문화를 계승하면서도 당의 문화를 수용하여 수준 높은 문화를 이루었음을 이해한다.
[심화 과정]
① 고대 말기에 교종 불교에서 선종 불교로 바뀌어 간 것을 불교의 사상적 진전으로 이해한다.
② 신라의 6두품 출신 도당 유학생이나 유학승들이 통일 신라의 사회와 문화에 미친 영향을 설명할 수 있다.

㉯ 중세의 문화
① 고려의 문화는 유교 문화와 불교문화가 융합되면서 발전하였음을 이해한다.
② 고려의 불교 종파로서 천태종과 조계종이 크게 유행하고 대장경의 조판이 이루어지게 된 배경을 설명할 수 있다.
③ 풍수지리설이 중세의 정치와 사회에 미친 영향을 다각도로 정리할 수 있다.
④ 국가에서 천문, 역법을 중시하게 된 배경과 인쇄술의 발달이 가지는 문화사적 의미를 말할 수 있다.
⑤ 고려 시대에는 불교 미술과 함께 귀족 생활과 공예 미술이 특히 발달하였음을 이해한다.
⑥ 성리학을 수용한 신진 사대부 세력이 고려의 사회와 문화를 비판하면서 새로운 사회의 건설과 문화 혁신을 추진하였음을 이해한다.
[심화 과정]
① 고려 시대에 불교가 정치·사회·문화적으로 미친 영향을 긍정적인 면과 부정적인 면에서 다양하게 추론할 수 있다.
② 고려 사회에서 과학 기술 문화가 사회적으로 확산되지 못한 이유를 탐구할 수 있다.

㉰ 근세의 문화
① 훈민정음이 창제될 수 있었던 사회·문화적 배경과 훈민정음의 창제가 가지는 역사적 의의를 이해한다.
② 관학파의 학풍이 성리학을 지배 이념으로 내세우면서도 민족의 전통문화를 포용하면서 과학과 기술학을 존중하게 되었던 시대적 배경을 파악한다.
③ 사림 세력의 성장과 함께 성리 철학은 크게 발달하였으나, 과학과 기술학의 발달이 부진하였던 원인을 설명할 수 있다.
④ 조선 사회에서 불교가 국가의 통제를 받으면서도 민간 신앙과 함께 서민 사회에서 보존될 수 있었던 원인을 탐구할 수 있다.
⑤ 조선 시대의 문학과 예술은 유교적 가치와 양반 지배층의 생활을 중심으로 발전하였음을 이해한다.
⑥ 조선 시대의 공예와 건축은 고려 시대와는 달리 서민적이고 실용적인 특성을 지니면서 발달하였음을 이해한다.
[심화 과정]
① 사림 문화의 긍정적인 측면과 부정적인 측면을 다각적으로 탐구할 수 있다.
② 양반 지배층의 시대 상황에 대한 인식이 문화에 어떤 영향을 주었는가를 추론할 수 있다.

(라) 문화의 새 기운

① 성리 철학의 학통이 붕당의 형성과 연관되어 있음을 이해한다.
② 성리학의 한계성을 극복하려는 노력에서 연구된 양명학의 특성과 함께 강화 학파가 형성된 배경을 이해한다.
③ 실학 발달의 시대적 배경, 실학의 근대 지향적 성격 그리고 실학의 한계성을 파악한다.
④ 실학이 발달함에 따라 실학의 실증적, 민족적 성격과 연관하여 국학의 연구가 활발하게 이루어졌음을 이해한다.
⑤ 천문학, 의학, 농학 등의 발달이 당시 사회에 기여한 바를 설명할 수 있다.
⑥ 서민 문화가 발달하게 된 배경을 서당 교육의 보급, 중인층과 서민층의 성장, 서민 의식의 확대 등으로 이해한다.
[심화 과정]
① 17, 18 세기의 우리나라와 중국에서 나타난 공통적인 문화의 특징을 탐구한다.
② 근대 사회의 태동기에 문화 면에서 다양하게 나타난 서민적이고 한국적인 요소를 추출할 수 있다.

4. 교수 · 학습 방법

가. 민족사가 세계사와 유기적인 관계 속에서 전개되었음을 파악하게 하고, 민족의 역사와 민족 문화가 가지는 특수성을 객관적으로 인식할 수 있도록 세계사적 보편성과 관련시켜 지도한다.
나. 8 · 9학년에서 학습한 내용을 토대로 각 시대의 정치, 사회, 경제, 문화 등을 영역별로 파악하여, 민족사의 전개를 보다 폭넓고 깊이 있게 지도한다.
다. 고고학, 민속학, 인류학, 사회학, 경제학, 자연 과학 등 인접 학문의 연구 성과를 충분히 활용하여 역사 이해를 위한 다양한 시각을 가지도록 지도한다.
라. 역사적 사실의 의미를 그 시대와 전체 역사와의 연계하에서 파악하는 가운데 분석적 접근 방법을 시도하여 심화된 역사적 사고력을 가지도록 지도한다.
마. 역사 지도, 연표, 도표, 사료, 실물, 영상 자료 등 다양한 학습 자료를 활용하여 역사 학습에 대한 흥미를 높이고, 스스로 역사를 탐구할 수 있는 능력을 기를 수 있도록 한다.
바. 학습 내용에 따라 강의, 문답, 토의, 탐구, 사료 학습 등 다양한 교수 · 학습 방법을 활용하여 변화 있는 학습 환경을 구성하고, 능동적인 학습 참여를 꾀한다.

5. 평 가

가. 교육과정에서 제시된 목표들을 준거로 하여 평가 요소들을 추출하고, 평가 요소에 따라 평가를 실시한다.
나. 역시 학습 내용에 대한 지적 성취도, 개념의 이해도, 역사적 사고력, 문제 해결력 등을 포괄적으로 평가한다.
다. 학습 자료를 다양하게 개발하여 그것의 의미를 해석하고 비판하는 자료 분석 능력을 중점적으로 평가한다.
라. 지필 검사에서 평가하기 어려운 역사적 탐구 기능과 태도의 변화에 대해서는 관찰, 과제물 등 다양한 방법을 통하여 평가한다.
마. 총괄 평가 외에 진단 평가와 형성 평가를 수시로 실시하여 그 성취의 요소와 정도를 가려서, 그 결과를 교수 · 학습 지도 개선의 자료로 활용한다.

3. 인간 사회와 환경

1. 성   격

'인간 사회와 환경' 과목은 국민 공통 기본 교육과정의 '사회'와 심화 선택 과목 사이에 있는 일반 선택 과목이다. '사회' 과목이 교양 수준의 내용을 주로 다루고 사회 영역의 심화 선택 과목이 개별 학문 내용을 반영한다면, '인간 사회와 환경'은 그 중간 성격을 지닌다. 그러므로 내용 선정에서 사회과에서 국민 공통 기본 과목 및 심화 선택 과목과의 차별성을 유지한다.

내용 선정과 조직은 지리, 역사, 일반사회 영역을 학제적으로 통합하며, 심화 과목의 내용들도 어느 정도 수용한다. 따라서 학습자는 심화 과목에서 선택하지 않은 과목의 내용도 기초 수준에서 이해할 수 있게 되며, 선택하는 과목에 대해서는 입문 과정으로서 의미를 가진다.

또, 인문·사회 과학의 여러 영역에서 활용할 수 있는 과학적 방법론을 학습하게 하고, 이에 기초하여 영역별로 사실−개념−원리의 구조화된 이론 체계를 기초 내용으로 구성한다. 특히, 내용 서술은 사회과 영역별로 각각의 단원을 구성하지 않고, 하나의 현상을 시·공간적 축과 사회 현상과의 상호 연관성하에서 종합하여 한 단원 내에서 사회 각 영역의 내용들이 유기적으로 연관성을 가지도록 한다. 이를 바탕으로 사회 현상을 '과거−현재−미래', '지역−국가−세계'라는 두 개의 축을 바탕으로 이해할 수 있도록 한다.

그리고 교수·학습 과정이 개방적으로 전개될 수 있도록 사례 중심으로 내용을 조직하고, 교수·학습 방법은 교사의 자율성과 학습자의 창의적 사고력, 합리적인 판단력, 문제 해결 능력, 의사 결정 능력을 높일 수 있도록 선택한다.

2. 목   표

현대 인간 사회와 환경의 구조를 이해하여 현대 사회에 능동적으로 적응하고, 환경을 건강하게 유지하는 데 필요한 지식과 정보를 활용할 수 있으며, 사회의 한 구성원으로서 지녀야 할 바람직한 가치와 태도를 가진다.

가. 사회는 지리적 바탕과 역사·문화적 배경 그리고 정치·경제적 구조가 결합된 유기체임을 알고, 제반 현상을 지리와 역사, 사회 구조적 측면에서 복합적으로 이해한다.

나. 환경이란 자연환경, 인문 환경, 정치·경제·사회·문화적 현실, 생태학적 환경 등 성격을 동시에 가지는 종합적인 의미를 지니고 있음을 안다.

다. '지역−국가−세계', '과거−현재−미래'의 두 가지 관점에서 환경의 의미를 알고, 환경의 지역적 차이와 지역 간, 국가 간의 다양한 생활양식(문화)의 차이를 이해한다.

라. 현대 사회의 특성과 당면 문제를 알고, 사회 발전 방향을 제시할 수 있다.

마. 인간 사회의 제 현상을 시·공간적 측면 그리고 다른 현상과의 유기적인 연관성 속에서 종합적으로 이해하고, 합리적인 판단력과 창의적인 사고력을 기른다.

바. 공간적으로 지역화와 세계화를, 사회 구조적으로는 고도 산업 사회화, 정보화를 지향하는 현대 사회의 특성과 변화 물결에 능동적으로 대처할 수 있는 지식과 정보 처리 능력을 기른다.

사. 현대 사회 문제의 인식, 해결 방안의 모색, 합리적인 의사 결정 능력을 기르고, 지역−국가−세계 속의 한 인간으로서 지녀야 할 올바른 가치와 태도를 가진다.

3. 내 용

가. 내용 체계

영 역	주요 내용
· 인간 사회와 환경의 구조	○인간과 환경 ○인간과 시간 ○인간과 사회
· 인간 사회의 탐구	○지역 조사와 분석 ○역사 이해와 탐구 ○사회 조사 방법
· 산업화와 현대 사회	○산업화의 지리적 배경 ○산업화의 발달 과정 ○현대 사회의 구조
· 지역화와 지방 자치	○지역화와 지역성 ○지역의 역사와 문화 ○지역 사회의 정치와 경제
· 세계화와 세계의 이해	○세계화와 지구촌 시대 ○지구촌의 현안 문제 ○국제 사회의 이해
· 정보화와 정보 사회	○시 · 공간 개념의 변화 ○정보 사회의 특징 ○정보화와 미래 사회
· 새로운 세계의 창조	○해양과 우주로의 진출 ○통일 한국의 미래상 ○환경 친화적인 인간 사회

나. 영역별 내용

(1)인간 사회와 환경의 구조

인간, 사회, 환경 간의 상호 관계를 체계적, 종합적으로 파악하고, 인간이 주체적으로 환경을 개조하고 역사를 창출하며 사회 제도를 개선해 왔음을 이해한다.

㈎ 인간과 환경

① 인간 생활과 환경의 관계를 환경 결정론과 환경 가능론을 바탕으로 설명한다.
② 자연환경과 인간 생활 간의 유기적 상관관계를 파악하고, 인간이 자연환경과 어떻게 조화를 이루며 살아왔는가를 사례 중심으로 이해한다.

㈏ 인간과 시간

① 사회 현상을 역사적 배경을 통해 이해한다.
② 역사적 배경의 차이가 인간 생활에 미치는 영향을 사례 중심으로 이해한다.

㈐ 인간과 사회

① 정치, 경제, 법 등 사회 질서 체제가 인간의 행위 및 사회상과 어떠한 관계를 가지는지를 사례 중심으로 이해한다.

(2) 인간 사회의 탐구

환경, 역사 및 사회 구조와 기능에 대한 조사와 연구 방법을 통하여 사회 현상과 문제에 대하여 과학적으로 분석하고 탐구할 수 있는 능력을 기른다.

㈎ 지역 조사와 분석

① 다양한 지리 정보를 이용하는 방법을 익히고, 지리 정보 체계의 활용 방안을 사례 중심으로 살펴본다.
② 사례 지역을 선정하여 실내 조사나 야외 조사를 체계적으로 하기 위한 조사 계획서를 작성하고, 조사를 실시한다.

㈏ 역사 이해와 탐구

① 사례를 중심으로 향토사 연구에 있어서 사료의 검증, 해석 및 비판의 절차를 이해한다.
② 사례를 중심으로 유적지, 유물 발굴을 위한 기초적인 방법, 추론 및 역사적 의미를 이해한다.

㈐ 사회 조사 방법

① 사례를 중심으로 사회 현상의 실태를 조사하는 방법과 절차를 이해하고, 조사 내용을 분석, 처리할 수 있다.

② 사례를 중심으로 사회 조사 방법의 장단점을 알고, 조사 내용의 객관성과 신뢰성을 평가하는 방법을 이해한다.

(3) 산업화와 현대 사회

산업화가 이루어진 지리적 조건과 역사적 발전 과정을 살펴보고, 현대 사회의 구조와 기능을 체계적으로 이해하며, 현대 사회 문제를 종합적, 과학적, 주체적으로 파악한다.

㉮ 산업화와 지리적 배경

① 산업화에 영향을 끼친 자연환경, 자원의 분포, 입지 요인 등을 이해한다.
② 산업화의 공간적 확대 과정과 산업화가 공간 구조의 변화에 미친 영향을 이해한다.

㉯ 산업화의 발달 과정

① 산업화가 시작된 역사적 배경을 이해하고, 세계의 각 지역별로 산업화의 시기가 다름으로 인해서 야기된 역사적 사건을 이해한다.
② 산업화의 진행과 식민지 역사 간의 관계와 그것이 현대 사회에 미친 영향을 이해한다.

㉰ 현대 사회의 구조

① 산업 사회의 인간관계 특성을 파악하고, 앞으로 정보 사회에서는 어떻게 변화될지 전망한다.
② 산업화의 긍정적인 효과와 부정적인 문제를 파악한다.
③ 빈부의 격차가 생기는 원인을 개인의 선택과 사회 구조적 측면에서 살펴보고, 그 해결 방안을 모색해 본다.

(4) 지역화와 지방 자치

지역의 지역성과 역사 및 지역의 정치, 경제, 사회, 문화의 특성을 알아보고, 지방과 국가에 대한 정체 의식과 함께 지역과 지방의 발전 방향에 대하여 생각해 본다.

㉮ 지역화와 지역성

① 지역화의 의미를 이해하고, 환경에 따라 지역성이 다른 이유를 설명한다.
② 자신이 살고 있는 지역의 특성을 파악하고, 타 지역과 비교할 수 있다.

㉯ 지역의 역사와 문화

① 지역의 역사적 사실과 발전의 추세 속에서 발견되는 특징을 지역 사회의 배경과 관련하여 탐구한다.
② 유형, 무형의 문화재를 중심으로 지역의 문화 전통과 문화적 정체성에 대해 토의한다.

㉰ 지역 사회의 정치와 경제

① 주민, 지방 의회, 지방 자치 단체 간의 바람직한 의사 결정 과정을 이해한다.
② 지역의 사회·경제적 문제점과 그 해결 방안을 모색해 본다.

(5) 세계화와 세계의 이해

세계화 사회에서의 국제 이해와 협력의 중요성을 인식하고, 지구촌의 현안 문제에 대한 세계적 시각과 함께 개방적이고 진취적인 자세를 가진다.

㉮ 세계화와 지구촌 시대

① 세계화의 역사적 과정과 공간 구조의 변화를 이해한다.

㉯ 지구촌의 현안 문제

① 지구촌의 인구, 환경, 인권, 종교, 인종, 민족 간의 갈등 문제 등 오늘날 세계의 주요 현안 문제를 이해하고, 문제 해결을 위해 노력한 사례를 조사해 본다.

㈐ **국제 사회의 이해**

① 문화적으로 동질적이거나 기능적으로 통합되어 있는 지역을 사례 중심으로 선정하여, 그 특성을 자연환경, 역사, 문화, 사회 구조적 측면에서 이해한다.
② 국제 사회의 정치·경제·지리적 상호 관계를 파악하여, 국제 평화를 이룰 수 있는 방안을 탐구한다.

(6) 정보화와 정보 사회

정보화에 따른 정보 사회의 변화 양상과 특징 및 정보 사회에서 직면할 여러 가지 문제에 대하여 알아보고, 미래 사회에 슬기롭게 대처할 수 있는 능력을 기른다.

㈎ **시·공간 개념의 변화**

① 정보화에 따른 시·공간 측면에서 인간 사회의 변화상을 살펴본다.

㈏ **정보 사회의 특징**

① 가상공간에서 형성되는 공동체가 실제 생활에 어떠한 영향을 끼치는지 탐구한다.
② 정보화 관련 기술의 발전에 따른 사회 변동 양상을 전망한다.

㈐ **정보화와 미래 사회**

① 정보화의 촉진이 현대 사회가 직면하고 있는 도시, 교통, 인구 등의 문제들을 해결하는 데 어떻게 기여할 수 있는지 살펴본다.
② 최신의 정보화 관련 기술의 동향을 알아보고, 미래의 인간 사회에 미칠 영향을 살펴본다.

(7) 새로운 세계의 창조

급변하는 국제 사회에서 미래 사회생활의 변화상을 예측해 보고, 통일 문제, 환경 문제 등 여러 가지 사회 문제를 세계적이고 미래적인 관점에서 생각하고 해결할 수 있는 능력을 기른다.

㈎ **해양과 우주로의 진출**

① 세계 여러 지역의 해양 개발 사례를 조사하고, 우리나라 미래의 해양 개발을 예측할 수 있다.
② 인공위성과 우주 항공 산업의 발달 등 우주 공간의 이용에 따른 생활의 변화상을 예측해 본다.

㈏ **통일 한국의 미래상**

① 외국의 통일 사례를 살펴보고, 우리 국토 통일의 당위성과 사회·문화·경제적 측면의 문제점과 해결가능성을 토의해 본다.
② 통일에 대비하여 보다 효율적인 국토 이용과 합리적인 국토 관리 방안을 제시하여 본다.

㈐ **환경 친화적인 인간 사회**

① 쾌적한 삶을 위해 환경 친화적인 삶을 추구하는 인간의 노력을 사례 중심(생태적인 도시 건설, 생태적인 농경법 등)으로 살펴보고, 미래의 인간 사회를 전망해 본다.
② 환경 보호를 위한 국제 협약과 시민운동의 활동 내용과 방향을 파악하고 적극적인 관심을 가진다.

4. 교수·학습 방법

가. 교수·학습 과정안 작성 및 교수·학습 방법 선택에 있어 교사의 자율성을 높이고, 학습자의 활동을 강화한다.
나. 학습자의 합리적인 판단력, 문제 해결 능력, 의사 결정 능력을 높일 수 있는 소재와 이를 달성할 수 있는 지속적인 학습 방법을 도입한다.
다. 지리, 역사, 일반사회 영역의 내용을 포괄한 통합 과목임에 유의하여 통합적인 학습 지도를 한다.
라. 학습 내용에 따라 개념 탐구 중심 수업, 문제 해결 중심 수업, 의사 결정 중심 수업 등 적절한 지도 방법을 적용한다.
마. 토의, 발표 학습 등 학습자의 자발적인 참여를 유도한다.

바. 구체적인 사례 중심 수업을 통해 경험과 지식의 상호 연계 학습에 유의한다.
사. 멀티미디어 교수·학습 자료를 수업에 적극 활용한다.
아. 각종 언론·통신 매체를 활용하여 시사적이고 현실적인 문제에 대한 인식 능력과 문제 해결 능력, 의사 결정 능력을 향상시킨다.

5. 평 가

가. 상세화된 영역별 내용에 의한 평가를 한다.
나. 평가 문항의 타당성, 신뢰성, 실용성에 유의한다.
다. 지식 중심의 평가를 지양하고 기능 및 가치·태도 영역의 평가를 반영한다.
라. 학습자의 기능, 수업 태도를 객관적으로 평가할 수 있는 기준을 만들고, 이를 지필 고사와 함께 평가에 반영한다.
마. 지필 검사에만 의존하던 기존의 관행에서 과감히 탈피하여, 조사 및 답사 보고서, 토론, 발표 태도 등을 평가하여 반영할 수 있는 방안을 모색한다.
바. 지필 검사에서도 객관식 선택형 문항이나 단편적인 지식을 묻는 단답식 문항 외에 논술 방식의 서술형 문항을 제시하고 평가할 수 있도록 한다.

4. 한국 지리

1. 성 격

'한국 지리' 과목은 국토의 지리적 현상을 체계적, 종합적으로 이해하고, 이를 바탕으로 국토가 당면한 문제에 능동적으로 대처할 수 있는 능력과 자세를 기르기 위한 과목이다. 이 과목은 국민 공통 기본 교과인 '사회'에서 지리에 관한 기초적인 내용을 학습한 후에 고등학교에서 이수하는 심화 선택 과목이다.

'한국 지리' 과목은 급속한 정치·경제·사회 발전에 따라 지역 및 공간 구조에 많은 변화가 진행되고 있다는 점을 감안하여 계통 지리적 주제들을 중심으로 조직하되, 지역 지리적 접근을 결합하여 국토 공간에 대한 심층적 이해를 도모하도록 구성한다.

'한국 지리' 과목은 국토의 자연 및 인문 환경 특성을 파악하고, 이를 기초로 생활권의 형성과 변화 과정을 이해함으로써 국토의 공간 구조 특색을 탐구한다. 또, 지역 지리 학습을 통하여 여러 지역의 생활을 심층적으로 파악하고, 국토 통일의 당위성과 과제를 인식하여 이에 대처할 수 있는 능력과 자세를 기른다.

2. 목 표

국토의 자연환경을 파악하고, 생활권의 형성 과정 및 변화상을 체계적, 종합적으로 이해함으로써, 미래지향적인 국토관을 바탕으로 우리 삶의 터전을 보다 살기 좋은 공간으로 조화롭게 개발, 이용, 보전하기 위해 노력하는 자세를 가진다.

가. 세계 속에서 국토가 지니는 위상을 알고, 국토의 자연환경과 인문 환경을 요소별로 파악하여 이들 간의 상호작용을 종합적으로 이해한다.

나. 지역 지리에 대한 여러 가지 관점을 바탕으로 우리나라 전체 및 각 지역의 지역 구조 형성 과정과 지역성을 이해한다.

다. 사실이나 현상을 지리학의 기본 개념이나 지리적 법칙에 맞추어 사고하는 능력을 기른다.

라. 국토의 지리적 현상과 관련된 다양한 정보를 수집하여 도표화, 지도화하고, 이를 종합, 분석, 응용할 수 있는 능력과 국토의 공간 문제를 합리적으로 해결하기 위한 탐구 능력, 의사 결정 능력 및 사회 참여 능력을 기른다.

마. 지역성을 바탕으로 각 지역의 역할을 이해함으로써 지역 간 협력을 추구하는 태도를 기른다.

바. 국토 공간을 바르게 이해함으로써 국토애를 가지며, 환경에 대한 가치를 올바르게 인식하고, 국토 통일의 의지를 기른다.

3. 내 용

가. 내용 체계

영 역	주요 내용
· 국토의 이해	○정보화 사회와 지리 정보 ○위치와 지역 형성
· 국토의 자연환경	○기후와 생활 ○지형과 생활
· 생활권 형성 기능	○자원 ○공업 ○서비스 산업
· 생활권의 형성과 변화	○인구 ○도시 ○지역 개발
· 여러 지역의 생활	○수도권 ○평야 지역 ○산지 지역 ○해안 지역
· 국토 통일의 과제와 노력	○북부 지역의 이해 ○국토의 잠재력과 국토 통일
· 지역 간 상호 의존	○지역 간 상호 보완과 복지 국가 건설 ○세계 평화 유지에의 기여

나. 영역별 내용

(1) 국토의 이해

교통, 통신의 발달, 정보 혁명, 세계화와 지역화가 동시에 활발히 이루어지는 시대에 적합한 한국 지리 학습의 방향을 바로 알고, 우리나라의 위치 및 생활권으로서의 지역 특성을 이해한다.

(가) 정보화 시대와 지리 정보

① 지리학의 기본 개념과 한국 지리 학습의 중요성을 인식한다.
② 세계화, 지역화 시대에 지리 정보의 중요성이 높아지고 있음을 인식한다.
③ 필요한 정보를 지리적 안목에서 수집, 분석할 수 있는 능력을 기른다.
④ 다양한 유형의 지리 정보를 조사하는 과정에 참여하여 지역 이해를 위해 정보화 수단이 필요함을 인식한다.

(나) 위치와 지역 형성

① 세계 속에서 우리나라의 위치와 영역을 파악한다.
② 대륙과 해양에 접한 입지적 특성을 이용하여 우리나라의 잠재력과 발달가능성을 설명할 수 있다.
③ 교통, 통신의 발달과 관련된 지역 간 상호작용을 파악하고, 이를 토대로 지역 생활권의 형성 배경을 이해한다.

(2) 국토의 자연환경

우리나라의 지리적 현상과 지역 구조를 이해하기 위하여 지형, 기후, 식생 등 자연현상을 체계적으로 파악하고, 자연과 인간 생활과의 관계에서 나타난 생활양식의 지역적 차이를 이해한다.

(가) 기후와 생활

① 기온, 강수, 바람 등 기후 요소별 특색과 계절별 기후 변화를 파악하고 주민 생활과의 관계를 이해한다.
② 기후의 특성을 기후 인자와 관련시켜 파악한다.
③ 지역 간의 기후차를 파악하여 우리나라의 기후구를 구분하고, 기후와 전통 가옥 구조와의 관련성을 살펴본다.
④ 해안, 평야, 산지, 산간 분지, 도심 등에 나타나는 국지 기후 현상을 이해한다.
⑤ 기후 환경을 바탕으로 자연 식생의 분포와 특성 및 식생의 생태적 잠재력을 이해한다.
⑥ 토양의 분포와 특색을 기후와 관련하여 이해하고, 토양 및 식생의 훼손을 극소화하기 위한 방법을 모색한다.
⑦ 개발로 인하여 나타나는 식생과 토양의 변화 사례를 조사한다.

(나) 지형과 생활

① 한반도의 지형 형성 과정을 이해한다.
② 산지의 형성 과정 및 특색을 파악하고, 사례를 들어 산지 이용 현황을 살펴본다.
③ 하천 유역과 하계망, 평야의 분포와 특색을 파악하고, 인간 생활과의 관계를 이해한다.
④ 해안 지형의 특색을 파악하고, 인간 생활과의 관계를 이해한다.
⑤ 화산 지형, 카르스트 지형을 인간 생활과 관련하여 이해한다.
⑥ 대축적 지도를 활용하여 지형의 특색을 읽을 수 있다.

(3) 생활권 형성 기능

생활권 형성에 영향을 끼치는 자원의 분포와 이동, 공업 활동의 입지와 분포, 서비스 산업의 상호작용을 지역 지리적 관점에서 파악하고, 나아가 앞으로의 발전을 위한 방안을 모색한다.

(가) 자 원

① 기술의 변화에 따른 자원 개발의 양적, 질적 변화를 이해하고, 합리적인 자원 개발 방안을 모색한다.
② 자원의 특성을 이해하고 자원 문제 해결책을 제시할 수 있는 능력을 기른다.
③ 동력 자원과 주요 지하자원의 분포 특성을 파악하고, 공업과의 관련성을 이해한다.
④ 자원 개발에 따른 지역의 변화를 사례 지역을 통하여 파악한다.

⑷ **공 업**

① 공업 특색을 파악하고, 주요 공업 지역의 분포도를 분석하여 지역별 공업 입지 특성을 이해한다.
② 산업과 기술의 발달에 따른 공업 지역의 변화 과정을 이해한다.
③ 공업의 발달로 인하여 나타나는 문제점을 파악하고 대처 방안을 모색한다.
④ 공업 발달 지역을 사례로 들어 입지 요인과 변화 과정을 파악한다.

⒟ **서비스 산업**

① 도시의 성장, 소비자의 행동 변화에 따른 상업의 입지와 변화를 이해한다.
② 서비스 산업의 발달 및 탈공업 사회의 특색을 파악하고, 탈공업 사회에서 교통·통신의 중요성을 이해한다.
③ 교통, 통신의 발달 과정, 특색과 문제점을 파악한다.
④ 현대 사회에서 관광 산업의 중요성을 이해한다.

(4) 생활권의 형성과 변화

인구의 구조, 분포, 이동에 대하여 이해하고, 생활권의 거점인 도시를 중심으로 인구, 재화, 서비스 및 정보의 이동 등 지역 간 상호작용에 의한 생활권의 변화를 살펴본다. 또, 세계화, 지역화의 관점에서 지역 개발 및 환경 보전 대책을 모색한다.

⑺ **인 구**

① 인구의 성장, 구조, 분포상의 특성을 인구 자료를 통해 파악한다.
② 인구 이동 특성을 파악하고, 산업화에 따른 지역별 인구 구조의 변화 및 인구 이동의 특색을 분석하여 생활권의 변화를 이해한다.
③ 외국인 근로자의 입국 현상을 조사하여 산업 발달에 따른 노동력의 국제 이동 현상을 이해한다.
④ 인구 과밀 지역의 인구 문제 또는 인구 구조의 변화 과정에서 발생할 수 있는 인구 문제를 사례 지역을 통해 파악하고, 해결 방안을 논의한다.

⑷ **도 시**

① 도시의 입지, 발달, 분포 특성을 파악한다.
② 도시의 성장 요인 및 도시의 기능을 이해한다.
③ 도시 발달 과정에서 나타나는 도시의 구조 및 토지 이용의 변화를 이해하고, 도시 문제 대책을 논의한다.
④ 산업 발달을 비롯한 사회 변화에 대한 이해를 바탕으로 도시 간의 상호작용과 기능의 변화를 파악한다.
⑤ 대도시권의 확대 과정을 사례 지역을 통하여 분석한다.

⒟ **지역 개발**

① 지역 개발의 목적, 방법 및 중요성을 이해한다.
② 지역 개발에 따라 지역 갈등을 겪고 있는 지역 주민들의 입장을 조사, 비교하고, 갈등 해소 대책을 논의한다.
③ 지역의 잠재력을 극대화하면서도 타 지역과 상호 보완을 이룰 수 있는 지역 개발 방안을 모색한다.
④ 지역 특성에 맞는 지역 개발 방안을 이해하고, 지역 격차를 극복할 수 있는 복지 국가 건설 방안을 모색한다.

(5) 여러 지역의 생활

국토를 구체적이면서도 체계적으로 이해할 수 있는 기초를 다지기 위하여, 우리나라 주요 지리적 공간의 지리적 현상 및 특징을 파악하고, 다양한 형태의 주민 생활을 이해한다.

⑺ **수도권**

① 수도권의 경제 및 교통·통신망의 발달이 이 지역의 공업 구조 변화에 미친 영향을 이해한다.
② 지가에 의한 도시 기능 지역의 분화 과정 및 인구 증가와 교통 발달에 의한 도시의 외연적인 확대와 성장과정을 이해한다.
③ 부도심, 위성 도시의 기능을 파악하고, 다핵화 도시로 변화되는 과정을 이해한다.
④ 과도한 집적에 의한 도시 문제를 파악하고 그 대책을 논의한다.

㈏ 평야 지역

① 영농 기술과 영농 방식의 발전에 따라 변모하는 평야 지역 주민의 생활상을 이해한다.
② 전통 농업 지대 또는 시설 농업 지대 주민의 생활 특색을 사례 지역을 통하여 탐구한다.
③ 농촌 지역이 당면한 여러 가지 문제를 파악하고 그에 대한 대책을 세우며, 세계 자유 무역 체제의 등장에 따른 농촌의 변화를 예측한다.

㈐ 산지 지역

① 산지 지역 생활의 기초가 되는 자연환경의 특색을 이해하고, 교통 발달에 따라 나타난 산지 지역 생활의 변화를 파악한다.
② 산지 지역 주민 생활의 특색을 임업, 목축업, 고랭지 농업 등이 활발한 지역의 사례를 들어 파악한다.
③ 여가 활동의 장소, 물 자원의 근원, 자원의 보고로서 산지 지역의 중요성을 이해하고, 환경 가치를 고려한 합리적인 산지 이용 및 보존 방안을 모색한다.

㈑ 해안 지역

① 어업 또는 양식업이 활발한 해안 지역 주민의 생활 특색, 항구의 입지 조건과 공간 구조 및 지역 개발에 의한 생활의 변화상과 당면 과제를 사례 지역을 통해 학습한다.
② 황·남해안 간척지에 입지한 농촌 및 동해안의 해안 평야 지역에 입지한 농촌의 특성과 그 변화에 대하여 이해한다.
③ 간석지의 기능 및 간척 사업에 의한 토지 이용의 변화와 문제점을 파악하고 그 대책을 토의한다.

(6) 국토 통일의 과제와 노력

북부 지역의 특색을 살펴봄으로써 국토의 일체성 회복과 지역 간 상호 보완의 필요성을 인식하고 통일에 대비하는 자세를 기른다.

㈎ 북부 지역의 이해

① 북한의 인구 밀도와 인구 분포의 특색을 자연 및 인문 환경과 관련하여 이해한다.
② 폐쇄된 사회주의 체제하에서 북한의 산업 구조가 낙후되어 온 과정을 이해하고 남한과의 상호 보완성을 탐구한다.
③ 나진·웅기(선봉) 지역이 개방된 배경과 이 지역의 입지적 특성을 이해한다.

㈏ 국토의 잠재력과 국토 통일

① 우리나라가 단일 민족 국가로서 발달해 온 과정을 통하여 국토의 일체성을 이해한다.
② 국토 분단에 의한 국토 공간의 왜곡 및 국토 통일의 당위성을 이해한다.
③ 남북 간의 상호 보완을 통해 이룩할 수 있는 국토의 잠재력을 인식하고, 지리적 교류의 필요성을 이해한다.
④ 국토 통일을 위한 남북 간 교류의 현황과 문제점을 파악하여 그에 대한 대비책을 모색한다.

(7) 지역 간 상호 의존

21세기를 대비하여 지역 간 상호 보완의 필연성을 인식하고, 급변하는 국제 정세에 슬기롭게 대처할 수 있는 능력과 태도를 기른다.

㈎ 지역 간 상호 보완과 복지 국가 건설

① 국제 사회의 변화 경향을 파악하고 상호 보완의 필요성을 이해한다.
② 효율적인 국토 이용의 중요성을 인식하고, 복지 국가의 건설에 힘쓰는 태도를 가진다.

㈏ 세계 평화 유지에의 기여

① 세계화에 수반되는 지역 간의 갈등을 파악하고 그 극복 방안을 제시한다.
② 세계화, 지역화의 의미를 알고 선진 한국의 건설에 적극 동참한다.
③ 복잡하고 유동적인 국제 관계 속에서 우리나라의 위상을 파악하여 인류 공영에 이바지하는 태도를 가진다.

4. 교수·학습 방법

가. '한국 지리' 과목은 고등학교에서 이수할 심화 선택 과목이므로 국민 공통 기본 교과인 사회과의 지리에 관한 기초적인 내용과 연계하여 학습 계획을 수립, 지도한다.
나. 학습자들의 일상생활이나 경험과 관련되도록 구체적인 사례 지역 연구 자료, 지역 주민과의 면담 내용, 사진, 슬라이드 등을 학습자에게 제시하여 학습을 전개시킴으로써 학습자 중심의 수업이 이루어지도록 한다.
다. 국토와 관련된 단순 사실을 암기식으로 주입하는 것보다 새로운 개념을 기존의 지식이나 인지적 구조와 관련시켜 학습자가 탐구 과정에 적용할 수 있도록 한다.
라. 지리 현상과 사회 현상을 바르게 이해하고 문제점을 정확히 파악하여, 이를 해결할 수 있는 지적 사고 능력을 신장시키는 교수·학습이 이루어지도록 한다.
마. 다양한 학습 과제를 제시하고, 지도, 도표, 지구의, 멀티미디어, 보조 학습 프로그램(CAI), 영화, 슬라이드, 통계 자료, 연감, 신문, 사진, 기록물, 유물, 여행기, 탐험기 등 다양한 교수·학습 자료를 활용한다.
바. 정의적 영역의 교수·학습에서는 국토 및 국토 이용과 관련한 가치와 태도를 수동적으로 수용하기보다는 대립적 가치들 간의 차이와 윤리적 근거를 보다 명료히 하여 학습자 스스로 바람직하게 판단하고 자신의 가치관으로 내재화하도록 한다.
사. 지역화 추세에 따라 지역 사회의 특성, 학교의 실정을 고려하여 지역화 자료를 준비하고, 새로운 내용을 보완하여 창의적 학습 지도가 이루어지도록 한다.
아. 실제 지역에 나타나는 제반 현상들을 구체적으로 다루도록 직접적인 경험을 제공하고, 지리의 개념에 대한 이해를 용이하게 하는 야외 현장 학습 기회를 제공한다.
자. '한국 지리' 과목은 생활공간(지역)을 대상으로 하기 때문에, 공간의 규모를 우선적으로 고려하여 추상적인 공간을 구체적으로 인식시킨다.
차. 대축적 지도를 이용하여 독도법을 습득하고, 소축적 지도와 주제도 등을 이용하여 지리 현상을 분석, 종합하도록 한다.

5. 평 가

가. 학습 목표, 내용 및 교수·학습 방법이 구체적으로 구현될 수 있는 평가 방법을 실현하되, 평가 내용은 지식적 측면, 기능적 측면, 가치·태도적 측면으로 구분하면서도 종합적으로 평가하도록 한다.
나. 지식 영역에서는 단순한 지리적 지식이 개념으로 연결되고 연결된 개념으로 일반화의 원리를 도출해 내는 과정이 평가되도록 한다.
다. 기능 영역에서는 지리적 현상을 이해하는 데 필요한 각종 자료와 정보를 수집, 비교, 분석, 종합하거나 분석, 종합한 지리적 현상을 지도화, 도표화할 수 있는 능력을 평가한다.
라. 가치·태도 영역에서는 지리 현상과 관련되는 다양한 가치와 관점에 대한 인식과 이에 대한 분석 및 평가능력을 평가한다.
마. 단순한 지식의 확인보다는 사고력과 창의력을 측정할 수 있도록 평가한다.
바. 학습한 기본 개념과 일반화와 같은 추상적인 개념들을 새로운 또는 구체적인 문제 상황에 적용할 수 있는 능력을 배양하도록 한다.
사. 평가 문항은, 실생활에 바탕을 둔 문제나 지리학의 기본 개념을 다루며, 교육 평가가 교육 자체의 궁극적 목적이나 목표가 되는 일이 없도록 한다.
아. 지필 검사에 의한 양적 평가보다는 질적 평가를 지향하되, 교사의 주관이 작용하지 않도록 유의하면서 객관성과 공정성이 유지되도록 한다.
자. 과목 목표의 특성을 고려하여 지식 영역의 평가에 지나치게 의존하지 않고 면접, 조사, 토론, 발표, 관찰 등 기법을 이용하여 정기적인 평가와 수시 평가가 병행되어 이루어지도록 한다.
차. 환경, 에너지, 인구, 도시 문제 등 내용에서 특히 가치중립적인 판단 능력을 향상시키기 위하여 객관식평가 방법을 지양하고 주관식 평가 방법을 적극 활용한다.
카. 자기 평가, 동료 평가, 교사·학생 토론, 학생 활동 보고 등 평가 방법을 적극 활용한다.

5. 세계 지리

1. 성 격

‘세계 지리’ 과목은 세계 각 지역의 지리적 현상을 종합적, 체계적으로 이해하여 세계화에 능동적으로 대처하고 세계 문화를 선도할 수 있는 능력을 길러 주는 과목이다. 이 과목은 국민 공통 기본 교과인 ‘사회’에서 지리에 관한 기초적인 내용을 학습한 후에 고등학교에서 이수하는 심화 선택 과목이다.

‘세계 지리’ 과목은 세계화에 피동적인 인간을 기르는 것이 아니라 능동적으로 세계 문화를 선도할 수 있는 인간을 기르는 데 그 의의가 있다. 세계 각 지역 사람들의 행동과 사고를 바르게 이해하기 위해서는 그들이 살아가고 있는 자연환경이나 그것을 토대로 형성된 역사와 문화 그리고 산업 및 사회 구조, 주변국과의 관계, 당면한 지역 문제 등을 종합적으로 이해해야 한다. 그리고 세계의 자연환경과 인문 환경을 체계적으로 통합하여, 세계 각 지역에 살고 있는 주민들의 생활을 구체적인 자연환경과 관련시켜 이해하여야 한다.

‘세계 지리’ 과목은 세계의 자연 및 인문 환경에 대한 이해의 기초 위에서 각 지역이나 국가의 특성을 뚜렷하게 드러낼 수 있는 핵심 주제를 중심으로, 우리와 가까운 국가들, 일찍 산업화된 국가들, 지역 개발에 활기를 띠는 국가들, 사회주의 붕괴 이후 변화를 겪는 국가들을 사례 연구를 통해 탐구한다.

2. 목 표

세계 각 지역의 지리적 현상을 종합적, 체계적으로 이해하고, 이를 바탕으로 우리의 삶의 터전을 보다 살기 좋은 공간으로 개발, 이용, 보전하려는 자세를 가진다.

가. 세계 각 지역의 자연환경과 인문 환경을 요소별로 파악하고, 이들 요소들 간의 상호작용을 종합적으로 이해한다.

나. 지리학의 기본 개념이나 원리를 이용하여 세계 각 지역의 변화 양상과 그 지역의 변화를 주도하는 요인을 파악하여, 세계 각 지역을 보다 심층적이며 체계적으로 이해한다.

다. 세계 각 지역의 다양한 자료를 수집하여 도표화, 지도화하고, 이들 자료를 분석, 종합, 평가하며, 그 지역의 문제, 주제, 쟁점을 탐구할 수 있는 능력을 기른다.

라. 지역 정보의 수집과 처리 능력, 발견 및 탐구 능력, 사고력, 지역 문제의 해결 능력 등을 기른다.

마. 각 지역의 특성을 파악하고 이를 토대로 지역 간 협력 및 상호 공존의 길을 모색하려는 자세를 가진다.

3. 내 용

가. 내용 체계

영 역	주요 내용
·세계와 지리	○지역 정보와 지리 학습 ○세계의 자연환경 ○세계의 인문 환경
·우리와 가까운 국가들	○중국 ○일본
·일찍 산업화된 국가들	○유럽 연합 국가들 ○미국과 캐나다 ○오스트레일리아와 뉴질랜드
·지역 개발에 활기를 띠는 국가들	○동남 및 남부 아시아 ○서남아시아 및 북부 아프리카 ○중·남부 아프리카 ○라틴아메리카
·사회주의 붕괴 이후 변화를 겪는 국가들	○러시아와 그 주위 국가들 ○동부 유럽
·세계의 과제	○환경 문제 ○지역 갈등과 상호 협력

나. 영역별 내용

(1) 세계와 지리

세계 지리를 학습하는 데 필요한 기초 지식을 함양하기 위해 지리 학습의 기본 방향과 주제를 이해하고, 자료 활용 능력을 습득한다. 자연환경 요소의 형성 과정과 시·공간적 변화를 이해하고, 이를 주민 생활과 관련시켜 각 지역의 특성을 파악할 수 있는 능력을 기른다.

㈎ 지역 정보와 지리 학습

① 지역 정보의 특성을 파악하고, 정보를 수집, 분석하는 방법을 습득한다.
② 위치, 장소, 인간과 환경, 이동, 지역 등 지리 학습의 주요 주제를 이해한다.

㈏ 세계의 자연환경

① 기후 요소와 기후 인자의 상호 관계를 파악하고, 이를 바탕으로 기후 현상을 이해한다.
② 지역별로 달리 나타나는 기후 특색을 이해하고, 이것이 인간 생활에 미치는 영향을 이해한다.
③ 세계의 주요 자연 식생과 토양 특성을 이해한다.
④ 세계의 대지형을 형성 과정과 공간적인 분포에 중점을 두어 이해한다.
⑤ 여러 유형의 지형 특색을 형성 과정과 형태적인 특성을 중심으로 파악한다.
⑥ 주요 해양과 해류의 특성을 이해한다.

㈐ 세계의 인문 환경

① 세계의 자원 분포 특성을 주요 자원을 중심으로 이해한다.
② 지역 구분 방법을 알고 각 지역의 개략적인 특성을 이해한다.

(2) 우리와 가까운 국가들

중국과 일본은 우리나라와 지리적으로 인접한 국가일 뿐만 아니라 세계적인 영향력을 행사하고 있는 강대국들이며, 교통, 통신이 발달한 현대 사회에서 이들 인접 지역과의 관계가 매우 중요하다는 점을 인식하고, 이들 지역에 대해서 많은 관심을 가진다.

㈎ 중 국

① 지역 발전의 기반이 되었던 농업의 특색과 주요 자원의 분포 및 개발 현황, 주요 산업의 특색을 파악한다.
② 개방 정책의 추구가 지역 사회에 미친 영향을 파악하고, 경제 특구의 지역 특성을 사례 연구를 통하여 파악한다.

㈏ 일 본

① 급속한 산업 발달과 경제 성장의 과정 및 배경을 이해한다.
② 공업의 특성과 주요 공업 지역의 특색을 파악한다.

(3) 일찍 산업화된 국가들

유럽과 유럽 문화의 영향을 많이 받은 이 지역 국가들이 높은 경제 수준을 유지하고 있는 배경을 자연환경과 역사 및 문화와 관련하여 파악한다. 그리고 현재 이들이 겪고 있는 당면 문제를 파악하여 우리의 미래를 예측하고 해결책을 강구한다.

㈎ 유럽 연합 국가들

① 산업 혁명의 배경 및 확산 과정과 산업 혁명이 지역 발전에 미친 영향을 이해한다.
② 유럽의 농업 특색과 주요 자원의 분포 및 주요 공업 지역의 특색을 파악한다.
③ 유럽 연합의 성립 배경과 유럽 통합이 장차 유럽 및 국제 사회에 미칠 영향을 이해한다.
④ 산업화 및 도시화로 인하여 발생하는 환경 문제와 그 대책을 사례 연구를 통하여 파악한다.

⑷ **미국과 캐나다**

① 국가 성립 및 영토 확장 과정을 파악한다.
② 미국의 농업 특색과 주요 자원의 분포 및 산업 발달 현황을 파악한다.
③ 세계 도시의 성장과 변화 과정 및 문제점을 사례 연구를 통하여 조사한다.

⑷ **오스트레일리아와 뉴질랜드**

① 지역 이해의 기초가 되는 자연환경의 특색을 파악한다.
② 사례 연구를 통하여 기업적 농목업의 특성을 조사한다.
③ 중요 자원의 분포와 개발 및 산업 특색을 이해한다.

(4) 지역 개발에 활기를 띠는 국가들

경제 수준이 낮은 이 지역의 자연환경과 역사적 배경을 파악하여 경제가 낙후된 이유를 파악하고 문화 상대주의적 입장에서 다양한 문화를 이해한다.

⑷ **동남 및 남부 아시아**

① 남부 아시아의 한 지역을 사례로 하여 인구 및 식량 문제를 조사한다.
② 주요 자원의 개발과 분포 및 산업 발달 현황을 파악한다.
③ 지역 개발의 현황과 전망, 문제점을 사례 연구를 통하여 파악한다.

⑷ **서남아시아 및 북부 아프리카**

① 이슬람 문화의 특색과 지역 분쟁의 원인을 이해한다.
② 사례 연구를 통하여 유목과 오아시스 농업의 특색을 파악한다.
③ 석유 자원의 개발 현황과 석유 개발이 이 지역 및 국제 사회에 미치는 영향을 이해한다.

⑷ **중·남부 아프리카**

① 인종 및 민족 간 갈등의 원인을 알아보고, 이것이 지역 사회에 미치는 영향을 이해한다.
② 전통적인 열대 농업과 플랜테이션을 비교하여 각각의 특색을 이해한다.

⑷ **라틴아메리카**

① 전통적인 인디오 문화를 이해하고, 유럽인들의 진출로 인하여 변모되어 온 지역 사회의 특색을 이해한다.
② 플랜테이션을 중심으로 농업 특색을 파악한다.
③ 자원 및 지역 개발과 환경 문제를 사례 연구를 통하여 조사한다.

(5) 사회주의 붕괴 이후 변화를 겪는 국가들

오랫동안 사회주의 이념의 지배를 받아 오다가 민주주의와 자본주의 체제로 전환한 이 지역의 사회주의 국가 건설 및 붕괴 과정, 사회주의 붕괴 이후의 사회 변화를 이해한다. 이를 통해 민주주의 및 자본주의 체제의 우월성을 확인한다.

⑷ **러시아와 그 주위 국가들**

① 국가의 변천사와 영토 확장의 역사를 파악한다.
② 자원 분포와 개발 그리고 산업 발달 현황을 파악한다.
③ 사회주의 붕괴 이후의 사회 변화를 이해한다.
④ 러시아 주위 국가들의 산업과 경제를 이해한다.

⑷ **동부 유럽**

① 주요 자원의 분포와 개발 및 산업 특색을 파악한다.
② 사례 연구를 통하여 사회주의 붕괴 이후의 사회 변화를 조사한다.

(6) 세계의 과제

현재 지구적인 차원에서 가장 심각한 문제로 대두되고 있는 환경 문제의 본질을 파악하고, 이를 해결하기 위해서 적극적으로 참여하려는 태도를 기른다. 지구촌 시대에 아직도 상존하는 경제적, 정치적, 문화적 지역 갈등을 해결할 수 있는 방안을 찾고, 이에 동참하려는 자세를 가진다.

㈎ 환경 문제

① 환경 문제의 본질을 이해하고, 오염 물질의 지역 간 또는 국가 간 확산 과정을 조사한다.
② 세계적인 규모에서 문제가 되고 있는 주요 환경 문제의 유형을 들고, 그 원인과 대책을 파악한다.

㈏ 지역 갈등과 상호 협력

① 지역 갈등의 현황과 문제점을 파악하고 그 해결 방안을 모색한다.
② 문화 교류를 확대하고, 정치 · 경제적인 협력을 강화하기 위한 대책을 파악한다.

4. 교수 · 학습 방법

가. 지역의 심층적 이해를 위해 지역의 여러 가지 요소들을 상호 관련시켜 지역의 특수성을 정확하게 도출한다.
나. 지역 관련 자료를 다양하게 수집하고, 서로 다른 측면에서 다양한 요소를 검토하여 지역을 총체적, 종합적으로 이해한다.
다. 우리나라와 다른 나라의 여러 측면을 비교하여 유사성과 특수성을 발견한다.
라. 해당 지역과 관련되는 민속자료, 영화, 문학 작품, 여행기, 탐험 기록물, 지도, 도표와 그래프, 통계 자료 등 다양한 자료를 활용한다.
마. 현지답사를 통하여 지역 설정을 직접 접하거나 신문, 주간지 등과 같은 시사 자료를 적극 활용한다.
바. 종교, 이데올로기, 서구적 편견, 자문화 중심주의에서 벗어나 현지인의 입장에서 보는 공평한 관점을 확보한다.
사. 한 지역을 전체로서 종합적으로 이해하고, 그 지역에서 발생하는 실질적인 문제와 관련된 특정 주제를 추출하고 이를 비판적으로 분석한다.
아. 학습 내용에 따라 토론, 발표, 탐구, 시뮬레이션 학습, 현장 답사 등 다양한 교수 · 학습 방법을 활용한다.

5. 평 가

가. 단순한 사실이나 단편적 정보 및 지식의 암기에서 벗어나 지역에 대한 종합적 인식에 필요한 개념 및 원리의 이해, 지역 문제의 인식 능력 및 해결책의 제시 능력, 태도 등을 복합적으로 평가한다.
나. 지식 영역의 평가에서는 지역의 제반 측면에 관한 지식 획득과 상호 관련성에 대한 이해 정도를 평가한다.
다. 기능 영역의 평가에서는 지역과 관련되는 정보의 수집, 비교, 분석, 종합, 평가, 적용 능력을 평가한다.
라. 가치 · 태도 영역에서는 특정 지역에 대한 관심과 이해 정도, 지역, 인종, 문화에 대한 가치와 태도를 평가한다.
마. 교사 관찰, 자기 평가, 동료 평가 등을 활용하여 집단 활동이나 토론 과정에의 참여도, 토론 전개 능력, 다른 견해의 존중 및 타인에 대한 배려 정도를 평가한다.
바. 학기마다 개인별, 소집단별로 프로젝트를 수행하고 종합 보고서를 제출하게 하여 과제 수행 능력 및 창의적인 사고 능력을 종합적으로 평가한다.

6. 경제 지리

1. 성 격

'경제 지리' 과목은 인간에 의해 지표 위에서 전개되는 경제 활동의 특성을 지리적 관점에서 체계적, 종합적으로 이해하고, 이를 바탕으로 우리나라 및 세계 각 지역의 경제 발전에 능동적으로 기여하는 데 필요한 능력과 태도를 기르는 데 목적을 둔 과목이다. '경제 지리' 과목은 국민 공통 기본 교과인 '사회'에서 학습한 기초적인 지리적 지식을 바탕으로 하여 고등학교에서 이수하는 심화 선택 과목이다.

'경제 지리' 과목은 기본적으로 계통 지리적 성격을 지니고 있다. 따라서 경제 활동의 구성 요소별로 지표 위에서 전개되는 원리 및 이론을 기본적으로 이해하고, 이를 바탕으로 경제 활동의 지역적 특성을 체계적, 종합적으로 파악할 수 있도록 하였으며, 나아가 우리나라 및 세계 각 지역의 경제 발전을 위한 합리적 방안을 지리적 관점에서 제시할 수 있도록 한다. '경제 지리' 과목은 자원의 분포, 개발 및 이용 현황, 공업과 무역의 발달에 관한 지리적 원리와 그에 따른 지역적 특성, 서비스 산업의 발달에 관한 지리적 원리와 그에 따른 지역적 특성, 지역 개발의 이론 및 실제와 그에 따른 환경 문제의 실상을 위한 상호 협력 방안을 종합적 관점에서 탐구하도록 한다.

2. 목 표

경제 활동을 지리적 관점에서 종합적으로 고찰하여 경제 활동의 지역적 특성을 체계적, 종합적으로 이해하고, 이를 바탕으로 우리나라 및 세계 각 지역이 경제적으로 보다 바람직한 삶을 영위할 수 있도록 노력하는 자세를 가진다.

가. 경제 활동을 지리적 관점에서 파악하여, 우리나라 및 세계 각 지역의 경제 활동의 특성을 체계적이고 종합적으로 이해한다.

나. 경제 활동의 기초가 되는 자원의 분포, 생산 및 소비, 이동의 특성과 그에 따른 문제점을 이해하고 그 해결 방안을 모색한다.

다. 경제 활동의 발달, 구조, 입지 원리 및 공간적 분포의 특성과 그에 따른 문제점을 이해하고 그 해결 방안을 모색한다.

라. 지리적 개념 및 원리에 의하여 경제 활동의 지역적 특성을 파악하고, 나아가 경제 활동에 관한 합리적인 의사 결정 능력을 기른다.

마. 지역에서의 경제 활동에 관한 각종 통계 및 현지 조사 자료를 지도화, 도표화하고, 이를 분석, 해석할 수 있는 능력을 기른다.

바. 우리나라 및 세계 각 지역의 경제 발전을 위해서 국가 간, 지역 간에 상호 협력하고 공존할 수 있는 가치관과 태도를 기른다.

3. 내 용

가. 내용 체계

영 역	주요 내용
· 경제 활동과 지역 발전	○경제 활동과 지역 변화 ○세계 경제 발전과 경제 환경 변화
· 자원과 자원 문제	○자원과 환경 ○식량 자원 ○광물 및 에너지 자원 ○물 자원과 삼림 자원
· 공업과 무역	○공업과 인간 생활 ○공업 입지 이론 ○공업 발달과 공업 지역 ○무역과 경제 발전
· 서비스 산업	○서비스 산업과 인간 생활 ○도·소매업의 입지와 변화 ○교통과 정보 및 지식 산업 ○여가 및 관광 산업
· 지역 개발과 환경 문제	○지역 개발의 이론과 실제 ○지역 갈등과 환경 문제
· 세계 경제와 우리나라 경제	○세계 경제 협력 기구와 다국적 기업 ○세계 경제에서 우리나라 경제의 위상

나. 영역별 내용

(1) 경제 활동과 지역 발전

경제 활동의 의미, 종류 그리고 산업 구조 변화에 따른 지역 변화를 이해하고, 세계 경제 발전을 위해 국가 및 지역 간 경제 협력의 필요성이 증대되고 있음을 인식한다.

(가) 경제 활동과 지역 변화

① 경제 활동의 의미를 파악하고, 경제 활동의 다양한 종류를 이해한다.
② 산업 구조의 변화와 이에 따른 지역 변화의 특성을 이해한다.

(나) 세계 경제 발전과 경제 환경 변화

① 세계 경제 발전에서 국가 및 지역 간 격차의 발생 원인과 실상을 파악하고, 경제 발전을 위해 극복해야 할 환경적 제약 요소를 이해한다.
② 세계화, 개방화의 추세와 더불어 세계 경제에 있어서 국가 간·지역 간 경제 협력의 필요성이 증대되고 있음을 이해한다.

(2) 자원과 자원 문제

자원과 환경과의 관계를 파악하고, 식량 자원, 광물 및 에너지 자원, 물 자원 그리고 삼림 자원의 분포, 생산과 소비, 이동의 특성을 파악하고, 나아가 자원의 문제점 및 해결 방안을 모색한다.

(가) 자원과 환경

① 자원의 의미, 종류 및 이용 실태를 파악함으로써, 경제 활동에 있어서 자원의 역할과 중요성을 이해한다.
② 인구 성장이 자원 소비의 증대를 가져왔으며, 그 결과 나타나는 다양한 환경 문제를 살펴보고 그 해결 방안을 모색한다.

(나) 식량 자원

① 농업 활동에 영향을 끼치는 요인에 대하여 고찰하고, 이를 바탕으로 농업 입지 이론의 전개 과정을 이해한다.
② 우리나라 농업의 발달, 구조 및 지역적 분포의 특성을 파악하고, 나아가 바람직한 발전 방향을 이해한다.
③ 세계 주요 식량 자원의 생산과 소비의 지역적 분포 특성을 파악하고, 그에 따른 세계적인 이동 과정을 이해한다.
④ 우리나라 및 세계의 식량 자원의 문제점을 파악하고, 이를 해결하기 위한 다양한 방안을 이해한다.
⑤ 사례 지역 연구를 통해 식량 증산이 환경 문제 발생에 미치는 영향을 파악하고, 이의 해결 방안을 제시한다.

(다) 광물 및 에너지 자원

① 광물 및 에너지 자원이 생성되는 과정과 이용 실태를 파악함으로써, 광물 및 에너지 자원의 한계성과 중요성을 이해한다.
② 우리나라 및 세계에 있어서 주요 광물 자원의 생산과 소비의 분포 및 이동의 특성과 그에 따른 문제점 및 해결 방안을 이해한다.
③ 우리나라 및 세계에 있어서 주요 에너지 자원의 생산과 소비의 분포 및 이동의 특성과 그에 따른 문제점 및 해결 방안을 이해한다.
④ 사례 지역 연구를 통해 원자력 발전소 건설의 유용성과 문제점을 이해하고, 원자력 발전소 건설에 대한 찬성 및 반대 의견을 제시한다.

(라) 물 자원과 삼림 자원

① 물 자원의 생성 및 분포의 특성과 이의 이용 실태를 파악함으로써, 인간 생활에 있어서 물 자원의 중요성을 이해한다.
② 사례 지역 연구를 통해 물 자원을 효율적으로 관리하고 보전할 수 있는 방안을 제시한다.
③ 삼림 자원의 생성 및 분포의 특성과 이의 이용 실태를 파악함으로써, 인간 생활에 있어서 삼림 자원의 중요성을 이해한다.
④ 사례 지역 연구를 통해 삼림 자원을 효율적으로 관리하고 보전할 수 있는 방안을 제시한다.

(3) 공업과 무역

경제 활동의 특성, 발달 및 구조 변화, 입지 원리 및 공간적 분포 특성 그리고 경제 및 지역 발전에 미친 영향 등을 파악하고, 나아가 이에 따른 문제점 및 해결 방안을 이해한다.

㈎ 공업과 인간 생활
① 공업 활동의 특성과 종류를 파악하고, 공업 활동에 영향을 끼치는 요인을 이해한다.
② 공업 발달이 인간 생활의 변화에 미치는 영향을 이해하고, 나아가 그에 따른 문제점을 파악하고 그 해결 방안을 제시한다.

㈏ 공업 입지 이론
① 동네 제과점과 철강 공장 등 특성이 다른 공장을 사례로 그들의 위치가 다른 이유를 고찰하여, 공업 입지론의 일반 개념과 원리를 이해한다.
② 중화학 공업이 발달한 지역을 사례로 중화학 공업이 발달한 이유를 고찰하고, 중화학 공업의 입지 특성을 이해한다.
③ 기업 조직의 성장과 더불어 노동의 공간적 분화가 나타남을 이해하며, 이를 바탕으로 다공장 및 다국적 기업의 입지 원리를 파악한다.

㈐ 공업 발달과 공업 지역
① 우리나라 공업의 발달 및 구조 변화의 특성을 파악하고, 지속적인 경제 발전을 위한 공업 발달의 방향에 대하여 이해한다.
② 우리나라 주요 공업 지역의 형성 및 변화의 특성을 파악하고, 그에 따른 문제점 및 해결 방안을 이해한다.
③ 세계 주요 공업 지역의 형성 및 변화의 특성을 파악하고, 그에 따른 문제점 및 해결 방안을 이해한다.
④ 사례 지역 연구를 통해 공업 집중에 따른 문제점을 파악하고 그 해결 방안을 제시한다.

㈑ 무역과 경제 발전
① 무역이 발생하는 원인과 무역 이론의 고찰을 통해, 경제 발전에 있어서 무역의 역할과 중요성을 이해한다.
② 우리나라 무역의 발달과 구조 변화의 특성을 파악하고, 이는 경제 발전과 밀접한 관련이 있음을 이해한다.
③ 세계의 국가 간, 지역 간 무역의 특성을 파악하고, 그에 따른 문제점 및 해결 방안을 이해한다.
④ 사례 지역 연구를 통해 세계 무역 기구 체제의 등장으로 인한 세계 무역 환경의 변화에 능동적으로 대처하는 방안을 제시한다.

(4) 서비스 산업

도·소매업, 교통, 정보 및 지식 산업 그리고 여가 및 관광 산업의 특성과 발달, 입지 및 공간적 분포 특성과 이들 산업이 지역 발전 및 변화에 미치는 영향을 이해한다.

㈎ 서비스 산업과 인간 생활
① 서비스 산업의 특성과 종류를 파악하고, 서비스 산업에 영향을 끼치는 요인을 이해한다.
② 서비스 산업이 인간 생활에 미치는 영향을 파악함으로써, 서비스 산업의 역할과 중요성이 증대되고 있음을 이해한다.

㈏ 도·소매업의 입지와 변화
① 동네 편의점을 사례로 그들이 모여 있지 않은 이유를 고찰함으로써, 중심지 이론에서의 하위 중심지 기능을 이해한다.
② 대도시의 대규모 시장과 소도시의 점포를 사례로 그들의 역할이 다른 이유를 고찰하여, 중심지 이론에서의 하위 중심지 기능과 고위 중심지 기능의 상호 관련성을 이해한다.
③ 현대 사회의 도시적 생활양식과 소비 패턴의 변화로 인하여 대도시의 대형 백화점은 성장하고 재래식 전통 시장은 쇠퇴함을 이해한다.

㈐ 교통과 정보 및 지식 산업
① 교통과 정보 및 지식 산업의 특성을 파악하고, 현대 사회에서 교통과 정보 및 지식 산업의 중요성을 이해한다.

② 교통의 발달 및 교통망의 변화와 이에 따른 지역 발전 및 변화의 특성을 이해한다.
③ 정보 및 지식 산업의 발달과 이에 따른 지역 발전 및 변화의 특성을 이해한다.
④ 사례 지역 연구를 통해 교통과 정보 및 지식 산업의 발달이 지역 발전 및 변화에 미친 영향을 실증적으로 제시한다.

㈑ 여가 및 관광 산업

① 여가와 관광 산업의 특성과 역할을 알아보고, 현대 사회에서 여가와 관광 산업의 중요성이 증대되고 있음을 이해한다.
② 우리나라의 주요 관광 자원 및 관광 지역의 특성을 파악하고, 이의 개발과 보전을 위한 바람직한 방안을 이해한다.
③ 세계의 주요 관광 자원 및 관광 지역의 특성을 파악하고, 이의 개발과 보전을 위한 바람직한 방안을 이해한다.
④ 사례 지역 연구를 통해 여가 및 관광 산업의 발달이 지역 발전 및 변화에 미치는 영향을 이해한다.

(5) 지역 개발과 환경 문제

지역 개발의 이론과 실제를 파악하고, 나아가 지역 개발에 따른 지역 내 및 지역 간 환경 문제와 이의 해결 방안을 제시한다.

㈎ 지역 개발의 이론과 실제

① 지역 개발의 필요성과 목표 및 이를 달성하기 위한 방법을 이해한다.
② 우리나라의 국토 개발 계획의 전개 과정과 그에 따른 성과 및 과제를 이해한다.
③ 세계의 대표적인 지역 개발 계획을 사례로 하여 그 성과와 과제를 파악함으로써 바람직한 지역 개발 계획의 방향을 이해한다.
④ 사례 연구로, 지역 개발의 이론과 실제에 관한 지식을 바탕으로 통일 후 우리나라의 바람직한 국토 개발 방향을 제시한다.

㈏ 지역 갈등과 환경 문제

① 사례 지역 연구를 통해 산업 발달에 따른 환경 문제의 발생으로 나타나는 지역 간 갈등의 실태를 파악하고, 이의 해결 방안을 제시한다.
② 사례 지역 연구를 통해 도시화에 따른 환경 문제의 발생으로 나타나는 지역 간 갈등의 실태를 파악하고, 이의 해결 방안을 제시한다.
③ 사례 지역 연구를 통해 자연 자원 개발과 그로 인해 발생하는 환경 문제의 실태를 파악하고, 이의 해결 방안을 제시한다.
④ 사례 지역 연구를 통해 개발에 따른 긍정적 효과와 부정적 효과를 파악하고, 개발과 보전에 관한 찬성 및 반대 의견을 제시한다.

(6) 세계 경제와 우리나라 경제

세계 경제 협력 기구와 다국적 기업의 역할을 파악하고, 세계 경제에서 우리나라 경제의 위상을 높이는 방안을 이해한다.

㈎ 세계 경제 협력 기구와 다국적 기업

① 세계 경제 협력 기구의 종류와 역할을 이해한다.
② 세계 경제에서 다국적 기업의 역할과 중요성을 이해한다.

㈏ 세계 경제에서 우리나라 경제의 위상

① 각종 경제 지표를 통해 우리나라와 세계의 경제적 관계를 이해한다.
② 우리나라 기업의 해외 진출의 필요성과 현황을 이해한다.

4. 교수 · 학습 방법

가. '경제 지리' 과목은 국민 공통 기본 교과인 사회과를 학습한 이후 고등학교에서 배우는 심화 선택 과목으로, 사회과 영역의 다른 심화 선택 과목 중 특히 '한국 지리' 과목과 '세계 지리' 과목과의 연계성을 도모하도록 한다.
나. 학습자의 선수 학습 정도, 개인별 능력 등의 특성을 고려한 교수 · 학습 계획을 수립하여 개별화 수업이 이루어지게 한다.
다. 기본 개념과 원리들을 추상적으로 다루지 말고, 구체적인 사례를 중심으로 학습을 전개시킴으로써 지식형성의 과정을 경험하게 한다.
라. 교과서 내용과 경험과의 통합 지도를 위해 교과서에 제시된 사례 연구 외의 주제도 교사가 준비하여 수업에 활용한다.
마. 토론, 발표, 사례 연구 등 다양한 교수 · 학습 활동을 함으로써 학습자의 창의성, 자율성, 효용성을 높일 수 있게 한다.
바. 학습의 효율성을 높이기 위하여 학습 내용에 따라 토의 학습, 문답 학습, 탐구 학습, 과제 학습, 개념 학습, 시뮬레이션 방법 등을 적용한다.
사. 지도, 통계 등 지리적 정보를 통한 지도읽기, 자료의 수집, 정리, 분석, 해석, 추론 등 능력이 신장될 수 있게 한다.
아. 개발과 환경 문제, 자원 문제 등의 내용은 가치 갈등, 분석, 가치 명료화 과정 등 사실 및 가치 탐구 활동을 통해 해결할 수 있게 하고, 사회적 관심의 초점이 되거나 실생활과 밀접한 관계가 있는 주제들을 교사가 준비하여 학습에 적용한다.
자. 수준별 과제 제시, 토론 주제, 자료 수집 등은 자기 주도적 학습을 하게 함으로써 학습자의 학습 능력을 함양한다.
차. 학습자의 흥미와 관심이 육성되고, 또 실제에 적용가능하고 유용한 교수 · 학습이 이루어지기 위해서, 정선되고 다양한 하슴 자료를 활용한다.

5. 평 가

가. 단순한 사실이나 단편적 지식의 암기보다는 일반화된 개념이나 원리의 이해, 제반 문제의 해결 능력, 가치의 내면화와 태도 및 신념의 형성 정도를 종합적으로 평가한다.
나. 인지적 영역과 정의적 영역을 조화롭게 평가하기 위해서는 평가 목표에 따라 지필 검사를 비롯하여 관찰법, 면접법, 평정법 등 다양한 평가 도구를 적절히 활용한다.
다. 지필 검사의 경우 양적 평가 방법과 질적 평가 방법을 혼합하고, 지식의 발달뿐만 아니라 지리적 사고와 관련되는 고차적인 사고 능력, 가치 및 태도 등을 평가한다. 또, 객관성과 공정성을 위해 엄격한 평가 기준과 다양한 평가 도구를 정하여 평가한다.
라. 기능 영역의 평가에서는 각종 지리적 자료를 수집, 정리, 분석, 종합하고, 이를 지도화, 도표화할 수 있는 능력을 평가한다.
마. 학습 시간마다 형성 평가를 실시함을 원칙으로 하되, 학습 목표에의 도달 정도를 학습자의 학습 능력별로 평가한다.
바. 평가 결과는 반드시 교수 · 학습 방법을 개선하는 데 사용한다.

7. 한국 근·현대사

1. 성 격

　제11·12학년에서의 '한국 근·현대사' 과목은 우리 민족의 가까운 과거를 정확히 앎으로써 당면한 과제를 바르게 처리할 수 있는 역사적 능력을 계발하고 신장시키기 위해 설정된 과목이다. 즉 우리 민족이 근·현대의 세계 속에서 발휘해 온 역량을 주체적, 비판적으로 이해하고, 이를 토대로 하여 21세기 우리 민족사의 전개에 능동적으로 참여할 수 있는 자질을 기르도록 하는 데에 그 목적을 두고 있다.

　현재에 대한 이해와 미래에 대한 조망은 역사 인식의 바탕이다. 따라서 역사를 학습하는 궁극적인 목적은 과거에 대한 이해를 통해 현재를 바로 인식하고 미래를 올바르게 설계하는 데 있다.

　역사는 가까운 때의 모습일수록 좀더 생생하게 우리의 가슴에 전달된다. 11·12학년에 '한국 근·현대사' 과목을 새로이 설정한 취지도 바로 이러한 데에서 찾아볼 수 있다. 이러한 생생한 역사 학습을 통하여 세계 속에 살아가는 한국인으로서의 자세와 인류 문화의 발전에 기여할 수 있는 역사적 소양을 함양해야 한다.

　한편, '한국 근·현대사' 과목은 10학년에서의 '국사' 과목과 연결되어, 이미 학습한 역사적 지식과 이해를 토대로 오늘에 접근한 근·현대사를 시대사적 분류사로 구성하여 학습하게 함으로써 우리의 역사를 심층적으로 이해하고, 역사적 사고력을 심화시켜 슬기롭게 생활해 갈 수 있도록 배려한 것이다. 따라서 '한국 근·현대사' 교재도 다양한 탐구 자료를 중심으로 쉽고 재미있게 구성되어야 하며, 학습 활동에 있어서는 학습자들의 지적인 탐구심과 상상력을 강조하여야 할 것이다.

2. 목 표

　가. 10학년의 우리 역사 이해를 토대로 근·현대사의 전개 과정을 다각적으로 분석하고 해석하여 종합적으로 인식한다.
　나. 학습 내용을 구조화하여 주제 중심의 시대사로 파악함으로써 우리의 근·현대사를 체계적으로 이해한다.
　다. 우리 역사에 대한 자긍심을 바탕으로 근·현대사에 나타난 특성을 세계사적 보편성과 관련하여 이해한다.
　라. 역사의식을 가지고 우리 민족의 현실을 인식하여 당면 문제를 해결하는 데 적극적으로 참여하는 자세를 가진다.
　마. 우리 근·현대사의 흐름을 객관적으로 해석하고, 이를 세계사적 관점에서 비교, 평가할 수 있는 능력을 기른다.
　바. 역사 자료를 조사, 분석, 종합하는 기능과 역사 인식을 토대로 문제를 해결하는 능력을 기른다.

3. 내 용

가. 내용 체계

시대 / 영역	한국 근·현대사의 이해	근대 사회의 전개	민족 독립 운동의 전개	현대 사회의 발전
정치	○ 근대 사회의 태동	○ 흥선 대원군의 집권 ○ 병인양요와 신미양요 ○ 강화도 조약 ○ 개화 정책, 척사 운동 ○ 임오군란과 갑신정변 ○ 갑오개혁 ○ 동학 농민 운동 ○ 독립 협회 활동 ○ 대한 제국 수립 ○ 항일 의병 전쟁 ○ 애국 계몽 운동	○ 민족의 수난 ○ 독립 운동 결사의 조직 ○ 독립 운동 기지의 건설 ○ 3·1운동 ○ 대한민국 임시 정부 ○ 6·10만세 운동 ○ 광주 학생 항일 운동 ○ 무장 독립군의 활동 ○ 의열단과 애국단 ○ 한국광복군	○ 8·15광복과 국토의 분단 ○ 신탁 통치 반대 운동 ○ 미·소 공동 위원회 ○ 대한민국 정부의 수립 ○ 6·25전쟁 ○ 4·19혁명 ○ 5·16 군사 정변 ○ 유신 체제 ○ 7·4 남북 공동 성명 ○ 민주화 운동 ○ 북한의 정치
경제	○ 근대 사회의 특성	○ 조·일 통상 장정과 상민 수륙 무역 장정 ○ 상회사의 설립 ○ 방곡령의 시행 ○ 열강의 이권 침탈 ○ 이권 수호 운동 ○ 산업 진흥 정책 ○ 국채 보상 운동	○ 일제의 토지 침탈 ○ 일제의 미곡 수탈 ○ 일제의 병참 기지화 정책 ○ 민족 기업의 발흥 ○ 물산 장려 운동 ○ 소작 쟁의 ○ 노동 쟁의	○ 광복 직후의 경제 ○ 농지 개혁 ○ 6·25전쟁 후의 경제 복구 ○ 경제 개발 계획의 추진 ○ 수출의 증대 ○ 산업 구조의 변화 ○ 자본주의와 시장 경제
사회	○ 현대 사회의 바른 이해	○ 사회 구조의 변화 ○ 신분 제도의 폐지 ○ 민중 계몽 운동 ○ 사회의식의 변화 ○ 자유 민권 사상의 보급 ○ 생활 모습의 변화 ○ 국외로의 이주	○ 청년 운동 ○ 소년 운동 ○ 여성 운동 ○ 형평 운동 ○ 신간회와 근우회 ○ 문맹 퇴치 운동 ○ 국외 이주 동포의 활동	○ 산업화 ○ 도시화 ○ 새마을 운동 ○ 노동 운동 ○ 사회 보장 정책 ○ 환경 보전 운동 ○ 해외 동포의 활동
문화		○ 외래 문물의 수용 ○ 교육 활동 ○ 언론 활동 ○ 국학 운동 ○ 종교 활동 ○ 문학과 예술	○ 일제의 식민지 문화 정책 ○ 조선 교육회 ○ 민립 대학 설립 운동 ○ 민족 문화 수호 운동 ○ 문학과 예술	○ 학술 활동 ○ 교육 활동 ○ 언론 활동 ○ 문학과 예술 ○ 종교 생활 ○ 체육 활동

나. 영역별 내용

(1) 한국 근·현대사의 이해

19세기 후반 이후의 우리 역사를 세계사의 전개와 상호 관련적으로 파악하고, 일제 강점기를 독립 운동의 흐름을 뼈대로 하여 이해한다. 나아가 현대 사회는 경제 발전과 자유 민주주의의 신장 및 민족 통일을 위한 부단한 노력의 과정으로 인식한다.

㈎ 근대 사회의 태동

① 조선 후기에 신분 질서가 해체됨으로써 평등한 사회를 지향하는 새로운 움직임이 나타났음을 이해한다.
② 조선 후기의 경제 활동에서 상품 화폐 경제가 발달함으로써 자본주의의 싹이 트고 있었음을 파악한다.
③ 조선 후기에 서당 교육과 한글 소설의 보급 등으로 농민을 비롯한 서민층의 자각이 높아져 민중 의식이 성장하였음을 이해한다.

④ 조선 후기에 발달한 실학은 사회 모순을 해결하려는 개혁 사상으로 근대 지향적 성격의 학문임을 이해한다.

⑷ 근대 사회의 특성

① 19세기 후반에 자주적 근대화를 위한 노력이 꾸준히 전개되었음을 파악한다.
② 열강의 침략에 대항하여 위정척사 운동, 동학 농민 운동, 항일 의병 전쟁 등 민족 운동이 전개되었음을 이해한다.
③ 일제 식민 통치 시기가 민족사의 일대 수난기임을 인식하고, 일제의 식민 정책이 한국의 근대화를 저해하였음을 파악한다.
④ 일제 식민 통치에 항거하는 민족 독립 운동이 무장 독립 투쟁, 외교 활동, 실력 양성 운동, 민족 문화 수호운동 등 형태로 다양하게 전개되었음을 설명할 수 있다.

⑸ 현대 사회의 바른 이해

① 8 · 15광복 직후의 분단 과정을 국제 정세와의 관련 속에서 파악하고, 대한민국의 정통성을 인식한다.
② 우리의 현대사는 경제 발전과 자유 민주주의의 신장을 위한 부단한 노력의 과정이었음을 파악한다.
③ 북한의 역사를 민족사의 일부로 포함하려는 통일지향적인 관점에서 이해한다.
④ 우리의 현대사가 국제 사회의 일원으로 당당하게 활동하게 되는 노력의 과정이었음을 이해한다.

(2) 근대 사회의 전개

19세기 후반 이후의 민족사를 근대화의 추진과 자주 국권의 수호를 위한 과정으로 이해하고, 그러한 우리 민족의 노력이 결실을 맺지 못하게 된 시대적 배경을 세계사와의 연관 속에서 파악한다.

㈎ 외세의 침략적 접근과 개항

㈀ 19세기 후반의 세계

① 19세기 후반 자본주의의 발전과 민족주의의 고조로 인하여 제국주의가 대두하였음을 이해한다.
② 서양 제국주의 열강의 침략으로 아시아의 대부분 지역과 아프리카가 식민지나 반식민지로 전락되었음을 설명할 수 있다.
③ 19세기 후반에 중국에서는 근대화 운동과 반제국주의 민족 운동이 추진되고, 일본에서는 메이지 유신이 단행되어 근대화 운동이 적극적으로 전개되었음을 이해한다.

㈁ 통치 체제의 재정비 노력

① 흥선 대원군이 집권할 무렵의 국내 정세와 동아시아 주변의 국제 정세를 이해한다.
② 흥선 대원군은 왕권 강화 정책을 추진하여 전통적인 통치 체제를 재정비하고, 삼정의 문란을 시정하여 민생 안정을 이룩하기 위한 개혁 정치를 추구하였음을 설명할 수 있다.
③ 흥선 대원군의 개혁 정치 중에서 양반층의 불만을 초래하였던 원인을 탐구할 수 있다.

㈂ 통상 수교 거부 정책과 양요

① 흥선 대원군이 서양 세력의 통상 수교 요구를 거부하고 천주교도들을 대대적으로 박해한 이유를 파악한다.
② 병인양요와 신미양요 때 프랑스군과 미국군의 침입을 물리치는 데 공헌한 부대의 활동을 설명할 수 있다.
③ 흥선 대원군의 통상 수교 거부 정책이 외세의 침략을 일시적으로 저지시켰으나, 조선의 문호 개방을 지연시켜 근대화를 지연시키는 결과도 초래하였음을 이해한다.

㈃ 개항과 불평등 조약 체제

① 강화도 조약의 체결 배경을 통상 개화론의 대두, 운요 호 사건과 일본의 포함 외교 등과 관련하여 이해한다.
② 강화도 조약과 그 부수 조약의 내용 중에서 일본의 경제적 침략과 연관된 불평등 조항을 파악한다.
③ 조 · 미 수호 통상 조약과 영국, 독일, 러시아, 프랑스 등과 맺은 조약도 불평등 조약이었음을 이해한다.

㈏ 개화 운동과 근대적 개혁의 추진

㈀ 개화 세력의 대두

① 개화사상이 안으로는 북학파 실학사상을 발전적으로 계승하고, 밖으로는 중국의 양무운동과 일본의 문명 개화론의 영향을 받았음을 이해한다.

② 개화사상의 선구자들이 일부 양반층과 중인층에서 출현하였음을 설명할 수 있다.
③ 개항 이후에 정치 세력으로 성장한 개화파는 점진적 개화를 주장한 온건 개화파, 급진적 개화와 변법을 주장한 급진 개화파로 분리되었음을 설명할 수 있다.

(ㄴ) 개화 정책의 추진과 반발
① 개항 이후 정부가 수신사 파견, 통리기무아문의 설치, 신사 유람단과 영선사의 파견 등 개화 정책을 추진하였음을 이해한다.
② 위정척사 운동은 1860년대의 통상 반대론과 척화 주전론, 1870년대 중엽의 개항 반대 운동, 1880년대 초의 개화 반대 운동으로 전개되었음을 정리할 수 있다.
③ 위정척사 운동은 반외세, 반침략의 자주적 민족 운동이라는 긍정적 측면과 전통적인 전제주의 정치 체제 및 양반 중심의 사회 체제와 성리학적 사상 체제를 고수하려는 부정적 측면을 함께 지니고 있음을 이해한다.
④ 구식 군인들이 주도하고 민중이 합세하여 일으킨 임오군란이 진압된 후, 재집권한 민씨 정권은 청의 내정간섭을 받는 가운데 친청 정책을 추진하였음을 설명할 수 있다.

(ㄷ) 개화당의 근대화 운동
① 임오군란 후 개화당 요인들이 박문국 설치, 한성순보 간행, 유학생의 일본 파견, 우정국 설치 등 개화시책을 추진하였음을 파악한다.
② 갑신정변을 일으킨 개화당이 발표한 14개조 정강 중에서 근대적 국민 국가를 수립하기 위한 운동과 밀접하게 관련된 내용을 탐구할 수 있다.
③ 갑신정변이 실패한 원인과 그 실패가 조선의 자주와 개화에 미친 부정적 영향 등을 설명할 수 있다.
④ 갑신정변 이후 조선을 둘러싼 열강의 대립을 톈진 조약, 거문도 사건, 한반도의 중립화론 등을 중심으로 이해한다.

(ㄹ) 근대적 개혁의 추진
① 정부가 갑오개혁을 추진하게 된 배경을 동학 농민 운동의 발발, 청·일 양국 군대의 출동, 교정청의 설치 등과 관련하여 파악하고, 갑오개혁의 성격을 추론할 수 있다.
② 제1차 갑오개혁의 추진 기구와 개혁 내용, 제2차 갑오개혁의 추진 내각과 개혁 내용 등을 설명할 수 있다.
③ 을미사변의 실상을 알고, 을미개혁의 단발령과 을미사변에 반발하여 일어난 항일 민족 운동의 맥락을 이해한다.
④ 갑오개혁과 을미개혁이 근대화 과정에서 중요한 개혁임에도 불구하고 당시에 국민들의 지지를 받지 못한 이유를 추론할 수 있다.

(다) 구국 민족 운동의 전개

(ㄱ) 동학 농민 운동의 전개
① 개항 이후 지배층의 농민에 대한 압제와 수탈, 일본의 경제적 침탈이 심해짐에 따라 농촌 사회가 피폐되고 농민의 불만이 고조되는 가운데 동학이 널리 퍼져 갔음을 이해한다.
② 동학 농민 운동의 전개 과정을 고부 민란, 1차 봉기, 집강소 설치, 2차 봉기, 공주 공방전 등으로 정리할 수 있다.
③ 동학 농민군이 제시한 폐정 개혁 12조를 분석하여 동학 농민 운동이 반봉건적 사회 개혁 운동, 반침략적 항일 민족 운동임을 추론할 수 있다.
④ 동학 농민 운동이 실패한 후, 동학 농민군의 잔여 세력이 을미의병 투쟁에 가담하고, 나중에는 활빈당을 결성하여 반봉건, 반침략의 민족 운동을 계속하였음을 이해한다.

(ㄴ) 독립 협회의 활동과 대한 제국
① 아관 파천 후 러시아를 비롯한 제국주의 열강의 간섭과 이권 침탈이 심해지는 가운데 독립 협회가 조직되어 자주 독립, 자유 민권, 자강 혁신의 민족 운동을 전개하였음을 이해한다.
② 독립 협회의 활동이 고조되면서 만민 공동회가 개최되었음을 알고, 독립 협회 활동과 만민 공동회 개최의 역사적 의의를 설명할 수 있다.
③ 대한 제국의 성립이 자주 독립의 근대 국가를 수립하려는 국민적 자각의 고조와 러시아, 일본의 세력이 어느 정도 균형을 이룬 여건 속에서 가능하였음을 이해한다.
④ 대한 제국의 광무개혁은 구본 신참을 내세운 복고적, 보수적 성격의 개혁으로 중요한 성과를 거두지 못하였으나, 양전 사업의 실시와 지계의 발급 및 상공업 진흥책 등은 높이 평가할 수 있음을 이해한다.
⑤ 간도 귀속 문제의 쟁점과 간도 협약의 내용을 파악하고, 러·일 전쟁 때 일본이 독도를 불법적으로 자기들 영토에 편입시켰음을 설명할 수 있다.

(ㄷ) 항일 의병 전쟁의 전개

① 초기의 항일 의병 투쟁은 위정척사 사상을 가진 보수적 유생층이 주도하고, 동학 농민 운동의 잔여 세력과 일반 농민들이 대거 가담하였음을 이해한다.
② 의병 투쟁의 전개 과정을 을미의병, 을사·병오의병, 정미의병의 단계로 파악하고, 각 단계별로 크게 활약한 대표적인 의병 부대를 말할 수 있다.
③ 1907년에 해산된 군인들이 의병 투쟁에 합류함으로써 의병의 조직과 전투력이 강화되고, 그 활동이 전국적으로 확산되면서 의병 투쟁의 양상은 의병 전쟁으로 발전하였음을 이해한다.
④ 국권 피탈을 전후한 시기에 많은 의병들이 만주와 연해주로 옮겨 갔으며, 이들 의병들이 무장 독립군으로 전환되었음을 설명할 수 있다.
⑤ 을사조약 반대 투쟁의 실상을 알고, 20세기 초에 의거 활동을 전개한 안중근 등 여러 의사들의 활약상을 통하여 이들의 애국 애족 정신을 본받으려는 태도를 가진다.

(ㄹ) 애국 계몽 운동의 전개

① 애국 계몽 운동은 개화 운동과 독립 협회 활동을 계승하여 전개된 구국 민족 운동임을 이해한다.
② 보안회, 헌정 연구회, 대한 자강회, 신민회 등의 활동을 알고, 특히 신민회가 국권의 회복과 공화정의 국민 국가 수립을 목표로 삼아 독립 운동 기지 건설에 나섰음을 설명할 수 있다.
③ 언론인들의 국민 계몽과 애국심 고취 활동, 민족 지도자들의 사립학교 설립과 민족 교육 실시 그리고 국채 보상 운동 등이 애국 계몽 운동의 일환으로 전개되었음을 이해한다.

(라) **개항 이후의 경제와 사회**

(ㄱ) 열강의 경제 침탈

① 개항 이후 일본 상인들이 조선에 침투하여 약탈적인 무역 활동을 일삼았던 시기에 이들이 주로 수집하여 일본으로 가져간 대표적 품목들을 열거할 수 있다.
② 조·일 통상 장정과 조·청 상민 수륙 무역 장정이 일본 상인과 청국 상인의 조선 침투에 미친 영향을 파악한다.
③ 1890년대 후반에 조선에 대한 열강의 경제적 침탈이 한층 강화되었음을 알고, 이 시기에 제국주의 열강이 침탈한 각종 이권을 설명할 수 있다.
④ 일본인 재정 고문이 주도한 화폐 정리 사업, 일본인들과 동양 척식 주식회사 등의 토지 약탈 그리고 일본 제일 은행의 금융 지배 등을 통하여 일제 경제 침탈의 실상을 탐구할 수 있다.

(ㄴ) 경제적 구국 운동의 전개

① 열강의 경제 침탈을 저지하기 위하여 방곡령 실시, 독립 협회의 이권 수호 운동, 황무지 개간권 반대 운동, 국채 보상 운동 등이 전개되었음을 이해한다.
② 개항 이후 일부 상인들이 상회사를 설립하고 주식회사와 각종 공장도 설립하였으나 민족 자본의 성장이 부진하게 된 이유를 탐구할 수 있다.
③ 국채 보상 운동이 일어나게 된 배경과 추진 과정 등을 알고, 경제적 자립 운동인 국채 보상 운동이 중단된 이유를 추론할 수 있다.

(ㄷ) 사회 구조와 의식의 변화

① 중인층 출신들이 개화사상의 수용과 개화 정책의 추진에 큰 역할을 담당하였음을 파악한다.
② 갑신정변과 동학 농민 운동에서 제기된 신분제 폐지의 움직임이 갑오개혁에서 결실을 맺었음을 이해한다.
③ 갑오개혁의 신분제 폐지로 근대적 평등 사회의 기틀이 마련되고, 독립 협회의 민중 계몽 운동으로 민중의 정치·사회의식이 높아지는 가운데 자유 민권 사상이 보급되었음을 이해한다.
④ 애국 계몽 운동 시기에 근대 교육이 널리 보급되어 민족의식과 근대적 사회의식이 확산되고 민중 운동이 활발해졌음을 설명할 수 있다.

(ㄹ) 생활 모습의 변화

① 개항 이후 서양 문물의 수용 과정에서 서양식 의복 등이 착용되기 시작하여 전통적인 의식주 생활에 변화가 나타났음을 이해한다.
② 19세기 후반 이후 간도와 연해주로 이주하는 동포가 늘어났고, 20세기 초에는 미주 지역으로의 이민도 많았음을 파악한다.

(마) **근대 문물의 수용과 근대 문화의 형성**

(ㄱ) 근대 문물의 수용

① 개화 운동이 추진되던 시기에 동도 서기론이 제창되어 서양의 과학 기술을 수용하려는 움직임이 점차 활발해졌음을 이해한다.
② 1880년대부터 외국 기술자들이 초빙되고 유학생들이 외국에 파견되어 서양 문물의 수용이 촉진되었음을 설명할 수 있다.
③ 근대적 통신 시설과 교통 시설의 도입은 국민 생활의 편리를 가져왔으나, 이는 외세의 이권 침탈 및 침략목적과 결부된 문제점이 있었음을 추론할 수 있다.
④ 서양의 의료 시설과 기술의 도입으로 국민 보건 향상에 기여하였음을 이해한다.

(ㄴ) 언론 기관의 발달

① 개화당의 활동으로 최초의 신문인 한성순보가 간행되었음을 알고, 그 신문의 성격을 설명할 수 있다.
② 한문과 영문으로 발행된 독립신문은 국민 계몽과 자주 독립 정신을 고취시키는 데 크게 공헌하였음을 이해한다.
③ 대한 제국 시기에 황성신문, 제국신문, 대한매일신보 등이 민족정신 고취, 국민 계몽, 국채 보상 운동 추진 등에 기여하였음을 설명할 수 있다.

(ㄷ) 근대 교육과 국학 연구

① 1880년대부터 개화 운동의 일환으로 근대 교육이 시작되었음을 이해한다.
② 갑오개혁에 의해 근대적 교육 제도가 마련되고, 소학교, 중학교 등 각종 관립 학교가 설립되었음을 설명할 수 있다.
③ 선교사들이 설립한 사립학교들이 근대 학문을 가르치고 민족의식을 고취하는 데 공헌하였음을 이해한다.
④ 20세기 초 애국 계몽 운동이 활발하게 전개되던 시기에 구국 운동의 일환으로 많은 사립학교들이 설립되었음을 이해한다.
⑤ 애국 계몽 운동 시기에 국사 연구, 국어 연구에서 많은 업적을 남긴 민족 지도자들을 설명할 수 있다.

(ㄹ) 문예와 종교의 새 경향

① 20세기 초에 신소설과 신체시 등 신문학이 발달하고 외국 문학 작품이 번역되어 문학계에 큰 변화가 나타났음을 이해한다.
② 서양의 근대 문화가 도입되면서 음악, 연극, 미술 등에도 큰 변화가 있었음을 설명할 수 있다.
③ 개항 이후에 개신교가 수용되고, 천주교도 선교의 자유를 얻어 근대 의식의 확대와 근대 문화의 발달에 기여하였음을 설명할 수 있다.
④ 천도교와 대종교 등의 민족 종교 활동으로 민족의식이 고취되고, 유교와 불교에서도 혁신 운동이 일어났음을 이해한다.

(3) 민족 독립 운동의 전개

일제의 가혹한 식민 통치로 인한 민족 수난의 실상을 파악하고, 국내외에서 꾸준히 전개된 민족 독립 운동의 전개 과정을 이해하며, 민족 운동가들의 자주 정신과 독립 정신을 본받는다.

(가) **일제의 침략과 민족의 수난**

(ㄱ) 20세기 전반의 세계

① 제국주의 열강의 대립으로 제1차세계대전이 일어나고, 전후 처리를 위해 파리 강화 회의가 개최되었음을 이해한다.
② 전후의 베르사유 체제하에서 민주주의가 발달하였으나, 공산주의와 전체주의가 대두하여 민주주의를 위협하였음을 이해한다.
③ 신해혁명으로 중국은 공화국으로 변하였으나, 군벌의 항쟁, 5·4운동, 국민당의 북벌, 국·공 항전 등 격동을 겪었음을 이해한다.

(ㄴ) 일제의 침략과 국권의 피탈

① 러·일 전쟁 무렵의 국제 정세를 파악하고, 제국주의 시대의 약소민족의 처지를 이해한다.
② 러·일 전쟁부터 국권 피탈까지의 일제 침략 과정을 분석, 정리할 수 있다.

(ㄷ) 민족의 수난

① 일제의 식민 통치 정책을 단계별로 파악하고, 그러한 식민 정책이 한국의 근대화를 저해하였음을 이해한다.
② 일제가 선전한 이른바 문화 통치의 실상을 이해하고, 그것이 우리 민족을 이간, 분열시키고 민족의식을 오도시
  키는 식민 통치책이었음을 탐구할 수 있다.
③ 중·일 전쟁을 도발한 후 일제가 자행한 민족 말살 통치의 내용을 설명할 수 있다.

(ㄹ) 경제 수탈의 심화

① 1910년대에 일제가 실시한 토지 조사 사업의 실상을 파악하고, 그 결과로 나타난 사실을 요약, 정리할 수 있다.
② 1920년대 일제 식민지 경제 정책은 식량 수탈의 강화, 자본과 상품 수출의 확대에 중점을 두었음을 이해한다.
③ 1930년대 이후 일제는 병참 기지화 정책과 민족 말살 정책을 추진하여 전시 물자의 수탈과 징병, 징용, 정신대
  징발 등을 자행하였음을 설명할 수 있다.

(나) 3·1운동과 대한민국 임시 정부

(ㄱ) 3·1운동 이전의 민족 운동

① 1910년대의 국내 민족 운동은 대한 광복회와 독립 의군부 등 비밀 결사를 중심으로 꾸준히 전개되었음을 이해
  한다.
② 1910년대에 만주와 연해주에서는 국외 이주 동포 사회를 바탕으로 독립 운동 기지 건설과 독립군의 활동이 이
  루어졌으며, 이는 항일 의병 투쟁과 애국 계몽 운동을 계승한 민족 운동임을 설명할 수 있다.
③ 대한 광복군 정부의 수립은 독립군의 항일 무장 운동의 터전을 마련하고, 임시 정부 수립의 길을 열어 놓는 데
  이바지하였음을 이해한다.

(ㄴ) 3·1운동의 전개

① 3·1운동의 배경을 민족 독립 운동 역량의 축적, 제1차세계대전 직후의 국제 정세의 변화, 신한청년당의 활동,
  2·8 독립 선언 등과 연관시켜 설명할 수 있다.
② 3·1운동의 전개 과정을 단계별로 파악하고, 비폭력주의가 점차 무력 저항주의로 변모되어 갔음을 이해한다.
③ 국외 동포들이 거주하는 간도, 연해주, 미주 지역으로 3·1운동이 확산되었음을 설명할 수 있다.
④ 3·1운동의 역사적 의의를 민족사적 측면과 세계사적 측면으로 구분하여 정리할 수 있다.
⑤ 거족적인 민족 독립 운동인 3·1운동을 통하여 선열들의 독립 정신, 자주 정신, 애국정신 등을 본받으려는 자세
  를 확립한다.

(ㄷ) 대한민국 임시 정부의 수립

① 3·1운동 직후에 국내외에서 수립된 여러 임시 정부가 상하이의 대한민국 임시 정부로 통합되었음을 이해한다.
② 대한민국 임시 정부는 우리나라 최초의 3권 분립에 입각한 민주 공화제의 정부로서 독립 운동의 중추 기관 역
  할을 담당하였음을 설명할 수 있다.
③ 임시 정부의 초기 활동을 연통제 조직, 군자금 모금, 외교 활동, 독립신문 간행 등으로 이해한다.
④ 1920년대 초에 임시 정부는 독립 운동의 방략을 둘러싸고 대립하여 국민 대표 회의가 소집되는 등 진통을 겪었
  음을 파악한다.

(다) 무장 독립 전쟁의 전개

(ㄱ) 국내 항일 민족 운동

① 1920년대에 국내의 민족 운동은 민족주의계와 사회주의계의 대립 속에서 다양하게 전개되었음을 이해한다.
② 3·1운동 이후 항일 민족 운동에 앞장선 학생들이 중심이 되어 6·10 만세 운동이 전개되었음을 파악한다.
③ 1920년대 후반에 각종 항일 결사를 조직하여 항일 민족 운동을 계속한 학생들이 광주 학생 운동을 일으켰으며,
  이는 전국적인 규모의 항일 민족 운동으로 확대되었음을 설명할 수 있다.

(ㄴ) 의열단과 한인 애국단의 활동

① 1920년대에 주로 활약한 의열단의 항일 의거 활동 중에서 대표적인 사건으로 조선 총독부 투탄 의거, 종로 경
  찰서 투탄 의거, 동양 척식 회사 투탄 의거 등을 열거할 수 있다.
② 김구가 조직한 한인 애국단의 활약으로 이봉창, 윤봉길의 의거 활동 등이 있었음을 파악하고, 이들의 활동이 대
  한민국 임시 정부의 독립 운동에 미친 영향을 이해한다.

(ㄷ) 1920년대의 무장 독립 전쟁

① 3·1운동 직후 만주와 연해주에서는 수많은 독립군 부대들이 활동하였으며, 그중에서도 대한 독립군과 북로 군정서군이 크게 활약하였음을 파악한다.
② 1920년대의 무장 독립 전쟁에서 큰 전과를 올린 대표적 활동이 봉오동 전투의 승리와 청산리 대첩임을 설명할 수 있다.
③ 자유시 참변 이후 만주의 독립군은 참의부, 정의부, 신민부의 3부로 재편성되었음을 알고, 이들 3부가 그 지역에 거주하는 한민족을 통치하는 민정 기관까지 구비한 군정부였음을 이해한다.
④ 1920년대 후반에 만주의 독립군 조직 통합 운동의 결과로, 부분적 통합체인 국민부가 조직되었음을 설명할 수 있다.

(ㄹ) 1930년대의 무장 독립 전쟁

① 일제의 만주 침략이 본격화한 시기의 부장 독립 전쟁은 조선 혁명군과 한국 독립군을 중심으로 전개되었음을 이해한다.
② 1930년대 중반까지 계속된 만주에서의 한·중 연합 작전은 일본군의 대토벌 작전과 한·중 양군의 갈등으로 더 이상 진전되지 못하고, 대부분의 독립군이 중국 본토로 이동하였음을 설명할 수 있다.
③ 1930년대 후반에 중국에서는 조선 민족 혁명당이 조선 의용대를 결성하고 중국군과 함께 항일 투쟁을 전개하였음을 파악한다.

(ㅁ) 대한민국 임시 정부와 한국광복군의 활동

① 1940년에 한국 국민당을 비롯한 민족주의계 3당의 통합으로 결성된, 새로운 한국 독립당이 임시 정부를 뒷받침함으로써 대한민국 임시 정부는 조직을 강화하고 전시 체제를 확립하였음을 이해한다.
② 임시 정부가 한국광복군을 창설하고, 한국광복군은 조선 의용대를 흡수 통합하여 군사력이 증강되었음을 설명할 수 있다.
③ 태평양 전쟁이 일어나자 임시 정부는 내일 신진 포고를 하고, 한국광복군을 연합군의 일원으로 참전시켜 항일 무장 투쟁을 적극적으로 전개하였음을 이해한다.
④ 일제에 굴하지 않고 꾸준히 독립 운동을 계속한 민족 지도자들의 활동을 통하여 국가와 민족의 발전을 위해 노력하려는 태도를 확립한다.

(라) 사회·경제적 민족 운동

(ㄱ) 사회적 민족 운동의 전개

① 3·1운동 이후 국내에 사회주의 사상이 유입되어 사회·경제적 운동이 활성화되기도 하였으나, 한편으로는 민족주의 운동과의 대립으로 민족 운동의 전개에 혼선이 일어났음을 이해한다.
② 1920년대에 청년 운동, 여성 운동, 소년 운동 등이 활발해지고, 백정 출신들이 평등한 대우를 요구한 형평운동이 대두하였음을 파악한다.
③ 1920년대에 민족주의 진영과 사회주의 진영이 협동하여 단일화된 민족 운동을 추진하려는 움직임이 국내외에서 대두하였음을 이해한다.
④ 민족 협동 운동과 민족 유일당 운동의 일환으로 창설된 신간회는 자매단체인 근우회와 함께 항일 민족 운동을 전개하였음을 설명할 수 있다.

(ㄴ) 민족 실력 양성 운동의 추진

① 1920년대에 민족 산업을 육성하여 경제적 자립을 도모하려는 움직임이 고조된 가운데 민족 기업의 설립, 물산 장려 운동 등이 추진되었음을 추론할 수 있다.
② 민족주의계가 주도한 민족 실력 양성 운동으로 물산 장려 운동과 민립 대학 설립 운동이 추진되었음을 이해한다.
③ 문맹 퇴치 운동으로 야학의 설립, 문자 보급 운동, 브나로드 운동 등이 전개되었음을 설명할 수 있다.

(ㄷ) 농민 운동과 노동 운동의 전개

① 농민들의 생존권 투쟁으로 일어난 소작 쟁의는 일제의 수탈에 항거하는 항일 민족 운동의 성격을 띠었음을 이해한다.
② 일제의 식민지 공업화 추진에 따른 가혹한 노동 조건으로 인하여 노동 쟁의가 빈번하게 일어났음을 알고, 이들 노동 쟁의는 반제·반일 투쟁의 성격을 띠고 전개되었음을 이해한다.

(ㄹ) 국외 이주 동포의 활동

① 국권 강탈 이후 일제의 가혹한 탄압과 경제적 수탈로 인하여 만주와 연해주로 이주하는 동포들이 계속 늘어났음을 이해한다.
② 만주에서 무장 독립 전쟁을 뒷받침한 이주 동포들은 일본군의 만행인 간도 참변으로 큰 피해를 입었음을 설명할 수 있다.
③ 연해주에서 한인 집단촌을 형성하고 민족 독립 운동의 기지를 건설한 동포들은 민족 독립 운동의 전개에 기여하였으나 1930년대 후반에 소련 당국에 의해 중앙아시아로 강제 이주를 당한 수난을 겪었음을 설명할 수 있다.
④ 미주 이주 동포들은 어려운 생활 여건 속에서도 대한인 국민회 등 단체를 조직하고 독립 운동 자금을 모금하여 민족 독립 운동에 공헌하였음을 이해한다.

(마) 민족 문화 수호 운동

(ㄱ) 일제의 식민지 문화 정책

① 일제가 우민화 교육을 통하여 이른바 황국 신민화를 도모하고, 중·일 전쟁 이후에는 우리말과 우리 역사 교육을 금지시켰음을 설명할 수 있다.
② 일제의 식민 사관은 한국사를 왜곡하여 정체성, 타율성, 당파성 등을 강조하고, 민족사의 자율성과 발전성 등을 무시하였음을 파악한다.
③ 일제는 안악 사건, 105인 사건 등을 날조하여 많은 민족 지도자들을 탄압하고 나중에는 신사 참배를 강요하였음을 설명할 수 있다.

(ㄴ) 국학 운동의 전개

① 일제의 식민지 문화 정책에 맞서 일어난 국학 운동이 민족 문화 수호에 크게 공헌하였음을 이해한다.
② 조선어 연구회와 그 뒤를 이은 조선어 학회가 한글의 연구와 보급에 노력하여, 민족 문화 수호를 위한 활동을 꾸준히 전개하였음을 설명할 수 있다.
③ 민족주의 사학자들의 한국사 연구 활동, 진단 학회의 활동 등은 일제의 한국사 왜곡에 반발하여 일어난 민족 문화 수호 운동의 일환임을 이해한다.

(ㄷ) 교육과 종교 활동

① 민족 지도자들이 조선 교육회를 조직하고, 한민족 본위의 민족 교육을 위해 민립 대학 설립 운동을 추진하였음을 이해한다.
② 일제 시대의 민족 교육 기관으로 사립학교, 종교 계통의 학교, 개량 서당, 야학 등이 민족의식 고취에 기여하였음을 이해한다.
③ 일제의 탄압 속에서도 개신교, 천주교, 천도교, 불교, 원불교 등 종교 단체들이 민족 운동과 사회 운동에 공헌하였음을 이해하고, 대종교는 만주에서 전개된 무장 독립 전쟁에 적극 참여하였음을 탐구할 수 있다.

(ㄹ) 문학과 예술 활동

① 일제 시대에는 민족의식을 고취하고 일제에 항거하는 저항 의식의 문학 작품이 많이 발표되었음을 이해한다.
② 일제의 억압 속에서도 민족을 각성시키고 민족의식을 고취한 문예 활동을 구체적으로 이해하고, 그것이 미친 영향을 추론한다.
③ 음악계와 미술계에서 크게 활약한 예술가와 한국 영화의 발전에 이바지한 대표자들의 활동을 설명할 수 있다.

(4) 현대 사회의 발전

8·15광복 이후의 남북 분단 체제의 형성, 민주 정치의 발전 과정, 경제 성장과 국력의 신장 등을 이해하여 세계 속에서의 한국의 위상을 높이며, 민족 통일을 위해 노력하는 자세를 가진다.

(가) 대한민국의 수립

(ㄱ) 제2차세계대전 이후의 세계
① 제2차세계대전 이후의 국제 정세를 미·소 초강대국의 대두, 자유 진영과 공산 진영의 대립, 냉전 체제의 형성 등으로 이해한다.
② 아시아와 아프리카의 신생 독립군들이 비동맹 중립 노선의 제3세력을 형성하였음을 이해한다.
③ 중국 공산당이 내전에서 승리하여 중국 대륙을 지배하고 주변 일대에 영향력을 확대하였음을 설명할 수 있다.

㈀ 8·15광복과 분단

① 광복 직전의 건국 준비 활동을 대한민국 임시 정부의 건국 강령을 중심으로 이해한다.
② 8·15광복은 연합군의 승리와 우리 민족이 줄기차게 전개한 독립 운동의 결실로 이루어졌음을 설명할 수 있다.
③ 38도선 국토 분단의 배경을 알고, 8·15광복 이후 우리 민족이 당면한 민족사적 과제가 민족 통일 국가의 수립
임을 깨닫는다.
④ 모스크바 3국 외상 회의의 결정 내용을 알고, 대다수 국민들이 신탁 통치 반대 운동을 지지하게 된 이유를 설
명할 수 있다.

㈁ 5·10총선거와 대한민국의 수립

① 미·소 공동 위원회의 결렬 이유와 미국이 한국 문제를 유엔에 상정하게 된 배경을 이해한다.
② 유엔의 결의에 따라 5·10총선거가 실시되어 대한민국 임시 정부가 수립되었음을 알고, 대한민국의 정통성을
설명할 수 있다.
③ 8·15광복 이후 전개된 좌·우 합작 운동과 남북 협상이 실패하게 된 이유를 추론할 수 있다.
④ 제헌 국회의 반민족 행위 특별 조사 위원회가 추진한 친일파 처단 활동의 경과와 목적을 이해한다.

㈂ 6·25전쟁

① 대한민국 정부의 수립을 전후한 시기의 제주도 4·3사건과 여수·순천 10·19사건 등을 통하여 좌우 대립과 사
회 혼란이 매우 심하였음을 이해한다.
② 북한 정권의 성립 과정, 공산화 과정, 남침을 위한 군사력 증강 등을 파악한다.
③ 북한의 남침으로 일어난 6·25전쟁의 참혹상을 알고, 평화 통일이 우리 민족의 당면 과제임을 인식한다.

㈐ **민주주의의 시련과 발전**

㈀ 4·19혁명

① 발췌 개헌, 사사오입개헌을 통하여 이승만 정부의 장기 집권 획책과 독재화 과정을 설명할 수 있다.
② 이승만 정부의 장기 집권으로 독재와 부정부패가 심화되고, 이에 따라 정부에 대한 국민의 지지 기반이 허물어
져 갔음을 이해한다.
③ 4·19혁명의 원인과 경과, 역사적 의의, 한계성 등을 설명할 수 있다.
④ 허정 과도 정부 시기에 양원제 국회와 내각 책임제를 골자로 하는 개헌안이 통과되고, 새 헌법에 따른 총선으
로 장면 내각이 성립되었음을 설명할 수 있다.

㈁ 5·16군사정변

① 박정희를 중심으로 한 군부는 5·16군사정변을 일으켜 장면 내각을 무너뜨리고 군정을 실시하였음을 파악한다.
② 군사 정부는 대통령 중심제와 단원제 국회를 골자로 하는 새 헌법을 제정하고, 대통령 선거를 실시하여 박정희
정부가 성립되었음을 이해하고, 그 정책을 파악한다.

㈂ 민주주의의 시련과 회복

① 박정희 정부의 장기 집권에 따른 유신 체제의 성립으로 한국의 민주주의는 큰 시련에 직면하였으며, 이러한 민
주 헌정으로부터의 이탈 현상은 1987년의 6월 민주 항쟁 후 민주 헌정 체제가 복귀될 때까지 지속되었음을 이
해한다.
② 6월 민주 항쟁 이후 대통령 직선제의 헌법이 제정되면서 점차적으로 정치, 사회의 민주화가 진전되어, 민주주의
발전이 정상적인 궤도에 진입하였음을 이해한다.

㈑ **통일 정책과 평화 통일의 과제**

㈀ 북한 체제의 고착화와 북한의 변화

① 동족상잔의 비극인 6·25전쟁을 계기로 분단 체제가 고착화되고, 남한과 북한의 무력 대결 태세가 오랫동안 지
속되었음을 설명할 수 있다.
② 6·25전쟁 이후 북한에서는 김일성의 독재 체제가 더욱 강화되고 통제와 폐쇄성이 심해졌음을 이해한다.

㈁ 통일 정책과 남북 대화

① 남북한 당국의 협의로 7·4 남북 공동 성명이 발표되어 자주 통일, 평화 통일, 민족적 대단결의 3대 원칙이 천
명되었음을 설명할 수 있다.

② 1970년대부터 남북 적십자 회담을 비롯한 남북 대화가 진행되고, 1991년에는 남북 기본 합의서가 채택되었음을 설명할 수 있다.

(ㄷ) 국제 정세의 변화와 평화 통일의 과제

① 냉전 체제의 붕괴와 동유럽 사회주의 체제의 몰락, 독일의 통일 등으로 통일의 여건이 점차 호전되고 있음을 이해한다.
② 평화 통일의 중요성을 인식하고 민족사의 당면 과제인 평화 통일에 이바지하려는 태도를 가진다.

(라) 경제의 발전과 사회 · 문화의 변화

(ㄱ) 경제 혼란과 전후 복구

① 8 · 15광복 이후 한때 경제 혼란이 심하였던 이유를 탐구할 수 있다.
② 대한민국 정부 수립 직후에 단행된 농지 개혁의 내용을 파악한다.
③ 6 · 25전쟁 후 복구 사업이 국민과 정부의 노력, 외국의 원조 등으로 활발하게 추진되었음을 이해한다.

(ㄴ) 경제 성장과 자본주의의 발전

① 경제 개발 5개년 계획의 계속적인 추진으로 경제 성장과 수출 증대가 빠르게 진전되었음을 이해한다.
② 1970년대부터 산업 구조도 경공업 중심에서 중화학 공업 중심으로 변화하고 자본주의가 급속도로 발전하였음을 이해한다.
③ 자본주의와 시장 경제의 발달이 민주주의의 발달과 국제화의 중요한 배경이 되고 있음을 파악한다.
④ 오늘날 한국 경제가 직면하고 있는 어려운 문제들과 경제 성장 과정에서 나타난 문제점을 지적할 수 있다.

(ㄷ) 사회의 변화

① 산업화와 도시화가 진전되면서 현대 사회의 모습이 크게 변화되었음을 이해한다.
② 농어촌의 생활 개선과 소득 증대를 위한 새마을 운동이 추진되어 자주 · 자립 의식이 확산되어 갔음을 이해한다.
③ 1980년대 후반 이후 노동 운동이 활성화되면서 노사 협조와 노사 관계의 합리적 조정 등이 중요하게 되었음을 인식한다.
④ 의료 보험 제도와 국민 연금 제도의 실시 등으로 사회 보장 제도가 도입되었음을 이해한다.
⑤ 환경 보전 운동의 중요성을 인식하고, 그 실천에 적극 참여하려는 자세를 확립한다.
⑥ 해외 이민의 증가로 세계 여러 지역에 한인 사회가 형성되었고, 그리하여 해외에서의 한인들의 활동이 활발해졌음을 이해한다.

(ㄹ) 현대 문화의 동향

① 전통문화를 계승, 발전시키기 위한 각종 학술 단체와 연구 기관의 활동이 꾸준히 진전되고 있음을 이해한다.
② 8 · 15광복 이후 교육인구가 급증하고 각급 학교가 계속 증설되어 교육 발전이 괄목할 정도로 이루어졌음을 인식한다.
③ 각종 신문이 발간되고 국영, 민영의 텔레비전 방송국이 개설되어 언론 활동이 크게 진전되었음을 이해한다.
④ 문학, 예술, 종교, 체육 활동에서는 큰 변화와 발전이 있었으며, 매스컴의 발달에 따른 대중문화도 크게 성장하였음을 이해한다.

4. 교수 · 학습 방법

가. 다양한 자료를 활용하여 평면적 수업보다는 역동적이고 입체적인 수업을 시도한다.
나. 지적 영역의 지도와 아울러 정의적 영역의 학습 지도를 시도하여 느낌의 역사 학습을 모색한다.
다. 설명이나 읽기 자료와 함께 현장에 대한 답사나 문화재에 대한 접근을 시도한다.
라. 역사 사실의 분석, 검증을 통한 판단력, 종합력을 배양하고, 문제 해결력을 기른다.
마. 역사의 흐름을 통해서 민족의 발전 능력 및 미래 사회에 대처하는 능력을 기르고, 이를 세계사의 전개와 결부시켜 파악하는 능력을 기른다.
바. 학습 내용에 따라 문답, 토의, 사료 학습, 멀티미디어 활용 등 다양한 교수 · 학습 방법을 활용하여 변화 있는 학습 환경을 구성하고, 능동적인 학습 참여를 꾀한다.

5. 평 가

가. 교육과정에서 제시된 목표들을 준거로 하여 평가 요소들을 추출하고, 평가 요소에 따라 평가를 실시한다.
나. 인지적 영역뿐만 아니라 탐구 기능, 자료 분석 능력, 태도, 가치 영역을 포괄적으로 평가한다.
다. 학습의 목적과 내용에 따라 진단 평가, 형성 평가, 총괄 평가를 고루 실시한다.
라. 평가의 타당도, 신뢰도, 객관도를 고려하여 다양한 평가 방법을 개발한다.
마. 현대사의 이해도 평가는 인접 과목과 유기적으로 연관 지어 통합적으로 평가한다.

8. 세 계 사

1. 성 격

세계사는 지구상의 인류가 어떻게 생활하였으며, 그 삶의 모습이 어떻게 변화하고 발전하였는지를 다루는 과목이다. 이 과목을 통해 우리는 현대 세계의 형성 과정과 그 성격을 파악할 수 있으며, 우리의 현재 위치와 나아갈 방향이 어떤 것인지를 깨닫게 된다.

우리는 세계사를 학습하면서 세계 여러 나라의 역사와 문화를 올바르게 이해할 수 있고, 이를 통하여 국제 이해와 국제적 감각의 폭을 넓힐 수 있다. 나아가 세계사 학습을 통하여 우리는 한국사의 특수성과 보편성이 무엇인지를 보다 정확하게 파악하게 된다.

'지구촌'이란 말에서 엿볼 수 있듯이 오늘날의 세계는 국가 간 상호 교류의 차원을 넘어서 전 세계를 하나의 생활권으로 묶어 나가고 있다. 그러므로 세계사 학습에서는 특정 지역에 편중된 역사를 지양하고, 지구촌적 관점에서 보다 폭넓은 지역의 역사를 다룰 필요가 있다.

한편, 세계사는 정치, 경제, 사회, 문화 등 인간 생활의 모든 국면이 서로 어떻게 관련을 맺으며 발전되어 왔는가를 다루는 과목이므로 세계사의 학습 내용은 보다 전체사적인 시각에서 구성할 필요가 있다.

특히, 고등학교의 세계사 교육에서는 세계사의 기초적인 사실에 대한 이해를 강조하고 있는 중학교의 세계사와는 달리, 세계사의 발전에 대한 종합적이고 체계적인 이해에 역점을 두고 있으므로, 학습 내용에 대한 구조적인 이해가 요망되고 있다.

세계사는 인간의 생생한 삶의 체험을 배우는 과목이므로 그 어떤 교과보다도 학습자들의 관심과 흥미를 유발하기에 적합한 과목이다. 그러므로 세계사 교재는 다양한 탐구 자료를 중심으로 쉽고 재미있게 구성하여야 하며, 학습 활동에 있어서도 학습자들의 지적인 탐구심과 상상력을 강조하여야 한다.

2. 목 표

인류 역사의 발전 과정을 종합적이고 체계적으로 이해함으로써 오늘날 세계의 성격과 과제를 올바로 인식하며, 여러 가지 역사적 자료를 활용하여 객관적이면서도 다양한 관점에서 역사적 사건을 살피는 가운데 역사적 사고력과 역사의식을 기르고, 더 나아가 국제 이해의 증진과 국제 협력의 자세를 가진다.

가. 문화권과 주제를 중심으로 세계사의 흐름을 체계적이고 종합적으로 파악하고, 각 시대의 성격을 이해한다.

나. 현대 사회의 형성 과정과 그 성격에 대한 이해를 바탕으로 오늘날 세계의 여러 문제를 올바르게 인식하고, 세계 속의 우리의 위치를 파악한다.

다. 역사 자료의 성격을 파악하고, 이를 분석, 해석하며 종합, 평가할 수 있는 능력을 기른다.

라. 역사적 사건의 전개 과정에서 나타난 의사 결정 과정을 분석하여, 이를 현대 사회 문제를 해결하는 데 적용한다.

마. 여러 나라나 민족의 역사를 비교함으로써 역사는 보편성과 특수성을 함께 가지고 있음을 깨닫고, 개방적인 자세로 다른 나라나 민족의 전통과 문화를 존중하려는 태도를 가진다.

바. 역사적으로 일어난 중요한 사회적 갈등과 그 해결에 관한 이해를 통해 국제 협력의 필요성을 깨닫고, 인류가 공유한 문제의 해결에 능동적으로 참여하려는 자세를 가진다.

3. 내 용

가. 내용 체계

구분	아시아		유럽 및 다른 지역		역사 의식·기능·태도
	동아시아	서·남·동남아시아	유 럽	다른 지역	
고대	○ 선사 문화 ○ 중국 문명 ○ 고대 중국의 국가 체제 ○ 제자백가 ○ 유교 문화	○ 인더스 문명 ○ 메소포타미아 문명 ○ 고대 인도의 사회 ○ 불교의 성립 ○ 사산 조 페르시아	○ 그리스 민주정 ○ 헬레니즘 ○ 로마 제국 ○ 노예 경제 ○ 크리스트교의 성립 ○ 서양 고대 문화	○ 인류의 기원 ○ 이집트 문명 ○ 아프리카의 고대 세계 ○ 마야 문명과 아메리카의 고대 세계	○ 시간 개념의 이해 ○ 변화와 인과 관계에 대한 의식 ○ 사실들 간의 관련성 인식 ○ 역사적 자료의 수집, 분류, 비교, 분석, 해석, 추론, 평가, 적용 능력 ○ 역사적 상황의 상상적 이해 ○ 바람직한 역사적 가치관 ○ 다른 문화를 이해하려는 태도
중세	○ 동아시아 문화권의 성립 ○ 북방 민족과 정복 왕조 ○ 귀족 사회와 사대부 사회 ○ 서민 문화 ○ 일본의 막부 ○ 동서 문화 교류	○ 굽타 왕조 ○ 이슬람교의 성립 ○ 이슬람 문화 ○ 인도와 동남아시아의 문화	○ 유럽 세계의 형성 ○ 봉건 제도 ○ 장원 경제 ○ 로마 교회 ○ 중세 문화 ○ 비잔틴 제국 ○ 상업과 도시의 발달	○ 북아프리카의 이슬람화 ○ 사하라 이남 아프리카의 사회 ○ 아스텍·잉카 문명 ○ 북아메리카의 인디언 문화	
근대	○ 전통 사회의 성숙 ○ 중국의 경제 제도 ○ 청의 중국 지배 ○ 서양 세력의 침입 ○ 근대화 운동 ○ 일본 사회의 변천 ○ 민족 운동	○ 서아시아 전통 사회의 변화와 문화 ○ 인도와 동남아시아 사회의 변화와 문화 ○ 서양 세력의 침입 ○ 근대화 운동 ○ 민족 운동	○ 근대 의식의 각성 ○ 절대주의와 상업 혁명 ○ 유럽 세력의 확대 ○ 자본주의와 산업 혁명 ○ 시민 혁명과 시민 사회 ○ 자유주의와 민족주의 ○ 사회주의	○ 아메리카 문명의 파괴 ○ 미국의 독립과 발전 ○ 라틴아메리카의 독립 ○ 아프리카의 민족 운동	
현대	○ 제국주의 ○ 반제국주의 민족 운동 ○ 세계 대전 ○ 러시아 혁명 ○ 파시즘 ○ 냉전 체제 ○ 제3세계 ○ 사회주의권의 붕괴 ○ 자본주의의 고도화 ○ WTO체제 ○ 첨단 과학 기술의 발달 ○ 대중 사회 ○ 현대 문화 ○ 현대 세계의 제 문제				

나. 영역별 내용

(1) 시간, 공간 그리고 인간

역사의 개념과 성격을 이해하고 세계사 학습의 중요성을 인식하며, 세계사 학습의 자료와 그 활용 방안을 탐구한다.
① 시간과 공간의 구조 속에서 인간의 활동을 다루는 것이 역사임을 인식한다.
② 지리적 환경이 역사적 사건에서 어떠한 영향을 줄 수 있는지를 사례를 통하여 살펴본다.
③ 역사적 개념과 성격을 역사적 사실들을 담은 여러 가지 자료를 통해 탐구한다.
④ 비슷한 공간적, 시간적 조건 속에서도 역사적 결과가 인간의 동기나 의지에 따라 얼마나 달라질 수 있는지를 역사적 사건을 사례로 들어 토론한다.
⑤ 세계사를 배워야 하는 이유에 대해 토론하고, 역사를 보는 데에는 여러 가지 관점들이 있을 수 있다는 것을 받아들인다.
⑥ 세계사를 배움으로써 보다 객관적이고 폭넓은 시각으로 우리 역사를 바라볼 수 있다는 것을 인식하고, 세계사 교육과 국사 교육의 상호 보완성에 대해 토론한다.
⑦ 이야기나 인물 자료, 신문이나 시사 자료, 지도나 도표 등 여러 가지 자료의 분석과 해석을 통해 역사가의 연구 과정과 방법을 추론한다.

(2) 문명의 새벽과 고대 문명

인류 문화의 기원과 문명의 발생 과정을 이해하고, 고대 세계의 발전 과정을 문화권별로 파악함으로써, 세계사 성립의 기초가 된 동서양 고대 문명의 형성 과정과 그 성격이 무엇인지를 자연환경과 연관 지어 탐구한다.

㈎ 인류 문화의 기원

① 그림, 사진, 도표 등 자료를 통하여 인류의 출현 과정과 각 인류의 특징을 파악한다.
② 구석기 문화와 신석기 문화의 차이를 파악하고, 석기 시대 인간의 생활 모습을 상상적으로 이해한다.
③ 농경과 목축의 시작이 인류 생활에 미친 영향을 파악하고, 신석기 혁명의 의미를 탐구한다.

㈏ 문명의 발생

① 문명의 의미를 파악하고, 문명 발생의 조건이 무엇인지를 토의한다.
② 황허 유역에서 일어난 중국 문명의 성립과 발전 과정을 이해하고, 고대 중국 사회의 특징을 파악한다.
③ 사진 등 자료를 이용하여 인더스 강가에서 나타난 인도 문명의 성립과 그 특징을 이해한다.
④ 메소포타미아 문명과 이집트 문명의 변천 과정을 이해하고, 그 문화와 사회의 특징을 탐구한다.

㈐ 고대 아시아 세계

① 은·주 및 춘추 전국 시대의 사회·경제적 발전 과정과 그 문화의 특징을 이해한다.
② 진·한 시기 중앙 집권적 통일 제국의 성립과 발전 과정을 이해하고, 중국이 동아시아 세계의 역사 전개에 구심적인 역할을 할 수 있었던 원동력이 무엇인지를 추론한다.
③ 한대에 유교를 통치 원리로 하는 관료 국가 체제가 형성된 과정을 이해한다.
④ 춘추 전국 시기 이후에 중국의 유교 문화와 과학 기술, 문학, 예술 등이 어떻게 발전되었는지를 파악하고, 고대 동아시아 문화권의 성립 기반을 설명한다.
⑤ 고대 동아시아의 여러 민족과 왕조들이 당시 중국의 문화를 수용하면서도 독자적인 문화 기틀을 확립하였음을 이해한다.
⑥ 불교와 자이나교의 등장 배경을 이해하고, 그 교리상의 특성을 비교, 분석한다.
⑦ 지도 등 자료를 이용하여 불교를 비롯한 인도 문화의 전파 경로를 살펴보고, 그것이 아시아 세계에 미친 영향을 토의한다.

㈑ 고대 지중해 세계

① 지리적인 자료를 이용하여 지중해의 자연환경을 살펴보고, 그러한 환경이 고대 지중해 문명에 미친 영향을 분석한다.
② 그리스의 폴리스 구조 및 성격을 이해하고, 아테네와 스파르타의 대조적인 발전 과정을 파악한다.
③ 페리클레스의 연설문 등을 통하여 아테네 민주 정치의 특성을 이해하고, 그것을 현대의 민주 정치와 비교한다.
④ 그리스 신화, 문학, 철학, 예술 등에 관한 자료를 이용하여 그리스 문화의 특성을 이해한다.
⑤ 사료, 지도, 사진 등 자료를 이용하여 헬레니즘 세계의 성립 과정과 그 문화의 특징을 이해한다.
⑥ 로마 공화정과 제정의 발전 과정을 이해하고, 공화정과 제정의 차이점을 설명한다.
⑦ 로마의 건축, 토목, 역사학, 법률 등에 관한 자료를 이용하여 로마 문화의 성격을 이해한다.
⑧ 크리스트교의 교리상의 특성을 이해하고 발전 과정을 탐구한다.
⑨ 그리스 및 로마의 고대 문화, 크리스트교가 서양 문화의 형성에 미친 영향을 토의한다.

㈒ 아메리카와 아프리카 세계

① 사료, 지도 등을 이용하여 북아프리카 역사의 변천 과정과 특징을 파악한다.
② 자료를 이용하여 고대 사하라 이남 아프리카에 존재했던 문명의 흔적을 파악한다.
③ 사료, 지도, 통계 등을 이용하여 아메리카 인디언의 분포 상태와 생활 모습을 파악한다.
④ 사료, 지도, 사진 등을 이용하여 마야 문명의 발전 과정과 특징을 이해한다.

[탐구 단원]
① 사례 1: 스파르타쿠스의 난과 고대 노예
② 사례 2: 문자의 발명과 역사의 시작
③ 사례 3: 중국사에서의 소금과 철
④ 사례 4: 일리아드와 오디세이에 나타난 고대 그리스 세계

적절한 자료를 통해 위 사례 중 한 가지나 이 단원과 관련된 그 밖의 다른 주제에 대하여 탐구한다. 예컨대, <사례 1>의 경우 다음과 같은 자료를 통해 고대 노예의 생활과 사회적 지위, 고대 사회의 성격을 탐구한다.
① 고대 노예의 생활을 담은 이야기
② 노예에 대한 여러 형태의 기록
③ 노예를 보는 당시 사람들과 후세 사람들의 생각이 담긴 사료
④ 스파르타쿠스 난의 원인과 전개 과정

(3) 아시아 세계의 확대와 동서 교류

아시아 지역의 여러 문화권들을 비교, 분석하면서 각 문화권의 특성을 파악하고, 그 문화권들이 어떻게 아시아 세계의 형성과 확대에 기여하였는지를 살펴보며, 나아가 동서 문화 교류의 전개 과정을 탐구한다.

㈎ 동아시아 세계의 형성과 확대
① 위·진·남북조 시기부터 원대에 이르기까지 각 시기의 정치적 변천 과정과 그 배경을 파악하고, 각 왕조의 성격을 설명한다.
② 위·진 남북조 시기의 문화를 당시의 정치적, 사회적 상황과 관련지어 이해한다. 사료, 사진 등 자료를 이용하여 귀족적이고 국제적인 당 문화의 특색을 이해한다.
③ 동아시아 문화권의 성립과 그 핵심적 요소가 무엇인지를 조사한다.
④ 당말·5대의 사회 변동이 지니는 역사적 의미를 이해하고, 송대 사대부 계급의 등장과 서민 문화가 나타나게 된 배경을 파악한다.
⑤ 정복 왕조를 세워 중국을 지배하였던 북방의 유목 민족들이 중국을 지배할 수 있었던 원동력이 무엇인지를 파악하고, 그들의 독자적인 문화와 중국 문화 사이의 갈등 관계를 조사한다.
⑥ 지도, 답사기 등 자료를 이용하여, 원이 아시아에서 동유럽에 이르는 대제국을 건설하고 동서 문화의 교류를 활발히 전개하여 세계 문화 발전에 기여하였음을 파악한다.
⑦ 우리나라는 삼국 시대에서 고려 시대에 이르기까지 중국과 밀접한 관계를 유지하면서 역동적인 발전을 계속하였음을 이해한다.
⑧ 일본의 헤이안 시대 후기에 독자적인 국풍 문화가 발달하게 된 배경을 이해하고, 이후 성립하게 된 막부의 성격과 그 발전 과정을 조사한다.

㈏ 인도와 동남아시아 세계의 전개
① 인도에서 힌두교가 성립, 발전하게 된 배경을 이해하고, 최근까지 인도 사회에서 카스트 제도가 유지되는 이유가 무엇인지를 토론한다.
② 굽타 왕조 시기에 인도 고전 문화가 전성기를 맞게 되었음을 이해하고, 그 내용과 성격을 파악한다.
③ 사례를 이용하여 동남아시아에 유입된 불교, 힌두교, 이슬람교 등 여러 종교들이 동남아시아 문화 전반에 미친 다양한 영향을 이해한다.

㈐ 이슬람 세계의 형성과 확대
① 아시아 세계는 이슬람교의 성립으로 종교적, 정치적 통일이 이루어졌고, 독특한 문화권이 형성, 발전되어 유럽 세계에까지 그 영향을 끼치게 되었음을 파악한다.
② 서아시아의 지도와 이슬람교도의 생활을 소개한 자료 등을 통하여 이슬람교의 성립 배경과 성격을 이해하고, 그 교리상의 특징을 유대교 및 크리스트교와 비교하여 설명한다.
③ 사료, 여행기, 사진 등 자료를 이용하여 이슬람 문화의 특징을 이해하고, 그 문화가 아시아와 유럽 세계에 미친 영향을 분석한다.

㈑ 동서 문화의 교류
① 지도 등 자료를 이용하여 근대 이전의 동서 교역로를 파악하고, 동서 문화의 교류가 어떻게 이루어졌는지를 조사한다.
② 동서 교역로를 이용하여 활동했던 민족들과 그들에 의해 전파된 문화의 내용을 파악하고, 그것의 세계사적 의미를 토론한다.

[탐구 단원]
① 사례 1: 세계 종교와 민족 종교
② 사례 2: 중국의 치수 사업과 대운하

③ 사례 3: 북방 유목 민족과 중국
④ 사례 4: 수니파 이슬람교와 시아파 이슬람교
　적절한 자료를 통해 위 사례 중 한 가지나 이 단원과 관련된 그 밖의 다른 주제에 대하여 탐구한다. 예컨대, <사례 1>의 경우 다음과 같은 자료를 통해 역사의 변화와 문화 발전에 종교가 미친 영향을 탐구하고, 그 세계사적 의의를 토론한다.
① 종교에 대한 인간의 생각이 나타나 있는 사료
② 특정 분야에 대한 주요 종교의 교리 비교
③ 종교 문제로 인해 빚어지는 갈등의 사례

(4) 유럽의 봉건 사회

　게르만족의 침입 이후 나타난 유럽 세계의 형성 과정과 서유럽 봉건 사회 및 비잔틴 세계의 전개 과정을 파악하는 가운데 중세 유럽 사회의 구조와 성격을 이해하고, 십자군 전쟁 이후에 중세 사회가 해체되어 가는 과정을 분석한다.

㈎ 유럽 세계의 형성

① 지도를 통해 게르만 민족의 이동 경로를 살펴보고, 그것이 유럽 각 지역에 미친 영향이 무엇인지를 토의한다.
② 프랑크 왕국의 발전 및 붕괴 과정을 파악하고, 그것이 유럽 세계의 형성에 미친 영향을 이해한다.
③ 유럽 문명의 기반이 되는 요소들을 추출하고, 오늘날의 유럽 통합 운동과 관련지어 설명한다.

㈏ 서유럽 봉건 사회의 전개

① 봉건 사회 성립의 배경 및 구성 요소들을 분석하고, 봉건 사회의 의미와 성격을 파악한다.
② 장원 제도의 구조와 성격을 파악하고, 농민의 사회적 지위를 고대 노예와 근대 농민과의 비교를 통해 이해한다.
③ 대표적인 중세 봉건 국가의 발전을 파악하고, 봉건 국가의 성격을 이해한다.
④ 중세 교회의 발전 과정을 파악하고, 중세 교회가 유럽의 정치, 사회, 문화에 미친 영향을 분석한다.
⑤ 중세의 학문, 건축, 문학 작품 등에 관한 자료를 통하여 중세 문화의 특징을 추론한다.

㈐ 비잔틴 세계

① 비잔틴 제국의 변천 과정을 파악하고, 그 제국의 종교, 정치, 경제 및 사회의 특징을 분석한다.
② 자료를 통하여 비잔틴 문화의 특징을 이해하고, 그 문화의 역사적 의의를 동유럽의 문화 형성과 관련지어 탐구한다.

㈑ 중세 유럽 사회의 변화

① 중세 유럽에서 상업과 도시가 발달하게 된 원인을 파악하고, 원거리 무역권의 종류와 역할을 이해한다.
② 사료, 사진 등 자료를 이용하여 중세 자치 도시의 구조와 특징을 파악하고, 그것이 봉건 사회에 미친 영향을 추론한다.
③ 중세 길드의 특징을 파악하고, 중세 수공업과 근대 자본주의 기업과의 차이점을 알아본다.
④ 사료, 지도 등 자료를 이용하여 십자군 전쟁의 원인과 결과를 파악한다.
⑤ 중세 후기의 종교적, 정치적, 경제적 변화를 분석하고, 그것들이 각기 중세 봉건 사회의 붕괴에 어떻게 작용했는지를 설명한다.

[탐구 단원]
① 사례 1: 중세 농민의 1년 생활
② 사례 2: 크리스트교도가 본 십자군 전쟁과 이슬람교도가 본 십자군 전쟁
③ 사례 3: 고대와 중세 도시의 모습과 생활
④ 사례 4: 중세 기사의 생활
　적절한 자료를 통해 위 사례 중 한 가지나 이 단원과 관련된 그 밖의 다른 주제에 대하여 탐구한다. 예컨대, <사례 1>의 경우 다음과 같은 자료를 통해 중세 농민의 일상생활과 사회적 지위를 알고, 중세 사회의 성격을 파악한다.
① 장원 경제의 구조
② 중세 농민의 사회적 지위를 짐작할 수 있는 일화 형식의 이야기
③ 고대 농민, 근대 농민과 중세 농민의 비교
④ 봄, 여름, 가을, 겨울에 농민이 일상적으로 하는 일
⑤ 중세 농민의 생활과 관련된 민중 문화

(5) 아시아 사회의 성숙

서양 세력의 침입을 받기 이전 아시아 여러 민족의 역사를 탐구하면서 성숙기에 접어든 아시아 문화의 특성을 파악하고, 이를 통해 아시아의 각 민족들이 각기 나름대로 역사적, 문화적 전통을 발전시키면서 새로운 시대를 준비하고 있었음을 이해한다.

㈎ 명ㆍ청대의 중국 사회

① 명ㆍ청 제국의 성립과 발전 및 통치 체제의 특징을 이해하고, 당시 아시아 세계에서 두 제국이 차지한 위상을 파악한다.
② 중국 전통 사회의 완숙기에 해당되는 명ㆍ청 제국의 사회ㆍ경제적 구조와 그 특징을 비교한다.
③ 정화의 해외 원정이 동남아시아 등 주변 지역에 미친 영향을 조사한다.
④ 중화사상의 성격을 이해하고, 이러한 사상이 중국과 주변 국가들 간의 관계 형성에 미친 영향을 추론한다.
⑤ 자료를 이용하여 명ㆍ청 시대 문화의 특징을 이해하고, 이 시기에 나타난 동서 문화 교류에 대하여 조사한다.

㈏ 조선과 일본의 발전

① 조선과 도쿠가와 막부 시대 일본의 사회 발전 과정을 설명하고, 이들 국가가 어떻게 근대 국가로의 성장에 필요한 내재적 요인을 성숙시키고 있었는지 파악한다.
② 이 시기에 조선과 일본의 자주적 발전과 민족적 자존의 유지에 장애가 되었던 요인들을 분석한다.

㈐ 무굴 제국과 동남아시아의 발전

① 사료, 답사기, 사진 등 자료를 통해 인도의 무굴 제국에서 발전한 인도ㆍ이슬람 문화의 성격을 파악한다.
② 근대 이전 동남아시아 여러 왕조들도 각기 전통문화의 성숙 단계에 있었음을 파악하고, 그 문화의 특징을 종합적으로 설명한다.

㈑ 서아시아 전통 사회의 발전

① 자료를 통해 오스만 제국의 발전 과정과 정치적, 사회적, 문화적 특징을 파악한다.
② 오스만 제국이 오랫동안 서아시아 및 비잔틴 세계를 지배할 수 있었던 원동력과 그 세계사적 의의가 무엇인지를 탐구한다.

[탐구 단원]
① 사례 1: 만주족과 한족
② 사례 2: 화교 사회의 성립과 발전
③ 사례 3: 서양의 봉건제와 일본의 봉건제
④ 사례 4: 인도 사회에서의 이슬람교와 힌두교
적절한 자료를 통해 위 사례 중 한 가지나 이 단원과 관련된 그 밖의 다른 주제에 대하여 탐구한다. 예컨대, <사례 1>의 경우 다음과 같은 자료를 통해 동아시아 역사에서 만주족의 위치, 한족과 만주족의 관계를 탐구하고, 중국 중심으로 동아시아 역사를 보는 관점에 대해 토론한다.
① 만주족의 변천 과정에 대한 서술
② 만주족과 한족 간의 대외 관계나 정책을 보여 주는 자료
③ 만주족에 대한 한인들의 생각이 나타나 있는 자료
④ 만주족의 일상생활을 알 수 있는 자료
⑤ 금과 청의 한족 통치 방식
⑥ 오늘날 중국에서 만주족의 생활을 담은 이야기나 사진 자료

(6) 유럽 근대 사회의 성장과 확대

르네상스와 종교 개혁으로부터 시작된 근대 의식의 각성과 시민 혁명 및 산업 혁명과 함께 본격적인 출현을 보게 된 근대 시민 사회의 성장 과정을 살펴보는 가운데 시민 사회의 기본적인 구조와 성격을 이해하고, 신항로의 발견 이후 가속화된 유럽 세계의 확대 과정과 그것이 다른 대륙에 미친 영향을 파악한다.

㈎ 근대 의식의 각성

① 근대 의식의 바탕이 되는 요소들을 파악하고, 르네상스, 종교 개혁, 신항로의 개척이 각기 근대 의식의 성장에

어떻게 기여했는지를 분석한다.
② 르네상스 시기의 대표적인 작가나 예술가들의 작품에 나타난 기본 정신을 파악하고, 르네상스의 성격을 이해한다.
③ 종교 개혁의 배경과 결과를 파악하고, 신교의 성립이 가지는 역사적 의미를 추론한다.

㈏ 절대주의의 성립과 발전

① 영국, 프랑스 등 대표적 절대 왕정의 사례를 이용하여 절대주의의 의미와 성격을 파악한다.
② 신항로 개척 이후에 나타난 상업 혁명과 이를 바탕으로 한 중상주의의 특징을 파악한다.
③ 동유럽에서 발달한 절대주의의 성격을 서유럽의 절대주의와 비교한다.
④ 자료를 통해 17, 18세기 유럽 문화의 특징을 이해한다.
⑤ 로크 및 루소 등의 사상과 관련된 자료를 이용하여 자연권 사상, 사회 계약설, 계몽사상을 이해한다.

㈐ 유럽 세계의 확대와 아메리카 · 아프리카 세계

① 세계 지도를 이용하여 신항로 개척의 과정을 설명하고, 이후에 나타난 유럽 세력의 확대 과정을 파악한다.
② 사료, 사진, 지도 등을 이용하여 아스텍, 잉카 문명의 발전과 그 문화적 특징을 이해한다.
③ 스페인의 아메리카 정복 과정과 지배 방식을 파악하고, 그것이 라틴아메리카 역사에 미친 영향을 분석한다.
④ 유럽 세력의 진출 이전에 아프리카가 어떤 상태에 있었는지 자료를 통해 파악한다.
⑤ 노예무역을 비롯하여 유럽 세력이 아프리카에 미친 영향을 분석한다.
⑥ 유럽에 의해 주도된 세계 교류의 확대가 지니는 역사적 의미를 토의한다.

㈑ 자본주의의 발전과 산업 혁명

① 신항로 발견 이후에 가속화된 근대 자본주의의 발달 과정을 그 배경과 관련지어 파악한다.
② 사료, 사진, 그림 등 자료를 이용하여 산업 혁명의 원인과 기술의 혁신 과정을 이해한다.
③ 산업 혁명의 결과를 그것이 초래한 긍정적, 부정적 사례를 제시하면서 토론한다.

㈒ 시민 혁명

① 영국 혁명, 미국 혁명, 프랑스 혁명의 원인, 전개 과정 및 결과를 파악한다.
② 영국의 권리 장전, 미국의 독립 선언, 프랑스의 인권 선언을 분석하면서, 시민 혁명의 기본 정신을 추출한다.
③ 시민 혁명이 근대 시민 사회의 형성에 미친 영향을 토의한다.

㈓ 시민 사회의 발전과 19세기의 문화

① 지도 등 자료를 이용하여 나폴레옹의 유럽 정복 과정과 그것이 유럽 역사에 미친 영향을 설명한다.
② 19세기 유럽 각국의 자유주의와 민족주의의 전개 과정을 전체적인 맥락과 관련지어 이해한다.
③ 19세기 자유주의와 민족주의의 발전에 관한 자료를 수집, 분석, 해석하고, 이를 통하여 자유주의와 민족주의의
특성을 추론한다.
④ 자료를 이용하여 문학, 예술, 철학, 사회 과학, 자연 과학 등 19세기 유럽 문화의 특징을 이해한다.

[탐구 단원]
① 사례 1: 산업 혁명과 노동자의 생활
② 사례 2: 지동설과 우주관의 변화
③ 사례 3: 흑인 노예무역
④ 사례 4: 미국의 서부 개척과 인디언
적절한 자료를 통해 위 사례 중 한 가지나 이 단원과 관련된 그 밖의 다른 주제에 대하여 탐구한다. 예컨대, <사례
1>의 경우 다음과 같은 자료를 통해 산업 혁명이 사회 성격의 변화에 가져온 영향을 탐구하고, 그것이 인간 생활에
끼친 긍정적인 측면과 부정적인 측면에 대해 토론한다.
① 산업 혁명의 결과 나타난 물질적 풍요에 대한 당시인들의 태도를 나타낸 기록
② 산업 혁명 시기 노동자들의 일상생활
③ 산업 혁명 시기 부녀자, 어린이 노동자의 노동 상황
④ 노동 운동의 모습을 담은 사진이나 노동 운동 상황에 대한 자료

(7) 아시아 세계의 근대적 발전

19세기 이후 서양 열강의 침략을 받았던 아시아 여러 나라가 전통문화의 수호와 서양 문명 수용의 갈등 속에서 자

기 변혁을 도모하는 과정을 이해하고, 이 과정에서 어떤 문제가 발생하였으며, 이를 극복하기 위해 어떠한 노력을 기울였는가를 탐구한다.

(가) 동아시아의 근대화 운동

① 아편 전쟁을 전후하여 나타난 은의 유입이 중국 사회에 미친 영향을 분석한다.
② 서양 열강에 의해 강요된 전통적 중화 질서의 해체와 이로 인한 중국 사회의 갈등 상황을 분석한다.
③ 중국 근대화 운동과 관련된 사료 등을 이용하여 중국의 근대적 발전이 양무·변법·혁명 운동의 단계로 전개되는 과정을 설명하고, 이러한 운동들의 특성과 한계점을 추론한다.
④ 일본이 개항 이후 근대 국가로 급성장하게 된 배경을 이해하고, 제국주의의 길로 나아가게 된 원인과 과정을 설명한다.

(나) 인도와 동남아시아의 근대적 성장

① 무굴 제국의 쇠퇴와 함께 나타난 인도의 식민지화 과정에서 유럽 열강의 침투가 어떻게 진행되었는지를 파악하고, 이를 통해 성립된 인도 제국의 성격을 이해한다.
② 인도와 동남아시아 국가들의 근대화를 위한 운동과 그 운동의 한계점을 분석한다.
③ 인도와 동남아시아 국가들의 민족 운동이 어떻게 전개되었는지를 파악하고, 그 운동의 특징적 양상을 설명한다.
④ 자료를 통하여 동남아시아 국가들의 식민지화가 어떻게 전개되었는지 파악한다.

(다) 서아시아의 민족 운동

① 오스만 제국의 해체 후 서아시아에서 나타난 민족 운동의 전개 과정을 비교하고, 그것의 특징적 양상을 이해한다.
② 20세기 아랍 민족주의 운동의 기반이 된 와하브 운동의 전개 과정을 파악하고, 이 운동과 다른 서아시아 여러 민족의 민족 운동을 비교한다.
③ 서아시아 국가들이 전개한 근대화를 위한 정책의 주요 내용과 특징을 이해한다.
④ 서아시아 국가들에 대한 제국주의 열강들의 짐략 과성을 파악하고, 그 결과를 분식한다.

[탐구 단원]
① 사례 1: 중국인의 서양관과 서양인의 중국관
② 사례 2: 근·현대 중국과 러시아(소련)의 관계
③ 사례 3: 동인도 회사와 플랜테이션 농업
④ 사례 4: 아랍의 민족 운동과 민족주의
적절한 자료를 통해 위 사례 중 한 가지나 이 단원과 관련된 그 밖의 다른 주제에 대하여 탐구한다. 예컨대, <사례 1>의 경우 다음과 같은 자료를 통해 역사상 아시아와 유럽인들이 다른 세계와 그 사람들에 대해 어떻게 생각하였는지를 비교하고, 그것이 역사의 변화에 어떤 영향을 끼쳤는지를 탐구한다.
① 중국인과 서양인의 교류
② 중화사상을 단적으로 보여 주는 일화나 기록
③ '동방견문록'과 같은 방문기에 나타나 있는 내용 중 서양인이 중국에 대하여 가지고 있었던 생각
④ 제국주의 시기 서양인의 중국관
⑤ 제국주의 시기 침략을 받은 중국인이 서양인을 대했던 태도
⑥ 오늘날 중국의 발전을 보는 세계인의 관점

(8) 제국주의와 두 차례의 세계 대전

20세기에 나타났던 두 차례의 세계 대전의 중요한 배후 원인이라고 할 수 있는 제국주의와 전체주의의 성립 배경과 성격을 이해하고, 두 전쟁의 전개 과정과 결과를 파악함으로써 현대 문명의 취약한 구조와 국제 협조의 중요성을 깨닫는다.

(가) 제국주의와 제1차세계대전

① 제국주의의 성립 배경과 성격을 이해하고, 제국주의 열강들이 아시아 및 아프리카로 침략한 상황을 지도를 통해 파악한다.
② 제국주의 열강들의 대립과 제1차세계대전의 상관관계를 분석하고, 그 전쟁이 내포한 복잡한 원인을 이해한다.
③ 지도, 통계 등의 자료를 이용하여 제1차세계대전의 진행 과정 및 결과를 파악하고, 그 전쟁이 인류 생활에 미친 영향을 추론한다.
④ 러시아 혁명의 발생과 전개 과정, 사회주의권의 성립을 사료, 사진, 통계, 지도 등 자료를 이용하여 파악한다.

(내) **두 차례 세계 대전 사이의 세계**

① 윌슨이 제시한 14개조와 베르사유 조약의 내용을 분석하고, 이를 통해 베르사유 체제의 성격 및 문제점을 파악한다.
② 제1차세계대전 이후의 국제 협력과 갈등 관계가 어떻게 전개되었는가를 구체적 자료를 통해 파악한다.
③ 제1차세계대전 이후에 나타난 세계 주요 국가들의 변화를 민주주의 및 민족주의의 발전을 중심으로 파악한다.
④ 아시아, 아프리카에서 전개된 반제국주의 운동의 특징을 파악한다.

(대) **전체주의의 대두와 제2차세계대전**

① 세계 공황의 발생 원인 및 결과를 자료를 통해 파악하고, 미국을 비롯한 각국의 대응 방식을 비교한다.
② 이탈리아의 파시즘, 독일의 나치즘 그리고 일본의 군국주의를 비교하고, 이를 통해 파시즘의 일반적 특징을 추론한다.
③ 자료를 통해 연합국과 추축국의 전력을 비교하고, 전쟁의 진행 과정을 파악한다.

[탐구 단원]
① 사례 1: 팔레스타인과 중동 문제
② 사례 2: 보어 전쟁과 남아프리카 공화국의 인종 차별
③ 사례 3: 수에즈 운하와 파나마 운하
적절한 자료를 통해 위 사례 중 한 가지나 이 단원과 관련된 그 밖의 다른 주제에 대하여 탐구한다. 예컨대, <사례 1>의 경우 다음과 같은 자료를 통해 오늘날 중동 문제의 역사적 기원과 전개 과정을 알고, 그 성격을 탐구한다.
① 팔레스타인의 역사에 대한 간략한 개요
② 시오니즘을 잘 말해 주는 일화
③ 맥마흔 협정과 밸푸어 선언의 내용
④ 제1~4차 중동 전쟁의 영토 변화를 담은 지도
⑤ 영토를 잃은 팔레스타인의 생활을 보여 주는 이야기
⑥ 팔레스타인 해방기구(PLO)의 이스라엘에 대한 투쟁
⑦ 중동 평화 협상의 전개 과정

(9) 전후 세계의 발전

전후 40년 이상 계속된 냉전 체제의 전개와 변화, 급변하는 정세와 세계 질서의 재편성, 경제 발전의 가속화, 20세기의 문화적 특성 등을 이해하고, 21세기의 출발점에 와 있는 오늘날의 인류가 서 있는 위치와 당면 과제 및 우리의 해야 할 일이 무엇인지를 파악한다.

(가) **냉전 체제의 전개와 변화**

① 자료를 이용하여 국제연합의 성립을 비롯한 전후 국제 평화의 유지를 위한 인류의 노력을 이해한다.
② 냉전 체제의 전개와 그 특징을 이해하고, 긴장 완화의 과정을 설명한다.
③ 제3세계가 대두하게 된 배경과 그것이 국제 정세에 미친 영향을 파악한다.

(내) **첨단 과학 기술의 발달과 자본주의의 고도성장**

① 전후 과학 기술 및 산업의 발달 과정을 구체적 사례를 중심으로 파악하고, 그것이 우리 생활에 미친 영향을 분석한다.
② 전후 자본주의의 고도화 현상을 자료를 이용하여 파악하고, 그것이 우리 생활에 미친 영향을 탐구한다.
③ 시사 자료를 이용하여 최근에 나타난 국제 경제 체제의 변화를 이해하고, 우리의 대응 방식을 토의한다.

(대) **20세기의 사회와 문화**

① 현대 대중 사회의 특징과 그것이 우리 생활에 미치는 영향을 구체적 사례를 통하여 파악한다.
② 20세기의 각 시기를 대표하는 사조와 학문적, 예술적 업적을 조사하고, 현대 문화의 특징을 파악한다.
③ 오늘날 우리 생활에 큰 영향을 끼치고 있는 대중문화의 특징 및 그 영향을 실제적인 사례를 통하여 이해한다.

(래) **사회주의권의 붕괴와 급변하는 세계**

① 자료를 통하여 독일의 통일 및 동유럽 공산 체제의 붕괴 과정을 파악하고, 그 배경을 분석한다.
② 자료를 이용하여 중국의 개혁, 개방 정책의 전개와 그 성과를 파악한다.

③ 유럽 연합의 성립 과정 및 그 배경을 탐색하고, 유럽의 미래상을 전망한다.

㈐ **세계의 오늘과 내일**
① 냉전 시대의 종식과 함께 세계 도처에서 발생하는 지역 간, 민족 간, 종족 간의 분쟁 실태를 분석하고, 그 원인을 탐색한다.
② 오늘날 세계가 직면하고 있는 여러 문제들을 그 역사적 배경과 관련지어 이해하고, 그 해결 방안을 탐색한다.
③ 토론을 통해 21세기 세계의 성격을 진단하고, 21세기에 인류가 나아갈 방향과 우리의 할 일이 무엇인가를 추론한다.

[탐구 단원]
① 사례 1: 우주 시대의 개막과 세계사
② 사례 2: 유고 연방의 해체와 인종 문제
③ 사례 3: 원자 폭탄의 발명과 핵 문제
④ 사례 4: 현대사에 나타난 청소년 문화
⑤ 사례 5: 과학의 발전과 인간의 행복
　적절한 자료를 통해 위 사례 중 한 가지나 이 단원과 관련된 그 밖의 다른 주제에 대하여 탐구한다. 예컨대, <사례 1>의 경우 다음과 같은 자료를 통하여 역사상 사람들이 우주에 대하여 가졌던 생각들이 어떤 것인지를 탐구하고, 우주 진출의 역사적 의미와 그것이 인간 생활의 변화에 줄 영향에 대해 생각한다.
① 고대인, 중세인의 우주관을 보여 주는 사료
② 지동설과 그 영향에 대한 이야기 자료
③ 달 착륙을 다룬 사진과 신문 기사, 그에 대한 인류의 반응 등에 관한 자료
④ 우주 시대 인간 생활의 변화를 예상한 글이나 그림, 컴퓨터 그래픽 등 자료

4. 교수 · 학습 방법

가. 문화권의 특성과 발전, 시대의 성격을 중심으로 세계사의 발달 과정을 체계적으로 이해한다.
나. 세계 여러 지역이나 문화권의 역사에 대한 비교를 통하여 세계사의 보편성과 특수성을 인식하고, 다른 민족이나 국가의 역사를 존중하는 태도를 기른다.
다. 한국사와의 유지적인 관련 속에서 세계사의 전개 과정을 보고, 각 시대의 성격을 파악한다.
라. 개별적 사실보다는 주요 개념이나 주제를 중심으로 내용을 구조화하여 파악한다.
마. 교사의 설명 외에 탐구법, 토의법, 역할극 등 학습자의 활동을 필요로 하는 학습 활동을 적극 전개한다. 이를 위해 학습자들로 하여금 지도, 연표, 사료, 시사 자료, 여행기 등 다양한 자료를 활용하도록 하며, 개별 학습, 소집단 학습, 분단 학습 등 여러 가지 학급 조직에 의한 수업 진행을 모색한다. 또, 결과뿐만 아니라 과정 자체를 중시하는 수업이 이루어지도록 한다.
바. 교과서 외에 지도, 연표, 사료와 같은 보조 자료는 물론 모형, 영상 자료를 활용한다. 인터넷 자료나 CD-ROM 타이틀과 같은 컴퓨터 학습 자료도 적극 활용한다.
사. 역사적 자료의 이용에는 분석, 비판, 해석, 추론, 종합, 상상 등 다양한 사고 방법을 사용한다.
아. 고고학, 민속학, 인류학 등과 같은 인접 학문의 성과를 적극 활용하여 역사를 보다 넓은 관점에서 보는 눈을 가진다.

5. 평　가

가. 지식 · 이해, 기능, 가치 · 태도 영역을 균형 있게 평가하되, 목표에 제시된 요소들을 고르게 반영한다.
나. 지식 · 이해 영역의 평가는 세계사의 기본적인 사실의 습득 여부, 역사 연구와 역사 자료의 성격에 대한 이해를 측정한다.
다. 기능 영역의 평가는 역사 자료의 활용 능력에 대한 평가를 중시하되, 자료의 수집과 분석, 정보의 획득과 적용 능력 외에도 역사 해석이나 판단, 감정 이입과 같은 역사 연구와 역사 학습에 필요한 고유의 능력도 균형 있게 평가한다. 역사적 사실의 서술, 연표나 도표의 작성, 지도의 제작과 같은 전달 능력도 평가의 대상으로 한다.
라. 가치 · 태도 영역의 평가는 역사적 사실에 대한 관심과 학습 활동 참여도, 역사적 과제에 대한 문제 인식, 역사적 가치관의 내면화 정도를 측정한다.
마. 평가에는 지필 검사, 학습 활동에 대한 관찰, 보고서, 여러 가지 형태의 개인 과제 등 다양한 방법을 활용한다.

지식·이해 영역의 평가는 주로 지필 검사를 사용하되, 논술형을 위주로 측정한다. 기능의 평가는 역사 자료에 대한 탐구 능력을 학습 활동에 대한 관찰이나 보고서, 개인 과제의 형태로 평가한다. 가치·태도의 평가는 역사적 과제를 대하는 태도와 학습 활동에 대한 관찰을 중심으로 하되, 보고서의 작성이나 면접 등 방법도 활용한다.

9. 법과 사회

1. 성 격

　'법과 사회' 과목은 법치 사회를 실현하고, 당면한 법적 문제 사태 해결을 위한 법적 사고력과 문제 해결력을 육성하기 위해 신설된 사회과의 심화 선택 과목이다. 이 과목은 국민 공통 기본 교육과정 '사회' 과목의 '우리나라의 민주 정치'(6학년), '사회생활과 법 규범'(8학년), 단원에서 학습한 내용을 심화시키는 과목의 성격을 가진다.
　'법과 사회' 과목은 법의 일반 원리, 공법·사법·사회법체계에 따른 여러 가지 법적 쟁점과 다양한 소재를 활용하여 민주 시민이 갖추어야 할 핵심적 요소인 법적 사고력과 문제 해결력 및 적극적인 참여 태도를 육성할 수 있는 내용으로 구성한다.
　'법과 사회' 과목에서는 사회생활 속에서 법의 중요성을 인식하고, 법적 현상에 대한 합리적 분석과 문제 해결 능력을 기르며, 법치주의의 원리와 절차에 대한 올바른 인식을 바탕으로 바람직한 법문화 형성에 기여할 수 있는 능력과 태도를 가지도록 하는 데 중점을 둔다.

2. 목 표

　법에 대한 심화 학습을 통해 정보와 지식을 습득하여 법 현상을 이해하고, 일상생활에서 당면하는 법적 문제나 쟁점에 대하여 합법적으로 판단하고 행동할 수 있는 능력을 갖추며, 정의 실현과 질서 유지라는 보편적 법 이념에 따라 책임 의식을 가지고 법 생활에 참여할 수 있는 민주 시민으로서의 태도를 지닌다.
　가. 민주주의 사회에서 법의 필요성과 사회적 기능을 이해하고, 사회 구성원으로서 자신과 소속 집단의 법률관계에 대하여 설명할 수 있다.
　나. 개인의 권익 보장과 사회 정의 실현을 위한 합법적 방법과 절차를 제시할 수 있으며, 법과 관련된 보고서나 기록 및 통계 자료의 분석을 통해 미래 사회의 다양한 법 현상과 쟁점 및 발전 방향을 전망할 수 있다.
　다. 법적 문제 사태와 관련된 사건 기사나 판례 분석을 통하여 법적 갈등이나 쟁점에 대한 합리적인 의사 결정 능력을 기르며, 법치 사회 구현과 정의 사회 실현을 위한 입법·행정·사법 과정의 전 영역에 민주 시민으로서 능동적으로 참여하는 자세를 가진다.
　라. 자유 민주주의 사회의 법체계와 법 절차에 대한 긍정적 태도를 지니며, 자유와 권리의 행사에는 책임과 의무를 고려하여 공공복리 증진과 사회 질서 유지의 조화를 위해 노력하는 자세를 가진다.

3. 내 용

가. 내용 체계

영 역	주 제	내용 요소
법의 이념과 권리, 의무	○ 법의 의의와 구조 ○ 법의 일반 원칙과 법 적용 ○ 권리와 의무	· 법의 개념과 기능 · 법의 이념 · 법의 분류 · 권리 남용의 금지와 신의 성실의 원칙 · 법 적용의 원칙 · 권리의 행사와 의무의 이행 · 법치 사회와 민주 시민 · 법적 사고와 법적 문제 해결 능력
개인 생활과 법	○ 권리 능력과 미성년자의 권리 ○ 가족 관계와 법 ○ 민법의 기본 원리와 법 문제	· 권리 능력과 행위 능력 · 미성년자의 권리 · 가족 간의 법률관계 · 민법의 기본 원리 · 불법 행위와 손해 배상 · 부동산 거래와 등기
사회 생활과 법	○ 학교생활과 법 ○ 여성과 법 ○ 소비자의 권리 보호 ○ 근로자의 권리와 법 ○ 환경과 법	· 교사와 학생의 권리 · 여성의 권리 · 여성과 법적 쟁점 · 소비자의 권리와 피해 구제 · 근로자의 권리와 의무 · 노동법 · 사회 보장 제도 · 환경 문제와 법적 해결
국가 생활과 법	○ 기본권 보장 ○ 행정법과 행정 구제 제도 ○ 범죄와 형벌 ○ 재판의 종류와 원칙 ○ 국제법과 국제 분쟁	· 인간의 존엄과 가치 · 평등권 · 자유권적 기본권 · 생존권적 기본권 · 행정 조직과 법치 행정 · 행정 구제 제도 · 형법과 범죄 예방 · 재판 절차와 종류 · 국제법과 국제 분쟁의 해결
법 생활의 발전과 과제	○ 법문화와 법의식 ○ 법률 구조 제도와 미래 사회의 법	· 법의식과 민주 시민의 자질 · 한국의 전통적 법문화 · 선진 외국의 법문화 · 법률 구조 제도 · 법의 변천과 미래 사회 · 미래 사회의 법적 쟁점

나. 영역별 내용

(1) 법의 이념과 권리, 의무

현대 사회의 법 체제와 절차에 대한 긍정적 가치관 형성을 통해 법적 사고력을 기르고, 개인과 사회가 당면한 법적 문제 사태나 쟁점을 합법적으로 해결하여 법치주의 사회를 실현하는 데 기여한다.

(가) 법의 의의와 구조

① 법 규범과 다른 사회 규범(도덕, 관습, 종교 등)의 차이점을 목적 및 적용 원칙의 측면에서 비교한다.
② 법의 이념은 정의, 합목적성, 법적 안정성 등으로 구성되며, 사회 질서 유지와 기본권 보장 및 공공복리를 증진하기 위해 존재함을 이해한다.
③ 성문법과 불문법의 차이를 이해하고, 자연법의 이념을 구현하기 위한 방법에 대해 논의한다.
④ 공법, 사법, 사회법의 사례를 들어 차이점을 비교한다.

(나) 법의 일반 원칙과 법 적용

① 자유와 평등을 법치주의의 최고 가치인 인간의 존엄성과 관련하여 이해하고, 권리 남용의 금지와 신의 성실의 원칙을 법 생활의 전 영역에서 지켜야 하는 이유를 설명한다.
② 법 적용의 원칙인 상위법 우선, 신법 우선, 특별법 우선, 법률 불소급의 원칙을 구체적 사례에 적용한다.

(다) 권리와 의무

① 공법, 사법, 사회법의 체계에 따라 권리와 의무를 분류하고, 권리와 의무의 대응 관계를 분석한다.
② 어떤 문제 상황을 사례로 들어 문제와 관련된 권리, 의무를 찾아내고, 그 문제를 합법적으로 해결하기 위한 방안을 탐구한다.

(2) 개인 생활과 법
개인 생활에서 발생하는 가족 관계와 재산 관계에 대한 문제를 해결하기 위한 법의 내용과 적용 절차를 탐구한다.

㈎ 권리 능력과 미성년자의 권리
① 민법 규정을 통해 권리 능력의 개념을 파악한다.
② 미성년자의 법적 지위와 권리 행사 방법에 대한 법적 규정의 의미를 탐구한다.

㈏ 가족 관계와 법
① 혼인과 친권에 대한 구체적 사례를 통해 가족 간 법률관계의 법리를 탐구한다.
② 민법의 재산 상속법을 근거로 상속의 순위 및 효과 등에 대하여 사례를 통해 탐구한다.

㈐ 민법의 기본 원리와 법 문제
① 근대 민법의 기본 원리인 소유권 절대의 원칙, 계약 자유의 원칙, 과실 책임의 원칙이 현대 사회에서는 어떻게 수정, 보완되었으며, 그 배경은 무엇인지 탐구한다.
② 불법 행위의 다양한 모습과 그로 인한 손해 배상과의 관계를 구체적 사례를 통해 탐구한다.
③ 부동산을 거래할 때의 주의 사항과 계약 체결 방법 및 부동산 등기 절차 등에 관하여 논의한다.

(3) 사회생활과 법

사회생활에서 발생하는 다양한 법률관계를 구체적 사례를 통해 학습함으로써 법적 문제 해결 능력을 신장하고, 능동적 사회 참여 방안을 모색한다.

㈎ 학교생활과 법
① 학교 교육은 헌법과 교육법에 따라 구체화됨을 이해하고, 학생의 재학 관계를 행정법상 특별 권력 관계에 따라 분석한다.
② 교사와 학생의 권리, 의무를 교육 목적과 관련하여 이해한다.

㈏ 여성과 법
① 헌법과 근로 기준법의 여성 권익 보호 조항을 알아보고, 여성의 법적 지위와 그 보장 방향에 대한 쟁점을 통계 자료나 판결문 등을 바탕으로 분석한다.
② 남녀평등, 약혼과 결혼, 재산 상속, 성 차별, 여성과 아동의 근로에 대한 법적 보호, 낙태 문제 등에 관한 쟁점과 문제 해결 방향에 대해 토론한다.

㈐ 소비자의 권리 보호
① 소비자 보호법상 소비자 주권의 개념과 소비자의 권리를 알아본다.
② 구체적인 소비자 분쟁 사례에 소비자 피해 구제 절차를 활용하여 문제 해결 방안을 모색한다.

㈑ 근로자의 권리와 법
① 근로자의 권익 보호와 관련이 있는 헌법의 내용을 찾아 그 의미를 이해한다.
② 노사 문제의 사례를 들고, 문제 해결에 적용할 노동법의 중요한 내용을 찾아낸다.

㈒ 환경과 법
① 인간다운 생활 보장과 환경권의 관계를 분석하고, 환경 보전의 자세를 가진다.
② 환경오염의 사례를 통해 환경오염으로 인한 피해를 구제받을 수 있는 법적 절차와 방법을 탐구한다.

(4) 국가 생활과 법

법치 국가란, 법에 근거를 두고 국민의 기본권을 보장하면서 사회 질서를 유지하고 사회 정의를 실현해 가는 체제임을 이해하고, 공적 생활에서 개인과 국가와의 관계를 분석한다.

㈎ 기본권 보장

① 평등권의 역사적 변천 과정과 현대 사회에서 평등권의 쟁점을 분석, 토론한다.
② 자유권적 기본권을 생명권, 신체의 자유, 정신적 자유, 사회·경제적 자유로 나누어 이해하고, 구체적인 사례를 들어 쟁점에 대해 토론한다.
③ 모든 국민의 인간다운 생활을 보장하려는 사회 정책과 사회 보장 제도의 법적 근거를 탐구하고, 구체적 사례를 들어 쟁점에 대해 토론한다.

㈏ 행정법과 행정 구제 제도

① 행정법의 기본 원리인 권력 분립, 법치 행정, 복지 행정, 지방 분권의 원리를 이해하고, 이 원리가 적용되는 구체적 법 조항을 찾아 그 의미와 중요성에 관해 논의한다.
② 행정상 손해 전보와 행정 쟁송 제도의 취지를 기본권 보장과 관련하여 이해하고 구체적 사례를 통해 그 의미를 이해한다.

㈐ 범죄와 형벌

① 죄형 법정주의 원칙을 기본권 보장과 관련하여 이해한다.
② 형벌의 종류를 이해하고, 사형제도 존폐론의 쟁점을 파악하여 형사적 정의 실현에 대한 법적 사고를 한다.
③ 인간 생명의 존엄성에 비추어 안락사의 허용 여부에 관해 토론한다.
④ 정보 산업의 발달로 인한 컴퓨터 범죄와 사생활권의 침해와 관련된 사례를 통해 그 현황을 탐색하고 예방대책을 세워 본다.

㈑ 재판의 종류와 원칙

① 심급 제도를 재판의 공정성이라는 관점에서 이해하고, 민사, 형사, 행정 재판의 성격과 절차상 차이점을 파악한다.
② 민·형사 사건의 소송 절차에 따라 가상의 사건에 대한 모의재판을 해서 법적 문제 해결 능력을 기른다.

㈒ 국제법과 국제 분쟁

① 국제법과 법원인 조약과 국제 관습법의 성립 절차와 그 대표적 사례(예: 오존층 보존을 위한 국가 간 협약, 세계 인권 선언 등)에 대해 탐색한다.
② 국제 분쟁 해결을 위한 국제연합의 활동과 국제 중재, 국제 사법 재판소의 역할 등을 살펴보고, 구체적 사례를 통해 분쟁 해결 방안을 모색한다.

(5) 법 생활의 발전과 과제

우리와 외국의 법문화를 비교하고, 법치 사회를 이루기 위한 시민의 역할에 대해 탐구하며, 미래 사회의 새로운 법 현상을 전망해 본다.

㈎ 법문화와 법의식

① 법의식에 대한 자료를 통해 준법 실태와 한국인의 법문화를 분석한다.
② 우리의 전통 법문화와 외국의 법문화의 특성을 비교, 분석하여 문화 상대주의적 관점에서 이해하고, 법문화의 발전을 위한 방안을 모색한다.

㈏ 법률 구조 제도와 미래 사회의 법

① 자신의 권리와 자유가 침해된 경우 변호사나 법률 구조 공단을 통해 구제 방안을 마련한다.
② 생명권, 사생활의 보장, 환경권 등을 중심으로 사회 변동에 따른 새로운 법 현상을 전망해 보고, 문제 해결을 위한 방안을 모색한다.

4. 교수·학습 방법

가. 민주 시민의 기본 자질로서 법에 대한 기초 소양과 법적 사고력을 형성하는 데 필요한 다양한 교수·학습 방법을 주제에 따라 적절히 선택한다.
나. 개인, 사회, 국가, 국제적 차원에서 나타날 수 있는 다양한 법 문제의 각기 다른 특성을 분석해 낼 수 있는 문

제 해결력 제고에 강조점을 둔다.
다. 지나치게 이론 중심의 법 지식을 탐구하기보다는 법치 사회의 시민으로서 능동적인 사회 참여를 위해 필요한 법적 지식과 소양이 필요하다는 점을 강조한다.
라. 법적 쟁점과 갈등 사태의 해결 방안을 모색하는 과정에서는 소비자 문제, 환경 문제, 컴퓨터 범죄 문제, 사생활 권리의 침해 문제 등 학습자들의 흥미를 유발할 수 있는 구체적 사례를 적극 활용한다.
마. 법적 문제 해결에 필요한 법적 사고력 형성을 위하여 판례 연구, 신문 자료 활용, 모의재판 등 다양한 학습 자료와 견학 경험 등을 활용한다.
바. 법적 쟁점 및 갈등 사태를 비교 문화적으로 파악할 수 있도록 하기 위하여 학습자 중심의 열린 수업을 적극 강조하며, 법과 관련된 영화나 재판 기록, 법적 문서나 시사 자료 등을 활용한다.
사. 정의 실현과 기본권 보장을 위해 학습자가 적극적이고 능동적으로 법적 문제 사태에 참여할 수 있도록 하며, 변호사, 경찰관의 초빙 강연이나 경찰서, 법원, 검찰청, 교도소 등에서 현장 학습을 하여 법 적용 현장을 직접 체험해 볼 수 있는 기회를 제공한다.

5. 평　가

가. 보고서 작성, 학습자 또는 지역 사회 주민들에 대한 직접적 호소 등 방법을 통하여 학습자가 직접 체험하고 느낀 것을 기술할 수 있는 학습자 중심의 평가 방법을 사용한다.
나. 학습자 중심의 평가 방법을 사용한 경우에는 학습에 참여하기 전과 참여한 후의 변화 과정을 중심으로 평가한다.
다. 법적 문제 사태를 해결하는 학습자의 활동은 법적 관점뿐만 아니라 정치·경제·사회적 관점까지도 포함하는 통합적 시각에서 평가한다.
라. 준법정신의 생활화와 내면화 정도를 평가하도록 한다.
마. 객관식 위주의 문제뿐만 아니라 논술형 문제나 간단한 논문 제출과 같은 평가 방법을 적극 활용하여, 법과 관련된 고차적인 사고 능력과 신념 및 가치관까지도 평가할 수 있도록 한다.
바. 지필 검사에만 의존하지 말고 면접, 조사, 토론, 발표, 일화 기록, 점검표 등 평가 방법을 개발하여 적극 활용한다.
사. 체험이 필요한 경우에는 실제로 체험을 했는가를 확인하도록 하고, 체험이 태도에 어떤 영향을 끼쳤는가를 면밀히 관찰, 평가한다.
아. 법의식의 구성 요소가 지식, 기능, 가치·태도 등의 종합으로 이루어지는 면을 고려하여, 법 교육의 성과에 대한 평가는 항상 종합적인 관점에서 평가한다.
자. 법 교육 목표에 맞도록 적절한 수준의 성취 지향적 평가를 강조한다.
차. '법과 사회' 과목의 평가에는 다음의 요소들을 포함하도록 한다.
　　(1) 법의 필요성과 목적 및 법체계에 대한 이해가 정확한가?
　　(2) 개인 생활의 측면에서 인간의 존엄성에 대한 법리를 사례와 관련지어 설명할 수 있는가?
　　(3) 권리와 의무의 정당한 행사 방법을 이해하고 있으며, 매매 계약서, 판결문, 등기부 등본 등 법적 문서의 이해를 바탕으로 권리 침해 시 그 적절한 구제 방법을 알고 있는가?
　　(4) 권리와 자유의 행사시에 유의해야 할 법의 일반 원칙인 공공복리, 신의 성실 및 권리 남용 금지의 원칙에 대해 이해하고 있으며, 실제 생활에 적용할 수 있는가?
　　(5) 사회생활 속의 다양한 법률관계의 특징과 차이점을 설명할 수 있는가?
　　(6) 행정법상 법치 행정의 의미와 원리를 설명할 수 있는가?
　　(7) 재판의 종류에 따른 진행 절차와 기본권 침해 시의 구제 방법을 저명한 판례나 사건 해결의 경험 등을 활용하여 적절하게 진술할 수 있는가?
　　(8) 개인과 사회가 당면한 여러 가지 법 문제(예: 환경 문제, 프라이버시권의 보장과 컴퓨터 범죄 문제, 국가 기밀과 국민의 알 권리, 토지 수용에 따른 손실 보상제, 안락사 및 낙태와 인간 생명의 존엄성 문제 등)에 대하여 타당한 탐구 절차를 통해 법리를 도출할 수 있는가?
　　(9) 한국의 전통 법문화와 법의식의 문제점을 외국의 법문화와 비교하여 분석할 수 있는가?
　　(!0) 법 체제와 법 절차에 대한 긍정적 태도를 형성하여 정의 실현과 사회 질서 유지에 적극적인 참여 자세를 보이고 있는가?
　　(11) 사회 변동에 따라 새롭게 나타날 수 있는 법 문제의 구체적 양상을 전망하고 그 대책을 수립할 수 있는가?

10. 정 치

1. 성 격

  '정치' 과목은 민주 시민의 자질 육성과 바람직한 가치관 확립을 위하여 개설된 사회과의 심화 선택 과목이다.
  '정치' 과목은 사회과의 목적인 바람직한 민주 시민의 양성과 밀접한 관련이 있는 과목으로서 실생활의 사회·정치적 문제에 대한 합리적인 의사 결정을 내릴 수 있는 능력을 배양하는 데 비중을 둔다. 따라서 정치 이론과 실제 생활 또는 학문적 측면과 경험적 측면을 연결시킬 수 있도록 가능하면 사례 중심 또는 주제 중심으로 내용을 구성한다. 또, '법과사회', '경제', '사회·문화', '인간 사회와 환경', '윤리' 등 인접 과목의 내용과 관련지어 학습함으로써, 정치 현상을 보다 넓은 맥락에서 종합적으로 인식하도록 하고, 민주 시민으로서의 정치적 소양을 갖추도록 하기 위하여 학습자의 자기 주도적 학습 능력 고양에 강조점을 둔다.
  '정치' 과목은 특히 학습자가 자기가 관련된 상황이나 사회·정치적으로 중요한 사태 또는 문제에 관하여 필요한 정보를 획득하고, 합리적인 판단을 내리며, 그에 따라 행위할 수 있는 능력과 태도를 갖추도록 하는 데 초점을 두는 과목이다.

2. 목 표

  정치적 사실과 현실에 관한 정보와 지식을 습득하여 정치 현상을 이해하고, 정치 현실과 문제에 대하여 스스로 생각하고 합리적으로 판단하여 행동할 수 있는 능력을 갖추며, 자유민주적 기본 질서의 가치 규범에 따라 책임 의식을 가지고 정치 생활을 참여할 수 있는 민주 시민으로서의 태도를 가진다.
  가. 시민 생활과 민주 정치의 관계, 정치 과정과 정치 참여, 우리나라 민주 정치의 특징과 과제를 이해하고, 국제 관계의 틀 속에서 한국의 위상과 과제를 파악할 수 있다.
  나. 일상생활의 구체적인 경험과 관련하여, 정치 현상에 관한 기본 개념과 원리를 이해할 수 있다.
  다. 정치의 형식적 차원(법과 제도), 과정적 차원(의사 형성 및 결정 과정), 내용적 차원(정치 문제와 과제)을 고려하면서, 정치 현상 또는 정치 현실을 분석 및 판단하고 그에 따라 행동할 수 있다.
  라. 다양한 자료를 이용한 정보 수집 및 활용 능력, 탐구 능력, 문제 해결 능력, 의사 결정 능력, 정치 참여 능력 등을 기른다.
  마. 학습자 자신의 사회적 위상과 이해관계를 인식하고, 동시에 타인의 정당한 이해관계와 사회 전체의 일반 이익을 고려하며, 이해관계의 갈등 상황에 대해 공정한 타협과 합의를 이끌어 낼 수 있는 능력을 기른다.
  바. 자유 민주주의의 기본 가치와 원리를 받아들이고, 지역·국가·세계적 수준에서 정치적 문제의식과 비판의식을 갖추며, 능동적인 참여와 책임 있는 정치적, 사회적 행동을 할 수 있는 능력 및 태도를 가진다.

3. 내 용

가. 내용 체계

영 역	주 제	내용 요소
시민 생활과 정치	○ 국가와 정치 생활	· 국가의 성립과 발전 · 정치의 원리 · 정치의 권력과 정당성
	○ 민주주의의 이념과 원리	· 민주주의의 의미 · 민주주의의 이념 · 민주 정치의 원리
	○ 민주 정치의 발전	· 아테네의 민주 정치 · 근대 민주 정치 · 현대 민주 정치
	○ 민주 정치와 정부 형태	· 참여 형태(직접 민주 정치, 간접 민주 정치) · 정부 형태(대통령제, 의원 내각제, 기타)
정치 과정과 참여	○ 현대 정치 과정과 참여	· 현대 민주 정치 과정 · 정치 과정에의 참여
	○ 선거와 참여	· 민주 정치와 선거 · 선거 제도 · 선거 문화
	○ 정당과 이익 집단	· 민주 정치와 정당 · 민주 정치와 이익 집단 · 시민 단체와 시민운동
	○ 여론과 언론	· 여론과 민주 정치 · 여론과 대중 매체
우리나라의 민주 정치	○ 헌법의 이념과 원리	· 건국이념 · 인간 존중의 이념 · 헌법의 원리
	○ 국민의 권리와 의무	· 기본권의 본질 · 기본권의 내용 · 국민의 의무
	○ 통치 기구	· 입법 과정과 국회 · 대통령과 행정부 · 법원과 헌법 재판소 · 지방 자치와 주민 참여
국제 사회와 정치	○ 국제 사회의 발달	· 국제 사회의 성립과 발달 · 국제 관계의 성격과 특징
	○ 국제 관계와 국제기구	· 국제 관계의 규율 · 다양한 국제기구
	○ 국제 관계의 변화	· 국제 질서의 변화 · 지구촌 문제
	○ 우리나라의 국제 관계	· 국제 관계에 대한 헌법상의 원칙 · 외교의 중요성과 과제
정치 발전의 과제	○ 정치 발전의 의미	· 정치 발전의 의미 · 민주 정치 발전의 과제
	○ 현대 민주 사회의 과제	· 사회 통합 · 복지 실현 · 인권의 확대 · 국제 협력 · 시민의 자율성 신장
	○ 민주적 정치 문화	· 민주적 생활 원리 · 시민 사회와 정치 참여 · 정치 문화와 정치 사회화
	○ 민족 통일의 과제	· 통일 문제의 성격 · 통일을 위한 준비와 노력

나. 영역별 내용

(1) 시민 생활과 정치

  집단적인 공동생활의 조건 속에서 개인의 자아실현을 꾀할 수 있도록 하는 민주 정치의 이념과 실제를 파악하고, 정치 현상 또는 정치 현실을 이해하고 분석할 수 있는 방법적 능력을 기르며, 민주 정치의 발전에 기여할 수 있는 민주 시민으로서의 자질과 태도를 가진다.

㈎ 국가와 정치 생활

① 정치 공동체인 국가의 성립 과정과 질서 유지를 위한 독점적 권력체로서 국가의 본질을 이해함으로써 공동체 생활에서 질서 있고 조화로운 생활 태도를 가진다.
② 정치는 많은 사람들에게 중요한 의미를 가지고 있는 문제나 과제를 다루는 인간의 실천 영역으로서, 여러 다른 이해관계를 조정하고 갈등을 해소해 나가는 과정임을 이해한다.
③ 정치권력의 의의를 이해함으로써 정치권력의 정당성이 요구되는 까닭을 깨달아 국민의 지지와 동의를 바탕으로 권력이 정당화되는 민주 정치의 특징을 파악한다.

(나) **민주주의의 이념과 원리**

① 정치 형태의 하나로 등장한 민주주의가 오늘날 보편적인 생활 원리로 발전된 점을 이해함으로써 민주적인의식과 생활 태도를 가진다.
② 민주주의는 인간의 존엄성이라는 궁극적인 가치를 전제로 자유와 평등을 보장하며, 또, 그 가치를 실현하기 위하여 기본적 인권을 보장하는 정치 질서임을 이해하고, 나아가 인간의 존엄성을 실현하는 데 기여하려는 태도를 가진다.
③ 민주주의의 가치와 이념을 구현하기 위한 정치 원리로서 국민 주권, 대의제, 입헌주의, 권력 분립, 지방 자치제 등의 원리를 이해한다.

(다) **민주 정치의 발전**

① 민주 정치의 효시로서 아테네 민주 정치의 의의와 특징을 파악함으로써 민주주의의 본질적 의미를 이해한다.
② 시민 혁명을 계기로 근대 민주 정치가 등장하는 과정과 특징을 이해하고 그 사상적 배경을 파악함으로써 민주 정치 발전에 기여하는 태도를 가진다.
③ 보통 선거제의 확립으로 모든 국민의 참여가 가능해졌으며, 대의 정치가 보편화된 현대 민주 정치의 특징을 이해함으로써 능동적인 정치 참여의 필요성을 이해한다.

(라) **민주 정치와 정부 형태**

① 직접 민주 정치와 간접 민주 정치의 공통점과 차이점을 이해함으로써 오늘날 민주 정치의 특징을 파악하여 적극적으로 참여하는 태도를 가진다.
② 대통령제와 의원 내각제를 비교하여 그 성립 배경과 특징을 이해하고, 이 밖에도 다양한 정부 형태가 존재할 수 있음을 깨달아 우리 실정에 맞는 정부 형태를 찾아본다.

(2) 정치 과정과 참여

국가 권력의 정당성은 시민들의 동의에서 나오며, 이것은 정치적 의사 형성 및 정책 결정의 과정에 참여함으로써 구현된다는 것을 이해하고, 시민들이 정치 과정에 참여할 수 있는k방법과 수단으로는 어떤 것이 있는지 탐색해 보고, 능동적으로 정치에 참여할 수 있는 민주 시민의 능력과 태도를 함양한다.

(가) **현대 정치 과정과 참여**

① 모든 국민의 참여를 바탕으로 공공 정책이 결정되고, 정책 결정 과정에 대한 다양한 참여 방법이 존재하는 현대 민주 정치 과정의 특징을 깨달아 적극적인 참여 태도를 가진다.
② 정치 참여의 중요성을 인식하고, 오늘날 시민들이 정치적 시민들이 정치적 의사 형성 과정에 참여할 수 있는 제도적 장치와 방법에는 어떤 것이 있는지 조사하며, 정치 참여에 있어서 바람직한 태도가 무엇인지 생각해 본다.
③ 시민으로서 정책 과정에 참여할 수 있는 방안과 가능성을 알아보고, 정책 결정 과정의 주체적인 참여자로서 시민이 갖추어야 할 자세와 태도를 가진다.

(나) **선거와 참여**

① 민주 정치의 과정에 있어서 선거가 지니고 있는 의미와 중요성을 인식하고, 민주 정치에서 선거가 가지는 기능을 탐색해 본다.
② 우리나라의 선거 제도를 중심으로 하여 선거 제도와 선거 방식의 종류와 특징에 관한 문헌을 조사하여 정리해 본다.
③ 우리나라 선거 문화의 특징을 이해하고, 민주 정치 발전의 맥락에서 앞으로의 과제를 생각해 보고 실천하는 태도를 가진다.

(다) **정당과 이익 집단**

① 민주 정치에 있어서 정당이 가지고 있는 기능과 중요성 및 이익 집단과 대비한 정당의 특징을 이해하고, 정당 제도의 종류와 유형 및 정당 정치의 문제점을 탐색해 보며, 정당 정치의 발전을 위하여 민주적인 정당을 육성하는 방안을 찾아본다.
② 이익 집단의 의미와 발생 배경을 이해하고, 정당과의 비교를 통하여 이익 집단의 특징을 알아보며, 민주정치 과정에서 이익 집단이 가지는 역할 및 문제점을 파악한다.
③ 시민 의사의 정치화 과정에 있어서 시민 단체 활동이 증가하는 배경과 특징을 이해하고, 시민 단체의 활동 내용과 그 장단점을 탐색해 본다. 시민운동의 사례를 조사하여 그 내용과 특징을 파악함으로써 정치 의사 형성에

자발적으로 참여하는 능력과 태도를 가진다.

㈉ **여론과 언론**

① 현대 민주 정치 과정에서 여론이 가지고 있는 의미와 중요성을 이해하고, 여론 형성을 위한 언론 자유 보장의 필요성을 인식한다.
② 현대 민주 사회에서 대중 매체가 가지고 있는 정치 사회화의 기능을 이해하고, 여론 형성에 영향을 끼치는 사례를 조사해 봄으로써 민주 시민으로서 대중 매체를 올바르게 활용하는 자세를 가진다.

(3) 우리나라의 민주 정치

정치 규범으로서의 헌법이 존재하는 이유가 국민이 기본권 보장에 있다는 점을 인식하고, 헌법에 구현된 자유민주적 기본 질서가 자율적이고, 자기 책임적인 행위를 가능하게 하는 정치 질서임을 깨닫는다. 그리고 입법, 행정, 사법부 및 지방 자치 단체의 조직과 운영을 상호 관련 속에서 동태적으로 파악함으로써 우리나라 민주 정치의 발전을 위해 노력하는 태도를 가진다.

㈎ **헌법의 이념과 원리**

① 헌법에 나타난 건국이념인 민족주의, 민주주의, 국제 평화주의의 의의를 이해하고, 대한민국 국민으로서 국가 발전을 위해 노력하는 자세를 가진다.
② 민주주의의 근본이념인 인간 존중을 헌법의 최고 가치로 규정한 의의를 파악하고, 실제 정치 상황에서 이러한 이념이 어떻게 나타나고 있는지 사례를 중심으로 파악한다.
③ 인간 존중의 가치를 실현하기 위한 우리 헌법의 기본 원리인 국민 주권주의, 자유 민주주의, 복지 국가의 원리, 국제 평화주의, 평화 통일 지향 등을 이해하고, 이 원리와 관련 있는 내용을 헌법 조항에서 찾아본다. 또, 헌법 규범과 현실 사이의 차이점에 대해서도 생각해 본다.

㈏ **국민의 권리와 의무**

① 천부 인권 사상을 수용하여 헌법에 규정된 기본권은 국가 권력에 대한 구속으로 작용한다는 점과 기본권이 제한을 받는 경우에도 자유와 권리의 본질적인 내용을 침해할 수 없다는 점을 이해한다.
② 헌법에 열거된 기본권의 종류와 그 내용을 살펴봄으로서 인간 존중의 참뜻을 이해하고 타인의 권리를 존중하는 태도를 가진다.
③ 헌법에 열거된 의무의 종류와 그 내용을 살펴봄으로써 권리에는 책임이 따른다는 점을 깨닫고 책임 있는 시민으로서의 자세를 가진다.

㈐ **통치 기구**

① 국민의 대표 기관으로서 입법부인 국회가 민주 정치의 핵심적인 통치 기구임을 이해하고, 법치주의에 입각하여 국회의 입법 기능과 그에 따른 헌법과 법률 등의 제정과 개정 과정을 사례를 들어 설명할 수 있다. 또, 현대 민주 사회의 행정 국가화 현상과 관련하여 의회 민주제의 문제점에 관해 논의한다.
② 행정 과정은 공익 실현을 위한 행정부의 적극적인 국가 작용임을 이해하고, 대통령을 중심으로 전개되는 행정 작용을 사례를 통해 살펴봄으로써 대통령제를 채택하고 있는 우리 정부의 특징을 파악한다.
③ 정치 과정에서 사법 및 사법권의 독립이 가지고 있는 의미와 중요성을 헌법 규정에 따라 설명할 수 있다. 헌법 재판의 의미와 헌법 재판소의 조직 및 권한을 이해하고, 헌법 소원 제도의 특징과 절차를 사례를 들어 설명할 수 있다.
④ 지방 자치의 의미와 형태를 이해하고, 지방 자치 과정에의 주민 참여 수단과 방법을 알아봄으로써 지방 자치에 능동적으로 참여하려는 자세와 지역 사회에 대한 책임 의식을 함양한다.

(4) 국제 사회와 정치

오늘날 빠르게 변화하고 있는 국제 사회의 현실과 국제 관계 속에서 한국의 위상과 역할 그리고 앞으로의 과제를 이해하고, 국제기구와 국제적인 문제에 관해 필요한 정보를 수집 및 분석하며, 세계적 수준에서 현존하는 지구촌 문제에 더 많은 관심을 가짐으로써 세계 시민 의식을 함양한다.

㈎ **국제 사회의 발달**

① 근대 이후 국제 사회가 성립되고 발달해 온 과정을 살펴봄으로써 현대 사회의 국제 사회적 특징을 이해한다.

② 개인과 개인 사이의 관계와 비교하여 국가와 국가 사이의 관계가 가지고 있는 특징을 이해하고, 국제 사회에서 국가의 주권이 가지고 있는 의미와 함께 국제 행위의 주체로는 국가, 초국가적 행위체, 국가 내부적 행위체가 있음을 이해하고, 실례를 들어 설명할 수 있다.

㈏ 국제 관계와 국제기구

① 국제법의 특징과 종류를 이해하고, 국내법과 국제법을 비교하여 설명할 수 있으며, 국제 정치 체계의 의미를 이해하고 예를 들어 설명할 수 있다.
② 국제기구의 변화 과정을 살펴보고, 국제연합의 기능과 과제에 대해 탐구한다.

㈐ 국제 관계의 변화

① 냉전의 종식과 더불어 탈이념화하는 국제 질서의 변화에 대해 알아봄으로써 앞으로의 국제 관계의 변화방향을 탐색해 본다.
② 국제 관계와 국제기구의 맥락 속에서 평화와 안보 문제, 남북문제, 인권 문제, 환경 문제 등 지구촌 문제를 알아보고, 특정한 사례를 들어 그 해결책을 탐구한다.

㈑ 우리나라의 국제 관계

① 국제 평화주의에 따라 침략전쟁 부인, 국제법 존중, 외국인의 지위 보장 등을 추구하는 헌법 정신을 이해하여 국제 사회의 구성원으로서 개방적 자세를 가진다.
② 외교의 의미와 중요성을 이해하고, 국제 관계의 변화에 능동적으로 대응할 수 있는 과제에 대해 논의한다.

(5) 정치 발전의 과제

조국 평화적 통일의 과제를 안고 있는 상황에서 정치 발전의 의미와 우리나라의 정치 발전을 위한 방안 및 과제를 파악하고, 민주 정치를 발전시킬 수 있는 능력과 민주주의에 대한 신념 및 참여적인 태도를 가진다.

㈎ 정치 발전의 의미

① 현대 정치에서 정치 발전에 대한 관심이 증대되는 배경과 그 발전 방향을 탐색해 본다.
② 정치 발전의 기본 방향인 민주 정치 발전을 위한 방안을 탐색해 본다.

㈏ 현대 민주 사회의 과제

① 대립과 갈등이 증대되고 있는 현대 사회의 문제 해결을 위한 사회 통합의 필요성을 인식하고 그 방향을 탐색해 본다.
② 자유방임주의의 문제를 해결하기 위한 복지 국가 이념을 이해하고, 현대 국가에서 복지 실현을 위해 노력하는 사례를 찾아본다.
③ 복지 증진이나 경제 성장 추구로 인한 행정권의 강화로 입법권과 국민의 기본권이 침해될 우려가 있음을 깨닫고 국민 복지와 인권 보장을 조화시키는 방안을 생각해 본다.
④ 지구촌화되어 가는 현대 사회의 특징을 이해하고 인류의 평화와 번영을 위해 노력하는 세계 시민의 자세를 가진다.
⑤ 모든 국민의 참여가 보장되는 현대 민주 정치의 특징을 이해하고 자율적 참여의 중요성을 깨달아 올바른 참여 자세를 가진다.

㈐ 민주적 정치 문화

① 정치 제도뿐만 아니라 모든 사회생활의 민주적 운영 원리로서 토론과 설득, 비판과 타협, 양보와 관용, 다수결의 원리 등을 이해하여 올바른 민주 시민으로서의 생활 태도를 가진다.
② 시민 사회는 국가를 지탱하고 있는 모든 사회적 공간을 포괄하는 말로서, 여기서 사람들은 그들과 직접 또는 간접적으로 관련이 있는 문제 상황이나 상태를 결사, 협회, 조직의 형태를 빌려 취급한다는 점을 이해한다. 여기서는 특히 정치에 대한 정보 획득과 정치 참여에 중점을 둔다.
③ 시민들의 정치적 생활양식을 가리키는 정치 문화의 개념과 의미를 이해하고, 정치 문화의 유형을 비교, 분석하며, 정치 문화와 정치 발전의 관계를 파악한다. 또, 정치 문화와의 관계 속에서 정치 사회화의 의미를 이해하고, 정치 사회화 과정에서 작용하는 요인 또는 매개체(가정, 학교, 또래 집단, 대중 매체, 직장, 사회단체, 정당 등)의 기능을 파악한다.

㈐ **민족 통일의 과제**

① 통일 문제가 국내 정치뿐만 아니라 국제 정치와도 밀접한 관계가 있음을 이해하고, 이를 바탕으로 통일 문제의 해결 방향과 방안을 찾아본다.
② 남북 관계의 현황을 파악하고, 이를 바탕으로 통일의 가능성을 탐색해 보며, 통일 후에 발생할 수 있는 문제를 파악하여 이에 대비하는 방안을 찾아본다.

4. 교수 · 학습 방법

가. 학습자의 자기 주도적인 학습 능력을 향상시키기 위한 방안으로 실천 학습, 탐구 학습, 문제 해결 학습, 의사소통 학습, 학습자 지향 학습 등 활동 지향 학습의 수업을 권장한다.
나. 정치 현상 또는 현실은 대개 어떤 문제를 안고 있으며, 문제 준거는 이론적인 측면과 실천적인 측면을 가지고 있어서 지식과 행위를 결합시키는 데 특히 적합하므로, 가능한 한 문제 지향 수업으로 운영하도록 한다.
다. 정치 수업은 또한 본보기 학습의 원리에 따른 사례 학습 방법을 적용시키도록 한다. 즉 현실적인 정치적 문제나 갈등 또는 사례를 자주적으로 분석하고 평가함으로써 판단력, 의사 결정 능력 그리고 가치에 지향을 둔 행위 성향 또는 태도를 가지도록 한다.
라. 기본 개념은 수업의 구체적인 대상, 내용, 주제와 다른 한편으로 정치의 근본적인 원리를 연결시켜 주는 중요한 기능을 하므로 기본 개념을 통한 교육을 하도록 한다.
마. 교과서 외의 국내외 정치에 관한 다양한 시사 자료, 컴퓨터 정보 자료, 참고 문헌 등 정보와 자료를 적절하게 활용하여 학습자의 학습 경험의 폭을 확대할 수 있도록 하되, 관련 자료는 교육 목표, 학습자의 발달 특성 및 관계 법령을 고려하여 선정, 활용한다.
바. 지역화 자료는 각 지역의 특성과 학교의 실정 및 학습자의 흥미와 관심을 고려하여 개발하고, 이를 활용하여 창의적인 학습 지도가 이루어지도록 한다.
사. '법과 사회', '사회 · 문화', '인간 사회와 환경', '윤리' 등 인접 과목의 내용 및 특별 활동과 관련지어 학습이 이루어지도록 하고, 정치 현상을 보다 포괄적이고 종합적으로 인식할 수 있도록 한다.

5. 평 가

가. 단편적인 지식의 평가보다는 기본 개념이나 원리의 이해, 정치적 상황이나 문제의 합리적 해결 능력, 의사 결정 능력, 정치 참여 능력 등을 종합적으로 평가한다.
나. 학습한 내용에 관한 단순한 지식의 재생 수준, 이해한 내용을 자주적으로 설명하고 적용할 수 있는 수준 그리고 판단, 가설 설정, 대안 개발 등 문제 해결의 사고(또는 판단) 수준을 적절히 안배하여 평가한다.
다. 인지적 영역뿐만 아니라 자유 민주주의의 기본 가치와 원리, 민주 시민으로서의 자질과 관련하여 합리적이거나 바람직한 태도, 가치 판단, 행위 성향 등 정의적 영역도 평가한다.
라. 특히, 활동 지향 학습과 관련하여, 학습자가 자신의 지식과 기능을 어떻게 실제로 활용하고 적용하는가에 초점을 맞춘 과정 중심의 수행 평가도 이루어지도록 한다.
마. 선다형 평가 등 객관식 평가 방법뿐만 아니라 논술형 평가 등 주관식 평가 방법을 적극 활용하여, 고차적인 사고 능력과 신념 및 태도 등을 평가한다.
바. 지필 검사에만 의존하지 말고 면접, 조사, 토론, 발표, 일화 기록, 체크리스트 등 다양한 평가 방법을 활용한다.
사. 자기 평가, 동료 상호 평가, 교사와 학생 토론, 활동 보고 등 평가 방법을 권장한다.
아. '정치' 과목의 평가에는 다음 요소들을 포함하도록 한다.
  (1) 민주주의의 이념과 원리를 이해하고, 시민 생활과 민주 정치의 관계를 파악하고 있는가?
  (2) 정치 현상을 이해하고 분석하는 데 도움을 주는 다차원적 정치개념과 정치 순환 모형을 이해하고, 이를 구체적인 사례나 상황에 적용할 수 있는가?
  (3) 국가 권력의 정당성은 시민들의 동의에서 나오며, 이것은 정치적 의사 형성 및 결정 과정에 참여함으로써 구현된다는 점을 이해하고 있는가?
  (4) 시민들이 정치 과정에 참여할 수단과 방법을 탐색해 보고, 정치에 참여할 수 있는 민주 시민의 능력과 태도를 가지고 있는가?
  (5) 정치 규범으로서의 헌법의 존재 이유가 국민의 기본권 보장에 있다는 점을 인식하고, 헌법에 구현된 자유민주적 기본 질서가 시민의 자율적이고 자기 책임적인 행위를 가능하게 하는 정치 질서임을 깨닫고 있는가?
  (6) 국가 권력 기관인 입법, 행정, 사법부의 조직과 운영을 상호 관련 속에서 동태적으로 파악하고, 그 동태적 과정을 사례를 들어 설명할 수 있는가?

(7) 우리나라의 정치 경험과 민주 정치의 과제를 이해하고, 민주 정치의 발전을 위해 기여하려는 태도를 가지고 있는가?

(8) 우리나라 주요 정책 분야의 사례를 조사하고 설명할 수 있으며, 공공 정책의 결정 과정에 시민이 참여할 수 있는 방안에 관해 알고 있는가?

(9) 지방 자치 제도의 실태와 문제점을 사례를 중심으로 탐구할 수 있고, 지방 정치에 능동적으로 참여하려는 태도를 가지고 있는가?

(10) 국제 사회의 현실과 국제 관계 속에서 한국의 위상과 과제를 이해하고 의견을 발표할 수 있는가?

(11) 국제기구와 국제적인 문제에 관해 필요한 정보를 수집 및 분석하고, 지구촌 문제의 해결에 기여하려는 태도와 관심을 가지고 있는가?

11. 경 제

1. 성 격

　‘경제’ 과목은 경제적 사고력과 경제 문제 해결 능력을 기르기 위해 개설된 사회과의 심화 선택 과목이다. ‘경제’ 과목은 체계적인 경제 지식과 사고력 및 가치관을 토대로 하여 소비자, 생산자로서 책임 있는 민주 시민의 구실을 수행할 수 있는 인간을 기르기 위한 과목으로서, 이를 위하여 내용 구성과 학습 방법의 근간을 합리적 의사 결정에 두고, 학습자의 인식 능력에 맞는 내용 선별과 수준 조정, 우리 경제 현실의 이해에 필요한 최소한의 경제 이론 원용 등을 통한 학습 경험의 의미 제고에 강조점을 둔다.

　‘경제’ 과목이 지향하는 민주 시민상은 시장 경제의 경쟁 원리에 적응하여 효율성과 공정성을 바탕으로 이윤을 추구하면서 국민 경제의 발전에 기여할 수 있는 합리적, 윤리적 경제인으로서 시장 경제의 운용 과정 이해, 현실 경제 문제의 해결 방법 탐구, 세계 시장 경제와 미래 경제 변동에 대한 전망과 대응 등으로 내용을 구성한다. 경제 학습의 방법 원리는 학습자의 경험 세계를 주축으로 한 정치, 법, 사회, 문화, 환경 및 윤리 영역과 경제 현상의 융합, 이론과 현실, 사실과 가치, 내용과 방법의 통합을 지향하여 학습자가 능동적으로 거시적, 체계적 균형적인 인식 체계를 형성해 가도록 한다.

2. 목 표

　현실 경제의 인식, 경제 사회 변동의 전망과 대응에 필요한 경제적 사고력과 의사 결정 능력을 신장시키기 위하여, 실용적 지식의 체계적 이해와 실천적 기능 숙달 및 바람직한 가치 판단을 할 수 있다. 이 과정에서 학습자는 경제 현상에 대한 객관적 지식 자체를 수동적으로 받아들이는 것이 아니라 창의적으로 의미를 형성해 간다.

　가. 체계적인 경제 이론을 활용하여 자유 시장 경제 체제의 운영 원리를 이해하고, 우리나라 경제 현상에 내재된 인과 관계를 설명하며, 미래의 경제 변동을 전망하여 창의적으로 대응할 수 있는 지적인 능력을 기른다.

　나. 국내외 사회·경제 정보를 수집, 분석, 평가해서 개인과 공공 경제 문제 해결에 활용하고, 합리적 사고, 최적화 의사 결정, 능동적 사회 참여 등을 수행하는 실질적인 경험을 한다.

　다. 소비자, 생산자 등 경제 주체가 갖추어야 될 경제 윤리 의식을 바탕으로 책임 있는 민주 시민 구실을 하여 개인 생활과 국민 경제 발전에 이바지할 수 있는 태도를 가진다.

3. 내 용

가. 내용 체계

영역	주제	내용 요소
경제생활의 이해와 경제 문제 해결	○ 경제생활의 의미 ○ 경제 문제의 해결 방법 ○ 경제 체제의 변천 과정	· 경제생활의 영역 구분 · 경제 정보의 수집과 분석 · 경제적 의사 결정과 합리적 선택 · 경제 체제의 차이 비교 · 경제 의식과 이상적인 경제 질서
시장과 경제 활동	○ 시장 가격의 기능 ○ 시장 가격의 결정과 변동 ○ 시장 기능의 한계와 보완대책	· 시장 경제의 특성과 기본 질서 · 시장 경제의 자원 배분 과정 · 시장 가격의 결정 과정과 균형 가격의 의미 · 시장 실패의 원인과 결과 · 시장에 대한 정부 관여와 시민운동 · 정부 실패와 그 대책
경제 주체의 합리적 선택	○ 바람직한 소비 선택 ○ 효율적인 기업 경영과 기업 윤리 ○ 책임 있는 재정 운용	· 소득과 소비 지출 · 합리적 소비와 바람직한 소비 · 합리적인 기업 경영 원리 · 기업의 사회적 책임과 기업 윤리 · 공공 정책의 결정 과정 · 재원 조달과 재정 지출 · 효율적이고 공정한 재정 운용
국민 경제의 활동과 경제 변동	○ 국민 경제의 흐름 ○ 경제 성장과 안정화 정책	· 국민 경제의 순환 과정 · 국내 총생산과 경제 성장 · 경제 성장과 국민 소득의 분배 · 경기 변동의 양상 · 물가 안정과 고용 증대 · 안정적 성장과 재정 금융 정책
세계 시장과 한국경제의 미래 전망	○ 국제 거래와 경쟁력 ○ 한국 경제의 미래 전망 ○ 인류 공동체와 경제 협력	· 개방화 시대의 경제 관계 · 국제 경쟁력의 향상 · 통일 한국의 경제적 과제 · 국제간의 경제 마찰 · 인류 공동체의 경제 문제

나. 영역별 내용

(1) 경제생활의 이해와 경제 문제 해결

인간 생활에서 차지하는 경제의 의미 및 경제와 다른 사회 현상(정치, 문화, 환경 등)의 관계를 이해하고, 공적, 사적인 경제 문제를 해결하는 데에 필요한 합리적 의사 결정 기능을 실제 문제에 적용한다. 그리고 시장 경제 체제의 형성과 변천 과정을 이해하여 현대 경제 체제의 특성 인식과 미래 경제 전망에 필요한 관점을 형성한다.

㈎ 경제생활의 의미

① 정치와 경제, 법과 경제, 문화와 경제, 환경과 경제, 과학 기술과 경제 및 윤리와 경제 등이 각각 서로 어떤 관계가 있는지를 조사해서, 인간 생활에서 경제가 차지하는 구실을 이해한다.
② 현실 경제생활을 예로 들어, 개인과 개인, 국가와 국가, 인간과 자연환경 등의 상호 관계에는 어떤 의미가 있는지를 경제적인 측면에서 인식한다.

㈏ 경제 문제의 해결 방법

① 구체적인 경제 문제 사례를 종합해서 경제의 근본 문제를 유형화한다.
② 돈이나 시간 등 희소 자원을 예로 들어, 경제적 선택의 필요성과 선택의 기준이 되는 기회비용, 비용-편익 등의 의미를 이해한다.
③ 경제적 선택을 위한 합리적 의사 결정 모형을 활용하여 실제 또는 가상의 경제 문제를 해결해 보고, 그 결과를 평가한다.

㈐ 경제 체제의 변천 과정

① 자원 배분을 위한 경제 주체의 의사 결정 과정과 생산 요소의 소유 관계 및 경제 활동에 대한 헌법 규정을 예로 들어, 여러 가지 경제 체제의 특성을 비교한다.
② 남북한 경제 현상을 들어 경제 체제의 차이를 비교하고, 시장 경제의 순기능을 파악한다.

③ 통일 한국에서 우리가 만들어 가야 할 미래 경제 사회의 이상적인 모형을 구안해 보고, 그것을 기준으로 현실 경제 상황을 평가한다.

(2) 시장과 경제 활동

시장 경제 원리를 가격에 의한 자원 배분과 경제 주체 간의 상호 경쟁 측면에서 파악하고, 시장 기능의 반작용에 의한 시장 실패 문제를 해결하여 경제 사회를 발전시킬 수 있는 방향을 모색한다.

㈎ 시장 가격의 기능

① 분업과 자유 교환 및 가격에 의한 자원 배분의 과정에 대한 구체적인 사례를 들어, 시장 경제의 효율성과 상호 이익의 발생 원리 및 그에 필요한 기본 질서가 무엇인지를 이해한다.
② 민간 부문과 정부 부문의 관계를 통해, 시장 경제의 자원 배분에 영향을 주는 요인과 그 기능이 무엇인지 설명한다.
③ 가격에 의해 자원 배분이 이루어지는 과정을 분석한다.
④ 시장 경쟁 과정에서 성공하거나 실패한 사례를 찾아, 시장 경제에 필요한 경제적 행태를 창의적 사고, 경쟁의 효율성, 규칙 준수, 공정 경쟁, 장기적 관점 등에 따라 평가한다.

㈏ 시장 가격의 결정과 변동

① 금융, 노동, 재화 시장의 구체적인 상품을 사례로 들어, 시장 가격의 결정 과정에 영향을 끼치는 요인들을 분석한다.
② 시장 가격의 균형과 불균형의 경제적 의미를 이해한다.
③ 수요와 공급의 관계에 따라 가격이 변동하는 사례를 찾아, 개별 상품 가격과 전체 물가 수준을 안정시키거나 낮출 수 있는 구체적인 방법을 제시한다.

㈐ 시장 기능과 한계와 보완 대책

① 경쟁 저해 요인, 외부 효과, 공공재, 소득 분배, 노사 관계 등 사례를 들어, 시장 기능의 한계, 즉 시장 실패의 원인과 그 결과를 탐구한다.
② 시장 기능 문제를 보완하기 위한 대책을 시장에 대한 정부 관여와 경제 활동의 규범성 제고 및 시민운동 등에서 찾아 그 필요성을 설명하고 실천 방안을 세운다.
③ 민간 부문에 대한 정부 개입 과정에서 발생되는 정부의 실패 현상에 대한 사례를 조사하고, 그에 대한 대책을 탐구한다.

(3) 경제 주체의 합리적 선택

가계, 기업 및 정부가 하는 구실이 경제 사회에 어떤 영향을 주는지를 이해하고, 각 경제 주체가 하는 활동을 뒷받침하는 제도적, 규범적 요인을 설명하여, 개별 주체와 국민 경제 발전에 필요한 경제적 행태와 제도 운영 방향을 제시한다.

㈎ 바람직한 소비 선택

① 가계 소득의 획득 방법과 소득 지출의 유형이 경제 사회에 미치는 영향을 파악한다.
② 저축과 소비 지출의 사례를 들어 바람직한 가계 운영의 장기적 방향을 설계한다.
③ 고가 사치품 선호, 과시, 모방, 충동 수요 등 사례를 소재로 하여 사익을 위한 자유 선택권과 공익 간의 관계를 논의하고, 소비자 선택의 경제적, 윤리적 준거를 설정한다.

㈏ 효율적인 기업 경영과 기업 윤리

① 기업의 생산 활동 및 이윤 획득 방법이 경제 사회에 미치는 영향을 이해한다.
② 실제로 어느 기업을 선택해서 자기가 직접 경영한다고 가정할 때, 기업 경영 방향과 원칙을 설정하고, 창의성을 살려 국제 경쟁에 이길 수 있는 새로운 상품 개발과 판로 개척 계획을 수립한다.
③ 여러 가지 기업 관련 정보를 수집, 평가해서, 기업이 소비자, 근로자, 국가, 다른 기업 및 자연환경 등과 상생(相生) 관계를 맺기 위해 해야 할 일을 제시한다.
④ 기업 경영의 투명성과 혁신성 및 기업 윤리 등을 토대로 하여, 21세기 세계 시장에서 기업이 나가야 할 방향을 탐색한다.

(다) **책임 있는 재정 운용**

① 정부의 경제 정책에 대한 여러 가지 정보를 활용하여, 정부가 기업, 가계, 시장, 환경, 외국 등과 어떤 관계를 맺고 있는지 분석한다.
② 재정 운용에 필요한 재원 조달 방법과 지출 내역을 통해, 정부가 하는 일을 조사한다.
③ 정부가 효율적이고 공정한 재정 운용을 하기 위한 정책 결정의 판단 기준을 제시하고, 그 과정에 국민이 참여할 수 있는 방법을 찾아본다.

(4) 국민 경제의 활동과 경제 변동

국민 소득 지표를 활용하여 국민 경제 상황을 총체적으로 파악하고, 국민 경제의 순환 과정과 함께 경제 변동 양상을 동태적으로 분석한다. 그 과정에서, 현대 시장 경제가 당면하고 있는 성장과 발전, 변화와 안정, 물가와 실업, 국제 수지 등의 문제에 대한 원인과 대책을 재정·금융 정책을 중심으로 설명한다.

(가) **국민 경제의 흐름**

① 우리나라 국내 총생산(GDP) 지표를 사용하여 국민 경제 활동의 성과를 분석, 평가한다.
② 경제 성장률, 물가 지수, 실업률 등의 지표를 활용하여 국민 경제 현상을 진단한다.
③ 국민 소득 분배에 대한 자료를 이용하여 우리나라 분배 상황을 평가한다.

(나) **경제 성장과 안정화 정책**

① 기업 관계자나 자영업자와 면담하여 그들이 경험하는 구체적인 경기 상황과 경기 변동에 대한 대응 방안이 무엇인지를 조사하여 보고서를 작성한다.
② 기업 경영 혁신, 노사 협력, 가계 저축 증대, 정부 규제 완화와 정책 일관성 등을 논의 자료로 사용하여 경제 안정과 성장 요인을 설명한다.
③ 물가 안정과 고용 증대를 위해 각 경제 주체가 해야 할 일을 제시한다.

(5) 세계 시장과 한국 경제의 미래 전망

개방된 국제 사회에서 국가 간 경제 거래 관계를 이해하고, 세계 시장에 참여하는 우리나라 상품의 경쟁력 향상 방안을 탐구하며, 통일 시대를 맞이하는 우리 경제의 미래를 전망하고 필요한 대응 방안을 설계하여, 인류 공동체에 기여하는 경제 협력에 동참할 능력과 의식을 형성한다.

(가) **국제 거래와 경쟁력**

① 세계화 시대의 국제 거래가 우리 경제에 미치는 영향을 설명하고, 경쟁과 협력을 위한 국제 관계의 동향을 파악한다.
② 비교 우위 개념이나 상품 시장 조사 결과를 이용하여, 우리나라가 앞으로 지향해야 할 무역의 특화 방향이 무엇인지 탐구한다.
③ 환율과 국제 수지표를 활용하여 우리나라 대외 거래 상태를 분석하고 국제 경쟁력 향상과 외환 시장의 안정화 방안을 탐색한다.

(나) **한국 경제의 미래 전망**

① 21세기에 한국 경제가 맞게 될 주요 문제가 무엇인지를 전망해 보고, 그에 대한 대책을 탐구한다.
② 통일 시대를 위한 경제적 준비를 하기 위하여 우리가 할 일을 찾는다.
③ 통일이 된 뒤, 한국 경제가 세계 사회에서 차지할 위치를 전망하고, 통일 한국의 경제 선진화와 삶의 질향상 방향을 설계한다.

(다) **인류 공동체와 경제 협력**

① 21세기에 인류 공동체가 해결해 나가야 할 경제 문제를 파악한다.
② 국가 간 경제 마찰을 해결하기 위한 방안을 탐색한다.
③ 인류 공동체의 공동 번영을 위한 경제적 이상 사회 모습을 그려 보고, 우리가 동참할 수 있는 구체적인 방법을 찾아 실천한다.

4. 교수·학습 방법

가. 경제 성장을 분석하고 경제 문제를 해결하는 과정에서 학습자가 자기 주도적으로 학습을 할 수 있도록 교과서의 내용과 관련되는 자료와 정보를 능동적으로 수집하여 활용한다.
나. 교수·학습 과정에서 추상적인 지식을 일방적으로 전달하고 암기시키는 방법을 지양하고, 학습자 스스로 창의적으로 사고하고 문제를 해결할 수 있는 열린 과정이 이루어지도록 한다.
다. 경제 현상에 대한 지식 내용은 경제적 사실, 개념, 일반화의 체계를 고려하여 과학적 탐구 학습 활동을 통해 이해하도록 한다.
라. 경제적 가치문제는 가치 갈등, 가치 분석, 가치 명료화 과정 등 가치 탐구 활동을 통해 해결할 수 있도록 한다.
마. 경제 문제에 대한 분석과 해결을 위한 대안의 탐색은 문제 해결 학습 과정을 통해 이루어지도록 하며, 특히 합리적 대안 선택을 할 수 있는 의사 결정력을 키우는 데 중점을 둔다.
바. 경제에 관한 지식 측면뿐만 아니라 가치문제까지도 균형 있게 탐구할 수 있도록 한다.
사. 학습 내용에 따라 토론, 발표, 보고, 사례 연구, 면접, 극화 활동, 현장 견학 등 체험적이고 자기 주도적인 학습자 중심의 다양한 교수·학습 방법을 활용한다.
아. 한국 경제 현실 문제와 관련시켜 각 경제 주제들이 가져야 할 경제 원리 내용을 이해하고, 실천 방안을 탐색하여 행동화하는 데 중점을 두도록 한다.
자. 경제 교육과 관련된 소비자 보호, 에너지 교육, 환경 교육 및 통일 교육 등의 내용을 연계시켜 통합적 교수·학습이 이루어질 수 있도록 한다.
차. 경제 과목과 관련된 사회과의 다른 과목들과 상호 보완적인 학습이 이루어지도록 한다.

5. 평 가

가. 평가의 기본 방향은 교육과정에 제시된 학습 요소별 성취 기준의 달성 여부를 양적, 질적으로 측정하는 것이다.
나. 평가 과정에서 학습자 간 우열을 구별하기 위한 변별력보다는 평가하고자 하는 학습 내용의 타당성을 우선적으로 보장한다.
다. 학습 결과에 대한 평가 방법은 내용에 따라 지필 검사, 구술 평가 등 서로 다른 유형으로 할 수 있으며, 지필 검사도 객관식과 논술형을 같이 활용한다.
라. 논술형 평가를 할 경우, 누구든지 동일한 내용의 답안을 작성하게 될 미리 정해진 정답이 있는 문제보다는 학습자의 사고에 따라 다양한 대안이 제시될 수 있는 방형 문제를 제시한다. 이러한 문제에 대한 평가는 논리 전개 과정의 일관성 및 주장을 뒷받침하는 근거의 타당성 등을 중심으로 하여 창의적인 사고 기능을 촉진하도록 한다.
마. 학습 과정에 대해서는 학습자의 자기 주도적 학습 과정을 대상으로 하여 행동 관찰, 자기 보고, 면담, 토론 참가 태도 점검 등 다양한 방법으로 과정 전체를 평가한다.
바. 경제적 사실이나 단일 개념의 뜻과 같이 학습자의 기억 여부를 측정하는 평가를 지양하고, 경제 현실과 개념 및 이론을 연결시킬 수 있는 복합적인 이해도를 평가한다.
사. 경제 현상을 헌법, 정책 결정 과정, 문화적 배경 및 사회 변동 양상과 연결시켜 사회를 통합적으로 인식하고 있는지를 평가한다. 예를 들면, 우리나라 경제 체제의 원리와 현실 경제 질서의 근거를 헌법의 전문, 기본권, 경제 조항 및 민법 등에서 찾을 수 있는지를 평가한다.
아. 학습 요소별로 해당되는 정보를 수집하는 과제를 제시하여 정보 인식 능력의 적절성을 평가한다. 그리고 우리나라 경제 현실에 대한 실증 자료를 제시하여, 정보 해석 능력과 사실에 대한 이론적 분석 능력을 측정할 수 있도록 한다.
자. '경제' 과목의 평가에는 다음의 요소들을 포함하도록 한다.
  (1) 공적, 사적 경제 문제를 합리적 의사 결정 과정을 통하여 대안을 선택하고 해결할 수 있는가?
  (2) 자본주의 경제 체제하에서 경제 활동의 중심이 되는 시장의 기능과 그 속에서 결정되는 가격의 기능을 알고 우리 경제생활과 관련지어 이해하고 있는가?
  (3) 시장 경제의 특성 및 장점과 더불어 역기능을 알고, 정부가 개입할 수밖에 없는 경제 현실을 이해하여 공정한 시장 거래가 이루어지는 데 기여할 수 있는가?
  (4) 자유 시장 경제하에서 각 경제 주체에게 요구되는 자유와 책임, 역할을 실천하고 있는가?
  (5) 기업의 합리적 생산 방법을 이해하고, 기업의 사회적 책임을 인식하고 있는가?
  (6) 국민 소득 순환에 관한 개념과 원리를 알고, 경제 안정과 성장의 관계를 이해하고 있는가?
  (7) 세계 시장에서 국제 무역의 필요성이 더욱 증대됨을 알고, 각종 통계를 활용하여 우리나라의 국제 수지 실태를 분석할 수 있으며, 환율 결정과 무역 정책을 이해하고 있는가?

(8) 국민 경제와 국제 경제에 대한 개념과 원리를 바탕으로 하여, 우리가 당면한 여러 가지 경제 문제들을 이해하고, 탐구 과정을 통해 파악하며 해결할 수 있는가?

(9) 국내외 경제 환경의 급격한 변화 속에서 우리 경제의 발전 현황과 문제점, 해결해야 할 당면 과제를 알고, 건전한 경제생활과 기술 개발 등 국가 경쟁력을 강화하는 데 기여하는 태도를 가지고 있는가?

(!0) 경제 정의 실현과 사회 복지 증진을 위해 노력하며, 남북한 경제 체제 비교를 통하여 북한 경제 실상을 정확히 알고, 통일에 기여할 수 있는 능력과 태도를 가지고 있는가?

12. 사회·문화

1. 성　격

　'사회·문화' 과목은 사회·문화 현상을 반성적으로 탐구하고 비판적으로 분석하여, 민주복지 공동체를 이룩하기 위하여 주체적이고 능동적으로 참여하는 민주 시민의 자질 육성을 위해 개설된 사회과의 심화 선택 과목이다.
　'사회·문화' 과목은 사회학과 문화 인류학을 기반으로 하여 인간의 사회적 행동과 문화의 특성 및 여러 사회 문제 등으로 내용을 구성한다. 사회 과학의 연구 성과를 도입할 때에는 일반화된 이론을 선별하여, 실제 사회·문화 현상을 이해할 수 있도록 재구성해야 한다.
　사회·문화 현상은 사실과 가치를 동시에 포함하고 있으므로, 객관적인 사실 인식만이 아니라 올바른 의식 형성에도 기여할 수 있도록 가치문제를 명시적으로 도입한다.
　'사회·문화' 과목에서는 우리 사회를 비롯하여 현대 세계 사회의 속성과 변동 양상을 파악하여, 해결하여야 할 문제의 탐구 방법과 합리적 의사 결정 능력을 습득하고, 세계화 시대의 미래지향적 시민으로서 갖추어야 할 가치·태도를 기르는 데 중점을 둔다. 또, 민주 복지 사회를 이룩하는 데 개인이나 집단이 기여할 수 있는 합리적인 대안을 탐색하고, 적극적으로 실천할 수 있는 지성적인 사회 참여의 태도를 기르는 데에도 강조점을 둔다.

2. 목　표

　변동하는 사회·문화 현상을 파악하고 문제를 해결하기 위해서는 탐구 방법을 학습하여 보다 확실하고 의미 있는 지식을 습득하고 넓은 안목과 깊은 통찰력을 확립한다. 그리고 주변 생활을 주요 탐구 대상으로 하는 것이 바람직하며, 학습자 스스로의 판단과 학문적 성과를 참조하여 보다 나은 탐구 방법과 지식을 형성하는 자세를 익힌다. 나아가 개인과 공동체 모두에게 유익한 합리적인 대안을 탐색하여 적극적이고 지성적으로 실천할 수 있는 태도를 가진다.
　가. 사회·문화 현상에 관한 기본 개념과 원리를 습득하고, 인간의 사회·문화적 행동과 문화의 특성, 개인과 사회의 관계, 사회 변동 및 복지 사회 건설을 위한 과제 등을 이해한다.
　나. 사회·문화 현상에 관한 여러 가지 자료를 수집, 분석, 종합, 평가하는 능력과 사회 현상의 과학적 탐구 및 가치 판단 능력을 기른다.
　다. 다양한 사회 문제를 사회·문화 현상 안에서 종합적으로 파악하여 합리적인 해결책을 탐색하고, 민족 문화의 특성을 바르게 이해하여 민주 복지 사회 건설과 민족 문화의 창달에 이바지하는 태도를 가진다.
　라. 세계화, 개방화, 정보화로 나아가는 미래 사회를 전망해 보고, 미래 사회에 나타날 여러 문제에 대응할 수 있는 세계 시민의 능력과 태도를 가진다.

3. 내 용

가. 내용 체계

영 역	주 제	내 용 요 소
사회·문화 현상의 탐구	○ 탐구 대상으로서의 사회·문화 현상 ○ 사회·문화 현상의 탐구 방법 ○ 사회·문화 현상의 탐구와 일상생활	· 사회·문화 현상의 특성 · 사회·문화 현상 이해의 관점 · 사회 현상과 가치문제 · 사회 과학 연구 방법의 이해와 적용 · 사회 과학 연구 방법의 한계 · 사회 현상의 탐구와 윤리
개인과 사회구조	○ 개인 생활과 사회 구조의 탐구 ○ 집단과 조직 생활의 이해 ○ 사회 계층 현상의 이해	· 개인의 지위와 역할 · 역할 행동과 역할 갈등 · 기능론과 갈등론 · 사회 집단과 조직의 특성 · 관료제의 순기능과 역기능 · 비공식 조직과 결사체 · 계급과 계층의 차이 · 사회 계층 구조와 계층 이동 현상
공동체 생활과 지역 사회	○ 가족생활과 친족 관계의 이해 ○ 농촌과 도시 사회의 분석 ○ 지역과 국가 공동체의 균형 발전	· 가족과 친족의 형태와 기능 · 가족과 친족의 변화 과정 · 가족 문제의 양상과 과제 · 농촌과 도시의 특성과 상호 관계 · 농촌과 도시의 변화 과정 · 지역 사회의 의미와 기능 · 지역 사회와 국가 공동체의 상호 관계
인간과 문화 현상의 이해	○ 인간의 문화 창조 ○ 문화의 속성과 일상생활의 이해 ○ 문화 변동과 민족 문화의 발전	· 생활양식의 총체로서의 문화 · 문화 이해의 관점 · 일상생활의 문화적 이해 · 문화 변동의 이해 · 전통문화의 계승, 발전 · 건전한 문화 창조자의 자세
현대 사회와 사회 문제	○ 현대 사회의 특징 ○ 현대 사회 문제와 대책 ○ 가치관과 사회 발전	· 현대 산업 사회의 형성 과정 · 대중 매체와 대중 사회 · 탈산업 사회로의 이해 · 현대 사회 문제의 성격과 대책 · 가치관 혼란 현상과 이해 · 바람직한 가치관 형성
미래 사회의 전망과 대응	○ 정보 사회의 전개와 대응 ○ 민주 복지 사회의 이상과 전망 ○ 한민족의 현재와 미래	· 정보 사회의 특징 · 미래 사회의 전망과 대응 · 복지 사회의 이념과 발달 과정 · 우리나라 복지 제도의 현황 · 민족 통일의 사회·문화적 과제

나. 영역별 내용

(1) 사회·문화 현상의 탐구

사회·문화 현상이 어떠한 특성을 가지고 있고, 이를 올바르게 탐구하고 활용하기 위한 방법에는 어떠한 것들이 있는지를 이해한다. 특히, 사회·문화 현상의 탐구에서 가치문제가 왜 중요한지를 이해하고, 사회 문제를 합리적으로 해결할 수 있는 방안을 탐색한다.

㈎ 탐구 대상으로서의 사회·문화 현상
① 사회·문화 현상과 자연현상의 차이를 통해 사회·문화 현상의 특질을 이해한다.
② 사회·문화 현상의 복합성에 대한 이해를 바탕으로 사회·문화 현상의 탐구를 위해 개별 학문의 관점과 간학문적 관점이 모두 필요함을 인식한다.
③ 사회·문화 현상을 이해하는 데에 다양한 관점을 활용한다.

㈏ 사회·문화 현상의 탐구 방법
① 사회·문화 현상을 연구하는 다양한 사회 과학 방법의 특성과 한계점을 이해한다.
② 자료 수집 방법의 종류와 특징을 이해하고, 그 장단점에 대하여 논의한다.
③ 사회 조사의 과정을 이해하고, 그 과정에 따라 실제 사례를 조사, 분석한다.
④ 사회·문화 현상의 사례 탐구에 사회 과학 연구의 방법을 적용할 수 있다.

㈐ 사회·문화 현상의 탐구와 일상생활
① 사회·문화 현상을 탐구하기 위한 인식 태도의 특성을 파악한다.
② 사회·문화 현상의 탐구에 있어 가치중립과 가치 개입의 차이를 이해한다.

③ 사회 과학 연구의 결과를 적절히 해석, 활용한다.
④ 사회 · 문화 현상을 탐구할 때 지켜야 할 윤리적 원칙을 이해한다.

(2) 개인과 사회 구조

개인의 사회화 과정, 사회 제도와 조직의 기능을 통해 개인과 사회의 상호 관계를 탐구한다. 이를 토대로 인간의 사회적 구속성을 이해하고 사회 구조를 비판적으로 분석하여 그 개선을 위해 노력하는 태도를 기른다.

㈎ 개인 생활과 사회 구조의 탐구

① 지위와 역할의 사회적 의미를 파악하고, 역할 갈등의 사례를 조사한다.
② 개인과 사회에 관한 여러 견해들을 비교하여 사회를 총체적으로 이해한다.
③ 사회 구조에 대한 기능론적 관점과 갈등론적 관점을 비교한다.
④ 인간의 사회적 성장 과정과 청소년의 역할 수행에 대한 사회적 기대를 이해하며 자신의 행동을 성찰해 본다.

㈏ 집단과 조직 생활의 이해

① 사회 집단의 의미와 종류를 일상생활과 관련하여 파악한다.
② 사회 조직의 특징을 이해하고 구체적인 예를 조사해 본다.
③ 관료제의 장단점을 분석하고, 문제점을 극복하기 위한 새로운 조직 행태에 대하여 살펴본다.
④ 비공식 조직과 자발적 결사체의 사회적 역할에 대하여 알아본다.

㈐ 사회 계층 현상의 이해

① 사회 계층 현상을 설명하는 기본 개념으로서 계급과 계층의 차이점을 알아본다.
② 사회 계층 현상에 대한 기능론과 갈등론의 입장을 비교한다.
③ 사회 계층 구조와 계층 이동 현상의 특징을 이해한다.
④ 사회적 불평등 현상을 개선하는 방법에 대해 토론한다.

(3) 공동체 생활과 지역 사회

혈연 공동인 가족과 친족, 지역 공동인 농촌과 도시 그리고 국가 공동체의 특성과 인간이 환경에 적응하는 과정에서 나타나는 공동체 변화 과정을 이해한다. 현대 사회에 나타나는 공동체 생활의 문제점들을 구체적으로 살펴보고, 이를 합리적으로 해결할 수 있는 방안을 탐구한다.

㈎ 가족생활과 친족 관계의 이해

① 가족과 친족의 형태 및 사회적 기능에 대하여 알아본다.
② 우리나라의 가족과 친족의 특성과 변화 과정을 이해하고, 앞으로 어떻게 변화될 것인지를 전망해 본다.
③ 급격한 사회 변동에 따라 나타나는 가족 문제의 양상과 과제를 살펴보고, 합리적인 대처 방안을 조사해 본다.

㈏ 농촌과 도시 사회의 분석

① 농촌과 도시의 특성을 이해하고, 농촌과 도시의 상호 관계를 비교해 본다.
② 산업화 진전으로 인한 농촌과 도시의 변화상과 문제점을 파악하고, 그 해결 방안을 탐색한다.
③ 국제화, 정보화에 따른 농촌과 도시의 미래상을 조망하고, 공동체 형성 방안을 구체적 사례를 통해 살펴본다.

㈐ 지역과 국가 공동체의 균형 발전

① 지역 사회의 의미와 기능을 살펴보고 그 개발 원리를 이해한다.
② 우리나라의 지역 사회 개발 과정과 현황 및 과제를 살펴본다.
③ 지역 사회 발전과 국가 공동체 발전과의 상호 관계를 파악하고, 균형 있는 지역 발전을 위해 노력하는 태도를 가진다.

(4) 인간과 문화 현상의 이해

일상생활에 대한 분석을 통해 문화의 특성과 변동을 이해하고, 사회마다 문화가 다양하게 나타나는 이유를 안다. 그리고 현대 사회의 빈번한 문화 교류와 급속한 문화 변동에 따른 문제점을 인식하고, 이에 대처할 수 있는 능력을 기른다. 나아가 다른 사회의 문화를 대하는 올바른 태도를 익히고, 우리의 전통문화를 계승, 발전시키려는 태도를 가진다.

㈎ 인간의 문화 창조

① 생활양식의 총체인 문화 개념을 이해하고, 사례를 통해 인간의 문화 창조 능력을 파악한다.
② 문화를 보는 총체론적 관점, 상대론적 관점, 비교론적 관점을 이해한다.
③ 문화 상대성을 거부하는 이유를 살펴보고 그러한 태도의 장단점을 분석한다.

㈏ 문화의 속성과 일상생활의 이해

① 일상생활의 사례를 통해 문화의 속성을 파악한다.
② 문화의 시각에서 혼인과 가족 및 친족을 이해한다.
③ 정치와 문화와의 관계를 이해하고 우리 민족의 정치생활을 분석한다.
④ 경제와 문화와의 관계를 이해하고 우리 민족의 경제생활을 분석한다.

㈐ 문화 변동과 민족 문화의 발전

① 문화 변동의 원인, 과정 및 양상에 대해 알아보고, 문화 변동에 따른 문제점과 대책을 탐구한다.
② 대중문화, 청소년 문화와 지역 문화의 특성을 이해하고, 건전한 문화 창조자로서의 능력을 기른다.
③ 우리 전통문화의 특성을 이해하고, 이를 계승, 발전시킬 수 있는 능력과 태도를 가진다.

(5) 현대 사회와 사회 문제

급격한 사회 변동을 경험하는 현대 사회의 특징과 과제를 탐색하고, 새롭게 나타나는 사회 문제들을 분석하여 이러한 문제를 해결할 수 있는 방안을 개인적, 사회적 차원에서 수립할 수 있는 능력을 기른다.

㈎ 현대 사회의 특징

① 현대 산업 사회가 어떠한 과정을 거쳐 형성, 발전되어 왔는가를 이해한다.
② 여러 나라의 근대화 과정을 비교하여 그 요인들을 찾아 상호 관계를 설명한다.
③ 대중 매체의 발달이 대중 사회의 형성 과정에 미친 영향을 파악한다.
④ 산업 사회에서 탈공업 사회나 정보 사회로 넘어가는 경향을 산업 구조의 변화를 통하여 이해한다.

㈏ 현대 사회 문제와 대책

① 사회 문제를 보는 다양한 이론적 시각을 살펴본다.
② 사회 문제의 성격과 발생 과정을 이해하고 유형별로 분류할 수 있다.
③ 인구 문제, 자원 문제, 환경 문제 등이 발생하게 되는 원인과 현황을 파악하고, 그 해결 방안을 모색한다.

㈐ 가치관과 사회 발전

① 가치관이 혼란되는 사회적 배경을 다양한 시각에서 이해한다.
② 청소년 문제의 원인을 이해하고, 건전한 가치관과 태도를 함양한다.
③ 현대 사회 문제의 해결을 위해 우리가 갖추어야 할 가치를 알아본다.

(6) 미래 사회의 전망과 대응

사회 변동과 발전의 원리를 이해하고 미래 사회를 합리적으로 전망하여, 사회 발전에 기여할 수 있는 능력과 태도를 기른다. 또, 우리 민족의 염원인 남북통일을 위한 사회·문화적 측면을 예상해 본다. 이를 바탕으로 자신과 가족 그리고 국가와 민족의 미래를 내다보면서 오늘을 살아가는 합리적인 삶의 방식을 모색해 본다.

㈎ 정보 사회의 전개와 대응

① 정보 사회의 형성 과정과 특징을 구체적 사례를 들어 파악한다.
② 정보 사회에 의해 주도되는 미래 사회에 대한 낙관론적 견해와 비관론적 견해를 비교한다.
③ 정보 사회에 대응하기 위한 합리적 방안과 자세를 탐색한다.

⑷ **민주 복지 사회의 이상과 전망**

① 복지 사회와 복지 국가 이념의 역사적 발달 과정을 살펴본다.
② 삶의 질과 관련된 구체적 사례를 들어 그것의 결정 요인을 분석한다.
③ 우리나라 복지 제도의 현황과 발전 방향을 파악한다.

⑸ **한민족의 현재와 미래**

① 세계와 한국의 미래 사회를 조망하고, 자기 이상과 목표를 실현할 수 있는 방안을 탐구한다.
② 남북의 통일 방안을 비교하여 보고, 통일의 장애 요인이 무엇인지를 파악한다.
③ 민족 통일을 앞당기기 위한 사회 · 문화적 과제에 대하여 토의해 본다.

4. 교수 · 학습 방법

가. 사회 · 문화 현상에 관한 기본 개념과 원리를 올바르게 파악할 수 있도록 구체적 사례를 중심으로 자기 주도적 학습이 이루어지도록 한다.
나. 사회 현상에는 다양한 가치문제가 존재함을 확인하고, 다양한 가치 중에서 올바른 선택을 할 수 있도록 열린 학습이 되도록 한다.
다. 사회 현상에 대한 지식은 사실, 개념, 일반화의 체계를 고려하여 과학적 탐구 과정을 통해 이해할 수 있도록 한다.
라. 도표, 통계, 슬라이드, 영화, 연감, 신문, 사진, 기록물, 민속자료, 유물, 여행기 등 다양한 교수 · 학습 자료를 활용한다.
마. 학습 내용에 따라 토론, 발표, 보고, 야외 관찰, 조사, 사례 연구, 면접, 사료 학습, 지역 사회 답사 등 다양한 교수 · 학습 방법을 활용한다.
바. 시시각각으로 변동하는 사회 각 영역의 현실적이고 구체적인 시사 자료를 제시하여 현실 문제에 대한 관심을 가진다.
사. 현대 사회 문제는 내용에 따라 다른 학문과 연계하여 통합적인 교수 · 학습 과정이 될 수 있도록 한다.
아. 사회 · 문화와 관련된 다른 과목들과 상호 보완적인 학습이 이루어지도록 한다.

5. 평 가

가. 사회과 목표의 특성에 따라 지필 평가 외에 학습 태도의 관찰, 과제 수행 등을 포함한 다양한 평가를 하며, 타당도, 신뢰도, 객관도 등을 고려하여 평가한다.
나. 특히, 문제 해결 능력, 의사 결정 능력, 지식과 관련된 가치 · 태도의 형성 등은 주관식 논술 방법, 총합 평정법(리커트식 척도)등을 활용하여 평가한다.
다. 보다 적극적인 참여 의식을 함양시킬 수 있도록 학습자의 자기 평가, 동료 평가, 활동 보고 등 평가 방법을 적극 활용한다.
라. 사회 과학적 탐구에서는 문제 인식, 가설 설정, 자료 수집, 자료의 선별, 일반화의 도출 등에 관한 능력을 평가한다.
마. 자료와 정보의 수집과 활용 능력뿐만 아니라 분류, 비교, 대조, 적용, 분석, 해석, 종합, 평가, 판단 등을 평가할 수 있도록 사고력 분석표를 제작, 활용한다.
바. 단순한 사실이나 단편적 지식의 암기보다 개념이나 원리의 이해, 사회 문제 해결 능력, 가치의 내면화와 신념의 정도 등을 종합적으로 평가한다.
사. '사회 · 문화' 과목의 평가에는 다음의 요소들을 포함하도록 한다.
　　(1) 사회 현상과 자연현상과의 차이점을 이해하고, 사회 · 문화 현상을 탐구하는 과정과 다양한 관점을 제시하고 설명할 수 있는가?
　　(2) 국내외의 각종 문헌이나 새로운 통계, 도표 등의 분석, 해석 등을 올바르게 할 수 있는가?
　　(3) 변화하는 사회 현상에 대한 지식과 정보를 수집, 분석, 정리하여 사회를 올바르게 인식하는 자세를 가지고 있는가?
　　(4) 인간과 사회 및 문화와의 관계를 이해하고, 개인의 사회화가 개인과 사회에 대하여 가지는 의의를 알고 있는가?
　　(5) 개인과 집단 간의 관계를 지위, 역할 및 상호 관계와 관련지어 이해하고 있는가?

(6) 농촌과 도시의 특성을 예를 들어 설명할 수 있고, 사회 변동과 더불어 나타나는 농촌, 도시의 문제점을 이해하고 있는가?

(7) 지역 사회와 국가 공동체의 상호 관계를 이해하고, 균형 있는 발전 방향을 제시할 수 있는가?

(8) 인구, 자원, 환경, 실업, 노인 문제 등 여러 가지 사회 문제의 원인, 영향 및 대책에 대하여 설명하고, 그 해결에 협력하는 자세를 가지고 있는가?

(9) 현대 사회 변동의 개념과 이론을 구체적으로 설명하고, 미래 사회는 어떻게 변화할지를 예측할 수 있는가?

(⑽) 사회 문제를 올바르게 이해할 수 있는 과학적 인식 능력과 합리적 해결 능력 및 개인의 성장과 사회의 발전을 조화롭게 실현할 수 있도록 노력하는 자세를 가지는가?

| 2007년 개정 사회과 교육과정 | 교육인적자원부 고시 제2007-79호. 2007.02.28. |

1. 사 회

1. 성 격

사회과는 사회생활에 필요한 지식과 기능을 익혀 이를 토대로 사회 현상을 올바르게 인식하고, 민주 사회 구성원에게 요청되는 가치와 태도를 지님으로써 민주 시민으로서의 자질을 갖추도록 하는 교과이다. 사회과에서 육성하고자 하는 민주 시민은, 사회생활을 영위하는 데 필요한 지식을 바탕으로 인권 존중, 관용과 타협의 정신, 사회 정의의 실현, 공동체 의식, 참여와 책임 의식 등 민주적 가치와 태도를 함양하고, 나아가 개인적, 사회적 문제를 합리적으로 해결하는 능력을 길러 개인의 발전은 물론, 사회, 국가, 인류의 발전에 기여할 수 있는 자질을 갖춘 사람이다.

사회과는 지리, 역사 및 제 사회 과학의 개념과 원리, 사회 제도와 기능, 사회 문제와 가치 그리고 연구 방법과 절차에 관한 요소를 통합적으로 선정, 조직하여 사회 현상을 종합적으로 이해하고 탐구한다. 또한, 사회과에서는 우리의 삶의 터전인 국토의 이해를 바탕으로 우리 민족의 역사와 활동에 대한 종합적인 파악과 현실에 대한 역사적인 시각에서의 이해 및 한국인으로서의 정체성과 세계 시민으로서의 가치ㆍ태도 등에 관한 요소를 중시한다.

사회과는 다양한 정보를 활용하여 사회 현상에 관한 지식을 발견하고 문제를 해결하는 데 필요한 비판적 사고력, 창의력, 판단 및 의사 결정력 등의 신장을 강조한다. 이를 위하여 다양한 남구 방법을 활용하여, 학습자 스스로 학습하는 기회를 제공하고, 흥미와 관심을 고려하여 개개인의 수준에 적합한 경험을 제공하는 효율적인 교수ㆍ학습 전략을 지향한다. 그리고 학교 특성에 따라서 지역성과 시사성을 고려하여 지도한다.

사회과는 학습자의 성장 발달 정도와 사회ㆍ문화적 경험을 고려하여 학교급별로 주안점을 달리한다.

초등학교에서는 학생들이 주변의 사회적 사실과 현상에 대하여 관심과 흥미를 가지며, 생활과 관련된 기본적 지식과 능력을 습득하고, 창의적인 자세로 일상생활을 할 수 있도록 한다. 이를 위하여 학생들은 사회적 사실과 현상을 이해하는 데 필요한 기본적인 사실과 개념을 배우고, 이를 자신의 주변 환경이나 문제에 적용할 수 있는 사고력을 지녀야 한다. 또한 이러한 지식과 사고를 사회적 행동으로 실천할 수 있는 적극적인 태도를 길러야 한다.

중학교에서는 초등학교에서의 학습을 바탕으로 각 영역에서 중요시하는 지식을 과학적 절차에 의하여 발견ㆍ적용하고, 개인적, 사회적 문제를 해결하는 능력을 길러 공동생활에 자발적으로 참여하는 시민 정신을 발휘하게 한다.

고등학교에서는 초등학교와 중학교에서 습득한 지식과 능력을 바탕으로 사회 현상을 종합적으로 이해하고 비판적 사고와 합리적 의사 결정 능력을 함양하여, 사회 공동 문제 해결에 적극적으로 참여하는 시민 의식을 기른다.

2. 목 표

사회 현상에 관한 기초적 지식과 능력은 물론, 지리, 역사 및 제 사회 과학의 기본 개념과 원리를 발견하고 탐구하는 능력을 익혀, 우리 사회의 특징과 세계의 여러 모습을 종합적으로 이해하며, 다양한 정보를 활용하여 현대 사회의 문제를 창의적이며 합리적으로 해결하고, 공동생활에 스스로 참여하는 능력을 기른다. 이를 바탕으로 개인의 발전은 물론, 사회, 국가, 인류의 발전에 기여할 수 있는 민주 시민의 자질을 기른다. 사회 교과의 전반적인 목표는 다음과 같다.

가. 사회의 여러 현상과 특성을 그 사회의 지리적 환경, 역사적 발전, 정치ㆍ경제ㆍ사회적 제도 등과 관련지어 이해한다.

나. 인간과 자연 간의 상호작용에 대한 이해를 통하여 장소에 따른 인간 생활의 다양성을 파악하며, 고장, 지방 및 국토 전체와 세계 여러 지역의 지리적 특성을 체계적으로 이해한다.

다. 각 시대의 특색을 중심으로 우리나라의 역사적 전통과 문화의 특수성을 파악하여 민족사의 발전상을 체계적으로 이해하며, 이를 바탕으로 인류 생활의 발달 과정과 각 시대의 문화적 특색을 파악한다.

라. 사회생활에 관한 기본적 지식과 정치ㆍ경제ㆍ사회ㆍ문화 현상에 대한 기본적인 원리를 종합적으로 이해하고, 현대 사회의 성격 및 민주적 사회생활을 위하여 해결해야 할 여러 문제를 파악한다.

마. 사회 현상과 문제를 파악하는 데 필요한 지식과 정보를 획득, 분석, 조직, 활용하는 능력을 기르며, 사회생활에

서 나타나는 여러 문제를 합리적으로 해결하기 위한 탐구 능력, 의사 결정 능력 및 사회 참여 능력을 기른다.
바. 개인과 사회생활을 민주적으로 운영하고, 우리 사회가 당면한 문제들에 관심을 가지고 민주 국가 발전과 세계의 발전에 적극적으로 이바지하려는 태도를 가진다.

3. 내 용

가. 내용 체계

학년	역사 영역	지리 영역	일반사회 영역
3학년	○ 우리가 살아가는 곳 ○ 우리 고장의 정체성 ○ 고장의 생활 문화 ○ 사람들이 모이는 곳 ○ 이동과 의사소통 ○ 다양한 삶의 모습들		
4학년		○ 우리 지역의 자연환경과 생활 모습 ○ 우리 지역과 관계 깊은 곳들 ○ 여러 지역의 생활	○ 주민 자치와 지역 사회의 발전 ○ 경제생활과 바람직한 선택 ○ 사회 변화와 우리 생활
5학년	○ 하나 된 겨레 ○ 다양한 문화가 발전한 고려 ○ 유교 전통이 자리잡은 조선 ○ 조선 사회의 새로운 움직임 ○ 새로운 문물의 수용과 민족 운동 ○ 대한민국의 발전과 오늘의 우리		
6학년		○ 아름다운 우리 국토 ○ 환경을 생각하는 국토 가꾸기 ○ 세계 여러 지역의 자연과 문화	우리 경제의 성장과 과제 ○ 우리나라의 민주정치 ○ 정보화, 세계화 속의 우리
7학년		○ 내가 사는 세계 ○ 다양한 기후 지역과 주민 생활 ○ 다양한 지형과 주민 생활 ○ 지역마다 다른 문화 ○ 인구 변화와 인구 문제 ○ 도시 발달과 도시 문제	○ 개인과 사회생활 ○ 문화의 이해와 창조 ○ 우리의 생활과 법 ○ 인권 보호와 헌법
8학년	<한국사 영역> ○ 문명의 형성과 고조선의 성립 ○ 삼국의 성립과 발전 ○ 통일신라와 발해 ○ 고려의 성립과 발전 ○ 고려 사회의 변천 ○ 조선의 성립과 발전 <세계사 영역> ○ 통일제국의 형성과 세계종교의 등장 ○ 다양한 문화권의 형성 ○ 교류의 확대와 전통사회의 발전		
9학년	<한국사 영역> ○ 조선사회의 변동 ○ 근대국가 수립 운동 ○ 대한민국의 발전 <세계사 영역> ○ 산업화와 국민 국가의 형성 ○ 아시아·아프리카 민족 운동과 근대국가 수립 운동 ○ 현대 세계의 전개	○ 자원의 개발과 이용 ○ 산업 활동과 지역변화 ○ 지역에 따라 다른 환경 문제 ○ 세계 속의 우리나라 ○ 통일 한국의 미래	○ 정치 생활과 민주주의 ○ 정치 과정과 참여 민주주의 ○ 경제생활과 경제 문제 ○ 시장 경제의 이해 ○ 국민 경제의 이해
10학년	○ 우리 역사의 형성과 발전 ○ 조선사회의 변화와 서구 열강의 침략적 접근 ○ 동아시아의 변화와 조선의 근대 개혁 운동 ○ 근대 국가 수립운동과 일본 제국주의의 침략 ○ 일제의 식민지 지배와 민족 운동의 전개 ○ 전체주의의 대두와 민족 운동의 발전 ○ 냉전 체제와 대한민국 정부의 수립 ○ 대한민국의 발전과 국제정세의 변화 ○ 세계화와 우리의 미래	○ 국토와 지리정보 ○ 자연환경과 인간 생활 ○ 문화 경관의 다양성 ○ 장소 인식과 공간 행동 ○ 지역 개발과 환경 보전	○ 문화 ○ 정의 ○ 세계화 ○ 인권 ○ 삶의 질

나. 학년별 내용

(1) 우리가 살아가는 곳

우리가 사는 고장의 위치와 자연환경, 인문 환경의 특성을 파악하고, 그것들이 사람들의 생활 모습과 어떠한 영향을 주고받는지 이해한다. 다양한 종류의 지도를 활용하여 고장을 종합적으로 바라보는 안목을 기른다. 또한 고장에 있는 다양한 공공 기관들과 우리 생활과의 관계를 이해한다.
① 지도는 방위, 기호, 축척 등 다양한 지도 요소로 구성되며, 지도는 고장의 자연환경과 인문 환경을 나타내고 있음을 이해한다.
② 그림 지도와 일반 지도를 활용하여 고장의 자연환경과 사람들의 생활 모습을 파악한다.
③ 고장의 전형적인 장소와 경관을 견학, 조사하여 간단한 형태의 그림 지도로 나타낸다.
④ 고장 사람들은 자연환경에 어떻게 적응하고, 자연환경을 어떻게 활용하고 있는지 이해한다.
⑤ 고장의 자연환경과 인문 환경의 특징을 파악한다.
⑥ 고장 사람들이 수행하고 있는 다양한 일이 우리 가족의 생활과 어떤 관련이 있는지 알고, 고장의 생활에 관심을 가진다.
⑦ 고장을 대표하는 여러 공공 기관이 하는 일과 고장 사람들의 일상생활을 관련지어 이해한다.

(2) 우리 고장의 정체성

우리 고장에는 다른 고장과 구분되는 고유한 특성이 있으며, 이것은 고장의 정체성을 형성하는 기반이 된다는 것을 이해한다. 고장은 그 자체로 고유한 역사, 상징, 문화 그리고 행사 등을 간직하고 있다. 고장의 정체성을 자연환경과 인문 환경과의 관련 속에서 파악하고 현재의 삶과 관련지어 이해한다. 그리고 현재의 고장은 과거의 역사적 인물이나 사건 등 변화의 연속선상 위에 있다는 것을 파악한다. 아울러 고장의 행사를 통해 고장의 자연, 인문적인 특성을 파악하며, 그 속에서 고장 사람들의 삶의 모습을 살펴보고, 고장 행사에 참여하는 방법에 대해서 알아본다. 더불어 고장을 상징하는 유적지나 건물, 관공서 등을 답사, 견학함으로써 자기 고장을 종합적으로 이해한다.
① 자신의 일상생활과 관련지어 고장에 대하여 떠오르는 것을 표현한다.
② 고장의 지명 유래와 전설을 조사하고, 이를 자연과 인간과의 관련 속에서 이해한다.
③ 고장의 옛날 인물 및 사건과 관련된 이야기를 통하여 우리 고장의 자연적 특징과 조상들의 생활 모습을 파악하며, 당시 사람들의 생각을 상상적으로 이해한다.
④ 고장의 행사를 자연적, 인문적 환경과 관련지어 파악하고, 세계적인 관점에서 그 위치를 이해한다.
⑤ 고장을 대표하는 자연적, 인문적 상징을 답사, 조사, 체험하고, 고장 사람들의 생활과 관련지어 그 의미를 이해한다.
⑥ 고장의 행사를 위해 준비하고 애쓰는 사람들에 대해서 조사하고, 고장의 일에 참여하려는 마음을 가진다.
⑦ 고장을 대표하는 문화재를 조사하여 파악하고, 그것이 사람들의 생활에 끼친 영향을 이해한다.

(3) 고장의 생활 문화

사람이 살아가는 데 필요한 의식주와 여가 생활 및 생활 도구를 파악하고, 김치와 한복, 온돌 그리고 전통 놀이 등에 나타난 조상들의 멋과 슬기를 이해한다. 의식주와 여가 생활은 인간의 생활에서 필수적인 것이다. 이러한 의미에서 오늘날의 의식주와 여가 생활의 특징을 알아보고, 바람직한 생활의 모습에 대하여 생각해 본다. 아울러 조상들의 의식주 및 생활 도구가 어떻게 변화, 발전하였으며, 오늘날 어떻게 계승되고 있는지를 파악한다. 고장의 유물, 유적 및 문화재를 바탕으로 조상들의 생활과 생각을 이해하고, 이를 통해 우리나라 문화유산을 아끼고 계승·발전시키려는 태도를 갖는다.
① 오늘날의 의식주 생활의 특성에 대한 이해를 바탕으로 우리나라 생활 문화의 일반적인 경향을 파악한다.
② 오늘날의 여가 생활의 모습을 파악하고 바람직한 여가 시간 활용의 의미를 이해한다.
③ 김치, 한복, 온돌 및 생활 도구 등에 담긴 조상들의 멋과 슬기를 알아보고 오늘날의 모습과 비교한다.
④ 의식주 및 생활 도구의 변천 과정과 오늘날 계승·발전된 모습을 이해한다.
⑤ 고장의 유물·유적을 통하여 조상들의 생활과 생각을 추론하고 우리나라의 문화유산을 아끼고 발전시키려는 태도를 갖는다.

⑷ 사람들이 모이는 곳

사람들은 고장의 생활에서 경제, 교통, 교육, 행정, 서비스, 문화, 여가 등 다양한 욕구들을 해결하고자 한다. 고장 사람들은 욕구를 해결하기 위해 일정한 장소에 모여 서로 필요한 것들을 교환한다. 이러한 장소는 고장에서 일정한 중심지를 이루며, 중심지에서는 고장 사람들의 다양한 삶의 모습을 찾아볼 수 있다. 고장 사람들이 많이 모이는 곳을 찾아보고, 그곳에서 고장 사람들이 어떤 모습으로 살아가고 있는지 탐색한다. 또한 고장의 중심지는 나의 생활과 밀접하게 연결되어 있고, 다른 고장과도 연결되어 고장 사람들의 욕구를 해결해 준다는 것을 이해한다.
  ① 우리 생활에 필요한 것들을 찾고, 분류하는 활동을 통하여 고장 생활에는 다양한 욕구가 있음을 파악한다.
  ② 고장 사람들이 많이 모이는 곳을 찾아보는 활동을 통하여 고장에 다양한 생활의 중심지가 있음을 알아본다.
  ③ 고장의 중심지에서 사람들이 살아가는 모습, 서로 교환하는 것을 조사하고, 분류하는 활동을 통하여 고장사람들의 생활 모습을 파악한다.
  ④ 고장의 중심지를 이용해 본 경험을 통하여, 내가 필요한 것을 해결하는 방법을 알아보고 나와 관계된 고장의 중심지를 찾아본다.
  ⑤ 우리 고장에서 해결하지 못하는 욕구를 다른 고장에서 해결하는 모습을 찾아보고, 이를 통하여 고장과 고장이 서로 연결되어 있음을 알아본다.
  ⑥ 우리 고장의 중심지 중 특징적인 곳을 선정하여 견학해 보고, 옛날과 오늘날의 모습, 입지 조건, 경관의 특징, 역할, 사람들의 생활 모습을 조사한다.

⑸ 이동과 의사소통

고장 생활에서 이동과 의사소통은 사람들의 활동 영역을 확장시키고, 합리적인 문제 해결을 통하여 고장의 발전을 촉진하는 중요한 요소이다. 이동·의사소통 수단을 통하여 사람들의 이동과 교류가 활발해지고 새로운 정보와 문화가 다른 고장으로 전파되기도 한다. 도로, 철도, 수레, 기차, 자동차, 배, 비행기, 다리, 터널, 수로, 동굴벽화, 책, 봉화, 편지, 전화, 인터넷, 인공위성 등 이동·의사소통 방법의 변화를 중심으로 생활이 변화된 모습을 살펴보고, 고장 생활이 더욱 편리하게 변화해 왔음을 이해한다. 또한 우리 고장과 다른 고장 사이의 이동·의사소통 모습을 조사하여 고장 간에 어떤 관계를 맺고 살아가고 있는지 알아본다.
  ① 생활 속에서 가족의 이동·의사소통 이유를 조사하여 이동·의사소통의 필요성을 찾아본다.
  ② 우리 고장을 중심으로 주위에 있는 고장들의 위치와 명칭을 확인하고, 고장 간의 이동과 의사소통 방법을 조사하여 이를 그림 지도로 나타낸다.
  ③ 옛날과 오늘날의 이동·의사소통 수단에 관한 자료를 수집, 비교하여 이동 방법이 변해 온 모습을 파악한다.
  ④ 이동·의사소통의 방법이 달라짐에 따라 생활의 변화된 모습을 비교, 조사한다.
  ⑤ 오늘날 이용되고 있는 이동·의사소통 수단 간의 비교를 통하여 수단의 차이가 서로 다른 생활 모습을 만들어 내는 구체적인 예를 조사한다.
  ⑥ 우리 고장과 주변 고장 간에 오고 가는 사람, 정보, 물자를 조사하고 이를 도표로 나타낸다.
  ⑦ 미래의 이동·의사소통 방법을 예상하여 변화될 고장의 생활 모습을 예측한다.

⑹ 다양한 삶의 모습들

사람들은 살아가면서 가족과 친구, 이웃과 고장, 국가 및 세계와의 상호작용을 통해 다양하고 특색 있는 문화를 형성해 간다. 놀이, 친교, 단체 활동 등을 통하여 학생 문화에 대하여 이해하고, 고장, 지역, 국가의 서로 다른 학생 문화를 파악한다. 그리고 고장의 독특한 문화적인 특성을 이해하고 그러한 특성이 만들어지게 된 자연적, 역사적 환경에 대하여 이해한다. 또한 우리나라의 여러 기념일들의 특징과 의미를 외국의 경우와 비교하여 파악함으로써 그 문화적인 특성을 이해한다.
  ① 오늘날 학생들의 놀이, 친교, 단체 활동 등에 담겨 있는 문화적인 특징을 이해한다.
  ② 고장, 지역, 국가의 서로 다른 학생들의 문화를 알아보고 유사성과 차이점을 조사한다.
  ③ 다른 고장을 여행한 경험을 바탕으로 그 고장의 독특한 문화가 만들어지게 된 자연적, 인문적 특성을 이해한다.
  ④ 전통적 혼례와 상례, 제례의 특징을 알아보고, 옛날과 오늘날의 달라진 모습을 이해한다.
  ⑤ 설과 단오, 추석 등의 명절과 삼일절, 현충일, 광복절 등 기념일의 유래와 의미를 알아보고 다른 나라의 명절 및 기념일과 비교한다.
  ⑥ 서로 다른 문화에 대하여 이해하고 포용하려는 태도를 갖는다.

⑴ 우리 지역의 자연환경과 생활 모습

우리가 사는 지역의 위치와 자연적, 인문적 환경의 특성을 파악하고, 지도나 도표로 표현할 수 있는 기초적 기능을 기르며, 우리 지역에 대한 관심을 가진다. 따라서 전형적인 장소와 경관을 중심으로 지역의 인구, 자원, 산업, 문화 등과 같은 인문적 특성을 자연환경과의 관련성 속에서 파악한다. 또한 다양한 지도, 그래프, 도표를 활용하여 지역의 자연적, 인문적 특성을 파악하며, 지도를 이용하여 전형적인 장소들의 위치를 확인하고, 방위, 기호, 축척, 등고선의 의미를 이해한다.
① 우리 지역의 위치와 경계를 여러 가지 지도에서 확인하여 그 위치적 특징을 이해한다.
② 지형, 기후에 관한 지리적 정보를 조사하여 우리 지역의 자연적 특성을 이해한다.
③ 우리 지역의 인구, 자원, 산업, 문화 등에 관한 지리적 정보를 조사하여 인문적 특성을 이해한다.
④ 우리 지역의 인구, 자원, 산업, 문화 등을 자연환경과의 관련성 속에서 파악하면서 자연환경과 생활 모습의 관계를 이해한다.
⑤ 우리 지역의 전형적인 장소와 경관을 관찰, 견학, 조사하여 자연적, 인문적 특성을 알아본다.
⑥ 지도에서 우리 지역의 자연적, 인문적 특성을 나타내는 방위, 기호, 축척, 등고선 등과 같은 지도 요소를 이해한다.
⑦ 지역의 자연환경과 인문 환경에 관한 정보들을 지도, 그래프, 도표로 나타낸다.
⑧ 다양한 지도, 사진, 그래프, 도표를 보고 지역의 자연적, 인문적 특성을 파악한다.

⑵ 주민 자치와 지역 사회의 발전

주민의 자유로운 의사를 기반으로 이루어지는 민주적인 정치 생활의 의미를 이해하고, 대의 제도와 주민의 직접 참여 방식 등 현대 민주정치의 다양한 운영 방식을 익힌다. 또한 국가와 지방 자치 단체의 관계를 이해하고, 지방 자치 단체가 주민 삶의 질을 향상시키기 위해서 하는 일을 조사·분석한다. 이를 통해 정치 생활과 민주주의, 선거와 대표자 선출, 중앙 정부와 지방 정부의 관계, 지방 자치 단체가 하는 일, 공공 생활과 주민 참여, 지역 사회의 문제 해결 과정 등을 파악한다.
① 다양한 의견 차이와 갈등을 조정해 가는 민주적 정치 생활의 기본 원리를 이해한다.
② 선거를 통해 대표의 의미 및 대의 민주주의의 기본 원리를 이해한다.
③ 중앙 정부와 지방 정부의 역할 분담을 이해하고, 지방 자치 단체가 하는 일의 개략을 파악한다.
④ 주민 참여와 자원 봉사의 경험을 통해 참여의 중요성을 깨닫는다.
⑤ 지역 사회의 문제점을 조사하여 그 해결책을 모색해 보는 문제 해결 활동을 수행한다.
⑥ 우리 지역의 바람직한 미래 모습을 상상해 보고, 그것을 실현할 수 있는 방법을 찾아본다.

⑶ 우리 지역과 관계 깊은 곳들

내가 살고 있는 지역에 대한 이해에 기초하여 우리 지역과 관계가 깊은 다른 지역의 자연적·인문적 특성을 파악하고, 그 상호 의존적인 관계를 이해한다. 따라서 다양한 공간 규모에서 여러 가지 자료들을 이용하여 우리 지역과 지리적으로 인접하거나 정치·경제·사회·문화적으로 관계가 깊은 다른 지역을 선정하여 그 특성을 조사한다. 그리고 우리 지역과 다른 지역 사람들의 생활이 밀접하게 관련되어 있음을 구체적 사례를 중심으로 이해한다.
① 지역 간 교류의 여러 가지 사례를 찾아보고 상호 의존이 필요한 까닭을 이해한다.
② 우리 지역이 다른 지역과 밀접한 관계를 맺고 있음을 사례를 중심으로 이해한다.
③ 우리 지역과 자연적·인문적으로 관계가 있는 지역을 다양한 공간 규모에서 선정한다.
④ 우리 지역과 관계 깊은 다른 지역의 위치를 지도에서 확인하고, 자연적·인문적 특성을 조사한다.
⑤ 우리 지역과 관계 깊은 다른 지역을 비교하여 자연적·인문적 특성의 차이를 이해한다.
⑥ 다양한 지도, 사진, 그래프, 도표를 통해 우리 지역과 다른 지역의 상호관련성을 파악한다.

⑷ 경제생활과 바람직한 선택

자원의 희소성으로 인해 경제 활동을 하면서 우리는 끊임없이 선택의 문제에 직면하게 된다. 경제 활동의 각 영역에서 어떤 선택을 하느냐에 따라 우리의 경제생활의 모습은 달라진다. 따라서 경제생활에서 바람직한 선택의 중요성을 인식하고, 경제적 의사 결정을 위해 경제 정보를 잘 활용할 수 있어야 한다. 또한 생산자 및 소비자로서 선택의 중요성을 인식하고 경제적 의사 결정 능력을 기른다.

① 자원의 희소성으로 인해 경제 활동에서 선택의 문제가 발생함을 이해한다.
② 경제 활동에서 바람직한 선택을 하기 위해 고려해야 할 점을 확인한다.
③ 다양한 일을 조사하여 생산 활동의 의미를 이해한다.
④ 생산자의 입장에서 생산 활동과 관련된 문제를 중심으로 바람직한 의사 결정을 수행한다.
⑤ 소득의 원천 및 용도를 파악하고, 소비자의 입장에서 소비 및 저축과 관련된 의사 결정을 위해 필요한 정보를 수집하여 활용한다.
⑥ 소비자 권리의 내용을 이해하고, 소비자의 권리를 행사할 수 있는 절차와 방법을 이해한다.

⑸ 여러 지역의 생활

도시와 촌락 지역의 생활 모습을 통하여 여러 지역 사람들이 자연환경과 조화를 이루며 살아가고 있음을 알고, 지역 간의 공통점과 차이점 및 상호 관계를 인식한다. 이를 바탕으로 도시와 촌락을 구분하고 각 지역의 생활 모습을 이해한다. 또한 기능적으로 전형적인 특징을 지닌 도시와 촌락의 사례 지역을 통해 도시와 촌락은 각각 독특한 입지 조건과 분포 및 기능적인 특징을 지니고 상호 보완적인 관계 속에서 발전하고 있다는 것을 이해한다.
① 도시의 기능적인 특징을 알고, 인구가 도시로 집중하는 까닭을 다양한 방법으로 탐구한다.
② 지도와 통계 자료를 통하여 도시의 분포와 도시화 과정을 이해한다.
③ 대도시와 중소도시로 나누어 사람들의 생활 모습을 이해한다.
④ 여러 가지 사례를 통해 도시 문제의 복합적 성격을 이해하고 해결 방법을 알아본다.
⑤ 촌락 지역의 생활 모습을 자연환경 및 산업 활동과 관련지어 이해한다.
⑥ 촌락을 농촌, 어촌, 산지촌으로 구분하고, 그 특징을 비교한다.
⑦ 촌락의 생활 모습과 문제점을 이해하고 해결 방법을 알아본다.
⑧ 도시와 촌락이 상호 보완적인 관계를 가지고 있음을 이해한다.

⑹ 사회 변화와 우리 생활

우리 사회는 큰 변화의 과정에 놓여 있다. 이러한 사회의 큰 변화는 개인의 삶에도 영향을 미친다. 대중매체의 발달과 여성의 사회 활동 증가, 핵가족화, 고령화 등 사회 변화는 개인과 사회 모두에게 새로운 선택을 요구한다. 현대 사회의 변화에 대한 이해를 바탕으로 개인과 개인 간, 공동체와 개인 간의 관계를 파악하고 다양한 사회 문제를 합리적으로 해결하는 활동을 한다.
① 현대 사회 가족 구성의 다양성을 이해하고, 바람직한 가족의 의미를 찾아본다.
② 성 역할이 변화하고 있음을 이해하고, 양성 평등의 사회를 만들기 위한 방안을 모색한다.
③ 우리나라의 인구 구성의 변화에 따른 다양한 사회 문제를 이해한다.
④ 현대 사회에서 대중매체가 미치는 긍정적, 부정적 영향을 파악한다.
⑤ 현대 사회에서 여가의 중요성을 알고, 바람직한 여가 활용 방안을 찾아본다.
⑥ 생활 방식의 다양성을 이해하고, 사회적 약자와 소수자 권리의 중요성을 이해한다.

(제5학년)

⑴ 하나 된 겨레

선사시대에서 고조선 건국에 이르는 과정, 삼국의 성립과 발전, 통일신라와 발해의 역사를 생활과 문화를 중심으로 이해한다.
선사시대 인류의 생활 모습과 고조선이 성립된 이후의 변화를 파악한다. 역사이야기와 인물, 유물과 유적을 통하여 삼국과 통일신라 및 발해의 생활 모습과 문화를 이해한다.
① 선사시대 유물과 유적을 통해 당시 사람들의 생활 모습을 파악한다.
② 고조선이 우리 겨레가 세운 첫 국가임을 알고 생활모습을 이해한다.
③ 삼국의 발전 과정 및 상호 경쟁을 그림, 지도, 연표로 표현한다.
④ 유물과 유적, 역사 인물 이야기를 통하여 삼국의 생활 모습을 이해한다.
⑤ 인물의 활동을 중심으로 삼국 통일과 발해의 건국 과정을 파악한다.
⑥ 통일신라와 발해의 인물들, 유물과 유적을 통해 여러 신분의 생활 모습을 이해한다.

⑵ 다양한 문화가 발전한 고려

고려 시기의 역사를 당시 조상의 생활 모습과 문화 그리고 인물을 중심으로 파악한다.
고려 시기는 외세의 침략으로 여러 차례 전쟁을 벌이면서도, 불교와 유교 등 주변 문화를 적극적으로 수용하여, 다채로운 생활과 문화를 발전시켰음을 이해한다.
① 고려의 후삼국 통일 과정을 견훤, 궁예, 왕건 등 인물을 통해 파악한다.
② 고려 시기 왕과 귀족, 백성들의 생활 모습을 탐구하고 비교한다.
③ 고려 시기 불교가 사람들의 생활 모습에 미친 영향을 이해한다.
④ 고려 시기 거란, 몽골의 침략과 이를 극복하기 위한 조상의 노력을 조사한다.
⑤ 금속활자, 청자, 팔만대장경 등 고려 시기 대표적인 문화재를 통해 고려 시기 과학과 문화를 탐구한다.
⑥ 생활을 개선하고 문화를 발전시키려 노력했던 고려 시기 인물을 조사한다.

⑶ 유교 전통이 자리잡은 조선

조선 전기의 역사를 우리 조상의 생활과 문화를 중심으로 이해한다.
조선 전기를 유교와 그 속에서 전개된 우리 조상의 삶, 문화, 인물 등을 통해 파악한다. 특히 세종 시기 전후의 문화 융성기에 문화 발전을 위해 노력하였던 조상의 노력과 우리 문화의 여러 모습을 확인한다. 이러한 문화를 바탕으로 형성된 민족자존의 정신이 양란 극복의 원동력이 되었음을 이해한다.
① 도성과 궁궐 건축을 통해 조선이 유교 국가를 지향하였음을 파악한다.
② 세종 대에 이룩한 문화, 과학 분야의 성과를 탐구한다.
③ 여러 신분의 생활 모습을 통해 유교적 전통이 어떻게 자리잡아 나가게 되었는지를 탐구한다.
④ 조선 시기 사람들의 생활과 놀이 중에서 현재 남아 있는 사례를 조사한다.
⑤ 인물이나 유적을 통해 임진왜란과 병자호란의 극복 과정을 파악한다.
⑥ 생활을 개선하고 문화를 발전시키려 했던 조선 전기의 인물을 조사한다.

⑷ 조선 사회의 새로운 움직임

양란 이후 달라진 생활 모습과 새롭게 등장한 문화 요소들을 파악한다.
인물, 문학과 예술, 대표적인 문화재를 중심으로 조선 후기 사회의 변화를 탐구한다. 실학이 대두하고 서양 종교와 학문이 소개되면서 유교 중심의 문화가 변화하였음을 이해한다.
① 영조, 정조 시기에 문화가 크게 발달하였음을 사례를 들어 설명한다.
② 풍속화, 민화, 서민 문학을 통해 조선 전기와 달라진 새로운 생활 모습을 탐구한다.
③ 도자기와 칠기 등 조선 후기에 사용된 생활용품을 조사하여 그 속에 담긴 조상의 지혜를 확인한다.
④ 서양에서 전래된 문물을 조사하고, 서양학문과 천주교가 조선 사회에 미친 영향을 이해한다.
⑤ 실학자와 농민 봉기 지도자를 사례로 사회 변화를 위한 조상의 노력을 알아본다.
⑥ 조선 시기 여성의 생활과 사회적 지위 변화를 파악하고 생활을 개선시키고자 했던 여성의 노력을 이해한다.

⑸ 새로운 문물의 수용과 민족 운동

개항 이후 전개된 근대화 운동, 대한제국의 수립, 일제 강점기에 전개된 독립 운동을 살펴본다.
근대 문명의 수용과 더불어 변화하는 사회의 모습과 조상의 일상생활을 역사적 사건, 인물 등과 연계하여 이해한다. 나아가 일제의 가혹한 지배 정책하에서도 생활 개선을 위해 벌였던 조상의 노력을 이해한다.
① 개항 전후 시기부터 일제 강점까지 외세의 침략 과정과 그에 대한 조상의 대응을 파악한다.
② 대표적인 인물을 통해서 근대 국가를 세우기 위해 전개한 노력과 대한 제국의 수립 과정을 파악한다.
③ 근대 문명의 수용이 가져온 일상생활의 변화 모습을 조사한다.
④ 대표적인 인물을 중심으로 여러 갈래로 이루어진 독립 운동의 전개 과정을 이해한다.
⑤ 일제의 수탈과 근대 문물의 확산이 생활 문화에 미친 영향을 추론한다.
⑥ 일제 강점기 역사, 문학, 예술 등 분야에서 활동한 인물들의 활동을 조사한다.

⑹ 대한민국의 발전과 오늘의 우리

8 · 15광복에서 현재까지 대한민국의 변화와 발전 과정을 살펴본다.
8 · 15광복 이후 우리 민족이 분단과 전쟁 등 수많은 시련을 극복하면서 오늘의 대한민국을 건설해 온 과정을 인물

과 사건을 통해 확인한다. 조상의 지난한 노력의 결과 민주화와 경제 발전, 문화 성장이 가능하였음을 이해한다. 경제 성장의 토대 위에서 민주주의가 더욱 신장되고 평화 통일이 실현되는 미래를 만들기 위해 우리가 할 수 있는 일을 찾아본다.

① 광복과 대한민국 정부 수립, 분단과 6·25전쟁으로 이어지는 과정을 살펴본다.
② 민주화와 경제 발전 과정을 살펴보고, 그것이 가져온 생활 문화의 변화를 탐구한다.
③ 정치, 경제, 사회, 문화의 발전에 중요한 역할을 한 인물들의 삶을 조사한다.
④ 대한민국의 발전, 평화 통일, 인류 문화의 향상을 위해 우리 각자가 할 수 있는 일들을 알아본다.

(제6학년)

(1) 아름다운 우리 국토

세계 속에서 우리나라의 위치와 영역을 확인하고 국토의 자연적, 인문적 특성을 파악한다. 또한 우리나라의 자연환경과 인구, 교통, 산업, 문화 등에 관한 주요 사실과 현상을 파악하고, 사람들이 지형과 기후에 어울리는 의식주 생활을 하고 있음을 이해한다. 이와 관련하여 우리나라의 자연적, 인문적 특성을 사례 지역을 통해 확인하면서 지도, 그래프, 도표로 나타내고, 주제도와 일반도 등 여러 가지 자료에서 각 지역에 대한 정보를 읽어 내는 도해 기능을 기른다. 아울러 앞으로 다가올 통일에 대비하여 북한의 자연·인문 지리적인 특성을 이해한다.

① 우리나라 국토의 위치와 영역을 지도와 지구본을 활용하여 확인한다.
② 우리나라 국토의 자연적 특성을 지형, 기후 등 측면에서 이해한다.
③ 전형적인 사례 지역을 선정하고, 이를 통하여 우리나라의 자연적 특성을 이해한다.
④ 자연적 특성을 기준으로 지역을 구분하고, 지역의 차이를 생활 모습의 측면에서 이해한다.
⑤ 전형적인 사례 지역을 선정하고, 이를 통하여 우리나라의 인문적 특성을 이해한다.
⑥ 우리나라 국토의 인문적 특성을 인구, 산업, 교통, 문화 등 측면에서 이해한다.
⑦ 북한 지역의 자연·인문 지리적 특성을 이해한다.
⑧ 우리나라의 자연·인문 지리적 특성을 지도, 그래프, 도표로 나타내고, 다양한 자료에서 필요한 정보를 읽을 수 있다.

(2) 우리 경제의 성장과 과제

우리 경제는 시장 경제의 원리에 기초하여 세계 각 나라와 상호 의존하며 경쟁하고 있다. 우리 경제는 지속적으로 변화하고 있는데, 이러한 국가 경제의 성장과 쇠퇴는 시민들의 삶의 모습에 커다란 영향을 미친다. 따라서 시민들의 삶을 풍요롭게 유지하기 위해서 지속적으로 경제를 성장시키는 것은 우리 사회의 중요한 과제이다. 국가 간 경쟁이 치열해지고 있는 상황에서 국제 거래에서 경쟁력을 갖추는 것은 경제 성장을 위해서 매우 중요하다. 그러나 삶의 질 향상은 경제 성장과 함께 그 과정에서 발생하는 여러 가지 사회 문제를 슬기롭게 해결할 때 가능하다. 따라서 우리 경제의 성장 과정과 그 과정에서 나타나는 다양한 사회 문제를 이해하고, 이를 바탕으로 삶의 질을 높일 수 있는 경제 성장의 방안을 모색한다.

① 우리 경제의 특징을 자유와 경쟁이라는 측면에서 이해한다.
② 우리 경제의 변화를 성장, 위기, 위기 극복이라는 국면으로 나누어 살펴본다.
③ 여러 경제 정보를 활용하여 우리 경제의 현황을 파악한다.
④ 우리 경제가 국제 거래를 통해 다른 나라 경제와 상호 의존하며 경쟁하고 있음을 이해한다.
⑤ 국제 경쟁력 증진을 위한 기업가, 근로자, 정부의 역할을 이해한다.
⑥ 경제 성장 과정에서 나타나는 여러 문제를 확인하고 이에 대해 대안을 모색한다.

(3) 환경을 생각하는 국토 가꾸기

자연환경과 자원의 효율적 이용, 국토의 균형적인 발전, 환경 보전을 위해 노력하고 있는 모습을 확인하면서, 국토를 사랑하는 마음과 일상생활에서 국토의 문제를 해결하려는 태도를 기른다. 도시화와 산업화로 인한 환경 문제를 미래지향적이면서도 균형적인 국토 개발의 필요성과 관련지어 이해한다. 또한, 국토 개발과 환경 보전이라는 갈등 사례를 통해 지리적 의사 결정의 중요성을 알고, 개발과 보전에 대한 균형적인 사고와 가치·태도를 가진다.

① 인간이 자연 생태계를 구성하는 일부분임을 이해한다.
② 인간이 자연환경의 영향을 받고 있음을 국토 수준에서 파악한다.
③ 인간은 기술을 활용하여 자연의 제약을 극복할 수 있음을 국토 수준에서 이해한다.

④ 자연과 공존할 수 있는 방향으로 국토 개발이 이루어져야 함을 이해한다.
⑤ 국토 개발과 환경 보전에 대한 균형적인 사고를 할 수 있다.
⑥ 산업 활동의 입지 선정과 지역의 문제 해결 과정에서 합리적인 의사 결정을 할 수 있다.
⑦ 국토 가꾸기와 환경 문제에 대하여 미래지향적인 관점과 태도를 가진다.

⑷ 우리나라의 민주 정치

　민주 정치는 많은 사람의 노력에 의해서 유지되고 발전된다. 민주적 삶의 과정에서 국민들은 여러 가지 법 규범과 그 운영 원리를 이해하고, 주체적으로 법을 만들고 지켜야 한다. 또한 다양한 정치 생활에 참여하여 공동체의 구성원으로서 권리를 행사하고 의무를 이행할 필요가 있다. 따라서 우리나라의 민주화 과정에 대한 이해를 바탕으로 법의 의미와 기능을 파악하고, 주요 국가 기관의 권한과 기능을 인식한다. 또한 인간의 기본적 권리 및 공동체 구성원으로서의 의무를 자각하고 더불어 살아갈 수 있는 능력을 기른다.
① 우리나라의 민주화 과정에 대한 이해를 바탕으로, 민주주의는 참여를 통해 만들어 가는 것임을 이해한다.
② 헌법의 핵심적인 내용을 이해하고 그 외의 다양한 법들이 우리 생활을 위해 필요함을 인식한다.
③ 국회, 행정부, 법원의 구조와 기능을 권력 분립의 원리와 연관 지어서 이해한다.
④ 인권을 존중하는 태도를 기른다.
⑤ 공공 생활에서 지켜야 할 기본적 의무를 자각하고 이를 준수하는 태도를 기른다.
⑥ 관용, 대화, 타협, 절차 준수 등 일상생활에서 민주주의를 실천하는 태도를 기른다.

⑸ 세계 여러 지역의 자연과 문화

　세계 여러 지역의 자연적, 인문적 특성을 우리나라와의 지리적 관계 속에서 이해한다. 세계는 다양한 인종과 민족 및 국가로 구성되어 있지만 교통·통신의 발달에 따라 하나의 지구촌으로 변하고 있음을 인식한다. 세계 여러 지역의 문화적 차이를 알고, 시사 자료와 지구본 및 세계 지도 등을 이용하여 세계 여러 지역의 특성을 조사할 수 있다. 또한 변화하는 세계 속에서 국제 협력과 세계 평화에 이바지하려는 태도를 기른다.
① 우리나라와 관계가 깊은 세계 여러 지역을 선정하고 그 선정 기준을 제시한다.
② 세계지도 및 지구본의 기능을 활용하여 세계 각 지역의 위치를 확인한다.
③ 세계지도 및 해당 지역의 지도와 여러 가지 시사 자료를 활용하여 선정된 지역의 자연적·인문적 특성을 이해한다.
④ 다양한 인종, 민족, 국가로 구성된 세계는 교통·통신의 발달에 따라 지구촌화되고 있음을 이해한다.
⑤ 지구촌에서는 여러 가지의 갈등과 문제가 발생하고 있으며, 이러한 문제의 해결을 위해 국제기구와 단체 그리고 많은 사람들이 노력하고 있음을 이해한다.
⑥ 세계 여러 지역의 문화적 다양성을 이해한다.
⑦ 변화하는 세계 속에서 우리나라의 역할을 깨닫고 이에 이바지하려는 태도를 가진다.

⑹ 정보화, 세계화 속의 우리

　사회 변화의 큰 흐름에 정보화와 세계화가 있다. 정보화와 세계화는 개인과 공동체의 삶 전반에 영향을 미치는 거대한 변혁으로 현재와 미래의 인간 삶을 해석하고 이해하는 밑그림의 역할을 한다. 과학과 기술의 발달은 이러한 변화를 더욱 가속화시킬 뿐만 아니라 새로운 사회 문제를 만들어 낸다. 이러한 흐름 속에서 분단국가인 우리나라는 민족 통일이라는 요소 또한 고려하여야 한다. 정보화와 세계화라는 사회 변화의 흐름을 이해하고 대한민국 국민으로서, 또한 세계 시민으로서 어떻게 사고하고 행동해야 하는가를 탐구한다.
① 정보 사회의 의미를 이해하고, 정보화가 인간의 삶에 미치는 영향을 파악한다.
② 과학과 기술 발달의 방향을 이해하고, 그것이 일상생활에 미치는 영향과 문제점을 파악한다.
③ 세계화의 다양한 모습을 이해하고, 우리 삶의 변화를 이와 관련지어 파악한다.
④ 세계화와 관련하여 우리 문화의 고유성을 인식하고, 민족 문화의 세계화를 위한 방안을 창의적으로 모색한다.
⑤ 변화하는 세계 속에서 분단으로 인해 우리 민족이 겪는 문제를 생각해 보고, 이를 해결할 방안을 모색한다.
⑥ 세계 인류의 번영과 평화로운 삶을 위한 다양한 국제 사회의 노력을 조사해 본다.

〈지리 영역〉

⑴ 내가 사는 세계

내가 사는 지역, 우리나라, 세계 각 지역의 위치를 구체적으로 확인하고, 위치에 따라 시간, 계절 등이 다르게 나타남을 인식한다. 지구상에는 다양한 면적과 형태를 가진 여러 나라가 존재함을 알고, 각 나라에 대해 관심을 갖는다.
① 지구본과 세계지도에서 우리나라 및 세계 주요 국가의 위치를 조사한다.
② 세계 주요 국가의 면적과 형태를 비교한다.
③ 지도나 위성사진, 인터넷을 이용해 내가 사는 동네와 우리나라의 주요 도시의 위치를 조사한다.
④ 시간과 날짜가 우리나라와 다른 나라를 찾아 그 이유를 알아본다.
⑤ 남반구에 있는 나라와 북반구에 있는 나라의 지리적 차이를 설명한다.

⑵ 다양한 기후 지역과 주민 생활

세계에는 다양한 기후가 나타나며, 이러한 기후가 그 지역의 음식, 가옥구조, 농업 등 주민 생활에 미치는 영향을 파악하고, 자연재해가 발생하는 지역의 지리적 특성을 살펴본다. 또한, 우리나라의 기후 특성을 다른 나라의 기후와 비교할 수 있는 능력을 기른다.
① 세계 기온 분포도를 보고 기온이 대비되는 지역 간의 생활양식을 비교한다.
② 세계 강수량 분포도를 보고 강수량 분포가 대비되는 지역 간의 생활양식을 비교한다.
③ 우리나라의 기후 특성을 살펴보고 다른 나라와의 차이를 분석한다.
④ 눈이 많이 오는 지역의 주민 생활 특징을 조사한다.
⑤ 홍수, 가뭄, 태풍 등 자연재해 발생 지역의 지리적 특성을 조사한다.

⑶ 다양한 지형과 주민 생활

세계에는 다양한 지형 경관이 존재하고 그에 따라 다양한 주민 생활이 이루어지고 있음을 적절한 사례 지역을 통해 이해한다.
① 인터넷 또는 시각 자료를 통하여 독특한 지형 경관을 살펴보고 세계 지형의 다양성을 이해한다.
② 세계의 대산맥과 대하천, 우리나라의 주요 산맥과 하천의 위치를 확인한다.
③ 화산과 지진 활동이 빈번히 일어나는 지역을 찾아보고, 그 지역에 살고 있는 사람들의 삶의 모습을 조사한다.
④ 산지 지역, 평야 지역, 해안 지역의 주민생활 모습을 사례를 들어 지형과 연관 지어 설명한다.

⑷ 지역마다 다른 문화

세계 각 지역의 생활 모습을 이해하고, 지역에 따라 문화경관이 다양하게 나타나는 것을 바탕으로 상대 문화를 존중하는 태도를 기른다. 학습자가 흥미 있어 하는 스포츠, 영화, 예술, 지역 축제를 소재로 지역 문화의 다양성을 인식한다.
① 구체적인 사례를 통해 세계에는 다양한 문화가 존재함을 파악한다.
② 종교적 경관이 뚜렷한 지역을 사례로 그 지역의 주민 생활을 이해한다.
③ 문화 이식 또는 확산으로 인한 독특한 문화 경관의 형성을 사례 지역을 통해 설명한다.
④ 다양한 문화 축제를 그 지역의 특성과 관련지어 설명한다.
⑤ 우리나라를 중심으로 동아시아의 문화적 공통성과 상호 관련성을 설명한다.

⑸ 인구 변화와 인구 문제

세계 인구 분포의 차이, 인구 이동의 원인을 파악한다. 우리나라를 포함하여 세계 각 지역의 인구 문제가 다름을 인식하고, 인구 문제에 대한 해결 방법을 모색한다.
① 세계 인구분포도를 보고 인구 밀집 지역과 희박 지역을 확인하고, 대표적인 두 나라를 사례로 차이가 나타나는 이유를 추론한다.
② 인구가 유입되는 지역과 유출되는 지역을 사례로 들어 비교해 보고, 인구 이동의 원인을 파악한다.

③ 세계 각 지역의 다양한 인구 문제(인구 급증, 고령화, 성비불균형 등)를 구체적인 사례를 통해 파악한다.
④ 우리나라의 저출산, 고령화 현상의 원인을 다양한 시각에서 살펴보고 그 해결 방법을 모색한다.

⑹ 도시 발달과 도시 문제

도시에서의 다양한 삶의 모습을 구체적인 사례를 통해 알아보고, 이를 바탕으로 도시의 특성을 파악한다. 도시화의 의미를 알고 도시의 발달과정을 산업 발달과 관련하여 파악한다. 도시에서 발생하고 있는 문제점을 조사하고, 해결 방법을 모색한다.
① 도시의 의미를 이해하고 사례를 통해 도시적 생활양식의 특성을 파악한다.
② 우리나라의 수도권을 사례로 도시화 과정을 설명한다.
③ 사례 지역을 들어 도시 발달 과정을 산업 발달과 관련하여 이해한다.
④ 도시 내부에서 고급 주택지와 저급 주택지가 분리되는 모습을 사례를 통해 이해한다.
⑤ 도시에서 발생하는 문제점들을 파악하고 그 해결책을 모색한다.

〈일반사회 영역〉

⑺ 개인과 사회생활

인간은 다양한 집단의 사회적 구성원으로서 긴밀하고 유기적인 관계망을 형성하고 있음을 이해한다. 이러한 사회적 관계 속에서 사회적 상호작용의 의미를 탐색하고, 자아 정체성이 형성되는 과정을 이해한다.
① 사회적 존재로서의 인간 및 사회화의 의미를 이해한다.
② 자아 정체성이 사회적 관계 속에서 형성됨을 이해하고, 이를 존중하는 태도를 가진다.
③ 일상생활 속에서 사회적 상호작용 유형을 탐색하고, 그것의 사회문화적 의미를 분석한다.
④ 사회적 관계의 의미와 유형을 이해하고, 개인과 집단의 바람직한 역할을 탐색한다.
⑤ 사회생활 속에서 나타나는 차이와 차별 현상을 이해한다.
⑥ 사회 불평등 현상의 원인 및 해결 방안을 제시한다.

⑻ 문화의 이해와 창조

문화의 의미와 특징을 이해하고, 문화를 객관적으로 인식한다. 또한 대중매체와 대중문화에 대한 비판적 분석을 통해 현대 사회의 문화적 특징을 이해한다. 아울러 문화의 창조와 계승에 기여할 수 있는 능력을 기른다.
① 문화의 의미와 특징을 이해한다.
② 문화를 바라보는 다양한 관점을 이해하고, 자문화 및 타 문화를 객관적으로 바라보는 능력과 태도를 가진다.
③ 대중문화의 의미와 특징을 이해하고, 대중매체 속에 담겨 있는 대중문화를 비판적으로 해석한다.
④ 문화 창조자로서의 인간의 모습을 이해하고, 바람직한 문화의 계승과 발전 방향을 탐색한다.

⑼ 우리의 생활과 법

법은 우리의 모든 일상생활과 밀접하게 연결되어 있는 것으로 국가 구성원들 사이의 공동의 약속이며, 분쟁이나 갈등을 예방하는 도구임을 이해한다. 이러한 관점에서 법의 의미와 목적을 일상생활 속에서 이해하고, 분쟁 해결의 수단과 제도를 탐색한다.
① 우리의 모든 일상생활이 법과 연결되어 있다는 점을 이해한다.
② 법은 분쟁을 예방하여 서로 편리한 생활을 영위하기 위한 도구라는 점을 이해한다.
③ 분쟁과 갈등을 평화적으로 해결하기 위한 사법 제도와 그 원리를 이해한다.
④ 일상생활과 직업 생활 속에서 자신의 권리를 행사하는 적극적인 법의식을 가진다.
⑤ 법적 쟁점을 비판적으로 분석하고 합리적 해결 방안을 모색한다.

⑽ 인권 보호와 헌법

헌법은 인권을 보장하기 위해 나타난 것임을 이해한다. 우리나라 헌법은 기본원리, 보호수단 그리고 정부의 성격과 형태를 규정하고 있음을 인식한다. 이러한 관점에서 헌법을 이해하고, 이를 통하여 자신의 기본적 권리를 적극적으로 실현하며, 타인의 권리를 존중할 줄 아는 성숙한 시민 의식을 함양한다.
① 인권 의식의 성장과 헌법의 관계를 이해한다.

② 우리나라 헌법의 기본 원리와 헌법을 보호하는 수단을 이해한다.
③ 우리나라 헌법이 구현하려는 정부의 성격과 형태를 이해한다.
④ 자신의 기본권을 실현하며 타인의 권리를 존중하는 시민 의식을 가진다.

(제9학년)

〈지리 영역〉

⑴ 자원의 개발과 이용

일상생활에서 사용하는 상품을 이용하여 원료의 원산지, 이동 과정을 파악하고, 자원을 효율적이고 친환경적으로 이용할 수 있는 방안을 모색한다. 천연자원뿐 아니라 인적·문화적 자원도 중요함을 인식한다.
① 일상생활에서 사용하고 있는 상품들의 원료를 알아보고, 원료의 원산지와 이동과정을 파악한다.
② 자원이 풍부한 국가를 사례로 자원이 그 지역 주민 생활에 어떤 영향을 미쳤는지 파악한다.
③ 에너지 자원을 둘러싼 지역 갈등 문제를 사례 지역을 들어 설명한다.
④ 우리나라, 일본 등을 사례로 인적·문화적 자원의 중요성을 인식한다.
⑤ 자원 확보의 어려움을 이해하고 자원을 효율적이고 친환경적으로 이용할 수 있는 방안을 모색한다.

⑵ 산업 활동과 지역 변화

산업의 발달에 따른 지역 특성의 변화를 이해하고, 지역 주민의 생활에 미치는 영향을 우리나라와 세계의 사례를 통해 파악한다.
① 전통적 농업지역에서 상업적 농업지역으로 변화한 대표적인 사례를 통해 그 요인을 이해하고 지역 변화를 파악한다.
② 광업의 발달과 쇠퇴에 따른 지역 특성의 변화 및 주민 구성 변화를 이해하고, 그에 따른 지역문제의 해결 방법을 모색한다.
③ 활발한 공업화가 이루어진 지역을 사례로, 입지 특성과 배경을 이해하고 지역성의 변화를 이해한다.
④ 공업의 쇠퇴 등 산업구조의 변화가 일어나는 지역의 사례를 통해 그 배경과 지역 특성의 변화를 이해한다.
⑤ 서비스업의 입지에 따라 지역의 특성이 변화된 다양한 사례를 선정하여, 그 요인을 파악하고, 지역 특성의 변화를 이해한다.

⑶ 지역에 따라 다른 환경 문제

자신의 일상생활이 전 지구적 환경 문제와 관련되어 있음을 인식하고, 환경문제를 적극적으로 해결하려는 태도를 기른다. 지역 특성을 반영한 환경친화적 개발 방식이나 대체 에너지 개발의 중요성을 인식한다.
① 환경 보전을 위한 다양한 활동을 인터넷에서 찾아보고, 왜 그러한 활동을 하는지 이해한다.
② 일상생활에서 자원의 소비로 인해 발생하는 환경 문제를 인식하고 이를 해결하려는 태도를 기른다.
③ 선진국과 개발도상국에서 나타나는 환경 문제를 비교하고 사례를 통해 차이가 나타나는 이유를 파악한다.
④ 전 지구적 차원의 환경 문제를 사례를 통해 파악하고 이를 해결하기 위한 다양한 노력에 대해 이해한다.
⑤ 지역 특성을 반영한 환경친화적 개발 방식이나 대체에너지 개발을 사례를 통해 조사한다.

⑷ 세계 속의 우리나라

세계화 과정 속에서 우리나라의 위상을 파악하고 국제적인 물류의 중심으로 성장하고 있는 지역을 살펴본다. 이를 통해 우리나라에 대한 긍지와 자부심을 갖고, 국토 보전과 국토 사랑의 자세를 함양한다.
① 세계 속에서 우리나라의 위상을 다양한 측면에서 조사한다.
② 해양 진출의 요지 또는 국제 물류의 중심으로 성장하고 있는 지역에 대해 조사한다.
③ 제주특별자치도가 국제 자유 도시로 선정된 배경과 그 영향을 파악한다.
④ 세계적으로 주목받는 우리나라의 갯벌과 그 지역의 주민 생활을 조사한다.
⑤ 독도가 갖는 지리적 의미를 이해한다.
⑥ 우리나라의 다양한 자연, 문화적인 특색을 외국인에게 간략하게 설명한다.

⑸ 통일 한국의 미래

우리나라가 세계로 도약하기 위해서는 국토 공간의 지리적 통합이 필요함을 깨닫고, 북한의 개방 지역, 접경 지역을 중심으로 지리적 의미에 대해 이해함으로써 국토 통일에 대비한다. 지리적·정치적 인접 국가에 대한 지리적 이해를 통해 미래지향적인 우리나라의 발전상을 설계한다.
  ① 북한의 개방 지역의 지리적 특성을 사례를 중심으로 조사한다.
  ② 백두산 지역, 비무장지대(DMZ)가 갖는 지리적 의미와 특성을 이해한다.
  ③ 국토 통일과 관련하여 동북아시아의 지리적 위치를 이해한다.
  ④ 세계로 도약하기 위해 통일의 필요함을 깨닫고 통일 후의 바람직한 국토 공간 모습을 그려본다.

〈일반사회 영역〉

⑹ 정치 생활과 민주주의

정치는 개인 또는 집단 수준에서 나타나는 구성원 간의 이해관계를 조정하고 대립과 갈등을 해결하는 활동임을 인식한다. 정치 현상의 이면에 작용하는 권력의 원천과 주체에 관한 사고방식이 역사적으로 어떻게 변화되어 왔는지를 인식하여 현대 민주주의의 이념과 정치 원리를 이해한다.
  ① 정치의 다양한 의미를 이해하고 정치의 본질을 권력 현상 및 바람직한 정치의 목표와 관련지어 파악한다.
  ② 정치권력의 원천과 주체가 역사적으로 어떻게 변화해 왔는지를 이해한다.
  ③ 정치 원리로서의 민주주의의 성격을 이해한다.
  ④ 민주주의의 이념을 역사적·사회적 전개 과정과 관련지어 이해한다.
  ⑤ 현대 사회에서 나타나는 정치 현상을 비판적으로 분석한다.

⑺ 정치 과정과 참여 민주주의

정치 공동체의 구성원으로서 시민은 권력의 주체로서 권리를 행사하는 동시에 권력의 객체로서 의무를 이행하면서 정치에 참여함을 이해한다. 이러한 참여를 통해 정치 활동 양식의 구조와 기능을 이해하고 평가할 수 있는 능력을 기른다.
  ① 권력의 구조와 기능을 민주주의의 맥락 속에서 이해한다.
  ② 정치 참여의 다양한 수단과 방법을 모색한다.
  ③ 정치 과정에서의 행위 주체와 기능을 이해하고 적극적으로 참여하는 자세를 갖는다.
  ④ 정치 발전의 과제를 시민 사회 및 정치 문화와 관련지어 이해한다.
  ⑤ 정치적 쟁점을 비판적으로 분석하고 해결 방안을 모색한다.

⑻ 경제생활과 경제 문제

인간의 경제생활이 생산, 분배, 소비로 이루어짐을 이해하고, 그 과정에서 발생하는 경제적 선택을 합리적으로 할 수 있는 능력을 기른다. 또한 경제 체제의 의미와 특징을 이해한다. 아울러 각 경제 주체가 수행하는 경제적 역할과 책임을 탐구한다.
  ① 희소성의 의미를 파악하고, 경제생활 속에서 일상적으로 경험하는 다양한 희소성의 사례를 제시한다.
  ② 경제적 선택의 상황에 직면하여 효율성, 형평성 및 장기적 관점 등을 고려하여 합리적 선택을 할 수 있는 능력을 기른다.
  ③ 인간의 경제생활은 분업과 교환을 통해 개인 간, 지역 간, 국가 간에 상호 의존적으로 전개되며, 어떤 일방의 경제적 의사 결정은 상대방에게 서로 영향을 주고받는다는 사실을 이해한다.
  ④ 기본적인 경제 문제를 해결하기 위한 방식으로서의 경제 체제의 의미와 특징을 알아본다.
  ⑤ 경제생활 속에서 소비자(저축·투자자), 생산자(기업가와 노동자), 정부가 수행하는 경제적 역할과 책임을 탐색한다.
  ⑥ 일생 주기 동안 경제적으로 지속가능한 생활을 하기 위해 바람직한 신용관리, 자산관리 등 재무 설계를 한다.

⑼ 시장 경제의 이해

시장에서 가격이 결정되는 원리와 시장 가격이 변동하는 이유를 파악한다. 그리고 시장에서 가격이 효율적인 자원 배분을 유인하는 신호로서 기능함을 이해한다. 시장 기능의 한계를 이해하고, 이를 보완할 수 있는 여러 가지 방안을 탐색한다.
① 수요와 공급의 의미와 수요와 공급에 영향을 미치는 여러 가지 요인에 대해 알아본다.
② 시장에서 균형 가격이 결정되고 변동하는 원리를 이해한다.
③ 효율적인 자원 배분을 유인하는 신호로서 가격의 다양한 기능을 파악한다.
④ 시장 기능과 정부 역할의 한계를 보완하기 위한 방안을 사례를 통해 탐색한다.
⑤ 시장 경제의 제도적 원칙인 사유재산권, 경제활동의 자유, 사적 이익의 추구 등에 관하여 헌법의 기본권과 경제 조항에서 근거를 찾아 그 의미를 설명한다.

⑩ 국민 경제의 이해

국민 경제의 성장과 변동 과정을 이해하고, 지속적인 성장과 발전을 위한 여러 가지 방안을 모색한다. 또한 국민 경제의 주요 목표로서 물가 안정과 고용 안정의 중요성을 이해한다. 이와 함께, 국제 경제의 기본적인 특징을 이해하고 세계 경제의 참여자로서의 자세를 기른다.
① 국민소득의 의미를 국민 경제의 순환과 변동의 측면에서 이해한다.
② 경제성장의 의미와 경제성장의 요인을 파악한다.
③ 국민 경제의 안정적 성장을 위한 정부 경제 정책의 유형과 의미를 이해한다.
④ 물가의 의미와 물가 안정을 위한 여러 가지 방안에 대해 탐구한다.
⑤ 실업의 의미와 고용 안정을 위한 여러 가지 방안에 대해 탐구한다.
⑥ 국제경제의 기본적인 특징을 국제 거래, 환율 등과 연관시켜 이해한다.

(제10학년)

〈지리 영역〉

⑴ 국토와 지리 정보

동부 아시아에 위치한 우리나라의 지리적 위치 특성을 이해하고, 올바른 국토관을 함양한다. 고지도와 고문헌 등 전통 지리 분야를 통해 오랜 기간에 걸쳐 형성되어 온 전통지리 사상을 파악한다. 지리학의 연구 대상인 지역의 의미, 그 분류와 특성을 올바르게 인식한다. 또한, 지역에 대한 체계적이고 종합적인 이해를 위해 다양한 지리 정보를 수집·분석·활용할 수 있는 능력을 기른다.
① 우리나라의 위치 특성을 파악하고, 세계 속에서 우리나라의 지리적 위상을 조사한다.
② 우리나라의 영역을 확인하고, 그 중요성과 잠재력을 인식한다.
③ 고지도와 고문헌 등을 통해 전통 지리 사상과 그 발달 과정을 이해한다.
④ 일상생활과 관련된 구체적 사례 지역을 선정하여 지역의 개념을 탐구한다.
⑤ 지역 문제의 해결 과정을 통해 지리 조사의 순서와 방법을 이해하고, 구체적인 조사 활동을 수행한다.
⑥ 사례 지역을 대상으로 지리 정보를 수집·분석하여 다양한 지리 정보의 종류와 특성을 이해하고, 이를 일상생활에 활용한다.

⑵ 자연환경과 인간 생활

자연환경의 중요한 요소로서의 기후 환경의 특색을 살펴보고, 기후가 인간 생활에 미친 영향을 파악한다. 지표면의 다양한 지형 경관의 형성 과정을 분석하고, 인간 생활에 미친 영향을 종합적으로 이해할 수 있는 능력을 기른다.
① 기후로 인해 차이가 나타나는 경관을 구체적인 사례를 통해 파악한다.
② 기후와 인간 생활과의 관계를 세계 각 지역의 다양한 산업 활동과 관련하여 탐구한다.
③ 다양한 산지 지형 경관을 조사하고, 그 형성 과정 및 인간 생활과의 관계를 파악한다.
④ 다양한 하천 및 평야 지형 경관을 조사하고, 인간 생활과의 관계를 이해한다.
⑤ 다양한 해안 지형의 경관을 조사하고, 그 형성 과정 및 인간 생활과의 관계를 파악한다.

⑶ 문화 경관의 다양성

자연경관을 바탕으로 형성된 문화 환경의 특성을 각 지역의 지리적 다양성이라는 관점에서 이해한다. 세계 각 지역의 촌락과 도시 등 다양한 문화 경관을 지리적 관점에서 분석하고 이해할 수 있는 능력을 기른다.
① 문화 경관의 의미를 이해하고, 다양한 경관의 지역적 차이를 분석한다.

② 촌락 경관의 차이를 사례지역을 통해 비교 · 분석한다.
③ 촌락이 도시화되어 가는 과정을 사례를 통해 이해한다.
④ 선진국과 개발도상국의 도시를 사례로 도시 경관의 차이를 비교 · 분석한다.

⑷ 장소 인식과 공간 행동

우리 삶의 터전인 장소를 올바르게 이해하고, 이를 기초로 개인의 공간 행동과 입지 선정에 있어 합리적 의사 결정 능력을 기른다. 또한, 장소에 대한 인식을 바탕으로 이루어지는 인간의 다양한 공간 행동의 특징을 이해한다.
① 일상생활 속에서 접하게 되는 장소에 대한 인식이 개인에 따라 차이가 있음을 이해한다.
② 주거지 선정, 관광지 선택 등과 같은 개인의 공간적 의사 결정 과정에서 장소에 대한 인식이 미치는 영향을 파악한다.
③ 개인의 다양한 공간적 이동 행태(주거지 이동, 통근을 위한 이동, 관광을 위한 이동 등)의 특성을 파악하고, 이에 영향을 미친 요인을 분석한다.
④ 공업 및 서비스업의 입지에 영향을 미친 요인을 구체적인 사례를 통해 분석한다.
⑤ 입지 요인의 변동으로 나타나는 공간 구조의 변화를 구체적인 사례를 통해 파악한다.

⑸ 지역 개발과 환경 보전

지역 개발의 결과로 나타나게 되는 다양한 지역 변화의 양상과 그 특징을 파악하고, 삶의 질을 향상시킬 수 있는 친환경적인 지속가능한 발전 방안을 모색한다. 환경의 중요성을 인식하고 인간 활동에 의해 나타나는 다양한 환경 문제를 살펴본다.
① 지역 개발의 의미와 방식을 이해하고, 다양한 규모에서의 지역개발 사례를 비교 · 분석한다.
② 지역 개발을 통해 지역(도시) 이미지 창출에 성공한 사례를 찾아보고, 주민 생활에 미친 영향을 파악한다.
③ 지역 개발로 인해 갈등이 발생하는 사례를 찾아보고, 이에 대한 해결 방안을 지리적 관점에서 모색한다.
④ 지속가능한 발전의 의미를 이해하고, 생태 관광과 같은 국내외의 다양한 실천 방안을 탐색한다.
⑤ 전 지구적인 차원에서 발생하는 다양한 자연재해와 환경 문제의 원인을 구체적 사례를 통해 분석한다.

〈일반사회 영역〉

⑹ 문화

문화가 정치, 경제, 법 등 사회 각 영역의 중요한 토대임을 인식하고, 문화의 관점에서 다양한 사회현상을 탐구한다. 문화를 통해 복합적인 사회현상을 효과적으로 이해한다.
① 사회현상 토대로서 문화의 의미를 이해한다.
② 정치 현상을 문화의 관점에서 분석한다.
③ 경제 현상을 문화의 관점에서 분석한다.
④ 법 현상을 문화의 관점에서 분석한다.
⑤ 문화 현상에 대한 총체적 이해에 근거하여 사회적 쟁점을 해결하는 방안을 문화의 관점에서 모색한다.

⑺ 정의

사회 정의의 필요성과 의미에 대한 이해를 바탕으로 정치, 경제, 법 등 다양한 영역에서 논의되고 있는 사회정의 관련 쟁점을 탐구한다. 또한 사회 정의를 실현할 수 있는 대안을 찾고, 이를 실천하려는 태도를 갖는다.
① 사회 정의에 대한 다양한 관점을 이해한다.
② 정의를 둘러싼 다양한 쟁점을 정치적, 경제적, 법적 측면에서 파악한다.
③ 개인적, 공동체적 관점에서 정의를 실현할 수 있는 방안을 제시한다.
④ 민주 시민으로서 사회정의 실현을 위해 노력하는 자세를 가진다.

⑻ 세계화

세계화는 정치적, 경제적, 사회문화적 차원에서 우리의 삶에 직접 개입되어 있으며, 우리의 삶의 형식을 지속적으로 변화시키고 있음을 인식한다. 또한 세계화에 대한 다양한 논의와 세계화로 인해 야기되는 문제들을 이해하고 이에 대한 대처 방안을 모색한다.

① 세계화의 의미와 관계를 이해한다.
② 세계화가 정치·경제적, 사회문화적 측면에서 우리의 삶에 미치는 영향을 탐구한다.
③ 세계화에 대한 논의 과정에서 제기되는 주요 쟁점을 탐색한다.
④ 세계화에 대한 주요 찬반 논리와 근거를 분석한다.
⑤ 세계화의 진행과정에서 발생할 수 있는 문제를 탐색하고, 여러 가지 해결 방안을 이해한다.

(9) 인권

인권의 중요성을 이해하고 인권 개념의 등장 배경과 확대 발전 과정을 탐구한다. 또한 개인의 인권뿐 아니라 타인의 인권이 존중될 때 공동체가 발전함을 인식한다.
① 인권의 기본 개념과 관점을 이해한다.
② 인권의 발달 과정을 역사적 측면에서 이해한다.
③ 현대 사회의 인권 문제의 성격을 정치, 경제, 사회문화적 측면에서 이해한다.
④ 생활 주변의 인권침해 사례를 조사하고, 이를 해결하기 위한 활동에 참여하는 자세를 갖는다.

⑩ 삶의 질

삶의 질 향상은 개인적 요인뿐 아니라 사회적 요인에 의해 영향을 받으며, 사회·경제 발전과 함께 이루어짐을 인식한다. 삶의 질을 결정하는 다양한 요인들을 파악하고, 이러한 다양한 요인의 균형발전이 인간의 행복한 삶에 기여함을 이해한다.
① 삶의 질의 의미를 이해하고, 삶의 질을 측정하는 척도를 탐색한다.
② 삶의 질을 정치, 경제, 법, 사회·문화의 관점에서 파악한다.
③ 삶의 질을 향상시킬 수 있는 방안을 제시한다.

4. 교수·학습 방법

가. 교수·학습의 원칙

(1) 학습자가 사회 현상에 대한 흥미와 관심을 넓히고, 인간 생활과 사회 현상의 원리를 발견하며, 이를 실생활에 적용할 수 있도록 학습을 전개한다.
(2) 사회과의 성취 목표인 핵심 지식의 이해, 탐구 기능의 습득, 고차원적 사고력의 신장 그리고 문제 해결력 및 실천 능력 향상을 위해 다양한 교수 방법을 활용한다.
(3) 고차원적 사고력 함양에 적합한 귀납적 인식, 반성적 사고, 메타 인지 등과 같은 학습 과정을 통해 학습자 스스로 지식을 구성하고 자기 주도적 학습능력을 향상시킬 수 있도록 학습을 전개한다.
(4) 사회과 학습의 목표와 주어진 학습자 여건 및 교육환경을 고려하여 가장 효과적인 교수·학습 방법을 자율적으로 선택 실시하고, 이를 반성적으로 개선해 나가도록 한다.
(5) 학습자의 요구, 수준, 능력, 적성 등을 고려한 학습을 전개한다.

나. 교수·학습의 방법

(1) 사회 현상에 대한 종합적인 인식을 위하여 통합적인 교수·학습 방법을 강조한다.
(2) 학생들의 학업 성취 수준, 흥미, 사회적 요구 등을 고려하여 교육 현장에 적합한 주제와 문제를 중심으로 단원을 구성하여 수업이 이루어질 수 있도록 한다.
(3) 학생들의 사고력을 자극할 수 있도록, 적절한 탐구 상황을 설정하고 다양한 발문 기법을 활용한다.
(4) 소집단별 협동 학습을 통해 민주 시민의 중요한 자질이라 할 수 있는 집단 구성원으로서의 책무성, 참여의식, 타인에 대한 존중, 협동심을 함양할 수 있도록 한다.
(5) 질문, 조사, 토의, 논술, 관찰 및 면담, 현장 견학과 체험, 초청 강연, 실험, 역할 놀이와 시뮬레이션 게임, 모의 재판과 모의국회, 사회 참여 등 다양한 학습 방법을 학습 내용의 성격에 비추어 적절하게 활용한다.
(6) 현대 사회의 정보화 추세에 맞추어 각종 정보 매체를 활용할 수 있도록 교실 환경을 조성하고, 신문 활용교육(NIE), 컴퓨터 보조 학습(CAI)과 인터넷 활용 교육(IIE)을 적극 활용하도록 한다.
(7) 학습자가 민주 시민의 자질을 함양하고 지역 사회 참여 의식을 고취할 수 있도록 각종 사회 문제에 관한 시사

자료와 지역 사회 자료를 활용하여 지도한다.
(8) 현대 사회의 정치적, 경제적, 사회적, 문화적 현상을 실증적 자료와 구체적인 사례에 근거하여 분석할 수 있도록 지도한다.
(9) 교수·학습의 효율성을 높이기 위하여 지도, 도표, 영화, 슬라이드, 통계, 연표, 연감, 신문, 방송, 사진, 기록물, 유물, 여행기, 탐험기 등 다양한 교수·학습 자료를 활용한다.

5. 평 가

가. 평가 방향

(1) 교육과정 내용의 대강화와 교수·학습 방법의 자율화에 맞는 다양한 평가 방법을 활용할 수 있도록 한다.
(2) 사회과 평가는 교육과정에 제시된 목표와 내용, 교수·학습 방법과의 일관성을 유지하도록 한다.
(3) 사회과 평가는 교육과정에 제시된 목표를 준거로 하여 추출된 내용 요소에 따라 이루어지도록 한다.
(4) 평가는 개개인의 학습 과정과 성취 수준을 이해하고 발달을 돕는 차원에서 실시한다.
(5) 학습의 과정 및 학습의 수행에 관한 평가가 이루어지도록 한다.
(6) 평가 내용은 지식 영역에만 치우쳐서는 안 되며, 기능과 가치·태도 영역을 균형 있게 선정한다.
(7) 지식 영역의 평가에서는 사실적 지식의 습득 여부와 함께 사회 현상의 설명과 문제 해결에 필수적인 기본개념 및 원리, 일반화에 대한 이해 정도를 측정하는 것에 중점을 둔다.
(8) 기능 영역의 평가에서는 지식의 습득과 민주적 사회생활을 하는 데 필수적인 정보의 획득 및 활용 기능, 탐구 기능, 의사 결정 기능, 집단 참여 기능을 측정하는 데 초점을 둔다.
(9) 가치·태도 영역의 평가에서는 국가, 사회의 요구와 개인적 요구에 비추어 바람직한 가치와 합리적 가치의 내면화 정도, 가치에 대한 분석 및 평가 능력을 평가한다.

나. 평가 내용

사회과 평가에는 다음 요소들이 포함되도록 한다.
(1) 사회 현상의 설명과 문제 해결에 필수적인 지리, 역사, 제 사회 과학의 기본 개념 및 원리, 일반화에 대한 이해 정도
(2) 지리적 현상, 역사의 흐름, 현대 사회의 현상과 특성에 대한 통합적, 종합적 이해 정도와 사회 현상을 탐구하는 데 필요한 각종 정보와 자료를 획득, 조직, 활용하는 능력
(3) 인간 행위와 사회 환경에 대한 다양한 관점의 이해와 수용, 사회적 합의성이 높은 가치의 탐색 및 사회의 기본 가치에 대한 이해와 존중
(4) 사회, 지역, 국가의 당면 문제 해결과 관련된 의사 결정 능력 및 실천 능력
(5) 사회과의 기본 지식에 대한 이해를 확장시키는 학습자의 흥미, 관심, 학습 동기와 습관

다. 평가 방법

(1) 지필 평가 외에 면접, 체크리스트, 토론, 논술, 관찰, 활동 보고서, 포트폴리오 등을 통한 다양한 평가가 이루어질 수 있도록 한다.
(2) 선택형 평가를 실시하더라도 단순한 결과적 지식 습득의 여부보다는 기본 개념 및 원리의 이해와 아울러 이러한 지식 및 정보의 획득 과정과 활용 능력이 평가되도록 한다.
(3) 사고력 신장이나 가치, 태도의 변화를 평가하기 위하여 양적 자료와 더불어 질적 자료를 수집하여 평가하도록 한다.

라. 평가 결과의 활용

(1) 평가 결과는 학습자들의 학업 성취 수준을 판정하는 데에서 더 나아가 학습자의 학습 능력과 교수·학습 방법의 적절성을 진단하고 개선하는 데 활용한다.
(2) 평가 결과가 지속적인 교육과정 개선을 위한 참고 자료로 활용되도록 한다.

2. 역 사

1. 성 격

'역사'는 과거에 있었던 다양한 인류의 삶을 이해하고 현재 우리의 모습을 과거와 연관 지어 살펴봄으로써 인간과 인간의 삶에 관하여 폭넓은 이해와 안목을 키우는 과목이다.

이 과목은 과거와 현재, 우리나라와 세계를 연관시켜 체계적이고 전반적으로 이해할 수 있도록 구성한다. 우리나라와 세계를 서로 고립된 별개의 주체로 파악하는 시각을 지양하고 평면적이고 단선적인 역사 인식에서 벗어나 입체적이고 역동적인 역사 이해를 촉진한다.

중학교 과정에서는 초등학교에서 학습한 한국사에 대한 기초적 이해를 바탕으로 우리나라와 세계의 역사와 문화를 서로 관련지어 이해하는 데 주안점을 둔다. 고등학교 과정에서는 근현대사를 중심으로 세계사의 흐름 위에서 한국사를 주체적으로 파악하도록 한다.

이러한 과정을 통해 학습자로 하여금 인간의 삶과 관련된 문제들을 다양한 시각에서 해석하고, 나아가 과거와 현재, 나와 타인의 삶에 대하여 성찰할 수 있는 능력을 기르도록 한다.

2. 목 표

'역사' 과목에서는 우리나라와 세계의 역사를 종합적이고 체계적으로 이해하는 것을 지향한다. 과거 사실에 대한 폭넓은 지식을 바탕으로 비판적 사고력과 합리적 판단력을 향상시킨다. 학생 스스로 다양한 역사적 자료를 활용하여 학습할 수 있도록 함으로써 과거에 대한 서로 다른 해석과 시각이 존재할 수 있음을 인식하고 이를 통하여 역사에 대한 통찰력을 기르도록 한다.

'역사' 과목의 세부적인 목표는 다음과 같다.

가. 우리나라와 세계 역사를 체계적이고 종합적으로 파악한다.
나. 현대와 가까운 과거에 대한 이해를 심화함으로써 현대 세계와 우리 국가와 사회에 대한 통찰력을 확대한다.
다. 다양한 역사적 자료를 탐구하고 해석하는 과정을 통해 스스로 문제의식을 가지고 비판적으로 사고하는 능력을 기른다.
라. 현대 사회가 직면한 문제들에 대한 역사적 배경과 상호관련성을 파악하여 그 의미와 가치를 평가할 수 있도록 한다.
마. 다양한 삶의 방식에 대한 이해를 기초로 다른 문화와 전통을 존중하는 태도를 기른다.

3. 내 용

가. 내용 체계

학년 \ 영역	제8학년	제9학년	제10학년
한국사 영역	○ 문명의 형성과 고조선의 성립 ○ 삼국의 성립과 발전 ○ 통일신라와 발해 ○ 고려의 성립과 발전 ○ 고려 사회의 변천 ○ 조선의 성립과 발전	○ 조선 사회의 변동 ○ 근대국가 수립 운동 ○ 대한민국의 발전	○ 우리 역사의 형성과 발전 ○ 조선사회의 변화와 서구 열강의 침략적 접근 ○ 동아시아의 변화와 조선의 근대 개혁 운동 ○ 근대 국가 수립운동과 일본 제국주의의 침략 ○ 일제의 식민지 지배와 민족 운동의 전개 ○ 전체주의의 대두와 민족 운동의 발전 ○ 냉전 체제와 대한민국 정부의 수립 ○ 대한민국의 발전과 국제정세의 변화 ○ 세계화와 우리의 미래
세계사 영역	○ 통일제국의 형성과 세계종교의 등장 ○ 다양한 문화권의 형성 ○ 교류의 확대와 전통사회의 발전	○ 산업화와 국민 국가의 형성 ○ 아시아 · 아프리카 민족 운동과 근대국가 수립 운동 ○ 현대 세계의 전개	

나. 학교급별 내용

(제8학년)

⑴ 문명의 형성과 고조선의 성립

역사 학습의 목적, 인류의 출현에서 국가 형성까지 과정을 다룬다.

역사를 현재의 삶과 관련지어 인식한다. 역사적 상상력을 바탕으로 선사시대의 삶을 추리한다. 세계 여러 지역에서 국가가 형성되고 문명이 성장하는 과정에 대한 이해를 바탕으로, 고조선의 성립과 뒤를 이은 여러 나라의 모습을 살펴본다.

① 역사의 뜻을 알고 역사를 공부하는 목적을 이해한다.
② 도구의 발전을 중심으로 한반도와 세계 여러 지역의 선사 문화 발전 과정을 이해한다.
③ 세계 여러 지역에서 국가가 형성되고 문명이 성장하는 과정을 파악한다.
④ 고조선의 건국과 발전 과정을 이해하고 고조선 사회의 특징을 추론한다.
⑤ 고조선 이후 여러 나라가 철기 문화를 바탕으로 성장하였음을 이해한다.

⑵ 삼국의 성립과 발전

여러 나라가 경쟁하는 가운데 삼국이 중앙 집권 국가로 성장하는 역사를 다룬다.

삼국이 정복전쟁과 체제 정비를 통해 중앙 집권 국가로 나아가는 과정을 부여, 가야의 변화 양상과 비교해 본다. 삼국의 영역 확장의 의미를 삼국과 동아시아의 역학관계 속에서 살펴본다.

① 고구려의 성장과 팽창에 따른 대내외적인 변화를 설명한다.
② 백제의 변천 과정과 대외 활동 양상을 이해한다.
③ 신라의 영역 확장과 체제 정비 과정을 연관 지어 파악한다.
④ 삼국이 발전하는 과정에서 나타난 공통점을 추출하고 이를 부여, 가야의 경우와 비교한다.
⑤ 삼국이 신분제 사회였음을 여러 사례를 통해 설명한다.
⑥ 고대 문화의 발전상을 이해하고, 이웃 나라와의 교류 양상을 파악한다.

⑶ 통일 신라와 발해

고구려의 대외 항쟁부터 삼국통일 과정을 거쳐 남북국 형세를 이룬 통일 신라와 발해의 발전상, 신라 하대의 사회적 모순으로 나타난 후삼국 성립까지를 다룬다.

신라의 주도로 이루어진 삼국 통일 과정을 동아시아 국제 정세 속에서 파악하고, 삼국 통일로 우리 민족사의 기틀이 다져졌음을 이해한다. 아울러 고구려를 계승한 발해가 신라와 함께 남북국을 이루면서 민족사의 한 축을 이루었음을 살펴본다.
① 고구려의 대 수 · 당 전쟁 과정을 파악하고 역사적 의의를 설명한다.
② 삼국 통일의 과정을 이해하고 그 의의를 다각도로 평가한다.
③ 통일 이후 신라 사회의 변화 모습을 파악한다.
④ 발해의 성립과 문화적 특징을 통해 고구려와의 관련성을 설명한다.
⑤ 통일 신라와 발해가 주변지역과 활발하게 교류하였음을 안다.
⑥ 신라 하대 사회의 동요와 후삼국의 성립 과정을 이해한다.

⑷ 고려의 성립과 발전

후삼국 통일과 그 이후 고려의 통치체제 정비가 가져온 정치 사회 변화와 대외 관계의 추이를 다룬다.
고려의 통일이 호족 세력의 통합을 통해 이루어졌으며, 제도 정비를 통하여 귀족 중심 사회로 변화하였음을 안다.
① 고려의 통일은 후삼국 통합과 발해 유민 포용을 통해 이뤄졌음을 이해한다.
② 고려 전기의 제도 정비를 통해 귀족 중심 사회가 형성되었음을 인식한다.
③ 고려 전기 특징적인 사례를 통해 각 신분의 일상생활을 추론한다.
④ 여러 가지 사례를 통해 고려 전기의 문화적 특징을 파악한다.
⑤ 고려의 대외 관계를 전쟁과 문물 교류의 양상으로 나누어 설명한다.

⑸ 고려 사회의 변천

무신 정변 이후에 나타난 고려 사회의 변화를 다룬다.
무신 정변과 농민 · 천민의 봉기를 거치며 귀족 중심 사회가 변하였음을 안다. 대몽 항쟁 이후 지배 세력의 변화를 국제 정세와 관련지어 이해하고 그에 따른 사회, 문화의 변화 모습을 파악한다.
① 무신 정권과 농민 · 천민 봉기의 전개 과정을 파악한다.
② 대몽 항쟁 과정을 알고 반원 자주화 노력을 설명한다.
③ 여러 가지 사례를 통해 고려 후기의 문화 변화를 설명한다.
④ 고려 말 신진 사대부가 성장하여 조선 건국에 주도적 역할을 하였음을 이해한다.

⑹ 조선의 성립과 발전

조선의 성립 이후 문물제도 정비를 통한 정치, 문화 발전과 양란의 전개 과정을 다룬다.
이 시기에 조선 정치의 기틀이 형성되고 사림파가 등장하며 유교를 바탕으로 정치와 사회가 운영되었음을 파악한다.

① 유교 이념에 따른 통치 체제가 수립되었음을 이해한다.
② 조선 전기에 이룩한 민족문화의 발전을 사례를 들어 설명한다.
③ 조선 전기 특징적인 사례를 통해 각 신분의 일상생활을 추론한다.
④ 사림파가 등장한 이후 성리학적 사회질서가 확산되었음을 이해한다.
⑤ 외세의 침략에 맞선 다양한 노력 중심으로 왜란과 호란의 전개 과정을 설명한다.

⑺ 통일 제국의 형성과 세계 종교의 등장

세계 여러 곳에서 통일 제국이 형성되고 세계 종교가 대두하는 과정을 다룬다.
페르시아와 마우리아 왕조의 통일, 그리스 폴리스의 성립과 알렉산드로스 제국 형성, 로마 제국, 춘추 · 전국시대에서 진 · 한의 통일 과정을 살펴본다. 국가 형성, 통일제국의 성립과 함께 학문과 사상이 발전하고 세계적인 종교가 탄생하였음을 이해한다.
① 페르시아가 서아시아 일대를 통일하여 대제국을 형성하였음을 이해한다.
② 마우리아, 쿠샨 왕조를 중심으로 인도의 정치발전 과정을 이해한다.
③ 춘추 · 전국시대에서 진 · 한에 이르는 중국의 정치변화를 설명한다.
④ 그리스 문명의 형성에서 로마 제국의 발전까지 정치변화를 파악한다.
⑤ 춘추 · 전국시대의 중국, 그리스와 로마의 대표적인 학자와 그들의 활동을 조사한다.
⑥ 크리스트교, 불교, 유교의 성립과 확산과정을 비교하여 파악한다.

⑻ **다양한 문화권의 형성**

다양한 문화권의 형성 과정과 그 특징을 다룬다.
서아시아, 유럽, 인도와 동남아시아, 동아시아로 나누어 각 지역이 하나의 문화권으로 발전하는 과정을 살펴본다.
각 지역의 정치경제적 특징과 문화요소를 파악하여 문화권의 공통점과 차이점을 비교하고 다른 문화에 관용적인 태
도를 갖도록 한다.
　① 이슬람 제국의 형성 과정을 파악하고, 이슬람 문화권의 공통요소를 파악한다.
　② 중세 유럽의 형성 과정을 파악하고, 서유럽과 비잔틴 제국의 정치경제적 특징을 비교한다.
　③ 크리스트교를 중심으로 중세유럽문화의 특징을 파악하고, 르네상스를 계기로 새로운 변화가 나타났음을 이해한다.
　④ 굽타왕조 이후의 인도의 정치 변화과정을 힌두교, 이슬람교 확산과 관련지어 파악한다.
　⑤ 동남아시아의 국가 형성 과정을 파악하고 여러 나라의 문화를 비교한다.
　⑥ 수·당이 위·진 남북조의 분열을 수습하고 정치 제도의 발전을 가져왔음을 설명한다.
　⑦ 동아시아가 하나의 문화권을 형성하였음을 여러 나라의 발전 과정을 통해 파악한다.

⑼ **교류의 확대와 전통 사회의 발전**

아시아 해상교역의 확대와 몽골 제국의 형성, 서유럽의 신항로 개척을 계기로 국제무역과 문화 교류가 확대되고
전통사회가 새롭게 발전한 사실을 다룬다.
송대(宋代의) 경제 발전과 몽골 제국의 성립이 교류의 확대로 이어지는 과정을 살펴본다. 이슬람 국가가 성장하고,
이슬람세력이 더 넓은 지역으로 확산되는 과정, 신항로 개척과 유럽의 팽창이 가져온 결과를 살펴본다.
　① 송대의 경제 발전과 아시아 해상 교역의 확대 과정을 관련지어 파악한다.
　② 몽골 제국의 성립으로 세계사의 단초가 열렸음을 안다.
　③ 오스만 제국을 비롯한 서아시아 이슬람 국가의 발전 과정을 파악한다.
　④ 무굴 제국의 성립과 동남아시아 각국의 정치 발전을 지역별로 파악한다.
　⑤ 신항로 개척과 국제 무역의 확대를 배경으로 유럽에서 절대왕정이 형성되었음을 이해한다.
　⑥ 명, 청 제국의 성립과 발전 과정을 파악하고 다른 지역과의 교류 상을 파악한다.

(제9학년)

⑴ **조선 사회의 변동**

양란 후 통치 체제 개편, 경제 성장과 사회 변화, 실학자들의 사회 개혁론을 다룬다.
통치 체제를 개편하기 위한 지배층의 노력이 전개되고 이것이 세도정치로 변질되는 과정을 살펴본다. 농업 생산력
증대와 상공업의 발달로 사회·경제·문화적 변동이 일어났음을 이해한다.
　① 정치·사회 질서의 안정을 위한 제도 개혁이 이루어졌음을 이해한다.
　② 붕당정치가 세도정치로 변질된 사정을 알고, 그 문제점을 지적할 수 있다.
　③ 조선 후기의 사회경제적 변화를 사회 개혁론과 관련지어 파악한다.
　④ 조선 후기 문화의 새로운 변화를 사례 중심으로 파악한다.
　⑤ 새로운 종교의 등장과 농민 봉기를 농민 의식의 성장과 연관 지어 설명한다.

⑵ **근대국가 수립 운동**

개항 이후 전개된 주권 수호 운동과 일제 강점기 민족 운동을 통해 자주적으로 근대 사회를 이루려는 노력을 다룬다.
개화 운동과 위정척사 운동, 동학 농민 운동과 애국 계몽 운동, 의병 항쟁의 흐름을 알아본다. 일제의 식민통치에
맞서 자주적인 근대국가 수립을 위한 민족 운동이 여러 갈래로 전개되었음을 이해한다.
　① 개항 이후 여러 세력이 추진한 근대개혁 운동의 성격과 의의를 이해한다.
　② 열강의 침략에 맞선 주권 수호 운동의 흐름을 파악한다.
　③ 일제의 침략 과정과 식민지배 정책의 내용을 설명한다.
　④ 3. 1운동의 성과와 의의를 파악하고, 대한민국 임시정부가 수립되었음을 안다.
　⑤ 일제강점기에 국내외에서 전개된 다양한 민족 운동을 파악한다.
　⑥ 신문물의 수용에 따른 사회와 문화의 변화상을 이해한다.

⑶ 대한민국의 발전

8·15광복 이후 대한민국의 변화와 발전 과정을 다룬다.
  민주주의와 인권, 산업화와 경제 발전, 평화와 통일을 위한 노력을 중심으로 현대사를 살펴보고, 보다 나은 한국의 미래 건설에 참여하려는 태도를 갖는다.
  ① 광복과 정부수립, 분단과 6·25전쟁을 국내외 정세와 관련지어 파악한다.
  ② 1960년대부터 현재에 이르기까지 정치 변화 과정을 파악한다.
  ③ 경제 성장과 이에 따른 사회 변동을 이해한다.
  ④ 북한 역사의 전개 과정을 파악한다.
  ⑤ 남북 간 화해와 협력의 노력을 탐구하고 통일을 위해 노력하는 자세를 갖춘다.

⑷ 산업화와 국민 국가 형성

산업혁명과 미국, 프랑스 혁명을 거치며 서양에서 국민 국가 체제가 성립되는 과정을 다룬다.
  서양 여러 나라들이 자유주의와 민족주의 이념하에서 근대적인 국가체제를 갖추고, 산업화를 추진하면서 제국주의 식민지 쟁탈전에 나서게 된 배경을 이해한다.
  ① 산업 혁명의 전개 과정과 그것이 미친 영향을 파악한다.
  ② 프랑스 혁명을 거치며 유럽에 국민 국가 체제가 등장하였음을 안다.
  ③ 미국과 라틴 아메리카의 여러 나라가 유럽의 지배에서 독립하는 과정을 안다.
  ④ 남북 전쟁을 전후로 미국의 영토가 확장되고 산업화가 촉진되었음을 이해한다.
  ⑤ 제국주의 등장으로 세계 여러 지역이 식민지로 분할되는 과정을 사례를 들어 설명한다.

⑸ 아시아·아프리카 민족 운동과 근대 국가 수립 운동

제국주의 침략에 맞선 아시아·아프리카인들의 투쟁과 근대적 국가 체제를 형성하기 위한 개혁 운동을 다룬다.
  서아시아, 아프리카, 인도 및 동남아시아, 동아시아에서 제국주의의 침략상과 변혁 운동의 전개 과정을 탐구한다.
서양의 침략과 아시아인의 저항이란 이분법을 넘어, 아시아인들의 근대국가 수립운동이라는 측면에서 여러 지역의 민족 운동을 비교한다.
  ① 제국주의 침략으로 아시아, 아프리카인들이 수탈과 억압을 당하였음을 안다.
  ② 서아시아·아프리카인들의 근대국가 수립운동을 사례 중심으로 파악한다.
  ③ 인도·동남아시아인의 저항과 근대국가 수립 운동을 비교하여 이해한다.
  ④ 동아시아 세 나라의 개항과 근대국가 수립운동을 비교하여 이해한다.
  ⑤ 일본의 제국주의 침략과정을 파악하고, 조선과 청의 대응 과정을 이해한다.

⑹ 현대 세계의 전개

두 차례 세계 대전과 냉전, 아시아의 국민 국가 운동을 중심으로 현대 세계의 전개 과정을 다룬다.
  두 차례에 걸친 세계 대전의 원인과 전쟁으로 인한 참상을 파악하고, 평화를 위한 노력을 탐구한다. 아시아·아프리카의 민족 운동과 독립 이후의 노력을 살펴보고, 사회주의권의 추이와 냉전의 전개 양상을 중심으로 1945년 이후 세계사의 흐름을 파악한다.
  ① 제1차세계대전이 총력전이란 새로운 양상을 띠었음을 이해한다.
  ② 러시아 혁명의 원인과 전개 과정을 이해하고 국제적 영향을 설명한다.
  ③ 제1차세계대전 이후 아시아, 아프리카의 반제국주의 운동 사례를 조사한다.
  ④ 제2차세계대전의 원인과 전개 과정을 알고, 대량 학살과 인권유린 사례를 설명한다.
  ⑤ 식민지 독립과 냉전 형성을 중심으로 1945년 이후 국제정치의 흐름을 파악한다.
  ⑥ 냉전의 완화와 소련 및 동유럽 사회주의 체제의 해체 과정을 설명한다.

(제10학년)

⑴ 우리 역사의 형성과 발전

근현대 역사를 배우기에 앞서, 전근대 한국 역사의 흐름 속에서 한국인의 삶과 문화를 개관하는 단원이다.

선사시대와 국가의 형성으로부터 양란에 이르는 우리 역사의 발전 과정을 시대별로 개관할 수도 있으며(단원 구성의 예), 전근대 한국사를 특징짓는 주요 요소를 중심으로 개관할 수도 있다.

[단원 구성의 예]

① 선사 문화와 우리 민족의 기원에 대하여 조사한다.
② 고조선 건국에서 삼국의 발전까지 국가의 성립과 변천 과정을 이해한다.
③ 통일신라와 발해의 성립과 변천 과정을 이해한다.
④ 고려의 정치 변동과 대외 관계, 사회의 성격을 설명한다.
⑤ 조선의 성립 및 집권 체제 정비 과정과 사회의 특징을 파악한다.

⑵ 조선 사회의 변화와 서구 열강의 침략적 접근

양란 이후 개항 이전까지 조선 사회의 변동과 사회개혁의 움직임, 외세의 침략적 접근과 조선의 대응을 다룬다.
조선 후기에 나타난 사회경제적 변화, 통치 질서의 동요, 농민의 저항을 파악한다. 서구 열강의 팽창에 따른 동아시아 삼국의 대응 과정을 이해한다.
① 조선 후기에 근대 사회를 향한 새로운 움직임이 있어났음을 사례를 들어 설명한다.
② 서구에서 자본주의가 발달하고 제국주의가 등장하는 과정을 파악한다.
③ 서구 열강이 아시아로 세력을 확장하는 과정과 이에 따른 변화를 파악한다.
④ 19세기 정치 질서의 문란과 사회 동요를 파악하여 당시 사회가 직면한 시대적 과제를 추론한다.
⑤ 흥선대원군 집권기의 통치 체제 정비 노력과 외세에 대한 대응 노력을 탐구한다.

⑶ 동아시아의 변화와 조선의 근대 개혁 운동

개항 이후 동학농민운동 이전까지 조선 사회에서 전개된 개혁의 움직임을 다룬다.
외세의 침략에 직면하여 자주적인 근대 국가 체제를 갖추기 위한 다양한 노력과 개혁 방향을 둘러싼 갈등을 파악한다. 아울러 조선을 둘러싼 열강의 대립이 조선의 근대 개혁에 끼친 영향을 파악한다.
① 개항 이후 청과 일본의 근대 개혁 운동을 이해하고 그 성격을 설명한다.
② 외국과 맺은 여러 조약을 조사하여 불평등 조약 체제가 형성되었음을 이해한다.
③ 정부가 추진한 개화 정책의 내용을 알고, 이를 둘러싼 여러 세력의 대응을 비교하여 파악한다.
④ 갑신정변의 전개 과정을 알고 이후 조선을 둘러싼 국제적 대립이 격화되었음을 안다.
⑤ 개항 이후 외세의 경제 침탈과 이로 인한 사회 경제적 변화를 탐색한다.

⑷ 근대국가 수립 운동과 일본 제국주의의 침략

동학농민운동과 청일전쟁으로부터 일제에 의한 국권 침탈에 이르는 시기를 다룬다.
동학농민운동, 갑오개혁, 광무개혁 등 근대국가를 수립하기 위한 노력을 살펴본다. 일본의 국권 침탈 과정과 이에 맞서 전개된 다양한 국권 수호 운동을 파악한다.
① 청일전쟁과 러일전쟁을 거치면서 일본의 제국주의가 본격화되었음을 안다.
② 외세의 중국 침략이 확대되고 이에 맞서 반외세 근대 변혁 운동이 활발하게 전개되었음을 안다.
③ 동학농민운동의 배경과 전개 과정을 알고, 이를 통해 농민군이 주장했던 사회개혁의 방향을 파악한다.
④ 갑오개혁, 독립협회 운동, 대한제국의 개혁이 근대국가 수립운동에서 차지하는 의미를 파악한다.
⑤ 국권 피탈 과정과 일제의 침략에 맞선 국권 수호 운동의 흐름을 파악한다.
⑥ 민권운동의 성장과 근대 문물의 유입으로 나타난 문화와 생활의 변화를 이해한다.

⑸ 일제의 식민지 지배와 민족 운동의 전개

국권 피탈 이후 1930년대 초까지 일제의 식민지배정책과 민족 운동의 전개 과정을 다룬다.
제국주의 국가들의 식민 지배와 이에 맞선 아시아의 민족 운동을 우리 역사와 관련지어 파악한다. 일제에 의한 식민지 지배의 내용과 특성을 파악하고, 3·1운동과 그 이후 전개된 민족 운동의 흐름을 파악한다.
① 제1차세계대전과 러시아 혁명을 거치며 세계정세가 크게 달라졌음을 안다.
② 일제의 식민지 지배정책을 시기별로 그 특징을 파악한다.
③ 3·1운동의 배경과 전개 과정을 알고 민주공화제를 표방한 대한민국임시정부 수립의 의의를 인식한다.

④ 나라 안팎에서 전개된 다양한 민족 운동의 사례를 조사한다.
⑤ 3 · 1운동 이후 사회운동의 사례를 조사하여 그것이 사회 문화에 미친 영향을 탐구한다.
⑥ 제1차세계대전 후 아시아 여러 지역에서 일어난 민족 운동의 사례를 조사하여 우리 민족 운동과 비교한다.

⑹ 전체주의의 대두와 민족 운동의 발전

일제의 아시아 침략이 본격화된 1930년대 초부터 8 · 15광복 직전까지를 다룬다.
일제의 침략전쟁이 확대되는 가운데 민족 운동이 꾸준히 전개되었음을 파악한다. 활발한 항일 투쟁 속에서 구체적인 건국 준비 활동이 이루어졌음을 이해한다.
① 대공황을 거치면서 전체주의 국가가 등장하고, 이들의 침략으로 제2차세계대전이 일어났음을 안다.
② 1930년대 이후 달라진 일제의 지배정책을 파악하고 이에 따른 사회경제적 변화를 추론한다.
③ 일제의 인적, 물적 자원 수탈과 민족말살정책을 파악하고, 이 시대를 살아간 다양한 삶의 모습을 비교해 본다.
④ 1930년대 이후에도 나라 안팎에서 민족 운동이 활발하게 전개되었음을 파악한다.
⑤ 태평양 전쟁 시기 국내외에서 본격화된 건국 노력을 설명한다.
⑥ 제2차세계대전의 진행 중에 우리의 독립과 관련된 국제 사회의 움직임을 파악한다.

⑺ 냉전 체제와 대한민국 정부의 수립

광복과 대한민국 정부 수립에서 시작하여 전쟁과 남북대립의 격화로 이어진 1950년대 말까지를 다룬다.
광복 이후 건국 운동, 통일국가 수립을 위한 노력, 대한민국 정부수립의 과정을 파악한다. 6 · 25전쟁의 원인과 전개 과정 및 그 결과를 이해하고 국내외적 영향을 파악하여 한반도 평화 정착의 필요성을 이해한다.
① 제2차세계대전 이후 미국과 소련의 대립이 심화되고, 냉전체제가 성립되는 과정을 파악한다.
② 8 · 15광복 직후 통일정부 수립을 위한 활동이 전개되었음을 설명한다.
③ 대한민국과 북한의 정부수립 과정과 그 의의를 파악하고, 농지 개혁과 친일파 청산이 추진되었음을 안다.
④ 6 · 25전쟁의 원인과 전개 과정 및 그 참상을 알고, 전후 남북한의 갈등이 증폭되었음을 안다.
⑤ 전후 복구 과정을 거치며 남과 북에 정치 경제적으로 다른 체제가 뿌리내렸음을 파악한다.
⑥ 냉전으로 인해 분단, 전쟁과 갈등을 겪은 다른 나라의 사례를 찾아서 서로 비교한다.

⑻ 대한민국의 발전과 국제 정세의 변화

4 · 19혁명 이후 1987년까지 대한민국의 발전과 국제정세의 변화를 다룬다.
1960년대 이후 정부 주도의 경제개발 정책으로 경제성장을 이룩하고, 권위주의 정부에 저항하는 민주화 운동이 꾸준히 전개되면서 민주주의 발전이 이루어졌음을 파악한다.
① 냉전 체제의 변화 양상이 동아시아와 남북한에 미친 영향을 이해한다.
② 4 · 19혁명에서 6월 민주 항쟁에 이르는 과정을 민주주의 발전의 측면에서 설명한다.
③ 1960년대 이후 고도성장이 이루어지고 산업구조가 변하였음을 알고 그것이 가져온 결과를 성찰한다.
④ 산업화가 농촌과 도시 생활에 미친 영향을 파악하고, 대중문화의 확산이 가져온 사회 변화를 설명한다.
⑤ 1960년대 이후 북한의 정치 경제적 변화 과정을 파악한다.
⑥ 대한민국의 민주화와 산업화 과정을 다른 국가들과 비교한다.

⑼ 세계화와 우리의 미래

1980년대 후반 이후 세계사의 흐름과 우리 사회의 변화와 과제를 다룬다.
사회주의 체제의 붕괴와 탈냉전, 세계화의 흐름 속에서 한국의 국제적 위상이 크게 높아졌음을 파악한다. 6월 민주 항쟁 이후 민주주의 확대와 시민사회의 성장을 살펴보면서 21세기의 평화롭고 풍요로운 세계를 건설하기 위한 방안을 모색한다.
① 1980년대 후반 이후 국제 질서의 변화 방향을 탐구한다.
② 6월 민주 항쟁 이후 민주화가 진전되고 시민 사회 운동이 활발해졌음을 설명한다.
③ 남북 간 화해와 협력을 위한 노력을 살펴보고, 평화 통일을 위한 과제와 방안을 탐색한다.
④ 동북아시아의 영토 문제, 역사 갈등, 과거사 문제 등을 탐구하여 관련국과의 바람직한 관계를 모색하는 자세를 갖는다.
⑤ 한국의 국제위상이 크게 높아졌음을 알고, 국제 공헌을 위한 방안을 탐색한다.

4. 교수·학습 방법

가. 국사와 세계사의 전반적인 내용을 체계적으로 이해시키고 양자 간의 상호 관련성을 이해할 수 있도록 한다.

나. 시간의 흐름에 따른 역사의 전개 과정을 그 무대가 되었던 공간과 연관시켜 설명함으로써 학생들의 이해와 흥미를 증진시킨다.

다. 개별적인 사실의 나열보다는 중요한 개념과 논리적인 인과관계를 이해시킴으로써 과거 사건을 역사적인 맥락 속에서 파악하게 한다.

라. 주어진 역사를 수동적으로 학습하게 하기보다는 학습자 스스로 역사적 지식의 형성 과정을 비판적으로 성찰할 수 있도록 역사적 사건에 대한 다양한 해석의 가능성을 이해하고 스스로 문제의식을 가질 수 있도록 한다.

마. 교과서의 모든 내용을 똑같은 비중으로 다루기보다, 교사 스스로 전문성을 살려 주안점을 두고자 하는 내용을 보완·강조하여 가르칠 수 있도록 한다.

바. 문답 학습, 극화 학습 등을 통해 학습자의 적극적인 참여를 이끌어 내고, 다양한 사료 및 도표와 통계 자료, 각종 멀티미디어 자료 등을 활용하여 생동감 있는 수업이 이루어지도록 한다.

사. 학습 내용에 따라 사실 학습, 개념 학습, 주제 학습, 인물 학습, 비교 학습 등을 다양하게 활용하고, 학생들의 능동적인 참여를 위해 토론, 발표, 논술, 조사, 사례 연구 등 다양한 교수·학습 기법을 활용한다.

아. 정보화 사회에 요청되는 정보의 처리와 조직 능력 신장을 위해 신문 활용 교육(NIE), 인터넷 활용 교육(IIE), 컴퓨터 보조 수업(CAI) 방식을 적극적으로 활용한다.

5. 평 가

가. 평가는 교육과정의 한 부분으로서 학습자의 학습 과정을 이해하고 성취 수준을 높이며 교육 내용과 교수·학습 방법의 적절성을 진단하는 마무리 과정이므로 교육과정에 제시된 목표, 내용, 교수·학습 방법과 일관성을 유지하도록 시행한다.

나. 교육과정에 제시된 목표와 내용에 따라 추출된 요소를 준거로 평가를 시행하되 지식·이해 영역뿐만 아니라 기능 영역, 가치·태도 영역에 대해서 균형 잡힌 평가를 실시한다.

다. 진단 평가, 형성 평가, 총괄 평가, 수행 평가를 적절하게 활용하여 학습 의욕을 자극하고 성취도를 높이며 학습 과정과 평가의 연계성을 높일 수 있도록 한다.

라. 지필 평가 외에 면접, 관찰, 논술, 체크리스트, 포트폴리오 등 여러 가지 양적, 질적 평가 기법을 활용하여 학생들의 역사적 능력을 종합적으로 평가하도록 한다.

마. 객관식 문항과 주관식 문항을 적절히 배합하여 평가 문항을 제작하되 타당도, 신뢰도, 객관도 등 평가 문항 요건을 준수한다.

바. 평가의 타당도와 신뢰도를 높이기 위해 학습자의 자기 평가, 동료 상호 평가, 조별 평가 등 평가 기법을 적극 활용한다.

3. 한국 지리

1. 성 격

　지리는 지표 공간의 자연 및 인문 환경에 대한 지식을 바탕으로 지리적 현상과 사람들의 삶의 방식을 이해하며, 공간상에서 나타나는 문제들을 파악하고 이에 대처할 수 있는 능력을 기를 수 있는 과목이다. 특히 한국 지리는 우리 국토 위에서 전개되어 온 인간과 자연의 상호관계에 대한 이해를 바탕으로 학습자들로 하여금 북한 지방을 포함한 국토 전체 및 삶의 구체적 토대인 지역에 대한 애정과 이해를 높일 수 있는 과목이다. 뿐만 아니라 한국 지리 과목에 포함된 다양한 내용들은 그것이 담고 있는 지리 사상과 정치·경제·사회·문화 등의 다각적 의미를 이해하도록 함으로써 지리적 상상력과 창의력 발달을 더욱 자극할 수 있다.
　한국 지리는 전체 교육과정의 틀 속에서 사회 교과 내 선택 과목으로 한정되어 중등 교육 대상자 중 11～12학년 학생들이 선택하도록 되어 있다. 한국 지리는 공통교육과정의 사회 교과에서 이루어진 지리 영역에 대한 학습을 바탕으로 국토 이해의 기초가 되는 각종 지식과 정보 및 이를 분석할 수 있는 능력, 국토 이해에 필요한 지리적 사고력, 우리가 살고 있는 지리적 환경에 대한 바람직한 가치관과 국토애를 고양할 수 있는 내용으로 구성된다. 한국 지리 학습을 통해 학생들은 국토 공간이 나를 포함한 하나의 생태계라는 것을 인식하고, 공간 현상을 다양한 규모에서 이해할 수 있다. 또한 개발과 보전에 대한 균형적인 관점, 환경 문제와 지역 불균형 문제에 대한 합리적인 판단력 등을 기를 수 있다.
　궁극적으로 한국 지리는 우리 국토에 대한 이와 같은 올바른 인식과 이해를 바탕으로 세계화·지역화에 대응하는 안목을 기르고 국토 공간과의 유기적인 연관성을 느낄 수 있는 기회를 제공하는 과목이다. 나아가 자신의 삶을 풍요롭고 의미 있게 만들어 갈 수 있는 인간으로 성장하도록 돕는 데 목적을 두고 있다.

2. 목 표

　한국 지리 과목의 목표는 자연 및 인문 환경의 지리적 이해를 바탕으로 우리 국토에서 일어나는 다양한 지리적 현상을 종합적으로 파악하고, 우리들의 삶의 터전을 보다 살기 좋은 공간으로 만들기 위한 지리적 분석력, 사고력, 창의력 등을 기르며, 국토의 지리적 환경과 공존할 수 있는 자세를 가지게 하는 데 있다.
　가. 국토의 다양한 지리적 현상을 종합적으로 이해하고, 세계화의 흐름 속에서 우리의 삶의 공간이 갖고 있는 의미를 파악한다.
　나. 우리나라 각 지역의 특성과 지역 구조의 변화 과정을 다양한 관점에서 파악하고, 이를 통해 다면적·복합적인 국토 공간의 특성을 인식한다.
　다. 국토 공간 및 자신이 살고 있는 지역의 당면 과제를 인식하고, 이를 합리적으로 해결할 수 있는 지리적 기능 및 사고력, 창의력을 기른다.
　라. 일상에서 접하게 되는 다양한 지리 정보를 선정·수집·분석·종합하고, 이를 지리조사 및 여가 등에 활용할 수 있는 능력을 기른다.
　마. 자연 및 인문 환경과 주민 생활의 연관성을 유기적·생태적인 사고를 바탕으로 이해함으로써 국토 공간과 환경에 대한 가치를 올바르게 인식할 수 있는 태도를 지닌다.
　바. 국토분단, 주변국과의 영역 갈등과 같은 우리 국토가 당면하고 있는 국토 공간의 정체성 문제를 올바른 시각에서 이해하고, 바람직한 국토관과 국토애를 함양할 수 있는 태도를 기른다.

3. 내　용

가. 내용 체계

영　역	내용 요소
· 세계화 시대의 국토 인식	○세계화 시대의 국토 이해 ○국토의 의미와 정체성
· 지형 환경과 생태계	○다양한 지형과 주민생활 ○생태 및 관광 자원으로서의 지형 ○인간 활동에 따른 지형 변화
· 변화하는 기후 환경	○기후 특성과 주민생활 ○기후 변화 및 자연재해 ○자연생태계에 대한 인간의 영향
· 거주와 여가의 공간	○도시와 촌락의 상호 의존과 변화 ○도시 재개발과 주민 생활 ○도시와 농촌의 여가 공간
· 생산과 소비의 공간	○산업 구조 변화에 따른 생산 및 소비 공간의 변화 ○교통·통신의 발달과 주민 생활
· 우리나라의 지역 이해Ⅰ	○지역 구분과 지역 조사 ○북한의 지리적 특성과 국토 통일
· 우리나라의 지역 이해Ⅱ	○우리나라 각 지역의 특성과 구조 ○각 지역의 현안과 주민 생활의 변화
· 삶의 질과 국토의 과제	○인구 문제와 대책 ○지역 격차와 공간적 불평등 ○지속가능한 발전과 바람직한 국토상

나. 영역별 내용

(1) 세계화 시대의 국토 인식

세계화라는 시대적 조류에서 우리 국토가 당면해 있는 현재 상황에 대해 학생들의 관심을 유도하고 과목 전체의 학습 방향을 제시한다. 생태 공간으로의 국토, 세계 속 우리나라의 위치와 위상, 분단 및 주변 국가와의 영역 갈등에 내재된 국토 공간의 정체성을 이해하고 우리 삶과의 연관 속에서 한국 지리 학습의 중요성을 깨닫는다.

① 전통적인 국토 인식의 틀을 이해하고, 현대 사회에서 강조되는 생태 공간으로서의 국토의 의미를 파악한다.
② 세계 속에서 우리나라의 위치와 위상을 인식하고, 세계화에 따른 국토와 우리 생활의 변화된 모습을 다양한 차원에서 파악한다.
③ 동북아 국가들 간 정세 및 교류의 중요성을 바탕으로 분단된 국토의 통일이 갖는 당위성을 정립한다.
④ 독도, 간도 등 구체적인 사례를 통해 주변 국가와 관련된 영역 갈등의 원인과 과정, 그 중요성을 인식한다.

(2) 지형 환경과 생태계

국토 공간을 이루고 있는 자연환경인 산지, 하천, 해안 지형 등의 특색 및 형성 과정을 이해하고, 인간의 행위가 지형 환경의 변화에 미치는 영향을 파악한다. 다양한 지형들이 인간의 행위와 유기적인 관계를 맺고 있으며, 우리의 삶의 공간이 이러한 시스템 속에서 변화되고 있는 현상을 다양한 사례를 통해 인식한다.

① 산지 지형을 중심으로 우리나라 지형의 전체 틀을 파악한다.
② 하천 유역에 발달하는 지형의 특성을 파악하고 수자원과 관련된 하천의 역할을 인식한다.
③ 해안 지형의 형성 작용을 파악하고, 인위적으로 해안 지형을 변형하는 이유와 이를 통해 발생하는 문제점을 인식한다.
④ 다양한 지형이 생태 및 관광 자원으로 떠오르게 된 배경을 사례를 통해 탐구한다.

(3) 변화하는 기후 환경

우리의 생활양식과 기후 환경의 상호 관련성 및 그 의미를 이해하고, 자연재해 및 기후변화의 다양한 사례를 통해 생태계의 한 축을 이루는 인간 행위의 의미와 역할을 탐구한다. 나아가 국토의 자연환경에 미치는 인간의 영향력을 파악할 수 있다.

① 우리나라의 기후 특성을 의식주 등 주민 생활과의 상호 관계를 통해 파악한다.
② 기후 변화의 현상과 그 원인을 파악하고, 이것이 우리의 생활과 환경에 미치는 영향을 탐구한다.

③ 기후, 토양, 식생을 중심으로 자연 생태계에 대한 인간의 영향이 잘 나타난 다양한 사례를 조사·분석한다.
④ 자연재해의 발생 원인과 영향을 이해하고, 그 대책을 제시한다.

⑷ 거주와 여가의 공간

국토 공간상에서 일상생활이 이루어지는 단위인 도시와 촌락의 의미를 파악하고, 세계의 도시 체계 내에서 우리나라 도시의 역할을 인식한다. 도시와 촌락에 관한 지리적 개념 및 공간의 변화상을 이해하고, 그 안에서 이루어지는 삶의 모습과 여가 활동이 가지는 의미를 깨닫는다.
① 생활공간으로서 도시와 촌락의 상호 의존 관계를 바탕으로 우리나라 정주 체계를 이해하고, 우리나라의 도시 체계를 세계의 도시 체계와 연관 지어 파악한다.
② 도시의 지역 분화 과정 및 내부 구조를 파악하고, 토지 이용의 유형과 변화를 비교·분석한다.
③ 대도시권의 형성·확대와 근교 농촌의 변화가 주민들의 생활양식에 미치는 영향을 분석·평가한다.
④ 도시 재개발의 과정을 이해하고, 도시 재개발이 경관 및 주민들의 삶에 미치는 영향을 조사한다.
⑤ 현대 사회의 촌락 변화를 인구, 산업, 형태, 기능의 변화라는 관점에서 파악한다.
⑥ 도시와 농촌에서 활용되는 여가 공간의 사례를 찾고, 여가 공간이 도시 및 농촌 주민들의 삶과 어떻게 연관되어 있는지를 종합적으로 파악한다.

⑸ 생산과 소비의 공간

산업 구조의 변화가 생산·소비 활동의 입지, 지역 구조 및 주민들의 일상생활에 미치는 영향을 다양한 사례의 비교·분석을 통해 이해한다. 산업 구조 변화의 한 요인인 교통·통신의 발달이 국토 공간에 미치는 영향을 다양한 규모에서 조사하고 국토 공간의 미래상을 예측할 수 있는 능력을 기른다.
① 우리나라의 농업 구조 변화로 인해 발생하는 문제점들을 파악하고, 이를 해결하기 위한 방안을 농산물의 지역적 특화 및 장소 마케팅 등과 관련지어 제시한다.
② 우리나라 공업 구조의 고도화 과정에서 나타난 공업 입지와 공업 지역의 변화를 파악하고, 이와 관련된 주민들의 삶을 이해한다.
③ 상업 입지 요인의 변화에 따라 상업 및 소비 공간이 변화되는 과정을 사례를 통해 파악하고, 서비스업의 고도화가 공간에 미치는 영향을 이해한다.
④ 교통·통신의 발달에 따른 공간의 변화를 이해하고, 다양한 규모에서 주민 생활에 미치는 영향 및 미래의 변화상을 파악한다.
⑤ 탈공업화에 따른 생산 공간의 변화가 잘 나타난 사례 지역들을 찾고, 이의 비교·분석을 통해 산업구조의 변화가 공간에 미치는 다양한 영향들을 고찰한다.

⑹ 우리나라의 지역 이해 Ⅰ

다양한 지역 구분의 의미를 이해하고 학습자 스스로 선택한 기준에 의해 우리나라를 여러 지역으로 구분할 수 있는 능력을 기르며, 지역 조사를 위한 지리 정보의 수집·분석 및 활용 방안을 파악한다. 우리 국토의 한 축을 이루고 있는 북한의 자연·인문 환경과 최근의 변화상을 파악하고 통일에 대비한 바람직한 국토 계획을 모색한다.
① 지역의 의미와 지역 구분 기준의 다양성을 이해하고, 학습자 스스로 선정한 기준으로 우리나라를 여러 지역으로 구분해 본다.
② 정보·통신 발달에 따른 다양한 지리 정보의 수집·분석 방법을 이해하고, 지역 조사를 위한 실제 답사계획을 수립한다.
③ 북한의 자연 지리적 특성을 파악하고, 주민 생활에 대한 영향 및 관광자원으로서의 유용성을 이해한다.
④ 인구, 도시 등 측면에서 북한의 인문 지리적 특성을 파악하고, 남한과의 차이점들을 파악한다.
⑤ 북한에서 자본주의 경제 체제를 부분적으로 받아들이고 있는 지역을 파악하고, 그 지역이 선정된 지리적 이유를 추론한다.
⑥ 남북 교류의 현황과 앞으로의 전망을 통해 통일에 대비한 바람직한 국토 계획을 모색한다.

⑺ 우리나라의 지역 이해 Ⅱ

지역의 중요 현안이나 최근 두드러진 변화상을 중심으로 우리나라 각 지역의 특성과 구조를 탐구한다. 이를 바탕으로 주민들의 생활양식을 비교·분석하고 국토 공간의 다양한 모습을 종합적으로 고찰할 수 있는 능력을 기른다.
① 수도권의 지역 특성 및 구조를 지식 기반 산업 및 세계화와 관련하여 파악한다.

② 교통의 발달로 수도권과의 연계성이 높아지고 있는 충청지방의 지역 구조를 이해한다.
③ 영동·영서 지역의 지역차가 나타나는 원인을 다양한 자료를 바탕으로 추론하고, 산업화 이후 지역 핵심 산업
의 변화상을 탐구한다.
④ 호남지방을 문화적 측면에서 이해하고, 최근의 산업 변화가 이 지역에 미친 영향을 조사한다.
⑤ 우리나라 공업에서 영남지방이 차지하는 역할을 파악하고, 광복 이후 이 지역의 도시 발달 요인 및 과정을 종
합적으로 고찰한다.
⑥ 제주특별자치도의 지역적 의미를 지방 자치 확대 및 세계화와 관련하여 이해한다.

⑻ **삶의 질과 국토의 과제**

우리 국토가 당면한 중요한 과제인 여러 가지 인구 문제(저출산·고령화·외국인 노동자 유입 등)와 공간적 불평등에
슬기롭게 대처할 수 있는 자질을 기르고, 국토 공간의 지속가능한 발전을 이끌 수 있는 다양한 방안을 모색한다.
① 저출산 및 고령화 현상을 파악하고, 파생되는 문제를 해결할 수 있는 대책을 제시한다.
② 외국인 노동력의 유입 및 농촌 청년들의 국제결혼 배경을 이해하고, 이로 인해 나타나는 다양한 영향을 파악한다.
③ 다양한 규모에서 지역 격차 및 공간적 불평등 문제를 이해하고, 그 해결 방안을 제시한다.
④ 환경 보전 및 지속가능한 발전을 위해 제시되고 있는 다양한 방안들을 이해하고, 바람직한 국토 계획 및 국토
공간의 미래를 모색한다.

4. 교수·학습 방법

가. 선택 과목인 한국 지리의 성격상 지리과 영역의 다른 심화 선택 과목인 '경제 지리', '세계 지리' 과목과의 연
계성을 도모할 뿐만 아니라, 국민 공통 기본 교육과정의 사회과 지리영역의 내용과도 연계하여 지도한다.
나. 국토와 관련된 단순 사실의 암기보다는 이전의 학습과정이나 일상생활을 통해 학습자가 이미 터득하고 있는
기존 지식과 인지구조를 고려한 교수·학습 방안을 모색하고, 이를 통해 학습자의 인지구조가 질적으로 변화
될 수 있도록 유도한다.
다. 지리적 현상을 구체적으로 경험할 수 있는 야외 현장 학습의 기회를 제공하고, 주5일수업제 시행과 관련하여
일상생활 속에서 답사 및 여행을 통해 학습자 스스로 지리적인 경험을 할 수 있도록 지도한다.
라. 학생들이 체험하기 힘든 지리적 현상을 컴퓨터, 인터넷, 프로젝션 TV 등 다양한 시청각 매체를 활용하여 간접
적으로 경험할 수 있는 기회를 제공한다. 나아가 지역연구 자료, 면담 내용, 영화, 신문 기사, 여행기, 통계자료
등을 학습지(worksheet)를 통해 제공하여 학생들의 간접적 지리 경험의 폭을 최대한 넓힐 수 있도록 한다.
마. 일상생활에서 직·간접으로 경험하게 되는 사회현상을 지리적인 관점에서 이해하고 종합할 수 있는 능력을 신
장시키기 위한 교수·학습 방안을 구성한다.
바. 다양한 지리 정보를 수집·분석·종합할 수 있는 기능과 함께 지도, 도표, 사진, 컴퓨터 등을 활용하여 지리적
사고를 표현할 수 있는 능력을 높일 수 있도록 지도한다.
사. 학생들이 교과서나 교사의 수업을 통해 제시되는 국토 공간의 개발 및 활용 방안에 대한 가치와 태도를 수동
적으로 수용하기보다는 관련 현안의 핵심을 분석하여 합리적이고 과학적인 근거를 도출하고, 이를 바탕으로 스
스로의 가치관에 가장 부합하는 의견을 표현할 수 있도록 유도한다.
아. 학생들이 실제로 거주하는 도시와 촌락에서 나타나는 지리적 현상을 구체적으로 경험할 수 있도록 지역사회의
특성과 학교의 실정에 알맞은 지역 학습 자료를 제시한다.
자. 구체적인 자연·인문 현상을 패턴화·법칙화할 수 있는 능력을 습득할 수 있도록 지도한다.
차. 학생들이 국토 공간의 지리적 현상 및 문제를 다양한 규모에서 인식하고, 그에 따라 문제를 해결할 수 있는 능
력을 향상시키기 위한 창의적인 학습 지도가 이루어지도록 한다.

5. 평 가

가. 학습목표, 내용, 교수·학습 방법 등의 적절성이 교사에게 환류(feedback)될 수 있는 평가 방법과 지식·기능·
가치 및 태도가 적절하게 포함될 수 있는 평가 내용을 구안하고, 이를 학교 현장에 적용할 수 있도록 한다.
나. 지식 영역에서는 사실적 지리 지식의 습득 여부와 함께 지리적 현상의 설명과 문제 해결에 필수적인 기본개념
및 원리에 대한 이해, 나아가 일반화 과정을 평가하도록 한다.
다. 기능 영역은 지리적 현상을 이해하는 데 필요한 각종 자료와 정보를 수집·비교·분석·종합하는 능력과 함께
이를 지도, 도표, 사진, 컴퓨터 등을 이용해 표현할 수 있는 능력을 평가하도록 한다.

라. 가치 및 태도 영역에서는 지리적 현상과 관련된 다양한 가치 및 관점에 대한 이해와 이의 토대가 되는 문제 인식, 분석, 종합, 판단 및 의사 결정 능력을 평가하도록 한다.
마. 단순한 지리적 사실을 묻기보다는 문제 해결력, 사고력, 창의력을 측정할 수 있는 다양한 형식의 평가를 실시한다.
바. 평가 문항은 지리 교과의 기본 개념을 바탕으로 다양한 자료 및 실생활과 관련된 사례를 바탕으로 구성하도록 한다.
사. 기본 개념, 원리, 일반화 등 수업을 통해 학습한 추상적 내용을 학생들이 현실에 입각한 구체적인 문제 상황에 적용할 수 있는가를 평가한다.
아. 지식 영역의 지필 평가와 함께 면접, 조사, 보고서, 토론, 논술, 발표, 관찰, 자기 평가, 동료 평가 등 방법을 활용하여 평가하되, 적절한 회수의 정기 평가와 수시 평가가 함께 이루어지도록 한다.
자. 준거 지향 평가 및 질적 평가를 지향하되, 구체적인 평가 기준 작성을 통해 객관성과 공정성이 유지되도록 한다.

4. 세계 지리

1. 성 격

‘세계 지리’ 과목은 세계의 자연현상과 인문 현상에 대하여 체계적이고 종합적인 학습을 통해, 빠르게 변화하고 있는 오늘날의 세계에 능동적으로 대처할 수 있는 인간을 육성하는 것을 목표로 하고 있다. 이 과목은 국민 공통 기본 교과를 이수한 11·12학년 학생들이 선택하여 학습하는 과목이다.

가. 세계 여러 지역의 다양한 삶의 모습을 이해하기 위한 과목으로서, 세계의 여러 지역들이 지니고 있는 자연 및 인문 환경의 특색을 이해한다. 이를 토대로 사람들의 생활양식을 파악하며, 미래의 변화에 대한 이해를 바탕으로 세계 문화를 이끌어 갈 수 있는 자신 있고 능동적인 인간의 육성을 목적으로 하는 과목이다.

나. 세계 여러 지역을 이해할 수 있도록 세계의 자연환경, 경제 활동 및 도시 발달, 주변국과의 관계, 당면한 지역 문제 등을 종합적으로 제시하고 있는 과목이다.

다. 세계화로 인해 세계 각 지역 간의 인적·물적 교류와 상호 의존성이 확대되어 가고 있는 상황 속에서, 다른 지역에 사는 사람들의 삶에 대한 이해가 우리의 삶의 변화와 발전을 가져올 수 있음을 이해할 수 있게 하는 과목이다.

라. 세계의 여러 국가와 지역 간에는 영토, 자원, 환경오염 등으로 인한 분쟁과 문화적 차이로 인한 갈등이 발생하고 있다. 또한 다양한 문화 및 스포츠 교류, 경제 블록의 형성 등을 통해 협력을 도모하기도 한다. 이러한 갈등과 공존의 본질을 파악하고 합리적인 해결 방안을 제시할 수 있으며, 세계 공존과 번영의 길을 모색할 수 있는 안목을 육성시킬 수 있는 과목이다.

2. 목 표

세계 지리의 목표는 세계 각 지역의 지리적 현상을 종합적·체계적으로 이해하고, 세계화 시대에 지역 간 협력 및 상호공존의 길을 모색하며, 지구적인 시각에서 우리 삶의 터전을 보다 살기 좋은 공간으로 개발·이용·보존하기 위해 노력하는 자세를 기르는 데 있다.

가. 세계의 다양한 자연환경과 인문 환경에 대해 체계적이고 종합적으로 이해하는 능력을 기른다.

나. 세계 여러 지역에 대한 지리 정보를 수집·분석·평가하고, 그 지역에 대한 주제를 선정하고 탐구하는 능력을 기른다. 아울러 수집·분석된 지리 정보를 도표화·지도화하는 능력을 함양한다.

다. 지역 간 협력 및 상호 공존의 길을 모색하며, 지역 간 갈등과 분쟁을 이해하고 이를 해결하려는 태도를 기른다.

3. 내 용

가. 내용 체계

영 역	내용 요소
· 세계화와 지역 이해	○세계 인식의 시공간적 차이 ○세계화와 지역화 ○원격탐사와 지리 정보 체계 ○지역 구분
· 세계로 떠나는 여행	○여행과 지리 조사 ○아시아의 종교 경관 ○유럽의 축제 문화 ○아프리카의 관광 자원 ○오세아니아의 생태 기행 ○아메리카의 다문화 체험
· 다양한 자연환경	○열대 우림과 열대 사바나 ○온대 동안 기후와 서안 기후 ○건조 기후와 건조지형 ○냉·한대 기후와 빙하지형 ○변동하는 신기 조산대 ○세계의 해안지형 ○세계 자연 유산의 이해
· 경제활동의 세계화	○식량 작물로서의 쌀과 밀 ○기호작물로서의 커피와 차 ○에너지자원으로서의 석유와 석탄 ○자동차 산업 ○서비스 산업 ○무역과 남북문제
· 세계화 시대의 인구 와 도시	○인구 성장과 인구 문제 ○인구 이동과 지역 변화 ○선진국과 개발도상국의 도시화 ○세계화와 세계 도시
· 갈등과 공존의 세계	○영역 분쟁 ○문화적 차이와 갈등 ○스포츠와 문화 교류 ○환경 문제와 국제 협력 ○경제 블록과 자유무역협정(FTA) ○세계 속의 한국

나. 영역별 내용

⑴ 세계화와 지역 이해

도입 단원으로서 세계를 어떻게 인식할 것인가를 학습한다. 특히 교통과 통신의 발달이 세계 인식에 미친 영향을 파악하며, 세계가 여러 지역으로 구성되어 있음을 이해한다.
① 다양한 관점과 스케일로 그려진 세계 지도를 통해 우리나라와 다른 나라 사람들의 세계관을 비교한다.
② 교통과 통신의 발달이 지역 간 교류에 미친 영향을 파악한다. 세계화와 지역화의 의미를 이해하고 그 구체적인 사례를 제시할 수 있다.
③ 일상생활 속에서 세계 각 지역의 다양한 지리 정보를 찾아본다. 원격 탐사와 지리정보체계(GIS)의 의미를 이해하고 활용 사례를 알아본다.
④ 세계를 문화적인 요소에 의해 여러 지역으로 구분하고 지역 간 차이점을 파악한다.

⑵ 세계로 떠나는 여행

세계화가 진행됨에 따라 다른 지역과의 직접적, 간접적 경험이 늘어나고 있다. 세계 여러 지역을 학습하기 위한 지리 정보의 중요성을 인식하고, 수집 방법을 습득하며, 각 지역과 관련되는 주제를 통해 지역을 이해한다. 특히 다른 지역을 이해할 때 가져야 할 바람직한 태도를 기른다.
① 지리적 관점에서 여행의 의미를 이해하고, 여행하고 싶은 지역에 대한 사전 조사 방법과 지리 정보의 획득 방법을 익힌다.
② 종교 경관을 사례로 아시아 지역의 문화적 다양성을 이해한다.
③ 유럽의 다양한 축제를 조사하고, 축제가 지역의 문화 및 관광 산업에 미치는 영향을 파악한다.
④ 아프리카의 다양한 관광 자원을 이해하고, 관광 산업을 중심으로 지속가능한 발전 방안을 모색한다.
⑤ 오세아니아의 원시·청정 자연을 통해 환경 보전의 중요성을 이해한다.
⑥ 아메리카가 다문화 지역이 된 배경을 지리적 관점에서 이해하고, 특정 사례를 조사한다.

⑶ 다양한 자연환경

자연환경에 대한 이해는 세계의 경제 활동, 인구와 도시 발달, 각 지역의 전통문화 등 인문적 요소를 이해하는 바탕이 된다. 세계의 자연환경이 지역마다 다르게 나타나는 원인을 파악하고, 주민 생활과의 관련성을 이해한다. 또한 인간 활동이 자연환경에 미친 영향과 지나친 간섭으로 인해 발생할 수 있는 문제점을 조사하고, 환경 보전을 위한 태도를 기른다.
① 위도대와 태양의 회귀 현상이 열대 기후에 미치는 영향을 알아보고, 열대 우림과 사바나 환경의 생태적 중요성을 이해한다.
② 온대 동안과 서안 지역의 기후 차이가 나타나는 원인을 조사하고, 온대의 기후 환경과 주민 생활과의 관계에 대해서 알아본다.
③ 건조 기후의 독특한 지형 경관을 살펴보고, 건조 환경과 주민 생활과의 관계에 대해서 알아본다. 특히 사막화의 확대에 따른 이 지역의 변화를 조사하고, 사막화 방지를 위한 방안을 찾아본다.
④ 냉·한대 지역의 지형 형성 작용과 지형에 대해 조사하고, 냉·한대 지역의 주민 생활을 이해한다.
⑤ 세계의 주요 신기 조산대 지형을 조사해 보고, 화산 활동에 따른 자연재해의 특성과 주민 생활에 미치는 영향을 탐구한다.
⑥ 세계의 주요 해안 지형을 알아보고, 인간이 해안과 해양 환경을 어떻게 이용·보존하는지 조사한다.
⑦ 세계의 다양한 자연 유산을 유형별로 조사해 보고, 인간의 간섭과 지나친 남용으로 인한 자연 유산의 훼손 사례를 탐구한다.

⑷ 경제 활동의 세계화

현대의 경제활동은 지역과 국경을 벗어나 세계적 공간에서 이루어지고 있다. 주요 경제 활동을 사례로 지역 간 상호 의존성이 확대되고 있음을 이해한다. 특히 다국적 기업의 역할을 조사하고, 남북문제를 해결하는 방안을 탐구한다.
① 쌀과 밀의 재배 조건을 비교하고, 국제 무역의 차이점을 이해한다.
② 커피와 차의 생산 조건과 유통 과정에서의 문제점을 조사하고, 다국적 기업의 역할을 파악한다.
③ 석유와 석탄의 생산과 소비를 조사하고, 석유를 둘러싼 국제 갈등과 지역 변화를 이해한다.
④ 다국적 자동차 기업의 국제적 분업을 조사하고, 시장을 둘러싼 기업 간 협력과 경쟁을 탐구한다.

⑤ 정보화 시대의 서비스업의 중요성을 이해하고, 금융·유통 등 주요 서비스업의 세계화 사례를 조사한다.
⑥ 선진국과 개발도상국의 무역 구조를 비교하고, 무역 불균형을 해결할 수 있는 방안을 모색한다.

⑸ 세계화 시대의 인구와 도시

경제 활동의 세계화와 더불어 지역 간 인구 이동이 늘어나고 있으며, 전 세계를 배후로 하는 세계 도시가 등장하였다. 지역 간 인구 이동의 흐름을 조사하고 인구 이동이 도시화 및 지역 변화에 미친 영향을 이해한다.
① 선진국과 개발도상국의 인구 성장과 구조의 차이점을 파악하고, 여러 나라의 사례를 통해 인구 문제의 해결 방안을 모색한다.
② 국제 인구 이동의 흐름을 양과 질적 측면에서 살펴보고, 인구 이동과 관련된 주민 갈등과 지역 변화를 사례 지역을 통해 조사한다.
③ 선진국과 개발도상국의 도시화를 비교하고, 사례 도시를 중심으로 도시 구조의 차이점을 이해한다.
④ 세계 도시의 특성을 이해하고, 교통과 통신의 발달에 따른 세계의 도시 체계를 파악한다.

⑹ 갈등과 공존의 세계

경제 활동의 세계화로 국가 간, 지역 간 경제 협력이 중요해지고 있다. 이에 따라 지역에 기반을 둔 경제 블록이 형성되고 있으며, 국가 사이의 자유무역협정(FTA)도 중요해지고 있다. 또 지역 간 인구 이동이 활발해지면서 서로 다른 문화를 가진 집단 사이에 갈등이 발생하고 있으며, 이에 따라 타 문화에 대한 존중과 이해가 중요해지고 있다. 세계화 시대에서 우리나라의 역할에 대해 토론해 보고, 국제 협력의 자세를 기른다.
① 국가 영역 및 자원을 둘러싼 국제 분쟁의 사례를 조사하고, 그 배경을 이해한다.
② 종교, 언어 등 문화적 차이로 인한 갈등 지역을 조사하고, 해결 방안을 모색한다.
③ 세계 각국의 스포츠와 문화 교류 사례를 찾아보고, 그 영향을 알아본다.
④ 환경 문제를 중심으로 비정부기구의 다양한 활동 사례를 조사하고, 국제 협력의 중요성을 이해한다.
⑤ 경제 블록과 자유무역협정(FTA)의 배경을 이해하고, 이를 둘러싼 국가·지역·주민 간 갈등과 공존을 이해한다.
⑥ 세계 여러 나라에서 활동하는 우리나라 기업과 사람들을 살펴보고, 국제 협력의 자세를 기른다.

4. 교수·학습 방법

가. 세계 지리 과목은 국민 공통 기본 교과인 사회를 학습한 이후 고등학교에서 배우는 선택 과목으로, 지리 영역의 과목인 한국 지리 과목과 경제 지리 과목과의 연계성을 도모하도록 한다.
나. 학습자의 선수 학습 정도, 개인별 능력 등의 특성을 고려한 교수·학습 계획을 수립하여 학습자 수준에 맞는 교수·학습이 이루어지도록 한다.
다. 기본 개념과 원리들을 추상적으로 다루지 말고, 구체적인 사례를 중심으로 학습을 전개시킴으로써 지식 형성의 과정을 경험하게 한다.
라. 교과서 내용과 학생들의 경험이 연계되도록 교과서에 제시된 사례 연구 외의 다양한 주제를 수업에 활용한다.
마. 탐구 활동, 토론, 발표, 논술, 사례 연구 등 다양한 교수·학습 활동을 통해 학습자의 창의성, 자율성, 효용성을 높일 수 있도록 한다.
바. 지도, 통계 등 지리적 정보를 통한 지도 읽기, 자료의 수집·정리·분석·해석·추론하는 능력이 신장될 수 있게 한다.
사. 개발과 환경 문제, 자원 문제 등 내용은 가치 갈등, 분석, 가치 명료화 과정 등 사실 및 가치 탐구 활동을 통해 해결할 수 있게 하고, 사회적 관심의 초점이 되거나 실생활과 밀접한 관계가 있는 주제들을 학습에 적용한다.
아. 수준별 과제 제시, 토론 주제, 자료 수집 등은 자기 주도적 학습을 하게 함으로써 학습자의 학습 능력을 함양하도록 한다.
자. 학습자의 흥미와 관심이 고취되고, 또 실제에 적용가능하고 유용한 교수·학습이 이루어지도록 정선되고 다양한 학습 자료를 활용한다.

5. 평　가

〈평가의 기본 방향〉

가. 단순한 사실이나 단편적 지식의 암기보다는 일반화된 개념이나 원리의 이해, 문제 해결 능력, 가치의 내면화와 태도 및 신념의 형성 정도를 종합적으로 평가한다.

나. 지식, 기능, 가치 및 태도 영역을 조화롭게 평가하기 위해서는 평가 목표에 따라 지필 검사를 비롯한 다양한 평가 도구를 적절히 활용한다.

다. 지필 검사의 경우 양적 평가 방법과 질적 평가 방법을 혼합하고, 지식의 발달뿐만 아니라 지리적 사고와 관련되는 고차적인 사고 능력, 가치 및 태도 등을 평가한다. 또, 객관성과 공정성을 위해 엄격한 평가 기준과 다양한 평가 도구를 정하여 평가한다.

라. 기능 영역의 평가에서는 각종 지리적 정보를 수집·정리·분석·종합하고, 이를 지도화, 도표화할 수 있는 능력을 평가한다.

마. 평가 결과는 반드시 교수·학습 방법을 개선하는 데 활용하도록 한다.

〈영역별 평가 방향〉

가. 지식 영역: 단순한 사실이나 단편적 정보 및 지식의 암기에서 벗어나 지역에 대한 종합적 인식에 필요한 개념 및 원리의 이해, 지역 문제의 인식 능력 및 해결책의 제시 능력 등을 종합적으로 평가한다.

나. 기능 영역: 기능 영역에서는 지역과 관련되는 정보의 수집·비교·분석·종합·평가·적용 능력을 평가한다.

다. 가치 및 태도: 가치 및 태도 영역에서는 특정 지역에 대한 관심과 이해 정도, 인종, 문화에 대한 가치와 태도를 평가한다.

〈평가의 유의점〉

가. 세계 지리 과목의 특성을 충분히 고려하여 지식 영역의 평가에 지나치게 의존하지 말고 조사, 토론, 논술, 발표 등 다양한 방법을 이용하여 수시 평가와 정기적인 평가가 병행하여 이루어지도록 한다.

나. 자원 문제, 지역 개발, 환경 문제 등과 같이 가치문제가 개입되는 내용은 주관식 평가 방법을 적극 활용한다.

다. 자기 평가, 동료 평가, 교사와 학생 토론, 학생 활동 보고 등 다양한 평가 방법을 적극 활용한다.

라. 10학년 사회과 지리 내용과의 관계를 고려하여 평가한다.

5. 경제 지리

1. 성 격

  '경제 지리' 과목은 지표 위에서 전개되는 경제 활동의 특성을 지리적 관점에서 체계적이고 종합적으로 이해하고, 이를 바탕으로 경제 활동을 자신의 삶과 관련지을 수 있는 능력과 이에 대한 가치관 형성을 목적으로 한다. 이 과목은 국민 공통 기본 교육과정 '사회' 과목의 교육 내용 중 경제 지리 내용을 심화하고 현실에 적용하는 능력을 키우는 선택 과목이다.
  '경제 지리' 과목은 인간에 의해 이루어지는 경제 활동을 지리적 관점에서 이해하기 위해, 경제 활동의 지리적 측면, 즉 생산 관련 경제 활동의 지리적 특성, 유통 및 소비 관련 경제 활동의 지리적 특성, 정보 사회의 경제 활동, 지속가능한 지역 발전, 세계 경제 환경의 변화 등을 주요 내용으로 하며, 이를 통해서 합리적 시민으로서 갖추어야 할 지리적 사고력과 올바른 의사 결정 능력 및 적극적인 참여 태도를 기를 수 있는 내용으로 구성한다.
  '경제 지리' 과목에서는 인간의 삶에서 경제 활동의 다양성과 지리적 특성을 이해하고, 경제 활동에 영향을 미치는 자연환경 및 인문 환경을 종합적으로 이해하여 합리적인 의사 결정 능력을 기른다. 또한, 이러한 지식과 기능을 바탕으로 자신을 포함한 지역, 국가, 세계의 삶의 질 향상에 기여할 수 있는 능력과 태도를 기르는 데 중점을 둔다.

2. 목 표

  경제 활동을 지리적 관점에서 종합적으로 고찰하여 생산 및 소비 활동의 지역적 특성을 체계적으로 이해하고, 우리나라 및 세계 각 지역의 경제 지리에 대한 이해를 바탕으로 보다 바람직한 삶을 영위할 수 있는 자질을 기른다.
  가. 경제 활동을 지리적 관점에서 파악하여, 우리나라 및 세계 각 지역의 경제 활동의 특성을 체계적이고 종합적으로 이해한다.
  나. 경제 활동과 생산품의 분포, 생산 및 소비, 이동의 특성과 그에 따른 문제점을 이해하고 그 해결 방안을 모색한다.
  다. 경제 활동의 발달, 구조, 입지 원리 및 공간적 분포의 특성과 그에 따른 문제점을 이해하고 그 해결 방안을 모색한다.
  라. 지리적 개념 및 원리에 의하여 경제 활동의 지역적 특성을 파악하고, 나아가 경제 활동에 관한 합리적인 의사 결정 능력을 기른다.
  마. 지역에서의 경제 활동에 관한 각종 통계 및 현지 조사 자료를 지도화, 도표화하고, 이를 분석, 해석할 수 있는 능력을 기른다.
  바. 개방화되고 세계화되는 세계 경제 속에서 우리나라가 나아가야 할 방향을 탐색하고, 세계 각 지역의 경제 발전을 위해서 국가 간, 지역 간에 상호 협력하고 공존할 수 있는 가치관과 태도를 기른다.

3. 내 용

가. 내용 체계

영 역	내용 요소
· 경제 활동의 지리적 이해	○ 경제 활동과 경제 지리 ○ 산업 구조와 지역 변화
· 생산의 지리적 특성	○ 농업 활동과 농업 입지 ○ 농업 변화와 농촌 문제 ○ 공업 활동과 공업 입지 ○ 기업의 성장과 입지 변화
· 유통과 소비의 지리적 특성	○ 교통과 통신 ○ 상업 활동의 입지와 상권 ○ 무역과 경제 협력
· 정보 사회의 경제 활동	○ 정보 사회의 서비스 산업 ○ 정보 및 지식 산업 ○ 문화 및 관광 산업
· 지속가능한 지역 발전과 환경 보전	○ 지역 개발의 목적과 방법 ○ 지역 개발과 환경 문제 ○ 지속가능한 지역 발전
· 세계 경제 환경의 변화	○ 세계 경제 환경의 변화 ○ 세계 속의 우리나라 경제

나. 영역별 내용

(1) 경제 활동의 지리적 이해

경제 활동의 역할과 종류 및 경제 활동의 지리적 요소를 알아보고, 지역별로 경제 활동의 차이가 나타나는 요인을 파악한다. 그리고 산업 구조 변화에 따른 사회와 지역의 변화를 이해한다.
① 경제 활동의 역할 및 지리적 특성을 파악한다.
② 자원의 의미와 특성을 경제 지리의 관점에서 탐색한다.
③ 산업 발달 수준에 따른 지역별 경제 활동의 차이를 알아본다.
④ 경제 발달에 따른 산업 구조의 변천 과정을 알아본다.
⑤ 사례 지역을 통해 산업 구조 변화가 지역에 미치는 영향을 이해한다.

(2) 생산의 지리적 특성

생산의 지리적 특성을 이해하기 위하여, 농업·공업 활동의 지리적 특성, 구조 변화, 입지 원리를 이해하고, 그것이 경제 및 지역 발전에 미치는 영향을 파악하며 이에 따른 문제점 및 해결방안을 모색한다.
① 농업 활동에 영향을 주는 다양한 요인과 농업 입지에 관한 이론을 알아본다.
② 우리나라와 세계의 주요 지역에서 이루어지는 농업 생산 활동의 특성을 비교·분석한다.
③ 농촌이 당면한 문제를 산업화 과정과 최근의 개방화 과정을 통해 이해하고 그 해결 방안을 모색한다.
④ 농업 활동이 환경에 미치는 영향을 파악하고, 친환경적인 농업 방법을 탐색한다.
⑤ 공업에 필요한 자원의 분포와 이동을 이해하고, 공업 활동의 종류를 생산과정과 제품 특성에 따라 다양하게 분류한다.
⑥ 공업 입지 요인의 변화와 다양한 공업 입지이론을 통해 주변에서 볼 수 있는 공업의 입지를 해석해 본다.
⑦ 노동력의 지역 간 이동의 원인과 패턴을 사례를 통해 이해한다.
⑧ 우리나라와 세계의 공업 발달 과정을 통해 공업 지역의 형성과 변화를 탐색한다.
⑨ 기업의 공간적 분업과 다국적 기업의 활동이 지역에 미치는 영향을 이해한다.
⑩ 신산업지구의 발달 및 지역 혁신 체제의 형성에 작용하는 지리적 요인들을 파악한다.

(3) 유통과 소비의 지리적 특성

유통과 소비의 지리적 특성을 이해하기 위하여, 상업과 무역 활동에 영향을 미치는 요인과 재화와 서비스의 흐름을 알아본다. 상업과 무역 발달이 지역 형성과 변화에 미치는 영향을 파악하고, 이에 따른 문제점과 해결 방안을 모색한다.
① 교통과 통신의 역할과 발달 과정을 알아보고, 그것이 공간 변화에 미친 영향을 탐색한다.
② 상업 입지 이론을 통해 상업 활동의 공간적 특성을 이해한다.
③ 현대 사회의 도시적 생활양식과 소비 패턴의 변화가 도·소매업의 입지에 미치는 영향을 살펴본다.
④ 상업 활동이 지역의 발전과 변화에 미친 영향을 사례 지역을 통해 탐색한다.
⑤ 무역의 발생 원리를 고찰하고, 지리적 조건이 무역에 미치는 영향을 탐색한다.
⑥ 우리나라와 세계의 무역 구조 변화 및 지역적 특성을 살펴보고, 그에 따른 문제점을 파악한다.
⑦ 세계 무역 기구와 지역별 경제 블록, 자유무역협정 등 세계 무역 환경의 변화를 이해하고 이에 대처하는 방안을 찾아본다.

(4) 정보 사회의 경제 활동

정보 사회에서 발달하고 있는 서비스 산업, 정보·지식 산업, 문화·관광 산업의 입지 특성과 지역 발전에 미치는 영향을 파악하고, 그에 따른 문제점과 해결 방안을 모색한다.
① 정보 통신 기술 발달에 따른 정보 사회의 등장 배경과 특성을 알아본다.
② 서비스 산업의 특성과 종류를 파악하고, 이들 산업의 입지 요인 및 변화를 살펴본다.
③ 정보·지식 산업의 종류와 특성을 파악하고, 발달 배경을 이해한다.
④ 정보·지식 산업이 발달한 지역을 알아보고, 입지 요인을 살펴본다.
⑤ 문화·관광 산업의 특성을 알아보고, 발달 배경을 이해한다.
⑥ 문화·관광 산업이 지역에 미치는 영향을 파악한다.
⑦ 지속가능한 관광 산업의 발전을 위한 바람직한 방안을 모색한다.

⑸ **지속가능한 지역 발전과 환경 보전**

　지역 개발의 필요성과 방법, 지역 개발에 따른 지역 갈등과 환경 문제를 이해하고, 이에 따른 문제점과 해결 방안을 모색한다.
　① 지역 개발의 의미를 파악하고, 그 필요성을 알아본다.
　② 지역 개발의 방법과 효과를 다양한 사례 지역 연구를 통해 이해한다.
　③ 지속가능한 지역 발전의 의미와 필요성을 살펴본다.
　④ 지역 개발에 의해 발생하는 지역 갈등과 그 해결 방안을 모색한다.
　⑤ 자원 개발, 도시화, 산업화 등에 따른 환경 문제와 그 대책을 살펴본다.
　⑥ 지속가능한 지역 발전을 위한 자원의 활용 방안을 모색한다.
　⑦ 통일에 대비하여 지속가능한 발전을 추구하는 국토 계획 수립 방안을 알아본다.

⑹ **세계 경제 환경의 변화**

　세계의 경제 환경 변화와 주요 경제 협력 기구의 역할을 파악하고, 이에 따른 문제점과 해결 방안을 모색한다.
　① 세계 경제 환경의 변화에 대해 알아보고, 우리나라가 나아가야 할 방안을 모색한다.
　② 세계화와 지역화의 개념을 파악하고, 이것이 지역에 미치는 영향을 이해한다.
　③ 각종 경제 지표를 통해 우리나라와 세계의 경제적 관계를 이해한다.
　④ 동북아시아 경제 협력의 필요성을 이해하고, 바람직한 협력 방안을 모색한다.

4. 교수·학습 방법의 개선 방안

　가. '경제 지리' 과목은 국민 공통 기본 교과인 10학년 사회를 학습한 이후 배우는 선택 과목으로, 지리과 영역이 선택 과목인 '한국 지리' 과목과 '세계 지리' 과목과의 연계성을 도모하도록 한다.
　나. 학습자와 지역별 특성을 고려하여 학습자 및 지역 실정에 맞는 교수·학습 계획을 수립하도록 한다.
　다. 구체적인 사례를 중심으로 기본 개념과 원리들을 이해하게 함으로써, 학습에 대한 흥미와 지식 습득의 방법을 경험하게 한다.
　라. 학습자와 지역 실정에 맞게 교과서 이외의 다양한 학습 자료를 활용하여 수업에 활용하도록 한다.
　마. 학습 내용에 따라 다양한 교수·학습 방법을 활용하여, 학습자의 창의성과 자율성을 경험할 수 있는 기회를 제공하도록 한다.
　바. 지도, 통계 자료의 시각화 등 지리적 정보를 획득하고 분석할 수 있는 기회를 제공하도록 한다.
　사. 지속가능한 발전과 환경 문제, 자원 문제 등 가치문제가 개입되는 학습 내용은 사실 탐구 및 가치 탐구가 균형을 이루도록 한다.
　아. 사회적 관심이나 실생활과 관련되는 주제들을 수업에 적극적으로 도입하여, 학습 내용의 유용성과 실생활 적용 방법을 확인할 수 있는 기회를 제공하도록 한다.
　자. 교사는 학습자가 자기 주도적으로 학습 경험을 할 수 있도록, 학습 내용을 재구성하여 제시한다.
　차. 학습한 내용을 다양한 방법으로 표현할 수 있는 기회를 제공하도록 한다.

5. 평　가

1) 평가의 기본 방향

　가. 단순한 사실이나 단편적 지식의 암기보다는 일반화된 개념이나 원리의 이해, 제반 문제의 해결 능력, 가치의 내면화와 태도 및 신념의 형성 정도를 종합적으로 평가한다.
　나. 인지적 영역과 정의적 영역을 조화롭게 평가하기 위해서는 평가 목표에 따라 지필 검사를 비롯하여 관찰, 조사, 토론, 논술, 포트폴리오 등 다양한 평가 도구를 적절히 활용한다.
　다. 지필 검사의 경우 양적 평가 방법과 질적 평가 방법을 혼합하고, 지식의 발달뿐만 아니라 지리적 사고와 관련되는 고차적인 사고 능력, 가치 및 태도 등을 평가한다. 또, 객관성과 공정성을 위해 엄격한 평가 기준과 다양한 평가 도구를 정하여 평가한다.
　라. 기능 영역의 평가에서는 각종 지리적 자료를 수집, 정리, 분석, 종합하고, 이를 지도화, 도표화할 수 있는 능력

을 평가한다.
마. 중단원 수준에서 형성 평가를 실시하고, 학습 목표에의 도달 정도를 학습자의 학습 능력별로 평가한다.
바. 평가 결과는 반드시 교수·학습 방법을 개선하는 데 활용하도록 한다.

2) 영역별 평가 방향

가. 지식 영역: 단순한 사실 중심이 아니라 지리적 지식이 개념으로 연결되고 연결된 개념으로 일반화의 원리를 도출해 내는 평가가 이루어질 수 있도록 한다. 학생들이 기본 개념과 일반화를 연계시킴으로써 복잡한 현상을 간결하게 설명하고 예측할 수 있는 능력을 가지도록 한다.
나. 기능 영역: 지역별 경제 현상과 활동을 이해하는 데 필요한 각종 자료를 수집, 비교, 분석, 종합할 수 있는 능력을 기르며, 파악한 현상을 지도화, 도표화할 수 있도록 한다. 또한 세계화 시대에 세계의 흐름과 변화의 방향을 파악할 수 있도록 한다.
다. 가치·태도 : 지리 교육은 지리학의 기본 개념을 습득하여 자연과 인문 현상에 대한 올바른 가치와 태도의 변화를 추구하는 데 있다. 따라서 이러한 가치와 태도의 변화에 대한 평가가 강조되도록 한다.

3) 평가의 유의점

가. 경제 지리 교과 목표의 특성을 충분히 고려하여 지식 영역의 평가에 지나치게 의존하지 말고 조사, 토론, 발표, 논술, 관찰 등 기법을 이용하여 수시 평가와 정기적인 평가를 병행하여 이루어지도록 한다.
나. 자원 문제, 지역 개발, 환경 문제 등과 같이 가치문제가 개입되는 내용은 객관식 평가 방법을 지양하고 다면적 평가 방법을 적극 활용한다.
다. 자기 평가, 동료 평가, 교사와 학생 토론, 학생 활동 보고 등 평가 방법을 적극 활용한다.
라. 10학년 사회 과목 지리 영역과의 관계를 고려하여 평가한다.

6. 한국 문화사

1. 성 격

 '한국 문화사'는 우리 문화가 형성 발전되어 온 과정을 이해함으로써 한국인의 정체성을 함양하기 위해 개설된 선택 과목이다. 우리 역사 전반에 대한 이해를 바탕으로 학술·종교·문학·예술·과학·기술 등 여러 분야에서 이룩한 성과를 탐구하고 역사적 사고력을 기르며 우리 역사의 전개에 능동적으로 참여할 수 있는 자질을 갖추는 데에 중점을 둔다.
 '한국 문화사'는 국민공통과정 역사과목의 학습 경험을 바탕으로 이루어지는 심화과목이다. 학습자가 우리 역사를 심층적으로 이해하고 역사적 사고력을 심화할 수 있도록, 우리 문화의 전개 과정을 주제별로 구성하였다.
 오늘날 우리 사회는 민주화, 산업화가 진전되고, 문화교류도 증대하고 있다. 이러한 시대변화에 맞추어 우리 역사와 문화가 여러 갈래의 문화 요소를 수용하여 소화함으로써 발전하였음을 이해하고, 한국인의 정체성을 생각하면서도 다른 문화에 대해 개방적이고 성숙한 자세를 갖도록 한다.
 '한국 문화사'는 다양한 탐구 자료를 중심으로 쉽고 재미있게 구성하고, 학습자들의 지적인 탐구심과 상상력을 키우도록 한다.

2. 목 표

 '한국 문화사' 과목은 우리 문화가 형성 변천되어 온 과정을 파악하고, 현재의 한국 문화가 우리 역사의 산물임을 이해하며, 나아가 현재 한국인의 삶을 이해하는 데에 중점을 둔다.

가. 각 시기 문화의 특징에 영향을 미치는 경제, 사회, 정치적 요소를 이해한다.
나. 각 시기 문화 현상과 요소를 탐구하여 우리 문화가 가지는 특성과 맥락을 이해한다.
다. 우리 역사가 외부 세계와 교류하면서 각 시대마다 새로운 문화를 수용하여 전통문화를 형성·발전시켰음을 파악하여 열린 문화적 안목을 기른다.
라. 각 문화 현상과 관련된 자료를 분석, 비판, 종합하는 활동을 통해 역사적 탐구력을 키운다.
마. 우리 역사를 삶의 과정으로 이해하여 새 문화 창조와 사회 발전에 능동적으로 참여하는 태도를 기른다.

3. 내 용

가. 내용 체계

영 역	내용 요소
· 원시 사회와 문화	○선사 시대 자연환경 ○인류와 문화의 이동 ○구석기 문화 ○신석기 문화 ○청동기·초기철기 문화
· 고대 사회와 문화	○신화와 의례 ○고대 국가의 특징 ○동아시아 국제 질서와 고대 국가와의 관계 ○고대 종교 ○유물과 유적, 문자 생활, 생활양식
· 고려 사회와 문화	○경제 제도와 신분 제도 ○대외 관계 ○유교, 불교, 문학과 예술 ○과학 기술 ○의례와 생활 습속
· 조선 전기 사회와 문화	○경제 제도 ○유교 문화 ○문물제도와 학술 편찬 ○문학과 예술 ○과학과 기술 ○불교와 민간 신앙 ○촌락, 친족, 가족 문화
· 조선 후기 사회와 문화	○경제 제도의 변화 ○성리학적 질서의 완화 ○대외 교류 ○실학, 문학과 예술, 과학 기술, 서민 문화
· 근대 사회와 문화	○민주 공화정 ○자본주의 발전 ○신문물의 도입, 신분제 폐지 ○민족말살정책, 민족문화수호 운동
· 현대 사회와 문화	○산업화, 농촌 공동체 해체 ○도시화, 도시의 성립과 변천 ○민주화

나. 영역별 내용

(1) 원시 사회와 문화

구석기, 신석기, 청동기와 초기 철기 시대의 문화를 다룬다.
각 시기 문화의 특성을 우리 민족과 문화의 원류가 형성되는 과정과 연계하여 파악한다.
① 선사 시대 동북아시아의 자연환경 조건을 이해한다.
② 유라시아 대륙에 걸친 인류의 이동 및 정착과 그에 따른 문화의 전파 과정을 파악한다.
③ 구석기, 신석기 문화의 주요 유적지와 유물을 통해서 당시의 생활상을 복원해 본다.
④ 농경의 시작과 청동기 사용이 가져온 생활, 문화의 변화를 파악한다.

(2) 고대 사회와 문화

고조선부터 남북국 시기까지의 문화를 다룬다.
국가 형성과 문화 교류를 통해 고대사회가 발달하고 불교, 유교를 비롯한 다양한 문화 전통이 공존하였음을 안다.
① 건국 신화와 의례를 바탕으로 국가 형성 시기의 사람들의 관념 형태를 추론한다.
② 정치 구조와 신분제를 통하여 고대 국가의 특성을 알아본다.
③ 국제 교류의 확대가 고대 문화 발전에 미친 영향을 사례를 들어 설명한다.
④ 고대 사회에서 불교가 수용되어 정착되는 과정을 이해한다.
⑤ 삼국과 남북국의 대표적인 문화재를 조사하고 그 특징을 비교한다.
⑥ 고대의 문자 생활을 추론하고, 교육과 학술 활동이 점차 체계화되었음을 설명한다.
⑦ 고대인의 생활을 보여 주는 자료를 조사하여, 이들의 생활에 영향을 미친 종교나 관념을 추론해 본다.

(3) 고려 사회와 문화

집권 체제가 정비되고, 문화의 다원성이 뚜렷했던 고려 시대를 다룬다.
유교와 불교가 지배 이념으로 공존하는 가운데, 활발한 국제교류를 통해 다양한 문화가 창조적으로 수용되었음을
살펴본다.
① 농업 경제의 변화와 신분 구조의 변화를 이해한다.
② 전통사상, 불교, 유교 등이 고려의 국가운영에 두루 영향을 미쳤음을 이해한다.
③ 동아시아 정세와 대외 관계의 변화가 고려 문화에 미친 영향을 사례를 들어 설명한다.
④ 유교정치 이념이 확산되면서 교육의 보급과 학술의 발전이 이루어졌음을 안다.
⑤ 문화재와 의례를 조사하여 불교와 다양한 사상, 신앙이 공존하였음을 이해한다.
⑥ 고려 시기의 대표적인 문학, 예술 작품을 조사하여 고려 문화의 다원적 특징을 추론한다.
⑦ 과학 기술의 발달을 대표적인 사례를 중심으로 이해한다.

(4) 조선 전기 사회와 문화

조선 건국부터 임진왜란 이전까지 문화를 다룬다.
유교가 유일한 지배 이념으로 등장하는 과정과 이에 따른 문화 변화를 파악한다. 불교 신앙을 비롯한 과거의 전통
이 상당 기간 유지되었음을 이해한다.
① 농업을 중심으로 한 경제생활과 신분 사회의 특징을 이해한다.
② 유교 이념이 국내 정치 및 국제 질서에 어떻게 구현되는지 탐구한다.
③ 제도 정비와 교육의 보급, 학술 편찬 성과를 통해 유교가 사회 전체로 확산되었음을 이해한다.
④ 문학과 예술 작품을 통해 사대부 문화의 기풍과 특징을 이해한다.
⑤ 부국강병 및 민본 이념이 과학과 기술의 발전을 통해 구현되었음을 파악한다.
⑥ 유교 중심의 사회 속에서 불교와 민간 신앙이 종교 기능을 수행하였음을 이해한다.
⑦ 유교 이념의 확산이 가족, 친족, 촌락 생활에 미친 영향을 파악한다.

(5) 조선 후기 사회와 문화

임진왜란부터 개항 전까지의 문화를 다룬다.
상품화폐 경제의 발달과 신분제도의 동요가 진행되는 조건 속에서 서민 문화가 발달하며 새로운 경향의 문화가 다

양하게 전개되어 현재의 전통문화로 이어졌음을 이해한다.
① 상품화폐경제의 진전을 바탕으로 한 경제생활의 변화를 이해한다.
② 사회 전반에 걸쳐 성리학적 질서가 변화되는 과정을 파악한다.
③ 외부 세계와의 인적·물적 교류가 확대되는 양상을 이해한다.
④ 실학을 비롯한 새로운 학문 기풍이 대두하였음을 파악한다.
⑤ 문학과 예술 작품을 통해 문화 향유층의 확산과 서민 문화의 발달을 이해한다.
⑥ 다양한 영역에서 발전한 과학 기술에 대해 탐구한다.
⑦ 생활 풍속과 신앙 활동을 중심으로 당시의 생활상을 이해한다.

⑹ 근대 사회와 문화

개항 이후 일제 강점기까지의 문화를 다룬다.
근대 국가 운동이 좌절되면서 문화 전통이 순탄하게 계승되지 못하였음을 이해한다. 일제의 침략과 민족 말살정책에 맞서 민족문화수호 운동을 활발하게 벌였음을 안다.
① 갑오개혁을 거치며 신분제가 폐지되었고, 3.1운동을 거치며 민주 공화정의 이념이 정착되었음을 안다.
② 자주적 경제 발전 노력이 좌절되고, 일제에 예속된 식민지 자본주의가 자리잡았음을 안다.
③ 인적, 물적 교류의 확대와 신문물의 도입으로 새로운 생활문화가 확산되었음을 파악한다.
④ 근대 교육의 성장 과정과 일제 강점 이후 왜곡 양상을 조사한다.
⑤ 전통 종교와 사상의 변화, 새로운 종교의 확산이 사회에 끼친 영향을 탐구한다.
⑥ 일제의 민족 말살 정책에 맞서 전개된 민족 문화 수호 운동을 탐구한다.

⑺ 현대 사회와 문화

8·15광복 이후 현재까지 문화를 다룬다.
광복 이후 전개된 민주화와 산업화 과정을 이해하고, 이것이 가져온 사회 문화적인 변혁을 여러 분야에 걸쳐 파악한다.
① 민주주의 정치 체제가 정착되고, 사회 민주화가 진행된 과정을 조사한다.
② 광복 이후 급격한 산업화를 이룬 사실과 산업화 과정의 특징을 파악한다.
③ 농촌 공동체의 해체, 도시화 등 산업화가 가져온 사회 변동 양상을 탐구한다.
④ 학교 교육의 성장과 매스컴의 발달로 문화 활동이 대중화되었음을 이해한다.
⑤ 과학 기술의 발달과 산업화가 가져온 생활 문화의 변화를 이해한다.
⑥ 분단 상황이 문화 활동에 미친 영향과 민족 문화의 성장 과정을 파악한다.
⑦ 미래 한국 사회를 위해 바람직한 문화를 계승하고 창조하려는 자세를 갖는다.

4. 교수·학습 방법

가. 한국의 역사가 주변 국가와의 교류를 통해 다양한 문화적 요소를 수용하면서 전개되었음을 이해하도록 지도한다.
나. 국민공통 기본교육과정의 역사 영역에서 학습한 내용을 기반으로 우리 역사와 문화에 대한 이해를 심화하고 문화 발전에 대한 전망을 가질 수 있도록 지도한다.
다. 각 시대의 역사 발전의 기초가 된 정치, 경제, 사회적 요소를 인식하여 우리 문화 발전의 동력을 이해하고 참여하려는 자세를 갖도록 한다.
라. 문답 학습, 탐구 학습, 극화 학습, 제작 학습 등을 통해 학습자의 활동을 이끌어 내고 역사적 사고력을 신장시킬 수 있도록 한다.
마. 다양한 사료, 도표와 통계 자료, 멀티미디어 자료 등을 활용하여 교수·학습의 효율성을 높이고 생동감 있는 학습이 이루어지도록 한다.
바. 학습 내용에 따라 사실 학습, 개념 학습, 주제 학습, 인물 학습, 비교 학습 등을 다양하게 활용하고, 학생들의 능동적인 학습 활동을 위해 토론, 발표, 논술, 조사, 사례 연구, 유적 답사 등 다양한 교수·학습 기법을 활용한다.
사. 정보화 사회에 요청되는 정보의 처리와 조직 능력 신장을 위해 신문 활용 교육(NIE), 인터넷 활용 교육(IIE), 컴퓨터 보조 수업(CAI) 방식을 적극적으로 활용한다.

5. 평 가

가. 교육과정의 한 부분으로서 평가는 학습자의 학습 과정을 이해하고 성취 수준을 높이며 교육 내용과 교수·학습 방법의 적절성을 진단하는 마무리 과정이므로 교육과정에 제시된 목표, 내용, 교수·학습 방법과 일관성을 유지하도록 시행한다.

나. 교육과정에 제시된 목표와 내용에 따라 추출된 요소를 준거로 평가를 시행하며, 지식·이해 영역뿐만 아니라 기능 영역, 가치·태도 영역에 대해서 균형 있게 평가한다.

다. 진단 평가, 형성 평가, 총괄 평가, 수행 평가를 적절하게 활용하여 학습 의욕을 자극하고 성취도를 높이며 학습 과정과 평가의 연계성을 높일 수 있도록 한다.

라. 지필 평가 외에 관찰, 논술, 체크리스트, 포트폴리오 등 여러 가지 양적, 질적 평가 기법을 활용하여 학생들의 역사적 능력을 종합적으로 평가하도록 한다.

마. 객관식 문항과 주관식 문항을 적절히 배합하여 평가 문항을 제작하되 타당도, 신뢰도, 객관도 등의 평가 문항 요건을 준수한다.

바. 평가의 타당도와 신뢰도를 높이기 위해 학습자의 자기 평가, 모둠별 평가 등 평가 기법을 적극 활용한다.

7. 세계 역사의 이해

1. 성 격

오늘날 세계화는 우리의 삶을 규정하는 강력한 변화 추세 중의 하나로 인식된다. 세계적 상호 의존성의 심화는 문화와 역사적 경험이 다른 세계 여러 국가와 지역 세계를 하나의 생활 단위로 통합시켜 개인의 활동 영역을 획기적으로 확대시켰다. 한편으로 세계화를 통한 상호 교류의 진전은 복잡한 이해관계를 중심으로 민족, 인종, 종교, 계급 간의 갈등과 대립을 심화시킴으로써 국가와 민족, 종교권을 구분하는 장벽의 존재를 실감케 하는 역설적인 현상도 야기하고 있다. 이제 한 지역에서 일어난 사건은 단지 그 지역에만 영향을 주지 않고, 예측하기 어려운 방식으로 세계 여러 지역의 다양한 생활 국면을 서로 연결시킨다.

이와 같은 변화는 현대 세계에 존재하는 다양한 문화와 가치를 이해하고 존중하는 태도와, 사건이나 문제를 다양한 집단 간의 상호 관계 속에서 파악하고 분석할 수 있는 능력을 요구한다. 이러한 태도와 능력은 현대 세계의 사회적, 문화적 특징 및 쟁점을 이해하고, 현대 세계의 문제를 해결할 수 있는 기본 자질이다.

‘세계 역사의 이해’는 이러한 사회적, 교육적 요구에 부응하여 여러 지역의 독특한 문화적 특징과 그 역사적 형성 과정을 비교의 관점에서 탐구할 기회를 제공하고, 지역 간의 교류와 갈등을 통해서 형성된 인류의 다양한 경험을 심층적으로 이해시키는 것을 목적으로 한다. 또한 ‘세계 역사의 이해’는 역사적 사건은 물론, 현대 세계의 특징 및 쟁점들을 역사의 맥락에서 탐구함으로써, 역사적 탐구 방법을 익히고, 역사적 통찰력을 함양할 수 있는 기회를 제공하는 과목이다.

이러한 목적을 효과적으로 달성하기 위해 ‘세계 역사의 이해’는 개별 국가를 넘어서서 지역 세계라는 새로운 단위를 설정하고, 여러 지역의 역사적 경험을 비교할 수 있는 주제, 각 지역 간의 상호작용을 탐구할 수 있는 주제 그리고 현대 세계의 특징과 생성을 파악하는 데 도움이 되는 주제를 선정하여 제시한다.

2. 목 표

‘세계 역사의 이해’ 과목에서는 현재의 세계가 형성되기까지 나타난 각 지역의 역사적 경험과 그 상호작용을 이해함으로써 현대 세계의 성격과 과제를 인식한다. 다양한 자료를 활용하여 역사적 사고력과 판단력을 기르고, 세계사 속에서 자신을 발견하고, 개방적인 국제 이해와 협력의 자세를 갖도록 한다.

가. 각 지역의 독특한 문화 발전과 통치 체제, 경제 발전을 비교하고, 세계적으로 확산되어 다양한 문화에 영향을 미쳤던 종교와 사상을 중심으로 그 형성 및 확산 과정, 사회적, 문화적 영향을 이해한다.

나. 지역 간 교류와 갈등을 통해 이루어진 경제적, 문화적 상호작용의 전개 과정을 시기별로 이해함으로써 세계적인 상호 의존성의 증대 과정을 역사적으로 이해한다.

다. 획기적인 과학 기술의 발달, 민족 문제, 인종 문제, 계급 문제, 정치적·경제적·종교적 대립과 갈등 등 현대 세계의 성격과 쟁점을 이해하고, 역사적으로 탐구한다.

라. 세계의 다양한 문화 특징을 이해하고, 그 문화를 존중하는 태도를 함양한다.

마. 다양한 역사 자료를 활용한 학습 활동을 통해 역사적 사고력을 신장시킨다.

3. 내 용

가. 내용 체계

영 역	내용 요소
· 역사와 인간	○세계사 학습의 중요성 ○세계사 탐구 방법
· 도시 문명의 성립과 지역 문화의 형성	○도시 문명의 발생 ○진·한 제국 ○마우리아 왕조 ○페르시아 제국 ○그리스·로마
· 지역 문화의 발전과 종교의 확산	○유목민족 ○수·당과 동아시아 ○이슬람 세력 ○게르만 민족과 로마 ○유교, 불교, 힌두교, 크리스트교, 이슬람교 ○과학기술, 문화교류
· 지역 경제의 성장과 교류의 확대	○송과 동아시아의 경제 ○이슬람 세계의 경제 ○유럽의 경제, ○몽골 제국 ○동아시아 교역, 인도양 교역, 지중해 교역, 사하라 횡단 교역
· 지역 세계의 팽창과 세계적 교역망의 형성	○동아시아·무굴 제국·오스만 제국·유럽 세계에서 등장한 새로운 국제 질서 ○동아시아 교역, 대서양 교역 ○은의 유통과 세계 교역망의 통합
· 서양 근대 국민 국가의 형성과 산업화	○과학혁명 ○계몽사상, 시민혁명 ○산업혁명과 산업화 ○국민 국가, 자유주의, 사회주의
· 제국주의의 침략과 민족 운동	○아시아·아프리카·아메리카에서의 식민 지배와 민족 운동, ○일본·중국·인도·오스만 투르크 등 국민 국가 건설 운동
· 현대 세계의 변화와 과제	○20세기의 전쟁과 갈등 ○국제연맹과 국제연합 ○자본주의의 변화 ○사회주의 체제의 변화 ○과학기술

나. 영역별 내용

(1) 역사와 인간

세계사 학습의 중요성을 인식하고, 세계사 학습의 자료 활용 방법을 익힌다.
① 현대 세계의 성격을 파악하고, 인류가 당면한 다양한 문제와 쟁점을 해결하기 위하여 세계사 학습이 중요함을
  이해한다.
② 다양한 자료를 활용하여 세계 역사를 탐구하는 방법을 안다.
③ 역사적으로 다양한 생활 방식이 존재하였음을 이해하고 다른 문화와 문명을 존중하는 태도를 기른다.

(2) 도시 문명의 성립과 지역 문화의 형성

도시 문명의 발생과 제국의 형성 과정을 알아보고 각 지역의 문화를 비교하여 이해한다. 각 문명이나 제국이 고립
되어 발전한 것이 아니라 접촉과 교류, 갈등을 통해 발전했음을 안다.
① 농업 및 과학 기술의 발달과 도시 문명의 발생을 탐구한다.
② 중국의 진·한, 인도의 마우리아 왕조, 서아시아의 페르시아, 유럽의 그리스·로마를 중심으로 통치 질서와 문
  화적 특징을 비교한다.
③ 각 문명과 제국이 접촉과 교류, 갈등을 통해 발전했음을 이해한다.

(3) 지역 문화의 발전과 종교의 확산

3세기경에서 10세기 전후까지 각 지역의 제국이 분열 및 통합되는 과정에서 새롭게 나타난 사회적·문화적 특징을
탐구한다. 종교와 사상의 확산을 중심으로 활발해진 지역 간 교류 양상을 파악한다.
① 북방 민족과 수·당, 게르만 민족과 로마의 상호작용과 이슬람 세력의 확대 과정에서 나타난 민족의 이동과 그
  영향을 이해한다.
② 유교, 불교, 힌두교, 이슬람교, 크리스트교 등 주요 종교와 사상이 각 지역 사회에 미친 영향을 탐구한다.
③ 각 지역의 과학기술 발전과 문화적 특징을 비교하고, 다양한 경로를 통해 활발한 교류가 이루어졌음을 파악한다.

⑷ 지역 경제의 성장과 교류의 확대

10세기경에서 14세기 후반까지 각 지역 세계에서 과학 기술이 발전하고 농업과 수공업이 성장하는 과정을 살펴본다. 이러한 경제 발전이 상업과 교역의 발달로 이어졌으며, 생활 문화를 변화시켰음을 이해한다. 경제 발전을 중심으로 각 지역 세계의 특징을 이해하고, 교역망이 확대되고 통합되는 과정을 탐색한다.
  ① 동아시아, 서아시아, 유럽 등의 경제적 성장을 이해한다.
  ② 동아시아 교역, 인도양 교역, 지중해 교역, 사하라 횡단 교역 등 각 교역권의 특징을 비교한다.
  ③ 몽골의 제국 건설과 팽창에 따른 교역망의 통합과 이로 인한 각 지역 세계의 변화를 탐구한다.

⑸ 지역 세계의 팽창과 세계적 교역망의 형성

15세기를 전후하여 각 지역 세계에서 독자적인 문화가 발달하고 대외적으로 세력이 팽창하는 과정을 탐구한다. 새로운 국제 질서와 세계적 교역망이 형성되는 과정을 파악한다.
  ① 동아시아, 무굴 제국, 오스만 제국, 유럽의 경제적 성장과 문화적 변화를 비교한다.
  ② 동아시아, 무굴 제국, 오스만 제국, 유럽에서 새로운 국제질서가 형성되는 과정과 양상, 그 의미를 탐구한다.
  ③ 동아시아 교역과 대서양 교역의 양상을 알아보고, 은의 유통을 중심으로 세계적인 교역망이 통합된 의의를 파악한다.

⑹ 서양 근대 국민 국가의 형성과 산업화

과학 혁명과 계몽사상에 힘입어 근대적 사유 방식, 정치 체제, 경제 구조가 형성되었음을 이해한다. 산업화로 나타난 새로운 계급 관계와 사회 문제 및 그에 대한 해결 노력을 탐구한다. 국민 국가의 형성 과정을 파악하고 그 특성을 살펴본다.
  ① 유럽에서 과학 혁명과 계몽사상의 발달이 사유 방식과 문학에 미친 영향을 살펴본다.
  ② 유럽, 남북 아메리카의 시민혁명과 국민 국가 형성 과정을 비교한다.
  ③ 산업화와 시민혁명으로 인한 사회경제적 변화를 이해한다.
  ④ 산업화가 초래한 사회 문제와 그 해결 노력을 탐구한다.

⑺ 제국주의의 침략과 민족 운동

아시아와 아메리카, 아프리카에서 열강의 침략에 맞서 다양한 방식으로 민족 운동이 전개되었음을 이해한다. 중국, 일본, 인도, 오스만 투르크의 국민 국가 건설 운동을 비교하여 아시아 각국의 서로 다른 근대화 양상을 파악한다.
  ① 아시아, 아프리카, 아메리카에서 이루어진 식민 지배 방식을 사례를 통해 비교한다.
  ② 유럽과 일본, 미국의 식민 지배를 받았던 국가에서 등장한 민족 운동을 사례를 통해 알아본다.
  ③ 일본, 중국, 인도, 오스만 투르크 등 민족 운동과 국민 국가 건설 운동을 비교한다.

⑻ 현대 세계의 변화

현대 세계는 국가 간의 협력이 강화되는 동시에 이념, 민족, 종교, 인종, 빈부, 문명 간의 갈등이 끊이지 않고 있음을 파악한다. 현대 과학 기술의 발전이 가져온 영향을 이해한다. 현대 세계에서 제기되는 다양한 문제를 역사적인 맥락에서 탐구한다.
  ① 20세기에 일어난 전쟁의 성격과 특징, 그 역사적 배경을 탐구하여 전쟁의 참상을 느끼고 평화를 소중히 여기는 자세를 갖도록 한다.
  ② 이념, 민족, 종교, 인종 간의 갈등을 사례를 통해 알아보고 국제 사회의 해결노력을 이해한다.
  ③ 자본주의와 사회주의 체제의 변화를 살펴보고, 세계화 및 지역화의 전개 과정을 탐구한다.
  ④ 과학기술 발달의 성과 및 문제점을 사례를 들어 탐구한다.
  ⑤ 질병, 환경, 평화, 인권 등과 관련된 인류 과제를 해결하는 방안을 탐색한다.

4. 교수·학습 방법

가. 문화권의 특성과 발전, 시대의 성격을 중심으로 세계사의 전개 과정을 체계적으로 이해하도록 한다.
나. 세계 여러 지역의 역사를 비교하여 그 보편성과 특수성을 인식하고 다른 지역의 문화와 역사를 존중하는 태도

를 갖도록 한다.
다. 개별적인 사실보다는 주요한 주제와 개념을 통해 구조화된 내용을 역사적으로 파악할 수 있도록 한다.
라. 문답 학습, 탐구 학습, 극화 학습, 제작 학습 등을 통해 학습자의 참여를 이끌어 내고 역사적 사고력을 신장시킬 수 있도록 한다.
마. 다양한 사료, 도표와 통계 자료, 멀티미디어 자료 등을 활용하여 교수·학습의 효율성을 높이고 생동감 있는 학습이 이루어지도록 한다.
바. 학습 내용에 따라 사실 학습, 개념 학습, 주제 학습, 인물 학습, 비교 학습 등을 다양하게 활용하고, 학생들의 능동적인 학습 활동을 위해 토론, 발표, 논술, 조사, 사례 연구 등 다양한 교수·학습 기법을 활용한다.
사. 정보화 사회에 요청되는 정보의 처리와 조직 능력 신장을 위해 신문 활용 교육(NIE), 인터넷 활용 교육(IIE), 컴퓨터 보조 수업(CAI) 방식을 활용한다.

5. 평 가

가. 교육과정의 한 부분으로서 평가는 학습자의 학습 과정을 이해하고 성취 수준을 높이며 교육 내용과 교수·학습 방법의 적절성을 진단하는 마무리 과정이므로 교육과정에 제시된 목표, 내용, 교수·학습 방법과 일관성을 유지하도록 시행한다.
나. 역사적 지식·이해 영역뿐만 아니라 기능, 가치·태도 영역도 균형 있게 평가한다.
다. 진단 평가, 형성 평가, 총괄 평가, 수행 평가를 적절하게 활용하여 학습 의욕을 자극하고 성취도를 높이며 학습 과정과 평가의 연계성을 높일 수 있도록 한다.
라. 지필 평가 외에 관찰, 논술, 체크리스트, 포트폴리오 등 여러 가지 양적, 질적 평가 기법을 활용하여 학생들의 역사적 사고력을 종합적으로 평가한다.
마. 지필 평가 문항에는 객관식과 주관식 문항을 적절히 배합하고 타당도, 신뢰도, 객관도 등 평가 문항 요건을 준수한다.
바. 평가의 타당도와 신뢰도를 높이기 위해 학습자의 자기 평가, 조별 평가 등 평가 기법을 적극 활용한다.

8. 동아시아사

1. 성　격

　'동아시아사' 과목은 동아시아 지역에서 전개된 인간 활동과 그것이 남긴 문화유산을 역사적으로 파악하여 이 지역에 대한 이해를 증진하고 나아가 지역의 공동 발전과 평화를 추구하는 안목과 자세를 기르기 위해 개설된 선택 과목이다. 선사시대부터 현대까지 동아시아인이 성취한 문화의 공통성과 상관성을 탐구하여 동아시아 지역의 발전과 평화 정착에 능동적으로 참여할 수 있는 자질을 기르도록 한다.
　'동아시아사' 과목은 국민공통기본교육과정의 역사 영역에서 습득한 역사 이해와 인식을 바탕으로 동아시아 지역의 역사를 심층적으로 이해하는 데 목적을 둔다. 이를 위해 동아시아 사회의 형성과 전개 과정을 크게 몇 시기로 나누고 각 시기별로 몇 개의 주제를 두어 지역 전체를 비교·조망할 수 있도록 구성한다.
　우리가 속한 동아시아는 과거부터 지역 내 공동체 상호간의 긴밀한 교류를 통해 문자, 사상, 제도 등에서 나름의 정체성을 형성해 왔으며, 오늘날 국제 사회에서 차지하는 비중이 증대되고 있는 역동적인 역사 및 지역 단위이다. 이와 같은 동아시아의 과거와 현재에 대한 객관적이고 균형 잡힌 이해와 분석 능력을 키워 화해와 협력을 바탕으로 동아시아가 공동의 평화와 번영을 이루어 나가는 데 관심을 갖도록 한다.

2. 목　표

　'동아시아사' 과목은 동아시아 지역의 역사 전개 과정을 주체적이고 개방적인 관점에서 종합적이고 체계적으로 이해하여 이 지역의 특성과 과제를 올바로 인식하는 데 목표를 둔다. 다양한 관점에서 자료를 활용하여 역사적 사고력과 역사의식을 기르고, 나아가 동아시아 지역의 발전과 평화에 이바지하는 자세를 갖도록 한다.
　가. 객관적이고 균형 잡힌 시각으로 동아시아 지역사를 파악하여 역사를 주체적으로 이해하는 안목을 기른다.
　나. 각 시기 사회와 문화의 특징을 드러낼 수 있는 공통적이거나 연관성 있는 요소를 주제별 접근 방식을 통해 이해한다.
　다. 동아시아 역사와 문화의 다양성을 탐구하여 그 특징을 파악하고 타자를 이해하고 존중하는 태도를 함양한다.
　라. 각 시기에 전개된 교류와 갈등 요소를 탐구하여 문제 해결의 방향을 모색하는 자세를 갖는다.
　마. 주제와 관련된 자료를 비교, 분석, 비판, 종합하는 활동을 통해 역사적 사고력을 신장시킨다.

3. 내　용

가. 내용 체계

영역	내용 요소
· 동아시아 역사의 시작	○동아시아의 자연환경　○선사 문화　○농경과 목축　○국가의 성립과 발전
· 인구 이동과 문화의 교류	○지역 간 인구 이동과 전쟁　○고대 불교, 율령과 유교에 기반을 둔 통치 체제 ○동아시아 국제 관계
· 생산력의 발전과 지배층의 교체	○북방 민족　○농업 생산력의 발전과 소농 경영　○문신과 무인　○성리학
· 국제질서의 변화와 독자적 전통의 형성	○17세기 전후 동아시아의 전쟁　○은 유통과 교역망 ○인구 증가와 사회경제　○서민문화, 각국의 독자적 전통
· 국민 국가의 모색	○개항과 근대 국민 국가 수립　○제국주의 침략　○민족주의와 민족 운동 ○평화를 지향한 노력　○서구 문물의 수용과 변화
· 오늘날의 동아시아	○전후 처리 문제　○동아시아에서의 분단과 전쟁 ○각국의 경제 성장, 정치 발전　○갈등과 화해

나. 영역별 내용

⑴ 동아시아 역사의 시작

동아시아사 학습의 중요성과 함께 동아시아의 환경이 역사 전개에 미친 영향을 살펴본다. 동아시아 여러 지역에서 다양한 문명이 발생하고 국가가 성립하였음을 이해한다. 시기는 대체로 선사 시대부터 기원 전후까지를 대상으로 한다.
① 동아시아 지역의 사람들이 어떤 자연조건과 환경 속에서 살았는지 알아본다.
② 대표적인 유물을 중심으로 선사문화의 다양성을 이해한다.
③ 농경과 목축의 시작과 발전을 알아보고, 그것이 동아시아 사회에 끼친 영향을 파악한다.
④ 정치적 갈등과 통합을 통해 국가가 성립, 발전하는 과정을 이해한다.

⑵ 인구 이동과 문화의 교류

각 지역에서 여러 국가와 정치 집단이 분열하고 통합되는 과정에서 전쟁과 인구 이동이 일어났음을 이해한다. 조공·책봉 관계의 내용과 의미를 파악하고, 각국이 불교, 율령, 유교를 받아들인 이유와 과정을 이해한다. 시기는 대체로 기원 전후부터 10세기까지를 대상으로 한다.
① 지역 간에 인구 이동이 활발히 전개되고, 전쟁이 빈번하게 일어났음을 이해한다.
② 불교가 각 지역에 전파되는 양상과 그 영향을 비교한다.
③ 율령과 유교에 기반을 둔 통치체제가 수립되고, 이를 각국이 수용하는 과정을 살펴본다.
④ 동아시아 외교 형식인 조공·책봉 관계를 각국의 상호 필요라는 관점에서 파악한다.

⑶ 생산력의 발전과 지배층의 교체

여러 국가가 병립하면서 생긴 국제 관계의 변화와 몽골 제국의 성립이 갖고 있는 의미를 파악한다. 문신, 무인 등으로 불리는 새로운 지배층이 형성되고, 소농경영을 중심으로 농업생산력이 발전하며, 새로운 지배 이념으로 성리학이 대두하였음을 이해한다. 시기는 대체로 10세기부터 16세기까지를 대상으로 한다.
① 북방 민족의 등장과 각국의 대응, 몽골 지배의 영향을 파악한다.
② 농업 생산력이 발전하고 소농경영이 정착되는 모습을 이해한다.
③ 문신과 무인이 새로운 지배층으로 등장한 배경을 알아보고, 그 차이점을 비교한다.
④ 성리학의 성격을 살펴보고 지역별 특징을 비교하여 설명한다.

⑷ 국제 질서의 변화와 독자적 전통의 형성

17세기 전후 동아시아 전쟁과 국제 질서의 변화를 이해한다. 동아시아 교역망의 발달과 각국의 사회경제적 변화, 서민문화의 성장에 대해 파악하고, 각국이 독자적 전통을 형성해 가는 모습을 이해한다. 시기는 대체로 16세기부터 19세기까지를 대상으로 한다.
① 17세기 전후 동아시아 전쟁의 전개 양상과 국제 관계에 미친 영향을 알아본다.
② 은 유통의 활성화와 동아시아 교역망의 발달, 서구와의 교류를 이해한다.
③ 인구 증가와 도시화의 촉진, 서민 문화의 발달상을 탐구한다.
④ 각국이 독자의 체제와 전통을 형성해 가는 모습을 비교한다.

⑸ 국민 국가의 모색

개항을 전후하여 시작된 각국의 국민 국가 건설 노력에 대해 알아본다. 일본을 비롯한 제국주의 국가의 침략과 식민 지배가 민중에게 준 고통을 이해하고, 이에 저항하여 각 지역에서 민족 운동이 활발히 전개되고, 국제적인 교류와 연대도 이루어졌음을 파악한다. 시기는 대체로 19세기 중반부터 1945년까지를 대상으로 한다.
① 각국에서 개항이 갖는 의미와 근대 국민 국가 수립의 양상을 비교한다.
② 제국주의 침략전쟁과 이로 인한 가해와 피해의 실상을 알아본다.
③ 침략과 지배에 저항하여 일어난 각국의 민족주의와 민족 운동을 비교한다.
④ 전쟁을 반대하고 평화를 지향하는 노력과 국제 연대에 대해 알아본다.
⑤ 각국이 서구 문물을 수용하면서 사회·문화·사상 등에 어떤 변화가 나타났는지 비교한다.

⑹ 오늘날의 동아시아

전후 처리 양상과 국교 회복 과정을 살펴보고, 동아시아에서의 이념 대립과 분단에 대해 파악한다. 각국 정치·경제·사회의 발전 양상을 알아보고, 국가 간 갈등과 이를 극복하기 위한 방안을 탐구하여 화해와 평화를 위해 노력하는 자세를 갖는다. 시기는 1945년 이후를 대상으로 한다.
① 제2차세계대전의 전후 처리와 각국의 국교 회복 과정에 대해 이해한다.
② 중국의 국공 내전, 6·25전쟁, 베트남 전쟁의 성격과 그 영향을 알아본다.
③ 각국의 경제 성장 과정을 비교하고 지역 내 교역 활성화에 대해 살펴본다.
④ 각국의 정치와 사회의 발전 모습과 특징을 파악한다.
⑤ 동아시아에 현존하는 갈등을 살펴보고, 화해를 위한 방법을 탐구한다.

4. 교수·학습 방법

가. 국민공통기본교육과정의 역사 영역에서 학습한 내용을 기반으로 동아시아 지역에서 전개된 역사와 문화를 깊이 이해할 수 있도록 지도한다.
나. 각국이 이룩한 독자적 역사 발전과 함께 동아시아사가 갖는 독특한 역사상을 이해하도록 지도한다.
다. 상호 교류 및 발전과 함께 갈등 문제도 각 시대의 주요 학습 요소로 인식한다.
라. 각 공동체를 상호 비교하여 보편성과 함께 차이점도 탐구하여 학습자의 역사적 사고력을 신장할 수 있도록 한다.
마. 다양한 사료, 도표와 통계 자료, 멀티미디어 자료 등을 활용하여 교수·학습의 흥미와 효과를 높이도록 한다.
바. 학습 내용에 따라 사실 학습, 개념 학습, 주제 학습, 인물 학습, 비교 학습 등을 다양하게 활용하고, 학생들의 능동적인 학습 활동을 위해 토론, 발표, 논술, 조사, 사례 연구 등 다양한 교수·학습 기법을 활용한다.
사. 정보화 사회에 요청되는 정보의 처리와 조직 능력 신장을 위해 신문 활용 교육(NIE), 인터넷 활용 교육(IIE), 컴퓨터 보조 수업(CAI) 방식 등을 적극적으로 활용한다.

5. 평 가

가. 교육과정의 한 부분으로서 평가는 학습자의 학습 과정을 이해하고 성취 수준을 높이며 교육 내용과 교수·학습 방법의 적절성을 진단하는 마무리 과정이므로 교육과정에 제시된 목표, 내용, 교수·학습 방법과 일관성을 유지하도록 시행한다.
나. 교육과정에 제시된 목표와 내용에 따라 추출된 요소를 준거로 평가를 시행하며, 지식·이해 영역만이 아니라 기능 영역, 가치·태도 영역에 대해서도 균형 있게 평가한다.
다. 진단 평가, 형성 평가, 총괄 평가, 수행 평가를 적절하게 활용하여 학습 의욕을 자극하고 성취도를 높이며 학습 과정과 평가의 연계성을 높일 수 있도록 한다.
라. 지필 평가 외에 관찰, 논술, 체크리스트, 포트폴리오 등 여러 가지 양적, 질적 평가 기법을 활용하여 학생들의 역사적 능력을 종합적으로 평가하도록 한다.
마. 객관식 문항과 주관식 문항을 적절히 배합하여 평가 문항을 제작하되 타당도, 신뢰도, 객관도 등의 평가 문항 요건을 준수한다.
바. 평가의 타당도와 신뢰도를 높이기 위해 학습자의 자기 평가, 모둠별 평가 등 평가 기법을 적극 활용한다.

9. 법과 사회

1. 성 격

  '법과 사회' 과목은 학생들이 법의 이념과 원리 및 그 체계에 대한 기본적인 이해를 통해 현대 법치 국가의 민주 시민에게 필수적으로 요구되는 법적 사고력, 가치판단 능력 및 문제 해결 능력을 함양하고, 올바른 법의식과 준법정신을 갖도록 하기 위해 개설된 사회과의 선택 과목이다. 이 과목은 국민 공통 기본 교육과정 '사회' 과목 중 법 관련 단원의 내용을 심화하는 성격을 가진다.
  '법과 사회' 과목은 사회생활에서 경험하게 되는 다양한 생활 소재를 중심으로 그에 관련된 기본적인 법 원리에 대한 탐구를 통해 문제 상황들을 논리적·법적으로 이해하고, 나아가 법절차에 따라 합리적·평화적으로 해결할 수 있는 태도를 육성할 수 있는 내용으로 구성된다. 따라서 지엽적이고 세세한 법 지식들을 전달하는 것을 지양하면서, 각 생활영역에서 핵심적인 법의 기본원리에 대한 이해를 통하여 법적 사고력과 가치판단 능력 및 문제 해결 능력을 육성하도록 한다.
  '법과 사회' 과목을 통해 인간의 기본권이 존중되는 행복한 삶을 위한 법의 필요성과 준법정신의 중요성을 깨닫고, 부당한 침해로부터 개인의 권리를 보호하는 법의 역할을 인식하도록 한다.

2. 목 표

  '법과 사회' 과목은 기본적인 법 이론에 대한 이해를 통하여 일상생활에서의 문제 상황을 민주사회의 법이념에 따라 합리적·합법적으로 해결해 나갈 수 있는 능력을 함양하는 것을 목표로 한다. 궁극적으로는 개인의 기본권이 보장되고 정의가 실현되는 사회를 이룩하는 데 필요한 민주 시민으로서의 법적 소양, 가치관 및 태도를 지니게 한다.
  가. 현대 민주 국가에서의 법의 필요성과 기능을 이해하고, 기본적인 법 이론을 활용하여 각 구성원 간의 법률관계를 분석하고, 생활의 각 영역에서 발생하는 법적 문제 상황을 이해한다.
  나. 법적 문제 상황에 관련된 기록, 정보 및 자료에 대한 분석을 통하여 문제 상황을 법적으로 해결할 수 있는 능력을 길러, 다양한 사회적 쟁점에 대한 법적 해결 방안을 모색할 수 있다.
  다. 국·내외의 사회 구성원 간에 의견이 엇갈리는 쟁점들의 내용을 법적으로 이해하고, 관련된 개인 혹은 집단의 입장에서 각각의 주장들을 합리적·합법적으로 판단할 수 있는 능력을 기른다.
  라. 다양한 분쟁 해결 방식의 원리와 절차를 이해하고, 이를 활용하여 개인적·사회적 분쟁을 합리적·평화적으로 해결하는 능력과 태도를 기른다.
  마. 법의 보호적 기능을 인식하고, 개인의 권익의 보장과 그 침해에 대한 구제를 위한 제도들을 이해하고 활용할 수 있다.
  바. 민주적 법체계와 절차를 존중하고, 건전한 법의식과 법문화를 지니며, 민주사회의 실현에 능동적으로 참여하는 자세를 갖는다.

3. 내 용

가. 내용 체계

영 역	내 용 요 소
· 법 생활의 기초	○ 법의 필요성, 법제도의 구조 ○ 법의 연원, 법의 민주적 정당성, 법적 개념과 원리의 활용, 법의 해석과 적용 ○ 다양한 분쟁 해결 방법, 법률정보의 획득과 법률구조의 활용 ○ 법치주의와 정당한 법에 의한 지배, 준법 의무와 비판적 법의식, 법과 사회 변동
· 국가적 생활과 법	○ 입헌주의와 헌법, 기본권의 보장과 제한 및 제한의 한계, 기본권의 주요 내용 및 쟁점, 헌법재판제도 ○ 법치행정의 원리, 행정 작용의 법적 수단, 행정 작용의 통제와 개인의 권리보호 ○ 국제법의 기능, 국제관계의 주체, 국제 분쟁의 평화적 해결
· 개인적 생활과 법	○ 계약의 체결, 계약의 이행과 불이행, 채무의 보증 ○ 부동산의 매매, 등기, 주택의 임대차 ○ 불법행위의 유형, 손해배상의 부담, 새로운 불법행위 ○ 혼인, 이혼, 친자, 상속 ○ 개인 간의 분쟁과 권리의 침해, 개인 간의 분쟁의 해결과 민사소송, 소송 이외의 방법을 통한 개인 간 분쟁의 해결
· 사회적 생활과 법	○ 소비자 피해의 유형, 소비자의 권리, 소비자 피해의 구제 ○ 취직과 근로계약, 근로자의 권리, 근로자의 권리 구제
· 범죄와 형사 절차	○ 형법의 의의와 기능, 범죄의 성립요건, 범죄의 형태와 유형, 형벌과 보안처분 ○ 형사 절차의 개관, 수사, 공판, 형벌의 집행

나. 영역별 내용

(1) 법 생활의 기초

　우리 사회에서의 법과 법제도, 법의 다양한 연원과 해석·적용의 기본원리를 파악하고, 법의 민주적 정당성이 갖는 의의를 이해한다. 나아가 분쟁의 예방과 해결을 위해 스스로 권리의식을 함양하고 적극적으로 법률 서비스를 이용할 수 있는 자세를 갖추어, 법치주의를 바탕으로 한 법문화를 형성하고 법을 준수하는 태도를 갖는다.
　① 여러 사회 규범 중에서 법이 필요한 이유를 이해한다.
　② 입법, 행정, 사법작용을 담당하는 기관의 기능을 중심으로 법제도의 체계와 구조를 파악한다.
　③ 다양한 형태의 법원(法源)들과 이들 간의 단계구조를 이해한다.
　④ 정의와 인권이 법제도의 기본적 가치로서 가지는 의의를 이해한다.
　⑤ 죄형법정주의, 법치행정의 원리, 조세법률주의 등 취지를 법의 민주적 정당성이라는 관점에서 파악한다.
　⑥ 법 해석은 국민과 다른 법 기관도 할 수 있으나 최종적인 해석은 법원이 행한다는 것을 인식한다.
　⑦ 분쟁의 예방과 해결을 위해서는 권리의식이 필요함을 인식하고, 분쟁 해결을 위해 활용할 수 있는 다양한 제도와 법률정보 획득 방법들을 알고 적극적으로 이용하는 자세를 가진다.
　⑧ 법치주의의 정착을 위해 법문화와 법의식이 중요한 이유를 구체적 사례를 통해 탐구하고, 사회 변동에 따라 나타나는 새로운 법 현상에 대한 대처 방안을 슬기롭게 모색한다.
　⑨ 민주 시민사회의 구성원으로서 헌법의 가치와 이념이 전체 법질서에 구현될 수 있도록 하는 비판적 법의식의 중요성을 이해한다.

(2) 국가적 생활과 법

　현대 국가에 있어서 국가와 국민 간의 관계와 관련하여 우선 국가의 존립 근거가 되는 개인의 기본권의 중요성을 인식하고 특히, 현대 사회에서 문제되는 주요 기본권의 내용 및 관련된 법적 쟁점들을 탐구하며 궁극적으로 기본권 보장 규범으로서의 헌법을 이해한다.
　국가와 국민 간의 관계와 관련하여 행정 작용을 중심으로 개인의 권리 보호를 위한 법치 행정의 원리와 아울러 국가 및 지방자치단체의 행정활동을 규율하는 행정법의 개념과 그 기본원리를 파악한다.
　끝으로 국가 간의 관계를 규율하는 국제법의 특징과 국제기구의 의의 및 국가 간의 법적 관계를 이해한다.
　① 입헌주의의 의의와 발달과정을 헌법의 개념 및 특징과 연관 지어 이해한다.

② 인격권·평등권(여성, 장애인, 사회적 소수자 등의 차별 관련)·자유권(일반적 행동의 자유, 사생활의 비밀과 자유, 양심의 자유, 표현의 자유 등) 및 사회권(교육을 받을 권리 등) 등과 관련한 법적 쟁점을 구체적 사례를 중심으로 파악한다.
③ 헌법에 기본권 제한에 관한 규정을 두게 된 취지를 과잉 제한 금지의 원칙을 비롯한 제한의 한계에 중점을 두고 탐구한다.
④ 헌법 소원과 위헌 법률 심판 제도를 중심으로 헌법재판 제도의 의의를 이해한다.
⑤ 국가와 지방자치단체의 활동이 법에 따라 이루어져야 하는 이유를 파악한다.
⑥ 행정에 대한 민주적 통제와 시민 참여의 중요성을 이해하고, 행정 작용으로 인해 침해된 시민의 권익을 구제하기 위한 다양한 행정법상의 제도들을 구체적 사례를 활용하여 이해한다.
⑦ 국제법의 법원(法源)을 알아보고, 평화로운 국제관계를 위한 국제법의 기능을 이해한다.
⑧ 국가 간의 분쟁의 해결 및 국제적 인권보호를 위한 여러 방안들을 탐색하고, 분쟁 해결과 관련된 국제기구의 기능을 국제연합(UN)을 중심으로 파악한다.

⑶ 개인적 생활과 법

① 계약을 통해 권리와 의무가 발생함을 알고, 계약 체결의 과정과 계약의 중요성을 사례를 중심으로 파악한다.
② 부동산 매매와 임대차 계약의 법적 성질과 과정을 이해하고, 계약 당사자의 입장에서 주의할 점과 계약자 보호를 위한 관련 법 원리의 주요 내용을 파악한다.
③ 불법행위의 의미를 다양한 사례를 통해 이해하고, 손해배상의 책임을 지는 자와 책임을 묻는 자의 법적권리와 의무를 분석한다.
④ 가족에 대한 법률관계(혼인, 상속 등)에 대해 알아보고, 분쟁 시 고려해야 할 점들을 탐색한다.
⑤ 개인 간의 생활관계에서 나타나는 각종 분쟁 사례를 찾아 권리침해의 형태를 파악한다.
⑥ 민사소송의 기능과 다양한 소송의 유형에 대해 알아보고, 침해된 권리를 구제하기 위한 방법으로 소송 외에도 다양한 제도가 있음을 이해한다.

⑷ 사회적 생활과 법

① 일상생활에서 발생하는 소비자 피해의 사례를 찾아보고, 소비자의 권리 보호를 위한 법적 제도와 구제절차를 파악한다.
② 근로계약의 특수성을 이해하고, 근로계약 체결시의 유의사항을 이해한다.
③ 임금, 해고, 휴식, 노동쟁의 등과 관련하여 법에 의해 보호되는 근로자의 주요 권리를 탐색하고, 근로자의 권리가 침해될 경우의 구제받을 수 있는 법적 절차를 사례를 통해 파악한다.

⑸ 범죄와 형사 절차

범죄와 형벌의 개념 및 형법의 의의와 기본원칙을 이해하고, 다양한 범죄의 유형을 파악하며 이에 관련된 법 원리를 탐구한다. 또한 형사 절차의 흐름을 이해하고 이 과정에서 인권을 보호하기 위한 다양한 제도적 수단들을 파악한다. 나아가 범죄가 개인 및 사회에 미치는 영향에 대해 인식한다.
① 죄형법정주의를 통해 형법의 의의와 기능을 파악한다.
② 범죄의 성립 요건과 위법성 및 책임 조각 사유를 구체적 사례를 통해 이해한다.
③ 일상생활 및 학교생활과 관련된 범죄의 형태와 유형을 파악하고, 범죄에 대한 형벌의 형태와 처벌 과정을 탐구한다.
④ 수사, 공판, 형벌의 집행으로 이어지는 형사 절차의 흐름을 이해하고, 형사 절차에서 피의자나 피고인이 누릴 수 있는 권리를 알아본다.
⑤ 공판절차의 주요 내용을 파악하고, 상소 제도와 "의심스러울 때는 피고인의 이익으로"라는 법리의 취지를 탐구한다.
⑥ 형벌이 집행되는 절차를 알아보고, 형사처벌이 일상생활에 미치는 영향을 파악한다.

4. 교수·학습 방법

가. 민주 시민으로서의 사회생활에 필요한 기본적인 법 원리에 대한 이해와 가치판단 능력을 함양하는 데 중점을 두고, 지나치게 세세한 지엽적인 설명을 제시하지 않도록 주의한다.

나. 신문, 방송의 뉴스자료나 헌법재판소 결정, 대법원 판례 등 다양한 사례를 활용하여 법에 대한 흥미를 높이고, 자신의 실생활에 관련된 구체적인 법적 문제들을 다루어 보는 경험을 갖도록 한다.

다. 견학, 모의재판, 역할놀이, 대화법 등 역동적인 교수 학습법을 활용하여 법과 관련된 다양한 체험을 할 수 있는 기회를 제공하도록 한다.

라. 매매계약서, 임대차 계약서, 영수증, 혼인신고서, 근로계약서 등 다양한 법률 서식들을 직접 작성해 보도록 함으로써 법 생활에 대하여 친근감과 현실감을 갖도록 한다.

마. 법과 관련된 영화나 방송 드라마, 유명한 판결 등을 자료로 활용하여 학생들이 일상생활 속에서 법을 쉽고 친근하게 체험할 수 있도록 한다.

바. 법 생활과 관련된 외부 전문가들을 초빙하여 강연을 듣거나 대화를 나누는 경험을 통해 법적 문제에 대한 관심을 높이는 기회를 제공한다.

사. 법이 처벌을 통해 무조건적 복종을 강요한다는 전근대적 법의식을 극복할 수 있도록 법의 보호적 기능을 강조한다.

아. 법에서 보장하는 인권의 기본적 내용들을 이해시키고 구체적인 권리구제 방법과 절차들을 관련 기관들에 대한 설명과 함께 제시한다.

자. 내용과 관련하여 학생들에게 반드시 알아야 할 원리적인 부분과 더 생각해 볼 수 있는 부분을 명확히 구분하여 제시함으로써 학생들의 학습량과 난이도를 조절한다.

차. 현재의 법체계와 법이념을 이해함은 물론 사회의 능동적 변화에 대응할 수 있도록 법적 사고가 필요하다는 것을 인식하도록 한다.

5. 평 가

〈평가의 기본 방향〉

기. 올바른 법적 판단과 가치판단 능력을 묻는 구술, 논술 등 다양한 평가를 적극 활용하고, 상호 토론의 평가를 통해 자신의 판단을 다른 사람 및 사회적 인식과 비교해 볼 수 있는 기회를 제공한다.

나. 법조문 자체나 지엽적인 법률적 내용 등 학습자에게 과도한 학습 부담을 주거나 단순암기식 학습을 유도할 가능성이 있는 평가를 지양한다.

다. 평가의 결과는 교육 내용과 교수 · 학습 방법과 연계하여 반성적으로 검토하고 활용한다.

〈영역별 평가 방향〉

가. '법과 사회' 과목의 평가는 교육과정에 제시된 목표를 반영하도록 하며, 지식뿐만 아니라 기능, 가치 · 태도 영역에서 균형적으로 이루어지도록 한다.
  (1) 지식 영역의 평가는 생활법에 대한 기본적인 정보와 지식 습득 여부에 중점을 둔다.
  (2) 기능 영역의 평가는 생활법에 대한 정보의 획득과 활용 기능, 법적 쟁점 및 가치 탐구 기능, 문제 해결 기능, 의사 결정 기능 및 집단 참여 기능에 중점을 둔다.
  (3) 가치 · 태도 영역의 평가는 학습자 개인의 가치 명료화 능력, 가치에 대한 분석 및 판단 능력에 중점을 둔다.

나. '법과 사회' 과목의 평가에는 다음의 요소들을 포함하도록 한다.
  (1) 민주 사회를 유지하고 발전시키기 위해 법이 갖는 역할과 필요성을 정확하게 이해하고 있는가?
  (2) 생활 속에서 경험하는 다양한 사회현상과 제도들이 법과 어떻게 연관되는지 설명할 수 있는가?
  (3) 법이 시대 상황의 변화와 시민들의 요구에 따라 변화하고 발전해 나가는 것임을 이해하고 있는가?
  (4) 다양한 법적 쟁점들을 합리적 사고과정을 통해 판단하고 다른 사람과 비교할 수 있는가?
  (5) 개인의 권리를 침해당했을 때 구제받을 수 있는 평화적 · 합리적인 방법과 절차를 실생활에서 활용할 수 있는가?
  (6) 헌법의 존재 이유를 기본권 보장과 관련하여 이해하고, 기본권 보장의 의의와 그 제한의 한계를 설명할 수 있는가?
  (7) 민사와 형사, 행정 등 다양한 법 영역의 차이점을 알고, 이러한 차이에서 오는 법 원리상의 차이를 적절하게 진술할 수 있는가?
  (8) 형사절차에서 인권을 보호하기 위한 여러 제도들을 이해하고 있는가?
  (9) 국가 간 평화 우호 증진을 위한 국제법의 기능과 관련 제도를 이해하고 있는가?

〈평가의 유의점〉

가. 개별 사안에 대한 판결문 작성 등의 활동을 통해 논점의 추출, 논쟁의 판단 능력 및 논리적인 의사 전개 능력

등을 평가한다.

나. 법원 재판 관람기 작성이나 법 관련 단체 홈페이지 방문, 의견 제시하기 등 실현가능성이 높은 체험을 평가 요소로 제시한다.

다. 법체계와 준법행위, 다양한 법적 쟁점들에 대한 판단과 그렇게 판단하게 된 근거를 제시하도록 하여 학생이 지니고 있는 가치의 우선순위를 명료화하고 이를 체계화해 볼 수 있도록 한다.

라. 수행 평가의 경우 개별 지식에 대한 암기 여부를 묻기보다는 사례 제시를 통해 종합적 판단력과 문제 해결 능력을 평가할 수 있도록 한다.

10. 정 치

1. 성 격

　‘정치’ 과목은 정치 현상을 이해하는 데 필요한 기본적인 지식을 습득하고 이를 바탕으로 공동체 생활의 원리를 파악하며 정치 생활에 능동적으로 참여하는 민주 시민의 자질을 함양하기 위해 개설된 사회과의 선택 과목이다.
　‘정치’ 과목은 정치 공동체인 국가와 정부, 민주주의의 의미와 발전, 정부 기구의 일반적인 구성이나 운영 원리, 우리나라의 정치 현실과 발전 과제, 국민의 권리·의무와 정치과정, 국제 사회의 특징과 문제 및 외교 정책 등을 주요 내용으로 한다.
　‘정치’ 과목은 학습자로 하여금 정치 현상과 관련된 개념·원리 등 학문적 지식을 습득하게 하고, 다양한 정치 행위자와 정치 제도 간의 상호작용에 대한 고찰을 통해 정치적 기능이 수행되는 과정을 이해하고 인식하게 한다.
　‘정치’ 과목의 학습을 통해 학습자의 정치 문제 해결에 필요한 정보 획득 및 합리적 의사 결정 능력을 함양한다. 변화하는 정치 상황에 대한 자료와 정보를 수집·분석하여 지역·국가·국제 사회의 문제를 주체적으로 해결해 나가는 민주 시민으로서의 소양을 갖추어 능동적으로 참여하는 태도를 갖도록 하는 데 중점을 둔다.

2. 목 표

　정치 현상을 체계적으로 이해하기 위한 기본 개념과 원리 그리고 민주주의의 근본 가치와 원리를 학습하고 정치적 쟁점과 문제를 해결하기 위해 비판적으로 사고하고 종합적으로 분석하여 합리적으로 의사 결정을 내리는 능력을 함양한다. 또한 정치 과정에 능동적으로 참여하여 공동체의 발전에 이바지하는 민주 시민의 자세를 가진다.
　가. 민주 정치의 발전, 우리나라의 정부 조직 형태와 통치 원리, 국제 정치 등 정치 현상에 관한 기본 개념과 원리 및 특징을 파악한다.
　나. 헌법에 기초한 국민의 권리와 의무, 정치 과정과 참여 방법 등 국민의 정치적인 권리 행사와 관련하여 기본적인 정치 현상의 지식을 이해한다.
　다. 정치 현상과 관련된 국내외의 다양한 정보 및 자료를 수집·분석하며 이를 문제 해결에 활용하여 반성적 탐구 능력, 문제 해결 능력, 의사 결정 능력, 비판적 사고력 등을 함양한다.
　라. 다원화된 사회에서 정치적 관계를 인식하고 갈등 상황에서 정치 공동체와 타인의 입장을 합리적으로 분석하고 평가하여 공존을 모색할 수 있는 능력을 함양한다.
　마. 정치 공동체의 구성원으로서 민주주의의 기본 가치를 내면화하여 시민 생활에서 누릴 수 있는 권리와 사회적 책임을 인식하고, 민주적 자질을 함양하여 공동체의 발전에 능동적으로 참여하는 태도를 가진다.
　바. 지역 사회와 국가, 국제 사회의 특성과 정치적 운영 원리를 이해하고, 지역·국가·국제 사회의 문제에 관심을 갖고 해결 과정에 능동적으로 참여하는 자세를 가진다.

3. 내 용

가. 내용 체계

영 역	내 용 요 소
· 민주 정치의 발전	○ 정치의 의미와 기능 ○ 정치적 권위와 정통성 ○ 민주 정치의 발전 과정 ○ 민주주의의 이념과 유형 ○ 정치 문화와 정치 사회화 ○ 우리나라 민주 정치의 특성과 과제
· 국민의 권리와 의무	○ 헌법의 정치적 의의 ○ 국민 주권과 입헌주의의 원리 ○ 우리나라 헌법의 기본 원리 ○ 국민의 정치적 권리의 내용과 한계 ○ 우리나라 국민의 정치적 의무 ○ 국민 주권 실현의 과제
· 국가의 조직과 통치	○ 국가와 정부 ○ 우리나라의 정부 형태 ○ 국회와 입법부 ○ 대통령과 행정부 ○ 법원과 사법부 ○ 민주주의와 지방자치의 발전 과제
· 정치 과정과 참여	○ 정치 과정 ○ 정치 참여의 의의와 유형 ○ 이익 집단과 시민 단체의 정치 참여 ○ 정당과 정당 정치 ○ 선거와 투표 ○ 여론 ○ 우리나라 정치 참여의 현실과 과제
· 국제 사회와 정치	○ 국제 사회의 특성과 변화 ○ 국제 사회의 행위 주체 ○ 국제 사회의 협력과 갈등 ○ 국제 사회의 여러 문제 ○ 우리나라의 외교 정책과 과제 ○ 민족 통일의 과제

나. 영역별 내용

⑴ 민주 정치의 발전

공동체 생활에서 정치가 필요한 이유를 이해하며 공동체 구성원 간의 상호작용을 통해 나타나는 정치 현상을 권력과 관련지어 파악한다. 민주 사회에서 정치 및 생활의 원리로 작용하는 민주주의의 이념과 기본 원리를 학습하고 민주 정치의 발전 과정을 탐색한다. 그리하여 한국 사회가 나아갈 민주 정치의 모습에 대해 생각하고 민주 정치 발전을 위한 정치 문화의 형성에 참여하는 태도를 가진다.

① 정치란 이해관계를 둘러싼 구성원 간의 갈등을 조정하고 해결함으로써 공동체의 이상을 실현하는 과정임을 파악하고, 정치의 의미를 다양한 관점에서 이해하며, 정치가 수행하는 여러 가지 기능을 탐색한다.

② 정치권력은 국민들의 폭넓은 지지와 동의를 바탕으로 할 때 정통성을 획득하며 효과적인 지배력을 지니게 됨을 이해한다.

③ 민주 정치의 발전 과정을 역사적 맥락 속에서 이해하고 동양과 서양의 민주 정치의 발전 과정을 고찰하여 민주 정치가 나아가야 할 방향을 제시한다.

④ 민주주의의 이념과 원리를 다양한 관점에서 파악하고, 민주주의의 여러 가지 유형을 비교 분석한다.

⑤ 다양한 정치 문화의 유형과 그 의의를 분석하고 정치 사회화의 의미를 이해한다.

⑥ 우리나라 정치 현상의 특징과 발전 과정을 분석하고 나아가야 할 바람직한 방향을 탐색한다.

⑵ 국민의 권리와 의무

헌법의 기본 원리와 구조를 분석하고 헌법의 정신에 입각하여 국가는 국민의 자유와 권리를 보장해야 하며, 국민은 이러한 권리를 향유할 수 있는 주체임을 인식한다. 국가와 지역공동체의 번영과 민주주의의 발전을 위해 갖추어야 할 국민의 권리와 의무를 탐색하고, 국민 주권을 실현하기 위해 적극적으로 참여하는 태도를 가진다.

① 헌법이 정치 현상에 미치는 영향과 그 의의를 분석하고 헌법이 국민 생활에 어떠한 영향을 주고 있는지 탐색한다.

② 헌법에 구현된 기본 원리를 탐색하고, 국민 주권의 의의를 파악하여 민주주의의 발전을 위해 권리를 올바르게 행사할 수 있는 자세를 가진다.

③ 헌법에 나타난 정부 조직과 통치의 기본적인 구조와 내용을 파악하여 우리나라의 통치 원리를 이해한다.

④ 헌법에 보장된 국민의 기본권을 파악하고 권리 행사의 한계와 권리 침해시의 해결 방법을 모색한다.

⑤ 민주주의를 발전시키기 위해 국민으로서 실천해야 하는 의무와 그 의의를 탐색하고 이를 적극적으로 수행하는 태도를 가진다.

⑥ 국민 주권을 실현하는 과정에서 발생하는 개인의 권리와 공동체 권리 간의 갈등 국면을 이해하고, 기본권 간의 침해와 갈등 상황을 분석하여 이를 조화롭게 해결할 수 있는 방안을 탐색한다.

⑶ 국가의 조직과 통치

 국가와 정치 및 정부 개념의 유기적인 연관성을 탐색하고 기본적인 민주 정부 형태로서 대통령제와 의원내각제, 혼합형 정부 형태 등에 대하여 살펴봄으로써 우리나라의 정부 형태를 파악한다. 또한 정부의 여러 기구들은 어떻게 권력과 책임을 분배하고 상호간에 견제와 균형을 이루고 있는지 파악한다. 큰 정부와 작은 정부의 의미를 비교하며, 중앙 정부와 지방 정부 간의 조화로운 관계를 탐색하여 지방자치가 나아갈 방향을 모색한다.
 ① 국가 공동체의 유지와 발전을 위해 실제 구성된 정부의 특징을 살펴보고, 정부의 역할을 확대 또는 축소하려는 입장을 비교·분석하여 오늘날 정부의 적합한 모습을 탐색한다.
 ② 정부의 기본적인 형태인 대통령제와 의원내각제의 특징을 비교·분석하고, 우리나라의 정부 형태를 탐색한다.
 ③ 국회는 국가를 운영하는 법률을 제정·개정하고, 행정부의 법률 집행을 감시·견제하는 기능을 수행하고 있음을 파악하여 국회 활동에 관심을 갖고 참여하는 자세를 가진다.
 ④ 행정부의 수반인 대통령을 중심으로 법률을 집행하는 행정부의 조직과 주요 기능을 파악하고 행정 현상이 국민에게 미치는 영향을 탐색하여 행정 활동에 관심을 갖고 참여하는 자세를 가진다.
 ⑤ 법률의 적용을 담당하는 법원의 기능과 필요성을 이해하고 헌법재판소가 국민의 법 생활에 중요한 의미를 지니고 있음을 파악하여 사법 활동에 관심을 갖고 참여하는 자세를 가진다.
 ⑥ 우리나라 지방자치제도의 현실을 파악하고 지방자치제도를 발전시키기 위한 과제와 방법을 모색하여 적극적으로 참여하는 자세를 가진다.

⑷ 정치 과정과 참여

 정부의 공공 정책 결정 과정에서 국민의 참여가 필요함을 이해하고 정치 과정에 참여하는 이익 집단과 시민 단체 및 정당의 특징과 활동 과정을 파악한다. 또한 공식적으로 국민의 의사를 표현하는 선거와 투표의 과정을 탐색한다. 대중매체와 여론의 기능을 이해하고, 바람직한 정치 참여의 과제를 탐색하여 적극적으로 참여하는 태도를 가진다.
 ① 정부의 정책이 형성, 결정, 집행되는 과정과 정책을 평가하는 원칙과 방법을 살펴보며, 다양한 형태의 정치 과정을 파악하여 국민의 생활에 미치는 영향을 분석한다.
 ② 현대 민주 정치에서 국민의 정치 참여가 지니는 의의를 탐색하고 다양한 정치 참여의 방법과 유형을 모색한다.
 ③ 우리나라와 외국 이익 집단의 기능과 유형을 파악하고 시민 단체의 등장 배경과 정치적 의의를 이해한다.
 ④ 정당의 기능과 유형을 파악하고 우리나라와 외국의 정당 정치의 현상과 특징을 분석하여 바람직한 정당정치의 방향을 모색한다.
 ⑤ 우리나라와 외국의 다양한 선거 종류와 방법, 한계와 보완 방안을 파악하고 선거와 투표에 능동적으로 참여하는 태도를 가진다.
 ⑥ 여론 형성에 영향을 미치는 다양한 요인들을 살펴보고, 적극적으로 여론 형성에 참여하는 태도를 가진다.
 ⑦ 국민의 정치 참여 현실을 파악하고 정치 참여에서 나타나는 긍정적 측면과 문제점을 분석하여 민주적인 정치 참여의 능력과 태도를 함양한다.

⑸ 국제 사회와 정치

 국제 사회의 특성을 파악하고 이러한 특성이 시대와 상황에 따라 변화함을 이해한다. 국제 사회의 다양한 행위 주체들 간에는 이해관계를 둘러싼 경쟁과 갈등이 나타나며 국제 협력을 통해 다양한 국제 문제를 해결해 나가고 있음을 인식한다. 또한 우리나라와 국제 사회의 관계를 살펴보고, 통일을 위한 국제적인 환경 조성에 힘쓰는 태도를 가지며, 국제 사회에 필요한 시민의 자질을 함양하여 참여하는 자세를 가진다.
 ① 국제 사회의 특성과 시대적인 변천 과정을 탐색하여 국제 정세 변화의 흐름을 파악한다.
 ② 국제 사회에는 국가, 국제기구, 다국적 기업, 국제단체 등 여러 행위 주체들이 다양한 방법으로 국제 관계에 영향을 미치고 있음을 이해한다.
 ③ 국제 사회에 존재하는 다양한 협력과 갈등의 모습을 탐색하여 국제 사회 현실을 종합적으로 이해하는 자세를 가진다.
 ④ 국제 사회의 다양한 문제들의 원인을 여러 가지 측면에서 분석하고 바람직한 해결 방안을 모색한다.
 ⑤ 우리나라와 국제 사회의 관계를 살펴보고 국제 사회의 공존을 위한 외교 정책의 바람직한 방향을 모색하며, 국제 사회에 능동적으로 참여하여 문제를 해결해 나가는 자세를 가진다.
 ⑥ 국제 사회에서 우리나라가 당면한 통일, 환경, 경제, 문화, 외교 현황을 분석하고 민족 통일을 위한 과제를 탐색하여 실천해 나갈 수 있는 자세를 가진다.

4. 교수·학습 방법

가. 정치 교육의 목표를 실현하기 위해 탐구 학습, 토론 학습, 의사 결정 학습, 문제 해결 학습, 논쟁 문제 학습, 사회 참여 학습, NIE 학습, 현장 견학, 초청 강연 등 다양한 방법을 통하여 학습에 흥미를 갖고 참여하며 고급사고력을 함양할 수 있도록 한다.

나. 정치 현상에 관한 개념과 지식을 학습하고 민주주의의 가치와 기본 원리를 탐구하여 공동체에 능동적으로 참여하는 태도를 함양할 수 있도록 현장 학습과 견학, 사회 참여 등 다양한 체험 학습을 제공하도록 한다.

다. 국내외 정치 현상의 구체적 사례를 비교·분석하여, 우리나라 정치 현상에 대하여 종합적으로 판단하고, 바람직한 정치를 구현하기 위해 능동적으로 참여할 수 있도록 지도한다.

라. 정치 현상에 관한 논쟁 문제를 토론할 수 있도록 방송 자료, 신문 자료, 인터넷 자료, 시사만화 자료, 통계자료를 활용하여 창의적이고 실제적인 학습이 이루어지도록 한다.

마. 국내외 사례를 활용하여 중앙 정부와 지방 정부의 역할과 재원 조달 방법 및 이들 간에 나타날 수 있는 쟁점과 갈등을 파악하고 지방자치 제도에 대해 종합적으로 인식함으로써, 지방자치 제도가 나아가야 할 방향을 모색하도록 한다.

바. 시사 자료를 활용하여 우리나라와 국제 사회의 관계를 파악하고 국내 및 국제 정치에 미치는 세계 여러 나라의 영향과 이에 대응하는 한국의 외교 정책을 살펴봄으로써, 국제 사회에 참여할 수 있는 시민의 자질을 함양하도록 한다.

5. 평 가

〈평가의 기본 방향〉

가. 정치 현상에 대한 기본 원리와 개념의 이해를 바탕으로 반성적 사고력, 분석적 사고력, 문제 해결 능력, 탐구 능력, 의사 결정 능력, 정치 참여 능력 등을 다양하게 평가한다.

나. 정치 현상과 관련된 기본 개념을 이해하여 우리나라 정치 현실에 적용하고 발전시켜 나갈 수 있는 창의적인 태도나 행동 등 기능 및 가치·태도의 목표까지 평가에 포함하도록 하며 수행 평가를 적극적으로 활용한다.

다. 정치 영역의 평가는 정치 교육의 목표를 실현하는 데 기여하도록 평가 방법을 구성한다. 정치와 관련된 개념 위주의 평가에 그칠 것이 아니라, 민주 시민의 자질을 함양하고자 하는 목표를 달성하는 데 유익한 평가 활동이 되도록 한다.

라. 평가의 결과는 정치 교육의 목표와 교육 내용과 교수·학습 방법과 연계되어 종합적으로 판단하고, 정치 교육의 수업과 교육과정의 질적 향상을 위한 자료로 활용하도록 한다.

〈영역별 평가 방향〉

가. '정치' 과목의 평가는 교육과정에 제시된 목표를 반영하여 지식, 기능, 가치·태도 영역에서 균형적으로 이루어지도록 한다.
  (1) 지식 영역의 평가는 정치 현상에 대한 사실, 개념, 일반화 및 원리 등의 습득에 중점을 둔다.
  (2) 기능 영역의 평가는 정치 현상에 대한 정보의 획득과 활용 기능, 사회 탐구 및 가치 탐구 기능, 의사소통기능, 문제 해결 기능, 의사 결정 기능 및 집단 참여 기능 등에 중점을 둔다.
  (3) 가치·태도 영역의 평가는 학습자 개인의 가치 명료화 능력, 가치에 대한 분석 능력, 민주 시민의 자질 함양 정도에 중점을 둔다.

나. '정치' 과목의 평가에는 다음의 요소들을 포함하도록 한다.
  (1) 우리나라의 민주주의의 현실을 이해하고 민주 정치를 발전시키기 위한 과제를 제시할 수 있는가?
  (2) 우리나라에 헌법이 필요한 이유와 헌법에 구현된 기본적인 원리를 설명할 수 있는가?
  (3) 우리나라 정부 기구들의 권한과 책임, 기능에 대해 이해하고, 이에 대한 제한이 필요한 이유를 설명할 수 있는가?
  (4) 민주 사회를 발전시켜 나가기 위해 국민으로서 지녀야 할 바람직한 권리와 의무를 제시할 수 있는가?
  (5) 민주 정치의 발전을 위하여 국민들이 정치 과정에 참여할 수 있는 수단과 방법을 제시할 수 있는가?
  (6) 우리나라의 중앙 정부와 지방정부의 유기적인 연결 관계를 파악하고 나아가야 할 방향을 제시할 수 있는가?
  (7) 우리나라 정치 문화의 현실과 유형을 파악하여 민주주의의 발전을 위해 필요한 요소나 시민적 성향을 제시할 수 있는가?
  (8) 국제 사회의 현실을 비판적으로 분석하고 우리나라와 국제 사회의 관계를 파악하여 발전적인 방안을 제시

할 수 있는가?

〈평가의 유의점〉

가. 지필 평가를 실시할 경우 선택형, 단답형, 서술형, 논술형 등 방법을 활용하도록 하고, 그 외에도 과제 발표, 면접, 학습 태도·행동의 관찰, 토론, 체크리스트, 포트폴리오 등 다양한 평가 방법을 활용한다.

나. 수업 중 활동 내용을 평가할 경우, 교사 중심의 평가 방법 외에 학생들의 동료 평가, 자기 평가 보고서, 조별평가 등 다양한 평가 방식을 활용한다.

다. 탐구 학습, 문제 해결 학습, 의사 결정 학습, 토론 학습, 논쟁 문제 학습, 사회 참여 학습 등 다양한 활동수업을 전개한 후, 학습 과정에서의 학생들의 참여 정도를 반영할 수 있도록 노력한다.

11. 경 제

1. 성 격

'경제' 과목은 경제적 사고력과 경제 문제 해결력을 기르기 위해 개설된 사회과의 선택 과목이다. 이 과목은 국민 공통 기본 교육과정 '사회' 과목의 경제 관련 단원에서 학습한 내용을 심화시키는 과목의 성격을 갖는다.

경제 과목은 체계적인 경제 지식과 사고력 및 가치관을 토대로 하여 개인적·사회적 차원에서 경제적 역할을 책임 있게 수행할 수 있는 민주 시민의 자질 함양을 추구한다.

'경제' 과목에서는 이를 위해 경제의 기본 원리와 이론 체계를 실제 생활의 경험과 관련지어 이해하도록 한다. 아울러 현실의 경제 문제를 사회 현상의 전체적 맥락에서 합리적으로 해결하는 기준과 방법을 모색하고, 경제 환경의 변화와 이에 대한 대응 방향을 탐색할 수 있도록 내용을 구성한다.

'경제' 과목의 학습에서는 학습자의 경험 세계와 인식 능력에 맞게, 이론과 현실, 사실과 가치, 내용과 방법을 조화롭게 융합하여, 학습자가 체계적이고 균형적인 경제 인식을 능동적으로 형성해 가도록 한다.

'경제' 과목의 학습을 통해 학습자가 우리 경제 질서의 기본 원리와 경제 현상의 상호 관련성을 실제적 측면에서 체계적으로 이해하고, 변화하는 경제 상황에 대한 자료를 수집·분석하여 문제를 해결할 수 있는 능력을 기르며, 경제생활에 적극 참여하여 개인과 공동체의 조화로운 삶의 질 향상에 기여할 수 있는 태도를 함양하도록 한다.

2. 목 표

현실 경제의 다양한 현상과 경제 사회의 변동을 파악하고 경제 문제를 해결해 나가기 위해 관련 지식을 체계적으로 습득하고, 실천적 탐구 방법을 익히고, 문제 해결에 필요한 올바른 가치관과 실천적 자세를 가진다.

가. 경제 현상에 대한 체계적인 지식을 활용하여 경제의 운영 원리를 이해하고, 경제 현상에 내재된 인과 관계를 설명하며, 미래의 경제 변동을 전망하여 창의적으로 대응할 수 있도록 한다.

나. 국내외 사회·경제 정보를 수집·분석·평가하여, 개인과 공공의 경제 문제 해결을 위한 합리적인 의사 결정에 활용하고, 능동적으로 사회에 참여할 수 있는 능력을 함양한다.

다. 소비자, 생산자 등 경제 주체로서 갖추어야 할 경제 가치 및 태도를 바탕으로 책임 있는 민주 시민의 역할을 수행하여 개인 생활과 국민 경제 발전에 이바지할 수 있도록 한다.

3. 내 용

가. 내용 체계

영 역	내용 요소
· 경제생활과 경제 문제의 이해	○희소성, 기회비용 ○경제문제, 비용-편익 ○경제적 유인 ○교환, 시장 경제 제도 ○효율성, 형평성
· 경제 주체의 역할과 의사 결정	○생산 요소 ○소득, 소비, 저축, 신용, 수입, 비용, 이윤, 기술 ○생산성, 재정 활동(조세, 예산)
· 시장과 경제 활동	○수요, 공급 ○수요의 변화와 수요량의 변화 ○공급의 변화와 공급량의 변화 ○시장균형, 탄력성 ○경쟁시장, 잉여
· 시장 기능의 한계와 정부 개입	○시장 실패 ○외부성 ○공공재, 독과점, 진입 장벽, 정보 ○소득 분배, 재분배 ○규제, 정부 실패
· 국민 경제의 이해	○국민 소득 ○물가 지수, 실업률, 이자율, 경제 성장 ○총수요, 총공급, ○실업, 인플레이션 ○중앙은행, 재정 정책, 금융 정책
· 세계 시장과 한국 경제	○교역의 이익 ○자유 무역, 보호 무역 ○무역 정책 ○외환 시장, 환율 ○국제 수지, 자본 이동 ○국제 경쟁력

나. 영역별 내용

(1) 경제생활과 경제 문제의 이해

인간 생활에서 차지하는 경제의 의미 및 경제와 다른 사회 현상의 관계를 이해하고, 공적·사적인 경제 문제를 파악하며 이를 해결하기 위해 고려해야 할 경제적 요인들을 분석한다. 시장 경제에서의 경제 문제 해결 과정을 이해하고, 시장 경제의 작동 원리와 이를 뒷받침하기 위한 사회 제도를 경제 사회의 발전 과정 속에서 파악한다.

① 경제생활의 의미와 특징을 파악하고, 경제생활과 다른 사회생활의 관계를 이해한다.
② 우리 생활에서 희소성이 다양하게 존재함을 인식한다.
③ 다양한 상황에서의 비용-편익을 고려한 선택을 이해하고, 인간은 경제적 유인에 반응함을 인식한다.
④ 분업과 교환의 필요성을 이해하고 적절한 사례에 적용해 보며, 이를 통해 상호 이익을 추구하는 태도를 가진다.
⑤ 경제 문제를 해결하는 다양한 방식의 장단점을 비교해 보고, 특히 시장 경제의 기본 원리와 이를 뒷받침하는 사회 제도를 파악한다.

(2) 경제 주체의 역할과 의사 결정

가계, 기업 및 정부의 행동 원리를 이해하고 경제 주체들의 의사 결정에 영향을 주는 사회 경제적 요인들로 어떤 것이 있는지를 알아본다. 가계는 합리적인 소비생활을 추구함으로써 현재는 물론 미래의 삶을 안정적으로 유지하며, 기업은 소비자들이 원하는 상품의 생산, 생산 비용의 절감, 새로운 기술 개발을 통하여 이윤을 극대화한다는 점을 이해한다. 또한 정부의 재정 활동에 대해 알아보고 정부의 경제적 역할과 그 과정에 국민이 참여할 수 있는 방법을 찾아본다.

① 상품의 수요자, 생산 요소 공급자로서 가계(소비자, 노동자)의 경제적 역할을 이해한다.
② 가계가 의사 결정 과정에서 고려해야 할 요소로서 소득, 소비, 저축, 신용, 시간 등을 파악하고, 이를 의사 결정 과정의 사례에 적용해 **본다.**
③ 노동의 사회적 중요성을 인식하고, 사회 변동에 따른 직업의 변화를 예측하여 미래의 직업 생활을 설계해 본다.
④ 상품의 공급자, 생산 요소의 수요자로서 기업의 경제적 역할을 이해한다.
⑤ 기업이 의사 결정 과정에서 수입, 비용, 이윤, 기술, 생산성, 사회적 인식 등 요인을 고려하는 현상을 탐색하고 이를 평가해 본다.
⑥ 정부의 경제적 역할을 재정 활동을 중심으로 이해한다.
⑦ 경제 주체의 역할과 의사 결정에 영향을 미치는 사회 문화적 요인(사회적 인식 및 책임, 문화, 법, 제도 등)을 탐구하고, 사려 깊은 경제생활을 추구하는 자세를 갖는다.

(3) 시장과 경제 활동

가격에 의한 자원 배분과 경제 주체 간의 상호 경쟁 측면에서 시장경제 원리를 파악하고, 시장을 통한 자원 배분의 효율성을 논리적으로 이해한다. 일반화되고 추상화된 전형적인 시장 외에 노동 시장, 금융 시장과 새로 등장하는 다양한 시장의 사례를 통하여 시장이 다양한 형태와 모습을 갖고 있다는 점을 이해한다.

① 수요와 공급의 결정 요인을 이해한다.
② 수요량과 공급량이 일치하는 가격 수준에서 시장 균형이 결정됨을 이해한다.
③ 수요와 공급의 변화에 따른 시장 균형의 변화를 파악한다.
④ 가격 변화에 따른 수요량과 공급량의 변화 정도를 탄력성과 관련시켜 파악한다.
⑤ 경쟁 시장에서 결정된 시장 균형을 통해 자원 배분의 효율성이 이루어짐을 이해하고, 이를 잉여의 개념을 이용하여 분석한다.
⑥ 전형적인 시장과는 다른 시장(노동, 금융 시장 등)들의 특징을 살펴보고, 새롭게 등장한 시장들(전자상거래 시장 등)의 사례와 기능을 이해한다.

(4) 시장 기능의 한계와 정부 개입

일반적으로 경쟁 시장이 자원 배분의 효율성을 달성하는 경우와는 달리, 경쟁이 이루어지지 않거나 경쟁이 이루어지더라도 외부성이 있거나 공공재의 경우에는 시장 기능이 제대로 작동하지 않을 수 있음을 이해한다. 또한 수요자와 공급자 사이에 거래되는 상품에 대한 정보의 차이가 있을 때 시장 기능이 제대로 작동하지 않을 수 있음을 사례를 통해서 인식한다. 현실에 존재하는 소득 분배의 불평등 문제를 파악하고 해결 방안을 모색해 본다.

① 외부성(외부 효과)의 개념을 이해하고, 외부성을 해결하는 방안을 모색한다.

② 공공재의 특징을 이해하고, 여러 가지 공급 방법을 파악한다.
③ 진입 장벽이나 경쟁 제한 행위에 따른 독과점이 자원 배분에 미치는 영향을 이해하고, 독과점 정책의 기능과 한계를 알아본다.
④ 공급자나 수요자의 정보 차이에 따라 비효율적 자원 배분이 일어날 수 있음을 인식하고, 이를 해결하기 위한 방안을 찾아본다.
⑤ 소득 분배 불평등의 양상을 이해하고, 이를 완화시키는 제도와 정책을 탐구한다.
⑥ 정부의 시장 개입이 항상 최선의 결과를 가져오는 것은 아니라는 사실을 이해하고, 이를 보완할 수 있는 방안을 모색한다.

⑸ 국민 경제의 이해

국민 경제의 주요 지표를 활용하여 경제 상황을 총체적으로 파악하고, 경제의 순환과 함께 경제 변동 양상을 동태적으로 분석한다. 그 과정에서, 국민 경제가 당면하고 있는 안정과 성장, 실업과 인플레이션 등 문제에 대한 원인을 살펴보고, 재정·금융 정책을 중심으로 그 대책을 이해한다.
① 한국 경제의 변화(소득, 물가, 고용 등)를 다른 나라와 비교하여 파악하고, 경제적 성과를 균형 있는 시각에서 평가하는 태도를 가진다.
② 경제의 순환 과정을 이해하고 경제 주체의 지출과 소득으로 국민 경제 활동 수준을 파악한다.
③ 경제 성장의 의미와 요인을 알아본다.
④ 실업의 발생 원인과 경제적 영향을 파악하고, 그 해결 방안을 모색한다.
⑤ 인플레이션의 발생 원인과 경제적 영향을 알아보고, 그 해결 방안을 모색한다.
⑥ 중앙은행의 기능과 금융 시장의 관계에 대해 알아본다.
⑦ 총수요와 총공급을 이용하여 경기 변동을 이해한다.
⑧ 재정 정책과 금융 정책을 통한 경제 안정화 정책의 원리를 이해한다.

⑹ 세계 시장과 한국 경제

개방된 국제 사회에서 국가 간 거래 관계를 파악한다. 상품과 생산 요소의 이동과 외환 시장의 작동 원리를 이해한다. 특히 자유 무역의 진전에 따른 국제 경쟁력의 중요성과 국제 경제 환경의 변화에 따른 우리 경제의 대응 방안을 알아본다.
① 무역의 필요성과 원리를 이해한다.
② 무역 정책의 내용과 경제적 효과를 파악한다.
③ 외환 시장의 수요·공급과 환율의 결정을 이해하고, 환율 변동의 경제적 효과를 파악한다.
④ 상품과 생산 요소의 이동에 따른 국제 수지 변화를 이해한다.
⑤ 세계화·정보화 시대의 국제 경제 환경 변화와 우리 경제의 대응 방안을 탐색하고, 경제 발전에 기여하는 자세를 갖는다.

4. 교수·학습 방법

가. 경제 교육의 목표인 기본 지식 및 원리의 이해, 탐구 기능의 습득, 고차원적 사고력 및 문제 해결력 신장, 가치 태도의 확립 및 실천 능력의 함양을 조화롭게 이룰 수 있도록 교수·학습을 전개한다.
나. 경제 현상의 이해와 경제 문제 해결 과정에서 학습자 스스로 지식을 구성하고 자기 주도적, 창의적 학습 능력을 향상시킬 수 있도록 교수·학습을 전개한다.
다. 학습자의 생활 경험과 밀접한 내용을 소재로 활용하여 경제 현상 및 경제 문제에 접근함으로써, 학습자가 경제 현상에 대한 흥미와 관심을 넓히고, 경제 현상의 원리를 발견하며, 이를 경제생활에 적용할 수 있도록 한다.
라. 경제 현상에 대한 지식 내용 학습에서는 경제 현상과 경제적 사실에 대한 관찰, 분류를 통해 개념 및 일반 원리를 습득할 수 있도록 한다.
마. 경제 관련 도표, 통계, 보고서, 연감 등 다양한 유형의 실증적 자료를 읽고, 변형하고, 추론하는 방법을 익힘으로써, 신문, 잡지, 인터넷 등의 각종 매체를 통해 접하는 다양한 경제 정보를 파악하고 분석할 수 있도록 한다.
바. 논쟁적인 경제 이슈 등을 활용하여 경제 문제를 인식하고, 내포된 사실과 가치를 구분하며, 관련 자료의 타당성과 신뢰성을 검토하고, 대안을 제시하며, 합리적 의사 결정을 할 수 있도록 한다.
사. 경제 현상과 관련된 다양한 가치를 확인하고, 가치 탐구 능력을 신장하며, 공동체 구성원으로서 요구되는 민주적 가치 태도를 함양할 수 있도록 한다.

아. 경제 현상을 다른 사회 현상과 관련지어 전체적, 종합적으로 이해할 수 있도록 문학 작품, 신문 기사, 방송물, 영화, 역사 기록물 등 다양한 유형의 소재를 활용하도록 한다.
자. 학습 내용의 성격에 따라 토론, 발표, 논술, 조사, 사례 연구, 면접, 체험 등 다양한 교수 학습 방법을 활용하고, 경제 학습의 목표와 주어진 학습자 여건 및 교육 환경을 고려하여 가장 효과적인 교수 학습 방법을 선택하여 실행하도록 한다.

5. 평 가

가. 평가는 교육과정에 제시된 경제 교육의 목표와 내용, 교수 학습 방법과 일관성을 유지하도록 한다.
나. 평가는 교육의 한 과정으로서 학습자의 학습 과정과 학습 내용의 성취 수준을 이해하고 발달을 돕는 차원에 중점을 두어 실시한다.
다. 평가 결과는 교육 내용과 교수 학습 방법의 적절성을 진단하여 지속적으로 교수 학습 과정을 개선함에 도움이 되도록 활용한다.
라. 경제 과목의 평가는 교육과정에 제시된 성취 기준을 준거로 하여 이루어지도록 하며, 평가의 내용은 지식뿐만 아니라 기능, 가치·태도 영역을 균형적으로 포함하도록 한다.
마. 경제의 지식 영역 평가에서는 경제 현상의 설명과 경제 문제 해결에 필수적인 경제적 개념과 원리 및 일반화에 대한 복합적인 이해 정도에 중점을 둔다.
바. 경제의 기능 영역 평가에서는 학습 요소별로 해당되는 정보를 수집, 분석하여 활용할 수 있는 능력을 평가한다. 그리고 경제 현상, 경제 문제의 탐구와 의사 결정 및 참여 기능의 평가에 중점을 둔다.
사. 경제의 가치·태도 영역의 평가에서는 개인적, 국가사회적 측면에서 바람직한 가치를 내면화하고, 이를 바탕으로 경제 현상과 관련된 가치문제를 분석하고 평가할 수 있는 능력에 중점을 둔다.
아. 평가 방법으로 지필 평가뿐만 아니라 행동 관찰, 자기 보고, 면담, 구술, 토론 태도 점검 등 다양한 방법을 활용힌다.
자. 사고력 신장이나 가치·태도의 변화를 파악하기 위해 양적 자료뿐만 아니라 질적 자료도 수집하여 평가하도록 한다.

12. 사회 · 문화

1. 성 격

　‘사회 · 문화’ 과목은 사회 · 문화 현상을 이해하고 탐구 방법을 익혀 이를 바탕으로 의사 결정 능력을 함양함으로써, 사회문제를 해결하고 민주 시민으로서 참여할 수 있는 능력을 육성하기 위해 개설된 사회과의 선택 과목이다. ‘사회 · 문화’ 과목의 내용은 국민 공통 기본 교과인 ‘사회’ 과목의 해당 영역에서 학습한 기본 개념의 토대 위에서, 학습자들이 심화된 내용을 학습할 수 있도록 선정하여 구성한다.

　‘사회 · 문화’ 과목은 사회학과 문화 인류학을 기반으로 하여 인간의 사회적 행위와 문화적 특성을 다양한 관점에서 탐구할 수 있게 한다. 특히 사회 · 문화 현상에 대한 탐구 방법, 개인과 사회구조, 사회 문제, 사회 제도, 사회 변동 등을 주요 내용으로 구성한다. 또한 사회 · 문화 현상에 관한 학문적 성과를 통합적으로 조직하여 사회 · 문화 현상을 종합적으로 이해하도록 하고, 민주사회의 시민에게 요청되는 가치와 태도를 함양하도록 하는 데 중점을 둔다.

　‘사회 · 문화’ 과목에서는 학습자들이 사회 현상에 대한 탐구 방법과 현대 사회의 여러 문제에 대한 합리적 의사 결정 능력을 습득하여 세계 속의 주체적 시민으로서 참여할 수 있는 자질을 함양한다. 또한 문제 해결력과 비판적 사고력을 신장하여 민주 복지 사회를 이룩하는 데 공헌할 수 있는 자질을 육성한다. 그리고 고등학교 선택 교육과정으로서의 ‘사회 · 문화’는 사회학과 문화인류학에 대한 소양을 길러 줌으로써 고등 교육 기관에 진학하여 관련 사회 과학을 탐구하는 데 기초를 제공해 준다.

2. 목 표

　‘사회 · 문화’ 과목에서는 현대 사회의 특성과 변화 양상을 파악하고 이에 대한 탐구 방법을 습득하여 스스로 사회 · 문화 현상에 대한 지식과 관점을 형성할 수 있는 능력을 함양한다. 그리고 민주 사회 시민으로서의 가치와 태도를 함양하여 개인과 공동체의 문제에 대한 합리적 대안을 탐색할 수 있는 통찰력을 기른다. ‘사회 · 문화’ 과목의 세부적인 목표는 다음과 같다.

　　가. 사회 · 문화 현상에 관한 기본 개념과 원리를 습득하여, 개인과 사회구조, 문화 현상, 사회 제도, 사회 변동과 사회 문제 등 인간의 사회적 행위와 문화의 여러 측면을 다양한 관점에서 이해한다.

　　나. 사회 · 문화 현상에 대한 여러 가지 자료를 수집, 분석, 종합, 평가하여 지식을 구성하는 능력과 사회 · 문화적 쟁점에 대한 가치 탐구 능력을 기른다.

　　다. 사회 · 문화 현상에 대한 이해와 탐구 방법을 토대로 공동체의 문제에 대한 합리적인 해결책을 탐색하는 문제 해결력과 의사 결정 능력을 함양한다.

　　라. 변화하는 세계 속에서 비교 문화적 이해 능력과 개방적 태도를 지닌 세계 시민으로서 주체적으로 사회에 참여할 수 있는 능력을 함양한다.

3. 내 용

가. 내용 체계

영 역	내용 요소
· 사회·문화 현상의 탐구	○사회·문화 현상 ○기능론, 갈등론 ○상징적 상호작용론 ○교환 이론 ○양적 연구, 질적 연구 ○자료 수집 방법 ○사회 과학 연구 절차 ○연구 윤리
· 개인과 사회 구조	○사회화, 사회화 이론 ○지위와 역할, 역할 갈등, 사회적 상호작용 ○사회 실재론, 사회 명목론 ○사회 집단, 사회 조직 ○관료제, 탈관료제적 조직 ○사회 구조, 일탈 행동
· 문화와 사회	○문화의 의미, 문화의 속성 ○문화를 보는 관점 ○문화의 세계화 ○문화상대주의, 문화의 요소, 문화의 기능 ○문화적 다양성, 문화 변동 ○지역 문화, 세대 문화, 반문화, 대중문화
· 사회 계층과 불평등	○사회 불평등, 사회 계층 구조 ○사회 이동 ○빈곤 문제, 성 불평등, 사회적 소수자 문제 ○사회 복지, 복지 제도
· 일상생활과 사회제도	○사회 제도, 결혼과 가족, 가족 문제 ○교육 제도, 교육의 기회 균등 ○대중매체, 종교적 갈등
· 현대 사회와 사회 변동	○사회 변동, 사회 변동 이론 ○근대 사회, 근대화, 근대화 이론 ○인구 변천 과정 ○산업화, 도시화, 도시 문제 ○세계화, 정보화, 환경 문제, 전쟁과 테러

나. 영역별 내용

(1) 사회·문화 현상의 탐구

사회 과학적 탐구 대상으로서의 사회·문화 현상이 자연현상과 다른 특성을 지니고 있고, 사회·문화 현상의 탐구에는 독특한 관점과 접근 방법이 활용될 수 있음을 이해한다. 이러한 관점이나 접근 방법에 따라 사회·문화 현상의 연구 방법들이 지닌 특성을 비교, 분석하여 과학적 태도로 탐구 절차를 수행해 나가는 과정을 이해한다.
① 사회·문화 현상의 특성을 자연현상과 비교·분석하여 이해한다.
② 기능론, 갈등론, 상징적 상호작용론, 교환 이론 등 사회·문화 현상에 대한 다양한 이론적 시각들을 이해한다.
③ 사회·문화 현상에 대한 양적·질적 연구 방법의 특성과 차이점을 이해한다.
④ 사회·문화 현상에 대한 탐구 과정에서 필요한 자료 수집 방법의 유형과 특징을 이해한다.
⑤ 사회·문화 현상에 대한 탐구 절차를 이해하고 이를 실제 사례에 적용한다.
⑥ 사회·문화 현상의 탐구에 필요한 과학적 태도와 연구자의 윤리를 이해하고 이를 존중한다.

(2) 개인과 사회 구조

사회적 존재인 인간은 다양한 집단과 조직의 구성원으로서 상호작용하면서 유기적인 관계망을 형성하고 있음을 이해한다. 이러한 사회적 관계망을 바탕으로 형성된 사회 구조 속에서 개인과 집단이 어떻게 상호작용을 하는지 이해한다. 아울러 일탈 행동의 원인을 파악하고 해결 방안을 탐색한다.
① 사회화의 개념을 이해하고 사회화를 바라보는 다양한 이론적 시각을 탐색한다.
② 여러 가지 사회화 기관의 유형을 구분하고 그 특징과 기능을 이해한다.
③ 사회적 지위와 역할의 의미를 파악하고 역할 갈등의 원인 및 해결 방안을 탐색한다.
④ 일상생활 속에서 협동, 경쟁, 갈등과 같은 사회적 상호작용의 유형을 탐색하고 그 특성을 비교·분석한다.
⑤ 개인과 사회의 관계를 바라보는 관점을 사회 실재론과 사회 명목론으로 구분하여 이해한다.
⑥ 사회 집단의 의미를 이해하고 사회 집단의 유형별 특징을 비교·분석한다.
⑦ 사회 조직의 개념을 이해하고 관료제와 탈관료제적 조직의 다양한 특징을 살펴본다.
⑧ 사회 구조의 의미를 파악하고 일상생활에서 개인 및 집단이 사회 구조와 영향을 주고받는 관계에 있음을 이해한다.
⑨ 개인과 사회 구조의 관계 속에서 나타나는 일탈 행동의 원인을 이론적으로 분석하고 다양한 대처 방안을 모색한다.

⑶ 문화와 사회

문화의 의미와 속성을 이해하고, 각 사회마다 문화가 다양할 뿐만 아니라 같은 문화도 시대에 따라 다양하게 변화하는 것임을 파악한다. 또한 문화가 개인의 일상생활과 사회 전반에 미치는 영향을 여러 측면에서 파악한다. 특히 세계화와 더불어 문화적 교류가 증가하면서 나타나는 현대 사회의 여러 가지 문화적 특징을 비판적 안목으로 파악하고 타 문화에 대한 개방적 태도를 갖는다. 아울러 문화 변동의 요인과 양상을 이해하고, 이에 능동적으로 대처할 수 있는 능력을 함양한다.
　① 문화의 의미와 속성을 이해하고, 문화를 통해 현대 사회의 복합적인 사회 현상을 이해한다.
　② 기술, 언어, 상징, 예술, 가치, 규범 등 문화의 요소와 그 기능을 파악한다.
　③ 문화를 바라보는 다양한 관점을 파악하고, 이를 바탕으로 자문화 및 타 문화를 이해할 수 있는 능력과 태도를 가진다.
　④ 지역 문화, 세대 문화, 반문화 등 하위문화와 대중문화에 나타나는 현대 사회의 다양한 문화적 양상을 파악한다.
　⑤ 문화 변동의 요인과 양상을 이해하고 문화 변동에 따른 문제점을 파악하여 대처 방안을 모색한다.
　⑥ 세계화와 더불어 나타나는 한국 사회의 문화적 다양성을 이해하고 한국의 문화적 정체성을 인식할 수 있는 안목을 기른다.

⑷ 사회 계층과 불평등

경제적인 측면뿐만 아니라 사회문화적인 측면에서 나타나는 다양한 사회 계층과 불평등 현상을 살펴본다. 그리고 사회 불평등 현상의 원인을 설명하는 여러 이론적 시각을 이해하고, 사회 불평등의 해결 방안을 모색한다.
　① 사회 불평등의 의미를 이해하고, 다양한 형태의 사회 불평등 현상을 살펴본다.
　② 현대 사회의 계층과 불평등 현상에 대한 기능론과 갈등론의 관점을 비교 · 분석한다.
　③ 사회계층 구조와 사회 이동의 의미와 특징을 이해한다.
　④ 빈곤의 유형과 특징을 이해하고, 빈곤 문제를 해결하기 위한 방안을 모색한다.
　⑤ 성 불평등의 의미를 이해하고, 성 불평등 현상이 발생하는 원인과 해결 방안을 탐색한다.
　⑥ 사회적 소수자에 대한 차별 현황을 파악하고, 이를 개선하기 위한 방안을 모색한다.
　⑦ 사회복지의 의미와 현황을 파악하고, 복지 제도의 역할과 한계를 살펴본다.

⑸ 일상생활과 사회 제도

가족, 교육, 종교, 대중매체 등 여러 가지 사회 제도의 특징과 그 기능을 이해한다. 또한 이러한 사회 제도들과 관련된 사회적 쟁점이나 문제들을 파악하고 대안을 모색한다.
　① 사회 제도의 의미를 이해하고, 사회 제도의 다양한 유형을 살펴본다.
　② 가족의 의미와 기능을 이해하고, 다양한 형태를 살펴본다.
　③ 가족 문제의 원인을 이론적으로 분석하고, 해결 방안을 모색한다.
　④ 교육의 특성과 기능을 다양한 관점에서 이해한다.
　⑤ 교육의 기회 균등 문제를 이론적으로 분석하고, 해결 방안을 모색한다.
　⑥ 대중매체의 유형을 파악하고 각각의 특징을 비교 · 분석한다.
　⑦ 대중매체의 역할과 기능에 대한 이론적 관점을 이해하고, 대중매체를 비판적으로 수용하는 태도를 가진다.
　⑧ 종교의 본질과 기능을 이해하며, 종교적 갈등의 양상을 파악하고 타 종교를 개방적으로 바라보는 태도를 가진다.

⑹ 현대 사회와 사회 변동

지속적으로 변화하는 사회의 역동적인 측면을 살펴본다. 이를 위하여 먼저 사회 변동을 이해하려는 다양한 관점을 이해한다. 그리고 사회 변동의 구체적인 모습을 살펴보기 위하여 근대화, 인구와 도시의 변화 과정을 살펴보고, 현대 사회의 중요한 변화 양상인 세계화와 정보화를 이해한다. 아울러 현대 사회의 여러 가지 문제를 해결하고 바람직한 사회 변화를 이끌어 내려는 방안에 관해서 알아본다.
　① 사회 변동의 의미와 요인을 이해하고, 사회 변동을 설명하는 다양한 이론적 관점을 탐색한다.
　② 근대 사회의 형성 배경을 알아보고, 근대화를 설명하는 다양한 이론적 시각을 살펴본다.
　③ 산업화의 진전에 따른 노동의 구조와 변화 과정을 이해하고, 노동 문제의 원인 및 대처 방안을 탐색한다.
　④ 도시화의 의미와 특성을 이해하고, 이에 따른 문제점과 대책을 탐색한다.
　⑤ 인구 변천 과정을 이해하고, 이에 따른 문제점과 해결 방안을 탐색한다.

⑥ 세계화의 의미와 특징을 파악하고, 세계화 시대에 대비하는 우리 사회의 대처 방안을 모색한다.
⑦ 정보 사회의 형성 과정과 특징을 이해하고, 정보화에 따른 문제점과 해결책을 탐색한다.
⑧ 환경 문제, 전쟁과 테러 등 현대 사회가 당면한 전 지구적 차원의 문제들을 인식하고, 이에 대한 대응 방안을 모색한다.

4. 교수 · 학습 방법

가. 학습자가 사회 · 문화 현상에 대한 흥미와 관심을 증진하고 기본 개념 및 원리를 이해하여 이를 실생활에 적용할 수 있도록 수업을 전개한다.
나. 국민 공통 기본 교육과정의 사회 과목의 내용에 기초하여 현대의 사회 · 문화 현상에 대한 간학문적인 접근방법을 습득하도록 한다.
다. 사회 · 문화 현상에 대하여 구체적 사실과 사례에서 출발하여 개념과 일반화를 습득하는 탐구 과정을 경험하도록 한다.
라. 학습자의 탐구 능력과 비판적 사고력 그리고 문제 해결력 등을 신장시킬 수 있도록 다양한 탐구 주제와 교수 기법을 활용하여 수업을 전개한다.
마. 사회 · 문화 현상에 내재하는 다양한 가치관의 존재를 확인하고, 학습자 자신의 가치를 명료화하고 분석함으로써 가치 탐구 능력을 신장하도록 지도한다.
바. 교수 · 학습의 효율성을 높이기 위해 그래프, 통계표, 슬라이드, 영화, 연감, 신문, 방송, 사진, 기록물, 민속자료, 유물, 여행기 등 다양한 자료를 활용한다.
사. 학습 내용에 따라 토의 · 토론, 발표, 논술, 보고(서), 문화 기술지, 사례 연구, 면접, 사료 학습, 지역 사회 답사 등 다양한 교수 · 학습 방법을 활용한다.
아. 정보화 사회에 요청되는 정보의 처리와 구성 능력 신장을 위해 신문 활용 교육(NIE), 인터넷 활용 교육(IIE) 등 다양한 정보 매체를 적극 활용하도록 한다.

5. 평 가

〈평가의 기본 방향〉
가. '사회 · 문화' 과목의 평가는 교육과정에 제시된 목표, 내용, 교수 · 학습 방법과 일관성을 유지하면서 시행되도록 한다.
나. 교육과정의 한 부분으로서 평가는 학습자 개개인의 학습 과정과 성취 수준을 이해하고 발달을 돕는 데 활용되도록 한다.
다. 평가의 결과는 교육 내용과 교수 · 학습 방법의 적절성을 진단하여 지속적인 교육과정의 개선을 위해 활용되도록 한다.

〈영역별 평가 방향〉
가. '사회 · 문화 과목'의 평가는 교육과정에 제시된 목표에 따라 추출된 요소를 준거로 하여 이루어지도록 한다. 평가의 내용은 지식뿐만 아니라 기능, 가치 · 태도 영역에서 균형적으로 선정하도록 한다.
　(1) 지식 영역의 평가는 사실적 지식의 습득 및 이해 여부, 사회 · 문화 현상에 대한 개념과 일반화의 습득 여부에 중점을 둔다.
　(2) 기능 영역의 평가는 사회 · 문화 현상에 대한 정보의 획득과 활용 기능, 사회 탐구 및 가치 탐구 기능, 의사 결정 기능 및 집단 참여 기능에 중점을 둔다.
　(3) 가치 · 태도 영역의 평가는 학습자 개인의 가치 명료화 능력, 가치에 대한 분석 및 평가 능력을 측정하며, 국가 · 사회적 요구에 비추어 바람직한 가치관의 형성 여부에 중점을 둔다.

나. '사회 · 문화' 과목의 평가에는 다음의 요소들을 포함하도록 한다.
　(1) 사회 현상과 자연현상과의 차이점을 이해하고, 사회 · 문화 현상에 대한 탐구 과정과 다양한 관점을 제시하고 설명할 수 있는가?
　(2) 국내외의 각종 문헌이나 통계, 그래프, 그림 등을 적절하게 분석하고 해석할 수 있는가?
　(3) 변화하는 사회 현상에 대한 지식과 정보를 수집, 분석, 정리하여 사회를 올바르게 이해하고 있는가?
　(4) 개인과 사회 구조의 관계 속에서 개인의 사회화가 갖는 의미를 이해하고 있는가?
　(5) 문화의 의미와 속성을 이해하고, 현대 사회의 문화적 다양성을 파악하고 있는가?

⑹ 한국 사회의 문화적 다양성을 파악하고, 한국의 문화적 정체성을 모색하는 태도를 가지고 있는가?
⑺ 현대 사회의 계층과 불평등 현상을 이해하고, 사회 불평등 문제의 해결 방안을 탐색하는 태도를 가지고 있는가?
⑻ 개인과 집단 간의 관계를 지위 및 역할과 관련지어 이해하고 있는가?
⑼ 가족, 교육, 대중매체, 종교 등 사회 제도의 특징과 이와 관련된 문제를 파악하고 있는가?
⑽ 현대 사회 변동의 개념과 이론을 구체적으로 설명하고, 미래 사회는 어떻게 변화할지를 예측할 수 있는가?
⑾ 사회 변동과 더불어 나타나는 현대 사회의 문제점을 이해하고 있는가?
⑿ 사회 문제를 올바르게 이해하고 합리적으로 해결하려는 태도를 가지고 있는가?
⒀ 개인의 성장과 사회의 발전을 조화롭게 실현할 수 있도록 노력하는 태도를 가지고 있는가?

〈평가의 유의점〉

가. '사회·문화' 과목의 목표 특성에 따라 지필 평가 외에 면접, 관찰, 논술, 체크리스트, 포트폴리오 등을 통해 다양한 평가가 이루어질 수 있도록 한다.
나. 단순한 사실이나 단편적 지식의 암기의 측정에 국한되지 않고 개념이나 원리의 이해 및 지식과 정보의 획득 과정과 활용 능력도 평가하도록 한다.
다. 사고력 신장이나 가치·태도의 변화를 측정하기 위해서 양적 자료뿐만 아니라 질적 자료도 수집하여 평가하도록 한다.
라. 평가의 타당도를 높이기 위해 학습자의 자기 평가, 동료 상호 평가, 활동 보고 등 평가 방법을 적극 활용한다.

찾아보기

[기타]

• 저자 •

박은종　　•학　력•
(朴殷鍾)
　　　　진주교육대학교 사회교육과 졸업
　　　　충남대학교 교육대학원 사회교육과 졸업
　　　　한국교원대학교 대학원 사회과교육학과 사회과교육 전공 졸업
　　　　충남대학교 대학원 교육학과 교육심리학 및 교육과정 전공 박사과정 수료
　　　　공주대학교 대학원 사회교육학과 사회과교육 전공 박사과정 졸업
　　　　(교육학 박사: 사회과 교과 교육 전공)

　　　　•경　력•
　　　　한국교총 정책위원, 혁신위원, 교권위원
　　　　충남교총 연구위원, 한국교총 정책연구소 객원연구원
　　　　한국 교원 교직윤리헌장 제정위원
　　　　충남대학교 교육연구소 객원연구원
　　　　충남대학교 인문과학연구소 객원연구원(Post-doc)
　　　　공주대학교 시간 강사
　　　　한국산업연수원 청주능력개발원 외래 첨삭 교수
　　　　동신대학교 교양교직학부 외래 교수
　　　　홍익대학교 교양학부 외래 교수
　　　　충청남도교육청 장학사 (충청남도당진교육청·부여교육청 근무)
　　　　(현) 충청남도교육연수원 교육연구사
　　　　(현) 공주대학교 겸임 교수

　　　　•수요논분•
　　　　「사회과 기능 영역의 지도 방안 연구」
　　　　「사회과 수업 설계에 관한 연구」
　　　　「사회과의 새로운 평가 방법 연구」
　　　　「사회과 법교육과정 연계성 분석 연구」
　　　　「초등학교 사회과 교과서 자료 분석 연구」
　　　　「현대 사회과 교육의 구성주의적 접근 방법 연구」
　　　　「세계화 시대 한국 민주시민교육 접근 방법 탐색」
　　　　「국제 이해 증진을 위한 세계 시민 교육의 방안 연구」
　　　　「제7차 사회과 교육과정의 문제점과 대안적 접근 방안 연구」
　　　　「세계화·정보화 시대 바람직한 민주시민교육 방법 연구」 외 다수

　　　　•주요저서•
　　　　『학위 논문 작성법』(공)
　　　　『수업 장학 및 수업 분석』(공)
　　　　『현장 체험 학습 길라잡이』(공)
　　　　『재량활동 교육과정 지도』(공)
　　　　『특별활동 길라잡이』(공)
　　　　『사회과 평가 자료집』(공)
　　　　『사회과 교육학과 교육평가』

　　　　e-mail: ejpark7@kongju.ac.kr

한국 사회과 교육과정 탐구:

분석 및 모형 개발 탐색

• 초판 인쇄	2008년 5월 25일
• 초판 발행	2008년 5월 25일
• 지 은 이	박은종
• 펴 낸 이	채종준
• 펴 낸 곳	한국학술정보㈜
	경기도 파주시 교하읍 문발리 513-5
	파주출판문화정보산업단지
	전화 031) 908-3181(대표) · 팩스 031) 908-3189
	홈페이지 http://www.kstudy.com
	e-mail(출판사업부) publish@kstudy.com
• 등 록	제일산-115호(2000. 6. 19)
• 가 격	53,000원

ISBN   978-89-534-9166-3 93370 (Paper Book)
         978-89-534-9167-0 98370 (e-Book)